U0922435

甘肃年鉴

2021

甘 肃 省 人 民 政 府　主管

甘肃省地方史志办公室　编

甘肃民族出版社

图书在版编目（CIP）数据

甘肃年鉴．2021 / 甘肃省地方史志办公室编；-- 兰州：甘肃民族出版社，2021.8

ISBN 978-7-5421-5341-8

Ⅰ．①甘… Ⅱ．①甘… Ⅲ．①甘肃—2021—年鉴
Ⅳ．①Z524.2

中国版本图书馆CIP数据核字(2021)第164049号

书　　名：甘肃年鉴（2021）
作　　者：甘肃省地方史志办公室　编
责任编辑：陈苗苗
封面设计：周得旭
出　　版：甘肃民族出版社(730030)兰州市城关区读者大道568号
发　　行：甘肃民族出版社发行部(730030)兰州市城关区读者大道568号
印　　刷：兰州银声印务有限公司
开　　本：880毫米×1230毫米　1/16　印张:35　插页:20
字　　数：1400千
版　　次：2021年9月第1版　2021年9月第1次印刷
印　　数：1～2500 册
书　　号：ISBN 978-7-5421-5341-8
定　　价：280.00元

甘肃民族出版社图书若有破损、缺页或无文字现象，可直接与本社联系调换。
邮编：730030　地址：兰州市城关区读者大道568号　网址：http://www.gsminzu.com
投稿邮箱：405935149@qq.com
发行部：王哲棋　联系电话：0931-8152162（传真）　E-mail：275052316@qq.com

《甘肃年鉴》编纂委员会

主　　任　何　伟　省政府副省长

副 主 任　何谋保　省委副秘书长、办公厅主任

马　森　省人大副秘书长、办公厅主任

姜安鹏　省政府办公厅主任

张永贤　省政协副秘书长、办公厅主任

梁朝阳　省政府副秘书长

张军利　省地方史志办公室主任

成员单位　省发展改革委　省教育厅　省科技厅　省工信厅　省民委　省公安厅　省民政厅　省司法厅　省财政厅　省人社厅　省自然资源厅　省生态环境厅　省住建厅　省交通运输厅　省水利厅　省农业农村厅　省商务厅　省文旅厅　省卫生健康委　省退役军人厅　省应急厅　省审计厅　省政府外事办　省政府国资委　省军区政治工作局　省地方史志办

《甘肃年鉴》编纂委员会办公室

主　　任　张军利

副 主 任　郝宗维　李振宇　魏孔俊　张正龙　石为怀　贺红梅

《甘肃年鉴》编辑部

主　　编　石为怀

副 主 编　牛建文　李佳潞

编　　辑　司德芳　佘德艳　王　旭　张建魁

甘肃省行政区划简表

全省统计	12个地级市、2个自治州，4个县级市、17个市辖区、58个县、7个自治县
兰州市	城关区、七里河区、安宁区、西固区、红古区、永登县、皋兰县、榆中县
酒泉市	肃州区、玉门市、敦煌市、金塔县、瓜州县、肃北蒙古族自治县、阿克塞哈萨克族自治县
嘉峪关市	
张掖市	甘州区、民乐县、临泽县、山丹县、高台县、肃南裕固族自治县
金昌市	金川区、永昌县
武威市	凉州区、民勤县、古浪县、天祝藏族自治县
白银市	白银区、平川区、景泰县、靖远县、会宁县
定西市	安定区、通渭县、陇西县、岷县、漳县、渭源县、临洮县
平凉市	崆峒区、华亭市、崇信县、泾川县、灵台县、静宁县、庄浪县
庆阳市	西峰区、庆城县、华池县、合水县、宁县、正宁县、镇原县、环县
天水市	秦州区、麦积区、秦安县、清水县、甘谷县、武山县、张家川回族自治县
陇南市	武都区、康县、西和县、礼县、成县、徽县、两当县、文县、宕昌县
临夏回族自治州	临夏市、临夏县、永靖县、广河县、康乐县、和政县、东乡族自治县、积石山保安族东乡族撒拉族自治县
甘南藏族自治州	合作市、夏河县、临潭县、卓尼县、迭部县、碌曲县、玛曲县、舟曲县

审图号：甘S（2019）003号

甘肃省行政区划图

图例
省级行政中心
市、州、盟行政中心
县级行政中心
乡镇驻地
其他居民地
国界
未定
省级界
市级界
县级界
马场 自然保护区界
河流 水库
湖泊
井 泉
5547
山峰及高程
附注：1 属宁夏回族自治区 2 太子山天然林保护区 3 莲花山风景林自然保护区 4 属卓尼县
5 属肃南裕固族自治县
比例尺 1:4 500 000
蒙
古
自
治
区
巴 丹 吉 林 沙 漠
腾 格 里 沙 漠
乌 兰 布 和 沙 漠
毛 乌 素 沙 漠
宁 夏 回 族 自 治 区
陕 西 省
四 川 省
额济纳旗
雅干
苏宏图
阿拉善右旗
雅布赖镇
深坑井
红沙岗镇
阿拉善盟
阿拉善左旗
吉兰泰镇
苏海图
乌海市
杭锦旗
鄂尔多斯市
鄂托克旗
石嘴山市
银川市
鄂托克前旗
榆林市
吴忠市
定边
靖边
绥德
中卫市
同心
海原
固原市
西吉
子长
吴起
延安市
甜水镇
富县
黄陵
铜川市
渭南市
咸阳市
西安市
蓝田
宝鸡市
周至
太白山
3767
商洛市
凤县
略阳
汉中市
宁陕
汉阳
安康市
宁强
广元市
南江
金昌市
金川区
金 昌 市
永昌
山丹
甘肃中牧山丹马场
属肃南裕固族自治县
武 威 市
武威市
凉州区
民勤
3976
1552
古浪
大靖镇
3561
天祝藏族自治县
景泰
白银市
白银区
平川区
靖远县
白 银 市
会宁
西宁市
海东市
大通回族土族自治县
湟源
藏族自治州
共和
贵德
民和回族土族自治县
红古区
永登
兰州新区
兰州市
兰 州 市
皋兰
榆中
定西市
安定区
定 西 市
临洮
渭源
陇西
漳县
通渭
静宁
庄浪
平 凉 市
平凉市
崆峒区
华亭市
崇信
泾川
灵台
崆峒山
2123.3
庆 阳 市
庆阳市
西峰区
环县
华池
庆城
合水
镇原
宁县
正宁
永靖
积石山保安族东乡族撒拉族自治县
东乡族自治县
临夏回族自治州
临夏市
临夏
和政
广河
康乐
黄南藏族自治州
同仁
泽库
夏河
甘南藏族自治州
合作市
达久塘
碌曲
临潭
卓尼
迭部
4906
玛曲
舟曲
蒙古族自治县
天 水 市
天水市
秦州区
麦积区
甘谷
秦安
张家川回族自治县
清水
武山
1669.5
礼县
宕昌
岷县
西和
江洛镇
徽县
两当
成县
陇 南 市
陇南市
武都区
康县
文县
碧口镇
九寨沟
若尔盖
久治
阿坝
松潘
四
川
省
黄河
渭河
嘉陵江
白龙江
湖北省

552万人

截至2020年底，甘肃省75个贫困县全部摘帽

7262个贫困村全部出列

现行标准下552万农村贫困人口全部脱贫

1396所
截至2020年7月，建设乡镇寄宿制学校633所、
乡村小规模学校1396所
义务教育控辍保学实现动态清零

574.95万人

截至2020年9月

乡村两级基本医疗“空白点”全面消除

574.95万建档立卡贫困人口实现应参尽参

1251万人
“十三五”期间，1251万群众
饮水安全问题历史性解决
农村饮用水水源稳定、水管畅通、水质达标
吃水不忘思

49.9万人

“十三五”期间，36.61万农村危房完成改造

49.9万建档立卡贫困人口

易地扶贫搬迁任务全面完成

753亿元
¥
“十三五”期间，200多万农户嵌入产业扶贫大链条
“牛羊菜果薯药”六大特色产业增加值753亿元
每个贫困村农民专业合作社全覆盖

257.07万人

“十三五”期间
累计完成精准扶贫劳动力培训257.07万人次
电商服务站实现有贫困村的乡镇全覆盖
电商功能覆盖到93%的深度贫困村

6.55万公里
截至2020年底，全省农村公路里程达到19.2万公里
全省具备条件的建制村全部通硬化路和客车
村组道路硬化里程6.55万公里

88.9万人
截至2020年底，全省共有兜底保障对象
（农村一、二类低保对象和分散供养特困人员）88.9万人
实现了应保尽保、应兜尽兜的目标要求

900个
“十三五”期间，农村电网供电可靠率达到99.8%
行政村光纤宽带和4G网络覆盖率均超过99%
建成省级美丽乡村示范村900个
乡村旅游示范村310个

837.2亿元

“十三五”期间

全省共投入财政专项扶贫资金837.2亿元

147333人
6年，累计选派驻村干部147333人
为全省7262个贫困村组建驻村帮扶工作队
实现建档立卡贫困村一村一队全覆盖

兰州市 Lanzhou

脱贫成效

全市31.79万贫困人口全部脱贫，256个贫困村全部退出，4个贫困县（区）全部摘帽

两不愁三保障

·教育·

全市适龄儿童少年义务教育入学率、贫困家庭子女义务教育巩固率、有接受教育能力的适龄残疾儿童少年入学率均为100%；建档立卡贫困家庭义务教育阶段无失学辍学学生

·医疗·

农村建档立卡贫困人口医保参保率达到了100%，贫困人口基本医疗保险、大病保险、医疗救助全覆盖

·住房·

累计改造农村危房5359户，顺利实现农村四类重点对象现有存量危房清零目标；实施易地扶贫搬迁专项行动，建成19个集中安置点，搬迁建档立卡群众1568户5543人

·饮水·

累计投资11.49亿元，有效解决了农村105.13万人饮水问题，农村饮水安全覆盖率达到100%

财政投入

2016年以来各级财政投入专项扶贫资金近40亿元

2017年至2020年全市涉农资金整合规模

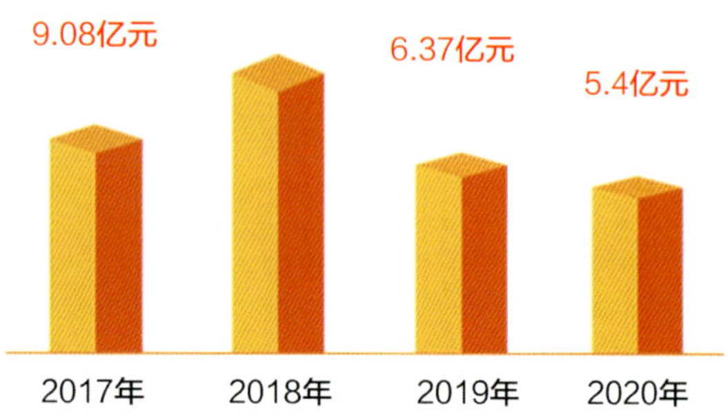

民营企业

投入帮扶资金7.02亿元
实施帮扶项目1890个

338个贫困村
8.12万贫困人口受益

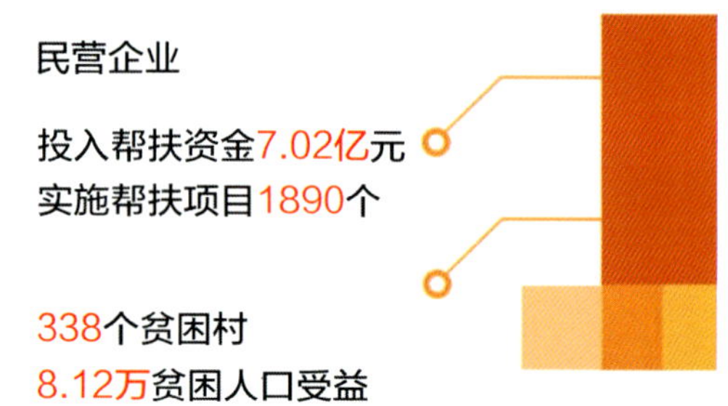

产业发展

·特色产业种植面积·

84.56万亩 11.56万亩 15.78万亩

·旅游·

省级旅游示范村 15个

市级旅游示范村 40个

新建改建农家乐 1800户

18.33亿元

2020年乡村旅游收入

金昌市 Jinchang

脱贫成效

全市1.16万贫困人口全部脱贫，15个贫困村全部退出，1个贫困县摘帽

两不愁三保障

·教育·

义务教育阶段贫困家庭学生无一人因贫困辍学；累计为贫困家庭提供生源地助学贷款195人次119.96万元；发放乡村教师补助3424人次342.4万元

·医疗·

贫困人口全部参加基本医疗保险和大病保险,医疗费用保险比例提高到86.9%。累计为建档立卡贫困人口落实参保资助24622人次363.91万元、落实医疗救助12595人次5473.55万元

·住房·

全面落实危房改造补助政策，累计实施农村危房改造6556户

·饮水·

巩固提升8.3万人的饮水安全，农村自来水普及率达到95%

2020年

贫困人口人均可支配收入达到14051元，同比增长 21.6%

高于农村居民人均可支配收入，增幅13个百分点左右

产业发展

依托独特自然禀赋,金昌市着力培育高原蔬菜、优质草畜“双百亿”现代农业产业链，打造高品质现代特色农业示范区

菜

金昌市拥有种植面积千亩以上的集中连片蔬菜生产基地12个

草

引进和培育20余家草产品加工生产龙头企业，牧草种植面积已达25万余亩，年产优质牧草20万吨，年产饲草总量达65万吨以上，年产值超4亿元

畜

建成畜牧产业园1个、肉羊养殖龙头企业3家，肉羊饲养量达135万只，年产羊肉1.2万吨，建成了养殖技术水平较高的湖羊、奶绵羊繁育和供应基地

白银市 Baiyin

脱贫成效

全市37.12万贫困人口全部脱贫，302个贫困村全部退出，5个县（区）全部摘帽

两不愁三保障

· 教育 ·

- 认真落实“两免一补”等政策，全面完成义务教育薄弱学校改造等工程
- 九年义务教育巩固率达99.86%，义务教育阶段适龄人口中无失辍学现象

· 医疗 ·

- 全市5个县区均有1家及以上二级公立医院，69个乡镇卫生院人员、设备配备到位，702个行政村卫生室建设全部达标，实现了每个村至少有1名合格村医
- 贫困人口家庭医生签约率和帮扶措施落实率均达到98%以上
- 将3.54万名慢性病患者、1.93万名常见病患者纳入到“一人一策”健康帮扶，建档立卡贫困人口参保率达100%

· 住房 ·

- 全覆盖鉴定（认定）农村住房30.5万户
- 完成危房改造2.65万户，农村危房清零任务全部完成

· 饮水 ·

- 累计投资11.44亿元，实施农村饮水安全巩固提升工程65处，解决了31.42万户123.23万人农村饮水安全问题
- 全市集中供水率98%，自来水普及率89%，解决了贫困人口饮水安全“最后一公里”难题

十大特色产业

易地扶贫搬迁

易地搬迁是解决一方水土养不好一方人、实现贫困群众跨越式发展的根本途径，也是打赢脱贫攻坚战的重要举措

“十三五”以来

白银市共投资40.42亿元

建成易地搬迁安置点(安置区)108个

搬迁群众1.4万户5.9万人

其中，搬迁建档立卡贫困户1.2万户，5.2万人

贫困群众全部实现了搬迁入住，实现了“两不愁三保障”无遗漏、产业扶持全覆盖、劳动力就业有保障

天水市 Tianshui

脱贫成效

全市92.08万贫困人口全部脱贫，1165个贫困村全部退出，7个贫困县（区）全部摘帽

两不愁三保障

· 教 育 ·

累计投入“两免一补”及各类补助资金64.37亿元，惠及学生836.1万人次。九年义务教育巩固率达100%

· 医疗 ·

投入1.39亿元建成村卫生室1301个，行政村卫生室实现全覆盖，建档立卡贫困人口参保率、患大病救治率均达到100%

· 住房 ·

实施农村危房改造3.99万户，鉴定农户住房安全等级65.8万户，贫困户住危房问题全部清零

· 饮水 ·

投入26.85亿元建成农村饮水安全集中供水工程392处，有效解决296.3万农村人口饮水安全问题，农村人口安全饮水实现全覆盖

兜底保障

累计为农村困难群众发放各类救助资金44.93亿元，逐年累计纳入农村低保对象59.45万户199.1万人，累计发放农村低保金32.63亿元

扶贫产业

依靠“产业和劳务+产业”脱贫61.62万人，培育“短平快”产业项目280个，发展“五小”产业12983处

易地搬迁

武威市 Wuwei

脱贫成效

全市35.47万贫困人口全部脱贫，339个贫困村全部退出，4个贫困县（区）全部摘帽

两不愁三保障

·教育·

抓好控辍保学工作，贫困家庭义务教育阶段适龄适学人口无失学辍学。30所“两类学校”全部建成投用

·医疗·

抓好改场所不固定、改村医不稳定、改能力还不够“三改”工作，基本医疗政策全面落实，179家定点医疗机构“一站式”结报、1231家村卫生室“即时结算”稳定运行，贫困人口慢性病签约服务应签尽签、大病集中救治率100%

·住房·

改造农村危房10383户，并全部清零，强化农村住房安全动态监测，完成1366户易致危老旧土住房提升改造

·饮水·

实施安全饮水巩固率提升工程87项，农村集中供水率达93%，自来水入户率达92%

生态移民“搬得出、稳得住、能致富”

武威市统筹脱贫攻坚和祁连山生态修复保护，大力实施生态移民，从根本上改善生产生活条件。针对南部山区山大沟深自然条件严酷、“一方水土养活不了一方人”的实际，坚持科学规划、集中安置、分步实施

“十二五”以来，累计将4.42万户17.02万人搬迁到交通便利、地势开阔、容易培育产业的古浪县黄花滩、天祝县松山滩等93个集中安置区，其中搬迁建档立卡贫困群众7.67万人

同步配套完善移民点基础设施和公共服务设施，下功夫培育发展后续增收产业，彻底解决了贫困群众行路难、饮水难、上学难、看病难、培育产业难等突出问题，实现了“搬得出、稳得住、能致富”

羊存栏和鸡存栏均居全省第1位

食用菌产量跃升至全省第1位

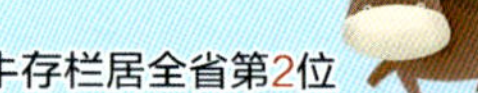

牛存栏居全省第2位

藜麦种植面积达到11.6万亩以上，约占全国种植面积的一半

引培农业产业化企业169家，组建农民专业合作社6852家，建成扶贫车间195家

特色产业贫困村贫困户全覆盖

武威市立足山、川、沙不同区域的立地条件和资源禀赋，充分发挥“高原冷凉”优势、“绿洲水土”优势、“沙漠光热”优势，着力打造沿山沿川沿沙“三大特色产业带”，大力发展“牛羊鸡菜果菌薯药”八大产业，形成了各具特色的区域产业发展带

张掖市 Zhangye

脱贫成效

全市5.3万贫困人口全部脱贫，27个贫困村全部退出，5个贫困县（区）全部摘帽

两不愁三保障

· 教育 ·

实现15年基础教育全免费，完善10年高等教育奖励救助体系。为13227名家庭经济困难学生办理生源地信用助学贷款8399万元，发放各类国家助学资金8807.7万元，惠及家庭经济困难学生14.7万人次，实现“不让一个学生因家庭经济困难而失学”

· 医疗 ·

全市贫困人口参保率达100%，贫困人口政策范围内住院费用平均报销比例稳定在93%左右。实现贫困户家庭医生签约全覆盖

· 住房 ·

危房改造任务全部完成。对辖区内所有空置危房进行核查整治，共拆除空置房、旧房9618户，新建房屋4726户，复垦6163户，实施风貌改造15715户

· 饮水 ·

全市96万农村群众生活饮用水得到有效保障，农村自来水全覆盖率、普及率达到100%

基础设施

贫困村硬化路通车率100%
乡镇客运站覆盖率100%
建制村客车通车率100%

产业扶贫

· 5年来，张掖市农村贫困人口人均纯收入年均增幅达33%
· 全市65个贫困村特色产业已发展到10万亩
· 发展培育“五小”产业1680个，建成扶贫车间68个
· 出台建立健全防止返贫致贫长效机制的实施意见
· 通过“合作社+基地+贫困户”“企业+贫困户+市场”模式用资源换收入
· 2020年，全市参加专业合作社贫困户近1万户
· 65个贫困村建成各类合作社404家
· 吸纳1800多名贫困群众就业

易地搬迁

· 持续推进生态补偿、易地搬迁
· 3846户13247人建档立卡贫困户全部搬迁入住
· 有劳动能力且有就业意愿的3299户家庭实现了至少1人就业

平凉市 Pingliang

脱贫成效

全市40.6万贫困人口全部脱贫，748个贫困村全部退出，7个贫困县（区）全部摘帽

两不愁三保障

·教育· 新建、改扩建校舍100万平方米，有需求的行政村幼儿园全覆盖，贫困家庭义务教育阶段无失学辍学学生

·医疗· 县乡村三级医疗机构“空白点”全部消除；全面推行“先诊疗后付费”和“一站式”即时结报，贫困人口参保率和资助率均达100%，建档立卡贫困人口基本医疗保险、大病保险和医疗救助全覆，慢性病签约应签尽签

·住房· 累计改造农村危房19万户，其中建档立卡贫困户2.67万户;易地扶贫搬迁9538户，其中建档立卡贫困户7412户。农村危房实现动态清零

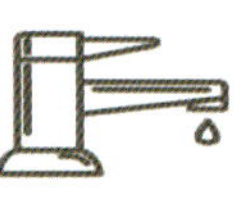

·饮水· 累计建成农村集中式供水工程172处，农村饮水安全覆盖率100%，自来水入户率98%

基础设施

建制村通畅率达到100%，57%的自然村通了硬化路；自然村动力电实现全覆盖，光纤通村率达到99.8%；农村户用卫生厕所、行政村公厕覆盖面分别达到34.5%和100%；建成美丽乡村示范村437个，清洁村庄852个

远抓苹果近抓牛　产业破解增收难

依托得天独厚的优势,平凉市确立了“远抓苹果近抓牛、当年脱贫抓劳务”的产业扶贫思路，把牛产业作为脱贫攻坚首位产业

累计投入产业扶贫资金30.5亿元，就业扶贫资金3.2亿元，发放特色产业发展工程贷款16.3亿元，培育市级以上龙头企业200个、农民专业合作社5691个、扶贫车间236个。

7.34万户贫困户通过参与“三变"改革获得配股分红5571.3万元，贫困村集体经济收入均达到2万元以上

生态扶贫走出绿色致富路

近几年，平凉市加大生态保护修复和林果产业开发力度,通过生态工程建设、生态效益补偿、林果产业扶持等方式，有力促进了贫困群众增收致富

截至目前，平凉市森林覆盖率达到33.62%，林地面积达到552万亩,苹果种植面积达到200万亩。2020年果品产量231.6万吨，产值95.36亿元，果农人均果品纯收入超过6000元，70%的贫困人口实现稳定脱贫

酒泉市 Jiuquan

脱贫成效

全市7.17万贫困人口全部脱贫，37个贫困村全部退出，2个贫困县（市）全部摘帽

两不愁三保障

·教育·

义务教育学龄儿童入学率100%，巩固率99.58%，建档立卡贫困家庭学生义务教育阶段零辍学目标全面实现，各项学生资助政策全部落实到位

·医疗·

75家乡镇卫生院住院医疗“一站式”结算实现全覆盖，404个村级卫生室“即时结报”全部落实，建档立卡贫困人口实现参保全覆盖、资助全享受、待遇全落实

·住房·

持续开展农村住房安全保障动态监测，完成危房改造清零任务2881户，完成建档立卡户住房安全保障信息核验19901户，贫困人口安全住房问题全部改造清零

·饮水·

累计投入1.15亿元新改扩建农村饮水安全工程88处，解决了17137户55845人安全饮水问题，酒泉市农村集中供水率实现100%，自来水普及率达到99%以上

收入增长

2019年全市建档立卡贫困户年人均纯收入达到7450元，较上年增长12%

2019年全市11个移民乡村年人均纯收入达到11170元，较上年增长10%

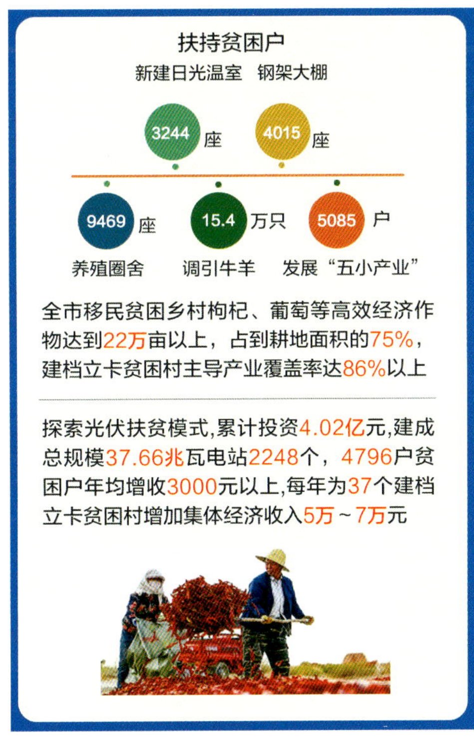

财政投入

2013年至2020年落实各类扶贫资金32.65亿元

基础设施建设

- 新建改建农村公路5750公里
- 改良盐碱地14.5万亩
- 衬砌渠道608公里
- 建成农田防护林1.03万亩

庆阳市 Qingyang

脱贫成效

全市61.05万贫困人口全部脱贫，570个贫困村全部退出，8个贫困县（区）全部摘帽

两不愁三保障

·教育·

累计劝返学生534人，送教上门249人，落实资助资金39.4亿元，惠及贫困学生432.52万人次，义务教育阶段适龄人口无一人失学辍学

·医疗·

建档立卡贫困人口全部参保，享受“先看病后付费”政策，政策范围内住院医疗费用经基本医疗保险、大病保险、医疗救助三重保障后，平均报销比例稳定在85%以上。实现标准化村卫生室全覆盖

·住房·

累计改造危窑房12.37万户，搬迁安置建档立卡贫困户1.46万户，实现贫困人口安全住房全覆盖

·饮水·

累计建成各类供水工程8.25万处，解决了125.96万农村人口的饮水安全问题。实施苦咸水“改水”项目，新建集中净化处理工程38处，涉及35个乡镇130个行政村17.43万人的供水水质得到彻底改善

4.04万名干部结对帮扶14.99万户贫困户，570名第一书记、1726名驻村工作队员常年扎根一线

- 为2082户不稳定户和3764户边缘户制定巩固提升计划
- 累计落实直接到户产业扶持资金9.45亿元、入股配股15.19亿元
- 2015年以来，平均每年输转农村富余劳动力64.8万人次
  其中建档立卡贫困劳动力18万人次
- 累计开展精准扶贫劳动力培训28.9万人次

发放精准扶贫贷款51.17亿元

- “十三五”以来，累计投入财政扶贫资金165.9亿元
- 平均每年统筹整合涉农资金10.57亿元,累计投放特色产业贷款50.48亿元，受益贫困户达到11.46万户

发展四区四带特色产业

- 加快建设肉羊、肉牛、肉鸡、生猪四个产业区,优质饲草、苹果、中药材、瓜菜四个产业带,着力打造肉羊、苹果、肉鸡、生猪、饲草五个产业集群
- 先后招引培育各类农业企业331家，建办专业合作社7825个，培育家庭农场540个，新型经营主体带贫近15万户，分红1.43亿元

定西市 Dingxi

脱贫成效

全市84.24万贫困人口全部脱贫，1101个贫困村全部退出，7个县（区）全部摘帽

两不愁三保障

教育

投入资金26.44亿元，实施全面改薄项目4032个，全市学前三年毛入园率达96.53%，九年义务教育巩固率达97.69%，1000人以上有需求的行政村幼儿园实现全覆盖，所有贫困家庭适龄学生在家门口有学上，全市建档立卡贫困家庭义务教育阶段无因贫失学辍学学生

医疗

全市1829个行政村实现标准化卫生室全覆盖，配备合格乡村医生2118名；乡镇卫生院和县级公立医院全部达到分类建设标准；实现基本医疗保险、大病保险、医疗救助保障贫困人口全覆盖，建档立卡贫困人口政策范围内医疗费用报销比例提高5个百分点

住房

投入危改补助资金26.08亿元，改造农村危房21.35万户，2.09万户9.23万实现易地扶贫搬迁

饮水

累计投入资金14.56亿元，实施农村饮水安全巩固提升工程71项，全面解决贫困人口安全饮水问题。全市农村集中供水率达93%以上，自来水普及率达91%以上

农民人均可支配收入

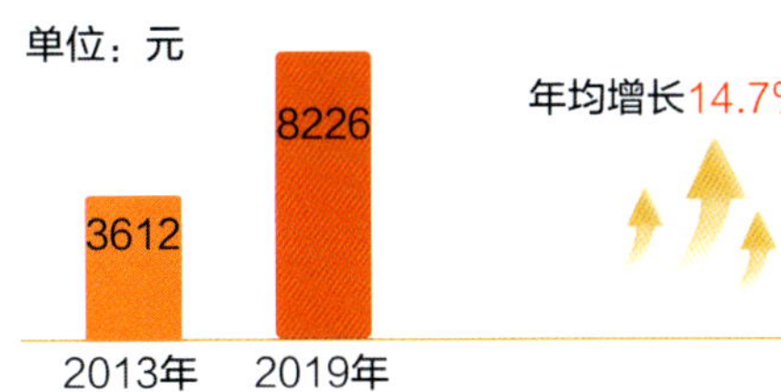

产业就业扶贫

- 健全牛、羊、菜、果、薯、药、种“7+X”产业全覆盖体系

- 全面推行“551”产业扶贫模式
- 因地制宜发展扶贫车间、公益性岗位、“五小工程”等8个新型扶贫业态
- 累计整合各类资金56.97亿元用于产业发展，75%以上的农户依靠产业有了稳定收入

累计开发公益性岗位 51264 个
建成扶贫车间 322 家
吸纳建档立卡贫困劳动力 4322 人

陇南市 Longnan

脱贫成效

全市83.94万贫困人口全部脱贫，1707个贫困村全部退出，9个贫困县（区）全部摘帽

两不愁三保障

· 教 育 ·

全面落实各项教育资助优惠政策，建立健全“双线四级”控辍保学机制，制定“一生一案”，控辍保学成效有效巩固。98所小规模学校建成投入使用，48所寄宿制学校主体全部完工，办学条件明显改善，乡村教师队伍进一步选配调优

· 医 疗 ·

村卫生室标准化建设和合格医生配置全覆盖；建档立卡贫困人口参保率100%；基本医保、大病保险、医疗救助政策全面落实；实现了家庭医生签约服务应签尽签

· 住 房 ·

实施农村危房改造10.3万户，受益49万余人。全市易地扶贫搬迁建档立卡贫困户14874户61787人，搬迁群众全部入住

· 饮 水 ·

全市累计建成农村饮水安全及巩固提升工程3467处，解决了全市197个乡镇3201个行政村230.5万农村人口饮水安全问题

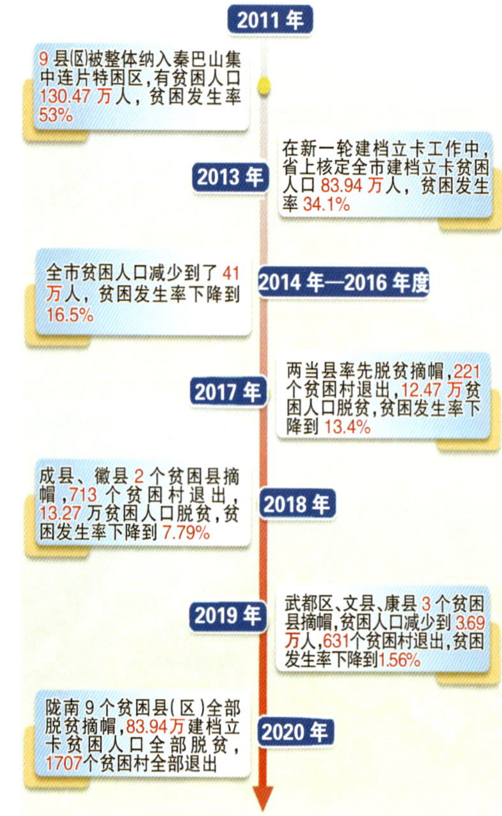

- 省市县三级1262个单位帮扶2336个村，贫困村实现了驻村队伍全覆盖
- 建成覆盖市、县、乡、村四级的3497个新时代文明实践中心（所、站）
- 青岛市全力帮扶陇南，累计援助帮扶资金23.27亿元
- 8家中央定点帮扶单位共投入帮扶物资资金5.58亿元，实施帮扶项目777个

临夏回族自治州 Linxia

脱贫成效

全国脱贫看甘肃，甘肃脱贫看临夏，临夏脱贫看东乡

全州56.32万贫困人口全部脱贫，

649个贫困村全部退出，

8个贫困县(市)全部摘帽

两不愁三保障

·教育·

学前三年毛入园率95.36%

九年义务教育巩固率97.23%

高中阶段毛入学率80.86%

新建幼儿园994所、义务教育阶段学校1497所，学前及义务教育阶段学校达2403所

·医疗·

建档立卡贫困人口基本医疗保险参保率稳定达到100%

住院平均报销比例达到85%以上

·住房·

2009年以来,累计改造危房22.58万户，

农村C、D级危房全面清零

7.51万群众通过易地扶贫搬迁挪穷窝、换穷业、拔穷根

·饮水·

全州农村自来水入户率达到99%以上，

供水保障率达到95%以上

农村饮水安全问题得到了历史性解决

产业扶贫

近三年，全州先后投入产业奖补奖金27.59亿元，扶持贫困户发展特色种植、畜牧养殖、“五小产业”。

- 全州农民专业合作社达到4747家、入社农户9.7万户、带动17.6万户
- 近三年新培育引进农业龙头企业69家、州级以上农业产业化重点龙头企业达131家、带动农户8.44万户
- 积极推进光伏扶贫、消费扶贫、旅游扶贫、电商扶贫，多渠道增加群众收入。把就业扶贫作为促进群众脱贫增收最直接、最有效的途径，大规模开展技能型、精准化的就业创业培训。累计建成使用扶贫车间340家，吸纳就业15561人，其中贫困劳动力7939人，月工资2000元以上

甘南藏族自治州 Gannan

脱贫成效

全州17.12万贫困人口全部脱贫，309个贫困村全部退出，8个贫困县（市）全部摘帽

两不愁三保障

· 教 育 ·

全面落实各类教育扶贫政策，重点对控辍保学劝返复学情况实行“点名制”“日报制”跟踪监督，全州义务教育巩固率达到99.11%

· 医 疗 ·

进一步提升基层医疗服务能力和水平，全州“一站式”即时结算定点医疗机构达到153家，612个村卫生室实现即时结报，贫困人口参保率和资助率均达到100%

· 住 房 ·

累计改造农牧村危房9.8万户，全州范围全面消除农牧村危房和榻板房。全州4550户建档立卡贫困户依托“易地扶贫搬迁脱贫一批”政策实现“搬得出、稳得住、能脱贫、可致富”的目标

· 饮 水 ·

投入4911万元，继续实施巩固提升工程项目95处，全州农牧村自来水入户率达到94%，饮水安全率达到100%，季节性缺水和冬季“冻管”问题得到有效解决

- 2017年 合作市率先脱贫摘帽
- 2018年 夏河、卓尼、迭部、碌曲、玛曲5县脱贫摘帽
- 2019年 临潭和舟曲2县省定深度贫困县脱贫摘帽

3.8万农牧民通过旅游实现稳定增收

近年来，甘南州依托“环境革命”和“生态文明小康村”两大平台，创新实施文化旅游“一十百千万”工程

- **做大做强** “全域旅游无垃圾 · 九色甘南香巴拉”1个特色品牌
- **着力打造** 16个文化旅游标杆村
- **探索创建** 100个全域旅游专业村
- **加快建设** 1000个具有旅游功能的生态文明小康村
- **创新培育** 10000个精品民宿和星级农家乐

截至目前，全州已建成文化旅游标杆村11个、全域旅游专业村80个，实施旅游扶贫重点村基础设施建设项目67个，扶持农（牧）家乐1449户，3.8万农牧民群众通过旅游实现稳定增收

产业扶贫让群众收入持续增长

着力培育“牛羊猪鸡果蔬菌药”八大特色产业；创新完善利益联结机制

1. 培育壮大县级以上龙头企业 44家
2. 扶持发展具有较强带贫能力的专业合作社 4312个
3. 3.35万脱贫户通过参股经营每年都能获得稳定分红

嘉峪关市 Jiayuguan

农村人居环境综合整治

- 农村人居环境整治项目:农村居民点后墙后路整治疏通率达到100%
- 农村饮用水提升改造项目:提升改造饮用水管线74868米
- 农村污水处理设施配套建设工程:新建污水处理站11座，新建污水收集管网52.297千米，安装排水检查井2249座
- 农村生活垃圾分类清运处理配套设施建设项目:农村生活垃圾收集转运处理设施实现全覆盖
- 农村户用厕所改造项目:完成全市农村5572户卫生厕所改造，农村户用卫生厕所覆盖率达到96%以上
- 农村改暖、改炕、改灶、改厨综合改造项目:农村清洁能源使用率达到86%以上
- 农村社区服务中心标准化建设项目:完成9个农村社区服务中心建设
- 农村公交运行维护项目:实施建设3个农村公交调度站
- 乡村绿化造林项目:全市森林覆盖率达到15.2%
- 乡村旅游提升改造项目:建成5个乡村旅游示范点

农产品对接销售

探索开展农产品对接销售，签订本地农产品供销合作协议，销售额达到1400万元，农民户均增收2300元以上

驻环县帮扶成效显著

先后公开选拔59名优秀年轻干部组成嘉峪关驻环县帮扶工作队，助力环县坚决打赢脱贫攻坚战，开创了公开选拔扶贫干部的先例

整村发展

多方筹措资金2156万元，帮办实事1403件，谋划实施农业产业项目147个

村集体经济收入总额

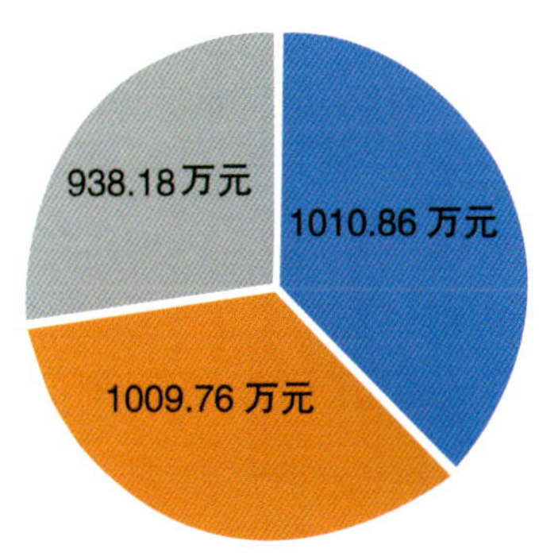

东西部扶贫协作

资金投入持续加大

近年来，东部协作4市累计投入甘肃省财政援助资金 87.86 亿元
实施协作项目4900余个，动员东部社会力量捐款捐物16.46 亿元

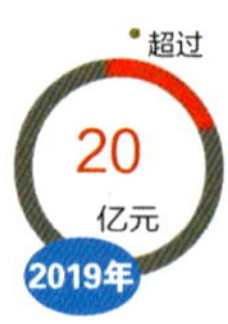

已实施项目 1669 个

东部协作市拿出 2130 多个事业单位和市属国有企业岗位，定向招聘甘肃贫困家庭大学生

劳务协作逆势增长

累计为贫困户提供就业岗位 6 万多个

联合开展就业培训 8.66 万人次

面向东部协作4市输转建档立卡劳动力 2.5 万人

通过牵线搭桥、技能培训输转贫困劳动力到其他地区就业 12 万人次

2020年，各地克服疫情影响，输转贫困劳动力到东部协作区就业1.03万人、到其他地区6万人，分别是2019年的1.5倍、1.6倍

采取协作共建、单独兴建等多种形式，引导东部4市帮助援建扶贫车间 1351个

累计吸纳贫困劳动力 7.07万人次，就近就地就业

产业合作有效推进

2016年以来，引导东部企业来甘肃省投资兴业，投资额达到42.53亿元，带动29.49万贫困人口稳定增收

2020年1—9月引导159家东部企业在贫困地区落地，投资12.18亿元，带动4.16万名贫困人口增收，分别较2016年增长135家、10.28亿元、4.16万名

同天津市连续两年举办“津企陇上行”活动，累计签约协作项目118个，金额313亿元。已有86个项目落地，投资到位金额44.04亿元

人才交流深入开展

甘肃省先后选派 726 名挂职干部、10669 名专技人才，到东部 4 市交流学习

东部 4 市累计选派 256名党政干部、4632 名专技人才到甘肃省结对县区开展帮扶，实现对甘肃省 58 个贫困县全覆盖

借助东部力量培训创业致富带头人3.77万人次，创业成功2.27万人，带动贫困人口21.6万人

编辑说明

一、《甘肃年鉴（2021）》是甘肃省人民政府主管、甘肃省地方史志办公室编写的系统记述全省自然、政治、经济、文化、社会、生态等方面情况的年度资料性文献。

二、《甘肃年鉴（2021）》坚持以马克思列宁主义、毛泽东思想、邓小平理论、“三个代表”重要思想、科学发展观、习近平新时代中国特色社会主义思想为指导，紧紧围绕省委省政府中心工作，突出年度特色，全面、客观、真实、系统地记述全省各地、各部门、各行业基本情况，为促进甘肃经济社会高质量发展和社会各界了解甘肃、研究甘肃提供基本资料和历史借鉴。

三、《甘肃年鉴（2021）》增加“脱贫攻坚特载”和“新冠肺炎疫情防控”重点类目，对市（州）县（市、区）概况类目进行调整，从2021卷起不再收录县（市、区）概况。

四、《甘肃年鉴（2021）》“脱贫攻坚特载”，旨在记述全省人民在中国共产党的领导下打赢脱贫攻坚战的辉煌业绩和付出的艰辛努力，重点突出反映了“十三五”时期全省脱贫攻坚工作，记述时限为2016—2020年。为保证记述内容的完整性，部分内容的记述时限做了适当上溯下延。

五、《甘肃年鉴（2021）》脱贫攻坚先进集体先进个人收录“十三五”期间受中共中央、国务院以及国家部委和甘肃省委、省政府表彰的先进集体和先进个人。脱贫攻坚英模事迹收录脱贫攻坚先进个人中已故的人物，以生年为序。全省其他先进集体与先进人物收录2020年受中共中央、国务院以及国家部委和甘肃省委、省政府表彰的先进单位和先进人物。

六、《甘肃年鉴（2021）》设类目、分目和条目3个层次，部分分目下设次分目，以条目作为记述的基本形式。共设脱贫攻坚特载、2020年大事记、省情概览等30个类目。

七、《甘肃年鉴（2021）》所载内容和数据，由省直各部门、单位、社会团体、行业组织、企事业单位和市（州）提供；插页及正文照片，均由有关单位提供。

八、《甘肃年鉴（2021）》附电子版（光盘），插装于封三。

目　录

脱贫攻坚特载

甘肃
年鉴
2021

甘肃年鉴 2021

2020年大事记

省情概览

中国共产党甘肃省委员会

甘肃省人民代表大会

甘肃省人民政府

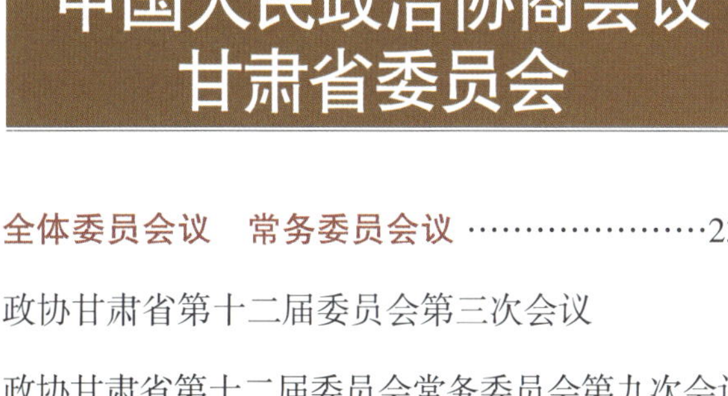

中国共产党甘肃省纪律检查委员会甘肃省监察委员会

民主党派与工商联

群众团体

军事　法治

农业　林草业　水利

工业

金融业

商贸流通

交通运输　通信

经济管理与监督

甘肃
年鉴
2021

资源管理　城乡建设　环境保护

教育　科技

文化　旅游　体育

卫生健康　红十字事业

新冠肺炎疫情防控

新闻出版管理 融媒体传播

社会事务管理 应急救援保障

市（州）概况

甘肃省国民经济和社会发展统计公报（2020年）

甘肃年鉴 2021

先进集体与先进人物

专利与科技奖励

附　录

脱贫攻坚大事记

【2016年】

3月18日　省委副书记、省长刘伟平主持召开省政府第113次常务会议，审议加快推进“十三五”易地扶贫搬迁工作方案等事宜。

3月30日—4月1日　国务院副总理、国务院扶贫开发领导小组组长汪洋到临夏州康乐县、定西市临洮县调研精准扶贫建档立卡工作。

4月16日—17日　中共中央政治局委员、中组部部长赵乐际到舟曲调研抓党建促脱贫攻坚工作。

4月17日—20日　全国政协副主席马飚带领全国政协调研组到甘肃省就“集中连片特困地区贫困人口易地搬迁”进行专题调研并召开座谈会。

5月10日　省政府常务会议审议并通过《甘肃省全面改善贫困地区义务教育薄弱学校基本办学条件工作专项督导实施方案》。

7月5日　国家卫生计生委、国务院扶贫办、中央军委后勤保障部在兰州召开全国健康扶贫工作电视电话会议。

9月21日　全面改善贫困地区义务教育薄弱学校基本办学条件工作现场推进会在兰州召开。中共中央政治局委员、国务院副总理刘延东强调要精准发力，持续推进，打赢全面改善薄弱学校基本办学条件攻坚战。

9月27日　首届“中国扶贫论坛”在定西市开幕。十一届全国人大常委会副委员长周铁农出席开幕式并宣布论坛开幕，林铎发表题为《聚焦精准坚决打赢脱贫攻坚战，补齐短板助力实现全面小康梦》的主旨演讲。

10月13日—14日　全国“巾帼脱贫行动”现场推进会在陇南市召开。全国人大常委会副委员长、全国妇联主席沈跃跃，全国妇联党组书记、副主席、书记处第一书记宋秀岩，国务院扶贫办副主任洪天云出席会议并讲话。

11月24日　省政府常务会议审议通过《甘肃省产业扶贫专项贷款工程实施方案》。

12月21日　林铎接受中央电视台《经济半小时》节目记者专访，介绍甘肃省脱贫攻坚，尤其是电商扶贫方面的经验。

【2017年】

6月7日—8日　省委书记、省人大常委会主任林铎

赴定西市和临夏州调研脱贫攻坚工作。强调要深入学习贯彻习近平总书记系列重要讲话精神和治国理政新理念新思想新战略特别是关于扶贫工作的重要论述，全面落实中央和省委精准扶贫、精准脱贫决策部署，用精细精确精微的“绣花”功夫，提高帮扶的针对性和精准度，立足自身优势，做大做强做优富民产业，确保贫困群众脱贫致富的持续性和稳定性。

6月26日　全省脱贫攻坚推进大会在兰州召开。林铎强调，要深入学习贯彻习近平总书记关于扶贫工作的重要论述和在深度贫困地区脱贫攻坚座谈会上的重要讲话精神，认真落实省第十三次党代会工作部署，认清面临形势，下足“绣花”功夫，以更加有力的举措、更加明确的责任和更加严实的作风，推进脱贫攻坚各项任务落实见效。省委副书记、省长唐仁健主持会议，并传达习近平总书记在深度贫困地区脱贫攻坚座谈会上的重要讲话精神。

7月8日　刘延东在甘肃出席全国打赢教育脱贫攻坚战现场会，强调要深入贯彻习近平总书记关于脱贫攻坚一系列重要指示精神，齐心协力、攻坚克难，推动教育扶贫政策措施落地见效，让贫困地区学生接受良好教育，为确保如期实现脱贫攻坚目标作出贡献。

7月12日　国务院扶贫开发领导小组督查组一行在兰州听取甘肃省的脱贫攻坚工作汇报。

7月15日　国务院扶贫开发领导小组督查组在兰州召开会议向甘肃省反馈督查意见。

7月17日　林铎、唐仁健在兰州会见来甘调研的中央统战部副部长、国家民委主任、党组书记巴特尔一行。林铎代表省委、省政府对国家民委长期以来给予甘肃各项工作的关心支持表示衷心感谢，希望国家民委在甘肃经济发展、脱贫攻坚等方面，进一步加大倾斜和扶持力度。

7月19日—20日　林铎到所联系的东乡县，调研督查脱贫攻坚工作。强调，要坚定信心决心，抢抓政策机遇，迎难而上、苦干实干，齐心协力打赢脱贫攻坚战。

△　唐仁健到所联系的宕昌县两河口镇调研。强调要按照省第十三次党代会部署要求，紧盯“两不愁三保障”目标，认识再提升，措施再精准，工作再靠实，力度再加大，勠力同心，攻坚克难，坚决打赢脱贫攻坚硬仗之中的硬仗。

7月25日—28日　省委副书记孙伟在联系的积石山县调研，强调要加大政策倾斜力度，采取超常措施补齐短板弱项，坚决打赢深度贫困地区脱贫攻坚这场硬仗中的硬仗。

7月28日《甘肃省农村扶贫开发条例》由甘肃省第十二届人民代表大会常务委员会第三十四次会议修订通过，自2017年9月1日起施行。

8月3日—5日　天津市委书记李鸿忠率领天津市党政代表团来甘肃省考察。5日上午，两省市在兰州召开合作交流和加强东西部扶贫协作及对口支援工作座谈会。林铎和李鸿忠讲话，唐仁健和天津市委常委、常务副市长段春华分别介绍有关情况。考察期间，林铎、李鸿忠等两省市领导在甘南会见天津市援甘干部。天津市党政代表团深入合作市贫困乡村实地考察帮扶项目实施情况，看望建档立卡贫困户，并到涉农企业进行调研。

8月15日—16日　林铎在平凉调研。强调要做大做强做优特色优势产业，强化基层党组织功能，坚决打赢深度贫困地区脱贫攻坚这场硬仗。

8月17日—18日　林铎深入武威、金昌两市调研。强调要坚持精准施策，创新方式方法，以“绣花”的功夫扎实推进脱贫攻坚工程。

8月29日　全国一村一品产业扶贫经验交流会暨村企对接活动在兰州举行。通过经验交流、村企对接，引领优势特色产业持续发展，以产业发展推动精准扶贫精准脱贫工作。

9月11日　全省深度贫困地区脱贫攻坚专题工作会议在兰州召开。林铎出席并作重要讲话，唐仁健主持并讲话。孙伟传达国务院扶贫办对甘肃省脱贫攻坚督查巡查有关情况。

10月10日　甘肃省东西部扶贫协作暨中央单位定点扶贫工作推进电视电话会议在兰州召开。孙伟代表省委省政府向天津、厦门、青岛、福州四市和33家中央定点扶贫单位一直以来的倾力帮扶和大力支持表示感谢。

10月17日　在第四个国家扶贫日，第二十五个国际消除贫困日之际，林铎、唐仁健分别作出批示，要扎实开展好扶贫日系列活动，更广泛地动员引导社会各方面的力量，关心贫困群众、支持贫困地区，积极参与扶贫济困，进一步凝聚形成脱贫攻坚的强大合力。

11月1日—3日　孙伟到陇南市康县、文县和甘南州舟曲县、迭部县，深入乡村、农业企业、农民专业合作社和 农户家中，察看乡村旅游、特色农产品开发、易地扶贫搬迁、灾后重建等工作情况。

11月10日　全省脱贫攻坚重点专项工作电视电话会议在兰州召开。唐仁健作重要讲话，孙伟出席会议并讲话。

11月15日—17日　唐仁健深入平凉部分县区的贫困村和企业，调研脱贫攻坚。

11月21日—22日　林铎在定西市调研脱贫攻坚。

11月30日　省脱贫攻坚领导小组在兰州召开2017年第四次会议。林铎、唐仁健先后讲话。会议研究审议扶贫开发工作考核评估方面的有关办法和方案，听取领导小组有关成员单位支持深度贫困县脱贫攻坚工作情况的汇报。

12月5日　省委常委会召开会议，研究部署推进“两州一县”脱贫攻坚和全省农村“三变”改革等工作。

12月17日—18日　孙伟在陇南市调研。深入礼县崖城镇草坡村、西和县洛峪镇古合村、成县纸坊镇刘家山村等深度贫困村，了解贫困状况和脱贫工作。

12月18日—19日　全省贫困村整体提升工程现场会在陇南市召开。

12月26日　省委常委会召开会议，传达学习习近平总书记在中央宣传部呈报的《弘扬脱贫攻坚精神，推动农村物质文明和精神文明协调发展——寻乌扶贫调研报告》上的重要批示，研究甘肃省贯彻意见，部署构建生态产业体系、推动绿色发展等工作。

△　全省产业扶贫工作电视电话会议召开，唐仁健讲话。

【2018年】

1月8日—9日　孙伟在平凉市庄浪县调研，深入了解支柱产业发展、农业产业化经营及带动贫困户增收情况，深入了解群众生产生活、脱贫攻坚进展及帮扶工作情况，看望驻村帮扶工作队队员。

1月9日　省脱贫攻坚领导小组在兰州召开2018年第一次会议。会议传达学习习近平总书记、李克强总理在中央农村工作会议上关于脱贫攻坚的重要论述和全国扶贫开发工作会议精神，审议《2018年甘肃省脱贫攻坚工作要点》《甘肃省贫困村驻村帮扶工作队管理办法》，听取有关部门脱贫攻坚工作汇报。

1月12日—13日　省委农村工作暨扶贫开发工作会议在兰州召开。会议讨论通过《甘肃省贯彻〈中共中央、国务院关于实施乡村振兴战略的意见〉的意见》。省委省政府与有关省领导、省直有关部门主要负责人和脱贫攻坚任务重的13个市州签订“脱贫攻坚责任书”。

1月15日　唐仁健主持召开省政府第177次常务会议，通过《助力脱贫攻坚加快自然村组道路建设实施方案（2018—2020年）》。

2月6日—7日　唐仁健深入宕昌、徽县、西和、礼县等地调研脱贫攻坚工作。

2月7日　林铎到平凉市调研脱贫攻坚工作。

2月25日—28日　孙伟在庆阳市调研脱贫攻坚工作。

3月7日　出席十届全国人大一次会议的甘肃省代表团在人民大会堂甘肃厅举行“媒体开放日”活动。林铎、唐仁健等分别围绕脱贫攻坚、高质量发展、旅游强省建设、生态环境保护、“一带一路”建设、做大做强特色产业等回答记者提问。

3月11日　林铎受邀参加中央人民广播电台两会特别节目《做客中央台》，畅谈脱贫攻坚、县域经济发展、“一带一路”建设、生态环境保护等重点工作。

3月12日—15日　孙伟到临夏州、甘南州、定西市调研，随机选择深度贫困村进村入户走访，察实情、看其贫。

3月23日—25日　中共中央政治局委员、国务院副总理胡春华深入甘南州、定西市调研脱贫攻坚工作。

4月1日　林铎在临夏州、陇南市专题调研脱贫攻坚工作。

4月10日　省委常委会召开会议，传达学习习近平总书记在中央政治局常委会会议审议2017年省级党委和政府扶贫开发工作成效考核情况汇报时的重要讲话精神，研究提出甘肃省贯彻落实的具体意见，进一步安排部署打赢打好脱贫攻坚战工作。

5月7日　唐仁健主持召开十二届省政府第10次常务会议，研究脱贫攻坚问题整改工作。

5月8日　省委常委会召开会议，安排部署脱贫攻坚等工作。

5月16日—19日　全国无党派人士考察团赴临夏、天水、陇南、定西等地，就“乡村振兴中的产业扶贫问题”开展调研。19日下午，考察团在兰州召开调研反馈会反馈意见。

5月21日　由国务院国资委主办的中央企业深度贫困地区脱贫攻坚现场推进会在临夏召开。

29日　甘肃省四川省脱贫攻坚工作交流座谈会在成都举行。

6月1日　唐仁健率领甘肃省代表团在四川学习考察脱贫攻坚工作。

6月4日　唐仁健主持召开十届省政府第13次常务会议，部署加大资金投入支持扶贫产业发展和贫困村农民合作社建设事宜。

6月8日　林铎到帮扶联系县东乡县，专题调研脱贫攻坚工作。

6月12日　省委常委会召开会议，传达学习习近平总书记和李克强总理对打赢脱贫攻坚战工作年行动作出的重要批示以及打赢脱贫攻坚战三年行动电视电话会议精神，研究提出甘肃省贯彻意见，安排部署脱贫攻坚等工作。

6月14日—15日　唐仁健在陇南市调研脱贫攻坚工作。

6月16日　林铎在定西市通渭县调研脱贫攻坚战工作。

6月26日　省委常委会召开会议，听取赴四川省学习考察脱贫攻坚工作情况汇报，学习研究四川脱贫攻坚先进经验，进一步安排部署甘肃省打赢脱贫攻坚战有关工作。

6月28日　福建省福州市和甘肃省定西市扶贫协作座

谈会在福州市召开。

6月29日　福建省厦门市和甘肃省临夏州扶贫协作座谈会在厦门召开。

△　山东省青岛市和甘肃省陇南市扶贫协作座谈会在青岛召开。

△　省政府批准皋兰县、崆峒区、正宁县、两当县、临夏市、合作市等6个县（市、区）退出贫困县序列。

7月2日　唐仁健主持召开十届省政府第17次常务会议，会议审议通过《甘肃省2018—2020年农业保险助推脱贫攻坚实施方案》，决定大力开展农业保险“增品扩面提标降费”工作，为坚决打赢脱贫攻坚战提供风险保障。

△　甘肃省农业扶贫产业产销协会成立。唐仁健出席成立大会并讲话。

△　全省脱贫攻坚帮扶工作推进会议在兰州召开，表彰2017年度全省脱贫攻坚帮扶工作先进集体先进个人。

7月17日　中国共产党甘肃省第十三届委员会第五次全体会议在兰州举行。会议审议并原则通过《甘肃省乡村振兴战略实施规划（2018—2022年）》和《中共甘肃省委甘肃省人民政府关于打赢脱贫攻坚战三年行动的实施意见》，会议传达学习习近平总书记关于打好三大攻坚战、实施乡村振兴战略重要论述，传达学习《乡村振兴战略规划（2018—2022年）》和《中共中央国务院关于打赢脱贫攻坚战三年行动的指导意见》。林铎受省委常委会委托报告工作，并作总结讲话。唐仁健就有关文件作说明。

8月16日　2018甘肃·陇南油橄榄产业助推脱贫新产品推介会在北京召开。

8月24日—25日　林铎深入兰州市和武威市，就脱贫攻坚、乡村振兴等工作进行广泛调研。

8月29日　省脱贫攻坚领导小组召开2018年第七次会议，传达学习中央有关文件和会议精神，听取国务院扶贫开发领导小组脱贫攻坚巡查反馈问题整改工作、深度贫困县“一户一策”工作进展等情况汇报，安排部署下一阶段工作。林铎、唐仁健讲话。

9月1日　天津市甘肃省东西部扶贫协作工作座谈会暨帮扶项目签约仪式在兰州举行。

9月14日　全省深度贫困地区脱贫攻坚现场推进会在临夏州召开。

9月19日　省脱贫攻坚领导小组在兰州召开2018年第八次会议。林铎主持会议并讲话，唐仁健出席会议并讲话。

9月29日　全省东西部扶贫协作暨中央单位定点扶贫工作推进（视频）会议在兰州召开。

10月10日　省政府批准七里河区、凉州区、民勤县、永昌县、瓜州县、甘州区、高台县、山丹县、民乐县、肃南县、西峰区、白银区等12个插花县（市、区）退出贫困县序列。

10月11日　全国政协副主席李斌在陇西县、渭源县调研中医药产业发展和脱贫攻坚工作。

△　2018中国（甘肃）中医药产业博览会在渭源分会场举行中药材产业扶贫论坛，省内外专家学者和企业界代表就中药材产业扶贫面临的机遇和挑战献计献策，共谋发展。

10月17日　中央第一巡视组对甘肃省开展脱贫攻坚专项巡视工作动员会召开。

10月19日　全省驻村帮扶工作队队员人身意外伤害保险捐赠仪式在兰州举行。

10月22日—23日　由全国工商联、国务院扶贫办、中国光彩会、中国农业发展银行共同举办的全国“万企帮万村”产业扶贫现场推进会在兰州新区召开。会议传达学习习近平总书记对“万企帮万村”行动中受表彰的民营企业家的回信，对进一步开展工作作出部署。中央统战部副部长、全国工商联党组书记、中国光彩会会长徐乐江出席会议并讲话。

10月28日　全省深度贫困地区“巾帼扶贫车间”推进会召开。

11月1日　省委省政府在兰州召开以“千企帮千村助力脱贫攻坚”为主题的民营企业家座谈会。林铎出席并讲话，唐仁健主持座谈会。

11月15日—17日　林铎深入陇南市、天水市调研脱贫攻坚、乡村振兴等工作。

11月15日—16日　全省扶贫车间建设暨就业扶贫现场推进会在天水、平凉召开。

11月22日—23日　林铎深入甘南州调研脱贫攻坚工作。

△　孙伟带领省直有关部门负责人到武威市古浪县、白银市景泰县调研脱贫攻坚工作，现场办公协调解决具体问题。

12月5日—7日　孙伟带领临夏州代表团到厦门市考察对接东西部扶贫协作工作。

12月8日　林铎深入东乡县，就脱贫攻坚、产业发展等工作进行调研。

12月12日　唐仁健主持召开省政府党组（扩大）会议，专题学习《习近平扶贫论述摘编》，安排部署省政府系统学习贯彻工作。

【2019年】

1月13日—14日 中共中央政局常委、全国政协主席汪洋在临夏州调研脱贫攻坚工作，看望慰问贫困群众和基层扶贫干部。强调要深入贯彻落实习近平总书记关于扶贫工作的重要论述，切实把习近平总书记新年贺词中对扶贫干部的亲切关怀和对脱贫工作的殷切期望转化为强大的工作动力，坚决攻克深度贫困的堡垒，确保如期打赢脱贫攻坚战。

1月16日 省委常委会召开会议，传达学习汪洋在临夏州调研脱贫攻坚工作时的讲话精神，研究提出甘肃省贯彻意见，安排部署相关工作。

1月18日 中央第一巡视组向甘肃省委反馈脱贫攻坚专项巡视情况。

2月23日 省脱贫攻坚领导小组2019年第二次会议暨省中央脱贫攻坚专项巡视反馈意见整改工作领导小组第一次会议兰州召开。林铎主持会议并讲话。会议传达学习习近平总书记关于脱贫攻坚专项巡视的重要指示精神，传达学习深度贫困地区脱贫攻坚座谈会和有关会议、有关通报精神，审议通过《甘肃省中央脱贫攻坚专项巡视反馈意见整改方案》等文件，研究部署2019年深度贫困地区脱贫攻坚工作。

2月26日 省委常委会召开会议，传达学习全国脱贫攻坚专项巡视整改工作电视电话会议精神，研究提出贯彻落实意见，安排部署有关工作。

2月28日 唐仁健主持召开省政府党组（扩大）会议，学习《习近平扶贫论述摘编》部分重点篇目，学习习近平总书记关于脱贫攻坚的重要讲话精神，安排部署贯彻落实事宜。

3月25日 省委常委会召开2019年中央脱贫攻坚专项巡视反馈意见整改专题民主生活会。林铎主持会议并作总结讲话。

3月29日—30日 全国政协副主席、国家发展改革委主任何立峰在甘南州开展调研。林铎汇报甘肃省脱贫攻坚有关情况。

4月1日 唐仁健主持召开十三届省政府第46次常务会议，审议通过《关于深入开展消费扶贫助力打赢脱贫攻坚战的实施意见》。

4月15日 唐仁健主持召开十三届省政府第48次常务会议，传达学习全国东西部扶贫协作和中央单位定点扶贫工作推进会精神；研究部署推进中央脱贫攻坚专项巡视反馈意见整改及脱贫攻坚“3+1”冲刺清零行动事宜。

4月28日 省政府批准永登县、榆中县、玉门市、平川区、景泰县、武山县、甘谷县、泾川县、灵台县、崇信县、华亭市、成县、徽县、夏河县、卓尼县、碌曲县、玛曲县、迭部县等18个县（市、区）退出贫困县序列。

4月29日 全省脱贫攻坚重点领域政策落实专题培训班在兰州开班。唐仁健出席开班式并讲话。

5月9日—10日 林铎深入陇南市，就脱贫攻坚“3+1”冲刺清零、产业扶贫、抓党建促脱贫等工作进行调研。

5月17日 唐仁健在定西调研“3+1”冲刺清零行动落实情况。

5月21日 甘肃省深度贫困地区脱贫攻坚现场推进会在渭源县召开。

6月19日 省委理论学习中心组举行2019年第八次专题学习会议，深入学习《习近平关于“工农”工作论述摘编》，全面落实中央农村工作会议和中央一号文件精神，大力实施乡村振兴战略，奋力打赢脱贫攻坚战，唐仁健出席会议，孙伟主持。中央农办副主任、农业农村部副部长韩俊应邀作专题辅导报告。

6月20日 甘津两省市扶贫协作和对口支援工作对接会在兰州举行。

△ 林铎、唐仁健在兰州会见来甘调研定点扶贫工作的国家市场监督管理总局局长、党组书记肖亚庆一行。

7月5日 甘肃中部生态移民扶贫开发供水工程在白银市平川区王家山镇大营水村齐家大岘隧洞进口举行开工动员大会。

7月8日 唐仁健主持召开省政府党组（扩大）会议，学习《关于解决“两不愁三保障”突出问题的指导意见》。

7月15日 唐仁健主持召开十三届省政府第59次常务会议，安排部署脱贫攻坚冲刺清零工作。

7月16日 台盟中央对口甘肃省脱贫攻坚民主监督座谈暨工作推进会在兰州召开。全国政协副主席、台盟中央主席苏辉出席会议并讲话。唐仁健主持会议并讲话。

7月19日 孙伟主持召开东西部扶贫协作挂职干部座谈会。

8月1日 全省脱贫攻坚帮扶工作推进会召开。孙伟出席会议并讲话。省委常委、省委组织部部长李元平传达习近平总书记关于扶贫工作重要论述。

9月5日 福州定西东西部扶贫协作工作推进会在定西召开。

9月6日 甘肃省纪念“希望工程”实施30周年暨共青团助力脱贫攻坚助学金发放仪式在兰州举行。

9月10日 国务院扶贫开发领导小组甘肃省脱贫攻坚督查组在兰州召开会议向甘肃省反馈督查意见。

9月23日—24日 林铎深入东乡县调研脱贫攻坚

工作。

9月25日—27日 林铎深入庆阳市调研脱贫攻坚工作。

9月27日—28日 林铎在平凉市调研脱贫攻坚工作。

10月10日 林铎在通渭县调研指导脱贫攻坚工作。

10月16日—18日 林铎深入陇南市武都区、西和县、礼县调研脱贫攻坚工作。

11月7日 天津市百家企业陇上行暨产业扶贫座谈会在庆阳市华池县举行。

11月14日—15日 胡春华在甘肃调研脱贫攻坚工.作。强调要认真学习贯彻中共十九届四中全会精神，深入贯彻习近平总书记关于扶贫工作的重要论述，保持攻坚劲头和工作力度，集中力量加快攻克深度贫困堡垒，为如期打赢脱贫攻坚战奠定坚实基础。

10月20日 中共甘肃省委追授甘南州舟曲县扶贫办副主任张小娟为“甘肃省优秀共产党员”。

12月14日 追授张小娟同志“全国脱贫攻坚模范”称号大会暨张小娟同志先进事迹报告会在兰州举行。

【2020年】

1月18日 省委常委会召开会议，传达学习全国深度贫困地区脱贫攻坚座谈会精神，研究提出甘肃省贯彻落实意见，安排部署有关工作。

2月14日 临潭县、舟曲县、积石山县、永靖县、广河县、和政县、康乐县、武都区、文县、康县、临洮县、安定区、陇西县、漳县、渭源县、麦积区、张家川县、秦安县、清水县、秦州区、庄浪县、静宁县、合水县、华池县、宁县、庆城县、环县、会宁县、靖远县、天祝县、古浪县等31个贫困县（区），退出贫困县序列。

3月8日 省委常委会召开会议，套开省脱贫攻坚领导小组第三次会议、省中央脱贫攻坚专项巡视反馈意见整改工作领导小组第三次会议，传达学习习近平总书记有关重要讲话和指示精神，研究甘肃省贯彻意见，安排部署统筹推进疫情防控和经济社会发展等工作。

3月24日 省脱贫攻坚领导小组第四次会议、省中央脱贫攻坚专项巡视反馈意见整改工作领导小组第四次会议召开，传达学习中央脱贫攻坚专项巡视“回头看”反馈意见和国务院扶贫办脱贫攻坚成效考核反馈意见，研究甘肃省贯彻意见，安排部署整改落实工作。

4月1日 甘肃省决战决胜脱贫攻坚主题全媒体集中采访活动在 陇南市宕昌县哈达铺镇正式启动。

4月29日 省委常委会召开中央脱贫攻坚专项巡视“回头看”反馈意见整改专题民主生活会。林铎主持会议并作总结讲话。

5月12日 唐仁健在省教育厅、省人社厅、省扶贫办调研指导脱贫攻坚工作并主持召开座谈会。

6月18日 福建省厦门市和甘肃省临夏州扶贫协作座谈会在厦门市召开，共商深化扶贫协作有关事宜。

6月19日—20日 甘肃省党政代表团在山东省青岛市考察对接东西部扶贫协作和对口帮扶工作，召开山东省青岛市和甘肃省陇南市扶贫协作座谈会。林铎出席并讲话。山东省委常委、青岛市委书记王清宪主持座谈会，并介绍青岛市经济社会发展和东西部扶贫协作工作情况。

6月21日 甘肃省“甘味”农产品品牌发布会暨消费扶贫宣传推介活动在兰州、福州、厦门、青岛四地同步举行， 会场通过视频连线，实时进行互动。

7月16日—17日 全国政协副主席、交通运输部党组书记杨传堂一行来甘调研指导脱贫攻坚工作，并召开工作座谈会。

7月27日 全国产业扶贫工作推进会在陇南市召开。国务院扶贫办党组书记、主任刘永富讲话，林铎致辞。

7月28日 2020年津企陇上行暨产业扶贫座谈会在天水市举行。

7月29日 国务院扶贫开发领导小组赴甘肃督查组召开督查情况反馈会，林铎主持会议并作表态讲话。

8月10日—11日 林铎率甘肃党政代表团在天津市考察对接东西部扶贫协作和对口帮扶工作。

8月11日 甘津两省市扶贫协作座谈会在天津市召开。

10月23日 全国脱贫攻坚先进事迹巡回报告会在兰州举行。

10月28日 国务院扶贫办在临夏州举办全国“携手奔小康”行动培训班会议。

11月12日—15日 中共中央政治局委员、国务院扶贫开发领导小组组长胡春华在甘肃省调研巩固拓展脱贫攻坚成果同乡村振兴有效衔接工作。

11月21日 省政府新闻办召开新闻发布会，宣布东乡县、临夏县、宕昌县、西和县、礼县、通渭县、岷县、镇原县等8个贫困县退出贫困县序列。至此，甘肃省75个贫困县全部摘帽退出。

12月7日—8日 省委副书记、代省长任振鹤在平凉市、庆阳市调研巩固拓展脱贫攻坚成果同乡村振兴有效衔接、特色产业发展、经济体系优化升级等工作。

12月14日—17日 孙伟在文县、康县、徽县、两当县、成县，深入受灾村镇、移民安置区、龙头企业、农民专业合作社、田园综合体等，实地察看“8·12”特大暴洪泥石流灾后重建、脱贫攻坚成果巩固、优势特色产业发展、美丽乡村建设等情况。

（摘自《甘肃省委大事记》，张红波供稿）

脱贫攻坚辉煌成就

脱贫退出

【贫困县摘帽】甘肃是全国脱贫攻坚任务最重的省份之一，有75个贫困县，其中58个是国家集中连片特困地区贫困县，17个是省定插花型贫困县。党的十八大以来，经过脱贫攻坚接续奋斗，到2020年11月21日，全省现行标准下552万农村建档立卡贫困人口全部脱贫，7262个贫困村全部出列，58个国家片区贫困县和17个省定插花型贫困县全部摘帽，特别是纳入全国“三区三州”的甘南、临夏及天祝等深度贫困地区面貌发生历史性变化。(见表1)

【贫困人口减贫】2015年，甘肃全省有贫困人口296万，2017年底减少到189万，2019年底减少到17.5万，贫困发生率由2015年底的14.26%、2017年底的9.6%，下降到2019年底的0.9%。2017年，首次实现历史上贫困县数量净减少。2019年底，全省75个贫困县有67个脱贫摘帽、占89%，7262个贫困村有6867个退出贫困序列、占94.6%，甘肃省涉藏州县实现整体脱贫，区域性整体贫困问题基本得到解决。国家对甘肃省2019年扶贫成效考核第三方评估指出，脱贫攻坚以来甘肃识别准确率一直保持高位，连续4年在98.9%以上，贫困人口退出准确率稳步提升并保持高位。2020年11月21日，镇原县、通渭县、岷县、宕昌县、西和县、礼县、临夏县、东乡县8个深度贫困县退出贫困县序列。至此，全省75个贫困县全部摘帽退出。(见表2)

“十三五”时期，全省农村居民人均可支配收入和贫困地区农村居民人均可支配收入增速均逐年加快，2016—2019年，全省农村居民人均可支配收入增速分别为7.5%、8.3%、9.0%、9.4%，贫困地区农村居民人均可支配收入增速分别为9.3%、10.2%、10.3%、11.8%，贫困地区农村居民人均可支配收入增速均高于同期全省农村居民人均可支配收入。2019年，全省农村居民人均可支配收入为9628.9元，较2015年增长38.8%;全省贫困地区农村居民人均可支配收入为8591.7元，较2015年增长48.6%、年均增长10.4%，较2017年增长23.3%、年均增长11.0%。

“十三五”时期脱贫攻坚

【综述】“十三五”期间，甘肃省委省政府坚持以习近平新时代中国特色社会主义思想为指导，把学习贯彻习近平总书记扶贫工作重要论述和对甘肃重要讲话指示精神贯穿脱贫攻坚全过程，按照党中央、国务院决策部署，从“甘肃是全国脱贫攻坚任务最重的省份”这个省情实际出发，坚持以脱贫攻坚统揽贫困地区经济社会发展，始终把打赢打好脱贫攻坚战作为首要政治任务、头等大事和第一民生工程来抓，牢牢扭住脱贫目标标准，紧紧围绕提高脱贫质量，以深度贫困地区和特殊困难群体为重点，以完善和落实“一户一策”为路径，全面夯实精准帮扶、产业扶贫、各方责任、基层队伍、工作作风“五个基础”，推动脱贫攻坚取得了巨大成效和决定性成就，2020年现行标准下552万农村建档立卡贫困人口全部脱贫，7262个贫困村全部退出贫困序列，58个国家片区贫困县和17个省定插花型贫困县全部脱贫摘帽，历史性彻底告别困扰陇原大地千百年的绝对贫困问题。

【“两不愁三保障”全面完成】2016年5月出台《关于打赢脱贫攻坚战三年行动的实施意见》等涵盖扶贫开发各领域的政策文件，聚焦“两不愁三保障”，落实“一户一策”，重点领域所有任务全部实现清零达标。“十三五”时期，累计投入财政专项扶贫资金837.2亿元，年均增长24.5%；累计劝返复学2.57万人，贫困家庭失学辍学学生应返尽返，义务教育巩固率达96%以上，教育精准扶贫国家级示范区建设成效明显；乡村两级基本医疗“空白点”全面消除，建档立卡贫困人口基本养老保险、基本医疗保险和大病保险全覆盖；改造农村危房36.61万户（其中建档立卡贫困户19.04万户），动态新增危房改造全部完成；集中供水率、自来水普及率分别达91%和88%，饮水安全问题

渭源县田家河乡元古堆村实现了从“苦瘠甲于天下”贫困村到“绚丽甘肃·十大美丽乡村”的华丽转变

历史性解决；49.9万建档立卡贫困人口易地扶贫搬迁任务全面完成。通村公路里程达19.2万千米，实现建制村100%通硬化路，硬化村组道路6.55万千米，全省农网供电可靠率达到99.8%、实现动力电全覆盖，行政村光纤宽带和4G网络覆盖率均超过99%。严把精准识别、脱贫核查、数据比对关口，全省贫困人口识别和退出准确率一直保持高位。

【产业扶贫体系逐步构建】坚持产业到户精准扶持和区域产业体系构建有机结合，按照“脱贫靠产业、产业靠覆盖、覆盖要达标、达标出效益”的思路，以“牛羊菜果薯药”六大产业为主攻方向，培育壮大富民产业。“十三五”末，全省高原夏菜产量居全国第一，中药材、马铃薯、苹果产量居全国第二，肉羊存栏量居全国第三，肉牛存栏量居全国第九，“牛羊菜果薯药”六大特色产业增加值达到753亿元，占农业增加值的60.9%，比“十二五”末提高9.2个百分点。农业产业化龙头企业达到3096家，农民专业合作社实现贫困村全覆盖。全省已建成果蔬保鲜库4433座，储藏能力达533万吨，提升了广大农村地区特别是贫困地区特色农产品保鲜保值能力，有效化解了滞销风险。农业保险在产业扶贫中发挥了重要保障作用。强化就业扶贫，至“十三五”末累计完成精准扶贫劳动力培训213.26万人次，输转贫困劳动力670多万人次，实现应培尽培、应转尽转；建成扶贫车间2546个，吸纳贫困劳动力4.2万人；开发各类农村公益性岗位30.5万个，实现群众就业不出村、挣钱不离家。“十三五”时期光伏扶贫带动5.5万个贫困家庭实现稳定脱贫。至“十三五”末实现贫困县电商服务中心、乡镇电商服务站、深度贫困村电商功能全覆盖，农产品网上销售年均增长21.5%，建档立卡贫困人口人均纯收入达到8539元，年均增长22.2%。产业扶贫“庄浪模式”获全国脱贫攻坚组织创新奖，陇南电商扶贫和农业保险被评为全国产业扶贫十大机制创新典型案例。

【农业农村发展稳定向好】粮食生产连年丰收，2020年总产突破1200万吨。建成高标准农田331万亩、戈壁生态农业28万亩。创建临洮县现代农业产业园、定西市安定区现代农业产业园、酒泉市肃州区现代农业产业园、宁县现代农业产业园4个国家级现代农业产业园和中以（酒泉）绿色生态产业园。“甘味”农产品走向全国。农村人居环境整治三年行动顺利完成，国家部委命名的各类美丽乡村（生态文明）示范村达到212个。

【兜底保障从严从实】通过加大资金投入力度、持续提高保障标准等措施，切实做好脱贫攻坚兜底保障工作。截至“十三五”末，有力保障全省140.8万农村低保对象（一类对象12.81万人，二类对象66.99万人，三类对象47.77万人，四类对象13.19万人）和9.06万农村特困人员，特别是88.9万兜底保障对象的基本生活。积极争取中央支持，优先安排省级困难群众补助资金，中央下拨甘肃省的救助补助资金从2016年的75.33亿增长到2020年的98.8亿元，增幅达到31.2%。“十三五”时期，累计开展临时救助592.2万人次，支出临时救助资金65.49亿元。“十三五”时期，共投入困难群众救助补助资金534.5亿元。2020年新冠肺炎疫情发生以来，因疫、因灾新纳入城乡低保对象11.85万人，全省实施临时救助人次30.5万人。启动困难群众动态管理监测预警机制，截至“十三五”末，对2.4万名符合条件的城乡困难群众落实相应救助，对暂时不符合救助条件的建立台账，长期跟踪关注，将“人找政策”“单一施救”的救助现状变成“政策找人”“综合施救”，有效防止困难群众返贫致贫。

【脱贫资金保障绩效良好】“十三五”期间，甘肃省投入财政专项扶贫资金837.2亿元，其中省级安排230.75亿元、年均增长46.62%，占中央到省资金的52.56%。累计整合涉农资金922.18亿元，整合率达73.74%。坚持财政资金和金融信贷“两轮驱动”，为145.13万贫困群众发放扶贫小额贷款651.41亿元，居全国第一；发放特色产业贷款1270亿元，农产品收购贷款526亿元。2016年、2018年、2019年，甘肃省财政专项扶贫资金绩效考核均被国家评为“优秀”等次。

【脱贫帮扶卓有成效】天津、福州、青岛、厦门等东部发达城市、36个中央定点帮扶单位及一批社会力量参与甘肃扶贫协作。“十三五”时期，累计投入甘肃财政援助资金达87.86亿元，实施协作项目4931个；累计帮助引进企业405家，投资42.53亿元，带动29.49万贫困人口增收；向东部输转建档立卡劳动力2.5万人次，通过牵线搭桥、技能培训输转贫困劳动力到其他地区就业11.96万人次；大力推进消费扶贫，力度前所未有、变化前所未有。累计投入帮扶资金6.74亿元，用于贫困地区校舍援建和贫困学生资助；投入5.41亿元，建设贫困村卫生室、配备乡镇卫生院医疗设备、提升县级医院综合诊治能力；投入2.73亿元，改造贫困户危房，改善贫困村人居环境；投入5.7亿元，提升贫困地区供水保障水平，建设乡村道路2136.7千米，大大提升了受援县基本公共服务水平。中央定点帮扶单位累计投入帮扶资金25.46亿元，帮助甘肃引进项目1185个。“十三五”时期，全省参与“千企帮千村”精准扶贫行动的民营企业达到2494家，帮扶贫困村5346个，有力助推甘肃脱贫攻坚。截至2021年5月，东部社会力量投入帮扶资金5980.5万元，捐物折款419万元，帮助贫困劳动力就业975人，销售扶贫产品910.7万元。

【组织保证坚强有力】省级领导带头联系最贫困的县、包抓最贫困的村。“十三五”时期，全省1.1万个帮扶单位结对帮扶1.3万个村，36万名帮扶责任人结对帮扶136万户贫困户，驻村帮扶工作队员达2.2万名。实施重大扶贫工程和到村到户帮扶措施专项监督。深入推进抓党建促脱贫攻坚，培训党员干部508.9万人次，整顿提升战斗力不强的村党组织4222个。2018—2020年，提拔重用1822名在脱贫

表1 甘肃省贫困县摘帽时序及分布

年份 市州	贫困县	2017年退出县	2018年 退出县	2019年退出县	2020年退出县
全省	75	18	18	31	8
片区县	58	6	14	30	8
插花县	17	12	4	1	0
陇南市	9	▲两当县	▲成县 ▲徽县	▲文县 ▲武都区 ▲康县	▲宕昌县 ▲西和县 ▲礼县
甘南州	8	▲合作市	▲迭部县 ▲夏河县 ▲卓尼县 ▲碌曲县 ▲玛曲县	▲临潭县 ▲舟曲县	—
临夏州	8	▲临夏市	—	▲积石山 ▲永靖县 ▲广河县 ▲和政县 ▲康乐县	▲东乡县 ▲临夏县
天水市	7	—	▲武山县 ▲甘谷县	△秦州区 ▲麦积区 ▲张家川 ▲秦安县 ▲清水县	—
平凉市	7	▲崆峒区	△崇信县 △华亭市 ▲泾川县 ▲灵台县	▲庄浪县 ▲静宁县	—
庆阳市	8	△西峰区 ▲正宁县	—	▲合水县 ▲华池县 ▲宁　县 ▲庆城县 ▲环县	▲镇原县
定西市	7	—	—	▲临洮县 ▲安定区 ▲陇西县 ▲漳县 ▲渭源县	▲通渭县 ▲岷县
兰州市	4	△七里河区 ▲皋兰县	▲永登县 ▲榆中县	—	—
白银市	5	△白银区	△平川区 ▲景泰县	▲会宁县 ▲靖远县	
武威市	4	△民勤县 △凉州区	—	▲古浪县 ▲天祝县	—
张掖市	5	△甘州区 △肃南县 △山丹县 △民乐县 △高台县	—	—	—
酒泉市	2	△瓜州县	△玉门市	—	—
金昌市	1	△永昌县	—	—	—

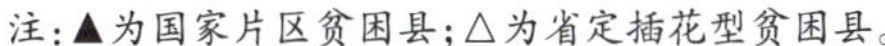

注：▲为国家片区贫困县；△为省定插花型贫困县。

表2　甘肃省贫困人口减贫情况

单位：万人、%

贫困区域	2013年建档立卡		2014年底		2015年底		2016年底		2017年底		2018年底		2019年底		2020年底	
	贫困人口	贫困发生率	剩余贫困人口	贫困发生率	剩余贫困人口	贫困发生率	剩余贫困人口	贫困发生率	剩余贫困人口	贫困发生率	剩余贫困人口	贫困发生率	剩余贫困人口	贫困发生率	剩余贫困人口	贫困发生率
全省	552	26.6	417.2	20.1	296	14.3	256	13.0	189	9.6	111	5.6	17.5	0.9	0	0
一、75个贫困县	548.67	27.49	414.19	20.92	295.07	14.83	255.11	13.41	188.24	9.89	110.85	5.83	17.46	0.92	0	0
(一)58个片区县	500.83	30.40	381.31	23.29	275.43	16.73	241.62	15.04	180.72	11.25	106.76	6.65	17.08	1.06	0	0
其中:1.六盘山片区	394.04	29.67	299.66	22.76	212.64	16.04	188.75	14.54	143.02	11.02	85.87	6.62	13.10	1.01	0	0
2.秦巴山片区	84.13	34.14	64.43	26.06	52.13	21.00	44.17	18.67	31.70	13.40	18.43	7.79	3.70	1.56	0	0
3.甘肃省涉藏州县	22.65	31.06	17.22	23.58	10.66	14.64	8.70	12.10	6.00	8.34	2.45	3.41	0.29	0.41	0	0
其中:1.43个重点县	431.72	32.42	329.55	24.69	244.47	18.35	215.28	16.61	162.47	12.53	99.02	7.64	15.88	1.22	0	0
2.15个仅是片区县的非重点县	69.10	21.86	51.76	17.13	30.95	9.85	26.34	8.49	18.25	5.88	7.74	2.49	1.21	0.39	0	0
其中:天津市帮扶34个县	276.14	28.68	210.96	22.25	144.11	15.03	121.15	13.10	86.48	9.35	48.00	5.19	5.97	0.65	0	0
其中:2020年摘帽县	114.24	36.86	87.52	28.20	70.06	22.64	64.83	20.69	53.21	16.98	35.24	11.25	9.13	2.92	0	0
(二)17个省定插花县	47.84	13.73	32.89	9.58	19.65	5.72	13.49	4.56	7.52	2.54	4.10	1.38	0.38	0.13	0	0
二、11个非贫困县	4.07	5.11	2.84	3.58	0.86	1.08	0.78	1.11	0.43	0.61	0.18	0.25	0.00	0.00	0	0
三、16个革命老区县(庆阳、平凉、会宁县)	129.71	27.21	101.71	21.30	73.06	15.31	62.96	13.33	45.08	9.54	25.38	5.37	2.89	0.61	0	0
其中:8个中央确定的老区县(庆阳市7县1区)	61.05	26.68	47.89	20.87	29.60	12.89	28.15	12.13	21.48	9.25	12.78	5.51	1.50	0.64	0	0
四、21个民族县	89.43	31.87	67.74	24.06	49.69	17.61	43.81	15.20	35.68	12.38	21.49	7.46	3.82	1.33	0	0
其中:1.18个民族片区县(两州一县和张家川县)	89.36	32.24	67.69	24.34	49.68	17.83	43.81	15.39	35.68	12.53	21.49	7.55	3.82	1.34	0	0
2.3个民族非片区县(肃南、肃北、阿克塞)	0.07	2.04	0.05	1.43	0.00	0.07	0.00	0.03	0.00	0.00	0.00	0.00	0.00	0.00	0	0
五、两州两市(甘南、临夏、陇南、定西)	241.69	32.61	182.91	24.54	139.43	18.72	127.05	17.23	98.97	13.42	60.92	8.26	11.39	1.54	0	0
六、深度贫困地区35个县	332.49	33.84	255.78	26.01	199.39	20.26	175.04	18.44	134.45	14.17	83.78	8.83	13.71	1.44	0	0
(一)两州一县17个县	78.97	32.07	59.98	24.27	43.40	17.53	38.64	15.18	32.01	12.57	18.83	7.40	3.55	1.39	0	0
其中:1.甘南州8县	17.01	30.23	12.56	22.21	8.11	14.29	6.58	11.85	4.74	8.54	2.16	3.89	0.28	0.50	0	0
2.天祝县	5.65	33.87	4.66	28.30	2.56	15.88	2.12	12.92	1.26	7.67	0.29	1.79	0.01	0.07	0	0
3.临夏州8县	56.32	32.50	42.76	24.55	32.73	18.74	29.94	16.40	26.01	14.24	16.38	8.97	3.25	1.78	0	0
4.省定5个深度贫困县	32.37	34.61	24.58	26.10	19.49	20.64	17.76	18.56	15.43	16.12	9.78	10.22	1.79	1.87	0	0
5.其他12个国家深度贫困县	46.60	30.52	35.40	23.14	23.91	15.62	20.88	13.15	16.58	10.44	9.06	5.70	1.75	1.10	0	0
(二)省定23个深度贫困县	285.89	34.45	220.38	26.53	175.49	21.11	154.16	19.51	117.87	14.92	74.72	9.46	11.96	1.51	0	0
其中:1.两州一县外18个省定深度贫困县	253.52	34.43	195.80	26.59	156.00	21.17	136.40	19.64	102.44	14.75	64.94	9.35	10.16	1.46	0	0
2.两州一县内省定5个深度贫困县	32.37	34.61	24.58	26.10	19.49	20.64	17.76	18.56	15.43	16.12	9.78	10.22	1.79	1.87	0	0
七、75个贫困县中其他非深度40个贫困县	216.18	21.33	158.42	15.89	95.68	9.51	80.07	8.40	53.79	5.64	27.07	2.84	3.75	0.39	0	0
(一)23个片区县	168.34	25.31	125.53	19.21	76.03	11.48	66.58	10.13	46.27	7.04	22.98	3.50	3.38	0.51	0	0
(二)17个省定插花县	47.84	13.73	32.89	9.58	19.65	5.72	13.49	4.56	7.52	2.54	4.10	1.38	0.38	0.13	0	0

攻坚中表现突出的干部。持续深化扶贫领域腐败和作风问题专项治理，压茬推进“两查两保”“三纠三促”“四察四治”专项行动。完善扶贫方式，大力开展移风易俗，群众脱贫主体意识不断增强。各级帮扶干部驻村入户、奋战一线，涌现出张小娟等胸怀大爱、忘我奉献的模范典型。

甘肃省“十三五”脱贫攻坚规划目标实现情况表

序号	指标	2015年基数	“十三五”规划目标	2020年实现情况
1	建档立卡贫困人口(万人)	325	实现脱贫	全部实现脱贫
2	建档立卡贫困村(万个)	7262	退出	全部退出
3	贫困县(个)	75	退出	全部退出
4	实施易地扶贫搬迁贫困人口(万人)	49.9	49.9	49.9
5	贫困地区农民人均可支配收入增速(%)	13.2	年均增速高于全省平均水平	高于全省平均水平
6	贫困地区农村集中供水率(%)	87	>91	95
7	建档立卡贫困户存量危房改造率(%)	—	100	100
8	建制村通硬化路率(%)	82	100	100
9	义务教育巩固率(%)	90	93	95
10	建档立卡贫困户因病致(返)贫户数(万户)	128.65	基本解决	基本解决
11	建档立卡贫困村村集体经济年收入(万元)	—	≥1	4.6

市州脱贫攻坚

【兰州市】2020年9月底，全市31.79万贫困人口全部脱贫，256个贫困村全部退出，4个贫困县（区）全部摘帽。农村居民人均可支配收入由2012年的6224元增长到2020年的14652元，增长2.35倍。“十三五”时期，全市适龄儿童少年义务教育入学率、贫困家庭子女义务教育巩固率、有接受教育能力的适龄残疾儿童少年入学率均为100%；建档立卡贫困家庭义务教育阶段无失学辍学学生。农村建档立卡贫困人口医保参保率达到100%，贫困人口基本医疗保险、大病保险、医疗救助全覆盖。累计改造农村危房5359户，顺利实现农村四类重点对象现有存量危房清零目标；实施易地扶贫搬迁专项行动，建成19个集中安置点，搬迁建档立卡群众1568户5543人。累计投资11.49亿元，有效解决了农村105.13万人饮水问题，农村饮水安全覆盖率达到100%。各级财政投入专项扶贫资金近40亿元。民营企业投入帮扶资金7.02亿元，实施帮扶项目1890个。338个贫困村8.12万贫困人口受益。发展特色产业，种植高原夏菜84.56万亩，百合11.56万亩，中药材15.78万亩。建设省级旅游示范村15个，市级旅游示范村40人，新建改建农家乐1800户，2020年乡村旅游收入18.33亿元。电商乡村覆盖率达到90%；行政村覆盖率达到70%；各类快递企业在乡镇自建网点覆盖率达到90%；累计培训农村电商人才3万余人。

【嘉峪关市】“十三五”时期，多方筹措资金2156万元，帮办实事1403件，谋划实施农业产业项目147个。村集体经济收入总额2018年实现1010.86万元；2019年实现1009.76万元；2020年实现938.18万元。探索开展农产品对接销售，签订本地农产品供销合作协议，销售额达到1400余万元，农民户均增收2300元以上。实施农村人居环境综合整治，农村居民点后墙后路整治疏通率达到100%；提升改造饮用水管线74868米；新建污水处理站11座，新建污水收集管网52.297千米，安装排水检查井2249座；农村生活垃圾收集转运处理设施实现全覆盖；全市农村公共卫生间覆盖率达到100%；完成全市农村5572户卫生厕所改造，农村户用卫生厕所覆盖率达到96%以上；农村改暖、改炕、改灶、改厨综合改造有序推进；农村清洁能源使用率达到86%以上；完成9个农村社区服务中心建设；实施建设3个农村公交调度站；全市森林覆盖率达到15.2%；建成5个乡村旅游示范点。先后公开选拔59名优秀年轻干部组成嘉峪关驻环县帮扶工作队，助力环县坚决打赢脱贫攻坚战。

【金昌市】2018年，永昌县15个建档立卡贫困村全部脱贫退出。2019年，金昌市1.16万建档立卡贫困人口全部脱贫。2020年，贫困人口人均可支配收入达到14051元，同比增长21.6%，高于农村居民人均可支配收入，增幅13个百分点左右。金昌市聚焦“两不愁三保障”，实施“3+1”冲刺清零后续行动和“5+1”专项提升行动，突出重点领域任务清零达标。义务教育阶段贫困家庭学生无一

永昌县水源镇方沟村河西高原夏菜产业带

人因贫困辍学。贫困人口全部参加基本医疗保险和大病保险，医疗费用保险比例提高到86.9%。改造农户危房6556院。巩固提升8.3万人的饮水安全，农村自来水普及率达到95%，2.3万户用上了卫生厕所。实现村村通硬化路、通客车。依托独特自然禀赋，金昌市着力培育高原蔬菜、优质草畜“双百亿”现代农业产业链，打造高品质现代特色农业示范区。金昌市拥有种植面积千亩以上的集中连片蔬菜生产基地12个。引进和培育20余家草产品加工生产龙头企业，牧草种植面积达25万余亩，年产优质牧草20万吨，年产饲草总量达65万吨以上，年产值超4亿元。建成畜牧产业园1个、肉羊养殖龙头企业3家，肉羊饲养量达135万只，年产羊肉12万吨，建成养殖技术水平较高的湖羊、奶绵羊繁育和供应基地。扎实推进厕所、垃圾、风貌“三大革命”，着力实施生活污水治理、废旧农膜回收、畜禽粪污处理利用等“六大行动”。

【白银市】截至2020年,全市37.12万贫困人口全部脱贫，302个贫困村全部退出，5个县（区）全部摘帽。“十三五”时期，认真落实“两免一补”等政策，全面完成义务教育薄弱学校改造等工程。九年义务教育巩固率达99.86%，义务教育阶段适龄人口中无失辍学现象。全市五个县区均有1家及以上二级公立医院，69个乡镇卫生院人员、设备配备到位，702个行政村卫生室建设全部达标，实现了每个村至少有1名合格村医。贫困人口家庭医生签约率和帮扶措施落实率均达到98%以上。将3.54万名慢性病患者、1.93万名常见病患者纳入到“一人一策”健康帮扶，建档立卡贫困人口参保率达100%。累计投资11.44亿元，实施农村饮水安全巩固提升工程65处，解决了31.42万户123.23万人农村饮水安全问题。全覆盖鉴定（认定）农村住房30.5万户，完成危房改造2.65万户，农村危房清零任务全部完成。有龙头企业443家。各类经营主体吸纳劳动力就业2.5万人。农民专业合作社达到8080家。家庭农场达到1839家。投资40.42亿元，建成易地搬迁安置点（安置区）108个，搬迁群众1.4万户5.9万人，其中搬迁建档立卡贫困户1.2万户、5.2万人。贫困群众全部实现搬迁入住，实现“两不愁三保障”无遗漏、产业扶持全覆盖、劳动力就业有保障。

【天水市】截至2020年10月底，全市92.08万人减贫，1165个贫困村全部清零。2013年农民人均可支配收入4386元，2019年农民人均可支配收入达到8439元。“十三五”时期，累计投入“两免一补”及各类补助资金64.37亿元，惠及学生836.1万人次。九年义务教育巩固率达100%。建成村卫生室1301个，行政村卫生室覆盖率100%。患大病救治率达100%。累计投入资金26.85亿元，建成农村饮水安全集中供水工程392处，涉及人口296.3万人，农村人口安全饮水全覆盖。依靠产业和“劳务+产业”脱贫61.62万人。培育“短平快”产业项目280个，发展“五小产业”12983处。累计为农村困难群众发放各类救助资金44.93亿元。逐年累计纳入农村低保对象59.45万户199.1万人。累计发放农村低保金32.63亿元。建成易地扶贫搬迁安置点232个，搬迁安置人口2.09万户10.1万人，其中建档立卡贫困人口52587人，全部搬迁入住。

【武威市】截至2020年，全市35.47万贫困人口全部脱贫，339个贫困村全部退出，4个贫困县（区）全部摘帽。贫困发生率由2013年末的23.14%下降为零。“十三五”时期，累计投入财政专项扶贫资金58.1亿元，新建改建农村中小学225所、幼儿园80所，乡镇卫生院17所、村卫生室349所，改造农村危房10383户，实施安全饮水巩固提升工程87项，九年义务教育巩固率达99.99%，贫困人口参保率和资助率达100%，所有乡镇和具备条件的建制村全部通硬化路、通客车，农网供电可靠率达99.74%，行政村光纤宽带网络覆盖率达99%。武威市立足山、川、沙不同区域的立地条件和资源禀赋，充分发挥“高原冷凉”优势、“绿洲水土”优势、“沙漠光热”优势，着力打造沿山沿川沿沙“三大特色产业带”，大力发展“牛羊鸡菜果菌薯药”八大产业，形成了各具特色的区域产业发展带。2020年底，羊存栏和鸡存栏均居全省第1位；食用菌产量跃升至全省第1位；牛存栏居全省第2位；藜麦种植面积达到11.6万亩以上，约占全国种植面积的一半；引培农业产业化企业169家，组建农民专业合作社6852家，建成扶贫车间195家。统筹脱贫攻坚和祁连山生态修复保护，大力实施生态移民，从根本上改善生产生活条件。针对南部山区山大沟深自然条件严酷、“一方水土养活不了一方人”的实际，坚持科学规划、集中安置、分步实施。累计将4.42万户17.02万人搬迁到交通便利、地势开阔、容易培育产业的古浪县黄花滩、天祝县松山滩等93个集中安置区，其中搬迁建档立卡贫困群众7.67万人。同步配套完善移民点基础设施和公共服务设施，下功夫培育发展后续增收产业，彻底解决贫困群众行路难、饮水难、上学难、看病难、培育产业难等突出问题，实现了“搬得出、稳得住、能致富”。

【张掖市】 截至2020年，全市5.3万贫困人口全部脱贫，27个贫困村全部退出，5个贫困县（区）全部摘帽。“十三五”时期，张掖市贫困村基础设施和公共服务体系建设取得长足进步，31个有建园需求的贫困村全部建成规范幼儿园；贫困户家庭医生签约率和贫困人口参保率均达到100%；乡镇客运站覆盖率100%，建制村客车通达率100%；贫困村硬化路通村率100%；行政村4G网络覆盖率100%；农村饮水安全保障率100%；农村危改任务全部完成。贫困地区群众出行难、上学难、看医难、住房难、用电难、饮水难、用网难等问题得到普遍解决。农村贫困人口人均纯收入年均增幅达33%。全市65个贫困村特色产业发展到10万亩。发展培育“五小产业”1680个，建成扶贫车间68个。出台建立健全防止返贫致贫长效机制的实施意见。通过“合作社+基地+贫困户”“企业+贫困户+市场”模式用资源换收入，截至2020年底，全市参加专业合作社贫困户近1万户，65个贫困村建成各类合作社404家，吸纳1800多名贫困群众就业。张掖市持续推进生态补偿、易地搬迁3846户，13247名建档立卡贫困户全部搬迁入住。有劳动能力且有就业意愿的3299户家庭实现至少1人就业。

【酒泉市】 至2019年，全市共减少贫困人口2.05万户，7.17万人，37个贫困村全部实现脱贫退出。瓜州县、玉门市分别于2017年、2018年实现摘帽。2019年，全市建档立卡贫困户年人均纯收入达到7450元，较上年增长12%；11个移民乡村年人均纯收入达到11170元，较上年增长10%。“十三五”时期，全市义务教育学龄儿童入学率100%，巩固率99.58%，建档立卡贫困家庭学生义务教育阶段零辍学目标全面实现。75家乡镇卫生院住院医疗“一站式”结算实现全覆盖，404个村级卫生室“即时结报”全部落实。完成危房改造清零任务2881户。累计投入1.15亿元新改扩建农村饮水安全工程88处，解决了17137户55845人安全饮水问题。扶持贫困户新建日光温室3244座，钢架大棚4015座，养殖圈舍9469座，调引牛羊15.4万只，发展“五小产业”5085户。全市移民贫困乡村枸杞、葡萄等高效经济作物达到22万亩以上，占到耕地面积的75%。建档立卡贫困村主导产业覆盖率达86%以上。探索光伏扶贫模式，累计投资4.02亿元，建成总规模37.66兆瓦电站2248个，4796户贫困户年均增收3000元以上，每年为37个建档立卡贫困村增加集体经济收入5万~7万元。共落实各类扶贫资金32.65亿元。新建改建农村公路5750千米。完成危房改造8.51万户。建成集中供水工程156处，分散供水工程21处。改良盐碱地14.5万亩。衬砌渠道608千米。建成农田防护林1.03万亩。

【平凉市】 截至2020年底，748个贫困村全部退出贫困序列，40.6万贫困人口全部脱贫，7县（市、区）全部摘帽。“十三五”时期，新建、改扩建校舍100万平方米，有需求的行政村幼儿园全覆盖，贫困家庭义务教育阶段无失学辍学学生。县乡村三级医疗机构“空白点”全部消除；全面推行“先诊疗后付费”和“一站式”即时结报，贫困人口参保率和资助率均达100%，建档立卡贫困人口基本医疗保险、大病保险和医疗救助全覆盖，慢性病签约应签尽签。累计改造农村危房19万户，其中建档立卡贫困户2.67万户；易地扶贫搬迁9538户，其中建档立卡贫困户7412户，农村危房实现动态清零。累计建成农村集中式供水工程172处，农村饮水安全覆盖率100%，自来水入户率98%。建制村通畅率达到100%，57%的自然村通了硬化路，自然村动力电实现全覆盖，光纤通村率达到99.8%；农村户用卫生厕所、行政村公厕覆盖面分别达到34.5%和100%；建成美丽乡村示范村437个，清洁村庄852个。依托得天独厚的优势，平凉市确立“远抓苹果近抓牛、当年脱贫抓劳务”的产业扶贫思路，把牛产业作为脱贫攻坚首位产业。全市牛饲养量达到74万头；苹果果品年均产量达到187万吨；年输转劳务近50万人。累计投入产业扶贫资金30.5亿元，就业扶贫资金3.2亿元，发放特色产业发展工程贷款16.3亿元，培育市级以上龙头企业200个、农民专业合作社5691个、扶贫车间236个。70%的贫困群众依靠产业实现稳定脱贫。推进“三变”改，形成庄浪模式、静宁模式、灵台模式，7.34万户贫困户通过参与“三变”改革，获得配股分红5571.3万元，贫困村集体经济收入均达到2万元以上。平凉市加大生态保护修复和林果产业开发力度，通过生态工程建设、生态效益补偿、林果产业扶持等方式，有力地促进了贫困群众增收致富。截至2020年底，平凉市森林覆盖率达到33.62%，林地面积达到552万亩，苹果种植面积达到200多万亩。2020年，果品产量231.6万吨，产值95.36亿元，果农人均果品纯收入超过6000元，70%的贫困人口实现稳定脱贫。

【庆阳市】 截至2020年，全市61.05万贫困人口全部脱贫、570个贫困村全部退出、8个贫困县（区）全部摘帽。建档立卡贫困人口人均可支配收入由2013年的2367元增加到2020年的8901元，增加了2.8倍，年均增长21%，与全市农村居民人均可支配收入年均增长11.5%相比，增幅高出9.5个百分点。“十三五”时期，落实资助资

金39.4亿元，惠及贫困学生432.52万人次，义务教育阶段适龄人口无一人失学辍学。建档立卡贫困人口全部参保，报销比例稳定在85%以上。实现标准化村卫生室全覆盖。累计改造危窑房12.37万户，搬迁安置建档立卡贫困户1.46万户，实现贫困人口安全住房全覆盖。累计建成各类供水工程8.25万处，解决了125.96万农村人口的饮水安全问题。实施苦咸水“改水”项目，新建集中净化处理工程38处，涉及35个乡镇130个行政村17.43万人的供水水质得到彻底改善。行政村硬化路、自然村动力电、行政村通信网络、行政村综合文化服务中心全覆盖。累计落实直接到户产业扶持资金9.45亿元、入股配股15.19亿元。平均每年输转农村富余劳动力64.8万人次，其中，建档立卡贫困劳动力18万人次。累计开展精准扶贫劳动力培训28.9万人次。“十三五”时期，累计投入财政扶贫资金165.9亿元，平均每年统筹整合涉农资金10.57亿元，累计投放特色产业贷款50.48亿元，受益贫困户达到11.46万户。发展四区四带特色产业，加快建设肉羊、肉牛、肉鸡、生猪四个产业区，优质饲草、苹果、中药材、瓜菜四个产业带，着力打造肉羊、苹果、肉鸡、生猪、饲草五个产业集群。先后招引培育各类农业企业331家，建办专业合作社7825个，培育家庭农场540个，新型经营主体带贫近15万户，分红1.43亿元。4.04万名干部结对帮扶14.99万户贫困户，570名第一书记、1726名驻村工作队员常年扎根一线。

【定西市】截至2020年底，84.24万建档立卡贫困人口全部脱贫，1101个贫困村全部退出，7个县区整体脱贫摘帽，贫困发生率下降为零。“十三五”时期，所有贫困家庭适龄学生在家门口有学上，全市建档立卡贫困家庭义务教育阶段无因贫失学辍学学生。建档立卡贫困人口政策范围内医疗费用报销比例提高5个百分点，确保基本医疗保险、大病保险、医疗救助保障贫困人口全覆盖。改造农村危房21.35万户，2.09万户9.23万人通过易地扶贫搬迁实现“挪穷窝”。实施农村饮水安全巩固提升工程71项，全面解决贫困人口安全饮水问题，全市农村集中供水率达93%以上，自来水普及率达91%以上。健全牛、羊、菜、果、薯、药、种“7+X”产业全覆盖体系。全面推行“551”产业扶贫模式。因地制宜发展扶贫车间、公益性岗位、“五小工程”等8个新型扶贫业态。累计整合各类资金56.97亿元用于产业发展，75%以上的农户依靠产业有了稳定收入。累计开发公益性岗位51264个，建成扶贫车间322家，吸纳建档立卡贫困劳动力4322人。全市农民人均可支配收入由2013年的3612元，增长到2019年的8226元，年均增长14.7%。

【陇南市】截至2020年，陇南9个贫困县（区）全部脱贫摘帽，83.94万建档立卡困人口全部脱贫，1707个贫困村全部退出。“十三五”时期，98所小规模学校建成投入使用，48所寄宿制学校主体全部完工，办学条件明显改善，乡村教师队伍进一步选配调优。村卫生室标准化建设和合格医生配置全覆盖，建档立卡贫困人口参保率100%。实施农村危房改造10.3万户，受益49万多人，易地扶贫搬迁建档立卡贫困户14874户61787人，搬迁群众全部入住。累计建成农村饮水安全及巩固提升工程3467处，解决了全市197个乡镇3201个行政村230.5万农村人口饮水安全问题。截至2020年底，有跨境电商企业11家，网店达到1.4万多家，累计实现销售额200多亿元，带动就业超过22万人，形成电商扶贫“陇南模式”。特色产业面积稳定在1000万亩以上。省市县三级1262个单位帮扶2336个村，贫困村实现了驻村队伍全覆盖。建成覆盖市、县、乡、村四级的3497个新时代文明实践中心（所、站）。青岛市全力帮扶陇南，累计援助帮扶资金23.27亿元。8家中央定点帮扶单位共投入帮扶物资资金5.58亿元，实施帮扶项目777个。

【临夏回族自治州】截至2020年，临夏州56.32万贫困人口全部脱贫，649个贫困村全部退出，8个贫困县市全部摘帽。以大决战状态推动清零见底，学前三年毛入园率95.36%；九年义务教育巩固率97.23%；高中阶段毛入学率80.86%；新建幼儿园994所、义务教育阶段学校1497所，学前及义务教育阶段学校达2403所。建档立卡贫困人口基本医疗保险参保率稳定达到100%。住院报销比例达到85%以上。累计改造危房11.67万户，农村C、D级危房全面清零。7.51万群众通过易地扶贫搬迁挪穷窝、换穷业、拔穷根。全州农村自来水入户率达到99%以上，供水保障率达到95%以上，农村饮水安全问题得到了历史性解决。2018—2020年，临夏州先后投入产业奖补奖金27.59亿元，扶持贫困户发展特色种植、畜牧养殖、“五小产业”。临夏州农民专业合作社达到4747家、入社农户9.7万户、带动17.6万户。新培育引进农业龙头企业69家、州级以上农业产业化重点龙头企业达131家、带动农户8.44万户。积极推进光伏扶贫、消费扶贫、旅游扶贫、电商扶贫，多渠道增加群众收入。把就业扶贫作为促进群众脱贫增收最直接、最有效的途径，大规模开展技能型、精准化的就业创业培训。累计建成使用扶贫车间340家，吸纳就业15561人，其中贫困劳动力7939人，月工资2000元以上。

【甘南藏族自治州】2017年，合作市率先脱贫摘帽。2018年，夏河、卓尼、迭部、碌曲、玛曲5县脱贫摘帽。2019年，临潭和舟曲两个省定深度贫困县脱贫摘帽。309个贫困村全部退出贫困序列，3.9万户17.12万建档立卡贫困人口全部脱贫，贫困发生率从30.43%下降为零。甘南州依托“环境革命”和“生态文明小康村”两大平台，创新实施文化旅游“一十百千万”工程。做大做强“全域旅游无垃圾·九色甘南香巴拉”1个特色品牌，着力打造16

个文化旅游标杆村，探索创建100个全域旅游专业村，加快建设1000个具有旅游功能的生态文明小康村，创新培育10000个精品民宿和星级农家乐。截至2020年底，全州建成文化旅游标杆村11个、全域旅游专业村80个，实施旅游扶贫重点村基础设施建设项目67个，扶持农（牧）家乐1449户，3.8万农牧民群众通过旅游实现稳定增收。着力培育“牛羊猪鸡果蔬菌药”八大特色产业；创新完善利益联结机制，培育壮大县级以上龙头企业44家；扶持发展具有较强带贫能力的专业合作社4312个，3.35万脱贫户通过参股经营每年都能获得稳定分红。

脱贫攻坚八大亮点

【义务教育控辍保学实现动态清零】甘肃省聚焦深度贫困地区和特殊困难群体，精准抓控辍，多形式多途径保学施教。2015年率先在全国出台乡村教师支持计划，偏远乡村学校教师月补助超过1000元，全力保障每一名农村学生稳定就近入学。义务教育控辍保学已实现动态清零，“有学上、上好学”目标基本实现。

【三重保障让“看病难”成为过去式】甘肃省大力实施健康扶贫，确保所有建档立卡贫困人口全部参加基本医疗保险，做到应保尽保。2020年9月全省建档立卡贫困人口实现应参尽参，并按政策规定给予全部资助。通过倾斜照顾政策，确保贫困人口政策范围内医疗费用纳入基本医疗保险、大病保险和医疗救助“三重保障”。

【近700万人住房安全问题解决】2019年底，甘肃省实现了全省现有存量危房改造全面清零。2020年，甘肃省对2013年以来136.3万户建档立卡贫困户住房安全保障情况进行逐户现场核验，8个挂牌督战贫困县所有贫困户住房安全均得到保障。截至2020年12月，甘肃省累计支持174.9万户农村群众完成危房改造，解决近700万人住房安全问题。

【保障农村饮水安全提升群众生活幸福感】甘肃省针对全省脱贫攻坚农村饮水安全工作存在的问题和短板，实施饮水安全有保障冲刺清零后续行动。截至2020年12月，全省冲刺清零后续行动建设任务全面完成，确保农村饮水“水源稳定、水管通畅、水质达标”。

【全面实现交通扶贫“两通”兜底性目标】2020年，甘肃省聚焦8个挂牌督战贫困县和偏远山区、高寒阴湿、民族地区，巩固提升交通扶贫建设成果，不断改善人民群众安全便捷出行条件。提前两年实现全省具备条件的建制村100%通硬化路，顺利实现乡镇和建制村通硬化路、通客车的交通扶贫“两通”兜底性目标任务。

【49.9万农村建档立卡贫困人口实现易地扶贫搬迁】甘肃省因地制宜，“十三五”时期将49.9万居住在生存条件恶劣、生态环境脆弱、自然灾害频发等地区的农村建档立卡贫困人口，搬迁到生存发展条件较好的地方。8个挂牌督战贫困县11.05万贫困人口易地扶贫搬迁建设任务全面完成。

【转移就业成为贫困家庭脱贫重要渠道】甘肃省多措并举推动贫困劳动力输转工作，被国务院扶贫开发领导小组列为值得总结提炼和推广的6条经验之一。“十三五”时期，建成各类扶贫车间2354家，10万贫困群众实现家门口就业增收。转移就业已成为贫困家庭脱贫的重要渠道。

【拉开架势构建扶贫产业体系】甘肃省主攻“牛羊菜果薯药”六大特色产业和地方优势特色产品及“五小产业”，培育引进龙头企业，推进合作社规范提升。通过入股分红、吸纳务工就业、技术服务、订单收购、生产托管等多种形式，带动贫困户实现稳定增收。

重大决策部署

脱贫攻坚专题会议

【省委常委会】“十三五”期间，尤其是中共甘肃省第十三次党代会以来，省委常委会多次召开会议专题研究全省脱贫攻坚中出现的新情况、新问题，按照习近平总书记提出的下一番“绣花”功夫的重要指示，扎扎实实做好脱贫攻坚各项工作，为打赢深度贫困地区脱贫攻坚这场“硬仗中的硬仗”奠定了坚实基础。

2017年7月23日，省委常委会召开会议，传达学习习近平总书记在深度贫困地区脱贫攻坚座谈会上的重要讲话，研究脱贫攻坚工作，确保打赢“两州一县”（临夏、甘南和天祝）脱贫攻坚战。省委书记、省人大常委会主任林铎强调，要增强“四个意识”，提高政治站位，深刻认识深度贫困地区脱贫攻坚的严肃性，切实肩负起重大政治责任和崇高历史使命，把主要精力都放在攻克深度贫困堡垒上。要充分认识深度贫困地区攻坚任务的艰巨性，找准攻坚克难的着力点，抓重点、补短板、强弱项，真正做到把物质帮扶和扶志、扶智相结合。要下足精细、精确、精微的真功夫，努力增强脱贫攻坚实效，深入贫困村贫困户开展调查排查，查缺补漏，

下“绣花”功夫，确保各项扶贫措施到村到户到人、见到实效。要调整思路，进一步修改完善“两州一县”脱贫攻坚实施方案，深入调查研究，扭住最急需解决的问题，研究制定更具针对性、务实管用的攻坚方案。要把握深度贫困个体的不同实际，实施精准帮扶动态管理，“两州一县”党委政府主要负责同志要切实担负起本区域深度贫困攻坚的主体责任，强化充实帮扶力量，“一户一策”精准帮扶、动态管理，紧盯贫困老人、残疾人、重病患者等特困群体，切实解决好贫困人口产业培育、义务教育、基本医疗、住房安全等方面存在的问题，坚决打好打赢深度贫困地区脱贫攻坚这场“硬仗中的硬仗”。

2018年2月23日，省委常委会召开会议，专题学习习近平总书记在打好精准脱贫攻坚战座谈会上的重要讲话精神，研究确定甘肃省的思路和举措。会议要求，全省各级党委政府要发扬敢死拼命的精神，更加扎实有效地推进精准脱贫工作。要突出精准、聚焦难点，紧盯“两不愁三保障”脱贫目标，对照“六个精准”和“四个有限”的要求，下足“绣花”功夫抓脱贫，重点推动“一户一策”落地见效。要落实责任、协调联动，压实市县乡村、帮扶单位和专责小组的责任，建立高效精准的运转机制，凝聚形成帮扶力量合力，做到人到位、身到位、心到位、措施到位。要集成政策、完善保障，整合运用国家和甘肃的扶贫政策，实施好各类扶贫开发项目，把扶贫资金用足用好，切实强化脱贫攻坚的要素支撑。要加强督查、确保质量，用好督促检查等有效方式，推动各类帮扶政策和举措落实，提升工作质量和脱贫成效。要抓实监管、防止腐败，扎实开展“脱贫攻坚作风建设年”活动，加大扶贫领域腐败问题整治力度，以严格的执纪监督问责，确保脱贫攻坚有力有序开展。

2018年4月10日，省委常委会召开会议，研究提出甘肃省贯彻落实习近平总书记在中央政治局常委会会议上专题听取省级党委和政府扶贫开发工作成效考核情况汇报时发表的重要讲话精神的具体意见，进一步安排部署打赢打好脱贫攻坚战工作。会议指出，习近平总书记的重要讲话充分体现了对脱贫攻坚工作的高度重视，充分反映了对贫困群众脱贫致富的关心和期待，充分彰显了党中央打赢打好脱贫攻坚战的坚定意志和决心，为我们推动脱贫攻坚提供了根本遵循和行动指南。全省各级各方面要迅速把思想和行动统一到习近平总书记重要讲话精神上来，全面贯彻落实党中央关于脱贫攻坚的一系列决策部署，始终把打赢打好脱贫攻坚战作为头号政治任务，不断把甘肃省脱贫攻坚工作提高到新的水平，切实做到脱贫工作务实、脱贫过程扎实、脱贫结果真实，真正让脱贫成效获得群众认可、经得起实践和历史检验，让党中央放心，让人民群众满意。打赢打好脱贫攻坚战、如期全面建成小康社会，是我们党作出的庄严承诺。全省各级各方面始终把抓好脱贫攻坚作为践行“四个意识”、坚定“四个自信”的现实检验，作为坚决维护习近平总书记在党中央和全党的核心地位、坚决维护以习近平同志为核心的党中央权威和集中统一领导的直接考验，充分认识脱贫攻坚工作的紧迫性、复杂性和艰巨性，着力增强推进脱贫攻坚的政治责任感和历史使命感，全力以赴推动各项工作落地见效。

2018年10月18日，省委常委会召开会议，要求全省上下要认真学习领会，把思想和行动统一到习近平总书记关于脱贫攻坚工作的重要指示精神上来，认真贯彻落实党中央、国务院决策部署，充分调动广大干部群众的积极性，坚定决胜的信心决心，坚决打赢打好脱贫攻坚这场硬仗。要高度重视专项巡视，认真学习领会中央巡视组的部署要求，如实反映情况，找准工作偏差，切实把发现的问题整改到位，努力提高脱贫攻坚的质量和水平。要真抓实干，围绕“一户一策”、构建产业体系等重点工作任务，落实各方责任，咬定目标加油干，做到工作务实、过程扎实、结果真实，确保与全国一道全面建成小康社会。

2019年3月7日，全国两会期间，习近平总书记亲临甘肃代表团参加审议并发表重要讲话，甘肃的领导干部和广大人民群众深受鼓舞和振奋，极大增强了脱贫攻坚的信心和力量。当晚，省委常委会第一时间召开扩大会议，传达学习习近平总书记重要讲话精神，研究部署甘肃省贯彻落实意见。林铎强调，学习宣传和贯彻落实习近平总书记重要讲话精神，是当前的头等大事和首要政治任务。要带着感情、带着责任、带着问题，原原本本学习领会习近平总书记重要讲话，准确把握习近平总书记对甘肃发展和脱贫攻坚提出的各项要求，逐项研究谋划贯彻落实的具体措施，推动重要讲话精神不折不扣落到实处、见到实效。要迅速在全省上下兴起学习宣传和贯彻落实热潮，精心组织安排，营造浓厚氛围，凝聚起打赢脱贫攻坚战的强大合力，确保到2020年甘肃同全国一道全面建成小康社会。

2019年3月17日，省委常委会（扩大）会议暨省委理论学习中心组学习会议举行，传达学习习近平总书记重要讲话和全国两会精神。林铎强调，学习宣传和贯彻落实习近平总书记重要讲话和全国两会精神，是当前最重要的政治任务。全省各级各部门要抓好学习，始终按照党中央指明的方向推动甘肃各项事业发展。要全力推进脱贫攻坚工作，把习近平总书记在甘肃代表团作出的五个方面重要指示作为根本指引，坚决做到工作务实、过程扎实、结果真实，确保如期打赢脱贫攻坚战。要按规划实施乡村振兴战略，加强脱贫攻坚与乡村振兴的统筹衔接，努力实现阶段性目标。要坚持稳中求进工作总基调，抓项目、帮企业、创环境，巩固提升经济企稳回升良好局面，推动经济高质量发展。要把生态文明建设责任牢牢扛在肩上，坚持不懈把生态文明建设推向深入，用更实的工作争取更好的效果。要坚持全面从严治党，狠抓作风转变和工作落实，把关系人民群众的每件事办好，把党

中央决策部署不折不扣落到实处，奋力开创富民兴陇新局面。

2019年3月19日，省委常委会召开会议，专题学习习近平总书记关于扶贫工作重要论述。会议要求，全省各级各部门要持续深入学习，把学习贯彻习近平总书记关于扶贫工作重要论述同学习贯彻习近平总书记参加甘肃代表团审议时的重要讲话紧密结合起来，在学懂弄通做实上下真功夫，不断增强打赢脱贫攻坚战的政治自觉、思想自觉和行动自觉。要指导工作实践，结合全省脱贫攻坚工作进展和中央专项巡视反馈问题整改，联系实际、带着问题，把理论学习抓实抓具体，通过学习主动扛责任、解难题、促工作，推动脱贫攻坚取得新成效。要营造良好氛围，严格执行学习制度，加强对各地各部门理论学习的督促指导，强化理论阐释和宣传，形成学习宣传贯彻习近平总书记关于扶贫工作重要论述的浓厚氛围。

2019年4月19日，省委常委会召开扩大会议，传达学习习近平总书记在解决“两不愁三保障”突出问题座谈会上的重要讲话精神，研究提出甘肃省贯彻落实意见，安排部署全省脱贫攻坚工作。会议要求，全省各级各部门要把深入学习贯彻习近平总书记这次重要讲话作为重大政治任务来抓，同学习贯彻习近平总书记在甘肃代表团发表的重要讲话结合起来，同学习贯彻习近平总书记关于扶贫工作的一系列重要论述结合起来，同省委关于深入贯彻落实习近平总书记重要讲话精神、加快建设幸福美好新甘肃、不断开创富民兴陇新局面的决定结合起来，切实提高政治站位，采取更加有针对性的措施，确保习近平总书记重要讲话精神不折不扣落到实处，确保2019年脱贫攻坚战取得明显成效，为2020年全面收官打下更为坚实的基础。会议强调，在脱贫攻坚战进入决胜的关键阶段，全省各级各部门要准确把握面临的形势和任务，认真分析查找存在的突出问题和薄弱环节，坚定打赢脱贫攻坚战的信心和决心，进一步增强抓好脱贫攻坚的使命感、责任感和紧迫感。要高度聚焦脱贫标准，全面准确摸清“两不愁三保障”底数，把义务教育、基本医疗、住房安全、饮水安全的工作往细处做、往实处抓，明确时间表和路线图，逐项逐户对账销号。要抓住攻坚重点，加快推进“两州一县”等深度贫困地区脱贫攻坚步伐，既要保证数量又要保证质量，坚决啃下深度贫困地区这块硬骨头。要坚持问题导向，全面推动中央脱贫攻坚专项巡视反馈问题整改见底见效，举一反三解决好脱贫攻坚进程中遇到的各类问题，对整改不积极、不主动、不扎实、不较真的要坚决追责问责。要以“钉钉子”精神抓落实，突出抓好责任落实、政策落实和工作落实，加强扶贫领域腐败和作风问题治理，确保扶贫工作务实、脱贫过程扎实、脱贫结果真实。

2020年4月29日，省委常委会召开中央脱贫攻坚专项巡视“回头看”反馈意见整改专题民主生活会。会议指出，3月在脱贫攻坚发起总攻、决战决胜的关键时刻，中央向甘肃反馈脱贫攻坚专项巡视“回头看”成效考核意见，在肯定甘肃省脱贫攻坚成效的同时，指出存在的主要问题。脱贫攻坚，就要坚决扛起抓整改的政治责任，动真碰硬一抓到底，推动专项巡视“回头看”反馈问题整改见底见效，确保完成决战决胜脱贫攻坚任务。林铎强调，要提高政治站位抓脱贫，增强“四个意识”、坚定“四个自信”、做到“两个维护”，如期高质量兑现军令状和责任书，以实际行动同以习近平同志为核心的党中央保持高度一致。要站到前沿一线促整改，认真履行整改责任，扎实推进“3+1”冲刺清零后续行动和“5+1”专项提升行动，带头研究部署、指导督促、跟踪问效，深入基层面对面指导、实打实督战，盯细节、抓环节，做到扶贫工作务实、脱贫过程扎实、脱贫结果真实。要加大攻坚力度破难题，动态掌握整改进展，对重点事项、难点问题开展专项攻坚，采取更多硬招实招解决影响脱贫进程和质量的各种问题，保证脱贫成色。要传导责任压力保落实，靠实各级党委政府和相关部门具体责任，紧盯党政一把手传导压力，做到整改事项件件落实、脱贫工作全面提升。

2020年6月29日，省委常委会召开会议强调，如期实现脱贫攻坚目标是2020年必须完成的硬指标硬任务，要求全省各级各部门要保持定力抓进度，把握好时间节点，防止由于抢时间做“夹生饭”。要巩固提升抓质量，紧盯“三保障”、安全饮水、就业扶贫、产业扶贫、易地扶贫搬迁等重点任务，在提质增效上持续用力，不断提高脱贫攻坚成色。要举一反三抓整改，保证每个问题都有针对性整改措施，每项整改措施都能及时落实到位。要查漏补缺抓提升，把盯细节、抓过程、保结果贯穿始终，确保脱贫成果经得起历史和实践检验。

2020年8月21日，省委常委会召开会议，要求全省各级各部门和广大党员干部要提高政治站位、增强政治自觉，一体学习领会习近平总书记2013年2月视察甘肃、2019年3月全国两会参加甘肃代表团审议、2019年8月视察甘肃时的重要讲话和指示精神，切实做到全面消化、融会贯通。要坚定不移把习近平总书记对甘肃重要讲话和指示精神作为全部工作的统揽和主线，一以贯之在抓落实上用力，与时俱进推动重要讲话和指示精神落到实处。要把问题导向、目标导向、结果导向结合起来，坚决打好底线任务，努力补齐发展短板，切实巩固和谐稳定局面，不断放大贯彻落实成效。要靠实各级各部门责任，树立鲜明贯彻导向，确保习近平总书记重要讲话和指示精神结出更加丰硕的成果。

【甘肃省脱贫攻坚领导小组会议】2015年12月29日，甘肃省委省政府决定：甘肃省扶贫攻坚行动协调推进领导小组更名为甘肃省脱贫攻坚领导小组。甘肃省脱贫攻坚领导小组的成立，标志着甘肃的脱贫攻坚进入了一个新阶段。5年来，在甘肃脱贫攻坚的每一个重要时间节点上，省脱贫攻坚领导小组都根据省委常委会的部署，及时召开会议，对全省脱贫攻坚做出具体安排。

2017年6月30日，省脱贫攻坚领导小组召开2017年第二次会议，省委书记、省人大常委会主任、省脱贫攻坚领导小组组长林铎要求全省各级各方面要深入学习贯彻习近平总书记在山西省太原市主持召开深度贫困地区脱贫攻坚座谈会时的重要讲话精神，自觉把抓好脱贫攻坚作为增强“四个意识”的具体体现，作为甘肃省当前的头等大事和第一民生工程，大力开展“绣花”式扶贫，把握节奏步伐，提高脱贫质量，推动脱贫攻坚有力有序开展。会议强调，脱贫攻坚领导小组成员单位在打好打赢脱贫攻坚战中，承担着特殊而重要的职责。各成员单位要积极主动作为，认真研究谋划，落实工作责任，推动举措落地，把精细、精确、精微的功夫下足，切实履行职能作用，解决“上热中温下冷”的问题，以“绣花”的实际行动全力以赴打赢脱贫攻坚战。

2018年1月14日，省脱贫攻坚领导小组召开2018年第二次会议，林铎强调，要深入学习贯彻习近平新时代中国特色社会主义思想和党的十九大精神，全面落实党中央决策部署，以敢死拼命的精神冲锋在前，推动脱贫攻坚实施方案落地见效，全力以赴攻克深度贫困堡垒。林铎指出，作为全省脱贫攻坚的坚中之坚、难中之难，18个深度贫困县任务更加繁重，要动员各方面的力量和资源，把广大群众组织起来，向贫困发起背水一战的总攻。县委书记作为“一线指挥部”的总指挥，必须进入战斗状态，保持战斗姿态，时刻冲在第一线、拼在第一线。要确保脱贫项目抓实见效，统筹做好进度安排、资金使用、人力调配、督查验收等工作，一项一项抓好落实，多管齐下提高项目实施的质量效益。要推动扶贫举措到村到户到人，根据群众的能力和意愿，一户一策完善脱贫措施，坚持精准方略，把规划好的、能给群众带来实惠的项目落实到每一个贫困村、贫困户、贫困群众身上。要提高攻坚克难的能力水平，加大对基层干部和帮扶干部的培训指导，学习借鉴成功经验，引导基层干部深入研究破解难题，想尽一切办法把工作干好。要坚决整治扶贫领域腐败问题，深化各类专项治理行动，加强扶贫资金监管，坚决堵塞漏洞、消除隐患，确保把每一分扶贫资金都用在刀刃上。要下决心解决作风顽疾，层层传导压力，着力整顿软弱涣散基层组织，建立健全容错纠错和激励机制，加大问责力度，切实解决表态多行动少、调门高落实差，扶贫措施不精准、帮扶工作不扎实等问题。要认真抓好一户一策扶贫、产业扶贫准备、龙头企业引进培育、2500亿元贷款基金使用、公益性岗位建立、土地流转等工作，以扎实的工作作风，下大力气解决农民最盼、最急、最忧、最怨的问题，真正打好打赢脱贫攻坚遭遇战、歼灭战。

2018年7月18日，省脱贫攻坚领导小组召开2018年第六次会议，林铎强调，全省上下要把打赢脱贫攻坚战作为重中之重的政治任务，坚定必胜信心，提升能力水平，坚持问题导向，把握工作标准，强化责任担当，切实增强紧迫感、使命感和责任感，拿出超常规举措推动各项任务落实，确保脱贫攻坚工作不断取得新成效。会议要求，面对打赢脱贫攻坚战的艰巨任务，全省上下要坚定信心、鼓足干劲，不断增强紧迫感，调动各方积极性，振奋精神状态，营造打赢打好这场硬仗的浓厚氛围。要用好政策和资源，推动各项政策措施落实，持续放大政策集成效应，同时发挥各种帮扶力量作用，进一步激发贫困群众内生动力。要坚持问题导向，抓好整改工作，正视出现的问题，弥补存在的不足，加大限期整改、督办整改力度，整改不力的必须严肃追责问责。要坚持总体目标和具体标准相匹配，特别是在细抠标准上下功夫，紧紧围绕“两不愁三保障”扎实推进各项工作。要强化责任担当，狠抓落实，逐级传导压力，增强干部培训的针对性，不断提升各级干部能力，严查扶贫领域各种违纪违规行为，确保各项目标任务圆满完成，齐心协力把脱贫攻坚工作推向深入。省级包抓领导的“统领统揽统筹”职责要继续强化，省扶贫办要发挥好牵头和中枢作用，各专责小组和相关部门要深入指导，市县要甩开膀子抓落实，基层要切实抓好“最后一公里”，努力使得各类帮扶力量高效协作、各类帮扶资源高效配置。政策落实要精准精细，按照省里的政策设计、指明的路径方法，发扬敢死拼命的精神，拿出过硬的作风，推动各项任务抓实到位。工作落实要实之又实，做到行动快、工作实、督战严，确保各项政策措施落地见效。

2018年9月19日，省脱贫攻坚领导小组召开2018年第八次会议，林铎强调，全省各级各方面要以高度政治自觉、思想自觉和行动自觉，把学习习近平总书记扶贫工作重要论述与贯彻落实习近平总书记“八个着力”重要指示精神相结合，与全省脱贫攻坚的实际相结合，全面学、系统学、深入学，把握精神实质，抓好学习培训，广泛开展宣传，真学、真懂、真信、真用，推动全省脱贫攻坚各项任务落实。要以高度政治责任感做好“两州一县”和深度贫困地区脱贫攻坚工作，把脱贫质量放在首位，坚持问题导向，认真贯彻“六个精准”要求，紧抓六大特色产业，完善易地搬迁产业配套，提高扶贫资源整合使用效益。要以专项监督发现问题整改推动重点任务落实，监督单位要及时作出反馈，持续跟踪问效；相关部门和市县对反馈的具体问题要采取务实管用措施，抓紧整改解决。同时，重视监督结果的运用，省级领导要带头组织研究解决突出问题，省直部门要研究完善政策设计、工作制度和责任体系。要把从严从实要求贯穿贫困退出验收全过程，聚焦“两不愁三保障”，防范提高标准倾向，以基础的扎实、数字的准确、程序的规范，保证验收结果客观真实；对贫困退出发生的重大失误和问题，以“零容忍”的态度严肃问责、严肃处理；强化贫困退出政策宣传和解疑释惑，保证贫困群众的知情权、参与权和监督权，确保验收结果得到群众广泛认可。

2018年12月4日，省脱贫攻坚领导小组召开2018年第十一次会议，林铎强调，各级各方面要坚持把提高脱贫质量放在首位，进一步细化实化各项政策措施，既不急躁蛮干也不消极拖延，既不降低标准也不吊高胃口，确保扶贫工作务实、脱贫过程扎实、脱贫结果真实。要持续不断推进责任和压力传导，始终把主要心思和精力放在脱贫攻坚上，保护和调动好广大基层干部的积极性主动性，广泛凝聚起抓好脱贫攻坚的整体合力。要大力弘扬真抓实干的优良作风，集中整治扶贫领域形式主义、官僚主义问题，严肃查处贪污挪用扶贫资金和侵害群众利益的行为，确保党中央各项决策部署在甘肃落地生根。

2019年8月19日至22日，习近平总书记视察甘肃并发表重要讲话，对深化脱贫攻坚作出重要指示，提出明确要求。8月28日，省脱贫攻坚领导小组召开2019年第七次会议，林铎强调，要深入学习贯彻习近平总书记关于扶贫工作的一系列重要论述，全面贯彻落实习近平总书记视察甘肃重要讲话和指示精神，加大工作力度、细化实化措施、严格落实责任，坚决攻克深度贫困堡垒，确保如期打赢打好脱贫攻坚这场硬仗。

2019年11月29日，省脱贫攻坚领导小组召开2019年第十次会议，林铎强调，要把产业扶贫作为根本之策和重中之重来抓，把当前和长远、规模和效益、区域和农户、个人和企业、省内和省外更好统筹起来，用好管好到户产业扶持资金，扎实做好种养加结合、产供销并举、农工贸一体这篇大文章，努力让产业长期发挥作用，保障贫困群众稳定增收、持续致富。要把抓整改作为常态化任务贯穿脱贫攻坚全过程，全面排查"穷尽"问题，举一反三改，触类旁通改，定期更新清单、完善措施、检验成效，做到对账销号、见底见效。要从严从实做好迎接国家考核工作，紧扣考核重点和要求，弥补短板弱项，把牢时序进度，靠实工作责任，保证数据准确真实、台账资料完备齐全，展示好甘肃省脱贫取得的成效和发生的变化。要把摘帽退出验收摆在重要位置，严格把握验收标准，严格执行认定程序，抓细抓实各个环节，确保脱贫工作务实、脱贫过程扎实、脱贫结果真实。

2019年12月18日，省脱贫攻坚领导小组召开2019年第十一次会议，林铎强调，各级各方面要进一步强化思想认识，保持政治定力，对各项工作再细化、再实化、再盯紧、再落实，始终绷紧打赢打好脱贫攻坚战这根弦。要充分认清形势，自觉在大局下谋划推动工作，确保劲头不松、力度不减，拿出过硬措施来攻克短板、解决问题，保质保量完成脱贫任务。要细化考核要求，坚持动真碰硬，克服形式主义和官僚主义，从严从实开展考核评估工作，确保脱贫攻坚成果经得起实践检验。要持续抓好脱贫攻坚突出问题整改，按进度、按要求把问题整改落实到位。要逐级靠实责任，实行最严格的问责，增强工作执行力，推动全省脱贫攻坚迈上新台阶。

2020年1月19日，省脱贫攻坚领导小组召开2020年第一次会议，林铎强调，全省各级各方面要激发斗志、坚定信心，坚持现行标准，保持政策稳定，聚焦深度贫困地区，不断提升脱贫质量。要认清形势、自我加压，扎实抓好"3+1"冲刺清零后续行动、重点领域质量提升行动、特殊贫困群体兜底保障、贫困群众内生动力激发等任务，促工作、抓过程、保结果，从严从实推进各项工作。要把整改责任坚决扛在肩上，即知即改、立行立改，确保整改工作务实、过程扎实、结果真实。要狠抓政策落实、制度落实、资金落实，严格落实挂牌督战机制，全面提高各项工作执行力，确保全面完成精准脱贫攻坚任务，确保甘肃省同全国一道如期全面建成小康社会。

2020年3月31日，中央脱贫攻坚专项巡视"回头看"和国家脱贫攻坚成效考核反馈意见整改暨全省决战决胜脱贫攻坚推进大会召开，林铎强调，要深入学习贯彻习近平总书记关于扶贫工作的重要论述，特别是在决战决胜脱贫攻坚座谈会上的重要讲话精神，强化责任担当，狠抓工作落实，以较真碰硬的态度整改各类问题，以背水一战的魄力攻克贫困堡垒，奋力夺取脱贫攻坚的最后胜利。林铎指出，习近平总书记密集研究部署脱贫攻坚工作，发表系列重要讲话，作出系列战略部署、提出明确要求，为我们决战决胜脱贫攻坚提供了思想指引、行动指南和强大精神动力。全省各级各方面要深入学习贯彻习近平总书记重要讲话精神，深刻认识脱贫攻坚的极端重要性和现实艰巨性，见人见事、见底见效抓好整改，自加压力、快马加鞭推进工作。会议要求，全省上下一定要以高度的政治自觉紧盯目标抓落实，思想上再警醒、责任上再加码、行动上再加速。要以强烈的担当精神紧盯责任抓落实，拎清各自领域重点工作，细化量化、全力攻坚，压实促脱贫责任；严格落实"四个不摘"要求，及时帮扶有返贫和致贫风险人员，压实防返贫责任；高度关注可能因疫致贫群体，落实好就业、兜底措施，压实阻致贫责任。要以"倒计时"状态紧盯任务抓落实，统筹好任务、调配好力量，敢死拼命3个月，大干冲刺90天，全力"抢效率"；集中力量、集中资源强力攻关，扎实开展"3+1"冲刺清零行动和"5+1"专项提升行动，奋力"攻堡垒"；对医保低保、公益岗位、驻村帮扶等方面存在的问题再打扫清理，努力"补漏洞"。要以见底清零的清醒紧盯问题抓落实，加快清除存量问题，严格控制增量问题，确保脱贫底色更足、质量更高。

2020年10月22日，省脱贫攻坚领导小组召开2020年第十四次会议，林铎强调，要深入学习贯彻习近平总书记关于扶贫工作的重要论述，坚决落实党中央、国务院决策部署，鼓足信心底气，保持攻坚态势，继续在巩固提升脱贫成果上

使劲加力，确保如期全面完成脱贫攻坚目标任务。各级各方面要保持定力，把牢底线要求和具体标准，倒排工期查漏补缺，细化完善落实措施，压茬推进各项工作。要继续把深度贫困地区作为重点，坚持投入力度不变、工作力度不减，统筹用好各类扶持政策，实施好各类重点项目，重视抓好非贫困县、非贫困村脱贫攻坚，挂牌督战攻克最后的贫困堡垒。要保持政策总体稳定，坚决落实“四个不摘”要求，持续推进产业扶贫、就业扶贫、消费扶贫、金融信贷、驻村帮扶等政策举措落地，保障脱贫攻坚成效。要把巩固脱贫成果、防止返贫致贫摆在突出位置来抓，进一步健全防止返贫监测帮扶机制，有效开展事先预防、事后救助相结合的针对性帮扶，不断夯实脱贫攻坚基础。会议要求，全省各级各部门要在最后关头稳住神、绷住劲，扎实做好脱贫攻坚各项扫尾工作。要“软硬兼施”推进灾后恢复重建，“硬件”上优先安排重建基础设施，“软件”上多措并举增加贫困户收入。要确保贫困劳动力稳岗就业，及时介入帮扶，加大东西部扶贫协作劳务输转对接力度，规范公益岗位管理。要全面排查非贫困县、非贫困村脱贫短板和隐患，把问题找全面、改彻底。要抓实抓细防返贫监测和帮扶，存量要托底，增量要跟进，并着眼长远建立集标准、支撑、帮扶、责任和评价考核体系于一体的动态监测帮扶机制。要做好脱贫成效考核，对照省里考核方案提前评估各项工作，查漏补缺迎接国考。要突出脱贫成果巩固，突出政策系统化和地域差异化，有机衔接乡村振兴。

2020年11月21日，省脱贫攻坚领导小组召开2020年第十五次会议，林铎强调，要深入学习贯彻中共十九届五中全会精神，全面贯彻落实习近平总书记关于扶贫工作的重要论述，坚定信心决心，保持攻坚劲头不松、工作力度不减，确保如期高质量打赢脱贫攻坚战。要不断健全完善防止返贫动态监测和精准帮扶机制，坚持事前预防和事后救助相结合、开发式帮扶和保障性兜底相结合、政府主导和社会参与相结合，持之以恒巩固脱贫成果。要从严从细排查提升薄弱环节，抓好验收评估中发现问题的整改落实，按照不落一村、不漏一户的要求，抓紧弥补“两不愁三保障”和饮水安全等方面的短板弱项，确保脱真贫、真脱贫。要认真解决群众“急难愁盼”的问题，做好受灾群众基本生活保障工作。要加强对扶贫干部的关心关爱，帮助解决现实困难，让他们全身心投入决战决胜脱贫攻坚各项工作。要坚持靶心不偏、焦点不散，盯细节、抓过程、保结果，坚决夺取脱贫攻坚战全面胜利。

2020年12月10日，省脱贫攻坚领导小组召开2020年第十六次会议，林铎强调，要深入学习贯彻党的十九届五中全会精神，全面贯彻落实习近平总书记在中央政治局常务委员会会议上听取脱贫攻坚总结评估汇报时的重要讲话精神，切实把思想和行动统一到党中央决策部署上来，保持帮扶政策总体稳定，巩固拓展脱贫攻坚成果，确保各项工作经得起历史、实践和人民检验。

扶贫政策

【保障政策】义务教育方面。严格落实中央关于义务教育有保障的部署要求，以教育扶贫国家唯一示范区建设为抓手，坚持扶贫与扶智相结合，统筹推进“发展教育脱贫一”任务，着力构建到村、到户、到人的教育精准扶贫体系，组织实施“9+1”精准扶贫教育专项支持计划，2018年出台《甘肃省重点地区控辍保学攻坚实施方案》，2019年出台《义务教育有保障冲刺清零工作方案》，大力实施全面改薄五年规划，围绕“控辍保学”，建立“政府主导、部门联动、齐抓共管”的联控联保机制，采取“一对一、人盯人”的办法抓劝返，单独编班、普职结合等方式分类施教，确保失辍学学生劝得来、留得住、学得好。

基本医疗方面。贯彻落实“让贫困群众有地方看病，小病、常见病、慢性病能看得起，得大病重病也能做到全家吃穿有保障”的总体要求，“十三五”时期，制定《关于加强贫困人口健康扶贫工作的实施意见》《甘肃省健康扶贫三年攻坚行动实施方案》《基本医疗有保障冲刺清零工作方案》等政策措施，全力加强县、乡、村三级医疗基础设施和能力建设。

住房安全方面。按照住房安全有保障相关标准要求，“十三五”时期，出台《加快推进全省D级危房改造工作的意见》《甘肃省农村危房改造三年攻坚行动实施方案》《农村危房改造冲刺清零工作方案》，坚持以“消除存量、拾遗补缺、冲刺清零”为目标，自下而上全面排查，自上而下认真核查，掌握存量危房底数，锁定目标、定点清除，解决习近平总书记指出的“一些地方农房没有进行危房鉴定，或者鉴定不准”的错和漏的问题。精准聚焦“两州一县”等深度贫困地区的建档立卡贫困户、低保户、农村分散供养特困人员、贫困残疾人家庭等“四类重点对象”，实行差异化补助，2018年将补助标准从2015年中央及省级户均补助1.15万元，提高到“两州一县”户均补助2.5万元、18个省级深度贫困县户均补助2.2万元、其他县区户均补助2万元，对无能力建房特困户，要求地方采取房屋置换、长期租赁以及兜底统建等方式进行兜底保障。

饮水安全方面。认真落实习近平总书记“甘肃缺水问题比较突出，要重视解决饮水安全问题”的重要指示要求，“十三五”时期制定出台《甘肃省农村饮用水供水管理条例》《关于加强脱贫攻坚农村饮水安全工程建设及运行管理的意见》《饮水安全有保障冲刺清零工作方案》《甘肃省农村饮用水水质提升意见》等政策文件，坚持因地制宜、多措并举、建管并重，重点保水源稳定、水管畅通、水质达标，大力实施农村饮水安全巩固提升工程。

兜底保障方面。按照"应保尽保、应兜尽兜"的原则，"十三五"时期，制定《关于进一步加强农村最低生活保障制度与扶贫开发政策有效衔接的通知》《关于支持"两州一县"和18个深度贫困县脱贫攻坚兜底保障工作实施方案》《关于在脱贫攻坚三年行动中切实做好社会救助兜底保障工作的实施意见》《兜底保障冲刺清零工作方案》《关于进一步加强脱贫攻坚兜底保障工作的通知》《关于进一步完善困难残疾人生活补贴和重度残疾人护理补贴制度的通知》《关于精准扶贫社会救助支持计划的实施方案》等一系列针对性、操作性、实效性强的脱贫攻坚兜底保障政策文件，形成以地方性法规、政府规章和规范性文件为载体，衔接配套的兜底保障政策体系，不断完善兜底保障体系，进一步拓宽农村低保的对象范围。在"整户保"的基础上，对未脱贫建档立卡贫困户家庭人均收入超过农村低保标准，但家中有重度残疾人、重病患者的，实行"单人户"保障。2019年，明确在脱贫攻坚期内，纳入农村低保三、四类保障范围的建档立卡贫困户，在剔除领取的低保金后，家庭人均收入达到或超过农村低保标准的，给予6个月的渐退期，确保其实现稳定脱贫后再退出农村低保范围。创新扣减就业成本、扩大两项补贴范围等一系列政策措施，使兜底保障政策更多、更好地惠及困难群众。

【产业政策】"十三五"时期，甘肃省贯彻落实习近平总书记"发展产业是实现脱贫的根本之策，把培育产业作为脱贫攻坚的根本之路""农民专业合作社是带动农户增加收入、发展现代农业的有效组织形式，要总结推广先进经验，把合作社进一步办好"的重要指示精神，以及中央"统筹使用涉农资金，重点支持贫困村、贫困户因地制宜发展种养业和传统手工业等""深入实施贫困地区特色产业提升工程，因地制宜加快发展对贫困户增收带动作用明显的种植养殖业""完善新型农业经营主体与贫困户联动发展的利益联结机制"等安排部署，坚持"六年任务三年干，三步并作两步跑"，紧扣贫困地区产业发展现状和特色优势，确定"牛羊菜果薯药"六大扶贫产业为主体、"五小"产业为补充的主攻方向。

针对贫困群众发展特色产业"没钱干""不会干""闷头干""怕风险"的问题，围绕区域产业整体构建和到户产业培育有机衔接、贫困户与新型经营主体利益联结，制定出台《甘肃省培育壮大特色农业产业助推脱贫攻坚实施意见》《关于进一步加大资金投入扶持产业发展确保打赢脱贫攻坚战的通知》《关于加快推进贫困村农民合作社发展的意见》《关于扶持贫困地区龙头企业发展的意见》《关于支持贫困户发展"五小"产业的指导意见》《关于进一步完善产业扶贫措施和带贫减贫机制促进高质量打赢脱贫攻坚战的通知》《甘肃省2018—2020年农业保险助推脱贫攻坚实施方案》等一系列关于到户扶持资金、发展合作社、培育引进龙头企业、加强产销对接的政策文件，形成了一系列含金量高、针对性强的产业扶贫配套政策，把扶贫资金精准到户扶持贫困户扩大种养规模与培育壮大新型经营主体、构建扶贫产业体系进行有机结合，构建产业扶贫投入保障、生产组织、产销对接、风险防范"四大体系"，形成比较完备的产业扶贫政策体系。

甘肃省产业扶贫政策主要由两个方面的内容组成：一是支持贫困群众开展到户产业培育，按照人均5000元、户均不超过3万元的原则为贫困户安排到户产业扶持资金，原则上一半用于补助到户发展产业，支持和引导贫困户真种真养、多种多养，使贫困户的收入有最基本的保障，能够托住底；一半用于入股与贫困户产业发展密切相关的合作社或龙头企业，既解决龙头企业和合作社发展资金短缺难题，推动新型经营主体快速发展壮大，又建立起贫困户与合作社龙头企业利益联结机制，搭建起贫困户与市场有效对接的桥梁和纽带，让贫困户更好融入现代农业发展，打通扶贫产业全产业链。二是支持贫困地区开展产业体系构建，在贫困地区大力发展农民专业合作社，积极培育引进龙头企业，加强产销对接和果蔬保鲜库建设，支持贫困户参加农业保险。

【保投入政策】2016年制定出台《关于打赢脱贫攻坚战三年行动的实施意见》，规定省级和片区贫困县按财政收入增量的20%以上、市级按10%以上、插花县按15%以上增列财政专项扶贫资金预算。2018年10月，为进一步加大资金投入扶持产业发展，确保打赢脱贫攻坚战，出台《甘肃省人

培育壮大特色农业产业助推脱贫攻坚，天水花牛苹果产业园苹果包装流水线

民政府办公厅关于进一步加大资金投入扶持产业发展确保打赢脱贫攻坚战的通知》，提出省财政预算安排的财政专项资金增幅高于中央到省资金增幅和占比达到中央到省资金30%以上的政策要求。市县两级要在确保2017年省级考核中上报的财政专项扶贫资金投入基数的基础上，严格按照增列财政专项扶贫资金政策，做实2018—2020年财政专项扶贫资金预算，地方收入预算未增长的县市区，确保上年基数，保障脱贫攻坚任务需求。印发《关于加大扶贫资金投入保攻坚补短板强监管的意见》，精准匹配每个项目资金额度，确保每项任务不留资金缺口。

2017年制定《甘肃省深度贫困地区脱贫攻坚实施方案》，明确规定转移支付、扶贫资金向"两州一县"和其他深度贫困地区倾斜，省级对深度贫困县区均衡性转移支付补助系数高于市县平均水平3个百分点，安排到深度贫困县区财政专项扶贫资金不低于当年资金的50%，重点用于支持深度贫困地区产业扶贫、饮水安全、义务教育、基本医疗、住房安全和易地扶贫搬迁等重大工程和重点任务。

2018—2020年，先后制定出台《甘肃省扶贫项目资金绩效管理实施办法》《关于加大扶贫资金投入保攻坚补短板强监管的意见》等政策文件，对扶贫资金日常监管、公告公示、动态监控、绩效管理等提出明确要求。2019年印发《甘肃省扶贫资金监督管理追责办法》，建立财政专项扶贫资金限时拨付、报告通报约谈制度。严格落实"两个一律"（省、市、县扶贫资金分配结果一律公开，乡、村两级扶贫项目安排和资金使用情况一律公告公示）要求，主动接受社会和群众监督。

【促就业政策】 2018年，制定《就业扶贫三年行动计划（2018—2020年）》，精准聚焦全省建档立卡贫困劳动力，对有培训意愿的劳动力实现培训全覆盖，通过组织劳务输转、开发乡村公益性岗位等就业扶贫方式取得的工资性收入，支撑和带动60万以上建档立卡贫困人口达到现行标准下脱贫的收入水平。"十三五"时期，先后出台实施鼓励企业吸纳贫困劳动力就业奖补、开发乡村公益性岗位、扶持发展扶贫车间、提高建档立卡劳动力输转组织化程度、提高农村劳动力培训实效等一系列政策措施，涵盖就业扶贫的方方面面。

精准提升扶贫劳动力培训实效，2019年制定《关于提高农村劳动力技能培训实效的意见》，有效整合人社、教育、农业农村、共青团、妇联等相关部门的培训资金、培训师资等资源，共同推进农村劳动力技能培训工作。印发《关于扶持发展"扶贫车间"促进建档立卡贫困劳动力转移就业的意见》，明确扶贫车间认定标准，稳步推动扶贫车间提质增效。

充分发挥公益性岗位托底作用，2020年制定《2020年开发3万个乡村公益性岗位实施细则》，设置乡村道路维护、乡村保洁、乡村绿化、乡村水电保障、农村养老服务、村级就业社保协管、乡村公共安全管理、乡村公益设施管理等8个类别，加大稳就业奖补政策落实力度。针对新冠肺炎疫情对就业的影响，2020年印发关于落实《省委省政府关于坚决打赢新冠肺炎疫情防控阻击战促进经济持续健康发展的若干意见》《关于积极应对新冠肺炎疫情影响切实做好稳就业工作的若干措施》《甘肃省农民工安全有序返岗运送实施方案》《关于做好农民工返岗复工"点对点"服务保障工作的通知》《关于深入推进"青春扶贫"六大行动助力高质量打赢脱贫攻坚战的实施方案》等政策文件，对企业、扶贫车间、合作社、家庭农场等各类生产经营主体吸纳本地贫困劳动力且稳定就业半年以上的，按3000元/人标准给予生产经营主体一次性奖补；稳定就业1年以上的，按5000元/人标准给予生产经营主体一次性奖补。对输转的建档立卡贫困劳动力和可能致贫人口，按照不同情形，分别给予省外600元、省内300元的一次性交通补贴，1800~3000元的劳务奖补，以及一次性1500元的生活费补贴。对经营性人力资源服务机构、劳务中介机构有组织输转贫困劳动力到企业实现稳定就业，签订并实际履行6个月以上劳动合同的，按200元/人的标准给予中介机构一次性奖补。同时，在严格落实国家政策的基础上，扩大失业保险稳岗返还的政策受益面，对全省普通参保企业的裁员率从上年末全国登记失业率3.62%提高到上年度全国城镇调查失业率控制目标5.5%，对30人（含）以下的中小微参保企业，裁员人数放宽到上年末参保

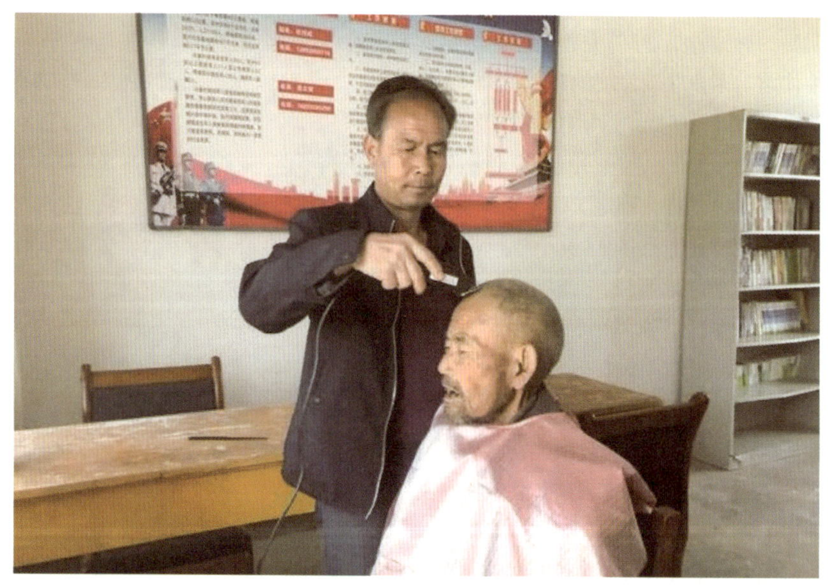

民勤县收成镇兴盛一社建档立卡户被安置在公益性岗位成为爱心理发员，实现就业脱贫

职工总数的20%；对面临暂时性生产经营困难且恢复有望、坚持不裁员少裁员的参保企业，返还标准按6个月的全省月人均失业保险金和上年末失业保险参保职工人数确定。

【夯实基础政策】“十三五”时期，出台一系列政策举措加快补齐贫困地区基础设施短板，改善人居环境，夯实发展基础。

电力基础设施方面。“十三五”时期，以58个片区县和17个插花县、建档立卡贫困村为重点，编制《助力脱贫攻坚电网建设与改造三年行动计划》《甘肃省小城镇和中心村农网改造升级工程2016—2017年实施计划》《甘肃省农村机井通电实施计划》《甘肃省“一区一州”农网改造升级攻坚三年行动计（2018—2020年）实施方案》，加快推进深度贫困地区电网建设与改造步伐，全面提升农村电网供电能力。

交通基础设施方面。2018年出台《关于加快实施交通扶贫行动的意见》等一系列配套政策文件，聚焦交通脱贫攻坚，将农村公路建设作为“先手棋”，紧紧围绕秦巴山区、六盘山区、甘肃省涉藏州县等集中连片特困地区，争取国家资金支持，千方百计加大投入，加快推进工程建设。

宽带网络通信方面。2015年，印发实施《关于加快高速宽带网络建设推进网络提速降费的实施意见》，把促进农村宽带建设作为推进全省电商扶贫信息化建设的重点任务，明确中长期目标，完善相关政策体系。

农村环境整治方面。“十三五”时期，印发《全省全域无垃圾三年专项治理行动方案（2017—2020年）》《甘肃省关于深入学习浙江“千村示范、万村整治”工程经验全面扎实推进农村人居环境整治工作的实施意见》，省直相关部门配套制定农村“厕所革命”“垃圾革命”“风貌革命”、生活污水治理、废旧农膜回收利用与尾菜利用、畜禽养殖废弃物及秸秆资源化利用、村庄规划编制、“四好农村路”高质量发展、村级公益性设施共管共享工作9个方案，改善人居环境。

【聚合力政策】“十三五”时期，制定东西部扶贫协作三年行动计划、专项行动方案和11个专项工作实施方案，修改完善资金管理办法，密切党政层面联系交流，召开联席会议，共同研究谋划帮扶工作、落实帮扶事项，资金投入力度、企业引进个数、劳务合作数量、消费扶贫规模都取得新的突破。制定对接落实中央单位定点扶贫工作的《实施意见》，从帮扶项目、资金投入、人员培训等方面细化措施。制定扶工作责任清单、驻村帮扶工作队管理办法、成效考核评价办法等12个政策文件，全面落实帮扶干部生活补助、带薪休假、人身意外保险等政策。认真落实习近平总书记关于“对工作难度大的县和村挂牌督战”的重要指示精神，2020年初制定《甘肃省脱贫攻坚挂牌督战实施方案》《关于加强8个未摘帽县省级挂牌督战工作的通知》，8名省级领导督战8个未摘帽贫困县，市州督战未退出的395个贫困村，县市区督战包抓17.5万未脱贫人口和14.3万脱贫不稳定人口、24.3万边缘易致贫人口“三类”重点对象，省级专责部门挂牌督战影响脱贫的突出问题，凝聚更大力量攻坚克难、销号清零，确保剩余贫困人口如期脱贫、贫困县全部摘帽。

组织体系与扶贫资金

组织保障

【工作机制】“十三五”时期，先后制定出台《关于深入推进抓党建促脱贫攻坚工作的实施意见》《甘肃省抓党建促脱贫攻坚三年行动计划》等一系列配套文件。每年制定《组织保障专责组工作方案》，健全推动落实工作机制，研究制定《组织保障专责工作组成员单位运行机制》，建立组长负责制度、定期会议制度、目标责任制度、信息报送制度、工作督办制度，推动组织保障专责工作组高效运转。实行抓党建促脱贫攻坚任务“月报告、季分析、半年小结、年度总结”制度，先后召开12次组织保障专责工作组会议，及时了解工作进度，研究解决突出问题。省委组织部对所有贫困县全覆盖进行调研督导，特别是对8个挂牌督战县，主要领导现场督促抓党建促决战决胜脱贫攻坚重点任务推进，分别与市州党委书记、组织部部长和贫困县党政正职进行谈话，传导责任和压力。同时，指导市县建立常态化约谈机制，组织保障专责工作组各成员单位领导班子成员分别带队深入基层一线开展调研督导，层层靠实工作责任。

【基层组织规范化】紧盯农村基层党建薄弱环节和突出问题，聚焦基层党组织基础工作、基本制度、基本能力建设，以正视问题的自觉、刀刃向内的勇气、改革创新的精神，提出并全面推进“四抓两整治”措施，推动基层党组织和党员干部自我净化、自我完善、自我革新、自我提高，着力把农村党组织打造成脱贫攻坚战斗堡垒。2018年，在全省范围内推行党支部建设标准化，编印《甘肃省农村党支部建设标准化手册》，指导各地扎实开展达标争创活动，有效提升了农村基层党组织规范化标准化水平。指导各地重点围绕

高台县新坝镇小坝村综合服务中心开工建设

实行“一肩挑”的村以县为单位严格落实村党组织议事决策、“四议两公开”和党务、村务公开等制度，防止出现个人专断问题发生；建立并落实县级组织部门每月统计分析、每季度调度指导制度，村级党组织主题党日、“三会一课”、谈心谈话、组织生活会、民主评议党员等基本制度得到落实。2019年开发上线甘肃党建信息化平台，全省农村党员注册使用率达96.9%，农村党支部使用率达到了99.8%，农村党支部支委会召开率由55.6%提高到100%、主题党日由47.1%提高到100%、党小组会由24.1%提高到98.6%。实现广大党员在线学习、支部活动在线组织、上级党组织在线管理，抓实基层党建“最后一公里”。2019—2020年，全省统筹资金6.24亿元，新建（改扩建）村级活动场所2265个，在所有村党群服务中心建立便民服务站点，实行乡村干部混合编组坐班服务和全程代理服务，用好村级党群服务中心这个实体阵地。

【村党组织带头人队伍】修订完善《甘肃省村级干部管理办法》，调整优化村党组织书记2523名，公开选聘4041名专职化村党组织书记，村党组织书记和村委会主任“一肩挑”比例达87.6%。2020年，全省村、社区党组织换届后，村党组织书记平均年龄下降到38.4岁、高中及以上学历提高到98.2%；社区党组织书记年龄下降到36岁,大专及以上学历提高到97.4%。2017—2020年，全省围绕学习贯彻习近平总书记关于扶贫工作的重要论述、对甘肃重要讲话和指示精神，累计培训党员干部508.9万人次；围绕富民产业发展、扶贫工作方法、精准扶贫政策等内容，分层分类对62.9万多名乡村干部进行培训，有效提升了基层党员干部抓脱贫攻坚的能力素质。2020年，努力克服新冠肺炎疫情影响，采取视频直播方式，对全省1.24万名新任乡村干部和新选派驻村帮扶干部进行专题培训。2019年、2020年连续两年提高村级组织运转保障标准，将村干部年报酬提高到3万元，“一肩挑”村党组织书记的年基本报酬达到4.5万元，村级办公经费提高到5万元。扶持发展村集体经济，2018—2020年合资金16.55亿元，扶持1648个村发展集体经济，全部消除“空壳村,”截至2020年底，全省集体经济年收入5万元以上的村占42.9%。

【考核激励】在认真落实中央关于保持贫困地区党政正职相对稳定政策的基础上，紧紧围绕打赢脱贫攻坚战优化市县领导班子，确保最能打硬仗的干部在脱贫攻坚一线冲锋陷阵、担当作为。2019—2020年，调整补充市州党政班子成员102名，18名贫困县党政正职、9名挂职副书记得到提拔重用；9名贫困县县委副书记、常务副县长提拔到省直部门工作，全省共提拔重用脱贫攻坚中表现突出的干部1822名。选派54名省直单位副厅级或正处级优秀干部到贫困县挂任专职副书记，对中央部委和东部4市对口帮扶干部全部安排分管脱贫攻坚。截至2020年底，有2.26万名驻村干部服务在7262个帮扶村。充分发挥脱贫攻坚成效考核的激励鞭策作用，健全完善分类考核办法，75个贫困县领导班子的年度考核结果与脱贫攻坚成效考核结果保持一致，2017年、2018年、2019年中共甘肃省委连续三年召开考核讲评大会，大力整治脱贫攻坚中干部不担当不作为问题，调整不胜任担任现职的市州党政正职3名、贫困县党政正职17名，组织处理不担当作为干部276人。指导各地对1229个乡镇班子履职情况进行摸排，整顿提升后进乡镇班子44个，调整乡镇党委书记590名，提拔业绩突出的乡镇党政主要负责人190名。不断加大从优秀村干部考录机关公务员力度，2018—2020年全省从优秀村党组织书记、村委会主任中录用乡镇机关公务员68名，从大学生村官中录用乡镇机关公务员人员280名。

【集聚人才】坚持留住用好现有人才与引进急需紧缺人才相结合，鼓励引导人才向艰苦边远地区和基层一线流动，为决战决胜脱贫攻坚提供人才支撑。2017—2020年，累计投入省级重点人才项目资金2.55亿元，扶持475个省级重点人才项目，涉及脱贫攻坚的有326个。其中，从国家有关部门、金融单位、科研机构、高等院校、国有企业引进3批共337名金融、科技人才，采取兼职挂职、定期服务、技术开发、项目合作、科技咨询等方式助力脱贫攻坚；有20批255名“博士服务团”高层次人才为甘肃脱贫攻坚献智献策；从32家省级医院和部队医院选派800余名医疗专家，对口帮扶甘肃省58个贫困县；遴选41名副高以上省级专家组成服务团，深入8个未摘帽贫困县开展帮扶活动；与东部4市互派1.5万名专业技术人才结对帮扶和交流学习；建立省级农村人才实训基地，累计培训1.3万多名农村实用人才；积极争取中组部“西部之光”访问学者计划支持，累计选派16批共337名“西部之光”访问学者到国内高水平大学和科研机构进行访学研修；自2015起实施的“陇原之光”人才培养计划，至2020年，连续5年从全省各市州遴选5批共569名各领域科研技术骨干到省内高校、医院和科研单位等进行研修学习，有效夯实了基层专业技术骨干人才队伍。2019年底，印发《关于鼓励引导人才向艰苦边远地区和基层一线流动的实施意见》，从搭建平台集聚人才、创新机制引进人才、多措并举培育人才、优化环境留住人才、加强组织领导等五个方面，提出18条具体措施，构架完善人才政策体系。同时，在出台《关于进一步做好省属高校和科研院所高层次人才引进工作的通知》基础上，2019年印发《关于加强和改进全省卫生健康人才引进工作的通知》，进一步放宽医疗卫生领域高层次人才、急需紧缺人才引进政策，推动完善乡村医疗卫生和教育人才培养、引导人才服务脱贫攻坚等改革。

扶贫资金

【财政专项资金投入】2016—2020年，全省累计投入财政专项扶贫资金837.2亿元，其中中央下达资金439亿元，年均增长17.2%。省级安排财政专项扶贫资金230.75亿元、年均增长46.6%，占中央到省资金的52.6%；督促市县两级落实本级财政专项扶贫资金预算167亿元，年均增长21.4%。地方财政专项扶贫资金投入占地方一般公共预算的比例从2015年的3.4%增长到2020年的13%。“十三五”期间，省市县投入与中央下达甘肃省资金的比例基本达到1∶1，投入力度在全国排前列，特别是2020年省市县投入超过中央下达资金。

【涉农资金整合】对省级13个部门管理的中央20项、省级14项涉农资金一律切块下达，审批权限完全下放到县，由县级政府依据脱贫攻坚规划，在农业生产发展和农村基础设施建设范围内自主安排使用。省级相关部门分配给贫困县的资金增幅不得低于该项资金全省平均增幅，资金不得“戴帽”下达、不得指定与脱贫攻坚无关的任务要求、不得考核贫困县约束性任务完成情况，彻底为贫困县资金整合松绑，确保把有限的资金用在急需的项目上，提高整合资金的使用效益。2016—2020年，全省累计整合使用涉农资金922.8亿元，整合率73.74%。

【扶贫项目资金保障】印发《关于加大扶贫资金投入保攻坚补短板强监管的意见》，精准匹配每个项目资金额度，确保每项任务不留资金缺口。保障产业扶贫和就业扶贫资金需求，全力支持“3+1”冲刺清零后续行动资金需求，大力支持易地扶贫搬迁后续扶持等工作，合理安排村组道路等农业生产生活基础设施建设。2018—2019年，安排75个贫困县的财政专项扶贫资金、涉农整合资金、一般债券等5项财政资金达863.34亿元，有力支持75个贫困县产业就业、饮水安全、义务教育、基本医疗、住房安全和易地扶贫搬迁重点项目。2020年新冠肺炎疫情发生后，筹措安排新冠肺炎疫情防控经费41.3亿元，落实财政支持疫情防控政策措施，巩固脱贫成果。

【深度贫困地区资金保障】在确保现有扶贫投入不减的基础上，安排增量、优化存量，加大对深度贫困地区脱贫攻坚的投入保障力度。转移支付方面，2018起加大一般性转移支付力度，完善县级基本财力保障机，支持深度贫困地区市县除“保工资、保运转、保基本民生”外，新增财力重点用于脱贫攻坚。2018年，分配“两州一县”和18个省定深度贫困县均衡性转移支付增量资金12.67亿元，占分配市县增量总额24.65亿元的51%；2019年，分配“两州一县”和18个省定深度贫困县均衡性转移支付增量资金18.76亿元，占分配市县增量总额36.97亿元的51%，统筹用于“三保”、脱贫攻坚等支出。财政专项资金方面，2018—2019年安排“两州一县”和18个省定深度贫困县财政专项扶贫资金规模达到220.88亿元，占全省的73.4%，其中，2018年占全省的70.5%，2019年占全省的75.69%，比重持续提升。2018—2019年，安排35个贫困县的财政专项扶贫资金、涉农整合资金、一般债券等5项财政资金达589.39亿元，超出深度贫困县三年实施方案（中央指导制定）财政资金需求（368.46亿元）220.93亿元，占三年实施方案资金总需求（595亿元，含财政资金、金融资金、社会帮扶资金、自筹资金）的99.06%。

【扶贫资金管理】组织省直相关部门对深度贫困地区《精准统筹资金使用方案》和《涉农资金整合方案》进行联合审查、政策培训和业务指导，强化扶贫项目资金管理。严格执行限时拨付、旬月报告、公示公告、督办落实和通报约谈制度，最大限度发挥资金效益。严格落实扶贫项目资金公告公示制度，2019年出台《甘肃省扶贫资金监督管理追责办法》，督促落实县区扶贫资金管理责任，实施扶贫资金项目全过程绩效管理，资金精准有效使用。建立财政专项扶贫资金周调度、旬报告、月通报约谈机制，每周对扶贫资金不足的贫困县及时调拨库款，每旬报告资金支出进度，每月对资金支出情况在全省范围内通报，对资金支出慢或质量不高的市县政府分管领导和财政、扶贫等部门主要负责人进行约谈，督促贫困县切实加快项目建设和扶贫资金支出进度。2018年、2019年，财政专项扶贫资金全部在规定时限内拨付下达，年度支出率分别达到96.8%、98.4%，较国家考核要求分别高出4.8个百分点和6.4个百分点。2020年截至10月底，全省财政专项扶贫资金支出进度达93.4%，高于序时进度9.8个百分

甘肃
年鉴
2021

点。强化扶贫资金动态监控，将各级各类扶贫资金全部纳入监控范围，对系统预警问题，及时督促市县整改。组织开展各级各类扶贫项目资金全过程预算绩效管理工作，推动各级各部门切实提高扶贫资金管理水平和使用效益，2018年对6103个扶贫项目、580.5亿元扶贫资金，2019年对5140个扶贫项目、424.7亿元扶贫资金实施全过程预算绩效管理，进一步强化扶贫项目资金管理。

扶贫体系

【脱贫责任体系】2015年12月29日成立省委省政府主要领导任“双组长”、省委常委和副省长全部担任领导小组副组长的脱贫攻坚领导小组，组建12个脱贫攻坚专责工作组，分工负责行业扶贫和组织保障。省委省政府每年与8名省级干部、24名省直相关部门主要负责人及有脱贫攻坚任务的13个市州的党政主要负责人签订脱贫攻坚责任书，年底考核兑现奖罚。建立脱贫攻坚定期调度制度，每月通报脱贫攻坚重点任务进展情况，省脱贫攻坚领导小组每月至少召开一次领导小组或专题会议，对脱贫攻坚进行安排部署。把脱贫攻坚“一号工程”上升为“一把手”工程，认真落实“四个遍访”要求，省委省政府主要领导走访调研覆盖全部86个县（市、区），省级领导干部围绕脱贫攻坚调研督查的次数最多、范围最广、力度最大。

【精准工作体系】中共甘肃省委十九届八次全会和十次全会，分别制定贯彻落实习近平总书记对甘肃重要讲话和指示精神的两个决定。2016年5月，省委省政府制定出台《关于打赢脱贫攻坚战的实施意见》等一揽子强保障、壮产业、保投入、促就业、夯基础、聚合力的政策措施。组织省市县乡40多万名干部进村入户，为65万贫困户制定“一户一策”精准脱贫计划，明确脱贫时间表、作战图和责任状。聚焦“两不愁三保障”底线任务，扎实开展义务教育、基本医疗、住房安全和饮水安全冲刺清零专项行动，至“十三五”末重点领域任务实现清零达标。严把精准识别、脱贫核查、数据比对三道关口，在国家第三方评估中，贫困人口识别和退出准确率连续4年达到98.9%和98.33%以上。加快推动贫困地区基础设施建设，2020年具备条件的建制村实现100%通硬化路和通客车，农网供电可靠率达到99.8%、综合电压合格率达到99.7%，贫困县所有村实现动力电全覆盖，行政村光纤宽带和4G网络覆盖率均超过99%，贫困地区面貌发生翻天覆地变化，贫困群众获得感、幸福感和安全感明显提升。

【帮扶工作体系】天津、厦门、福州、青岛东部四市倾力帮扶甘肃，“十三五”期间，投入财政援助资金87.86亿元，实施协作项目4931个，帮助引进企业投资42.53亿元。36家中央定点单位帮扶43个贫困县区。持续开展“千企帮千村”行动，举办“中国光彩事业临夏行”活动，“全国工商联直属商会进甘南暨民企甘南行”活动。每个驻村帮扶工作队县以上单位选派干部不少于3人。深入推进抓党建促脱贫，农村基层党组织政治功能和组织力明显增强。

【稳定增收体系】以大力发展现代丝路寒旱农业为抓手，以构建富民产业体系为牵引，实行产业整体构建和到户产业培育相结合，因地制宜培育壮大“牛羊菜果薯药”六大特色主导产业，支持深度贫困地区群众发展小庭院、小家禽、小手工、小买卖、小作坊等“五小产业”，形成以生产组织、投入保障、产销对接、风险防控“四个体系”为主的产业扶贫格局，努力实现县有主导产业、村有致富产业、户有增收项目的目标。2018年，研究制定《甘肃省培育壮大特色农业产业助推脱贫攻坚实施意见》等政策措施，以壮大新型农业经营主体为重点构建生产组织体系，围绕解决群众缺少产业发展资金的问题构建投入保障体系，针对农产品销售难、收益低的情况构建产销对接体系，基本实现深度贫困地区贫困县每个脱贫产业都有龙头企业，贫困村专业合作社和金融综合服务室全覆盖。至2020年，全省有200多万农户已嵌入产业链条，带动人均增收超过4000元。把就业扶贫作为最有效最直接的脱贫方式，通过强化精准扶贫劳动力培训、提高劳务输转组织化程度、开发乡村公益性岗位、推进扶贫车间建设等系列举措，加大就业扶贫，稳定群众增收。全省已脱贫人口中，务工收入占总收入一半以上的贫困人口达到70%以上。积极拓展乡村旅游、光伏扶贫、电商扶贫等扶贫新业态，基本实现

古浪县干城乡富民新村新建的连片日光温室

县有主导产业、村有致富产业、户有增收项目目标。

【保障投入体系】通过不断完善扶贫资金保障政策体系，精准聚焦、精准滴灌、精准发力，确保投入力度与脱贫攻坚任务相适应，发挥资金在脱贫攻坚中的支撑和保障作用。2015年、2016年、2018年、2019年，国家财政专项扶贫资金绩效评价甘肃省均被评为“优秀”等次，累计奖励财政专项扶贫资金9亿元。除保障工资发放、正常运转和基本民生支出外，最大限度压减一般性支出，持续加大财政专项扶贫投入。“十三五”期间，全省共投入财政专项扶贫资金837.2亿元，其中省级230.75亿元、年均增长46.62%，占中央到省资金的52.56%；市县落实167.42亿元，年均增长21.67%。投入“两州一县”和18个省定深度贫困县财政专项扶贫资金占全省的65.3%。整合涉农资金922.18亿元，整合率73.74%，形成“多个渠道引水，一个龙头放水”的扶贫投入格局。撬动金融机构信贷资金投入脱贫攻坚，安排财政贴息81亿元，为贫困户发放扶贫小额贷款及特色产业贷款、农产品收购贷款。严格执行限时拨付、旬月报告、督办落实、公告公示和通报约谈制度。

【考核评估体系】完善考评方式，强化结果运用，对综合评价为“好”等次的市县和省直部门进行通报表扬，对脱贫攻坚任务重和考核发现问题较多的进行约谈，提拔脱贫攻坚实绩突出的省管干部36名。至“十三五”末，省委省政府表彰全省脱贫攻坚先进集体40个、先进个人49名，省脱贫攻坚领导小组表彰脱贫攻坚和帮扶工作先进集体751个、先进个人1375名，推动形成扶贫领域踏实干事、善作善成的良好环境。

【成果巩固工作体系】出台落实“四个不摘”的《若干意见》，继续聚焦摘帽县精力到脱贫攻坚，持续开展动态管理，监测脱贫质量，及时查漏补缺，防范化解风险，巩固脱贫成果。保持脱贫攻坚任务重的市州和贫困县党政正职稳定，16名优秀贫困县党政正职提拔后继续在县区工作。保持对脱贫摘帽县投入力度不减，2019年和2020年，中央和省级财政专项扶贫资金投入增幅分别达到4.03%和8.3%。对摘帽县继续实行扶贫开发成效年度考核，分值占实绩考核65%以上的权重，并将“四个不摘”作为摘帽县党政正职平时考核的重要依据，防止摘帽后松劲懈怠。同时，统筹推进非贫困县、非贫困村贫困人口的帮扶工作，在政策扶持、结对帮扶、工作标准和成效考核等方面一体推进，将贫困发生率较高的非贫困村纳入预警管理，确保非贫困村贫困人口如期实现脱贫目标。

【监督检查体系】组织各方力量，对扶贫领域开展全方位、立体式的监督检查。“十三五”时期，每年开展深度贫困地区观摩拉练活动，由省委省政府主要领导带队，组织市县干部实地看、相互学，现场推动各项工作做深做细做实。支持台盟中央开展脱贫攻坚专项监督，各民主党派省委会对口6个贫困县开展民主监督，组织省人大、省政协和民主党派省委会、兰州大学等19个单位，对脱贫攻坚14项重点任务开展专项督查。持续深化扶贫领域腐败和作风问题专项治理，压茬推进“两查两保”“三纠三促”“四察四治”专项行动，集中整治形式主义、官僚主义。

扶贫方式

产业扶贫

【综述】“十三五”时期，累计创建省级绿色农产品标准化生产基地10个。产业链链条不断延伸拓展，特色优势产业集群化发展态势强劲，“甘味”农产品品牌美誉度和影响力大幅提升，价格坚挺、产销两旺。2020年，高原夏菜面积产量位居全国第一，马铃薯、中药材、苹果面积产量位居全国第二，羊存栏量位居全国第三，牛存栏量位居全国第九。全省“三品一标”产品2702个，其中绿色产品1618个，有机产品224个，地理标志农产品124个，无公害农产品736个。走出“寒旱农业—生态循环—绿色有机—甘味品牌”的发展路子，初步构建起具有区域竞争优势的特色产业体系。2019年，全省第一产业增加值1059.3亿元，同比增长5.8%，增幅居全国第一，较2015年增长44.4%，较2017年增长23.2%。贫困地区农民人均可支配收入8591.8元，较2017年增长23.3%。2018—2020年，通过发展产业和“产业+劳务”实现138.83万人脱贫，占同期脱贫人口的73.6%。

【产业布局】自2017年，甘肃省大力发展“牛羊菜果蔬药”六大扶贫产业，形成串点成线、以线带面，打造“一带五区”特色农业生产布局，建设以高原夏菜、都市型农业为主的沿黄产业带，以现代种业、种养循环、戈壁生态农业为主的河西节水灌溉农业区，以优质苹果、现代肉牛肉羊产业为主的陇东雨养农业区，以中药材、马铃薯等为主的中部旱作农业区，以林果、蔬菜、现代畜牧业为主的天水及陇南山地特色农业区，以牦牛、藏羊、藏药等为主的甘南及祁连山高寒草地农牧交错区，“牛羊菜果薯药”六大特色产业呈现出区域分工明显、基地集中连片、技术装备集成、特色优势突出、功能机制完善、规模效益凸显、产业链配套完整的发展态势，实现从零散状、碎片化到成链条、成体系的巨大变化，成为贫困地区县域经济发展、农民增收致富的主导产业。

【种植产业】“十三五”时期，全省小麦面积稳定在1000万亩以上，玉米种植面积达到1500万亩，马铃薯种植面积达到1030万亩。累计新建高标准农田331万亩，农机总动力达到2289万千瓦，主要农作物耕种收综合机械化率达到61%以上。全省粮食产量连续八年持续保持在1100万吨以上。

2019年，全省蔬菜面积910万亩，较2015年增长15%、较2017年增长6.5%；产量2750万吨，较2015年增长50.9%、较2017年增长8.5%。苹果面积657万亩，较2015年增长13.3%、较2017年增长3.5%；产量650万吨，较2015年增长66.7%，较2017年增长41.3%。马铃薯面积1026万亩，较2015年增长5.8%，较2017年基本持平；产量1500万吨，较2015年增长32.7%，较2017年增长28%。中药材面积465万亩，较2015年增长15.2%，较2017年增长3%；产量130万吨、较2015年增长20.2%、较2017年增长5.5%。蔬菜产业产值近500亿元，其中设施蔬菜产值达到260亿元，打造榆中县、武山县、武威市凉州区3个播种面积超过40万亩的大县（区），形成河西走廊戈壁生态农业区、沿黄灌区、泾河流域、渭河流域和“两江一水”流域五大优势蔬菜产区。全省蔬菜60%销往国内80多个城市乃至东南亚市场，特别是以兰州、河西为核心的高原夏菜产业带，成为西菜东调重要保障基地和冬春淡季西北蔬菜供应中心。苹果产业产值376亿元，建成百万亩苹果大县1个（静宁县），30万亩以上8个，形成以平凉、庆阳为核心的富士苹果产业带，以天水麦积、秦州、礼县为核心的花牛苹果产业带。有苹果重点龙头企业232家，静态保鲜贮藏能力达260多万吨，开发出果汁、果酒、果醋、果片等深加工产品，加工苹果产品7万多吨，产品销往北京、上海、广州等50多个城市和美国、俄罗斯、东南亚等30多个国家和地区。马铃薯产业产值达到230亿元，甘肃省成为全国最大的马铃薯种薯繁育基地，年生产原原种12亿粒，其中向外省销售原原种4亿粒以上、原种2万多吨。建成定西市安定区、会宁县两个马铃薯百万亩产业大县，带动周边种植30万亩以上的产业大县8个，打造一批集中连片、技术集成的万亩以上绿色标准化产业带，定西市安定区国家级马铃薯专业批发市场成为全国最大的马铃薯集散中心和价格形成中心。中药材产业生产环节产值186亿元，建成宕昌、岷县、陇西、民乐4个30万亩以上的产业大县，制定大宗道地中药材标准化栽培技术规程97项，打造117万亩绿色标准种植基地，形成以陇西、岷县、宕昌、渭源为核心的中药材产业带；加工环节产值450亿元，较2017年增长27.1%（2017年是354亿元，2018年是386亿元），培育引进中药材饮片加工为主的中药材初加工企业171家，年加工中药饮片100万吨以上。2020年，全省粮食面积3957.4万亩，总产1202万吨，比上年增加39万吨，产量首次突破1200万吨大关，创历史新高；玉米种子生产面积129.6万亩、产种5.46亿公斤，均居全国第一；马铃薯原种和一级种薯生产面积40.04万亩，产量7.9亿公斤，生产原原种11.8亿粒，居全国前列。在中央农村工作会议上，甘肃作为全国粮食安全作出贡献的10个省份之一，得到习近平总书记的肯定。

【养殖产业】2019年，全省牛存栏458.8万头、较2015年增长11.7%、较2017年增长8.2%，出栏212万头、较2015年增长18.2%、较2017年增长6.9%；羊存栏2000万只、较2015年增长20.5%、较2017年增长8.7%，出栏1562万只、较2015年增长27.9%、较2017年增长10.4%。全省肉牛产业产值近300亿元，建成凉州、玛曲、甘州、碌曲4个存栏30万头以上、7个存栏10万头以上的肉牛养殖大县，形成以张掖为核心的河西肉牛产业带，以平凉为核心的红牛产业带，以临夏、甘南为核心的农牧交错繁育一体（牧区繁育、农区育肥）肉牛产业带，并培育一批肉牛屠宰加工龙头企业，年肉牛屠宰能力250万头，2019年实际屠宰101万头。肉羊产业产值近200亿元，建成民勤、凉州、环县、东乡、会宁等9个百万只肉羊产业大县，初步形成以临夏为核心的农牧交错肉羊产业带，以环县、靖远、会宁为核心的陇中陇东肉羊产业带，以凉州、民勤、金塔为核心的河西肉羊产业带，全省肉羊屠宰企业72家，肉羊屠宰能力900万只。

宕昌县中药材绿色标准化示范基地百亩核心试验示范田

发展优势特色产业，形成以平凉为核心的红牛产业带

业产销形势进行深入分析研判，形成目标价格，引导市场预期。

2018年，制定印发《冷链物流建设专项实施方案》，对新建100吨（含）以上的补贴比例上限不超过设施造价的30%，贫困地区可放宽至50%，单个主体最高补助资金原则上不超过100万元；对新购置储运能力5吨、10吨的冷藏运输车，按照购买价格50%给予奖补。2018—2019年，省级财政下达果蔬保鲜库建设扶持资金2.39亿元，在48个贫困县贫困村新建果蔬保鲜库1025座、移动保鲜库222辆，新增储藏能力近36万吨，贫困村农产品冷链物流设施条件得到有效改善，广大农户可以根据市场行情灵活选择上市时间，有效缓解收获季节农产品滞销压价现象。2019年、2020年连续两年开展果蔬保鲜库建设，提高特色农产品储藏保鲜能力。扶持有意愿的农民专业合作社、贫困村建设保鲜基础设施。2020年，争取中央支持和统筹下达各地的整合涉农资金5亿元，用于支持节能型通风贮藏库、机械冷库、气调贮藏库等农产品仓储保鲜冷链设施建设，以及贫困地区农民专业合作社购置冷藏运输车。2020年，全省累计建成1050个，新增储藏能力近60万吨，有效提升苹果、蔬菜、马铃薯等鲜活农产品均衡上市和错峰销售能力。

实施“甘味”农产品品牌营销战略，建起“省级，甘味，公用品牌+市县区域公用品牌+企业商标品牌”的品牌营销体系。2020年6月21日，举办“甘味”农产品品牌发布会暨消费扶贫宣传推介活动，向社会各界发布《“甘味”农产品品牌目录》，包含“牛羊菜果薯药”六

2020年，全省羊存栏量位居全国第三，牛存栏量位居全国第九，全省牛、羊、猪、鸡良种化率分别达到79%、81%、91%和97%。全省牛存出栏分别为482万头、228.6万头，同比分别增长5.2%、6.4%；荷斯坦奶牛存栏21.7万头，同比增长20%；羊存出栏分别为2191.8万只、1737.1万只，同比分别增长10.3%、12.2%；鸡存出栏分别为5320.8万只、6215.5万只，同比分别增长18.8%、48.9%。

【产销对接体系】 2018年7月2日，组建全国首个省级农业产业扶贫产销协会及马铃薯等9个特色产业产销协会。扶持建设定西市安定区马铃薯、榆中县定远镇高原夏菜2个国家级专业批发市场和一批特色农产品产地专业市场，初步构建起连接产地与终端大市场的销售网络体系。省政府联合农业农村部2019、2020年连续两年举办甘肃特色农产品贸易洽谈会和“三区三州”贫困地区农产品产销对接会，组织甘肃省龙头企业、产销协会和合作社与省外经销商成功签约223.8亿元。通过有效组织省市县各级产销协会营销家队伍抱团出省抢占粤港澳、长三角等终端大市场，积极打造“甘味”农产品系列品牌，甘肃省马铃薯、中药材、高原夏菜、苹果、牛羊肉等特色农产品市场占有率和议价能力明显提高，马铃薯等特色农产品集散中心、信息中心、价格形成中心功能初步显现。2019年，除苹果由于全国丰收供大于求，价格低于常年水平外，其他特色农产品都呈现产销两旺好势头。2020年在兰州大学举办农产品产销协会营销家队伍培训班，对全省六大特色产

实施“甘味”农产品品牌营销战略，静宁苹果获“甘味”农产品认证

大特色产业、地方优势特色产品的50个区域公用品牌和150个企业商标品牌，现场签订购销订单9项，签约总金额12.36亿元。开展“品甘味·游甘肃”2020长三角消费扶贫文旅周活动等一系列推介活动。省政府联合农业农村部召开2020甘肃特色农产品贸易洽谈会，61家省内外农产品营销企业初步签订意向性采购合约38项，总金额54.68亿元。通过全省上下政府市场两手并用开拓运作市场，农产品销售体系初步建立。2020年，全省主要特色农产品价格坚挺，产销两旺，其中花牛苹果产地出售价格每斤达到2.5~3元，较2019年每斤增加1元，马铃薯市场平均价格每斤0.55元以上，较2019年每斤增长0.05元。2020年，农业农村部先后在定西市安定区、天水市麦积区召开全国马铃薯产业现场推进会、全国农产品仓储保鲜冷链物流设施建设现场会和农业保险座谈会，总结推广甘肃省的经验做法。

【农业产业化龙头企业和农民专业合作社】“十三五”期间，全省共新引进培育龙头企业228家，总数达到3096家。培育农民专业合作社10.12万家，社员188.18万人，带动农户274.77万，占全省农户总数的60%以上。培育家庭农场10093家，经营耕地面积129.2万亩。按生产经营类型，种植型5025家、养殖型2284家、种养结合型2678家、其他类型106家；按经营面积，1000亩以上的158家，100亩以上的3300家。

2017—2019年，全省投入龙头企业1.05亿元，扶持龙头企业127家。在此基础上，出台支持龙头企业的1000亿元特色产业工程贷款和500亿元农产品收购贷款的专项贷款扶持政策，累计发放特色产业贷款1039亿元（2018年发放380亿，2019年发放562亿，2020年一季度发放97亿）、农产品收购贷款397亿元，支持农业市场经营主体发展。创新完善与合作社、贫困农户的利益联结机制。涌现出中盛农牧、蓝天集团、中天羊业、康美牛业、前进牧业等带贫益贫突出的本地龙头企业，引进北京德青源、海升集团、福建圣农、四川希望集团及泰国正大、新加坡益海嘉里等一大批大型龙头企业。通过订单种植、保底价收购、土地流转、承包地入股、提供贷款担保、吸收劳动力就业等多种形式带动合作社发展、贫困户增收，形成扶贫项目资金跟着贫困户走、贫困户跟着合作社走、合作社跟着龙头企业走、龙头企业跟着市场走的带贫模式。截至2019年底，全省75个贫困县共引进培育龙头企业594家，累计达到2746家，总产值达到1000亿元以上（其中产值达到10亿元以上的4家、1亿元以上的118家），农产品加工转化率达到54.5%。通过采取订单收购、入股分红、生产托管、土地入股、进企务工、集体资产入股二次分红等利益联结方式，带动合作社1.02万个、带动贫困户41.7万户、吸收贫困人口就业2.9万人。2020年，75个贫困县共引进和培育龙头企业200家、累计达到2946家，基本实现贫困县主导产业有龙头企业带动的目标。全省贫困县龙头企业建设规范化基地3479个，累计带动合作社1.9万个，辐射带动贫困户39.2万户。

2017—2020年，下达扶持合作社资金5.96亿元，扶持合作社5597家，在1979个没有合作社或只有1个合作社的贫困村扶持新建合作社2173个，实现贫困村合作社全覆盖。省政府主要领导带头授课辅导，全省组建起6500人的市县乡三级辅导员队伍，开展合作社领办人“万人培训”计划，及时总结推广“政府主导组建国有农发公司带动合作社发展”的“庄浪模式”及“合作社联合控股，民营、国有企业参股组建富民公司，带动村办合作社联合发展”的“宕昌模式”，并按照“运营规范、运营较规范、运营一般、未运营、注销吊销”五种类型，对合作社进行分类规范。截至2020年，全省贫困村共有3.31万个合作社，运营规范和较规范的达到75%以上。特别是新组建的2173个合作社运行良好，带动贫困群众就业增收效果逐步显现，得到中央专项巡视“回头看”的肯定。2018年，“庄浪模式”获全国脱贫攻坚组织创新奖。

2019年，11部门联合印发《关于开展农民合作社规范发展和质量提升的意见》，引导各地按照有种养基地、有良种供给、有农业机械、有产销订单、有储藏或加工场地“五要素”办实办好农民合作社。2020年，启动实施5个国家级合作社质量提升整县试点和26个省级农民合作社质量提升整县推进试点。截至2020年12月底，全省贫困村“五有”标准的合作社超过30%。

【农业扶持贷款和保险】着眼为扶贫产业稳定发展和贫困户稳定脱贫提供一揽子风险保障，“十三五”时期，甘肃省建立“覆盖大宗种植养殖、区域性优势品种、地方性特色产品”和“传统成本保险、新型价格指数保险、天气指数保险”的“3+3”农业保险保障体系。按照“增品、扩面、提标、降费”原则，在抓好18个中央和省级保险品种的同时，开办62个特色产品保险品种，将保险补贴品种从2018年的69个、2019年的80个扩大到2020年的96个。其中，中央和省级补贴品种提高保额、降低费率均达到30%以上，并对贫困户参保给予保费适当减除的特惠政策。做细做优理赔服务，全省15788个行政村全部组建农金室，与农业保险承保机构共同服务农户承保理赔工作，打通服务“最后一公里”。探索“保险+期货”的模式，开发出规避市场价格波动的新型保险。2018—2019年，全省累计实现签单保费45.29亿元，累计赔付33.03亿元，从中直接受益农户356.07万户次，其中贫困户199.02万户次。2020年，实现签单保费16.98亿元，参保农户194.05万户，其中贫困户104.39万户；各保险机构支付理赔资金11.48亿元、受益农户82.95万户次，其中支付贫困户理赔资金4.74亿元、受益贫困户50多万户次。甘肃省积极推进农业保险的举措被农业农村部评为全国产业扶贫十大机制创新的典型案例，农业农村部在天水市麦积区召开农业保险座谈会，总结推广甘肃省推进农业保险的经验做法。

【产业扶贫资金奖补】在持续稳定已脱贫贫困户产业规模的基础上，落实扶贫资金对贫困户发展产业的奖补政策，指导各地采取达标奖补、以奖代补等形式，管好用好到户生产奖补资金，引导贫困群众补种补栏补规模。截至2020年，75个贫困县累计安排17.1亿元生产奖补资金，对66.4万户需要补种补栏补规模的贫困户给予奖补，累计补种蔬菜、中药材、马铃薯等121万亩，补栏牛、羊、猪等48.5万头（只）。同时，落实2.12亿元奖补资金和469.5万元小额信贷资金，扶持11.9万户贫困户发展“五小”产业，有效扩大贫困户种养规模，夯实产业增收基础。

【财政扶贫资金】为确保到户产业扶持资金切实用在刀刃上，2018年省政府及时跟进提出“五个挂钩”的原则，即与“一户一策”挂钩，结合为每户贫困户量身定制“一户一策”精准到户脱贫计划，将到户产业扶持资金通过“六大扶贫产业”及小庭院、小家禽、小手工、小买卖、小作坊“五小产业”与“一户一策”精准对接，合理确定贫困户种什么、养什么、种多少、养多少以及投放多少产业扶持资金；与“农民意愿”挂钩，根据家庭人口、劳动力状况和经营主体情况，由贫困户自行确定发展产业和入股资金比例，对入股的资金，针对个别地方资金权属不明晰、贫困户对入股金额和入股企业不清楚，明确权属归贫困户所有，并督促合作社和龙头企业与贫困户签订入股协议、发放股权证；与“真种真养”挂钩，针对个别贫困户认为到户扶持项目是政府“发钱发福利”的问题，对不真种、不真养的贫困户，不投放到户产业扶持资金；与“见钱见物”挂钩，对贫困户扶贫产业，要求养的时候要见物，卖以后要见钱，对贫困户入股资金，采取“保底分红”的办法，保障资金安全和基本收益；与“奖勤罚懒”挂钩，针对一些贫困户内生动力不足的问题，重点采取达标奖补、以奖代补等形式，激发贫困群众发展种养产业积极性。同时，鼓励享受入股资金分红的贫困户尽可能参与龙头主体生产经营、主动参与村级公益事业。2018年起，加大扶贫产业投入力度，按照人均5000元、户均2万元、每户最多不超过3万元的原则，用于到户到人的产业增收项目。2018—2019年，75个贫困县累计筹措到户产业扶持资金188.8亿元。用于产业发展的89.9亿元，占47.6%；用于入股配股98.9亿元，占52.4%。从扶持项目看，用于种养产业155.6亿元、光伏产业23.7亿元、乡村旅游2亿元、其他产业7.5亿元。从扶贫对象看，覆盖2017年底未脱贫建档立卡贫困户47.7万户、188.2万人（包括2018年、2019年新识别和返贫户），累计投入资金121.5亿元，人均6500元；2014—2017年已脱贫不稳定户61.65万户、248.2万人，累计投入67.3亿元，人均2700元。总受益109.35万户、436.4万人。

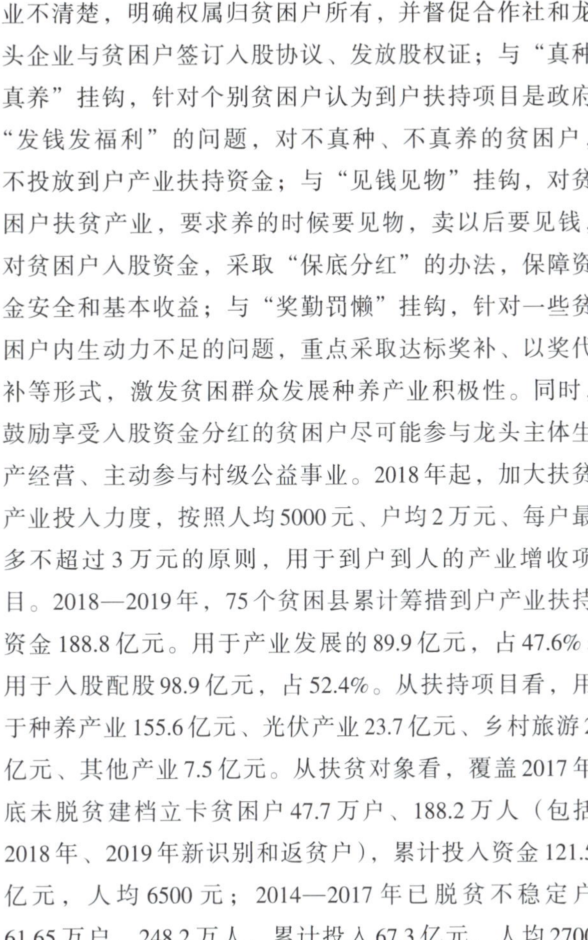

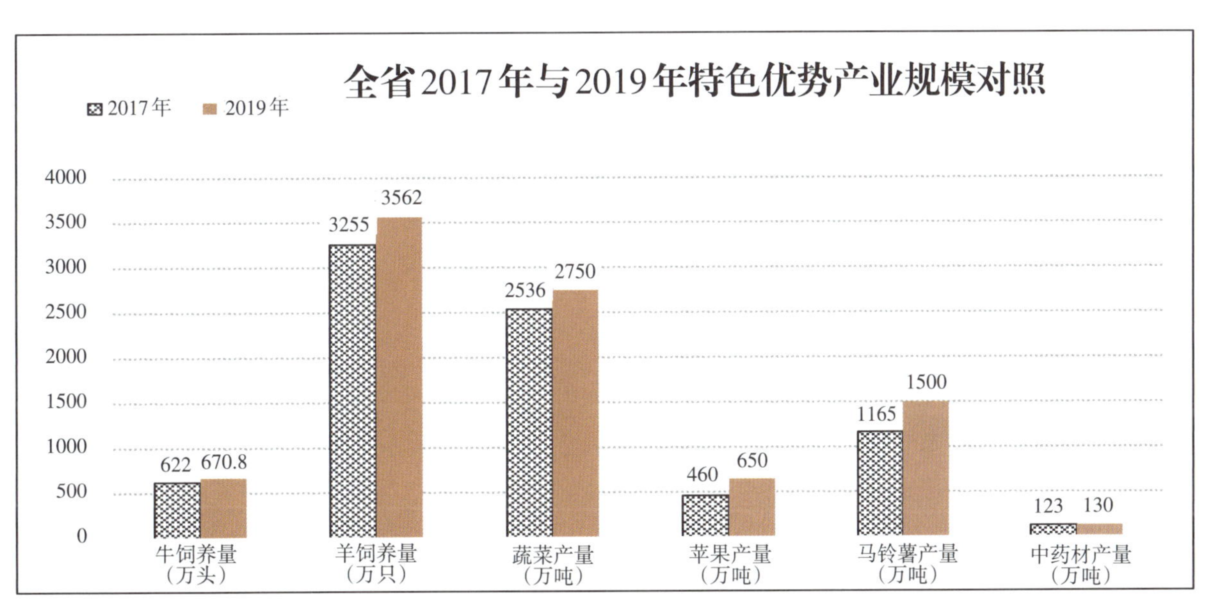

58个贫困县2018—2020年产业扶贫精准脱贫到户到人分产业分年度汇总表

1.总计	任务总计		其中：六大特色产业		其他种养产业	
	户数(户)	人口(人)	户数(户)	人口(人)	户数(户)	人口(人)
三年合计	351541	1475531	258744	1097218	92798	378312
2018年	174592	746786	135651	559232	45653	187555
2019年	127193	536208	100248	405936	31227	130271
2020年	49757	192466	35698	131980	15918	60486

2.养殖业小计	小计		牛产业		羊产业		猪产业		鸡产业		其他养殖产业	
	户数(户)	人口(人)	户数(户)	人口(人)	户数(户)	人口(人)	户数(户)	人口(人)	户数(户)	人口(人)	户数(户)	人口(人)
三年合计	137339	593815	59523	266662	45600	199616	12853	51502	7616	29069	11747	46965
2018年	70161	311368	30569	139558	23459	106329	6712	27826	3606	14492	5814	23163
2019年	50211	216004	22385	100206	17558	74405	4282	16780	2263	9286	3723	15326
2020年	16968	66444	6569	26898	4583	18883	1859	6896	1747	5291	2210	8476

3.种植业小计	小计		蔬菜		果品		中药材		马铃薯		其他种植产业	
	户数(户)	人口(人)	户数(户)	人口(人)	户数(户)	人口(人)	户数(户)	人口(人)	户数(户)	人口(人)	户数(户)	人口(人)
三年合计	214202	881716	17195	69791	49562	205993	58158	238871	28705	116284	60582	250776
2018年	104431	435419	9021	36714	25443	107398	26981	112111	13467	57122	29520	122074
2019年	76982	320204	6023	25007	17637	74575	20553	85097	11811	46646	20959	88879
2020年	32789	126022	2152	8070	6482	24015	10625	41598	3428	12516	10102	39823

2018—2020年58个贫困县产业扶贫精准脱贫到户到人分产业统计表

序号	县区	脱贫任务总计		养殖产业脱贫任务						种植产业脱贫任务					
				小计		依靠养殖产业		劳务+养殖产业		小计		依靠种植产业		依靠劳务+种植产业	
		户数	人口	户数	人口	户数	人口	户数	人口	户数	人口	户数	人口	户数	人口
		户	人	户	人	户	人	户	人	户	人	户	人	户	人
	合计	351541	1475531	137339	593816	67038	280171	70301	313644	214202	881716	106014	430661	108187	451055
	兰州市	2430	8315	703	2395	572	1911	131	484	1727	5920	1312	4466	415	1454
1	永登县	1349	4600	413	1445	367	1268	46	177	936	3155	726	2394	210	761
2	榆中县	918	3074	221	683	165	497	56	186	697	2391	530	1858	167	533
3	皋兰县	163	641	69	267	40	146	29	121	94	374	56	214	38	160
	武威市	5622	23401	2529	10737	1195	4687	1334	6050	3093	12664	1048	3979	2045	8685
4	天祝县	2197	8481	938	3712	656	2495	282	1217	1259	4769	610	2174	649	2595
5	古浪县	3425	14920	1591	7025	539	2192	1052	4833	1834	7895	438	1805	1396	6090
	白银市	19414	88098	10642	48300	6995	32373	3647	15927	8772	39798	5753	26442	3019	13356
6	会宁县	8369	39768	6431	30436	5175	24685	1256	5751	1938	9332	1938	9332	0	0
7	靖远县	8005	36424	1949	9002	1178	5333	771	3669	6056	27422	3658	16499	2398	10923
8	景泰县	3040	11906	2262	8862	642	2355	1620	6507	778	3044	157	611	621	2433
	定西市	75442	309135	25113	102496	12981	50897	12132	51599	50329	206639	27603	113313	22726	93326
9	渭源县	11002	46259	2823	11870	1413	5367	1410	6503	8179	34389	5122	21174	3057	13215
10	岷县	13627	55861	1979	8263	1209	5034	770	3229	11648	47598	7631	31299	4017	16299
11	临洮县	9513	37306	1410	5910	554	2261	856	3649	8103	31396	3497	13759	4606	17637
12	通渭县	12311	57382	5713	27007	2088	10295	3625	16712	6598	30375	3639	17168	2959	13207
13	陇西县	8559	31652	4255	15963	3150	11781	1105	4182	4304	15689	2781	9849	1523	5840
14	漳县	10129	42061	3958	16820	1979	8410	1979	8410	6171	25241	2341	9534	3830	15707
15	安定区	10301	38614	4975	16663	2588	7749	2387	8914	5326	21951	2592	10530	2734	11421
	天水市	37178	163239	6106	30085	3106	14575	3000	15510	31072	133154	14966	65874	16106	67280
16	张家川	3006	15426	2595	13918	770	3813	1825	10105	411	1508	113	508	298	1000
17	清水县	2520	12159	1159	5757	1125	5599	34	158	1361	6402	1170	5458	191	944
18	麦积区	12860	52355	950	3838	572	2232	378	1606	11910	48517	4807	20242	7103	28275

续表

序号	县区	脱贫任务总计		养殖产业脱贫任务						种植产业脱贫任务					
		户数	人口	小计		依靠养殖产业		劳务+养殖产业		小计		依靠种植产业		依靠劳务+种植产业	
				户数	人口	户数	人口	户数	人口	户数	人口	户数	人口	户数	人口
		户	人	户	人	户	人	户	人	户	人	户	人	户	人
20	秦安县	10788	48155	242	1146	242	1146	0	0	10546	47009	7230	32175	3316	14834
21	甘谷县	6022	25866	360	1847	94	459	266	1388	5662	24019	1376	6198	4286	17821
	平凉市	30999	127253	9957	40538	4470	17030	5487	23508	21042	86715	8952	33452	12090	53263
22	崆峒区	786	3013	485	1898	354	1343	131	555	301	1115	77	198	224	917
23	灵台县	4962	14662	2313	6751	1152	2891	1161	3860	2649	7911	1541	3961	1108	3950
24	泾川县	3665	13304	887	3356	379	1171	508	2185	2778	9948	881	2229	1897	7719
25	静宁县	11154	48882	3328	15545	1885	8627	1443	6918	7826	33337	4714	19643	3112	13694
26	庄浪县	10432	47392	2944	12988	700	2998	2244	9990	7488	34404	1739	7421	5749	26983
	庆阳市	43388	177336	20625	84490	9684	37550	10942	46940	22762	92846	8477	33236	14285	59610
27	宁县	5616	21443	3200	12562	1259	4411	1942	8151	2415	8881	973	3268	1442	5613
28	镇原县	15359	63752	6301	26259	2714	10526	3587	15733	9058	37493	2783	11064	6275	26429
29	庆城县	2105	8469	1201	5034	362	1296	839	3738	904	3435	303	979	601	2456
30	正宁县	383	1303	121	424	60	204	61	220	262	879	146	442	116	437
31	合水县	3057	11069	2212	7780	919	2910	1293	4870	845	3289	275	1040	570	2249
32	华池县	2363	9526	897	3646	516	1957	381	1689	1466	5880	390	1357	1076	4523
33	环县	14505	61774	6693	28785	3854	16246	2839	12539	7812	32989	3607	15086	4205	17903
	陇南市	77192	304173	18800	73663	10666	39353	8134	34310	58392	230510	27752	104637	30640	125873
34	礼县	14606	57570	5159	21270	4543	18388	616	2882	9447	36300	7000	25463	2447	10837
35	宕昌县	11714	49548	1149	5033	351	1397	798	3636	10565	44515	4435	18065	6130	26450
36	武都区	11817	47558	2233	8445	1280	4552	953	3893	9584	39113	5695	22810	3889	16303
37	徽县	8130	28557	2706	9456	1641	5268	1065	4188	5424	19101	2778	8739	2646	10362
38	成县	4588	16425	2486	9120	892	2950	1594	6170	2102	7305	901	3161	1201	4144
39	文县	4646	16941	729	2678	341	1235	388	1443	3917	14263	939	3284	2978	10979
40	康县	4138	16515	1357	5418	358	1309	999	4109	2781	11097	578	2239	2203	8858

序号	县区	脱贫任务总计		养殖产业脱贫任务						种植产业脱贫任务					
				小计		依靠养殖产业		劳务+养殖产业		小计		依靠种植产业		依靠劳务+种植产业	
		户数	人口	户数	人口	户数	人口	户数	人口	户数	人口	户数	人口	户数	人口
		户	人	户	人	户	人	户	人	户	人	户	人	户	人
41	西和县	17514	70910	2973	12219	1253	4232	1720	7987	14541	58691	5398	20763	9143	37928
42	两当县	39	149	8	24	7	22	1	2	31	125	28	113	3	12
临夏州		49345	231470	36133	174052	13834	67770	22299	106282	13212	57418	8363	37179	4849	20239
43	广河县	5549	28360	5549	28360	3731	19010	1818	9350	0	0	0	0	0	0
44	临夏县	7456	35192	6809	32446	986	4604	5823	27842	647	2746	136	418	511	2328
45	康乐县	8860	39737	3437	15803	3437	15803	0	0	5423	23934	5423	23934	0	0
46	和政县	3035	15060	2633	13252	402	1848	2231	11404	402	1808	41	176	361	1632
47	积石山县	5500	25324	4345	19605	945	4265	3400	15340	1155	5719	639	3276	516	2443
48	东乡县	14781	71285	10803	53709	3533	19144	7270	34565	3978	17576	1497	7408	2481	10168
49	永靖县	3857	15347	2391	10235	800	3096	1591	7139	1466	5112	627	1967	839	3145
50	临夏市	307	1165	166	642	0	0	166	642	141	523	0	0	141	523
甘南州		10531	43112	6730	27060	3535	14025	3195	13035	3801	16052	1788	8083	2013	7969
51	碌曲县	348	1768	348	1768	303	1514	45	254	0	0	0	0	0	0
52	玛曲县	439	1834	439	1834	351	1474	88	360	0	0	0	0	0	0
53	合作市	66	254	66	254	66	254	0	0	0	0	0	0	0	0
54	迭部县	434	2139	370	1861	99	489	271	1372	64	278	17	71	47	207
55	卓尼县	1526	7114	472	2434	300	1542	172	892	1054	4680	325	1472	729	3208
56	舟曲县	3257	10599	1860	5740	1222	3377	638	2363	1397	4859	677	2032	720	2827
57	临潭县	3711	14254	2899	11928	918	4134	1981	7794	812	2326	295	599	517	1727
58	夏河县	750	5150	276	1241	276	1241	0	0	474	3909	474	3909	0	0

2018—2020年58个贫困县产业扶贫精准脱贫到户到人养殖业统计表

序号	县区	养殖产业脱贫任务合计						牛				羊				猪				鸡				其他养殖			
		户数	人口	养殖产业		劳务+养殖		牛产业		劳务+牛产业		羊产业		劳务+羊产业		猪产业		劳务+猪产业		鸡产业		劳务+鸡产业		其他养殖		劳务+其他养殖	
				户数	人口	户数	人口	户数	人口	户数	人口	户数	人口	户数	人口	户数	人口	户数	人口	户数	人口	户数	人口	户数	人口	户数	人口
		户	人	户	人	户	人	户	人	户	人	户	人	户	人	户	人	户	人	户	人	户	人	户	人	户	人
合计		137339	593816	67038	280171	70302	313644	28782	123583	30741	143079	22361	96302	23240	103314	6038	23270	6815	28232	4115	14582	3501	14488	5742	22434	6005	24531
兰州市		703	2395	572	1911	131	484	49	157	30	97	402	1360	75	283	77	274	22	89	37	100	2	6	7	20	2	9
1	永登县	413	1445	367	1268	46	177	19	72	7	28	253	893	24	95	52	186	12	44	36	97	2	6	7	20	1	4
2	榆中县	221	683	165	497	56	186	29	81	22	65	111	328	24	74	25	88	9	42	0	0	0	0	0	0	1	5
3	皋兰县	69	267	40	146	29	121	1	4	1	4	38	139	27	114	0	0	1	3	1	3	0	0	0	0	0	0
武威市		2529	10737	1195	4687	1334	6050	379	1475	611	2806	755	2961	679	3054	40	172	26	114	12	50	10	41	9	29	8	35
4	天祝县	938	3712	656	2495	282	1217	175	662	152	656	459	1753	120	520	11	43	3	9	3	12	2	8	8	25	5	24
5	古浪县	1591	7025	539	2192	1052	4833	204	813	459	2150	296	1208	559	2534	29	129	23	105	9	38	8	33	1	4	3	11
白银市		10642	48300	6995	32373	3647	15927	2004	9746	672	3012	4294	19692	2020	8960	137	639	167	709	47	189	42	186	513	2107	746	3060
6	会宁县	6431	30436	5175	24685	1256	5751	1832	8972	469	2142	3081	14412	681	3078	26	126	44	201	2	11	3	14	234	1164	59	316
7	靖远县	1949	9002	1178	5333	771	3669	67	348	5	26	1006	4465	721	3429	72	360	30	141	12	57	7	29	21	103	8	44
8	景泰县	2262	8862	642	2355	1620	6507	105	426	198	844	207	815	618	2453	39	153	93	367	33	121	32	143	258	840	679	2700
定西市		25113	102496	12981	50897	12132	51599	5977	23634	6008	26291	3644	13689	3294	13518	1564	5806	1130	4492	491	2075	457	1911	1305	5693	1243	5387
9	渭源县	2823	11870	1413	5367	1410	6503	822	3091	695	3209	549	2100	598	2780	21	88	49	223	11	55	5	14	10	33	63	277
10	岷县	1979	8263	1209	5034	770	3229	182	754	53	220	302	1206	152	596	278	1065	138	571	33	149	24	115	414	1860	403	1727
11	临洮县	1410	5910	554	2261	856	3649	325	1279	457	1955	166	717	249	1059	50	210	135	579	11	47	13	48	2	8	2	8
12	通渭县	5713	27007	2088	10295	3625	16712	1570	7766	3083	14183	367	1792	342	1522	50	242	82	413	24	124	41	203	77	371	77	391
13	陇西县	4255	15963	3150	11781	1105	4182	1926	7049	631	2451	551	2076	261	902	480	1812	117	430	64	268	47	171	129	576	49	228
14	漳县	3958	16820	1979	8410	1979	8410	236	1003	236	1003	451	1917	451	1917	383	1628	383	1628	269	1143	269	1143	640	2719	640	2719
15	安定区	4975	16663	2588	7749	2387	8914	916	2692	853	3270	1258	3881	1241	4742	302	761	226	648	79	289	58	217	33	126	9	37
天水市		6106	30085	3106	14575	3000	15510	1859	9152	1854	10010	449	2053	307	1581	202	937	233	1069	84	372	82	341	512	2061	524	2509
16	张家川	2595	13918	770	3813	1825	10105	575	2874	1261	7200	131	642	202	1079	0	0	0	0	1	6	2	15	63	291	360	1811
17	清水县	1159	5757	1125	5599	34	158	987	4935	30	139	138	664	4	19	0	0	0	0	0	0	0	0	0	0	0	0
18	麦积区	950	3838	572	2232	378	1606	83	378	98	453	48	197	44	181	46	177	45	188	44	176	61	241	351	1304	130	543

续表

序号	县区	养殖产业脱贫任务合计						牛				羊				猪				鸡				其他养殖			
		户数	人口	养殖产业		劳务+养殖		牛产业		劳务+牛产业		羊产业		劳务+羊产业		猪产业		劳务+猪产业		鸡产业		劳务+鸡产业		其他养殖		劳务+其他养殖	
				户数	人口	户数	人口	户数	人口	户数	人口	户数	人口	户数	人口	户数	人口	户数	人口	户数	人口	户数	人口	户数	人口	户数	人口
		户	人	户	人	户	人	户	人	户	人	户	人	户	人	户	人	户	人	户	人	户	人	户	人	户	人
19	武山县	800	3579	303	1326	497	2253	129	582	366	1696	55	193	20	111	24	100	72	270	8	46	13	58	87	405	26	118
20	秦安县	242	1146	242	1146	0	0	56	249	0	0	57	273	0	0	90	435	0	0	29	133	0	0	10	56	0	0
21	甘谷县	360	1847	94	459	266	1388	29	134	99	522	20	84	37	191	42	225	116	611	2	11	6	27	1	5	8	37
平凉市		9957	40538	4470	17030	5487	23508	3885	15491	4809	21117	123	386	102	373	335	814	191	779	48	114	186	726	79	225	199	513
22	崆峒区	485	1898	354	1343	131	555	354	1343	131	555	0	0	0	0	0	0	0	0	0	0	0	0	0	0	0	0
23	灵台县	2313	6751	1152	2891	1161	3860	738	1943	670	2248	76	225	42	151	257	519	99	360	21	43	163	636	60	161	187	465
24	泾川县	887	3356	379	1171	508	2185	298	952	386	1689	21	52	33	116	36	110	72	320	22	50	17	60	2	7	0	0
25	静宁县	3328	15545	1885	8627	1443	6918	1868	8559	1436	6887	1	3	0	0	14	57	7	31	2	8	0	0	0	0	0	0
26	庄浪县	2944	12988	700	2998	2244	9990	627	2694	2186	9738	25	106	27	106	28	128	13	68	3	13	6	30	17	57	12	48
庆阳市		20625	84490	9684	37550	10942	46940	2719	10608	3021	13707	5259	20819	5174	22397	886	3320	1892	7535	394	1373	380	1343	426	1430	475	1958
27	宁县	3200	12562	1259	4411	1942	8151	337	1168	340	1435	372	1264	368	1534	459	1623	1090	4632	39	141	44	170	52	215	100	380
28	镇原县	6301	26259	2714	10526	3587	15733	1091	4380	1584	7358	991	3882	1312	5681	143	618	171	729	216	667	241	760	273	979	279	1205
29	庆城县	1201	5034	362	1296	839	3738	159	571	256	1153	176	635	531	2350	13	47	23	92	3	10	20	100	11	33	9	43
30	正宁县	121	424	60	204	61	220	21	73	19	85	16	60	5	21	7	26	15	40	1	3	1	1	15	42	21	73
31	合水县	2212	7780	919	2910	1293	4870	287	912	230	965	511	1597	654	2704	111	373	393	1140	8	18	5	25	2	10	11	36
32	华池县	897	3646	516	1957	381	1689	109	411	84	381	325	1282	207	925	36	121	36	160	20	56	12	52	26	87	42	171
33	环县	6693	28785	3854	16246	2839	12539	715	3093	508	2330	2868	12099	2097	9182	117	512	164	742	107	478	57	235	47	64	13	50
陇南市		18800	73663	10666	39353	8134	34310	2632	8680	1139	5181	837	2732	529	2375	2306	9565	1925	8160	2304	8642	1979	8563	2587	9734	2563	10031
34	礼县	5159	21270	4543	18388	616	2882	1661	5525	220	1030	422	1499	77	367	1022	4730	122	551	655	2929	63	376	783	3705	135	558
35	宕昌县	1149	5033	351	1397	798	3636	54	215	70	290	73	287	80	385	32	134	60	280	38	145	208	978	154	616	380	1703
36	武都区	2233	8445	1280	4552	953	3893	74	253	27	112	89	337	53	208	360	1323	187	725	477	1638	444	1933	280	1001	242	915
37	徽县	2706	9456	1641	5268	1065	4188	267	855	117	579	24	72	30	150	177	522	183	711	405	1242	210	831	768	2577	525	1917

续表

序号	县区	养殖产业脱贫任务合计						牛				羊				猪				鸡				其他养殖			
		户数	人口	养殖产业		劳务+养殖		牛产业		劳务+牛产业		羊产业		劳务+羊产业		猪产业		劳务+猪产业		鸡产业		劳务+鸡产业		其他养殖		劳务+其他养殖	
				户数	人口	户数	人口	户数	人口	户数	人口	户数	人口	户数	人口	户数	人口	户数	人口	户数	人口	户数	人口	户数	人口	户数	人口
		户	人	户	人	户	人	户	人	户	人	户	人	户	人	户	人	户	人	户	人	户	人	户	人	户	人
38	成县	2486	9120	892	2950	1594	6170	240	839	276	1149	45	144	69	295	180	664	278	1231	229	702	460	1751	198	601	511	1744
39	文县	729	2678	341	1235	388	1443	44	169	44	179	17	61	43	161	103	406	141	542	55	219	39	134	122	380	121	427
40	康县	1357	5418	358	1309	999	4109	34	109	55	222	25	90	56	229	125	499	360	1467	87	322	244	1039	87	289	284	1152
41	西和县	2973	12219	1253	4232	1720	7987	258	715	330	1620	141	237	121	580	307	1287	593	2651	355	1437	311	1521	192	556	365	1615
42	两当县	8	24	7	22	1	2	0	0	0	0	1	5	0	0	0	0	1	2	3	8	0	0	3	9	0	0
临夏州		36133	174052	13834	67770	22300	106282	7528	36603	10858	53542	6080	30192	10386	48105	100	435	842	3697	57	274	126	565	69	266	88	373
43	广河县	5549	28360	3731	19010	1818	9350	2264	11600	1238	6314	1467	7410	580	3036	0	0	0	0	0	0	0	0	0	0	0	0
44	临夏县	6809	32446	986	4604	5823	27842	555	2667	3653	17798	376	1721	1594	7566	30	133	499	2150	3	9	14	58	22	74	63	270
45	康乐县	3437	15803	3437	15803	0	0	2500	11550	0	0	847	3824	0	0	18	75	0	0	49	245	0	0	23	109	0	0
46	和政县	2633	13252	402	1848	2231	11404	313	1413	1755	8940	82	411	436	2286	7	24	38	170	0	0	0	0	0	0	2	8
47	积石山县	4345	19605	945	4265	3400	15340	524	2365	1617	7295	376	1697	1478	6668	45	203	305	1377	0	0	0	0	0	0	0	0
48	东乡县	10803	53709	3533	19144	7271	34565	964	5199	1563	8189	2566	13934	5608	25916	0	0	0	0	1	5	97	449	2	6	3	11
49	永靖县	2391	10235	800	3096	1591	7139	408	1809	998	4849	366	1195	559	2152	0	0	0	0	4	15	14	54	22	77	20	84
50	临夏市	166	642	0	0	166	642	0	0	34	157	0	0	131	481	0	0	0	0	0	0	1	4	0	0	0	0
甘南州		6730	27060	3535	14025	3195	13035	1750	8037	1740	7316	518	2418	674	2668	391	1308	387	1588	641	1393	237	806	235	869	157	657
51	碌曲县	348	1768	303	1514	45	254	235	1172	40	224	65	326	1	7	3	16	4	23	0	0	0	0	0	0	0	0
52	玛曲县	439	1834	351	1474	88	360	337	1406	88	360	14	68	0	0	0	0	0	0	0	0	0	0	0	0	0	0
53	合作市	66	254	66	254	0	0	66	254	0	0	0	0	0	0	0	0	0	0	0	0	0	0	0	0	0	0
54	迭部县	370	1861	99	489	271	1372	42	233	126	692	1	4	5	24	30	142	100	477	2	9	0	0	24	101	40	179
55	卓尼县	472	2434	300	1542	172	892	173	984	75	397	78	358	61	328	8	33	6	27	1	3	0	0	40	164	30	140
56	舟曲县	1860	5740	1222	3377	638	2363	64	276	59	246	5	23	0	0	350	1117	277	1061	638	1381	237	806	165	580	65	250
57	临潭县	2899	11928	918	4134	1981	7794	654	2907	1352	5397	258	1203	607	2309	0	0	0	0	0	0	0	0	6	24	22	88
58	夏河县	276	1241	276	1241	0	0	179	805	0	0	97	436	0	0	0	0	0	0	0	0	0	0	0	0	0	0

2018年58个贫困县产业扶贫精准脱贫到户到人养殖业统计表

序号	县区	养殖产业脱贫任务合计						牛				羊				猪				鸡				其他养殖			
		户数	人口	养殖产业		劳务+养殖		牛产业		劳务+牛产业		羊产业		劳务+羊产业		猪产业		劳务+猪产业		鸡产业		劳务+鸡产业		其他养殖		劳务+其他养殖	
				户数	人口	户数	人口	户数	人口	户数	人口	户数	人口	户数	人口	户数	人口	户数	人口	户数	人口	户数	人口	户数	人口	户数	人口
		户	人	户	人	户	人	户	人	户	人	户	人	户	人	户	人	户	人	户	人	户	人	户	人	户	人
全省合计		70160	311368	32651	139688	37509	171680	14172	61967	16397	77591	11045	48860	12414	57469	2964	11923	3748	15903	1815	6889	1791	7603	2655	10049	3159	13114
兰州市		388	1354	320	1086	68	268	28	93	8	27	217	742	43	174	54	190	13	52	19	56	2	6	2	5	2	9
1	永登县	271	964	233	812	38	152	15	58	5	20	157	551	20	84	41	145	10	38	18	53	2	6	2	5	1	4
2	榆中县	84	270	70	218	14	52	13	35	3	7	44	138	8	29	13	45	2	11	—	—	—	—	0	0	1	5
3	皋兰县	33	120	17	56	16	64	0	0	0	0	16	53	15	61	0	0	1	3	1	3	0	0	0	0	0	0
武威市		1523	6416	768	3043	755	3373	208	819	369	1677	529	2089	359	1583	21	93	15	63	6	29	7	26	4	13	5	24
4	天祝县	706	2827	502	1923	204	904	128	486	111	491	362	1391	85	379	7	28	3	9	1	5	1	4	4	13	4	21
5	古浪县	817	3589	266	1120	551	2469	80	333	258	1186	167	698	274	1204	14	65	12	54	5	24	6	22	0	0	1	3
白银市		5479	24404	3151	14505	2328	9899	886	4310	375	1650	1875	8644	1196	5149	84	396	90	379	35	134	21	97	271	1021	646	2624
6	会宁县	2661	12594	2158	10337	503	2257	815	4012	203	905	1257	5910	267	1189	13	60	9	37	0	0	0	0	73	355	24	126
7	靖远县	907	4214	530	2440	377	1774	3	13	3	13	463	2099	352	1650	47	248	16	85	10	46	4	17	7	34	2	9
8	景泰县	1911	7596	463	1728	1448	5868	68	285	169	732	155	635	577	2310	24	88	65	257	25	88	17	80	191	632	620	2489
定西市		11156	47703	5680	23821	5476	23882	2697	11673	2841	12788	1522	5891	1392	5712	598	2461	467	1933	218	943	204	876	645	2853	572	2573
9	渭源县	1041	4647	473	2109	568	2538	230	1228	307	1422	222	798	232	988	12	49	23	104	4	14	1	4	5	20	5	20
10	岷县	892	3921	512	2231	380	1690	73	303	18	76	101	425	46	201	69	282	37	156	13	60	7	31	256	1161	272	1226
11	临洮县	701	2901	252	1032	449	1869	173	707	229	1007	54	221	130	480	17	70	84	356	6	26	6	26	2	8	0	0
12	通渭县	2433	11463	789	3875	1644	7588	608	2972	1386	6415	129	616	149	599	15	88	39	207	10	59	28	143	27	140	42	224
13	陇西县	2575	11149	1894	8154	681	2995	1173	4903	439	1913	320	1408	106	468	225	1047	53	251	53	237	39	149	123	559	44	214
14	漳县	1434	6098	717	3049	717	3049	88	374	88	374	178	757	178	757	143	608	143	608	101	430	101	430	207	880	207	880
15	安定区	2080	7524	1043	3371	1037	4153	352	1186	374	1581	518	1666	551	2219	117	317	88	251	31	117	22	93	25	85	2	9
天水市		2641	13292	1349	6476	1292	6816	805	4017	723	4103	216	1001	153	793	101	495	169	779	38	181	32	140	189	782	215	1001
16	张家川	1043	5750	301	1533	742	4217	234	1204	538	3174	48	243	84	442	—	—	—	—	1	6	1	8	18	80	119	593
17	清水县	504	2546	487	2470	17	76	411	2089	14	61	76	381	3	15	—	—	—	—	—	—	—	—	0	0	0	0
18	麦积区	430	1806	244	1004	186	802	47	211	59	266	22	87	27	112	18	76	17	81	19	84	14	57	138	546	69	286

续表

序号	县区	养殖产业脱贫任务合计						牛				羊				猪				鸡				其他养殖			
		户数	人口	养殖产业		劳务+养殖		牛产业		劳务+牛产业		羊产业		劳务+羊产业		猪产业		劳务+猪产业		鸡产业		劳务+鸡产业		其他养殖		劳务+其他养殖	
				户数	人口	户数	人口	户数	人口	户数	人口	户数	人口	户数	人口	户数	人口	户数	人口	户数	人口	户数	人口	户数	人口	户数	人口
		户	人	户	人	户	人	户	人	户	人	户	人	户	人	户	人	户	人	户	人	户	人	户	人	户	人
19	武山县	302	1345	145	634	157	711	72	312	42	227	28	110	14	82	12	57	69	259	5	26	13	58	28	129	19	85
20	秦安县	113	530	113	530	0	0	28	136	—	—	28	117	—	—	41	196	—	—	12	59	—	—	4	22	0	0
21	甘谷县	249	1315	59	305	190	1010	13	65	70	375	14	63	25	142	30	166	83	439	1	6	4	17	1	5	8	37
平凉市		5322	21599	2349	8744	2973	12855	1976	7732	2502	11175	89	274	78	255	187	487	146	592	35	80	168	657	62	171	79	176
22	崆峒区	213	876	152	594	61	282	152	594	61	282	—	—	—	—	—	—	—	—	—	—	—	—	0	0	0	0
23	灵台县	1785	5402	864	2264	921	3138	579	1559	572	1942	67	198	33	116	142	321	82	300	20	38	158	614	56	148	76	166
24	泾川县	561	2139	214	637	347	1502	165	510	263	1161	13	29	28	99	23	65	49	215	12	29	7	27	1	4	0	0
25	静宁县	1598	7787	861	4115	737	3672	854	4085	734	3657	0	0	0	0	5	22	3	15	2	8	0	0	0	0	0	0
26	庄浪县	1165	5395	258	1134	907	4261	226	984	872	4133	9	47	17	40	17	79	12	62	1	5	3	16	5	19	3	10
庆阳市		10133	42410	4579	18219	5554	24191	1239	5001	1491	6845	2646	10640	2704	11930	376	1468	1030	4083	167	598	141	536	151	512	188	797
27	宁县	1366	5851	496	1840	870	4011	124	445	145	675	153	569	195	879	178	659	474	2223	20	70	21	86	21	97	35	148
28	镇原县	2497	10869	925	3811	1572	7058	407	1721	759	3506	320	1310	537	2436	59	259	87	375	70	226	78	257	69	295	111	484
29	庆城县	560	2370	164	604	396	1766	90	335	127	572	67	242	238	1051	4	17	13	58	2	6	14	67	1	4	4	18
30	正宁县	75	254	34	117	41	137	17	59	15	63	8	30	4	17	4	14	11	24	1	3	1	1	4	11	10	32
31	合水县	1355	4855	452	1528	903	3327	133	452	166	703	258	871	443	1878	56	187	287	715	4	10	2	11	1	8	5	20
32	华池县	455	1943	234	912	221	1031	47	184	50	239	146	581	125	581	20	71	25	120	7	22	3	17	14	54	18	74
33	环县	3825	16268	2274	9407	1551	6861	421	1805	229	1087	1694	7037	1162	5088	55	261	133	568	63	261	22	97	41	43	5	21
陇南市		10022	39087	5680	20343	4342	18744	1483	4715	616	2793	466	1479	294	1285	1327	5459	1042	4587	1200	4520	1093	4853	1204	4170	1297	5226
34	礼县	3005	11419	2628	9598	377	1821	981	3027	134	653	247	827	42	186	636	2812	78	354	416	1574	31	274	348	1358	92	354
35	宕昌县	399	1765	109	442	290	1323	25	102	32	133	23	84	33	162	8	36	25	125	9	44	76	341	44	176	124	562
36	武都区	1549	6068	809	3051	740	3017	47	176	18	73	57	214	34	136	237	877	143	540	292	1144	331	1430	176	640	214	838
37	徽县	902	3146	547	1750	355	1396	89	279	39	193	8	24	10	50	59	174	61	237	135	414	70	277	256	859	175	639
38	成县	1364	5209	571	1965	793	3244	175	620	138	584	41	140	49	195	108	384	135	612	119	370	235	916	128	451	236	937
39	文县	536	1980	284	1040	252	940	37	143	32	132	11	42	30	113	93	376	82	304	42	168	26	89	101	311	82	302

续表

序号	县区	养殖产业脱贫任务合计						牛				羊				猪				鸡				其他养殖			
		户数	人口	养殖产业		劳务+养殖		牛产业		劳务+牛产业		羊产业		劳务+羊产业		猪产业		劳务+猪产业		鸡产业		劳务+鸡产业		其他养殖		劳务+其他养殖	
				户数	人口	户数	人口	户数	人口	户数	人口	户数	人口	户数	人口	户数	人口	户数	人口	户数	人口	户数	人口	户数	人口	户数	人口
		户	人	户	人	户	人	户	人	户	人	户	人	户	人	户	人	户	人	户	人	户	人	户	人	户	人
40	康县	829	3456	174	683	655	2773	18	54	47	198	15	47	39	160	64	267	233	964	32	152	151	689	45	163	185	762
41	西和县	1430	6020	551	1792	879	4228	111	314	176	827	63	96	57	283	122	533	284	1449	152	646	173	837	103	203	189	832
42	两当县	8	24	7	22	1	2	—	—	—	—	1	5	—	—	—	—	1	2	3	8	—	—	3	9	0	0
	临夏州	19642	98156	6824	34565	12818	63591	3553	17572	6393	31772	3137	16389	5808	29016	76	333	540	2458	29	157	25	105	29	114	52	240
43	广河县	2662	13339	1720	8619	942	4720	984	4920	571	2863	736	3699	371	1857	—	—	—	—	—	—	—	—	0	0	0	0
44	临夏县	4290	21354	523	2643	3767	18711	280	1468	2368	12084	207	1035	1053	5037	20	85	298	1369	1	4	5	22	15	51	43	199
45	康乐县	1442	6937	1442	6937	0	0	974	4690	—	—	426	2028	—	—	7	31	—	—	25	142	—	—	10	46	0	0
46	和政县	1499	7559	200	924	1299	6635	148	654	1029	5205	48	256	248	1334	4	14	22	96	0	0	0	0	0	0	0	0
47	积石山县	3185	14371	945	4265	2240	10106	524	2365	1056	4764	376	1697	964	4349	45	203	220	993	—	—	—	—	0	0	0	0
48	东乡县	5324	29324	1655	9844	3669	19480	466	2685	801	4003	1187	7151	2854	15418	—	—	—	—	1	5	12	51	1	3	2	8
49	永靖县	1129	4841	339	1333	790	3508	177	790	540	2724	157	523	235	719	—	—	—	—	2	6	8	32	3	14	7	33
50	临夏市	111	431	0	0	111	431	0	0	28	129	0	0	83	302	0	0	—	—	—	—	—	—	0	0	0	0
	甘南州	3854	16947	1951	8886	1903	8061	1297	6035	1079	4761	348	1711	387	1572	140	541	236	977	68	191	98	307	98	408	103	444
51	碌曲县	321	1632	282	1410	39	222	215	1072	34	192	64	322	1	7	3	16	4	23	—	—	—	—	0	0	0	0
52	玛曲县	439	1834	351	1474	88	360	337	1406	88	360	14	68	—	—	—	—	—	—	—	—	—	—	0	0	0	0
53	合作市	45	176	45	176	0	0	45	176	—	—	0	0	—	—	0	0	—	—	0	0	—	—	0	0	0	0
54	迭部县	300	1500	79	390	221	1110	36	195	101	551	—	—	4	16	24	113	84	396	—	—	—	—	19	82	32	147
55	卓尼县	472	2434	300	1542	172	892	173	984	75	397	78	358	61	328	8	33	6	27	1	3	—	—	40	164	30	140
56	舟曲县	507	1779	219	760	288	1019	10	38	22	83	2	10	0	0	105	379	142	531	67	188	98	307	35	145	26	98
57	临潭县	1494	6351	399	1893	1095	4458	302	1359	759	3178	93	517	321	1221	—	—	—	—	—	—	—	—	4	17	15	59
58	夏河县	276	1241	276	1241	0	0	179	805	—	—	97	436	—	—	0	0	—	—	—	—	—	—	0	0	0	0

2019年58个贫困县产业扶贫精准脱贫到户到人养殖业统计表

序号	县区	养殖产业脱贫任务合计						牛				羊				猪				鸡				其他养殖			
		户数	人口	养殖产业		劳务+养殖		牛产业		劳务+牛产业		羊产业		劳务+羊产业		猪产业		劳务+猪产业		鸡产业		劳务+鸡产业		其他养殖		劳务+其他养殖	
				户数	人口	户数	人口	户数	人口	户数	人口	户数	人口	户数	人口	户数	人口	户数	人口	户数	人口	户数	人口	户数	人口	户数	人口
		户	人	户	人	户	人	户	人	户	人	户	人	户	人	户	人	户	人	户	人	户	人	户	人	户	人
	合计	50211	216004	25236	106806	24975	109197	11283	48911	11102	51295	8741	37010	8818	37395	2132	8129	2149	8651	1176	4813	1087	4473	1904	7943	1819	7383
	兰州市	182	610	146	485	36	125	13	41	7	30	105	347	22	69	14	56	7	26	9	26	0	0	5	15	0	0
1	永登县	93	315	85	290	8	25	4	14	2	8	59	204	4	11	8	31	2	6	9	26	—	—	5	15	0	0
2	榆中县	56	162	39	108	17	54	8	23	4	18	25	60	8	16	6	25	5	20	—	—	—	—	0	0	0	0
3	皋兰县	33	133	22	87	11	46	1	4	1	4	21	83	10	42	0	0	0	0	0	0	0	0	0	0	0	0
	武威市	792	3406	337	1304	455	2102	156	594	210	979	156	611	231	1059	15	65	10	47	5	18	2	10	5	16	2	7
4	天祝县	206	776	136	496	70	280	42	154	36	145	84	308	32	128	4	15	0	0	2	7	1	4	4	12	1	3
5	古浪县	586	2630	201	808	385	1822	114	440	174	834	72	303	199	931	11	50	10	47	3	11	1	6	1	4	1	4
	白银市	3363	15533	2483	11573	880	3960	682	3286	186	829	1590	7380	543	2508	37	171	51	205	12	55	18	77	162	681	82	341
6	会宁县	2425	11585	1946	9365	479	2220	623	3041	155	704	1228	5849	286	1324	4	22	15	63	2	11	2	10	89	442	21	119
7	靖远县	587	2682	358	1581	229	1101	22	104	2	13	310	1351	216	1041	18	84	8	32	2	11	1	4	6	31	2	11
8	景泰县	351	1266	179	627	172	639	37	141	29	112	52	180	41	143	15	65	28	110	8	33	15	63	67	208	59	211
	定西市	9499	36890	5190	19018	4309	17872	2408	8918	2151	9054	1595	5642	1269	5161	690	2370	431	1700	167	682	144	594	330	1406	314	1363
9	渭源县	1057	4400	580	2203	477	2197	289	1194	251	1137	280	961	205	967	5	24	16	73	3	17	1	4	3	7	4	16
10	岷县	633	2617	413	1707	220	910	78	320	21	79	126	528	66	253	124	502	55	230	14	66	9	44	71	291	69	304
11	临洮县	611	2643	259	1088	352	1555	141	540	194	798	93	434	105	534	21	95	46	201	4	19	7	22	0	0	0	0
12	通渭县	2129	10128	872	4312	1257	5816	669	3311	1090	4972	139	687	116	567	18	90	24	131	8	38	4	20	38	186	23	126
13	陇西县	1680	4814	1256	3627	424	1187	753	2146	192	538	231	668	155	434	255	765	64	179	11	31	8	22	6	17	5	14
14	漳县	1252	5320	626	2660	626	2660	63	268	63	268	135	574	135	574	131	557	131	557	91	386	91	386	206	875	206	875
15	安定区	2137	6968	1184	3421	953	3547	415	1139	340	1262	591	1790	487	1832	136	337	95	329	36	125	24	96	6	30	7	28
	天水市	2396	11963	1335	6270	1061	5693	864	4238	630	3495	175	791	128	700	84	376	47	219	32	130	27	114	180	735	229	1165
16	张家川县	1171	6253	324	1561	847	4692	248	1214	555	3117	56	258	104	591	—	—	—	—	—	—	1	7	20	89	187	977
17	清水县	592	2942	575	2860	17	82	521	2601	16	78	54	259	1	4	—	—	—	—	—	—	—	—	0	0	0	0
18	麦积区	289	1168	176	676	113	492	23	105	28	135	14	57	8	36	15	55	15	56	13	43	24	97	111	416	38	168

序号	县区	养殖产业脱贫任务合计						牛				羊				猪				鸡				其他养殖			
		户数	人口	养殖产业		劳务+养殖		牛产业		劳务+牛产业		羊产业		劳务+羊产业		猪产业		劳务+猪产业		鸡产业		劳务+鸡产业		其他养殖		劳务+其他养殖	
				户数	人口	户数	人口	户数	人口	户数	人口	户数	人口	户数	人口	户数	人口	户数	人口	户数	人口	户数	人口	户数	人口	户数	人口
		户	人	户	人	户	人	户	人	户	人	户	人	户	人	户	人	户	人	户	人	户	人	户	人	户	人
19	武山县	122	536	101	427	21	109	30	145	10	56	17	46	5	26	9	27	2	7	2	13	0	0	43	196	4	20
20	秦安县	129	616	129	616	0	0	28	113	—	—	29	156	—	—	49	239	—	—	17	74	—	—	6	34	0	0
21	甘谷县	93	448	30	130	63	318	14	60	21	109	5	15	10	43	11	55	30	156	0	0	2	10	0	0	0	0
平凉市		3699	15442	1705	6867	1994	8575	1532	6431	1807	7970	24	79	15	60	127	287	38	155	7	21	16	61	15	49	118	329
22	崆峒区	149	607	109	425	40	182	109	425	40	182	—	—	—	—	—	—	—	—	—	—	—	—	0	0	0	0
23	灵台县	461	1180	237	519	224	661	126	301	85	260	8	24	8	28	98	176	17	60	1	5	4	18	4	13	110	295
24	泾川县	239	905	118	394	121	511	94	319	92	392	5	15	3	11	13	45	17	79	5	12	9	29	1	3	0	0
25	静宁县	1538	7040	902	4071	636	2969	892	4033	632	2953	1	3	0	0	9	35	4	16	0	0	0	0	0	0	0	0
26	庄浪县	1312	5710	339	1458	973	4252	311	1353	958	4183	10	37	4	21	7	31	0	0	1	4	3	14	10	33	8	34
庆阳市		7338	29910	3691	14286	3648	15624	1035	3946	1051	4725	1990	7939	1730	7551	362	1316	550	2062	146	535	147	536	158	550	170	750
27	宁县	1121	3813	501	1702	621	2111	128	434	116	394	150	508	105	357	192	654	357	1214	13	46	19	66	18	60	24	80
28	镇原县	2358	10020	1058	4138	1300	5882	411	1627	560	2660	394	1586	490	2163	56	244	55	245	79	258	93	316	118	423	102	498
29	庆城县	419	1745	138	484	281	1261	45	158	87	395	85	298	180	803	6	21	7	25	0	0	4	23	2	7	3	15
30	正宁县	32	120	17	58	15	62	4	14	3	16	6	21	1	4	2	8	2	9	—	—	—	—	5	15	9	33
31	合水县	835	2856	454	1345	381	1511	154	460	64	262	249	713	211	826	46	162	97	393	4	8	3	14	1	2	6	16
32	华池县	394	1551	252	942	142	609	59	216	34	142	157	619	69	309	15	48	11	40	11	31	7	29	10	28	21	89
33	环县	2179	9805	1271	5617	908	4188	234	1037	187	856	949	4194	674	3089	45	179	21	136	39	192	21	88	4	15	5	19
陇南市		5961	24675	3397	14047	2564	10628	780	2913	335	1540	256	841	174	794	705	3094	623	2621	691	3013	598	2522	965	4186	835	3151
34	礼县	1627	8215	1460	7461	167	754	492	2059	61	275	116	410	23	119	304	1624	29	133	156	1196	21	68	392	2172	34	159
35	宕昌县	466	2102	140	591	326	1511	15	62	22	95	35	148	33	151	13	53	17	81	16	60	83	398	61	268	171	786
36	武都区	602	2196	399	1370	203	826	21	59	8	34	32	123	19	72	113	409	44	185	139	444	105	463	94	335	27	72
37	徽县	902	3164	547	1768	355	1396	89	297	39	193	8	24	10	50	59	174	61	237	135	414	70	277	256	859	175	639
38	成县	619	2046	168	543	451	1503	35	118	71	289	2	2	11	54	38	148	72	312	55	162	116	421	38	113	181	427
39	文县	193	698	57	195	136	503	7	26	12	47	6	19	13	48	10	30	59	238	13	51	13	45	21	69	39	125

续表

序号	县区	养殖产业脱贫任务合计						牛				羊				猪				鸡				其他养殖			
		户数	人口	养殖产业		劳务+养殖		牛产业		劳务+牛产业		羊产业		劳务+羊产业		猪产业		劳务+猪产业		鸡产业		劳务+鸡产业		其他养殖		劳务+其他养殖	
				户数	人口	户数	人口	户数	人口	户数	人口	户数	人口	户数	人口	户数	人口	户数	人口	户数	人口	户数	人口	户数	人口	户数	人口
		户	人	户	人	户	人	户	人	户	人	户	人	户	人	户	人	户	人	户	人	户	人	户	人	户	人
40	康县	420	1596	128	433	292	1163	12	39	7	21	10	43	13	51	41	155	115	469	31	99	77	294	34	97	80	328
41	西和县	1132	4658	498	1686	634	2972	109	253	115	586	47	72	52	249	127	501	226	966	146	587	113	556	69	273	128	615
42	两当县	0	0	0	0	0	0	0	0	—	—	0	0	—	—	0	0	—	—	0	0	—	—	0	0	0	0
临夏州		15411	71312	6279	30237	9132	41075	3485	17107	4245	20726	2721	12840	4475	18626	18	79	301	1234	21	86	76	361	34	125	35	128
43	广河县	2887	15021	2011	10391	876	4630	1280	6680	667	3451	731	3711	209	1179	—	—	—	—	—	—	—	—	0	0	0	0
44	临夏县	2519	11092	463	1961	2056	9131	275	1199	1285	5714	169	686	541	2529	10	48	201	781	2	5	9	36	7	23	20	71
45	康乐县	1374	6426	1374	6426	0	0	1086	5159	—	—	259	1138	—	—	5	21	—	—	17	72	—	—	7	36	0	0
46	和政县	879	4323	140	645	739	3678	118	546	574	2857	19	89	149	749	3	10	15	69	0	0	0	0	0	0	1	3
47	积石山县	1160	5234	0	0	1160	5234	—	—	561	2531	—	—	514	2319	—	—	85	384	—	—	—	—	0	0	0	0
48	东乡县	5334	23818	1830	9051	3504	14767	495	2504	712	4085	1334	6544	2730	10377	—	—	—	—	—	—	61	302	1	3	1	3
49	永靖县	1227	5278	461	1763	766	3515	231	1019	441	2065	209	672	307	1380	—	—	—	—	2	9	5	19	19	63	13	51
50	临夏市	31	120	0	0	31	120	0	0	5	23	0		25	93	0	—	—	—	0	—	1	4	0	0	0	0
甘南州		1570	6263	673	2719	897	3544	328	1437	481	1947	129	540	231	867	80	315	91	382	86	247	59	199	50	180	35	149
51	碌曲县	23	113	18	90	5	23	18	90	5	23	—	—	—	—	—	—	—	—	—	—	—	—	0	0	0	0
52	玛曲县	0	0	0	0	0	0	—	—	—	—	—	—	—	—	—	—	—	—	—	—	—	—	0	0	0	0
53	合作市	16	63	16	63	0	0	16	63	—	—	0	0	—	—	0	0	—	—	0	0	—	—	0	0	0	0
54	迭部县	62	323	17	88	45	235	6	38	24	137	1	4	—	—	5	25	15	75	2	9	—	—	3	12	6	23
55	卓尼县	0	0	0	0	0	0	—	—	—	—	—	—	—	—	—	—	—	—	—	—	—	—	0	0	0	0
56	舟曲县	409	1481	232	794	177	687	24	90	20	84	2	8	0	0	75	290	76	307	84	238	59	199	47	168	22	97
57	临潭县	1060	4283	390	1684	670	2599	264	1156	432	1703	126	528	231	867	—	—	—	—	—	—	—	—	0	0	7	29
58	夏河县	0	0	0	0	0	0	—	—	—	—	—	—	—	—	—	—	—	—	—	—	—	—	0	0	0	0

2020年58个贫困县产业扶贫精准脱贫到户到人养殖业统计表

序号	县区	养殖产业脱贫任务合计						牛				羊				猪				鸡				其他养殖			
		户数	人口	养殖产业		劳务+养殖		牛产业		劳务+牛产业		羊产业		劳务+羊产业		猪产业		劳务+猪产业		鸡产业		劳务+鸡产业		其他养殖		劳务+其他养殖	
				户数	人口	户数	人口	户数	人口	户数	人口	户数	人口	户数	人口	户数	人口	户数	人口	户数	人口	户数	人口	户数	人口	户数	人口
		户	人	户	人	户	人	户	人	户	人	户	人	户	人	户	人	户	人	户	人	户	人	户	人	户	人
	合计	16968	66444	9151	33677	7817	32767	3327	12705	3242	14193	2575	10432	2008	8451	942	3218	917	3678	1124	2880	623	2411	1183	4442	1027	4034
	兰州市	133	431	106	340	27	91	8	23	15	40	80	271	10	40	9	28	2	11	9	18	0	0	0	0	0	0
1	永登县	49	166	49	166	0	0	0	0	—	—	37	138	—	—	3	10	—	—	9	18	—	—	0	0	0	0
2	榆中县	81	251	56	171	25	80	8	23	15	40	42	130	8	29	6	18	2	11	—	—	—	—	0	0	0	0
3	皋兰县	3	14	1	3	2	11	0	0	0	0	1	3	2	11	0	0	0	0	0	0	0	0	0	0	0	0
	武威市	214	915	90	340	124	575	15	62	32	150	70	261	89	412	4	14	1	4	1	3	1	5	0	0	1	4
4	天祝县	26	109	18	76	8	33	5	22	5	20	13	54	3	13	0	0	0	0	0	0	0	0	0	0	0	0
5	古浪县	188	806	72	264	116	542	10	40	27	130	57	207	86	399	4	14	1	4	1	3	1	5	0	0	1	4
	白银市	1800	8363	1361	6295	439	2068	436	2150	111	533	829	3668	281	1303	16	72	26	125	0	0	3	12	80	405	18	95
6	会宁县	1345	6257	1071	4983	274	1274	394	1919	111	533	596	2653	128	565	9	44	20	101	0	0	1	4	72	367	14	71
7	靖远县	455	2106	290	1312	165	794	42	231	0	0	233	1015	153	738	7	28	6	24	0	0	2	8	8	38	4	24
8	景泰县	0	0	0	0	0	0	—	—	—	—	—	—	—	—	—	—	—	—	—	—	—	—	0	0	0	0
	定西市	4458	17903	2111	8058	2347	9845	872	3043	1016	4449	527	2156	633	2645	276	975	232	859	106	450	109	441	330	1434	357	1451
9	渭源县	725	2823	360	1055	365	1768	303	669	137	650	47	341	161	825	4	15	10	46	4	24	3	6	2	6	54	241
10	岷县	454	1725	284	1096	170	629	31	131	14	65	75	253	40	142	85	281	46	185	6	23	8	40	87	408	62	197
11	临洮县	98	366	43	141	55	225	11	32	34	150	19	62	14	45	12	45	5	22	1	2	—	—	0	0	2	8
12	通渭县	1151	5416	427	2108	724	3308	293	1483	607	2796	99	489	77	356	17	64	19	75	6	27	9	40	12	45	12	41
13	陇西县	0	0	0	0	0	0	—	—	—	—	—	—	—	—	—	—	—	—	—	—	—	—	0	0	0	0
14	漳县	1272	5402	636	2701	636	2701	85	361	85	361	138	586	138	586	109	463	109	463	77	327	77	327	227	964	227	964
15	安定区	758	2171	361	957	397	1214	149	367	139	427	149	425	203	691	49	107	43	68	12	47	12	28	2	11	0	0
	天水市	1069	4830	422	1829	647	3001	190	897	501	2412	58	261	26	88	17	66	17	71	14	61	23	87	143	544	80	343
16	张家川县	381	1915	145	719	236	1196	93	456	168	909	27	141	14	46	—	—	—	—	—	—	—	—	25	122	54	241
17	清水县	63	269	63	269	0	0	55	245	—	—	8	24	—	—	—	—	—	—	—	—	—	—	0	0	0	0
18	麦积区	231	864	152	552	79	312	13	62	11	52	12	53	9	33	13	46	13	51	12	49	23	87	102	342	23	89

续表

序号	县区	养殖产业脱贫任务合计						牛				羊				猪				鸡				其他养殖			
		户数	人口	养殖产业		劳务+养殖		牛产业		劳务+牛产业		羊产业		劳务+羊产业		猪产业		劳务+猪产业		鸡产业		劳务+鸡产业		其他养殖		劳务+其他养殖	
				户数	人口	户数	人口	户数	人口	户数	人口	户数	人口	户数	人口	户数	人口	户数	人口	户数	人口	户数	人口	户数	人口	户数	人口
		户	人	户	人	户	人	户	人	户	人	户	人	户	人	户	人	户	人	户	人	户	人	户	人	户	人
19	武山县	376	1698	57	265	319	1433	27	125	314	1413	10	37	1	3	3	16	1	4	1	7	0	0	16	80	3	13
20	秦安县	0	0	0	0	0	0	—	—	—	—	—	—	—	—	—	—	—	—	—	—	—	—	0	0	0	0
21	甘谷县	18	84	5	24	13	60	2	9	8	38	1	6	2	6	1	4	3	16	1	5	0	0	0	0	0	0
平凉市		936	3497	416	1419	520	2078	377	1328	500	1972	10	33	9	58	21	40	7	32	6	13	2	8	2	5	2	8
22	崆峒区	123	415	93	324	30	91	93	324	30	91	—	—	—	—	—	—	—	—	—	—	—	—	0	0	0	0
23	灵台县	67	169	51	108	16	61	33	83	13	46	1	3	1	7	17	22	0	0	0	0	1	4	0	0	1	4
24	泾川县	87	312	47	140	40	172	39	123	31	136	3	8	2	6	0	0	6	26	5	9	1	4	0	0	0	0
25	静宁县	192	718	122	441	70	277	122	441	70	277	0	0	0	0	0	0	0	0	0	0	0	0	0	0	0	0
26	庄浪县	467	1883	103	406	364	1477	90	357	356	1422	6	22	6	45	4	18	1	6	1	4	0	0	2	5	1	4
庆阳市		3154	12170	1414	5045	1740	7125	445	1661	479	2137	623	2240	740	2916	148	536	312	1390	81	240	92	271	117	368	117	411
27	宁县	713	2898	262	869	451	2029	85	289	79	366	69	187	68	298	89	310	259	1195	6	25	4	18	13	58	41	152
28	镇原县	1446	5370	731	2577	715	2793	273	1032	265	1192	277	986	285	1082	28	115	29	109	67	183	70	187	86	261	66	223
29	庆城县	222	919	60	208	162	711	24	78	42	186	24	95	113	496	3	9	3	9	1	4	2	10	8	22	2	10
30	正宁县	14	50	9	29	5	21	—	—	1	6	2	9	—	—	1	4	2	7	—	—	—	—	6	16	2	8
31	合水县	22	69	13	37	9	32	0	0	—	—	4	13	—	—	9	24	9	32	0	—	—	—	0	0	0	0
32	华池县	48	152	30	103	18	49	3	11	—	—	22	82	13	35	1	2	—	—	2	3	2	6	2	5	3	8
33	环县	689	2712	309	1222	380	1490	60	251	92	387	225	868	261	1005	17	72	10	38	5	25	14	50	2	6	3	10
陇南市		2818	9901	1589	4963	1229	4938	369	1052	188	848	115	412	61	297	274	1012	259	952	413	1109	289	1188	418	1378	432	1653
34	礼县	528	1636	455	1329	73	307	188	439	25	102	59	262	12	63	82	294	14	64	83	159	12	34	43	175	10	44
35	宕昌县	284	1166	102	364	182	802	14	51	16	62	15	55	14	72	11	45	18	74	13	41	49	239	49	172	85	355
36	武都区	82	181	72	131	10	50	6	18	1	5	—	—	—	—	10	37	—	—	46	50	8	40	10	26	1	5
37	徽县	902	3146	547	1750	355	1396	89	279	39	193	8	24	10	50	59	174	61	237	135	414	70	277	256	859	175	639
38	成县	503	1865	153	442	350	1423	30	101	67	276	2	2	9	46	34	132	71	307	55	170	109	414	32	37	94	380
39	文县	0	0	0	0	0	0	—	—	—	—	—	—	—	—	—	—	—	—	—	—	—	—	0	0	0	0

续表

序号	县区	养殖产业脱贫任务合计						牛				羊				猪				鸡				其他养殖			
		户数	人口	养殖产业		劳务+养殖		牛产业		劳务+牛产业		羊产业		劳务+羊产业		猪产业		劳务+猪产业		鸡产业		劳务+鸡产业		其他养殖		劳务+其他养殖	
				户数	人口	户数	人口	户数	人口	户数	人口	户数	人口	户数	人口	户数	人口	户数	人口	户数	人口	户数	人口	户数	人口	户数	人口
		户	人	户	人	户	人	户	人	户	人	户	人	户	人	户	人	户	人	户	人	户	人	户	人	户	人
40	康县	108	366	56	193	52	173	4	16	1	3	—	—	4	18	20	77	12	34	24	71	16	56	8	29	19	62
41	西和县	411	1541	204	754	207	787	38	148	39	207	31	69	12	48	58	253	83	236	57	204	25	128	20	80	48	168
42	两当县	0	0	0	0	0	0	0	0	—	—	0	0	—	—	0	0	—	—	0	0	—	—	0	0	0	0
	临夏州	1080	4584	731	2968	349	1616	490	1924	220	1044	222	963	103	463	6	23	1	5	7	31	24	99	6	27	1	5
43	广河县	0	0	0	0	0	0	—	—	—	—	—	—	—	—	—	—	—	—	—	—	—	—	0	0	0	0
44	临夏县	0	0	0	0	0	0	—	—	—	—	—	—	—	—	—	—	—	—	—	—	—	—	0	0	0	0
45	康乐县	621	2440	621	2440	0	0	440	1701	—	—	162	658	—	—	6	23	—	—	7	31	—	—	6	27	0	0
46	和政县	255	1370	62	279	193	1091	47	213	152	878	15	66	39	203	0	0	1	5	0	0	0	0	0	0	1	5
47	积石山县	0	0	0	0	0	0	—	—	—	—	—	—	—	—	—	—	—	—	—	—	—	—	0	0	0	0
48	东乡县	145	567	48	249	97	318	3	10	50	101	45	239	24	121	—	—	—	—	—	—	23	96	0	0	0	0
49	永靖县	35	116	0	0	35	116	—	—	17	60	—	—	17	53	—	—	—	—	—	—	1	3	0	0	0	0
50	临夏市	24	91	0	0	24	91	0	0	1	5	0	0	23	86	0	0	—	—	0	0	—	—	0	0	0	0
	甘南州	1306	3850	911	2420	395	1430	125	565	180	608	41	167	56	229	171	452	60	229	487	955	80	300	87	281	19	64
51	碌曲县	4	23	3	14	1	9	2	10	1	9	1	4	—	—	—	—	—	—	—	—	—	—	0	0	0	0
52	玛曲县	0	0	0	0	0	0	—	—	—	—	—	—	—	—	—	—	—	—	—	—	—	—	0	0	0	0
53	合作市	5	15	5	15	0	0	5	15	—	—	0	0	—	—	0	0	—	—	0	0	—	—	0	0	0	0
54	迭部县	8	38	3	11	5	27	—	—	1	4	—	—	1	8	1	4	1	6	—	—	—	—	2	7	2	9
55	卓尼县	0	0	0	0	0	0	—	—	—	—	—	—	—	—	—	—	—	—	—	—	—	—	0	0	0	0
56	舟曲县	944	2480	771	1823	173	657	30	148	17	79	1	5	0	0	170	448	59	223	487	955	80	300	83	267	17	55
57	临潭县	345	1294	129	557	216	737	88	392	161	516	39	158	55	221	—	—	—	—	—	—	—	—	2	7	0	0
58	夏河县	0	0	0	0	0	0	—	—	—	—	—	—	—	—	—	—	—	—	—	—	—	—	0	0	0	0

甘肃年鉴 2021

2018—2020年58个贫困县产业扶贫精准脱贫到户到人种植业统计表

序号	县区	种植产业脱贫任务合计						蔬菜				果品				中药材				马铃薯				其他种植产业			
		户数	人口	种植产业		劳务+种植产业		蔬菜产业		劳务+蔬菜		果品产业		劳务+果品		中药材产业		劳务+中药材		马铃薯产业		劳务+马铃薯		其他种植产业		劳务+其他种植	
				户数	人口	户数	人口	户数	人口	户数	人口	户数	人口	户数	人口	户数	人口	户数	人口	户数	人口	户数	人口	户数	人口	户数	人口
		户	人	户	人	户	人	户	人	户	人	户	人	户	人	户	人	户	人	户	人	户	人	户	人	户	人
合计		214202	881716	106014	430661	108187	451055	8519	34048	8676	35743	23578	96914	25984	109080	32109	129691	26049	109180	13240	52239	15466	64045	28569	117769	32012	133007
兰州市		1727	5920	1312	4466	415	1454	618	2123	116	383	72	219	14	57	73	282	30	107	121	422	106	380	428	1420	149	527
1	永登县	936	3155	726	2394	210	761	241	782	21	71	56	159	8	27	11	47	0	0	44	162	58	228	374	1244	123	435
2	榆中县	697	2391	530	1858	167	533	357	1261	88	280	0	0	0	0	62	235	30	107	75	253	43	128	36	109	6	18
3	皋兰县	94	374	56	214	38	160	20	80	7	32	16	60	6	30	0	0	0	0	2	7	5	24	18	67	20	74
武威市		3093	12664	1048	3979	2045	8685	521	2081	673	2805	12	44	174	838	105	388	156	590	102	312	443	1911	308	1154	599	2541
4	天祝县	1259	4769	610	2174	649	2595	313	1161	56	220	0	0	0	0	100	364	139	511	79	227	263	1077	118	422	191	787
5	古浪县	1834	7895	438	1805	1396	6090	208	920	617	2585	12	44	174	838	5	24	17	79	23	85	180	834	190	732	408	1754
白银市		8772	39798	5753	26442	3019	13356	1524	7030	1336	5639	61	272	95	389	581	2580	232	1023	276	1340	80	363	3311	15220	1276	5942
6	会宁县	1938	9332	1938	9332	0	0	926	4532	0	0	24	120	0	0	435	1978	0	0	215	1067	0	0	338	1635	0	0
7	靖远县	6056	27422	3658	16499	2398	10923	494	2147	749	3341	30	122	61	254	135	541	232	1023	61	273	80	363	2938	13416	1276	5942
8	景泰县	778	3044	157	611	621	2433	104	351	587	2298	7	30	34	135	11	61	0	0	0	0	0	0	35	169	0	0
定西市		50329	206639	27603	113313	22726	93326	1696	7083	1077	4346	976	4504	1646	7633	17153	70161	10733	44451	5097	19326	4167	16539	2681	12239	5103	20357
9	渭源县	8179	34389	5122	21174	3057	13215	56	214	80	365	5	20	36	157	4296	17896	2057	9094	765	3044	467	1942	0	0	417	1657
10	岷县	11648	47598	7631	31299	4017	16299	0	0	0	0	0	0	0	0	7055	29274	3454	14312	432	1327	425	1310	144	698	138	677
11	临洮县	8103	31396	3497	13759	4606	17637	697	2881	633	2664	15	64	8	34	1717	6666	1470	5545	885	3488	1222	4811	183	660	1273	4583
12	通渭县	6598	30375	3639	17168	2959	13207	255	1204	16	78	877	4131	1424	6698	603	2838	594	2804	406	1911	95	457	1498	7084	830	3170
13	陇西县	.4304	15689	2781	9849	1523	5840	124	477	59	224	75	271	9	36	1502	5414	894	3468	1080	3687	561	2112	0	0	0	0
14	漳县	6171	25241	2341	9534	3830	15707	107	434	118	465	0	0	17	67	1970	8024	2158	8749	264	1076	234	1018	0	0	1303	5408
15	安定区	5326	21951	2592	10530	2734	11421	457	1873	171	550	4	18	152	641	10	49	106	479	1265	4793	1163	4889	856	3797	1142	4862
天水市		31072	133154	14966	65874	16106	67280	1420	6459	1790	7741	8568	37289	9565	39195	1184	5195	663	3166	2036	9260	1246	5267	1758	7671	2842	11911
16	张家川	411	1508	113	508	298	1000	5	20	16	80	39	136	70	179	1	7	0	0	41	208	51	248	27	137	161	493
17	清水县	1361	6402	1170	5458	191	944	53	240	7	41	606	2774	144	731	94	446	9	37	417	1998	31	135	0	0	0	0
18	麦积区	11910	48517	4807	20242	7103	28275	571	2637	423	1703	3130	12959	4885	18796	382	1557	152	727	226	989	252	1029	498	2100	1391	6020

续表

序号	县区	种植产业脱贫任务合计						蔬菜				果品				中药材				马铃薯				其他种植产业			
		户数	人口	种植产业		劳务+种植产业		蔬菜产业		劳务+蔬菜		果品产业		劳务+果品		中药材产业		劳务+中药材		马铃薯产业		劳务+马铃薯		其他种植产业		劳务+其他种植	
				户数	人口	户数	人口	户数	人口	户数	人口	户数	人口	户数	人口	户数	人口	户数	人口	户数	人口	户数	人口	户数	人口	户数	人口
		户	人	户	人	户	人	户	人	户	人	户	人	户	人	户	人	户	人	户	人	户	人	户	人	户	人
19	武山县	1182	5699	270	1293	912	4406	165	781	485	2294	9	57	20	74	93	446	384	1934	3	9	23	104	0	0	0	0
20	秦安县	10546	47009	7230	32175	3316	14834	400	1781	336	1499	4065	18088	2037	9138	603	2693	0	0	1200	5340	546	2432	962	4273	397	1765
21	甘谷县	5662	24019	1376	6198	4286	17821	226	1000	523	2124	719	3275	2409	10277	11	46	118	468	149	716	343	1319	271	1161	893	3633
平凉市		21042	86715	8952	33452	12090	53263	551	1465	729	3102	5041	20080	4335	18698	358	1100	292	1262	1617	6479	4701	21687	1385	4328	2033	8514
22	崆峒区	301	1115	77	198	224	917	5	11	10	42	2	5	36	138	0	0	0	0	0	0	0	0	70	182	178	737
23	灵台县	2649	7911	1541	3961	1108	3950	341	728	273	916	384	1101	334	1239	241	584	84	282	62	146	27	99	513	1402	390	1414
24	泾川县	2778	9948	881	2229	1897	7719	117	367	144	745	441	1055	1030	3962	1	2	1	6	16	41	21	66	306	764	701	2940
25	静宁县	7826	33337	4714	19643	3112	13694	2	9	0	0	3398	14286	1111	4810	0	0	0	0	832	3421	1282	5687	482	1927	719	3197
26	庄浪县	7488	34404	1739	7421	5749	26983	86	350	302	1399	816	3633	1824	8549	116	514	207	974	707	2871	3371	15835	14	53	45	226
庆阳市		22762	92846	8477	33236	14285	59610	452	1533	1082	4778	932	3371	1447	5872	773	2900	1411	5820	206	852	224	998	6115	24580	10121	42143
27	宁县	2415	8881	973	3268	1442	5613	149	417	309	1239	334	1191	438	1762	297	992	452	1701	12	52	20	93	182	616	223	819
28	镇原县	9058	37493	2783	11064	6275	26429	110	351	462	2129	145	503	330	1316	246	936	708	3011	42	167	56	223	2240	9107	4719	19750
29	庆城县	904	3435	303	979	601	2456	16	56	70	312	149	461	235	940	2	9	21	82	3	13	0	0	133	440	275	1122
30	正宁县	262	879	146	442	116	437	17	55	1	5	32	157	29	99	9	27	15	63	2	5	1	6	86	198	70	264
31	合水县	845	3289	275	1040	570	2249	35	131	67	292	212	816	279	1157	0	0	24	92	2	6	1	3	26	87	199	705
32	华池县	1466	5880	390	1357	1076	4523	8	27	2	7	3	14	1	2	13	38	21	90	2	4	2	6	364	1274	1050	4418
33	环县	7812	32989	3607	15086	4205	17903	117	496	171	794	57	229	135	596	206	898	170	781	143	605	144	667	3084	12858	3585	15065
陇南市		58392	230510	27752	104637	30640	125873	932	3669	1196	4281	7225	27763	8038	33359	9364	37077	10293	43933	2663	9391	3269	13137	7568	26737	7844	31163
34	礼县	9447	36300	7000	25463	2447	10837	99	452	23	107	1457	5270	486	2242	1202	4820	437	1993	1166	4055	300	1269	3076	10866	1201	5226
35	宕昌县	10565	44515	4435	18065	6130	26450	283	1274	330	944	237	984	636	2757	3912	15796	5001	22028	3	11	163	721	0	0	0	0
36	武都区	9584	39113	5695	22810	3889	16303	137	533	170	636	2639	10473	1650	6990	2317	9507	1360	5726	218	801	250	1028	384	1496	459	1923
37	徽县	5424	19101	2778	8739	2646	10362	174	513	192	750	300	915	195	702	396	1269	189	852	51	147	108	375	1857	5895	1962	7683
38	成县	2102	7305	901	3161	1201	4144	21	69	16	55	63	181	140	423	379	1378	586	2016	20	70	23	89	418	1463	436	1561
39	文县	3917	14263	939	3284	2978	10979	25	90	175	616	481	1719	1792	6623	175	644	588	2184	18	66	24	98	240	765	399	1458

续表

序号	县区	种植产业脱贫任务合计						蔬菜				果品				中药材				马铃薯				其他种植产业			
		户数	人口	种植产业		劳务+种植产业		蔬菜产业		劳务+蔬菜		果品产业		劳务+果品		中药材产业		劳务+中药材		马铃薯产业		劳务+马铃薯		其他种植产业		劳务+其他种植	
				户数	人口	户数	人口	户数	人口	户数	人口	户数	人口	户数	人口	户数	人口	户数	人口	户数	人口	户数	人口	户数	人口	户数	人口
		户	人	户	人	户	人	户	人	户	人	户	人	户	人	户	人	户	人	户	人	户	人	户	人	户	人
40	康县	2781	11097	578	2239	2203	8858	48	191	86	318	127	494	484	1941	349	1369	1398	5644	25	82	80	314	29	103	155	641
41	西和县	14541	58691	5398	20763	9143	37928	140	524	204	855	1911	7684	2655	11681	622	2253	732	3484	1162	4159	2321	9243	1563	6143	3231	12665
42	两当县	31	125	28	113	3	12	5	23	0	0	10	43	0	0	12	41	2	6	0	0	0	0	1	6	1	6
临夏州		13212	57418	8363	37179	4849	20239	805	2605	554	2160	686	3361	669	3037	1325	6186	684	2801	1122	4857	1214	3705	4425	20170	1728	8536
43	广河县	0	0	0	0	0	0	0	0	0	0	0	0	0	0	0	0	0	0	0	0	0	0	0	0	0	0
44	临夏县	647	2746	136	418	511	2328	52	126	10	36	55	167	328	1457	13	57	66	287	7	32	19	124	9	36	88	424
45	康乐县	5423	23934	5423	23934	0	0	207	821	0	0	15	57	0	0	1188	5595	0	0	625	2294	0	0	3388	15167	0	0
46	和政县	402	1808	41	176	361	1632	0	0	2	9	2	7	9	40	15	64	84	356	0	0	6	30	24	105	260	1197
47	积石山县	1155	5719	639	3276	516	2443	0	0	0	0	594	3072	206	1042	45	204	310	1401	0	0	0	0	0	0	0	0
48	东乡县	3978	17576	1497	7408	2481	10168	0	0	23	113	0	0	14	63	3	15	8	19	490	2531	1189	3551	1004	4862	1247	6422
49	永靖县	1466	5112	627	1967	839	3145	546	1658	511	1972	20	58	112	435	61	251	216	738	0	0	0	0	0	0	0	0
50	临夏市	141	523	0	0	141	523	0	0	8	30	0	0	0	0	0	0	0	0	0	0	0	0	0	0	133	493
甘南州		3801	16052	1788	8083	2013	7969	0	0	123	507	5	11	1	2	1193	3822	1555	6028	0	0	16	58	590	4250	318	1374
51	碌曲县	0	0	0	0	0	0	0	0	0	0	0	0	0	0	0	0	0	0	0	0	0	0	0	0	0	0
52	玛曲县	0	0	0	0	0	0	0	0	0	0	0	0	0	0	0	0	0	0	0	0	0	0	0	0	0	0
53	合作市	0	0	0	0	0	0	0	0	0	0	0	0	0	0	0	0	0	0	0	0	0	0	0	0	0	0
54	迭部县	64	278	17	71	47	207	0	0	0	0	2	5	1	2	15	66	46	205	0	0	0	0	0	0	0	0
55	卓尼县	1054	4680	325	1472	729	3208	0	0	3	18	0	0	0	0	209	946	456	2025	0	0	15	54	116	526	255	1111
56	舟曲县	1397	4859	677	2032	720	2827	0	0	1	4	3	6	0	0	629	1918	679	2664	0	0	1	4	45	108	39	155
57	临潭县	812	2326	295	599	517	1727	0	0	119	485	0	0	0	0	289	577	374	1134	0	0	0	0	6	22	24	108
58	夏河县	474	3909	474	3909	0	0	0	0	0	0	0	0	0	0	51	315	0	0	0	0	0	0	423	3594	0	0

2018年58个贫困县产业扶贫精准脱贫到户到人种植业统计表

序号	县区	种植产业脱贫任务合计						蔬菜				果品				中药材				马铃薯				其他种植产业			
		户数	人口	种植产业		劳务+种植产业		蔬菜产业		劳务+蔬菜		果品产业		劳务+果品		中药材产业		劳务+中药材		马铃薯产业		劳务+马铃薯		其他种植产业		劳务+其他种植	
				户数	人口	户数	人口	户数	人口	户数	人口	户数	人口	户数	人口	户数	人口	户数	人口	户数	人口	户数	人口	户数	人口	户数	人口
		户	人	户	人	户	人	户	人	户	人	户	人	户	人	户	人	户	人	户	人	户	人	户	人	户	人
	合计	104431	435490	48467	198825	55964	236594	4014	15924	5007	20790	11196	45904	14247	61494	14100	58247	12881	53864	5783	23693	7684	33429	13374	55057	16146	67017
	兰州市	933	3191	724	2415	209	776	391	1334	44	155	43	131	8	33	19	68	5	17	61	220	50	200	210	662	102	371
1	永登县	607	2024	454	1459	153	565	201	643	15	51	34	98	6	23	7	25	—	—	32	120	40	162	180	573	92	329
2	榆中县	288	1022	248	882	40	140	187	681	28	100	—	—	—	—	12	43	5	17	27	93	5	14	22	65	2	9
3	皋兰县	38	145	22	74	16	71	3	10	1	4	9	33	2	10	0	0	0	0	2	7	5	24	8	24	8	33
	武威市	1944	7943	661	2537	1283	5406	330	1325	419	1682	6	21	116	542	68	262	108	408	62	206	297	1310	195	723	343	1464
4	天祝县	858	3335	414	1518	444	1817	203	751	35	142	—	—	—	—	66	254	97	356	43	138	178	749	102	375	134	570
5	古浪县	1086	4608	247	1019	839	3589	127	574	384	1540	6	21	116	542	2	8	11	52	19	68	119	561	93	348	209	894
	白银市	4229	19137	2478	11487	1751	7650	530	2658	998	4182	20	73	70	287	256	1165	15	64	88	437	17	67	1584	7154	651	3050
6	会宁县	735	3694	735	3694	0	0	291	1624	—	—	3	11	—	—	240	1082	—	—	79	395	—	—	122	582	0	0
7	靖远县	2780	12655	1632	7372	1148	5283	154	740	429	1950	13	44	36	152	10	48	15	64	9	42	17	67	1446	6498	651	3050
8	景泰县	714	2788	111	421	603	2367	85	294	569	2232	4	18	34	135	6	35	—	—	—	—	—	—	16	74	0	0
	定西市	22022	92953	11785	50238	10237	42715	750	3244	474	2075	328	1515	513	2402	7206	30540	4728	20173	2312	9246	1958	8253	1189	5693	2564	9812
9	渭源县	3558	15831	2106	9293	1452	6538	21	78	28	136	0	0	16	74	1762	7804	1086	4918	323	1411	185	838	0	0	137	572
10	岷县	3983	17549	2679	11729	1304	5820	0	0	0	0	0	0	0	0	2534	11027	1156	5108	95	437	97	446	50	265	51	266
11	临洮县	3976	15480	1771	6952	2205	8528	346	1438	323	1403	10	44	3	13	858	3353	634	2326	482	1840	560	2183	75	277	685	2603
12	通渭县	2610	11563	1334	6292	1276	5271	100	471	6	28	271	1278	475	2237	217	1023	261	1230	151	712	42	201	595	2808	492	1575
13	陇西县	2834	11514	1696	6759	1138	4755	84	365	39	162	47	193	7	29	941	3793	699	2922	624	2408	393	1642	0	0	0	0
14	漳县	2632	10550	980	3872	1652	6678	41	160	39	183	0	0	6	25	887	3505	887	3645	52	207	91	447	0	0	629	2378
15	安定区	2429	10466	1219	5341	1210	5125	158	732	39	163	0	0	6	24	7	35	5	24	585	2231	590	2496	469	2343	570	2418
	天水市	15071	65984	6352	27923	8719	38061	687	3102	1143	4975	3825	16710	5042	22461	457	2040	431	2013	597	2671	698	2991	786	3400	1405	5621
16	张家川	227	793	42	220	185	573	2	10	10	53	9	47	16	42	—	—	—	—	13	63	28	133	18	100	131	345
17	清水县	513	2409	400	1844	113	565	33	145	3	13	225	1031	99	504	40	194	1	3	102	474	10	45	0	0	0	0
18	麦积区	4248	18758	1935	8062	2313	10696	145	640	149	622	1383	5769	1613	7772	156	644	78	328	33	141	56	229	218	868	417	1745

续表

序号	县区	种植产业脱贫任务合计						蔬菜				果品				中药材				马铃薯				其他种植产业			
		户数	人口	种植产业		劳务+种植产业		蔬菜产业		劳务+蔬菜		果品产业		劳务+果品		中药材产业		劳务+中药材		马铃薯产业		劳务+马铃薯		其他种植产业		劳务+其他种植	
				户数	人口	户数	人口	户数	人口	户数	人口	户数	人口	户数	人口	户数	人口	户数	人口	户数	人口	户数	人口	户数	人口	户数	人口
		户	人	户	人	户	人	户	人	户	人	户	人	户	人	户	人	户	人	户	人	户	人	户	人	户	人
19	武山县	872	4207	185	890	687	3317	110	519	402	1900	3	19	9	35	71	349	267	1342	1	3	9	40	0	0	0	0
20	秦安县	5192	23363	3034	13505	2158	9858	213	950	151	675	1789	7960	1406	6512	186	837	—	—	400	1780	364	1620	446	1978	237	1051
21	甘谷县	4019	16454	756	3402	3263	13052	184	838	428	1712	416	1884	1899	7596	4	16	85	340	48	210	231	924	104	454	620	2480
平凉市		10720	44212	4305	15951	6415	28261	349	868	434	1820	2170	8810	2284	9907	232	717	160	628	711	3055	2260	10650	843	2501	1277	5256
22	崆峒区	179	701	40	102	139	599	3	8	5	20	1	4	15	59	0	0	0	0	0	0	0	0	36	90	119	520
23	灵台县	2161	6517	1209	3164	952	3353	250	532	237	789	290	843	292	1072	170	451	80	271	57	134	23	84	442	1204	320	1137
24	泾川县	1806	6614	489	1197	1317	5417	68	208	72	461	231	530	697	2662	0	0	1	6	13	30	18	53	177	429	529	2235
25	静宁县	3215	14471	1947	8719	1268	5752	1	3	0	0	1398	6285	448	2066	0	0	0	0	370	1695	526	2397	178	736	294	1289
26	庄浪县	3359	15909	620	2769	2739	13140	27	117	120	550	250	1148	832	4048	62	266	79	351	271	1196	1693	8116	10	42	15	75
庆阳市		11062	45468	3943	15641	7119	29827	235	801	563	2413	516	1920	684	2863	326	1275	672	2735	133	524	127	566	2733	11121	5073	21250
27	宁县	1196	4608	462	1600	734	3008	103	296	152	647	153	577	220	951	123	438	219	835	5	18	15	75	78	271	128	500
28	镇原县	3995	16804	1027	4190	2968	12614	37	123	228	993	50	180	147	622	84	336	315	1314	42	167	30	135	814	3384	2248	9550
29	庆城县	396	1506	140	444	256	1062	5	17	42	186	79	227	98	387	2	9	9	33	3	13	0	0	51	178	107	456
30	正宁县	149	569	80	307	69	262	8	25	1	5	26	131	13	47	3	10	7	29	—	—	1	6	43	141	47	175
31	合水县	574	2283	208	784	366	1499	29	110	53	226	157	601	203	843	—	—	12	50	2	6	0	0	20	67	98	380
32	华池县	791	3293	172	645	619	2648	1	3	1	4	—	—	1	2	2	9	11	51	1	2	1	2	168	631	605	2589
33	环县	3961	16405	1854	7671	2107	8734	52	227	86	352	51	204	2	11	112	473	99	423	80	318	80	348	1559	6449	1840	7600
陇南市		29755	117998	13569	51777	16186	66221	366	1441	555	2024	3836	14596	5216	21542	4527	18073	5389	22132	1292	4749	1577	6605	3548	12918	3450	13918
34	礼县	4858	18197	3791	13443	1067	4754	64	302	21	98	675	2030	251	1157	626	2519	215	985	673	2371	107	476	1753	6221	474	2038
35	宕昌县	4110	16961	1604	6687	2506	10274	104	441	147	418	66	255	223	946	1434	5991	2078	8659	0	0	58	251	0	0	0	0
36	武都区	6536	26858	3602	14443	2934	12415	59	212	109	428	1619	6479	1277	5453	1485	6051	977	4143	171	625	246	1010	268	1076	325	1381
37	徽县	1808	6367	926	2913	882	3454	58	171	64	250	100	305	65	234	132	423	63	284	17	49	36	125	619	1965	654	2561
38	成县	664	2130	208	765	456	1365	9	31	8	31	22	86	90	212	127	456	300	928	0	0	1	7	50	192	57	187
39	文县	3128	11596	772	2764	2356	8832	19	69	118	427	391	1444	1420	5359	152	564	501	1861	8	32	21	87	202	655	296	1098

续表

序号	县区	种植产业脱贫任务合计						蔬菜				果品				中药材				马铃薯				其他种植产业			
		户数	人口	种植产业		劳务+种植产业		蔬菜产业		劳务+蔬菜		果品产业		劳务+果品		中药材产业		劳务+中药材		马铃薯产业		劳务+马铃薯		其他种植产业		劳务+其他种植	
				户数	人口	户数	人口	户数	人口	户数	人口	户数	人口	户数	人口	户数	人口	户数	人口	户数	人口	户数	人口	户数	人口	户数	人口
		户	人	户	人	户	人	户	人	户	人	户	人	户	人	户	人	户	人	户	人	户	人	户	人	户	人
40	康县	1705	6898	262	1042	1443	5856	5	19	39	147	36	136	348	1409	182	734	861	3504	16	63	68	267	23	90	127	529
41	西和县	6915	28866	2376	9607	4539	19259	43	173	49	225	917	3818	1542	6772	377	1294	392	1762	407	1609	1040	4382	632	2713	1516	6118
42	两当县	31	125	28	113	3	12	5	23	0	0	10	43	0	0	12	41	2	6			0	0	1	6	1	6
	临夏州	6509	29120	3846	17234	2663	11886	376	1151	312	1188	450	2128	313	1455	489	2271	342	1411	527	2585	685	2733	2004	9099	1011	5099
43	广河县	0	0	0	0	0	0	—	—	—	—	—	—	—	—	—	—	—	—	—	—	—	—	0	0	0	0
44	临夏县	366	1624	71	237	295	1387	1	5	5	21	50	143	168	757	8	33	42	186	7	32	17	114	5	24	63	309
45	康乐县	2191	9829	2191	9829	0	0	68	271	—	—	0	0	—	—	420	1970	—	—	219	981	—	—	1484	6607	0	0
46	和政县	218	1010	16	79	202	931	0	0	0	0	1	5	3	12	7	36	50	204	0	0	3	21	8	38	146	694
47	积石山县	643	3149	410	2043	233	1106	—	—	—	—	390	1952	106	532	20	91	127	574	—	—	—	—	0	0	0	0
48	东乡县	2201	10415	810	4013	1391	6402	—	—	—	—	—	—	2	10	2	11	3	15	301	1572	665	2598	507	2430	721	3779
49	永靖县	807	2771	348	1033	459	1738	307	875	305	1162	9	28	34	144	32	130	120	432	—	—	—	—	0	0	0	0
50	临夏市	83	322	0	0	83	322	—	—	2	5	—	—	—	—	—	—	—	—	—	—	—	—	0	0	81	317
	甘南州	2186	9484	804	3622	1382	5791	0	0	65	275	2	0	1	2	520	1836	1031	4283	0	0	15	54	282	1786	270	1177
51	碌曲县	0	0	0	0	0	0	—	—	—	—	—	—	—	—	—	—	—	—	—	—	—	—	0	0	0	0
52	玛曲县	0	0	0	0	0	0	—	—	—	—	—	—	—	—	—	—	—	—	—	—	—	—	0	0	0	0
53	合作市	0	0	0	0	0	0	—	—	—	—	—	—	—	—	—	—	—	—	—	—	—	—	0	0	0	0
54	迭部县	56	236	17	71	39	165	—	—	—	—	2	5	1	2	15	66	38	163	—	—	—	—	0	0	0	0
55	卓尼县	1054	4680	325	1472	729	3208	—	—	3	18	—	—	—	—	209	946	456	2025	—	—	15	54	116	526	255	1111
56	舟曲县	526	1853	176	516	350	1337	0	0	1	4	0	0	0	0	155	469	342	1303	0	0	0	0	21	47	7	30
57	临潭县	392	1412	128	331	264	1081	—	—	61	253	—	—	—	—	124	316	195	792	—	—	—	—	4	15	8	36
58	夏河县	158	1303	158	1303	0	0	0	0	—	—	—	—	—	—	17	105	—	—	0	0	—	—	141	1198	0	0

2019年58个贫困县产业扶贫精准脱贫到户到人种植业统计表

序号	县区	种植产业脱贫任务合计						蔬菜				果品				中药材				马铃薯				其他种植产业			
		户数	人口	种植产业		劳务+种植产业		蔬菜产业		劳务+蔬菜		果品产业		劳务+果品		中药材产业		劳务+中药材		马铃薯产业		劳务+马铃薯		其他种植产业		劳务+其他种植	
				户数	人口	户数	人口	户数	人口	户数	人口	户数	人口	户数	人口	户数	人口	户数	人口	户数	人口	户数	人口	户数	人口	户数	人口
		户	人	户	人	户	人	户	人	户	人	户	人	户	人	户	人	户	人	户	人	户	人	户	人	户	人
合计		76982	320204	40548	166823	36434	153381	3332	13702	2691	11305	9714	40665	7923	33910	11661	47647	8892	37450	5742	22473	6069	24173	10100	42336	10859	46543
兰州市		434	1519	317	1134	117	385	118	403	38	116	16	57	4	14	27	104	5	20	31	105	31	105	125	465	39	130
1	永登县	211	755	154	559	57	196	27	92	6	20	10	34	2	4	2	8	—	—	7	25	18	66	108	400	31	106
2	榆中县	191	641	141	488	50	153	85	290	30	90	—	—	—	—	25	96	5	20	24	80	13	39	7	22	2	4
3	皋兰县	32	123	22	87	10	36	6	21	2	6	6	23	2	10	0	0	0	0	0	0	0	0	10	43	6	20
武威市		868	3494	298	1094	570	2400	160	620	201	868	4	17	27	119	34	112	41	141	36	98	120	501	64	247	181	771
4	天祝县	370	1307	184	613	186	694	104	383	18	64	—	—	—	—	32	102	37	129	32	81	81	316	16	47	50	185
5	古浪县	498	2187	114	481	384	1706	56	237	183	804	4	17	27	119	2	10	4	12	4	17	39	185	48	200	131	586
白银市		3104	14390	2323	10921	781	3469	643	2902	223	956	22	98	25	102	127	551	20	98	141	697	21	87	1390	6673	492	2226
6	会宁县	793	3759	793	3759	0	0	424	1991	—	—	3	13	—	—	106	467	—	—	123	620	—	—	137	668	0	0
7	靖远县	2247	10375	1484	6972	763	3403	200	854	205	890	16	73	25	102	16	58	20	98	18	77	21	87	1234	5910	492	2226
8	景泰县	64	256	46	190	18	66	19	57	18	66	3	12	—	—	5	26	—	—	—	0	—	—	19	95	0	0
定西市		19200	78079	10579	42388	8621	35691	702	2935	416	1782	402	1834	692	3179	6335	25717	4018	16842	2144	7552	1758	6575	996	4350	1737	7313
9	渭源县	2914	12009	1844	7448	1070	4561	24	98	48	216	2	9	17	73	1585	6473	739	3191	233	868	194	794	0	0	72	287
10	岷县	4408	18057	2845	11771	1563	6286	0	0	0	0	0	0	0	0	2547	10963	1271	5497	236	507	233	499	62	301	59	290
11	临洮县	3661	14319	1535	6156	2126	8163	315	1315	263	1097	5	20	3	12	761	2971	779	3008	368	1526	597	2394	86	324	484	1652
12	通渭县	2517	11868	1428	6736	1089	5132	87	412	8	39	363	1709	524	2463	259	1218	248	1170	158	743	33	158	561	2654	276	1302
13	陇西县	1470	4175	1085	3090	385	1085	40	112	20	62	28	78	2	7	561	1621	195	546	456	1279	168	470	0	0	0	0
14	漳县	2090	8991	819	3252	1271	5739	37	145	29	143	0	0	5	23	620	2461	773	3369	162	646	57	275	0	0	407	1929
15	安定区	2140	8660	1023	3935	1117	4725	199	853	48	225	4	18	141	601	2	10	13	61	531	1983	476	1985	287	1071	439	1853
天水市		11819	52120	7708	34230	4111	17890	705	3234	456	2042	4152	18185	2386	10211	683	2980	182	909	1365	6290	397	1685	803	3541	690	3043
16	张家川	146	602	54	230	92	372	3	10	6	27	23	64	36	95	1	7	—	—	19	114	20	102	8	35	30	148
17	清水县	777	3702	706	3357	71	345	20	95	4	28	347	1608	42	210	45	215	8	34	294	1439	17	73	0	0	0	0
18	麦积区	3966	16793	2169	9314	1797	7479	401	1885	125	548	1275	5314	1270	5014	200	814	53	311	152	676	80	379	141	625	269	1227

续表

序号	县区	户数	人口	种植产业脱贫任务合计				蔬菜				果品				中药材				马铃薯				其他种植产业			
				种植产业		劳务+种植产业		蔬菜产业		劳务+蔬菜		果品产业		劳务+果品		中药材产业		劳务+中药材		马铃薯产业		劳务+马铃薯		其他种植产业		劳务+其他种植	
				户数	人口	户数	人口	户数	人口	户数	人口	户数	人口	户数	人口	户数	人口	户数	人口	户数	人口	户数	人口	户数	人口	户数	人口
		户	人	户	人	户	人	户	人	户	人	户	人	户	人	户	人	户	人	户	人	户	人	户	人	户	人
19	武山县	249	1189	70	336	179	853	52	251	68	315	3	19	6	22	14	63	97	480	1	3	8	36	0	0	0	0
20	秦安县	5354	23646	4196	18670	1158	4976	187	831	185	824	2276	10128	631	2626	417	1856.	—	—	800	3560	182	812	516	2295	160	714
21	甘谷县	1327	6188	513	2323	814	3865	42	162	68	300	228	1052	401	2244	6	25	24	84	99	498	90	283	138	586	231	954
平凉市		8059	33841	3445	13469	4614	20372	157	493	242	1084	2106	8552	1632	7039	83	251	104	473	714	2800	2009	9115	385	1373	627	2661
22	崆峒区	72	249	22	64	50	185	0	0	2	8			15	53	0	0	0	0	—	—	—	—	22	64	33	124
23	灵台县	370	1059	245	580	125	479	65	133	26	93	73	192	35	138	48	92	3	9	3	5	4	15	56	158	57	224
24	泾川县	663	2322	254	667	409	1655	40	135	49	208	132	318	242	968	1	2	0	0	3	11	2	10	78	201	116	469
25	静宁县	3743	15731	2098	8683	1645	7048	1	6	0	0	1494	6248	560	2335	0	0	0	0	374	1479	693	3016	229	950	392	1697
26	庄浪县	3211	14480	826	3475	2385	11005	51	219	165	775	407	1794	780	3545	34	157	101	464	334	1305	1310	6074	0	0	29	147
庆阳市		7992	33413	2935	11699	5057	21714	136	499	330	1573	278	987	563	2233	287	1080	482	1982	59	273	79	347	2176	8860	3603	15580
27	宁县	729	2479	286	974	443	1505	28	94	88	300	113	383	141	480	98	334	143	486	3	9	5	17	45	154	66	223
28	镇原县	3132	13224	1006	4040	2126	9184	45	145	140	748	48	171	115	454	92	334	249	1081	0	0	18	66	821	3390	1604	6835
29	庆城县	344	1388	110	369	234	1019	7	24	19	86	52	170	108	451	0	0	8	35	0	0	0	0	51	175	99	447
30	正宁县	45	174	21	85	24	89	6	21	—	—	4	16	7	24	3	10	5	22	—	—	—	—	8	38	12	43
31	合水县	271	1006	67	256	204	750	6	21	14	66	55	215	76	314	—	—	12	42	—	—	1	3	6	20	101	325
32	华池县	614	2387	194	644	420	1743	4	15	1	3	3	14	—	—	11	29	10	39	—	—	1	4	176	586	408	1697
33	环县	2857	12755	1251	5331	1606	7424	40	179	68	370	3	18	116	510	83	373	55	277	56	264	54	257	1069	4497	1313	6010
陇南市		19471	78161	9256	35270	10215	42891	340	1349	491	1702	2501	9715	2286	9637	3040	12526	3355	14500	886	2972	1191	5094	2489	8708	2892	11958
34	礼县	3196	12546	2164	7954	1032	4592	21	92	2	6	407	1506	197	910	465	1859	162	738	351	1217	140	571	920	3280	531	2367
35	宕昌县	3789	16465	1391	6170	2398	10295	113	542	151	416	125	600	280	1320	1153	5028	1882	8164	0	0	85	395	0	0	0	0
36	武都区	2876	11575	1956	7889	920	3686	46	173	61	208	979	3861	371	1479	796	3339	353	1454	45	173	1	3	90	343	134	542
37	徽县	1808	6367	926	2913	882	3454	58	171	64	250	100	305	65	234	132	423	63	284	17	49	36	125	619	1965	654	2561
38	成县	742	2780	364	1325	378	1455	6	19	4	12	20	74	19	79	139	504	157	595	10	40	11	47	189	688	187	722
39	文县	789	2667	167	520	622	2147	6	21	57	189	90	275	372	1264	23	80	87	323	10	34	3	11	38	110	103	360

续表

序号	县区	种植产业脱贫任务合计						蔬菜				果品				中药材				马铃薯				其他种植产业			
		户数	人口	种植产业		劳务+种植产业		蔬菜产业		劳务+蔬菜		果品产业		劳务+果品		中药材产业		劳务+中药材		马铃薯产业		劳务+马铃薯		其他种植产业		劳务+其他种植	
				户数	人口	户数	人口	户数	人口	户数	人口	户数	人口	户数	人口	户数	人口	户数	人口	户数	人口	户数	人口	户数	人口	户数	人口
		户	人	户	人	户	人	户	人	户	人	户	人	户	人	户	人	户	人	户	人	户	人	户	人	户	人
40	康县	802	3167	227	867	575	2300	23	85	45	164	65	257	108	430	124	493	399	1614	9	19	4	15	6	13	19	77
41	西和县	5469	22594	2061	7632	3408	14962	67	246	107	457	715	2837	874	3921	208	800	252	1328	444	1440	911	3927	627	2309	1264	5329
42	两当县	0	0	0	0	0	0	—	—	—	—	—	—	—	—	—	—	—	—	—	—	—	—	0	0	0	0
临夏州		5111	21537	3195	14409	1916	7128	371	1267	236	950	233	1220	308	1376	698	3327	327	1342	366	1686	463	664	1527	6909	582	2796
43	广河县	0	0	0	0	0	0	—	—	—	—	—	—	—	—	—	—	—	—	—	—	—	—	0	0	0	0
44	临夏县	230	909	65	181	165	728	51	121	3	9	5	24	113	499	5	24	22	95	0	0	2	10	4	12	25	115
45	康乐县	2122	9543	2122	9543	0	0	81	363	—	—	12	44	—	—	635	3056	—	—	215	896	—	—	1179	5184	0	0
46	和政县	155	681	14	57	141	624	0	0	2	9	1	2	5	23	4	13	25	110	0	0	3	9	9	42	106	473
47	积石山县	512	2570	229	1233	283	1337	—	—	—	—	204	1120	100	510	25	113	183	827	—	—	—	—	0	0	0	0
48	东乡县	1401	5379	486	2461	915	2918	—	—	23	113	—	—	12	53	—	—	1	4	151	790	458	645	335	1671	421	2103
49	永靖县	659	2341	279	934	380	1407	239	783	206	810	11	30	78	291	29	121	96	306	—	—	—	—	0	0	0	0
50	临夏市	32	114	0	0	32	114	—	—	2	9	—	—	—	—	—	—	—	—	—	—	—	—	0	0	30	105
甘南州		924	3650	492	2209	432	1441	0	0	58	232	0	0	0	0	347	999	358	1143	0	0	0	0	145	1210	16	66
51	碌曲县	0	0	0	0	0	0	—	—	—	—	—	—	—	—	—	—	—	—	—	—	—	—	0	0	0	0
52	玛曲县	0	0	0	0	0	0	—	—	—	—	—	—	—	—	—	—	—	—	—	—	—	—	0	0	0	0
53	合作市	0	0	0	0	0	0	—	—	—	—	—	—	—	—	—	—	—	—	—	—	—	—	0	0	0	0
54	迭部县	7	38	0	0	7	38	—	—	—	—	—	—	—	—	—	—	7	38	—	—	—	—	0	0	0	0
55	卓尼县	0	0	0	0	0	0	—	—	—	—	—	—	—	—	—	—	—	—	—	—	—	—	0	0	0	0
56	舟曲县	421	1599	195	675	226	924	0	0	0	0	0	0	0	0	192	667	218	894	0	0	0	0	3	8	8	30
57	临潭县	338	710	139	231	199	479	—	—	58	232	—	—	—	—	138	227	133	211	—	—	—	—	1	4	8	36
58	夏河县	158	1303	158	1303	0	0	0	0	—	—	—	—	—	—	17	105	—	—	0	0	—	—	141	1198	0	0

2020年58个贫困县产业扶贫精准脱贫到户到人种植业统计表

序号	县区	种植产业脱贫任务合计						蔬菜				果品				中药材				马铃薯				其他种植产业			
				种植产业		劳务+种植产业		蔬菜产业		劳务+蔬菜		果品产业		劳务+果品		中药材产业		劳务+中药材		马铃薯产业		劳务+马铃薯		其他种植产业		劳务+其他种植	
		户数	人口	户数	人口	户数	人口	户数	人口	户数	人口	户数	人口	户数	人口	户数	人口	户数	人口	户数	人口	户数	人口	户数	人口	户数	人口
		户	人	户	人	户	人	户	人	户	人	户	人	户	人	户	人	户	人	户	人	户	人	户	人	户	人
合计		32789	126022	16999	64942	15790	61080	1173	4422	979	3648	2668	10340	3814	13675	6348	23731	4277	17867	1715	6073	1713	6443	5095	20376	5007	19447
兰州市		360	1210	271	917	89	293	109	386	34	112	13	31	2	10	27	110	20	70	29	97	25	75	93	293	8	26
1	永登县	118	376	118	376	0	0	13	47	—	—	12	27	—	—	2	14	—	—	5	17	—	—	86	271	0	0
2	榆中县	218	728	141	488	77	240	85	290	30	90	—	—	—	—	25	96	20	70	24	80	25	75	7	22	2	5
3	皋兰县	24	106	12	53	12	53	11	49	4	22	1	4	2	10	0	0	0	0	0	0	0	0	0	0	6	21
武威市		281	1227	89	348	192	879	31	136	53	255	2	6	31	177	3	14	7	41	4	8	26	100	49	184	75	306
4	天祝县	31	127	12	43	19	84	6	27	3	14	—	—	—	—	2	8	5	26	4	8	4	12	0	0	7	32
5	古浪县	250	1100	77	305	173	795	25	109	50	241	2	6	31	177	1	6	2	15	—	—	22	88	49	184	68	274
白银市		1439	6271	952	4034	487	2237	351	1470	115	501	19	101	0	0	198	864	197	861	47	206	42	209	337	1393	133	666
6	会宁县	410	1879	410	1879	0	0	211	917	—	—	18	96	—	—	89	429	—	—	13	52	—	—	79	385	0	0
7	靖远县	1029	4392	542	2155	487	2237	140	553	115	501	1	5	0	0	109	435	197	861	34	154	42	209	258	1008	133	666
8	景泰县	0	0	0	0	0	0	—	—	—	—	—	—	—	—	—	—	—	—	—	—	—	—	0	0	0	0
定西市		9107	35607	5239	20687	3868	14920	244	904	187	489	246	1155	441	2052	3612	13904	1987	7436	641	2528	451	1711	496	2196	802	3232
9	渭源县	1707	6549	1172	4433	535	2116	11	38	4	13	3	11	3	10	949	3619	232	985	209	765	88	310	0	0	208	798
10	岷县	3257	11992	2107	7799	1150	4193	0	0	0	0	0	0	0	0	1974	7284	1027	3707	101	383	95	365	32	132	28	121
11	临洮县	466	1597	191	651	275	946	36	128	47	164			2	9	98	342	57	211	35	122	65	234	22	59	104	328
12	通渭县	1471	6944	877	4140	594	2804	68	321	2	11	243	1144	425	1998	127	597	85	404	97	456	20	98	342	1622	62	293
13	陇西县	0	0	0	0	0	0	—	—	—	—	—	—	—	—	—	—	—	—	—	—	—	—	0	0	0	0
14	漳县	1449	5700	542	2410	907	3290	29	129	50	139	0	0	6	19	463	2058	498	1735	50	223	86	296	0	0	267	1101
15	安定区	757	2825	350	1254	407	1571	100	288	84	162	0	0	5	16	1	4	88	394	149	579	97	408	100	383	133	591
天水市		4182	15050	906	3721	3276	11329	28	123	191	724	591	2394	2137	6523	44	175	50	244	74	299	151	591	169	730	747	3247
16	张家川	38	113	17	58	21	55	—	—	—	—	7	25	18	42	—	—	—	—	9	31	3	13	1	2	0	0
17	清水县	71	291	64	257	7	34	—	—	—	—	34	135	3	17	9	37	—	—	21	85	4	17	0	0	0	0
18	麦积区	3696	12966	703	2866	2993	10100	25	112	149	533	472	1876	2002	6010	26	99	21	88	41	172	116	421	139	607	705	3048

续表

序号	县区	种植产业脱贫任务合计						蔬菜				果品				中药材				马铃薯				其他种植产业			
		户数	人口	种植产业		劳务+种植产业		蔬菜产业		劳务+蔬菜		果品产业		劳务+果品		中药材产业		劳务+中药材		马铃薯产业		劳务+马铃薯		其他种植产业		劳务+其他种植	
				户数	人口	户数	人口	户数	人口	户数	人口	户数	人口	户数	人口	户数	人口	户数	人口	户数	人口	户数	人口	户数	人口	户数	人口
		户	人	户	人	户	人	户	人	户	人	户	人	户	人	户	人	户	人	户	人	户	人	户	人	户	人
19	武山县	61	303	15	67	46	236	3	11	15	79	3	19	5	17	8	34	20	112	1	3	6	28	0	0	0	0
20	秦安县	0	0	0	0	0	0	—	—	—	—	—	—	—	—	—	—	—	—	—	—	—	—	0	0	0	0
21	甘谷县	316	1377	107	473	209	904			27	112	75	339	109	437	1	5	9	44	2	8	22	112	29	121	42	199
平凉市		2263	8662	1202	4032	1061	4630	45	104	53	198	765	2718	419	1752	43	132	28	161	192	624	432	1922	157	454	129	597
22	崆峒区	50	165	15	32	35	133	2	3	3	14	1	1	6	26	0	0	0	0	—	—	—	—	12	28	26	93
23	灵台县	118	335	87	217	31	118	26	63	10	34	21	66	7	29	23	41	1	2	2	7	0	0	15	40	13	53
24	泾川县	309	1012	138	365	171	647	9	24	23	76	78	207	91	332	0	0	0	0	0	0	1	3	51	134	56	236
25	静宁县	868	3135	669	2241	199	894	0	0	0	0	506	1753	103	409	0	0	0	0	88	247	63	274	75	241	33	211
26	庄浪县	918	4015	293	1177	625	2838	8	14	17	74	159	691	212	956	20	91	27	159	102	370	368	1645	4	11	1	4
庆阳市		3708	13965	1599	5896	2109	8069	81	233	189	792	138	464	200	776	160	545	257	1103	14	55	18	85	1206	4599	1445	5313
27	宁县	490	1794	225	694	265	1100	18	27	69	292	68	231	77	331	76	220	90	380	4	25	0	1	59	191	29	96
28	镇原县	1931	7465	750	2834	1181	4631	28	83	94	388	47	152	68	240	70	266	144	616	0	0	8	22	605	2333	867	3365
29	庆城县	164	541	53	166	111	375	4	15	9	40	18	64	29	102	0	0	4	14	0	0	0	0	31	87	69	219
30	正宁县	68	136	45	50	23	86	3	9	—	—	2	10	9	28	3	7	3	12	2	5	—	—	35	19	11	46
31	合水县	0	0	0	0	0	0	—	—	—	—	—	—	—	—	—	—	—	—	—	—	—	—	0	0	0	0
32	华池县	61	200	24	68	37	132	3	9	—	—	—	—	—	—	—	—	—	—	1	2	—	—	20	57	37	132
33	环县	994	3829	502	2084	492	1745	25	90	17	72	3	7	17	75	11	52	16	81	7	23	10	62	456	1912	432	1455
陇南市		9166	34351	4927	17590	4239	16761	226	879	151	555	888	3452	536	2179	1797	6478	1550	7301	485	1670	501	1438	1531	5111	1501	5288
34	礼县	1393	5557	1045	4066	348	1491	14	58	1	3	375	1734	38	174	111	442	61	270	142	467	53	222	403	1365	195	822
35	宕昌县	2666	11089	1440	5208	1226	5881	66	291	32	110	46	129	133	491	1325	4777	1041	5205	3	11	20	75	0	0	0	0
36	武都区	172	680	137	478	35	202	32	148	—	—	41	133	2	58	36	117	30	129	2	3	3	15	26	77	0	0
37	徽县	1808	6367	926	2913	882	3454	58	171	64	250	100	305	65	234	132	423	63	284	17	49	36	125	619	1965	654	2561

序号	县区	种植产业脱贫任务合计						蔬菜				果品				中药材				马铃薯				其他种植产业			
		户数	人口	种植产业		劳务+种植产业		蔬菜产业		劳务+蔬菜		果品产业		劳务+果品		中药材产业		劳务+中药材		马铃薯产业		劳务+马铃薯		其他种植产业		劳务+其他种植	
				户数	人口	户数	人口	户数	人口	户数	人口	户数	人口	户数	人口	户数	人口	户数	人口	户数	人口	户数	人口	户数	人口	户数	人口
		户	人	户	人	户	人	户	人	户	人	户	人	户	人	户	人	户	人	户	人	户	人	户	人	户	人
38	成县	696	2395	329	1071	367	1324	6	19	4	12	21	21	31	132	113	418	129	493	10	30	11	35	179	583	192	652
39	文县	0	0	0	0	0	0	—	—	—	—	—	—	—	—	—	—	—	—	—	—	—	—	0	0	0	0
40	康县	274	1032	89	330	185	702	20	87	2	7	26	101	28	102	43	142	138	526	—	—	8	32	0	0	9	35
41	西和县	2157	7231	961	3524	1196	3707	30	105	48	173	279	1029	239	988	37	159	88	394	311	1110	370	934	304	1121	451	1218
42	两当县	0	0	0	0	0	0	—	—	—	—	—	—	—	—	—	—	—	—	—	—	—	—	0	0	0	0
	临夏州	1592	6761	1322	5536	270	1225	58	187	6	22	3	13	48	206	138	588	15	48	229	586	66	308	894	4162	135	641
43	广河县	0	0	0	0	0	0	—	—	—	—	—	—	—	—	—	—	—	—	—	—	—	—	0	0	0	0
44	临夏县	51	213	0	0	51	213	—	—	2	6	—	—	47	201	—	—	2	6	—	—	—	—	0	0	0	0
45	康乐县	1110	4562	1110	4562	0	0	58	187	—	—	3	13	—	—	133	569	—	—	191	417	—	—	725	3376	0	0
46	和政县	29	117	11	40	18	77	0	0	0	0	0	0	1	5	4	15	9	42	0	0	0	0	7	25	8	30
47	积石山县	0	0	0	0	0	0	—	—	—	—	—	—	—	—	—	—	—	—	—	—	—	—	0	0	0	0
48	东乡县	376	1782	201	934	175	848	—	—	—	—	—	—	—	—	1	4	4	—	38	169	66	308	162	761	105	540
49	永靖县	0	0	0	0	0	0	—	—	—	—	—	—	—	—	—	—	—	—	—	—	—	—	0	0	0	0
50	临夏市	26	87	0	0	26	87	—	—	4	16	—	—	—	—	—	—	—	—	—	—	—	—	0	0	22	71
	甘南州	691	2918	492	2181	199	737	0	0	0	0	3	6	0	0	326	921	166	602	0	0	1	4	163	1254	32	131
51	碌曲县	0	0	0	0	0	0	—	—	—	—	—	—	—	—	—	—	—	—	—	—	—	—	0	0	0	0
52	玛曲县	0	0	0	0	0	0	—	—	—	—	—	—	—	—	—	—	—	—	—	—	—	—	0	0	0	0
53	合作市	0	0	0	0	0	0	—	—	—	—	—	—	—	—	—	—	—	—	—	—	—	—	0	0	0	0
54	迭部县	1	4	0	0	1	4	—	—	—	—	—	—	—	—	—	—	1	4	—	—	—	—	0	0	0	0
55	卓尼县	0	0	0	0	0	0	—	—	—	—	—	—	—	—	—	—	—	—	—	—	—	—	0	0	0	0
56	舟曲县	450	1407	306	841	144	566	0	0	0	0	3	6	0	0	282	782	119	467	0	0	1	4	21	53	24	95
57	临潭县	82	204	28	37	54	167	—	—	—	—	—	—	—	—	27	34	46	131	—	—	—	—	1	3	8	36
58	夏河县	158	1303	158	1303	0	0	0	0	—	—	—	—	—	—	17	105	—	—	0	0	—	—	141	1198	0	0

就业扶贫

【综述】“十三五”时期，全省强化就业扶贫,累计完成精准扶贫劳动力培训213.26万人次，输转贫困劳动力670多万人次，实现了应培尽培、应转尽转；建成扶贫车间2546个，吸纳贫困劳动力4.2万人；开发各类农村公益性岗位30.5万个，扶持促进贫困劳动力稳定就业，支撑和带动贫困家庭增收脱贫。2020年上半年，甘肃省已脱贫的128万户534.5万人中，务工收入占总收入一半以上的贫困户达到71%、贫困人口达到76%。

【扶贫劳动力培训】精准设置培训项目，紧盯地方特色主导产业、市场需求和贫困劳动力个人意愿，科学精准设置培训项目，充分利用乡镇村社干部、帮扶工作队等力量上门走访，全面掌握劳动力培训需求，广泛宣传就业培训政策和培训项目，积极协调引导劳动力参加适合自身特点的培训项目，确保有培训意愿的劳动力都能参加培训。甘肃省“陇原妹”“礼贤嫂”等劳务品牌，因服务质量好、信誉度高，在北京、天津等地广受欢迎，“陇原妹”被全国妇联、人力资源和社会保障部评为全国家庭服务业著名品牌。提高实操课程的比例，尽可能都依托龙头企业、扶贫车间、农民专业合作社、农业产业示范园区或就业创业示范基地等开展岗位培训，在生产岗位、田间地头开展手把手教学培训。推行“培训券”模式，将培训机构、培训项目信息和“培训券”同时提供给群众，群众在自愿选择完成培训后交付“培训券”，培训机构凭“券”结算。2020年，省人社厅和陇南市等充分利用现代信息技术手段，探索推行“电子培训券”和“务工二维码”，方便群众多元化选择培训项目和培训机构，通渭、礼县已开展试点工作，直接将二维码张贴在群众家中，劳动力通过扫描二维码即可查询务工信息、优惠政策，随时与县就业服务机构联系咨询，得到群众的充分认可。持续深化东西部扶贫劳务协作。充分依托外省市帮扶资源，积极构建省级协调、市县组织、职校培训、定点安排、跟踪服务的劳务协作精准对接机制，建立健全驻外服务机构，定期互走互访，开展劳务对接，做好信息互通、组织输转和跟踪服务等工作。2015—2020年，甘肃省累计开展精准扶贫劳动力培训228万人次，其中建档立卡贫困劳动力152万人次，超额完成既定目标任务。

【公益性岗位】为切实帮助解决生活困难群体和无就业家庭的就业问题，自2018年全省开展乡村公益性岗位开发工作，选聘对象全部为建档立卡贫困劳动力和边缘易致贫人口，岗位类别主要设置乡村道路维护、乡村保洁、乡村绿化、乡村水电保障、农村养老服务、村级就业社保协管、乡村公共安全管理、乡村公益设施管理等8个类别。2020年，制定《2020年开发3万个乡村公益性岗位实施细则》，新增爱心理发员岗位，为本村60岁以上的老年人、农村特困供养人员、残疾人等免费提供理发服务。根据劳动力返岗滞留情况和防疫工作需要，在原计划开发3万个乡村公益性岗位的基础上，再开发2万个保洁环卫、防疫消杀、巡查值守等与疫情防控工作有关的临时公益性岗位。截至2020年，累计投入就业补助资金4.2亿元，开发乡村公益性岗位30.5万个。按照“谁开发、谁管理、谁负责”的原则，靠实责任主体，加强日常管理，坚持按需定岗、以岗定人，严肃查处岗位一设之、资金一发之的问题，确保人有事干、事有人干。

【扶贫车间】2018—2020年，甘肃省把发展扶贫车间作为促进贫困劳动力就地就近就业、实现稳定增收的重要举措，积极动员各方力量，强化政策扶持，多形式多领域多业态创建扶贫车间。2018年7月，印发《关于扶持发展“扶贫车间”促进建档立卡贫困劳动力转移就业的意见》，明确扶贫车间认定标准。财政奖补方面，对“扶贫车间”吸纳10名以上建档立卡贫困劳动力，且稳定就业半年以上、按时足额支付劳动报酬的，给予2万元的一次性补助；稳定就业3年以上、按时足额支付劳动报酬的，可给予6万元的一次性补助。农民工、大学生、退役士兵等返乡人员创办的新型农业经营主体认定为“扶贫车间”的，按有关规定给予5万元的一次性补助。金融支持方面，对于符合条件的返乡创业农民工、建档立卡贫困户、农村自主创业农民等优先提供创业担保贷款支持，个人最高额度15万元，贷款期限3年，利率最高可在基础利率的基础上上浮3个百分点，58个特困县区的财政部门提供3年全额贴息，非特困县区的财政部门提供2年全额贴息。对符合条件的“扶贫车间”可比照小微企业创业担保贷款申请要求优先给予扶持，贷款额度最高200万元，财政部门按照贷款基准利率的50%给予贴息。土地优惠方面，乡镇、村集体闲置土地可按有关规定划拨给“扶贫车间”无偿使用，“扶贫车间”租赁土地可按有关规定享受租金减免政策。在不占用已划定的永久基本农田的基础上，将认定的“扶贫车间”用地纳入当地土地利用总体规划统筹安排用地计划指标优先保障。用水用电方面，安排项目资金，支持完善“扶贫车间”涉及的水、电等各项基础设施，对用水用电给予补贴，降低用水用电价格。为应对新冠肺炎疫情对就业的影响，出台扶贫车间运输费用补贴、税收优惠等一系列政策措施，对县市区人社部门认定的扶贫车间（含东西部帮扶省市在甘肃省创建的扶贫车间）跨省区调用原籽和成品的运输，对其运输费按50%给予补贴。凡来甘肃投资办扶贫车间的重点农业产业化龙头企业，按新增地方留成税收（5年内）给予等额奖补。截至2020年5月，全省累计创建多形式多领域多业态扶贫车间2546个，吸纳就业10万人，其中建档立卡贫困劳动力4.2万人。腾达扶贫车间，由车间所在地提供厂房，前期给予水费电费全免，由腾达实业公司负责投入设备、原材料、技能培训和管理运营，开展缝纫、编织类产品生产，通过采取“扶智+扶志+‘5+2’+技能匹配+技能潜力提升”的模式组织农民培训，既通过轻资产和政策优惠大大降低企业生产成本和风险，又把农民培养成产业工人，截至2020年腾达实业公司在全省范围内建成60多个扶贫车间，带动群众就业2500余人，其中建档立卡贫困劳动力占70%。

【劳务输转】“十三五”时期，全省输转城乡富余劳动力2623.7万人次，劳务收入累计达5388.9亿元，其中输转建档立卡贫困劳动力646.8万人次，有输转意愿的实现应转尽转，创劳务收入1152.9亿元。2020年新冠肺炎疫情发生后，甘肃省及时召开全省就业扶贫工作推进视频会议，对稳就业进行具体部署，向15个省市区致函，协调对甘肃省提供专项用工支持，依托线上平台，及早收集发布外省市用工信息，精准推送给有输转需求的贫困劳动力，实施“点对点、一站式”精准运送，开展“出家门、上车门，下车门、进厂门”运送，积极输送陇原妹、礼贤嫂等特色劳务品牌。截至2020年，组织21列专列，303节专箱，3628辆包车，68次包机，“点对点”输送10.9万人赴外省返岗复工。全省输转劳动力445万人，其中省内输转255万人，省外输转190万人，输转建档立卡贫困劳动力128.7万人，比2019年全年高10个百分点，完成有输转意愿的建档立卡贫困劳动力应转尽转。

金融扶贫

【普惠金融扶贫模式】2018年，印发《甘肃省人民政府办公厅关于调整完善精准扶贫专项贷款政策的通知》，明确农户自主使用的贷款到期后，根据农户意愿收回或续贷，续贷期限最长不超过3年，续贷期内省财政继续给予全额贴息。扶贫小额信贷“户贷企用”的，由农村经济组织与农户结清分红资金，解除带动协议，一律收回本金，仍有贷款需求的，可由企业提供抵押担保，转为商业性贷款，省财政不再贴息。截至2019年底，全省累计收回贷款239.29亿元，余额198.29亿元，逾期贷款额2544万元，逾期率0.13%，逾期率低于国扶办要求的上线。

【农村基础金融服务能力】“十三五”时期，制定出台《甘肃省人民政府办公厅关于金融进一步支持脱贫攻坚的意见》《甘肃省人民政府办公厅关于进一步推进特色产业发展贷款工程的意见》等一系列支持政策，专门设立面向“三农”的服务机构，提高农村基础金融服务能力。为打通农村基础金融服务“最后一公里”，2019年制定出台《关于推进全省农村金融综合服务室建设运行的实施意见》，加大对农金室典型标准化建设支持力度。截至2020年5月，全省16053个行政村，建农金室15726个，实现行政村农金室服务全覆盖，并在1318个乡镇设立农村金融综合服务站，负责统筹协调辖内各农金室开展工作，形成以农村合作金融为基础，政策性金融、商业金融分工协作，保险、政策性担保相配合，民间资本、基层金融服务为补充的农村金融服务体系，有力促进贫困地区特色产业发展，对促进农民增收、助推打赢全省脱贫攻坚战发挥重要作用。

旅游扶贫

【综述】“十三五”时期，全省先后扶持贫困地区720个村开展乡村旅游，累计发展旅游专业村1053个、发展农家乐6200多户。创建乡村旅游示范村310个，培育乡村旅游合作社301个。通过文化旅游累计带动59.2万人实现脱贫。

【乡村旅游】省委省政府于2018年，先后召开全省旅游产业发展大会、全省乡村旅游和旅游扶贫大会，研究出台《关于加快建设旅游强省的意见》和《关于加快乡村旅游发展的意见》，省文旅厅配套制定《甘肃省乡村旅游助推脱贫攻坚实施方案》《甘肃省推动乡村旅游提质升级行动方案》《关于加快推进乡村旅游合作社发展的指导意见》《乡村旅游合作社扶持奖励暂行办法》《关于加快发展乡村民宿的指导意见》等一系列政策措施，加大配套政策支持力度，发展乡村旅游，促进贫困地区群众就近就业增收。2020年，扶持贫困地区173个村开展乡村旅游，发展农家乐2106户。其中，“两州一县”和18个深度贫困县扶

两当县杨店镇以“美丽乡村游”为主题，打造“吃住行、游娱购”为一体的乡村旅游升级版

持建设旅游扶贫重点村94个，农（牧）家乐1050户。

【“三区三州”旅游大环线】2019年1月，文化和旅游部、国务院扶贫办在临夏州永靖县主办“三区三州”旅游大环线推介活动，发布“三区三州”旅游大环线的四条线路，成立“三区三州”旅游大环线宣传推广联盟。2019年7月，在甘南州举办第四届丝绸之路（敦煌）国际文化博览会和第九届敦煌行·丝绸之路国际旅游节期间，组织“美丽战胜贫困”工作论坛及“三区三州”旅游大环线政策发布和旅游线路产品推介、少数民族文艺展演和旅游商品展销等活动，进一步扩大深度贫困地区旅游资源影响力。在《中国旅游报》和甘肃省文化旅游厅官方网站开设“三区三州”旅游大环线宣传专栏，宣传文化旅游产品、线路，推广工作成效和经验。开行“三区三州·旅游大环线专列”，与“环西部火车游”专列形成联动。打造“环西部火车游”品牌，2020年5月1日，“环西部火车游”打通敦煌到陇南的12个站点，8月1日打通青海、甘肃、四川、重庆、陕西、宁夏的西部小环线，10月1日打通广西至新疆，途径九省，连接海上丝绸之路和陆上丝绸之路的西部大环线。截至2020年12月底，“环西部火车游”专列开行130列，发送游客12万多人。

【资金保障】2018—2020年，全省统筹安排3亿元旅游专项资金，并整合资金11.8亿元扶持贫困地区发展乡村旅游。加大项目争取力度，积极推荐榆中县兴隆山国际旅游度假区等7个项目为金融支持全国旅游扶贫重点项目，申报皋兰县什川古梨园等12个项目为全国旅游扶贫优质项目。在深度贫困县筛选确定72个旅游扶贫重点项目，每个项目安排建设资金1000万元。实施乡村旅游规划公益扶贫行动，为列入“三区三州”的临夏州、甘南州、天祝县编制50个贫困村乡村旅游发展规划并全力组织实施。2020年，下达旅游专项资金1.3亿元用于乡村旅游扶贫项目建设和市场恢复。安排资金5600万元，对88个乡村旅游示范村、10个乡村旅游“样板村”、康县30个乡村旅游重点村和150个乡村旅游合作社进行扶持，项目资金于4月底前全部下达到位并组织实施。

【推介及培训】“十三五”时期，全省筛选确定268个乡村旅游示范村集中建设，打造示范标杆。以公开招标方式，委托高校、旅行社和媒体组成第三方督查评估和咨询服务组，对乡村旅游示范村进行绩效评估，对项目建设、业态培育、产品开发、运营管理给予技术指导和咨询服务。在《甘肃日报》开辟专栏专版，对乡村旅游示范村和扶贫重点村进行系列宣传推广；由西北师大、兰州文旅学院和旅游智库以旅游扶贫和乡村旅游为主题分别组织专家撰稿，对全省乡村旅游发展进行集中指导；由旅行社组队对乡村旅游示范村和扶贫重点村进行产品线路开发设计，策划推出乡村旅游精品产品126个、线路60条。2020年，组织西北师范大学、兰州文理学院第三方机构赴各地对2019年建成的121个乡村旅游示范村开展省级评估验收，对2020年新建的88个乡村旅游示范村进行咨询指导服务。联合新华社中国经济信息社编制的《中国·甘肃乡村旅游发展指数（2019年度报告及2020年趋势展望）》，于4月2日通过新华财经现场云直播平台正式发布。结合“5·19”中国旅游日，组织开展“陇上花开·乡约甘肃”——甘肃省乡村旅游美丽之旅推介活动，通过线上、线下相结合，全省统一开展、全网直播，进一步做热全省乡村旅游市场。编制《甘肃省乡村旅游建设指引》，选配200多幅图例，印刷成册下发到各乡镇、村组和乡村旅游经营户，为全省特别是贫困地区推进旅游专业村及农家乐建设提供技术指导和支持。依托全省乡村旅游培训基地，每年举办全省旅游产业发展专题培训班，集中对深度贫困县区分管领导强化培训。市县两级切实加强乡村旅游从业人员培训，先后对500多个专业旅游村、1万多名乡村干部和农家乐业主进行集中培训，组织300多名旅游扶贫重点村村干部参加全国乡村旅游扶贫重点村村干部培训班。2020年在全省深度贫困地区集中举办旅游扶贫培训班35期，培训乡村旅游扶贫骨干及经营管理人员8500多人，其中，“两州一县”和18个深度贫困县举办培训班35期3939人，实现深度贫困地区乡村旅游培训全覆盖。

【旅游扶贫模式】“十三五”时期，全省基本形成景区带动型、城镇辐射型、通道景观型、产业依托型、乡村休闲型、创意主导型等六种旅游扶贫模式。一是景区带动开发。全省以20个大景区、30个精品景区、50个特色景区的百个景区体系为重点，辐射带动周边村镇开发乡村旅游，吸纳贫困村民参与景区管理、项目建设和接待服务。二是城镇延伸开发。依托城镇人口集中的优势，在周边发展专业旅游村，建设农家乐。陇南市实施乡村旅游“百村千户万床”工程，依托城镇建成标准化农家客栈500多家、床位5000多张，发展农家乐1130户，带动就业近万人。三是廊道布点开发。在旅游主干道沿线，选择自然生态优美、村落风格独特的乡村，建设观景台、自驾车基地或户外营地，引导发展旅游村或农家乐集中区。全省建成21个标准化自驾车（房车）营地、配套建设旅游道路沿线观景台、停车场、旅游厕所和旅游标识，形成乡村旅游景观廊道。四是农业依托开发。以农村连片花卉种植、苗圃栽植、草业种业、大棚蔬菜瓜果等种植产业为依托，开展花卉观赏、婚纱摄影、农家采摘、周末农夫等多种旅游活动，农民通过土地流转、直接经营、参与就业、股份分红等多种方式增加收入。五是产业融合开发。挖掘乡村独特资源优势，开发森林生态、草原度假、养生保健、溪谷漂流、滑雪滑草、农事体验、民俗演艺等多种融合产品，发展乡村休闲旅游。六是创意创新开发。坚持“不砍树、不埋泉、不毁草、不挪石”的原生态理念，建设独特的画家村、写生村、雕塑村、窑洞村，创意举办乡村嘉年华，带动乡村旅游开发。截至2020年，全省培育具有典型引领作

庆阳香包非遗工坊助力精准扶贫

用的中国乡村旅游模范村27个，创建全国休闲农业与乡村旅游示范县8个，培育“双带双加”旅游扶贫先进典型12个，32个村被国家发改委、文化和旅游部评定为全国乡村旅游重点村。

【非遗扶贫】“十三五”时期，全省指导建设各级各类非遗扶贫就业工坊106家，组织认定省级非遗扶贫就业工坊91家，累计组织非遗扶贫培训381期，培训人数9738人次。在临夏州设立甘肃省传统工艺工作站，投资50万元支持临夏县、积石山县开展国家级非遗扶贫就业工坊建设。委托兰州交通大学组建临夏州非遗扶贫工坊文创开发团队，扶持临夏州开展非遗扶贫工作。2020年，组织召开甘肃省非遗助力精准扶贫工作推进会，组织开展非遗产品展销活动，引导非遗扶贫就业工坊产品进景区、进酒店、进机场、进乡村，帮助群众增加收入。

生态扶贫

【综述】“十三五”时期，全省共落实生态护林员等11类项目资金180.08亿元。其中，生态护林员项目资金17.13亿元，新一轮退耕还草工程5.72亿元，退牧还草工程9.75亿元，新一轮退耕还林工程82.96亿元，森林生态效益补偿补助项目33.8亿元，天然林资源保护工程12.74亿元，三北五期工程7.44亿元，湿地保护与修复工程2.18亿元，沙化土地封禁保护区建设工程项目2.1亿元，特色林果产业项目2.11亿元，农牧交错带已垦草原综合治理项目4.16亿元。加大生态扶贫东西部协助，2018年全省林草系统东西部扶贫协作项目涉及7个市州、9个县区共13个项目，累计落实资金2710万元；2019年，涉及4个市州、7个县区共8个项目，落实项目资金2055万元；2020年，协调落实6个市州15个县区和1个市直单位项目资金4325.96万元。

【政策措施】成立以省林草局主要领导为组长，省林草局、自然资源厅、水利厅、生态环境厅、畜牧兽医局5个成员单位分管领导为成员的省生态扶贫专责工作组。2018—2020年，出台《甘肃省深度贫困地区脱贫攻坚生态扶贫实施方案》《甘肃省深度贫困地区脱贫攻坚林业扶贫实施方案》《甘肃省林业厅关于〈中共甘肃省委 甘肃省人民政府关于打赢脱贫攻坚战三年行动的实施意见〉的落实方案》等政策措施。2018年1月，制定《甘肃省深度贫困地区脱贫攻坚生态扶贫实施方案》，明确支持深度贫困地区脱贫攻坚的生态扶贫重点项目。“十三五”时期，全省落实生态扶贫重点项目资金322.75亿元，在总投资中倾斜安排75个贫困县273.16亿元，占总投资的84.64%；倾斜安排“两州一县”及18个深度贫困县投资153.83亿元，占总投资的47.7%；倾斜安排未脱贫的8个深度贫困县投资40.43亿元，占总投资的12.53%。

【退耕还林工程】2017年，印发《关于结合新一轮退耕还林实施精准扶贫的通知》等政策指导文件，明确要求将退耕还林与脱贫攻坚紧密结合、同步推进，向“老、少、边、穷”地区倾斜，充分利用区位资源优势，培育特殊产品，发展特色经济，提高工程建设效益，有效拓宽脱贫致富渠道。“十三五”时期，国家累计下达甘肃省退耕还林工程建设任务530.92万亩，共落实项目资金82.96亿元（中央82.75亿元，省级0.21亿元）。2016—2018年退耕还林工程受益贫困户12.85万户、55.08万人，完成退耕还林86.58万亩，为贫困户兑现补助5.82亿元，贫困户户均受益4528.67元。

实施农牧民补助奖励政策项目，全省落实草原禁牧面积1亿亩、草畜平衡面积1.43亿亩，草原禁牧休牧轮牧和草畜平衡制度得到全面落实，放牧压力得到有效缓解。“十三五”时期，累计落实项目资金55.13亿元。农牧民补助奖励政策覆盖全部牧区，惠及320万户、1200多万农牧民。其中，20个牧业县资金7.97亿元，惠及65万户、270多万农牧民，户均补助1226元。补奖资金兑付到户，直接增加农牧民的现金收入，成为农牧民增收的重要渠道，特别是在部分牧区已成为牧民收入的主要来源。

“十三五”末，全省公益林面积7936.5万亩。“十三五”时期，共落实补偿补助资金33.8亿元。其中，中央33.45亿元，省级0.35亿元。2019年，全省75个贫困县受益贫困户42.5万户、175.56万人，贫困户受益资金4884.26万元，户均受益114.93元。累计落实集体及个人所有公益林补偿补助资金12.74亿元。其中，中央投资10.88亿元，地方投资1.86亿元。2019年，全省75个贫困县受益贫困户27.23万户、106.44万人，贫困户受益资金1870.63万元，户均受益68.7万元。

【土地整治及高标准农田建设】“十三五”时期，安排项目资金61.24亿元实施土地整治项目，省级立项贫困地区土地整治项目206个，建设规模101.69万亩，新增耕地6.86万亩。通过项目实施，改善农田基础设施和农业生产条件，增加耕地数量，提高耕地质量，推进耕地流转和现代农业发展，促进农业增产、农民增收，生态效益明显。开展农作物重点病虫害绿色防控和专业化统防，农药化肥减量化施用成效显著，利用率达到40%。推广有机肥替代化肥、水肥一体化、农药减量增效等措施。“十三五”期间，全省畜禽粪污综合利用率达到78%，推广测土配方为主的科学施肥技术5520万亩，配方肥施用面积2400万亩左右，有机肥施用面积3300万亩以上。“粮改饲”政策实施范围扩大到农区所有牛羊养殖大县，累计完成粮改饲面积860万亩，探索出“粮饲兼顾、草畜配套、以种促养、以养带种、良性互动”的发展模式，走上“草多—畜多—肥多—粮多—钱多”的生态循环路子。

【水土流失综合治理】持续加大贫困地区水土流失综合治理，58个贫困县区全部纳入《全国坡耕地水土流失综合治理“十三五”专项建设方案》《国家水土保持重点工程2017—2020年实施方案》和《水利部农业综合开发东北黑土区侵蚀沟综合治理和黄土高原塬面保护实施规划（2017—2020年）》等既有规划。年度水土保持重点项目和资金安排向水土流失严重的贫困地区倾斜。“十三五”时期，安排项目资金23.6亿元,治理与控制水土流失面积3733平方千米。其中，坡耕地综合治理项目10.97亿元，新修梯田85万亩，配套建设林草、田间道路、截排水沟、水窖、涝池等小型水利工程；黄土高原塬面保护项目3.18亿元，治理与控制水土流失面积676平方千米。安排中央水利发展资金小流域治理项目资金6.82亿元，综合治理水土流失面积2491.56平方千米；落实项目资金2.63亿元安排病险淤地坝除险加固任务268座。通过各类项目的实施，有效地减少塬面蚕食，遏制水土流失危害，控制沟道侵蚀、减少洪水和泥沙灾害，提高水资源利用水平，局部生态环境、农业生产条件得到明显改善。在项目实施过程中，引导贫困群众投工投劳，就地获取劳动报酬，提高群众收入，有效助推脱贫攻坚。

【生态护林员项目】2016年国家启动生态护林员项目，省委省政府将生态护林员项目作为贯彻落实好“生态补偿脱贫一批”的重中之重，把生态扶贫和资源管护有机结合起来，确保全省生态护林员选聘和项目管理有序开展。项目资金由2016年启动伊始的1.6亿元增加到2020年的5.28亿元，实现“五连增”，全省累计落实项目资金17.13亿元。截至2020年，全省生态护林员选聘人数达到66339名，贫困户年均增收8000元，管护林草资源总面积达到4500多万亩，使贫困人口实现山上就业，家门口脱贫。项目覆盖全省13个市（州）64个县（区）1021个乡（镇），为贫困地区增加6万多个就业岗位，带动29.21万贫困人口稳定脱贫，取得林草资源保护和脱贫攻坚的双赢。

【农村人居环境整治】“十三五”时期，累计安排农村环境整治项目资金5.38亿元，支持农村生态扶贫工作，结合乡村振兴、农村人居环境整治等全省重点工作，累计完成农村环境整治项目2582个，超额完成国家下达2500个的目标任务。经过实施农村环境整治项目使贫困村垃圾得到及时清运、污水得到有效治理、饮水安全得到保障，人居环境全面改善。

启动实施农村人居环境整治“三大革命”“六大行动”。省级财政在十分困难的情况下，2019年将农村厕所革命和村庄清洁行动纳入省政府为民办实事，农村厕所革命共投入资金28.58亿元，村庄清洁行动共投入资金26.84亿元，全省改建新建农村卫生户厕55.7万座、76.7%的行政村建成卫生公厕，全省卫生户厕普及率由2018年底的10.02%提高到22%。统筹推进全域无垃圾专项治理行动和农村“垃圾革命”，加快推进农村生活垃圾收运体系和处理设施建设，全省共配备专兼职村庄保洁人员11.76万名，各式农村垃圾保洁、收集、运输车3.2万多辆，建成无害化垃圾处理设施303座，对生活垃圾进行收集、运输的行政村达到15217个、占全省行政村总数的95%，对生活垃圾进行处理的行政村12834个、占行政村总数的80%，陈年垃圾得到全面清理，新增垃圾实现规范清理。截至2020年，累计改建新建农村户用卫生厕所113.7万座，全省卫生厕所普及率达到33.2%；行政村卫生公厕覆盖率达到97.8%。全省配备专职、兼职村庄保洁人员

中国美丽休闲乡村康县花桥村

14.9万名，配备各式垃圾保洁、收集、运输车3.82万辆，对垃圾进行收运、处置的行政村达到15999个。制定发布甘肃省农村生活污水处理设施水污染物排放标准，重点推进全省111个行政村农村生活污水治理试点示范。组织开展县域农村生活污水治理专项规划编制，启动全省农村黑臭水体摸底排查，逐步解决农村生活污水乱排乱放问题。

开展农村“风貌革命”，消除视觉贫困，扎实推进以“三清一改”为主要内容的村庄清洁行动，着力解决村庄环境脏乱差问题，累计清理农村生活垃圾178万吨、村内水塘1万余处、村内沟渠13万千米、淤泥12万吨，依法清理烂房烂墙烂圈、废弃厂房棚舍29万处，绝大多数村庄环境发生明显变化，村民清洁卫生意识普遍提高。5375个村通过市县组织的清洁村庄评估验收。创建村庄清洁行动先进县10个、清洁村庄示范村10000个、省级美丽乡村示范村900个、市县级美丽乡村示范村2000个，国家部委命名的各类美丽乡村(生态文明)示范村212个。2019年、2020年连续两年成功举办“一带一路”美丽乡村论坛。康县花桥村被评为“2017年中国美丽休闲乡村”。

电商扶贫

【综述】“十三五”时期，按照县有电商服务中心、乡有服务站、村有服务点的要求，下拨专项资金2.73亿元，优先选择全深度贫困县和贫困乡建档立卡贫困村，逐年推进电商扶贫服务体系建设。截至2020年12月底，75个贫困县县级电商公共服务中心全覆盖，有贫困村的乡镇电商服务站全覆盖，深度贫困村实现电商功能全覆盖。县乡村三级服务体系功能配套日趋完善，打通贫困地区农产品销售和生产生活用品购买的网上新渠道，成为贫困地区农产品网上销售、创新创业的“聚集地”和增收致富的“主阵地”。2020年，全省电子商务购销比由2015年的12∶1提升到6∶1，网络销售比例明显上升。

【网店及网货品牌培育】争取实施国家电子商务进农村示范项目，自2015年该项目实施，至2020年共争取国家电子商务进农村综合示范项目73个，每个项目获2000万元的中央资金支持，其中7个升级版项目，实现58个国家级贫困县全覆盖，位列中西部省份前列。支持农产品加工企业依托电商转型升级，在农业产品销售应用互联网技术，提升电子商务在农业农村的应用水平，加快推进农村电子商务发展。通过开展省级优秀电商企业和网店评选（见表3、表4），发挥电商扶贫示范引领和带动作用。酒泉市、陇南市、兰州新区3个电商产业园区获批国家电子商务示范基地，甘肃陇萃堂公司、甘肃烽火网络公司、甘肃惠商公司、敦煌智慧旅游公司、甘南藏宝网5家企业被评为国家电子商务示范企业。截至2020年12月底，全省有网店21万多家，活跃实物网店9万多家，其中涉农网店4万多家，成为农产品网上销售的主要力量。引导国内知名电商平台落地，借助大平台资源优势，培育涉农电商企业和网店壮大。甘肃省“岷府人家”“甘农哥”“岷农人”“旭农枸杞”“爽口源百合”“静宁苹果”“天水花牛苹果”“东乡贡羊”“安多牦牛”“环乡人”小杂粮、“舒贝尔”羊毛制品等一大批农产品、民族特需用品网货知名品牌迅速“走红”，知名度不断扩大。加强与国内知名电商平台合作，扩大网上销售规模，先后与多家等电商平台签订《农村电商战略合作框架协议》，开设消费扶贫专区或特色馆，积极引导电商企业和农户、合作社在国内知名电商大平台开设网店、微店，实现农产品不出村就地销售农产品。2020年，全省农产品网上销售194亿元，带动全省农民人均增收410元，同比增长19.8%。2016—2020年电商扶贫年均带动农民人均增收312元，年均网上销售农产品增长21.5%。

【直播带货】积极适应网络直播经济新趋势新业态，举办“甘肃道地药材线上产销对接会”，开展“双品网购节”活动。2020年，联合阿里巴巴、京东、拼多多、字节跳动和快手科技五大直播平台，举办以“电商扶贫，有你有我”为主题的“甘肃省第一届直播电商带货大赛”，在全省掀起网络直播促销的新热潮。联合京东、快手电商平台，举办以“陇原精品、货达天下”为主题的甘肃专场直播暨“陇货精品网上行、直播电商助扶贫”活动，销售农产品超亿元。2020年12月26日—29日，在会宁举办2020甘肃省优质农特产品展示展销暨促消费活动，电商现场直播销售农特产品787万元。

果农通过网络直播销售苹果

【电商培训】2015—2016年，对贫困地区干部、返乡大学生、农村青年、退伍军人等开展电商普及培训。2017年起，变“大水漫灌”为“精准滴灌式”的分类分层培训。与国内知名高校联合举办高级研修班，建设甘肃省电子商务公共服务平台开展远程（网络）电商培训。2017—2018年组织开展“电商扶贫培训全覆盖”工程，培训全省有建档立卡贫困人口的乡和建档立卡贫困村电商负责人近2万人。联合商务部市场建设司举办电商专家（甘肃）下乡活动，组织选派电商扶贫骨干参加商务部中国国际电子商务中心“电商精准扶贫讲师专题培训班”。2019—2020年，连续两年举办全省电商扶贫产品“三品一标”品牌认证培训班，紧跟新业态举办全省直播电商骨干人才培训。截至2020年12月底，农村电商带动全省就业超过10万人。

【电商扶贫模式】陇南市探索出电商网店带动、电商产业带动、电商创业带动、电商就业带动、电商入股带动、电商众筹带动六种电商带动增收模式。按照拉内需、找刚需、政府引、同城配、增就业、惠民生、都学会、政府退的思路，建设陇南电商平台，大力发展同城配送，全面促进消费扶贫，仅2020年带动全市贫困人口人均增收840元。环县探索形成“合作社统一订单、企业统一加工、‘环乡人’统一品牌、网货中心统一包装、溯源体系统一监管、物流中心统一配送”为特色的“互联网+订单农业”模式，推动电商企业与贫困户签订订单种植合同，带动贫困户户均增收1000多元。广河县探索出“特色产业为依托、政策扶持为牵引、企业带动为支撑、扶贫车间为抓手、群众增收为目标”的“电商+扶贫车间”新模式，推动传统皮毛产业转型升级，510多位贫困妇女就近从事加工生产，人均月工资2000多元。自2017年连续召开全省电商扶贫经验交流会推广“陇南经验”“环县模式”“广河模式”，在全国产业扶贫工作推进会、全国电商扶贫工作会、全国商务系统干部培训班等分别作经验介绍。甘肃电商扶贫经验中央电视台进行宣传报道，《人民日报》以《山货牵了电商手、脱贫驶上快车道》为题，对甘肃省电商扶贫工作进行专题深度报道。

表3 全省电商扶贫“优秀企业”名单

序号	企业名称
1	甘肃淘一郎电子商务有限公司
2	甘肃一冰电子商务发展有限公司
3	甘肃陇萃堂营养保健食品股份有限公司
4	甘肃兰科科技文化发展有限公司
5	甘肃爽口源生态科技股份有限公司
6	甘肃丁娃食品有限公司
7	榆中富源百合产销专业合作社
8	甘肃农迈特电子商务有限公司
9	兰州九香玫瑰生物科技有限公司
10	永昌县养生三宝食业有限责任公司
11	永昌县震藩高原富硒农产品农民专业合作社
12	金昌市阳明驿电子商务有限公司
13	甘肃馥蕾歌香草开发有限公司
14	甘肃西农食品科技有限公司
15	酒泉故事电子商务有限公司
16	玉门市益农农产品农民专业合作社
17	敦煌智慧旅游有限责任公司
18	酒泉乐村淘电子商务有限公司
19	敦煌市莫高园果品有限责任公司
20	山丹县马可波罗电子商务服务中心
21	临泽中云数据有限公司
22	张掖至翔电子商务有限责任公司
23	甘肃鼎晟电子商务有限公司
24	甘肃烁今进出口贸易有限公司
25	临泽县明泉农业科技开发有限公司
26	甘肃全农商电子商务科技有限公司
27	民勤县善乙农林牧产销专业合作社
28	民勤县禾悦电子商务有限公司
29	民勤县兴宝实业有限公司
30	甘肃天盛生物科技有限公司
31	甘肃陇宝贸易有限公司
32	会宁陇禾轩电子商务服务有限公司
33	会宁大数聚电子商务有限公司
34	甘肃大西北农业科技有限公司
35	靖远欣峰商贸有限公司
36	景泰县丝路荟电子商务有限公司

续表

序号	企业名称
37	甘肃省邦农情电子商务有限责任公司
38	甘肃鲜果坊电子商务有限公司
39	天水鼎高电子商务有限公司
40	甘肃伏羲御果电子商务有限公司
41	秦安县果源果业专业合作社
42	秦安县佳家果业专业合作社
43	甘谷县乐村淘电子商务有限公司
44	甘肃雅路人麻编工艺制品发展有限公司
45	甘肃陇上农庄农业发展有限公司
46	清水集群电子商务有限公司
47	甘肃皓华电子商务有限公司
48	平凉西北绿源电子商务有限公司
49	泾川县绿源果业有限责任公司
50	灵台县陇香食品有限责任公司
51	崇信县康源农业科技有限责任公司
52	中国邮政集团公司甘肃省庄浪县大庄邮电代办所
53	庄浪县乐村淘网络电子有限公司
54	静宁县红六福果业有限公司
55	静宁常津果品有限责任公司
56	庆阳亿信肥业有限责任公司
57	庆阳中庆农产品有限公司
58	庆阳恒丰源苹果农民专业合作社
59	甘肃慧联信息科技发展有限责任公司
60	甘肃裕泰隆生态农业有限公司
61	庆城县金诚果蔬有限公司
62	正宁县金牛实业有限责任公司
63	甘肃云中来电子商务有限公司
64	甘肃庆新电子商务有限公司
65	甘肃西西颗粒电子商务有限公司
66	通渭县乐村淘电子商务有限公司
67	甘肃腾邦电子商务有限公司
68	临洮县新狄电子商务有限公司
69	甘肃天奇网络科技有限公司渭源分公司
70	甘肃艾康沙棘制品有限公司
71	甘肃聚和泰电子商务有限公司
72	岷县军强电子商务有限公司
73	兰州琪祥阁土特产销售有限公司
74	甘肃省康县兴源土特产商贸有限责任公司
75	成县家裕生态农业有限公司
76	陇南恒佳电子商务有限公司
77	陇南善美电子商务有限公司
78	甘肃良源农业有限责任公司
79	西和县润泉食品有限公司
80	宕昌县哈达铺镇药乡农民专业合作社联合社
81	文县任和农副产品有限公司
82	两当县土产公司
83	甘南州拉卜楞网城互联网科技有限公司
84	甘肃安多清真绿色食品有限公司
85	天地之源电子商务有限公司
86	迭部县青创电子商务有限公司
87	迭部县森源商贸有限责任公司
88	舟曲宏源电子商务有限公司
89	临潭县众盟电子商务有限责任公司
90	卓尼县山珍土特产有限责任公司
91	卓尼县启航电子商务有限公司
92	甘肃优尔塔电子商务有限公司
93	甘肃西裕工贸有限公司
94	甘肃慧聚电子商务科技有限责任公司
95	临夏州新农人电子商务有限公司
96	临夏州游乐汇电子商务有限公司
97	临夏州众创空间创新创业有限责任公司
98	临夏州民淘网络科技有限责任公司
99	临夏汇创科技有限责任公司
100	永靖县北纬三十六度电子商务有限责任公司

表4　全省电商扶贫“优秀网店”名单

序号	网店名称
1	甘肃公航旅文化传媒有限公司
2	秦岭蜜城(兰州华文网络传媒有限公司)
3	百合之乡西果园水果生鲜旗舰店(甘肃粮心食品加工贸易有限责任公司)
4	迈绿达商城(皋兰绿旺科技服务专业合作社)
5	兰州百合源特产店(甘肃百合源电子商务科技有限公司)
6	金顶百合(七里河区鹏成百合厂)
7	丝绸之路哈密瓜(永登县高原电子商务有限公司)
8	马哈三生鲜官方旗舰店(永登县雪山商贸有限公司)
9	榆中南山蔬菜种植有限公司
10	庄园牧场旗舰店(兰州庄园牧场股份有限公司)
11	甘肃家家满电子商务有限公司
12	馋之恋甘肃特产小吃店(榆中金城恋电子商务有限公司)
13	佳兰集(甘肃佳兰佳源商贸有限公司)
14	羊味居大学生创业店(榆中三好农品电子商务有限公司)
15	兰州米家山百合有限责任公司
16	甘肃金利香玫瑰产业有限责任公司
17	易公里(兰州众易商贸有限公司)
18	西部麦香
19	陇尚水果店
20	洪家西北特产
21	金昌安厨电子商务有限公司
22	大漠沙塬鲜货
23	西部北农
24	祁连人家特产店
25	尚英美食
26	战辉旗舰店
27	戈壁生态园(瓜州县西域风瓜果产销农民专业合作社)
28	廊里个郎
29	清泉乡电子商务服务站
30	瓜州味道
31	戈壁农业(酒泉盛天农业发展有限公司)
32	金塔县果蔬电商中心助农店
33	下西号镇电子商务服务站
34	昊泰生物商城(瓜州昊泰生物科技有限公司)
35	汇权生态农业(瓜州县汇全种植养殖农民专业合作社)
36	丝路通特产专营店(敦煌丝路通电子商务公司)
37	肃北盐池湾羊肉
38	融易购·康源清真牛羊肉食品直营店
39	深谷坊石磨制粉食品专营店
40	金花寨有机农产品专营店
41	张素临泽小枣
42	璟琦红枣
43	草原惠成京东旗舰店
44	临泽枣仙
45	晓凡家滴
46	甘肃西北农农业科技发展有限责任公司网店
47	金张掖品牌馆
48	水松缘商城—甘肃国博酒业旗舰店
49	祁连葡萄酒庄园
50	民勤县华晟工贸
51	凡夫农品拼购店
52	青谷特产专营店
53	农家小店(古浪县朗讯电子商务有限公司)
54	民勤县新东方电子商贸有限公司
55	民勤之恋
56	七辆草车网(天祝藏族自治县新联高科信息科技有限公司)
57	苏武农庄
58	北纬38度生态有机农场
59	古浪枸杞之家 大靖红(古浪金田野生态种植专业合作社)
60	雁归情(古浪县雁归农牧专业合作社)
61	茶马古道淘小店(天祝藏族自治县三江雪鹰电子商务工作室)
62	会宁特产馆
63	会宁聚香源工贸有限公司
64	不怨之心农场
65	公羊食品旗舰店
66	甘肃靖远特产商城(靖远永新乡永新村电商服务点)

续表

序号	网店名称
67	砂石地特产自营店
68	景泰县绿原春电子商务有限公司
69	苦尽甘来农产品直销店
70	迪好农生态健康食材
71	宜达生态农业专营店
72	陇源生山野珍品
73	陇之宝(甘肃陇之宝电子商务有限公司)
74	益个水果旗舰店
75	密的心事
76	我爱天水人
77	西北绿色农场
78	天水通全球购商城
79	甘肃天林源农业科技有限公司
80	天水优品鲜
81	甘肃启园果业
82	景绣缘土特产
83	天谷商城甘谷馆
84	静云轩夜光杯(武山县静云轩玉器开发有限公司)
85	武山县易淘电子商务有限公司
86	武山瑰宝通汇玉器开发公司
87	轩辕贡品微商城
88	德合丰旗舰店
89	陇上回坊张家川清真美食馆
90	乐村淘甘肃天水张家川特色馆
91	阿阳情西北特产店
92	淘念想
93	崆城记
94	舌尖上的农花
95	梯田贡果果业
96	果小五
97	臻果鲜生旗舰店
98	红六福生鲜官方旗舰店
99	五州精果

序号	网店名称
100	故乡情源
101	三毛大叔
102	瑶池农场
103	龙品有机食品
104	崇信山货
105	崇信网店第一村
106	灵台特色馆
107	阿娇杂粮店
108	中台农场
109	嘉源果品
110	京东—爱尚果官方旗舰店
111	十磨佰年官方店
112	馋半仙旗舰店
113	甘膳源
114	子午岭食品旗舰店
115	陇东贡米
116	陇上刘叔叔旗舰店
117	京东环县特色馆
118	没麻达生鲜旗舰店
119	公益中国(蒿咀铺乡站)
120	云源特产旗舰店
121	高原农夫1号店
122	镇原县柴庄特产店
123	庆阳陇佳味电子商务有限公司
124	温掌柜生鲜旗舰店
125	周家镇惠塬村电子商务服务点
126	华池县电商助农特产店
127	晶城粉业农特产品店
128	定西泽融商贸有限公司
129	半亩田甘肃特产
130	汇陇
131	中国马铃薯之乡 故乡梦
132	丝路情食品专营店

续表

序号	网店名称
133	陇西沁草堂中药材
134	洮河农夫 有机农庄
135	大美广丰农特产
136	甘肃渭水源善融旗舰店
137	三个甘肃人
138	高原贡品
139	当归味道
140	岷府食品专营店
141	岷县芪里香地道农产品
142	玲玲的农家店
143	岷县香绿牧草种植农民专业合作社
144	百信源食品
145	岷贡源保健食品官方旗舰店
146	鲜飘飘旗舰店(天猫)
147	祥宇食品旗舰店(天猫)
148	巧成旗舰店(天猫)
149	天泽香旗舰店(天猫)
150	酷秦旗舰店(天猫)
151	春上垅旗舰店(天猫)
152	田园品味旗舰店(天猫)
153	陇南核益康土特产直营店(淘宝)
154	陇小南特产店(淘宝)
155	问蜜(淘宝)
156	成县农民小段(淘宝)
157	西部原生特产(淘宝)
158	白云光军中药材店(淘宝)
159	陇上庄园(淘宝)
160	丑小鸭苹果(淘宝)
161	陇上生态土特产店(淘宝)
162	陇味特产店(淘宝)
163	陇南市武都区盛鑫种植农民专业合作社(阿里巴巴1688)
164	聚陇优品(拼多多)
165	Norlha 诺乐官方店
166	尼里藏族品牌服饰
167	安多清真绿色食品旗舰店

序号	网店名称
168	迭部土特产旗舰店
169	迭部县电子商务服务中心
170	甘南山珍土特产旗舰店
171	藏乡泉城土特产
172	指尖农场网
173	泉城农品汇
174	舟曲同城APP(舟曲百邦生活服务有限公司)
175	卓璞堂洮河砚艺坊
176	大美甘南养生农场
177	拉卜楞商城
178	碌曲县拉仁关乡电子商务服务站
179	藏巴拉土特产
180	昂吉藏服
181	朵河谷文化
182	甘之南藏青鸿
183	清食会
184	鲁格曼清真食品商城
185	惠临优选(甘肃聚英众创电子商务有限公司)
186	英乾官方旗舰店
187	冬窝旗舰店
188	阿依舍特产专营店
189	云麓食品专营店
190	河州乡亲特色店(甘肃天泽电子商务有限责任公司)
191	河州清真特色直销店
192	积石雄关特色店
193	康乐县雍氏粮油有限责任公司(云筑商城)
194	康乐县新华牧业有限责任公司(云筑商城)
195	康美农庄旗舰店(甘肃康美现代农牧业集团尕豆妹食品工业有限公司)
196	临夏州穆淘清真商品总汇
197	伊多优品
198	临夏县昌顺电子商务中心
199	徐顶鲜百合
200	河州商城

甘肃年鉴 2021

全省2019年电商扶贫数据统计表

县区	三级电商服务体系建设情况						农特产品销售情况									电商人才培训情况		项目资金进展			
	建档立卡乡镇服务站			深度贫困村服务点			现有电商企业、网店数量							带动贫困情况					国家电子商务进农村综合示范项目		
	建档立卡乡镇数量	已建成服务站数	占比(%)	深度贫困村数量	已建成服务点数	占比(%)	阿里	京东	微店	其他	电商企业数量	主要销售农产品种类	农特产品网上交易额(万元)	带动贫困人口数(人)	2019年贫困人口人均增收金额(元)	举办培训班(次)	2019年共培训电商人才(人)	2019年省级电商扶贫资金使用进度	项目资金使用进度	项目建设进度	项目2019年带贫人数(人)
七里河区	3	1	33	0	0	0	20	2	—	3	20	百合,中药材,菌类	1500	300	500	—	210	100	—	—	—
榆中县	16	16	100	0	0	0	19	1	700	330	350	高原夏菜,百合,牛羊肉等	3266.5	1150	500	31	1531	100	56	80	—
永登县	14	14	100	0	0	0	—	—	160	160	89	苦水玫瑰 一月红提 高原夏菜 草芽鸡 中药材	5860	298	1500	2	1203	100	70	80	—
皋兰县	7	6	100	0	0	0	88	6	—	54	148	和尚头面,梨花茶,梨花膏	1300	31	1200	—	1330	100	40	45	—
小计	40	37	94.9	0	0	0	127	9	860	547	607	—	11926.5	1779	—	33	4274	100	—	—	—
永昌县	7	7	100	0	0	0	1	4	246	43	26	藜麦、大麦茶、羊肉、牛肉、人参果、胡萝卜、贝贝南瓜、五谷杂粮等	1900	50	15000	0	0	100	100	100	120
小计	7	7	100	0	0	0	1	4	246	43	26	—	1900	50	—	0	0	100	100	100	120
瓜州县	6	6	100	24	24	100	15	1	2	1	15	枸杞、大枣、甘草	165.3	310	600	6	91	75	—	—	—
玉门市	2	2	100	0	0	0	9	—	—	32	35	红枸杞、黑枸杞、食葵、花海蜜瓜	10400	147	217	—	—	100	96.6	100	—
小计	8	8	100	24	24	100	24	1	2	33	50	—	10565.3	457	—	6	91	—	96.6	100	—
甘州区	8	8	100	—	—	—	25	3	225	—	260	小米、红枣、石磨面粉、小杂粮等	20000	400	50	15	500	—	—	—	—
临泽县	—	—	—	—	—	—	33	9	146	14	42	红枣、小杂粮	15854.12	500	70	29	1318	—	77.50	90	—
高台县	3	3	100	—	—	—	325	3	—	36	60	辣椒、粉皮、面筋、醋	1390	60	500	10	340	—	—	—	—
山丹县	6	6	100	—	—	—	7	9	561	13	29	食用油、面粉、蜂蜜、生鲜牛羊肉、黑小米、沙棘酒、化妆品、瓜子食品、山丹馍馍、菇东东系列薯片、香菇酱、藜麦产品、黑土豆、南瓜等	4000	115	600	2	100	—	96.20	100	25
民乐县	9	9	100	—	—	—	10	—	240	—	250	紫皮大蒜,五谷杂粮等	1200	500	120	4	500	—	—	—	—
肃南县	4	4	100	—	—	—	1	1	4	—	8	土特产,民族服饰	113	—	300	13	327	—	—	—	—
小计	30	30	100	0	0	—	401	25	1176	63	649	—	42557.12	1575	—	73	3085	—	—	—	25
凉州区	24	24	100	7	7	100	649	45	177	97	32	牛肉干、羊肉、莫高(威龙)干红葡萄酒、瓜子、藜麦、武酒、皇台酒、五谷传奇酒、枸杞、核桃、红提葡萄、人参果、皇冠梨、黄羊河糯玉米、云晓熏醋、酸婆娘醋、苁蓉、锁阳、蜂蜜。	1800	15300	350	4	250	—	—	—	—
民勤县	5	5	100	—	—	—	1015	—	35	—	62	人参果、蜜瓜、板栗南瓜、枸杞、羊肉等	65200	400	547.15	3	440	—	—	—	—
古浪县	13	11	100	80	26	100	43	1	13	10	15	手工拉面、枸杞、生鲜牛羊肉、西红柿、人参果、面粉	2000	100	260	120	12417	19.23	63.8^	70	300
天祝县	16	16	100	28	28	100	12	1	160	—	6	白牦牛肉、藜麦、食用菌、羊肉、野菜	4800	3654	200	35	2689	30	63.48	70	1000
小计	58	56	100	115	61	100	1719	47	385	107	115	—	73800	19454	—	162	15796	—	—	—	1300

续表

县区	三级电商服务体系建设情况						农特产品销售情况									电商人才培训情况		项目资金进展			
	建档立卡乡镇服务站			深度贫困村服务点			现有电商企业、网店数量					主要销售农产品种类	农特产品网上交易额（万元）	带动贫困情况		举办培训班（次）	2019年共培训电商人才（人）	2019年省级电商扶贫资金使用进度	国家电子商务进农村综合示范项目		
	建档立卡乡镇数量	已建成服务站数	占比（%）	深度贫困村数量	已建成服务点数	占比（%）	阿里	京东	微店	其他	电商企业数量			带动贫困人口数（人）	2019年贫困人口人均增收金额（元）				项目资金使用进度	项目建设进度	项目2019年带贫人数（人）
会宁县	24	24	100	82	82	100	400	105	1367	30	41	中药材、小杂粮、亚麻籽油等	3500	4525	12000	7	334	83.0	83.0	100.0	4525
靖远县	18	18	100	61	49	95.1	313	8	454	61	92	枸杞、大枣、羊羔肉、苹果、黑瓜子	16650	183	187.1	26	1593	41.7	68.5	84.3	2068
景泰县	10	10	100	26	26	100	158	2	333	9	59	景泰枸杞、景泰佛枣、条山梨、龙湾苹果、羊肉、和尚头面粉及系列产品、胡麻油、菜籽油、蜂蜜、小金瓜等	17500	5299	1600	13	206	—	73.4	90.0	880
白银区	2	2	100	0	0	0	3	2	388	5	43	枸杞、枣、四龙苹果、禾尚头面粉、金丝皇菊、地皮菜、苦荞茶、土鸡、土鸡蛋等	8211.26	83户	650	9	802	—	—	—	—
平川区	6	6	100	10	10	100	15	0	305	125	45	苹果、大枣、枸杞、硒甜瓜、藜麦、荞面、山羊肉、驴肉、小杂粮等	12320	280	1200	16	942	72.0	—	—	0
小计	60	60	100	179	167	98.3	889	117	2847	230	280	—	58181.26	10287	—	71	3877	—	—	—	7473
秦州区	14	14	100	113	113	100	165	1	336	64	85	花牛苹果、秦州大樱桃、早酥梨、蜜桃、核桃、蔬菜、竹编等特色产品	19200	170	1200	27	1661	—	—	—	—
麦积区	17	17	100	106	106	100	865	3	2000	117	985	苹果、花椒、土鸡蛋、浆水、木耳、香菇、樱桃、核桃、挂面等	50778	600	3000	9	4100	30	30	45	1000
秦安县	17	17	100	91	73	77	729	7	2275	177	79	苹果、花椒、桃子	113000	10372	1000	60	2005	100	70	100	4406
甘谷县	15	15	100	56	35	62.5	146	2	142	208	173	苹果、辣椒、花椒、樱桃、药材、麻鞋、地方小吃	4200	2412	800	3000	3972	0	63.83	95	250
武山县	15	15	100	73	73	100	68	0	120	42	110	粉条、豆瓣酱、食醋、中药材、花椒、蔬菜	4050	2320	850	15	930	—	90	100	260
清水县	18	18	100	64	64	100	7	1	20	0	13	苹果、蜂蜜、核桃、沙棘汁、土鸡蛋	3000	60	350	3	275	—	33.40	30	320
张家川县	15	15	100	78	78	100	0	0	675	5	15	粉条、蜂蜜、花椒、苹果、食醋、熟牛肉制品、亚麻籽油、建明调味品等	4208.6	1080	80	19	2696	70	30	35	780
小计	111	111	100	581	542	93.3	1980	14	5568	613	1460	—	198436.6	17014	—	3133	15639	—	—	—	7016
崆峒区	16	16	100	3	3	100	65	—	110	—	7	平凉饼类，杂粮炒货，平凉红牛肉，黄酒，特产调料，生鲜果蔬类、苹果等40多种	1366	1276	2577.6	10	1971	—	13.10	90.10	28
泾川县	15	14	100	47	47	100	15	1	588	9	54	苹果、牛肉、小杂粮、柿饼、黄花菜、花椒等20多种	2710	4302	1395.5	10	5315	—	55.90	95.90	1120

县区	三级电商服务体系建设情况						农特产品销售情况									电商人才培训情况		项目资金进展			
	建档立卡乡镇服务站			深度贫困村服务点			现有电商企业、网店数量					主要销售农产品种类	农特产品网上交易额（万元）	带动贫困情况		举办培训班（次）	2019年共培训电商人才（人）	2019年省级电商扶贫资金使用进度	国家电子商务进农村综合示范项目		
	建档立卡乡镇数量	已建成服务站数	占比（%）	深度贫困村数量	已建成服务点数	占比（%）	阿里	京东	微店	其他	电商企业数量			带动贫困人口数（人）	2019年贫困人口人均增收金额（元）				项目资金使用进度	项目建设进度	项目2019年带贫人数（人）
灵台县	13	13	100	26	26	100	93	1	19	30	18	苹果、牛心杏、小杂粮、土鸡蛋、蜂蜜、胡麻油等97种	1660	17500	430	7	1054	—	100	100	17500
崇信县	7	6	100	5	5	100	6	—	16	—	12	苹果、灵芝、铁皮石斛小杂粮、土鸡蛋、胡麻油、核桃10多种	123	43	1000	4	580	—	—	—	43
华亭县	10	10	100	21	21	100	—	—	4	12	13	土鸡蛋、土鸡、土蜂蜜、黑木耳、鲜秋葵、杜仲茶、小杂粮等40多种	97	55	710	8	864	—	—	—	55
庄浪县	18	18	100	140	140	100	386	2	700	153	10	庄浪苹果、洋芋、大蒜、粉条、淀粉、苹果醋饮料、土蜂蜜、土鸡蛋、中药材、麦秆画等20多种	5400	4281	370	10	446	100	100	100	4281
静宁县	23	23	100	159	113	71.7	140	100	20	10	40	苹果、梨、手工艺品、大饼、土豆、南瓜、烧鸡、水果玉米等15种	5144	970	3459.45	20	541	100	55.20	95.20	970
小计	102	100	100	401	355	87.2	705	104	1457	214	154	—	16500	28427	—	69	10771	—	—	—	23997
西峰区	7	7	100	—	—	—	70	5	2	30	13	苹果、小米、杂粮、香包刺绣、农副产品	3500	342	1366.76	1	50	—	—	—	—
环县	21	21	100	117	99	85	24	2	35	100	31	羊肉 猪肉 杂粮 苹果 黄花菜等	3728.308	20853	168	14	1030	33.4	100	100	20853
镇原县	19	19	100	80	80	100	127	1	67	—	9	五谷杂粮（豌豆、红豆、小米、黑豆）、籽仁（瓜子仁、核桃仁、杏仁等）、杏干杏肉果脯、苹果（富士）、油炸零食	2728.6	16762	53.65	6	2802	85.7	91.4	100.0	16762
庆城县	13	13	100	8	7	87.5	89	—	61	28	9	苹果、黄花菜、小杂粮、食用油、中药材等	299.23	1070	103	2	125	—	71.1	95.0	4670
华池县	13	13	100	14	14	100	5	1	0	37	6	小杂粮、胡麻油、醋、黄花菜等	174	1883	210	15	1023	—	75.0	90.0	33
正宁县	10	10	100	—	—	—	13	—	156	8	12	苹果、紫苏油、土蜂蜜、杂粮	175	1276	378	67	2927	—	43.3	67.1	1276
合水县	12	12	100	—	—	—	3	2	2	7	21	红富士苹果、黄花菜、紫苏油、亚麻籽油杂粮特产、核桃、花椒、洋槐花、杏子、小米	1568	105	1485	13	269	—	74.2	94.6	161
宁县	18	18	100	11	11	100	5	4	20	—	6	苹果、核桃	150	120	210	2	220	—	89.0	95.0	210
小计	113	113	100	230	211	91.7	336	15	343	210	107	—	12323.138	42411	—	120	8446	—	—	—	43965
渭源县	16	16	100	71	71	100	525	—	90	85	6	中药材、蜂蜜、马铃薯及土鸡蛋等农特产	6409.75	2084	1500	5	2145	80	91.80	100	1096
漳县	13	12	92.3	63	45	71.4	29	2	103	20	12	木耳、大燕麦珍子、中药材、苹果蜂蜜、沙棘系列产品、洗浴盐系列产品	1578.18	473	268	61	4314	—	30	60	3340
安定区	19	17	89.5	80	60	75.0	320	5	120	120	40	马铃薯及其制品、中药材、小杂粮等当地土特产	5403.5	2350	120	5	760	—	77	90	2350

续表

县区	三级电商服务体系建设情况						农特产品销售情况									电商人才培训情况		项目资金进展			
	建档立卡乡镇服务站			深度贫困村服务点			现有电商企业、网店数量					主要销售农产品种类	农特产品网上交易额（万元）	带动贫困情况		举办培训班（次）	2019年共培训电商人才（人）	2019年省级电商扶贫资金使用进度	国家电子商务进农村综合示范项目		
	建档立卡乡镇数量	已建成服务站数	占比（%）	深度贫困村数量	已建成服务点数	占比（%）	阿里	京东	微店	其他	电商企业数量			带动贫困人口数（人）	2019年贫困人口人均增收金额（元）				项目资金使用进度	项目建设进度	项目2019年带贫人数（人）
通渭县	18	18	100	109	98	89.9	251	1	249	33	83	小杂粮、麻子、苦荞茶	3066	2640	1360	22	2913	20.00	30	60	996
陇西县	17	17	100	57	50	87.7	381	—	9	23	52	党参、黄芪、陇西特色小吃	10311	—	—	3	213	—	39.22	40	1780
临洮县	18	14	77.8	78	65	83.3	366	10	323	—	11	鲜百合、百合干、马铃薯鲜粉、党参、当归、黄芪、苹果、包核杏、软儿梨、高原山野菜、脱水蔬菜、酱菜园点心、高原小杂粮、马家窑仿制彩陶等网货产品	3960	2465	200	46	4166	—	18.53	30	188
岷县	18	18	100	99	99	100	27	5	532	461	69	当归、党参、黄芪等	23700	5697	750	45	6400	95	95	100	1458
小计	119	112	94.1	557	488	87.6	1899	23	1426	742	273	—	54428.43	15709	—	187	20911	—	—	—	11208
两当县	11	11	100	—	—	—	188	2	362	2	14	蜂蜜及蜂蜜系列产品、中药材、杂粮面等系列	9387	644	731	13	661	—	50.0	45.0	421
成县	17	17	100	38	38	100	67	1	3115	15	46	核桃系列产品、挂面系列、土蜂蜜等	43417	10749	930	28	2705	—	100.0	100.0	5700
武都区	30	30	100	218	218	100	1131	23	203	23	245	花椒、中药材、蜂蜜、杂粮、菌类、核桃	113309	21321	802	17	5007	44.0	55.0	60.0	6835
文县	20	20	100	103	100	97.1	953	2	403	278	209	纹党参、蜂蜜、玫瑰系列产品	31904	10982	870	25	3877	30.0	30.0	30.0	12300
徽县	15	15	100	23	21	91.3	154	1	960	45	38	蜂蜜、银杏、松子亚麻油、果酒	40005	9716	924.87	11	2478	—	72.4	95.0	5020
宕昌县	25	24	96	181	121	66.9	615	0	808	40	212	黄芪、当归、党参、百花蜜、滕子、菌类等	88293	14424	823	3	5800	90.0	95.0	95.0	6269
康县	21	21	100	141	107	75.9	221	0	1276	16	10	木耳、香菇、茶叶、天麻、黄酒、菌类、山珍	28936	12603	885.4	2	2404	—	55.0	70.0	4195
礼县	29	29	100	265	262	98.9	535	2	1329	30	42	苹果、中药材、土蜂蜜、花椒、大黄	30860	13131	890	32	2848	70.0	80.0	100.0	14457
西和县	20	20	100	185	183	98.9	987	0	478	249	113	苹果、八盘梨、麻纸、蜂蜜	46219	12023	703	31	3320	25.0	50.0	60.0	5200
小计	188	187	99.5	1154	1050	91.0	4851	31	8934	698	929	—	432330	105593	—	162	29100	—	—	—	60397
临夏市	4	4	100	0	—	—	39	13	93	24	35	肉制品、八宝茶、花椒、粗粮、蜂蜜等	1231	355	1342	15	1548	0	39	50	359
临夏县	18	18	100	67	67	100	—	—	10	159	14	蒲公英茶、中药片、粉条、当归、花椒、蜂蜜、黄酒、杂粮等	976	350	850	2	95	40	0	0	0
东乡县	24	23	95	133	128	96	19	—	32	2	31	羊肉、土豆、唐汪八宝、粉条、木耳、菜籽油	1943.7126	4383	300	16	2313	75	50	50	1383
和政县	12	12	100	30	30	100	122	18	73	38	13	啤特果汁、菜籽油、中药材、和政辣子、八宝茶、藜麦粥、羊肉、土鸡等	2376.2	150	4300	9	741	40	90	90	57
广河县	9	9	100	28	28	100	60	6	10	5	200	皮毛制品、甜醅、大饼等	5000	157	300	8	650	0	75	77.5	41

续表

县区	三级电商服务体系建设情况						农特产品销售情况									电商人才培训情况		项目资金进展			
	建档立卡乡镇服务站			深度贫困村服务点			现有电商企业、网店数量					主要销售农产品种类	农特产品网上交易额(万元)	带动贫困情况		举办培训班(次)	2019年共培训电商人才(人)	2019年省级电商扶贫资金使用进度	国家电子商务进农村综合示范项目		
	建档立卡乡镇数量	已建成服务站数	占比(%)	深度贫困村数量	已建成服务点数	占比(%)	阿里	京东	微店	其他	电商企业数量			带动贫困人口数(人)	2019年贫困人口人均增收金额(元)				项目资金使用进度	项目建设进度	项目2019年带贫人数(人)
积石山县	17	17	100	61	49	80	218	10	60	30	37	粮油、花椒、藜麦、蜂蜜、核桃、香醋	554	1140	485	22	3349	0	40	70	1318
康乐县	15	15	100	41	41	100	—	—	2	3	18	牛羊肉、蜂蜜、香菇、畜禽产品、食用油、熏醋中药材等	3060	3200	1000	9	353	90	0	0	0
永靖县	11	11	100	52	52	100	20	0	300	10	31	百合、黄芪、百合花、菜籽油、亚麻籽油、党参、枸杞、虹鳟鱼、金鳟鱼、枣花蜜、槐花蜜 百花蜜 、土蜂蜜 、黄芪蜜、苹果	1150	603	2700	19	1288	100	75	90	848
小计	110	109	99.1	412	395	95.9	478	47	580	271	379	—	16290.9126	10338	—	100	10337	—	—	—	4006
合作市	6	6	100	—	—	—	9	12	78	14	31	青稞面、石磨炒面、蕨麻猪肉、藜麦、酥油、酸奶、牛奶、八宝茶、蕨麻、小豆面、菜籽油	25	150	200	6	768	0	50	80	26
临潭县	15	15	100	28	22	78.6	11	1	3	—	4	土豆、粉条、菜籽油、土蜂蜜、野燕麦、糌粑、当归、党参、黄芪	611.2	966	70	2	48	100	100	100	966
卓尼县	13	12	92.3	16	12	75.0	—	—	—	15	7	山野珍品、腊肉、小杂粮、手工艺品等	1503.7	7074	1382.5	74	2512	0	52.40	52	460
舟曲县	19	19	100	16	14	87.5	17	3	161	4	13	花椒、羊肚菌、木耳、核桃、山野菜、腊肉、从岭藏鸡、土鸡蛋、土蜂蜜、桑茶	106	168	816	85	3821	0	40	70	700
迭部县	10	10	100	3	3	100	95	5	100	3	11	蕨麻猪、山野菜	203	800	148	12	1233	40	40	70	17310
夏河县	12	12	100	4	3	75.0	15	0	0	86		牛羊肉、曲拉、酥油、奶粉、酸奶、唐卡、藏香、藏医药、民族服饰、民俗铜器、青稞酒、糌粑、有机肥料	100	1050	50040	2	55	90	90	100	1050
玛曲县	8	8	100	—	—	—	4	—	2	—	6	牛羊肉制品、藏盐野葱花酱、蒲公英茶、手磨糌粑	8.7	25	1200	1	200	50	0	0	0
碌曲县	5	5	100	—	—	—	2	1	4	2	6	农畜特产	31.16	210	1000	22	1640	70	70	70	38
小计	88	87	98.9	67	54	80.6	153	22	348	124	78	—	2588.76	10443	—	204	10277	—	—	—	20550
合计	1034	1017	98.8	3720	3347	91.4	13563	459	24172	3895	5107	—	931828.0206	263537	—	4320	132604	—	—	—	180057

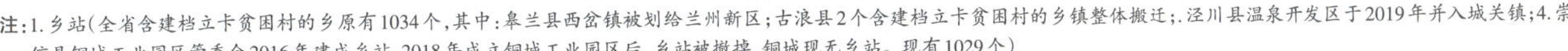

注:1. 乡站(全省含建档立卡贫困村的乡原有1034个,其中:皋兰县西岔镇被划给兰州新区;古浪县2个含建档立卡贫困村的乡镇整体搬迁;.泾川县温泉开发区于2019年并入城关镇;4.崇信县铜城工业园区管委会2016年建成乡站,2018年成立铜城工业园区后,乡站被撤掉,铜城现无乡站。现有1029个)

2. 村点(全省深度贫困村3720个,其中:1.古浪县原有深度贫困村80个,其中54个整体搬迁;2.靖远县若笠乡9个深度贫困村移民搬迁,现有3657个)

说明:

1. 三级电商服务体系建设按照填表日期累计建成数据实填写,其他数据按照已有数据和工作计划预计全年进展情况。
2. 三级服务建设情况、农特产品销售情况、电商人才培训情况,统计国家、省市县财政资金及东西协作、中央单位定点扶贫支持的所有项目完成数。
3. “两州一县”和省定18个深度贫困县填报电商扶贫资金使用进度,其他县区不填报。
4. 国家电子商务进农村综合示范项目资金使用和建设进度统计2015年至2019年所有项目。

专项扶贫

【易地扶贫搬迁】“十三五”时期，按照国家要求甘肃省启动实施新一轮易地扶贫搬迁，围绕“搬迁哪些人、搬到哪里去、补助多少钱、生计怎么办、搬后如何管”等关键性问题，出台《关于加快推进“十三五”时期易地扶贫搬迁工作的意见》等“1+4”工作方案，对49.9万建档立卡贫困人口实施易地扶贫搬迁。按照“一年建设、两年搬迁、三年稳定”的要求，分2016、2017、2018三年下达全省“十三五”易地扶贫搬迁任务，合理确定年度目标和建设时序，明确时间任务节点，确保2019年底前全面完成建设任务，2020年底前搬迁群众实现稳定脱贫。按照“农户申请、民主评议、逐级公示、层层审核”的原则，将全省需要通过易地扶贫搬迁实现脱贫的49.9万建档立卡群众确定到户到人，并根据实际情况进行动态调整，做到有进有出、对象精准，做到应搬尽搬。在安置区选址上，坚持因地制宜，做到地质灾害易发区、洪涝灾害威胁区、生态保护区和永久基本农田“四避开”，城镇、中心村、园区和景区“四靠近”，鼓励进城入镇，将易地扶贫搬迁与新型城镇化、美丽乡村建设、农村人居环境改善等结合起来，引导群众逐步向城镇有序搬迁，实现梯次转移。把安置房建设和提高实际入住率作为重点，全面排查安置住房质量。

2016年，省政府印发《易地扶贫搬迁项目建设管理办法》，设立甘肃省易地扶贫搬迁有限责任公司作为易地扶贫搬迁省级融资平台，注入48.7亿元地方政府债券作为资本金，按照“统贷统还”的模式，统一向国家开发银行申请贷款。“十三五”时期，全省共落实中央预算内投资、国家开发银行贷款、地方政府债券等易地扶贫搬迁建设资金289.39亿元，整合用于易地扶贫搬迁。结合实际制定易地扶贫搬迁资金管理办法，严格按照项目资金使用范围和工程进度使用资金，确保资金“物理隔离、封闭运行、专款专用”。49.9万建档立卡群众，人均建设补助资金达到5.774万元（甘肃省涉藏州县区5.974万元），由县（市、区）根据统建、自建、购置商品房等不同安置方式，按照搬迁群众家庭人口数量分类制定建档立卡贫困人口住房补助标准，确保建档立卡群众建房自筹人均不超过3000元或户均不超过1万元。

“十三五”时期，先后印发《易地扶贫搬迁富民产业发展实施方案》《关于进一步加大易地扶贫搬迁后续扶持工作力度的实施意见》《甘肃省2020年易地扶贫搬迁后续扶持若干政策措施》，指导市县将易地扶贫搬迁群众纳入产业到户扶持范围，按照“一户一策”要求，通过特色种养、扶贫车间、乡村旅游、公益岗位、技能培训、资产收益分红等多种措施，引导搬迁群众在安置点就地就近就业，因人因户精准施策，重视做好产业带动和稳定就业等后续扶持，督促市县逐户落实产业就业帮扶措施，努力实现“稳得住、有就业、逐步能致富”目标。积极争取国家发改委安排中央预算内投资2.54亿元，支持22个大型安置点教育、医疗补短板项目。

“十三五”时期，全省对49.9万建档立卡贫困人口实施易地扶贫搬迁，11.4万套安置住房全部竣工，群众基本实现搬迁入住；11.2万户建档立卡搬迁群众落实产业扶持措施，9.9万户有劳动力的建档立卡搬迁家庭至少1人实现就业，22个大型安置点教育医疗补短板项目全部开工建设。2019年，甘肃省易地扶贫搬迁工作被国家发改委列为拟督查激励的10个省份之一。

靖远县五合镇搬迁群众通过种植枸杞在安置点逐步致富

【以工代赈】“十三五”时期，为充分发挥以工代赈作用，帮助贫困群众实现就地就近就业，有效提高贫困群众收入，先后制定出台《甘肃省“十三五”以工代赈工作方案》《关于大力推广以工代赈方式帮助贫困群众实现就地就近就业的通知》等政策文件，共争取和安排中央和省级以工代赈资金25.46亿元，市州配套0.6亿元，实施范围涉及10个市州、58个片区贫困县。先后组织开展乡村公路、堤防、基本农田等贫困群众参与度高、对增收脱贫带动能力强、使用人工劳动力方式较多的以工代赈项目1610个。其中，财政预算内资金实施项目1530个，以工代赈示范工程项目80个。截至2020年，共组织3.1万名

群众投工投劳参与工程建设，发放劳务报酬1.7亿元，其中建档立卡贫困群众1.7万名，发放劳务报酬0.9亿元。通过实施以工代赈项目，既改善贫困地区落后的生产生活条件，补齐基础设施短板，又为贫困群众提供更多务工机会，增加务工收入。

按照“资源变资产、资金变股金、农民变股东”三变改革的思路，争取国家发展改革委安排甘肃省3个以工代赈巩固脱贫攻坚成果衔接乡村振兴战略试点项目，督促指导市州、县区做好方案编制、项目实施、以工代训、收益分红等工作。组织有关市州、县区负责同志，赴以工代赈工作先进省份进行现场观摩学习。定期赴现场实地调研，对工程实施进度、投资完成情况、劳务报酬发放等进行现场指导，确保按期完成项目建设并实现资产收益分红。2020年，争取并安排以工代赈资金6.62亿元。其中，中央财政预算内以工代赈资金41640万元，以工代赈示范工程中央预算内投资20006万元，省级财政配套资金4555万元。实施项目236个（包括3个以工代赈资产折股量化分红试点项目），明确劳务报酬占比不低于15%，解决当地群众因劳务报酬低而不愿参与工程建设的问题。截至2020年底，吸纳7400多名群众就近参与工程建设，发放劳务报酬8500多万元。

舟曲县巴藏镇各皂坝村群众参与以工代赈试点项目建设

【光伏扶贫】2014年，甘肃省被确定为首批光伏扶贫试点省。截至2020年，积极争取国家下达光伏扶贫指标127.6万千瓦，建设集中式电站33万千瓦，村级电站92.06万千瓦，户用系统2.53万千瓦，共计受益3896个建档立卡贫困村、18.92万建档立卡贫困户。截至2020年，有6.7万个贫困家庭通过光伏收益设定的公益岗位实现就近就地就业，月平均工资500元。

全省各地积极探索“光伏扶贫+”的模式，将光伏扶贫与发展现代农业相结合，形成多元效益。积石山县将光伏项目与农业观光采摘、旅游休闲一体化谋划，增加光伏扶贫的经济效益。渭源县、通渭县大力发展光伏+食用菌+蔬菜+中药材等互补产业，实现光伏发电收益与经济作物收益的双盈利。渭源县6万千瓦光伏电站年发电收益5700万元，食用菌产业达到404万棒、产值6400万元；通渭县9万千瓦光伏电站年发电收益7400万元，金银花种植收入达到1700万元。

光伏扶贫村级电站能够实现20年的长期稳定收益，全省建成并网村级电站92.06万千瓦，按照光照二类地区平均年利用1200小时、每千瓦时电价收益0.75元测算，全省村级光伏扶贫电站年收益可达8.3亿元。

东乡县考勒乡坡根村“农光互补”光伏发电项目

【消费扶贫】2020年，出台《甘肃省消费扶贫行动推进方案》，指导各地各部门通过预算单位采购、扶贫产品交易市场、企业销售和社会组织帮助销售等模式，加强消费扶贫专柜、专馆、专区建设。开展扶贫产品认定工作，对推荐的相关企业社会信用情况进行审核。举办全省消费扶贫月活动。2020年，全省消费扶贫产品销售金额超过138亿元。消费扶贫“五进”（进机关、进学校、进医院、进企业、进部队）活动采购和消费农产品3.4亿元。联合国家能源局举办“能源行业助力甘肃消费扶贫”活动，邀请15家中央能源企业、16家甘肃省能源企业以及大型电商平台参加，共意向采购甘肃扶贫产品1.2亿元。省发展和改革委员会联系社会团体、企业单位帮助采购销售帮扶村蜂蜜、木

耳、蔬菜、猪肉等特色农产品。省文旅厅组织快手、抖音短视频平台，开展临夏州唐汪杏花、永靖百合和兰州市什川梨花直播，3次直播累计观看量577.6万次，永靖百合直播带货售出百合1200斤3万多元，什川梨花直播带货售出手工香包近500份。实施“丰收了·游甘肃”特产尊享计划，在途牛特产频道、会员中心、旅游顾问朋友圈、途牛苔客等渠道上线甘肃特产系列。利用美团买菜进货、小象生鲜等平台，向东部城市销售甘肃定西土豆1000多吨、会宁洋葱300多吨、庆阳苹果200多吨、民勤蜜瓜60多吨，甘肃美味批量走进东部城市居民餐桌,为消费扶贫搭建稳定“出口”。

依托甘肃省特色农产品资源优势，积极推动与对口帮扶市开展以特色馆设立、农产品展示促销、电商人才培训、互动交流等为重点的消费扶贫协作，扩大贫困地区特色优势农产品销售规模。支持天津“甘南馆”、厦门“临夏馆”、福州“定有福馆”、青岛“陇南馆”和甘肃名优特色产品展销中心（厦门自贸区）等5个东西协作电商体验馆扩大规模，拓宽“甘味”销售渠道。建立消费扶贫体验馆、专区、专柜2698个。天津对口帮扶的兰州、武威等10个市州均在对口帮扶市区建成特色产品体验馆，为拓宽销售渠道发挥重要的“窗口”作用。2020年，举办津甘协作消费扶贫陇货精品线上对接会、福州“定有福”“农特馆”“甘味祥福”对接会等活动，搭建消费扶贫协作平台。东西协作地区帮助购买和销售农产品51亿元，中央定点帮扶单位购买和销售甘肃省农产品3.8亿元。2019—2020年，协作市销售甘肃省扶贫产品69亿元。

【精神扶贫工程】坚持扶贫同扶智、扶志相结合，出台组织开展“精神扶贫”工程工作方案、治理高价彩礼推动移风易俗指导意见等系列政策文件，注重解决思想根子上的问题，着力提升贫困地区的造血能力和贫困群众的自我发展愿望。注重村规民约建设，完善村民议事、村民理财、村务监督、红白理事会等村民自治组织，形成并推广“巾帼家美积分超市”“两户见面会”“三说三抓”等经验。开展“致富光荣户”“脱贫能人”评选，引导贫困群众树立勤劳致富、脱贫光荣观念，营造打赢脱贫攻坚战的良好氛围。采取强化理论武装和新闻宣传、加大示范引领、丰富文化生活、推进移风易俗等措施，着力激发群众参与脱贫攻坚的积极性、主动性、创造性，引导群众由“要我发展”向“我要发展”转变。

驻村帮扶

【综述】2015—2020年，全省累计选派驻村干部147333人，为7262个贫困村组建驻村帮扶工作队，实现建档立卡贫困村一村一队全覆盖。2019年，省级统筹从4个市和8个非贫困县（市、区）调派600名干部充实到12个深度贫困县；省直单位增加选派813名干部，市县单位兜底补派，共抽调10148名干部补充到驻村帮扶工作队。每个驻村帮扶工作队县以上各级机关、企事业单位选派干部不少于3人，帮扶工作队伍建设得到明显加强。截至2020年5月，全省7262个贫困村共有驻村帮扶工作队员22596名。

【工作机制】甘肃省自2015年选派组建驻村帮扶工作队，在省脱贫攻坚领导小组下设省脱贫攻坚帮扶工作协调领导小组，由省委副书记任组长，省委常委、常务副省长和组织部部长、省人大、省政协、省军区分管领导为副组长，领导小组下设办公室，承担驻村帮扶工作组织推动、工作指导、督查考核等职能。市县各级抽调人员加强帮扶机构人员力量，全力做好驻村帮扶工作队指导管理。省脱贫攻坚领导小组成立驻村帮扶专责工作组，由省扶贫办牵头，省委组织部、省财政厅等单位组成，负责精准落实中央和省委省政府关于脱贫攻坚各项决策部署。建立省级领导联县包乡抓村、行业系统归口管理、省直组长单位协调联动、县区副书记或挂职副书记担任驻村帮扶工作队总队长主抓脱贫攻坚帮扶工作等制度，形成单位到村、干部到户、工作队驻村的帮扶工作格局。全省23个深度贫困县、40个深度贫困乡和3720个深度贫困村，按照贫困程度，依次由省委书记、省长、省政协主席、省委副书记等省级领导联系包抓。

【驻村工作】驻村干部到户到人宣传强农惠农富农政策措施，让群众明白自己能够享受哪些政策，在享受政策时有哪些事需要自己动手去做，掌握脱贫政策、理解支持脱贫攻坚工作。全省驻村帮扶工作队多形式、多层次累计宣传政策43.87万场次，有效激发了贫困群众摆脱贫困的内生动力。驻村干部遍访贫困群众，掌握思想动态、了解家庭困难、吃透村情户情，对贫困家庭的情况做到心中一本账、情况一口清。对群众反映的问题和存在的矛盾，及时与乡村两级沟通协调，向上反映群众诉求，提出解决问题的工作建议，跟踪协调推动解决。全省驻村帮扶工作队累计帮助化解矛盾、解决纠纷16.65万个，广泛赢得了贫困群众的信赖支持。驻村干部帮助解决稳定持续增收和“两不愁三保障”突出问题，协助落实产业扶贫、就业扶贫、义务教育、基本医疗、危房改造、安全饮水等政策措施，配合做好精准扶贫专项贷款、农业保险、农金室等工作，帮助贫困群众稳定持续增收。指导贫困村制定脱贫攻坚实施方案和贫困户“一户一策”精准脱贫计划，协助做好脱贫验收、摘帽退出等工作，确保年度脱贫任务顺利完成。指导落实村务公开公示制度，督促村“两委”对涉及脱贫攻坚的资金项目及时进行公开公示，积极参与金融、交通、水利、电力、通信、文化、社会保障等到村到户资金项目的组织实施，全过程监督水、电、路、房等基础设施建设。全省驻村帮扶工作队累计筹措帮扶资金18.03亿元，引入社会力量捐助6.34亿元。在群众遇到困难时，主动做好解疑释惑、纾难解困、情绪疏导、矛盾化解等工作，经常走访关心五保户、残疾人、空巢老人、留守儿童等特殊困难群体，帮助解决实际困难，积极开展民事领办、代办等工作，累计解决群众就医、上学等急事难事52.73万件。村第一书记和驻村干部帮助建好农村基层党组织，认真落实“三会一课”基本组织生活制度，全力解决党员意识不强、作用发挥不够等问题，基层党组织的凝聚力战斗力明显增强。同时，驻村干部坚持扶贫与扶志、扶智相结合，通过新的发展理念、新的产业模式、新的经济业态，激发群众脱贫内生动力，培养党员致富带头人和农村实用人才。

【驻村帮扶工作队管理】围绕靠实帮扶责任、加强规范管理和激励、强化政策业务培训等，先后制定帮扶工作责任清单、驻村帮扶工作队管理办法、成效考核评价办法等12个政策文件。明确由组织部门负责驻村帮扶工作队选派、考核工作，扶贫部门负责业务指导和日常管理。强化驻村要求，建立驻村帮扶工作队学习、考勤、公示、例会、报告、自律等制度，严格落实驻村帮扶工作队吃住在村要求，每年驻村时间不少于220个工作日。明确县委副书记、乡镇领导分别担任辖区内驻村工作队总队长，从相关部门抽调干部组成专门班子，负责驻村帮扶工作队业务指导、督促检查等。每月召集驻村帮扶工作队队长召开1次工作例会，安排部署任务，协调解决困难，督促完成重点工作。开发驻村帮扶工作队管理平台，规定驻村工作队队员每天在村上打卡，实现驻村帮扶干部管理智能化、系统化、高效化。坚持实行“三个一”常态化督查通报机制，即每月开展县际交叉督查，重点对帮扶单位、驻村帮扶工作队、帮扶责任人履职尽责情况进行督查检查；每月通报驻村帮扶工作队管理平台考勤打卡情况，督促驻村帮扶工作队吃住在村、工作到户；每月电话随机抽查帮扶责任人到户帮扶工作情况。对督查中发现的问题，及时向县区党政主要领导、所在市州主要领导和省级联县领导进行原汁原味书面反馈，提出整改建议，要求各地跟踪问效、限期整改。靠实县级党委政府的组织领导责任、县级总队长的具体管理责任、乡镇党委政府的属地管理责任和帮扶单位的跟踪管理责任，从严从实抓好日常管理，通过县区总队长管好乡镇总队长，乡镇总队长管好驻村帮扶工作队队长，队长管好队员，进一步督促驻村干部落实各项驻村工作制度，形成一级抓一级，层层抓落实的工作格局。

连续调整驻村干部驻村补助，2017年由每人每天40元提高到60元，2018年由每人每天60元提高到100元。2018年起，将驻村帮扶工作队和村第一书记工作经费由每年每队5000元提高到1万元，并增加通信补贴每人每月80元。2019年，省财政对县直单位（除省级统筹调派的8个县市区）驻村干部按照每人每年1万元给予补助。全面落实帮扶干部生活补助、带薪休假、人身意外保险等政策，协调太平洋产险甘肃分公司为全省所有驻村干部赠送每人75万元的人身意外伤害保险。新冠肺炎疫情期间为驻村干部办理保额20万元的保险。提供必要的食宿条件，让驻村干部全身心投入脱贫攻坚工作。

【驻村干部培训】编印《脱贫攻坚帮扶工作若干问》《脱贫攻坚帮扶工作手册》《甘肃省脱贫攻坚重点政策二十问》，配送到每一名驻村帮扶工作队队员手中，督促驻村干部“随时学、集中学、干中学”，以考促学、以学促用，帮助进一步掌握脱贫攻坚重点政策。坚持分级负责、全员培训的原则，每年举办全省驻村帮扶干部示范培训班，对省直部门选派的工作队长和市县帮扶办主任进行培训；各市（州）、县（市、区）按照“市级办好重点培训，县级开展全员轮训”要求，组织开展驻村帮扶工作队、帮扶责任人培训，特别是对新选派驻村干部进行岗前培训，帮助尽快熟悉工作、提高能力。2020年，组织协调15个“3+1”“5+1”行业部门制作视频培训课件，在“甘肃党建”平台开设专栏，对全省各贫困村第一书记、驻村帮扶工作队队员、各级帮扶责任人和全省扶贫系统各级干部共36万多人进行网络视频培训，组织专题测试，测试结果在全省进行通报。

驻村干部张小娟在巴藏镇村民家中走访

"两不愁三保障"

建档立卡

【综述】甘肃扭住贫困人口识别、管理、退出等关键环节，打造形成统一规范的建档立卡工作链条和运行体系，2015年率先在全国建设了首个省级精准扶贫大数据管理平台，并基于数据管理平台，建立纵向到底、横向到点的数据共享比对接机制，组织实施了一系列建档立卡工作，不断提高建档立卡质量，夯实贫困人口底数。甘肃的建档立卡工作在2015年中央扶贫开发工作会议上得到习近平总书记的高度赞扬，2016年全国精准扶贫建档立卡工作现场会在甘肃召开，甘肃建档立卡的经验和做法得到时任国务院副总理汪洋和与会代表的充分肯定。"十三五"时期，连续4年，甘肃贫困人口识别准确率在98.9%以上，退出准确率稳步提升并保持高位。

【扶贫对象动态管理】自2014年起，紧盯低保户、危房户、残疾人户、大病慢病户、老人户等重点对象和非贫困村、非贫困县、已摘帽县等重点区域，按年度定期开展扶贫对象动态管理工作，通过新识别、返贫、脱贫、自然增减、数据采录、数据更新等手段，开展扶贫对象动态管理。针对中央脱贫攻坚巡视、国家扶贫开发成效考核、审计监督、调研督查、12317投诉举报等各个方面反馈的贫困人口识别退出问题，多次开展建档立卡"回头看"，有重点、有方向、有目的核查建档立卡之内和之外的人口，畅通贫困人口进出渠道，对符合标准的进行纳入，对不符合标准的进行清退，及时纠正漏评、错评和错退等问题。建立数据核查比对机制，每年对各地上报的拟脱贫人口层层进行数据比对，严格审核脱贫指标，对脱贫质量不高的拟脱贫人口坚决予以复核压减，及时纠正个别地方层层加码、急躁冒进的问题，防止数字脱贫、虚假脱贫。2017年和2019年分别对历年脱贫人口进行全覆盖核查，检视脱贫质量，查找突出问题，并按缺什么补什么的要求，及时对存在问题的脱贫人口给予针对性扶持，直至稳定脱贫。按季度从全国扶贫开发信息系统提取数据，对照校验规则开展数据分析，对存在的疑似问题数据，分市州、分县区、分类别反馈各地，逐条逐项进行核查整改，以问题数据整改为手段，检视识别、帮扶、退出的精准性和真实性。

【精准识别】探索形成一核、二看、三比、四评议、五公示（告）的贫困人口识别程序。一核，即入户核实农户收支状况；二看，即详细查看家庭生产和生活条件；三比，即综合比较农户收入、住房、财产状况；四评议，即在农户申请的基础上形成建档立卡初选名单，依次开展村民小组、村两委和村民代表大会民主评议；五公示，即对评议后的建档立卡名单在本行政村进行第一次公示，无异议报乡镇审核后分别在该行政村和乡镇进行第二次和第三次公示，无异议报县区复审后在县区和乡镇进行两次公告，最后由农户、村两委、驻村帮扶工作队、乡镇、县区五级确认，公开透明、公平公正地识别和认定扶贫对象。省市县三级扶贫部门分别与同级人社、公安、工商、国土、水利、教育、住建、卫健、医保等部门建立信息共享比对机制，加大对贫困人口识别退出相关信息的比对核实力度，着力提高贫困人口识别退出精准度。在识别工作中，通过对新识别贫困人口住房、车辆、企业、财政供养等信息的比对核实，防止发生富人戴穷帽、穷人被遗漏问题。在退出工作中，通过对拟脱贫人口"两不愁三保障"达标情况进行比对核实，防止发生数字脱贫、虚假脱贫问题。在日常工作中，通过与行业部门开展常态化数据比对，不断校准贫困人口底数，防止发生账实不符、账账不符问题。

【精准退出】在退出标准上，将国家公布的扶贫标准和省定脱贫验收标准区分开来，将涉及贫困人口脱贫的6项指标全部设定为否决指标，在核算收入时扣除临时性救济金和一次性生活补助；基本医保、大病保险、商业补充保险报销资金和医疗救助资金；三、四类低保金；政府给予的有固定用途、不能用于日常消费的到户补助项目资金；学前、高中和中职学生补贴；一次性赠予和人情往来收入等6类收入，提高脱贫的稳定性和可持续性。在退出程序上，明确贫困人口退出验收县级主体责任，严把入户核查、数据比对、群众评议、公示公告、结果核查等关口，压实"两不愁三保障"行业部门到户验收背书责任，确保脱贫结果政府认定、社会认可、群众认同。建立第三方评估机制。通过政府购买服务的方式，公开招标第三方机构，组建专业评估团队，采用抽样调查和村组普查相结合的方式，在年度市县党委政府脱贫攻坚成效考核和贫困县摘帽退出中，对贫困人口识别精准度、退出精准度、群众满意度进行评估调查，全面检验贫困人口识别、帮扶、退出质量，确保脱贫成效获得群众认可、脱贫成果经得起实践检验。建立责任追究机制。把建档立卡作为脱贫攻坚督查检查的重点，层层压实省市县乡村、各行业部门、各帮扶单位、驻村帮扶工作队和帮扶干部的责任，结合巡视、考核、审计、12317等反馈问题的调查核实，及时纠正政策执行偏差，严肃查处违纪违规行为，强化干部建档立卡工作意识。2020年制定出台《关于建立防止返贫监测和帮扶机制的实施办法》，加大对非贫困人口和脱贫人口的排查力度，对因疫、因灾、因病、因产业失败、因就业不稳等存在返贫致贫风险的农户及时纳入边缘易致贫户和脱贫不稳定户，开展监测预警，针对返贫致贫风险，因户因人制定帮扶方案，提前采取针对性措施，防止致贫返贫。

【基本精准阶段（2014—2015年）】2014年4月，根据国务院扶贫办统一部署安排，在国家统计局发布的2013年底甘肃农村贫困人口496万的基础上上浮11%，确定全省552万的贫困人口规模，以2013年农民人均纯收入2736元（相当于2010年2300元不变价）的国家农村扶贫标准为识别标准，按照“县为单位、规模控制、分级负责、精准识别、动态管理”的原则，对58个片区县、17个插花县和9个非贫困县的6220个贫困村、552万贫困人口进行整户识别并建档立卡。2015年11月，开展第1次建档立卡“回头看”，主动排查和整改贫困人口识别退出、脱贫需求对接、帮扶措施落实、资金项目使用等方面存在的问题。2015年11月，在中央扶贫开发工作会议上，省委省政府与中央签订到2020年实现552万贫困人口脱贫的“脱贫攻坚责任书”。2015年12月，针对审计署驻兰特派办审计反馈的建档立卡疑似问题，开展第2次建档立卡“回头看”，对家庭有消费型小轿车、有企业或企业股份、有商品房或商铺、有财政供养人员、收入超过贫困线等不符合建档立卡标准的农户全部作清退，并按清退人口数量纳入等量贫困人口。摸清了谁是贫困人口、具体分布在什么地方，摸清了贫困户基本情况、致贫原因、生产生活条件等情况，为脱贫攻坚顺利开展奠定了基础。

【比较精准阶段（2016年）】2016年3月，利用10天时间，开展第3次建档立卡“回头看”，对贫困人口及相关数据进行全面核查补录，及时清退识别不准的人口，识别纳入等量贫困人口。2016年4月，对2015年度拟脱贫人口逐村逐户全面开展复核工作，重点对年人均纯收入超过国家现行扶贫标准但低而不稳、家庭成员患长期慢性病或大病经济比较困难、享受低保政策需要继续扶持、有5万元以上大额债务等不稳定、不可持续脱贫的9种情况进行清理，共清理出35万人，作为“巩固提高户”列入2016年度预脱贫人口。2016年5月，按照国务院扶贫办脱贫成效核查要求，对2014年度、2015年度脱贫人口疑似“三保障”未落实情况进行重点核查。2016年8月，利用1个月时间，开展扶贫对象建档立卡基础数据清洗工作，对建档立卡方面存在的4大类18个问题进行核查比对和清洗整理。2016年9月份，开展第4次建档立卡“回头看”，围绕识别是否精准、数据是否准确、措施是否管用、退出是否真实，对照“两不愁三保障”标准，对全省贫困人口进行全覆盖、地毯式、无遗漏的摸排核查，动态调整贫困人口近10万人。纠正了一些地方对建档立卡政策理解和执行不到位的问题，挤出建档立卡中存在的水分，进一步夯实了建档立卡工作底数。

【更加精准阶段（2017—2019年）】2017年3月，开展第5次建档立卡“回头看”。2017年3月下旬，结合各地脱贫退出中以往存在的急躁倾向，为提高贫困人口脱贫质量，对全省2014—2016年296万已脱贫人口进行全面核查，将收入及“三保障”实现程度低的10.7万已脱贫人口回退到贫困状态继续进行扶持。2017年7月，认真贯彻落实习近平总书记在深度贫困地区座谈会上的讲话精神，科学测算评估确定出全省深度贫困县、深度贫困乡镇和深度贫困村分布情况，进一步明确攻坚对象和发力重点。2018年5月，针对贫困人口识别退出投诉举报、已脱贫户住危房、建档立卡数据质量不高等问题，集中利用半年时间，开展第6次建档立卡“回头看”。2019年8月，组织开展脱贫人口“回头看”，对2014年以来标注在全国扶贫开发信息系统的脱贫人口收入状况及“两不愁三保障”实现情况进行全面排查。创新实施识别“七不准”、脱贫“六不算”、数据比对等措施，将档外人口核查和脱贫人口核查有机结合起来，通过新识别、返贫、脱贫不实回退、清退等手段，对符合条件的贫困人口做到应纳尽纳、应扶尽扶，有效防止错评、漏评、错退等问题，为高质量打赢打好脱贫攻坚奠定坚实基础。

义务教育保障

【综述】“十三五”时期，义务教育控辍保学实现动态清零，“有学上、上好学”目标基本实现，推动贫困人口由“因学致贫”向“以学脱贫”转变。“十三五”时期，全省累计劝返复学25688人，其中建档立卡贫困家庭学生10043人，失学辍学学生全部清零，全省义务教育巩固率达到96.2%，比2015年提高3.2个百分点，总体实现义务教育有保障的目标任务。率先在全国出台乡村教师支持计划，偏远乡村学校教师月补助超过1000元，2018—2020年补充乡村教师2.3万名，培训乡村教师42万人次，安排8所师范类院校对口17个深度贫困县开展“互联网+支教”。多渠道筹措资金21.28亿元，建设乡镇寄宿制学校633所、乡村小规模学校1396所。全省中小学（含教学点）互联网接入率达到100%，全省义务教育学校全面实现“班班通”。全省深度贫困县区有需求的行政村幼儿园实现全覆盖，学前3年毛入园率达到93%，保障了幼有所育。

【控辍保学政策】2018年，印发《关于进一步加强控辍保学提高义务教育巩固水平的通知》，督促各地全力做好疑似失学儿童情况核查和劝返复学，抓紧推进乡村小规模学校和乡镇寄宿制学校建设，严格保证教育教学质量，健全完善工作机制，确保实现义务教育有保障目标。建立以县为主的教育、公安、扶贫等部门组成的联

合比对机制，定期排查和核实失辍学学生。及时研判特殊时期辍学风险，2020年印发《关于做好新冠肺炎疫情期间义务教育控辍保学工作的通知》要求，充分利用疫情防控期间人员流动减少、常外出人员在家的有利时机，全面排查本辖区适龄儿童少年入学情况，提高复学学生学习效果，确保质量不降。按照以县为主、市级统筹、省级指导的原则，对劝返复学学生进行分类安置，指定专人对复学学生进行帮扶，防止因学习困难或厌学而辍学。对适龄残疾儿童少年，由县级教育行政部门委托残疾人教育专家委员会对其身体状况、接受教育和适应学校学习生活的能力进行评估，确定适合身心特点的教育安置方式。对农村留守儿童，建立在校留守儿童学习生活、文体活动等方面的关爱和教育机制。对进城务工人员随迁子女，畅通随迁子女入学渠道，保障平等接受义务教育权利。组建11个工作组紧盯义务教育控辍保学问题，对全省各市州开展驻点指导，细找问题、力促整改、挖掘亮点。

【义务教育基础能力和保障能力】实施全面改薄项目，改善贫困地区办学条件。甘肃省“全面改薄”（2014—2018年）项目覆盖12132所义务教育学校、260万名学生；“薄改与能力提升”（2019—2020年）项目覆盖3767所义务教育学校，惠及150万名学生。义务教育薄弱环节改善与能力提升项目资金按在校生数120%~140%的比例持续向深度贫困地区倾斜。2019—2020年投入资金63.86亿元，改善3407所义务教育学校条件；2019—2020年，多渠道筹措资金21.28亿元，加快建设乡镇寄宿制学校633所、乡村小规模学校1396所。2018—2020年，中央下达甘肃省“三区三州”教育脱贫攻坚中央专项资金8亿元，主要用于改善“两州一县”义务教育学校办学条件，兼顾薄弱高中、中等职业学校办学能力提升，进一步深化教育改革，优化教育结构，提高教育教学质量，促进教育公平。2018年，累计投入12.8亿元实施“深度贫困县农村边远地区温暖工程”和“农村教师周转宿舍建设工程”，解决23个深度贫困县农村边远地区中小学采暖问题和农村中小学教师住宿问题。加强乡村教师队伍建设。落实省级统筹、按需设岗、按岗招聘、统一选拔的乡村教师补充机制。完善资助保障体系，“十三五”时期，累计发放各类勤、免、奖、助资金及生源地信用助学贷款资金200.5亿元，受益学生1373万人次。累计下达城乡义务教育“两免一补”资金168.23亿元，1452万人次学生受益；累计下达农村义务教育学生营养改善计划资金63.63亿元，854.6万人次学生受益。2019年秋季学期起对4类贫困家庭非寄宿制学生（即建档立卡学生、家庭经济困难残疾学生、农村低保家庭学生、农村特困救助供养学生），按家庭经济困难寄宿生50%的标准补助生活费。截至2020年，完成十四期农村特岗教师的招聘工作，为农村义务教育阶段中小学和幼儿园补充合格教师4.1万余名，服务期满留任2.5万余名，入编特岗教师近1.37万人。出台进一步提高中小学教师工资待遇保障水平的政策，乡村教师生活补助人均月标准达到400元以上。“十三五”时期，累计下达乡村教师生补助中央和省级奖补资金13.54亿元，近17万乡村教师受益。健全省、市、县、学区、学校五级教师培训联动机制，实施“国培”“省培”教师培训项目全覆盖，提高乡村教师教学能力。

【教育扶贫国家示范区】2017年教育部、国务院扶贫办批复同意甘肃省建设全国唯一的教育精准扶贫国家级示范区。2016年全国改薄现场推进会、2017年全国教育扶贫推进会连续在兰州召开，刘延东副总理出席并讲话，对甘肃省改薄和教育扶贫工作给予充分肯定。学前教育加快普及，2017—2020年，投入学前教育专项资金25.39亿元，在75个贫困县新建、改扩建4821所行政村幼儿园，实现了乡镇中心幼儿园和贫困地区、民族地区、革命老区有需求的行政村幼儿园全覆盖。规范幼儿园办园行为，重点在贫困地区开展《3~6岁儿童学习与发展指南》实验区工作，建立城乡幼儿园结对帮扶、教研巡回指导等制度，构建科学保教长效机制，推进学前教育从规模发展向质量提升转变。2018年起，省内自主招生院校50%的自主招生计划面向贫困地区实施分县单独测试招生，对贫困家庭子女单独划线、单独录取。2019

建设乡镇小规模学校，通渭县文庙街小学的教室里孩子们在上语文课，实现“有学上、上好学”的目标

年，新增单独测试、综合评价招生计划近1万名，招收贫困家庭学生。全省每年有7万余名贫困家庭学生接受免费中职教育，5万余名贫困家庭学生在省内高职（专科）院校接受免费高职（专科）教育，实现建档立卡户有技能需求人口接受职业教育全覆盖。各市（州）至少建设1个市级精准扶贫职业技能培训平台，开展新型职业农民培训、富余劳动力就业创业培训和劳务品牌培训，提高贫困家庭脱贫致富能力。实施国家“贫困地区专项计划”等各类招生计划，推动招生政策红利向贫困地区、革命老区、民族地区持续倾斜。“十三五”时期，累计录取学生5.8万名，加快了“三区”紧缺人才培养。实施就业提升计划，提高贫困家庭大学毕业生首次就业率。2019届贫困家庭大学毕业生初次就业率达到80.5%，高于全省平均水平5.5个百分点。组织高校实施“万名大学生进农村”等五大扶贫行动，发挥高校智力与人才优势，缓解贫困地区高层次人才不足困境。

基本医疗保障

【综述】截至2020年9月，全省574.95万建档立卡贫困人口实现“应参尽参”，并按政策规定给予全部资助。同时，为减轻建档立卡贫困人口医疗负担，给予建档立卡贫困人口政策范围内住院费用报销比例提高5个百分点，全省参保建档立卡贫困人口、城乡低保、特困供养人员大病保险起付线较普通居民降低50%，分段补偿比例较普通居民提高5个百分点，报销上不封顶。建档立卡贫困人口住院就医82.9万人次。“十三五”时期，大病专项救治病种数量由9种逐步扩大到25种，累计救治贫困人口41603人，救治覆盖率99.92%。经基本医保、大病保险、医疗救助报销后，政策范围内住院报销比例89.14%。此外，甘肃省112种集中带量采购药品中，药价平均降幅58%，最高降幅96%，预计每年至少减少医疗费用支出5亿元。

【责任落实机制】建立全省健康扶贫特有的干部包抓工作制度，省卫生健康委领导包抓市州，处级干部包抓县区，各级参照包抓到村、到户制度，以实地督促、抽查核查和现场办公等方式，点对点衔接、面对面指导，全面推进健康扶贫工作落实。建立专人督战制度，对工作难度大、任务重和基本医疗薄弱、有难点问题的贫困县由省卫生健康委领导专人负责，每个厅级领导负责一个未脱贫县或有一项基本医疗有突出问题的未脱贫县，挂牌督战、全力攻坚，确保贫困县如期摘帽。

【全面摸清底数】印发《甘肃省医保扶贫台账（范本）》，指导市、县、乡、村将参保缴费（本地参保、异地参保、无法参保）、参保资助、住院费用报销、门诊慢特病和“两病”用药保障纳入台账管理。制定《2020年甘肃医保扶贫政策25问（参考模板）》《2020年甘肃省医保扶贫明白卡（参考模板）》《2020年甘肃医保扶贫公益宣传短信（参考模板）》和音视频宣传片下发市州，围绕“参保如何办、得病找谁看、病重怎么转、报销如何办”等群众关心的问题，从做实干部培训和入户宣传、深化社会宣传、抓好阵地宣传等方面，广覆盖、高频次逐村逐户强化政策宣传，提升群众对医保政策的知晓率和满意度。各级医保部门定期从同级扶贫部门提取建档立卡贫困人口数据，并对全省城乡居民基本医疗保险参保人员身份证号码进行统一校验，准确核实全省建档立卡贫困人口身份信息，动态掌握建档立卡贫困人口人数。在县、乡、村三级建立医保扶贫台账，明确将建档立卡贫困人口参保缴费，参保资助，医保待遇享受等纳入台账管理，夯实医保扶贫基础。在参保缴费台账中既建立本地参保人员台账，也对异地参保和无法参保人员纳入台账管理，尤其是无法参保、省外异地参保和参加职工医疗保险的人员，将其参保佐证材料纳入台账进行管理，确保不因此类人员的特殊情况而遗漏1人，影响医保扶贫成效。甘肃省医疗大数据支撑健康扶贫工作的做法，被人民日报评为“2018年度互联网+医疗卫生创新应用十大优秀案例”之一，国家卫健委委员会2016—2018年四次通报表扬甘肃省健康扶贫工作。

【县乡村医疗机构分类达标】围绕贫困人口看病“有医生、有地方和有制度保障”，全力开展医疗机构分类达标建设、合格医生配备培训和医疗服务能力提升等工作。实现医疗机构“三个一”、医务人员“三合格”和服务能力“三条线”。“三个一”即行政村有卫生室，乡镇有卫生院和县有公立医院，其中，乡镇卫生院所在行政村可不设村卫生室，300人以下的行政村可与相邻行政村联合设置卫生室。“三合格”即村卫生室至少有1名合格村医，卫生院至少有1名合格执业助理医师，县级医院所设临床专业科室至少有1名合格执业医师。“三条线”即800人以上的行政村有60平方米以上卫生室，1万人以上的乡镇卫生院设有内（或外、急、全）科、中医（或民族医）科、医技（或药房、检验、放射、B超等）科、公共卫生（或预防保健）科；10万人以上的县级公立医院达到甘肃省二级综合医院等级评审标准。全省75个贫困县应设置的14080个村卫生室、1158个乡镇卫生院和75个县级公立医院全部达到分类建设标准，并配备相应的合格医生。消除乡村两级基本医疗有保障“空白点”，达到甘肃省基本医疗有保障标准要求，实现基本医疗有保障不落一户、不落一人，做到医疗机构和合格医生基层全覆盖。

【县乡村医疗服务能力】实施“组团式”健康扶贫，结合东西部协作、三级医院对口帮扶，全面推进深度贫

实施医疗健康扶贫行动民生工程,筑牢贫困群众的"健康防线"

困县重症医学等重点专科建设，妇产、儿科、麻醉等薄弱学科建设，胸痛、卒中、创伤等危急重症救治中心建设，实现贫困县医院从"输血"向"造血"的支援转变，大幅提升贫困县县级服务能力，使90%的常见病、多发病和部分大病在县域内得到诊治，大大缓解老百姓看病难、贵、远的问题。综合应用信息化，逐步将远程会诊系统覆盖到省、市、县、乡四级医疗机构，基层医疗机构可随时联通上级医院开展远程诊疗服务，让群众在家门口享受到优质资源服务，起到补齐短板、弯道超车的作用。至2020年全省1535家医疗机构（其中省级医院11家，市级医院60家、县级医院161家、妇幼保健院66家、乡镇卫生院1199家、天津市援甘医院38家）接入远程医学信息平台，实现与省外300余家医院、15000余名专家资源的对接。积极开展精细化疾病救治，按照"四定两加强"要求全面落实贫困人口大病专项救治工作，推进做好高血压、糖尿病、结核病、重性精神病等4种慢病为主的慢性病防控和管理，基本实现贫困人口大病患者应治尽治，慢病患者应管尽管。

住房安全保障

【综述】自2009年启动实施农村危房改造工作以来，至2020年全省累计投入中央和省级补助资金187.76亿元，累计支持174.9万户农村群众完成危房改造，解决近700万人住房安全问题。"十三五"时期，累计实施农村危房改造36.61万户，其中，四类重点对象27.85万户（含建档立卡贫困户19.04万户），其他农户8.76万户。至2019年底，全省实现现有存量危房改造全面清零。对2020年计划脱贫摘帽的8个县开展督战，深入核查住房安全保障情况，改造完成动态新增危房149户。2020年6月，经过对全省2013年以来136.3万户建档立卡贫困户住房安全保障情况进行逐户现场核验，包括2020年摘帽退出的8个县的所有贫困户住房安全均得到保障，其中有44.3万户贫困户通过危房改造保障了住房安全。全省数百万贫困农户住进安全房，农村群众居住条件明显改善，实现现有存量危房改造清零。

【资金扶持】2018年，出台《甘肃省农村危房改造三年攻坚实施方案（2018—2020年）》。在农村危房改造过程中，紧盯识别关、鉴定关、管控关和兜底关，因地制宜、因户施策，努力使贫困户切实感受到危改政策的温度、工作落实的力度。逐步提高补助标准，从2016年的户均1.15万元，增加到2020年的户均2.5万元。特别是2018—2020年，进一步加大对深度贫困地区和"两州一县"的支持力度，四类重点对象户均补助提高25%，有效减轻贫困户建房负担，同时保留未来改善居住条件、加盖楼层的可能性。针对自筹资金不足和不具备投工投料能力的深度贫困农户，根据农户贫困程度、房屋危险程度等制定分类分级补助标准，通过盘活利用集体公房、发动亲属帮扶、政府兜底解决等多种方式，让特殊困难群众住上"安心房""暖心房"。

【"领导包抓+专家服务"技术督导模式】坚持专业的人干专业的事，调动最大资源，集中省级力量，充实县区力量。实行行业部门分片分县包抓，选派40名专业技术人员赴33个深度贫困县挂职，专职负责危房改造工作。联系15家省级资质齐备、经验丰富的勘察设计单位，搭建第三方鉴定平台，组建400多名专家组成的技术服务专家团队，实地对39个未脱贫县的755个乡镇，1564个行政村、5.47万农户开展横到边、纵到底、拉网式的排查，形成了"领导包抓+专家服务"的技术督导模式，帮助基层现场发现问题、现场解决问题，做到立查立改，确保不落一户、不漏一人，锁定目标、靶向治疗。2018年度、2019年度全省农村危房改造工作经住建部、财政部综合评价，分别全国排名第四、第三，推荐2县获得国务院表扬激励。

【农村住房动态监测】2020年，全面实施危房改造冲刺清零后续行动，全省各地紧盯住房安全保障任务不松劲。通过农户报告、村社干部平时走访、乡镇定期巡查、县级住建部门重点核查等措施，对四类重点对象、返乡定居人员住房及老旧生土住房进行动态监测。重点进行"四查"即查"不漏户"、查"不准确"、查"不到位"、查"不保险"，及时、准确发现新增危房，发现一户，保障一户，销档一户，确保没有漏户漏房。各类住房鉴定符合标准，危改措施没有水分，不因其他因素致危返危和致人伤亡，全面巩固危房改造成果。各地结合动态监测，对农村住房鉴定认定进行回头看，确保鉴定认定结果的准确性、合法性、严肃性，并适时更新完善到村到户资料。2020年4月下旬，开展建档立卡贫困户住房安全保障信息录入，分鉴定安全、改造安全、保障安全等类型，逐户录入全省建档立卡贫困户住房安全保障信息，准确掌握每一户建档立卡贫困户住房安全保障情况。

【住房安全保障隐患清除】紧盯农村危房改造超面积负债建房、扩大保障范围、质量不高等突出问题和薄弱环节，及时制定整改工作实施方案，对突出问题立查立改。各地主动排查、分类施策，在确保建档立卡贫困户等重点对象住房安全保障任务全面完成基础上，严格区分脱贫攻坚住房安全保障和提升改善型农房建设政策界限，采取动员拆除、搬离、自行改造或县级统筹解决等措施，妥善解决其他仍有人居住的危房，确保“危房不住人、住人不危房”，消除住房安全保障“空白点”和“风险点”。

饮水安全保障

【综述】“十三五”时期，以集中供水工程为主、分散供水工程为辅的农村供水体系初步建成，集中供水率、自来水普及率分别达到91%和88%，均高于全国平均水平，饮水安全问题总体得到解决。实施巩固提升工程建设，摘帽退出的8个贫困县实施巩固提升工程217处，改造冬季冻管627千米。同时，着力解决冬季管网冻胀、改善水窖水水质，进一步提升农村饮水安全保障水平。2019年11月20日，饮水安全有保障冲刺清零建设任务完成，累计完成投资30.26亿元，投资完成率100.6%，共巩固提升集中供水工程1413处、分散工程4430处，改造冬季冻管4888千米，试验性推广安装水窖水净化设备3.99万套，提升了89万户、381万人的饮水安全水平。同时，冲刺清零筛查发现的5692个问题自然村、1046处问题工程已全部整改到位。截至2020年6月底，冲刺清零后续行动建设任务全面完成。

【工作指导机制】实行省级行业部门包抓县区和工作指导组常驻重点县区指导工作责任制。冲刺清零行动中，组成19个工作指导组，对未脱贫的8个县实施“一对一”挂牌督战指导，对已摘帽的67个县区开展巡回指导。累计对620多个乡镇、1800多个自然村、3400多户群众的饮水安全情况和230余处在建工程进行现场指导。坚持通报调度制度，实行“旬通报”“月调度”工作机制。每旬向全省通报各县区工作进展，每月召开全省脱贫攻坚农村饮水安全工作调度会和工作指导组汇报会，及时分析研判各地出现的困难和问题，认真会商研究解决措施，会同市县合力加快工作进展。饮水安全开发建成全国第一个省市县三级农村饮水安全管理信息系统、第一个“掌上农村饮水”手机APP、第一个“甘肃农村饮水”微信公众号。建立起自下而上的监督举报机制，利用2部24小时省级投诉电话和“甘肃农村饮水”微信公众号问题反映“直通车”，对反映的问题跟踪问效、督促整改，重点解决了一批不易发现的供水不稳定问题，实现“水源稳定、水管通畅、水质达标”。

【资金支持】积极争取国家农村饮水安全巩固提升工程专项资金倾斜支持的同时，2019年印发《关于切实保障脱贫攻坚农村饮水安全冲刺清零项目建设资金的通知》，要求各地进一步加大涉农资金整合力度，优化支出结构，将农村饮水安全建设资金全部纳入涉农资金统筹整合使用方案，全力保障农村饮水安全工程资金需求。

【饮水提升改造工程】先后建设引洮供水、积石山调水、引洮入潭、双永供水等一大批引调水工程。其中，引洮一期受益人口308万人，正在推进的引洮二期将覆盖268万人，白龙江引水工程将覆盖786万人，甘肃省中部东部水源保障能力不足的问题将得到根本性解决。

通过实施农村饮水安全巩固提升项目及冲刺清零行动，截至2020年5月，全省建成集中供水工程9440处，引泉、小电井、大口井及水窖等分散工程28万处。试验安装水窖水净化设备3.99万套（平均每套0.27万元，总投入1.07亿元），进一步改善群众饮水条件，得到国务院领导充分肯定。全省农村集中供水率由2015年的87%提高到2020年的91%、自来水普及率由80%提高到2020年的88%，均高于全国平均水平，以集中供水工程为主、分散供水工程为辅的农村供水体系已基本建成。2017年获得水利部、国家发改委农村饮水安全巩固提升考核优秀等次。

武山县西北部农村饮水安全工程建成，高楼乡八院村率先用上自来水

重点区域扶贫

深度贫困地区

【综述】2017年9月25日，中央出台《关于支持深度贫困地区脱贫攻坚的实施意见》，明确提出将西藏、四省涉藏工作重点省、南疆四地州和四川凉山、云南怒江、甘肃临夏等“三区三州”纳入深度贫困地区进行扶持。甘肃省深度贫困地区涉及9个市州35个贫困县，其中17个县纳入国家“三区三州”，另有18个省定深度贫困县。甘肃省综合考虑贫困人口规模、贫困发生率、脱贫难度等因素，在“两州一县”之外，确定张家川、宕昌等18个省定深度贫困县、40个深度贫困乡镇、3720个深度贫困村，与“两州一县”一同进行集中攻坚。2017年10月，出台《甘肃省深度贫困地区脱贫攻坚实施方案》，从产业扶贫、就业扶贫、教育扶贫、健康扶贫等10个方面对深度贫困地区脱贫攻坚提出一系列综合性帮扶举措。2018年8月，出台《关于打赢脱贫攻坚战三年行动的实施意见》，提出进一步倾斜支持深度贫困地区攻坚的政策举措。2019年，省委省政府继续加大深度贫困地区攻坚力度，在全面抓好《“两州一县”脱贫攻坚实施方案》《全省深度贫困地区脱贫攻坚实施方案》实施的基础上，9个市州、40个省直行业部门制定出台2019年倾斜支持深度贫困地区脱贫攻坚工作方案和具体措施，聚焦“两不愁三保障”，着力补齐短板弱项，从项目、资金、土地等方面给予政策扶持。经过全省上下不懈努力，甘肃省35个深度贫困县贫困人口从2017年底的134万人减少到2019年底的13.7万人，累计减少贫困人口120.3万人，贫困发生率从14.17%下降至1.4%，累计减幅12.77%；35个深度贫困县摘帽27个；甘肃省涉藏州县实现整体脱贫；4476个贫困村退出4106个。至2020年底，13.7万未脱贫人口、370个未出贫困村、8个未摘帽县全部退出。

【工作机制】省委省政府通过召开省委常委会会议、省委理论中心组学习会、省政府常务会议、省脱贫攻坚领导小组会议、全省深度贫困地区脱贫攻坚现场推进会，以及举办各个层级党员领导干部研讨班读书班培训班等方式，深入学习习近平总书记扶贫工作重要论述，关于脱贫攻坚的重要讲话和指示精神、对甘肃工作重要讲话精神及中央领导同志关于脱贫攻坚的讲话指示精神，统一全省上下的思想认识和行动步调，对深度贫困地区脱贫攻坚作出安排部署。坚持目标标准，贯彻精准方略，实施“一户一策”，狠抓“三个落实”，夯实“五个基础”（精准帮扶、产业扶贫、各方责任、基层队伍、工作作风），加强政策倾斜，加大资金投入，充实帮扶力量，开展冲刺清零，补上明显短板，解决突出问题。以“深化”和“攻克”为着力点，细化实化推进措施和办法，督促各级各有关部门紧盯标准、紧盯细节、紧盯质量、紧盯落实，提升深度贫困地区脱贫攻坚质量和效益。坚持省级领导干部带头联系包抓深度贫困县、市州党政主要领导包抓贫困发生率30%以上深度贫困村、县级党政主要领导包抓贫困发生率20%~30%深度贫困村制度，实行省级部门厅局级领导包市、处级领导包县的机制，形成聚焦标准、精准施策、合力推进、冲锋冲刺的攻坚态势。坚持较真碰硬“督”、凝心聚力“战”，聚焦未摘帽的县、未脱贫的人口和影响脱贫的突出问题开展挂牌督战。分级分类一体作战。市州实行“一村一方案”督战贫困发生率超过10%的104个贫困村，县市区紧盯“三类”重点对象“一对一”包抓作战。建立省市县三级月调度机制，省脱贫攻坚领导小组每月集中调度1次，跟踪问效，一抓到底。对标脱贫退出标准，梳理出产业培育、劳务就业、扶贫项目资金10个方面28个薄弱环节，建立作战清单和工作台账，分别由10个省直督战部门和8个未摘帽县省直帮扶组长单位各负其责，包抓落实，限期销号清零。紧盯未脱贫人口，全面落实产业、就业、兜底、公益岗位、小额贷款等措施。

【冲刺清零专项行动】组织开展义务教育、基本医疗、住房安全和饮水安全冲刺清零专项行动，用“过筛子”的办法摸排短板弱项，分门别类制定实施方案，逐村逐户、逐人逐项解决问题，实现重点领域主要任务清零达标。建立控辍保学目标责任制，完善省市县校四级工作台账，运用宣传引导、帮扶救助、行政法律、干部包抓等多种方法劝返稳学，并采取单独编班、普职融合等方式分类施教，辍学学生基本回校上学。加强寄宿制学校和乡村小规模学校建设，保障学生稳定上学、就近入学。2020年，全省深度贫困地区统筹各类资金40.52亿元，组织实施义务教育薄弱环节改善提升工程，集中建设1073所乡镇寄宿制学校和乡村小规模学校，保障学生稳定入学、就近入学。全省深度贫困地区选派922名师开展“三区支教”，加强乡村教师队伍。全省深度贫困地区应建的7032个行政村卫生室、622个乡镇卫生院和41个县级公立医院全部实现分类达标并配备合格村医，全省深度贫困地区乡村两级基本医疗“空白点”全面消除。重点开展贫困人口参保信息核准和参保资助规范工作，包括全省深度贫困地区在内的全省所有建档立卡贫困人口全部纳入基本医保、大病保险、医疗救助三重制度保障范围并享受参保资助政策。截至2020年9

月底，全省深度贫困地区中动态监测发现新增危房453户，已开工453户。加大易地扶贫搬迁工作力度，“十三五”期间，全省深度贫困地区31.28万建档立卡贫困人口6.97万套安置住房全部竣工，搬迁群众全部入住。同步推进生产配套和产业就业扶持，在搬得出、稳得住、能发展、可致富上下功夫。坚持因地制宜、多措并举、建管并重，在基本实现正常年景有水喝的基础上，全面实施安全饮水巩固提升工程，确保水源稳定、水管通畅、水质达标。2020年，全省深度贫困地区累计完成1367处集中供水工程巩固提升任务，改造冬季冻管3798千米。以集中供水工程为主、分散供水工程为辅的农村供水体系初步建成，安全饮水、稳定供水问题总体得到解决。

2018年制定出台《关于支持“两州一县”和18个深度贫困县脱贫攻坚兜底保障工作实施方案》，对深度贫困地区脱贫攻坚兜底保障工作提出具体的支持意见和措施。全面提高兜底保障水平，分类提高农村特困人员供养标准，加大临时救助力度，做到兜底标准与扶贫标准“两线合一”，2019年农村一、二类低保对象年补助水平分别提高到4020元、3816元。在兜底保障资金上给予重点倾斜，“十三五”期间，共下拨深度贫困县276.3亿元，占全省资金总量的51.7%。其中，2018年共下拨54.66亿元，2019年共下拨59.92亿元，2020年共下拨62.03亿元，保障资金逐年增加。安排部省两级福彩公益金，资助深度贫困地区农村特困供养机构建设和设施配置项目71个、6505万元；资助殡葬、救助、儿童福利类项目21个、5979万元。

【拓展增收渠道】立足贫困地区资源禀赋和产业基础，坚持“大特色”与“小品种”一起抓，推动扶贫产业初步走生产、加工、销售一体化的发展路子。坚持区域产业整体构建和到户产业培育紧密衔接，健全经营主体同贫困群众增收挂钩的利益联结机制，将到户产业扶持资金与“一户一策”挂钩，采取达标奖补、以奖代补等形式激发贫困群众发展产业积极性。推动落实特色产业贷款和农产品收购贷款，缓解各类经营主体贷款难、周转资金短缺问题，支持农业新型经营主体发展。2020年，全省深度贫困地区新增新型市场经营主体99家、累计达到1302家。实施农民专业合作社能力提升工程，建立健全新型经营主体带贫减贫机制，带动贫困户融入现代农业产业发展体系。发挥省农业扶贫产业产销协会和9个产销分会的作用，组织深度贫困地区农产品经销企业组团发展、抱团出省。支持深度贫困县建设仓储保鲜冷链设施358个，深度贫困地区农产品贮运条件大为改善。实施保险保本垫底、入股分红保底、公益岗位托底、低保政策兜底等一揽子举措，最大限度降低产业发展风险。全省深度贫困地区实施71个保险品种，参保贫困户63.65万户，签单保费8.54亿元，2020年投保农户落实理赔3.54亿元，直接受益农户30.76万户次。加强深度贫困地区行政村农金室建设，乡镇农金站均投入运行，在农业保险和精准扶贫贷款催收续贷等工作中发挥了积极作用。

“十三五”时期，持续加大对深度贫困地区就业扶贫资金倾斜支持，共向35个深度贫困县下达就业资金20.11亿元。截至2020年9月底，全省深度贫困地区开展精准扶贫劳动力培训18.15万人，完成年度任务12.73万人的142.58%；全省深度贫困地区输转建档立卡贫困劳动人口153.74万人，就业一人基本能脱贫一户；累计建成扶贫车间1435个，吸纳就业5.17万人，其中建档立卡贫困劳动力2.45万人。2020年，全省深度贫困地区共落实生态护林员项目资金2.51亿元，共选聘生态护林员42530人，实现建档立卡贫困人口山上就业、家门口脱贫。拓展扶贫产业新业态，鼓励各地立足资源禀赋，大力发展电子商务、光伏扶贫、乡村旅游等扶贫产业新业态。加快发展电子商务，全省深度贫困地区国家电子商务进农村综合示范项目实现全覆盖，县级电商服务中心实现全覆盖，贫困群众对接市场、应对风险和持续增收的能力增强。发挥电商优势，推动新业态助力增收，强化与国内知名电商平台合作，在全省深度贫困地区开展“县长直播代言”“直播带货”等活动，农产品网上销售成效明显。全省35个深度贫困县中有28个县涉及光伏扶贫产业，截至2020年9月底，到位光伏收益达2.38亿元，贫困村集体收益增加，贫困家庭通过光伏公益岗位实现上岗就业、稳定增收。将光伏电站80%以上的收益用于贫困人口承担公益岗位工资和参加村级公益事业建设劳务费用支出，吸纳3.55万贫困人口实现就地就近就业。

【社会帮扶】统筹安排省内外各类帮扶资源，帮助深度贫困地区解决突出问题，增强贫困地区自我发展能力。2020年，东部结对帮扶市投入甘肃省35个深度贫困县财政援助资金20.38亿元，超过2019年同期水平，实施重点协作项目995个。协作省市帮助销售贫困地区农产品11.45亿元。深入开展“携手奔小康”行动，东部结对帮扶市所属县区对甘肃省深度贫困地区实现帮扶全覆盖。35个深度贫困县向东部结对区输转贫困劳动力10001名，较2019年全年完成数增长98%。中央单位持续加大资金和项目支持力度，2020年直接投入帮扶资金4.41亿元，实施帮扶项目301个；协助帮助引进项目490个，资金3.09亿元；购买定点扶贫县农产品2.34亿元。主动对接东部协作市和京津冀、长三角、粤港澳、成渝等消费市场，组织扶贫产品进机关、进社区、进市场、进高校、进医院、进车站（机场），引导社会各界踊跃购买扶贫产品，深度贫困地区消费扶贫呈现出“四个有”，即有比较完善的政策体系、有特色鲜明的扶贫产品、有职责清晰的工作班子、有持续良好的发展势头。2020年1—9月深度贫困地区扶贫产品销售额达到39.34亿元。深度贫困地区驻村帮扶工作队员14971名，每个驻村帮扶工作队县以上机关、企事业单位选派干部均

不少于3人。

【资金保障】2018—2020年9月底，安排深度贫困地区财政专项扶贫资金、一般债券可用于脱贫攻坚部分、财政扶贫专项以外的其他涉农整合资金、土地指标跨省域调剂收入、东西部扶贫协作资金等5项可直接用于脱贫攻坚的财政资金911.2亿元，占全省的67.8%。其中，财政专项扶贫资金397.51亿元，年均增长19.18%，占全省的65.29%（2018年106.98亿元，占61.72%；2019年138.58亿元，占66.73%；2020年151.95亿元，占66.71%）。此外，2020年安排深度贫困地区脱贫攻坚补短板综合财力补助资金24.94亿元，占全省的79%，重点用于支持挂牌督战县、村，支持易地扶贫搬迁后续扶持，支持贫困劳动力就业和产销对接，支持解决“苦咸水”问题。截至2020年9月底，全省深度贫困地区围绕《脱贫攻坚实施方案（2018—2020年）》落实各类扶贫资金718.24亿元，占实施方案三年计划的127.15%。

“两州一县”

【综述】甘肃省纳入国家“三区三州”扶持范围的是临夏回族自治州、甘南藏族自治州和天祝藏族自治县，简称“两州一县”，共17个县市，全部为国家集中连片特困地区贫困县。其中，临夏州8个县市（临夏市、临夏县、和政县、广河县、东乡县、康乐县、永靖县、积石山县），甘南州8个县市（合作市、夏河县、玛曲县、碌曲县、迭部县、舟曲县、卓尼县、临潭县），以及武威市天祝藏族自治县，共238个乡镇，1987个行政村。2019年，全省“两州一县”贫困人口从2017年底的32.01万人减少到2019年底的3.5万人，累计减少贫困人口28.51万人，贫困发生率从12.57%下降至1.4%，累计减幅11.17%。“两州一县”17个贫困县摘帽15个，1044个贫困村退出975个。2020年，3.5万未脱贫人口、69个未退出贫困村、东乡县和临夏县2个未摘帽县全部实现脱贫。

【冲刺清零专项行动】2020年，“两州一县”统筹各类资金21.9亿元，组织实施义务教育薄弱环节改善提升工程，集中建设345所乡镇寄宿制学校和乡村小规模学校，保障学生稳定入学、就近入学。选派505名教师开展“三区支教”，加强乡村教师队伍。应建的1702个行政村卫生室、245个乡镇卫生院和17个县级公立医院全部实现分类达标并配备合格村医，“两州一县”乡村两级基本医疗“空白点”全面消除。在全省2019年底实现现有存量危房改造任务冲刺清零基础上，截至2020年9月底，“两州一县”动态监测发现新增危房62户，开工62户，竣工62户。累计完成117处集中供水工程巩固提升任务，改造冬季冻管911千米。“十三五”期间，“两州一县”11万建档立卡贫困人口2.31万套安置住房全部竣工，搬迁群众全部入住，拆除旧房1.78万套。

【拓展增收渠道】2020年，“两州一县”新增龙头企业32家，累计达到243家，基本实现贫困县每个脱贫产业都有龙头企业，贫困村专业合作社全覆盖。支持有需求的深度贫困县建设仓储保鲜冷链设施96个，改善“两州一县”农产品贮运条件。“两州一县”已实施46个保险品种，参保贫困户16.66万户，签单保费3.65亿元。2020年，投保农户落实理赔2.23亿元，直接受益农户8万户次。加强“两州一县”行政村农金室建设，乡镇农金站均投入运行。2020年9月底，“两州一县”开展精准扶贫劳动力培训4.89万人，完成年度任务3.11万人的156%。输转建档立卡贫困劳动人口64.63万人。累计建成扶贫车间529个，吸纳就业2.14万人，其中建档立卡贫困劳动力0.98人。2020年，安排“两州一县”和18个深度贫困县旅游扶贫资金7097万元，扶持建设旅游扶贫重点村94个，农（牧）家乐1050户。2020年，“两州一县”共落实生态护林员项目资金4961.8万元，共选聘生态护林员16018人。“两州一县”国家电子商务进农村综合示范项目实现全覆盖，县级电商服务中心实现全覆盖。“两州一县”有15个县涉及光伏扶贫产业，2020年9月底，到位光伏收益达1.19亿元，将光伏电站80%以上的收益用于贫困人口承担公益岗位工资和参加村级公益事业建设劳务费用支出，吸纳1.93万贫困人口实现就地就近就业。

【社会帮扶】2020年，东部市投入“两州一县”财政援助资金9.64亿元，实施重点协作项目568个。协作省市帮助销售农产品3.75亿元。“两州一县”向东部结对区输转贫困劳动力6407名，较2019年全年完成数增长112%。2020年，中央单位持续加大对“两州一县”资金和项目支持力度，直接投入帮扶资金2.16亿元，实施帮扶项目104个；协助帮助引进项目71个，资金1.32亿元；购买定点扶贫县农产品0.79亿元。2020年1至9月“两州一县”扶贫产品销售额达到11.99亿元。“两州一县”有驻村帮扶工作队员3504名，每个驻村帮扶工作队县以上机关、企事业单位选派干部不少于3人。

【资金保障】2018—2020年9月底，安排“两州一县”财政专项扶贫资金、一般债券可用于脱贫攻坚部分、财政扶贫专项以外的其他涉农整合资金、土地指标跨省域调剂收入、东西部扶贫协作资金等5项可直接用于脱贫攻坚的财政资金376.5亿元，年均增长14.36%，占全省的28.02%（2018年106.79亿元，占27.25%；2019年130.06亿元，占27.49%；2020年139.65亿元，占29.16%）。其中，财政专项扶贫资金166.19亿元，年均增长19.56%，占全省的27.3%（2018年44.88亿元，占25.89%；2019年57.16亿元，占27.52%；2020年64.15亿元，占28.16%）。按照国家政策要求，中央新增财政专项扶贫资金52.89亿元（2018年14.32亿元，2019年17.95亿元，2020年20.62亿元）全

甘肃年鉴 2021

额安排到“两州一县”。此外，2020年安排“两州一县”脱贫攻坚补短板综合财力补助资金6.77亿元，占全省的21.46%。

【甘南藏族自治州】2018—2020年，全州8个县市接连摘帽，提前一年实现整体脱贫摘帽。3.9万户17.12万建档立卡贫困人口全部脱贫，贫困发生率从30.43%下降为零，甘南千百年来的绝对贫困和区域性整体贫困问题得到历史性解决。

2018—2020年，教育扶贫总投资2.27亿元。着力巩固提升“两基”成果，狠抓控辍保学长效机制建设，州内无因贫失辍学学生，九年义务教育巩固率达到99.11%。教育资助各类政策得到全面落实，助学借款实现应贷尽贷。全州所有在册义务教育学生都享受“两免”政策，所有寄宿生都享受“一补”政策，所有农牧村学校就读的义务教育阶段学生都享受“营养餐”政策。积极开展推广语言文字培训，提高少数民族普通话语言文字使用能力。建立学前教育、义务教育、普通高中教育、中职教育藏汉双语课程教学资源库和课件库，搭建网络共享平台，开展网络远程学习、教学、教研、研讨、管理、交流活动。投资9075万元，建设义务教育学校校舍9所，新建校舍13468平方米。投资5580万元，建设临潭、舟曲幼儿园园舍4所，新建幼儿园校舍1086平方米。投资450万元，建设完成2所中等职业教育实训基地。医疗扶贫总投资1.77亿元，建立健全基本医保、大病保险、医疗救助互联互通机制，为14.26万贫困人口购买大病及意外伤害商业保险；“一站式”结算制度在各级定点医疗机构全面执行，建档立卡贫困人口享受到“一站式”即时结报服务，贫困人口医疗保险参保率和资助率均达到100%。全州662个行政村，配有乡村卫生室568个（其中乡镇所在地不设卫生室），且每个村均配有合格村医，每个卫生均配备80种以上常规药品和基本设备，并接通结报系统，都能够正常提供基本医疗服务。危房改造总投资0.58亿元，完成三年计划的106%。全州存量危房已全面消除。总投资4.39亿元，累计搬迁建档立卡户4550户19710人，达到“易地搬迁一户、稳定脱贫一户”。

2018—2020年，产业扶贫投资27.11亿元。农牧产业方面，围绕“牛、羊、果、菜、药、薯、猪（蕨麻猪）、鸡（从岭藏鸡）”等八大特色产业，引进基础母牦牛10800头，种公牛1239头，优质编雌牛19581头，基础母绵羊10万只，同时兼顾土蜂、羊肚菌、藜麦、花椒等区域特色产业和“五小产业”，扶持引导贫困户发展“长短结合”的多元增收产业。落实农业保险保费补贴0.76亿元。扶持农牧民专业合作社4312个，落实资金2.49亿元，扶持发展村集体经济437个，其中贫困村309个，全州贫困村集体经济“空壳村”全面消除，年均收入3.59万元以上。依照各县市、村特色产业发展，全州建成畜产品、农产品、乳制品、药材和山野珍品等特色农畜产品初加工项目，落实资金3.97亿元。旅游扶贫方面，实施乡村旅游富民工程，依托文化旅游“一十百千万”工程，着力打造乡村文化品牌，创建特色旅游村镇，持续建成基础设施较好、旅游服务功能完备的旅游专业村167个，打造农牧家乐1449户，实现3.8万农牧民群众就地就近旅游增收，甘南旅游扶贫减贫模式入围“世界旅游联盟旅游减贫案例”，甘南2019年荣获亚洲旅游“红珊瑚”奖“十大最受欢迎文旅目的地”称号。电商扶贫方面，8县市全部创建为电子商务进农村示范县，建成乡镇服务站93个、村级服务点437个，农畜产品上网销售额达3.8亿元。光伏扶贫方面，建成村级光伏电站和户用分布式光伏发电系统256座，总规模55191千瓦，涉及239个村，其中贫困村131个，辐射带动贫困户10168户，开发光伏公益性岗位6431个。

2018—2020年，就业扶贫总投资3.09亿元。落实17697名贫困人口通过公益性岗位就业。坚持培训、鉴定、输转一体推进，每年完成劳动力输转12万人次以上，实现劳务创收22亿元，人均务工收入约4276元。设立贫困家庭大中专毕业生就业扶贫专岗642个，每人每月3000元，补助3年，落实资金7149万元。建成“扶贫车间”147个，就近吸纳农牧村劳动力5436人，吸纳建档立卡贫困劳动力1930人。

2018—2020年，生态扶贫总投资5.94亿元，推进新一轮退耕还林、天然林保护和生态公益林建设工程，优先安排贫困村和贫困户，扩大建档立卡贫困户覆盖面，约3.4万贫困人口受益，投资1.67亿元在25度以上坡耕地、重要水源地，实施新一轮退耕还林9.526万亩；玛曲县等牧区草场沙化治理成效显著，治理流动及固定沙丘1万亩，沙化地1.5万亩，黑土滩型退化草地15.2万亩。实施“生态补偿脱

甘南藏族自治州实施旅游富民工程打造碌曲县尕海镇尕秀特色旅游村镇

贫一批”项目，全州聘用生态护林员12384名，工资每人每年8000元。

2018—2020年，投资30.82亿元，实施村组道路、安全饮水、贫困村“三化”、厕所改造、高标准农田等项目，贫困村整体条件和贫困群众生产生活条件有效提升。贫困村高标准农田建设方面，有针对性地将土地整治等项目优先向贫困县乡倾斜，鼓励当地群众投工投劳，以项目建设促进贫困乡村脱贫，全州建设完成高标准农田6.6万亩，投资8496万元。道路建设方面，全州各县市通过融资平台积极筹措信贷资金和部分财政专项扶贫资金，建设完成自然村硬化路和主巷道硬化2680千米。安全饮水方面，在8县市实施农村安全饮水巩固提升工程，超额落实资金3亿元，全州农牧村饮水安全体系全面建成，饮水安全覆盖率达100%，入户率94%。贫困村“三化”工程、人居环境工程等方面，结合生态文明村建设，实施涉及309个贫困村的村内巷道硬化、入户道路硬化、贫困户庭院硬化、改厕、改厨、文化广场等项目。特别是通过纵深推进“环境革命”，对318个贫困村3.82万户贫困户实施改圈、改厨、人畜分离等改建工程，彻底改善村内人居环境落后的面貌。结合全州生态文明小康村建设，统筹各类资金4303万元，新建、改建291个贫困村文化活动中心，贫困村整体形象全面提升。

【临夏回族自治州】2011年，全州7县1市全部纳入六盘山连片特困区，东乡、积石山、和政、康乐、临夏、广河6县被确定为特殊困难县贫困区域，永靖县被确定为其他扶贫开发重点县贫困区域。2017年，《中共中央办公厅国务院办公厅〈关于支持深度贫困地区脱贫攻坚的实施意见〉》中将临夏州整体纳入国家“三区三州”深度贫困地区脱贫攻坚范围，全州649个贫困村中的412个村被甘肃省确定为深度贫困村。2020年11月21日，现行标准下贫困人口全部实现脱贫、贫困村全部退出、贫困县全部摘帽。全州56.32万贫困人口全部脱贫；在历年实现583个贫困村脱贫退出的基础上，2020年剩余的66个贫困村全部实现退出，全州649个贫困村全部退出。

2016—2020年，全州安排财政专项扶贫资金1007681.84万元，其中，中央和省级资金925118.8万元，州级资金5052万元，县级资金77511.04万元，分年度为：2016年56969.6万元、2017年112033.04万元、2018年214556.5万元、2019年293466万元、2020年330656.7万元。截至2020年12月，三年实施方案实际投资143.85亿元，占调整后计划投资117.69亿元的122.22%，分县市222个项目。

2013—2020年，累计投入103亿元，新建幼儿园994所、义务教育阶段学校1497所，全州学前及义务教育阶段学校达2403所。先后建成临夏现代职业学院、甘肃建筑职业技术学院康乐分院。2019年，2020年连续两招聘引进教师4000多名。九年义务教育巩固率达到97.23%，学前三年毛入园率达到95.36%，人均受教育年限达到8.5年，职普生比例达到4：6。2013—2020年，投资10.13亿元，新建改扩建乡镇卫生院67个、村卫生室587个，乡村两级配备医疗设备451台套，县乡村三级医疗机构全部达到分类建设的标准化要求，州医院成功创建三级甲等医院，8家县市医院均达到二级甲等标准，每个乡镇卫生院至少有一名全科医生，每个行政村都有一名村医，90%的常见病、多发病能够在县域内得到诊治。贫困人口基本医疗保险参保率稳定达到100%。全面落实参保缴费资助、大病保险、医疗救助保障、慢病签约服务等健康扶贫政策，住院报销比例达到85%以上。每千人拥有病床5.9张、医技人员5.98人。现有的地方病、慢性病贫困人口全部实现签约服务。2013—2020年，全州坚持不落一户、全面清零，改造农村危旧房11.67万户、落实补助资金20.98亿元，58.55万群众住上“安全房”“放心房”。综合采取乡村排查、州县核查、第三方鉴定的方式，对所有农户住房进行全覆盖筛查摸底。强化农村危房动态监测，做到发现一户、改造一户、销档一户，农村C、D级危房动态清零。扎实开展拆旧排危专项行动，拆除农村各类危房6.3万户，清理“四烂”“三堆”等18.7万处。投资43.38亿元新建易地扶贫搬迁安置点164个，搬迁安置1.47万户7.51万人，安置住房建成率、入住率均达到100%。大力推进易地搬迁安置点后续产业扶持，采取易地搬迁与城镇建设相结合、与园区建设相

广河县三甲集镇康家易地搬迁安置点

结合、与发展乡村旅游相结合、与推广扶贫车间相结合、与光伏扶贫相结合等多种模式，千方百计配套产业、促进就业、完善公共服务，确保搬迁一户、脱贫一户。2013—2020年，累计投资23.24亿元，建成186项农村安全饮水巩固提升工程，投资29.36亿元实施7项水源保障工程，农村自来水入户率达到99%以上，供水保障率达到95%以上，选聘村级水管员1246名，农村饮水安全问题得到了历史性解决。

2018—2020年，投入产业奖补资金27.59亿元，扶持11.96万户贫困户发展畜牧养殖，2.54万户贫困户发展特色种植，“牛羊菜果薯药菌”七大特色产业发展势头良好，特别是2020年种植高原夏菜、啤特果、赤松茸、香菇、百合等“特中特”产品88万亩。通过扶持龙头企业、引强入临、借助央企力量等方式，采取“企业+基地+合作社+农户”的模式，大力发展畜牧养殖业，培育形成牛羊屠宰加工、冷链物流、皮革毛纺、食品和民族特需用品生产加工等产业集群，养殖规模不断扩大、效益显著提升，探索走出“育、养、销、肥、种”一体循环发展路子。截至2020年底，全州牛、羊、猪等大牲畜存栏分别达到55.11万头、346.25万只、35.14万口。加快农民专业合作社创建提升工作，全州农民专业合作社达到4747家，入社农户9.7万户、带动17.6万户。累计投入7.41亿元，扶持1010个村发展壮大村集体经济，对649个贫困村进行扶持，全面消除贫困村集体经济“空壳村”。积极推进光伏扶贫、消费扶贫、旅游扶贫、电商扶贫，多渠道增加群众收入。推动劳务输转从“苦力型”向“技能型”转变，2019—2020年，开展劳动力技能培训14.65万人（次）。其中贫困劳动力4.03万人（次）。2020年，外出务工贫困劳动力达到25.76万人，比2019年增加5.84万人，做到应出尽出、稳定增收。通过企业帮建、厦门援建等方式建成扶贫车间340家，吸纳就业15561人、其中贫困劳动力7939人，人均月收入在2000元以上。开发公益性岗位5020个，疫情期间新开发公共卫生、消毒保洁、疫情监测等临时性公益岗位3788个，帮助贫困群众实现稳定增收脱贫。2020年，发放扶贫小额信贷7.27亿元、创业担保贷款66.22亿元，支持3.69万户发展养殖业、7368户发展种植业、7212户发展餐饮业、2081户发展服务业、4837户发展“五小产业”、5734户发展其他产业，扶持小微企业31家，为对冲疫情影响、打赢脱贫攻坚战、全面建成小康社会提供了重要的金融资金支撑。

将符合条件的困难群众全部纳入保障范围，做到应保尽保、应兜尽兜。至2020年，全州农村低保对象5.49万户、20.56万人，其中贫困人口2.87万户、11.38万人；有保障农村特困供养对象8239户、9397人，其中贫困人口3380户、3790人。在全面落实政策性兜底政策的同时，针对残疾人、特困供养、临时性困难家庭，建立健全残疾人“两项补贴”、临时救助、特困供养关爱服务等政策，落实残疾人两项补贴6.3万人，发放残疾人两项补贴、临时救助等补助资金14.43亿元，有效保障了特殊困难群体基本生活。

2020年，全州124个乡镇全部通四级及以上沥青（水泥）路、1116个行政村全部实现“两通”目标，“四好农村路”建设成效明显，村组道路硬化基本实现全覆盖，畅通群众出行的“最后一公里”。

【天祝县】2019年底，全县贫困发生率下降为0.07%，86个贫困村全部脱贫，1.43万户5.46万贫困人口通过项目扶持人均年增收2500元以上。2020年2月，经省政府批准退出贫困县序列。

2018—2020年，教育扶贫总投资22770万元，涉及10个项目。截至2020年12月，7项已完工，1项进行安装工作，2项正进行基础施工，其中：华藏寺镇初级中学迁建项目、松山镇7号移民点小学及幼儿园建设项目、安远镇初级中学改扩建教学楼项目、朵什镇初级中学综合教学楼建设项目、农村中小学（幼儿园）厕所改造项目、农村中小学（幼儿园）取暖改造项目、农村中小学（幼儿园）教育信息化建设项目、农村中小学教师教学能力和普通话水平培训项目已完工并交付使用；华藏寺镇华藏寺村幼儿园建设项目进行安装工作；松山镇9号移民点“3+2”幼小一体化建设项目和松山镇南阳山生态移民区寄宿制学校建设项目进行基础施工。推行“2+3”问题标准并联落实法，全面控辍保学、送教上门，落实“两免一补”“营养改善计划”，生源地贷款三项政策，实行“双线五包”责任制，健全完善核查比对、合力劝返、分类施策、动态管理、责任落实、经费保障六项机制，实现全县义务教育阶段适龄人口19980人无辍学学生。多形式保障133名适龄残疾儿童接受教育，实现控辍保学率、资助覆盖率、政策知晓率“三个百分百”。2018—2020年，实施健康扶贫项目5项0.94亿元。严格落实农村贫困人口参保缴费补贴政策，建档立卡贫困人口基本医保、大病保险、医疗救助覆盖率达到100%，全部按规定享受基本医疗保险、大病保险、医疗救助倾斜政策。县医院和县藏医院纳入全国跨省异地就医直接结算系统。乡镇卫生院、村卫生室建设达标，按要求配备全科科医生和乡村医生，采取“填平补齐”的办法，以每名村医月收入3000元工资为基数，补齐服务人口少、收入较低的村医年度工作报酬，县财政将补助资金纳入财政预算。家庭医生签约服务应签尽签，大病集中救治、“先诊疗后付费”和“一站式”即时结报政策落实到位，妇女“两癌”和新生儿疾病筛查、儿童营养改善项目按期完成。2018—2020年，投资0.37亿元改造农村“四类人口”危房876户，于2018年全部完成，全县C、D级危房全面消除。2019—2020年，自筹资金1.36亿元，对3027户容易降低安全等级农村住房进行改造提升，全面补齐农村住房短板弱

项，解决天祝县地质结构复杂、土坯房存量大、农村住房因雨因灾容易再次降低安全等级的现象。“十三五”期间，投入资金0.55亿元，实施易地扶贫搬迁3878户15114人，实际搬迁入住3878户15114人，入住率100%。严格落实“一户一宅、占新腾旧”政策规定，对应拆除的3226套住房全部拆除复垦，拆除复垦率达100%。加强移民后续产业培育，大力发展食用菌栽培、舍饲养殖、藜麦种植等特色产业，对县城安置群众引导通过就近务工、从事个体经营等方式，实现稳定增收。2018—2020年，从贫困户中选聘续聘生态护林员1513人，工资收益每人每年达到8000元，累计支出0.32亿元。

2018—2020年，投资3.85亿元，实施村组道路、安全饮水、农厕改造、综合性文化服务中心改造提升等一批项目，贫困村整体面貌和贫困群众生产生活条件得到明显改善。村组道路建设项目，2018—2020年共投资2.81亿元，规划建设自然村硬化路和主巷道硬化572千米，建成594千米。农村饮水安全巩固提升项目，2018—2020年共投资0.8亿元，全部建成，实施15处安全饮水巩固提升工程，覆盖11个乡镇53个行政村3807户贫困户。农村旱厕改造项目，2018—2020年共投资0.21亿元，改造农村旱厕8063座。贫困村综合性文化服务中心改造提升项目，2018—2020年共投资0.12亿元，改造提升15个贫困村综合性文化服务中心。

2018—2020年，实施产业扶贫项目17项4.19亿元。加大产业发展扶持力度，完善落实产业发展扶持政策，培育壮大牛羊鸡马菜菌藜药八大特色产业，推行“订单+保单”的“两单”模式，“独一份”白牦牛饲养量达8万头，毛肉兼用的高山细毛羊饲养量达140万只，全产业链金鸡产业日产鲜蛋78万枚，“特别特”岔口驿马存栏6000匹，建成绿色有机高原夏菜生产基地10.2万亩，“错峰头”食用菌栽培规模达2500万袋、畦栽30万平方米，健康美丽藜麦种植面积达11.6万亩，高原净土中药材种植面积达8万亩，实现县有产业体系、乡有特色产业、村有主导产业、户有致富门路。引进培育农业龙头企业31家，累计组建农民专业合作社1055家，培育发展家庭农场1728家。全力建设国家级农村一、二、三产业融合发展示范园，用好“中国高原藜麦之都”金字招牌和创建“中国西北食用菌之乡”、打造“天祝原生”文旅农区域公共品牌资源，着力引进实施金鸡扶贫产业园、天美白牦牛产业园、天蓟扶贫产业园、天沪香菇双创产业园、臣祥滑子菇产业园、天禾海鲜菇产业园、磨瑞尔斯羊肚菌产业园、10万亩高原绿色有机蔬菜产业园、藜麦产业园等12个产业园建设，5家产业园已投入生产，带动178个村集体经济发展、7586户农户稳定增收。全县32.3兆瓦11个村级光伏扶贫电站全部建成并网发电，发电收益及补贴收入达到3000万元以上，带动4949户贫困户增收。实施22个贫困村旅游发展项目，扶持贫困户建设农家乐（牧家乐）150户。推广“企业+车间+贫困户”模式，兴办扶贫车间62个，吸纳就业1935人，其中建档立卡贫困劳动力1074人，人均月收入2300元以上。2018—2020年，就业扶贫投资0.86亿，选聘续聘乡村公益性岗位5798个，其中贫困户大中专毕业生就业扶贫专岗150名、乡村环境卫生保洁员2852名、乡村道路管护员528名，年人均增加工资性收入7189元。开展精准扶贫劳动力技能培训1855人，年输转富余劳动力5万人次以上，创劳务收入8亿元以上。

社会扶贫和救助兜底保障

社会扶贫活动

【千企帮千村】制定《甘肃省2019年“千企帮千村”精准扶贫行动专项工作方案》《甘肃省工商联2020年东西部扶贫协作工作方案》《2020年甘肃省工商联“百村攻坚”活动工作方案》，组建工作组在8个贫困县全面开展扶贫工作，采取企社对接、消费扶贫、金融扶贫、捐赠扶贫等措施，聚焦8个县，组织动员民营企业、商协会组织，助力最后8个贫困县如期脱贫。截至2020年底，参与甘肃省“千企帮千村”精准扶贫行动民营企业2550家、帮扶村5508个、企业投入56.13亿元、帮扶贫困人口104.3万人。

动员民营企业特别是农产品加工企业在贫困乡村发展，优先吸纳贫困户到企业务工。鼓励农民通过土地入股和流转等形式参与企业发展。陇西县甘肃裕新农牧科技开发有限公司通过土地流转带动99户贫困户增收，共流转土地219.47亩，每亩每年可实现收入500元，户均每年可增加收入1000多元；同时安置就业45人，人均年可增收2.16万元。兰州威特焊材科技股份有限公司深入宕昌县南阳镇梨树村调研，与村党支部参股组建甘肃梨树丰源农业科技有限公司，采用“企业+合作社+农户”的模式，开展扶贫和农副产品加工销售。甘肃华羚集团结合打造“中国牦牛乳都”的契机，在甘南州实行养殖扶贫，鲜奶、曲拉收购责任制，重点以农业合作社，偏远乡镇为主体，实现7县1市建档立卡贫困全覆盖，通过建立“公司+基地+农牧户”的产业化经营模式，带动甘南牧区群众增收2.95万户，带动周边省州农牧户10万多户，农牧户平均增收5000元。兰州鑫源集团成立东乡县伊森食用菌科技开发有限公司，投资3800多万元，占地64亩，新建日产6万袋黑木耳菌棒加工及种植产业园扶贫项目，推进东乡县布楞沟村“公司+合作社+基地+农民”黑木耳种植试点活动，吸纳解决200多名东乡族妇女在家门口就业，每天有固定收入150~200元；注册成立漳县鑫源菌业科技开发有限公司，新建50亩黑木耳种植产业园，打造漳县“金花池”深山黑木耳知名品牌，推进“公司+乡镇+行政村+基地+农户”扶贫模式试点，吸纳周边140余名贫困户有偿务工，带动合作社6个，带动3个乡镇1000多户贫困农民依靠产业稳定脱贫，为石川镇5个村分红33万元，支付土地流转费5.1万元。民营企业配合政府部门积极开展再就业培训、创业培训，建立劳动力转移基地等形式开展帮扶活动。甘肃女企业家商会创办的“陇原妹”家政服务平台，大力培训贫困村妇女，“陇原妹”“陇原巧手”在发达城市成为抢手的劳务品牌，每年在北京从事家政服务的有5万多人，人均收入6万元以上。

【光彩事业临夏行】“中国光彩事业临夏行”活动，以“汇聚民企力量、助力临夏脱贫”为主题，是在临夏州脱贫攻坚最吃劲、最关键的时候，举办的一场意义深远的助力打赢脱贫攻坚战的活动。2018年12月3日启动，制定《临夏州招商引资优惠政策（试行）》《关于进一步加快项目审批管理办法》，制定切实可行的优惠措施和工作要求，营造良好的营商环境。在全州部署开展城乡综合整顿整治“十大行动”，集中整顿整治各领域热点难点重点问题，进一步优化发展环境。临夏州组成9个招商组赴北京、上海、深圳等20多个城市，举办招商项目推介会及座谈会35场（次），与会企业人数达3200多人。积极开展节会招商，组织参加甘肃省绿色生态产业沪浙招商推介会、敦煌2019年（第十二届）中国绿年会、厦门第十五届海峡旅游博览会，利用在甘各大商会举办年会之际开展招商推介。

聚焦贫困群众最急需的教育扶贫、产业扶贫、健康扶贫、就业扶贫、住房和安全饮水、易地搬迁、社会事业7个重点领域，精心筛选编制公益项目84个。2019年6月中旬，中央统战部光彩事业指导中心组织光彩会理事会企业和爱心企业，到临夏州进行公益捐助项目考察，经过深入对接，中国光彩会理事企业和基金会捐赠8336万元，其中现金3546万元，出资2000多万元将积石山县胡林家乡左家村打造成脱贫攻坚与乡村振兴战略相结合的示范村。省委统战部、省工商联动员省内企业捐赠3150万元，厦门市工商联和企业家捐赠1060万元。同时，临夏州召开州工商联（总商会）五届三次执委会议，号召临夏州民营企业积极参与光彩行活动，临夏州企业捐赠5271.15万元（其中到账资金4256.75万元、承诺捐赠1014.4万元），承诺捐建小学2所、幼儿园3所、老年活动中心1处。

2019年7月3日，召开活动主体大会，举行投资项目、消费扶贫、金融扶贫签约仪式和公益捐赠仪式。对接洽谈项目196项，投资金额490.85亿元，其中洽谈对接成熟的合同项目103项、投资金额234.82亿元，达成投资意向的协议性项目93项、投资金额256.03亿元；民生银行兰州分行与临夏州政府签署授信协议，在5年内为临夏州提供不少于50亿元的综合授信支持和现代化金融服务；签约消费扶贫项目11个、签约金额1.75亿元，其中厦门东西部协作消费扶贫协议金额1亿元；募集公益捐赠1.78亿元。

【民企甘南行】甘南州组成招商团队赴天津、广东、四川、西藏等省市举办招商推介活动，组织全省39家商会的140多名企业家代表走进甘南实地考察。甘南百草生物科技开发有限公司等企业和单位与天晶石相关企业签约各类招商引资项目8项，总计投资约6.9亿元，天津市城里山外供应链管理有限公司与卓尼县签订1000万消费扶贫协议。全国工商联餐饮业委员会和四川易田电子商务有限公司与甘南州、临夏州以及省内8个未脱贫县签订7个亿的消费扶贫意向书，与甘南州签订1.6亿元的消费扶贫协议。

2020年8月31日，“全国工商联直属商会进甘南暨民企甘南行”活动主体大会在甘南州召开。全国工商联34个直属商会会长、秘书长，省内外商会组织、知名民营企业等500余人参加大会。签约招商引资合同项目85个，签约总投资72.6亿元。其中，兰洽会期间签约合同项目63个，签约总投资52.29亿元；主体大会现场签约合同项目22个，签约总投资20.31亿元。220家单位（个人）承捐5608.3万元，其中承捐资金2419.18万元（到位资金909.33万元），承捐物资价值3189.12万元（到位物资价值1984.13万元）。

【津企陇上行】2019年、2020年，天津市会同华池县、天水市麦积区组织两场“津企陇上行”活动，参会企业超过500家，参会人数超过1000人。累计签约项目118个，合作总额312.76亿元。截至2020年10月31日，签约项目完成和正在实施项目86个，实际到位资金44.04亿元，资金到位率14.1%。

【巾帼脱贫行动】“十三五”时期，省妇联争取各类专项资金2.128亿元，根据妇女需求开展就业帮扶41.56万人。对能走出去的贫困妇女进行家政服务技能培训。争取省扶贫专项资金4525万元，培训“陇原妹”家政服务员27905名，输转到北京、天津和兰州等地就业。对不能外出务工的妇女，争取省财政厅专项资金1.05亿元，培树“陇原巧手”及骨干7.57万人，通过劳务品牌培训妇女7.5万名，帮助她们掌握增收技术，居家灵活就业。对务农的

甘肃年鉴 2021

妇女，争取省财政厅专项资金2000万元，采取依托龙头企业、能人带动、农业合作社联建、巧手基地转型、妇联走出去主动对接等多种形式，借势借力建设“巾帼扶贫车间”，帮助2.7万名陪读妈妈等妇女就业，其中建档立卡贫困妇女10670人。争取全国妇联、省扶贫专项资金4255万元，引导女能人、女带头人创建产业基地，吸纳贫困妇女就近就地就业。创建全国巾帼脱贫示范基地52个，建设省级巾帼脱贫示范基地201个、贫困妇女种养业基地106个，辐射带动21万妇女，一大批贫困妇女变成产业工人，实现稳定增收。

省妇联投入200万元资金，示范推进“巾帼家美积分超市”建设。不断拓宽筹资渠道和经费来源，争取省住建厅资金500万元，协调东西部扶贫协作资金189万元，各级党委政府、帮扶单位、社会力量支持资金1600多万元，建成“超市”5238家，覆盖全省14个市州86个县区，用积分引导家庭文明、乡风文明，激发群众的脱贫主动性。“积分改变习惯、勤劳改变生活”在广大妇女和家庭中蔚然成风。各地以“超市”和“美丽庭院”创建活动为载体，创建“美丽庭院”示范村100个，“美丽庭院”示范户1000户，揭晓勤劳致富、生态文明、孝老爱亲、移风易俗等各类“最美家庭”1578户。推进“巾帼共建美丽家园清洁行动”百日攻坚，全省各级妇联共组织400多万户农村家庭开展“清洁行动”6万余场，发动巾帼志愿者248万人，奖励积分334万分，带动全省80%以上的农村家庭达到“七净一规范”标准，村容村貌、院内院外明显改观。

东西部扶贫协作和中央定点帮扶

【东西部扶贫协作】“十三五”时期，天津、福州、厦门、青岛4市39个区县对甘肃省58个贫困县实现结对帮扶全覆盖。2018年、2019年国家脱贫攻坚成效考核中，甘肃省东西部扶贫协作成效连续两年被综合评价为“好”的省份。

“十三五”时期，东部4市累计投入财政援助资金87.86亿元，特别是2018年达到19.79亿元，超过前20年帮扶资金的总和；2019年达到28.25亿元，超年度计划10.2亿元，是2017年的5.9倍。87.86亿元援助资金中，天津市41.816亿元，福州市11.648亿元，厦门市18.71亿元，青岛市15.685亿元。实施协作项目4931个，其中天津市2201个、福州市745个、厦门市1224个、青岛市761个。

累计帮助引进东部企业405家（含续建和新增投资），投资42.53亿元，通过利益联结、吸纳就业，带动29.49万贫困人口增收。充分依托外省市帮扶资源，积极构建省级协调、市县组织、职校培训、定点安排、跟踪服务的劳务协作精准对接机制，建立健全驻外服务机构，定期互走互访，开展劳务对接，积极做好信息互通、组织输转和跟踪服务等工作。“十三五”时期，累计联合开展就业培训8.66万人次，向东部4市输转贫困劳动力2.5万人。累计建设扶贫车间1351个，吸纳贫困劳动力7.07万人次就业。东部协作市空出2130余个事业单位和市属国有企业岗位，定向招聘甘肃省贫困家庭大学毕业生。

双向选派挂职干部982人，其中与天津市互派661人（天津派137人、甘肃省派524人），与福州120人（福州派43人，定西派77人），与厦门125个（厦门派39人，临夏派86人），与青岛76人（青岛派35人，陇南派41人）。双向选派专技人才1.53万人次，其中与天津互派7697人次（天津2985人次，甘肃4712人次），与福州1169人次（福州538人次，定西631人次），与厦门3366人次（厦门975人次，临夏2391人次），与青岛3069人次（青岛643人次，陇南2426人次）。培训创业致富带头人3.77万人次，其中天津市帮助培训16658人次，福州市7460人次，厦门市2771人次，青岛市10761人次。引导企业405家，投资42.53亿元，其中天津市帮助引导232家、投资额13.46亿元，福州市64家、投资额12.7亿元，厦门市59家、投资额8.76亿元，青岛市50家、投资额7.61亿元。

“十三五”时期，共向东部四市输转劳动力11.96万人，通过东部四市在甘肃省帮扶建设扶贫车间等举措，就近就地输转建档立卡劳动力8.4万人。

【中央定点帮扶】“十三五”时期，36家中央定点扶贫单位累计直接投入甘肃省43个定点扶贫点帮扶资金25.46亿元，引进项目1185个，举办各类培训班培训6.12万人次，购买农产品5.57亿元。在脱贫攻坚冲刺阶段，中央单位持续加大资金和项目支持力度，2020年直接投入帮扶资金5.9亿元，实施帮扶项目502个；协助帮助引进项目694个、资金8.2亿元。

厦门市帮扶临夏州建立扶贫车间

甘肃省东西部扶贫协作资金统计表

（单位：亿元）

年份		合计	天津市	福州市	厦门市	青岛市
1996—2012年		3.036	4.800	—	0.640	—
2013年		0.748	0.648	—	0.100	—
2014年		0.800	0.700	—	0.100	—
2015年		0.856	0.756	—	0.100	—
2016年		2.295	1.825	—	0.470	—
2017年		4.820	1.240	0.980	1.650	0.950
2018年		19.787	8.861	2.518	4.750	3.658
2019年		28.250	13.790	3.620	5.700	5.137
2020年	计划	24.330	10.000	4.000	5.200	5.128
	已到位	32.710	16.100	4.530	6.140	5.940
十八大以来合计		90.26	43.920	11.648	19.010	15.685
合计		93.30	48.720	11.648	19.650	15.685

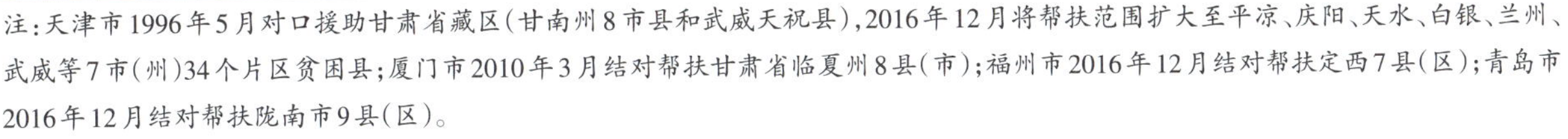
注：天津市1996年5月对口援助甘肃省藏区（甘南州8市县和武威天祝县），2016年12月将帮扶范围扩大至平凉、庆阳、天水、白银、兰州、武威等7市（州）34个片区贫困县；厦门市2010年3月结对帮扶甘肃省临夏州8县（市）；福州市2016年12月结对帮扶定西7县（区）；青岛市2016年12月结对帮扶陇南市9县（区）。

中央单位定点扶贫工作情况汇总表（2016—2020）

序号	主要负责同志或班子成员赴协作地区调研对接（人次）	挂职干部数量（人）	本单位直接投入（含无偿和有偿）（万元）	引进项目数（个）	培训专业技术人员（人）	帮助贫困户人口转移就业	购买当地农产品金额（万元）	扶持的贫困人口数（人）
2016年	93	81	85527	76	798	—	—	—
2017年	93	81	29220	75	3795	11895	1347.38	13154
2018年	96	64	31744	91	9160	15191	3923	13504
2019年	122	100	49138.44	249	13166	7911	12985	104874
2020年	137	118	58971	694	34288	7925	37484.6	13400
合计	541	444	254600.44	1185	61207	42922	55739.98	144932

注：天津市1996年5月对口援助甘肃省涉藏州县（甘南州8市县和武威天祝县），2016年12月将帮扶范围扩大至平凉、庆阳、天水、白银、兰州、武威等7市（州）34个片区贫困县；厦门市2010年3月结对帮扶临夏州8县（市）；福州市2016年12月结对帮扶定西7县（区）；青岛市2016年12月结对帮扶陇南市9县（区）。

甘肃省东西部扶贫协作携手奔小康行动结对帮扶名单

东部市县区		甘肃省		
		小计	国扶工作重点县	国家片区县
合计	39个	58个	43个	15个
天津市（16个）	滨海新区	2	*甘南州合作市 天水市张家川县 （由保税区负责）	—
	津南区	2	天水市秦安县	△平凉市灵台县
	西青区	2	天水市麦积区	△白银市景泰县
	宝坻区	2	天水市武山县	△兰州市永登县
	河北区	2	天水市清水县	*甘南州玛曲县
	东丽区	3	*甘南州临潭县 天水市甘谷县	△兰州市皋兰县
	和平区	3	*甘南州舟曲县 白银市会宁县	△白银市靖远县
	河西区	3	*甘南州卓尼县 平凉市庄浪县	△平凉市崆峒区
	南开区	3	*甘南州夏河县 庆阳市环县	△庆阳市庆城县
	河东区	2	庆阳市宁县	*甘南州迭部县
	红桥区	2	庆阳市合水县	*甘南州碌曲县
	北辰区	2	庆阳市华池县	△庆阳市正宁县
	静海区	1	庆阳市镇原县	
	武清区	2	平凉市静宁县	△平凉市泾川县
	宁河区	1	兰州市榆中县	—
	蓟州区	2	*武威市天祝县 武威市古浪县	—
	小计	34	—	—
青岛市（9个）	市南区	1	陇南市宕昌县	—
	市北区	1	陇南市西和县	—
	李沧区	1	陇南市康县	—
	崂山区	1	陇南市礼县	—
青岛市（9个）	城阳区	1		陇南市成县
	黄岛区	1	陇南市武都区	—
	即墨市	1	陇南市文县	—
	胶州市	1	—	陇南市徽县
	莱西市	1	陇南市两当县	—
	小计	9	—	—
厦门市（7个）	思明区	2	临夏州临夏县	临夏市
	同安区	1	临夏州康乐县	—
	翔安区	1	临夏州永靖县	—
	火炬高新区	1	临夏州广河县	—
	集美区	1	临夏州和政县	—
	湖里区	1	临夏州东乡县	—
	海沧区	1	临夏州积石山县	—
	小计	8	—	—
福州市（7个）	鼓楼区	1	定西市岷县	—
	福清市	1	定西市通渭县	—
	长乐市	1	定西市漳县	—
	晋安区	1	定西市渭源县	—
	仓山区	1	定西市临洮县	—
	台江区	1	定西市安定区	—
	连江县	1	定西市陇西县	—
	小计	7	—	—

注：标"*"的为已帮扶的甘肃省9个涉藏市县，标"△"的为天津新增结对帮扶的9个国家片区县。

中央、国家机关和有关单位定点扶贫甘肃省贫困县名单

序号	类别	中央单位	定点扶贫县
1	中央国家机关（12家）	中央组织部	舟曲县
2		中央台办	广河县
3		中央党史和文献研究院	镇原县
4		全国妇联	漳　县
			西和县
5		国家市场监督管理总局	礼　县
6		中央统战部	积石山县
7		国家医保局	
8		中国地震局	永靖县
9		中国银保监会	和政县
			临洮县
10		中国证监会（深圳证券交易所）	武山县
11		国家能源局	通渭县
			清水县
12		国家乡村振兴局	渭源县
13	高校（5家）	北京科技大学	秦安县
14		西南交通大学	
15		南开大学	庄浪县
16		天津大学	宕昌县
17		中央财经大学	
18	社团（4家）	中国文联	武都区
19		中国作协	临潭县
20		中国记协	文　县
21		全国台联	榆中县
22	金融机构（4家）	中国进出口银行	岷　县
23		交通银行	天祝县
24		中国投资有限责任公司	会宁县、静宁县
25		中国太平保险集团有限责任公司	两当县
26	中央企业（11家）	国家开发投资集团有限公司	合水县、宁　县
27		中国石油化工集团有限公司	东乡县
28		中国煤炭地质总局	张家川县
29		中国海洋石油集团有限公司	夏河县、合作市
30		中国建筑集团有限公司	卓尼县、康乐县、康　县
31		中国化工集团有限公司	古浪县
32		中国化学工程集团有限公司	环　县、华池县
33		中国中车集团有限公司	麦积区、甘谷县
34		南光（集团）有限公司	临夏县
35		中国建设科技有限公司	陇西县
36		新兴际华集团有限公司	安定区

注：36个中央帮扶单位（原有33个单位，2019年7月增加国家医保局，2019年9月增加西南交通大学、中央财经大学）帮扶43个贫困县，其中深度贫困县30个（迭部县、碌曲县、玛曲县、靖远县、临夏市5个深度贫困县未纳入中央单位定点帮扶）。

救助兜底保障

【保障对象】加强保障对象的精准认定，通过信息核对、建立监测预警机制，将140.8万（其中一类12.81万人、二类66.99万人、三类47.77万人、四类13.19万人）农村人口识别为低保对象，将9.06万识别为农村特困供养人员。截至2020年底，全省有兜底保障对象（农村一、二类低保对象和分散供养特困人员）88.9万人，实现了应保尽保、应兜尽兜的目标要求。

【保障标准】2020年，农村低保标准和农村特困供养标准均超过4000元脱贫验收标准，分别比2016年增长55.1%和59.1%。逐年提高城乡低保指导标准、补助水平和特困供养省级补助标准，全省农村低保标准由2017年的3500元提高到2020年的4428元，年均增幅为8.2%。农村特困人员供养标准由单一的基本生活标准拓展为“基本生活+照料护理”，补助金额从2015年的每人每年4114元提高到2020年的7200元、8400元、9600元，增幅超过75%，确保兜底保障对象持续实现收入上的“政策性脱贫”。2017—2020年，先后两次提高孤儿基本生活费标准并实现城乡统一，将事实无人抚养儿童纳入保障范围，孤儿和事实无人抚养儿童集中供养生活费达到每人每月1360元、散居生活费标准达到每人每月1000元。2017年起，全面落实困难老年人生活补贴，为困难家庭60岁以上失能、失智老年人和80岁高龄老年人每人每月补贴100元，为其接受居家社区养老服务或者入住机构养老给予资助。2017—2020年，累计开展临时救助468万人次，支出资金57.9亿元。其中，2020年1—7月救助人次和支出资金，分别比2016年全年增加49.2万人次和9.8亿元，增幅达到119%和500%。及时启动社会救助和保障标准与物价上涨挂钩联动机制，连续14个月向城乡低保对象和特困人员等困难群众累计发放价格临时补贴5.74亿元，确保困难群众基本生活不因物价上涨而降低。

【资金投入】优先保障民生资金投入，2017—2020年连续4年每年列支资金超过23亿元，共列支困难群众救助补助预算103.2亿元。积极向民政部、财政部争取支持，中央下达甘肃省困难群众救助补助资金逐年增加。2017—2020年，连同省级配套资金，筹集下拨困难群众救助补助资金435.4亿元（2017年96.6亿元、2018年102.2亿元、2019年114.1亿元、2020年122.5亿元），年均增幅达到8.2%。2012—2018年共筹集困难群众救助资金607.89亿元，其中2018年筹集102.22亿元，比2011年的56.64亿元增加45.58亿元，增幅达80.5%。

【动态监测预警】建立困难群众动态管理监测预警机制，研发监测预警信息系统，对存在返贫风险的已脱贫人口、存在致贫风险的边缘人口等困难群众实行监测预警。在全面监测低保对象、特困供养人员、存在返贫风险的已脱贫人口、存在致贫风险的边缘人口的基础上，将患有慢性病和重大疾病的困难群众、登记失业人员、登记发证残疾人全部纳入到监测范围，通过部门间的信息数据共享比对，适时发出监测预警信息，指导基层入户核查，为符合条件的家庭或人员及时提供相应救助。全省纳入监测预警范围对象由7大类250.55万人扩大到10大类、413.7万人，占全省城乡人口的13.4%。通过部门间的信息数据共享对比，适时发出监测预警，共发出红色预警信息3.5万条、橙色预警信息2.3万条，通过逐一入户核查，2.4万名符合条件的困难群众获救助。

脱贫攻坚英模事迹

在全省脱贫攻坚过程中，涌现出以张小娟为代表的众多先进典型。他们扎根基层，致力于脱贫攻坚，牺牲在脱贫攻坚的战场上；他们用日复一日的坚守、年复一年的奉献，书写了不平凡的扶贫事迹，感人至深、催人奋进。一个个先进事迹，书写了一位位共产党人的不凡一生，彰显了共产党人坚持为人民的幸福不懈奋斗的光辉历程。

胡仁禄（1961—2018）中共党员，生前系中核兰铀公司总包项目部施工部副经理，甘肃省临洮县窑店镇驻村扶贫干部，担任滩汪村党支部第一书记、帮扶工作队队长。2018年，甘肃省提出中央企业和省直属单位选派帮扶队队长兼第一书记的人选应为处级干部。中核兰铀公司认为公司总包项目部施工部副经理胡仁禄是最合适的人选，他曾在甘肃西和县作为知青插队，熟悉农村生活；在公司一直从事基建管理工作，有丰富的经验。2018年1月开始，即将57岁的胡仁禄毫不犹豫地转战脱贫攻坚一线。

胡仁禄说：“扶贫就要真干。”他从进入滩汪村的第一天开始，他将自己全身心融入滩汪村，无时无刻不在思考滩汪村的发展，无时无刻不在惦念着滩汪村的贫困户。胡仁禄保持艰苦奋斗的作风，与贫困群众一起站在一线、干在一线、生活在一线。自驻村帮扶以来，胡仁禄腿疼严重，帮扶队的同事劝他休息，可他却坚持要去走访农户，“我是帮扶队长兼第一书记，第一书记就应该走在最前面。”滩汪村位于海拔近2500米的一道道黄土岭上，各家各户星星点点散落在一块块梯田之间。有的农户距离村委会数千米之遥，胡仁禄走访时要不停地上山下坡，绕过几道梁，回来时常常已过饭点。即使下雪下雨，他也会去。他常说：“我们开展扶贫工作，一定要亲自走到、看到、听到、说到，掌握摸透第一手情况，才能针对性开展帮扶，帮他们真脱贫。”他不仅记下37户贫困户的基本情况，也摸清滩汪村的发展短板，还学会很多农村工作方法。

经过调研，胡仁禄发现，有些村民思想观念相对落后保守。“扶贫首先要扶‘志’”。滩汪村要彻底实现脱贫，就要从思想意识入手，要解放思想。“一条腿走路，风险很大，如果同时搞养殖，就可以实现多条腿走路。”一个产业扶贫项目逐渐在胡仁禄脑海里形成：搞养殖合作社，调整村产业结构，推动村集体经济发展，利用荒山养鸡、养牛、养羊，见效快。如果农户积极性不够，就以奖代补的方式来激励。养殖100只鸡或10头羊，补助4000元。经过细致艰苦的努力，合作社选定带头人并成立。合作社动工开始建鸡舍，胡仁禄发挥自己的基建专长，一天不落地跑到工地上当起免费的工程质量监督员；基础质量不合格，他叫停；灰浆比例不达标，他制止；围栏建设不到位，他让返工。紧接着他又投入到购买鸡苗、培训技术的工作当中。村里的道路开建，他还是不放心，路基平不平、路面宽不宽、厚度够不够、边沟好不好，每天两次的检查成为他的必修课。最终，2018年全村37户贫困户中有15户自己养殖生态鸡，40户贫困户参与代养。

胡仁禄说：“扶贫路上一个都不能漏掉。”在他担任滩汪村帮扶队长兼第一书记的200多个日夜里，他时刻惦记贫困村民，帮群众排忧解难。5个社的11千米通社道路资金不够，他向公司争取缺口资金4万元；农户的洋芋卖不上好价钱，他积极协调中核兰铀公司同意以高于市场的价格包销。经过努力和多方协调下，2018年滩汪村的贫困发生率下降至0.96%，实现整村脱贫。2018年10月22日晚，胡仁禄突发疾病，倒在工作岗位上……2021年5月19日，中共甘肃省委、甘肃省人民政府决定，授予胡仁禄“全省脱贫攻坚先进个人”称号。

张　渊（1962—2019）中共党员，生前系环县司法局党组成员、纪检组长。2019年12月3日，张渊在车道镇监督检查脱贫攻坚重点工作落实情况过程中，突发急性心肌梗死，因抢救无效于2019年12月4日0时30分不幸去世，享年57岁，于2020年1月被县委确认为因公牺牲。

张渊1983年8月至1995年12月，在环县农业技术推广中心工作12年；1995年12月至2003年12月先后在西川乡、罗山川乡任副乡长、党委副书记等职务共8年；2003年12月至2015年12月任环县农牧局副局长、环县农村能源建设办公室主任等职务12年；2015年12月至2019年12月4日任环县司法局党组成员、纪检组长职务4年。在张渊勤恳敬业的工作生涯中，把长达32年时间奉献在农业农村工作上，其中在“农口”工作达24年，是环县农业技术领域的行家里手，把半生心血献给环县“三农”工作，在平凡的岗位上干出不凡的成绩，为农村能源建设和农业发展付出心血和汗水。

张渊始终牢记环县父老乡亲对他的培养之恩，他坚持走群众路线，时时刻刻处处尊崇党章、佩戴党徽，用党员标准严格衡量和规范自己的言行，加强党性修养，践行为民服务宗旨。在工作上，他恪尽职守、竭诚奉献、辛勤工作，出色地完成党组织赋予一名共产党员的光荣任务。2021年5月19日，中共甘肃省委、甘肃省人民政府决定，授予张渊“全省脱贫攻坚先进个人”称号。

余建平（1963—2019）生前为两当县林业局干部。2019年6月，被选派到兴化乡柳树村扶贫工作队。初到柳树村第一天，他便开始走访22户建档立卡贫困户和34户常住一般户。有时群众不在家，他便跑到果园、圈舍、农地里，与群众聊天，和他们一同干活劳作，及时全面掌握他们的收入来源、身体状况、家庭成员、致贫原因等基本状况，为因户施策、因人施策奠定基础。发展经济林，结出“致富果”。

他邀请核桃种植的科技人员和“第一书记”一起到村里授课，为种植户讲解核桃种植知识，推广新品种，“送技术进农户”。在村内举办林果业培训班，传授果树冬季综合管护技术知识、推介农药安全使用新方法、核桃树嫁接，并邀请专家、技术能手现场指导果农进行核桃树嫁接后管理。帮助驻村干部制定《柳树村2016—2020年产业发展规划》。争取项目，在村内修建卫生厕所一座，实施农网改造项目，为56户群众安装净水器；关爱困难群体，在重要节日为五保户、特困户送慰问品，帮助打扫卫生，邀请村医生为他们上门免费体检活动。

协助筹建柳树村兴蜂养殖专业合作社及村互助资金协会，通过支部+合作社+企业+农户的模式，利用“三变”改革机会大胆尝试，盘活村内闲置资源（通过合作社带动6户贫困户和6户一般户，种植玫瑰186亩）；通过与乡县协调，为5户烤烟种植户争取种植面积107亩；通过帮扶单位县林业局提供花椒苗，发展花椒栽植230余亩；管护核桃树2万余株，提供核桃、花椒管护物质，切实解决产业发展单一的问题。2019年，柳树村群众迎来一个丰收年，以前“只投入、无收益”的局面得到扭转。

发放花椒苗2000株，嫁接核桃树200余株；发放核桃、花椒管护资料120余份，讲解核桃、花椒修剪及管护知识；发放石硫合剂600袋；提供核桃树管护物资（硫磺粉、盐、生石灰、农药）；为提高柳树村核桃品质，增加群众收入，发放核桃树专用肥200余袋；为美化村内环

甘肃年鉴 2021

境，提供鲜花种子30余斤；为五保户维修房屋，赠送过冬衣物、购买棉门帘，给五保户发放过冬取暖的块煤3吨；帮助群众销售土鸡、鸡蛋、猪肉等；维修田间道路；给群众提供核桃市场价格信息；帮助群众复印身份证、户口本等；从县城给群众购买药品等，开展送温暖活动。全村"两不愁三保障"目标全部实现。

自抽调到驻村工作队以来，他时刻牢记自己的初心和使命，每天默默奉献着自己的辛勤汗水。在驻村工作期间常感身体不适，但他一直坚持在工作一线，直到国家、省、市对全县精准扶贫工作评估验收结束后才去医院检查身体，罕见的疾病给他的人生画上句号。2021年5月19日，中共甘肃省委、甘肃省人民政府决定，授予余建平"全省脱贫攻坚先进个人"称号。

赵兴军（1963—2020）中共党员，生前为联通平凉分公司工会副主席，2018年8月任泾川县党原镇赵家村第一书记、驻村帮扶工作队队长。2015年，他主动请缨，到基层开展精准扶贫帮扶工作，在党原镇高寨村担任村上的第一书记。2017年8月，他被调整到党原镇赵家村担任第一书记兼驻村帮扶工作队队长。

担任第一书记和帮扶工作队队长后，他经常深入贫困户家中走访，3年多的时间里，他走遍8个村民小组288户。走访多少贫困群众、进行过多少次调研，赵兴军的同事已记不清，只留下好几本记满各式各样问题的笔记本。在他的笔记本里，详细记录了走访过程中发现的贫困户家庭情况、致贫原因等各种问题，以及梳理出来的工作重点和解决办法。

赵兴军担任第一书记后的第一件事就是为村里解决办公设备和为村上接通光纤拉网。赵兴军利用行业优势，积极向单位汇报给赵家村接通互联网，解决信息进不来、出不去难题；并积极争取基站建设项目，实现全镇及帮扶村网络全覆盖，同时给赵家村贫困户赠送话费卡200多张。他还为赵家村村委会购买3台电脑、1台打印机和铁皮文件柜，改善赵家村村委会的办公条件。

在党原镇走访了解，干部群众普遍反映赵兴军为人诚恳，很随和，也很热心，真正把群众的事当自己的事，设身处地为群众着想。"我们扶贫干部虽然很普通，但只要把群众身边的小事做好了，让群众满意了，就能得到群众认可。"这是赵兴军生前挂在嘴边的一句话。赵兴军把群众的小事当成自己的大事，他用自己的实际行动践行一名党员对群众的承诺。2021年5月19日，中共甘肃省委、甘肃省人民政府决定，授予赵兴军"全省脱贫攻坚先进个人"称号。

陈　龙（1963—2020）中共党员，生前系临夏县北塬镇松树村文书。2008年1月被任命为松树村文书，12年来一直担任村干部。2020年4月7日，上班期间，因突发脑溢血在村委会去世。

在担任松树村村干部的12年里，陈龙经常走村入户，掌握村情民意，收集第一手资料，对本村基本情况、种植养殖产业、道路状况、群众脱贫愿望和脱贫攻坚等有独特的认识。以严谨的工作作风、务实的工作态度，团结带领松树村"两委"成员动真情、真扶贫、扶真贫，真抓实干、埋头苦干，研究确定适合本村实际的脱贫攻坚计划，精准聚焦贫困户致贫原因和制约本村经济发展的主要矛盾，制定出台"松树村脱贫攻坚挂牌作战计划"，确定松树村脱贫攻坚工作的目标和重难点。

以前松树村的路是晴天一身土，雨天一身泥。村支部活动室建设差，几间危房，摇摇欲坠，无法发挥阵地作用；村里致富路子差，虽然有种植和养殖的习惯，可小农思想严重，意识不够开放，缺少为群众致富的引路人。在陈龙的协调反馈下，松树村自2014年以来累计投入860万元，实施门台巷道硬化、渠道衬砌、危房改造、太阳能路灯安装、自来水管网改造、棚户区改造等项目，硬化道路41千米，全村通硬化道路率100%、自来水入户率100%、电网改造率100%。

从担任村文书第一天起，陈龙就迅速进入角色，严格要求自己，把习近平总书记说的"实干兴邦、空谈误国"作为座右铭，抓村集体经济、抓疫情防控他是"排头兵"，作为一名年近60的老文书，记忆力方面肯定不如年轻村干部，但在平常的工作中，他的细心、认真和出色的工作表现，不禁让一大部分年轻村干部都自愧不如。在疫情防控工作中，他总是坚持在第一线，用实际行动带动广大干部群众组成一道道"生命防线"；对走访入户他是"活地图"，哪个家里有残疾人、有适龄学生、有困难老人都十分清楚，在心里有一本厚厚的民情账。

发展壮大村级集体经济，增强带动群众致富能力，巩固脱贫成果。成立后坪村博达农民种植专业合作社，种植黄芪50亩，吸纳贫困户205户，带动贫困户就业40余人；在合作社种植业不断发展壮大的同时，大力动员社员种植黄芪200余亩，并邀请农业技术专家到村进行黄芪种植指导，预测250余亩黄芪可创收50万元，让村民的腰包鼓起来，切实提高村民的生活水平。2021年5月19日，中共甘肃省委、甘肃省人民政府决定，授予陈龙"全省脱贫攻坚先进个人"称号。

王　军（1964—2020）中共党员，生前曾担任甘肃省广电网络公司平凉分公司工会副主席，2018年6月任泾川县高平镇下梁村第一书记、帮扶工作队队长。

王军驻村帮扶以来，严格要求自己，认真学习，扎实工作，牢记职责使命，一心一意抓扶贫，时刻战斗在扶贫攻坚第一线，做到与群众同吃同住同劳动，帮扶工作取得明显成效。

一到村后王军便与镇政府干部、村“两委”干部、驻村工作队员组成工作组，采取“走亲戚”的方式对全村228户进行全覆盖入户走访，对于精准识别出的128户贫困户则采取“常走亲戚”的走访方式。每到一户王军都会用接地气的语言主动与群众聊家常，倾听群众的心声，了解群众的生产生活以及困难等情况。下梁村主导产业是蔬菜，为能够更好地和群众交流，王军主动在网上购买蔬菜种植的相关书籍，通过学习，也懂得一些粗浅的管理知识，经常坐在地头与群众交流，拉近与群众的距离。当养老保险所交金额提高，很多村民对此颇有微词。针对这种情况，王军反复做村民的思想工作，使村民们茅塞顿开，积极主动交款。全国疫情防控最为关键的时期。王军每天和村组干部一起轮流值班，坚守疫情防控监测点，做好来往人员登记、车辆消毒工作。为保障群众在疫情防控期间的生活所需，减少不必要的外出活动，王军提出设置下梁村爱心代购车，让村里的出租车司机每天为村民购买生活用品，村上出车费。村民每天早上9点前通过微信群把自己想要购买的物品告知司机，司机接单后就到镇上购买，之后按原价送到村民手中，慢慢的村民都习惯足不出户的生活，有效阻断病毒传播、降低疫情防控成本，同时也提升防控成效。

王军在扎实开展驻村工作的同时，与派出单位联系沟通，由省广电网络公司协调举办蔬菜劳作技能培训班1次，培训35人。在春节来临之际，王军联络协调派出单位慰问贫困群众32户，为群众送去温暖。“脱贫攻坚就要为群众做实事，才不会让脱贫成为一句空口号”他是这样说，也是这样做的。在项目建设过程中，王军能够按照村上的安排部署，及时参与项目建设，协调处理项目建设过程中的矛盾纠纷问题。通过努力下梁村先后完成道路硬化3.7千米，硬化巷道6100平方米，砂化道路10.3千米，安装太阳能路灯42盏，实施改厕29户；在建设蔬菜产业园区的时候，王军能够和贫困户对接，落实主体，协调修建地块，先后修建日光温室4座，钢架大棚77座，鼓励群众购买安格斯红牛18头，有效提高群众收入。

2020年11月6日凌晨5时左右，王军因摔倒诱发脑梗死抢救无效，离开这个他为之奋斗过、热爱过的平凡世界，年龄永远定格在56岁。2021年5月19日，中共甘肃省委、甘肃省人民政府决定，授予王军“全省脱贫攻坚先进个人”称号。

王建军（1965—2020）生前系渭源县路园镇陆家湾村帮扶工作队第一书记兼队长。2015年9月，王建军开始驻村帮扶工作，一干就是近5年。2018年2月，他又毫不犹豫地接受组织安排，被选派到渭源县祁家庙镇官路村开展驻村帮扶工作。驻村以来，他一心扑在扶贫村，带领全村广大干部通公路、改危房、修水渠、建新村，以实际行动诠释着一名驻村帮扶队员最真、最诚、最美的扶贫情结。

舍小为大挑重担，目标未达誓不休。担任驻村帮扶队长时，王建军已年过50，上有老下有小，一家三口又分隔三地，儿子在兰州，妻子在渭源，而他常年在村上。但作为一名政协委员，也作为一名出生农村的干部，他对农村有着深厚的感情，在家人的全力支持下，他义无反顾地接下扶贫重任，去完成组织交给自己的神圣使命。2018年，县上调整驻村帮扶队长时，他原本可以调回单位上班，但他舍不得离开，想继续投身脱贫事业。

王建军提出“积极推广当归熟地育苗技术，提高全县当归种苗自给率”的意见建议，获得镇党委政府及县中医药产业发展中心人力和资金的大力支持。组织村社干部和当归熟地育苗户20多人前往岷归种苗主产区之一的漳县金钟镇观摩学习当归育苗技术，并邀请省农科院博士和县上有关农业专家进行技术培训。2018年争取到县药材办资金支持1.3万元，推广当归熟地育苗面积60多亩；2019年获得县中医药产业发展中心财政扶持资金10万元。

五年来，王建军先后组织参加县、乡、村中药材标准化生产技术培训班200多期，帮助众多农民学到中药材标准化生产技术。10多次较为准确地预测中药材价格行情走势，帮助药农获得较好的收益。五年来，他的足迹走遍所驻村社及周边的山山水水、沟沟壑壑。特别是近两年来，他踏遍官路村的沟沟坎坎、角角落落，遍访全村118户建档立卡户。

王建军把驻村帮扶工作中的所见所闻、所思所想、所作所为一一梳理记录，汇集成100多篇约16万字的纪实日志——《帮扶进行时》，多篇在《甘肃经济日报》《定西日报》《中国甘肃网》等省市主流媒体发表。然而不幸的是，2020年12月29日的晚上，当王建军和驻村帮扶的干部在村上探讨第二天的脱贫攻坚工作时，突感身体不适、陷入昏迷。之后在县医院和兰大二院全力救治下，却未能醒来，就这样离开他曾热爱的扶贫事业，也告别一起奋斗过的战友。2021年5月19日，中共甘肃省委、甘肃省人民政府决定，授予王建军“全省脱贫攻坚先进个人”称号。

郑建学（1966—2018）生前系邮储银行平凉市分行职工，静宁县甘沟镇大柳村原驻村帮扶队员。2018年7月，在担任邮储银行平凉市分行计划财务部出纳期间，被选派担任静宁县甘沟镇大柳村第一书记兼驻村帮扶工作队长，后因病去世。

郑建学在工作中，勤勤恳恳，从不叫苦叫累。每次要入库的重要空白凭证一箱有三四十公斤重，他一直都是一个人扛到库里，然后分类放好，根本不让其他女同志动手。库里的点钞机有时候发生故障，要经销商来修理会花费一些时间，郑建学就自己琢磨着修理。后来，点钞机的故障排除，还有换纸带等工作全部是郑建学一个人做。2018年7月，他去静宁县扶贫的时候，把金库的所有需要

交代的工作都做好，连每一个捆钞机的纸带都换好，交代给接班人员才走。可是，他这一走就再没有回来。

郑建学与家人长期分居在卓尼、西安、平凉三地。他的妻子在甘南卓尼林场工作，孩子在西安打工，他一个人坚守在平凉的工作岗位上，从来没有请过一天假，6年来没有休过一次假。当有人提醒他休年假，去看看孩子、妻子，但是郑建学都以休假没有事情，孩子和妻子工作都忙，不能去干扰，工作离不开人为由拒绝。对于家庭困难，都是自己承担。在静宁县甘沟镇大柳村驻村一个月的时间里，他走家入户，把村上的情况每天记到日记上。对每一个精准扶贫户的情况分类分析，提出帮扶办法。郑建学虽然驻村时间较短，但是他把严谨、认真的好作风带到扶贫村，用实际行动践行“不忘初心、牢记使命”的共产党人的坚定信念，是每一位党员干部学习的榜样。2018年8月17日，郑建学在精准扶贫的主战场上，因突发疾病以身殉职。2021年5月19日，中共甘肃省委、甘肃省人民政府决定，授予郑建学“全省脱贫攻坚先进个人”称号。

杨正江（1966—2019）生前系积石山县卫生健康局干部，担任积石山县银川乡新庄村精准扶贫驻村工作队队员。2019年8月1日，由积石山县卫健局选派到银川乡新庄村开展驻村帮扶工作。因超负荷工作诱发心脏病，经医治无效于11月7日上午7时50分因公殉职，53岁的生命永远定格在扶贫路上。

在开展入户帮扶工作时，杨正江用自己的私家车先送同事到工作点，再折返到自己的帮扶社开展工作，到傍晚时又一个个地接回村委会，他用一种润物无声的热情鼓舞和帮助着大家。初到银川乡张家村驻村时，村上缺乏电脑操作人员，他叫来自己的儿子操作电脑，录入群众信息。当杨正江得知村里的残疾人还没有办理残疾证，他特地跟县残联联系并约好，在周末时用自己的车接送残疾人检查办理残疾证，帮助落实残疾补助。

2019年11月5日上午11时许，正在核对预脱贫户收入监测信息的杨正江，突然感到后腰部绞痛不适，病倒在工作岗位上。这时他全然不知，几个月来紧张而焦虑的工作，血压高达200多毫米汞柱，心脏已经亮起红灯，发出生命告急的信号。

“没事，我只是岔了一下气而已，缓一会就好了。你们帮我把王孝丽的残疾人补助问一下。”这是他对村健康专干吴国平说的一句“硬气”的话。疼痛加剧，脸色越发不好，这时同事们迅速把他搀扶到车上，立即奔赴附近诊所，经测量血压和B超检查，大夫嘱咐血压太高，转到县医院作进一步检查治疗。他的情况依然不见好转，立即转往临夏州医院，通过CT、核磁检查，发现心脏主动脉夹层严重问题，迅速与省城医院联系并用120救护车送病人直赴兰州。然而，杨正江生前双脚终未能踏进妻儿老小期盼的家门，11月7日上午7时50分，因医治无效，他平静地离开挚爱他的亲人，终没能抚摸一下日夜牵挂的孙子稚嫩的脸颊。儿子结婚，妻子打来电话，催他操办，他总是一推再推，他解释说：“我正在忙工作，家里的事靠你了，你办事我放心。”此事对他也留下终身的遗憾。

杨正江自2015年到银川乡张家村开展驻村帮扶工作，主动承担最边远、最艰苦的帮扶工作。邀请县住建、教育、医保等部门业务人员，经常结伴出行，严格开展水质监测、房屋鉴定、家庭签约医生手册比对，认真开展各项认证、认定、标识工作。新庄村是全县花椒主产村之一，8月份正是花椒采收的关键时期，村里群众经常早出晚归，为入户开展工作带来很多不便。面对这种困难，他们夜间进行入户工作，经常工作到深夜，住在群众和朋友家里是杨正江的工作生活常态。

他的生命献给脱贫攻坚事业，用自己质朴的一生抒写出“不获全胜决不收兵”的工作担当。2021年5月19日，中共甘肃省委、甘肃省人民政府决定，授予杨正江“全省脱贫攻坚先进个人”称号。

袁树新（1966—2020）生前系兰州石化客运公司设备管理科高管，多次主动申请参加扶贫工作。2019年甘肃省委省政府发文要求增加驻村帮扶力量，终于如愿被组织选派加入兰州石化公司驻村帮扶工作队，由庄浪县组织部派驻郑河乡庙川村。庙川村全村建档立卡贫困户110户，自然条件恶劣，基础设施落后，是深度贫困村。袁树新驻村期间紧紧围绕精准扶贫要求，狠抓扶贫政策措施落实。突发的新冠疫情，更让袁树新焦急万分，春节刚过就返回帮扶岗位。为使庙川村尽快改变面貌，他加班加点，克服诸多困难，抗击疫情。巩固帮扶成果的关键时刻，袁树新病倒在岗位上。2020年6月25日，他因急性心梗，心源性休克，低钾血症急诊入兰州陆军总院心内科ICU，虽经手术抢救，他却永远离开他心爱的岗位。

袁树新善于做细致的思想政治工作，注意倾听群众的意见和要求，热心帮助群众解决实际困难。他迅速了解掌握村情，吃透百姓的贫困现状，他每天记好工作日志，尽快进入角色，投入到脱贫攻坚工作之中，协助第一书记制定帮扶村年度脱贫计划和帮扶措施。驻村期间，主动照顾患病同志，自费为五保户老人购买生活物品，耐心细致地对老人开展思想工作，使老人丢掉思想包袱，顺利乔迁新居。他经常深入贫困户家中，为他们排忧解难，带去方便。

袁树新自驻村以来，不仅扶贫工作干得好，他也不忘“老本行”。在植树造林的山坡上，总能看到他的身影，利用自己的优势，指导村民栽好树，并讲解植树造林是关乎子孙后代的大事，马虎不得。他每天早起半个小时，自愿为行道树抹芽，区域涉及全乡的中北片。有针对性地做好脱贫攻坚工作，他进村挨家挨户，入户调查，短短几个月时间，几乎走遍全村的贫困户，对于特殊困难户更是多次进行走访，认真细致的调研摸底，掌握第一手资料。经过反复的入户走访摸排，为建档立卡贫困户按照“一户一策”制定帮扶措施。

在疫情控制时，袁树新始终保持头脑清醒，认清疫情防控任务依然艰巨繁重的现实。疫情最严重的时候，白天宣传、消毒、入户排查隐患，晚上总结当天工作，安排第二天任务，没有休一天假。每一家的情况在其心里都有一本账，始终做到慎终如始，坚持严防、巩固联防、做实细防。咬紧牙关不麻痹、不厌战、不松劲，毫不放松带领村民抓紧抓实抓细各项防控工作，坚决打赢防疫保卫战。始终坚持“一切为了群众”的初心，持之以恒担当作为，日夜奋战守护庄园。

袁树新驻村时间虽然不长，但他却对精准扶贫有着深刻的认识，自申请驻村以来，他将驻村帮扶作为自己的首要任务，他真是急村民之所急，想村民之所想，将所有的精力时间都用在真帮实扶上。其间，他只探过一次亲，第二次感觉身体不适才回家休息看病，却永远地离开心爱的岗位。袁树新将自己的心血和汗水全部播洒在庙川这块他深爱的土地上。2021年5月19日，中共甘肃省委、甘肃省人民政府决定，授予袁树新“全省脱贫攻坚先进个人”称号。

刘正虎（1967—2018）中共党员，生前系临夏市供销社办公室主任，南龙镇王闵家村精准扶贫帮扶干部。2018年1月28日早晨，在乘车前往王闵家村开展工作途中，由于心脏病突发，经抢救无效去世。

刘正虎在精准扶贫工作中，围绕脱贫标准，因户施策，积极主动地帮助两户建档立卡贫困户，有针对性地制定有效的帮扶措施。多次自费去银行帮助85岁的老人挂失及补办一折通、去农村信用社打印明细表、去卫生院做体检、办慢病卡，秋收后帮助帮扶户收玉米。因病致贫的贫困户2017年纳入建档立卡贫困户后，为及时摸清准确掌握该贫困户的基本情况，刘正虎每次下村时，不管单位的其他帮扶责任人入不入户，刘正虎总是自费购买生活用品，主动地到贫困户家拉家常，了解情况，听呼声，想对策，针对贫困户的实际情况，从落实“惠农政策”入手，刘正虎与贫困户共同制定帮扶计划，明确措施，贫困户存在的突出问题及时向村“两委”和帮扶工作队进行汇报。11月，经过刘正虎跑腿协调，为贫困户帮助办理慢病卡，减少看病支出，贫困户生活状况得到改善。

刘正虎是党员和干部职工在新时期精准扶贫工作中的杰出代表，他用自己的行动践行“四讲四有”标准，用生命展现新时期共产党人的良好形象和精神风貌，不愧是脱贫攻坚工作的楷模。2021年5月19日，中共甘肃省委、甘肃省人民政府决定，授予刘正虎“全省脱贫攻坚先进个人”称号。

李　可（1968—2020）中共党员，生前系兰州市安宁区环卫局干部。2019年5月14日，李可响应组织号召，加入安宁区帮扶陇南市礼县的大军，投身于脱贫攻坚第一线，奔赴礼县中坝镇新寨村驻村帮扶，任帮扶工作队第一书记兼队长。

李可借鉴城市社区管理经验，在全村实现网格化管理，提高村务工作效率和水平。在全村投放垃圾箱20个，建成21处垃圾池，并鼓励村民保持庭院干净整洁，不乱倒乱丢垃圾，营造全村良好的卫生环境。组织动员有劳动能力的贫困户和边缘户全覆盖发展“五小产业”，全村发展畜牧养殖户5户、中药材100亩、蚕豆500亩、花椒300亩等，建成垂钓园和养鱼池各1座，有效促进农户增收。组织工作队的同志，积极协调安宁区环卫局、商务局、城发集团及礼县有关部门，筹措不锈钢垃圾桶、办公桌椅、台式电脑、无线音箱设备、笔记本电脑、打印机等价值5万元的物资，用于村内发展和改善办公条件。带领工作队走访村内全部贫困户，逐户询问他们的生产生活、身体状况及孩子学习教育等情况。对困难家庭多次带领工作队看望慰问，并送去米、面、食用油等慰问品；热心帮助困难大学生，联系为新入学的大学生资助1万元助学金，为奖励村里的5名高考录取生，向每人捐赠现金1000元及笔记本、书包等学习用品，鼓励孩子们好好学习、早日学成报效桑梓。在艰苦的驻村日子里，还关心同在礼县驻村帮扶的同志，隔壁村的一位队员突然病倒，李可第一时间驾车把生病的同志送往县城看病。

经过231天驻村的艰辛付出，2019年新寨村顺利脱贫，当年脱贫189户、763人。因工作实绩突出，2019年度被评为优秀第一书记。2020年，为最大限度消除新冠肺炎疫情影响，李可筹措物资应对疫情，在疫情基本稳定后，又组织人员宣传就业务工补助政策，积极引导动员村民尽快外出务工，累计输转430余人，最大限度地减少疫情对群众收入的影响。

2020年5月，在为剩余的14户、34人脱贫工作奔波时，李可的身体状况变得很不理想，本来就有糖尿病的身体更加虚弱，时常剧烈咳嗽，在一起帮扶的同志多次劝导下，才离开新寨村，回兰州检查身体，被诊断为肝部肿瘤及糖尿病并发症。在得知自己罹患癌症后，李可乐观面对，始终牵挂着新寨村的情况，担心还留在礼县一起帮扶的同志，每周打电话询问村子脱贫进展，提醒同事照顾好身体。2020年12月28日，因罹患重病去世，时年52岁。2021年5月19日，中共甘肃省委、甘肃省人民政府决定，授予李可“全省脱贫攻坚先进个人”称号。

柴生芳（1969—2014）生前在中共甘肃省委办公厅工

作，2006年4月，主动请缨到条件更为艰苦、“苦瘠甲天下”的定西工作。先后担任陇西县副县长，安定区委常委、副区长，临洮县委常委、副县长，2013年10月担任临洮县委副书记、县长。

自2013年9月19日担任代县长开始，他就对扶贫工作特别关注。担任县长后，他便本着“精准扶贫”而去。从扶贫、农业、畜牧、水务、交通、住建、教育、文化、卫生等9个部门抽调30多名工作人员，奔赴全县18个乡镇、323个行政村调研。经过一个多月的扎实调研，《临洮县深入推进“1236”扶贫攻坚行动方案》最终出炉，这是临洮历史上编制项目最细、篇幅最大的扶贫规划之一。为临洮县实施“精准扶贫”制定战略规划。

“2014年，我要跑遍全县323个村子，把每个村的村情吃透，建立精准扶贫机制。”这是在2014年扶贫攻坚大会上柴生芳刚担任县长时候的郑重承诺。“出门招商、回家下乡”，在临洮工作的三年里，他几乎跑遍全县300多个行政村，行车4万多千米，写下近30本工作日记，共计170余万字。

从基础设施、富民产业、公共服务、美丽乡村、素质提升、农民收入6个方面制定建设目标，为全县323个行政村全部确定主导产业，共有6大类28种。他先后6次赴京汇报衔接，终于将临洮县列为“六盘山片区交通扶贫攻坚示范试点县”，投资9.1亿元修建各类农村公路1119.9千米，相当于临洮县中华人民共和国成立以来修建道路的总和。到2015年底，全县公路通车总里程由1548千米增加到2917千米，在全市率先实现所有行政村通硬化（油化）路目标。

安全饮水方面，争取实施西南部农村饮水工程，当年全县自来水入户率达到70%。住房安全方面，积极争取到总投资21.2亿元的易地扶贫搬迁项目和总投资3.06亿元的南屏镇灾后重建项目，让5万多人在3年内基本实现所有群众住上砖瓦房的目标。他时刻把人民的冷暖放在心头，多方融资，启动实施总供热面积达300万平方米、惠及城区3万多住户的城市集中供热项目，这是临洮历史上单体工程投资最大的城建项目。

在资金支持方面，与甘肃银行签订高达15亿元的金融扶贫战略合作协议，当年发放各类支农小额贷款2.18亿元，临洮县被评为“全省金融扶贫试点县”。全县累计争取扶贫专项资金5246万元，实施各类扶贫项目60个，临洮县被省上确定为精准扶贫示范县，为2019年临洮县顺利退出贫困县序列，2020年187个贫困村全部退出、11.29万贫困人口全部脱贫奠定坚实基础。为临洮县共争取下达各类项目62个，争取到省级以上专项资金6.93亿元。争取到国务院扶贫办“第六期世界银行贷款项目”，临洮县被确定为项目实施县，项目规划总投资5000万元。

2009年，临洮县设立省级经济开发区，中铺工业园区是整个开发区的龙头。为确保甘肃招金贵金属冶炼有限公司成功在临洮县落地实施，柴生芳多次召开现场办公会议，研究解决企业项目建设过程中的土地、用水、用电等各类问题，使该企业于2014年8月全面投产，次年产值达6.6亿元，占全县工业企业年产值的半壁江山。指导编写《马家窑遗址保护工作规划》，获得国家批复立项；谋划占地28平方千米的沿洮文化产业带，引进落户重点项目17个，完成投资10.7亿元，马家窑文化产业园、卧龙湾洮砚水镇等多个投资过亿元的文化旅游项目启动建设；实施哥舒翰纪功碑修复、文庙修葺工程和战国秦长城遗址保护项目，辛店文化遗址被列为“全国重点文物保护单位”，成功举办马家窑文化国际高端论坛，首次开展马家窑遗址科学性考古发掘，省编办批复甘肃临洮马家窑文化研究院，一个文化产业聚集区正在洮水之畔拔地而起。

2014年8月15日凌晨，柴生芳因长期超负荷工作，劳累过度，诱发心源性猝死，在其办公室不幸去世，年仅45岁。柴生芳先后被中共临洮县委、定西市委、甘肃省委、中央评为“优秀共产党员”，被中央宣传部授予“时代楷模”荣誉称号，被人社部评为“人民满意公务员”。2021年5月19日，中共甘肃省委、甘肃省人民政府决定，授予柴生芳“全省脱贫攻坚先进个人”称号。

吴生祥（1969—2018）中共党员。2011年4月开始担任文县中庙镇后坝村村委会主任。2018年11月14日，吴生祥跟往常一样“私车公用”，驾驶着自己的白色越野车，前往后坝村较为偏远的土地庙社去查看道路建设情况，途中因雨天路滑，连人带车不慎坠入100多米的崖下，经抢救无效，不幸去世，年仅49岁。

吴生祥争取项目资金补齐项目建设短板，改善村内基础条件。其间，硬化村内道路5.9千米，群众出行问题得到保障；寻找水源，架设管道，全面解决群众安全饮水问题；硬化农户院落89户，拆除危旧房危旧房屋8户46间，落实危房改造72户，进一步保障群众住房安全；实施下河口社、青岩社两个移民点防护排水沟200米，防护坎1100立方米，道路护坎1600立方米，保障群众出行安全；修建65平方米老年疗养中心一座，丰富老年人精神文化生活；在他的带领下，后坝村“一月一小变、一年一大变”，以前想都不敢想的事，现在都一一实现，群众日常生活变得便利，生活幸福指数节节升高。截至2018年，全村61户贫困户199人实现脱贫致富，彻底摘掉“穷帽子”。

在吴生祥带领下，后坝村共发展新品种龙井43号茶园350亩，实施核桃高接换优100亩。邀请技术人员到村实地开展茶园管护培训3次，加强产业配套设施建设，完善茶园灌溉设施。针对新建茶园和投产茶园以及茶叶品种的不同，动员群众分类别做好茶园的管护，并严格按照相关标准进行施肥、灌溉、除草、松土，同时协助农户做好茶

叶的采摘、加工、收购及宣传，确保茶农有个好收成。对有劳动能力和劳动意愿的扶贫对象，因户施策，以提供信息、技术、服务等方式，有针对性地引导和帮助贫困户发展产业。

针对家庭困难群众，累计纳入农村一、二类低保14户31人，三、四类低保户23户52人，发放临时救助资金36人18500元，最大限度保障困难群众基本生活，对家庭条件已经改善的低保户实行渐退机制。动员全村群众参加新型农村合作医疗和城乡居民基本养老保险，全面落实家庭医生签约服务，针对患有重大疾病人员的家庭，主动联系业务人员，帮助办理大病医疗救助资料的收集、整理、上报等工作，其间共落实10人医疗救助资金共134100余元。宣传学习教育的重要性，全村义务教育阶段学生无一辍学。持续做好农村留守儿童、妇女老人和困难残疾人的社会福利服务工作，协助镇业务人员按时足额发放各类惠农惠民资金。推进农村环境卫生管理常态化，落实12个公益性岗位人员分区划段包干，动员干部群众定期开展环境卫生大整治活动，清理房前屋后堆放的杂物，摘除乱悬乱挂的横幅，禁止乱贴乱画，积极倡导群众在自家庭院种植花卉，美化环境，村容村貌有很大的提升。

吴生祥家中有年迈患重病的双亲，有一双懂事的儿女，平时工作忙，无法照顾好家庭，都是妻子和儿女在帮忙打理。他本可以家庭美满，生活幸福，本可以是父母的好儿子，妻子的好丈夫，儿女的好父亲，但是他把一切都无私奉献脱贫攻坚事业。2021年5月19日，中共甘肃省委、甘肃省人民政府决定，授予吴生祥“全省脱贫攻坚先进个人”称号。

石小军（1969—2019）中共党员，生前系临夏州生态环境局环境工程评价中心干部。2019年1月17日，在单位组织全体干部职工赴永靖县三条岘乡大地坪村开展结对帮扶和嘘寒问暖工作完成后，突发心肌梗死，抢救无效病故。

石小军深入永靖县小岭乡的小岭、土门、沟滩村入户帮扶，与贫困群众面对面、心交心，摸清底数，找准致贫原因，精准制定帮扶计划及措施。向帮扶群众发放民情连心卡，宣传各项政策措施，提高群众对精准扶贫工作的认识；经常入户调查，通过询问墒情、农时、农资等情况，详细填写贫困户农户台账资料，鼓励引导农户积极开展种植结构调整，为增加帮扶户收入，多次给群众耐心细致的做思想工作，给他们讲解种植经济作物比粮食作物的收入高的好处，鼓励群众种植百合或金银花。精准脱贫攻坚战开始后，除按照“一户一策”精准脱贫计划每月至少一次的入户帮扶要求外，曾多次利用双休日主动入户帮扶，宣传扶贫优惠政策，与贫困群众面对面详谈，及时了解每户每人的“3+1”方面实际情况，询问帮扶户存在的困难，并向生态环境局驻村工作队和乡镇领导反映，争取最大限度地享受优惠政策，解决实际困难。在石小军的帮扶下，为帮扶户协调办理慢病卡节约医药费开支，落实危房改造加固、免费体检、公益性岗位申报等优惠政策。帮扶户的家庭经济收入逐年增加，生活水平逐渐改善。

石小军看到大地坪村和红岘子村的学生冬天早上上学早，晚上放学晚，学生走夜路不安全，积极向驻村工作队反映，也多次向原单位反映，想尽一切办法解决学生上下学走夜路不安全的问题。他多次反映、筹措资金10万元支持大地坪村路灯安装和两个村乡村干部能力提升学习和贫困群众劳务技能培训项目；争取到2018年中央农村环境整治项目资金120万元，永靖县政府统筹整合用于大地坪村和红岘子村环境整治、美化亮化工程。2021年5月19日，中共甘肃省委、甘肃省人民政府决定，授予石小军“全省脱贫攻坚先进个人”称号。

程　琪（1970—2018）女，中共党员，生前系武威市残疾人联合会综合科科长。2015年7月至2018年1月在凉州区金塔镇金塔村驻村，担任第一书记、驻村帮扶工作队队员。2018年1月7日，程琪连续加班，在金塔村参加完帮扶相关工作后，因长期超负荷工作，劳累过度，于1月8日凌晨在家中不幸去世，年仅48岁。

2015年7月5日，程琪到凉州区金塔镇四个贫困村之一的金塔村担任村第一书记。2013年底，金塔村有建档立卡193户621人，贫困发生率达29%。在金塔村的三年时间，村里每一个乡间小道、农家院落，都留下程琪奔走忙碌的身影。她心里始终装着群众，时时想着群众，事事为着群众，始终站在服务群众的最前沿，勤勤恳恳为群众服务，尤其对一些“五保户”、残疾人、孤寡老人、留守儿童家庭等特困群众和困难群体，她更是设身处地地为他们着想，利用闲暇时间入户走访，嘘寒问暖，为他们排忧解难。为解决重度肢体残疾人出行难的问题，她积极向派出单位领导汇报，为村里群众捐赠轮椅25辆。

程琪经常与村“两委”班子共同谋划发展之策。金塔村五组通向公路的一条路，是一条土路，遇到下雨天就会泥泞不堪，群众进出非常不便。她了解到这一情况后，主动到乡镇、交通部门争取衔接，硬是将这0.8千米的土路，增加到当年已下达的计划当中完成修缮。金塔村农电线路始建于20世纪80年代末，二十多年未进行改造更新，全村电力仅能满足普通的照明用电。随着农村生产生活的改善和各种电气设备的增加，已逐渐不能满足照明需求，更谈不上农村动力用电，严重影响到群众生产生活。市区精准扶贫工作方案出台后，她及时与市、区电力部门联系，争取落实金塔村11个村民小组的农电线路改造工作。金塔村村大人口多，却没有像样的文化活动场所，防洪堤坝因使用多年急需维修，按照精准扶贫对基础设施的

要求，她及时协调帮扶单位解决资金5万元、水泥70吨，维修防洪堤坝1000米，将原金塔小学操场改建为健身及文化活动场所，向文体广电部门争取联系价值3万元的体育健身器材1套。

她为村里的闲散劳动力提供务工信息，联系务工岗位。与镇村干部商定，将薄皮核桃作为金塔村的特色产业，引导贫困户种植。至2018年初，全村薄皮核桃种植面积已达到2160亩。主动联系林业部门进行技术指导，邀请专业人员定期开展技术培训，定购种植养殖技术指导手册1500本，做强做大核桃种植产业，真正带动群众增收致富。

长年累月的持续奋战和超负荷的精细化工作，已经使得程琪的身体免疫力急速下降，时常感到力不从心。即使身患疾病，她仍然坚守岗位、起早贪黑、风雨无阻，没有丝毫懈怠。她的公文包里除厚厚的一堆扶贫工作资料，还有各种药品。2018年1月上旬，她像往常一样，在走访贫困户，逐户对接商量年度产业发展帮扶计划中，因过度劳累，终于挺不住倒下了，献出年仅48岁的宝贵生命。2021年5月19日，中共甘肃省委、甘肃省人民政府决定，授予程琪“全省脱贫攻坚先进个人”称号。

乔学刚（1970—2019）中共党员，生前系渭源县会川镇干乍村村委会主任。2019年1月21日，组织群众到上湾镇参加年脱贫攻坚农村劳动力中药材高效栽培及初加工培训时突发疾病，经上湾镇卫生院和渭源县中西医结合医院后抢救无效死亡。

乔学刚担任会川镇干乍村村主任期间，深入农家院落、田间地头，全村475户农户都留下他丈量脱贫致富的身影。和驻村帮扶队一起对全村188户建档立卡贫困户逐户逐人制定帮扶计划和脱贫措施。利用入户走访、群众大会等形式，多渠道宣传党的各项强农惠农富农政策。与村“两委”精心培育富民产业，巩固提升马铃薯、中药材等种植业和牛、羊等养殖业，促进农民稳定增收。协助村“两委”探索创办2家农民专业合作组织，对全村所有建档立卡贫困户实现全覆盖带动，户均年增收500元以上。通过合理设置公益性岗位，有效发挥村级集体经济分配使用效益，改善农村人居环境，村容村貌焕然一新，群众的幸福感、获得感大幅提升。

他坚持扶“智”和扶“志”相结合，协助村“两委”创建村道德讲习积美超市，通过给群众讲思想、讲政策、讲法律、讲技术、讲文化，鼓励群众积孝、积善、积信、积勤、积俭、积美，用良好的表现换取积分，用积分兑换物品，提升村民的道德素质。通过一年多的辛勤努力，村里的基础设施大为改善，村容村貌发生巨大变化，群众的生产生活条件得到明显改善。

建立切实可行的《脱贫攻坚年度工作计划》，做好动态管理工作，做好数据质量管理工作。针对部分扶贫信息线上线下“两张皮”的现象，创新工作方法，每月打印扶贫系统中的贫困户信息，入户核对线上线下是否一致，在增进干群关系的同时，提高业务能力，并大大地降低错误数据的数量。做好贫困村退出、贫困户脱贫验收工作。提前研究脱贫验收方案，并根据村上实际，制定切实可行工作方案，仔细核算农户收入，在入户核查两不愁三保障实现情况的同时，对该户的人均纯收入再次核实，确保一致后，才满意地离开。各级督查检查中，无一户错退漏评，群众对扶贫工作整体满意率高。2021年5月19日，中共甘肃省委、甘肃省人民政府决定，授予乔学刚“全省脱贫攻坚先进个人”称号。

马呈祥（1970—2019）东乡族，生前系东乡县法院东塬法庭副庭长，关卜乡胭脂村驻村工作队队长。先后担任县法院那勒寺法庭书记员、汪集法庭科员级审判员、汪集法庭审判员、副庭长以及东塬法庭副庭长、副主任科员。

自2014年起，马呈祥开始从事扶贫工作，在柳树乡仲家山村担任工作队队员。2017年9月，担任关卜乡墁坪村驻村工作队长。因其工作积极主动，2019年6月被组织调整到关卜乡胭脂村任驻村工作队长。马呈祥勤劳朴实，为人谦和，工作任劳任怨，深受法院同事、乡党委政府领导们的赞扬以及胭脂村群众的好评。

马呈祥长期在村加班加点开展工作。从2019年12月开始，马呈祥身体出现不适症状，但因脱贫攻坚工作任务繁重，仍坚守岗位，没有及时检查治疗。至2020年2月，因劳累过度，病情加重，经医院检查，马呈祥患肺癌晚期。院党组立即调整其工作岗位，安排其抓紧时间住院治疗。然而，2020年5月23日凌晨，因病医治无效去世。

2020年5月23日凌晨，长年奔走在脱贫攻坚一线的县法院干警马呈祥，因长期在脱贫攻坚一线加班加点，劳累成疾，患肺癌晚期，医治无效去世。留下悲痛欲绝的80多岁的老母亲、妻子和两个尚未就业成家的儿子。2021年5月19日，中共甘肃省委、甘肃省人民政府决定，授予马呈祥“全省脱贫攻坚先进个人”称号。

杨立群（1971—2019）生前供职于甘肃省通信产业工程监理有限公司。2019年4月11日，在甘南藏族自治州玛曲县参加第三批电信普遍服务试点项目验收时因工作劳累加之高原反应不幸离世，将自己短暂的一生奉献给通信建设和网络扶贫事业。

2016年，杨立群以专家身份全程参与甘肃省第一、二、三批电信普遍服务试点项目验收工作。验收任务分配时，他主动到条件差、路途远、数量多的地区去。电信普遍服务试点项目验收地点往往是自然条件恶劣、基础设施条件较差的地方，项目验收开始后，在第一、二、三批验收任务分配时，杨立群主动提出到条件差、路途远、数量

多的地区去。“高质量验收、决不能掉链子”，为认真完成交办的任务，他冲锋在前、亲力亲为，带领团队学习新颁布的《通信建设工程质量监督管理规定》，反复斟酌修改验收方案，形成完善的验收方案。

长途跋涉和高强度的验收工作不能保证正点吃饭、按时休息，还需要加班加点整理资料。但基于让广大老百姓尽快脱贫致富的信念，杨立群以实际行动给年轻员工做出榜样。2018年7月，在陇南市宕昌县阿坞乡验收途中，乌云密布，暴雨倾盆，山体多处塌方，道路路基沉降，他带领验收人员顶风冒雨，在泥泞中艰难完成全部验收任务，没有影响验收进度。他带领的验收专家团队，在被列为全国脱贫攻坚“三区三州”重点区域的甘南、临夏等地的电信普遍服务试点项目验收工作中勇挑重担，完成各项任务。

为尽快让电信普遍服务试点项目惠及老百姓，他带领验收专家团队肩负网络扶贫攻坚使命担当，勇挑重担、甘于奉献，提前实现光纤网络覆盖。验收过程中，严格认真，一丝不苟，现场抽检材料，复测杆路，逐条记录检测数据。

他走遍省内平凉、白银、武威、张掖、酒泉等12个市州、157个行政村，累计验收站点566个。三年的足迹所至，崎岖坎坷、绵延漫长，这条路连接四季变换、穿越戈壁高原、越过山岭河流、深入田间村头，而且这并不是他三年来的全部工作。

他参与并为之牺牲的电信普遍服务试点工作为甘肃省打赢脱贫攻坚战奠定坚实的网络基础，累计支持甘肃全省11230个行政村实现光纤宽带网络覆盖，支持在边远农村地区建设4G基站1269个，使全省行政村光纤宽带和4G网络覆盖率均达到99%以上。

2017年，杨立群牵头负责的“中国电信西宁—格尔木—吐鲁番干线光缆线路工程”被评为“全国优质通信信息工程金奖”，但接到来玛曲县验收任务后，他毅然决然退掉去参加中国通信企业协会通信工程建设分会年度表彰大会的火车票，奔赴项目一线。2019年4月11日，在甘肃省甘南藏族自治州玛曲县参加第三批电信普遍服务试点项目验收时，因连续作战加之高原反应，意外发生，杨立群突然晕厥急送医院抢救，甘肃省通信管理局及甘南州政府、玛曲县政府、中国通服甘肃公司积极协调资源全力救治，虽经全力抢救，时年48岁的杨立群仍不幸离世。

作为万千奋战在通信行业脱贫攻坚战线上的普通一员，在网络扶贫攻坚中尽己所能、勇挑重担、甘于奉献，热爱本职工作，坚定使命担当，直至奋战到生命最后一刻。他的精神品质和人生态度值得学习和铭记。杨立群获得2011年度中国通服甘肃公司“技术能手”，2013年度中国通服甘肃监理公司“项目管理先进个人”称号，2020年工业和信息化部电信普遍服务试点工作成绩突出个人等荣誉。

许多人是在追悼会上第一次见到杨立群还在上学的儿子，听闻他的妻子2018年摔伤骨折生活一度受限，目睹他年逾古稀的老母亲蹒跚的步履，所有这些连同父亲去世的后事料理，他都把这些全部留给自己，没有向单位提出任何要求。工作期间，杨立群竭力平衡着对家庭的责任和对企业的担当，在确保工程质量安全可靠的同时，还要尽力照顾好妻子父母，这是他始终笃定的人生信念。而身边的同事总能被他对生活的乐观态度和精气神所感染。杨立群于2020年获得工业和信息化部电信普遍服务试点工作成绩突出个人通报表扬。全国脱贫攻坚总结表彰大会上，中共中央、国务院授予杨立群“全国脱贫攻坚先进个人”称号。

陈生智（1972—2019）生前系靖远县就业培训中心主任。2019年5月15日下午7时，在靖远县北湾镇富坪村检查精准扶贫劳动力技能提升培训工作时，因突发心脏病，经抢救无效，走完了他短暂的一生。

陈生智担任培训中心主任以来，为提高培训质量，提升培训效果，他合理设置培训专业和课程，根据培训人员的实际需要和市场实际需求，因人施策，合理办班，通过技能培训提升，帮助农村劳动力发展特色种植养殖，通过培训实现更高层次就业。无论是组织两后生培训、农村劳动力技能培训、精准扶贫致富带头人培训，还是举办创业培训班，他都经常深入培训学校或者培训基地，检查指导工作，督促培训机构认真落实教学大纲，务实培训实效。近年来，全县的劳动力技能培训、创业培训成效显著，自2012年6月以来，共举办各类培训班百余次，培训专业涉及家政服务、保安、电焊、筑砌、种植养殖等多个工种，累计培训近万人，通过实实在在的培训，有千余人实现就业或更高水平的就业。

2017年9月，陈生智被选派到平堡镇金园村担任驻村工作队队长。在这期间，他吃住在村上，经常深入精准扶贫户家中，开展调查摸底、走访了解，嘘寒问暖，宣传党的十九大精神及精准扶贫强农惠农富民政策，建立完善驻村工作队管理制度，制定帮扶计划清单和金园村脱贫帮扶攻坚规划，紧紧围绕改善村级基础设施建设和提高群众生活开展工作，全面推进村集体建设发展，通过积极争取扶持资金563.19万元，解决人民群众亟待解决的道路硬化、渠道衬砌、路灯亮化等基础设施建设问题，让全村群众切实感受到村容村貌的新变化。正是他这种为民之心感动了困难群众，乡亲们看在眼里，记在心间。2019年是靖远县打赢脱贫攻坚战的关键之年，为更好地开展精准扶贫劳动力培训工作，陈生智按照局里的统一安排部署在北湾镇富坪、新坪两个深度贫困村举办筑砌工培训班。开班以来，他定期不定期深入贫困村技能培训基地，了解培训实效，督促培训机构严把培训质量关，真正让精准扶贫户劳动力通过参加技能培训，学到一技之长，通过务工增加工资性

收入，实现实实在在的脱贫，同时，让老百姓在以后的生产生活中，充分发挥专业技能，过上更加幸福的生活。陈生智是这样想的，也是这样做的。2019年5月15日下午4时30分，陈生智在检查指导北湾镇富坪村精准扶贫劳动力技能培训工作时，因突发心脏病，献出他年仅47岁的生命。2021年5月19日，中共甘肃省委、甘肃省人民政府决定，授予陈生智“全省脱贫攻坚先进个人”称号。

马忠勇（1972—2020）东乡族，生前系东乡县黄牟家村阿洼土社包社干部。2020年3月11日，因病去世，享年48岁。

2019年6月，根据县上扶贫工作“三长制”工作的总体要求，马忠勇担任黄牟家村阿洼土社包社干部。在单位抽调包社干部时，由于基层条件艰苦，水务局机关干部大部分人对驻村包社工作极度抵触，都不愿意下基层当一名包社干部，这个时候，马忠勇自告奋勇，要求去基层当一名包社干部，这一举动出乎大家的意料，在单位引起不小的反响。

2019年7月至2020年3月份的包社工作中，马忠勇工作责任性极强，经常性吃住在村，为做到入户情况“一口清”，他每天把入户的情况记录在便条上，晚上又把这些情况归类整理，给黄牟家村包社干部扶贫工作带个好头。同时，马忠勇精准掌握全社精准户脱贫、危房改造、两费收缴、辍学学生入学、劳务输出等情况。

马忠勇是一名难得的老干部，是一名负责任的好干部，虽然在基层一线平凡的岗位上倒下了，但他这种不畏艰苦，勇于担当，勇往基层扶贫一线的精神，是每一位扶贫干部学习的榜样。

2020年3月10日，马忠勇在前往黄牟家村途中腹部疼痛。在村上开完会后，疼痛加剧送往甘肃省人民医院治疗，入院诊断为感染性休克，次日17:00左右因病情加重，抢救无效去世。2021年5月19日，中共甘肃省委、甘肃省人民政府决定，授予马忠勇“全省脱贫攻坚先进个人”称号。

杨天慧（1972—2020）中共党员，生前任职于甘肃省有色金属地质勘查局白银矿产勘查院，两当县云屏镇元山村第一书记、驻村帮扶工作队队长。2020年10月25日，杨天慧突发疾病，倒在工作岗位上，生命永远定格在48岁。

2018年12月，杨天慧被选派担任两当县云屏镇元山村第一书记、驻村帮扶工作队队长。初到元山村就向村干部学，向驻村干部问，和群众拉家常，每天和队员交流学习扶贫政策，带着笔记本东家进西家出，听意见，记心声。工作之余，他通过云屏镇“干部课堂”和“甘肃党建”、“学习强国”平台了解三农政策，不断补充农村工作知识，提高本领。2019年，元山村党支部由于服务能力弱被确定为软弱涣散党组织。挂黄牌时，他说“作为第一书记，觉得脸上无光，更是有些不甘心。”整顿提升是当务之急。镇党委选拔致富带头人担任党支部书记，调整长期在外“两委”成员，配齐配强班子，结合“不忘初心、牢记使命”主题教育，从规范党内组织生活入手，将班子成员凝聚在一起，形成战斗力。

元山村群众居住分散，组织群众开展活动很难。他从力所能及的小事做起，主动融入群众。组织开展“孝老爱亲”“最美家庭”“卫生文明户”评选工作，精心组织每月10日的民事直说“说事会”，渐渐的，参加会议的群众慢慢多起来，再到后来，大家只要没有特殊事情都愿意参加。

地处深山林区，农特产品卖不出。杨天慧组织人员对每家每户的蜂蜜、花椒、核桃、木耳、土鸡、鸡蛋等进行分类统计，通过网上代销和动员同事、亲朋好友购买，帮助群众增收。帮扶队为元山村确定“近抓养蜂和养猪，远抓药材和旅游”的产业发展思路。鼓励大家养殖生猪，支部领办合作社，流转土地发展中药材……

2020年10月25日，杨天慧突发疾病，倒在工作岗位上，生命永远定格在48岁。在整理遗物时，办公桌上的工作日志记录着他所做的一切，还有他对未来的打算。其中有这样一句话：“每天都在忙碌，又觉得自己做得还不够多。”他还在半年述职评议会上表示：“今年脱贫收官，我想要继续抓好元山的产业，转向乡村振兴的主战场，我有信心！”694个日日夜夜，他走遍元山的每家每户、每一个山头。春耕播种、采购物资、种苞米、翻猪苓，都能看到他的身影。蜿蜒的山路上，讲政策、做动员，和泥沙、砌墙面，穿梭于各家各户……

经过努力元山村产业发展有起色，返乡创业的村民陆续增加，闲置的土地得到盘活利用，中蜂和生猪养殖实现常住户全覆盖，户户都有增收产业。2021年5月19日，中共甘肃省委、甘肃省人民政府决定，授予杨天慧“全省脱贫攻坚先进个人”称号。

赵　哲（1972—2021）中共党员，生前为临夏州库区绿化总站（临夏州刘家峡库区生态保护建设管理局）干部。2019年7月，抽调至东乡县参加脱贫攻坚工作，担任东乡县那勒寺镇和和土村包社联户长。2019年11月，被查出患膀胱癌，在州医院进行手术治疗。为不辜负组织重托，圆满完成自己所肩负的脱贫攻坚重任，他隐瞒病情，继续坚守工作岗位，一边带病工作，一边进行化疗。2020年12月22日，病情复发，从州人民医院治疗紧急转院至兰大一院进行住院治疗，2021年2月8日晚，病情进一步恶化，经抢救无效去世，享年48岁。

赵哲来到和和土村之后，一头扎进脱贫攻坚工作之中，和同事们一道吃住都在村里，白天入户调查，与群众拉家常、找差距，晚上与同事们细心整理各类户籍资料，

寻找帮扶工作突破口，因地制宜研究制定精准扶贫方案，很快就摸清村情社情户情，理清工作思路。

在驻村开展帮扶工作的一年多时间里，他走遍和和土村的每一个角落、每一户农家，紧紧围绕“两不愁三保障”“3+1+1”冲刺清零行动目标开展帮扶工作。积极协调相关部门为全社34户群众接通自来水；多次深入贫困户家中，反复劝说8名外出辍学打工学生重返校园；因地制宜，帮助帮扶村群众理清发展思路，为16户群众申请圈舍补助24万元，为22户群众申请牛羊达标补助款13.2万元，还帮助2户五保户申请到特困供养，为5户贫困户调整低保类型，有效解决部分困难群众的生产生活后顾之忧；他还积极动员1户贫困户“挪穷窝、拔穷根”，申报落实危房改造项目，协调2户10人进行插花安置，动员11户35人易地搬迁……

在那勒寺镇和和土村干部及所有驻村干部的共同努力下，2020年10月，和和土村整村退出贫困序列，贫困发生率下降至零。这份成绩的背后，是赵哲舍小家、为大家的牺牲奉献，是自立自强的奋发之志，是不胜不还的坚定执着，他用满腔热血诠释“不获全胜、绝不收兵”的脱贫攻坚敢死拼命奉献精神！

早在2019年11月，赵哲身体状况便出现异常，妻子多次劝他向单位领导请假住院治疗，但他说“现在正是攻坚拔寨的关键时候，我请假后许多问题无法及时有效衔接，会耽误帮扶村群众如期实现脱贫摘帽，看病的事等脱贫攻坚结束后再说，我们干工作要有始有终”。

和赵哲一起帮扶的驻村干部多次劝他注意身体不要太过劳累，他总是说“我不累，我的病是小病，不碍事，过些天再休息，我们努力了这么多年，现在到临门一脚的关键时刻，不能掉链子，通过考核验收最重要，我要看到群众全面脱贫的那一刻”。

赵哲因长期高负荷工作，积劳成疾，到2020年12月底国家脱贫普查结束后，持续高烧不退，病情严重恶化，癌细胞已转移，错过最佳治疗时机，经抢救无效不幸离世，将生命永远定格在48岁。2021年5月19日，中共甘肃省委、甘肃省人民政府决定，授予赵哲“全省脱贫攻坚先进个人”称号。

王艳虎（1973—2018）中共党员，生前系通渭县法院司法警察大队政委、三级警督。2018年由通渭县人民法院选派担任县法院驻马营镇瓦房村帮扶工作队队长、第一书记，同年4月20日，王艳虎在赶赴帮扶村途中不幸遭遇突发车祸，永远地倒在脱贫攻坚的路上，生命定格在45岁。后经民政部门复核、上级法院认定王艳虎“因公牺牲”，是牺牲在扶贫路上的好干警。

王艳虎参加工作后，十分珍惜工作机会，扎根基层近20年，先后在好几个基层法庭工作，一步步从书记员、司法警察做起，直到监察室主任、法警队政委。无论在哪一个岗位，王艳虎都能做到坚持学习、认真工作，不辞劳苦、任劳任怨，忠于职守、积极创新，认真履行工作职责，受到广大干警和群众的认可与好评。2012年开始，多次被通渭县人民法院评为先进个人。

2018年4月，王艳虎投身精准扶贫精准脱贫第一线，担任通渭县马营镇瓦房村帮扶队长、第一书记一职。在全力打赢脱贫攻坚战的关键时期，王艳虎牢记神圣职责使命，帮扶期间，他坚持每天吃、住都在村上，自己起灶、自己做饭，按时高效完成“一户一策”入户发放和相关工作，走遍大多数贫困户家中，通过在田间地头、院子炕头拉家常、聊困难、话发展，很快就了解了村里的基本情况。

“他帮扶的时间不长，但是给我们贫困户留下的印象却很深，作为一个外地人，能够俯下身子和我们交流，耐心听我们的意见建议，感觉很踏实、很实在，大家都觉得他是个干事的人，然而他离开得太快了……”一名他帮扶过的村民如是回忆道。

2018年4月20日凌晨，在赶往瓦房村帮扶点的途中，因对方车辆违规，王艳虎不幸遭遇车祸，生命的时钟从此永远定格在45岁。2021年5月19日，中共甘肃省委、甘肃省人民政府决定，授予王艳虎“全省脱贫攻坚先进个人”称号。

赵　亮（1973—2019）生前为临夏州扶贫开发办公室职工，1995年11月从部队退役后，先后在临夏州农机局下属的农机监理所、州扶贫办科技培训科工作。2016年8月2日，服从组织安排，留下正在读小学的次子，赴临夏县麻尼寺沟乡寺坡村担任工作队员开展驻村帮扶工作。在2019年12月12日13时，因病去世，46岁的年轻生命永远定格在这一天……

为农机系统在临夏县的扶贫工作中赢得扶贫先进单位的荣誉，后被调整到东乡县坪庄村三社村，任驻村帮扶工作队队长、第一书记。时年他的母亲突发疾病，他舍小家、顾大家，放下自己的困难，全身心投入到三社村脱贫攻坚帮扶工作当中，不管刮风下雨，不论春夏秋冬，把所有的时间精力和工作热情献给帮扶村，献给贫困户。他也被州农机局评为2017年度优秀工作者和帮扶工作先进个人，特别是在2018年东乡县发生7·18特大暴洪灾害时，赵亮带领工作队队员和村两委干部，第一时间一家一户连夜走访调查各社群众受灾情况，转移危房中的群众，帮助加固危房。他心里装的是村里的发展，装的是贫困户家中的危房，唯独没有装下自己年幼的孩子、行动不便的白发母亲。截至2018年8月驻村结束，三年的驻村经历、一千多个日日夜夜、一根根鬓角的白发、数百户脱贫的群众，诉说着他驻村的苦和乐，也充分体现一名共产党员的初心

使命和高尚情怀。

赵亮放弃节假日不休息，为脱贫攻坚工作付出艰苦的努力，较高质量完成组织交办的各项工作任务。从2019年4月份开始，他参与为期1个月全州脱贫攻坚“3+1+1”清零大核查、为期1周脱贫攻坚档案资料规范管理工作检查、为期20天的贫困退出验收、为期1周贫困县州级摘帽初审等等扶贫重点工作，白天进村入户，完善录入数据资料，每天睡觉时间仅有5~6个小时，高强度、不停歇的超长工作，赵亮深深体会到扶贫工作的艰辛和劳累。

在2019年11月5日至15日对东乡县考勒乡6个村全覆盖核查中，赵亮白天进村入户，掌握核实农户的基本情况，晚上加班加点，汇总各类数据资料，录入农户基本情况表，其间突然出现面部神经麻痹症状，口眼歪斜、说话不流利的症状，带队的石金龙副主任发现后劝其休息作检查，但他不顾同事、家人劝说，以脱贫攻坚工作为重，边吃药、边核查，坚持完成为期10天的考勒乡核查任务。11月20日—25日，赵亮不讲条件，带病毅然决然参加对积石山县3个乡3个村整村全覆盖集中核查，为期5天的核查结束后，他又忘我工作，周末加班加点对核查数据进行审核汇总，与同志们一起全面完成核查的各项工作任务。2019年12月9日上午上班途中，由于雪天路滑、身体虚弱摔倒致脚踝受伤，瘸着腿依然坚持到单位上班，嘴巴歪斜坚持用吸管饮水，脚腕肿胀如面包，依靠在单位的沙发上休息，经过同事极力相劝，赵亮才答应在家休息、简单用药缓解伤痛。

赵亮走了，留下的是年老多病的父母和尚未成年的儿子，脱贫路上，他温暖一路，却愧对家人。2021年5月19日，中共甘肃省委、甘肃省人民政府决定，授予赵亮“全省脱贫攻坚先进个人”称号。

张世明（1973—2020）东乡族，生前系东乡县招商局干部，河滩镇屯地村包社干部。2020年3月9日因病离世，享年47岁。

2019年5月，按照县委县政府和组织部的安排，河滩镇屯地村由东乡县招商局对接帮扶，选派张世明到屯地村担任包社干部，进驻开展精准扶贫工作以来，面对屯地村贫穷落后的面貌，他始终坚持认真贯彻落实省、州、县扶贫攻坚会议精神，不断强化工作作风，扎实开展驻村帮扶工作，狠抓各项帮联措施落实，在驻村帮扶工作中，扎实地做一些力所能及的实事和好事，受到所驻村干部和群众的欢迎，也得到乡党委和派出单位的充分肯定。

走家串户搞调研，摸清底数打基础；张世明担任帮扶队员以来，始终心系帮联村村情民意、产业发展，走村串户，了解调查村情民意。作为一名包社干部，严格按照县委、乡党委和局党支部的要求，常驻屯地村开展帮扶工作，与村干部、群众、党员代表座谈交流，进村入户调查走访，实地查看了解，召开全体村民大会征求意见等，在充分掌握全村农业生产实际的基础上，立足全村实际，充分发挥玉米种植产业优势，鼓励农民种植玉米，蔬菜等，增加农民收入。

他坚持解决贫困村民的实际问题，诚心诚意为贫困村民谋福、尽心尽力做好扶贫工作。因工作量大，导致过度劳累，张世明终因患肝癌于2020年3月9日救治无效去世。2021年5月19日，中共甘肃省委、甘肃省人民政府决定，授予张世明“全省脱贫攻坚先进个人”称号。

马　彪（1974—2017）东乡族，中共党员，生前系永靖县川城镇党委副书记。2017年12月29日，马彪一行4人前往川城镇下岭村开展精准扶贫精准脱贫、维稳等工作时，因下雪路滑车辆失控驶出路外，马彪不幸因公牺牲，年仅43岁。

2016年，年逾不惑的他主动请缨，不顾家人和同事的劝阻，主动要求组织把自己调往贫困山区工作。2016年5月，马彪如愿以偿从县宗教事务局调往永靖县川城镇担任镇党委副书记一职。川城镇位于永靖县西山区，地理位置偏僻、自然条件严酷、基础设施落后、群众生活困难，是永靖县脱贫攻坚任务最重的乡镇之一。从工作环境较好的县直单位到条件艰苦的乡镇，马彪没有被眼前的困难所吓倒，而是不忘初心，全身心投入到艰辛忙碌的工作中去特别是在精准扶贫精准脱贫事业。就在事故发生的前一天，他还在为镇上实施的产业提升项目奔波在山东回永靖的路上。他用实际行动诠释着一个共产党员全心全意为人民服务的神圣职责。老百姓无法忘记他，实干家是大家对他的评价。

在他的推动和努力下，下岭村建成暖棚62座，引进良种牛114头、良种羊580只，发放精准扶贫贷款283万元，新建村委会、卫生室、老年人活动中心，实施2017年度产业提升项目，引进良种牛224头，为下岭村巩固脱贫攻坚成果奠定良好基础。发生事故那天，下岭村的村民自发赶赴事故现场，只为见他们敬爱的马书记最后一面。

2017年12月28日，川城镇准备迎接国家对省级党委和政府扶贫开发成效考核各项工作，刚从山东引进良种牛出差回来的马彪，顾不上休息，让其妻准备几件换洗的衣服后就匆匆赶往镇政府，用他的话说就是千千万万百姓都等着呢，怎么好意思耽误时间。29日上午，同事提出来一起吃碗牛肉面后再去入村，都没顾上去吃，他想尽快了解一下发放到群众手中的良种牛情况怎样，并牵挂着一起矛盾纠纷，矛盾双方群众的情绪稳定了没有。可谁会想到，就在下村途中，他的生命就定格在那一刻……2021年5月19日，中共甘肃省委、甘肃省人民政府决定，授予马彪“全省脱贫攻坚先进个人”称号。

赵旭辉（1974—2017）中共党员，2015年10月任礼县雷王乡武装部长，历任肖良乡综治办专职副主任。2017年12月4日因长期劳累，身体不适，在工作岗位上突发疾病，医治无效去世，年仅43岁。

2017年12月4日上午，雷王乡全体干部职工周例会后，赵旭辉在入户途中，身体不适开始吐血，先后到乡卫生院、县医院进行初步诊断治疗后，病情没有好转，后转往天水市第一人民医院治疗，立即进行抢救并输血，仍然吐血不止，终因失血过多，医治无效，不幸于当晚十二时去世。

在驻村期间，对21人贫困劳动力进行技能培训，输转劳动力266人，确保贫困户稳定增收。对南家村和苟集村395名义务教育适龄儿童进行控辍保学，无一人辍学，符合条件的学生落实“两免一补”和营养早餐计划。城乡居民医疗保险覆盖率90%以上，1226人的基本医疗缴费补贴全覆盖，落实53人的医疗救助。对23户40人的低收入贫困家庭落实兜底保障政策。对20名残疾人落实残疾人两项补贴。时刻监测农户的饮水安全，保障两个村的545户农的饮水安全。在雷王乡南家村、苟集村驻村期间，帮助两个村的80户贫困户制定脱贫计划，实现23户贫困户稳定脱贫。摸底动员27户D级危房户完成危房改造，使南家村的贫困发生率由20%降至13%，苟集村的贫困发生率由19%降至16.6%。圆满地完成各项工作任务。

赵旭辉在身体不适的情况下，仍然坚持在岗位上下村入户，在去世的当天还在做危房改造的动员拆除工作。他扎根基层，艰苦实干，把自己全部的身心投入到乡镇基层工作中，始终奔波在工作的第一线，即使在发病的时候，他仍坚持一线，心系群众，为脱贫攻坚敢死拼命、呕心沥血直到生命的最后。“春蚕到死丝方尽”，他把自己有限的生命投入到为人民服务中去，他是党员干部在基层工作中的标杆，更是一面鲜艳的旗帜，对共产党人“全心全意为人民服务”宗旨作最好诠释。他的突然离去给整个家庭蒙上厚重的阴影。2021年5月19日，中共甘肃省委、甘肃省人民政府决定，授予赵旭辉“全省脱贫攻坚先进个人”称号。

乔文仓（1974—2019）中共党员，生前为和政县城关镇食品药品监督管理所所长，龙泉村第一书记。

担任龙泉村第一书记以来，他始终树牢群众观点、践行着群众路线，通过亲自安排、亲自落实、亲自督查，开展“3+1+1”冲刺清零，进行低保动态化管理精准认定，推进落实环境老大难问题整治、土炕改造、拆旧排危等工作，衔接相关部门完成城西项目后续工作及后山片自来水管网改造工作，同时对一些遗留问题想办法、找出路、定对策，对出现的重点矛盾纠纷和信访积案亲力亲为、研究解决，使龙泉村便民项目有效实施、惠民政策精准落实、村容村貌干净整洁、社会大局和谐稳定。

他听取群众意见，多方筹措，建成龙泉村文化广场；他心系“7·18”暴雨受灾群众，组织本村党员群众向新庄乡将台村捐款5400多元，捐赠衣服等物资200余件。这些只是他身上的一些缩影，他经常说，群众在有困难的时候找到我们这里，在群众的心里，我们是他们值得信赖的人，是他们的亲人，我们要努力维护共产党员的良好形象，及时解决群众的实际困难，更好地履行全心全意为人民服务的宗旨。就是这样，他始终保持共产党员的先进性，全心全意想着群众，发挥着共产党员的先锋引领作用。

2019年10月18日，乔文仓在龙泉村部开展文明家庭申报、社保医保等信息的订对工作，因工作任务多，长时间工作没有休息，下午2:30左右感觉腹痛、腹胀到医院治疗，第2天晚上病情加重，经医院抢救无效去世。2021年5月19日，中共甘肃省委、甘肃省人民政府决定，授予乔文仓“全省脱贫攻坚先进个人”称号。

杨进明（1975—2016）生前系临夏州科技局干部，驻广河县庄窠集镇马浪村帮扶工作队队员。“还有5社的几户群众信息没有采集完，先去医院检查一下，明天能来，我就自己去做，来不了麻烦你帮我采集完。”这竟是杨进明最后的一句话。

2016年，从7月10日起，杨进明和同事开始大数据平台建档立卡户信息采集工作。那段时间，杨进明吃过早点后就出门入户采集群众信息，一直到晚饭过后才回来，吃过晚饭后又整理录入至深夜。在连续工作10天后，身体终究没扛住高负荷工作的担子。7月21日晚，在驻村工作站吃过晚饭，做好一天的工作总结后，杨进明突然出现中风、意识紊乱的症状，倒在办公桌前。同事紧急将他送往州医院救治，被诊断为突发性脑溢血，经抢救无效，于8月4日去世。41岁正当壮年的杨进明倒在扶贫的路上。

3年时间里，杨进明给村里带来不少变化：筹措2万元资金购买油菜地膜和覆膜机，帮助群众扩大地膜油菜种植面积；筹措3万多元修建便民桥2座；筹措1.25万元安装路灯50盏；把4千米的泥巴路变成硬化水泥路；帮助贫困群众联系务工单位；帮贫困户改造危房；组织医疗专家开展义诊，向群众发放药品……

虽然没有惊天动地的大事，但这些看似不大的事，乡亲们都记着。3年里，杨进明每年驻村时间超过200多天，马浪村372户群众的家里，他不知走了多少遍，每一户人家的情况他都了如指掌。有车时用车去，没车时骑摩托车，摩托车去不了的他就步行去。村里田间地头、沟沟壑壑，到处留下他的足迹。

参与制定完善《马浪村小康规划》，明确马浪村发展经济、培育特色产业的基本思路和帮扶工作措施。在州科

技局的支持下，在村里免费发放地膜，推广全膜双低油菜种植技术。由于当时群众不了解全膜双低油菜种植，有些不愿种，有些在观望。于是他又和同事们挨家挨户去做动员工作，但结果很不理想，全村当年种植仅50亩。50亩“示范田”大获成功，每亩产量达到四五百斤。试种的成功，使群众看到实实在在的效益。第二年，全村种植全膜双低油菜150亩。后达到1000亩，全膜双低油菜也成该村的主导产业。

杨进明在驻村期间，围绕培育壮大马浪村畜牧产业，邀请畜牧专家开展畜牧知识科技培训，为畜牧养殖户讲解暖棚修建、品种选择、饲食喂养、疫病防治、市场行情、惠民政策等方面的知识。同时，他还充分发挥专业技术特长，深入田间地头，现场示范指导啤特果等特色经济林果栽培、嫁接、管理等知识。三年来，共培训农民群众1200多人（次），发放实用技术资料4000余份（册）。通过加强培训，增加贫困户农业收入。2021年5月19日，中共甘肃省委、甘肃省人民政府决定，授予杨进明“全省脱贫攻坚先进个人”称号。

秦彦军（1975—2018）中共党员，生前系陇南市礼县龙林镇党委书记。历任礼县马河乡副乡长，永兴乡党委副书记兼纪检书记，永兴镇党委副书记、镇长等职务。2018年1月25日，因长期劳累，在工作岗位突发心脏病，经抢救无效去世，年仅42岁。

2016年4月，秦彦军任龙林镇党委书记，制定《龙林镇三年脱贫计划》，提出培育壮大花椒种植主导产业、易地搬迁、劳务输转等3项重点任务。秦彦军争取项目，多方筹措资金，先后从陇南市武都区采购优质花椒苗90万株，在西汉水沿岸花椒适生区的6个村，整流域栽植花椒8413亩。接着又带领村干部和种植大户到武都区马街、汉林、郭河等乡镇和花椒种植示范合作社考察学习，并从市、县请来专业技术人员，对种植户进行花椒种植技术培训。同时在龙林、黑玉、潘坪、全杜等4个重点花椒种植村建成5座花椒烘干房。2017年底，龙林镇脱贫350户1641人，脱贫工作在礼县所有乡镇中名列前茅。

2017年他推动易地扶贫搬迁项目，历时3个月在全杜、潘坪两个安置点征地290亩，安置困难群众640户2992人，是陇南市最大的易地搬迁点之一。让富余劳动力外出创收，这也是秦彦军所倡导的增收思路。他邀请市县工会、陇南师专、县劳务办和县职业技术学校的技术人员，对全镇1000多名青壮年劳力进行种植、养殖、家政、电焊、厨师等多种业务技能培训。接着他又多次和省、市帮扶单位进行协调输转培训人员，仅省人民医院就向潘阳村提供输转岗位60多个。龙林镇已有2635人走出山沟，靠劳务输转走出一条勤劳致富之路。

秦彦军患心脑血管疾病4年之久，平时就有胸闷气短、心脏疼痛、耳鸣出血等症状。因龙林镇脱贫攻坚任务重、工作压力大，始终坚守在工作一线，没有入院认真做过检查治疗。2017年8月初，心口绞痛的他，在家人和同事的劝说下，计划利用公休假赴北京检查就医，但8月7日，一场罕见的暴雨向龙林镇袭来，龙林镇灾情最重的万家村短时间降雨量达到210毫米。他义无反顾地放弃已提前预约的专家治疗机会，连夜返回礼县，用最快的速度投入到抗洪抢险的第一线。他很快调集20多台挖掘机、装载机等大型机械设备，发动全镇105名干部职工和群众全力以赴投入抢险救灾。经过连续一周夜以继日的鏖战，终于修复被洪水冲毁的近百处水、电、路和人饮管道工程，使灾区群众的生活很快恢复正常。浑身散发着泥腥味的秦彦军面对记者的提问，他用手捂着隐隐作痛的胸部，声音微弱地说：“如果因为自己的脱岗缺位而给群众的生命财产造成损失，我的良心上就过不去。”

2018年1月25日，秦彦军的病情突然加重，实在撑不住的秦彦军不得不去天水市医院检查。途中，他还给镇长王勤在电话里叮嘱：“一定要尽快安排好全镇140多户特困户的安全越冬工作，让他们过上一个温暖祥和的新春佳节。”秦彦军在生命的最后一刻心里惦记的还是贫困群众，生前的最后一个电话安排的还是扶贫工作，为脱贫攻坚敢死拼命、呕心沥血直到生命的最后。2021年5月19日，中共甘肃省委、甘肃省人民政府决定，授予秦彦军“全省脱贫攻坚先进个人”称号。

董吉恩（1975—2019）中共党员，生前系永靖县关山乡党委副书记、乡长。从2019年5月5日住院到5月13日12时，年仅44岁的董吉恩，在亲人们的声声呼唤中，永远闭上双眼，将他年轻的生命定格在扶贫路上。

2019年，永靖县的扶贫攻坚工作进入整县脱贫摘帽的关键阶段。关山乡党委副书记、乡长董吉恩，带领干部深入一线，忘我工作，一连好几个星期都没有回过家。关山的每一条街头巷尾都有他忙碌的身影，每一块田间地头都有他洒下的辛勤汗水……

1999年12月，他被选调到县农委，以后又先后到县扶贫办、州扶贫办工作。2015年，又回到永靖县扶贫办工作。2009年2月，被州委、州政府授予“临夏州对口帮扶先进工作者”荣誉称号。脱贫攻坚工作是全乡的首要“政治任务”，一到关山，他就马上投入到工作状态中，带队入户走访。白天，他走村入户，调研摸底;晚上，他整理归类，制定脱贫方案。两年来，他的足迹遍布全乡的村村社社，绝大多数贫困户的名字他都能叫的出。为落实贫困劳动力就业，他跑企业下车间，找亲戚托朋友，想方设法帮助“穷亲戚”在家门口就业。通过努力，有58名建档立卡贫困群众在抱龙山滑雪场实现就业。对一些年龄偏大、身体弱、文化程度低的帮扶对象，改变以往单一的“输血”

式扶贫为“造血”式扶贫，开发社会治安协管、乡村道路维护、保洁保绿、森林防护等社会服务类扶贫就业专岗，安置建档立卡贫困人员，使其自食其力，多渠道增加家庭经济收入。共安置94名贫困人员上岗就业。

他带领乡政府一班人，从最贫困的村、最困难的群众、最迫切的问题入手，全乡共脱贫864户3346人，贫困发生率从2013年的52%下降到2018的5.7%。百合留床面积达到1.7万亩，年产值达4000多万元。扶持组建“党建+”合作社7家，世行扶持合作社1家，组建关山特色产业联合社，树立关山黄金百合品牌;全乡发展农家乐达到23家，旅游从业人员近400人。他下大力气解决好贫困家庭学生的教育问题。董吉恩总是想百姓之所想，急百姓之所急，千方百计为百姓谋福祉。他工资不高，家里也比较困难，但听到别的同志有什么困难，他有忙必帮，带头为困难职工捐款。他舍小家顾大家，没有顾上自己的小家。他去世的时候，正是儿子面临高考的关键时期。父亲走了，儿子顶着悲痛和压力，最终以优异的成绩考入北京工商大学。

五一期间，董吉恩一直在乡上组织开展“两不愁三保障”突出问题清零脱贫攻坚，白天黑夜都忙碌在工作一线。5月5日，他突然感到身体不适，头疼得非常厉害，就到永靖县医院检查，诊断结果为脑溢血，病情非常严重，在送往省医院的路上昏迷不醒，从此永远离开自己热爱的工作和扶贫事业。2021年5月19日，中共甘肃省委、甘肃省人民政府决定，授予董吉恩“全省脱贫攻坚先进个人”称号。

杨　蓉（1978—2019）女，藏族，生前系迭部县水务水电局干部，2018年9月杨蓉被组织提拔任命为尼玛镇扶贫工作站副站长，具体负责全镇脱贫攻坚工作。2019年8月27日，她参加脱贫攻坚“回头看”全面核查业务培训回到家中，20时左右，积劳成疾，突然晕倒，经抢救无效不幸去世。

杨蓉为完成上级脱贫攻坚工作的验收考核，很多时候，晚上她不得不将8岁的女儿一个人留在家中，回到单位加班加点。偶尔有时候她实在于心不忍，就带着女儿来单位加班，让她在一边写作业，自己干到深夜才停下手中的工作。好多时候，女儿等不及她休息，早已经趴在桌子上睡着了。就这样，一分耕耘，一分收获，在她的辛勤付出下尼玛镇扶贫工作得到回报，2018年底，全镇建档立卡20户68人实现整体脱贫，全镇唯一的贫困村——秀玛村顺利实现脱贫摘帽。2019年初，尼玛镇的脱贫攻坚工作经省州县的层层验收和省上第三方评估顺利通过。工作成绩的背后，无不倾注着她的心血和汗水。

2019年8月27日，玛曲县扶贫办在县委党校五楼举办“玛曲县脱贫人口‘回头看’建档立卡数据核查核准及贫困人口动态管理工作专题培训班”。培训会议结束后，她带着工作任务回到单位，专门召开扶贫站内部小范围的会议，就培训后的下一步工作进行沟通交流。回家后，杨蓉发出工作通知：“根据杨书记、旦镇长通知要求，144户的帮扶干部明天早上到尼玛镇扶贫站，更新自己帮扶户的信息明白栏、政策告知单！另外一户一策没有更新的几个赶紧更新”。18：40分左右，她在单位的微信工作群里发出生命里的最后一条信息：“要求9月13号前完成，任务重，请大家抓紧时间”。因突发疾病晕倒，20：00时左右，杨蓉在送往医院后，经心源性猝死抢救无效不幸去世，生命永远定格在42岁……2021年5月19日，中共甘肃省委、甘肃省人民政府决定，授予杨蓉“全省脱贫攻坚先进个人”称号。

张喜儿（1978—2021）生前为陇南市武都区卫健局干部;2017年3月，被派往月照乡赵坝村驻村。2018年9月以后在三仓镇坪头村驻村。2021年1月30日凌晨在三仓镇坪头村帮扶点因突发脑溢血，经抢救无效不幸去世。

张喜儿第一时间响应，申请到卫健局所帮扶的月照乡赵坝村、三仓镇坪头村承担驻村帮扶工作。他不畏帮扶村的艰苦条件，不计付出，不求回报，坚持骑着摩托车进村入户，与贫困人员促膝交谈，不断完善帮扶计划，发展特色产业，竭尽全力助其增收。紧盯贫困老人、残疾人、重病患者等特困群体，切实解决好贫困人口产业培育、义务教育、基本医疗、住房安全等方面存在的问题。加大特色产业的培育力度，结合帮扶户的实际，发展家庭养殖业，发展土鸡1300只、养殖土猪810头，鼓励开展劳务输出435人，劳务收入达870万元。发展特色产业。调运发放适合本地栽种的优质辣椒苗3.9万株。发动群众自栽花椒1.3万株。

安全饮水方面，筹资8万元，新修5立方米蓄水池1座、10方蓄水池2座，维修蓄水池3座，更换、埋设塑料水管25600米。排除隐患，有效保证群众的饮水安全。抓好人居环境整治工作。把重点放在污水横流、河道内乱扔垃圾、村内户内环境差的问题等方面，发动公益性岗位人员开展环境卫生整治活动。

疫情期间，按照区疫防办要求，张喜儿和同事们在村口建起检疫点，仅保留一条道路通行，充分发挥党员先锋作用，张喜儿不顾自己的高血压，和同事们首先在监测点值守，严格控制人员进出，对外来入村人员进行体温检查，落实疫情防控措施。疫情防控的关键时刻，张喜儿和同事们筹资6000多元，采购医用口罩1445个。疫情控制的情况下，合理安排外出务工就业。

武都区发生百年难遇的暴洪泥石流灾害，三仓镇属于重灾区，张喜儿和同事们组织群众抗洪救灾，清理导水洞淤沙125立方米。筹资7000多元租用挖掘机清理洞口塌

甘肃年鉴 2021

方，确保群众生命财产安全。大、小阴湾890米的防汛河堤顺利开工。与工作队一起特邀市、区医疗专家在三仓卫生院开展义诊，诊疗高血压患者49人，糖尿病患者37人，发放宣传手册61份，为建档立卡贫困户撑起“健康保护伞”，逐一破解因病致贫、因病返贫之痛。

经过努力，三仓镇坪头村帮扶工作取得可喜的成就。基本医疗有保障工作中，做到建档立卡贫困人口基本医疗保险、大病保险、医疗救助全覆盖。开展危房动态监测，根除老人住危旧房屋的隐患，实现“危房不住人，住人无危房”“人人有安全住房”的目标。在增强集体经济收入中。有稳定的集体经济收入渠道，2020年，全村集体经济年收入力争达到2万元以上。经过综合测算，全村181户755人均已达到退出验收的标准要求。2021年5月19日，中共甘肃省委、甘肃省人民政府决定，授予张喜儿“全省脱贫攻坚先进个人”称号。

倪华军（1980—2020）生前系东乡县东塬乡包家村脱贫攻坚包村干部。2020年7月因病离世，享年40岁。

自2013年以来，倪华军长期奋斗在脱贫工作第一线，担任脱贫攻坚包村干部，工作勤勤恳恳、任劳任怨、爱岗敬业、团结同事，以“咬定青山不放松”的韧劲，以“不获全胜，绝不收兵”的决心，摸清村情、发展产业，以履职为民的情怀、担当实干的精神，能够很好地完成各项任务。在脱贫攻坚工作中，敢死拼命，加班加点，身体不适时瞒着单位同事和家人坚持带病工作，尤其2020年脱贫攻坚工作任务重、压力大，对身体造成严重影响，由于工作需要也没有时间去医院检查治疗。

2020年6月30日，倪华军在包家村与村社干部、驻村队员一道，忙碌一天的扶贫核查，养老保险征收“清零”工作。他顶着炎炎烈日逐户入户走访，动员农户参保，由于高强度工作，过度劳累，下午两点钟左右感觉身体疲乏不适，到村委会休息。为完成工作任务，五点半左右又投入工作，强忍身体不适，与村干部入户收缴农户养老保险。截至晚上九点左右，完成全村养老保险征收“清零”工作，全天共收缴40人养老保险金1.2万元，圆满完成工作任务，回到家时天已漆黑，子夜时分，不幸离世，享年四十岁，他年轻的生命永远定格在扶贫路上。

包家村位于东乡县东塬乡中部，全村共有8个社、234户，1173人，耕地面积1326亩，境内山大沟深，干旱少雨，是全县115个重点贫困村之一。包家村经济落后，由于沟壑纵横，道路崎岖，只有坑坑洼洼的土路，大多数人家都住着土坯房，增收渠道有限，村民的日子过得紧巴巴的。经过倪华军等人的辛苦努力，通过多方筹措资金，打通村社及户户水泥道路，为广大群众出行提供方便，包家村的产业发展、农村教育、基础设施建设等成效明显。而他平常的交通工具是一辆摩托车，是全乡唯一一个骑摩托车上下班的人。对包家村的每一个人、每一块土地都很熟悉，谁家的孩子在哪里上学？谁家的子女在哪打工？谁家的牛羊多少？谁家的老人身体怎样……对于这些，他了如指掌，熟知于心。同时，针对这些户情实际，谁家应该享受什么政策？谁家的致贫原因在哪？谁家的脱贫措施应该怎么制定……对于这些，他也心中有数，毫不含糊。他在精准扶贫、脱贫攻坚工作中做出优异成绩，献出年轻的宝贵生命。2021年5月19日，中共甘肃省委、甘肃省人民政府决定，授予倪华军“全省脱贫攻坚先进个人”称号。

谢达拉加（1984—2015）藏族，生前系天祝藏族自治县民族宗教局干部，天祝县天堂镇雪龙村帮扶队员。2015年12月18日，谢达拉加的生命定格在31岁。

2015年12月14日，天祝县民族宗教局派遣谢达拉加等5名干部，到帮扶村天祝县天堂镇雪龙村开展贫困群众户内情况调查。雪龙村距离镇政府有8千米，属于半农半牧的居民村。群众在高山沟壑间，依山势建房而居，居住非常分散。谢达拉加此行的主要目的，是对雪龙村每一个贫困户家庭基本信息、生产经营、家庭收入、住房安全、适龄儿童入学、家庭成员务工、享受扶贫政策等情况开展调查核实。在雪龙村工作的几天时间里，为把贫困户的基本情况摸清摸透，为后续的帮扶工作打好基础，每到一户，谢达拉加都耐心、细致地询问情况，查看资料，认真做好记录。为不耽搁群众务工、放牧，他与同事们总是起早贪黑，穿梭在农家院落、羊圈牧场。谢达拉加曾对同事说：“虽然比较辛苦，但是很开心，此次核查我们总算了解清楚了贫困村、贫困户的详细情况。”核查工作顺利完成，工作小组于2015年12月18日9时30分左右从天堂镇返回县城，在途经炭山岭镇石界子路段时，因道路积雪结冰车辆发生侧滑，随后驶出路外坠入沟底，谢达拉加不幸遇难。

谢达拉加是一名热爱群众的帮扶工作者。自脱贫攻坚工作开展以来，他带着对基层的热情和对群众的感情，一次次到雪龙村对建档立卡贫困户开展走访和帮扶，尤其是多次到“五保户”、残疾人、孤寡老人、留守儿童家庭访问和了解情况，设身处地地为他们着想，力所能及地帮助他们解决困难、疏导情绪、排解忧愁。

同事们都说，谢达拉加的帮扶日志写得最认真，哪家有几口人、哪家有几亩地、哪家有病人有残疾人，不但写在他随身携带的日志上，也记在他的心中。谢达拉加去世后，大家在他的办公桌里看到一份入党申请书。“尽管我还不是一名党员，但我愿意以那些优秀党员为楷模、为榜样，以党员的标准严格要求自己，从点滴做起。”在这份还没来得及上交的入党申请书中，他这样写道。

对于谢达拉加的父母、妻子、孩子而言，时间无法倒流。谢达拉加喜欢弹吉他，得知妻子怀孕时他曾憧憬，为未出生的孩子弹吉，最终却连孩子的模样都没看到就倒在脱贫攻坚的路上。正是有像谢达拉加这样兢兢业业、默默奉献的帮扶干部的努力，天祝县如期脱贫摘帽。2021年5月19日，中共甘肃省委、甘肃省人民政府决定，授予谢达拉加“全省脱贫攻坚先进个人”称号。

张小娟（1985—2019）女，藏族，生前系舟曲县扶贫办副主任。2008年，张小娟成为舟曲县立节镇的一名驻村干部。2010年，被选拔纳入甘肃省优秀80后年轻干部后备库。2018年5月，舟曲县成立脱贫攻坚“三大行动”办公室，张小娟被抽调担任副主任。2019年10月7日晚，结束脱贫成果验收工作，张小娟乘车返回，途经陇南武都区两水镇时，车辆坠河，张小娟不幸遇难，年仅34岁。

张小娟工作十多年以来，怀着对群众的深厚感情，在惠农政策落实、富民产业发展、脱贫攻坚等方面做出大量卓有成效的工作。她扎实深入群众跟进扶贫政策落实，全力以赴做好建档立卡、精准帮扶、资金管理、项目落实、政策宣传等多方面的工作，以踏实敬业的作风和专业工作人员扎实的功底，有效助推全县脱贫攻坚工作的开展，在扶贫办兢兢业业的多年历练，让她成为全县扶贫工作的移动数据库，成为各乡镇、各部门24小时在线的业务联络人和工作指导员。

张小娟是全县最早在乡镇组织农民收支普查、最早撰写乡镇经济运行情况分析报告的副乡长，她能够在对群众收入来源，种植养殖及劳务输出特征、效益等进行分析后，准确指出问题和发展预期，负责地向领导和上级部门提出改进工作的意见建议，这种调查分析方法至今仍运用于全县贫困人口收入分析中。她走访大量的贫困户和普通群众，将基层群众最关心关切的问题和农村社会最真实的状况反馈到各行业部门和上级领导层，积极衔接纳入《舟曲县“十三五”扶贫开发规划》《舟曲县脱贫攻坚实施方案（2018—2020年）》和扶贫资金项目库，最终落实为切实可行的各项帮扶政策，做到理论和实践紧密结合。

平时负责的工作涉及建档立卡、资金管理、督查考核、业务培训、扶贫系统、思想宣传、办公室管理等多项工作。她创办“舟曲扶贫”微信公众号，策划发布“舟曲脱贫攻坚工作系列报道”“脱贫攻坚突出人物报道”“扶贫惠民政策连载”等专题，紧盯重点工作积极传播正能量，提振干部群众的信心；负责编印《脱贫攻坚政策汇编》《脱贫攻坚知识问答》《脱贫攻坚档案资料管理规范》等资料，不断加强对扶贫办年轻干部和乡镇扶贫工作站人员的指导培训。

她积极对接落实生态文明小康村建设项目，促进整体面貌的改善和花椒、中药材产业项目的落地实施；每次入户都和自己的帮扶户倾心交谈，鼓励帮助，查看全家的卫生情况，了解户主养殖的猪和新种的药材，帮他们对接务工等事宜，做到真帮实扶。

2018年，被评为舟曲县“最美扶贫人”“甘肃省脱贫攻坚先进个人”。2019年10月7日晚，张小娟遇难后，中共甘南州委、甘南州人民政府追授为“全州优秀共产党员”称号；中共甘肃省委决定追授张小娟为“甘肃省优秀共产党员”称号；全国妇联作出决定，追授甘南州舟曲县扶贫开发办公室副主任张小娟“全国三八红旗手”荣誉。人力资源和社会保障部、国务院扶贫办追授张小娟“全国脱贫攻坚模范”称号。随后，新华社、《人民日报》、《中国青年杂志》等媒体纷纷报道张小娟的事迹。2021年2月25日，全国脱贫攻坚总结表彰大会上，张小娟荣获“全国脱贫攻坚楷模”称号。因工作表现非常突出，2021年5月19日，中共甘肃省委、甘肃省人民政府决定，授予张小娟“全省脱贫攻坚先进个人”称号。

宗廷渊（1985—2021）中共党员，生前先后担任华池县住建局驻县政务服务中心办公室主任，党建综合办公室主任，城壕镇余家砭村第一书记、驻村工作队队长，住建局办公室主任，柔远镇刘沟村党建指导员兼驻村工作队队员。2016年被推荐进入组织部后备干部序列，2018年再次被推荐列为一般干部提拔县管干部。2018年3月被评为2017年度全市住建系统先进工作者；2013年6月、2016年6月被评为全县优秀共产党员；2015年被评为县政府政务服务中心年度服务明星；并被县住建局评为2010、2014年度建设系统先进工作者。2011，2012、2013、2015年度建设系统优秀共产党员。同时，参加工作11年中，年终人事考核9年被评为优秀，2年合格。

宗廷渊于2017年9月份至2018年4月，被选派担任城壕镇余家砭村第一书记兼驻村工作队长，2019年8月被选派担任柔远镇刘沟村党建指导员兼驻村工作队员，他在驻村帮扶期间，合理安排工作时间，经常牺牲休息时间，利用下班、节假日时间深入帮扶村开展调研、走访、座谈，全面了解村情户情，撰写《精准扶贫帮扶工作调研报告》。主动承担帮扶计划制定，协助村两委编制“三年帮扶计划”“产业扶贫三年规划”，对余家砭村精准扶贫工作全面安排部署，对刘沟村驻村帮扶工作积极建言献策，身体力行。发挥单位资源优势，衔接项目实施，争取项目资金3万元，改善帮扶村村庄环境，解决帮扶村群众出行难的问题。同时积极向村两委出谋划策，规范村级党的建设标准化建设，刘沟村党建工作受到上级部门的肯定，被镇党委确定为全镇村级党建示范观摩交流点。并主动参与驻村队和村两委研究致富产业，带动贫困户加入合作社，明确主导产业，增强致富信心，提高家庭收入。新型冠状病毒疫情防控工作中，在其他两位队友因居家隔离，不能正常工作的情况下，担负起驻村队抗击疫情的全部工作，主

动请缨，从正月初十开始，积极参与刘沟村疫情防控宣传、动员、走访、摸排以及监测点值班值守工作，坚持奋战在防疫一线，并承担监测点值班人员的接送工作。

精准扶贫工作开展以来，宗廷渊跑遍帮扶村的每家每户；他坚持加班加点的工作，牺牲节假日，经常加班到深夜。他那坚忍不拔的吃苦精神，换来的是脱贫攻坚任务的完成。他以一个共产党员的标准践行自己的使命和担当，为脱贫攻坚贡献自己的力量，献出自己年轻而宝贵的生命。2021年5月19日，中共甘肃省委、甘肃省人民政府决定，授予宗廷渊“全省脱贫攻坚先进个人”称号。

柳宏利（1986—2020）中共党员，生前系庄浪县柳梁镇李山村驻村帮扶工作队队员。从2018年7月，他得知县里要求补充驻村帮扶队队员时，就主动请缨到深度贫困村对驻村帮扶，组织委派他去柳梁镇李山村驻村帮扶队工作。

柳宏利经常走村串巷，入户摸底，取得第一手资料，通过一段时间的认真深入调查研究，对村内的基本情况、经济发展状况、道路情况、群众收入来源和群众发展意愿都有深刻的认识。李山村的每一村土地都印下他的足迹，每一户人家都留下他的身影。

在全体干部的共同努力下，找出问题的症结，找准致贫原因和产业发展的主要矛盾，经过讨论，确立“一年路、两年产业三年户”目标。柳宏利总是闲不住，“四下里”跑。2019年初，为改变李山村简陋的办公条件，他就发挥“跑”的特长，到派出单位梯田纪念馆，找领导，要办公电脑。在他的“跑”动下，帮扶单位水投公司庄浪县自来水公司帮扶一台打印机。村里的办公条件得到改善，最高兴的要数村里的老百姓，贫困户们说：“现在复印东西，不用跑到5里外的路口去了，家门口就能印，是自家的，还不用掏钱。”

他经常到贫困户家里拉家常，帮助创业，增加收入，解决生活上的实际困难……

2020年是柳宏利最兴奋的一年，也是他最难熬的一年。3月，他感觉身体不适，去兰州检查诊断为过敏性哮喘，医院要求住院治疗。而正是李山村大改变的关键时期，硬化工程、新选址的村级综合服务中心正在建设中，洋芋产业刚刚有起色，几位销售大户正在找外面的市场，孤寡贫困户的房子正是封顶的关键时期。这个时候，所有干部的心都在村里这几件大事上，谁都没有退下来。作为党员，在这关键的时候柳宏利认为更不能拖大家后腿，一直带病坚持驻村工作。同事们看到他走路气喘吁吁，很焦急，劝他就医，可他却说：“没有关系，有药呢，挺一下就过去了”，继续跑户内了解情况，解决困难。在他的努力下，李山村也有硬化路，合作社带动的产业兴旺，他帮扶的贫困户的面貌也有变化。直到11月初病情加重，在县医院住院治疗15天效果不佳，家人动员去兰州医院治疗，11月中旬在家人的陪伴下到兰大二院住院接受治疗，被查出疑似肺癌后，转院去西安第四军医大唐都医院诊断为肺癌，接受入院治疗，2020年12月26日医治无效去世。

住院期间，他还经常打电话问村里的情况，问群众的生活怎么样。但是，谁也没想到，就在脱贫道路的尽头，曾经这样一个为群众增收致富，而不顾自己身体执着坚守、奔波劳累的好干部就这样永远地离开。2021年5月19日，中共甘肃省委、甘肃省人民政府决定，授予柳宏利“全省脱贫攻坚先进个人”称号。

马瑞林（1987—2019）生前系广河县城管局干部，历任水泉乡张家村和买家巷镇曹家坡村驻村工作队员。2019年11月13日,马瑞林在曹家坡村开展驻村帮扶工作时，不幸倒在工作岗位上，因公殉职，年仅32岁。

2012年7月，马瑞林从西北工业大学毕业后，主动放弃学校推荐去酒钢集团工作的机会，毅然回到广河，用所学的知识来回报哺育他的家乡。2013年，他通过参加进村进社区考试，进入县城管局工作，开始投身到脱贫攻坚的伟大征程中。

2015年到水泉乡张家村后，马瑞林和同事走遍全村所有贫困户，一家一户排查摸底，一户一策持续跟进帮扶措施。2019年4月，县上根据脱贫摘帽形势需要，对帮扶单位进行调整，城管局联系帮扶买家巷镇曹家坡村。这时，单位希望他留在办公室工作，他对领导说，“脱贫攻坚意义非凡，群众的笑脸使我很有成就感，等村上脱贫后我再回来干办公室工作”。到曹家坡村后，马上面临的是“两不愁三保障”清零的紧急任务，他主动提出包抓离村委会最远、贫困户最多的12社13社。他白天走门串户开展核查，晚上在村委会加班核对台账数据，完善户籍资料，不到一个月的时间里把全村各家各户的情况摸得清清楚楚。在这样的工作形势下，马瑞林经常加班加点，长时间不回家。

曹家坡村脱贫退出的工作任务非常重，马瑞林原则强、执行快、要求高，在“3+1”清零上不允许有丝毫的折扣，拿出滚石上山的韧劲来推动。进村入户做工作时，对群众家里的问题，不管是不是贫困户，也不管是不是自己的联系户，他都耐心细致、逐条逐项地帮助解决，脸上总挂着笑容，说得最多的一句话就是“两不愁三保障是脱贫的底线，只要有问题就必须要解决”。劝返失学辍学生时，他了解到个别孩子小学毕业后辍学时，三番五次往学生家里跑，又是讲法律政策、又是讲孩子未来，终于做通家长的工作，他开车拉着学生到学校报上名，自己出钱给学生购买校服和书包，协调好学生的教材和住宿问题，使孩子安心读书。兜底保障工作中，帮助障碍儿童到县残联进行鉴定，办理残疾证。

接到马瑞林去世的报告后，省委书记林铎，省委副书记、省长唐仁健作出重要批示，要求州县两级妥善处理马瑞林后事，做好长期安抚工作，解决好其家庭困难问题。临夏州、广河县对马瑞林善后工作作出安排，落实埋葬费、遗属生活补助等抚恤政策，协调保险公司落实保险理赔，向家属发放慰问金，解决家庭实际困难，确保马瑞林家属的生活得到有效保障。广河县为马瑞林申报“2019年甘肃最美人物”评选。2021年5月19日，中共甘肃省委、甘肃省人民政府决定，授予马瑞林“全省脱贫攻坚先进个人”称号。

赵寅寅（1987—2019）中共党员，生前系礼县运管局干部。2018年7月被选派到礼县沙金乡庄窠山村驻村帮扶，2019年8月23日在工作岗位上因突发疾病，于一周后不幸离世。

生前，他作为驻村帮扶干部，深入基层群众当中，了解村情民情，舍小家顾大家，不顾个人安危，全力以赴决战脱贫攻坚，为庄窠山村广大人民群众脱贫致富奔小康尽自己的一份微薄力量。

2018年7月，赵寅寅正式踏上驻村扶贫之路。接到驻村通知时，他没有丝毫怨言，舍小家顾大家，克服孩子年幼无人照顾的实际困难，毅然踏上驻村之路。他白天同村干部一道开展工作，认真学习群众工作方法；晚上大家都下班休息，夜深人静之时，他挑灯夜读，研读脱贫攻坚政策和有关理论知识，仅用半个月的时间就全面摸清庄窠山村基本情况，大到基础设施建设、产业发展，小到7个村民小组、143户村民的基本情况。通过坚持不懈地努力学习，加上对工作高度认真负责的态度，每每问到庄窠山村脱贫情况和发展前景，他总有说不完的话题，只要和他谈起贫困户的情况，也总能如数家珍，得到乡党委政府和原单位领导的赞誉认同。

他深入农户当中，排摸危旧房、茅草房、残垣断壁存量，发挥村级公益性岗位人员和党员群众，亲力亲为，采取“拆治结合”的方式，大力改善人居环境。在拆除过程中，大多数群众都积极配合，但还有个人群众不理解，拒不配合。赵寅寅心系群众，多次上门，解决住房安全隐患、生活困难，帮助群众发展致富。为群众介绍发展养殖的优势和收入效果，开展实用养殖技术培训，帮助发展养殖业，帮扶效果明显。得知养殖合作社的情况后，亲自上门查看规模及发展效益情况，说服致富带头人联系村民入股，实现户均年800元的分红效益，并且可长期实现稳定分红。2018年秋收时节下地帮助农户挖药材，到哈达铺药材批发市场帮助农户跑销路。

他事事亲自干、困难主动上、难题主动解，没日没夜奔走呐喊，加班早就成为常态，很多时候总是连父母、子女、家庭都顾不上了，在他内心深处，对家庭、对年迈多病的父母、对尚未满1周岁的儿子充满愧疚，但为那份扶贫情结，他把眼泪滴落在别人看不到的角落。他始终把脱贫攻坚工作记在心里、抓在手里，换来的，是沾满泥泞的双脚和布满血丝的双眼，当然，还有群众满心欢喜的笑容。驻村帮扶以来，他以严实的工作作风，紧紧围绕收入、住房、教育、医疗、饮水、环境卫生、拆危拆旧等重点开展工作，实现各项工作及时清零。2021年5月19日，中共甘肃省委、甘肃省人民政府决定，授予赵寅寅“全省脱贫攻坚先进个人”称号。

陈文燕（1987—2019）女，中共党员，生前为舟曲县融媒体中心新闻工作人员。2019年10月7日，到舟曲县曲告纳镇开展脱贫攻坚新闻采访结束后返回县城途中，因所乘车辆坠入河中不幸遇难，时年32岁。

工作中，无论是出境、撰稿、摄像、编辑、新媒体她样样能行。300多条新闻、100多篇新媒体作品，20多场现场直播，被中央、省州电视、报纸、网站等媒体采用。她用心感悟感知着社会，用笔尖记录新时代舟曲的发展，用镜头见证舟曲山川村庄的变迁。

在她和大家共同努力下，近五年在舟曲电视台播出新闻近万条，全县脱贫攻坚、文旅融合、经济社会发展等方面的对外新闻宣传报道连续五年在全州名列前茅，遥遥领先。100多部反映舟曲经济社会发展成效、脱贫攻坚实效、文化旅游融合发展的专题片、纪录片、微视频多次在甘肃卫视、安多卫视、康巴卫视播出，并频频亮相央视荧屏，丰富多彩，别具一格的舟曲民俗故事和节庆活动在央视《新闻联播》播出。

2019年初，舟曲县融媒体中心成立后，她却主动请缨让她负责新媒体的拍摄编辑和制作工作。经过十个月的运营，抖音、快手等新媒体平台用一大批传播效果好、视角冲击强，扣人心弦的好新闻作品，多角度、全方位宣传报道舟曲县广大干部群众在脱贫攻坚、生态文明小康村建设、城乡环境综合整治等方面取得的点滴发展、变化。经她策划制作的一个个视频新闻作品，在官方抖音号上的阅读量超过2000多万、点赞75万余个、评论9.1万余条。

“一会一节”期间，陈文燕主动请缨加入新闻宣传报道组，顶着炎炎烈日拍摄制作10多部专题新闻作品，很好地宣传舟曲县丰富多彩的民俗文化、全视角、展示多彩多姿的舟曲形象。不管是在脱贫攻坚主战场，突发灾害第一线，重大活动报道现场，她都始终以一种忘我的精神和勤恳的态度扎实高效地工作。在2018年舟曲南峪江顶崖和2019年舟曲县东山镇牙豁口滑坡灾害现场，陈文燕始终冲在救灾最前沿，获取第一手新闻材料。

四年多的新闻采编工作，陈文燕的足迹遍布舟曲的山林田野，村落农院，就像她生前自己说的一样，舟曲县没有她没去过的村庄，每个村庄没有她不熟悉的农户，有的农户家里的基本情况她竟然掌握的和驻村干部一样详细。说起谁家里的生产生活状况她如数家珍，下乡跑新闻，四

甘肃年鉴

2021

年间运动鞋就跑烂10双，下乡途中不管刮风下雨，还是山路泥泞，她从不退缩畏惧。用自己的镜头记录着父老乡亲的幸福生活变迁，用视频反映着舟曲大地的新旧巨变，用一张张图片显影着全县上下决胜脱贫、建设幸福美好新舟曲的众志成城。陈文燕牺牲后2019年11月，中共舟曲县委、舟曲县人民政府，中共甘南州委、甘南州人民政府追授陈文燕为“全县优秀新闻工者”“全州优秀新闻工作者”“全州优秀共产党员”称号；甘肃省新闻工作者协会追授陈文燕“全省优秀新闻工作者”。2021年5月19日，中共甘肃省委、甘肃省人民政府决定，授予陈文燕“全省脱贫攻坚先进个人”称号。

魏得煜（1987—2020）中共党员，生前为兰州市七里河区扶贫开发服务中心干部。因从事扶贫一线工作表现优秀，2019年从魏岭乡政府调至区扶贫开发服务中心工作，主要负责全区扶贫开发信息系统管理，后担任中心行政办公室主任，同时负责中心行政办公室各项工作。于2020年2月27日晚8时左右，在单位加班结束回家途中遭遇车祸，不幸因公殉职。

脱贫攻坚工作开始后，他专职负责这项工作。从那以后，他不是在与各村核实扶贫政策措施落实情况，就是在进村入户的路上，一做便是好几年。“这里就是我的家乡，一个人的力量虽然有限，但是能为家乡的发展、村民们的生活做一点事情，看着她们日子越过越好，我就觉得很值得。”就是这朴素的想法，督促着他、支撑着他，不断地在脱贫攻坚这条路上向前迈进。

每天，他在忙自己工作的同时，还在协助同事做其他工作，生产生活、扶贫贷款、政策解释、动态管理等等，他样样清楚，一样都没有落下。那段时间里，他经常加班到凌晨，白天他给各村联系挂图制作、核对数据，晚上核对报表、梳理汇总各项数据。功夫不负有心人，因为他对扶贫工作的政策解读到位，各项数据张口就来，所以总是被同事们称为扶贫“移动数据库”和“活字典”，得到全乡上下，以及区级各部门的一致认可和充分肯定。

2019年，魏得煜因工作能力突出，被调至区扶贫中心负责全区扶贫开发信息系统管理工作。每天都与各种数据打交道，但他从来不叫苦不喊累，认认真真的修订每条数据，及时与乡镇、行业部门，以及省市单位沟通衔接，努力做好每一项工作。细心沉稳的性格，让他做每一件事都认真负责，确保万无一失。每一次的人口动态调整，他都是一遍一遍地检查，一遍一遍地核对；每一次上报总结、报表，他都要和各乡镇、行业部门反复核对数据，落实清楚工作的实际进度和问题，从不马虎。每一天的工作下来，都让他疲惫不堪，两眼发红，因为要时时盯着电脑屏幕，随时接打工作电话，大脑没有一刻停歇，手中没有一分钟的停顿。

2020年2月27日晚，本应与家人一起共进晚餐的他，在接到有紧急文件要报送的通知后，匆匆扒了两口饭，就返回单位加班。工作结束后，在回家的路上发生交通事故不幸殉职。谁都未曾想到，走出家门的那声“我抓紧做完就回来”，竟是他留给父母亲的最后一句话。人的一生应该怎样度过？年轻的扶贫干部魏得煜交出自己的答卷。生命驻足在33岁，他的考卷很短，但答案如金石掷地，久久回响。2021年5月19日，中共甘肃省委、甘肃省人民政府决定，授予魏得煜“全省脱贫攻坚先进个人”称号。

王军林（1987—2021）生前系交通银行甘肃省分行职员，是交通银行甘肃省分行驻天水市秦州区杨家寺镇大庄村帮扶干部。2021年1月4日，年仅34岁的王军林在工作岗位上突发疾病，不幸去世，将年轻的生命永远定格在大庄村的沟垄阡陌和高山草甸中。

2018年10月，王军林受组织选派，成为天水市秦州区杨家寺镇大庄村驻村帮扶工作队的一员。两年多来，他抛下年仅2岁的孩子，义无反顾投身到脱贫攻坚全面建成小康社会的伟大事业中，夙兴夜寐、栉风沐雨，为贫困群众解难题、干实事、办好事，是秦州区扶贫一线和交通银行驻村帮扶干部中的优秀代表。

王军林认为大庄村有高山草原，发展乡村旅游和养殖业是一条比较现实的脱贫之路。他帮助村两委制定特色乡村旅游规划，动员有条件的农户开办农家乐、发展特色旅游，并带领村里的养殖户到兄弟乡镇考察学习。在王军林的鼓励和引导下，大庄村成立4家种植、养殖农民专业合作社，大庄草原也迎来四面八方的游客，村民的钱袋子一天天地鼓起来。

王军林建立微信群，将村干部、帮扶队工作成员、村公益岗成员、村民代表拉进来，随时发布帮扶政策和工作动态，让群众及时了解惠农政策和村里帮扶工作最新动态。尤其针对两费收缴等村内重点工作，王军林借助微信群反复进行政策宣导。大庄村长期以来的两费收缴难的老问题得到解决。王军林充分发挥自身是银行职员的专业优势，用拉家常、聊天等接地气的方式宣讲金融业务、识别假币、支付结算等相关知识，用老百姓的话解答老百姓的问题，引导村民树立正确的消费观和理财观，防电信网络诈骗和民间借贷陷阱，远离传销，守好血汗钱。小小一个微信群，解决不少的大情小事。村民有疑问、有困难都在群里找群主，群主真正成为群众的贴心人。

自驻村以来，在王军林的协调推进下，大庄村建成杨家寺镇第一个村级监控中心，全村主干道路、村委阵地等重点区域实现视频监控全覆盖；申请购置的青饲料加工设备，推动大庄村3000亩人工种草与畜牧养殖业走上机械化、现代化，形成种养一体的完整产业链；采购的干饲料加工粉碎机、搅拌机等设备，解决养殖户冬季牲畜草料短

缺问题；协调落地的交通银行甘肃省分行专项帮扶党费，完善党员会议室建设和配置，为党群活动中心购置崭新办公设备，改善大庄村基层党组织的活动条件。王军林不但从大处着眼，还从细微之处入手，着力解决群众生产生活中的困难。2021年5月19日，中共甘肃省委、甘肃省人民政府决定，授予王军林“全省脱贫攻坚先进个人”称号。

王彦辉（1989—2019）中共党员，生前系舟曲县融媒体中心工作人员，从事专题部摄影编辑工作。2019年10月7日晚，王彦辉到舟曲县曲告纳镇采访报道脱贫攻坚异地搬迁工作结束后，在返回舟曲县途中遭遇车祸，因公殉职，年仅30岁。

王彦辉调入新闻单位工作后，依靠自身扎实的文学功底，凭着对新闻宣传工作的热爱，守着一颗用自己的笔杆子和摄像镜头为整县脱贫工作竭尽全力，为舟曲县贫困群众早日脱贫致富服务到底的初心，在自学钻研新闻采编专业知识和业务技能的基础上，虚心向老同志求教学习。哪里山路陡峭他主动要求去哪里采访，哪里能挖到最鲜活的新闻素材，他就去哪里，所以舟曲的乡镇村组他用多半年的时间就基本跑了个遍，群众的房前屋后，有些村里的犄角旮旯他都了如指掌，基本成了舟曲“活地图”。同时，辛勤的付出让他迅速成长为新闻工作中的一位“行家里手”。

作为业务骨干，他多次参与台里的重大任务报道、专题宣传，积极采写稿件向省州等媒体传送。两年来，他撰写各类新闻稿件，共在县台上稿400余篇，州台上稿100余篇，在省级媒体上稿20余篇，在中央电视台上稿5篇。

做一行爱一行，选择这个职业他无怨无悔，他用镜头讲述着舟曲故事，他用图像和声音向群众传递最新的消息，他常说，这些都是极其有意义、有价值的事！每当县台和上级电视台播出他采编的新闻、看到自己名字的时候，他总是很开心，但开心的同时他也不忘和同事们讨论这条新闻的拍摄画面还有什么不足，他总爱说：啥都是要学的！新闻工作是严谨的，容不得半点马虎，无论工作多繁重，他都会以乐观的姿态去应对，他想着要用自己的青春和智慧，尽心尽力做好每一项工作，采写好每一篇报道，这是对工作认真、严谨的态度，也是对这一份职业的敬重，更是一名党员忠诚奉献的精神。

2019年11月，中共舟曲县委、舟曲县人民政府，中共甘南州委、甘南州人民政府追授王彦辉为“全县优秀新闻工者”“全州优秀新闻工作者” “全州优秀共产党员”称号；甘肃省新闻工作者协会追授王彦辉“全省优秀新闻工作者”。2021年5月19日，中共甘肃省委、甘肃省人民政府决定，授予王彦辉“全省脱贫攻坚先进个人”称号。

闵江伟（1996—2019）生前系舟曲县融媒体中心的一名工作人员。“做一名优秀的记者，写有温度的故事”，一直是闵江伟不懈的追求。在一篇篇看似寻常的新闻报道背后，凝聚着敬业、奉献、良知、正义、深情；在一组组影像和声音里面，浸透着艰辛、汗水、困苦、危险、牺牲。2019年10月7日，闵江伟赴山后博峪镇、曲告纳镇开展脱贫攻坚新闻宣传工作返回县城途中，因所乘车辆不慎坠入江中，不幸遇难，年仅23岁。

闵江伟所经历的劳累、疲惫、委屈、欣慰、酸甜苦辣全都浸透在一篇篇具有新闻价值的文章中。280条新闻、25次直播、8部专题片，用笔尖记录新时代舟曲的发展，用镜头见证舟曲山川村庄的变迁，让荧屏呈现舟曲欣欣向荣的和谐画面。

凭着对新闻事业无比挚爱的情感和娴熟的业务技能，独立完成和积极参与州县许多重大活动的采访报道工作。以工作需要为标准，把全部精力都用在工作上，加班加点对于他来讲是家常便饭，即使是深夜，也常常可以见到他全身心干工作的身影。闵江伟忠诚于宣传事业，虽然在新闻战线上辛勤笔耕只有短短两年多时间，但他凭着对生活的热爱和对新闻事业的挚爱，为舟曲县的政治、经济、文化、旅游等各方面宣传做出突出贡献。

只要有新闻、有采访任务从不推辞，他都会毫不犹豫地冲到第一现场。风雨中、黑夜里，高山上、烈日下，阻挡不了前进的脚步。在南峪乡江顶崖和东山镇牙豁口滑坡灾害现场，闵江伟始终冲在最前沿，再苦不言苦，再累不说累，充分发扬不怕疲劳、连续奋战的优良传统，白天跑现场，晚上赶稿子，经常通宵达旦，获取第一手材料，摄取最震撼画面，及时传回新闻素材。2019年，一会一节期间，闵江伟主动请缨到州广播电视台协助开展宣传报道工作，拍摄大量有价值的视频资料。

不管是在脱贫攻坚主战场，突发灾害第一线，还是在重大活动报道现场，他始终以一种勤劳的姿态和勤恳的态度扎实地工作。时时处处用新时代好青年、好职工的标准要求自己，用奋斗书写新时代新闻人的最美青春。

在他和大家共同努力下，全县脱贫攻坚、文旅融合、生态建设、经济社会发展等方面的对外宣传工作连续五年全州名列前茅。100多部反映舟曲经济社会发展成效、脱贫攻坚实效、文化旅游融合发展的专题片、纪录片、微视频，频频亮相央视荧屏，丰富多彩，别具一格的舟曲民俗故事和节庆活动在央视《新闻联播》播出。

2019年11月，中共舟曲县委、舟曲县人民政府，中共甘南州委、甘南州人民政府追授闵江伟为“全县优秀新闻工者”“全州优秀新闻工作者”称号；甘肃省新闻工作者协会追授闵江伟“全省优秀新闻工作者”。2021年5月19日，中共甘肃省委、甘肃省人民政府决定，授予闵江伟“全省脱贫攻坚先进个人”称号。

（供稿：张　晨）

脱贫攻坚重要文献

收录2016年至2020年中共甘肃省委、甘肃省人大常委会、甘肃省人民政府在加强脱贫攻坚事业发展，保证脱贫攻坚任务顺利完成等方面所制定的有关条例、规划、意见、办法共4件。

中共甘肃省委　甘肃省人民政府
关于打赢脱贫攻坚战的实施意见

甘发〔2016〕9号　2016年3月31日

近日，中共甘肃省委、甘肃省人民政府印发《关于打赢脱贫攻坚战的实施意见》，要求各地各部门认真贯彻执行。

《关于打赢脱贫攻坚战的实施意见》全文如下：

为深入贯彻党的十八大和十八届三中、四中、五中全会和习近平总书记系列重要讲话精神，以及中央扶贫开发工作会议精神，切实抓好《中共中央、国务院关于打赢脱贫攻坚战的决定》的落实，扎实推进扶贫攻坚行动和精准扶贫精准脱贫，确保如期完成脱贫攻坚目标任务，现提出如下实施意见。

一、切实增强打赢脱贫攻坚战的责任感和紧迫感

全面建成小康社会、实现第一个百年奋斗目标，农村贫困人口全部脱贫是一个标志性指标。近年来，省委、省政府认真贯彻落实党中央、国务院扶贫开发决策部署和习近平总书记关于精准扶贫工作的系列重要讲话精神，组织实施了扶贫行动、扶贫攻坚行动，围绕扶贫对象、目标、内容、方式、考评、保障“六个精准”，谋划实施了精准扶贫精准脱贫方案，打出了一套具有甘肃特色的精准扶贫精准脱贫组合拳，产生了巨大的政策效应，取得了显著的阶段性成效。实践证明，我省制定实施的一系列政策措施，契合中央精神，符合甘肃实际，顺应贫困群众脱贫致富奔小康的强烈愿望，必须持续推进，抓实见效。当前，我省仍然是全国脱贫攻坚的主战场之一，贫困面大、贫困人口多、贫困程度深的状况尚未根本改变，剩余贫困人口减贫成本更高、脱贫难度更大，扶贫开发已进入啃硬骨头、攻坚拔寨的冲刺期。如期实现脱贫攻坚既定目标，时间十分紧迫、任务十分繁重、责任十分重大，全省各级党委政府务必要把思想和行动统一到中央和省委省政府的决策部署上来，统一到实现“两个确保”的目标上来，切实把脱贫攻坚作为最大的政治责任、最大的民生工程、最大的发展机遇，强化“一号工程”意识，在现有的基础上不断创新扶贫开发思路和办法，坚持导向不变、重点不移、靶向不偏，以更大的决心、更明确的思路、更精准的举措、超常规的力度，着力抓好各项政策措施落实，加快补齐全面建成小康社会中的这块突出短板，坚决打赢脱贫攻坚战，决不让一个贫困地区、一个贫困群众掉队，确保到2020年与全国一道全面建成小康社会。

二、准确把握打赢脱贫攻坚战的总体要求

（一）指导思想

全面贯彻落实党的十八大和十八届三中、四中、五中全会精神，以邓小平理论、“三个代表”重要思想、科学发展观为指导，深入学习贯彻习近平总书记系列重要讲话精神，围绕协调推进“四个全面”战略布局，牢固树立和贯彻落实创新、协调、绿色、开放、共享的发展理念，坚持精准扶贫精准脱贫基本方略，以落实对象、目标、内容、方式、考评、保障“六个精准”为抓手，坚持全面小康与脱贫攻坚同步推进，坚持区域发展与精准扶贫协同实施，坚持夯实基础与提升能力联动攻坚，坚持产业发展与生态保护互促共赢，坚持扶贫开发与社会保障有效衔接，瞄准既定目标不动摇，对接中央政策完善措施办法，紧扣重点难点增强脱贫成效，强化使命担当推进“一号工程”，举全省全社会之力，坚决打赢脱贫攻坚战。

（二）总体目标

——实现“两个确保”。“十三五”前两年每年减少贫困人口100万人以上，后三年抓好巩固提高和冲刺扫尾工作，到2020年，确保全省现行标准下建档立卡贫困人口实现脱贫，确保75个贫困县（含17个插花型贫困县）脱贫摘帽，解决区域性整体贫困。

——实现“两不愁、三保障、两高于、一接近”。到2020年，稳定实现扶贫对象不愁吃、不愁穿，义务教育、基本医疗和住房安全有保障，扶贫开发工作重点县和贫困村农民人均可支配收入增幅均高于全省平均水平，贫困地区基本公共服务主要领域指标接近全省平均水平。

——实现“六有五通”。到2020年，实现贫困村有特色富民产业、有专业合作组织、有互助资金协会、有标准化卫生室、有综合性文化服务中心、有新村新貌，通沥青（水泥）路、通安全饮水、通动力电、通广播电视、通宽带网络。

（三）基本原则

——坚持党委领导，实行分级负责。充分发挥各级党委总揽全局、协调各方的领导核心作用，严格执行脱贫攻坚一把手负责制，省市县乡村五级书记一起抓，一级抓一

级，层层抓落实。切实加强贫困地区农村基层党组织建设，使其成为带领群众脱贫致富的坚强战斗堡垒。

——坚持政府主导，增强社会合力。发挥政府主导作用，加大财政投入和政策支持力度，引领市场、社会协同发力，鼓励先富帮后富，构建专项扶贫、行业扶贫、社会扶贫互为补充的大扶贫格局。

——坚持精准扶贫，提高扶贫成效。扶贫开发贵在精准，重在精准，要找准扶贫对象、致贫原因和脱贫需求，坚持因地制宜、分类指导，制定帮扶措施，做到一村一策、一户一法，扶真贫、真扶贫、真脱贫，切实提高扶贫针对性、有效性和可持续性，让贫困人口有更多的获得感。

——坚持保护生态，实现绿色发展。坚持扶贫开发与生态保护并重，探索生态脱贫、绿色发展新路子，实现产业强、群众富、生态美，让贫困人口从生态建设与修复中得到更多实惠。

——坚持群众主体，激发内生动力。坚持开发式扶贫方式，充分发挥贫困群众的主体作用，积极引导和保障贫困群众的参与权、知情权、选择权、监督权，处理好国家、社会帮扶和自身努力的关系，发扬自力更生、艰苦奋斗、勤劳致富精神，充分调动贫困地区干部群众积极性和创造性，注重扶贫先扶志，增强贫困人口自我发展能力。

——坚持改革创新，完善政策体系。坚持问题导向、目标导向、需求导向，以改革为动力，以提高脱贫成效为目标，充实完善精准扶贫精准脱贫政策，创新扶贫工作机制，推动扶贫资源使用方式由多头分散向统筹集中转变。

三、完善落实精准扶贫精准脱贫政策，确保扶贫到村到户到人

（四）实施脱贫攻坚挂图作业。继续夯实建档立卡基础，定期核查贫困村、贫困户和贫困人口，重点看有无将真正的贫困户排除在外、有无将富裕户纳入扶贫对象、有无违反规定的条件和程序确定贫困户的行为，有无优亲厚友、暗箱操作等现象，逐户逐人彻底核清基本情况及致贫原因，建立精准扶贫台账，实行有进有出的动态管理。健全完善精准脱贫大数据管理平台功能，乡镇和驻村工作队要确定专人负责数据采集，强化县乡和行业部门数据审核责任，定期进行数据分析和统计监测，为科学决策提供依据。创新精准管理机制，规范完善全省精准扶贫施工图、任务书、时间表，实施脱贫攻坚“853”挂图作业，做到“平台8个准”、“村级5张图”、“户户3本账”，即大数据平台对象识别认定、家庭情况核实、致贫原因分析、计划措施制定、扶贫政策落实、人均收支核查、对象进出录入、台账进度记录“8个准”;村级绘制贫困人口分布、贫困人口致贫原因统计、贫困村脱贫攻坚目标任务推进、贫困户脱贫目标任务、贫困人口进出动态统计“5张图”;贫困农户建立脱贫计划、帮扶措施、工作台账“3本账”，解决扶持谁、谁来扶、怎么扶的问题，确保项目、资金、力量精准帮扶到位，提高脱贫攻坚精准管理水平。

（五）发展特色产业脱贫。加快实施《精准扶贫富民产业培育支持计划》，实施贫困村“一村一品”产业推进行动，重点扶持发展以玉米、马铃薯为主的旱作农业，以牛羊为主的草食畜牧业，促进林果、蔬菜、中药材等优势特色产业提质增效，因地制宜培育提升油橄榄、茶叶、花椒、核桃、百合、玫瑰、油菜、小杂粮、油用牡丹、甜高粱等区域性特色优势农产品，加快建设一批贫困人口参与度高的特色农业基地。提高贫困地区农业的组织化程度，加强贫困地区农民合作社和龙头企业培育，支持农民合作社和其他经营主体通过土地托管、牲畜托养和吸收农民土地经营权入股等方式，发挥其对贫困人口的组织和带动作用，强化其与贫困户的利益联结机制。加快一、二、三产业融合发展，倾斜支持贫困地区农产品加工、仓储、冷藏、市场建设，着力打造一批扶贫产业品牌，增强特色农产品的市场竞争力，让贫困户更多分享农业全产业链和价值链增值收益。2016年实现农业专业合作组织对贫困村的全覆盖，每个具有劳动力的贫困户至少加入1个合作组织;到2017年每个贫困县有一批上规模、上档次、辐射带动能力强的扶贫龙头企业。继续深入实施乡村旅游扶贫工程，创建旅游强县和旅游名镇名村，开发红色旅游、民族风情游、生态风光游等乡村旅游，扶持建设一批旅游专业村和农（牧、林）家乐，带动贫困群众就业增收。认真组织实施世界银行贷款贫困片区产业扶贫试点示范项目，在16个项目县（区）240个项目村推进综合产业链发展、公共基础设施与服务支持、产业扶贫机制研究与推广，为项目管理与监测评价创造经验。在不改变用途的情况下，财政专项扶贫资金和其他涉农资金投入设施农业、养殖、光伏、水电、乡村旅游等项目形成的资产，具备条件的可折股量化给贫困村和贫困户，尤其是丧失劳动能力的贫困户。资产可由村集体、合作社或其他经营主体统一经营。强化监督管理，明确资产运营方对财政资金形成资产的保值增值责任，建立健全收益分配机制，确保资产收益及时回馈持股贫困户。科学合理有序开发贫困地区水电、煤炭、油气等资源，调整完善资源开发收益分配政策，赋予土地被占用的村集体股权，让贫困人口分享资源开发收益;探索水电利益共享机制，将从发电中提取的资金优先用于库区后续发展。

（六）引导输出劳务脱贫。继续实施《精准扶贫劳动力培训支持计划》，鼓励能人带动务工，打造提升“陇原妹”、“陇原月嫂”、“陇原巧手”和兰州牛肉拉面等劳务品牌，扩大培训规模，提高补贴标准，促进劳务输转从体力型向技能型转变。加强驻外劳务服务站和基地建设，完善职业培训、就业服务、劳动维权“三位一体”的工作机制。整合培训资源，免费开展订单、订岗、定向、菜单式

精准培训，对“两后生”开展职业技能教育培训，对务工青年开展3个月左右就业技能培训和劳务品牌培训，对在岗务工人员开展岗位技能提升培训。支持各类职业技术学校、社会培训机构和用人单位在贫困地区建立农民工培训基地，鼓励职业院校和技工学校招收贫困家庭子女。进一步加大就业专项资金向贫困地区转移支付力度。鼓励对跨省务工的农村贫困人口给予交通补助。大力支持家政服务、物流配送、养老服务等产业发展，拓展贫困地区劳动力外出就业空间。对在城镇工作生活一年以上的农村贫困人口，输入地政府要承担相应的帮扶责任，并优先提供基本公共服务，促进有能力在城镇稳定就业和生活的农村贫困人口有序实现市民化。2017年实现新增“两后生”和贫困地区有需求的劳动力全部得到培训;2020年每个贫困家庭有培训需求的劳动力至少有1人取得职业资格证书、掌握1门致富技能，实现技能提升培训全覆盖。全面落实农民工返乡创业政策，建立健全贫困农民创业激励机制，树立创业典型，发挥示范带动作用。

（七）实施易地搬迁脱贫。把易地扶贫搬迁作为脱贫攻坚的重大举措，坚持群众自愿、积极稳妥的原则，对接国家易地扶贫搬迁优惠政策，完善落实《精准扶贫易地搬迁支持计划》，制定推进方案，以县城、乡镇、中心村、旅游区、产业园区等有创业就业机会的区域为主，采取整体搬迁和灵活安置方式妥善安置。统筹基础设施和公共服务设施建设，对集中安置区按需建设商场、学校、医务所、文化体育场所。完善搬迁后续扶持政策，加快培育发展后续产业，强化对搬迁群众的培训，确保搬迁对象有业可就、稳定脱贫。抓住国家开发银行和中国农业发展银行长期优惠贷款政策机遇，建立易地扶贫搬迁投融资平台，专项用于易地扶贫搬迁;积极整合交通建设、农田水利、土地整治、地质灾害防治、林业生态等支农资金和社会资金，拓宽资金来源渠道，支持安置区基础设施、配套公共设施建设和迁出区生态修复。支持搬迁安置点发展物业经济，增加搬迁户财产性收入。探索利用农民进城落户后自愿有偿退出的农村空置房屋和土地安置易地搬迁农户。到2020年底实现具有搬迁条件和意愿的50万建档立卡贫困人口应搬尽搬。

（八）结合生态保护脱贫。完善落实《精准扶贫生态环境支持计划》，在生存条件差但生态系统重要、需要保护恢复的地区，结合生态环境保护和治理，探索生态脱贫的新路子。退耕还林还草、天然草原保护与建设、草原鼠虫害防治、天然林保护、重点公益林补偿、防护林建设、防沙治沙、湿地保护与恢复、坡耕地综合整治、退牧还草、水生态治理等重大生态工程，在项目和资金安排上进一步向贫困县倾斜，提高贫困人口参与度和受益水平。支持具备条件的贫困县大力发展兼顾脱贫与生态效益的经济林、木本油料、林下经济和森林旅游，扩大贫困县区退耕还林（还草）面积，到2020年退出25度以上坡耕地、严重沙化耕地、15~25度水源区坡耕地等1000万亩以上。加大贫困地区生态保护修复力度，将贫困县高深山区易地搬迁后退出的坡耕地调整为非基本农田，全部纳入国家和省里新一轮退耕还林还草工程范围。优先支持移民搬迁迁出区宅基地复垦，复垦后的土地作为生态建设用地。增加重点生态功能区转移支付，创新生态资金使用方式，利用生态补偿和生态保护工程资金使当地有劳动能力的部分贫困人口转为护林员、草管员、湿地管理员等生态保护人员。开展贫困地区生态综合补偿试点，健全公益林补偿标准动态调整机制，完善草原生态保护补助奖励政策。大力开展贫困县国土综合治理，加强农田水利和梯田建设，推进沙化土地封禁保护，采取小流域综合治理、淤地坝建设、坡耕地整治、生态修复等措施，有效防治水土流失。加强地质灾害隐患治理工程建设，开展贫困地区国家级生态乡镇创建工作，实施规模化畜禽养殖企业污染治理项目。

（九）着力加强教育脱贫。完善落实《精准扶贫教育支持计划》，健全学前教育资助制度，对全省学前教育在园幼儿免保教费，在58个集中连片贫困县和17个插花型贫困县1500人以上的有实际需求的行政村建设幼儿园，到2020年实现有需求的贫困村幼儿园全覆盖。稳步推进贫困地区农村义务教育阶段学生营养改善计划，对58个集中连片贫困县和17个插花型贫困县乡村中小学、幼儿园教师发放生活补助，逐级建立乡村教师荣誉制度，制定符合基层实际的教师招聘引进办法，建立省级统筹乡村教师补充机制，推动城乡教师合理流动和对口支援。合理布局贫困地区农村中小学校，改善基本办学条件，加快标准化建设，加强寄宿制学校建设，提高义务教育巩固率。继续实施面向贫困地区、革命老区、建档立卡贫困户和农村学生的专项招生计划。普及高中阶段教育，对建档立卡贫困家庭学生就读普通高中免除学杂费和书本费，就读省内高职（专科）院校免除学杂费和书本费。以建档立卡的贫困家庭为重点，所有贫困家庭学生就读中等职业学校享受免学费政策，按每生每年发放2000元助学金，让未升入普通高中的初中毕业生都能接受中等职业学历教育或技术技能培训。加强有专业特色并适应市场需求的中等职业学校建设，依托校企合作，鼓励跨地区、跨专业组建职业教育集团。努力办好贫困地区特殊教育和远程教育，提高贫困地区教育信息化水平。深化教育体制改革，完善考试招生制度，推进普通高中学业水平考试和综合素质评价改革，创新中高职贯通的人才培养模式，建立保障农村和贫困地区学生上重点高校的长效机制，加大对贫困家庭大学生的救助力度。实施教育扶贫结对帮扶行动计划。

（十）开展医疗保险和医疗救助脱贫。加强《精准扶贫卫生支持计划》与各项救助制度的有效衔接，对贫困人口参加新型农村合作医疗个人缴费部分给予补贴。新型农村合作医疗和大病保险制度对贫困人口实行政策倾斜，门诊统筹率先覆盖所有贫困地区，降低贫困人口大病费用实际支出，对新型农村合作医疗和大病保险支付后自负费用仍有困难的，加大医疗救助、临时救助、慈善救助等帮扶力度，扩大重特大疾病医疗救助病种，将贫困人口全部纳入重特大疾病救助范围，降低贫困人口大病保险起付线，提高大病保险报销比例，使贫困人口大病医治得到有效保障。加大农村贫困残疾人康复服务和医疗救助力度，扩大纳入基本医疗保险范围的残疾人医疗康复项目。建立贫困人口健康卡。对贫困人口大病实行即时结算和先诊疗后付费的结算机制。落实三级医院（含军队和武警部队医院）与连片特困地区国家扶贫开发工作重点县县级医院建立一对一帮扶关系。加快完成贫困地区县乡村三级医疗卫生服务网络标准化建设，2016年实现贫困村标准化卫生室全覆盖，提高符合条件的贫困村卫生室执业乡村医生定额补助标准，贫困村村医全部具备乡村医生执业资格，选派省市县医院医生到基层医疗机构多点执业，积极推动惠及贫困地区的远程医疗系统建设。支持和引导符合条件的贫困地区乡村医生按规定参加企业职工基本养老保险。采取针对性措施，加强贫困地区传染病、地方病、慢性病等防治工作。继续实施贫困地区儿童营养改善、新生儿疾病免费筛查、妇女“两癌”免费筛查、国家免费孕前优生健康检查等重大公共卫生项目。加强贫困地区计划生育服务管理工作。

（十一）实行农村最低生活保障制度兜底脱贫。继续实施《精准扶贫社会救助支持计划》，完善农村最低生活保障制度，对无法依靠产业扶持和就业帮助脱贫的家庭实行政策性保障兜底。进一步加强农村低保申请家庭经济状况核查工作，将所有符合条件的贫困家庭纳入低保范围，做到应保尽保。三四类低保对象退出后，新增对象在贫困户中评定。提高农村一、二类低保标准，实现低保线和脱贫线“两线合一”。加大临时救助制度在贫困地区落实力度。提高农村五保供养省级补助标准15%，改善供养条件。制定农村最低生活保障制度与扶贫开发政策有效衔接的实施方案。建立农村低保和扶贫开发的数据互通、资源共享信息平台，实现动态监测管理、工作机制有效衔接。加快完善城乡居民基本养老保险制度，适时提高基础养老金标准，引导农村贫困人口积极参保续保，逐步提高保障水平。

（十二）健全完善留守儿童、留守妇女、留守老人和残疾人关爱服务体系。对农村“三留守”人员和残疾人进行全面摸底排查，建立详实完备、动态更新的信息管理系统。加强儿童福利院、救助保护机构、特困人员供养机构、残疾人康复托养机构、社区儿童之家等服务设施和队伍建设，不断提高管理服务水平，到2020年底实现养老机构、日间照料中心对贫困村全覆盖。建立家庭、学校、基层组织、政府和社会力量相衔接的留守儿童关爱服务网络。加强对未成年人的监护，实现城乡孤儿基本生活补助统一标准，健全孤儿、事实无人抚养儿童、低收入家庭重病重残等困境儿童的福利保障体系。健全发现报告、应急处置、帮扶干预机制，帮助特殊贫困家庭解决实际困难。做好农村特殊困难群众的就业创业服务工作，加强农村特殊困难群体的法律援助工作。加大贫困残疾人康复工程、特殊教育、技能培训、托养服务实施力度。针对残疾人的特殊困难，全面建立困难残疾人生活补贴和重度残疾人护理补贴制度。对低保家庭中的老年人、未成年人、重度残疾人等重点救助对象，提高救助水平，确保基本生活。引导和鼓励社会力量参与特殊群体关爱服务工作。

四、加强贫困地区基础设施建设，加快破除发展瓶颈制约

（十三）加快交通、水利、电力建设。抢抓国家倾斜支持贫困地区基础设施建设机遇，全面实施交通突破行动、水利保障行动。加快实施《精准扶贫交通支持计划》，争取实施国家铁路网、国家高速公路网连接我省贫困地区的重大交通项目建设，提高国道省道技术标准，构建贫困地区外通内联的交通运输通道。积极争取大幅度增加中央投资和信贷资金投入我省贫困地区的铁路、公路建设，提高贫困地区农村公路建设补助标准，加快完成具备条件的乡镇和建制村通硬化路的建设任务，加强农村公路安全防护和危桥改造，有序推进人口较多的撤并建制村通硬化路。全力推进引洮二期、黄河甘肃段防洪工程、灌区续建配套与节水改造等重大水利项目工程建设，小型农田水利、“五小水利”工程等建设向贫困村倾斜。加大贫困地区抗旱水源建设、病险水库水闸除险加固、中小河流治理、水土流失综合治理等建设力度。加强山洪和地质灾害综合防治体系建设。对贫困地区农村公益性基础设施管理养护给予支持。继续落实《精准扶贫饮水安全支持计划》，实施农村饮水安全巩固提升工程，全面解决贫困人口饮水安全问题，到2017年完成未通水到户的26万户全部通水入户任务，并尽早实现全省农村贫困群众稳定、安全饮水目标。加快实施《精准扶贫贫困村动力电覆盖支持计划》，全面提升农网供电能力和供电质量，到2016年底实现贫困村户户通照明电、自然村通动力电。增加贫困地区年度发电指标。提高贫困地区水电工程留存电量比例。加快推进光伏扶贫工程，支持光伏发电设施接入电网运行，发展光伏农业。加强贫困地区农村气象为农服务体系和灾害防御体系建设。

（十四）加快农村贫困户危房改造和人居环境整治。加快实施《精准扶贫农村危房改造支持计划》，统筹开展农村危房抗震改造，把建档立卡贫困户放在优先位置，提高补助标准，保证房屋质量，探索采用贷款贴息、建设集体公租房等多种方式，切实保障贫困户基本住房安全。

2020年前完成63万贫困户危房改造，基本消除农村贫困户危房。加大贫困地区以工代赈投入力度，支持农村山水田林路建设和小流域综合治理。财政支持的微小型建设项目，涉及贫困村的，允许按照一事一议方式直接委托村级组织自建自管。以整村推进为平台，加快改善贫困村生产生活条件，推进农村环境连片综合整治，集中力量解决农村脏乱差、垃圾污水治理、人畜分离、改厕和村庄绿化等问题，扎实推进美丽宜居乡村建设。

（十五）加大“互联网+”扶贫力度。继续实施《精准扶贫电商支持计划》，抓住国家完善电信普遍服务补偿机制的政策机遇，落实宽带网络提速降费政策，探索PPP、委托经营等市场化方式，大力推进农村电商、远程教育、远程医疗等信息化运用，加快推进宽带网络覆盖贫困村。加强电子商务与精准扶贫紧密结合，支持本地结算的国内知名电商平台在我省推广发展，打造具有甘肃地方特色、地域特性、市场容量的电商品牌，引导商贸流通企业线上线下融合发展，促进农产品上网销售;支持县乡村三级电子商务服务体系建设，扩大服务范围，实现一网多用。支持供销合作社在贫困村建设以现代流通为主导的村级为农综合服务平台，提高村级综合服务社覆盖率。支持邮政、快递企业在贫困乡村设立服务网点，2017年物流、快递服务基本覆盖贫困村。加强贫困地区农村电商人才培训，对贫困家庭开设网店给予网络资费补助，将电商扶贫纳入扶贫小额信贷支持范围。开展互联网为农便民服务，提升贫困地区农村互联网金融服务水平，扩大信息进村入户覆盖面。

（十六）重点支持革命老区、民族地区和贫困片带脱贫攻坚。认真落实省委、省政府支持革命老区脱贫致富奔小康的政策措施，加快陇东能源化工基地建设，扩大革命老区财政转移支付规模，提高老区建设专项扶贫资金额度，积极配合开展中央企业定点帮扶贫困革命老区县“百县万村”活动。认真贯彻中央和省委省政府关于支持我省涉藏州县、临夏州经济社会发展的政策措施，加快推进民族地区重大基础设施项目和民生工程建设，实施少数民族特困地区和特困群体综合扶贫工程，加大“出彩工程”等少数民族劳务技能特色培训力度，促进清真产业、畜牧业、民族文化旅游发展，继续加大对人口较少民族整体脱贫的扶持力度。

五、强化政策保障，健全脱贫攻坚支撑体系

（十七）加大财政扶贫投入力度。积极争取中央财政加大对我省贫困地区的转移支付力度，实现财政专项扶贫资金规模较大幅度增长，一般性转移支付资金、各类涉及民生的专项转移支付资金和中央预算内投资进一步向我省贫困地区和贫困人口倾斜。积极争取中央集中彩票公益金对我省的支持力度。省级和片区县按当年地方财政收入增量的20%以上、市级按10%以上、插花县按15%以上增列专项扶贫预算。各级财政要单列民生改善、项目建设、社会保障等领域用于扶贫开发的资金，当年清理收回存量资金中可统筹使用资金的50%以上用于扶贫开发，农业综合开发、农村综合改革转移支付等涉农资金要明确一定比例用于贫困村。各部门安排的各项惠民政策、项目和工程，要最大限度地向贫困地区、贫困村、贫困人口倾斜，并加大省级投资补助的比重。严格落实国家在贫困地区安排的公益性建设项目取消县级和三大片区地市级配套资金的政策，在贫困地区推广政府与社会资本合作、政府购买服务等模式。加强财政监督检查和审计、稽查等工作，健全落实扶贫资金违规使用责任追究制度。纪检监察机关对扶贫领域虚报冒领、截留私分、贪污挪用、挥霍浪费等违法违规问题，坚决从严惩处。推进扶贫开发领域反腐倡廉建设，集中整治和加强预防扶贫领域职务犯罪工作。严格落实“三张清单一张网”工作要求，将省市县三级扶贫项目和资金计划向全社会公告公示。充分发挥“12317”扶贫监督电话作用，自觉接受社会监督，保障资金阳光运行。

（十八）加大金融扶贫力度。鼓励和引导商业性、政策性、开发性、合作性等各类金融机构加大对扶贫开发的金融支持。运用多种货币政策工具，向金融机构提供长期、低成本的资金，用于支持扶贫开发。积极争取扶贫再贷款，落实比支农再贷款更优惠的利率政策，重点支持贫困地区发展特色产业和贫困人口就业创业。运用适当的政策安排，动用财政贴息资金及部分金融机构的富余资金，对接政策性、开发性金融机构的资金需求，拓宽扶贫资金来源渠道。改进和完善各类优惠贷款贴息办法，统一贴息标准，简化贷款程序，建立公平竞争机制，引导各类金融机构积极参与扶贫攻坚。金融机构要延伸服务网络，创新金融产品，增加贫困地区信贷投放。对有稳定还款来源的扶贫项目，允许采用过桥贷款方式，撬动信贷资金投入。按照省负总责的要求，建立和完善省级扶贫开发投融资主体，支持易地扶贫搬迁、乡村基础设施、公共服务、农村危旧房改造、产业配套基础设施等扶贫领域。支持贫困地区设立政府出资的融资担保机构，重点开展扶贫担保业务。加快实施《精准扶贫小额信贷支持计划》，继续实施总规模400亿元的产业“精准扶贫专项贷款工程”，由省级财政按基准利率全额贴息，为贫困户提供5万元以内、3年以下小额信贷支持，银行对农户免抵押、免担保。发挥精准扶贫贷款风险补偿基金作用，对精准扶贫小额信贷、贫困户危房改造贷款、易地扶贫搬迁贷款、贫困家庭生源地信用助学贷款的损失给予补偿。规范财政扶贫资金、社会帮扶资金等折股量化到贫困户，投入专业合作社、龙头企业的措施办法，对确无经营能力贫困户的精准扶贫小额贷款，由县级政府、金融机构、企业（合作社）、贫困户签订四方协议，建立利益联结机制，按照“保底+分红”的方式，负赢不负亏，分红比例原则上不低于入股资金的

8%，并提供技术培训、安排就业，提高稳定脱贫能力。加强贫困村互助资金的建设和管理工作，2016年实现建档立卡贫困村和有贫困人口的非贫困村互助资金项目全覆盖，探索利用信贷资金放大互助资金规模。积极发展扶贫小额贷款保证保险，扩大农业保险覆盖面，政策性农业保险优先在贫困村试点推广，对贫困户保险保费予以补助。积极稳妥开展“两权”抵押贷款试点工作，盘活农村资源资产，赋予农民更多财产权利。推进金融干部在贫困地区交流挂职。

（十九）加大涉农资金整合力度。认真落实《甘肃省精准扶贫精准脱贫省级资金整合使用管理办法》，以提高资金使用效益为目标，对中央财政和省级财政预算安排用于农业生产、农村社会事业发展、公共服务、生态修复与治理、财政专项扶贫等方面的涉农资金（含基本建设基金），以及政府间帮扶资金进行归集整合，由县级政府在省级相关部门指导下，以扶贫规划为引领，以整村推进和重点扶贫项目为平台，按照权责一致原则，统筹安排、捆绑集中用于精准扶贫。整合资金重点支持58个片区县和17个插花型贫困县的基础设施建设、富民产业培育、易地扶贫搬迁、金融资金支撑、公共服务保障和能力素质提升，到户资金专项用于建档立卡的贫困村、贫困户，健全形成脱贫攻坚多规划衔接、多部门协调的长效机制。

（二十）完善扶贫开发用地政策。新增建设用地计划指标优先保障扶贫开发用地需要，专项安排国家扶贫开发工作重点县年度新增建设用地计划指标。土地整治工程和项目、分配下达高标准基本农田建设计划和补助资金安排时，要向贫困地区倾斜。在58个片区县和17个插花型贫困县开展易地扶贫搬迁，允许将城乡建设用地增减挂钩指标在省域范围内使用。在有条件的贫困地区，优先安排国土资源管理制度改革试点，支持开展历史遗留工矿废弃地复垦利用、城乡建设用地增减挂钩试点。

（二十一）强化科技、文化、人才支撑。加快实施《精准扶贫干部人才支持计划》，加大科技扶贫力度，对贫困地区具有竞争潜力的特色产业进行全产业链升级攻关研究与示范，强化技术创新引导专项（基金）对科技扶贫的支持，加快先进适用技术成果在贫困地区的转化。深入推行科技特派员制度，支持科技特派员开展创业式扶贫服务，到2017年每个贫困村至少有1名科技特派员、培育2至3个农业科技示范户，每个贫困县建成2至3个农业科技示范基地。加快实施《精准扶贫贫困乡村文化场所建设支持计划》，推动文化投入向贫困地区倾斜，整合文化资源，集中实施一批文化惠民扶贫项目，着力打造文化富民产业品牌，到2017年实现全省贫困乡镇综合文化站、贫困村综合性文化中心（乡村舞台）全覆盖，推动贫困地区县乡级公共文化体育设施达到国家标准。深化贫困地区文明村镇和文明家庭创建，鼓励文化单位、文艺工作者和其他社会力量为贫困地区提供文化产品和服务。完善人才评价激励机制和服务保障机制，健全有利于人才向基层、艰苦地区和一线岗位流动的政策体系，营造有利于贫困地区育才、引才、用才、流才的社会环境，鼓励各类人才扎根贫困地区基层建功立业，对表现优秀的人员在职称评聘等方面按有关规定给予倾斜。积极推进贫困村创业致富带头人培训工程。

（二十二）提高社会帮扶实效。不断创新完善定点扶贫、东西扶贫协作等社会帮扶机制，建立健全与省外对口帮扶地区、单位和企业的协调联系制度，积极主动争取中央国家机关单位、工青妇等群团组织和中央企业对我省扶贫开发的更大支持。建立精准对接机制，使帮扶资金主要用于建档立卡贫困村、贫困户。强化以企业合作为载体的扶贫协作，积极衔接与东部地区按照主体功能定位共建产业园区，推动东部人才、资金、技术向我省贫困地区流动。积极参与“携手奔小康”行动，争取经济强县（市）结对帮扶我省贫困县，积极引进发达地区企事业单位和社会组织与我省贫困村结对帮扶。积极实施省工商联组织的民营企业“千企帮千村”精准扶贫行动。通过政府购买服务等方式，鼓励各类社会组织开展到村到户精准扶贫。完善扶贫龙头企业认定制度，增强企业辐射带动贫困户增收的能力。吸纳农村贫困人口就业的企业，按规定享受税收优惠、职业培训补贴等就业支持政策。落实企业和个人公益扶贫捐赠所得税税前扣除政策。鼓励有条件的企业设立扶贫公益基金和开展扶贫公益信托。鼓励、调动和吸引省内外各类社会组织和个人参与多种形式的到村到户精准扶贫。深入开展“10・17”扶贫日活动，实施扶贫志愿者行动计划和社会工作专业人才服务贫困地区计划，着力打造扶贫公益品牌，做大做强“爱心扶贫基金”等社会帮扶平台，全面及时公开扶贫捐赠信息，提高社会扶贫公信力和美誉度。构建社会扶贫信息服务网络，探索发展公益众筹扶贫。

（二十三）推进扶贫行动和脱贫攻坚深度融合。充分发挥扶贫行动在精准扶贫中的重要载体和抓手作用，统筹运用好扶贫干部与驻村工作队两支力量，切实推进扶贫行动和脱贫攻坚行动在目标任务、帮扶力量、资金项目、培训资源方面的“四个融合联动”。着力打造扶贫工作品牌，提高帮扶工作实效，注重把宣传政策、反映民意、促进发展、疏导情绪、强基固本、推广典型“六项任务”与宣讲精准扶贫精准脱贫政策、帮助落实精准扶贫政策、加强贫困村社会治理、提升贫困村领导班子和党员干部的能力素质结合起来，引导各级干部在扶贫攻坚主战场经受锻炼、锤炼作风、提升能力，实现打造“三大工程”与推进扶贫攻坚的互促互推。建立单位联村、干部联户动态调整机制，实现每个贫困村都有驻村帮扶工作队、每个贫困户都有帮扶责任人。认真落实《全省贫困村驻村帮扶工作队

力量整合和加强管理的实施办法》，充分发挥驻村帮扶工作队在精准扶贫中的“管道”和生力军作用，积极参与建档立卡和精准扶贫大数据管理平台的信息采集和数据审核工作，逐户找出致贫原因，列出需求清单，研究提出分类施策的具体办法，制定到村到户个性化的帮扶措施，提高驻村帮扶工作实效，推动精准扶贫精准脱贫方案各项政策措施落实见效。加强对扶贫单位和驻村干部的考核，做到贫困群众、贫困村不脱贫，扶贫单位不脱钩，驻村工作队不撤队伍。对在基层一线干出成绩、群众欢迎的扶贫干部和驻村干部，要重点培养使用。

六、加强组织领导，为打赢脱贫攻坚战提供坚强有力保障

（二十四）加强脱贫攻坚组织领导。落实党政一把手扶贫责任制，成立省脱贫攻坚领导小组，由省委省政府主要领导担任组长，省政府分管领导兼任办公室主任。成立省脱贫攻坚成效考核领导小组、省精准脱贫大数据管理平台建设协调领导小组，由省委分管领导担任组长。健全落实省委常委联系市州、省级领导包抓县（市、区）制度，加强工作指导和协调，推动脱贫攻坚任务落实。各市（州）、县（市、区）要相应调整、加强和完善脱贫攻坚领导机构。强化各级扶贫开发领导小组决策部署、统筹协调、督促落实、检查考核的职能。改进县级干部选拔任用机制，统筹省内优秀干部，选好配强扶贫任务重的县（市、区）党政主要领导，把扶贫开发工作实绩作为选拔使用干部的重要依据。脱贫攻坚期内贫困县党政领导班子要保持稳定，对表现优秀、符合条件的可以就地提级。

（二十五）健全脱贫攻坚责任体系。脱贫任务重的市（州）、县（市、区）党委政府要坚持以脱贫攻坚统揽经济社会发展全局，紧扣“两不愁三保障，两高于、一接近”的总体目标，科学制定“十三五”脱贫攻坚专项规划，并就相应目标细化完善为可核查、可量化的指标体系，逐项推进落实。实行省负总责、市县抓落实的工作机制，坚持片区为重点、精准到村到户。省委省政府重点抓好目标确定、项目下达、资金投放、组织动员、监督考核等工作。市（州）党委和政府要做好上下衔接、域内协调、督促检查工作，把精力集中在贫困县如期摘帽上。县级党委和政府承担主体责任，书记和县长是第一责任人，要做好进度安排、项目落地、资金使用、人力调配、推进实施等工作。层层签订脱贫攻坚责任书，省委省政府分管领导、市（州）党委政府主要领导、省直部门主要负责人向省委省政府签订责任书，市县比照省里做法层层靠实工作责任，形成条块结合、纵横衔接的目标责任体系。要强化行业扶贫责任，按照贫困县脱贫摘帽、贫困人口脱贫退出标准，提高贫困人口基本生产生活条件、基本公共服务和基本社会保障水平，实现部门专项规划与脱贫攻坚规划有效衔接，充分运用行业资源做好扶贫开发工作。牵头制定精准扶贫精准脱贫政策的省直部门，要加强政策梳理和对接争取，充实完善专项支持计划，分年度制定实施方案，推进到村到户措施落实。

（二十六）加强脱贫攻坚考核督查力度。认真落实贫困县领导班子和领导干部经济社会发展实绩考核办法和实施方案，既要确保贫困人口人均可支配收入达到脱贫标准，又要把“两不愁三保障”作为衡量贫困人口脱贫的基本标准，大幅度提高减贫指标在贫困县经济社会发展实绩考核指标中的权重，建立扶贫工作责任清单，考准考实贫困县党政领导班子、党政正职经济社会发展和精准扶贫精准脱贫工作实绩，建立以考评结果为导向的激励约束机制。建立年度扶贫开发工作逐级督查制度，选择重点部门、重点地区进行联合督查，多维度地督促检查“两不愁三保障”等脱贫指标体系的完成情况，防止和纠正只看收入指标，忽视其他指标的倾向，确保各项工作任务逐一督查落实到位。对落实不力的部门和地区，要向省委省政府报告并提出责任追究建议，对未完成年度减贫任务的市（州）党政主要领导和分管领导进行约谈，对县级党政主要领导和分管领导进行组织调整或问责。建立贫困户脱贫认定机制，认真落实贫困人口和贫困县退出机制实施细则，研究提出“十三五”时期贫困县、贫困村、贫困人口脱贫时序指导目录。对已经脱贫的农户，在一定时期内让其继续享受扶贫相关政策，避免出现边脱贫、边返贫现象，切实做到应进则进、应扶则扶;贫困村和贫困县退出后，在攻坚期内原有扶贫政策保持不变;对按计划提前退出的贫困县，进行表彰奖励。严格落实《关于建立贫困县约束机制的实施意见》，严禁铺张浪费，厉行勤俭节约，严格控制“三公”经费，坚决刹住“穷县富衙”“戴帽炫富”之风，杜绝不切实际的形象工程。加强农村贫困统计监测体系建设，提高监测能力和数据质量，实现数据共享。

（二十七）严肃追究虚假脱贫责任。严格执行脱贫验收责任体系实施办法，明确市、县、乡、村各级对脱贫结果认定真实性的责任，着力防止和根除“虚假脱贫”“数字脱贫”问题。建立对扶贫政策落实情况和扶贫成效检验的第三方评估机制，加强对扶贫工作绩效的社会监督，开展贫困地区群众扶贫满意度调查。建立精准识别和精准退出问责制，强化县（市、区）和行业部门数据采集、录入、审核把关责任，对于违反贫困退出规定，弄虚作假、搞数字脱贫的，贫困人口识别和退出准确率、帮扶工作群众满意度较低的，纪检监察和审计、社会监督发现违纪违规问题的，由省脱贫攻坚领导小组对市州党委政府主要负责人进行约谈，提出限期整改要求;特别要对故意弄虚作假、授意编造脱贫数字、出具虚假文件材料、指使数据造假，让贫困人口“被脱贫”的现象，按照脱贫验收责任体系，根据不同情况，分别给予党纪政纪处分，或者给予调整职务、降职，责令辞职、免职等组织处理，逐级依纪依规严肃追究相关人员的领导责任和直接责任，并指名道姓一一通报曝光，以铁的纪律推动精准扶贫精准脱贫各项决策部署落地生根。建立重大涉贫事件的处置、反馈机制，在处置典型事件中发现问题，不断提高扶贫工作水平。

（二十八）*发挥基层党组织战斗堡垒作用*。加强贫困乡镇领导班子建设，有针对性地选配政治素质高、工作能力强、熟悉“三农”工作的干部担任贫困乡镇党政主要领导。抓好以村党组织为领导核心的村级组织配套建设，选好配强村级领导班子，突出抓好村党组织带头人队伍建设，充分发挥党员先锋模范作用，集中整顿软弱涣散村党组织，提高贫困村党组织的创造力、凝聚力、战斗力。发挥好工会、共青团、妇联等群团组织的作用。完善村级组织运转经费保障机制，将村干部报酬、村办公经费和其他必要支出作为保障重点。注重选派思想好、作风正、能力强的优秀年轻干部到贫困地区驻村，选聘高校毕业生到贫困村工作。加快推进贫困村村务监督委员会建设，继续落实好“四议两公开”、村务联席会等制度，健全党组织领导的村民自治机制。在有实际需要的地区，探索在村民小组或自然村开展村民自治，通过议事协商，组织群众自觉广泛参与扶贫开发。深入推进先锋引领行动，充分发挥各级党代表作用，引导党组织和党员在脱贫攻坚中发挥战斗堡垒和先锋模范作用。

（二十九）*加强扶贫开发队伍建设*。加强与精准扶贫工作要求相适应的扶贫开发队伍和机构建设，完善各级扶贫开发机构的设置和职能，充实配强各级扶贫开发工作力量。加强贫困地区县级领导干部和扶贫干部思想作风建设，强化乡镇扶贫工作站建设，加大培训力度，全面提升扶贫干部队伍能力水平。

（三十）*加大扶贫政策宣传力度*。坚持正确舆论导向，全面宣传我省扶贫事业取得的重大成就，准确解读省委省政府扶贫开发的决策部署、政策举措，生动报道各地区各部门精准扶贫精准脱贫丰富实践和先进典型，深入挖掘贫困群众依靠自身努力脱贫致富的先进事迹，广泛调动群众积极性、主动性、创造性，不断增强贫困群众脱贫致富的内生动力，进一步树立脱贫光荣的鲜明导向。建立扶贫荣誉制度，表彰对扶贫开发作出杰出贡献的组织和个人。

省委办公厅　省政府办公厅印发《甘肃省脱贫攻坚责任制实施办法》

甘办发〔2017〕9号　2017年3月9日

《甘肃省脱贫攻坚责任制实施办法》

各市、州党委和人民政府，兰州新区党工委和管委会，省委各部门，省级国家机关各部门，省军区、武警甘肃省总队，各人民团体，中央在甘各单位：

《甘肃省脱贫攻坚责任制实施办法》已经省委、省政府同意，现印发给你们，请结合实际认真贯彻执行。

甘肃省脱贫攻坚责任制实施办法

第一章　总则

第一条　为了全面落实脱贫攻坚责任制，推动省委省政府精准扶贫政策措施有效落实，如期实现“两个确保”的目标，根据《中共中央办公厅、国务院办公厅关于印发〈脱贫攻坚责任制实施办法〉的通知》和《中共甘肃省委、甘肃省人民政府关于打赢脱贫攻坚战的实施意见》及有关规定，制定本实施办法。

第二条　本实施办法适用于全省13个市州（除嘉峪关市外）、58个集中连片特困县、17个插花型贫困县党委和政府，以及承担脱贫攻坚任务的省直相关部门脱贫攻坚责任的落实。

第三条　按照中央统筹、省负总责、市县抓落实的工作机制，构建责任清晰、各负其责、合力攻坚的脱贫攻坚责任体系。

第二章　省负总责

第四条　省委省政府对全省脱贫攻坚工作负总责，严格执行一把手负责制，形成省市县乡村五级书记一起抓的工作格局；全面贯彻党中央、国务院关于脱贫攻坚的大政方针和决策部署，结合实际制定政策措施，根据脱贫目标任务制定全省脱贫攻坚滚动规划和年度指导计划并组织实施，重点抓好目标确定、资金分配、组织动员、监督考核等工作；加强对市（州）、县（市、区）的组织指导和管理协调，督促贫困县考核机制、约束机制、退出机制、涉贫事件处置反馈机制的落实；保持贫困县党政正职稳定，做到不脱贫不调整、不摘帽不调离。

第五条　省委省政府主要领导向中央签署脱贫责任书，每年向中央报告扶贫脱贫工作进展情况。省委省政府分管领导、市（州）党委政府和省直相关部门主要负责人向省委省政府签署脱贫攻坚责任书，市（州）、县（市、区）层层压实责任，形成条块结合、纵横衔接的目标责任体系。

第六条　坚持落实省委常委联系市（州）、省级领导包抓县（市、区）制度，定期召开会议，研究解决规划衔接、到村到户措施落实、工作保障等重大问题，加强工作指导和协调，注重抓点示范，统筹推进脱贫攻坚任务落实。

第七条　省脱贫攻坚领导小组实行省委省政府主要领导担任组长的双组长制度，负责全省脱贫攻坚的综合协调，系统谋划帮扶计划、帮扶措施和帮扶责任，明确全省脱贫攻坚的时间表、路线图和任务书，建立健全扶贫成效考核、贫困县约束、督查巡查、贫困退出等工作机制，完善农村贫困统计监测体系，组织实施对市（州）、县（市、区）党委和政府扶贫开发工作成效考核，组织开展脱贫攻坚督查巡查和第三方评估检查，负责贫困县退出验收工作，有关情况向省委省政府报告。

第八条　省脱贫攻坚领导小组办公室负责督办落实省委省政府决策部署，按照省脱贫攻坚领导小组安排，强化统筹协调、决策服务，主要负责精准识别、建档立卡、精准退出、贫困人口动态管理和财政专项扶贫资金的监管，抓好全省脱贫攻坚档案库和大数据平台建设的管理运行，细化实化脱贫攻坚挂图作业，建立部门间信息互联共享机制，为专项扶贫、行业扶贫和社会扶贫提供建档立卡贫困人口、贫困村基础数据，引导各类资源精确配置。

第九条　省级财政应当调整支出结构，建立扶贫资金增长机制，明确省级扶贫开发投融资主体，确保扶贫投入力度与脱贫攻坚任务相适应。支持贫困县围绕精准脱贫突出问题，以稳定持续脱贫为目标，以脱贫成效为导向，以扶贫规划为引领，统筹整合、集中使用财政涉农资金，以及东西部扶贫协作和对口支援、定点扶贫、“千企帮千村”等资源，广泛动员社会力量参与脱贫攻坚。

第十条　健全完善扶贫资金管理办法，落实扶贫资金违规使用责任追究制度。相关行业部门要适应大扶贫格局的要求，负责本行业系统直接用于扶贫和整合用于扶贫资金的监管；实施扶贫资金数据录入、信息公开制度，加强扶贫资金分配使用、项目实施管理的监督检查和审计，定期开展交叉检查和重点抽查，及时纠正和处理扶贫领域违纪违规问题。

第十一条　省纪检监察机关围绕深化提高“两查两保”专项行动成效，对脱贫攻坚进行监督执纪问责；省人民检察院对扶贫领域职务犯罪进行预防和集中整治；省审计厅对脱贫攻坚资金、重点项目和政策落实情况进行跟踪审计。

第十二条　积极支持配合台盟中央开展脱贫攻坚民主

监督工作。各级脱贫攻坚领导小组加强协调配合，及时主动通报本地区脱贫攻坚总体情况、扶贫措施、重点工作和指标进度等，认真研究办理台盟中央提出的意见建议，并及时报告办理情况。

第三章 行业责任

第十三条 省直相关行业部门要依据贫困县、贫困村、贫困人口建档立卡基础数据，对照《甘肃省贫困退出验收办法》的脱贫验收标准，组织指导市（州）、县（市、区）行业部门进行逐户核查，按照行业政策指标体系采集相关数据信息，找准“七个一批”及危房改造、安全饮水等对应贫困人口的基本信息、区域分布、致贫类型和脱贫需求，形成通过本行业精准扶贫措施实现精准脱贫的管理清单；对因病、因学、因灾等致贫返贫的及时纳入建档立卡贫困人口给予扶持，实行有进有出动态管理，确保贫困人口致贫原因按照行业标准得到认定。

第十四条 省直相关行业部门对核准后的通过“七个一批”及危房改造、安全饮水等措施脱贫的建档立卡贫困人口和纳入行业扶贫规划的贫困村，组织指导市（州）、县（市、区）行业部门逐级分类建立到村到户工作台账，找准行业扶贫政策项目与贫困村、贫困户脱贫需求的结合点，制定切实可行的帮扶计划，明确帮扶责任、帮扶内容、完成时限；对已经脱贫的贫困人口，在攻坚期内保持相关行业扶持政策不变、支持力度不减，确保贫困村、贫困人口按行业政策和脱贫需求落实帮扶措施。

第十五条 省直相关部门按行业政策标准负责全国建档立卡信息系统和全省精准扶贫大数据管理平台相关统计指标设计、信息审核、数据录入、汇总分析和与国家部门信息衔接比对等工作，指导培训基层数据录入人员，定期组织统计录入帮扶措施和帮扶成效，做到信息真实、数据准确、账实相符、资料齐全，实时监测行业精准扶贫措施落实情况，加强行业成效统计和分析研判，按行业统计口径对录入数据进行严格审核，并对行业数据的真实性负责，为考核和退出验收提供可靠依据。

第十六条 省直相关部门制定完善贫困退出验收相关指标的行业标准和退出验收工作的指导意见，贫困户脱贫、贫困村退出、贫困县摘帽涉及行业部门的退出验收指标，由省、市、县相关行业部门按照当地党委政府的统一安排，集中组织单项验收，提出认定意见，作为退出验收的主要依据，确保贫困县、贫困村、贫困人口按行业标准验收退出。

第十七条 省直相关行业部门围绕“七个一批”及危房改造、安全饮水等行业指标，加强对基层干部的业务培训和工作指导，使基层干部熟悉和掌握行业到户到人政策措施，提升做好行业精准扶贫的能力和水平；加强行业政策的宣传力度，提高贫困群众对到村到户扶持政策的知晓率；深入开展调研督查，及时总结经验、发现问题、推广典型，不断推动行业精准扶贫到户到人政策措施落地见效。

第十八条 省直相关部门每年向省脱贫攻坚领导小组报告扶贫脱贫工作情况。健全完善行业部门定期述职制度和行业扶贫考核监督机制，把行业精准扶贫精准脱贫工作落实情况作为部门绩效考核的重要内容。

第四章 市县责任

第十九条 市（州）党委和政府负责组织协调所属县（市、区）扶贫项目实施的督促、检查和监督、资金使用和管理、脱贫目标任务完成等工作，对区域内减贫成效、精准识别、精准退出、精准帮扶、扶贫资金管理等工作负全面领导责任。

第二十条 市（州）党委和政府指导贫困县组织实施贫困村、贫困人口建档立卡和退出工作，对贫困县、贫困村、贫困人口精准识别、精准帮扶和动态管理工作进行检查考核，组织落实脱贫验收责任，对贫困县、贫困村、贫困人口精准退出的真实性、稳定性负有审核把关责任。

第二十一条 市（州）、县（市、区）要按照当年地方财政收入的一定比例增列扶贫专项财政预算。支持贫困县统筹整合使用财政涉农资金，撬动金融资本、社会帮扶等资金投入扶贫开发，集中解决突出贫困问题。市（州）、县（市、区）负责扶贫资金的监管，每年对用于扶贫的项目资金进行全面审计，重点审计扶贫资金的实际使用效果，确保整合资金真正用到扶贫开发上。

第二十二条 市（州）党委政府指导贫困县严格执行约束机制，严禁在脱贫攻坚中搞形式主义。按照属地管理、分级负责、分类处置的原则，督促指导基层组织及时排查利益相关方的矛盾纠纷，做好群众思想教育和心理疏导，引导群众理性合法表达利益诉求，建立预案预警机制，预防涉贫事件的发生。

第二十三条 县级党委和政府承担脱贫攻坚主体责任，党政主要负责人为第一责任人，负责制定脱贫攻坚实施规划，优化配置各类资源要素，组织落实各项政策措施，为贫困群众培育可持续发展的产业、可持续脱贫的机制、可持续致富的动力，拓展多元突破的有效脱贫路径，推动全县脱贫攻坚任务落实。

第二十四条 县级党委和政府对贫困村和贫困人口精准识别、精准帮扶、动态管理，以及对贫困县、贫困村、贫困人口精准退出的真实性、稳定性负有直接责任。组织指导同级行业部门、乡（镇）、村和驻村帮扶工作队，按照规定程序和要求，做好精准扶贫精准脱贫数据的采集和统计；逐村逐户制定脱贫攻坚实施计划，支持引导贫困村、贫困户自主确定扶贫项目，抓好项目申报和实施，全面参与项目的监督和评估，及时报告项目计划和资金执行

等情况，为贫困户提供资金、项目、技术和信息服务。

第二十五条 县级党委和政府对扶贫资金管理监督负首要责任，应当建立健全扶贫资金项目信息公开制度，落实县级报账制、县级项目库建设、扶贫资金监管体系建设、涉农项目资金监督管理等相关要求，加强审计监督，严肃查处挤占挪用、截留私分、虚报冒领、侵吞延压、挥霍浪费扶贫资金的问题。

第二十六条 县级党委和政府应当指导乡（镇）、村加强扶贫政策宣传，发现、培育和推广扶贫脱贫先进典型，因地制宜落实精准扶贫措施，尊重群众主体地位，充分调动贫困群众的主动性和创造性，不断激发脱贫致富的内生动力。

第二十七条 县级党委和政府坚持抓党建促脱贫攻坚，深入开展机关党组织与贫困村党组织结对共建工作，强化贫困村基层党组织建设，选优配强党组织书记，优化村级班子，充实村级干部队伍，整顿软弱涣散村党组织，为贫困村、贫困户如期脱贫提供有力的组织保证。加强县乡扶贫机构和队伍建设，充实一线工作力量，保障县、乡、村三级与精准扶贫精准脱贫任务相适应的工作条件。

第五章 帮扶责任

第二十八条 持续深入推进扶贫行动，加强力量整合和调配优化工作，确保驻村帮扶工作队对贫困村、帮扶责任人对贫困户全覆盖，做到“不脱贫、不脱钩”；发挥驻村干部组织、指导、落实、监督职责，与村“两委”协调配合，宣传贯彻党的路线方针政策，组织开展贫困人口识别、退出和建档立卡工作，指导制定并实施脱贫攻坚规划和年度计划，监管扶贫资金项目，指导实施精准扶贫工程，协助推动金融、教育、医疗、社保等方面政策落实到村到户，驻村帮扶工作队和帮扶责任人与基层组织共同对精准识别和贫困村退出、贫困户脱贫的真实性、稳定性负责。按照属地管理、分级负责的原则，强化省、市、县三级管理责任，落实派出单位和县、乡党委统筹管理主体责任，健全驻村帮扶工作队向所在乡（镇）党委述职评议制度，着力提高减贫成效和群众满意度。

第二十九条 各级党委政府和相关部门主要负责人必须亲力亲为，推动建立东西部扶贫协作和对口支援精准对接机制，聚焦脱贫攻坚，注重帮扶成效，把建档立卡贫困人口稳定脱贫作为工作重点，主动开展对接，整合用好资源，加强产业合作、劳务协作、人才交流、资金支持、社会参与等方面的合作。

第三十条 各级党委政府和相关部门要积极向中央和国家机关汇报衔接开展定点扶贫，借助双联平台引进省外帮扶力量，以帮扶对象稳定脱贫为目标，结合当地脱贫攻坚规划，制定定点帮扶工作年度计划，细化实化智力扶贫、科技扶贫、产业扶贫等帮扶措施，争取政策资金项目倾斜支持，协助开展考核评价工作，提升帮扶成效。

第三十一条 发挥民主党派、工商联、工会、共青团、妇联、残联、侨联、台联等单位优势，广泛动员社会力量和个人参与扶贫，支持社会团体、基金会、社会服务机构等各类组织，聚焦建档立卡贫困村、贫困户，开展帮助扶贫对象改善生产生活条件等活动，通过资金、项目、技术、信息、人才等方面的支持，增强贫困群众自我发展能力。

第六章 奖惩

第三十二条 各级党委和政府、脱贫攻坚领导小组以及有关部门可以按照有关规定对落实脱贫攻坚责任到位、工作成效显著的部门和个人，以适当方式予以表彰，并作为干部选拔使用的重要依据；对在脱贫攻坚中做出突出贡献的社会帮扶主体，予以大力宣传，并按照有关规定进行表彰。

第三十三条 对脱贫攻坚责任落实不力，造成下列问题的，按照脱贫验收责任体系等有关规定和干部管理权限，逐级依纪依规严肃追究相关人员的领导责任和直接责任。

（一）未完成年度减贫任务的。

（二）违反扶贫资金管理使用规定的。

（三）违反贫困县约束规定，发生禁止作为事项的。

（四）违反贫困退出规定，弄虚作假、搞“数字脱贫”的。

（五）贫困人口识别和退出准确率、帮扶工作群众满意度较低的。

（六）纪检、监察、审计和社会监督发现违纪违规问题的。

（七）发生重大涉贫事件，造成不良社会影响的。

第七章 附 则

第三十四条 全省13个市州（除嘉峪关市外）、58个集中连片特困县、17个插花型贫困县应当参照本实施办法，结合本地实际制定实施细则。其他有贫困人口的县（市、区）参照本办法实施。

第三十五条 本实施办法具体解释工作由省脱贫攻坚领导小组办公室承担。

第三十六条 本实施办法自2017年3月9日起施行。

甘肃省贫困退出验收办法

2017年5月8日

为确保贫困人口、贫困村、贫困县规范有序退出，根据《中共中央办公厅、国务院办公厅印发〈关于建立贫困退出机制的意见〉的通知》（厅字〔2016〕16号）、《中共甘肃省委、甘肃省人民政府关于扎实推进精准扶贫工作的意见》（甘发〔2015〕9号）、《中共甘肃省委、甘肃省人民政府关于打赢脱贫攻坚战的实施意见》（甘发〔2016〕9号）精神，制定本办法。

第一章　基本原则

第一条　坚持实事求是。对稳定达到脱贫标准的要及时退出，新增贫困人口或返贫人口要及时纳入扶贫范围。注重脱贫质量，坚决防止虚假脱贫，确保贫困退出符合客观实际、经得起检验。

第二条　坚持分级负责。实行中央统筹、省负总责、市(州)县（市、区）抓落实的工作机制。省脱贫攻坚领导小组制定统一的退出验收标准和程序，负责督促指导、抽查核查、评估考核、备案登记等工作。市（州）脱贫攻坚领导小组制定本地脱贫规划、年度计划和年度验收实施方案，抓好组织实施和监督检查。县（市、区）脱贫攻坚领导小组负责具体落实，确保贫困退出验收工作有序推进。

第三条　坚持规范操作。严格执行退出验收标准、规范工作流程，切实做到程序公开、数据准确、档案完整、结果公正。贫困人口退出必须实行民主评议，贫困村、贫困县退出必须进行审核审查，退出结果公示公告，让群众参与评价，做到全程透明。强化监督检查，开展第三方评估，确保脱贫结果真实可信。

第四条　坚持正向激励。贫困人口、贫困村、贫困县退出后，在攻坚期内国家原有扶贫政策保持不变，支持力度不减，留出缓冲期，确保实现稳定脱贫。

第二章　退出验收标准

第五条　贫困人口退出验收标准。贫困人口退出以户为单位，主要衡量标准是该户年人均纯收入稳定超过当年省定退出验收标准且吃穿不愁、有安全饮水，义务教育、基本医疗、住房安全有保障。共11项具体指标，均为否决指标,全部达标后退出。涉及行业部门的退出验收指标，由县级相关行业部门依据行业标准进行认定，形成汇总表和花名册，由部门主要负责人签字并加盖公章，部门认定意见是退出验收的主要依据。无部门认定意见的视为未达标。

第六条　贫困村退出验收标准。贫困村退出以贫困发生率为主要衡量指标，统筹考虑村内基础设施、基本公共服务、产业发展和村集体经济等因素。共20项具体指标，均为否决指标，全部达标后退出。实施了整体易地扶贫搬迁的贫困村，验收搬迁安置点的指标达标情况。涉及行业部门的退出验收指标，由市级相关行业部门依据行业标准进行认定，形成汇总表和花名册，由部门主要负责人签字并加盖公章，部门认定意见是退出验收的主要依据。无部门认定意见的视为未达标。

贫困人口退出验收标准

序号	指标类别		验收指标
1	收入		人均纯收入稳定超过当年省定退出验收标准
2			有增收渠道
3			无因病因学因房大额借贷(5万元以上)
4	两不愁		不愁吃、不愁穿
5			有安全饮水
6	三保障	义务教育有保障	义务教育阶段适龄人口无辍学学生
7			接受学前和高中阶段教育的学生享受了相关特惠政策
8		基本医疗有保障	家庭成员全部参加了城乡居民基本医疗保险并享受了参保费用补贴政策
9			患病人口享受了基本医保特惠政策
10			符合条件的患病人口享受了大病保险(含门诊慢特病)、医疗救助(含重特大疾病)、疾病应急救助等特惠政策
11		住房安全有保障	有安全住房

贫困村退出验收标准

序号	指标类别		验收指标
1	贫困发生率		贫困发生率降至3%以下
2	基础设施	路	建制村通硬化路
3			有通自然村的道路
4		水	饮水安全农户比例达到100%
5		电	通动力电的自然村比例达到100%
6		房	危房改造完成率达到100%
7		网	建制村通网络
8	产业发展		有主导产业
9			有农民专业合作组织覆盖
10			有互助资金协会(社)
11			有集体经济收入
12	公共服务	教育	义务教育阶段适龄人口无辍学学生
13			有需求的村建有幼儿园
14		医疗	有标准化村卫生室
15			城乡居民基本医疗保险参保率达到95%以上
16			参加基本医疗保险患病人口全部享受了基本医保相关政策
17			符合条件的患病人口全部享受了大病保险(含门诊慢特病)、医疗救助(含重特大疾病)、疾病应急救助等相关政策
18		文化	有综合性文化服务中心(乡村舞台)
19		养老	城乡居民基本养老保险参保率达到95%以上
20	人居环境		村容村貌整洁

第七条 贫困县退出验收标准。贫困县退出以贫困发生率和农户住房、饮水、教育、医疗等保障情况为主要衡量指标。共7项具体指标，均为否决指标，全部达标后退出。涉及行业部门的退出验收指标，由省级相关行业部门依据行业标准进行认定，形成汇总表和花名册，由部门主要负责人签字并加盖公章，部门认定意见是退出验收的主要依据。无部门认定意见的视为未达标。

贫困县退出验收标准

序号	类别	验收指标
1	贫困人口	贫困发生率降至3%以下
2	住房	危房改造完成率达到100%
3	饮水	饮水安全农户比例达到95%以上
4	教育	义务教育巩固率达到全省贫困县平均水平
5	医疗	城乡居民基本医疗保险参保率达到95%以上
6		参加基本医疗保险患病人口全部享受了基本医保相关政策
7		符合条件的患病人口全部享受了大病保险(含门诊慢特病)、医疗救助(含重特大疾病)、疾病应急救助等相关政策

第三章　退出验收程序

第八条　制定贫困退出时序。按照到2020年现行标准下农村贫困人口实现脱贫、贫困县全部摘帽的总体目标，依据退出验收标准，自下而上科学制定贫困县摘帽、贫困人口脱贫计划，作为验收考核的依据。

第九条　贫困人口退出验收程序。县（市、区）脱贫攻坚领导小组是贫困人口退出验收的责任主体。验收程序是：

1.乡村初验。每年11月初，由乡（镇）组织村两委、驻村帮扶工作队开展入户摸底调查，对照贫困人口退出验收标准，逐户测评，提出拟退出贫困人口名单，组织召开包括拟退出贫困户在内的村民大会或村民代表会议进行民主评议，村内公示无异议的，填写《贫困人口退出验收表》（附件2），由村党支部书记、村委会

主任、驻村帮扶工作队队长核实签字、拟脱贫户签字认可。拟退出贫困人口名单报乡（镇）审核，由乡（镇）党委书记、乡（镇）长、乡（镇）扶贫工作站站长（扶贫专干）签字认可，报县（市、区）脱贫攻坚领导小组。

2.县区验收。县（市、区）脱贫攻坚领导小组组织退出验收指标涉及的相关行业部门组成验收工作组，对乡镇上报的拟退出贫困人口逐户逐项实地进行验收，验收工作组根据县直相关行业部门提供的单项认定汇总表和花名册入户核实，在《贫困人口退出验收表》上填写部门认定意见及验收工作组意见，形成验收结果，由验收工作组组长签字确认。对照贫困人口退出验收指标全部达标的，形成全县（市、区）脱贫人口名单，由县（市、区）委书记、县（市、区）长、县（市、区）扶贫办主任、县（市、区）统计局局长签字认定，报市（州）脱贫攻坚领导小组。

3.省市核查。市（州）脱贫攻坚领导小组组织抽查后，由市（州）委书记、市（州）长签字认可并报省脱贫攻坚领导小组办公室。由省脱贫攻坚领导小组委托第三方对贫困人口退出情况进行评估检查后，由县（市、区）政府批准退出。

第十条　贫困村退出验收程序。市（州）脱贫攻坚领导小组是贫困村退出验收的责任主体。贫困村退出验收与贫困人口退出验收同步开展。验收程序是：

1.乡村自评。每年11月初，由乡（镇）组织村两委和驻村帮扶工作队对贫困村退出验收指标达标情况进行测评，达到退出验收标准的贫困村，填写《贫困村退出验收表》（附件3），由村党支部书记、村委会主任、驻村帮扶工作队队长签字确认，并在本乡（镇）范围内公示。公示无异议后，由乡（镇）党委书记、乡（镇）长、乡（镇）扶贫工作站站长（扶贫专干）签字认可，报县（市、区）脱贫攻坚领导小组。

2.市县验收。由市（州）脱贫攻坚领导小组组织退出验收指标涉及的市县两级相关行业部门组成验收工作组，对乡镇上报的拟退出贫困村逐村逐项实地进行验收。验收工作组根据市直相关行业部门提供的单项认定汇总表进村核实，在《贫困村退出验收表》上填写部门认定意见及验收工作组意见，形成验收结果，由验收工作组组长签字确认。

3.签字认定。对照贫困村退出验收指标全部达标的，形成本市（州）退出贫困村名单，由县（市、区）委书记、县（市、区）长、县（市、区）扶贫办主任、县（市、区）统计局局长签字认可，报市（州）脱贫攻坚领导小组由市（州）委书记、市（州）长签字认定，在本市（州）及拟退出贫困村所在县（市、区）主要媒体上公告，并报省脱贫攻坚领导小组办公室备案。

第十一条　贫困县退出验收程序。省脱贫攻坚领导小组是贫困县退出验收的责任主体。验收程序是：

1.县区申请。每年12月初，由县（市、区）脱贫攻坚领导小组根据贫困县退出验收标准进行自评，达到退出验收标准的县（市、区），填写《贫困县退出验收表》（附件4），经县（市、区）委书记、县（市、区）长、县（市、区）扶贫办主任、县（市、区）统计局局长签字认可后，向市（州）脱贫攻坚领导小组提出退出验收申请。

2.市州初验。市（州）脱贫攻坚领导小组对申请退出的贫困县，组织相关行业部门实地进行初验，初验达标的县（市、区），由市（州）委书记、市（州）长在《贫困县退出验收表》上签字，向省脱贫攻坚领导小组提出贫困县退出验收申请。

3.省级验收。省脱贫攻坚领导小组组织省级相关部门，对市（州）提出退出验收申请的贫困县进行实地验收，结合第三方评估意见提出拟退出县名单，并在全省、拟退出县所在市（州）、县（市、区）本地主要媒体上公示。

4.退出认定。公示无异议后，片区县报国务院扶贫开发领导小组进行专项评估核查，符合退出条件的由省政府正式批准退出并向社会公告，不符合退出条件或未完整履行退出程序的，责成相关市（州）进行核查处理；插花型贫困县由省政府批准退出并向社会公告。

第四章　工作要求

第十二条　切实加强领导。各级党委、政府要高度重视贫困退出验收工作，认真履职尽责。贫困退出年度任务完成情况纳入省级对市（州）、县（市、区）党委政府扶贫开发工作成效考核内容。各市（州）、县（市、区）脱贫攻坚领导小组要加强组织领导和综合协调，靠实各行业部门在退出验收工作中的责任，及时研究解决退出验收工作中发现的问题，为退出验收顺利开展创造必要的工作条件。各级相关行业部门要严格按照行业标准对相关行业指标进

行验收认定，提出认定意见。扶贫部门要做好指导培训、信息录入、协调服务等工作。

第十三条 强化监督问责。有关部门要加强对贫困退出工作的督促检查，确保实体性要求达到退出验收标准，程序性要求不变通、不走样，防止贫困人口“被脱贫”、贫困村和贫困县“被摘帽”。对贫困退出验收工作中发生重大失误、造成严重后果的，对存在弄虚作假、违规操作等问题的，要按照“4342”责任体系的相关要求，依纪依法追究相关部门和人员责任。

第五章　附　则

第十四条 本办法适用于全省58个片区县、17个插花型贫困县和建档立卡的贫困村、贫困人口。

第十五条 本办法由省脱贫攻坚领导小组办公室负责解释。退出验收指标由相关行业部门负责解释。

第十六条 本办法自发布之日起施行。2016年1月8日印发的《甘肃省建立贫困人口和贫困县退出机制实施细则（试行）》同时废止。

附件：1.指标解释及计算方法

2.贫困人口退出验收表

3.贫困村退出验收表

4.贫困县退出验收表

附件1

指标解释及计算方法

一、贫困人口退出验收指标解释及计算方法

1.人均纯收入稳定超过当年省定退出验收标准。省定退出验收收入标准2016年为3500元，以后年度参照国家公布的扶贫标准增长幅度测算确定。

人均纯收入采用国家统计局现行的农民人均可支配收入指标体系，结合稳定脱贫所需的收入可持续性要求进行计算。人均纯收入=（经营净收入+工资性收入+财产净收入+转移净收入）÷家庭常住人口数。贫困户年人均纯收入稳定超过3500元，该项指标达到退出验收标准。

纯收入既包括现金收入，也包括实物收入。按照收入的来源，纯收入包含四项：工资性收入、经营净收入、财产净收入和转移净收入。

工资性收入，指就业人员通过各种途径得到的全部劳动报酬和各种福利，包括受雇于单位或个人、从事各种自由职业、兼职和零星劳动得到的全部劳动报酬和福利。

经营净收入，指农户或家庭成员从事生产经营活动所获得的净收入，是全部经营收入中扣除经营费用、生产性固定资产折旧和生产税之后得到的净收入。计算公式为：经营净收入=经营收入-经营费用-生产性固定资产折旧-生产税。

财产净收入，指农户或家庭成员将其所拥有的金融资产、住房等非金融资产和自然资源交由其他机构单位、农户或个人支配而获得的回报并扣除相关的费用之后得到的净收入。财产净收入包括利息净收入、红利收入、储蓄性保险净收益、转让承包土地经营权租金净收入、出租房屋净收入、出租其他资产净收入和自有住房折算净租金等。财产净收入不包括“精准扶贫专项贷款”分红收入。

转移净收入计算公式为：转移净收入=转移性收入-转移性支出。

转移性收入，指国家、单位、社会团体对农户的各种经常性转移支付和家庭之间的经常性收入转移。包括政府、非行政事业单位、社会团体对农户转移的养老金或退休金、社会救济和补助、惠农补贴、政策性生活补贴、救灾款、经常性捐赠和赔偿等；家庭之间的赡养收入、经常性捐赠和赔偿以及农村地区（村委会）在外（含国外）工作的本农户非常住成员寄回带回的收入等。转移性收入不包括报销医疗费用、婚丧嫁娶收取礼金等人情往来资金，不包括危房改造等到户建设项目补助资金。

转移性支出，指农户对国家、单位、其他农户或个人的经常性或义务性转移支付。包括缴纳的税款、各项社会保障支出（包括养老保险、医疗保险、失业保险、工伤保险、生育保险以及其他社会保障支出）、赡养支出、经常性捐赠和赔偿支出以及其他经常转移支出等。

家庭常住人口，即经常在家或在家居住6个月以上，而且经济和生活与本户连成一体的人口。外出从业人员在外居住时间虽然在6个月以上，但收入主要带回家中，经济与本户连成一体，仍视为家庭常住人口。中专及以上的在校学生记入常住人口基数。新增加人口（新生、娶妻等）在半年以内的，未登记户籍的不记入基数，登记户籍的记入基数；半年以上无论户籍是否登记，均记入基数，并帮助解决户籍问题。减少人口(如死亡)，从销户次月起不记入基数，在半年之后未销户的，从第七个月起无论是否销户，不记入基数。失踪在两年以内的记入基数，两年以上的不计入基数。现役军人以及常年在外（不包括探亲、看病等）且已有稳定的职业与居住场所的外出从业人员，不计入基数。

2.有增收渠道。指有劳动能力的家庭有一项特色增收产业或一门增收技能；贫困家庭子女接受了中、高等职业教育。

特色增收产业是指有一定规模且为家庭经营收入主要来源之一的产业项目，包括特色种养业、设施农业、特色林业、加工业、传统手工业、休闲农业、乡村旅游等。有劳动能力的家庭至少有一项特色增收产业是指：参加了相关部门组织开展的实用技术培训，取得了培训合格证书或有培训台账记录，掌握了实用技术；有需求的家庭享受了5万元以下（含5万元）精准扶贫专项贷款；能力有明显提高，收入有明显增加。

增收技能是指家政服务、烹饪、木工、瓦工、焊工、园艺工、保安员等有一定技术含量的就业技能。有劳动能力的家庭有一门增收技能是指：家庭中有培训需求的外出务工人员（包括有外出务工意愿的人员），参加了就业技能、劳务品牌、创业等职业技能培训，并获得由人社、农牧等部门颁发的职业资格证书或培训合格证书，能力有明显提高，收入有明显增加。

贫困家庭子女接受了中等职业教育（含普通中专、成人中专、职业高中、技工院校）和高等职业教育。

上述三个条件至少满足一个，该项指标达到退出验收标准。贫困家庭成员没有劳动能力，该项指标达到退出验收标准。

3. 无因病因学因房大额借贷（5万元以上）。贫困户没有因为治病、上学、建房向亲友借钱或向银行贷款5万元以上。不包括精准扶贫专项贷款、互助资金借款等用于发展生产的借贷和生源地助学贷款、易地扶贫搬迁贷款、因建房享受的中长期优惠贷款。借贷小于等于5万元视为无大额借贷，该项指标达到退出验收标准；借贷大于5万元视为有大额借贷，该项指标达不到退出验收标准。

4. 不愁吃、不愁穿。贫困家庭不为吃饭发愁，家有余粮或有钱购粮，所有成员四季有衣换，该项指标达到退出验收标准。

5. 有安全饮水。安全饮水标准是：水质符合《生活饮用水卫生标准》（GB5749-2006）要求，每人每天可获得的水量不少于40升，人力取水往返时间不超过10分钟，供水保证率不低于95%。贫困家庭有安全饮水，该项指标达到退出验收标准。

6. 义务教育阶段适龄人口无辍学学生。贫困家庭中义务教育阶段适龄人口没有辍学学生（因病休学和因残疾、智障而不能上学、辍学、休学的除外），该项指标达到退出验收标准；贫困家庭无义务教育适龄人口，该项指标达到退出验收标准。

7. 接受学前和高中阶段教育的学生享受了相关特惠政策。学前和高中阶段教育特惠政策包括：①学前教育免除保教费政策。对全省在园幼儿按每人每年1000元标准免除（补助）保教费（低于每人每年1000元的按实际缴费免除）。对58个片区县的建档立卡贫困户入园幼儿每人每年再增加1000元的补助。鼓励市县通过向适龄幼儿家长发放教育券的形式推进政策。②普通高中教育免除学杂费和书本费政策。对75个贫困县建档立卡贫困户在省内普通高中就读学生，按每人每年800元标准免除（补助）学杂费和书本费，所需资金由省级财政承担。③普通高中助学金政策。为家庭经济困难学生提供普通高中国家助学金，每人每年2000元。④中职教育免除学费政策。贫困户学生就读中等职业学校按每生每年2000元标准免除学费。⑤中职教育国家助学金政策。为中职一、二年级贫困户学生提供中职教育国家助学金每人每年2000元。⑥其他新出台的特惠政策。贫困户中接受了学前和高中阶段教育的学生享受了上述特惠政策，该项指标达到退出验收标准；贫困户中无学前和高中阶段学生，该项指标达到退出验收标准。

8. 家庭成员全部参加了城乡居民基本医疗保险并享受了参保费用补贴政策。城乡居民基本医疗保险参保费用补贴政策为：建档立卡贫困人口中符合医疗救助条件的，参加城乡居民基本医疗保险个人缴费部分给予全部或部分补贴。贫困家庭全部成员都参加了城乡居民基本医疗保险，且符合条件的全部享受了参保费用补贴政策，该项指标达到退出验收标准。

9. 患病人口享受了基本医保特惠政策。基本医保特惠政策包括：①建档立卡贫困人口政策范围内住院费用报销比例提高5个百分点。②其他新出台的基本医保特惠政策。贫困家庭中没有患病人口，该项指标达到退出验收标准；贫困家庭中患病人口全部享受了上述基本医保特惠政策，该项指标达到退出验收标准。

10. 符合条件的患病人口享受了大病保险（含门诊慢特病）、医疗救助（含重特大疾病）、疾病应急救助等特惠政策。大病保险特惠政策包括：①住院费用报销。参保的建档立卡贫困人口的住院费用按现行基本医保政策规定报销后，个人自负部分达到起付线3000元的纳入大病保险，以个人自负超过3000元的部分为补偿基数，报销比例分段递增。补偿基数0~1万元（含1万元）报销50%；1万~2万元（含2万元）报销55%；2万~5万元（含5万元）报销60%；5万元以上报销65%。报销额度上不封顶。②慢特病门诊治疗费用报销。建档立卡贫困人口慢特病门诊治疗费用，按现行基本医保政策常规报销后，个人负担的合规医疗费用达到3000元起付线的纳入大病保险再次报销，报销基数0~1万元（含1万元）报销50%；1万~2万元（含2万元）报销55%；2万~5万元（含5万元）报销60%；5万元以上报销65%，年内报销最高5万元。③其他新出台的大病保险特惠政策。

医疗救助特惠政策包括：①常规医疗救助。符合医疗救助条件的建档立卡贫困人口在定点医疗机构发生的政策范围内住院费用中，对经基本医疗保险、城乡居民大病保险及各类补充医疗保险、商业保险报销后的个人负担费用，在年度救助限额内按不低于70%的比例给予救助，其中特困供养对象按不低于90%的比例给予救助。省级确定的住院救助年度最高救助指导限额为3万元，有条件的地区可根据当地救助需求和医疗救助基金筹集等情况适当提高额度。②重特大疾病医疗救助。符合医疗救助条件的建档立卡贫困人口重特大疾病政策范围内单病种诊疗费用，对经基本医疗保险、城乡居民大病保险及各类补充医疗保险、商业保险报销后的个人负担费用，按80%的比例给予救助。省级确定的单病种年度最高救助指导限额标准为6

甘肃年鉴 2021

万元。将重特大疾病医疗救助病种调整扩大为50种。③其他新出台的医疗救助特惠政策。

疾病应急救助政策包括：①对患有急重危伤病但无力缴费的建档立卡贫困人口所拖欠的急救费用，先由工伤保险和基本医疗保险等各类保险、公共卫生经费、医疗救助基金等渠道按规定支付，无上述渠道或经上述渠道支付后费用有缺口的，由疾病应急救助基金给予补助。②其他新出台的疾病应急救助政策。

贫困家庭中没有患病人口，该项指标达到退出验收标准；贫困家庭中有患病人口但不符合政策条件，该项指标达到退出验收标准；贫困家庭中有患病人口、符合政策享受条件、享受了大病保险（含门诊慢特病）、医疗救助（含重特大疾病）、疾病应急救助等特惠政策，该项指标达到退出验收标准。

11.有安全住房。贫困户原有主要居住用房应达到住房和城乡建设部2009年印发的《农村危险房屋鉴定技术导则（试行）》中“A、B”级标准。

A级标准：结构能满足正常使用要求，未发现危险点，房屋结构安全。A级标准要点为：1.地基基础：地基基础保持稳定，无明显不均匀沉降；2.墙体：承重墙体完好，无明显受力裂缝和变形；墙体转角处和纵、横墙交接处无松动、脱闪现象。非承重墙体可有轻微裂缝；3.梁、柱：梁、柱完好，无明显受力裂缝和变形，梁、柱节点无破损，无裂缝；4.楼、屋盖：楼、屋盖板无明显受力裂缝和变形，板与梁搭接处无松动和裂缝。

B级标准：结构基本满足正常使用要求，个别结构构件处于危险状态，但不影响主体结构安全，基本满足正常使用要求。B级标准要点为：1.地基基础：地基基础保持稳定，无明显不均匀沉降；2.墙体：承重墙体基本完好，无明显受力裂缝和变形；墙体转角处和纵、横墙交接处无松动、脱闪现象；3.梁、柱：梁、柱有轻微裂缝；梁、柱节点无破损、无裂缝；4.楼、屋盖：楼、屋盖有轻微裂缝，但无明显变形；板与墙、梁搭接处有松动和轻微裂缝；屋架无倾斜，屋架与柱连接处无明显位移；5.次要构件：非承重墙体、出屋面楼梯间墙体等有轻微裂缝；抹灰层等饰面层可有裂缝或局部散落；个别构件处于危险状态。

“C、D”级标准属于危房。

C级标准：部分承重结构不能满足正常使用要求，局部出现险情，构成局部危房。C级标准要点为：1.地基基础：地基基础尚保持稳定，基础出现少量损坏；2.墙体：承重的墙体多数轻微裂缝或部分非承重墙墙体明显开裂，部分承重墙体明显位移和歪闪；非承重墙体普遍明显裂缝；部分山墙转角处和纵、横墙交接处有明显松动、脱闪现象；3.梁、柱：梁、柱出现裂缝，但未达到承载能力极限状态；个别梁柱节点破损和开裂明显。4.楼、屋盖：楼、屋盖显著开裂；楼、屋盖板与墙、梁搭接处有松动和明显裂缝，个别屋面板塌落。

D级标准：承重结构已不能满足正常使用要求，房屋整体出现险情，构成整幢危房。D级标准要点为：1.地基基础：地基基本失去稳定，基础出现局部或整体坍塌；2.墙体：承重墙有明显歪闪、局部酥碎或倒塌；墙角处和纵、横墙交接处普遍松动和开裂；非承重墙、女儿墙局部倒塌或严重开裂；3.梁、柱：梁、柱节点破坏严重；梁、柱普遍开裂；梁、柱有明显变形和位移；部分柱基座滑移严重，有歪闪和局部倒塌；4.楼、屋盖：楼、屋盖板普遍开裂，且部分严重开裂；楼、屋盖板与墙、梁搭接处有松动和严重裂缝，部分屋面板塌落；屋架歪闪，部分屋盖塌落。

贫困户原有主要居住用房的安全等级，由县级建设部门牵头，依据《农村危险房屋鉴定技术导则（试行）》进行鉴定，并出具农村房屋安全鉴定报告。鉴定为“A、B”级的，属安全住房，该项指标达到退出验收标准。鉴定为“C、D”级的，属危险性住房，经过修缮加固或者拆除重建后，该项指标方可达到退出验收标准。D级危房必须拆除重建，C级危房应进行修缮加固。

改造后的农村住房应达到住房和城乡建设部2013年印发的《农村危房改造最低建设要求（试行）》确定的标准。

改造后的农村住房由县级建设部门组织验收，并出具验收报告。验收合格的，该项指标达到退出验收标准。

二、贫困村退出验收指标解释及计算方法

1.贫困发生率降至3%以下。贫困发生率=（贫困村贫困人口数÷贫困村农村人口数）×100%。贫困村农村人口指本村常住人口，常住人口概念参照“人均纯收入稳定超过当年省定退出验收标准”相关指标解释。贫困发生率降至3%以下，该项指标达到退出验收标准；贫困发生率大于等于3%，该项指标达不到退出验收标准。

2.建制村通硬化路。指贫困村村委会或学校有与邻近的任一国省道或县乡道等路线便捷相衔接的沥青路或水泥路。有一条及一条以上硬化路，该项指标达到退出验收标准；没有通硬化路，该项指标达不到退出验收标准。

3.有通自然村的道路。指行政村内20户以上集中居住的自然村，有可以通行农用机动三轮车的道路，该项指标达到退出验收标准。

4.饮水安全农户比例达到100%。饮水安全农户比例=（有安全饮水的农户÷农户总数）×100%。安全饮水概念参照“饮水安全有保障”指标解释。饮水安全农户（包括贫困户和非贫困户）比例达到100%，该项指标达到退出验收标准。

5.通动力电的自然村比例达到100%。通动力电的自然村比例=（贫困村通动力电的自然村数÷贫困村全部自然村数）×100%。动力电指用于生产的三相动力电。对于大电网延伸不到的自然村，配备了柴油发电机等方式解决动力电问题的视为通动力电。通动力电的自然村比例达到100%，该项指标达到退出验收标准。

6.危房改造完成率达到100%。全村纳入全国农村住房信息系统且标记为“十三五”危改任务的分散供养五保户、农村低保户、贫困残疾人家庭、建档立卡贫困户和其他危房户的危房，按计划全部改造完成，该项指标达到退出验收标准。危窑改造参照执行。长期无人居住、长期遗弃的房屋不纳入危房改造范围。

7.建制村通网络。贫困村有可以连接到互联网的宽带网络或者3G、4G无线网络。可以连接到互联网，该项指标达到退出验收标准。

8.有主导产业。指贫困村有在经

济发展中起主导作用的产业，具有一定的规模、农户普遍参与，该产业是农民收入的重要来源之一。有主导产业，该项指标达到退出验收标准；无主导产业，该项指标达不到退出验收标准。

9.有农民专业合作组织覆盖。贫困村有农民专业合作组织或者农民专业合作组织覆盖该贫困村，该项指标达到退出验收标准。

10.有互助资金协会（社）。贫困村建立了互助资金协会（社）并制度完善、机构健全、资金安全、运行规范、效益良好，该项指标达到退出验收标准；虽然有互助资金协会（社），但是运行不规范、效益不佳、群众意见较大的，没有启动运行造成资金沉淀的等其他情形均达不到退出验收标准。

11.有集体经济收入。集体经济收入=经营收入+发包及上交收入+补助收入（不包括村干部报酬和村级办公经费）+投资收益+其他收入。

经营收入是指村集体经济组织进行生产、服务等经营活动取得的收入。包括农产品销售收入、物资销售收入、租赁收入、服务收入、劳务收入。发包及上交收入是指农户和承包单位因承包集体耕地、林地、果园、鱼塘等上交的承包金及村（组）办企业上交的利润。投资收益是指村集体经济组织以资产进行投资，投资所取得的收益扣除投资损失后的数额。其他收入是指村集体经济组织除经营收入、发包及上交收入和投资收益以外的收入。如：罚款收入、存款利息收入、固定资产及库存物资盘盈收入等。

贫困村制定了集体经济发展计划，有集体经济收入并逐年增长，该项指标达到退出验收标准。

12. 义务教育阶段适龄人口无辍学学生。全村常住人口中义务教育阶段适龄人口没有辍学学生（因病休学和因残疾、智障而不能上学、辍学、休学的除外），该项指标达到退出验收标准。

13.有需求的村建有幼儿园。常住人口1500人及以上有需求的贫困村有幼儿园（班），该项指标达到退出验收标准；常住人口1500人以下的贫困村对幼儿园建设不做硬性要求，有或无均达到退出验收标准。

14.有标准化村卫生室。标准化村卫生室参照卫生部门相关标准，卫生室建筑面积在60平方米以上，诊断室、治疗室、药房三室分设，配备乡村医生。有标准化村卫生室，该项指标达到退出验收标准。

15.城乡居民基本医疗保险参保率达到95%以上。城乡居民基本医疗保险参保率=（贫困村参加新型农村合作医疗人数÷贫困村农村常住人口数）×100%。参保率大于等于95%，该项指标达到退出验收标准。

16.参加基本医疗保险患病人口全部享受了基本医保相关政策。全村参加基本医疗保险患病人口全部享受了基本医保相关政策，该项指标达到退出验收标准。

17.符合条件的患病人口全部享受了大病保险（含门诊慢特病）、医疗救助（含重特大疾病）、疾病应急救助等相关政策。全村符合条件的患病人口都享受了大病保险（含门诊慢特病）、医疗救助（含重特大疾病）、疾病应急救助等相关政策，该项指标达到退出验收标准。

18.有综合性文化服务中心（乡村舞台）。指集宣传文化、党员教育、体育健身等为一体的综合公共文化服务中心，标准为：有表演戏台及文体广场（配备一定的体育健身器材）；篮球场（有条件的可增设乒乓球、排球和羽毛球场）；农家书屋（或电子阅览室）；多功能活动（教育、培训、会议）室。有综合性文化服务中心（乡村舞台）且达到退出验收标准的，该项指标达到退出验收标准。

19.城乡居民基本养老保险参保率达到95%以上。城乡居民基本养老保险参保率=（已参加城乡居民基本养老保险人数÷16周岁以上<不含在校学生>的非国家机关和事业单位工作人员及不属于城镇职工基本养老保险制度覆盖范围的户籍人口数）×100%。参保率大于等于95%，该项指标达到退出验收标准。

20.村容村貌整洁。贫困村脏乱差问题有效治理，垃圾污水处理得当，人畜科学分离，村庄基本绿化，该项指标达到退出验收标准。

三、贫困县退出验收指标解释及计算方法

1.贫困发生率降至3%以下。贫困发生率=（贫困人口数÷农村人口数）×100%。农村人口概念见贫困村“贫困发生率降至3%以下”指标解释。贫困发生率降至3%以下，该项指标达到退出验收标准；贫困发生率大于等于3%，该项指标达不到退出验收标准。

2.危房改造完成率达到100%。全县纳入全国农村住房信息系统且标记为“十三五”危改任务的分散供养五保户、农村低保户、贫困残疾人家庭、建档立卡贫困户和其他危房户的危房，按计划全部改造完成，该项指标达到退出验收标准。危窑改造参照执行。长期无人居住、长期遗弃的房屋不纳入危房改造范围。

3.饮水安全农户比例达到95%以上。饮水安全农户比

例=（有安全饮水的农户÷农户总数）×100%，饮水安全标准参照贫困人口“有安全饮水”指标解释。贫困县已建立完备的农村供水工程管护机制，即建立以县为单元的县级专管机构，建立满足日常需要的县级维修养护基金，建立健全了县级水质检测中心（包括机构、人员及运行经费），饮水安全农户（包括贫困户和非贫困户）比例达到95%，该项指标达到退出验收标准。

4. 义务教育巩固率达到全省贫困县平均水平。义务教育巩固率=（初中毕业班学生数÷该年级入小学一年级时学生数）×100%。全县义务教育巩固率达到当年全省贫困县（58个片区县和17个插花型贫困县）平均水平，该项指标达到退出验收标准。

5. 城乡居民基本医疗保险参保率达到95%以上。城乡居民基本医疗保险参保率=（县域参加城乡居民基本医疗保险人数÷县域常住人口数）×100%。城乡居民基本医疗保险参保率大于等于95%，该项指标达到退出验收标准。

6. 参加基本医疗保险患病人口全部享受了基本医保相关政策。全县参加基本医疗保险患病人口全部享受了基本医保相关政策，该项指标达到退出验收标准。

7. 符合条件的患病人口全部享受了大病保险（含门诊慢特病）、医疗救助（含重特大疾病）、疾病应急救助等相关政策。全县符合条件的患病人口全部享受了大病保险（含门诊慢特病）、医疗救助（含重特大疾病）、疾病应急救助等相关政策，该项指标达到退出验收标准。

附件2　贫困人口退出验收表

户主姓名：　　　　所在村组：　　　　村　　　　组（社）　　　　家庭人口数：　　人

序号	指标类别	验收指标	乡村验收意见	部门认定意见		验收工作组意见
				认定部门	认定意见	是否达到退出验收标准
1	收入	人均纯收入稳定超过当年省定退出验收标准	人均纯收入是否超过退出验收标准 是□ 否□（收入　　元）	乡（镇）、村两委、驻村帮扶工作队	达　标□ 未达标□	是□ 否□
2		有增收渠道	1.有无特色增收产业 有□ 无□ 是否取得了实用技术培训合格证书或是否有培训台账记录 是□否□ 有贷款需求的是否享受了精准扶贫专项贷款 是□ 否□	县农牧、林业、科技、财政等相关部门	达　标□ 未达标□	是□ 否□
			2.有无外出务工人员（包括有外出务工意愿人员） 有□ 无□ 有培训需求的外出务工人员是否有职业资格证书（培训合格证书） 是□ 否□	县人社局	达　标□ 未达标□	
			3.贫困家庭子女是否接受了中职或高职教育 是□ 否□	县教育局	达　标□ 未达标□	
3		无因病因学因房大额借贷（5万元以上）	有无因病因学因房5万元以上大额借贷 无□ 有□（借贷　　元,其中因病　元,因学　元,因房　元）	乡（镇）、村	达　标□ 未达标□	是□ 否□
4	两不愁	不愁吃、不愁穿	不愁吃□ 愁吃□	乡（镇）、村	达　标□ 未达标□	是□ 否□
			不愁穿□ 愁穿□	乡（镇）、村	达　标□ 未达标□	
5		有安全饮水	有□ 无□	县水务局	达　标□ 未达标□	是□ 否□
6	三保障 义务教育有保障	义务教育阶段适龄人口无辍学学生	1.有无义务教育阶段适龄人口 有□ 无□ 2.有无义务教育阶段适龄人口辍学学生（因残疾、智障而不能上学或辍学的填“无”）无□ 有□	县教育局	达　标□ 未达标□	是□ 否□
7		接受学前和高中阶段教育的学生享受了相关特惠政策	1.有无学前、高中、中职学生 有（学前□ 高中□ 中职□）无□ 2.学前教育学生是否享受相关特惠政策 是□ 否□ 3.高中学生是否享受相关特惠政策 是□ 否□ 4.中职学生是否享受相关特惠政策 是□ 否□	县教育局	达　标□ 未达标□	是□ 否□
8	基本医疗有保障	家庭成员全部参加了城乡居民基本医疗保险并享受了参保费用补贴政策	家庭成员是否全部参加了城乡居民基本医疗保险 是□ 否□	县卫计委	达　标□ 未达标□	是□ 否□
			符合条件的是否全部享受了参保费用补贴政策 是□ 否□	县民政局	达　标□ 未达标□	
9		患病人口享受了基本医保特惠政策	1.有无患病人口 有□ 无□ 2.患病人口是否享受了基本医保特惠政策 是□ 否□	县卫计委	达　标□ 未达标□	是□ 否□
10		符合条件的患病人口享受了大病保险（含门诊慢特病）、医疗救助（含重特大疾病）、疾病应急救助等特惠政策	1.有无符合条件的患病人口 有□ 无□ 2.符合条件的患病人口是否享受了大病保险（含门诊慢特病）特惠政策 是□ 否□	县卫计委	达　标□ 未达标□	是□ 否□
			1.有无符合条件的患病人口 有□ 无□ 2.符合条件的患病人口是否享受了医疗救助（含重特大疾病）、疾病应急救助等特惠政策 是□ 否□	县民政局	达　标□ 未达标□	
11	住房安全有保障	有安全住房	1.现有主要居住用房是否达到《农村危险房屋鉴定技术导则（试行）》确定的A、B级标准 是□（A级□ B级□）否□ 2.人均居住面积是否达到15平方米以上 是□（人均　平方米）否□	县住建局	达　标□ 未达标□	是□ 否□

附件3 贫困村退出验收表

贫困村名称：　　村　所在县乡：　　　　　　县（市、区）　　　　　　乡（镇）

序号	指标类别		验收指标	乡村验收意见	部门认定意见		验收工作组意见
					认定部门	认定意见	是否达到退出验收标准
1	贫困发生率		贫困发生率降至3%以下	% 达到□ 未达到□	市州扶贫办 市州统计局	达标□ 未达标□	是□ 否□
2	基础设施	路	建制村通硬化路	是否通硬化路 是□ 否□	市州交通局	达标□ 未达标□	
3			有通自然村的道路	20户以上集中居住的自然村，是否有可以通行农用机动三轮车的道路 有□ 无□	市州交通局	达标□ 未达标□	是□ 否□
4		水	饮水安全农户比例达到100%	% 达到□ 未达到□	市州水务局	达标□ 未达标□	
5		电	通动力电的自然村比例达到100%	% 达到□ 未达到□	市州发改委	达标□ 未达标□	是□ 否□
6		房	危房改造完成率达到100%	% 达到□ 未达到□	市州住建局	达标□ 未达标□	是□ 否□
7		网	建制村通网络	是否通网络 是□ 否□	市州工信委	达标□ 未达标□	是□ 否□
8	产业发展		有主导产业	有无主导产业 有□ 无□	市州农牧局等	达标□ 未达标□	是□ 否□
9			有农民专业合作组织覆盖	有无农民专业合作组织覆盖 有□ 无□	市州农牧局	达标□ 未达标□	是□ 否□
10			有互助资金协会（社）	互助资金协会（社）是否建立且正常运行 是□ 否□	市州扶贫办	达标□ 未达标□	是□ 否□
11			有集体经济收入	有无村级集体经济发展计划 有□ 无□ 有无集体经济收入 有□（　元）无□	市州农牧局等	达标□ 未达标□	是□ 否□
12	公共服务	教育	义务教育阶段适龄人口无辍学学生	有无义务教育阶段适龄人口辍学学生（因残疾、智障而不能上学或辍学的填“无”） 无□ 有□	市州教育局	达标□ 未达标□	是□ 否□
13			有需求的村建有幼儿园	有无建幼儿园的需求 有□ 无□ 有需求的村是否建有幼儿园（班） 有□ 无□	市州教育局	达标□ 未达标□	是□ 否□
14		医疗	有标准化村卫生室	有无标准化村卫生室 有□ 无□	市州卫计委	达标□ 未达标□	
15			城乡居民基本医疗保险参保率达到95%以上	% 达到□ 未达到□	市州卫计委	达标□ 未达标□	是□ 否□
16			参加基本医疗保险患病人口全部享受了基本医保相关政策	参加基本医疗保险患病人口是否全部享受了基本医保相关政策 是□ 否□	市州卫计委	达标□ 未达标□	是□ 否□
17			符合条件的患病人口全部享受了大病保险（含门诊慢特病）、医疗救助（含重特大疾病）、疾病应急救助等相关政策	符合条件的患病人口是否全部享受了大病保险（含门诊慢特病）政策 是□ 否□	市州卫计委	达标□ 未达标□	是□ 否□
				符合条件的患病人口是否全部享受了医疗救助（含重特大疾病）、疾病应急救助等相关政策 是□ 否□	市州民政局	达标□ 未达标□	
18		文化	有综合性文化服务中心（乡村舞台）	有无综合性文化服务中心（乡村舞台）有□ 无□	市州文化局	达标□ 未达标□	是□ 否□
19		养老	城乡居民基本养老保险参保率达到95%以上	% 达到□ 未达到□	市州人社局	达标□ 未达标□	是□ 否□

附件4 贫困县退出验收表

市(州)　　县(市、区)

序号	类别	验收指标	县区自评意见	市州相关部门认定意见		市州验收工作组意见	省级相关部门认定意见		省级验收工作组意见
				认定部门	认定意见	是否达到退出验收标准	认定部门	认定意见	是否达到退出验收标准
1	贫困人口	贫困发生率降至3%以下	% 达到□ 未达到□	市州扶贫办 市州统计局	达标□ 未达标□	是□ 否□	省扶贫办 国家统计局甘肃调查总队	达标□ 未达标□	是□ 否□
2	住房	危房改造完成率达到100%	% 达到□ 未达到□	市州住建局	达标□ 未达标□	是□ 否□	省住建厅	达标□ 未达标□	是□ 否□
3	饮水	饮水安全农户比例达到95%以上	1.是否有以县为单元的县级专管机构 是□ 否□ 2.是否已建立满足日常需要的县级维修养护基金 是□ 否□ 3.是否已建立县级水质检测中心(包括机构、人员及运行经费) 是□ 否□ 4.饮水安全农户比例是否达到95%(%)是□ 否□	市州水务局	达标□ 未达标□	是□ 否□	省水利厅	达标□ 未达标□	是□ 否□
4	教育	义务教育巩固率达到全省贫困县平均水平	% 达到□ 未达到□	市州教育局	达标□ 未达标□	是□ 否□	省教育厅	达标□ 未达标□	是□ 否□
5	医疗	城乡居民基本医疗保险参保率达到95%以上	% 达到□ 未达到□	市州卫计委	达标□ 未达标□	是□ 否□	省卫计委	达标□ 未达标□	是□ 否□
6	医疗	参加基本医疗保险患病人口全部享受了基本医保相关政策	参加基本医疗保险患病人口是否全部享受了基本医保相关政策 是□ 否□	市州卫计委	达标□ 未达标□	是□ 否□	省卫计委	达标□ 未达标□	是□ 否□
7	医疗	符合条件的患病人口全部享受了大病保险(含门诊慢特病)、医疗救助(含重特大疾病)、疾病应急救助等相关政策	符合条件的患病人口是否全部享受了大病保险(含门诊慢特病)政策 是□ 否□	市州卫计委	达标□ 未达标□	是□ 否□	省卫计委	达标□ 未达标□	是□ 否□
			符合条件的患病人口是否全部享受了医疗救助(含重特大疾病)、疾病应急救助等相关政策 是□ 否□	市州民政局	达标□ 未达标□		省民政厅	达标□ 未达标□	

按照贫困县退出验收程序,该县(市、区)已达到退出验收标准,我们承诺:对该县(市、区)退出验收的真实性负责。

县级责任人	1.县(市、区)委书记签字: 年 月 日	2.县(市、区)长签字: 年 月 日	3.县(市、区)扶贫办主任签字: 年 月 日	4.县(市、区)统计局局长签字: 年 月 日
市级责任人	1.市(州)委书记签字: 年 月 日	2.市(州)长签字: 年 月 日		

市州验收结果:已达到退出验收标准□　未达到退出验收标准□　　验收工作组组长签字:　　年 月 日

省级验收结果:已达到退出验收标准□　未达到退出验收标准□　　验收工作组组长签字:　　年 月 日

注:1.验收时请在相应“□”内打“√”。

2.无部门认定意见的视为未达标。

3.本表一式三份,县(市、区)留存一份,市(州)留存一份,省上留存一份。

甘肃
年鉴
2021

甘肃省农村扶贫开发条例

《甘肃省农村扶贫开发条例》是甘肃省关于农村扶贫开发的第一部地方性法规，该《条例》的出台，是甘肃省扶贫开发工作的一个里程碑，为甘肃与全国同步进入全面小康社会提供了法律保障。

甘肃省人民代表大会常务委员会公告

（第58号）

《甘肃省农村扶贫开发条例》已由甘肃省第十二届人民代表大会常务委员会第三十四次会议于2017年7月28日修订通过，现将修订后的《甘肃省农村扶贫开发条例》公布，自2017年9月1日起施行。

甘肃省人民代表大会常务委员会

2017年7月28日

第一章　总　则

第一条　为了规范农村扶贫开发工作，推进精准扶贫精准脱贫，促进农村贫困人口脱贫致富，加快贫困地区经济社会发展，实现与全国一道全面建成小康社会目标，结合本省实际，制定本条例。

第二条　本省行政区域内开展农村扶贫开发活动，适用本条例。

本条例所称农村扶贫开发，是指国家机关、企业事业单位、社会团体以及其他组织和个人通过政策、资金、项目、技术、信息、人才等支持，增强贫困地区自我发展能力，帮助扶贫对象改善生产生活条件的活动。

第三条　农村扶贫开发应当树立创新、协调、绿色、开放、共享五大发展理念，坚持精准扶贫精准脱贫基本方略，做到扶贫开发与经济社会发展相互促进、扶贫开发与生态保护并重、扶贫开发与社会保障有效衔接、重点帮扶与集中连片特殊困难地区开发紧密结合，加大深度贫困地区脱贫攻坚力度，遵循实事求是、因地制宜、分类指导、精准扶贫的原则，构建政府主导、部门协作、社会参与、市场运作和扶贫对象自力更生相结合的扶贫机制，形成专项扶贫、行业扶贫、社会扶贫三位一体大扶贫格局。

第四条　各级人民政府对本行政区域内的农村扶贫开发工作负责。

县级以上人民政府应当建立健全农村扶贫开发工作协调机制，统筹推进专项扶贫、行业扶贫和社会扶贫；根据农村扶贫对象实际情况，采取针对性的扶贫措施，综合提高农村扶贫开发能力和绩效。

第五条　县级以上人民政府农村扶贫开发主管机构负责统筹协调、决策服务、指导推动本行政区域的农村扶贫开发工作，其他有关部门按照各自职责做好农村扶贫开发工作。

第六条　县级以上人民政府应当保证农村扶贫开发工作机构设置和人员配备。

第七条　县级以上人民政府应当加大农村扶贫开发投入并纳入本级财政预算，建立与本地区经济发展水平相适应的财政扶贫资金投入增长机制。

第八条　县级以上人民政府应当制定和落实农村扶贫开发目标责任制度和绩效考核评价制度，将农村扶贫开发目标任务完成情况作为考核评价人民政府和相关部门及其负责人的重要内容。

第九条　各级人民政府应当引导、组织、鼓励、支持社会各界参与农村扶贫开发工作。

县级以上人民政府应当对在农村扶贫开发工作中做出显著成绩的单位和个人给予奖励。

第二章　扶贫对象

第十条　农村扶贫对象是指符合国家扶贫标准的农村贫困人口。

第十一条　农村扶贫开发工作的重点范围是:

（一）经识别确定的贫困户；

（二）经识别确定的贫困村；

（三）国家确定的六盘山片区、秦巴山片区、四省涉藏工作重点省范围内的本省贫困县（市、区）；

（四）经识别确定的省级"插花型"贫困县（市、区）。

省人民政府确定或者调整农村扶贫开发工作重点范围时，应当对少数民族地区、革命老区、自然灾害频发区等地区的扶贫对象给予倾斜。

第十二条　县级以上人民政府应当按照国家规定的农村扶贫标准与识别程序，精准识别，建档立卡，确定农村扶贫对象。

有关个人或者单位应当如实提供识别、确定扶贫对象所需信息及相关材料。

第十三条　贫困户的确定，由农户向村民委员会提出申请，经村民会议或者村民代表会议评议公示后报乡镇人民政府审核，乡镇人民政府审核公示后报县级人民政府审定，县级人民政府将审定结果公告后，按照国家和本省有关规定报省人民政府农村扶贫开发主管机构备案。

贫困村的确定，由村民委员会提出申请，经乡镇人民政府审查公示，报县级人民政府审核公示后，按照国家和本省有关规定报省人民政府农村扶贫开发主管机构审定。

第十四条　贫困户、贫困村的公示期不少于五个工作日。在公示期内，村民或者有关人员对公示内容有异议的，由发布公示的村民委员会、乡镇人民政府或者县人民政府在七个工作日内作出书面答复；对答复不服的，可以向上一级人民政府提出复核申请，并由其在十五个工作日内做出书面复核答复。

第十五条 县级以上人民政府应当健全录入及时、内容准确、数据共享的扶贫信息管理系统，建立健全扶贫对象有进有出的动态管理机制。

第十六条 县级以上人民政府应当建立贫困退出机制及其实施细则，对已经达到退出验收标准的扶贫对象，依照规定的标准和程序验收、评议、审核之后，由县级以上人民政府按程序确认。

第十七条 各级人民政府对已经认定为脱贫的扶贫对象，应当在一定时期内继续扶持，防止返贫。

各级人民政府对已经认定为脱贫但又返贫的扶贫对象，应当及时依照规定的条件、程序重新认定。

第三章 扶贫措施

第十八条 县级以上人民政府应当制定本行政区域农村扶贫开发规划，并负责组织实施。农村扶贫开发规划应当与本行政区域国民经济和社会发展规划、区域发展、行业发展等规划相衔接。

县级以上人民政府制定涉及农村扶贫的其他专项发展规划，应当与农村扶贫开发规划相衔接。

省人民政府农村扶贫开发主管机构应当会同有关部门依据全省经济社会发展规划纲要和农村扶贫规划，制定区域发展与扶贫攻坚规划。

市（州）、县（市、区）人民政府各有关部门应当依据本级农村扶贫规划、区域发展与扶贫攻坚规划，制定项目实施方案，确保项目到村、效益到户。

第十九条 县级以上人民政府有关部门应当对扶贫对象建立精准扶贫工作台账，并根据致贫原因和脱贫需求对扶贫对象进行分类扶持。

第二十条 县级以上人民政府应当建立健全农村扶贫工作帮扶机制，组织国家机关、企业事业单位、社会团体以及其他组织对农村扶贫对象进行帮扶，明确其帮扶任务、目标和责任。

第二十一条 县级以上人民政府应当加强贫困地区交通、水利、电力、通讯、教育、科技、文化、卫生、广播电视、体育等基础设施建设，加大对贫困地区农村公路养护、土地整治、农村饮水安全、牧民定居和危房改造等民生工程支持力度。

第二十二条 县级以上人民政府应当按照群众自愿、因地制宜、积极稳妥的原则，对居住在生存条件恶劣、生态环境脆弱、自然灾害频发等地区的农村贫困人口，实施易地扶贫搬迁。

第二十三条 县级以上人民政府应当制定贫困地区产业发展规划，出台专项政策，引导、支持扶贫对象利用本地资源优势，培植壮大特色优势产业，扶持有助于带动和帮助扶贫对象脱贫致富的龙头企业、农民专业合作社和家庭农场，开展光伏扶贫、电商扶贫、旅游扶贫、资产收益扶贫，增加扶贫对象收入。

第二十四条 县级以上人民政府应当建立完善劳动力创业就业和劳务输出培训机制，加强贫困人口的职业教育、劳动技能培训和就业创业指导服务，推进劳动力转移就业。

鼓励企业在贫困地区建立劳务培训基地，通过开展订单培训、定向培训，建立和完善输出与输入地劳务对接机制。

第二十五条 县级以上人民政府应当根据贫困地区不同生态条件、环境状况，制定政策措施，支持实施退耕还林、退牧还草、禁牧休牧轮牧、水土保持、天然林保护和气象地质灾害预防治理等重点生态修复工程。

第二十六条 县级以上人民政府应当优化农村贫困地区教育资源配置和布局，改善基本办学条件，加快义务教育学校标准化建设和寄宿制学校建设，建立健全学前教育机构及其师资、经费保障机制，落实国家和地方关于贫困学生学杂费减免、贫困地区教师和贫困学生生活补助、农村义务教育学生营养改善计划等方面的优惠政策。

第二十七条 县级以上人民政府应当健全贫困乡村基层医疗卫生服务体系，改善贫困乡村医疗与康复服务设施条件，提高新型农村合作医疗和医疗救助保障水平，建立城市医疗卫生人员支援贫困地区制度，防止农村居民因病致贫、因病返贫。

第二十八条 县级以上人民政府应当通过风险补偿等措施，实施精准扶贫小额贷款工程。

鼓励金融机构创新农村金融产品和服务方式，满足农村金融服务的多样化需求；鼓励保险机构在农村扶贫地区建立基层服务站点，完善农业保险保费补贴政策，发展特色农业保险。

第二十九条 县级以上人民政府应当建立完善与农村扶贫开发相衔接的农村养老保险、医疗保险、最低生活保障和特困人员救助供养等社会保障制度，将符合条件的贫困人口纳入救助范围。

第三十条 县级以上人民政府应当结合本地实际配合做好经济发达地区开展东西扶贫协作和中央国家机关、企业事业单位、社会团体的定点帮扶。

第三十一条 各级人民政府应当坚持扶贫与扶志、扶智相结合，激发扶贫对象脱贫致富的内生动力，增强其自我发展能力。

第四章 项目管理

第三十二条 县级以上人民政府及其农村扶贫开发项目行业主管部门应当依据农村扶贫规划、区域发展与扶贫攻坚规划，建立农村扶贫开发项目库。

县级以上人民政府及其农村扶贫开发项目行业主管部门对有关单位提出或者征集到的农村扶贫开发项目，应当

组织相关部门、相关领域专家科学论证，并在公开征询社会公众意见后，精准确定入库项目。

第三十三条 县级以上人民政府农村

扶贫开发项目行业主管部门应当从农村扶贫项目库中优选项目，编制项目实施计划，依照各自的权限和规定程序审批，并报上一级人民政府农村扶贫项目行业主管部门备案。

农村扶贫开发项目一经批准，不得擅自变更；确需变更的，应当按程序报原批准部门审批。

第三十四条 农村扶贫项目实施单位应当根据批准的项目计划制定实施方案，主动接受项目主管部门和其他相关部门的监督检查，定期向项目主管部门、财政部门报告项目实施进展及资金使用情况。

农村扶贫开发项目竣工后，由项目实施单位报请主管部门按规定标准和程序组织验收。

第三十五条 农村扶贫开发项目实施单位应当将项目名称、地点、内容、投资规模、竣工时间和项目资金使用情况等向社会公示。

第三十六条 县级人民政府及其农村扶贫开发项目行业主管部门应当建立农村扶贫项目管护制度，按照谁受益、谁管护的原则，明确管护主体和管护责任。

任何单位和个人不得非法占用、变卖或者毁坏农村扶贫项目形成的设施、设备等资产。

第五章 资金管理

第三十七条 农村扶贫资金包括:

（一）中央和地方财政专项扶贫资金；

（二）行业扶贫资金；

（三）东西协作对口帮扶资金；

（四）国家机关、国有企业事业单位的定点帮扶资金；

（五）扶贫信贷资金；

（六）自然人、法人或者非法人组织捐赠的资金；

（七）其他用于农村扶贫开发活动的资金。

第三十八条 农村扶贫资金应当依据国家和本省有关规定和农村扶贫开发规划，按照贫困人口规模及比例、贫困深度、脱贫成效、资金管理绩效及脱贫攻坚任务等因素合理分配使用。

第三十九条 财政性资金应当主要用于改善扶贫对象生产生活条件，培育和支持贫困地区发展特色优势产业、提高扶贫对象劳动技能与发展能力、促进扶贫对象就业创业。

第四十条 县级以上人民政府在安排一般性转移支付和专项转移支付资金时，应当向国家和省级确定的贫困县倾斜。

第四十一条 县级以上人民政府应当建立健全农村扶贫资金管理机制。任何单位和个人不得虚报、冒领、套取、截留、挤占、挪用农村扶贫资金。

第六章 扶贫监督

第四十二条 县级以上人民政府及其有关部门应当将下列农村扶贫开发事项向社会公开:

（一）扶贫开发政策；

（二）扶贫规划及年度扶贫工作方案；

（三）年度扶贫项目实施计划；

（四）财政专项扶贫资金年度安排计划、资金使用情况；

（五）其他依法应当公开的事项。

第四十三条 县级以上人民代表大会及其常务委员会应当将农村扶贫开发工作作为监督的重要内容，通过询问、质询、代表视察、听取专项报告等方式，依法加强对本级人民政府及其有关部门农村扶贫开发工作的监督。

第四十四条 县级以上人民政府财政部门、农村扶贫开发主管机构应当会同有关部门，对财政专项扶贫资金的使用和管理进行绩效考核评价。

县级以上人民政府财政、审计、监察等部门应当按照各自职责，加强对农村扶贫规划和计划落实情况、农村扶贫开发资金管理使用情况、农村扶贫项目实施情况等的监督。

第四十五条 县级以上人民政府统计部门应当建立健全农村扶贫统计指标体系和监测体系，完善贫困人口统计监测制度，提高监测能力和数据质量，实现数据共享，为扶贫决策与监督提供依据。

第四十六条 县级以上人民政府应当建立健全第三方评估机制，对农村扶贫政策落实情况、相关法律法规实施情况、扶贫目标责任完成情况、扶贫绩效等事项进行评估，并将评估结论作为实施监督、考核、问责与奖励的重要依据。

第四十七条 县级以上人民政府应当加强对扶贫开发工作的督查，增加扶贫绩效在行政机关公务员业绩考核中的比重，并将考核结果作为公务员奖惩及选拔使用的重要依据。

第四十八条 各级人民政府应当设立举报电话或者监督网站，接收扶贫对象、帮扶者、捐助者和其他社会公众对扶贫工作的监督。

任何单位和个人有权对农村扶贫开发工作中的违法、违纪行为进行举报。有关部门应当在职责权限范围内对举报事项调查核实，并依法及时作出处理。

第七章 法律责任

第四十九条 违反本条例第十二条第二款规定，采取虚报、隐瞒、伪造等手段提供虚假扶贫信息的，由乡镇人民政府给予批评教育，并责令纠正；对不符合扶贫条件并因此骗取扶贫对象资格的，由县级人民政府农村扶贫开发主管机构取消其扶贫资格及相关优惠待遇，并责令退还违法取得财物。

第五十条 违反本条例第三十三条第二款规定，项目实施单位及其工作人员擅自变更农村扶贫项目的，由县级人民政府扶贫项目行业主管部门责令改正；情节严重的，责令停止项目实施。

第五十一条 违反本条例第三十六条第二款规定，非法占用、变卖或者毁坏农村扶贫开发项目形成的设施、设备等资产的，由有关部门责令限期改正，并依照有关法律、法规给予处罚。

第五十二条 违反本条例第四十一条规定，农村扶贫项目实施单位及其工作人员虚报、冒领、套取、截留、挤占、挪用农村扶贫资金的，由有关部门责令其改正、退还财物，没收非法所得，并依法追究相关人员的责任。

第五十三条 国家工作人员违反本条例规定，在农村扶贫开发工作中有下列行为之一的，由其所在单位、上级主管部门或者监察部门对直接负责的主管人员和其他直接责任人员给予警告、记过、记大过或者降级处分；造成严重后果的，给予撤职或者开除处分；构成犯罪的，依法追究刑事责任：

（一）不作为、慢作为、滥作为并造成不良影响或者后果的；

（二）编造虚假信息、弄虚作假的；

（三）违法违规审批、变更农村扶贫规划与项目的；

（四）对扶贫事项处置不当引发群体性事件的；

（五）法律法规规定的其他违法行为。

第八章 附 则

第五十四条 有关农村扶贫开发的活动，法律、行政法规已有或者另有规定的，从其规定。

第五十五条 本条例自2017年9月1日起施行。2012年3月28日甘肃省第十一届人民代表大会常务委员会第二十六次会议通过的《甘肃省农村扶贫开发条例》同时废止。

全省脱贫攻坚先进集体和先进个人名录

先进集体

中共中央　国务院表彰

全国脱贫攻坚奖获奖先进集体

甘肃省农业农村厅
甘肃省卫生健康委员会健康扶贫处
中共临夏回族自治州委员会
政协甘肃省委员会帮扶办
中共甘肃省委办公厅帮扶办
甘肃省高级人民法院帮扶办
甘肃省财政厅扶贫开发处
国网甘肃省电力公司
酒泉钢铁(集团) 有限责任公司党委帮扶工作办公室
陇南市电子商务发展局
青岛赴陇南扶贫协作挂职干部工作组
中共陇南市武都区坪垭藏族乡委员会
中共宕昌县两河口镇委员会
中共西和县洛峪镇委员会
礼县交通运输局
中共文县范坝镇委员会
中共成县县委办公室
中共康县县委办公室
两当县扶贫开发办公室
甘肃鑫亮食用菌开发有限公司
中共临夏市委组织部
临夏县农村信用合作联社
广河县吉明鞋业有限公司
甘肃刘家峡农业开发集团有限公司
积石山保安族东乡族撒拉族自治县住房和城乡建设局
临夏州夏润高原农业有限公司
康乐县卫生健康局
辽宁方大集团实业有限公司
中共夏河县阿木去乎镇委员会
临潭县新城镇人民政府
中共玛曲县阿万仓镇委员会
定西市农业农村局
定西市住房和城乡建设局
定西市安定区扶贫开发办公室
通渭县扶贫开发办公室
陇西县农业农村局
定西市纪委监委、临洮县纪委监委驻临洮县太石镇后地湾村帮扶工作队
渭源县上湾镇人民政府
中共漳县马泉乡委员会
中共岷县维新镇委员会
天水市麦积区扶贫开发办公室
中共秦安县王尹镇委员会
张家川回族自治县龙山镇马河村党支部
天水市扶贫开发办公室
天水市秦州区扶贫开发办公室
甘谷县人力资源和社会保障局
武山县发展和改革局
中共清水县委办公室
天水市人力资源和社会保障局
庆阳市扶贫开发办公室
庆阳海越农业有限公司
甘肃圣越农牧发展有限公司
甘肃庆环肉羊制种有限公司
镇原物宗园农业科技发展有限公司
环县大学生养羊产业协会
中共庄浪县委员会
平凉市崆峒区扶贫开发办公室
中共崇信县黄寨镇委员会
中共庄浪县韩店镇委员会
中共静宁县原安镇委员会
甘肃德美地缘现代农业集团有限公司
皋兰县扶贫开发办公室
白银市扶贫开发办公室
会宁县水务局
中共白银市平川区黄峤镇委员会
靖远县扶贫开发办公室
中共天祝藏族自治县松山镇委员会
古浪县干城乡富民新村党总支
古浪县黄花滩生态移民后续产业专业合作社
中共民乐县南丰镇委员会
玉门市独山子东乡族乡人民政府
甘肃元生农牧科技有限公司

（中委2021〔197〕号）

2018年全国脱贫攻坚奖

组织创新奖

甘肃省平凉市庄浪县

（国开发〔2018〕11号）

2019年全国脱贫攻坚奖

组织创新奖

甘肃省政协帮扶办

（国开发〔2019〕17号）

2020年全国脱贫攻坚奖

组织创新奖

甘肃省定西市渭源县

（国开发〔2021〕11号）

省委　省政府表彰

2018年甘肃省脱贫攻坚奖先进集体(20个)

国网甘肃省电力公司
省脱贫攻坚产业开发专责工作组
兰州市七里河区
皋兰县
永昌县
瓜州县
张掖市甘州区
高台县
山丹县
民乐县
肃南县
武威市凉州区
民勤县
白银市白银区
平凉市崆峒区
庆阳市西峰区
正宁县
两当县
合作市
临夏市

（甘委〔2019〕25号）

2019年度全省脱贫攻坚奖获奖名单先进集体(20个)

省纪委监委脱贫攻坚帮扶工作领导小组办公室
庆阳市扶贫开发办公室
永登县
榆中县
白银市平川区
景泰县
甘谷县
武山县
灵台县
崇信县
华亭市
泾川县
成县
徽县
夏河县
卓尼县
迭部县
玛曲县
碌曲县
玉门市

（甘委〔2020〕37号）

2020年度全省脱贫攻坚奖先进集体(46个)

天津市对口支援甘肃工作前方指挥部
福州定西扶贫协作前方指挥部
厦门市赴临夏州帮扶工作队
青岛市驻陇南市挂职干部工作组
天津“组团式”支援甘南州人民医院医疗队
甘肃省人民政府办公厅帮扶办
古浪县
天祝藏族自治县
靖远县
会宁县
天水市秦州区
天水市麦积区
秦安县
清水县
张家川回族自治县
庄浪县
静宁县
庆城县
宁县
镇原县
环县
华池县
合水县
定西市安定区
通渭县
陇西县
渭源县
临洮县

漳县
岷县
陇南市武都区
宕昌县
文县
康县
西和县
礼县
陇南市电子商务发展局
临潭县
舟曲县
临夏县
永靖县
东乡族自治县
和政县
广河县
积石山保安族东乡族撒拉族自治县
康乐县

（甘委〔2021〕41号）

全省脱贫攻坚先进集体

兰州市（共32个）
兰州市纪委监委
兰州市委办公室
兰州市人大常委会机关
兰州市人民政府办公室
政协兰州市委员会机关
兰州市委组织部
兰州市委宣传部
兰州市委统战部
兰州市委政法委
兰州市公安局
兰州市民政局
兰州市人力资源和社会保障局
兰州市农业农村局
国家税务总局兰州市税务局
兰州银行股份有限公司
永登县纪委监委
永登县水务局
永登县龙泉寺镇党委
永登县武胜驿镇霍家湾村驻村帮扶工作队
榆中县人民政府办公室
榆中县农业农村局
榆中县韦营乡党委
榆中县新营镇党委
榆中县马坡乡尖山村驻村帮扶工作队
皋兰县住房和城乡建设局
皋兰县石洞镇党委
皋兰县什川镇北庄村驻村帮扶工作队
兰州市七里河区教育局
兰州市七里河区黄峪镇鲁家村驻村帮扶工作队
兰州市七里河区恒泰中药材种植农民专业合作社
兰州新区现代农业投资集团有限公司
全国台联办公室人事处
嘉峪关市（共2个）
嘉峪关市农业农村局
嘉峪关市住房和城乡建设局
金昌市（共6个）
金昌市委组织部
金昌居佳生态农业有限公司
永昌县水务局
永昌县纪委监委
永昌县六坝镇九坝村党支部
金昌市金川区农业农村局
酒泉市（共10个）
酒泉市委组织部
酒泉市住房和城乡建设局
酒泉市肃州区农业农村局
金塔县羊井子湾乡黄茨梁村党支部
玉门市柳湖镇党委
瓜州县双塔镇初级中学
甘肃敦煌农村商业银行股份有限公司
肃北县农业农村和水务局
玉门市六墩镇昌盛村驻村帮扶工作队
瓜州县西域风瓜果产销农民专业合作社
张掖市（共18个）
张掖市甘州区水务局
张掖市甘州区沙井镇党委
临泽县农业农村局
临泽县新华镇明泉村党支部
高台县骆驼城镇党委
高台县农业农村局
山丹县纪委监委
山丹县农业农村局
山丹县馨源菇瀚种植专业合作社
民乐县洪水镇党委
民乐县人力资源和社会保障局
肃南县大河乡党委
肃南县马蹄藏族乡大都麻村驻村帮扶工作队
张掖市发展和改革委员会
张掖市交通运输局
张掖市委办公室

张掖市委组织部
张掖市卫生健康委员会
武威市（共33个）
武威市纪委监委
武威市委办公室
武威市委组织部
武威市发展和改革委员会
武威市财政局
武威市人力资源和社会保障局
武威市农业农村局
武威市住房和城乡建设局
武威市凉州区教育局
武威市凉州区西营镇党委
武威市凉州区新华镇穿城村党支部
武威市凉州区聚爱农牧专业合作社
武威市凉州区张义镇大庄村驻村帮扶工作队
民勤县农业农村局
民勤县医疗保障局
民勤县东湖镇党委
民勤县红沙梁镇花寨村党支部
民勤县西渠镇大坝村驻村帮扶工作队
中国蓝星（集团）股份有限公司扶贫办公室
古浪县发展和改革局
古浪县农业农村局
古浪县大靖镇党委
古浪县黑松驿镇党委
古浪县西靖镇感恩新村党总支部
古浪县直滩镇龙湾村驻村帮扶工作队
古浪县陇沁农牧专业合作社
古浪县长隆农业科技有限公司
天祝县交通运输局
天祝县大红沟镇党委
天祝县天堂镇本康村驻村帮扶工作队
天祝县西大滩镇白土台村村委会
天祝富盛农业科技有限责任公司
天祝县南阳山农业有限公司
白银市（共42个）
白银市纪委监委
白银市委组织部
白银市发展和改革委员会
白银市农业农村局
白银市水务局
白银市住房和城乡建设局
白银市审计局
国网甘肃省电力公司白银供电公司
会宁县纪委监委
会宁县财政局
中国投资有限责任公司帮扶办公室
申万宏源证券有限公司帮扶办公室
会宁县大沟镇庄湾村驻村帮扶工作队
会宁县新塬镇老庄河村党支部
会宁县汉家岔镇双庙村党支部
会宁县韩家集镇袁家坪村党支部
会宁县祥泽小杂粮农民专业合作社
会宁县高原夏菜种植农民专业合作社
甘肃依禾商贸有限责任公司
靖远县财政局
靖远县民政局
靖远县教育局
靖远县若笠乡党委
靖远县兴隆乡党委
靖远县永新乡党委
国家税务总局靖远县税务局
靖远县靖安乡五星村党支部
靖远县东升镇小塬村党支部
靖远县大芦镇中砂沟村党支部
景泰县农业农村局
景泰县农村饮水安全供水管理所
景泰县财政局
景泰县委办公室
景泰县中泉镇人民政府
景泰县丝路寒旱循环农业喜泉镇马莲产业园
景泰县寺滩乡新墩湾驻村帮扶工作队
白银市平川区财政局
白银市平川区住房和城乡建设局
白银市平川区王家山镇人民政府
白银市平川区宝积镇小川村村委会
白银市白银区发展和改革局
白银市白银区武川乡人民政府
天水市（共88个）
天水市纪委监委
天水市委组织部
天水市委宣传部
天水市委机构编制委员会办公室
天水市教育局
天水市财政局
天水市住房和城乡建设局
天水市水务局
天水市交通运输局
天水市农业农村局
天水市审计局
天水市卫生健康委员会

天水市畜牧兽医局
天水秦州农村合作银行
天水市秦州区发展和改革局
天水市秦州区教育局
天水市秦州区华岐镇党委
天水市秦州区皂郊镇党委
天水市秦州区娘娘坝镇白音村党支部
天水市秦州区关子镇杨柳村党支部
天水市秦州区大门镇王沟村驻村帮扶工作队
天水市秦州区娘娘坝镇许家庄村驻村帮扶工作队
天水市麦积区中滩镇人民政府
天水麦积农村合作银行
天水市麦积区东岔镇党委
天水市麦积区三岔镇人民政府
天水市麦积区发展和改革局
天水市麦积区交通运输局
天水市麦积区卫生健康局
天水市麦积区社棠镇人民政府
天水市麦积区住房和城乡建设局
天水市麦积区水务局
天水市麦积区甘泉镇党委
大连商品交易所产业拓展部
甘肃省林业科学研究院
天水师范学院帮扶深度贫困村脱贫攻坚领导小组办公室
天水市人大常委会办公室
秦安县水务局
秦安县郭嘉镇党委
秦安县兴丰镇党委
秦安县陇城镇党委
秦安县兴国镇康坡村党总支
秦安县叶堡镇程崖村驻村帮扶工作队
甘谷县安远镇人民政府
甘谷县六峰镇人民政府
甘谷县民政局
甘谷县发展和改革局
甘谷县农业农村局
甘谷县医疗保障局
甘谷县磐安镇西坪村党支部
甘谷县六峰镇麦堆坪村村委会
甘谷县六峰镇蒋坪村驻村帮扶工作队
甘谷县泓峰果业种植农民专业合作社
武山县四门镇党委
武山县杨河镇党委
武山县民政局
武山县沿安乡党委
武山县扶贫开发办公室
武山县交通运输局
武山县蔬菜产业发展中心
武山县农村信用合作联社
武山县马力镇暖水村驻村帮扶工作队
武山县惠民新能源有限责任公司
甘肃烟草工业有限责任公司天水卷烟厂
清水县人民政府办公室
清水县扶贫开发办公室
清水县民政局
清水县水务局
清水县发展和改革局
清水县商务局
清水县秦亭镇党委
清水县红堡镇高沟村村委会
清水县贾川乡梅江村驻村帮扶工作队
省委政法委帮扶办
天水市委办公室
张家川县交通运输局
张家川县水务局
张家川县龙山镇党委
张家川县胡川镇党委
张家川县闫家乡党委
张家川县刘堡镇窑儿村党支部
张家川县银润服饰有限公司
张家川县裕丰果品种植专业合作社
北京科技大学经济管理学院
西南交通大学定点扶贫工作领导小组办公室
中国中车集团有限公司扶贫办
深圳证券交易所人力资源部(党委组织部)
中煤航测遥感集团有限公司党群工作部
平凉市(共63个)
平凉市委办公室
平凉市委组织部
平凉市发展和改革委员会
平凉市教育局
平凉市民政局
平凉市人力资源和社会保障局
平凉市住房和城乡建设局
平凉市农业农村局
平凉市妇女联合会
国网甘肃省电力公司平凉供电公司
平凉市广播电视台
平凉日报社
庄浪县卧龙镇党委
庄浪县杨河乡党委
庄浪县岳堡镇党委

庄浪县住房和城乡建设局
庄浪县水务局
庄浪县农业农村局
庄浪县农业产业扶贫开发有限责任公司
庄浪县赤坡果品农民专业合作社
庄浪县郑河乡下寨村党支部
庄浪县韩店镇石桥村党支部
庄浪县水洛镇吊沟村党支部
南开大学扶贫工作办公室
南开大学赴庄浪研究生支教团
静宁县扶贫开发办公室
静宁县卫生健康局
静宁县水务局
中国银河金融控股有限责任公司扶贫办公室
中国银河证券股份有限公司扶贫办公室
静宁县曹务镇党委
静宁县红寺镇党委
静宁县原安镇百富村党支部
静宁县界石铺镇崔岔村党支部
静宁县四河镇大湾村驻村帮扶工作队
静宁县人力资源和社会保障局
静宁县绿牧果业专业合作社
平凉市崆峒区农业农村局
平凉市崆峒区水务局
平凉市崆峒区大寨乡党委
平凉市崆峒区安国镇人民政府
平凉市崆峒区草峰镇长沟村村委会
平凉市崆峒区西阳乡罗沟村党支部
平凉市崆峒区寨河乡郭河村驻村帮扶工作队
平凉市崆峒区峡门乡王山村驻村帮扶工作队
泾川县扶贫开发办公室
泾川县农业农村局
泾川县住房和城乡建设局
泾川县高平镇党委
泾川县汭丰镇同中村党总支部
灵台县上良镇党委
灵台县西屯镇党委
灵台县扶贫开发办公室
灵台县住房和城乡建设局
灵台县水务局
崇信县农业农村局
崇信县水务局
崇信县新窑镇党委
崇信县木林乡沟老村驻村帮扶工作队
华亭市安口镇党委
华亭市西华镇党委
华亭市农业农村局
华亭市民政局

庆阳市（共76个）

庆阳市人大常委会办公室
政协庆阳市委员会办公室
庆阳市纪委监委
庆阳市委组织部
庆阳市发展和改革委员会
庆阳市人力资源和社会保障局
庆阳市住房和城乡建设局
庆阳市交通运输局
庆阳市商务局
庆阳市审计局
国家税务总局庆阳市税务局
庆阳市社会救助服务中心
庆阳市医疗保障局
庆阳市人民政府金融工作办公室
兰州银行股份有限公司庆阳分行
庆阳广播电视台
国家统计局庆阳调查队
国网甘肃省电力公司庆阳供电公司
环县畜牧兽医局
环县住房和城乡建设局
环县耿湾乡人民政府
环县樊家川镇闫塬村村委会
环县山城乡薛塬村党支部
宁县果业发展中心
宁县住房和城乡建设局
宁县新庄镇党委
宁县和盛镇党委
合水县住房和城乡建设局
合水县太莪乡党委
合水县发展和改革局
镇原县扶贫开发办公室
镇原县财政局
镇原县屯字镇党委
镇原县平泉镇党委
镇原县郭原乡毛庄村党支部
庆城县扶贫开发办公室
庆城县农村信用合作联社
庆城县土桥乡党委
庆城县高楼镇杨塬村党支部
庆阳市西峰区委组织部
庆阳市西峰区扶贫开发办公室
庆阳市西峰区彭原镇党委
华池县人民政府办公室

华池县人力资源和社会保障局
华池县紫坊畔乡人民政府
华池县怀安乡人民政府
正宁县农村信用合作联社
正宁县农业农村局
正宁县山河镇李家川村党支部
环县毛井镇红土咀村驻村帮扶工作队
环县秦团庄乡王团庄村驻村帮扶工作队
环县演武乡黑泉河村驻村帮扶工作队
环县甜水镇高崾岘村驻村帮扶工作队
宁县湘乐镇瓦窑村驻村帮扶工作队
合水县固城镇王昌寺村驻村帮扶工作队
镇原县殷家城乡殷家城村驻村帮扶工作队
镇原县方山乡贾山村驻村工作队
庆城县庆城镇东王塬村驻村帮扶工作队
庆城县玄马镇柏树村驻村帮扶工作队
庆阳市西峰区肖金镇左咀村驻村工作队
华池县城壕镇太阳村驻村帮扶工作队
华池县上里塬乡柳树河村驻村帮扶工作队
正宁县永正镇佛堂村驻村帮扶工作队
庆阳伟赫乳制品有限公司
环县恒基肉羊养殖农民专业合作社
宁县聚农苹果产业资金专业合作社
庆阳陇象集团电子商务有限公司
镇原立达尔农业发展有限公司
庆阳市嘉仕乳业有限公司
庆城县嘉辉食品有限公司
庆阳康峰富民农业发展有限责任公司
华池县怀富养殖农民专业合作社
正宁县正兴现代农业发展有限公司
国投财务有限公司综合管理部(党支部办公室)
东华工程科技股份有限公司党委组织部
中国化学工程集团公司党群工作部
定西市(共81个)
定西市委办公室
定西市人大常委会办公室
定西市人民政府办公室
政协定西市委员会办公室
定西市纪委监委
定西市委组织部
定西市委宣传部
定西市委统战部
定西市委政法委员会
甘肃省定西军分区政治工作处
定西市扶贫开发办公室
定西市自然资源局
定西市司法局
定西市广播电视台
新兴际华集团有限公司扶贫办公室
定西市安定区农业农村局
定西市安定区畜牧兽医局
定西市安定区住房和城乡建设局
定西市安定区水务局
国网甘肃省电力公司定西市安定区供电公司
定西市安定区内官营镇党委
定西市安定区鲁家沟镇人民政府
定西市安定区石峡湾乡三湾村驻村帮扶工作队
定西市安定区内官营镇林川村党支部
国家能源局发展规划司扶贫开发处
通渭县住房和城乡建设局
通渭县李家店乡党委
通渭县第三铺乡党委
通渭县榜罗镇先锋村党支部
通渭县第三铺乡党家堡村驻村帮扶工作队
通渭县第三铺乡侯家坡村驻村帮扶工作队
通渭县农业产业扶贫开发有限责任公司
甘肃天耀草业科技有限公司
中国建设科技集团股份有限公司定点扶贫工作领导小组办公室
陇西县文峰镇彭家山村驻村帮扶工作队
陇西县权家湾镇人民政府
陇西县马河镇人民政府
陇西县双泉镇人民政府
陇西县纪委监委
甘肃银行股份有限公司陇西支行
陇西县人力资源和社会保障局
陇西县发展和改革局
陇西县教育局
渭源县委组织部
渭源县大安乡党委
渭源县麻家集镇党委
渭源县锹峪镇党委
渭源县扶贫开发办公室
国网甘肃省电力公司渭源县供电公司
渭源县田家河乡元古堆村党支部
渭源县会川镇干乍村党支部
渭源县会川镇棉柳坪村驻村帮扶工作队
中国信托业协会
临洮县扶贫开发办公室
临洮县委组织部
临洮县人力资源和社会保障局
临洮县畜牧兽医技术服务中心

临洮县残疾人联合会
甘肃临洮农村商业银行股份有限公司
临洮县峡口镇党委
临洮县龙门镇蔡家庄村村委会
中国妇女发展基金会“母亲水窖”项目办公室
漳县县委组织部
漳县扶贫开发办公室
漳县住房和城乡建设局
漳县民政局
漳县盐井镇党委
漳县新寺镇党委
漳县石川镇三眼泉村驻村帮扶工作队
漳县东泉乡直沟村驻村帮扶工作队
漳县东泉乡本本湾村党支部
岷县西寨镇人民政府
岷县麻子川镇党委
岷县申都乡党委
岷县锁龙乡党委
岷县西江镇中山村村委会
岷县农业农村局
岷县发展和改革局
岷县民政局
中国进出口银行扶贫工作领导小组办公室
岷县顺兴和中药材有限责任公司
陇南市(共102个)
陇南市委办公室
陇南市人民政府办公室
陇南市人大常委会办公室
陇南市委组织部
政协陇南市委员会办公室
陇南市纪委监委
陇南市人民检察院办公室
陇南市农业农村局
陇南市交通运输局
陇南市发展和改革委员会
陇南市扶贫开发办公室
陇南广播电视台
陇南市住房和城乡建设局
宕昌县委办公室
宕昌县人民政府办公室
宕昌县发展和改革局
宕昌县农业农村局
宕昌县南阳镇党委
宕昌县理川镇党委
宕昌县南河镇党委
宕昌县兴化乡党委
陇南市羌源富民农业发展股份有限公司
宕昌县南阳镇朱山沟村驻村帮扶工作队
宕昌县两河口镇新声村驻村帮扶工作队
成县县委组织部
成县人民政府办公室
成县扶贫开发办公室
成县水务局
成县苏元镇党委
成县鸡峰镇陈沟村驻村帮扶工作队
徽县教育局
徽县大河店镇人民政府
徽县伏家镇党委
徽县水阳镇刘沟村党支部
徽县嘉陵镇稻坪村驻村帮扶工作队
徽县新农种植农民专业合作社
康县农业农村局
康县卫生健康局
康县水务局
康县人力资源和社会保障局
康县岸门口镇党委
康县云台镇党委
康县长坝镇付坝村驻村帮扶工作队
礼县县委宣传部
礼县水务局
礼县医疗保障局
礼县民政局
礼县人力资源和社会保障局
礼县固城镇党委
礼县龙林镇党委
礼县祁山镇党委
礼县王坝镇党委
兰州市安宁区驻村帮扶陇南市礼县工作领导小组办公室
礼县桥头镇峪林村驻村帮扶工作队
礼县江口镇谢家村党支部
两当县农业农村局
两当县云屏镇黄崖村驻村帮扶工作队
两当县合心种养殖专业合作社
两当县鱼池乡乔河村党支部
陇南市武都区龙坝乡党委
陇南市武都区池坝乡孟家庄村村委会
陇南市武都区人民政府办公室
陇南市武都区教育局
陇南市武都区水务局
陇南市武都区马街镇党委
陇南市武都区交通运输局
陇南市武都区洛塘镇党委

陇南市武都区鱼龙镇党委
陇南市武都区委办公室
陇南市武都区住房和城乡建设局
陇南市武都区安化镇马家沟村党支部
文县住房和城乡建设局
文县发展和改革局
文县财政局
文县铁楼藏族乡党委
文县碧口镇党委
文县范坝镇银厂村驻村帮扶工作队
文县玉垒乡筏子坝村党支部
文县归芪参农业农民专业合作社联合社
西和县住房和城乡建设局
西和县人力资源和社会保障局
西和县教育局
西和县蒿林乡党委
西和县稍峪镇党委
西和县石峡镇党委
西和县何坝镇党委
西和县洛峪镇康河村驻村帮扶工作队
西和县太石河乡尧孔村驻村帮扶工作队
西和县石堡镇孟林村驻村帮扶工作队
西和县晒经乡大庄村驻村帮扶工作队
西和县广鸿中药材专业合作社
国家市场监督管理总局办公厅综合处
中国儿童少年基金会项目综合部
天津大学扶贫工作办公室
中央财经大学扶贫工作办公室
中国记协扶贫办
中国记协国内部综合处
中国建筑一局(集团）有限公司党委工作部
中建三局集团有限公司西北分公司
太平人寿保险有限公司甘肃分公司
阿里巴巴公益基金会
北京三快科技有限公司兰州分公司
甘南州(共54个)
甘南州扶贫开发办公室
甘南州发展和改革委员会
甘南州教育局
甘南州民政局
甘南州住房和城乡建设局
甘南州水务局
甘南州医疗保障局
合作市佐盖多玛乡党委
合作市教育局
合作市人力资源和社会保障局
合作市水务局
中海石油化学股份有限公司办公室
夏河县卫生健康局
夏河县吉仓乡党委
夏河县唐尕昂乡唐尕昂村驻村帮扶工作队
夏河县发展和改革局
中国作家协会干部处
临潭县流顺镇人民政府
临潭县城关镇人民政府
临潭县长川乡党委
临潭县扶贫开发办公室
临潭县农业农村局
临潭县水务局
临潭县医疗保障局
临潭县八角镇牙扎村村委会
中国海外集团有限公司中海物业管理有限公司
卓尼县纳浪镇党委
卓尼县住房和城乡建设局
卓尼县卫生健康局
卓尼县柳林镇东石沟村村委会
卓尼县刀告乡龙多村驻村帮扶工作队
卓尼县九峰生态药业有限责任公司
玛曲县扶贫开发办公室
甘肃省第二人民医院
玛曲县欧拉镇党委
玛曲县农村信用合作联社
迭部县腊子口镇人民政府
迭部县住房和城乡建设局
迭部县多儿乡次古村驻村帮扶工作队
迭部县德吉生态农牧科技有限公司
迭部县达拉乡次哇村村委会
中组部驻舟曲县扶贫工作组
甘肃省水利厅帮扶办
甘南州人民政府办公室
舟曲县委组织部
舟曲县东山镇党委
舟曲县发展和改革局
舟曲县扶贫开发办公室
舟曲县拱坝镇隅亦诺村村委会
舟曲绿脉农业科技有限责任公司
碌曲县扶贫开发办公室
碌曲县西仓镇人民政府
碌曲县阿拉乡吉扎村村委会
碌曲县郎木寺镇波海村驻村帮扶工作队
临夏州(共78个)
临夏农村商业银行股份有限公司

中国农业发展银行临夏州分行
中国农业银行股份有限公司临夏分行
临夏州财政局
临夏州公安局
临夏州教育局
临夏州水务局
临夏州卫生健康委员会
临夏州住房和城乡建设局
临夏州人力资源和社会保障局
甘肃建投临夏建设管理有限公司
中铁二十一局集团东乡县沿洮河经济带开发建设EPC总承包项目经理部
中国地震局规划财务司规划处
永靖县扶贫开发办公室
永靖县卫生健康局
国网甘肃省电力公司刘家峡水电厂
永靖县徐顶乡人民政府
永靖县三塬镇人民政府
永靖县新寺乡中塔村驻村帮扶工作队
永靖县刘家峡镇城北新村村委会
临夏市人力资源和社会保障局
临夏市城郊镇祁家村村委会
临夏市农业农村局
临夏市南龙镇四家咀村驻村帮扶工作队
临夏市枹罕镇人民政府
临夏市益盛蔬菜种植农民专业合作社
中国建筑第二工程局有限公司脱贫攻坚领导小组办公室
康乐县委办公室
康乐县工业和信息化局
康乐县上湾乡党委
康乐县景古镇党委
康乐县医疗保障局
康乐县八松乡纳沟村村委会
康乐县景古镇八字沟村驻村帮扶工作队
南光(集团) 有限公司社会工作部
临夏县民政局
临夏县农业农村局
临夏县财政局
临夏县刁祁镇人民政府
临夏县土桥镇人民政府
临夏县掌子沟乡中光村驻村帮扶工作队
临夏县新集镇赵牌村驻村帮扶工作队
临夏县红台乡三大湾村村委会
中央统战部办公厅社会服务处
国家医疗保障局机关党委(人事司) 综合处(党群办)
积石山县财政局
积石山县发展和改革局
积石山县卫生健康局
积石山县寨子沟乡人民政府
积石山县石塬镇人民政府
积石山县小关乡吴家堡村驻村帮扶工作队
积石山县胡林家乡高关村驻村帮扶工作队
积石山县刘集乡肖家村村委会
和政县人力资源和社会保障局
和政县罗家集镇党委
和政县马家堡镇台子村驻村帮扶工作队
和政县农业农村局
和政县松鸣镇党委
和政县民政局
和政县新营镇三坪村党支部
中国石化集团扶贫办
东乡县住房和城乡建设局
东乡县财政局
东乡县供排水服务中心
厦门市湖里区驻东乡县帮扶工作队
东乡县锁南镇人民政府
东乡县龙泉镇拱北湾村驻村帮扶工作队
东乡县柳树乡大山村驻村帮扶工作队
碧桂园甘肃区域
东乡县高山乡布楞沟村村委会
中央台办机关党委办公室
广河县人力资源和社会保障局
广河县交通运输局
广河县商务局
广河县城关镇人民政府
广河县齐家镇魏家咀村驻村帮扶工作队
广河县新庄坪羊养殖农民专业合作社
广河县齐家镇王家沟村村委会
天津援甘前方指挥部(共18个)
天津市人民政府合作交流办公室
天津市宁河区财政局
天津市和平区商务局
天津市西青区农业农村委员会
天津市河北区人民政府合作交流办公室
天津市东丽区人民政府合作交流办公室
天津市宝坻区人民政府合作交流办公室
天津市蓟州区人民政府合作交流办公室
天津市武清区人民政府合作交流办公室
天津市津南区人民政府合作交流办公室
天津市河西区商务局
天津市南开区人力资源和社会保障局
天津市北辰区人民政府合作交流办公室

天津市静海区委统战部
天津市滨海新区委组织部
天津市河东区人民政府合作交流办公室
天津市红桥区人民政府合作交流办公室
天津市对口支援甘肃工作前方指挥部涉藏州县工作组
福州援甘前方指挥部(共2个)
福州市农业农村局(扶贫办)
福州市人力资源和社会保障局
厦门援甘前方指挥部(共9个)
临夏州福建商会
广河县火炬联合创业投资有限公司
积石山海沧产业运营有限公司
厦门市翔安区就业中心
厦门市同安区工业和信息化局
厦门市卫生健康委员会组织人事处(统战处)
厦门市教育局人事处
厦门市人民政府国有资产监督管理委员会办公室(党委办公室)
厦门市工业和信息化局经济协作处
青岛援甘前方指挥部(共5个)
青岛市人力资源和社会保障局职业能力建设处
青岛市卫生健康委财务审计处
青岛市李沧区发展和改革局
青岛市城阳区农业农村局
莱西市扶贫开发领导小组办公室
台盟中央(共1个)
台盟中央社会服务部综合处
省委直属机关工委归口推荐省直机关和中央在甘单位代表(共101个)
省纪委监委机关党委
省纪委监委党风政风监督室扶贫领域监督处
省委办公厅秘书二处
省人大常委会机关帮扶领导小组办公室
省政府办公厅秘书一处
省政协办公厅宣传信息处
省委组织部驻环县帮扶工作队
省委组织部办公室
省委宣传部直属机关党委
省委统战部脱贫攻坚帮扶工作办公室
省委政法委办公室
省人民检察院帮扶办
省委政策研究室帮扶办
省委网信办机关党委
省委编办机关党委
省委直属机关工委督查考核室
省信访局办公室
省委巡视办综合处
省委机要和保密局机关党委
省委老干部局人事处(帮扶办)
省委党校(甘肃行政学院)机关党委(帮扶办)
省文明办机关党总支(帮扶办)
甘肃日报社农村部
省发展和改革委员会直属机关党委(帮扶办)
省发展和改革委员会新能源处
省教育厅扶贫办
省学生资助管理中心
省民委经济发展处
省公安厅帮扶办
省民政厅机关党委
省民政厅社会事务和儿童福利处
省司法厅直属机关党委(帮扶办)
省财政厅预算处
省财政厅地方金融处
省人社厅农村社会保险处
省政府劳务工作办公室
省自然资源规划研究院
省生态环境厅脱贫攻坚帮扶工作领导小组办公室
省住房和城乡建设厅村镇建设处
省住房和城乡建设厅帮扶办
甘肃省陇南公路局
甘肃路桥建设集团有限公司
省水利厅办公室
省农村饮水安全管理办公室
省耕地质量建设保护总站
省商务厅电子商务处
省文化和旅游厅资源规划与乡村旅游处
省卫生健康委基层卫生健康处
省妇幼保健院
省退役军人事务厅办公室
省应急管理厅新闻宣传处
省审计厅机关委员会
省政府国资委机关党委
省国家安全厅帮扶办
省林业和草原局改革发展处
省市场监督管理局价格监督检查和反不正当竞争局
省广播电视局无线传输中心
省体育彩票管理中心
省城乡抽样调查队农村社会经济调查处(帮扶办)
省政府研究室秘书处
省人民防空办公室机关党委
省扶贫开发办公室综合处
省扶贫开发办公室社会动员处

省扶贫开发办公室行业扶贫处
全国贫困地区干部培训中心兰州分院培训处
省地方金融监督管理局金融一处
省医疗保障局待遇保障处
省社保局办公室
省公共资源交易局脱贫攻坚帮扶工作协调领导小组办公室
和政县新营镇大沟村驻村帮扶工作队
省粮食和物资储备局办公室
省戒毒管理局
省畜牧兽医局办公室
省动物疫病预防控制中心
省文化博览局帮扶办
省博物馆党委办公室(脱贫攻坚工作领导小组办公室)
省图书馆行政办公室(帮扶办)
甘肃画院办公室
省药品检验研究院
省人民医院精准扶贫办公室
省中医院脱贫攻坚办公室
省总工会机关党委(帮扶办)
省希望工程工作指导委员会办公室
省妇联机关党委
省科学技术协会普及工作部
省归国华侨联合会办公室
省科学技术情报研究所
省节能监察中心
省农资化肥有限责任公司兰州分公司
省工业经济和信息化研究院党群工作部
省经济研究院(甘肃省信息中心)机关党委
兰州铁路运输中级法院帮扶办
省气象局帮扶办
省地震局帮扶工作领导小组办公室
国家税务总局甘肃省税务局机关党委
甘肃煤矿安全监察局兰州监察分局
财政部甘肃监管局办公室
国家统计局甘肃调查总队住户监测处
审计署兰州特派办农业审计处
国家能源局甘肃监管办公室帮扶办
省通信管理局信息通信发展处
省委教育工委归口推荐高等院校代表(共12个)
兰州大学脱贫攻坚帮扶工作领导小组办公室
西北民族大学脱贫攻坚帮扶工作协调领导小组办公室
西北师范大学脱贫攻坚帮扶工作协调领导小组办公室
兰州理工大学脱贫攻坚帮扶工作办公室
兰州交通大学脱贫攻坚帮扶工作领导小组办公室
甘肃农业大学帮扶岷县脱贫攻坚工作领导小组办公室
兰州财经大学脱贫攻坚帮扶工作领导小组办公室
兰州工业学院机电工程学院
甘肃林业职业技术学院办公室
甘肃畜牧工程职业技术学院
兰州资源环境职业技术学院
兰州职业技术学院
省政府国资委党委归口推荐国有企业代表(共42个)
国网甘肃省电力公司脱贫攻坚帮扶工作领导小组办公室
中国铁路兰州局扶贫办公室
华亭煤业集团矿材公司
中国电信陇南分公司
中国移动甘肃公司陇南分公司
中国联通庆阳市分公司
中国石油长庆油田分公司第十一采油厂
中国石油西北化工销售公司脱贫攻坚帮扶工作办公室
中国石油甘肃销售公司党群工作处(帮扶办)
中国邮政集团有限公司甘肃省分公司渠道平台部
中国华电集团有限公司甘肃分公司扶贫办公室
中国石化甘肃石油分公司扶贫工作领导小组办公室
中国石油玉门油田分公司脱贫攻坚领导小组办公室
中核兰州铀浓缩有限公司人力资源处(扶贫办公室)
中车兰州机车有限公司扶贫办
甘肃省烟草专卖局(公司)群团工作处
甘肃烟草工业有限责任公司
天祝县东大滩乡酸茨沟村驻村帮扶工作队
中国石油西北销售公司扶贫办
中国石油庆阳石化公司党群工作处
中铁二十一局集团公司精准扶贫工作领导小组办公室
华能甘肃能源开发有限公司规划发展部
中国石油兰州石化公司脱贫帮扶办公室
大唐甘肃发电有限公司新能源分公司
中国石油勘探开发研究院西北分院党群工作处
金川集团社会帮扶办公室
酒钢集团宏兴钢铁股份有限公司
白银集团帮扶工作办公室
窑煤集团帮扶工作办公室
靖煤集团红会第一煤矿
甘肃公航旅集团党群工作部
东乡县凤山乡那拉斜户村驻村帮扶工作队
甘肃建投集团扶贫办公室
兰石集团脱贫攻坚帮扶工作办公室
甘肃省高速公路服务有限公司
甘肃农垦集团扶贫办公室
甘肃国投集团党委办公室
甘肃机场集团党委宣传部精准扶贫办公室
读者出版传媒股份有限公司
甘肃金控集团发展与投资部

华龙证券股份有限公司扶贫办公室
长风电子科技有限责任公司
省金融监管局党组归口推荐金融机构代表(共18个)
中国人民银行兰州中心支行工会办公室
甘肃银保监局普惠金融处
甘肃证监局办公室
国家开发银行甘肃省分行客户五处
农发行甘肃省分行扶贫业务处
工商银行甘肃省分行帮扶办
农业银行甘肃省分行扶贫开发金融部
农业银行甘肃省分行西和县支行
甘谷县磐安镇尉家庄村驻村帮扶工作队
陇南市武都区洛塘镇北雀沟村驻村帮扶工作队
交通银行甘肃省分行办公室
邮储银行甘肃省分行三农金融事业部
省联社脱贫攻坚工作领导小组办公室
东乡县大树乡南阳洼村驻村帮扶工作队
中国人寿保险股份有限公司甘肃省分公司扶贫办公室
中国太平洋财产保险股份有限公司甘肃分公司扶贫办公室
中国平安财产保险股份有限公司甘肃分公司
中国人民财产保险股份有限公司保险扶贫部
省扶贫办党组归口推荐民主党派、工商联、无党派人士、科研院所代表(共9个)
省工商联合会经济联络部
民进甘肃省委员会社会服务部
省农业科学院脱贫攻坚工作协调领导小组办公室
省社会科学院工会委员会(帮扶办)
中国科学院兰州分院扶贫办
中国科学院近代物理研究所党政办公室
中国科学院兰州化学物理研究所帮扶办公室
中国科学院西北生态环境资源研究院帮扶办
永靖县红泉镇红泉村驻村帮扶工作队
省军区政治工作局归口推荐驻甘部队代表(共5个)
94119部队
31664部队
武警甘肃省总队白银支队
95910部队政治工作部组织科
瓜州县人民武装部
省委统战部　省工商联归口推荐民营企业代表(共13个)
甘肃永坤房地产开发有限公司
甘肃天庆房地产集团有限公司
兰州华能生态能源科技股份有限公司
大禹节水集团股份有限公司
武威众兴菌业科技有限公司
甘肃忠恒房地产开发集团有限公司
兰州陇海绿色产业集团有限公司
陇南德昌建筑工程有限公司
甘肃华羚乳品股份有限公司
甘肃令牌实业集团有限公司
甘肃普泽方德马业育种养殖有限公司
甘肃怡泉新禾农业科技发展有限公司
甘肃盛源菊香农业发展有限公司
省委宣传部归口推荐中央驻甘新闻单位代表(共5个)
人民日报社甘肃分社办公室
新华通讯社甘肃分社总编室
中央广播电视总台甘肃总站总编室
光明日报甘肃记者站
经济日报甘肃记者站

(甘委〔2021〕56号)

先进个人

中共中央　国务院表彰

全国脱贫攻坚先进个人名单

任燕顺　甘肃省扶贫开发办公室党组书记、主任
李秉诚　甘肃省畜牧技术推广总站科长
汪爱文　甘肃省政府办公厅保卫处处长、帮扶办主任
王　刚　庆城县委副书记(挂职),甘肃省人社厅社会保险基金监督处处长
马聪慧　(回族)天水市麦积区五龙镇大窑村驻村帮扶工作队队长兼第一书记,甘肃省人大常委会办公厅老干部处副处长
朱森平　秦安县五营镇蔡河村驻村帮扶工作队队长兼第一书记,甘肃省文物局三级调研员
韩　鑫　甘肃省委组织部信息化管理处一级主任科员
杨志强　环县车道镇苦水掌村驻村帮扶工作队队长兼第一书记,甘肃煤田地质局综合普查队陇原公司天水物探测量处副经理
[杨立群]　生前为甘肃省通信产业工程监理有限公司项目管理部主任
史　隆　中国铁路兰州局集团有限公司扶贫办主任
李　平　金川集团股份有限公司社会帮扶办公室主任
王文全　陇南市扶贫开发办公室党组书记、主任
李平生　宕昌县委书记
曹　勇　西和县委书记
杨　勤　礼县扶贫开发办公室党组书记、主任
杨江林　宕昌县扶贫开发办公室党组书记、主任
张富生　西和县交通运输局党组书记、局长
谢文元　陇南市武都区蒲池乡党委书记
何迎军　文县口头坝乡党委书记

雍维艺　康县阳坝镇党委书记
赵小宁　成县王磨镇原党委书记
田国权　徽县水阳镇党委书记
宋福如　甘肃民丰科技发展有限公司董事长
刘玉红　（女）陇南市祥宇油橄榄开发有限责任公司董事长
高　明　礼县桥头镇党委书记
赵廷林　（东乡族）临夏回族自治州州委常委，广河县委书记
张　卓　临夏回族自治州扶贫开发办公室党组书记、主任
马秀兰　（女，回族）临夏回族自治州州委常委，东乡族自治县委书记
段学魁　临夏市扶贫开发办公室党组书记、主任
鲁鸿宙　临夏百益现代农业科技有限责任公司董事长
马永忠　（东乡族）广河县扶贫开发办公室党组书记、主任
马占山　（回族）积石山保安族东乡族撒拉族自治县扶贫开发办公室党组书记、主任
杨小兰　（女）和政县新庄乡将台村党支部书记、村委会主任
郭小玲　（女）康乐县扶贫开发综合服务中心主任
张昌波　甘肃省以工代赈易地搬迁办公室二级主任科员
刘鹏武　（藏族）舟曲县曲告纳镇党委书记
纳卓东珠　（藏族）卓尼县阿子滩镇原党委书记，卓尼县财政局党组书记、局长
李刚加西　（藏族）迭部县洛大镇黑扎村党支部书记、村委会主任
斗格才让　（藏族）碌曲县西仓镇贡去乎村党支部书记、村委会主任
郝广平　临潭县洮滨镇上川村驻村帮扶工作队队长兼第一书记，国网甘肃省电力公司甘南供电公司党委党建部四级职员
唐晓明　定西市委书记
姚明东　定西市政府副秘书长，定西市扶贫开发办公室党组书记、主任
鲁　泽　陇西县委书记
李幸泽　甘肃蓝天马铃薯产业发展有限公司董事长
陈长军　通渭县榜罗镇党委书记
常海增　通渭常家河福兴德农牧林专业合作社理事长
朱恒昌　陇西县扶贫开发办公室党组书记、主任
龚志荣　临洮县太石镇三益村党支部书记、村委会主任
刘胜安　渭源县委副书记(挂职)，原国务院扶贫办规划财务司专项处处长
李晓梅　（女）甘肃田地农业科技有限公司董事长
徐　明　漳县农业农村局党组书记、局长
包永全　岷县方正草业开发有限责任公司董事长
霍定明　天水市麦积区委副书记
邵海云　（女）天水市麦积区民政局党组书记、局长
张小军　秦安县西川镇党委书记
马筱宁　（回族）张家川回族自治县委副书记、县长
李　毅　（回族）张家川回族自治县住房和城乡建设局党组书记、局长
柴永生　天水市秦州区医疗保障局党组书记、局长
张维林　甘谷县腾达职业技术培训学校校长
董西成　武山县扶贫开发办公室党组书记、主任
冯小明　（女）清水县土门镇梁山村党支部书记
郭鹏宇　天水市扶贫开发办公室综合科科长
杨双六　天水市医学会医疗事故技术鉴定工作办公室主任
吴　健　甘谷县委副书记、县长
郭娜娜　（女）天水市市场监督管理局干部
张　华　甘肃中盛农牧集团有限公司董事局主席
侯志强　镇原县委副书记、县长
刘小兵　环县曲子镇西沟村党支部书记、村委会主任
户　锋　华池县农业农村局党组书记、局长
王大勇　合水县委政法委科员
高亚丽　（女）镇原县方山乡党委书记
白兴时　环县扶贫开发办公室党组书记、主任
肖正川　庆城县金诚果业农民专业合作社理事长
陈景春　静宁县委副书记、县长
程　强　泾川县旭康食品有限责任公司董事长
姚军福　灵台县上良镇北张村党支部书记、村委会主任
卜鹏洲　中国石油西北销售分公司精准扶贫办公室主任
岳彩霞　（女）华亭市河西镇仿真花加工扶贫车间负责人
崔江鸿　静宁县扶贫开发办公室党组书记、主任
刘小平　泾川县王村镇党委书记
王有泉　永登县扶贫开发办公室党组书记、主任
王国福　榆中县扶贫开发办公室党组书记、主任
苏　君　（女）白银市委书记
闫志雄　白银市扶贫开发办公室党组书记、主任
符　浩　白银市城乡居民最低生活保障办公室副主任
马宏江　会宁县大沟镇党委书记
吴德民　靖远县扶贫开发办公室副主任
吴志明　白银市白银区财政局党组书记、局长
柳　鹏　武威市委书记
李　鹏　天祝藏族自治县委书记
胡丛斌　古浪县黄花滩绿洲生态移民产业专业合作社党委书记
刘羽桐　（女）甘肃远达投资集团有限公司董事长
杨　斌　武威市凉州区黄羊镇上庄村党支部书记、村委会主任
马志祥　甘肃前进牧业科技有限责任公司董事长
张彦东　瓜州县扶贫开发服务中心副主任

赵寿鹏　永昌县农业农村局副局长，永昌县扶贫开发办公室副主任

（中委2021〔197〕号）

2016年全国脱贫攻坚奖

奉献奖

陈　秀　原兰州军区副司令员、甘肃省老促会会长

创新奖

房向阳　兰州银行董事长

2017年全国脱贫攻坚奖

奋进奖

龚志荣　甘肃省临洮县太石镇三益村村委会主任

创新奖

张维林　甘肃省甘谷县腾达职业技术培训学校校长

（国开发〔2017〕8号）

2018年全国脱贫攻坚奖

奋进奖

翟小丽　（女）甘肃省庆阳市庆城县蔡家庙乡大堡子村党支部书记

贡献奖

郑访江　甘肃省中医院团委副书记、甘肃省通渭县第三铺乡候坡村第一书记兼驻村帮扶队队长

创新奖

宋　鹏　天津大学深圳研究院常务副院长

（国开发〔2018〕11号）

2019年全国脱贫攻坚奖

奋进奖

胡中山　甘肃省古浪县黄花滩生态移民后续产业专业合作社党委书记

奉献奖

李晓梅　（女）甘肃天地农业科技有限公司董事长

创新奖

李幸泽　甘肃蓝天马铃薯产业发展有限公司董事长

贡献奖

高艳梅　（女）甘肃省甘南州卫计委党委委员、副主任（挂职）

（国开发〔2019〕17号）

2020年全国脱贫攻坚奖

奋进奖

张雅萍　（藏族）甘肃省卓尼县丰裕牧业养殖农民专业合作社理事长

贡献奖

崔仁杰　甘肃省灵台县一级调研员

奉献奖

尹建敏　甘肃省东乡县伊东羊业科技开发有限公司

创新奖

张　华　甘肃中盛农牧集团有限公司董事局主席

（国开发〔2021〕11号）

省委　省政府表彰

2018年甘肃省脱贫攻坚奖

奋进奖(5名)

姚军福　平凉市灵台县上良镇北张村党支部书记

申韦娟　（女）定西市临洮县上营乡包家山村村民

冯小明　（女）天水市清水县土门镇梁山村党支部书记

任长太　白银市会宁县韩家集镇袁家坪村党支部书记

胡丛斌　武威市古浪县黄花滩绿洲生态移民产业专业合作社党委书记

贡献奖(5名)

李　平　临夏州积石山县寨子沟乡麻沟村党支部第一书记、驻村帮扶工作队队长(金川集团股份有限公司龙首矿采矿三工区主任)

李江涛　陇南市康县扶贫办主任

张锦芳　（女）甘南日报社发行部主任、工会主席

陆静伟　国家开发投资集团有限公司战略发展部高级业务经理

雷　磊　省审计厅高级审计师

奉献奖(5名)

李元涛　陇南领军电子商务有限公司总经理

李幸泽　甘肃蓝天马铃薯产业发展有限公司董事长

张世雄　甘肃菁茂生态农业科技股份有限公司总经理

陈耀祥　甘肃中天羊业股份有限公司董事长

常继锋　静宁常津果品有限责任公司董事长

创新奖(5名)

王永杰　白银市靖远县北湾镇新坪村党支部第一书记、驻村帮扶工作队队长(省发展改革委灾后重建办主任)

李　缘　陇南市徽县大河店镇党委书记

张吉俊　省卫生健康委综合监督局局长

施林敏　（女）天水市秦安县中山镇蔚文村党支部第一书记、驻村帮扶工作队队长(省林草局外事合作处主任科员)

高　银　兰州市榆中县龙泉乡庙咀村党支部第一书记、驻村帮扶工作队队长(兰州市公安局警务保障处副科长)

（甘委〔2019〕25号）

2019年度全省脱贫攻坚奖获奖名单

奋进奖(5名)

梁建玲　(女)白银市会宁县中川镇中川村党委书记

张真旺　环县真旺富民肉羊养殖专业合作社理事长

郭成武　金昌市永昌县新城子镇马营沟村党支部书记、村委会主任

张立海　高台县犇曦养殖农民专业合作社负责人

冉金平　陇南市宕昌县庞家乡拉路村党支部书记

贡献奖(5名)

祁秀莉　(女)临夏州东乡县妇联主席

李茂林　定西市渭源县田家河乡香卜路村党支部原第一书记、驻村帮扶工作队队长(国务院扶贫办开发指导司干部)

康忠芳　(女)天水市甘谷县谢家湾乡丁家沟村党支部原第一书记、驻村帮扶工作队队长(省社科联机关纪委书记、学术部副部长)

张小娟　(女、藏族)甘南州舟曲县扶贫办原副主任

杨保珍　天水市扶贫办主任

奉献奖(4名)

田积林　甘肃德美地缘现代农业集团有限公司董事长

陈　涛　胜宏科技(惠州)股份有限公司董事长

许志刚　定西市通渭县榜罗镇张川村群众

马志祥　甘肃前进牧业科技有限责任公司董事长

创新奖(5名)

郑文山　康县兴源土特产商贸有限责任公司总经理

蒋红珍　平凉市泾川县城关镇凤凰村党支部书记

马文贵　临潭县西正开农业发展有限公司技术经理

毛建平　瓜州县委副书记

马得祥　(东乡族)临夏州工会党组书记(康乐县委原副书记)

(甘委〔2020〕37号)

2020年甘肃省脱贫攻坚奖

奋进奖(8名)

曹宗孟　两当县杨店镇灵官殿村党支部书记

魏常明　榆中宏鑫药材专业合作社理事长

李百哈　和政县圆梦服装加工有限责任公司总经理

柏东河　临洮县峡口镇党家墩村村民

王　琨　天祝县打柴沟镇安家河村党支部书记、村委会主任，天祝康丰蔬菜产销专业合作社理事长

刘小兵　环县曲子镇西沟村党支部书记、村委会主任

杨文成　永昌县海量辣椒专业合作社党支部书记、理事长

王志伟　静宁县红六福果业有限公司总经理

贡献奖(10名)

郑建伦　甘肃中医药大学离退休教职工党总支书记

卜鹏洲　中国石油西北销售公司工会副主席，泾川县罗汉洞乡南河村第一书记、驻村帮扶工作队队长

缑利丽　(女)秦州区娘娘坝镇副镇长(小南峪村原驻村干部)

艾　力　西北民族大学化工学院辅导员，临潭县流顺镇丁家堡村第一书记、驻村帮扶工作队队长

王　刚　省人社厅社会保险基金监督处处长，庆城县委原副书记(挂职)

周　瑞　甘肃省建设投资(控股)集团有限公司群众工作部副部长，积石山县小关乡小关村第一书记、驻村帮扶工作队队长

梁　钢　甘肃省电力投资集团有限责任公司党委宣传部部长、帮扶办副主任，东乡县三乡四村帮扶工作队总队长，凤山乡那拉斜户村第一书记、驻村帮扶工作队队长

王德玉　酒钢集团公司筑鼎公司调研员

汤晓越　中国农业发展银行庆阳市分行党委书记、行长

孙晓松　环县纪委监委第三纪检监察室主任

奉献奖(6名)

党锡江　方大炭素新材料科技股份有限公司董事长

杜桂英　(女)武都区康瑞种植农民专业合作社理事长

王元龙　甘南百草生物科技开发有限公司董事长

鲁鸿宙　百益集团董事长

苏银矿　广河县伊泽苑牛羊养殖专业合作社理事长

杨立平　甘肃中丰农业科技有限公司董事长

创新奖(8名)

王　芳　(女)省科技厅农村科技处处长、脱贫攻坚帮扶协调领导小组办公室副主任

许贵祥　陇西县权家湾镇党委书记

周爱兰　(女)甘肃爱兰马铃薯种业有限责任公司董事长

李海军　庄浪县财政局党组书记、局长(庄浪县扶贫办原党组书记、主任)

赵政阳　西北农林科技大学教授、博士生导师，庆城县苹果试验示范站首席专家

马鹏举　甘肃燎原乳业集团董事长

马占山　积石山县扶贫办党组书记、主任

段登云　庆阳市政府秘书长(正宁县委原副书记)

(甘委〔2021〕41号)

全省脱贫攻坚先进个人

兰州市(共47名)

何　安　兰州市委组织部组织一科科长

张贞祥　兰州市发展改革委副主任

周　雯　(女)兰州市教育局基教二科科长

杨　舒　兰州市财政局副局长

曹王磊　兰州市住建局村镇建设科科长

汪成辉　兰州市交通委四级调研员

冯康斌　兰州市水务局党组书记、局长
王　莉　（女）兰州市医保局待遇保障科科长
刘祥明　兰州市扶贫办副主任
王　统　国网兰州供电公司武胜驿供电所副所长
王润江　兰州市人民检察院二级主任科员
陈　茜　（女）兰州大剧院工会副主席
石　静　（女）兰州市人大常委会法工委法规室主任
樊惠蕊　（女）永登县民乐乡井滩村驻村帮扶工作队队员
杨贵智　兰州日报社首席记者
卢坤忠　兰州市七里河区西果园镇湖滩村驻村帮扶工作队队长兼第一书记
陈琮林　永登县七山乡岢岱村驻村帮扶工作队队员
刘焕业　榆中县甘草店镇唐家岔村驻村帮扶工作队队长兼第一书记
朱延敏　皋兰县忠和镇水源村驻村帮扶工作队队长兼第一书记
杨重晓　皋兰县九合镇中心村驻村帮扶工作队队员
刘柄麟　兰州市七里河区黄峪镇赵李家洼村驻村帮扶工作队队长兼第一书记
徐生田　永登县副县长
李万祥　永登县教育局党委书记、局长
康成权　永登县住建局党组书记、局长
赵克勤　永登县农业农村局局长
张兆存　永登县坪城乡党委书记
苏惠学　永登县通远镇党委书记
徐金莲　（女）永登县忆农种植养殖农民专业合作社理事长
王彦荣　榆中县纪委副书记、监委副主任
黄　云　榆中县园子岔乡党委副书记、乡长
孙　燕　（女）榆中县金崖镇党委副书记
李艳霞　（女）榆中县马坡乡政府干部
豆巧菊　（女）榆中县发展改革局三级主任科员
岳彦军　榆中县医疗保险服务中心副主任
何　霞　（女）皋兰县农业农村局副局长
薛琴谋　（女）皋兰县自然资源局干部
张俊宇　皋兰县就业局局长
甘怀喜　皋兰县黑石镇党委书记
王　磊　皋兰县水阜镇燕儿坪村党支部书记
王　赟　兰州市七里河区阿干镇副镇长
窦燕琴　（女）兰州市七里河区西果园镇副镇长
魏得煜　生前为兰州市七里河区扶贫开发服务中心干部
裴晨波　兰州市西固区城市管理局中队长
鲁巨贵　兰州市红古区畜牧水产工作站兽医师
张爱明　兰州新区农林水务局党组书记、局长
丁以伟　榆中县定远镇党委书记
朱肖宏　中华全国台湾同胞联谊会办公室网络安全与信息化处三级主任科员

嘉峪关市（共2名）

常　亮　环县毛井镇红土咀村驻村帮扶工作队队员
马晓山　环县芦家湾乡大堡条村驻村帮扶工作队队员

金昌市（共9名）

孙世成　金昌市农业农村局局长、扶贫办主任
卢家鹏　金昌市卫生健康委医政医管科科长
李元荣　永昌县农业农村局（扶贫办）干部
张晓爱　（女）永昌县东寨镇干部
赵志宏　甘肃长汾农贸发展有限公司董事长
胡宸强　甘肃兴合农业发展有限公司董事长
梁志鹏　永昌县焦家庄镇南沿沟村党支部书记兼村委会主任
李华雄　金昌市金川区宁远堡镇党委副书记、镇长
张积忠　金昌市金川区宁远堡镇宁振东养殖农民专业合作社理事长

酒泉市（共15名）

何　伟　酒泉市扶贫办扶贫监管科科长
郭艳丽　（女）酒泉市卫生健康委医政医管科科长
张东琪　酒泉市住建局村镇科科长
裴青山　酒泉市肃州区委常委、常务副区长
王　栋　酒泉市肃州区扶贫开发服务中心副主任
陈兴璞　玉门市扶贫开发服务中心主任
努尔古丽·热哈别克（女，哈萨克族）　阿克塞县农业农村和水务局副局长
石玉平　瓜州县七墩回族东乡族乡党委书记
马　建　（东乡族）玉门市独山子东乡族乡党委副书记、乡长
王　鑫　瓜州县腰站子东乡族镇马家泉村驻村帮扶工作队队员
李宝平　玉门市六墩镇安和村驻村帮扶工作队队长兼第一书记
齐　伟　瓜州县广至藏族乡岷县村驻村帮扶工作队队员
王崇江　金塔县西坝镇共和村村委会副主任
杨军林　瓜州县梁湖乡双州村党支部书记兼村委会主任
马全成　（东乡族）玉门市独山子乡金泉村党支部书记兼村委会主任

张掖市（共30名）

华　军　张掖市甘州区碱滩镇党委书记
王迪东　张掖市甘州区财政局党组书记、局长
彭银年　张掖市甘州区扶贫开发中心副主任
高建龙　张掖市甘州区龙渠乡白城村村委会副主任
兰永武　（裕固族）临泽县委副书记、县工业园区党工委书记
张国科　临泽县平川镇党委书记
牛旭章　临泽县民生甜叶菊专业合作社理事长

刘发智　高台县南华镇党委书记
车海亮　高台县农业综合开发服务中心干部
王治中　高台县南华镇明水村村民
许海龙　高台县粮食稽查大队干部
严秀峰　（女）山丹县副县长
周文龙　（回族）山丹县人社局党组书记、局长
黄建胜　山丹县老军乡党委书记
张志品　甘肃丝路盛丰生物科技集团有限公司总经理
李作明　民乐县委书记
穆尚余　民乐县三堡镇党委书记
王建学　民乐县水务局党组书记、局长
康　龙　民乐县文化旅游投资有限责任公司董事长
李德荣　民乐县丰乐镇武城村党支部书记兼村委会主任
贺鹏飞　（裕固族）肃南县农业农村局副局长、扶贫办主任
秦　楠　（女，藏族）肃南县马蹄藏族乡党委书记
佘万超　（藏族）肃南县委统战部干部
刘　烨　张掖市扶贫办副主任
宗　鹏　张掖市财政局财政投资评审中心干部
刘　旭　张掖市教育局学生资助管理中心主任
郑　华　（女）张掖市人社局就业服务中心职业技术培训科科长
张　川　张掖市水务局农村供水管理中心主任
马兴才　张掖市税务局党建工作科科长
张　洵　张掖市农业农村局乡村振兴综合科科长

武威市（共55名）

杨青山　武威市人大常委会秘书长、机关党组书记
张学龙　武威市卫生健康委副主任
付振江　武威市教育局学生资助管理中心主任
苏兴礼　武威市水务局二级主任科员
邸维平　武威市民政局社会救助科科长
刘国贤　武威市交通运输局干部
邵小平　武威市扶贫办精准扶贫工作站站长
张尚梅　（女）武威市新闻传媒集团新闻中心副主任
代凌荣　甘肃省武威军分区政治工作处干事
张小强　国网武威供电公司建设部主任
张　靖　兰州银行武威分行三农服务中心员工
陈秀伟　武威伊利乳业有限责任公司总经理
杨　璐　武威市凉州区委副书记
赵玉年　武威市凉州区住建局党委书记、局长
邹　杰　武威市凉州区古城镇党委书记
徐海霞　（女）武威市凉州区金塔镇扶贫工作站站长
刘得成　武威市凉州区韩佐镇头畦村村委会主任
刘　磊　武威市凉州区九墩滩富民村驻村帮扶工作队队长兼第一书记
汪玉梅　（女）武威市凉州区智信达农业开发有限公司总经理
王丽娟　（女）武威市凉州区下双镇涨泗村村民
程　琪　（女）生前为武威市凉州区金塔镇金塔村驻村第一书记
王　军　民勤县委常委、政法委书记
毛焕锐　民勤县农业农村局副局长
尹昌业　民勤县收成镇党委书记
柴少伟　民勤县南湖镇人大主席
刘大忠　民勤县收成镇珍宝村党支部书记兼村委会主任
许尔财　民勤县西部农林产品专业合作社理事长
程浩萱　民勤县东湖镇往致村驻村帮扶工作队队长兼第一书记
胡　兴　民勤县重兴镇红旗村村民
苏国波　古浪县委副书记、县长
蔡朋发　古浪县副县长（挂职，中国化工集团蓝星公司）
杨　伟　古浪县扶贫办党组书记、主任
邸光琦　古浪县教育局党组书记、局长
朱会文　古浪县特色林果产业中心主任
宋全军　古浪县西靖镇党委书记
王天海　古浪县直滩镇党委书记
禄　涛　古浪县黑松驿镇磨河湾村驻村帮扶工作队队员
李梦龙　（藏族）古浪县裴家营镇高岭新村驻村帮扶工作队队长兼第一书记
陈志宏　古浪县干城乡为民新村驻村帮扶工作队队员
梁泽明　古浪县森茂牛羊交易市场总经理、古浪县海子滩镇森茂养羊专业合作社理事长
崔新文　古浪县民权镇长岭村党总支书记兼村委会主任
李清山　古浪县黄羊川镇一棵树村党支部书记兼村委会主任
李应川　古浪县干城乡富民新村村民
崔振华　天祝县委副书记
柳杨亮　天祝县原副县长（挂职，交银理财有限责任公司）
王文华　交通银行甘肃省分行扶贫专干
毛万海　（藏族）天祝县住建局党组书记、局长
牛宗文　（藏族）天祝县赛什斯镇党委书记
张学俊　天祝县石门镇党委书记
常　举　天祝县大红沟镇红沟寺村驻村帮扶工作队队长兼第一书记
程世忠　天祝县朵什镇南冲村党支部书记
刘建军　天祝县安远镇曦源种植专业合作社理事长
刘　生　天祝高原净土农业发展有限公司总经理
马生才　天祝县东大滩乡上圈湾村村民
谢达拉加　（藏族）生前为天祝县天堂镇雪龙村驻村帮扶干部

白银市（共55名）

李　武　白银市财政局农业科科长

赵　巍　白银市卫生健康委基层卫生科科长
南维良　白银市教育局发展规划科副科长
杨　钧　白银市人才交流服务中心干部
郭　皎　（女）白银市医保局待遇保障科干部
李彩霞　（女）白银市科技扶贫办公室主任
张光彪　国家税务总局白银市税务局党委书记、局长
段志成　白银市国防教育委员会办公室主任
李　岩　会宁县扶贫办党组书记、主任
韩　侃　会宁县民政局党组书记、局长
刘洋基　会宁县卫生健康局党组书记、局长
张亚雄　会宁县教育局副局长
刘兴鹏　会宁县交通运输局副局长
赵亮夫　会宁县人社局副局长、县劳务办主任
南俊成　会宁县重点项目建设管理办公室主任
刘　瑜　会宁县工信局副局长(挂职，申万宏源证券有限公司)
齐向辉　会宁县农业技术推广中心主任
李宗臻　会宁县疾病预防控制中心副主任
孙中辉　会宁县住建局干部
李　映　会宁县医保局二级主任科员
刘向军　会宁县土门岘镇党委副书记、镇长
金长庆　会宁县丁家沟镇梁庄村驻村帮扶工作队队长兼第一书记
苏　斌　会宁县汉家岔镇大庄村驻村帮扶工作队队长兼第一书记
李永平　会宁县草滩镇麦李家村监委会主任
吴　斌　会宁县新塬镇老庄河村村民
高　斌　靖远县委副书记
何乃学　靖远县扶贫办党组书记、主任
陈瑜山　靖远县住建局党组书记、局长
雷海龙　靖远县卫生健康局副局长
高　弘　靖远县三滩镇党委书记
张汉良　靖远县双龙镇党委副书记、镇长
刘文吉　靖远县石门乡党委副书记、乡长
陈生智　生前为靖远县人社局就业培训中心主任
王春玲　（女）靖远县五合镇扶贫工作站副站长
武发贵　靖远县农业农村局干部
周　青　靖远县永新乡松柏村驻村帮扶工作队队员
金岳民　靖远县刘川镇金川村党支部书记兼村委会主任
乔学亮　靖远县北湾富农种养殖农民专业合作社理事长
芮执亮　靖远县鑫辰种植养殖农民专业合作社理事长
王　涛　景泰县副县长
张国锦　景泰县正路镇党委副书记、镇长
周正君　景泰县芦阳镇党委书记
王兴龙　景泰县草窝滩镇党委书记
张志德　景泰县扶贫办副主任
张延年　景泰县红水镇党委副书记
张生鹏　景泰县寺滩乡人大主席
董　萍　（女）景泰县卫生健康局党组书记、局长
曾海龙　景泰县上沙沃镇党委副书记
苏其龙　白银市平川区复兴乡党委书记
刘士娟　（女）白银市平川区扶贫办副主任
黄兆玺　白银市平川区易地扶贫搬迁服务中心主任
李学辉　（回族）白银市平川区种田乡拉排村党支部书记兼村委会主任
张照贵　白银市白银区扶贫办党组书记、主任
陈爱萍　（女）白银市白银区武川乡政府干部
胡廷锋　白银市白银区强湾乡党委副书记

天水市(共132名)

苟钟灵　天水市纪委常委、秘书长
张永刚　天水市发展改革委党组书记、主任
李海成　天水市人社局党组书记、局长
伏志雄　天水市林草局副局长
张有信　天水市残联党组书记、理事长
杨晓波　天水市委办公室文档科科长
方西马　天水市人大常委会机关党委专职副书记
张具明　天水市政府办公室秘书六科科长
李　梓　天水市政协文史委二级主任科员
夏子文　天水市委组织部组织二科科长
米　强　（回族）天水市青少年学生校外活动中心副主任
杨洪涛　天水市民政局社会组织党建科四级主任科员
高世平　天水市财政局预算科科长
刘继承　天水市住建局政务服务科副科长
王学勇　天水市水务局农村饮水安全服务中心主任
李　继　天水市农业农村局办公室主任
武英杰　天水市商务局电子商务科科长
李旨明　天水市医疗保障局医药管理科一级主任科员
耿铁军　共青团天水市委青年发展与权益维护部副部长
高世扬　甘谷县世扬职业培训学校校长
陈　德　天水市妇联发展部部长
孟晓龙　天水市秦州区委副书记、区长
裴贵军　天水市秦州区委副书记
刘亚兵　天水市秦州区发展改革局副局长
鲍晓炜　天水市秦州区藉口镇党委书记
李　军　天水市秦州区杨家寺镇党委书记
田志斌　天水市秦州区天水镇党委书记
吕咏星　天水市秦州区汪川镇党委书记
张勇刚　天水市秦州区秦岭镇副镇长
赵建芳　（女）天水市秦州区太京镇副镇长
赵刚克　天水市秦州区牡丹镇扶贫工作站副站长
杜小龙　天水市秦州区委组织部副部长
周义宏　天水市秦州区残联党组书记、理事长

白峰瑞　天水市秦州区扶贫办副主任
杨贤芳　天水市秦州区政府投资评审中心副主任
马成芳　天水市秦州区大门镇张湾村驻村帮扶工作队队长兼第一书记
赵忠孝　天水市秦州区杨家寺镇北具村驻村帮扶工作队队员
樊　华　天水市麦积区委常委、常务副区长
王启峰　天水市麦积区委常委、宣传部部长
张树增　天水市麦积区副区长
周岳红　天水市麦积区政府党组成员
张纪云　天水市麦积区农业农村局副局长
李东平　天水市麦积区扶贫办副主任
王惠东　天水市麦积区教育局副局长
廖文斌　天水市麦积区扶贫事务服务中心主任
卢军辉　天水市麦积区马跑泉镇党委副书记、镇长
方志军　天水市自然资源局麦积分局副局长
杨　扬　天水市麦积区琥珀镇党委书记
裴志军　天水市麦积区渭南镇文体旅游服务中心主任
郭利刚　天水市麦积区花牛镇党委副书记、镇长
熊永辉　天水市麦积区麦积镇党委副书记、镇长
安　星　（女）天水市麦积区麦积镇红崖村驻村帮扶工作队队长兼第一书记
李峰勇　天水市麦积区石佛镇大坪村驻村帮扶工作队队长兼第一书记
康伯健　天水市麦积区五龙镇凌温村驻村帮扶工作队队员
王晓强　天水市麦积区社棠镇李家渠村驻村工作队队员
王龙强　秦安县委副书记
文　斌　秦安县委常委、常务副县长
张克德　秦安县郭嘉镇胡河村驻村帮扶工作队队员
白科宗　秦安县王铺镇曹湾村驻村帮扶工作队队员
王　勇　秦安县云山镇云山村驻村帮扶工作队队长兼第一书记
何全洲　秦安县莲花镇市场监督管理所所长
孟三刚　（回族）秦安县五营镇党委书记
胥胜斌　秦安县中山镇党委副书记、镇长
马亚军　秦安县安伏镇扶贫工作站副站长
王继锋　秦安县千户镇扶贫工作站副站长
邵博娟　（女）秦安县王窑镇人民政府干部
宋　侃　秦安县教育局党组书记、局长
王富杰　秦安县扶贫办干部
刘春科　秦安县农业农村局干部
任亚丽　秦安县魏店镇陇滩村党支部书记兼村委会主任
蔡二成　秦安雪原果品有限责任公司总经理
舒时光　甘谷县委副书记
杜　兴　甘谷县副县长
郑　博　甘谷县谢家湾乡党委书记
杨　琪　甘谷县新兴镇党委副书记、镇长
马　腾　甘谷县委办公室副主任
李果香　甘谷县教育局党组书记、局长
王继福　甘谷县水务局党组书记、局长
张维东　甘谷县扶贫办副主任
王海波　甘谷县新兴镇扶贫工作站副站长
李晓峰　甘谷县六峰镇扶贫工作站副站长
王　平　甘谷县磐安镇尉家庄村驻村帮扶工作队队长兼第一书记
蔺森山　甘谷县白家湾乡苟家岘村驻村帮扶工作队队长兼第一书记
王继峰　甘谷县古坡镇上店子村党支部书记
刘彦斌　甘肃陇上椒农业科技有限公司董事长
王国义　甘谷县辣椒红了种植养殖农民专业合作社理事长
闫　斌　天水市委组织部副部长
何敬忠　武山县委副书记
令军强　武山县委常委、统战部部长
刘耀青　武山县委办公室主任
薛小海　武山县温泉镇党委书记
麻彦来　武山县桦林镇党委副书记、镇长
邢新军　武山县农业农村局副局长
马前平　武山县水务局副局长
卢　睿　武山县扶贫办党组成员
康鸿斐　武山县社会保险事业服务中心副主任
王军民　甘肃伏羲药业有限公司总经理
董许娃　武山县龙台镇董庄村村民
张进京　武山县榆盘镇副镇长
孙忠平　清水县委副书记
马小平　（回族）清水县副县长
王建兴　清水县抗日救亡运动纪念馆馆长
刘芳军　清水县委办公室副主任
南贵军　清水县新城乡黄粱村驻村工作队队员
毛文杰　清水县劳务输转服务中心主任
韩　勇　清水县科技局党组书记、局长
刘　华　清水县融媒体中心主任
雷全君　清水县陇东镇党委书记
张　伟　清水县供销联社主任、农发公司董事长
刘利军　清水县扶贫办干部
赵小强　清水县住建局干部
王仕杰　张家川县张棉驿乡张棉驿村驻村帮扶工作队队长兼第一书记
殷希奎　张家川县胡川镇胡川村驻村帮扶工作队队员
任建一　张家川县梁山镇樱桃沟村驻村帮扶工作队队长兼第一书记
铁宝禄　（回族）张家川县财政局党组书记、局长
李兴奎　张家川县农业农村局党组书记、局长

刘旭斌　张家川县大阳镇党委书记
马海荣　（回族）张家川县马鹿镇党委书记
窦亚龙　张家川县委宣传部副部长
王全平　张家川县扶贫办副主任
马生宝　（回族）张家川县川王镇副镇长
窦喜军　张家川县梁山镇扶贫工作站副站长
马　聪　（回族）张家川县张家川镇背武村党支部书记
王世荣　张家川县龙投种植农民专业合作社理事长
赵得录　张家川县马鹿镇白杨村村民
李志磊　天水市麦积区麦积镇草滩村驻村帮扶工作队队长兼第一书记(挂职，中国中车集团)
沈　崴　北京科技大学扶贫工作办公室主任
王　毅　西南交通大学对外合作与联络处科长
李兰平　中车兰州机车有限公司纪委副书记、工会副主席
何卫东　深圳证券交易所会员管理部副总监
徐　霆　清水县松树镇时家村第一书记(挂职，国家能源局)
吕倩怡　（女）中国煤炭地质总局办公室综合处四级部员

平凉市(共89名)

信志奎　平凉市卫生健康委党组书记、主任
何鹏峰　平凉市林草局党组书记、局长
李雪云　平凉市扶贫办党组书记、主任
刘双明　平凉市畜牧兽医局党组书记、局长
杜　洁　（女）平凉市纪委监委信访室主任
杨喜平　平凉市政府办公室秘书四科科长
白兴平　平凉市委宣传部办公室主任
王　健　平凉市公安局四级警长
徐国述　平凉市检察院机要科副科长
吕小赞　平凉市中级人民法院法医室副主任
刘　杰　平凉市委直属机关工委宣传科科长
杨　鹏　平凉市财政局农业农村科科长
王双印　平凉市文旅局市场管理科科长
王小军　平凉市水务局水建科科长
张晓军　平凉市审计局社会审计核查科科长
秦万龙　平凉市交通工程质量检测站副站长
贾会聪　平凉市医保局干部
位文斌　平凉银保监分局崇信监管组副组长
马继宏　平凉市残联维权科科长
任光军　平凉市政府金融办金融稳定科二级主任科员
张亚洲　国家统计局平凉调查队专项调查科科长
樊对对　庄浪县副县长
杨小强　庄浪县扶贫办副主任
高　雄　庄浪县永宁镇党委书记
张　唯　庄浪县赵墩乡党委书记
赵宝贵　庄浪县通化镇党委副书记、镇长
万江涛　庄浪县交通运输局副局长
马立强　庄浪县水洛镇党委书记
柳沛杰　庄浪县柳梁镇大庄村驻村帮扶工作队队长兼第一书记
黄振华　（回族）庄浪县韩店镇石桥村驻村帮扶工作队队长兼第一书记
于学超　庄浪县大庄镇梁山村驻村帮扶工作队队长兼第一书记
袁树新　生前为庄浪县郑河乡庙川村驻村帮扶工作队队员
柳宏利　生前为庄浪县柳梁镇李山村驻村帮扶工作队队员
苏虎旦　庄浪县小川子养殖农民专业合作社理事长
孙国强　庄浪县韩店镇刘咀村党支部书记
雷有珠　庄浪县盘安镇牡丹村党支部书记
席鹏举　静宁县副县长
赵宏军　静宁县教育局党组书记、局长
孙　杰　静宁县医保局副局长
李宏强　静宁县畜牧兽医中心主任
崔锦锋　静宁县政府动迁安置补偿服务中心主任
王向明　静宁县财政局财政投资绩效评价中心副主任
王宏乾　静宁县四河镇党委书记
吕朋军　静宁县司桥乡党委书记
徐贵洲　静宁县仁大镇党委副书记、镇长
王天恩　静宁县治平镇马合村党支部书记
郑化钢　静宁县原安镇张营村驻村帮扶工作队队长兼第一书记
王　荣　（女）静宁县八里镇靳坪村驻村帮扶工作队队员
向羿铭　静宁县曹务镇曹崖村驻村帮扶工作队队员
冯　晖　静宁县雷大镇曹沟村驻村帮扶工作队队长兼第一书记
武东鸿　静宁县四河镇上赵村驻村帮扶工作队队员
郑建学　生前为静宁县甘沟镇大柳村驻村帮扶工作队队员
刘懿平　平凉市崆峒区委副书记、安国镇党委书记(兼)
朱洪力　平凉市崆峒区畜牧兽医中心主任
杜永刚　平凉市崆峒区医保局副局长
张世富　平凉市崆峒区扶贫办信息中心副主任
安正勇　（回族）平凉市崆峒区白庙回族乡党委书记
朱校虎　平凉市崆峒区麻武乡党委书记
张凤仙　（女）平凉市崆峒区索罗乡副乡长
朱正强　平凉市崆峒区崆峒镇中河村村委会副主任
完存福　（回族）平凉市崆峒区上杨回族乡上杨村党支部书记
赛天东　（回族）平凉市崆峒区西阳回族乡党委副书记、乡长
王建军　平凉市崆峒区大秦回族乡苏家村驻村帮扶工作队队员
王德全　泾川县委副书记

毛红涛　泾川县扶贫办副主任
薛立军　泾川县太平镇党委书记
吕志坚　泾川县王村镇朱家涧村驻村帮扶工作队队员
白宁安　泾川县泾明乡白家村村委会副主任
傅锦生　泾川县富原红果品贸易有限责任公司总经理
吕文贵　泾川县财政局副局长
赵兴军　生前为中国联通平凉分公司工会干部
程跟会　灵台县委常委、常务副县长
王　勇　灵台县邵寨镇党委书记
王　琪　（女）灵台县朝那镇纪委书记
王小英　（女）灵台县人社局副局长
何军育　灵台县财政局副局长
李宝奇　灵台县医保局副局长
任智博　灵台县邵寨镇黎家河村驻村帮扶工作队队员
柳安祥　灵台县兴旺苹果种植农民专业合作社理事长
王　蕾　（女）崇信县委副书记、锦屏镇党委书记（兼）
于文涛　崇信县扶贫办党组书记、主任
张云刚　崇信县黄花乡党委书记
岳红军　崇信县新窑镇新窑村驻村帮扶工作队队长兼第一书记
赵立平　（回族）崇信伊顺祥清真牛业有限责任公司董事长
李勤忠　华亭市委副书记
梁海军　华亭市扶贫办党组书记、主任
王旭东　华亭市住建局党组书记、局长
魏义平　华亭市神峪回族乡党委副书记
孔彦荣　华亭市安口镇朱家坡村党支部书记

庆阳市（共112名）

吕世福　庆阳市委秘书长
许建宇　庆阳市财政局党组书记、局长
石环周　庆阳市教育局党组书记、局长
邓莉娟　（女）庆阳市卫生健康委党组书记、主任
徐存明　庆阳市水务局党组书记、局长
高世武　庆阳市农业农村局党组书记、局长
耿文科　庆阳市扶贫办副主任
王　磊　庆阳市政府办公室秘书四科科长
张乃友　庆阳市委宣传部宣传教育科科长
李斌斌　庆阳市委统战部无党派和党外知识分子工作科科长
麻守信　庆阳市委政法委防范处理邪教工作科科长
杨志强　庆阳市公安局出入境管理科科长
赵　毅　庆阳市人民检察院三级警长
郭毓涵　（女）庆阳市中级人民法院法官助理
张占印　庆阳市自然资源局法规科副科长
姚　伟　庆阳市文旅局二级主任科员
冯昱书　庆阳市林草局生态公益林办副主任
向文祯　庆阳市能源局办公室主任
马　骁　陇东报社专题新闻部主任
肖　宇　人保财险庆阳环县支公司经理
何英禅　环县县委副书记、县长
王志成　环县县委副书记
邓志勇　环县发展改革局副局长
张　渊　生前为环县司法局纪检组长
方　显　环县木钵镇党委书记
张立果　环县车道镇党委书记
谢仕贵　环县虎洞镇扶贫工作站副站长
罗　睿　（女）宁县县委副书记
武小康　宁县县委办公室主任
黄　沐　宁县政府办公室党组书记、主任
张晓荣　宁县农业农村局党组书记、局长
李蔚然　宁县焦村镇党委书记
杨海涛　宁县金融办副主任
许怀锋　宁县扶贫办副主任（挂职）
陈会发　合水县委副书记
严　浩　合水县农业农村局党组书记、局长
贾富成　合水县西华池镇党委副书记、镇长
冯　毅　镇原县委常委、常务副县长
兰向飞　镇原县委组织部副部长
王志锋　镇原县农业产业化发展中心主任
高永刚　镇原县扶贫办副主任
李　伟　镇原县殷家城乡党委书记
何春丽　（女）镇原县司法局城关镇司法所所长
秦亚军　庆城县委常委、常务副县长
王富林　庆城县农业农村局副局长
苏小鹏　庆城县蔡家庙乡综合行政执法队队长
罗永琰　庆城县桐川镇崇家河村党支部书记
曹育铮　庆阳市西峰区委副书记
程水银　（女）庆阳市西峰区显胜乡党委书记
贺永龙　庆阳市西峰区肖金镇党委书记
肖鉴真　（女）庆阳市西峰区扶贫办干部
宋生明　华池县副县长
李媛媛　（女）华池县扶贫办党组书记、主任
李　伟　华池县城壕镇党委书记
高　鹏　华池县乔河乡党委书记
杨东平　正宁县西坡镇党委副书记、镇长
姚俊宏　正宁县宫河镇党委副书记、镇长
李纬地　正宁县榆林子镇党委副书记、镇长
马　忠　（藏族）环县毛井镇施家滩村驻村帮扶工作队队长兼第一书记
吴浩冉　环县小南沟乡天子渠村驻村帮扶工作队队员
李天堂　环县南湫乡岳后渠村驻村帮扶工作队队长兼第一书记
郭彦军　环县天池乡曹李川村驻村帮扶工作队队长兼第一

书记
张武瑞　环县八珠乡苟塬村驻村帮扶工作队队长兼第一书记
高勇军　环县虎洞镇砂井子村驻村帮扶工作队队长兼第一书记
郝正林　环县合道镇赵家塬村驻村帮扶工作队队长兼第一书记
王小龙　环县耿湾乡万家湾村驻村帮扶工作队队长兼第一书记
蔺海龙　宁县太昌镇苟家村驻村帮扶工作队队长兼第一书记
刘庆义　宁县新庄镇桥子村驻村帮扶工作队队长兼第一书记
庞兴龙　合水县段家集乡北头村驻村帮扶工作队队长兼第一书记
瞿广业　镇原县庙渠镇四合村驻村帮扶工作队队长兼第一书记
安　健　镇原县孟坝镇东庄村驻村帮扶工作队队长兼第一书记
韩等社　镇原县新集镇吴塬村驻村帮扶工作队队员
李万宝　镇原县庙渠镇黎明村驻村帮扶工作队队长兼第一书记
李　锋　庆城县纪委监委第二纪检监察室副主任
苏建文　庆城县熊家庙办事处米家川村驻村帮扶工作队队员
冯彦博　庆阳市西峰区肖金镇杨咀村驻村帮扶工作队队长兼第一书记
宗廷渊　生前为华池县柔远镇刘沟村驻村帮扶工作队队员
邱建新　华池县乔河乡虎洼村驻村帮扶工作队队长兼第一书记
赵云杰　正宁县西坡镇石家湾子村驻村帮扶工作队队长
范　爱　环县中盛羊业发展有限公司生产经理
张鹏飞　环县鹏翔养殖农民专业合作社理事长
李守业　庆阳市庆新果业有限公司总经理
高涛涛　“羊之家”奶山羊养殖合作社理事长
刘小刚　镇原县扶贫开发投资有限公司总经理
朱维华　镇原县甘旭果品专业合作社负责人
王长泰　庆城县耀鑫养殖种植农民专业合作社理事长
王新玉　庆阳市西峰区新望农民专业种养殖合作社理事长
姚文智　华池县恒烽中药材苗林有限公司董事长
张文琼　（女）正宁县鑫乐肉牛养殖场总经理
赵文成　环县曲子镇西沟村村民
胡兴盛　环县环城镇陈汤塬村党支部书记兼村委会主任
陈富荣　环县罗山川乡兰家掌村党支部书记
牛庚强　宁县良平镇段村党支部书记
马宁源　宁县盘克镇森园春种植农民专业合作社理事长
石廷辉　合水县太莪乡关良村党支部书记
王　鹏　合水县吉岘镇九顷湾村党支部书记
孙世鹏　镇原县鑫犇旺养殖专业合作社负责人
常　勇　镇原县陇东肉羊养殖专业合作社负责人
刘银利　镇原县太平镇彭阳村村委会主任
方丰泰　庆城县丰泰果业专业合作社理事长
周俊清　庆城县蔡口集乡周家塬村村委会副主任
毛颖敏　庆阳市西峰区显胜乡毛寺村党支部书记
杨建强　庆阳建强果业农民专业合作社技术主管
杨正发　甘肃富民众创肉羊有限公司董事长
杜源浈　华池县怀安乡坪庄村党支部书记兼村委会主任
豆小利　（回族）正宁县五顷塬乡西渠村党支部书记兼村委会主任
李彦东　正宁县陇源红果业合作社负责人
汤红洋　国投曹妃甸港口有限公司技术主管
齐浩程　国投财务有限公司客户服务部经理
夏俊杰　镇原县委常委、副县长（挂职，中央党史和文献研究院）
王　勇　中央党史和文献研究院办公厅行政处干部
王　鹏　华池县城壕镇庄科村驻村帮扶工作队队长兼第一书记

定西市（共135名）

刘倡清　定西市住建局党组书记、局长
连　禧　定西市水务局党组书记、局长
徐景义　定西市发展改革委主任
孙学仁　定西市财政局党组书记、局长
张亚勤　定西市林草局党组书记、局长
王小宝　定西市医保局党组书记、局长
刘　荣　定西市农业农村局党组书记、局长
张海军　定西市劳务办副主任
王鸿远　定西市交通运输局二级调研员
任世军　定西市扶贫办副主任
苟统一　定西市爱卫办主任
伍小东　定西市教育局计划财务科科长
周绪邦　定西市民政局救助办救助科科长
贾文举　定西市建设投资有限公司董事长、总经理
张小亮　定西市交通建设投资有限公司职员
李沁芳　（女）定西农村商业银行董事长
石振华　甘肃银行定西分行部门经理
赵众炜　定西市安定区委书记
亢岐斌　新兴际华集团有限公司三五一二皮革服装有限公司职工
杨　树　定西市安定区扶贫办副主任
安丽梅　（女）定西市安定区发展改革局副局长
侯振刚　定西市安定区卫生健康局副局长
张　强　定西市安定区人社局人才交流中心副主任

王成刚　定西市安定区教育局扶贫专干

段永权　定西市安定区青岚山乡党委书记

闪晓丽　（女，回族）定西市安定区香泉镇党委副书记、镇长

蒋梁平　定西市安定区凤翔镇副镇长

刘文祥　定西市安定区内官营镇泉坪村驻村帮扶工作队队长兼第一书记

王彦荣　定西市安定区鲁家沟镇罗川村驻村帮扶工作队队长兼第一书记

李进福　定西马铃薯研究所总经理

林益民　甘肃民祥牧草有限公司董事长

曹晓山　定西市安定区凤翔镇永安村党支部书记兼村委会主任

杨栋生　定西市安定区团结镇金花村驻村帮扶工作队队长兼第一书记

马永泽　（回族）定西市安定区香泉镇香泉村村民

宗学谦　通渭县委副书记

李作宏　通渭县人社局党组书记、局长

李继国　通渭县交通运输局党组书记、局长

张帆济　通渭县水务局党组书记、局长

穆维强　通渭县常家河镇党委书记

张建胜　通渭县马营镇党委书记

魏军民　通渭县平襄镇党委书记

魏守礼　通渭县华家岭镇党委书记

王常清　通渭县碧玉镇党委书记

姚高智　通渭县李家店乡姚川村党支部书记

李永伟　通渭县马营镇兴旺村驻村帮扶工作队队长兼第一书记

李宗钊　通渭县常河镇胜义村驻村帮扶工作队队长兼第一书记

陈智慧　通渭县陇山镇古湾村驻村帮扶工作队队长兼第一书记

李向东　通渭县陇川镇李岘村驻村帮扶工作队队长兼第一书记

王兆平　通渭县榜罗镇陈尧村驻村帮扶工作队队员

王艳虎　生前为通渭县马营镇瓦房村驻村帮扶工作队队长兼第一书记

谷双魁　（满族）国家能源局浙江监管办公室资质管理处干部

陈彦吉　陇西县委副书记、县长

包洪涛　（蒙古族）中国建设科技集团建筑标准设计研究院国建标公司技术部副主任

王　伟　陇西县扶贫办副主任

刘旭东　陇西县文峰镇桦林村驻村帮扶工作队队长兼第一书记

许彦君　陇西县双泉镇高家湾村驻村帮扶工作队队员

梁卫平　陇西县卜家渠村蔬菜种植农民专业合作社理事长

姜吉祥　陇西县文峰镇党委副书记、镇长

石守仁　陇西县柯寨镇党委书记

王国栋　陇西县云田镇党委书记

吕建东　陇西县碧岩镇党委书记

张占军　陇西县福星镇党委书记

陈梦拯　陇西县宏伟乡党委书记

鲁振民　陇西县畜牧兽医技术服务中心党总支书记、主任

莫天成　陇西县农村商业银行党委书记、董事长

张陇平　陇西县农业农村局党组书记、局长

朱玛琥　陇西县水务局党组书记、局长

杨树海　陇西县住建局党组书记、局长

张振亚　渭源县委副书记

段永军　渭源县农业农村局党组书记、局长

张　平　渭源县水务局党组书记、局长

万　维　渭源县秦祁乡党委书记

王宝林　渭源县田家河乡党委书记

孙智军　渭源县莲峰镇党委副书记、镇长

麻建华　渭源县上湾镇党委副书记、镇长

郑振宇　渭源县麻家集镇袁家河村驻村帮扶工作队队长兼第一书记

张景平　渭源县清源镇秦王村驻村帮扶工作队队长兼第一书记

刘占忠　（藏族）渭源县大安乡潘家湾村驻村帮扶工作队队长兼第一书记

刘永红　渭源县五竹马铃薯良种繁育专业合作社理事长

王亚阵　渭源县教育局资助中心主任

陈珍海　渭源县莲峰镇团结村党支部书记

王建军　生前为定西市渭源县祁家庙镇官路村驻村帮扶工作队队长兼第一书记

乔学刚　生前为定西市渭源县会川镇干乍村村委会主任

张显峰　国家乡村振兴局全国扶贫宣传教育中心宣传合作处副处长

门　冰　（满族）渭源县田家河乡香卜路村驻村帮扶工作队队长兼第一书记

张　强　渭源县大安乡邱家川村驻村帮扶工作队队长兼第一书记

石　琳　临洮县委书记

柴生芳　生前为临洮县委副书记、县长

秦　恩　临洮县太石镇党委书记

何小红　临洮县辛店镇党委书记

常贵勤　临洮县教育局党组书记、局长

贾生荣　临洮县水务局党组书记、局长

孙志成　临洮县住建局党组书记、局长

桑育雄　临洮县卫生健康局党组书记、局长

魏晓斌　临洮县政府办公室副主任
魏文彦　临洮县扶贫办副主任
施学谦　临洮县纪委副书记、监委副主任
孙堡垒　中国银行保险监督管理委员会监管部干部
袁　毅　临洮县太石镇后地湾村驻村帮扶工作队队长兼第一书记
陈得军　临洮县得军农机农民专业合作社理事长
张惠玲　（女）临洮县惠民农资有限责任公司总经理
达利宏　临洮县太石镇豁岘村党支部书记兼村委会主任
董永祥　漳县副县长
张晓晨　中国妇女报社干部
段晓强　漳县劳务办主任
赵永军　漳县发展改革局党组书记、局长
张发富　漳县东泉乡农业农村综合服务中心主任
姜玉红　漳县马泉乡党委副书记、乡长
王　萍　（女）漳县金钟镇副镇长
李永伟　漳县武阳镇农业农村综合服务中心主任
王　玮　漳县大草滩镇党委副书记
马　文　漳县三岔镇人大主席
骆满红　漳县马泉乡骆家沟村党支部书记兼村委会主任
周　鹏　漳县武阳镇孙家峡村驻村帮扶工作队队长兼第一书记
李朝俭　漳县盐井镇许家咀村驻村帮扶工作队队长兼第一书记
陈保兵　漳县殪虎桥镇三牌村驻村帮扶工作队队长兼第一书记
陈华春　漳县三岔镇狼儿山村驻村帮扶工作队队员
何江鱼　漳县江鱼蔬菜产销农民专业合作社理事长
史炬炜　岷县县委副书记
洪宽科　岷县水务局党组书记、局长
秦义明　岷县医保局党组书记、局长
雷永龙　岷县住建局干部
包　宇　岷县劳务办副主任
路翠霞　（女）岷县梅川学区校长
李先明　岷县扶贫办副科级干部
王　琴　（女）岷县财政局干部
刘永鹏　岷县马坞镇党委书记
王永民　岷县梅川镇党委书记
杨凤鸣　岷县清水镇党委书记
冯刘勇　岷县中寨镇人大主席
尚富平　岷县岷阳镇副镇长
范金科　中国进出口银行甘肃省分行三级客户经理
赵　睿　岷县维新镇坪上村驻村帮扶工作队队员
臧方舟　岷县蒲麻镇刘家河村驻村帮扶工作队队长兼第一书记
周东亮　岷县禾驮镇安家山村驻村帮扶工作队队长兼第一书记

陇南市（共143名）

吴立新　陇南市财政局党组书记、局长
陈　壮　陇南市扶贫办副主任
夏书英　甘肃省农村信用社陇南联络办公室主任
魏昌廷　陇南市委办公室国家安全工作科科长
张旭鸿　陇南市政府办公室市政府目标责任考核科科长
马　斌　陇南市委政法委综治中心平安建设科副科长
安维强　陇南市委宣传部副科级干部
李大雁　陇南日报社经营管理部主任
王银福　陇南市民政局办公室副主任
杨丽娟　（女）陇南市委统战部调研与信息中心副主任
林　云　（回族）陇南市经济林研究院花椒研究所栽培技术研究室主任
赵仕才　陇南市公安局干部
雍大勇　陇南市医疗保障局信息中心主任
李　飞　陇南市水务局水利科科长
吴康平　陇南市委组织部远程办三级主任科员
张　鹏　陇南市统计局干部
李　沛　陇南市人社局就业和职业能力建设科科长
王永生　陇南市教育局电化教育馆馆长
崔玉杰　陇南市卫生健康委基层卫生健康科科长
贾爱会　宕昌县委常委、组织部部长
何玉柏　（藏族）宕昌县副县长
陈　昌　宕昌县财政局党组书记、局长
邓文沛　宕昌县交通运输局党组书记、局长
石爱君　宕昌县扶贫办副主任
岳玉鹏　宕昌县车拉乡党委书记
李文杰　宕昌县城关镇党委副书记、镇长
王丽军　宕昌县沙湾镇党委副书记
胡天霞　（女）宕昌县木耳乡扶贫工作站副站长
赵小民　宕昌县理川镇上马龙绿森林特色农业农民专业合作社理事长
包寿青　宕昌县庞家乡庞家村村民
李　灏　宕昌县两河口镇四方村驻村帮扶工作队队长兼第一书记
李国义　宕昌县甘江头乡张家山村驻村帮扶工作队队长兼第一书记
安丰宝　宕昌县理川镇苏都村驻村帮扶工作队队长兼第一书记
王郭平　宕昌县哈达铺镇树下村驻村帮扶工作队队长兼第一书记
杨　彦　成县县委副书记
李小山　成县教育局党委书记、局长
陈　宏　成县人社局党组书记、局长
杨朝辉　成县农业农村局党委书记、局长

镡云强　成县商务局党组书记、局长
白永锋　成县县委办公室副主任
姚旭鸣　成县沙坝镇芦湾村驻村帮扶工作队队长兼第一书记
王向红　（女）共青团成县县委副书记
赵武强　甘肃陇小南电子商务有限公司总经理
赵海斌　徽县副县长，县公安局党委书记、局长
任会平　徽县大河店镇小地坝村驻村帮扶工作队队员
张　平　徽县江洛镇大岭村驻村帮扶工作队队长兼第一书记
郭　潮　徽县县委办公室副主任、档案局局长
马　鹏　徽县扶贫办扶贫信息中心主任
李　立　徽县柳林镇党委书记
郑　辉　徽县泥阳镇党委书记
王　琴　（女）甘肃兆丰农业开发有限责任公司总经理
米保莉　（女）徽县麻沿河镇麻安村村民
邱晓旭　康县县委副书记
冯东升　康县住建局党组书记、局长
蒲　龙　康县发展改革局党组书记、局长
陈维林　康县周家坝镇党委书记
王建贵　康县白杨镇党委书记
李　洲　康县大堡镇党委书记
杨治国　康县铜钱镇党委书记
漆文明　康县两河镇赵坝村驻村帮扶工作队队长兼第一书记
李广权　康县周家坝镇祁山村驻村帮扶工作队队员
赵满林　陇南庄园植物油开发有限公司总经理
雍国龙　康县百稼富民农业发展有限公司董事长（兼总经理）
李彦平　礼县县委副书记
赵存武　礼县脱贫攻坚督查专员
尹贻盼　礼县脱贫攻坚领导小组副组长（挂职，阿里巴巴）
李育良　礼县白河镇党委书记
麻智宏　礼县白关镇党委书记
漆宝瓶　礼县草坪乡党委书记
马青义　礼县县委办公室副主任、档案局局长
何　陶　（回族）礼县扶贫办副主任
文　平　礼县农业农村局副局长
赵　雨　礼县住建局副局长
秦彦军　生前为礼县龙林镇党委书记
雒　乐　礼县雷坝镇副镇长
赵旭辉　生前为礼县雷王乡武装部部长
吕海兵　礼县沙金乡扶贫工作站副站长
李　可　生前为礼县中坝镇新寨村驻村帮扶工作队队长兼第一书记
赵寅寅　生前为礼县沙金乡庄科村驻村帮扶工作队队员
杨　麟　礼县三峪乡驻村帮扶工作队总队长
强　波　礼县草坪乡白碌礴村驻村帮扶工作队队长兼第一书记
张　淼　礼县春天药业有限责任公司董事长
宋国南　两当县委常委、政法委书记
冯红波　两当县云屏镇党委书记
苏红兵　两当县弘瑞种植养殖专业合作社负责人
杨天慧　生前为两当县云屏镇元山村驻村帮扶工作队队长兼第一书记
余建平　生前为两当县兴化乡柳树村驻村帮扶工作队队员
刘再义　陇南市扶贫办四级调研员
张书怀　陇南市武都区委副书记
牛军平　陇南市武都区委常委、统战部长
何张军　陇南市武都区枫相乡党委书记
张宏旭　陇南市武都区琵琶镇党委书记
冶江燕　（女）陇南市武都区琵琶镇政务中心主任
刘应军　陇南市武都区洛塘镇干部
张喜儿　生前为陇南市武都区三仓镇坪头村驻村帮扶工作队队员
李　莉　（女）陇南市武都区市场监管局东江镇市场监管所副所长
叶柏林　文县扶贫办党组书记、主任
李光强　陇南市武都区农业农村局党委书记、局长
陈红岩　陇南市武都区花椒服务中心主任
林伟科　陇南市武都区裕河镇凤屏村驻村帮扶工作队队长兼第一书记
梁　丰　陇南市武都区马营镇党委书记
冯志强　陇南市武都区政协副主席、区扶贫办党组书记
钟元红　（藏族）陇南市武都区坪垭藏族乡赵杨坪村村民
寇　瑞　陇南市瑞达花椒专业合作社理事长
石亚红　陇南市武都区隆兴镇党委书记
杨继林　陇南市武都区郭河乡营寨村党支部书记
王松青　陇南市武都区裕河镇党委书记
王广毅　文县县委常委
王小平　文县尚德镇党委书记
何国祥　文县丹堡镇党委书记
王寿全　文县石鸡坝镇党委书记
王金良　文县城关镇党委书记
刘海勤　文县临江镇党委书记
刘佳宁　文县中庙镇肖家沟村驻村帮扶工作队队长兼第一书记
綦文鉴　文县教育局语委办主任
马元春　文县桥头镇椿树坪村驻村帮扶工作队队长兼第一书记

任华章　文县碧口镇李子坝村党支部书记
李琴玲　（女）文县瑞玲果蔬种植农民专业合作社理事长
吴生祥　生前为文县中庙镇后坝村村委会主任
王　辉　西和县人大常委会党组书记、主任
李晨晞　西和县副县长
刘小文　西和县财政局党组书记、局长
姚续鹏　西和县委办公室主任
王纪红　西和县卫生健康局党组书记、局长
景训强　西和县扶贫办副科级干部
何　洋　西和县姜席镇党委书记
王瑞广　西和县大桥镇党委书记
周　芳　（女）西和县卢河镇党委副书记、镇长
张　延　西和县十里镇副镇长
周福才　西和县长道镇扶贫工作站副站长
张志东　西和县西高山镇秦山村党支部书记兼村委会主任
郁万盛　西和县十里镇仁义村驻村帮扶工作队队长兼第一书记
张志强　西和县大桥镇韩河村驻村帮扶工作队队长兼第一书记
赵亚琴　（女）西和县石峡镇坛土村驻村帮扶工作队队长兼第一书记
金安兴　西和县石堡镇杨麻村驻村帮扶工作队队员
刘　泽　西和县绿康农业发展有限责任公司总经理
赵芳兰　（女）西和县蒿林乡杜林村村民
张永柒　宕昌县扶贫办副主任(挂职，天津大学)
孙明亮　陇南市武都区委常委、副区长(挂职，中国文联摄影家协会)
于文豪　宕昌县副县长(挂职，中央财经大学)
杨朝晖　两当县副县长(挂职，中国太平保险集团)
刘建勇　礼县副县长(挂职，国家市场监督管理总局)
李　栋　中国文联办公厅资产处处长

甘南州(共78名)

张　亮　甘南州政府副秘书长、办公室主任
白栓科　甘南州移民局局长
杨总智　（藏族）甘南州卫生健康委办公室主任
殷志杰　（藏族）甘南州纪委二级主任科员
魏志远　（藏族）甘南州农业农村局产业发展和合作经济指导科科长
赵晓栋　（藏族）甘南州委办公室综合信息科科长
李建勋　（藏族）国家统计局甘南调查队住户调查科科长
彭德玺　甘南州财政局农业农村科科长
陈　平　甘南州人社局就业促进科科长
杨海云　（藏族）甘南州委组织部组织科副科长
杨索南　甘南州委宣传部新时代文明实践中心主任
丹　俊　（女，藏族）甘南州林草局规划财务科科长
唐　健　甘南广播电视台总编室副主任
刘　鑫　（藏族）甘南州交通运输局公路综合事务中心干部
江荣华　甘南州统计局办公室副主任
加华东珠　（藏族）合作市委常委、副市长
秦吉平　合作市卫生健康局干部
奚青恒　（藏族）合作市统计局副局长
周吉道　（藏族）合作市卡加曼乡扶贫工作站副站长
齐艳龙　（藏族）合作市扶贫发展中心主任
赛毛草　（女，藏族）合作市公安局指挥中心副主任
安建坤　（藏族）夏河县人大常委会党组书记、主任
张　健　夏河县委常委、副县长(挂职，中海石油化学股份有限公司)
张　菊　（女）夏河县扶贫发展中心主任
孙仁山　（满族）中海石油化学股份有限公司办公室干部
李润泽　（藏族）夏河县住建局党组书记、局长
南秀甲　（藏族）夏河县水务局党组书记、局长
桑吉加　（藏族）夏河县拉卜楞镇党委副书记、镇长
加洋久美(藏族)临潭县纪委书记、监委会主任
王志祥　临潭县副县长(挂职，中国作家协会)
张孝仁　（藏族）临潭县财政局党组书记、局长
殷志贤　（藏族）临潭县发展改革局党组书记、局长
周中兴　（藏族）临潭县委组织部副部长
黄建虹　（藏族）临潭县住建局副局长
党元昌　临潭县店子镇党委书记
丁彦荣　（回族）临潭县教育局学生资助管理中心扶贫专干
寇立新　（藏族）临潭县新城镇东街村党支部书记
邱　平　临潭县古战镇副镇长
金润娃　临潭县爱民种植养殖农民专业合作社负责人
黎永锋　（回族）临潭县卫生健康局四级主任科员
王　毅　（藏族）卓尼县委常委、副县长
陈　斌　（藏族）卓尼县发展改革局党组书记、局长
乔苏奴　（藏族）卓尼县扶贫发展中心主任
陈继荣　（藏族）卓尼县木耳镇党委副书记、镇长
牛克俊　（藏族）卓尼县阿子滩镇那子卡村党支部书记兼村委会主任
赵帅锋　卓尼县木耳镇七车村驻村帮扶工作队队长兼第一书记
张彩琴　（女）卓尼县藏巴哇镇扶贫专干
东　主　（藏族）卓尼县缘见羊肚菌种植农牧民专业合作社负责人
安效奇　（藏族）卓尼县启航电子商务有限公司总经理
党　久　（藏族）玛曲县委常委、副县长
杨　蓉　（女，藏族）生前为玛曲县尼玛镇扶贫工作站副站长
然　那　（藏族）玛曲县曼日玛镇党委副书记、镇长

罗加木　（藏族）玛曲县水务局党组书记、局长

加　洋　（藏族）九曲格萨尔王生态旅游有限责任公司总经理

金国正　（藏族）迭部县委常委、副县长

桑杰日前（藏族）迭部县多儿乡扶贫干部

杨黑九　（藏族）迭部县纪委监委第二派驻纪检监察组副组长

阿　古　（藏族）迭部县水务局副局长

道杰曼　（女，藏族）迭部县电尕镇副镇长

小加草　（藏族）迭部县卡坝乡党委副书记、乡长

陈文燕　（女）生前为舟曲县融媒体中心记者

王彦辉　生前为舟曲县融媒体中心记者

闵江伟　生前为舟曲县融媒体中心记者

张向涛　舟曲县委副书记(挂职)

安玉海　（藏族）舟曲县委副书记

赵锦帆　舟曲县副县长

王建俊　舟曲县财政局党组书记、局长

杨晓明　舟曲县交通运输局党组书记、局长

赵海满　舟曲县果耶镇党委书记

赵冬梅　（女）舟曲县扶贫办副主任

冯满玉　（女）舟曲县城关镇扶贫专干

薛代花　（女，藏族）舟曲县博峪镇卧欧诺村党支部书记兼村委会主任

王磊磊　（藏族）舟曲县曲瓦乡城马村合作社负责人

杨永华　（藏族）碌曲县委副书记、县长

王立华　碌曲县阿拉乡党委书记

牛　亮　（藏族）碌曲县委信息化管理中心干部

王扎西　（藏族）碌曲县玛日村驻村帮扶工作队队长兼第一书记

马学才　（回族）碌曲县双岔镇干部

临夏州(共115名)

马建霖　（回族）临夏州委宣传部常务副部长

刘连君　临夏州财政局农业科科长

喇延军　（回族）临夏州发展改革委地区振兴科科长

马明华　（东乡族）临夏州扶贫办脱贫管理科科长

卢珍平　（土族）临夏州农业农村局产业办副主任

黄　健　广河县燕之屋生物科技发展有限公司董事长

耿雪梅　（女，回族）甘肃煌甫谧爱艾科技发展有限公司董事长

薛成良　（土族）临夏州民政局社会救助科科长

吴　宁　临夏州自然资源局副局长

姬　俊　临夏州商务局投资促进办公室副主任

马志文　（回族）甘肃省临夏军分区政治工作处干事

王英刚　甘肃明丰建筑集团有限公司总经理

方仕明　临夏州委政策研究室主任

张淑玉　临夏州扶贫办公室副科级干部

杨进明　（回族）生前为临夏州科技局科技教育培训中心农艺师

石小军　生前为临夏州生态环境局环境工程评估中心副主任

赵　哲　生前为刘家峡库区生态环境保护建设管理局一级主任科员

赵　亮　生前为临夏州扶贫办技师

马文明　（回族）生前为临夏州扶贫办副主任

陈家乐　永靖县徐顶乡三联村驻村帮扶工作队队长兼第一书记(挂职，中国地震局)

徐正龙　中国工商银行股份有限公司临夏分行经理

孔存喜　永靖县水务局局长

张学峰　永靖县关山乡党委书记

孔维国　永靖县小岭乡沟滩村驻村帮扶工作队队长兼第一书记

刘光全　永靖县川城镇下岭村驻村帮扶工作队队员

张本信　永靖县关山乡徐家湾村村民

瞿有学　永靖县健辉农民专业合作社理事长

海贤跃　永靖县炳灵果业合作社理事长

赵仕海　永靖县徐湾村党支部书记兼村委会主任

董吉恩　（土族）生前为永靖县关山乡党委副书记、乡长

马　彪　（东乡族）生前为永靖县川城镇党委副书记

梅文娟　（女）临夏市城郊镇瓦窑村驻村帮扶工作队队长兼第一书记

张小林　（回族）临夏市南龙镇扶贫站副站长

黄　准　临夏市南龙镇高邓家村驻村帮扶工作队队员

张志国　临夏市扶贫办副主任

马白克　（东乡族）临夏市工商联副主席兼秘书长

刘正虎　生前为临夏市供销社干部

金天录　临夏市折桥镇大庄村村民

马文俊　（回族）临夏市枹罕镇罗家堡村党支部书记兼村委会主任

王良生　临夏市良生农民种植专业合作社理事长

马学民　（回族）临夏市住建局干部

马晓璐　（回族）康乐县委副书记、县长

田锡鹏　康乐县委常委、副县长(挂职，中国建筑第二工程局)

段文娟　（女）康乐县五户乡党委书记

王春琦　康乐县八松乡魏寨村驻村帮扶工作队队长兼第一书记

马俊林　临夏州人大机关纪检监察组一级主任科员

马宏涛　（回族）康乐县苏集镇塔关村驻村帮扶工作队队长兼第一书记

马进成　（回族）康乐县金诚旺种养殖农民专业合作社副

理事长

年发奎　(回族)康乐县上湾乡东沟村村民

罗鸿玉　康乐县流川乡苏家村监委会主任

马福龙　(回族)康乐县康丰乡何家沟村党支部副书记

陈　植　临夏县副县长(挂职，南光〔集团〕有限公司)

马海龙　(回族)临夏州农业农村局农业综合行政执法队副队长

韩玉林　(东乡族)临夏县委副书记、县长

李润芳　(女)临夏县榆林乡党委书记

马福斌　(回族)临夏县政府党组成员

牛成龙　(东乡族)临夏县掌子沟乡王家湾村驻村帮扶工作队队长兼第一书记

杨　军　临夏县尹集镇新发村驻村帮扶工作队队员

周龙霞　(女)临夏县马集镇庙山村村民

唐小翠　(女)临夏县圆梦服装布鞋农民专业合作社负责人

马尕军　临夏县安泽养殖农民专业合作社理事长

沈　涛　临夏县麻尼寺沟乡扎麻村党支部书记

陈　龙　生前为临夏县北塬镇松树村文书

张元智　积石山县寨子沟乡曹姚村驻村帮扶工作队队长兼第一书记(挂职，国家医疗保障局)

杨淑萍　(女)临夏州地方史志办公室三级主任科员

韩　岳　(撒拉族)积石山县人社局局长

宗明江　(回族)积石山县胡林家乡党委书记

马旭明　(回族)积石山县郭干乡酸树梨村驻村帮扶工作队队长兼第一书记

马逢龙　积石山县徐扈家乡乔干村驻村帮扶工作队队员

马以卜拉　(保安族)积石山县大河家镇甘河滩村村民

王志胜　甘肃煜弘建筑工程有限公司董事长

李建东　(土族)积石山县建平花椒种植购销专业合作社理事长

张顺成　(土族)积石山县石塬镇三二家村党支部书记

杨正江　生前为积石山县卫生健康局干部

金春发　和政县达浪乡党委书记

王　奇　和政县扶贫办党组书记、主任

邵学军　中国银行保险监督管理委员会临夏监管分局二级主任科员

何　勇　和政县罗家集镇大滩村驻村帮扶工作队队长兼第一书记

马　涛　(回族)和政县卜家庄乡松树村党支部书记

曹　军　和政县陈家集镇上王家村驻村工作队队员

曹　辉　和政县辉林啤特果仓储销售专业合作社理事长

杨胜强　甘肃东创文旅集团有限责任公司董事长

乔文仓　生前为和政县城关镇食品药品监督管理所所长

闵舍勒夫　(东乡族)和政县新庄乡峡门村村民

王守君　和政县委常委、副县长(挂职，中国银保监会)

张文涛　东乡县委常委、副县长(挂职，中国石化甘肃庆阳石油分公司)

金莘临　(回族)东乡县大树乡大树村帮扶干部

许　洋　东乡县沿岭乡新星村驻村帮扶工作队队长兼第一书记

杨志军　东乡县委副书记、河滩镇党委书记(兼)

唐致真　(东乡族)东乡县达板镇党委书记

魏念文　东乡县达板镇崔家村驻村帮扶工作队队长兼第一书记

祁小军　临夏州委组织部派驻沿洮河经济带指挥部副总指挥

王天云　东乡县政府党组成员

方　威　辽宁方大集团实业有限公司董事局主席

方均纪　厦门市湖里区赴东乡县帮扶工作组组长

来明展　东乡县五家乡下庄村驻村工作队队员

马占福　临夏州医保局副局长、东乡县政府党组成员

马一吉勒　(东乡族)东乡县大树乡南阳洼村村民

李　艳　(女)东乡县董岭乡阿依莎种养殖农民专业合作社理事长

王玉兰　(女，回族)东乡县大岭前进农牧有限公司总经理

马福辉　(东乡族)东乡县锁南镇城南社区党支部书记

马忠勇　(东乡族)生前为东乡县水务局干部

马呈祥　(东乡族)生前为东乡县法院东塬法庭副庭长

倪华军　生前为东乡县东塬乡包家村包村干部

张世明　(东乡族)生前为东乡县招商局干部

卢　健　广河县庄窠集镇红星村驻村帮扶工作队队长兼第一书记(挂职，中央台湾工作办公室)

马福智　(回族)临夏州扶贫办小康办主任

马东升　(回族)广河县委副书记、县长

马正锋　(回族)广河县庄窠集镇党委副书记

秦风鹏　广河县官坊乡石磊村驻村帮扶工作队队长兼第一书记

沙玉虎　(回族)广河县三甲集镇小沟村驻村帮扶工作队队长兼第一书记

马兴忠　(东乡族)广河县阿力麻土乡阿力麻土村村民

肖进华　(回族)广河县进华牛羊饲养合作社理事长

马作海　(回族)广河县买家巷镇上王家村党支部书记兼村委会主任

马瑞林　(回族)生前为广河县城管局干部

天津援甘前方指挥部(共37名)

陈世忠　天津市对口支援甘肃工作前方指挥部副总指挥、临时党委副书记

刘　靖　天津市人民政府合作交流办公室三级调研员

魏玉鑫　镇原县政府办公室副主任(挂职)

朱安来　华池县政府办公室副主任(挂职)
柏德海　宁县政府办公室副主任(挂职)
李　杨　合水县政府办公室副主任(挂职)
姚连宝　正宁县政府办公室副主任(挂职)
刘　杰　环县政府办公室副主任(挂职)
彭　亮　庆城县政府办公室副主任(挂职)
聂欣林　甘南州政府办公室副主任(挂职)
于　涛　迭部县扶贫办副主任(挂职)
关　珂　合作市扶贫办副主任(挂职)
赵川洲　临潭县政府办公室副主任(挂职)
陈　恒　卓尼县政府办公室副主任(挂职)
刘雨昆　玛曲县政府办公室副主任(挂职)
姚　志　夏河县政府办公室副主任(挂职)
任继源　舟曲县政府办公室副主任(挂职)
孙士玥　碌曲县政府办公室副主任(挂职)
张　毅　天水市麦积区政府办公室副主任(挂职)
秦　浩　秦安县政府办公室副主任(挂职)
祝晓鹏　甘谷县政府办公室副主任(挂职)
王晓通　清水县政府办公室副主任(挂职)
杨宝华　武山县政府办公室副主任(挂职)
张　剑　张家川县扶贫办副主任(挂职)
高　杨　古浪县政府办公室副主任(挂职)
贾学明　天祝县政府办公室副主任(挂职)
郭　雷　景泰县政府办公室副主任(挂职)
吴志远　会宁县扶贫办副主任(挂职)
郝　钊　靖远县扶贫办副主任(挂职)
崔海燕　榆中县扶贫办副主任(挂职)
路长春　永登县政府办公室副主任(挂职)
张宝军　皋兰县政府办公室副主任(挂职)
朱安峰　平凉市崆峒区政府办公室副主任(挂职)
王武亮　泾川县扶贫办副主任(挂职)
赵年义　灵台县政府办公室副主任(挂职)
徐振强　庄浪县扶贫办副主任(挂职)
韩国斌　静宁县扶贫办副主任(挂职)

福州援甘前方指挥部(共14名)

陈春光　福州·定西扶贫协作前方指挥部原领队
陈曾勇　福州·定西扶贫协作前方指挥部现领队
李日明　福州·定西扶贫协作前方指挥部副领队
沈　力　定西市安定区委常委、副区长(挂职)
林　捷　通渭县委常委、副县长(挂职)
雷发勇　陇西县委常委、副县长(挂职)
赵朝晖　临洮县委常委、副县长(挂职)
林柳强　渭源县委常委、副县长(挂职)
陈家登　漳县县委常委、副县长(挂职)
林善章　岷县县委常委、副县长(挂职)
邱榕华　福州市农业农村局(扶贫办)社会扶贫与山海协作处处长
郑　昕　福州市财政局(信息中心)九级职员
刘灵晶　(女)福州市商务局二级主任科员
檀国金　福州市人民政府国有资产监督管理委员会监督处处长、一级主任科员

厦门援甘前方指挥部(共8名)

邱武伟　厦门市赴临夏州帮扶工作队领队
王永胜　临夏州政府副秘书长(挂职)
方志国　临夏州厦临经济发展有限公司总经理
衷梅英　(女)甘肃黄河丹霞旅游股份有限公司董事长
林秋香　(女)甘肃成伯农业生态科技有限公司董事长
黄建林　中国农业银行临夏州分行党委委员、副行长(挂职)
陈　颖　厦门市商务局市场运行处一级主任科员
管齐扬　福建省亚热带植物研究所副所长

青岛援甘前方指挥部(共19名)

王保岚　青岛市赴陇南扶贫协作挂职干部领队
张永杰　陇南市政府党组成员、市政府副秘书长，两当县委常委、副县长(挂职)
苏国磊　陇南市财政局党组成员、副局长(挂职)
李志杰　宕昌县委常委、副县长(挂职)
霍介青　西和县委常委、副县长(挂职)
张　强　康县县委常委、副县长(挂职)
栾绍臣　礼县县委常委、副县长(挂职)
隋俊昌　陇南市武都区副区长(挂职)
陈　超　成县县委常委、副县长(挂职)
王协俊　文县县委常委、副县长(挂职)
董庆国　徽县县政府党组成员、办公室副主任(挂职)
张志先　两当县政府党组成员、办公室副主任(挂职)
姜堂尧　陇南经济开发区临时党工委委员、陇南西成经济开发区管委会副主任(挂职)
赵　伟　徽县县委常委、副县长，徽县工业集中区党工委委员、管委会副主任(挂职)
王　涛　青岛市市南区发展改革局新旧动能转换综合试验区建设办公室副主任
张子超　青岛市崂山区发展改革局副局长
孙九超　青岛市退役军人事务局就业创业处处长
王　红　(女，满族)青岛旅游集团有限公司党委书记、董事长
万上飞　青岛市扶贫协作工作办公室政策法规处副处长

台盟中央(共1名)

陈美龙　台盟中央社会服务部扶贫工作处二级主任科员

省委直属机关工委归口推荐省直机关和中央在甘单位代表(共214名)

唐玉芳　(女)省纪委监委第三监督检查室副主任
李宏涛　(满族)省纪委监委第十一审查调查室一级主任

甘肃年鉴 2021

科员
周　帅　省纪委监委第一监督检查室一级主任科员
刘加莲　（女）省纪委监委第二监督检查室三级主任科员
王　华　省委办公厅老干部处处长
胡　铮　省委办公厅保卫处四级调研员
张　健　省委办公厅帮扶办二级主任科员
朱建东　省委办公厅信息化处三级主任科员
骆　伟　省人大常委会机关纪委书记
乔占祥　省人大常委会机关纪检监察组一级调研员、省整改办暗访督查组副组长
卓济众　（藏族）天水市麦积区五龙镇雷家窑村驻村帮扶工作队队长兼第一书记
杨雪松　（藏族）省人大常委会民侨工委四级主任科员
罗晓东　省政府办公厅机关服务中心副主任
李伟伟　省办公自动化技术服务中心一级主任科员
屈双敏　省政府办公厅机关服务中心技师
张　涛　省政协人口资源环境委员会办公室二级调研员
贾殿阁　省政协人口资源环境委员会办公室二级主任科员
史大勇　省政协经济委员会办公室三级主任科员
张福平　省委组织部组织一处副处长
祁建明　省委组织部干部三处副处长
刘　晖　省委组织部办公室一级主任科员
刘　源　省委组织部公务员三处一级主任科员
宋东勃　省党员教育中心七级职员
尚友俊　省委宣传部传媒监管处处长
陈　平　省委宣传部宣传教育处副处长
杨　阳　省委宣传部出版管理处二级主任科员
刘　凯　省委《党的建设》杂志社采编部编辑
周双进　省委统战部十一处副处长
范　奕　省委统战部二处一级主任科员
马天彤　省委统战部二处一级主任科员
徐志强　省委政法委反邪教协调处处长
于　盛　省委政法委反邪教基层指导处一级主任科员
李　磊　省委政法委机关党委四级主任科员
周　元　省高级人民法院审监二庭庭长
周剑峰　临夏县刁祁镇多麻村驻村帮扶工作队队员
王海锋　省高级人民法院刑一庭一级法官
刘　锋　省人民检察院第十检察部副主任
裴文军　省人民检察院政治部警务处三级主任科员
郭建文　祁连山林区人民检察院党组成员、法警大队大队长
杨　程　省委政策研究室社会研究处处长、省整改办材料信息组副组长
李振华　省委政策研究室农村处三级调研员
王明兴　省委政策研究室办公室二级主任科员
权智良　省委国安办三级主任科员
王炳超　省委网信办网络安全与技术处副处长
苏宝锋　省委编办事业处副处长
李　龙　省委军民融合发展委员会办公室一级主任科员
杨天雄　省委直属机关工委宣传部部长
张克俭　省委直属机关工委机关党委专职副书记、帮扶办主任
邓汉生　康乐县八松乡南山村驻村帮扶工作队队长兼第一书记
李永伟　省信访局办公室副主任
高希锐　省委巡视办正处级巡视专员
张　炜　省委巡视办四级主任科员
吴　静　（女）省委机要和保密局四级调研员
董建鹏　会宁县大沟镇库曲村驻村帮扶工作队队长兼第一书记
王建云　省委党史研究室二处副处长
郭　亮　省委党校(甘肃行政学院）机关党委副书记
赵宏泉　省档案馆科技信息处一级主任科员
宗建忠　（回族）两当县金洞乡太阳工作站杨坪村驻村帮扶工作队队长兼第一书记
罗富荣　省文明办秘书处一级主任科员
王睿君　（女）甘肃日报社驻临夏州记者站记者
郁　洁　（女）甘肃日报报业集团新甘肃客户端分公司融媒体制作中心首席设计师
曹育彬　省以工代赈办副主任
陈临军　省发展改革委经贸处三级调研员
陈　龙　省发展改革委电力处二级主任科员
陈　东　（女）省发展改革委电子政务中心八级职员
党　勤　省教育厅基础教育一处处长
张　睿　省教育厅发展规划处四级调研员
杨　波　省教育厅机关党委一级主任科员
马　瑞　（女，藏族）省高等学校服务中心综合行政科科长
张　博　（女）省财政学校团委书记
杨志刚　省科技厅培训中心网络教育科科长、办公室副主任
李　坤　张家川县胡川镇夏堡村驻村帮扶工作队队员
王生伟　省公安厅政治部人事训练处一级主任科员
常正虎　省民政厅社会救助处(社会救助稽查核查处）处长
钟　伟　省民政厅规划财务处副处长
吕家奇　省民政厅社会救助处(社会救助稽查核查处）一级主任科员
安智坤　省民政厅人事处一级主任科员
贺　锋　省福利彩票发行管理中心万新路销售厅副经理
许多元　省司法厅直属机关党委四级调研员
窦文博　靖远县北湾镇富坪村驻村帮扶工作队队长兼村第

一书记
汪　洋　省财政厅扶贫处副处长
田　文　省财政厅扶贫处四级主任科员
包　敏　省财政厅资环处二级主任科员
蔡郑龙　省财政厅会计处一级主任科员
王宁梅　（女）省人社厅直属机关党委专职副书记
杨平华　省人力资源市场主任
庄文明　省人社厅人事处四级调研员
李晓非　（女）省人社厅职称管理处一级主任科员
安文渊　省人社厅办公室一级主任科员
彭书宪　（土家族）省自然资源厅机关党委三级调研员、帮扶办专职副主任
周　强　省自然资源厅确权登记局一级主任科员
邬学军　省住建厅直属机关党委专职副书记
魏　玮　省住建厅办公室副主任
张晓虎　省住建厅村镇建设处二级主任科员
王彦红　省住建厅计财处四级主任科员
周光旭　省住建厅省政府投资项目代建管理办公室综合部副部长
李向阳　省交通运输厅扶贫办干部
郎晓贵　省甘南公路局党委委员、工会主席
陈玉波　省水利厅农村供水处一级主任科员
陈亚东　省农村饮水安全管理办公室工程管理一科科长
张登科　省农村饮水安全管理办公室工程管理二科科长
梁仲锷　省水利科学研究院正高级工程师
吴玉锋　省水土保持科学研究所生态恢复研究室主任
马亚同　省农业农村厅办公室副主任
郑有才　省农业技术推广总站高级农艺师
王　毅　省农业农村厅外资项目管理办公室项目管理一科科长
王福国　省经济作物技术推广站信息与质量科科长
陈学燕　（女）省商务厅财务处处长
何学文　省商务厅机关党委专职副书记、帮扶办主任
朱　升　省商务厅人事处一级主任科员
温维忠　省商务厅机关党委一级主任科员
王兴海　省文旅厅资源规划和乡村旅游处副处长
王兴国　省旅游培训考试中心办公室主任
祁晓亮　省文旅厅四级主任科员
张军莉　（女）省卫生健康委健康扶贫处处长
李凌杰　省卫生健康委审计与督导处处长
刘忠霞　（女）省卫生健康委基层卫生健康处四级调研员
杨　飞　省卫生健康委办公室三级主任科员
陈自全　省卫生健康委办公室二级主任科员
杨　萍　（女）省审计厅财政审计处处长
张　炜　静宁县原安镇吉林村驻村帮扶工作队队长兼第一书记
张容海　省审计厅电子数据审计中心专业技术副高级职员
姚胜文　省政府国资委四级调研员
陈继祥　甘肃白水江国家级自然保护区管理局科研管理科科长
邵　斌　省小陇山林业实验局麻沿林场工会主席
董明坤　省市场监管局直属机关党委副书记
张　楠　（女）省市场监管局财务审计处一级主任科员
孙军强　省特种设备安全技术检查中心机电检查部副部长
高富元　省广播电视局监测中心数据管理部主任
翟发科　省体工一大队副科长
李安宁　（女）省统计局社科处四级主任科员
宋雨霏　（女，藏族）省统计局科研室八级职员
刘兴武　省政府研究室社会发展研究处四级调研员
牟瑞强　省政府研究室综合处四级主任科员
王宁强　省人防办机关纪委二级主任科员
薛永东　省扶贫办计划统计处处长
张伟明　（女，满族）省外资扶贫项目管理中心项目二处处长
高俊生　省扶贫办政策法规处副处长
郭亚洲　省扶贫办社会帮扶处二级主任科员
梁振虎　全国贫困地区干部培训中心兰州分院九级职员
鲜新建　省金融监管局办公室三级调研员
王旭辉　省金融监管局金融二处一级主任科员
谢宗龙　省机关事务管理局机关纪委书记
高　翔　省医保局办公室副主任
张晓军　省医保局规划财务和政策法规处四级主任科员
宋桂杭　省医疗保障服务中心八级职员
冯亚洲　省医疗保障服务中心九级职员
高天成　省地方史志办公室省志编纂处一级主任科员
白晓峰　省供销联社机关后勤服务中心八级职员
魏开心　（女）省公共资源交易局医药采购处四级主任科员
高　木　（女）省广电总台帮扶办专职副主任
宋　磊　省国家安全厅政治部一级调查员
岳　勇　省粮食和物资储备局帮扶办主任
豆　卫　省畜牧兽医局总畜牧师
郑宏伟　省引大入秦工程管理局供水处信息科科长
宗永威　省地矿局地质调查院帮扶工作办公室主任
宋全红　省有色地勘局天水矿产勘查院信息中心主任
王高尚　甘肃煤田地质局庆阳资源勘查院华辰房地产公司副经理
卜兆文　省人民医院主管护师
李　锋　省社保局四级调研员
王景萱　（女）省景泰川电力提灌管理局党政办公室组织科正科级组织员
张收选　省疏勒河流域水资源局花海灌区管理处疏花干渠

工程管理所副所长
张鼎仕　省引洮工程建设管理局运行管理处征地运行管理科副科长
吴晓斌　省白龙江林业管理局洮河生态建设局森林消防队党支部书记
蔡进辉　省武都监狱二监区副教导员、二级警长
董晞中　临潭县新城镇口子下村驻村帮扶工作队队长兼第一书记
余等勤　临潭县王旗镇巴杰村驻村帮扶工作队队长兼第一书记
刘　宝　临潭县王旗镇草场门村驻村帮扶工作队队长兼第一书记
康晓东　敦煌研究院办公室质量管理科科长
徐永红　甘肃警察职业学院副教授
马　磊(回族)　省消防救援总队三级指挥员
艾建华　甘肃省地图院高级工程师
辛　平　省林业科技推广总站党委委员、副站长，纪委书记
张占瑞　省退耕还林工程建设办公室一级主任科员
王志杰　（回族）甘肃省社会经济统计信息服务中心副主任
孔雨萌　（女）张家川县刘堡镇峡里村驻村帮扶工作队队长兼第一书记
勾　诚　张家川县刘堡镇峡里村驻村帮扶工作队队员
曾朝政　省总工会办公室一级主任科员
秦铁岩　团省委青年发展与权益维护部副部长
王　婧　（女）团省委组织部一级主任科员
丁仁军　（回族）合水县板桥镇柳沟村驻村帮扶工作队队员
吴凤莲　（女）省妇联妇女发展部部长
夏　燕　（女）省妇联权益部一级主任科员
聂维军　省妇女儿童服务中心副主任
陈　果　省残联教育就业处二级主任科员
陈晓辉　省残联宣传文体处二级主任科员
王永刚　省文联飞天编辑部办公室主任
丁芳琴　（女）省社科联管理部三级主任科员
巨步辉　国家统计局礼县调查队队长
梁　冈　礼县桥头镇花桥村驻村帮扶工作队队长
邓　勇　和政县新营镇山城村驻村帮扶工作队队长兼第一书记
蔡　欧　镇原县三岔镇寺庄湾村驻村帮扶工作队队长兼第一书记
薛江伟　镇原县殷家城乡敬岔村驻村帮扶工作队队长兼第一书记
马仲生　镇原县殷家城乡李园子村驻村帮扶工作队队长兼第一书记
张　皓　镇原县殷家城乡李园子村驻村帮扶工作队队员
林兆民　省核地质213大队办公室副主任
齐　剑　西和县太石河乡崖湾村驻村帮扶工作队队长兼第一书记
蔡　黎　（女）省军队离退休干部管理服务站总务科副科长
赵汉才　正宁县三嘉乡刘川村驻村帮扶工作队队长
杨　成　（藏族）天祝县赛什斯镇东大寺村驻村帮扶工作队队长兼第一书记
陶孟涛　甘肃煤矿安全监察局兰州监察分局监察二室主任
尚云龙　财政部甘肃监管局办公室二级主任科员
高正乾　省专用通信局机务维护员
曹长喜　岷县维新镇扎哈村驻村帮扶工作队队长兼第一书记
康广宏　积石山县居集镇业卜湾村驻村帮扶工作队队长兼第一书记
刘卫平　天水市麦积区石佛镇陶家庄湾村驻村帮扶工作队队长兼第一书记
万继红　（女）康县寺台镇剪子村驻村帮扶工作队队长兼第一书记
梁春会　清水县山门镇南山村驻村帮扶工作队队长兼第一书记
王东国　靖远县石门乡安韦村驻村帮扶工作队队长兼第一书记
李全武　秦安县五营镇蔡仁村驻村帮扶工作队队长兼第一书记
麻毅强　兰州海关人事教育处教育科副科长
王　文　兰州铁路监督管理局监管处二级主任科员
赖　翀　国家粮食和物资储备局甘肃局人事处干部
肖　扬　（回族）岷县马坞镇曹眼村驻村帮扶工作队队长兼第一书记

省委教育工委归口推荐高等院校代表(共27名)

陈登鹏　兰州大学第一医院后勤保障处干部
王宏伟　兰州大学第二医院工会女工委副主任
王箫舟　兰州大学材料与能源学院干部
赵国强　兰州大学生命科学学院干部
王　仁　西北师范大学离退休工作处副处长
化希青　兰州理工大学财务处项目管理科科长
石粉霞　（女）兰州交通大学帮扶办联络科科长
侯永平　甘肃农业大学创新创业学院常务副院长
胥建明　兰州财经大学党委宣传部融媒体中心副主任
王　悦　甘肃中医药大学学生处副处长
陈　晖　甘肃政法大学公安分院副书记
张文辉　兰州城市学院党委学生工作部(学生工作处）副部(处）长
王　彤　天水师范学院体育运动与健康学院党总支副书记

赵　爱　河西学院国有资产管理处副处长
张宏洲　陇东学院校友办秘书
华丹多吉　（藏族）甘肃民族师范学院计算机科学系党总支副书记
郝立元　兰州文理学院传媒工程学院学生工作办公室主任
宁静涛　兰州石化职业技术学院印刷出版工程学院党总支副书记
马航航　甘肃广播电视大学科长
贺旭增　陇南师专学生处资助管理科科长
张立衡　甘肃农业职业技术学院财务科副科长
张开礼　武威职业学院副院长
王志江　甘肃医学院继续教育学院教务科科长
张永鹏　甘肃建筑职业技术学院扶贫办主任
李忠山　甘肃机电职业技术学院教师
闫积刚　甘肃工业职业技术学院建筑学院副院长
闫慧彬　（女）甘肃交通职业技术学院思政课教师

省政府国资委党委归口推荐国有企业代表（共61名）

王　亮　国网甘肃省电力公司兰州新区供电公司党总支书记、副经理
张　琪　中国铁路兰州局兰州客运段段长
赖生辉　华亭煤业集团砚北煤矿副科长
蒲鹏程　礼县三峪乡大关村驻村帮扶工作队队长兼第一书记
狄维生　宕昌县竹院乡大草坡村驻村帮扶工作队队员
王迎春　中国联通陇南市分公司政企销售中心行业总监
刘芝和　中国石油兰州石化公司物业服务公司秩序维护大队教导员
张　伟　中国石油玉门油田分公司炼油化工总厂高级业务主管
香　玮　中国石油西北化工销售公司脱贫攻坚帮扶办副主任、团委书记
张建敏　（女）中国石化甘肃石油分公司农牧中心经理
张正柱　（土族）中国石油甘肃销售公司临夏分公司职工
坚充沛　中国石油西北销售公司助理
王吉述　华能甘肃新能源开发公司兰州范坪热电有限公司政治工作部主任
常永刚　中国石油长庆油田分公司第二采油厂里148井区党支部书记
冯建科　核工业甘肃矿冶局纪委委员
胡仁禄　生前为中核兰州铀浓缩有限公司总包项目部施工部副经理
阳　涛　国家能源集团甘肃电力有限公司综合部主管
魏云峰　中铁一院兰州铁道设计院有限公司工程师
侍文元　中铁西北科学研究院有限公司党委工作部部长
漆可为　渭源县秦祁乡白土坡村驻村帮扶工作队队长兼第一书记
李　韬　东航甘肃分公司职工
颜万金　兰州铝业有限公司人力资源部员工主管
安顺清　陇西县福星镇川儿村驻村帮扶工作队队长兼第一书记
文　辉　甘肃祁连山水泥集团股份有限公司天水分公司党群处责任专工
王凌清　甘肃龙源风力发电有限公司党建工作部主任
马培成　中建市政西北院兰州昌欣物业管理有限责任公司综合管理部部长
宋晨光　兰州飞行控制有限责任公司干事
侯立强　甘肃蓝科石化高新装备股份有限公司检验员
杨增银　甘肃银光化学工业集团有限公司党群工作部综合科科长
赵　磊　静宁县古城镇柳沟村驻村帮扶工作队队长兼第一书记
于丽萍　（女）兰州生物制品研究所有限责任公司党群工作部主任、脱贫攻坚工作办公室主任
李世超　兰州万里航空机电有限责任公司专干
梁昭晖　兰州有色冶金设计研究院有限公司扶贫办副主任
兰　宏　金川集团社会帮扶办公室副主任
李书山　金川集团镍冶炼厂车间副主任
成　宇　酒钢集团嘉峪关紫玉酒店管理有限责任公司党委书记、董事长
王　立　白银集团帮扶办副主任
张　炜　（藏族）窑煤集团机关党委副书记、纪委书记、派驻临潭县帮扶常态工作组长
刘　飞　靖煤集团白银洁能热电有限责任公司办公室主任
郭志忠　甘肃公航旅集团丝绸之路旅居露营地公司副总经理
赵小军　甘肃电投集团大容橙子沟发电有限责任公司副经理
杨文礼　甘肃电投集团大容汇能发电有限责任公司副经理
李映林　甘肃建投集团党建工作部副部长
朱子和　清水县山门镇腰套村驻村帮扶工作队队长兼第一书记
王宏亮　甘肃物产集团陇西天马酒业有限公司白酒生产部副部长
景宏福　甘肃公交建集团帮扶办主任
姚福强　甘肃演艺集团职工
白玉龙　甘肃能化集团人力资源部副主管
张卿德　西北永新集团扶贫办主任
王财源　甘肃城乡集团基础设施开发有限公司二级主管
王荣琦　甘肃省文化产业发展集团产权交易中心人事专员
张　凯　甘肃国投集团工交投公司党政办主任
王　军　生前为甘肃省广电网络公司平凉分公司工会副主席
成德林　东乡县春台乡陈家村驻村帮扶工作队队长兼第一书记
郭卫军　陇南市武都区五库镇靳家山村驻村帮扶工作队队

甘肃年鉴 2021

长兼第一书记
杨成伟　兰州电机股份有限公司党委办公室主任、扶贫办主任
王永刚　甘肃省建筑设计研究院有限公司脱贫攻坚领导小组办公室副主任
胡克冰　刘化(集团)有限责任公司党支部副书记
郭建平　八冶建设集团有限公司帮扶办主任
贺得益　省水电工程局公司帮扶办主任
任会义　甘肃稀土新材料股份有限公司扶贫办主任

省金融监管局党组归口推荐金融机构代表(共30名)

常　晔　人行兰州中心支行货币信贷管理处副处长
时少杰　甘肃银保监局四级主任科员
王海景　甘肃证监局三级调研员
王　洋　国开行甘肃省分行客户一处二级经理
安刚刚　国开行甘肃省分行客户五处客户经理
高　飞　(回族)农发行甘肃省分行办公室行政经理
王虎平　进出口银行甘肃省分行评估审查处副处长
颉利刚　工商银行甘肃省分行办公室主任
陆郡桥　工商银行甘肃省分行业务经理
王志辉　农业银行甘肃省分行靖远县支行客户经理
邵合章　农业银行甘肃省分行古浪县支行党委书记、行长
东　方　中国银行甘肃省分行机关党委副书记
孔令如　建设银行甘肃省分行西和县支行一级业务员
王军林　生前为交通银行天水分行高级行政事务经理
闫　文　招商银行兰州分行高级经理
梁　敏　(女)浦发银行兰州分行副行长
张继荣　中信银行兰州分行党群工作部总经理助理
王长山　浙商银行兰州分行干部
冉晓敏　(女)光大银行兰州分行干部
张　磊　兴业银行兰州分行保卫部负责人
何　升　民生银行兰州分行干部
谢　晶　张家川县农村信用合作联社党委书记、理事长
解永成　甘肃泾川农商银行党委书记、董事长
妥永峰　(东乡族)甘肃银行部门副经理
张占林　中国信达甘肃分公司综合管理处高级副经理
李　军　中国东方资产管理股份有限公司甘肃省分公司资产经营二部高级副经理
任　荣　阳光产险陇南中支机构总经理助理
关民权　(回族)中国华融甘肃省分公司办公室干部
贺永良　人保寿险甘南州中支公司副总经理
王军旺　中国人寿财险甘肃省分公司市场拓展部高级经理

省扶贫办党组归口推荐民主党派、工商联、无党派人士、科研院所代表(共13名)

宋蕾蕾　(女)省工商联商会工作部副部长
李　东　积石山县小关乡唐藏村驻村帮扶工作队队长
李本安　民盟甘肃省委员会社会服务部副部长
王　健　民建甘肃省委员会调研服务部三级主任科员
雷若微　庆城县马岭镇纸房村驻村帮扶工作队副队长
马志立　农工党甘肃省委员会参政议政部四级调研员
吕军峰　省农科院旱地农业研究所副研究员
武建荣　省科学院生物研究所工程师
冯晓芸　(女)甘肃自然能源研究所党政办公室七级职员
师明学　(回族)兰州伊斯兰教经学院讲师
武　海　甘肃省佛学院行政科副科长
杨　敏　中农院兰州兽医研究所副研究员
陈化琦　中农院兰州畜牧与兽药研究所副研究员

省军区政治工作局归口推荐驻甘部队代表(共10名)

翟　艺　省军区转业干部工作办公室副主任
王　凯　(满族)省军区数据信息室主任
王炳军　庆阳市西峰区人武部副部长
黄晓斌　兰州警备区政治工作处干事
芦会龙　63600部队政治工作部组织处干事
闫玉洲　西部战区陆军参谋部直工处副处长
柳　军　31662部队政治工作部保卫科干事
许成义　96604部队政治工作部保卫处处长
马海山　武警甘肃省总队兰州支队政治工作部保卫科科长
范晓彦　武警甘肃总队甘南支队机动三大队政治教导员

省委统战部省工商联归口推荐民营企业代表(共11名)

王作鹏　甘肃东方天润玫瑰科技发展有限公司董事长
陈惠梅　(女)临泽县祁连红枣业开发有限公司董事长
张　斌　武威市顶乐生态牧业有限公司董事长
李浩辉　华亭华泽工贸有限责任公司董事长
田炫宏　兰州宏建建业集团党委书记、董事长
翟玉生　通渭县清凉沅金银花产业扶贫开发有限公司总经理
赵中学　甘肃鑫晟源生物科技开发有限责任公司董事长
马志龙　(回族)甘肃兰亚铝业有限公司董事长
隋晓东　甘肃傲农饲料科技有限公司董事长
韩宏彬　舟曲宏生源实业集团董事长
马俊辉　和政县华丰农资经销有限责任公司董事长

省委宣传部归口推荐中央驻甘新闻单位代表(共7名)

付　文　人民日报社甘肃分社采编中心主任
多　蕾　(女)新华通讯社甘肃分社音视频采访部主任
柴世文　中央广播电视总台甘肃总站记者
张　磊　中央广播电视总台甘肃总站记者
马静娜　(女)中国日报甘肃记者站站长
殷春永　中国新闻社甘肃分社社长
鲁　明　农民日报甘肃记者站记者

(甘委〔2021〕56号)

(供稿：张新颖)

一 月

1日 甘肃省兰州市第31届元旦黄河冬泳表演活动举行。来自全国各地的300余名冬泳爱好者在寒冷的黄河水中劈波斩浪，迎接新年的到来。

7日 甘肃省第七次归侨侨眷代表大会在兰州召开。大会通过了关于甘肃省侨联第六届委员会工作报告的决议，选举产生甘肃省侨联新一届领导班子，闫鹏勋当选甘肃省侨联第七届委员会主席。

9日—13日 政协甘肃省十二届三次会议在兰州举行。会议通过政协甘肃省第十二届委员会第三次会议关于常务委员会工作报告的决议；通过政协甘肃省第十二届委员会提案委员会关于政协甘肃省十二届三次会议提案审查情况的报告；通过政协甘肃省第十二届委员会第三次会议政治决议。

10日 甘肃省委“不忘初心、牢记使命”主题教育领导小组会议在兰州召开。会议传达学习习近平总书记在“不忘初心、牢记使命”主题教育总结大会上的重要讲话精神，审议了《甘肃省“不忘初心、牢记使命”主题教育工作总结》。

10日—14日 甘肃省第十三届人民代表大会第三次会议在兰州举行。会议表决通过关于甘肃省人民政府工作报告的决议；表决通过关于甘肃省2019年国民经济和社会发展计划执行情况与2020年国民经济和社会发展计划的决议；表决通过关于2019年全省财政预算执行情况和2020年全省及省级财政预算的决议；表决通过关于甘肃省人民代表大会常务委员会工作报告的决议；表决通过关于甘肃省高级人民法院工作报告的决议；表决通过关于甘肃省人民检察院工作报告的决议；表决通过甘肃省第十三届人民代表大会部分专门委员会主任委员名单。

11日 甘肃省“不忘初心、牢记使命”主题教育总结会议在兰州召开。中央第五巡回督导组组长黄跃金出席会议并讲话。

12日 省委常委会（扩大）会议在兰州召开。会议传达学习习近平总书记在中央政治局“不忘初心、牢记使命”专题民主生活会上的重要讲话，学习《中共中央关于中央政治局“不忘初心、牢记使命”专题民主生活会情况的通报》，研究甘肃省贯彻落实意见。

13日 甘肃省首批从哈萨克斯坦进口的亚麻籽货物列车抵达皋兰车站，中国铁路兰州局集团公司与兰州粮油集

团携手，深化与“一带一路”沿线国家粮油经贸合作。

15日 省委农村工作会议在兰州召开。会议以习近平新时代中国特色社会主义思想为指导，深入学习贯彻习近平总书记关于“三农”工作重要论述和对甘肃重要讲话和指示精神，全面贯彻落实中央农村工作会议、省委十三届十一次全会暨省委经济工作会议、省两会精神，围绕决战脱贫攻坚、决胜全面小康，研究部署2020年全省“三农”领域重点工作。

17日 中央广播电视总台“时代楷模”发布厅，中共中央宣传部授予敦煌研究院文物保护利用群体“时代楷模”称号，号召全国广大干部群众特别是文物系统干部职工向他们学习。

19日 省脱贫攻坚领导小组2020年第一次会议暨中央脱贫攻坚专项巡视反馈意见整改工作领导小组第一次会议在兰州召开，省委书记、省脱贫攻坚领导小组组长林铎主持会议并讲话。省长、省脱贫攻坚领导小组组长唐仁健讲话。省政协主席欧阳坚等领导出席会议。

21日 省委常委会会议在兰州召开。会议传达学习习近平总书记对新型冠状病毒感染的肺炎疫情作出的重要指示和李克强总理批示，听取疫情防控工作情况汇报，研究部署下一步防控工作。

△ 省长唐仁健主持召开十三届省政府第78次常务会议。会议传达学习习近平总书记对新型冠状病毒感染的肺炎疫情作出的重要指示精神和李克强总理批示精神，传达国务院常务会议和新型冠状病毒感染的肺炎疫情防控工作电视电话会议精神，安排部署疫情防控工作。

23日 省委书记、省人大常委会主任林铎在兰州看望慰问孤残儿童和教职工、环卫工人、公安干警、车站职工，实地检查服务保障和节日值守情况，代表省委、省政府向坚守岗位、辛勤工作的广大干部和职工群众致以新春问候和美好祝愿。

25日 全省新型冠状病毒感染的肺炎联防联控领导小组全体会议在兰州召开。会议传达学习全国有关会议精神和省委书记、省人大常委会主任林铎有关批示。省长唐仁健出席会议并讲话。

△ 甘肃省从2020年1月25日14时起，启动重大突发公共卫生事件一级响应。

26日 甘肃省新型冠状病毒感染的肺炎疫情联防联控领导小组会议在兰州召开。传达学习中央政治局常委会会议和全国新型冠状病毒感染的肺炎疫情防控调度工作视频会议精神，通报当前甘肃省疫情防控工作情况，审定《甘肃省新型冠状病毒感染的肺炎疫情防控工作方案》。

27日 装载60吨马铃薯、90吨洋葱等生活物资的12708次、抢2次列车，分别从中国铁路兰州局集团有限公司定西、金昌货场开出，紧急奔赴武汉援助。

28日 为全力支援湖北省新型冠状病毒感染的肺炎疫情防控和患者救治工作，由137名医务人员组成的甘肃援鄂第一批医疗队从兰州出征。省委书记、省联防联控领导小组组长林铎在出征仪式上向医疗队授旗并作动员讲话。

△ 省委书记、省联防联控领导小组组长林铎到临夏州，调研检查新型冠状病毒感染的肺炎疫情防控和患者救治等工作。

△ 全省新型冠状病毒感染的肺炎疫情联防联控工作视频调度会在兰州召开。省长、省联防联控领导小组组长唐仁健出席会议并讲话。会议听取14个市州及兰州新区防控措施落实和工作进展情况。

△ 省新型冠状病毒感染肺炎疫情联防联控领导小组专责组工作调度会在兰州召开。省长、省联防联控领导小组组长唐仁健出席并讲话。会议听取市场监管、物资保障、检测救治和农村疫情防控、交通检疫、社会稳控等各专责组的工作开展情况。

29日 省长、省联防联控领导小组组长唐仁健到白银市和皋兰县调研疫情防控工作落实情况。

△ 甘肃省财政厅会同甘肃省卫生健康委印发《关于下达2020年中央和省级基本公共卫生服务补助资金的通知》，紧急拨付资金2.79亿元，其中中央财政资金2.56亿元，省级财政资金0.23亿元，支持全省各地基本公共卫生服务以及基层和社区疫情防控工作。

30日 省委常委会（扩大）会议在兰州召开，同时套开省新型冠状病毒感染的肺炎疫情联防联控领导小组会议。会议传达学习习近平总书记1月27日对当前新型冠状病毒感染的肺炎防控工作作出的重要指示，传达学习《中共中央关于加强党的领导、为打赢疫情防控阻击战提供坚强政治保证的通知》，研究甘肃省贯彻落实意见，安排部署全省疫情防控工作。

△ 省委书记、省联防联控领导小组组长林铎在兰州市调研新型冠状病毒感染的肺炎疫情防控和患者救治工作，看望慰问疫情防控一线工作人员。

△ 甘肃省延迟全省大中小学和幼儿园春季学期开学时间至3月1日以后。

31日 省长、省联防联控领导小组组长唐仁健在兰州市调研新型冠状病毒感染的肺炎疫情防控、后备定点医院改造和物资保障等工作，看望慰问一线工作人员。

二　月

1日　省委书记、省新型冠状病毒感染的肺炎疫情联防联控领导小组组长林铎到兰州市的超市、社区以及医疗器械和消保产品生产企业检查调研疫情防控工作。

△　省长、省新型冠状病毒感染的肺炎疫情联防联控领导小组组长唐仁健到定西市临洮县调研疫情防控等工作，看望慰问一线工作人员。

2日　甘肃省共有3例新型冠状病毒感染的肺炎患者痊愈出院。这是疫情发生以来，甘肃省首次有出院患者。

△　凌晨4时，由200人组成的军队支援湖北疫情防控救治医疗队，从联勤保障部队第九四〇医院出发，前往武汉，执行新型冠状病毒感染的肺炎疫情防控和患者救治任务。

4日　省委书记、省新型冠状病毒感染的肺炎疫情联防联控领导小组组长林铎到天水市调研检查疫情防控等工作。

△　甘肃援鄂护理专业医疗队出征仪式在兰州举行。省长、省联防联控领导小组组长唐仁健在出征仪式上向医疗队授旗并作动员讲话。

5日　省委常委会（扩大）会议在兰州召开，同时套开省新型冠状病毒感染的肺炎疫情联防联控领导小组第五次会议。传达学习习近平总书记2月3日在中央政治局常委会会议上的重要讲话，学习全国防控物资暨春运错峰返程运输保障电视电话会议精神，研究甘肃省贯彻落实意见，安排部署全省疫情防控、统筹推动经济社会发展等工作。省委书记、省新型冠状病毒感染的肺炎疫情联防联控领导小组组长林铎主持会议并讲话。省政协主席欧阳坚等领导出席。

6日　省政府党组书记、省长唐仁健主持召开省政府党组（扩大）会议。会议传达学习习近平总书记重要讲话和中央政治局常委会会议、中央应对新型冠状病毒感染的肺炎疫情工作领导小组有关会议精神，习近平总书记、李克强总理关于安全生产工作重要指示批示精神，中央“不忘初心、牢记使命”主题教育总结大会精神及全省主题教育总结会精神，十九届中央纪委四次全会精神及十三届省纪委四次全会精神，安排部署贯彻落实事宜。

△　省长唐仁健主持召开十三届省政府第79次常务会议。会议听取2020年春节期间有关工作情况汇报，研究部署疫情防控的同时，推进脱贫攻坚、商贸恢复、企业复产、项目投资等工作。

7日　省委书记、省新型冠状病毒感染的肺炎疫情联防联控领导小组组长林铎在兰州新区调研检查疫情防控和生产恢复等工作。

10日　省委书记、省新冠肺炎疫情联防联控领导小组组长林铎到甘南州调研检查疫情防控工作。

△　省新冠肺炎疫情联防联控领导小组第七次会议在兰州召开。省委书记、省新冠肺炎疫情联防联控领导小组组长林铎出席会议并讲话。会议传达学习习近平总书记在中央全面依法治国委员会第三次会议上的重要讲话和在北京市调研指导新冠肺炎疫情防控工作时的重要讲话精神，通报全省疫情防控工作进展情况。截至12日，全省各级红十字会、慈善组织和省青少年基金会接收的捐款累计1.49亿元，口罩、医用防护服、消毒物品以及各类生活物资捐助也是源源不断、数量可观。

13日　省委书记、省新冠肺炎疫情联防联控领导小组组长林铎到陇西县调研指导疫情防控和生产恢复等工作。

△　省长唐仁健主持召开十三届省政府第80次常务会议。会议研究了坚决打赢新冠肺炎疫情防控阻击战促进经济持续健康发展等工作，审议通过《关于应对新冠肺炎疫情支持中小微企业平稳健康发展的若干措施》。

14日　全省因疫情防控临时关闭的74个高速公路收费站、32对高速公路服务区、5对停车区已全部恢复运营。

15日　省委书记、省新冠肺炎疫情联防联控领导小组组长林铎到平凉市调研指导疫情防控和生产恢复等工作。

△　甘肃省第三批支援湖北医疗队102名医疗队员在兰州集结，启程出征湖北。

16日　甘肃省第四批支援湖北医疗队的112名医护人员在兰州集结，启程驰援湖北。

17日　省长、省联防联控领导小组组长唐仁健到武威市天祝县调研疫情防控、产业扶贫、企业复产、春耕备耕等工作。

△　甘肃省企业疫情防控动态监测平台正式启用。该平台通过企业员工每日健康电子打卡和企业复工在线报备，实现数据即时更新和可视化呈现，可切实帮助企业精细化做好疫情防控和复工复产工作。

19日　甘肃省第五批援助湖北医疗队在兰州集结，出发前往武汉。省委书记、省新冠肺炎疫情联防联控领导小组组长林铎在出征仪式上为医疗队授旗并作动员讲话。

△　甘肃省再次调配中药预防方2995剂、中医治疗方

1500剂、藏药颗粒剂14600袋、藏药成药640盒，随甘肃第五批支援武汉医疗队一起送往武汉。

21日 省委书记、省新冠肺炎疫情联防联控领导小组组长林铎到白银市调研指导疫情防控、生产恢复和脱贫攻坚工作。

△ 2020年2月21日14时起，甘肃省新冠肺炎疫情防控应急响应级别由一级应急响应调整为省级三级应急响应。

△ 甘肃省第六批援助湖北医疗队出征仪式在兰州举行。省长、省新冠肺炎疫情联防联控领导小组组长唐仁健在出征仪式上向医疗队授旗并作动员讲话。

22日 甘肃省第二批支援湖北疾控工作队从兰州出发，前往武汉开展实验室标本采样与检测、疫情信息统计与网络直报、环境消毒等工作。

24日 甘肃省完成3月份增送湖北2.232亿度、增送江西2.922亿度电力交易组织工作，将帮助湖北、江西等地解决疫情期间电力不足难题，助力打赢疫情防控阻击战。

27日 全省春耕生产从南到北已全面展开，越冬作物苗情良好，全省主要农资储备量已达70%以上，价格稳中有降，1593家农业龙头企业复工复产，项目建设正在实施，各项春季农业生产进展顺利。

28日 省脱贫攻坚领导小组2020年第二次会议暨省中央脱贫攻坚专项巡视反馈意见整改工作领导小组第二次会议在兰州召开。省委书记、省脱贫攻坚领导小组组长林铎主持会议并讲话。

29日 甘肃省卫生健康委、省人社厅、省财政厅等六部门出台《关于改善一线医务人员工作条件切实关心医务人员身心健康的具体措施》。

同月 国家发展改革委批复了兰州中川机场三期扩建工程可行性研究报告。兰州中川机场三期扩建工程项目总投资335.5亿元，其中，机场工程投资317.5亿元，空管工程投资13.4亿元，供油工程投资4.6亿元。工程按满足2030年旅客吞吐量3800万人次、货邮吞吐量30万吨目标设计。

三 月

2日 省委书记、省新冠肺炎疫情联防联控领导小组组长林铎在兰州市调研指导特殊场所、重点人群疫情防控工作。

△ 甘肃省75个贫困县区累计摘帽退出67个，贫困县区数量减至8个。

4日 在中国驻伊朗大使馆协助下，4日14时12分，由伊朗首都德黑兰伊玛目·霍梅尼国际机场直飞兰州的南方航空公司CZ3002航班降落在兰州中川国际机场，从伊朗回国的146名中国公民乘机抵达兰州，并在兰州新区进行集中留观。

5日 国家卫生健康委员会、人力资源和社会保障部、国家中医药管理局日前印发《关于表彰全国卫生健康系统新冠肺炎疫情防控工作先进集体和先进个人的决定》，甘肃省1个集体7名个人获表彰。

6日 “甘肃省2020年春季高校毕业生网络视频双选会”拉开帷幕。共有来自省内外的近1600家用人单位招聘各类人才7万余名，涵盖了机械、土木工程、自动化、化学、动物医学等575个专业。

8日 省委常委会会议在兰州召开。会议套开省脱贫攻坚领导小组第三次会议、省中央脱贫攻坚专项巡视反馈意见整改工作领导小组第三次会议。会议传达学习习近平总书记在决战决胜脱贫攻坚座谈会上的重要讲话。

9日 省政府党组书记、省长唐仁健主持召开省政府党组（扩大）会议。会议传达学习习近平总书记在决战决胜脱贫攻坚座谈会上的重要讲话精神，传达学习习近平总书记对春季农业生产工作的重要指示和李克强总理批示精神，安排部署贯彻落实事宜。

△ 省长唐仁健主持召开十三届省政府第82次常务会议。会议研究部署“十四五”规划编制、推进贸易高质量发展、实施自然资源资产产权制度改革、建立省级部门生态环境保护责任清单、加强粮食储备安全管理等工作，审议通过《甘肃省水安全保障规划》《2020年推动高质量发展进步奖与贡献奖评奖和激励奖励实施细则》。

10日 省委书记、省人大常委会主任林铎到通渭县调研指导脱贫攻坚工作。

11日 甘肃省委省政府筹集4万只医用防护口罩（KN95型）和8万只一次性医用口罩，发往对口帮扶甘肃省的天津市、青岛市、福州市和厦门市。这是甘肃省委省政府继2月29日向东部协作四市捐赠4万套“甘肃产”防护服以后，再次捐赠的自产防护物资。

△ 甘肃白银小伙耿国祥在兰大二院顺利完成造血干细胞捐献，捐献的造血干细胞混悬液将紧急送往郑州，救治一名配型成功的白血病患者。这是中华骨髓库甘肃分库第36例造血干细胞捐献。

12日 国务院应对新冠肺炎疫情联防联控机制第十七指导组召开指导甘肃疫情防控工作情况汇报会议，副省长何伟主持会议并讲话。

△ 全省1775户规模以上工业企业累计复产1659户，复产率93.5%，员工到岗率80.3%，剔除留库企业和季节性生产企业后复产率为98.1%。

13日 甘肃首例境外输入新冠肺炎患者出院，并按要求进行集中医学观察。

14日 省长唐仁健到临夏州广河县调研脱贫攻坚工作。

△ 甘肃省本地新冠肺炎住院病例和密接人员实现“双清零”。3月13日20时至3月14日20时，全省本地无新增新冠肺炎确诊病例，住院病例全部出院，所有密切接触者已全部解除医学观察。此外，伊朗包机来甘人员新增1例确诊病例；新增4例其他途径来甘境外输入新冠肺炎确诊病例，均为来自沙特的境外输入病例。

17日 省委常委会会议在兰州召开。会议传达学习习近平总书记在湖北省考察时的重要讲话和指示精神，研究甘肃省贯彻落实意见，安排部署疫情防控、脱贫攻坚、党的建设等工作。省委书记林铎主持会议。

18日 省委书记、省人大常委会主任林铎到临夏州临夏县，调研指导脱贫攻坚、复工复产等工作。

△ 全省决战决胜脱贫攻坚重点工作推进会在兰州召开。省长唐仁健出席会议并讲话。

19日 十三届省政府第83次常务会议决定，2020年全省城乡低保指导标准在2019年基础上提高10%，城乡特困人员救助供养指导标准同步提高。

20日 水利部党组成员、副部长蒋旭光率中办国办复工复产调研工作组来甘肃省调研指导。

23日 甘肃省将筹措到的“甘肃产”医用防护服、KN95型医用口罩、一次性医用口罩等物资，分别发往西班牙纳瓦拉自治区、罗马尼亚阿尔巴县等甘肃省国际友好省州和法国热尔布博瓦市及法国“一带一路”美丽乡村联盟等友好组织。

24日 经兰州海关所属平凉海关检疫合格，甘肃静宁县陇原红果品经销有限责任公司申报的18吨红富士苹果首次出口墨西哥。

△ 甘肃首个汽车整车进口口岸——兰州汽车整车进口口岸通过验收，从而结束了甘肃整车进口从沿海口岸转运的历史。

26日 我国首台自主知识产权碳离子治疗系统正式在甘肃武威市投入临床治疗。该系统2012年5月开工建设，历时8年，分别完成出束、检测、临床试验治疗等一系列工作。

31日 中央脱贫攻坚专项巡视“回头看”和国家脱贫攻坚成效考核反馈意见整改暨全省决战决胜脱贫攻坚推进大会在兰州召开，省委书记、省人大常委会主任林铎出席会议并讲话。省委副书记、省长唐仁健主持会议并讲话。

△ 省委书记、省人大常委会主任林铎，省委副书记、省长唐仁健对全省森林草原防火灭火工作作出批示。

△ 甘肃省第四批援助湖北医疗队及前线指挥部、疾控队全体队员在全面完成医疗救助任务并结束休整后返回兰州。至此，甘肃省援助湖北医疗救助人员共计796人全部平安返回。

四　月

1日 省十三届人大常委会第十五次会议在兰州闭会。

△ 省长唐仁健在宕昌县主持召开脱贫攻坚挂牌督战推进会。

△ 甘肃第29个全国税收宣传月活动正式启动。

2日—3日 省委书记、省人大常委会主任林铎到甘南州调研指导脱贫攻坚工作。

△ 伊朗包机来甘被确诊为新冠肺炎的37人已全部治愈出院，所有密切接触者已全部解除医学观察，甘肃圆满完成伊朗包机回国的311名人员留观和治疗任务。

6日 甘肃洮砚开发公司售出一方重达30多吨的巨型洮砚作品——“中华龙砚”。是世界纪录协会认证的目前世界最大的洮砚。

7日 清明假期，全省共有192家A级旅游景区开放，部分景区及文化场所尚未全面开放。共接待游客170.4万人次，实现旅游总收入11.6亿元。

8日 全省就业扶贫工作推进视频会议在兰州召开。省委书记、省人大常委会主任林铎作出批示，省委副书记、省长唐仁健出席会议并讲话。

11日 省委书记、省人大常委会主任林铎等党政军领导到兰州榆中生态创新城植树点，与干部群众一起植树。

13日 2020年全省河湖长制工作会议在兰州召开。省委书记、省总河长林铎出席会议并讲话。省长、省总河长唐仁健作书面讲话。省生态环境厅、天水市、兰州市城关区在会上作交流发言。

14日 甘肃省委10个巡视组将对除嘉峪关市之外的13个市（州）、67个脱贫摘帽县和8个未脱贫县开展脱贫

攻坚专项巡视。

18日—21日 中共中央政治局常委、中央纪委书记赵乐际到甘肃调研。赵乐际先后来到天水市麦积区红崖村、甘肃电气装备集团有限公司、定西市通渭县大岘村和香泉镇马铃薯种薯扶贫产业园、兰州重离子加速器国家实验室，与基层干部群众亲切交流，深入了解疫情防控、复工复产、脱贫攻坚等政策措施在基层的落实情况，认真听取意见建议。在省纪委监委、省委巡视办、省脱贫攻坚专项巡视整改办，赵乐际看望机关干部，了解工作推进情况。

调研期间，赵乐际主持召开广西、四川、贵州、云南、甘肃、宁夏、新疆七省区纪委书记座谈会。

19日 甘肃省中医院紧急生产的13000服“甘肃方剂”中药颗粒剂运抵北京，运往明斯克，用于支援白俄罗斯抗击新冠肺炎疫情。这是省中医院生产的“甘肃方剂”首次走出国门，支援国际抗疫。

26日 全省规模以上企业复产率达到97.6%，百户重点监测企业和31户重点调度企业复产率均达到100%，排摸规模以下企业复产率达到80.15%。

27日 省十三届人大常委会第十六次会议在兰州举行。省委书记、省人大常委会主任林铎出席会议。会议决定任命程晓波为甘肃省人民政府副省长。

△ 全省促消费扩内需工作推进会在兰州召开。省长唐仁健出席并讲话。强调，要全面贯彻落实党中央“六稳”“六保”部署，激活消费源头活水，挖掘内需增长潜力，让经济活起来、把大盘稳定住。

△ 甘肃省2名个人1个集体获“中国青年五四奖章”，甘肃蓝天救援队理事长、队长於若飞获第24届“中国青年五四奖章”；甘肃省舟曲县扶贫办副主任张小娟被追授“中国青年五四奖章”，甘肃省无偿捐献遗体器官志愿服务队获“中国青年五四奖章集体”。

29日 甘肃2人被评为2020年“全国向上向善好青年”。周强被评为创新创业类“全国向上向善好青年”，葛莉娜被评为崇德守信类“全国向上向善好青年”。

△ 甘肃省第六批援助湖北医疗队队长、兰州大学第一医院呼吸病学权威专家刘晓菊教授荣获全国“一线医务人员抗疫巾帼先锋”称号。

五　月

1日 省委书记、省人大常委会主任林铎在省公安厅和兰州市看望慰问节日期间坚守岗位的一线干部职工，检查常态化疫情防控和复产达产等情况，代表省委、省政府向全省广大劳动者致以节日的问候和美好祝愿。

△ 在“五四”青年节来临之际，第24届中国青年五四奖章评选结果揭晓，甘肃无偿捐献遗体器官志愿服务队荣获“中国青年五四奖章集体”荣誉称号，这是甘肃省青年群体首次获此殊荣。

5日—7日 全省出现2020年第一场区域性强降水。5日8时至6日8时，河西5市、兰州、临夏、甘南3市州大部分地方及白银、定西、陇南、平凉等市局部地方出现阵雨或雷阵雨天气，酒泉、张掖2市局部地方出现大到暴雨。6日8时至7日8时，天水、定西、临夏、甘南、陇南、平凉、庆阳等州市出现中到大雨，局部地方出现暴雨。最大降水量出现在岷县申都达63.3毫米。另外，临夏、定西、甘南、陇南、天水、平凉等州市共出现59站次短时强降雨，最大小时雨强出现在18时至19时岷县西寨达51.1毫米；甘南、定西两州市共出现4场冰雹，冰雹最大直径出现在卓尼县，为28毫米。

6日 五一全省接待游客逾一千万人次。旅游收入65.4亿元，分别达到上年五一假日的64%和60%。

△ 兰州铁路局发送旅客超60万人次。五一假期该局共发送旅客60.65万人次，其中5月1日发送旅客15.3万人次，创疫情防控以来日发送旅客最高纪录。

7日 甘肃省酒泉市肃州区的一位彩民在最新一期体彩超级大乐透开奖中，一举中得1274万元巨奖。甘肃体育彩票复市两个月来，概率型体彩销量超过3.6亿元，同比增长39.56%。

8日—11日 农业农村部副部长刘焕鑫调研甘肃省农业农村工作。指出要全面贯彻落实党中央国务院关于“六保”“六稳”决策部署，推进“三农”重点工作，持续抓好产业扶贫，确保脱贫攻坚圆满收官。

9日 第35届甘肃省青少年科技创新大赛线上落幕。评选出一、二等奖，推选出14项“青少年科技创新成果”、5项“科技辅导员科教创新成果和优秀科技教育方案”、10项“青少年科技实践活动”、30幅“少年儿童科学幻想绘画”参加第35届全国青少年科技创新大赛。

10日 云上2020年中国品牌日甘肃馆正式与公众见面。甘肃馆打出“永续发展母亲河——陇原精品”这一主题，以黄河文化风情线和丝路文化风情线为两条视觉主线，共分7个展厅，集中展示37家具有影响力的甘肃品牌。

11日 甘肃省新冠肺炎疫情防控应急响应级别由“省级三级应急响应”调整为“省级四级应急响应”。

△ 全省表彰一批新冠肺炎疫情防控优秀志愿服务组织和志愿者。10个志愿服务组织荣获全省新冠肺炎疫情防控优秀志愿服务组织荣誉称号、30名志愿者荣获全省新冠肺炎疫情防控优秀志愿者荣誉称号。

△ 全省举办省市区三级地质灾害避险演练。

12日—13日 青海省党政代表团在甘肃省考察。13日上午，深化甘青合作推进兰州西宁城市群高质量发展工作会议暨签约仪式在兰州举行。

15日 北京大兴—嘉峪关直飞航线正式开通。该航线是嘉峪关机场首次开通直飞北京的定期航线。直飞后，嘉峪关至北京的飞行时间缩短至2.5小时，将极大地促进两地间经贸、文化、旅游交流互动。

△“5·15国际家庭日暨家风润陇原——百场万人家庭教育公益巡讲”活动在兰州启动。活动将在全省14个市州86个县市区开展102场讲座，广泛宣传先进典型，深入普及健康、积极、正面的家庭教育，推动社会主义核心价值观在家庭中落地生根。

17日 甘肃省援助湖北医疗队座谈会在兰州召开，省委书记、省人大常委会主任林铎和省委副书记、省长唐仁健出席并分别讲话。

△ 敦煌研究院名誉院长、研究馆员，“敦煌女儿”樊锦诗在《感动中国2019年度人物颁奖盛典》再获殊荣，当选感动中国2019年度人物。

18日 省委书记、省人大常委会主任林铎深入兰州市、临夏州和甘南州调研指导民族宗教工作，看望慰问民族宗教界代表人士。

20日 参加全国两会的全国政协委员、省政协主席欧阳坚在北京接受人民日报等10多家中央媒体集体采访。

△ 全省将对八类人群实行新冠病毒核酸检测应检尽检。

21日 十三届全国人大三次会议甘肃代表团在北京举行第一次全体会议。全国人大代表、省委书记、省人大常委会主任林铎主持会议。会议推选林铎为甘肃代表团团长，推选全国人大代表、省委副书记、省长唐仁健为代表团副团长。会议审议了十三届全国人大三次会议主席团和秘书长名单草案；审议了十三届全国人大三次会议议程草案等；讨论了以甘肃代表团名义提交大会的议案和建议；传达了有关会议精神。

30日 第二届全国创新争先奖表彰奖励大会在北京召开，甘肃省7名科技工作者荣获创新争先奖状。

31日 天水定西局地遭遇冰雹风雹灾害。20时32分，天水市遭遇强冰雹灾害。截至6月1日晚，灾害造成秦州区、麦积区、甘谷县、秦安县4县区20个乡镇、246个村、34530户156880人受灾，农作物受灾面积19004公顷，其中成灾面积14020公顷，绝收面积2213公顷。

六　月

1日 2019—2020年度“新时代甘肃好少年”先进事迹发布会在兰州举行。40名中小学生荣获“新时代甘肃好少年”称号。

2日 《陇右文库》编纂工作启动大会在兰州召开。

3日 省委书记、省人大常委会主任林铎在兰州会见山东省委常委、青岛市委书记王清宪率领的青岛市党政代表团一行。进一步优化发展环境，全力做好对接服务工作，推动扶贫协作项目落地见效。

△ 省委副书记、省长唐仁健今天在兰州会见中国进出口银行党委书记、董事长胡晓炼一行。见证《甘肃省人民政府中国进出口银行抗疫情保企业稳外贸工作方案》签署。

△ 甘肃省人民政府与中国进出口银行签署“抗疫情保企业稳外贸”专项行动工作方案。

5日 中欧班列“中吉乌”（中国—吉尔吉斯斯坦—乌兹别克斯坦）公铁联运国际货运班列在甘肃（兰州）国际陆港成功首发。标志着兰州陆港打造的第二条公铁联运国际贸易通道全线贯通，也成为国内首趟采用“铁—公—铁”多式联运方式组织开行的中欧班列。

△ 全省召开深化高考加分改革推进工作视频会议，公布了《甘肃省关于进一步深化高考加分改革工作的实施方案》。

6日 甘肃武威市古浪县八步沙“两山”实践创新基地建设项目正式开工。八步沙“两山”实践创新基地规划用地3.11公顷，是一个集“两山”理论教育与实践创新展示、游客集散服务等功能为一体的综合服务中心。

8日—12日 全国人大华侨委员会主任委员王光亚率领调研组，来甘肃就进一步加强侨务法治建设、充分发挥侨务资源优势、更好助力国家发展战略进行调研。

13日 甘肃新媒体集团·掌上兰州联合甘肃省博物馆创作的“文物表情包”荣获中华文物全媒体传播精品（新媒体）推介全国十佳大奖。

14日 甘肃省举办世界献血者日主题活动。在第17个“世界献血者日”，由省红十字血液中心联合省输血协

会主办的甘肃省首届“6·14”主题活动在兰州中山铁桥举行。

15日 省委副书记、省长唐仁健在兰州会见了由农业农村部总畜牧师马有祥担任组长的国务院安委会第六考核巡查组一行。考核巡查组对甘肃省2019年度安全生产和消防工作进行考核巡查。

15日—16日 天津市党政代表团到甘肃省庆阳市考察东西部扶贫协作和对口帮扶工作。15日晚，甘津两省市工作交流座谈会在庆阳市举行。天津市委书记李鸿忠讲话。甘肃省委书记、省人大常委会主任林铎主持并讲话。天津市委副书记、市长张国清等出席。考察期间，天津市党政代表团到镇原县、华池县实地调研脱贫工作，现场考察电子商务、冷链屠宰、肉兔养殖、食用菌种植等协作项目建设运营情况。两省市领导还看望慰问贫困户和天津市援甘干部。

17日—18日 甘肃党政代表团到福建省福州市考察对接东西部扶贫协作和对口帮扶工作。18日上午，福建省福州市和甘肃省定西市扶贫协作座谈会在福州市召开。甘肃省委书记、省人大常委会主任林铎，福建省委书记、省人大常委会主任于伟国讲话。福建省委副书记、省长唐登杰等出席，福建省委副书记、福州市委书记王宁主持。

18日—19日 甘肃省党政代表团到福建省厦门市考察对接东西部扶贫协作和对口帮扶工作。18日下午，福建省厦门市和甘肃省临夏州扶贫协作座谈会在厦门市召开。甘肃省委书记、省人大常委会主任林铎，福建省委副书记、省长唐登杰出席并讲话。福建省委常委、厦门市委书记胡昌升主持座谈会。

19日—20日 甘肃省党政代表团到山东省青岛市考察对接东西部扶贫协作和对口帮扶工作。19日上午，山东省青岛市和甘肃省陇南市扶贫协作座谈会在青岛市召开。甘肃省委书记、省人大常委会主任林铎出席并讲话。山东省委常委、青岛市委书记王清宪主持座谈会，并介绍青岛市经济社会发展和东西部扶贫协作工作情况。

22日 2020（庚子）年公祭中华人文始祖伏羲大典在羲皇故里天水隆重举行；同一时刻，2020（庚子）年海峡两岸共祭中华人文始祖伏羲典礼也在台湾新北市同步举行。省委书记、省人大常委会主任林铎，省委副书记、省长唐仁健，省政协主席欧阳坚等领导到伏羲庙广场，出席公祭大典。唐仁健恭读祭文。欧阳坚主持公祭大典。

25日 端午小长假首日，兰州铁路局共发送旅客15.5万人次，破五一小长假首日15.3万人次旅客发送纪录，创疫情防控以来单日旅客发送最高纪录。

30日 在建党99周年前夕，省委书记、省人大常委会主任林铎，省委副书记、省长唐仁健分别在兰州和陇南专程看望慰问老党员和困难党员，并向全省广大党员致以节日的祝福和诚挚的问候。

七 月

2日 第二十六届中国兰州投资贸易洽谈会开幕式暨丝绸之路合作发展高端论坛在兰州举行。本届兰洽会主宾国匈牙利国会副主席雅高布·伊什特万、格鲁吉亚国家伙伴基金会主席大卫·萨加涅利泽以视频方式出席并发表演讲，中国国际经济交流中心副理事长黄奇帆现场发表演讲。省委书记、省人大常委会主任林铎致辞并宣布第二十六届中国兰州投资贸易洽谈会开幕，商务部副部长兼国际贸易谈判副代表王受文以视频形式发表致辞；省委副书记、省长唐仁健主持开幕式暨高端论坛；省政协主席欧阳坚，主宾国代表、匈牙利驻重庆总领事馆总领事罗澜等出席。

2日—3日 省委副书记、省长唐仁健率甘肃省政府代表团到陕西考察。2日下午，代表团与陕西省人民政府有关代表举行座谈会。两省签署《陕西省人民政府甘肃省人民政府经济社会发展合作框架协议》。唐仁健出席并讲话，陕西省委副书记、省长刘国中主持并讲话。

3日 甘肃扫黑除恶专项斗争第8次新闻发布会。截至5月底，全省共立案涉黑涉恶腐败和“保护伞”案件891起，处理2518人，给予党纪政务处分1364人、组织处理1154人。

5日 中国最大跨度连续管翼缘钢混组合桥在兰州架设完工。上跨连霍高速公路兰州北龙口段的连续管翼缘钢混组合桥架设完工。这处桥梁最大跨度61米，是迄今为止全国最大跨度的连续管翼缘钢混组合桥。

7日 2020年全国普通高校招生统一考试将于7月7日至7月9日进行。全省普通高考考生人数26.31万名，其中参加普通高考统考的考生21.12万名。全省共设15个考区、203个考点、7393个考场。据统计，全省15个考区跨县区对调监考教师1.47万人，配备考务人员1.48万人，防疫人员1500余人，公安人员3700余人，其他各类后勤保障人员5200余人，救护车200余辆。储备一次性医用口罩近110万个和足量卫生消杀用品。

△ 甘肃省反兴奋剂中心在兰揭牌。

11日 由中国电信甘肃分公司、甘肃省文化和旅游厅联合主办的“探渭水源头·寻陇原好礼”文旅扶贫直播带货活动在渭源县渭河源景区举行，累计有1000余万人次网友通过电信5G直播技术，在“云端”欣赏渭水源头的优美风光。与之同步进行的网红主播直播带货活动，当日接单1.14万单，销售各类农产品27.53万元。

14日 刘家峡水电厂两轮泄洪确保安全度汛。16时，刘家峡水库库区水位达到海拔高程1726.07米，日均入库流量1654立方米每秒，出库流量达1820立方米每秒。

16日—17日 全国政协副主席、交通运输部党组书记杨传堂一行来甘调研指导脱贫攻坚工作。17日下午，交通运输部与甘肃省工作座谈会在兰州举行。杨传堂出席并讲话，省委书记、省人大常委会主任林铎主持并讲话。省政协主席欧阳坚等领导出席座谈会。

18日 省委书记、省人大常委会主任林铎在兰州会见国家发改委副主任、国家统计局局长宁吉喆一行。国家发改委和国家统计局将进一步加强与甘肃合作，全力支持甘肃同全国一道全面建成小康社会。

20日 培黎职业学院成立。省政府新闻办在兰州举办培黎职业学院成立新闻发布会，张掖市有关负责人向媒体介绍培黎职业学院服务“一带一路”建设，加快发展现代职业教育的相关情况。

21日 受降雨影响，黄河兰州以上来水持续增加，黄河兰州水文站7月20日20时42分流量达到3000立方米每秒，出现黄河2020年第2号洪水。黄河水利委员会启动水旱灾害防御Ⅳ级应急响应。

△ 省政府新闻办举行新闻发布会公布，上半年全省地区生产总值4101.9亿元，同比增长1.5%，增速由一季度的下降3.4%转为正增长。全省固定资产投资同比增长4.0%，增速比一季度回升13.1%、比全国高7.1%。

21日—23日 在习近平总书记视察甘肃近一周年之际，省委书记、省人大常委会主任林铎到中农发集团山丹马场有限责任公司专题调研祁连山生态环境保护和治理工作。

22日 全国扫黑办甘肃特派督导组进驻庆阳督导动员会召开。对庆阳市开展为期10天左右的重点督导，并暗访一个重点县（区）。

22日—29日 根据国务院扶贫开发领导小组统一部署，国务院扶贫开发领导小组赴甘肃督查组到甘肃省定西市岷县和安定区、甘南州夏河县、天水市秦州区、临夏州东乡县等地实地督查脱贫攻坚工作。29日下午召开督查情况反馈会，督查组组长、财政部党组成员、副部长程丽华反馈督查情况，省委书记、省脱贫攻坚领导小组组长林铎主持会议并作表态讲话。

23日 甘肃省代表在甘肃分会场出席中国少年先锋队第八次全国代表大会。

24日 全省《习近平谈治国理政（第三卷）》学习宣传发行工作座谈会在兰州举行，对全省学习贯彻《习近平谈治国理政（第三卷）》进行安排部署。

△ 甘肃省学习贯彻习近平总书记致中国少年先锋队第八次全国代表大会贺信精神专题座谈会在兰州召开。

△ 甘肃省将首次在省属师范类本科院校招收400名公费师范生。

26日 2020年甘肃省基层服务项目选拔考试在全省14个市州同时举行。全省共有7.9万人报名参加，其中，三支一扶4.1万人，特岗教师3.7万人，西部计划0.1万人。

27日 全国产业扶贫工作推进会在陇南市召开。国务院扶贫办党组书记、主任刘永富讲话，省委书记、省人大常委会主任林铎致辞。国务院扶贫办副主任欧青平主持会议。会议强调，要认真学习贯彻习近平总书记关于扶贫工作的重要论述，深入落实党中央、国务院决策部署，持之以恒、久久为功做好产业扶贫工作，确保高质量打赢脱贫攻坚战，为巩固脱贫成果和建立解决相对贫困的长效机制奠定基础。

28日 2020年津企陇上行暨产业扶贫座谈会在天水市举行。省委书记、省人大常委会主任林铎，国务院扶贫开发领导小组副组长、国务院扶贫办主任刘永富，天津市委副书记阴和俊出席会议并讲话。国务院扶贫办副主任洪天云等领导出席会议。天津市和甘肃省分别汇报了东西部扶贫协作有关工作情况，天津市企业代表介绍了产业扶贫工作情况，并举行了项目签约仪式，现场签约合作项目60个。

28日—31日 省十三届人大常委会第十八次会议在兰州举行。会议表决通过《甘肃省节约用水条例》《甘肃省人民代表大会常务委员会关于加强检察公益诉讼工作的决定》，废止《甘肃省林地保护条例》《甘肃安西极旱荒漠国家级自然保护区管理条例》的决定，批准《兰州市气象灾害防御条例》《甘肃省甘南藏族自治州牦牛藏羊保护与发展条例》的决定，批准《甘肃省甘南藏族自治州生态环境保护条例（修订）》《甘南藏族自治州人大常委会关于修改〈甘肃省甘南藏族自治州城乡环境卫生综合治理条例〉的决定》《临夏回族自治州人民代表大会关于废止〈临夏回族自治州生活饮用水源保护管理条例〉的决定》《临夏回族自治州人民代表大会关于废止〈临夏回族自治州刘家峡库区生态环境保护建设条例〉的决定》的决定；表决通过甘肃省人民代表大会常务委员会关于批准2019年省级财政决算的决议，甘肃省人民代表大会常务委员会关于甘肃省资源税适用税率等有关事项的决定，甘肃省人民代表大会常务委员会关于调整全省第十次村民委员会和第七次城市居民委员会换届选举时间的决定，甘肃省人民代表大会常务委员会关于接受常正国请求辞去甘肃省人民政府副省

长职务的决定，甘肃省人民代表大会常务委员会关于接受尚伦生辞去第十三届全国人民代表大会代表职务的决议；表决通过有关人事任免事项。

29日 省委理论学习中心组举行专题学习会，集中学习研讨《习近平谈治国理政（第三卷）》。省委书记林铎主持会议并讲话。省委副书记、省长唐仁健作书面发言。

30日 中国共产党甘肃省第十三届委员会第十二次全体会议在兰州举行。省委书记林铎作了讲话。全会听取和讨论了林铎受省委常委会委托所作的工作报告，安排部署下半年工作。全会审议通过了省委常委会工作报告，审议通过《中国共产党甘肃省第十三届委员会第十二次全体会议关于递补省委委员的决定》，决定递补秦仰贤同志为省委委员。

31日 甘肃省庆祝"八一"建军节军地座谈会在兰州举行。党政军领导和老战士、军烈属、复退军人、基层官兵代表齐聚一堂，畅叙军政军民鱼水情谊，共商军地建设发展大计。省委书记、省人大常委会主任林铎，省军区司令员王文清出席座谈会并讲话。省政协主席欧阳坚等领导出席座谈会。

△ 在中国人民解放军建军93周年之际，省委书记、省人大常委会主任林铎专程走访慰问在兰的老战士、退役军人等优抚对象代表，向他们致以节日祝福和亲切慰问，对他们作出的贡献表示崇高敬意和衷心感谢。

△"黄河之滨也很美——2020黄河之滨艺术节"开幕式演出在兰州体育公园体育文化广场绚丽启幕。

八　月

1日—3日 全国人大常委会副委员长丁仲礼率调研组到甘肃省就黄河流域生态保护与高质量发展开展调研。

2日 甘肃省生态学会第二届会员代表大会暨第七届甘肃生态论坛在玛曲县举办。论坛主题为"黄河源区关键段生态保护与高质量发展"，兰州大学校长严纯华出席会议，国内生态研究领域专家与会，共同献策黄河源区生态保护和高质量发展。

△ "环西部火车游"开启跨省旅游合作新模式。由甘肃省文旅厅联合四川、重庆、陕西、宁夏、青海五省区市文旅部门共同举办的"环西部火车游"旅游专列"1+5"跨省宣传交流活动拉开序幕，跨省旅游合作新模式全面开启。

3日 省政协主席欧阳坚主持召开十二届省政协第27次主席会议。会议传达学习全国地方政协秘书长工作交流座谈会精神，研究全省"十四五"经济社会发展重点建议，表彰甘肃省政协成立70年来的重要提案，十二届省政协十二次常委会议筹备意见。审议通过《甘肃省政协网络协商办法（试行）》《省政协委员读书学习活动方案（试行）》。

3日—7日 全省部分地区出现强降雨天气，24小时最大降雨量114.8毫米，最大小时雨量63毫米，出现在合水县孙家寨沟，降雨地区部分沟道发生山洪，造成严重损失。宕昌县水浴沟沿岸七个村电力和网络信号一度中断，漳县殪虎桥镇部分蔬菜大棚、道路和水渠等基础设施严重受损。

4日 部省合作整省推进职业教育发展打造"技能甘肃"启动大会在兰州召开。省长唐仁健，教育部党组成员、副部长孙尧出席启动仪式，共同启动教育部、甘肃省人民政府部省合作整省推进职业教育发展打造"技能甘肃"。

6日 省委理论学习中心组在兰州举行2020年第八次专题学习会，集体学习民法典。省委书记、省人大常委会主任林铎等领导出席会议。

10日—11日 省委书记、省人大常委会主任林铎率甘肃党政代表团到天津市考察对接东西部扶贫协作和对口帮扶工作。11日上午，甘津两省市扶贫协作座谈会在天津市召开。天津市委书记李鸿忠主持并讲话，甘肃省委书记、省人大常委会主任林铎讲话。天津市委副书记、市长张国清，介绍了有关工作情况。天津市委副书记阴和俊、甘肃省委副书记孙伟等出席会议。

13日 省长唐仁健主持召开省长办公会，专题研究粮食安全和重要农产品保供工作。

14日 甘肃农特产品绿色农资供销云峰会在兰州召开。甘肃农特产品供销联盟和甘肃绿色农资供销联盟揭牌成立。省供销联社、省供销集团与省外企业签订6个战略合作协议，省内外企业签订8个农产品采购协议，现场签约金额达5.2亿元。

15日—19日 由全国人大民委副主任委员、西藏自治区人大常委会主任洛桑江村为组长，全国人大民委副主任委员丹珠昂奔和全国人大民委委员、甘肃省人大常委会副主任嘉木样·洛桑久美·图丹却吉尼玛为副组长的全国人大常委会专题调研组，来甘就民族团结进步创建、脱贫攻坚、生态文明建设、民族文化保护与传承等工作进行调研。

17日—20日 全国人大常委会副委员长沈跃跃率全国人大常委会执法检查组到甘肃开展土壤污染防治法执法检查。其间，执法检查组在兰州市召开汇报会和座谈会，省长唐仁健主持汇报会并讲话。

19日 全国政协在甘肃临夏回族自治州召开“‘十四五’时期巩固我国西部地区脱贫成果”重点提案督办协商会，中共中央政治局常委、全国政协主席汪洋主持会议并讲话。甘肃省委主要负责同志介绍了巩固脱贫成果的工作考虑和建议。提案承办单位国务院扶贫办、国家发展改革委、农业农村部、财政部负责同志介绍了提案办理进展，并回应了委员提出的问题和建议。

21日 甘肃省财政厅、省应急管理厅紧急向陇南、定西、庆阳、白银、天水、平凉、临夏、甘南等市（州）受灾地区下拨中央和省级自然灾害救灾补助资金2亿元（中央、省级各1亿元），用于支持受灾地区抗洪抢险救灾工作。

22日 省委书记、省人大常委会主任林铎到陇南市文县了解受灾情况，检查指导防汛抢险救灾工作。10日至17日，文县连续发生两次强降雨，引发特大暴洪泥石流灾害，大量河堤、道路、农田被毁，灾情十分严重。

22日—23日 甘肃河东又将出现明显降水天气过程，临夏、陇南两州市局部地方有大到暴雨，甘南、定西、天水、庆阳、兰州、白银等州市部分地方有中到大雨。临夏、陇南最大累积降水量50至80毫米，东乡有中到大雨，局部地方有暴雨，最大累积降水量60至90毫米；舟曲、宕昌有中雨，局部地方有大雨，最大累积降水量30至50毫米。白龙江、白水江流域有中雨，局部地方有大雨，最大累积降水量40至60毫米。

23日 省委、省政府在兰州紧急召开全省防汛救灾电视电话会议，省委书记、省人大常委会主任林铎出席会议并讲话。省委副书记、省长唐仁健讲话。

△ 省级自然灾害救助应急响应提升为Ⅱ级。成立“陇南等重点地区应急救灾指挥部”，统一指挥陇南等重点地区的应急救灾和灾后恢复重建等工作。

△ 青岛支援抗洪救灾物资抵达陇南。满载着青岛人民深情厚谊的9815件抗洪救灾物资顺利抵达陇南市。这批物资中有单帐篷1801顶，毛毯5887条，应急灯939个，应急包800个，睡袋388个，总价值311万余元。

26日 甘肃东乡族自治县成立70周年庆祝大会在东乡县举行。全国人大民委、国家民委和省委、省政府分别派出祝贺团和调研慰问组表示祝贺。

26日—27日 省长唐仁健在北京拜会国家发展改革委党组副书记、副主任唐登杰，交通运输部部长李小鹏，水利部部长鄂竟平，应急管理部党委书记、副部长黄明，中国石油天然气集团公司董事长戴厚良，国家烟草专卖局局长张建民，并与相关司局负责人座谈，就抢险救灾、灾后恢复重建、甘肃“十四五”规划编制等有关政策、重要事项及重大项目进行沟通衔接。

29日 甘肃肃北蒙古族自治县成立70周年庆祝大会在肃北县举行。全国人大民委、国家民委和省委、省政府分别派出祝贺团和调研慰问组表示祝贺。

30日 全国政协副主席、全国工商联主席高云龙到甘考察调研，并将出席第二十届九色甘南香巴拉旅游艺术节和全国工商联直属商会进甘南暨民企甘南行活动。省委书记、省人大常委会主任林铎在甘南拜会了高云龙一行。

31日 “全国工商联直属商会进甘南暨民企甘南行”活动主体大会在合作市举行。全国政协副主席、全国工商联主席高云龙出席会议并讲话。省委书记、省人大常委会主任林铎讲话。全国工商联党组副书记、副主席樊友山主持。

△ 第二十届九色甘南香巴拉旅游艺术节在合作当周草原开幕。全国政协副主席、全国工商联主席高云龙出席旅游艺术节开幕式并宣布开幕。

九　月

1日 甘肃省第五次国民体质监测工作在兰州市和天水市同时启动。

3日 中国人民抗日战争暨世界反法西斯战争胜利75周年纪念日。省委书记、省人大常委会主任林铎等省领导到八路军兰州办事处纪念馆参观甘肃抗战纪念展，重温革命历程，缅怀革命先烈。

3日—4日 全国政协副主席李斌率全国政协人口资源环境委员会“黄河水源涵养区生态保护”专题调研组结合全国政协“全面保护与协同治理黄河”重点提案督办在兰州市、永靖县调研。

4日 沿黄九省（区）政协黄河流域生态保护和高质量发展协商研讨第三次会议在甘南举行闭幕会议。全国政协人口资源环境委员会副主任黄跃金出席并讲话。山东、山西、内蒙古、河南、四川、陕西、青海、宁夏等省（区）政协领导参加会议并分别就黄河流域水源涵养和生态补偿机制建设进行交流发言。

5日 2020年中国国际服务贸易交易会开幕之际，由兰州佛慈制药股份有限公司和南京市云锦研究所合作研发的新品——佛慈云锦香囊于9月5日在北京正式发布。甘肃省国际服务贸易项目集中签约仪式暨新品发布会在北京举行，现场共有25个项目进行签约，总投资1.3亿美元。兰州佛慈制药公司等省内4家企业现场发布新品。

△ 甘肃省举办2020年秋季退役军人暨现役军人家属就业专场招聘会。2020年秋季退役军人暨现役军人家属就业专场招聘会共有132家企业和单位入驻（其中省外驻甘企业13家），涵盖物业管理、建筑业、金融、互联网和交通物流等20余个行业，提供4671个优质就业岗位，1768人入场求职，向用人单位投递简历1012份，现场达成意向性就业协议264份。

8日 全国抗击新冠肺炎疫情表彰大会在北京举行。党中央、国务院、中央军委对全国抗击新冠肺炎疫情先进个人、先进集体进行表彰，党中央对全国优秀共产党员、全国先进基层党组织进行表彰。甘肃省20名个人、5个集体，3名共产党员、3个基层党组织获得表彰。

9日 甘肃省庆祝第三十六个教师节暨全省教师发展视频会议在兰州召开。

△ 省委书记、省人大常委会主任林铎到皋兰县第五中学，调研指导教育工作，亲切看望慰问师生。

12日 全国乡村旅游与民宿工作现场会在兰州市榆中县召开。文化和旅游部党组书记、部长胡和平出席会议并讲话，省委副书记、省长唐仁健致辞。

△ 甘肃省政府召开十三届省政府第103次常务会议。会议研究“8・13”陇东南暴洪灾害受灾群众生活安排和2020年城乡建设用地挂钩节余指标跨省域调剂任务分解事宜，部署新形势下进一步加强统计工作，审议通过《甘肃省“上云用数赋智”行动方案（2020—2025年）》《甘肃省生态环境领域省与市县财政事权和支出责任划分改革方案》。

15日 西北五省（区）政协助推协同向西开放协商座谈会在兰州开幕。全国政协副主席苏辉出席开幕会并讲话。省政协主席欧阳坚主持。

15日—16日 全国政协副主席、台盟中央主席苏辉一行到甘肃省开展脱贫攻坚民主监督调研。

17日 甘肃省普通高校招生经过45天的录取于今天圆满结束，4个批次21个录取段共录取考生224213名。

19日—21日 国务委员、公安部部长赵克志在甘肃和青海调研。强调，要全面贯彻新时代党的治藏方略，切实维护国家安全、社会稳定、民族团结。

19日—24日 全国政协副主席，中央统战部副部长，国家民委党组书记、主任巴特尔赴兰州、甘南、武威、张掖、酒泉等地调研。

25日 由省地方史志办公室组织编写、孙占鳌主编的《甘肃简史》由兰州大学出版社正式出版发行。

26日 以“交响丝路‘邮’约敦煌”为主题的第40届全国最佳邮票评选颁奖大会（甘肃联通杯）在敦煌举行。

27日 全国人大常委会委员、全国人大教科文卫委副主任委员吴恒率队来甘，就关于制定《公共卫生法》的议案进行办理并召开座谈会。

△ 甘肃兴隆山森林生态系统定位研究站获得国标认证，正式挂牌成立。该站是中国森林生态系统定位观测研究网络（CFERN）所属重要野外观测台站，为中国西北地区林业生态建设和可持续发展提供科学依据和技术支撑。

29日 全国跆拳道锦标赛陇将冯亮智获银牌。

30日 全国第七个烈士纪念日在兰州市烈士陵园隆重举行。省领导林铎、唐仁健等出席向人民英雄敬献花篮仪式。深切缅怀革命烈士不朽功勋，表达崇高的敬意和无限的怀念。

十　月

1日 兰州铁路局迎来“十一”黄金周客流高峰，共发送旅客31.34万人次，创疫情发生以来单日客流新高。

3日 大型交响乐《长城》在嘉峪关奏响。由省委宣传部、省文旅厅、省文联、嘉峪关市委市政府、北京市文联、陕西省文联主办的交响乐《长城》共由《长城魂》《烽火台写意》《古道长城》《塞外长城尼卡哈》《长城牧歌》《长城与少年》《筑起我们新的长城》《长城随想》8首作品组成。

5日 定西市岷县茶埠镇发生一起交通事故，造成6人死亡17人受伤。省委书记、省人大常委会主任林铎，省委副书记、省长唐仁健立即作出批示。

△ 甘肃“双节”旅游综合收入92.6亿元。国庆、中秋“双节”期间，全省累计接待游客1595万人次，实现旅游综合收入92.6亿元，分别恢复至上年国庆黄金周假日水平的74.2%和61.7%。全省高速公路减免通行费2.5亿元。

10日 以“节水与社会”为主题的第二届中国节水论坛在兰州开幕。全国政协副主席、农工党中央常务副主席何维，省委副书记、省长唐仁健出席主论坛并致辞。

△ “双节”假期全省消费市场加速升温。共开展促销活动650余场，销售额32亿元。

11日 中央第十五巡视组巡视甘肃省工作动员会在兰州召开。会前，中央第十五巡视组组长苏波主持召开与甘肃省委书记、省人大常委会主任林铎，省委副书记、省长唐仁健的见面沟通会，传达了习近平总书记关于巡视工作的重要指示精神，通报了有关工作安排。会上，苏波作了动员讲话，对做好巡视工作提出要求。林铎主持会议并讲话。中央第十五巡视组副组长及有关同志，中央巡视办、第十巡视指导督导组有关同志，甘肃省委常委，省人大常委会、省政府、省政协党组领导班子成员，省高级人民法院、省人民检察院党组主要负责人出席会议。其他在职副省级以上领导干部，省委、省政府副秘书长，省纪委监委、省委组织部领导班子成员，省委各部门、省级国家机关及有关部门、有关人民团体主要负责同志，十三届省委第七轮巡视组组长列席会议。各市（州）、兰州新区、各县（市、区）有关负责同志在当地通过视频会议形式列席会议。

△ 甘肃省首个近零能耗建筑竣工。由中国建筑节能协会主办，甘肃省建设科技与建筑节能协会、中国建筑科学研究院兰州分院承办的“2020第十届全国建筑节能地方协会联席会暨甘肃省近零能耗建筑推广及发展专题会”在兰州新区召开。作为绿色示范工程，由甘肃建投第三建设集团有限公司施工建设的兰州新区中建大厦项目成为本次会议唯一观摩建筑，这也是甘肃省首个近零能耗建筑。

△ 甘肃折子戏专场亮相戏曲百戏盛典。由文化和旅游部、江苏省政府共同主办的2020年戏曲百戏（昆山）盛典10月11日晚在昆山盛大开幕。由4个地方剧种组成的甘肃折子戏专场11月11日至12日亮相盛典，成为西北五省（区）除陕西省之外入选剧种最多的省份。

16日 西北民族大学建校70周年纪念大会在兰州举行。省委书记、省人大常委会主任林铎出席纪念大会；国家民委党组副书记、副主任刘慧，省委副书记、省长唐仁健出席纪念大会并分别讲话。林铎、刘慧共同为获得西北民族大学建校70周年“特别荣誉纪念章”“荣誉纪念章”的教师代表颁发纪念章和荣誉证书。省政协主席欧阳坚等领导出席纪念大会。

△ 省委书记、省人大常委会主任林铎在兰州会见德国驻华大使葛策。

20日 最高检党组第五巡视组与甘肃省委见面沟通会在兰州举行。省委书记、省人大常委会主任林铎出席会议并讲话。最高检党组第五巡视组组长张培中出席会议，通报巡视任务和工作安排。

△ 全国双拥模范城（县）命名暨双拥模范单位和个人表彰大会在北京召开，甘肃省有9个市被命名为全国双拥模范城，1个基层单位和3名个人受到表彰。

20日—22日 全国政协教科卫体委员会专家团来甘肃省开展卫生“三下乡”活动，捐赠近400万元的常用药品和先进医疗器械。

21日 省政府召开十三届第107次常务会议。会议研究分析前三季度全省经济运行形势，审议通过《陇南等地暴雨洪涝灾害灾后恢复重建总体规划》。

22日 国家知识产权局与甘肃省人民政府知识产权合作会商签约仪式暨第一次会商会议在兰州举行。省长唐仁健，国家知识产权局局长申长雨分别讲话，并代表双方共同签署《国家知识产权局甘肃省人民政府知识产权合作会商议定书》。

△ 全省前三季度地区生产总值6444.3亿元，同比增长2.8%，增速比上半年提高1.3%。

26日 全省158个省列重大项目累计完成投资1218.65亿元，较去年同期增长305.54亿元，增幅33.46%，年度计划投资完成率68.47%，超过去年同期0.31%。

△ 全省前三季度实现外贸进出口总值271.8亿元，外贸进出口降幅进一步收窄。其中9月当月进出口总值42.7亿元，同比增长36.3%，环比增长75.7%。机械设备进口5.8亿元，同比增长0.7%；镍钴新材料进口17.9亿元，同比增长80.8%。消费类产品进口4.8亿元，同比增长72.4%。主要消费类品种包括牛羊肉、水海产品、水果，进口值同比分别增长3倍、70.1倍和38.5%。

27日 东西部扶贫协作为甘肃脱贫攻坚注入“东部力量”。脱贫攻坚以来，天津、福州、厦门、青岛东部协作四市累计投入援助资金89.66亿元，实施协作项目4400余个。

十一月

1日 甘肃省第七次全国人口普查11月1日正式入户登记。

△ 甘肃省居民进入“扫码”就医时代。全省累计发放居民电子健康卡2020.26万张，发卡数占全省总人口的74%。272所公立医院、1611所乡镇卫生院及社区卫生服务机构、16167个村卫生室已接入全民健康信息平台。

甘肃年鉴

2021

2日 甘肃省《彩虹之路》《大梦敦煌》《丝路花雨》《官鹅情歌》《你笑起来真好看》5部作品入选建党100周年舞台艺术精品创作工程重点扶持名单。

3日 省政府召开十三届第108次常务会议。会议研究推进生态立省工作，审议通过《甘肃省省级部门实施零基预算管理工作方案》《甘肃省自然资源领域省与市县财政事权与支出责任划分改革方案》《甘肃省划转部分国有资本充实社保基金实施方案》。

△ 全国扫黑办第28特派督导组进驻甘肃开展督导。

4日 全省疫情防控工作电视电话会议在兰州召开。省长、省联防联控领导小组组长唐仁健出席会议并讲话，强调要切实把思想和行动统一到习近平总书记重要讲话和党中央、国务院部署要求上来，树牢底线思维，慎终如始做好外防输入、内防反弹各项工作，努力实现境外输入病例零扩散、本土原发病例零新增、聚集性疫情零发生的防控目标。

△ 中央督查《中国共产党政法工作条例》贯彻落实情况甘肃省汇报会在兰州举行。中央督查组组长白少康讲话。

5日 兰州市政府新闻办召开兰州兽研所布鲁氏菌抗体阳性事件属地善后处置工作新闻发布会，邀请兰州市政府及相关部门有关负责人对事件属地善后处置工作进展进行通报，回答媒体记者的提问。

6日 甘肃省科技创新大会暨科学技术（专利）奖励大会在兰州举行。大会隆重表彰为全省科学技术进步和经济社会发展作出贡献的先进单位和个人。

△ 全省村（社区）“两委”换届工作动员部署暨业务培训电视电话会议在兰州召开。

8日 甘肃省庆祝第二十一个中国记者节座谈会在兰州举行。

10日 国务院新闻办公室在兰州举行甘肃脱贫攻坚新闻发布会。省委副书记、省长唐仁健进行新闻发布并回答记者提问。

△ 中华全国新闻工作者协会在文县组织开展“全民守护·健康你我”公益捐赠活动。中国记协党组书记、副主席、书记处书记刘正荣出席。

12日—15日 中共中央政治局委员、国务院副总理国务院扶贫开发领导小组组长胡春华到甘肃调研巩固拓展脱贫攻坚成果同乡村振兴有效衔接工作。强调，要深入贯彻中共十九届五中全会精神和习近平总书记重要指示批示精神，按照党中央、国务院决策部署，在确保如期全面高质量打赢脱贫攻坚战的基础上，抓紧谋划好巩固拓展脱贫攻坚成果同乡村振兴有效衔接，接续推进脱贫地区发展和群众生活改善。

13日 兰州市疾控部门对城关区焦家湾冷冻厂进口冷链食品进行新冠病毒核酸抽样检测，发现从天津海关入关的进口冷冻虾内包装样本有1份检测结果呈阳性。省委书记、省人大常委会主任林铎，省委副书记、省长唐仁健对应急处置工作第一时间作出安排。上午，唐仁健就应急处置和疫情防控工作进行现场调研并作出部署。

△ “双11”期间全省实现网络零售额31.4亿元，同比增长10.7%；11月11日当天实现网上零售额10.4亿元，同比增长7.2%。

16日 甘肃外贸进出口总值实现正增长。前10个月外贸进出口总值302.5亿元，同比增长0.1%，年内首次实现正增长，呈现回稳向好态势。10月当月，全省外贸进出口总值30.7亿元，同比增长22.4%。

17日 省政府召开十三届第109次常务会议，研究分析全省1—10月经济运行形势，安排部署相关工作。

20日 全国精神文明建设表彰大会在北京召开。兰州市被正式授予第六届全国文明城市称号。

△ 兰州市招商引资推介会暨项目签约仪式在北京举行，共签约10个项目、总金额95.61亿元。

△ 甘肃省政府新闻办召开新闻发布会，宣布甘肃最后8个贫困县退出贫困县序列。至此，甘肃省75个贫困县全部摘帽退出。

24日 全国劳动模范和先进工作者表彰大会在北京举行，甘肃省48名劳动模范和先进工作者受到表彰。上午，省委书记、省人大常委会主任林铎，省委副书记、省长唐仁健在兰州会见了甘肃省受表彰的全国劳动模范和先进工作者，同大家亲切交谈并合影留念。省政协主席欧阳坚等领导参加会见。

△ 2020全球减贫伙伴研讨会在陇南市武都区举行。省长唐仁健，中国外文局局长杜占元，国务院扶贫办副主任陈志刚出席开幕式并发表演讲。

△ 新建天水至陇南铁路暨陈家沟煤矿专用线开工仪式在陇南市武都区举行。省长唐仁健出席开工仪式并宣布新建天水至陇南铁路暨陈家沟煤矿专用线开工。

26日 前三季度，全省十大生态产业实现增加值1335.71亿元，同比增长3.0%，增速比上半年提高1.3%，高于地区生产总值增速0.2%；占全省地区生产总值的20.7%，比重比去年同期提高0.4%。

27日 甘肃省福利彩票发行管理中心发布《甘肃福利彩票2019年度社会责任报告》。2019年，甘肃福彩共销售福利彩票33.91亿元，筹集福彩公益金9.92亿元。

28日 第十八届中国国际农产品交易会上，甘肃省签订“甘味”农产品销售订单6万多吨，签约总金额约4亿元。

30日 甘肃敲响农村集体经营性建设用地入市“第一槌”。武威市组织召开农村集体经营性建设用地入市启动仪式暨公开出让会，公开出让的6宗101.32亩集体建设用地全部成交，总成交价款656.29万元。

11月30日—12月3日 省十三届人大常委会第二十次会议在兰州召开。会议决定任命任振鹤、刘长根为甘肃省人民政府副省长；会议通过《甘肃省人民代表大会常务委员会关于接受唐仁健请求辞去甘肃省人民政府省长职务的决定》；会议决定任振鹤为甘肃省人民政府代理省长。会议表决通过有关条例、决议、决定和报告；表决通过有关人事任免事项。

十二月

3日 省委在兰州召开座谈会，听取“两代表一委员”、高等院校和科研院所主要负责人对甘肃省“十四五”发展的意见建议。省委书记、省人大常委会主任林铎主持座谈会并讲话。省委副书记、代省长任振鹤等领导出席座谈会。

△ 省十三届人大常委会第二十次会议举行宪法宣誓仪式。省委书记、省人大常委会主任林铎主持宪法宣誓仪式。本次会议决定任命的甘肃省人民政府副省长、决定的甘肃省人民政府代理省长任振鹤在宣誓台前宣誓。本次会议决定任命的甘肃省人民政府副省长刘长根，任命的省监察委员会副主任李寿伟，决定任命的省科学技术厅厅长张世荣、省交通运输厅厅长刘建勋一同宣誓。

4日 省政府党组书记、代省长任振鹤主持召开省政府党组（扩大）会议。会议重温习近平总书记对甘肃重要讲话和指示精神，安排部署加强全省政府系统建设工作。

5日 代省长任振鹤在兰州市调研黄河流域生态保护和高质量发展、兰州城市规划、重大项目建设、传统产业转型升级等工作。

7日—8日 代省长任振鹤到平凉市、庆阳市调研巩固拓展脱贫攻坚成果同乡村振兴有效衔接、特色产业发展、经济体系优化升级等工作。

9日 国家统计局10日发布2020年全国及各省（区、市）粮食产量数据显示，甘肃2020年播种粮食面积3957万亩，总产量1202万吨，比上年增加39万吨，增幅3.4%。这是甘肃粮食总产量在连续多年1100万吨的基础上，首次突破1200万吨大关，创历史新高。

11日 甘肃省已有257家医疗卫生机构具备核酸检测能力。其中医疗机构151家，疾控机构102家，第三方检测机构4家。

13日 代省长任振鹤到兰州大学调研省部共建大学、“双一流”大学建设和科技创新等工作。

14日 省政府召开十三届第111次常务会议。会议研究分析全省1—11月经济运行形势，安排部署冬春季新冠肺炎疫情防控工作，决定取消调整和下放一批行政审批事项，审议通过《甘肃省乡村医生管理办法（试行）》。

15日 甘肃省第十六次哲学社会科学优秀成果评奖工作正式启动。从2018年1月1日至2019年12月31日期间完成的哲学社会科学研究成果中，评选出300项优秀成果进行表彰奖励。

20日 代省长任振鹤到临夏州调研。强调，要把解决好“三农”问题作为工作重中之重，把人民利益放在最高位置，巩固拓展脱贫攻坚成果，做好同乡村振兴的有效衔接，加快推动民族地区经济社会高质量发展。

21日 省政府召开十三届第112次常务会议。会议审议通过《关于实施“三线一单”生态环境分区管控的意见》，将全省划定为842个生态环境管控单元，坚定不移走生态优先、绿色发展之路，推动生态文明建设迈上新台阶。

22日 省政府印发关于表彰2019年度省长金融奖获奖单位的决定，对2019年金融工作成绩突出的中国工商银行甘肃省分行等33家单位、兰州市人民政府等5个市州政府授予省长金融奖。

△ 2020“一带一路”美丽乡村论坛在甘肃康县开幕。农业农村部、甘肃省政府及世界旅游联盟、法国一带一路美丽乡村联盟共同举办2020“一带一路”美丽乡村论坛，以“牵手‘一带一路’·共建美丽乡村”为主题，共商“一带一路”美丽乡村发展“路线图”，共绘“一带一路”美丽乡村建设“工笔画”。出席论坛的外宾有泰国驻华大使阿塔育·习萨目、尼泊尔驻华大使马亨德拉·潘迪、巴基斯坦驻华大使莫因·哈克及联合国世界粮食计划署驻华代表处、上海合作组织秘书处、联合国可持续发展农业机械中心等20多个国家和国际组织的代表。农业农村部副部长刘焕鑫，农业农村部原党组副书记、副部长余欣荣，世界旅游联盟主席段强、中国农业发展银行副行长徐一丁等出席论坛。本次论坛共签署1个协议、46个美丽乡村建设合作项目，签约金额达101.63亿元。

24日 甘肃全面开启重点人群新冠病毒疫苗接种工作。

24日—25日 省委十三届十三次全会暨省委经济工作会议在兰州召开。会议以习近平新时代中国特色社会主义

思想为指导，全面贯彻中共十九大和十九届二中、三中、四中、五中全会精神，认真学习贯彻中央经济工作会议精神，深入落实习近平总书记对甘肃重要讲话和指示精神，总结了省委常委会工作，部署明年全省经济社会发展等工作。审议通过了省委常委会工作报告、《中共甘肃省委关于制定甘肃省国民经济和社会发展第十四个五年规划和二〇三五年远景目标的建议》《中国共产党甘肃省第十三届委员会第十三次全体会议决议》。会议递补了省委委员。省委书记林铎受省委常委会委托报告工作，对贯彻落实党中央重大决策部署、做好甘肃省明年及今后一个时期各项工作提出明确要求，并就建议（讨论稿）向全会作了说明。

26日　国内首条一次性建成里程最长的有砟高铁——银川至西安高速铁路开通运营，甘肃省庆阳革命老区一步跨入高铁时代。

△　甘肃省6.8万名考生参加全国硕士研究生招考。

27日　代省长任振鹤到天水市调研装备制造业发展情况。

29日　平安甘肃建设工作会议在兰州召开，省委书记、平安甘肃建设领导小组组长林铎出席会议并讲话。代省长、平安甘肃建设领导小组组长任振鹤主持会议。会议传达学习习近平总书记对平安中国建设作出的重要指示和平安中国建设工作会议精神。

△　甘肃省大中小学思政课改革创新研讨会在兰州举行。

30日　代省长任振鹤在兰州市调研电力保障、消防救援、疫情防控等工作，看望慰问一线干部职工，代表省委、省政府向大家致以节日祝福。

△　全省元旦春节及冬春季新冠肺炎疫情防控工作电视电话会议召开。

△　2021年铁路春运火车票正式开始发售。兰州铁路局预计发送旅客840万人次，日均发送旅客21万人次。

自然地理

地理概况

甘肃古属雍州，今省会兰州。地处黄河上游黄土高原青藏高原交会地带，位于中国的地理中心，介于北纬32°31′~42°57′、东经92°13′~108°46′之间。甘肃东接陕西，南控巴蜀青海，西倚新疆，北扼内蒙古、宁夏，并与蒙古国接壤，是古丝绸之路的锁匙之地和黄金路段。东西长1600多千米，占全国总面积的4.72%。在全国各省（市、自治区）中列第7位。

甘肃省大部分位于中国地势二级阶梯上，地貌复杂多样，山地、高原、平川、河谷、沙漠、戈壁交错分布。地处中国东部湿润森林草原向西部干旱荒漠草原与高寒荒漠草甸草原的过渡带，亦为华北、华中、西北与青藏的交错毗邻区，以及东部农业区与西部游牧畜牧区的过渡带，自然条件复杂多样，具有明显的过渡性。地势自西南向东北倾斜，地形狭长，大致可分为各具特色的六大区域：

陇南山地　大致包括渭水以南、临潭、迭部一线以东的山区，为秦岭的西延部分。山地和丘陵西高东低，绿山对峙，溪流急荡，峰锐坡陡。

陇中黄土高原　位于甘肃省中部和东部，东起甘陕省界，西至乌鞘岭。黄河穿城而过，曾经孕育华夏民族的祖先，有闻名遐迩的名山大川，有丰富的矿藏，有刘家峡、盐锅峡、八盘峡三大水库。

甘南高原　甘南高原地处“世界屋脊”——青藏高原东部边缘一隅，地势高耸，平均海拔超过3000米，是典型的高原区。这里草滩宽广，水草丰美，牛肥马壮，是甘肃省主要畜牧业基地之一。

河西走廊　位于祁连山以北，北山以南，东起乌鞘岭，西至甘新交界，是块自东向西、由南而北倾斜的狭长地带。海拔在1000~1500米，长1000余千米，宽由几千米到百余千米不等。河西走廊地势平坦，机耕条件好，光热充足，水资源丰富，是著名的戈壁绿洲，农业发展前景广阔，是甘肃主要的商品粮基地。

祁连山地　祁连山地在河西走廊以南，长1000多千米，大部分海拔在3500米以上，终年积雪，冰川逶迤，是河西走廊的天然固体水库，荒漠、草场、森林、冰雪，植被垂直分布明显。

河西走廊以北地带　东西长1000多千米、海拔1000~3600米，习惯称之为北山山地。地近腾格里沙漠和巴丹吉林沙漠，风疾沙多，山岩裸露，荒漠连片，难以耕作。

甘肃是个多山的省份，最主要的山脉有祁连山、乌鞘岭、六盘山，以及阿尔金山、马鬃山、合黎山、龙首山、西倾山、子午岭山等。多数山脉属西北—东南走向。省内的森林资源多集中在这些山区，大多数河流也都从这些山脉形成各自分流的源头。

气　候

甘肃省地处黄土、青藏和内蒙古三大高原交会地带。境内地形复杂，山脉纵横交错，海拔相差悬殊，高山、盆地、平川、沙漠和戈壁等兼而有之，是山地型高原地貌。从东南到西北包括了北亚热带湿润区到高寒区、干旱区的各种气候类型。

气温　2020年，全省平均气温8.8℃，较常年同期偏高0.6℃，但为近6年最低。全省各月平均气温与常年同期相比，10和12月气温分别偏低0.1℃和1.2℃，其中10月为2008年以来最低，12月为2006年以来最低；1—3月均偏高1.6℃～2.1℃，均为近3年最高，其余月份偏高0.1℃～1℃。1—3月全省平均最高气温和最低气温偏高0.5℃～4℃，10月与12月平均最高气温偏低，11月平均最低气温偏高。

降水　2020年，全省平均降水量506.5毫米，较常年同期偏多26%，为近17年第二多（2018年，514.5毫米）。其中酒泉市北部为11～100毫米，酒泉市中南部、张掖市、武威市、兰州市和白银市为100～400毫米，甘南州东南部和陇南市东南部为800～1250毫米，省内其余地方为400～800毫米。与常年同期相比，白银市南部、定西市、甘南州、天水市、平凉市、庆阳市西部和陇南市偏多2～7成，酒泉市、张掖市西部和武威市东北部偏少2～8成，省内其余地方接近常年同期。全省各月降水量与常年相比，3、4和9月分别偏少32.3%、31%和27%，其余各月均偏多，8月偏多102.1%，为1961年以来最多，11月偏多25%，但为近3年最少，12月降水偏多44%，为近5年最多，其余各月降水量偏多8%～38%。

日照　2020年，全省年平均日照时数为2168小时，较常年同期偏少269小时，为1961年以来最少。与常年同期相比，全省年日照时数均偏少，其中55个县（区）偏少500小时以上，尤其夏、秋季日照明显偏少，致使部分作物生长期延长。

自然资源

土地资源　截至2018年12月31日，甘肃省土地总面积4258.89万公顷（其中宁夏回族自治区飞地5322.53公顷）。全省主要地类及面积构成情况：耕地537.67万公顷（8065.01万亩），占12.62%；园地25.52万公顷（382.78万亩），占0.60%；林地609.58万公顷（9143.63万亩），占14.31%；草地1417.23万公顷（21258.43万亩），占33.28%；城镇村及工矿用地79.97万公顷（1199.54万亩），占1.88%；交通运输用地27.04万公顷（405.65万亩），占0.64%；水域及水利设施用地74.73万公顷（1120.96万亩），占1.75%；其他土地1487.16万公顷（22307.37万亩），占34.92%。

植物资源　甘肃是一个少林省区，据第七次甘肃省森林资源清查，全省林地面积1042.65万公顷，全省森林面积507.45万公顷，森林覆盖率11.28%；全省活立木总蓄积24054.88万立方米，森林蓄积21453.97万立方米。森林主要树种有冷杉、云杉、栎类、杨类以及华山松、桦类等。在全省活立木蓄积资源中，冷杉占52.9%，云杉占

甘南草原

11.7%，栎类占26.9%，杨类、华山松、桦类只占8..5%。甘肃主要林区分布在白龙江、洮河、小陇山、祁连山、子午岭、康南、关山、大夏河、西秦岭、马山等处。

草场主要分布在甘南草原、祁连山地、西秦岭、马山、崛山、哈思山、关山等地，这些地方海拔一般在2400~4200米之间，气候高寒阴湿，特别是海拔在3000米以上的地区牧草生长季节短，枯草期长；这类草场可利用面积为427.5万公顷，占全省利用草场总面积的23.84%，年平均鲜草产量4100千克/公顷，总贮草量约175亿千克，平均牧草利用以50%计，约可载畜600万羊单位。

粮食作物品种有冬小麦、春小麦、大麦、玉米、青稞、荞麦、糜谷、高粱、水稻、洋芋和豆类等20余种，其中小麦是主体作物，分布遍及全省，约占全省粮食作物的一半以上。

经济作物主要品种有棉花、油料、蓖麻、芝麻、甜菜、苏子、向日葵、大蒜、茶叶、烟草、啤酒花等十几种。果树资源有1000多个品种，其中桃、梨、杏、李、柿、枣、柑橘的品种有480个。

野生植物种类繁多，分布广泛。主要资源有7大类：油料植物有100多种，如文冠果(木瓜)、苍耳、沙蒿、水柏、野核桃、油桐等；纤维和造纸原料植物近百种，如罗布麻、浪麻、龙须草、马莲、芨芨草等；淀粉及酿造类植物有20多种，如橡子、沙枣、蕨根、魔芋、沙米、土茯苓等；野生化工原料及栓皮类有20多种，如栓皮栎、五倍子、槐等；野生果类100多种，如中华猕猴桃、樱桃、山葡萄、枇杷、板栗、沙棘等；野生药材951种，有大黄、当归、甘草、红黄芪、锁阳、肉苁蓉、天麻等；特种食用植物10多种，其中比较名贵的野生植物有发菜、蕨菜、木耳、蕨麻、黄花菜、地软、羊肚、蘑菇、鹿角菜等。甘肃是全国药材主要产区之一，现有药材品种9500多种，居全国第二位。主要经营的药材有450种，如当归、大黄、党参、甘草、红芪、黄芪、冬虫草等，特别是“岷当”“纹党”产量大、质量好，是闻名中外的出口药材。

动物资源 主要畜种禽种：甘肃养殖的牲畜主要有马、驴、骡、牛、羊、骆驼等。甘肃养马历史悠久，远在公元前100多年的汉武帝时期，西北边境设有官马场36处。民间养马亦较繁盛。自汉至今，一直是全国养马业的重地。中华人民共和国成立后，还先后引进和改良了阿尔登、整顿河、卡拉巴依马等品种，养马、驴、牛等得到了发展。禽种，除对静宁鸡、太平鸡、临洮鸡等杂交改良外，现主要有来航鸡、澳洲黑、芦花洛克、洛岛红、科尼什、新汉、狼山鸡等优良品种。水禽有北京鸭、麻鸭、中国白鹅、灰鹅和狮头鹅等品种。

野生动物资源：甘肃境内共有野生动物650多种。其中：两栖动物24种，爬行动物57种，鸟类441种，哺乳动物137种。这些野生动物主要分布在陇南市的文县、武都、康县、成县、两当等地。文县让水河、丹堡一带，已列为全国第十三号自然保护区，出产大熊猫、金丝猴、麝、猞猁、扫雪等世界珍贵动物，并对梅花鹿、马鹿、麝进行人工饲养。野生动物中，属于国家保护的稀有珍贵动物有90多种，其中属一类保护的24种，二类保护的24种，三类保护的4011种。

矿产资源 截至2019年底，甘肃发现各类矿产119种（计算到亚矿种为180种），已查明资源储量的77种（计算到亚矿种为114种），占全省已发现矿种的65%，未查明资源储量的42种（计算到亚矿种为66种）。在已查明矿产资源中，能源矿产7种、金属矿产31种（计算到亚矿种为36种）、非金属矿产39种（计算到亚矿种为69种）、水气矿产2种。

截至2019年底，列入《甘肃省矿产资源储量表》的固体矿产99种、矿产地1477处（含共伴生矿产，下同）。其中固体燃料矿产地218处，黑色金属矿产地177处，有色金属矿产地312处，贵重金属矿产地433处，稀有稀土分散元素矿产地34处，化工原料非金属矿产地102处，冶金辅助原料非金属矿产地51处，建材及其他非金属矿产地150处；大型规模矿床126个、中型197个、小型1079个；勘查程度为普查阶段的641个、详查阶段560个、勘探阶段199个。

《2019年全国占比排名》统计，在已查明的矿产中，资源储量名列全国第1位的矿产有11种，分别为镍矿、钴矿、铂矿、钯矿、铱矿、铑矿、锇矿、钌矿、硒矿、铸型用黏土、凹凸棒石黏土；前5位的有32种，居前10位的有60种。

截至2019年底，列入《甘肃省矿产资源储量表》的99种固体矿产中，与2018年比较，51个矿种的资源储量没有发生变化，48个矿种的资源储量发生变化，其中资源储量增加的有24种，减少的有24种。

水资源 甘肃省水资源主要分属黄河、长江、内陆河3个流域、11个水系。黄河流域包括黄河干流、洮河、湟水、泾河、渭河、北洛河6个水系。长江流域包括嘉陵江、汉江2个水系。内陆河流域包括疏勒河、黑河、石羊河3个水系。全省河流年总径流量大于1亿立方米的河流有78条。全省多年平均自产水资源量289.4亿立方米，其中地表水282.1亿立方米，地下水7.3亿立方米。全省多年平均入境水资源量287.33亿立方米，出境水资源量482.35亿立方米。

2020年，甘肃省总供水量109.89亿立方米，其中地表水工程供水82.10亿立方米，地下水工程供水23.56亿立方米，其他水源供水4.23亿立方米。全省总用水量为109.89亿立方米，生产用水89.91亿立方米，生活用水

风力发电

9.27亿立方米，生态环境用水10.71亿立方米。万元国内生产总值用水量为121.9立方米，万元工业增加值用水量为27.3立方米，农田灌溉水有效利用系数为0.5703。

2019年，万元国内生产总值实际用水量为128.7立方米/万元（可比价），较2015年累计降幅26.5%;万元工业增加值实际用水量为42.5立方米/万元（可比价），较2015年累计降幅34.6%;农田灌溉水有效利用系数实际为0.565，重要江河湖泊水功能区水质达标率为88%，全部达到国家确定的目标要求。

能源资源　甘肃省能源种类较多，除煤炭、石油、天然气外，还有太阳能、风能等新能源。其中，石油可采储量为6亿吨，天然气探明储量31.57亿立方米，集中分布在河西玉门和陇东长庆两油区。全省煤炭预测储量为1428亿吨，已探明125亿吨，保有资源储量120亿吨，煤炭资源集中分布于庆阳、华亭、靖远和窑街等矿区。甘肃风能资源丰富，总储量为2.37亿千瓦，风力资源居全国第5位，可利用和季节可利用区的面积为17.66万平方千米，主要集中在河西走廊和省内部分山口地区，河西的瓜州素有“世界风库”之称。截至2015年底，全省煤炭已查明资源储量312.61亿吨。石油已探明地质储量17.73亿吨，天然气已探明地质储量1522.24亿立方米。

历史人文

早期文明

甘肃是中华民族灿烂文化的重要发祥地。大量考古文物证明，远在一二十万年前的旧石器时代，我们的先民就在这块地方生息、繁衍，利用简陋的石器顽强地同大自然作斗争。20世纪以来，先后在镇原县姜家湾、寺沟口、黑土梁，庆阳巨家塬，环县楼房子和刘家岔处，发现了旧石器时代中、晚期的石器、骨器、动物化石和早期人类用火的遗迹。属于新石器时代的文化遗迹，已发现的有1000多处，其中著名的有受仰韶文化影响而发展起来的以洮河、大夏河和湟水中下游为中心，处于母系氏族公社阶段的马家窑文化、齐家文化；还有晚于齐家文化，出现铜器，已经进入原始社会末期或奴隶社会早期的辛店、寺洼和卡鼓文化。古代传说中的炎帝（号神农氏）、黄帝（又号轩辕氏）部族也兴起于西北。

省境东部秦安县大地湾距今7800—4500年的新石器早期文化遗址，出土文物8000余件，其中一处距今7000年前的地画、5000年前的混凝土和一座建筑面积达450平方米的原始社会会堂式宏伟建筑遗迹，系国内首次发现。这里发现的罕见的三足钵、三足罐珍品，比仰韶文化半坡类型要早1000多年，为了解中国文明的起源和发展过程提供了可贵的实例。大地湾遗址的发现，为研究史前史特别是研究古代建筑、文字起源和人类生活提供了极其重要的依据资料。

建置沿革

甘肃一名始于11世纪，取甘州（今张掖）、肃州（今酒泉）二地的首字而成。由于西夏在其境分置12监军司，甘肃为其一，元代设甘肃省，简称甘；又因省境大部分在陇山（六盘山）以西，而唐代曾在此设置过陇右道，故又简称为陇。

先秦时期的地理专著《禹贡》，按方位将全国分为九州，甘肃省境大部属雍、梁二州，旧称“雍梁之地”。秦始皇统一中国后，分全国为36郡，省境东南地区为北地郡和陇西郡，河西为匈奴牧地，汉代在省境置凉州刺史部，至元封五年（公元前106年）省境先后改置武都、陇西、金城、天水、安定、北地、武威、张掖、酒泉、敦煌等10郡。三国时境内分属魏蜀之地。晋末天下大乱，甘肃境内先后出现前凉、后凉、西凉、南凉、北凉、五凉和仇池、宕昌、西秦等地方政权。唐代改郡为道，省境分属关内道、陇右道和山南道，共辖22州。宋时，境内分属宋、西夏、金所有。元代始设甘肃行中书省，辖黄河以西七路二州，黄河以东地区为陕西省奉元路，经甘南、临夏及岷、宕等地属脱思麻路，由宣政院直属。明代，省境属陕西布政使司、陕西行都指挥使司。清代康熙初于巩昌（今陇西）设陕西右布政司，后改甘肃布政司，后迁至兰州，甘肃始复为省，辖今甘肃、临夏、新疆、青海部分地区。清光绪十年（1884）分置新疆省。辛亥革命后，1912年省境又划分为宁夏（原朔方）、西宁（原海东）、兰山、泾原（原陇东）、渭川（原陇南）、甘凉（原河西）、安肃（原边关）七道。1927年废道，1928年又分设青海和宁夏两省区。第二次国内革命战争时期，省境陇东地区属陕甘宁边区的陇东和关中两分区。1949年8月26日成立甘肃行政公署。1950年1月8日成立甘肃省人民政府，甘肃省名相沿至今。

风物名胜

甘肃海拔大多在1000米以上，四周为群山峻岭所环抱。北有六盘山、合黎山和龙首山；东为岷山、秦岭和子午岭；西接阿尔金山和祁连山；南壤青泥岭。境内地势起伏、山岭连绵、江河奔流，地形地貌复杂。这里有直插云天的皑皑雪峰，一望无垠的辽阔草原，莽莽漠漠的戈壁瀚海，郁郁葱葱的茂密森林，神奇碧绿的湖泊佳泉，有江南风韵的自然风光，也有西北特有的名花瑞果。

河西走廊是甘肃著名的粮仓，是昔日铁马金戈的古战场和古丝绸之路的主要通道。敦煌莫高窟闻名于世，肃南裕固族、肃北蒙古族、阿克塞哈萨克族、天祝藏族聚居区等民族风情独具特色，古酒泉传奇、嘉峪关传说、玉门关和古阳关、民间鐽乐、骆驼队等奇风异俗熠熠生辉。

甘肃东南部的天水市和陇南地区，是历史悠久、山川锦绣、物产丰富、气候宜人、民俗奇特的天然膏腴之地，有小江南之称。唐玄奘在天水的传说，使佛公娇、万紫山、渗金寺等地成为民俗旅游的主要景点。

与天水、陇南相邻的甘南、临夏两自治州是藏、回、东乡、保安、撒拉等少数民族的集聚地，有独具一格的民情和风俗。

甘肃东部的庆阳、平凉地区，是著名的革命老区，以南梁为中心的陕甘边革命根据地，是第二次国内革命战争后期“硕果仅存”的根据地，为长征中的党中央和中央红军提供了落脚点，是八路军三大主力开赴抗日前线的出发点。境内除有众多的革命遗迹外，黄帝登临、广成子修炼得道的道家圣地崆峒山，西王母设宴招待周穆王的王母宫山以及公刘庙、菩萨山等庙会，都成为民间文化的传播阵地和民间经济的交易场所。特别是唢呐、剪纸、社火、戏曲等民俗文化尤具魅力。

闻名世界的敦煌莫高窟是全国重点文物保护单位，俗称千佛洞，是中国四大石窟之一。被誉为20世纪最有价值的文化发现，坐落在河西走廊西端的敦煌，以精美的壁画和塑像闻名于世。它始建于十六国的前秦时期，历经十六国、北朝、隋、唐、五代、西夏、元等历代的兴建，形成巨大的规模，现有洞窟735个，壁画4.5万平方米、泥质彩塑2415尊，是世界上现存规模最大、内容最丰富的佛教艺术圣地。近代以来又发现了藏经洞，内有5万多件古代文物，由此衍生专门研究藏经洞典籍和敦煌艺术的学科——敦煌学。1961年，莫高窟被公布为第一批全国重点文物保护单位之一，1987年被列为世界文化遗产，世界遗产委员会认为，莫高窟是地处丝绸之路的一个战略要点。它不仅是东西方贸易的中转站，同时也是宗教、文化和知识的交汇处。莫高窟的492个小石窟和洞穴庙宇，以其雕像和壁画闻名于世，展示了延续千年的佛教艺术。

麦积山石窟被称为“东方雕塑馆”，地处天水市东南方50千米的麦积区麦积山乡南侧，是西秦岭山脉小陇山中的一座孤峰。麦积山风景名胜区总面积215平方千米，包括麦积山、仙人崖、石门、曲溪四大景区和街亭古镇，为中国四大石窟之一。麦积山为典型的丹霞地貌，因形如农家麦垛而得名，山崖拔地而起，高80米，山势险峻，周围绿树成林，环境清幽。西汉末年，麦积山已成为天水名将隗嚣的避暑宫。这里松桧阴森，横云飞渡，烟雾团绕，碧水长流，“其青云之半，峭壁之间，镌石成佛，石龛千室”，荟萃着后秦、西秦、北魏、西魏、北周、隋、唐、五代、宋、元、明、清等十多个朝代的塑像7200余尊，壁画1300多平方米，分布在194个洞窟里，与敦煌莫高窟、大同云冈石窟、洛阳龙门石窟并称四大石窟。敦煌侧重于绚丽的壁画，云冈、龙门闻名于壮丽的石刻，而麦积山则以精美的塑像闻名于世。中国雕塑家刘开渠曾赞美：麦积山是“我国历代的一个大雕塑馆”。1982年，麦积山以甘肃麦积山风景名胜区的名义，被国务院批准列入第一批国家级风景名胜区名单。

天下第一雄关——嘉峪关，是举世闻名的万里长城西端险要关隘，也是长城保存最完整的一座雄关。关城建于明洪武五年（1372），距今已历600余年，总占地约3.35万平方米。嘉峪关城雄居祁连山与黑山之间，地势险要，扼守咽喉。关城由外城、内城、瓮城、罗城、城壕等部分组成，三重城郭，多道防线，形成重城并守之势，构成了一个壁垒森严的军事防御工程。并与五里一燧、十里一墩、三十里一堡、百里一城共同构成坚固的古代防御体系。嘉峪关内城周长640米，面积2.5万平方米。城头垛口林立，砖垛墙高1.7米。东西城垣开门，门上有明正德元年（1506）修建的东西二楼：东为“光化楼”，西为“柔远楼”，均系单檐歇山顶、周有回廊的三层木结构建筑，总高17米。东、西门外均有土筑瓮城回护，瓮城与内城同制辟门向南，门上各有一座阁楼。西瓮城外罗城凸出，中辟门向西，为关城正门，门额刻“嘉峪关”三个大字。明弘治八年（1495）于罗城上修建嘉峪关楼，与东、西二楼形制相同，同处一条中轴线上。清同治末年左宗棠驻节肃州时，曾修整关墙和关楼，并亲笔题“天下第一雄关”的匾额，高悬关楼。南北两端城头各有一座箭楼，为警戒哨所。关城四隅各有一座角楼，南、北墙居中各有一座敌楼，城内有游击将军府、宫井。关城城墙四周有瞭望孔、灯槽、射击孔等防御设施。罗城两端连接南、北、东三面土筑围墙，形成外城，周长1263米。外城广场有文昌阁、戏楼、关帝庙、墩台等，外城又与南北延伸的长城连接。登上城头，南望祁连山，雪峰如玉，绵亘千里；北有黑山，石壁嶙峋，如铸铜色。两山对峙，关踞其间，形势险要，素有“河西第一隘口”“边陲锁钥”之称。1961年嘉峪关被国家公布为第一批全国重点文物保护单位，1987年嘉峪关作为万里长城的杰出代表被联合国教科文组织列入《世界遗产名录》，2007年嘉峪关文物景区被正式评定为首批国家5A级旅游景区。

黄帝问道圣地——崆峒山，位于甘肃省平凉市城西12千米处，东瞰西安，西接兰州，南邻宝鸡，北抵银川，是古丝绸之路西出关中之要塞。景区面积84平方千米，主峰海拔2123米，集奇险灵秀的自然景观和古朴精湛的人文景观于一身，具有极高的观赏、文化和科考价值。自古就有“西来第一山”“西镇奇观”“崆峒山色天下秀”之美誉。崆峒山属六盘山支脉，是天然的动植物王国，有各类植物1000多种，动物300余种，森林覆盖率在90%以上。其间峰峦雄峙，危崖耸立，似鬼斧神工；林海浩瀚，烟笼雾锁，如缥缈仙境；高峡平湖，水天一色，有漓江神韵。既富北方山势之雄伟，又兼南方景色之秀丽。秦汉时期，崆峒山开始有了人文景观。经历代陆续兴建，亭台楼阁，宝刹梵宫，庙宇殿堂，古塔鸣钟，遍布诸峰。明清时期，人们把山上名胜景观称为“崆峒十二景”：香峰斗连、仙桥虹跨、笄头叠翠、月石含珠、春融蜡烛、玉喷琉璃，鹤洞元云、凤山彩雾、广成丹穴、元武针崖、天门铁柱、中台宝塔。近年来，新修了法轮寺、卧观平凉、观音堂、通天桥、飞升宫、王母宫、问道宫等景点三十五处，基本恢复了历来所称的“九宫八台十二院”中四十二处建筑群。古往今来，崆峒山吸引了众多的风流才俊。被中华民族尊为人文始祖的轩辕黄帝亲自登临崆峒山，向智者广成子请教治国之道和养生之术，黄帝问道这一千古盛事在《庄子·在宥》和《史记》等典籍中均有记载；秦皇、汉武因“慕黄帝事”“好神仙”而效法黄帝西登崆峒；司马迁、王符、杜甫、白居易、赵时春、林则徐、谭嗣同等文人墨客也留下了大量的诗词、华章、碑碣、铭文。崆峒武术与少林、武当、峨眉、昆仑等武术流派驰名华夏。1994年1月，崆峒山被国务院批准为国家重点风景名胜区；2001年1月，被国家旅游局批准为中国首批AAAA级旅游区；2007年5月8日，平凉市崆峒山风景名胜区经国家旅游局正式批准为国家5A级旅游景区；2002年10月顺利通过ISO9001、ISO14001质量、环境管理体系国际认证；2003年7月26日，崆峒山又登上了国家名片，这套由崆峒山最具代表性的景观——隍城、弹筝峡、塔院和雷声峰组成的“崆峒山”特种邮票是继敦煌莫高窟、麦积山石窟和嘉峪关城楼后国家邮政局发行的第四套地方题材的特种邮票；2004年3月晋升为国家地质公园。2005年8月9日，太统—崆峒山经国务院批准列为国家级自然保护区。

甘肃全省的石窟文化旅游有：莫高窟、炳灵寺石窟、安西榆林窟、庆阳北石窟寺、泾川南石窟寺、泾川王母宫石窟、肃南马蹄寺石窟群、东千佛洞、西千佛洞、拉稍寺石窟、大象山石窟、金塔寺石窟、麦积山石窟、天梯山石窟（东晋）、武山水帘洞石窟群、云崖寺石窟。

甘肃全省的古建筑旅游有：白塔、嘉峪关城楼、秦安泰山庙、夏河拉卜楞寺、天水伏羲庙、镇远楼、张掖大佛寺、张掖木塔寺、贡唐宝塔、海藏寺、武威罗什寺塔、米拉日巴佛楼阁、武威文庙、宝塔、崇信龙泉寺、兰州黄河铁桥、陇西威远楼、李家龙宫遗址·陇西堂、鲁土司衙门、渭源灞陵桥、保昌楼、白马塔、成县杜甫草堂、文峰塔、汉长城、天水仙人崖、东宫馆、玉泉观、崇信龙泉寺、礼县祁山堡、酒泉钟鼓楼、临夏红园、南郭寺、秦安兴国寺、雷音寺。

甘肃省历史文化遗址众多，全省文化遗址类有：秦安大地湾遗址、永靖恐龙足印化石群、敦煌河仓城、锁阳城故址、阳关故址、甘南夏河八角城、马家窑遗址、沙州故城遗址、居延遗址、悬泉置遗址、悬壁长城、万里长城第一墩、战国秦长城遗址、黑山岩画、罕古城、永昌骊怀古城、成县西狭颂。

常住人口

总人口

年末，甘肃省常住人口2501.98万人，比上年末减少14.55万人。其中，城镇人口1306.73万人，占常住人口比重（常住人口城镇化率）为52.23%，比上年末提高0.8%。全年出生人口28.06万人，出生率为10.60‰；死亡人口17.87万人，死亡率为6.75‰；人口自然增长率为3.85‰。

人口分布

全省14个市（州）中，常住人口超过400万人的只有兰州市，占全省常住人口的比重为17.42%；在200万人至300万人之间的有5个市（州），占全省常住人口的比重为48.78%；在100万人至200万人之间的有5个市，占全省常住人口的比重为28.03%；少于100万人的有3个市（州），占全省常住人口的比重为5.77%。

人口构成

全省常住人口中，男性人口为1270.09万人，占50.76%；女性人口为1231.89万人，占49.24%。常住人口性别比（以女性为100，男性对女性的比例）由2010年第六次全国人口普查的104.42下降为103.10。

全省常住人口中，0~14岁人口为485.35万人，占19.40%；15~59岁人口为1590.53万人，占63.57%；60岁及以上人口为426.10万人，占17.03%（其中，65岁及以上人口为314.78人，占12.58%）。与2010年第六次全国人口普查相比，0~14岁人口的比重上升1.24个百分点，15~59岁人口的比重下降5.83个百分点，60岁及以上人口的比重上升4.59个百分点（其中，65岁及以上人口的比重上升4.35个百分点）。

国民经济和社会发展

概况

初步核算，全年全省地区生产总值9016.7亿元，比上年增长3.9%。其中，第一产业增加值1198.1亿元，增长5.4%；第二产业增加值2852.0亿元，增长5.9%；第三产业增加值4966.5亿元，增长2.2%。三次产业结构比为13.3∶31.6∶55.1。

全年全省十大生态产业增加值2179.4亿元，比上年增长5.8%，占全省地区生产总值的24.2%。

全年城镇新增就业35.68万人，其中失业人员再就业14.68万人。城镇登记失业率为3.27%。全年输转城乡富余劳动力526.9万人，其中，省外输转213.2万人，省内输转313.7万人。

全年居民消费价格比上年上涨2.0%。商品零售价格上涨1.3%。农业生产资料价格上涨0.7%，农产品生产者价格上涨6.6%。工业生产者出厂价格下降6.1%，工业生产者购进价格下降5.9%。

全年贫困地区农村居民人均可支配收入9385元，比上年增长9.2%。全省75个贫困县全部摘帽，7262个贫困村全部退出，现行标准下农村贫困人口全部实现脱贫。

农业

全年全省粮食种植面积263.8万公顷，比上年增加5.7万公顷。油料种植面积27.61万公顷，减少1.39万公顷。蔬菜种植面积40.18万公顷，增加2.05万公顷。中药材种植面积28.68万公顷，增加1.57万公顷。果园面积32.67万公顷，增加0.77万公顷。

全年粮食产量1202.2万吨，比上年增产3.4%。其中，夏粮产量321.3万吨，减产1.9%；秋粮产量880.9万吨，增产5.5%。

全年蔬菜产量1478.51万吨，比上年增长6.5%。中药材产量123.22万吨，增长8.9%。园林水果产量481.07万吨，增长9.7%。

全年猪牛羊禽肉产量108.9万吨，比上年增长8.3%。牛奶产量57.5万吨，增长30.4%。年末牛存栏482.0万头，增长5.2%；牛出栏228.6万头，增长6.4%。羊存栏2191.8万只，增长10.3%；羊出栏1737.1万只，增长12.2%。生猪存栏622.0万头，增长29.5%；生猪出栏664.3万头，增

长2.4%。

工业和建筑业

全年全省全部工业增加值2288.96亿元，比上年增长6.2%。规模以上工业增加值增长6.5%。在规模以上工业中，分经济类型看，国有控股企业增加值增长5.9%；集体企业下降14.8%，股份制企业增长4.7%，外商及港澳台投资企业增长4.0%；私营企业增长14.8%。分隶属关系看，中央企业增长5.2%，省属企业增长6.2%，省以下地方企业增长9.5%。分轻重工业看，轻工业增长3.1%，重工业增长7.1%。分门类看，采矿业增长3.3%，制造业增长6.0%，电力、热力、燃气及水生产和供应业增长12.5%。

年末全省发电装机容量5620.4万千瓦，比上年末增长6.7%。其中，火电装机容量2308.3万千瓦，增长9.7%；水电装机容量957.4万千瓦，增长1.5%；风电装机容量1373.2万千瓦，增长5.9%；太阳能发电装机容量981.6万千瓦，增长6.5%。

全年规模以上工业企业利润284.3亿元，比上年增长3.7%，其中国有及国有控股企业利润203.7亿元，增长1.3%。全年规模以上工业企业每百元营业收入中的成本为84.17元。年末规模以上工业企业资产负债率为59.0%，营业收入利润率为3.9%。

全年建筑业增加值572.6亿元，比上年增长4.3%。年末具有资质的总承包和专业承包建筑业企业1972个，比上年末增加158个。

服务业

全年全省交通运输、仓储和邮政业增加值420.2亿元，比上年下降4.7%；批发和零售业增加值659.3亿元，增长3.9%；住宿和餐饮业增加值144.7亿元，下降9.6%；金融业增加值897.5亿元，增长3.3%；房地产业增加值497.3亿元，增长6.1%。规模以上服务业企业营业收入比上年下降7.0%。

全年货物运输总量67239.7万吨，比上年增长5.7%；货物运输周转量2516.8亿吨千米，增长0.8%。旅客运输总量26830.9万人次，下降36.6%；旅客运输周转量399.6亿人千米，下降40.8%。甘肃省民航机场集团完成旅客吞吐量1336.4万人次，下降25.6%；货邮吞吐量7.5万吨，下降0.9%。年末全省铁路营业里程4454.2千米，比上年增长5.8%；公路里程15.6万千米，增长3.0%，其中等级公路15.2万千米，增长3.6%。

年末全省民用汽车保有量392.7万辆，比上年末增长7.8%，其中私人汽车保有量337.2万辆，增长8.3%。民用轿车保有量174.7万辆，增长7.8%，其中私人轿车保有量155.8万辆，增长8.5%。

全年完成邮政行业业务总量47.1亿元，比上年增长22.0%。邮政业全年完成邮政函件业务695.9万件；包裹业务54.1万件；快递业务量13823.5万件，增长33.3%；快递业务收入29.8亿元，增长31.6%。全年完成电信业务总量2557.0亿元，增长30.5%。年末电话用户2983.6万户，其中移动电话用户2673.8万户，4G移动电话用户2175.4万户。移动电话普及率为101.0部/百人。固定互联网宽带接入用户931.4万户，其中固定互联网光纤宽带接入用户896.8万户，移动互联网用户2298.6万户。全年移动互联网用户接入流量31.9亿GB，比上年增长40.5%。年末互联网宽带接入端口1460.6万个，比上年末增长3.9%。移动宽带接入用户普及率为84.0部/百人，固定宽带接入用户普及率为35.2部/百人。

国内贸易和对外经济

全年全省社会消费品零售总额3632.4亿元，比上年下降1.8%。按经营地统计，城镇消费品零售额2991.2亿元，下降2.1%；乡村消费品零售额641.1亿元，下降0.6%。按消费类型统计，商品零售额3214.2亿元，下降1.1%；餐饮收入额418.2亿元，下降7.1%。

全年限额以上单位商品零售额中，粮油、食品类零售额比上年增长30.1%，烟酒类增长4.0%，日用品类增长15.4%，家用电器和音像器材类下降3.3%，中西药品类增长3.3%，煤炭及制品类增长19.0%，石油及制品类下降12.1%，汽车类增长9.5%，化妆品类下降14.2%。限额以上批零住餐企业通过公共网络实现零售额增长113.9%。

全年货物进出口总额372.8亿元，比上年下降2.0%。其中，出口85.7亿元，下降34.8%；进口287.1亿元，增长15.3%。对共建“一带一路”国家进出口总额165.2亿元，比上年下降7.5%，占全省进出口总额的44.3%。其中，出口24.2亿元，下降54.7%；进口141亿元，增长12.6%。

全年外商直接投资合同项目23个，实际使用外商直接投资金额8875万美元，比上年增长8.2%。对外承包工程完成营业额28598万美元，下降26.9%。对外承包工程新签合同金额48537万美元，下降5.9%。

固定资产投资

全年全省固定资产投资比上年增长7.8%。按三次产业分，第一产业投资增长37.0%；第二产业投资增长0.4%，其中工业投资下降0.3%；第三产业投资增长8.0%。基础设施投资增长12.2%。民间固定资产投资增长6.1%。

全年项目投资比上年增长7.9%。其中，制造业投资增长5.0%，电力、热力、燃气及水生产和供应业投资下降6.9%，交通运输、仓储和邮政业投资增长18.2%，水利、环境和公共设施管理业投资下降4.5%。

全年房地产开发投资比上年增长7.8%，其中住宅投资增长16.7%。房屋施工面积11328.3万平方米，增长3.2%，其中住宅施工面积7824.5万平方米，增长4.7%。在房屋施工面积中，房屋新开工面积3534.1万平方米，增长6.9%，其中住宅新开工面积2620.7万平方米，增长8.9%。房屋竣工面积881.4万平方米，增长30.7%，其中住宅竣工面积655.0万平方米，增长39.2%。商品房销售面积1967.9万平方米，增长15.4%，其中住宅销售面积1863.8万平方米，增长18.8%。

全年城镇棚户区住房改造开工11.67万套，棚户区改造基本建成5.73万套。完成动态新增危房改造149户，其中建档立卡贫困户85户，全面完成危房改造任务。

财政金融

全年全省一般公共预算收入874.5亿元，比上年增长2.8%。其中，税收收入567.9亿元，下降1.7%；非税收入306.6亿元，增长12.5%。从主体税种看，国内增值税260.2亿元，下降6.0%；企业所得税64.4亿元，下降0.6%；个人所得税20.5亿元，增长1.2%。一般公共预算支出4154.9亿元，增长5.1%。其中，民生支出3320.7亿元，增长4.3%。扶贫支出342.2亿元，增长2.8%。

年末全省金融机构本外币各项存款余额20992.7亿元，比上年末增长6.2%，其中人民币各项存款余额20938.3亿元，增长6.2%。金融机构本外币各项贷款余额22159.4亿元，增长7.2%，其中人民币各项贷款余额21935.6亿元，增长7.4%。

年末全省共有上市公司35家，其中，仅发A股上市公司33家，仅发H股上市公司1家，同时发A、H股上市公司1家。34家A股上市公司总市值2501.1亿元，比上年增长15.8%。全年A股上市公司累计融资64.2亿元。

全年保险公司原保险保费收入485.2亿元，比上年增长9.2%；支付各类赔款及给付169.3亿元，增长11.7%。

居民收入消费和社会保障

全年全省居民人均可支配收入20335.1元，比上年增长6.2%。按常住地分，城镇居民人均可支配收入33821.8元，增长4.6%；农村居民人均可支配收入10344.3元，增长7.4%。城乡居民人均可支配收入比值为3.27，比上年缩小0.09。

全年全省居民人均消费支出16174.9元，比上年增长1.9%。按常住地分，城镇居民人均消费支出24614.6元，增长0.7%；农村居民人均消费支出9922.9元，增长2.4%。全省居民恩格尔系数为29.5%，其中城镇为28.7%，农村为30.9%。

年末全省参加城镇职工基本养老保险人数484.5万人，比上年末增加15.1万人。参加城乡居民基本养老保险人数1388.18万人，增加15.58万人。参加基本医疗保险人数2590.4万人，增加17.5万人。其中，参加职工基本医疗保险人数361.9万人，参加城乡居民基本医疗保险人数2228.5万人。参加失业保险人数187.4万人，增加14.43万人。年末全省领取失业保险金人数1.68万人。参加工伤保险人数264.6万人，增加20.1万人，其中参加工伤保险的农民工37.12万人，增加8.48万人。参加生育保险人数234万人，增加12.2万人。年末全省共有35.58万人享受城市居民最低生活保障，141.80万人享受农村居民最低生活保障，9.06万人享受农村特困人员救助供养。

年末全省共有各类社区服务机构和设施14206个。其中，社区服务指导中心8个，社区服务中心556个，社区服务站4574个，未登记和挂靠的特困人员供养机构92个，社区养老照料机构和设施3091个，社区互助型养老设施5569个，其他社区服务机构和设施316个。

科学技术和教育

全省共有国家工程技术研究中心5个，国家级企业技术中心28家。全年登记省级科技成果2140项，其中，基础理论648项，应用技术类成果1463项，软科学29项。获得奖励153项。专利申请量32280件，比上年增长16.80%；专利授权量20991件，增长40.94%，其中发明专利授权量1446件，增长25.30%。有效发明专利8310件，每万人口发明专利拥有量3.14件，比上年末增长11.31%。共签订技术合同7403项，增长25.0%；技术合同成交金额233.16亿元，增长18.7%。

全年研究生教育招生1.84万人，在学研究生4.85万人，毕业生1.19万人。普通本专科招生19.43万人，在校生58.11万人，毕业生13.35万人。中等职业教育招生8.14万人，在校生19.46万人，毕业生5.73万人。普通高中招生17.18万人，在校生51.58万人，毕业生18.12万人。初中招生27.85万人，在校生87.41万人，毕业生28.53万人。普通小学招生35.09万人，在校生200.91万人，毕业生27.99万人。特殊教育招生0.37万人，在校生2.15万人。幼儿园在园幼儿95.83万人。九年义务教育巩固率为96.6%，高中阶段毛入学率为95%。

文化旅游、卫生健康和体育

年末全省广播节目综合人口覆盖率为99.31%，比上年末提高0.74%；电视节目综合人口覆盖率为99.41%，提高0.51%。

全年接待国内游客2.13亿人次，比上年下降43.1%；国内旅游收入1454.4亿元，下降45.7%。接待入境游客2.54万人次，下降87.2%。其中，接待外国游客1.45万人次，下降87.2%；接待港澳台同胞1.09万人次，下降87.1%。国际旅游外汇收入696万美元，下降88.2%。旅游人均花费683元，比上年减少33元。

年末全省共有医疗卫生机构26250个。其中医院705个，医院中有综合医院373个，中医医院117个，专科医院167个；基层医疗卫生机构24636个，其中，社区卫生服务中心（站）671个，卫生院1368个，村卫生室16421个；专业公共卫生机构873个，其中，疾病预防控制中心102个，妇幼保健院（所、站）99个，卫生监督所（中心）95个，计划生育技术服务机构534个。年末卫生技术人员18.89万人。其中，执业医师和执业助理医师6.64万人，注册护士8.53万人。医疗卫生机构床位17.79万张，其中，医院13.86万张，卫生院2.87万张。全年总诊疗人次11591.08万人次，出院人数452.88万人。

年末全省共有体育场地70807个，体育场地面积4527.44万平方米，人均体育场地面积1.72平方米。全年体育获得各类奖牌69枚，其中金牌22枚。

资源、环境和应急管理

全年全省水资源总量410.9亿立方米。年末全省大中型水库蓄水总量45.6亿立方米，比上年末下降1.1%。全年总用水量109.9亿立方米，比上年下降0.1%。其中，生活用水量9.3亿立方米，下降2.7%；工业用水量6.3亿立方米，下降28.3%；农业用水量83.6亿立方米，下降3.3%；生态用水量10.7亿立方米，增长106.0%。

全省共有自然保护区56个，其中国家级自然保护区21个。国家地质公园12个，省级地质公园24个。

全年全省规模以上工业能源消费量4926.0万吨标准煤，比上年增长5.1%。其中，六大高耗能行业能源消费量4471.5万吨标准煤，增长4.6%。

省内38个地表水监测断面中，达到或优于Ⅲ类断面比例为100%。全年全省14个市州空气质量优良天数比率为93.7%，比上年提高0.6%。省内监测的14个城市中，城市区域声环境评价（昼间）总体较好，14个城市区域声环境质量等级均为二级。

全年全省平均气温为8.8℃，比上年下降0.1℃。年日照小时数2169小时，比上年减少23小时。年降水量506.5毫米，比上年增加11.5毫米。全省气象雷达观测站点8个，卫星云图接收站点10个。

全省共有地震台站（点）390个，其中，有人值守的地震监测台站16个，无人值守的地震监测台站（点）374个。

全年农作物受灾面积33.15万公顷，比上年增长105.35%；农作物成灾面积20.94万公顷，增长111.08%。全年实际发生地质灾害1714起，造成直接经济损失15.59亿元。

全年共发生各类生产安全事故717起，比上年下降15.15%；死亡608人，下降14.25%；受伤543人，下降12.28%；直接经济损失1.48亿元，下降16.27%。亿元地区生产总值生产安全事故死亡人数为0.067人，下降17.08%；工矿商贸企业就业人员10万人生产安全事故死亡人数2.402人，下降17.84%；煤矿百万吨死亡人数0.207人，下降15.16%；十二类营运车辆道路交通事故万车死亡人数10.73人，下降7.96%。

重大决策部署

【贯彻落实全国扶贫开发工作会议精神】 1月2日省委常委会召开会议，传达学习习近平总书记发表的2020年新年贺词、全国扶贫开发工作会议精神，研究甘肃省贯彻落实意见，安排部署有关工作。会议指出，习近平总书记的新年贺词真诚质朴、饱含深情、催人奋进，全面总结一年来我国经济社会发展取得的辉煌成就，科学分析面临的机遇和挑战，是指导做好全年工作、决胜全面小康的行动指南和根本遵循。要把学习贯彻习近平总书记新年贺词精神同贯彻落实习近平总书记对甘肃重要讲话和指示精神结合起来，牢记初心和使命，坚定不移推动高质量发展、绿色发展崛起，在打赢脱贫攻坚战、全面深化改革、生态环境保护、防范化解重大风险、保障改善民生、维护社会和谐稳定等方面再下功夫，确保全面建成小康社会圆满收官。

打赢脱贫攻坚战是全面小康的标志性工程。各级各有关方面要认真贯彻习近平总书记关于扶贫工作重要论述，全面落实全国扶贫开发工作会议精神，深刻认识做好2020年脱贫攻坚工作的特殊重要性，坚决扛起政治责任，紧盯脱贫目标标准，促工作、抓过程、保结果，确保完成既定的目标任务。要坚持精准方略，全面排查、及时发现短板弱项，研究解决突出问题，着力提升脱贫质量，确保脱贫成果经得起检验。

【贯彻落实习近平总书记关于“三农”工作重要论述和对甘肃重要讲话、指示精神】 1月15日，省委农村工作会议在兰州召开。会议以习近平新时代中国特色社会主义思想为指导，深入学习贯彻习近平总书记关于“三农”工作重要论述和对甘肃重要讲话和指示精神，全面贯彻落实中央农村工作会议、省委十三届十一次全会暨省委经济工作会议、省两会精神，围绕决战脱贫攻坚、决胜全面小康，研究部署2020年全省“三农”领域重点工作。

会议书面传达中央农村工作会议精神，传达省委书记、省人大常委会主任林铎，省委副书记、省长唐仁健对全省“三农”工作的批示，讨论有关文件。

会议肯定过去一年全省“三农”工作取得的成绩。会议指出，做好今年“三农”工作具有特殊重要性，各级各部门要切实增强紧迫感责任感使命感，抓好“三农”工作，坚决稳住“三农”基本盘，为全面打好收官战作出“三农”新贡献。

要坚持抓重点补短板强弱项，推动“三农”重点任务落地见效。要向最后的贫困堡垒发起总攻，从攻坚、巩固、提升、兜底、整改5大方面强力推进，确保如期实现贫困县全部摘帽、贫困村全部退出、贫困人口全部脱贫，解决区域性整体贫困，彻底消除绝对贫困。要持续抓好农村人居环境整治，完善农村基础设施和基本公共服务，深化农村改革，加快补上全面小康“三农”领域突出短板。要毫不放松抓好粮食生产，做好生猪和牛羊

鸡等肉类产品恢复和扩大生产，保障重要农产品有效供给，稳定物价稳定市场。发展现代丝路寒旱农业，完善产业体系，持续调整产业布局，打造“甘味”知名农产品品牌，加快推进农业现代化进程。要以建强农村基层党组织为核心，发挥农村各类自治组织作用，坚持“四议两公开”工作法，完善村规民约，治理农村高价彩礼，壮大村级集体经济，不断推进乡村治理体系和治理能力现代化。要全面贯彻《中国共产党农村工作条例》，加强党对“三农”工作的全面领导，切实把党的领导的政治优势转化为重农强农、推动乡村振兴的行动优势。

要科学准确研判农业农村发展的形势趋向，抓住用好乡村振兴战略以及国家支持农业农村优先发展的政策机遇，在固根基、扬优势、补短板、强弱项上有所作为，不折不扣完成脱贫攻坚任务，持续巩固农业农村稳定发展良好势头，推动全省“三农”工作不断谱写新时代绚丽篇章。

【安排部署脱贫攻坚整改落实工作】2020年3月24日，省委常委会召开会议，套开省脱贫攻坚领导小组第四次会议、省中央脱贫攻坚专项巡视反馈意见整改工作领导小组第四次会议，传达学习中央脱贫攻坚专项巡视“回头看”反馈意见和国务院扶贫办脱贫攻坚成效考核反馈意见，研究全省贯彻意见，安排部署整改落实工作。会议强调，要深入学习贯彻习近平总书记关于扶贫工作、巡视工作的重要论述，全面落实习近平总书记在决战决胜脱贫攻坚座谈会上的重要讲话以及对甘肃重要讲话和指示精神，强化思想自觉、政治自觉、行动自觉，步调一致深化脱贫攻坚，较真碰硬整改突出问题，确保脱贫攻坚成色质量，坚决打赢收官之战。

会议指出，在脱贫攻坚发起总攻、决战决胜的关键时刻，中央甘肃反馈脱贫攻坚专项巡视“回头看”和成效考核意见，肯定了甘肃省脱贫攻坚成效，指出了发现的主要问题，是对甘肃抓实抓好脱贫攻坚的精准指导，使甘肃坚定了必胜信心，为甘肃指明了努力方向和着力重点。全省各级各方面要深入学习贯彻习近平总书记有关重要论述和指示精神，站在增强“四个意识”、坚定“四个自信”、做到“两个维护”的高度，切实担起脱贫攻坚政治责任、领导责任、工作责任，对照反馈意见逐项整改突出问题，坚持以点带面提升脱贫质量，确保问题见底、整改见效、脱贫攻坚成色足。

会议强调，要从反馈的问题中引起警惕、引发警醒，增强抓好整改的责任感和紧迫感，将专项巡视“回头看”和成效考核指出的问题与各类监督检查评估发现的问题一体研究、一体部署、一体整改，切实做到脱贫工作务实、脱贫过程扎实、脱贫结果真实。要细化完善整改任务书和施工图，列清问题、措施、责任、时限、要求“五个清单”，确保件件有着落、事事有回音。各级领导干部要主动上手、亲力亲为，有关地方和部门要立即行动、担起责任，即知即改、真改实改，既不能漏项更要有质量。要根据反馈问题组织开展全面排查摸底，举一反三、深挖细究，通过一个问题的解决带动一类问题的解决。纪检监察机关、组织部门要强化日常监督，对整改情况密切跟踪，加大形式主义、官僚主义问题整治力度，树立正确导向，营造良好氛围。

会议强调，要坚持把工作重点放在扶贫开发上，保持定力耐力，聚焦目标标准，从严从细从实落实逐村逐户、逐人逐项解决问题的工作要求，扎实开展重点领域后续清零行动，采取有力措施抓好产业培育、促农增收、政策落实、生活环境改善等各项任务，保证剩余贫困人口如期脱贫、脱贫成果可靠稳定。要压实各级党委（党组）的主体责任和一把手的第一责任，挂牌督战、传导压力，做到状态适应、力度适应。要坚决防止松懈厌战思想和满足停步心态，一鼓作气、乘势而上打好收官战。要对号入座领任务，快马加鞭干工作，积极有效应对疫情影响，对准短板和弱项逐个销号，确保脱贫攻坚和全面小康得到群众认可、经得起检验。

会议审议了《甘肃省中央脱贫攻坚专项巡视“回头看”和2019年度国家脱贫攻坚成效考核反馈意见整改方案》。

【贯彻落实习近平总书记对防汛救灾工作的重要指示】2020年7月17日，省委常委会召开会议，传达学习习近平总书记对当前防汛救灾工作作出的重要指示，研究提出全省贯彻落实意见，安排部署有关工作。

会议指出，习近平总书记再次对防汛救灾工作作出重要指示，彰显了深厚的为民情怀和强烈的责任担当，为我们做好防汛救灾工作指明了方向。当前防汛形势非常严峻，要认真学习贯彻习近平总书记重要指示精神，树牢防大汛抗大灾的思想，加强监测预警和会商研判，从措施、力量、物资上做好更充分更扎实的准备。要加大对河流沟道、蓄水工程、险工险段特别是病险水库和淤地坝等重点部位的筛查力度，切实做好隐患排查处置。要完善工作预案，加强实战演练，提高应急效率和质量，确保一有灾情能够立即响应、妥善应对。要把防止因灾致贫返贫作为重要任务抓紧抓好，及时摸排群众因灾受损情况，采取有针对性的措施进行帮扶。各地各部门要坚决服从统一调度指挥，强化责任意识和纪律意识，未雨绸缪抓实抓细各环节工作，尽最大努力保障人民群众生命财产安全。各级领导干部要身先士卒、靠前指挥，有关地区和部门主要领导近期原则上不外出，确需外出的接到雨情险情预报后必须立即返岗，第一时间到达现场，切实做好应急处置，确保不造成重大损失。

【安排部署制止餐饮浪费行为重要指示】2020年8月14日，省委常委会召开会议，传达学习习近平总书记对

制止餐饮浪费行为作出的重要指示。会议指出，习近平总书记的重要指示站在维护国家粮食安全的高度，严肃批评了餐饮浪费现象，明确了制止餐饮浪费行为的着力重点和具体要求，表明了我们党厉行勤俭节约、反对铺张浪费的鲜明态度和坚定决心。全省各级各方面要认真学习贯彻习近平总书记重要指示精神，以应有的政治站位、坚决有力的措施做好制止餐饮浪费工作。要从党员干部抓起，发出倡议、加强监督，督促党员干部发扬艰苦奋斗、勤俭节约的优良传统，带头禁止餐饮浪费现象。要全方位、广覆盖开展宣传教育，引导社会成员养成节约习惯，营造浪费可耻、节约为荣的浓厚氛围。要发挥餐饮业协会作用，健全相关标准，从点餐用餐环节把好关口、厉行节约。要完善规章制度，强化餐饮监管，明确惩戒措施，切实形成制止餐饮浪费的“硬约束”。

【贯彻落实习近平总书记在中央全面深化改革委员会第十五次会议上的重要讲话精神】 9月11日，省委常委会召开会议，传达学习习近平总书记重要讲话和中央有关会议精神，研究我省贯彻落实意见，安排部署有关工作。

会议传达学习习近平总书记在中央全面深化改革委员会第十五次会议上的重要讲话精神。会议强调，要加快推进对外贸易、高等教育、民办义务教育、规范医疗行为、生活垃圾分类和农村改革等重点改革事项，全力完成党中央部署的改革任务。要准确把握常态化疫情防控条件下经济发展趋势，着力做好打基础、增后劲、补短板的工作。要结合编制“十四五”规划，统筹考虑、突出重点，抓紧谋划事关全省长远发展的重大改革举措。要抓住构建新发展格局的战略机遇，积极融入“一带一路”建设，用好兰西城市群建设等重要平台，促进全省外贸高质量发展。

【安排部署全省经济发展工作】 2020年10月23日，省委常委会召开会议，传达学习《习近平关于统筹疫情防控和经济社会发展重要论述选编》。会议指出，习近平总书记的重要论述站位高远、思想深邃、导向鲜明，为统筹推进疫情防控和经济社会发展提供了根本遵循。全省各级各方面要认真学习领会贯穿其中的人民至上理念、辩证思维、科学方法和责任担当，切实用以指导实践、推动工作。要毫不放松抓好常态化疫情防控，决不能让来之不易的防控成果前功尽弃。要全力推动经济社会持续健康发展，抓紧抓实脱贫攻坚和生态环保两大底线性任务，确保如期实现全面建成小康社会目标。要抓好对《重要论述选编》的学习、宣传和阐释，引导党员、干部和群众充分认识中国共产党领导和社会主义制度的显著优势，大力弘扬伟大抗疫精神，为事业发展凝聚强大力量。

会议研究分析了全省经济运行形势，安排部署了经济社会发展工作。会议指出，在各级各方面共同努力下，前三季度全省经济稳定恢复、持续向好，主要经济指标增速位居全国前列，但完成年度发展目标、圆满收官“十三五”面临的任务仍比较艰巨。要坚定信心、再接再厉，把措施谋划得更实一些，把落实抓得更紧一些，努力保持经济发展良好态势。要扎实推进项目建设，树立和践行“企业带着资金项目来，剩下的事情我来办”的理念，落实领导干部包抓责任制，提升项目审批效能，特事特办、专事专办，发挥好投资的重要支撑作用。要全力支持企业发展，持续推动惠企纾困政策落地见效，保持产业链供应链创新链价值链畅通，确保企业经营稳定、生产增长。要抓好消费领域挖潜增效，激发消费活力，拓展消费空间。要把群众安危冷暖放在心上，着力解决群众关心关注的“急难愁盼”问题，扎实做好受灾群众生活保障和灾后重建工作，让群众有更多获得感幸福感。要深入研究“十四五”发展重大问题，科学制定发展规划，描绘好全省未来发展蓝图。

【贯彻落实中共十九届五中全会精神】 2020年11月2日，省委常委会召开扩大会议，传达学习中共十九届五中全会精神，安排部署期省贯彻落实工作。

会议指出，中共十九届五中全会是中共在全面建成小康社会胜利在望、全面建设社会主义现代化国家新征程即将开启的重要历史时刻召开的一次具有里程碑意义的会议。全省各级各部门要把学习宣传贯彻中共十九届五中全会精神作为当前和今后一个时期的重要政治任务，深刻理解和把握决胜全面建成小康社会的重大成就和宝贵经验，深刻理解和把握全会对国际国内形势作出的科学判断，深刻理解和把握“十四五”发展的指导方针、主要目标、任务举措和必须遵循的原则，深刻理解和把握我国进入新发展阶段的重要特征，深刻理解和把握党中央关于构建新发展格局的战略构想，深刻理解和把握加强党对经济社会发展领导的根本要求，切实把思想和行动统一到全会文件和习近平总书记重要讲话精神上来，进一步增强“四个意识”、坚定“四个自信”、做到“两个维护”，确保党中央各项决策部署在甘肃落地见效。

会议强调，要迅速掀起学习宣传贯彻全会精神热潮，发挥省级班子和省级党员领导干部示范表率作用，原汁原味学习全会文件和习近平总书记重要讲话，并同学习贯彻习近平总书记对甘肃重要讲话和指示精神紧密结合起来，努力做到理解透彻、融会贯通、知行合一。要认真组织开展宣传宣讲和培训辅导，坚持网上网下一体推进，深入各行各业开展宣讲，加强对重大理论和实践问题的研究阐释，把全会精神纳入各级干部培训内容，在全省上下营造浓厚氛围。要对照五中全会精神深

入谋划我省“十四五”发展，广泛征求社会各界意见建议，群策群力制定出符合中央精神、符合甘肃实际的“十四五”发展规划。要抓紧抓实年末各项工作，对常态化疫情防控不可掉以轻心，把脱贫攻坚继续作为压倒一切的任务，保持经济发展良好势头，加大保障和改善民生力度，维护社会大局和谐稳定，确保“十三五”收好官、“十四五”开好局。

【贯彻落实农村土地制度改革】2020年11月11日，省委常委会召开会议，传达学习习近平总书记对推进农村土地制度改革、做好农村承包地管理工作作出的重要指示和李克强总理批示精神，传达学习了习近平总书记在参加第七次全国人口普查登记时的重要讲话精神。会议强调，全省各级各方面要坚持把依法维护农民权益作为出发点和落脚点，坚持农村土地农民集体所有制不动摇，坚持家庭承包经营基础性地位不动摇，确保党中央关于农村土地制度改革的决策部署落到实处。要用好确权登记颁证成果，加强承包耕地用途管制，深化农业供给侧结构性改革，推动农村产业发展迈上新台阶。要加强对人口普查工作的组织领导，严格执行普查方案，提高数据采集质量和覆盖面，确保顺利完成人口普查任务。

【贯彻落实中央经济工作会议精神】2020年12月23日，省委常委会召开扩大会议，传达学习中央经济工作会议精神，研究部署全省贯彻落实工作。

会议指出，这次中央经济工作会议是在“十三五”即将收官、开启全面建设社会主义现代化新征程的关键节点召开的一次重要会议。习近平总书记的重要讲话，深入分析国际国内经济形势，全面概括2020年和“十三五”时期取得的成绩，系统部署明年经济工作，具有很强的政治性、战略性和指导性，提供了思想指引和行动指南。李克强总理对明年经济工作进行了安排部署。全省各级各方面要深入学习领会、把握精神实质，结合实际抓好贯彻落实。

会议指出，今年是新中国历史上极不平凡的一年。面对严峻复杂形势，以习近平同志为核心的党中央精心谋划部署、果断采取行动、作出艰苦努力，交出了一份人民满意、世界瞩目、可以载入史册的答卷。这样的成绩来之不易，最根本的在于习近平总书记的运筹帷幄和定向把舵，在于党中央的科学决策和坚强领导，在于我国社会主义制度的显著优势。

会议强调，明年是具有特殊重要性的一年，做好经济工作至关重要。要充分认识党中央关于经济形势的科学判断，切实把思想和行动统一到习近平总书记重要讲话精神上来、统一到党中央决策部署上来，增强做好经济工作的责任感和紧迫感。要深刻领会党中央关于“五个根本”的规律性认识，把这些宝贵经验贯穿到甘肃省经济社会发展全过程，一以贯之地坚持好落实好。要紧紧围绕党中央关于经济工作的总体要求和政策取向，坚持稳中求进工作总基调，深入贯彻新发展理念，坚持用系统观念谋划推动经济社会发展。要准确把握党中央关于构建新发展格局的安排部署，找准甘肃在国内大循环和国内国际双循环中的比较优势，抢抓难得机遇加快发展步伐。要全面落实党中央关于加强党对经济工作领导的要求，切实增强政治敏锐性和政治鉴别力，把解放思想作为先导，不断提高专业化水平，努力成为贯彻新发展理念、构建新发展格局、推动高质量发展的行家里手。

会议强调，要确保“两节”期间农副产品充足供应，排查化解安全生产隐患，保障农民工工资发放和群众冬季取暖，解决好群众“急难愁盼”问题。要严格落实“过紧日子”要求，树立正确政绩观，不断调整优化财政支出结构。要扎实做好常态化疫情防控，毫不放松抓好“外防输入、内防反弹”工作，巩固和保持良好发展局面。

重要决定

【中共甘肃省委　甘肃省人民政府关于授予2019年度全省脱贫攻坚奖的决定】（甘委〔2020〕37号，2020年4月27日）。2019年，全省上下以习近平新时代中国特色社会主义思想为指导，全面贯彻中共十九大和十九届二中、三中、四中全会精神，贯彻落实习近平总书记对甘肃重要讲话和指示精神，坚持把打赢脱贫攻坚战作为首要政治任务和底线任务，牢牢扭住脱贫目标标准，紧紧围绕提高脱贫质量，以深度贫困地区和特殊困难群体为重点，落实“一户一策”各项举措，实施产业扶贫和“3+1”冲刺清零专项行动，把突出问题整改贯穿全过程，着力夯实精准帮扶、产业扶贫、各方责任、基层队伍、工作作风“五个基础”，推动全省脱贫攻坚取得显著成效。一年来，重点领域主要任务基本实现清零，“两不愁三保障”任务基本完成，贫困县、贫困乡、贫困村数量明显减少，贫困人口由2018年底的111万减少到17.5万，贫困发生率由5.6%降至0.9%，为如期打赢脱贫攻坚战、实现全面建成小康社会目标奠定坚实基础，涌现出一批敢死拼命、扶贫济困的先进集体和先进个人。

为表彰先进、鼓舞斗志，调动各级各方面决胜全面小康、决战脱贫攻坚的积极性、主动性，根据《甘肃省脱贫攻坚奖励办法》等规定，省委、省政府决定授庆阳市扶贫开发办公室等20个先进集体和梁建玲等19名先进个人2019年度全省脱贫攻坚奖。希望受表彰的集体和个人，珍惜荣誉，再接再厉，再创佳绩。

【中共甘肃省委　甘肃省人民政府关于表彰甘肃省劳动模范和先进工作者的决定】（甘委〔2020〕107号，2020年12月4日）。2015年甘肃省劳动模范和先进工作者表彰大会以来，全省广大工人和劳动群众坚持以习近平新时代中国特色社会主义思想为指导，全面贯彻中共十九大和十九届二中、三中、四中、五中全会精神，立足本职、开拓进取，攻坚克难、顽强拼搏，积极投身全面建成小康社会伟大实践，在决战脱贫攻坚、全面深化改革、统筹疫情防控与经济社会发展各项工作中创造了不平凡的业绩，各行各业、各条战线涌现出一大批锐意进取、实干担当、无私奉献的模范人物，为表彰他们的突出贡献和先进事迹，弘扬爱岗敬业、争创一流、艰苦奋斗、勇于创新、淡泊名利、甘于奉献的劳模精神，激励全省人民建功新时代，再创新业绩，省委省政府决定，授予董霞等213人甘肃省劳动模范，授予李慧等86人甘肃省先进工作者称号。

【中共甘肃省委　甘肃省人民政府关于命名表彰第十五批省级精神文明建设先进集体、先进工作者和第三届甘肃省文明家庭、第二届省级文明校园的决定】（甘委〔2020〕114号，2020年12月22日）。中共十九大以来，全省各地各部门坚持以习近平新时代中国特色社会主义思想为指导，深入学习贯彻习近平总书记关于加强社会主义精神文明建设的重要指示精神，全面落实习近平总书记对甘肃重要讲话和指示精神，增强“四个意识”、坚定“四个自信”、做到“两个维护”，弘扬社会主义核心价值观，推进社会主义精神文明建设，开展文明城市、文明县（区）、文明村镇、文明单位、文明家庭、文明校园创建活动，干部群众思想觉悟、道德水准、文明素养和社会文明程度显著提升，城乡环境面貌、社会公共秩序、公共服务水平、群众生活质量持续改善，广大群众获得感、幸福感、安全感不断增强，精神文明建设取得明显成效，涌现出一批工作基础扎实、创建效果突出、群众高度认可、在全省具有示范作用的先进典型。

为全面展示全省精神文明建设丰硕成果，激发各地各部门参与精神文明建设的积极性、主动性、创造性，按照注重创建实效、突出群众满意的原则，经过严格规范评选，省委、省政府决定，授予定西市省级文明城市称号，授予崇信县等12个县（区）省级文明县（区），授予兰州市西固区达川镇等286个村镇省级文明村镇，授予甘肃省委统战部等188个单位省级文明单位，授予嘉峪关市钢城街道紫轩社区等47个社区省级文明社区，授予刘卫华等98人省级精神文明建设先进工作者，授予刘福等30户家庭省级文明家庭，授予陇南师范高等专科学校等137所学校省级文明校园。

【中共甘肃省委　甘肃省人民政府关于补充调整马永强等130人为甘肃省领军人才的决定】（甘委〔2020〕118号，2020年12月28日）。为认真贯彻落实人才强省战略，根据《甘肃省领军人才队伍建设实施办法》，围绕甘肃省十大生态产业、战略性新兴产业、地方特色优势产业等重点产业和脱贫攻坚、生态环保、教育及医疗等重点领域发展需求，在逐级推荐遴选、专家评审、省委人才工作领导小组会议研究的基础上，省委、省政府决定，补充调整马永强等130人为甘肃省领军人才。甘肃省领军人才实行聘用制，聘期3年。聘期内，享受《甘肃省领军人才队伍建设实施办法》规定的有关待遇。

省委办公厅工作

【政治建设】坚持把加强党的政治建设摆在首位，发挥政治“指南针”作用，教育全厅党员干部不断增强“四个意识”、坚定“四个自信”、做到“两个维护”，始终在思想上政治上行动上同以习近平同志为核心的党中央保持高度一致。学习习近平新时代中国特色社会主义思想。坚持及时跟进学，厅务会充分发挥引领示范作用，在抓好自学基础上，及时召开厅务会会议，传达学习习近平总书记发表的重要讲话、党内重要法规和党中央重大决策部署，反复学习领会习近平总书记对甘肃重要讲话和指示精神，研究贯彻落实措施。坚持交流研讨学，在每次集中学习中，厅务会成员和各处室主要负责同志都带头交流学习心得，着重围绕学习《习近平谈治国理政（第三卷）》和中共十九届五中全会精神，召开厅理论学习中心组学习会议和党支部（总支）专题学习会。坚持辅导授课学，收集省委理论学习中心组学习专家授课视频，组织全厅党员干部集中观看，适时邀请专家学者对理论热点进行辅导解读，帮助党员干部深刻领会党的创新理论精神实质。严守中共政治纪律和政治规矩。全厅党员干部认真贯彻落实党中央决策部署，始终做到党中央提倡的坚决响应，党中央决定的坚决照办，党中央禁止的坚决杜绝。严格落实民主集中制，办公厅“三重一大”事项全部提交厅务会会议集体研究决定，全年召开厅务会会议10次、研究重大事项31项。坚决落实重大事项请示报告制度，按规定及时向省委请示报告重大问题、重要事项、重要工作进展情况。厅务会成员带头过好双重组织生活，都以普通党员身份参加了所在党支部的活动。严格落实领导干部讲党课制度，省委办公厅主任、驻厅纪检监察组组长分别向全厅党员作了党课辅导，其他厅务会成员都到分管处室或所在支部讲了党课。认真履行管党治党主体责任。省委常委、省委秘书长石谋军带头履行主体责任，对厅务会成员和全厅党员干部旗帜鲜明讲政治、严守纪律规矩提出明确要求。其他厅务会成员自觉履行分管责任，加强对分管处室党员干部教育管理监督，切实把责任和压力传导到“神经末梢”。密切关注全省重大舆情动态，为省委及时妥善处理重要舆情事件提供决策参考。按照省委“四抓两整治”部署要求，各支部（总支）每个月对问题进行摸排，及时召开专题组织生活会，引导党员从严从实反躬自省。

加强警示教育工作，严格落实谈心谈话制度，引导党员干部筑牢拒腐防变思想防线。积极配合驻厅纪检监察组工作，对交办的问题线索认真核查处置，切实维护党纪党规的严肃性。

【决策落实】发挥抓落实基本职能，聚焦抓落实的重点，创新抓落实的举措，优化抓落实的机制，督促全省各级坚决贯彻落实好党中央和省委决策部署。推动习近平总书记对甘肃重要讲话和指示精神落实。始终把推动落实党中央重大决策部署作为重中之重，围绕贯彻习近平总书记对甘肃重要讲话和指示精神抓落实，对贯彻落实情况及时向党中央作出报告，有关情况被中央办公厅《工作情况交流》刊登。组织力量对习近平总书记2019年来甘各视察点发展变化情况进行全面系统回访调研，推动解决敦煌研究院文保队伍编制、“八步沙”区域压沙面积增扩和经费保障、培黎职业学院建成当年招生等具体问题，提出将嘉峪关长城纳入国家文化公园建设等意见建议，得到省委主要领导肯定和国家有关部委的支持。明确专人专班盯住督办习近平总书记重要批示，以政治要件形式立项办理习近平总书记关于疫情防控、整治冒名顶替上大学、山丹马场生态保护等问题的重要批示，督促责任单位按照中央要求抓紧推进情况摸排、问题整改、报告反馈等工作，做到落实有力、反馈及时。梳理年底前应向党中央报告的重点工作，督促提醒各牵头单位提早准备、按期报送，坚决防止迟报漏报问题。抓好省委重大决策部署贯彻落实。坚持清单化管理，对照省委有关文件会议部署的重要工作，梳理出1409项重点落实任务；对照省委常委会会议议定的事项，梳理出154项重点落实任务，分别建立抓落实工作台账，逐一明确落实责任部门和完成时限。凝聚抓落实合力，发挥“四大家”秘书长联席会在推动落实中的作用，省委常委、省委秘书长定期召集省人大常委会、省政府、省政协秘书长和有关部门负责同志，统筹谋划、协调推动省委阶段性重点工作，努力使各方面工作与省委安排同频共振、形成合力。加强督查督办工作，对脱贫攻坚、祁连山环保问题整改、中央八项规定精神执行新冠肺炎疫情防控、落实“六稳”“六保”任务等工作落实情况开展了实地督查。抓好报告反馈工作，先后向省委报告督查调研掌握情况50次，每月向省委汇总报告领导批示件办理情况，以《要事跟进》形式及时向省委反馈各地各部门贯彻落实省委专项工作部署情况，做到事事有回音、件件有结果。坚持把挂牌督战作为落实脱贫帮扶责任的重要举措，定期督查排查，推动东乡县脱贫攻坚各项工作任务落地落实，东乡县实现历史性脱贫摘帽。加快推进全省安可替代工程。持续落实为基层减负各项措施。认真履行为基层减负专项机制牵头单位职责，研究制定关于持续解决困扰基层形式主义官僚主义问题的通知，从精文减会、提升督查检查考核实效等8个方面提出23条具体措施。坚持以上率下，严守精文减会硬杠杠，确定省委文件“十不发”情形，严把省级会议审批关，全年省级党政机关制发文件、召开会议分别同比减少43%、52.8%；办公厅带头开短会，召开的会议一般在1小时以内，会议时长较以前大幅压缩。对全省督查检查考核事项进行计划管理和报备审批，省级层面督查检查考核事项同比减少29.4%。着眼整治基层反映强烈的指尖上的形式主义问题，对全省各级规范使用移动互联网应用程序作出安排，督促各级各方面认真清理整合手机政务信息平台、应用程序、工作群和公众号。同时，注重为省委领导“减负”，省委常委会会议议题一般控制在10个以内，专项会议时长压减到1个半小时以内，提交省委的专项报告和综合报告字数一般控制在3000字和5000字以内，让省委领导腾出更多的时间和精力谋大局、抓大事、促落实。

【规范运行】着眼解决“三服务”工作中存在业务不规范、制度不完善、执行不严格等问题，坚持从健全制度抓起、从办公厅自身做起，带头严肃按规矩办事的纪律，严格执行各项制度规范，推动全省各级不断形成规范办文办事办会的自觉。补齐制度短板。把健全完善制度作为推动规范运行的根本来抓，有针对性地补齐制度上的漏洞和工作衔接上的盲点。围绕解决省委办公厅服务省长、省委专职副书记和其他常委没有制度规范依据的问题，研究制定《关于进一步规范完善省委领导政务服务工作的补充规定（试行）》和《关于进一步规范完善工作运转的补充规定（试行）》，对省委领导同志阅文、参会、调研、陪餐、批示、采访等政务活动的服务工作进行了规范完善，着力提升服务保障省委高效运转的能力水平。围绕解决公务接待责任单位不明晰、执行中存在随意性的问题，研究制定《关于规范公务接待归口管理的补充规定》，按照对口原则，明确“四大家”办公厅及省军区、省法检两院等部门公务接待工作职责和具体分工，推动工作运行更加高效顺畅。围绕解决长期存在的公文“体外循环”“带病运转”等问题，研究制定《关于进一步规范省直部门公文处理工作的通知》，对省直部门公文拟制、审核、办理、报送、阅读和管理等工作提出规范要求，以规范提升公文运转质量，切实维护公文的政治性和严肃性。规范工作流程。自觉落实规范要求，以办公厅自身工作规范引领带动全省各级各部门工作规范。在活动安排上，每月汇总整理省委重要工作预安排、每周梳理汇总省委领导活动预安排，活动安排的前瞻性、规范性、统筹性增强；严格按照中央八项规定及其实施细则精神，认真落实省委领导会见陪餐服务规范，坚决落实省委领导考察调研轻车简从要求，最大限度减少随行人员数量，切实杜绝层层多人陪同，以前基层接待中"搞变通"增加陪同人数、"突然袭击"请求与领导同志合影等情况明显变少。在会议组织上，严格按请示审签、议程设定、参会范围、请假审批等流程规范执行，会议承办部门（单位）对省委办公厅规范会议管理和会务工作的硬措施已从最初的抵触观望、消极应对转变为理解认可、全力配合，省委召开的有关会议上，交流发言人员鞠躬致意等不规范问题杜绝。在文电运转上，对收文、发文工作标准流程等进行全面规范，严格把好公文出口关和入口关，确保制发的文件在政治政策、法律法规、格式体例等方面完全符合规定要求，呈送省委的各类请示报告在文种格式、理由依据、内容措施等方面过关过硬，全年审核印发各类文件电报429件，处理各类请示报告3795份，文件运转的规范性加强。在备案审查上，建立贯通省市县党委、覆盖省直部门党组（党委）的备案审查工作体系，细化明确登记、审查、报批、反馈、归档全流程工作规范，跟踪督办"问题文件"后续处理情况，全年向党中央报备省委党内法规和规范性文件52件，备案审查各地各部门党委（党组）规范性文件701件。推动规范要求落地生根。围绕提升党办工作规范化、精细化、科学化水平，举办全省党委办公部门业务培训班，对规范督查、法规、文电运转、服务保障等工作进行专题辅导，明确了规范的思路、强化了规范的理念、体现规范的导向、释放规范的信号。办公厅有关处室主动担当，对工作运行不规范、执行制度不严格等问题及时"亮剑"，越级汇报的工作一般不予安排，违规邀请省委领导出席活动或作批示、写贺信的坚决回绝，未在规定时间内提请省委常委会会议研究的议题一般不予受理，"带病"文件坚决退回。对各地各部门出现相关问题的，第一次约谈提醒，形成备忘录；第二次严肃批评，形成会议纪要；第三次在一定范围通报，问题严重的坚决问责。针对省直有关部门文件运转不遵守行文规则等问题，对责任单位负责同志进行专门约谈，形成约谈备忘录，督促各部门各单位严肃认真、严谨规范做好相关工作，起到了有效的警示作用。

（供稿：张红波　祁国磊）

组织工作

【干部队伍建设】围绕建立干部工作"五大体系"，积极稳妥推进干部选任制度改革，不断提高选人用人质量，着力建设忠诚干净担当的高素质干部队伍。严把干部选拔任用政治标准。坚持把政治标准放在首位，修订完善政治素质考察办法，建立干部政治素质档案，把政治素质考察作为干部选拔任用的必经环节，确保选出来的干部政治上过硬。2019年度考核中，对政治素质测评得分低于90分的省管班子和省管干部取消评优资格，对低于80分的班子和干部督促抓好整改。扎实开展领导干部个人有关事项报告专项整治，查核一致率提高到92.84%。着力提升选人用人科学化水平。健全完善省管干部调研研判、动议、征求意见、任免等制度，每半年开展一次覆盖所有省管领导班子的干部大调研，对拟提拔调整的全部进行集中研判，对缺额岗位按1∶3或1∶2的比例提出初步人选，全方位立体化比选择优。近两年，省委提拔使用的干部得到干部群众普遍认可，选人用人工作满意度显著提升。多措并举激励干部担当作为。牢固树立有为者有位的鲜明导向，大力选拔使用敢于担当、实绩突出、群众公认的优秀干部，持续整治不担当不作为突出问题，充分发挥职务与职级并行制度激励作用，多措并举激励干部担当作为。严格执行"三个区分开来"要求，对处分期满、表现突出的厅级干部重新进行使用，有效激发干部干事创业热情。大力培养选拔优秀年轻干部。加大年轻干部提拔使用力度，对政治过硬、历练扎实、表现突出的及时提拔使用，全省70后厅级干部人数大幅增加，省管干部平均年龄持续下降，干部队伍老化势头得到有效遏制。坚持多岗位锻炼培养，从贫困县提拔一批县委副书记、常务副县长到省直部门任职，选派部分40岁左右优秀年轻干部担任县区党政正职。连续三年每年拿出1000个名额定向选调优秀大学生，从源头上储备了一批年轻干部。切实提高干部考核精准度。认真贯彻考核工作条例，修订市州、省直部门、省属企事业单位等8个分类考核办法，实行领导班子差异化考核和正副职分类评价，增强考核评价区分度。省委专门召开考核讲评大会，对考核优秀的表扬嘉奖，对一般的班子责令整改，对基本称职、不称职的干部进行组织处理，在干部队伍中引起强烈震动，我省做法得到中组部充分肯定。清理规范"一票否决"和签订责任状事项，省级由82项精简为10项、减少87.8%，市州层面减少85.5%。着力提升公务员管理工作水平。从严把好公务员队伍源头关，2020年全省"四级联考"招录2018人，全日制本科及以上学历占93.2%。深化公务员分类改革，稳步推进工资审批制度改革，不断巩固公务员职务与职级并行制度实施成果。制定公务员调任规定实施细则，规范公务员调任转任工作。做好公务员及时奖励，对脱贫攻坚、疫情防控中表现突出的6人记三等功、42人给予嘉奖。

【基层党组织建设】牢固树立大抓基层的鲜明导向，紧盯基层党建工作的重点难点和薄弱环节，创新思路举措，加强督促指导，着力推动各领域基层党组织全面进步、全面过硬。持续深化党支部建设标准化，及时修订完善各领域《党支部建设标准化手册》，压紧压实组织部门督促指导责任和县乡党委推进落实责任，有效推动了基础工作全面规范、基本制度有效落实、基本能力

普遍提高。指导基层党支部常态化开展达标争创，督促每个党支部照着标准做、按照制度办，在全省选树1000个先进党支部，示范带动各领域党支部全面提升工作水平。扎实推进党建工作信息化，整合全省各类党建网站资源，建成并不断完善“甘肃党建”信息化平台，充分发挥平台的学习、管理和标准化应用等功能，以信息化手段推动标准化建设各项任务落实。截至2020年底，全省已有167万名党员在平台注册，占96.5%，有7.1万个党支部在线开展组织生活，占99.6%，日均活跃用户50万以上，实现了广大党员在线学习、支部活动在线组织、上级党组织在线管理。深入推进“四抓两整治”重点措施，在抓带头人队伍建设上，从街道（乡镇）选派1141名干部担任社区党支部书记，在2019年选聘2040名专职化大学生村党组织书记的基础上，2020年又选聘2001名，专职化村党组织书记总数占比超过全省行政村四分之一。在抓阵地建设上，列支省管党费5706万元，改造提升村（社区）活动场所427个，全省95.4%的村级活动场所面积达到120平方米以上，92.3%的社区活动场所面积达到200平方米以上。在抓党内政治生活上，充分运用“甘肃党建”信息化平台，对各领域基层党组织开展组织生活情况按月度、季度和年度在线督办提醒，对组织生活开展率较低的15个单位主要负责同志进行约谈，传导责任压力。全省党支部党员大会召开率、支委会召开率、主题党日开展率、讲党课率分别提高到99%、99.1%、97.7%、98.8%。在抓基层基础保障上，将村干部报酬提高到3万元，“一肩挑”的达到4.5万元；村级办公经费提高到5万元，社区工作经费达到10万元以上，企业党建工作经费按照上年度职工工资总额1%的比例纳入年度预算。整合3.85亿元扶持770个村发展集体经济，村集体经济年收入5万元以上的占42.9%。在大力整治战斗力不强基层党组织上，排摸整顿战斗力不强的基层党组织1956个，对整顿效果开展群众知情度满意度测评，做到真整治见实效。

【人才队伍建设】深入贯彻习近平总书记关于人才工作重要论述，先后召开2次人才工作领导小组会、12次人才工作专题会和联络员会议，扎实推动重点任务落实，着力解决“痛点”“堵点”问题，为全省经济社会发展提供有力支撑。持续深化人才发展体制机制改革。扎实推进事业单位薪酬制度、岗位设置制度、科技成果转移转化制度等四项改革，下放绩效工资分配和总量审核等权限，为1857名高层次人才、6624名乡村教师和艰苦边远地区专业技术人才单列岗位。我省职业院校薪酬待遇、基层高级职称单独评审的做法，分别被教育部、人社部宣传推广。大力引进高层次和急需紧缺人才。按照“引一人、增一编”的方式，拿出1000个事业编制用于省属高校和科研院所引进高层次人才，省属事业单位引进高层次人才932名、同比增长65.8%，省属重点企业引进人才6573名、同比增长49%。

着力强化人才培养使用。指导有关行业部门制定3年规划，加强六支人才队伍建设。加大高精尖人才培养扶持力度，对遴选的25名省拔尖领军人才每人每年资助50万~300万元，对考核优秀的37名省领军人才一次性给予20万元奖励。着力搭建人才干事创业平台，全年获批各类国家级平台9个，实施省级重点人才项目216个。不断优化人才发展环境。严格落实党委联系服务专家制度，省领导联系服务专家64人，省直有关单位班子成员联系各行各业领军人才近千人。深入开展“弘扬爱国奋斗精神、建功立业新时代”活动，举办高层次人才国情研修班，组织专家疗养和健康体检。全面推行“陇原人才服务卡”制度，为7765名高层次人才在就医保障、子女入学等9个方面开辟绿色通道，政策环境对人才的吸引力进一步增强。

（供稿：管良剑）

宣传工作

【思想理论建设】坚持以“关键少数”为引领，组织省委理论学习中心组学习会13次，研讨交流4次，在各级党报刊物上发表中心组成员撰写的心得体会文章27篇。组织各市州、省直各单位认真学习中宣部下发的《党委中心组学习参考》7期。制定《学习贯彻党的十九届五中全会精神全省集中宣讲工作方案》，组建20组省委宣讲团，编写宣讲提纲、理论宣讲工作学习资料，17位省领导分赴省内17所高校宣讲全会精神，组建“博士生宣讲团”走近青少年群体、讲进青少年心里。策划举办新时代·新思想“甘肃金控杯”全省理论宣讲大赛，300多万人收听收看决赛。实施“基层宣讲面对面”示范点工程，建立1个省级示范点，带动建成108个市、县级示范点。2020年全省共组织开展理论宣讲活动14万场次，覆盖受众1170万人次。理论宣讲三项工作获中宣部表彰，其中先进集体2个，先进个人1名，优秀理论宣讲公众号1个，获奖项目及数量均创历史新高。形成《新发展格局下甘肃的机遇、挑战与对策》等决策咨询报告，《甘肃精神在新时代的传承和弘扬》获批中宣部马克思主义理论研究和建设工程重大课题。推出16篇“辛理瑄”署名文章，在中央“四报一刊”发表理论文章29篇。全年国家社科基金项目立项123项，省社科规划项目立项重点项目17个、一般项目155个。制定《2020—2024年全省哲学社会科学教学科研骨干研修工作规划》《2020年全省哲学社会科学教学科研骨干研修实施方案》，举办两期教学科研骨干研修班，全省18名专家新增为国家社科基金项目评审专家。

【宣传交流】开展粤港澳主流媒体甘肃行、2020“范长江行动”、海外社交媒体探访甘肃等活动，“报网端微”发稿200余篇，覆盖量超150万人，多地掀起“甘肃热”。在推特、脸书、照片墙开设甘肃账号6个。编撰发行中哈、中塔、中乌等共建“一带一路”国家《友好关系发展史》。实施“丝绸之路·敦煌文化”翻译工程，《敦煌岁时节令》日文版、“数字敦煌”资源库更新和全球推广、中国—巴西中医药国际合作基地等三个项目入选中宣部“中华文化走出去”资助项目，共资助170万元。举办2020全球减贫伙伴研讨会，向世界展示电商扶贫等减贫经验。依托公祭伏羲大典、“一带一路”美丽乡村论坛、兰洽会、药博会等重要节会，广泛宣传展示甘肃形象。开展对外宣传甘肃优秀工作奖及新闻作品奖评选。开展“丝路请柬”——甘肃民族文化交流走进柬埔寨活动，在甘肃兰州和柬埔寨金边举办了启动仪式，在金边市举办线下展览。召开省委首场新闻发布会，全省召开发布会416场、其中省政府发布会90场。“甘肃发布”发布信息4.58万条、增长2.5倍，年阅读量达5.75亿人、增长3.2倍，获得2020年人民号年度“优秀政务号主”和澎湃新闻2020年度最佳政务传播“省级传播奖”。

【思想道德建设】制定印发《甘肃省贯彻落实〈新时代爱国主义教育实施纲要〉若干措施》，建立甘肃省革命历史类纪念设施、遗址和省级以上爱国主义教育基地工作联席会议制度，夯实爱国主义教育工作基础。联合15个省直部门在临夏州广河县举办“三下乡”集中示范暨“我们的中国梦”文化进万家活动启动仪式，支持广河县资金、项目、物资约4.7亿元。印发深入开展制止餐饮浪费行为宣传教育工作方案，召开全省工作视频会，教育系统“珍惜粮食、崇尚节俭”主题教育活动在西北师范大学启动，营造浪费可耻、节约光荣的浓厚氛围。做好庆祝建党100周年策划筹备工作，向中宣部报送甘肃省党史资料和革命历史文物48件，参加中国共产党历史展。深入推进全省大中小学思政课一体化建设，召开全省大中小学思政课改革创新研讨会。发布《关于对2020年“感动甘肃·陇人骄子”拟表彰人选进行公示的公告》，公示对象包括天津市对口支援甘肃工作前方指挥部等2个先进集体和张浩军等18名先进个人。

（供稿：陈文山）

精神文明建设

【公民道德建设】制定出台《甘肃省贯彻落实〈新时代公民道德实施纲要〉若干措施》《甘肃省贯彻落实〈新时代爱国主义教育实施纲要〉若干措施》，颁布施行《甘肃省文明行为促进条例》，鼓励各地出台规范文明行为方面的政策法规。举办主题活动3万余场，发布专题专栏、公益广告、相关稿件10万余条，覆盖人群超过1500万人次，推动社会主义核心价值观内外于心、外化于行。30人荣获第七届甘肃省道德模范称号、98人被评为省级精神文明建设先进工作者，受到省委、省政府表彰；评选市州“身边好人”663人、“甘肃好人”129人，入选“中国好人”26人，各项数据均创历史新高。2020年省、市两级累计向道德模范和文明家庭发放慰问金100余万，较2019年翻一番。

【未成年人思想道德建设】修订完善未成年人思想道德建设工作测评体系，推动测评实现全省市州、县区全覆盖，未成年人思想道德建设工作逐步实现常态化、制度化、规范化，5家单位、4名个人分别被授予全国未成年人思想道德建设先进集体和先进工作者，3座城市、9个县区、43家单位、51名个人被评为省级未成年人思想道德建设工作先进集体和先进工作者。开展“扣好人生第一粒扣子”主题教育和“新时代好少年”学习宣传活动，1人荣获全国新时代好少年荣誉称号，40人被评为“新时代甘肃好少年”，各市州共评选出“新时代好少年”400名，激励引导广大青少年争做时代新人。编制完成《甘肃省未成年人心理服务体系建设规划》，开展未成年人心理健康培训文明实践示范活动，全省未成年人心理健康教育迈上新台阶。投入资金3651万元，新建乡村学校少年宫89所，组织开展各类学习、教育、培训活动1.8万场次，全省97%以上的农村青少年从中受益。

【社会新风弘扬】广泛开展以“窗明几净”“村庄清洁”“垃圾不落地”“化解纠纷、和睦家庭”“拒绝高价彩礼”“公筷公勺”“光盘行动”“礼让斑马线”“陇原好网民”“今天我是青年志愿者”等为主要内容的“做文明有礼甘肃人”十大文明行动的同时，倡议“文明餐桌”“文明旅游”，倡导“车让人、人快走”“一盔一带”，倡行爱国卫生运动，用“小行动”带动“大文明”，人居环境不断改善，垃圾分类开始普及，公筷公勺分餐夹成为习惯，厉行节约蔚然成风，全省交通事故发生率同比下降40%，社会文明新风逐步养成。

（供稿：丁凯凤）

统一战线工作

【多党合作】制定年度政党协商计划，开展专题协商4次、调研协商3次，助力解决全省经济社会发展中的重点难点热点问题。部署开展建言“十四五”行动，支持民主党派、工商联和无党派人士开展深度调研，建言献策，提出高质量意见建议130条。贯彻落实中央关于加强参政党建设各项决策部署，出台民主党派省委会直接向中共甘肃省委提出意见建议、邀请民主党派省委会负责人和无党派人士参加中共甘肃省委领导有关活动、省

甘肃年鉴 2021

委统战部密切联系民主党派省委会和无党派代表人士三项制度。

【民族工作】推进民族团结进步“一廊一区一带”创建行动，出台全省民族团结进步示范区示范单位命名办法和教育基地命名办法，促进民族团结和谐。统筹落实“五个甘肃”，形成了统筹推进、各具特色、协调发展的民族团结进步创建新格局。开展第17个民族团结进步宣传月活动，组织民族宗教理论政策“百场万人”下基层大宣讲36场、覆盖3万多人，举办天祝、肃北、东乡3个自治县成立70周年庆祝活动，命名第七批全省民族团结进步示范区示范单位，创建8个全国民族团结进步示范区示范单位。学习贯彻中央第七次西藏工作座谈会精神，召开省委涉藏工作会议，全面部署当前和今后一个时期涉藏州县发展稳定各项工作任务。

【民营经济】拓展“千企调研纾困”行动，协调解决涉企问题869件，推动全面复工复产、复商复市。制定民营经济统战具体举措及任务分工，召开全省民营经济统战工作会议，印发《关于有效解决当前民营经济统战工作几个突出问题的意见》。

（供稿：何标兵）

政策研究

【调查研究】组织43人次外出调研，形成的调研报告有36份。聚焦统筹疫情防控和经济社会发展、巩固拓展脱贫攻坚成果同乡村振兴有效衔接、黄河流域生态保护和高质量发展、推动科技创新、“十大生态产业”发展、“一带一路”建设、改善和优化营商环境等重点问题，提出有针对性和可操作性的政策建议。立足全省脱贫攻坚任务即将完成和全面建成小康社会、“十三五”收官和“十四五”开局的特殊节点，研究确定21个重点研究课题，采取自我调研和委托智库单位研究相结合的方式开展调研，形成一批研究成果。编发《调查与研究》12期、《改革动态》130期、《智库专呈》14期、《甘肃数据》4期，1篇典型经验材料被中央改革办专期刊发，10篇改革案例入选中央改革办案例选编，4期《智库专呈》得到省委领导批示。

【文稿起草】全年起草省委领导讲话和重要文稿549篇，审改新闻稿310篇。

【服务深化改革】研究制定省委全面深化改革委员会2020年工作要点、工作台账，确定8个领域192项改革任务，筹备召开6次省委全面深化改革委员会会议，审议通过14个重要改革方案。对机构改革中国有资产处置情况进行专项调研，聚焦存在问题提出了若干对策建议。遴选出17项标志性、基础性改革事项，由省委全面深化改革委员会委员领衔落实。在省级层面统一部署17项督察任务，由省委改革办、各专项小组分别组织开展。牵头对国企混改、城乡居民医保支付方式改革等文件落实情况进行专项督察，配合中央改革办开展了农村人居环境整治三年行动工作落实情况督察。对72个省直部门、14个市州和兰州新区的全面深化改革工作实绩进行考评。先后委托省委党校（甘肃行政学院）、兰州大学金融学院等作为第三方评估机构，对“多证合一”、构建绿色金融体系等6项改革开展评估。

（供稿：胡　蓉）

全面深化改革工作

【改革举措与督查】2020年，甘肃省召开6次省委深改委会议，制定年度改革工作要点、工作台账；完成各领域各方面改革督察任务15项，

提交意见建议和专题报告70余篇，梳理形成法制建设、经济体制和生态文明体制2个领域、20篇高质量改革建言成果，为省委深改委科学谋划改革工作提供了决策参考。改革智库参与成效评估，引进省委党校、兰州大学等第三方机构，完成生态文明体制、“多证合一”等改革成效评估，开展绿色金融、涉农资金统筹整合长效机制、教育综合改革等成效评估。经济体制和生态文明体制改革专项小组组织30个成员单位梳理重要改革事项，突出每项改革举措的改革路径、成果形式、时间进度，确保改革任务如期完成。纪律检查体制改革专项小组细化完善全面从严治党责任制度、推动政治监督具体化常态化等11个方面39项具体任务。司法体制改革专项小组通过组建微信群、定期听取汇报、适时座谈交流、开辟宣传专栏等方式，加强与各市（州）司改办的联系沟通，及时交流经验做法，总结巩固改革成果。社会事业领域改革专项小组制定“督察方案”，督促各牵头单位实事求是反映改革进展和效果，总结经验做法，查找问题根源，提出具有针对性、可操作性的意见建议。党的建设制度改革专项小组按照谁制定、谁督察的原则，及时督促成员单位和处室加大对已出台改革举措落实情况的督促检查力度，统筹推动各项改革措施有效落实、持续释放改革效应。

【“放管服”改革】推进“不来即享”作为深化“放管服”改革。建成涉企政策精准推送和“不来即享”服务平台，全省适用的428项税收优惠政策全部实现“不来即享”。推进“网上办事”“不见面审批”，政务服务网接入省市县三级依申请类政务服务事项5.7万余项，归集共享电子证照182类1020万条，网上可办率超过92%。全省新设立企业登记注册1天办结率达到92.5%，新设立市场主体28.07万户，同比增长8.02%。

【国资国企改革】2020年，“双百行动”和“科改示

范行动”扎实开展。落实董事会职权试点深入推进，党的领导与公司治理进一步融合，经理层任期制和契约化管理取得实质性进展。国资监管职能加快转变，国有资本授权经营体制改革不断深化，国有资产保值增值水平有效提升。十大产业集团实现规范运营，国有资本配置效率明显提升，国有资本布局和结构进一步优化。国有企业办社会职能分离移交基本完成。省属国有企业混合所有制改革稳步推进，全年引进各类社会资本投资者159家，引入资本46.16亿元，完成混改项目106个、占比超过45%的既定目标。

（供稿：徐　昕）

巡视工作

【专项巡视】4月至5月，省委组建10个巡视组，对除嘉峪关市之外的13个市（州）、67个已脱贫县（市、区）和8个未脱贫县，开展脱贫攻坚专项巡视。按照“督战结合、既督又战”的工作思路，坚持巡视与巡察联动、与行业监管结合、与专项治理贯通、与检视清零衔接，以督促解决问题为基本职责，既对决战决胜“一号工程”进行全面检视、强力助推，又对各类监督检查发现问题进行大起底、大盘点，对照问题清单建立责任清单，以责任落实推动整改落实，各巡视组同市县乡各级领导干部10650人逐一见面，签字“背书”9703份，层层压实责任，与被巡视地方干部群众真正形成了“‘战’的共同体”。截至年底，中央脱贫攻坚专项巡视及“回头看”、中央纪委国家监委调研督导、国家脱贫攻坚成效考核反馈的问题，省扶贫办等相关职能部门各类监督检查发现的问题，省委脱贫攻坚专项巡视发现的2770个问题，全部整改到位。

【巡视指导督导】10月至11月，在中央第十五巡视组对甘肃省开展巡视同时，第十巡视指导督导组对省委巡视工作进行了指导督导。指导督导期间，中央巡视机构“讲师团”中央第十五巡视组组长苏波、指导督导组组长陈悦等分别作了4场专题辅导培训，指导督导组组织召开个别谈话、问题梳理、综合报告起草等8场专题辅导会，先后4次与领导小组、巡视办沟通会商，开展个别谈话55人次，查阅资料800份，赴6个市州及所辖部分区县下沉调研，提出口头参考建议80余条，书面参考建议13件。省委巡视办通过建立周例会、工作落实、沟通咨询、三专保障等机制，全方位、全过程、全要素配合指导督导工作，对标对表中央巡视，制定或修订制度10多项，编印《甘肃巡视巡察指导督导》14期，并将中央巡视经验全面推广运用到各巡视组和市县巡察、省直部门（单位）巡察工作中，有效推动提升了巡视巡察工作规范化水平。

【巡视整改】1月，组成3个督查组对第四轮巡视整改情况进行专项督查，将情况在全省范围内通报，推动整改任务落实。3月，召开第五轮巡视整改情况阶段性汇报会，听取9个党组织整改情况汇报，并现场进行点评，重点指出问题、提出加强整改的意见，推动抓好集中整改。12月，召开推动巡视整改工作座谈会，砸实靠牢整改日常监督责任，确保巡视移交的问题和问题线索全面整改处置到位。12月，第四、第五轮巡视整改完成率分别达到89%和84%。

（供稿：马彦东）

台湾事务

【陇台经贸合作】全省新增台商投资项目11个，到位资金7500万元；陇台贸易总额16亿元。印发《关于加强疫情防控做好台胞台商台企工作的通知》《关于进一步加强境外来甘返甘人员疫情防控的通知》；助推台资企业复工复产；统筹推动在甘台企逐步参与“互联网+”发展，拓宽对接内需市场渠道，改善经营状况；为在兰台资企业调拨购置口罩、酒精等10万元疫情防控物资；协调解决台资企业疫情期间办证、用工等困难，确保台资企业全部按期复工复产。邀请台商在陇西县、景泰县、甘州区等地考察洽谈特色农业合作事宜，组织台商考察广河县相关扶贫合作项目；协助全国台联组织实施“两岸青年电商直播实战研习营”活动，吸引广大台湾青年来甘就业创业；“厦洽会”期间，组织部分市州相关部门在厦门举办“甘肃省国家级经开区招商引资暨兰州市产业发展推介会”。

【陇台交流交往】全省以线上交流的方式开展陇台交流活动6项340人次，在大陆就业学习的台湾同胞来甘交流3项65人次，组织实施对台交流活动4项。开展“2020海峡两岸高校大气科学学术研讨会”“海峡两岸商法论坛”近10项线上学术交流活动。在甘肃天水和台湾新北两地同时举办2020（庚子）年公祭中华人文始祖伏羲大典暨海峡两岸第七届共祭人文始祖伏羲大典活动，台湾社会各界知名人士100人参加祭祀活动；指导甘肃陇台经贸文化交流促进会、兰州市文化联谊会举办“丹采龙光——两岸名家书画甘肃联展”“海峡两岸剪纸、书画艺术精品展”等其他民间交流活动。组织平凉市、泾川县相关人员赴福建省考察学习海峡两岸交流基地建设经验，支持指导平凉市和泾川县两级台办，根据《海峡两岸交流基地建设规划》，推进“西王母宫”基础建设，打造“海峡两岸交流基地”品牌。

【服务涉台事务】推动“31条措施”“26条措施”“11条措施”和甘肃省“惠台55条实施意见”落地落实。会同有关部门在台胞身份网上认证、台胞子女就学

等全面推动惠台各项措施落实落细；对台资企业的政策扶持，使税收优惠、出口退税等政策红利惠及在甘台资企业；编发《惠台政策资料选编》；组织台商在线参加“大陆营商法律环境大讲堂”，对全省台商、台资企业负责人开展政策法规培训。建立维护台胞权益工作法律顾问制度，依法维护广大在甘台胞台属、台商台企合法权益。对接东西部扶贫协作对口帮扶省、市台办和台资企业协会，落实涉台领域社会动员帮扶工作任务，吸收各类台胞台商、台资企业、台湾慈善团体捐赠1800万元。

（供稿：李　杰）

机构编制工作

【重点领域改革】制定《甘肃省政府工作部门权责清单管理办法》。完善甘肃省药品监管体制，建立派出机构和药品检查员队伍，构建精干高效、责任明确、覆盖广泛的药品监管体系。有序推进大熊猫国家公园、祁连山国家公园试点，以挂牌形式设立大熊猫祁连山国家公园甘肃省管理局分局及执法机构，加强资源环境执法工作。配合完成森林公安管理体制调整工作。督促各级各部门严格履行“三定”规定，及时核销违规或自行设置的领导职数。巩固综合行政执法改革成果，撤销市州五个领域综合行政执法改革涉及的处级事业单位。统筹设置乡镇党政机构和事业单位，优化职能配置，构建更好地服务群众、简约精干的基层组织架构。推动社会治理和服务重心向基层下移，报请省政府印发《甘肃省赋予乡镇和街道部分县级经济社会管理权限指导目录》，将基层管理迫切需要且能有效承接的215项审批服务执法权限赋予乡镇和街道，推动基层各类机构、组织在服务保障群众需求上有更大作为。

【机构编制管理】推进军民融合发展，设立酒泉空军试验训练基地、酒泉卫星发射中心政务服务机构，解决政务服务“最后一公里”和军属安置问题。弘扬和传承红色基因，设立南梁干部学院、玉门铁人干部学院、培黎职业学院。健全疫情防控体系，在兰州市肺科医院加挂甘肃省传染病医院、甘肃省公共卫生医疗救治中心牌子。围绕经济社会发展需要，设立兰州榆中生态创新城管理机构、社会治安综合治理中心、新时代文明实践中心办公室、大数据服务中心等机构。配合组织人事等部门做好参公事业单位公共事务管理职能审核、招录遴选聘用干部和军转安置干部用编审核等工作。保障高层次人才引进、村党支部书记专职化、符合条件的援鄂医护人员入编需要，在总量内优化教育、无线电监测、核工业等领域编制资源配置。完善加强党的全面领导的制度安排，在各级党校（行政学院）实行校（院）务委员会领导体制，调整并重新核定甘肃社会主义学院、兰州新区职教园区服务保障中心、甘肃警察职业学院领导职数。

【机构编制监督检查】健全完善定期对账、限期整改、及时销号的机构编制问题台账管理机制；组织开展超审批权限设置机构等问题自查自纠工作，对全省7个开发区管理机构、8所高职院校领导职数管理和内设机构设置进行全面规范。发挥“12310”举报平台作用，对各类举报案件，第一时间调查处理，及时回应社会关切，妥善解决群众诉求。

（供稿：陶　韬）

省直机关党建

【思想建设】印发《省委直属机关工委、部门党组（党委）、机关党委和机关党支部抓机关党建责任清单》，工委成立3个调研组，走访8个新任“一把手”的厅（局）单位，召开4家单位党组书记、机关党委书记、机关党委专职副书记参加的座谈会，推动党组（党委）落实机关党建主体责任。制定印发《省直机关创建“让党中央放心、让人民群众满意的模范机关”活动实施意见》，开展争做“三个表率”模范机关创建活动，组织召开省直机关党的政治建设暨“一活动两行动”推进会。印发认真组织学习《习近平谈治国理政（第三卷）》、学习宣传贯彻中共十九届五中全会精神等通知，对省直部门学习贯彻作出安排、提出要求。制定《省直机关发扬主人翁精神助力兰州市创建全国文明城市10条措施》，省直部门携手助推兰州市成功创建全国文明城市。推荐命名表彰6个全国文明单位、10个省级文明单位、36个省直机关文明单位。印发《2020年省直机关党组织学习贯彻习近平新时代中国特色社会主义思想暨政治理论学习安排意见》，与省委宣传部建立理论学习中心组季度通报机制。印发两个“通知”，以635个年轻干部学习研究小组为抓手强化理论武装，这项工作在中央和国家机关工委《旗帜》杂志进行交流。组织召开省直机关年轻干部座谈会，开展“读者·中国阅读行动”省直机关年轻干部读书分享活动，提升年轻干部理论素养和综合能力。举办“全国两会精神进机关”及十九届五中全会精神宣讲报告会，逐级宣讲316场次、覆盖3.9万人。组织30名省直机关“青年讲师团”成员深入省直机关和大中专院校宣讲十九届五中全会精神。命名第三批8个省直机关党员干部教育基地。举办处级党员干部学习习近平新时代中国特色社会主义思想研修班等15个班次，集中培训党员骨干1560人。选树“学习强国”学习标兵，组队参加“学习强国”甘肃学习平台知识大赛取得优异成绩。运用“手机党课”平台解读党的创新理论和中央决策部署，全年编发105期、2.9万

字。在省直机关微信公众平台推送70篇信息报道机关党建重大活动；甘肃机关党建网刊载3200多篇信息，总访问量突破550万次。

【组织建设】巩固和扩大省第十三次党代会以来新一届省委集中整治机关党建“灯下黑”问题取得的成效。中组部《组工信息》第108期以《甘肃着力破解“四化”问题　提升机关党建工作质量》为题对甘肃省机关党建进行介绍，省委主要领导在信息上作出批示。部署开展党支部标准化建设提质增效行动，两批选树命名407个示范党支部。向省委专题报告省直机关805名省级和厅级领导干部参加组织生活情况，会同省委组织部对有关情况进行通报。对“甘肃党建”综合使用情况排名靠后的20个部门进行集体约谈，“甘肃党建”及时完成率由73%提升到95%以上。完善重温入党誓词、党员过“政治生日”等政治仪式，设立党员活动室877个、党员示范岗1805个、党员责任区661个，创建党建文化角689个。省委组织部、省委直属机关工委联合印发《机关党委工作规范》，通过制度补齐机关党委专责机构短板。组织骨干力量深入省直部门开展宣讲解读《中国共产党党和国家机关基层组织工作条例》，举办7期示范培训班，摸底调研和集中解决组织设置、组织生活等方面存在问题。督促指导26个部门机关党委和2个省管企事业单位党委如期完成换届选举。组织112个部门机关党组织负责人分组实地交叉观摩并形成制度，中央和国家机关工委以记者文章向全国推介。研究制定《省直机关党建工作考核办法》《省直机关党建工作督查办法》，进一步规范和完善机关党建督查考核工作。建立《关于加强省委直属机关工委管理的15个省属企事业单位全面从严治党和党风廉政建设工作的意见》《省委直属机关工委与部分中央在甘单位党组（党委）党建工作沟通配合机制》，加强对15家企事业单位和19家中央在甘单位的分类指导。省委直属机关工委会同省委组织部采取“四不两直”方式对省直30个部门单位、7个基层党委和110多个机关及下属单位党支部开展党建督查、通报，跟踪问效任务落实。分层次开展机关党组织书记向上级党组织述党建工作。

【服务中心大局】及时配套下拨356万元专项党费，动员省直机关47884名党员捐款582万元，成立61个临时党组织，组建315个党员先锋队和193个党员志愿者服务队，扎实开展“亮身份、我先上，冲在前、作表率”活动，组织“两优一先”评选表彰工作，对脱贫攻坚、疫情防控等工作中涌现出的优秀个人和先进集体进行表彰奖励。印发《关于省直机关帮扶工作归口管理单位帮扶干部加强疫情防护工作的通知》，筹措30万元资金为省直机关驻村干部配发防疫物资。组织省直机关干部开展消费扶贫1.24亿元。选拔推荐全国脱贫攻坚先进个人10名、先进集体6个，开展省直机关党员干部助推脱贫攻坚微视频征集展播活动。组成工作组深入3个县区37个村，就帮扶工作落实情况进行抽查暗访。组织省直机关青联委员及志愿者到康乐县、会宁县开展“文雅困境青少年”帮扶暨“学习寄语精神·展现青春担当”青年榜样说活动。向省妇联推荐命名2020年全省传统美德“最美家庭”46户、抗击疫情“最美家庭”153户。组织4800多个基层党组织和4万多名在职党员到社区“双报到”，服务基层，服务群众。创建验收挂牌20个省直机关“职工书屋”。举办省直机关干部职工健身气功——八段锦比赛。开展“夏送清凉”走访慰问活动，走访慰问11个单位16个村245名干部职工。同时，在省直机关组织开展志愿服务、劳模疗养、金秋助学、青年联谊、困难帮扶、互助医疗、义务献血、敬老助残等系列活动，发挥群团组织凝心聚力、服务中心作用。

（供稿：柴　涛）

信访工作

【信访制度改革】完成省级党政领导信箱与省信访信息系统对接，指导各市县对2020年7月1日后本级“领导信箱”中收到的网民留言，及时导入信访信息系统，推动各级党政领导信箱与系统对接。组织开展百日攻坚行动，3次召开视频调度会通报情况、提出要求，成立4个攻坚小组，实行“一周一调度、一月一通报”，依托视频信访系统2次开展业务培训，群众参评率从4.3%上升到92.3%，网上信访占比从8.7%上升到93.5%。修订“信访工作考核办法”和“考核细则”，开展《信访条例》修订实施15周年宣传月活动，现场接受咨询的群众10万余人次，覆盖人群累计超过150万人次。依托甘肃日报新媒体平台举办“县（市、区）委书记谈信访”2期，宣传推广陇南“群众张嘴、干部跑腿”和张掖“中心吹哨、部门报到”等甘肃版“枫桥经验”，进一步提升信访宣传的影响力。

【提升信接访质量】加大初信初访办理力度。及时受理率与去年相比从87%上升到99.3%，职能部门及时受理率从92%上升到98.7%，按期答复率从87%上升到93%。开展信访形势分析研判。聚焦“六稳”、“六保”、脱贫攻坚、环境保护等重点任务，利用信访大数据开展分析研判，报送《信访形势分析》3期、《每日信访要情呈报》143期，其中省委、省政府领导作出批示35次。调整工作方式。根据疫情形势变化，2月2日至25日暂时关闭全省各级来访接待场所，引导群众通过网上投诉、写信等非接触方式反映诉求，对网上投诉特别是涉疫信访事项坚持全交办、全跟踪、全督办，确保信访渠道畅通、信访工作平稳有序。强化工作措施。先后3次组织全

甘肃年鉴 2021

省信访干部系统学习涉及卫生健康、人力社保、复工复产等13大类150个问题涉疫信访事项答复口径，指导督促相关地方和部门按照“三到位一处理”要求，切实把群众诉求解决到位。285件涉疫信访事项已全部办结。

【化解信访突出问题】3月至10月，省信访工作联席会议筛选54件重点信访事项，由省、市（州、兰州新区）信访工作联席会议办公室及相关省直部门组织开展升级调查处理，综合施策解决群众合理诉求，妥善化解29件，14件已形成化解方案，11件实体问题责成属地做好教育稳控工作。签订化解责任书，印发实施意见，对中央信访联席办交办的3125件和甘肃省摸排的93件重复信访事项，逐案确定包案领导，建立工作台账，按照“五到五解”工作方法和“先易后难、先内后外、先办后补”原则迅速开展工作，化解重复信访事项1098件，化解率34%，全省重复信访占比下降到13.5%，专项工作取得阶段性成果。

（供稿：赵沛芷）

保密工作

【保密行政管理】2020年，省委常委会专门听取全省保密工作情况汇报，提出加强和改进保密工作的要求。全省保密系统切实用习近平总书记对保密工作的重要指示批示精神统一思想行动，按照省委和省委领导的指示要求，全力推进保密工作“十三五”规划安排部署的各项工作任务落实，保密工作基本防控能力按期形成。坚持推动定密责任人持证上岗，对全省涉密网络全部实行分级保护管理，建立涉密人员动态保密管理数据库，定密、网络保密、涉密人员“三大管理”更加规范。按照“放管服”要求，优化审查工作流程，认真履行依法监管职能，按照“双随机”抽查要求，分批次对我省保密资质资格单位进行检查抽查，加强事中事后监管，保密行政管理效能不断增强。

【保密监督检查】2020年全省各级保密行政管理部门继续坚持“解剖麻雀、以点带面”的保密检查工作思路，全力推广“查改结合、查教结合、查管结合”的进驻式检查模式，整合省市两级力量组建保密检查大队，探索组织兰州市与白银市两个市州开展交叉检查试点，着力破解基层保密检查力量薄弱、能力不足的问题。积极开展保密自查自评、进驻式保密检查及保密工作督查，查改问题隐患、堵塞失泄密漏洞，推动建立保密管理长效机制，保密“大检查”格局基本形成，保密监督检查能力进一步提升，有效促进保密工作责任制落实。

【保密宣传教育】2020年，全省各级保密部门采取“走出去、请进来”的方式开展保密培训，积极探索“保密+红色+关键+群众”宣传模式，持续深入开展保密法治宣传月和全民国家安全教育日活动，采取配发图书、录制视频、组织竞赛、制作展板等方式，积极营造全社会学习贯彻保密法的浓厚氛围，普及保密常识和强化保密意识，宣传教育成效更加明显。特别是注重做好疫情防控期间的保密宣传，利用“政信通”平台发送保密短信，提醒网上办公不涉密、在家隔离不带密、场所消毒不泄密。省国家保密局协调省电视台录制5期保密宣传视频，纳入甘肃省公务员网络培训学习内容，不断提升公务员队伍保密知识和保密常识，并在全省开展了“双先”评先工作，进一步激励各行业领域保密干部职工做好新时代保密工作。

（供稿：王立鸿）

党史工作

【党史资料征集】编辑出版《甘肃省脱贫攻坚工作文献选编（2019）》，组织完成《建党100周年甘肃大事记（1921—2020年）》征求意见稿、《甘肃省新冠肺炎疫情防控大事记（2020）》《甘肃省新冠肺炎疫情防控工作文献选编》《甘肃省扶贫开发大事记（1982.10—2020.12）》《中国共产党甘肃大事纪实（2020）》《胡继宗在甘肃》初稿，组织完成《甘肃发展70年印记》口述史资料和《甘肃省扶贫开发口述史资料》的征集整理工作。

【党史研究与编撰出版】出版发行《甘肃省志·共产党志（1984—2015）》《甘肃改革开放纪实》，内部出版《中国共产党甘肃大事纪实（2019）》《中国共产党甘肃历史（新民主主义革命时期）影像录》。推进《中国共产党甘肃历史（第一卷）》修订本的出版发行和《中国共产党甘肃简史（1949—1978）》《中国共产党甘肃历史（第三卷）》的编撰工作。完成《我的红军生涯——王世泰回忆录》的出版送审和《艰辛的历程 永远的初心——中共甘肃历史纪略》三审修改工作。

【课题研究】承担国家社科基金党的革命精神谱系梳理和图书编辑出版研究专项项目《南梁精神研究》。组织完成《南梁精神》《三军大会师精神》《红西路军革命精神》《铁人精神》《甘肃精神》《兰大精神》《莫高精神》《会宁教育精神》《庄浪梯田精神》《防沙治沙精神》等甘肃革命精神谱系研究系列丛书初稿。完成省委组织部《建党100年来党的政治建设的成就与经验研究》课题。

（供稿：张焕龙）

老干部工作

【老干部政治生活待遇落实】在纪念抗战胜利75周

年、抗美援朝出国作战70周年之际，走访慰问离休干部及有特殊困难的老同志，对易地安置在17个省区市的68名离休干部进行全覆盖走访慰问。落实省属困难企业离休干部两项经费、困难补助费和医药费财政补助资金290.3万元；为822名市县困难企业离休干部申请医药费财政补助资金822万元；为143名参加兰州市医药费单独统筹的省属困难企业离休干部，申报财政代缴统筹金128.7万元；补差114万元为34名享受副省级以上医疗待遇的离休干部协调享受省级干部自雇费新标准。投资近4000万元对省老年大学（省老干部活动中心）新址进行改造维修，面积增至17763平方米，省老年大学每学年计划招生1.2万人次，省老干部活动中心每年可容纳约8万人次活动，解决“一座难求”的问题。

【党建工作】 依托离退休干部党支部、老干部党校、老年大学、老干部活动中心及8个离退休干部党性教育基地，坚持线上线下同发力，通过举办培训班、报告会、读书班、视频直播或开设网络“微党课”“理论学习面对面”等方式，深入宣讲创新理论，持续加强理论武装，不断强化党性教育，引导广大老同志不断增强“四个意识”、坚定“四个自信”、做到“两个维护”。举办6场线上线下专题报告会和党支部书记培训班，收听收看老同志超8万人次。组织建设更趋完善。扩大离退休干部党的组织覆盖和工作覆盖，7个市州成立离退休干部党（工）委，55个省直单位设老干部处专责党建工作，86个县市区均设立离退休干部党建工作机构，建立健全离退休党支部3053个，切实做到应建尽建；积极推进网上党支部，组织引导18万多名离退休干部党员在网上开展组织生活，打造一批党建工作品牌。基础保障更加有力。申请财政经费489万元，拨付省直行政事业单位离退休干部党组织使用；督促市、县两级落实离退休干部党组织工作经费和书记工作补贴；市州、省直部门离退休干部活动阵地经新建联建改扩建，总面积达8.2万平方米，就近就地保障老同志党组织活动开展。

【离退休干部作用发挥】 组织广大老干部为“战疫”加油鼓劲、献智出力；健全完善“银发人才”队伍专家信息库，先后组建近2万人参加的各类志愿服务团队476个，以“我看脱贫攻坚新成就”调研活动为平台，开展党建、科技、教育、文化、医疗、法律扶贫及“双千工程”“十百千万”等“五老”关爱行动。开展以“宣讲”“助力”“建言”“礼赞”为主要内容的“银发争先锋·夕阳映陇原”网上正能量活动。召开全省离退休干部“四先”表彰大会、关心下一代工作表彰大会，对涌现出的一大批离退休干部先进集体和先进个人进行表彰奖励。对接中央、省级主流媒体，发挥自有媒体作用，通过开辟“四先风采”等网上专栏，集结编发《离退休干部先进典型事迹选登》特刊，摄制《余晖闪耀　桑榆未晚》等电视宣传片。

（供稿：赵　瑗）

关心下一代工作

【关心下一代基金会换届选举】 甘肃省关心下一代基金会完成第二届换届选举工作，选举产生新一届理事会理事和理事长等。新一届理事会产生之初就争取到企业捐助50万元。基金会慈善资金已达620万元。

【庆祝关工委成立30周年】 甘肃省召开纪念甘肃省关工委成立30周年暨全省关心下一代工作表彰大会。会议学习习近平总书记对关心下一代工作的重要指示，表彰全省关心下一代工作先进集体72个、先进个人131名、突出贡献者10名；全省16家单位，48名个人分别荣获“全国关心下一代工作先进集体”“全国关心下一代工作先进工作者”荣誉称号。

【青少年思想道德建设】 甘肃省关工委把引导青少年坚定理想信念作为政治责任，学习贯彻习近平新时代中国特色社会主义思想，持续深化“两史两情”“传承红色基因·争做时代新人”等主题教育活动。联合省电视台录制《迈向2035年的中国之路》、“银发争先锋·夕阳映陇原”和第二轮思想政治理论宣讲网络教育视频7个、引导各级关工委利用网络平台开展第二轮思想政治理论教育巡讲活动480场次，受众达21万人次。推动庆阳南梁革命纪念馆和陇南哈达铺红军长征纪念馆入选第四批全国关心下一代党史国史教育基地。

（供稿：脱　颖）

党校(行政学院)工作

【干部培训】 中共甘肃省委党校（甘肃行政学院）［以下简称“党校（行政学院）”］举办各类培训班次339个，培训学员32373人，其中主体班次73个，培训学员6635人。围绕学习贯彻习近平新时代中国特色社会主义思想宣传宣讲1000场，接受媒体采访30次，网络评论3000条。举办“富民兴陇”讲座12讲，在人民日报等“四报一刊”发表重要理论文章12篇。

【科研成果】 党校（行政学院）稳步推进习近平新时代中国特色社会主义思想“三进”项目，完成14部系列教材，推进23项科研智库项目。各类科研项目立项37项，结项28项。完成各类科研成果302项，其中著作8部，论文294篇。在全国党校（行政学院）系统第十三届优秀科研成果等奖项评选中获科研工作进步奖，优秀成果奖一等奖、三等奖，优秀决策咨询三等奖，优秀科研管理工作者奖等多个奖项。全年共有88篇（其中学员稿件47篇）决策咨询成果得到省领导的肯定性批示，有2

项成果分别得到省政府、国家部委的转化运用。

【咨政建言】针对疫情对甘肃省经济社会发展的影响等问题开展咨政建言，组织校（院）教研人员共撰写5批次72篇专题决策咨询报告。其中：12篇稿件先后获得省委书记林铎、省长唐仁健、省委副书记孙伟及其他省委省政府领导的肯定性批示、批转；部分稿件在《甘肃信息》《甘肃日报》等刊载刊发。规划设计4条各具特色的涉外现场教学线路，拟定5种现场教学方案，协调推进涉外合作培训事宜。与甘肃政法大学达成合作意向，在教学、科研、决策咨询、开放办学等领域开展全面合作。

（供稿：吕文广）

甘肃社会主义学院(甘肃中华文化学院)

【教学培训】甘肃社会主义学院举办各类培训班64期，4217人次，其中主体班44期，2659人次。开设“习近平总书记关于加强和改进统一战线工作重要思想”“增强五个认同，铸牢中华民族共同体意识”等31门核心课程；统一战线历史文化展馆“和合文化与统一战线”“发挥统一战线法宝作用，汇聚民族复兴磅礴伟力”组合式教学；“资政建言，为幸福美好新甘肃贡献智慧和力量”访谈教学；打造临夏布楞沟村、西路军纪念馆等为代表的现场教学基地。举办“全省涉藏市州党政干部藏传佛教活佛转世培训班”“全省伊斯兰教中青年教职人员培训班”等9期民族宗教培训班。

【科研和智库】学院发表论文38篇，其中C刊1篇，省级期刊20篇，内刊14篇，参会论文（出版）1篇，权威一级期刊《人大复印资料》全文转载2篇；对外立项课题20项；申报院外招标课题12项。正式出版学术著作2部、论文集1部，刊发《甘肃统战理论研究》4期。资政建言《关于学习深圳有奖有罚作法推进我省垃圾分类的建议》获省级领导实质性批示，《学习借鉴深圳经验深入推进科技创新》被《甘肃信息决策参考》。向市州社院立项《新的社会阶层社会态度与价值观研究——以甘南藏族自治州为例》等14个课题。

（供稿：张蓉蓉）

重要会议

【甘肃省第十三届人民代表大会第三次会议】1月10日至14日，甘肃省第十三届人民代表大会第三次会议在兰州召开。会议听取和审议甘肃省省长唐仁健作的甘肃省人民政府工作报告，甘肃省十三届人大常委会副主任王玺玉作的甘肃省人民代表大会常务委员会工作报告，甘肃省高级人民法院院长张海波作的甘肃省高级人民法院工作报告和甘肃省人民检察院检察长朱玉作的甘肃省人民检察院工作报告；审查甘肃省2019年国民经济和社会发展计划执行情况与2020年国民经济和社会发展计划草案的报告，2019年全省财政预算执行情况和2020年全省及省级财政预算草案的报告。

会议表决通过甘肃省第十三届人民代表大会第三次会议关于省人民政府工作报告的决议，关于甘肃省2019年国民经济和社会发展计划执行情况与2020年国民经济和社会发展计划的决议，关于2019年全省财政预算执行情况和2020年全省及省级财政预算的决议，关于省人民代表大会常务委员会工作报告的决议，关于省高级人民法院工作报告的决议，关于省人民检察院工作报告的决议。

会议审议通过甘肃省第十三届人民代表大会第三次会议选举办法，关于甘肃省第十三届人民代表大会部分专门委员会主任委员人选表决办法。会议选举史百战、李存文、杨元忠、黄爱菊、蒋小丽为甘肃省第十三届人民代表大会常务委员会委员。会议通过了甘肃省第十三届人民代表大会部分专门委员会主任委员名单。

在本次会议期间，代表们坚持以习近平新时代中国特色社会主义思想为指导，全面贯彻中共十九大和十九届二中、三中、四中全会精神，深入贯彻落实习近平总书记对甘肃重要讲话和指示精神，围绕省委十三届十一次全会精神，紧扣全面建成小康社会目标任务，聚焦坚决打赢三大攻坚战、高质量发展、绿色发展崛起、“一带一路”机遇、黄河流域生态保护和高质量发展等，认真履行法定职责，积极建言献策，提出建议610件。

【十三届全国人大三次会议甘肃代表团履职情况】十三届全国人大三次会议于2020年5月22日至28日在北京召开。甘肃代表团按照大会日程安排，共举行全体会议2次，小组会议10次。5月21日，甘肃代表团举行第一次全体会议。会议推选全国人大代表、省委书记、省人大常委会主任林铎为甘肃代表团团长，推选全国人大代表、省委副书记、省长唐仁健，全国人大代表、省纪委书记、省监察委主任刘昌林，全国人大代表、省人大常委会副主任王玺玉为代表团副团长。审议十三届全国人大三次会议主席团和秘书长名单草案，十三届全国人大三次会议议程草案；讨论以甘肃代表团名义提交大会的重点建议；传达大会秘书处有关会议精神。

甘肃代表团全体代表坚持以习近平新时代中国特色社会主义思想为指引，积极适应疫情防控工作带来的新形势新变化新要求，以饱满的政治热情和高度负责的精神，依法行使代表权利，认真履行代表义务，严格落实疫情防

控、闭环管理和会风会纪有关要求，按照会议安排参加各项活动，审议各项议案报告，围绕党和国家中心工作踊跃发言，积极提出意见建议。代表们着眼全国大局，立足甘肃实际，紧扣“一带一路”向西开发、黄河流域生态保护和高质量发展等重大国家战略，聚焦公共卫生领域短板弱项、脱贫攻坚和乡村振兴有效衔接、黄河流域生态保护修复和污染治理、交通水利等重大基础设施建设、黄河文化保护传承等事关全省经济社会发展的大事要事难事和人民群众反映强烈的热点难点问题，提出议案8件、建议176件，以代表团名义提交的1件议案、13件重点建议，反映长远发展、迫切需要国家予以支持的重大事项，这些重点建议得到大会议案组的高度重视。十九届中央政治局委员、中央书记处书记，中央纪委副书记，国家监察委员会主任杨晓渡作为甘肃代表团的代表，参加了1次全团会议、7次代表小组会议，先后围绕审议各项议案和报告作5次发言。先后有近70家中外媒体通过网络、视频、书面等方式对甘肃代表团进行采访报道，各新闻媒体刊发稿件2500篇，各类网站和新媒体以多种形式刊载转发，举行两次新闻发布会，充分展示代表依法履职的精神风貌和甘肃代表团的良好形象。

【甘肃省第十三届人民代表大会常务委员会第二十次会议】11月30日至12月3日在兰州举行。省委书记、省人大常委会主任林铎，省人大常委会副主任嘉木样·洛桑久美·图丹却吉尼玛、王玺玉、马青林、陈克恭、吴明明、俞成辉，秘书长张建昌及委员共53人出席了会议。

会议审议通过《甘肃省水污染防治条例》《甘肃省中小学校安全条例》《甘肃省辐射污染防治条例（修订）》《甘肃省食品小作坊小经营店小摊点监督管理条例（修订）》，作出甘肃省人民代表大会常务委员会关于批准《兰州市物业管理条例》《金昌市文明行为促进条例》《武威市节约用水条例》《甘南藏族自治州城乡饮用水安全管理条例》《临夏回族自治州养犬管理条例》《肃南裕固族自治县人民代表大会关于废止〈甘肃省肃南裕固族自治县矿产资源管理条例〉的决定》的决定；审议《甘肃省土壤污染防治条例（草案）》《甘肃省中医药条例（草案）》《甘肃省实施〈中华人民共和国森林法〉办法（修订草案）》。

会议听取和审议省人民政府关于全省脱贫攻坚工作情况的报告、关于2019年度省级预算执行和其他财政收支审计查出问题整改情况的报告、关于2020年抗疫特别国债资金分配使用及省级预算调整方案的报告、关于2019年度甘肃省企业国有资产（不含金融企业）管理情况的专项报告，审议省人民政府关于2019年度国有资产管理情况的综合报告，作出了甘肃省人民代表大会常务委员会关于批准2020年抗疫特别国债资金分配使用及省级预算调整方案的决议。

会议听取和审议省人大常委会执法检查组关于检查《中华人民共和国公证法》实施情况的报告、关于检查《甘肃省河道管理条例》实施情况的报告，省人大常委会调研组关于全省贫困县乡镇寄宿制学校冬季供暖情况的调研报告、关于全省养老服务人才队伍建设情况的调研报告，审议关于省十三届人大三次会议代表建议办理情况的报告。

会议审议通过甘肃省第十三届人民代表大会常务委员会代表资格审查委员会关于个别代表的代表资格的报告，作出甘肃省人民代表大会常务委员会关于召开甘肃省第十三届人民代表大会第四次会议的决定。

会议决定任命任振鹤、刘长根为甘肃省人民政府副省长；通过甘肃省人民代表大会常务委员会关于接受唐仁健请求辞去甘肃省人民政府省长职务的决定；决定任振鹤为甘肃省人民政府代理省长；任命李寿伟为甘肃省监察委员会副主任；决定任命张世荣为甘肃省科学技术厅厅长，刘建勋为甘肃省交通运输厅厅长；决定免去李睿的甘肃省交通运输厅厅长职务；会议还通过了省高级人民法院和省人民检察院提请的有关人事任免事项。

地方立法工作

【生态保护立法】深入贯彻习近平生态文明思想，根据水生态保护要求，立足水资源短缺实际，统筹制定节约用水条例、水污染防治条例，修订实施水法办法，细化用水管理、节水措施、机制保障等内容，规范水污染防治标准、监督管理、应急处置等措施，做好法规之间的相互衔接，既突出单部法规的针对性和实效性，又注重同一领域法规的整体作用，为实现水资源可持续利用提供法治保障。着眼“蓝天、碧水、净土”保卫战地方立法全覆盖，持续推动污染防治立法，在制定大气、水污染防治条例的基础上，加快土壤污染防治条例立法进程，并已初审。修订辐射污染防治条例，审议了实施森林法办法，对修订废旧农膜回收利用条例等进行立法调研，切实加强生态环保立法。

【民生领域立法】聚焦民生实事，回应群众诉求，研究确定立法项目，开展创制性立法，做到小切口、真管用、有特色。着眼人口老龄化问题，制定养老服务条例，对规划建设基础设施、健全完善服务体系、鼓励引导社会力量参与等作出规范，更好满足养老服务事业健康发展的需要。针对中小学生安全问题，制定中小学校安全条例，细化校园及周边安全管理措施，着力为学校创造稳定安全的良好环境。修订食品小作坊小经营店小摊点监督管理条例，规范生产经营行为，让人民群众吃得放心、吃得安全。开展中医药条例制定工作，细化具体规定，保障中医药事业发展。加强弘德立法，制定文明行为促进条例，把社会主义核心价值观融入法治建设之中，维护公序良俗、推动社会文明进步。

【法规清理工作】汲取祁连山国家级自然保护区管理

6月19日，省人大代表在兰州市就打击治理电信网络新型违法犯罪工作开展专项视察

条例立法教训，从强化政治意识、提高政治站位、落实政治责任、维护法治统一的高度再反思，认真研究部署，对生态环境保护、民营经济发展、食品药品安全、野生动物保护、民法典涉及法规等进行专项清理，并有序做好相关法规的修改废止工作。同时，对其他领域法规的全面清理作出安排，确保所有法规与上位法保持一致。结合“放管服”改革要求，修订建设行政执法条例、建筑市场管理条例、价格管理条例、道路交通安全条例，废止财政监督条例、企业负担监督管理条例等。加强备案审查，听取审议规范性文件备案审查工作报告，健全备案审查信息平台功能，依法对报备的95件规范性文件进行审查，及时督促纠正存在的问题。

【完善立法机制】面对立法任务更重、节奏更快、要求更高的形势，加强和改进立法工作，健全完善党委领导、人大主导、政府依托、各方参与的工作格局，落实“始终坚持党的领导、切实提高政治站位、坚决维护法治统一、健全完善责任机制、不断推进精准立法、着力提高立法质量”和，形成与我省立法实际和需求相适应的立法机制。适应地方立法工作新要求，修订地方立法条例，细化法规立项、论证、起草、听证、评估、审议等方面的内容，完善地方立法工作的机制和程序。适时调整立法规划，充实立法项目库，努力做到由“等米下锅”向“点菜上桌”转变。健全专委会和工作部门提前介入机制，加强问题研究，做好法规起草、审议等环节的衔接。坚持“开门立法”，发挥市县两级人大、人大代表、立法顾问和立法联系点的作用，完善法规草案公示征求意见机制，扩大公众对立法工作的有序参与。

【市州立法指导】开展立法知识每月一讲，邀请相关专家学者授课，通过多种方式提高立法干部队伍的能力水平。制定审查指导市州地方性法规工作规范，做好立法项目统筹和省与市州之间立法计划的协调，对市州法规提前介入、提出意见，共同研究解决立法问题，依法批准市州有关城乡建设与管理、环境保护、历史文化保护等方面的法规，使市州立法更具特色、更有针对性和操作性。

人大监督工作

【高质量发展】围绕“十四五”规划纲要编制，开展黄河上游陇中地区生态保护和高质量发展、重大交通基础设施项目建设、确保国家粮食安全和推动高标准农田建设、兰州白银国家自主创新示范区人才相关问题等专题调研，提出意见建议。听取审议省政府计划、预算、审计等工作报告，批准省级财政决算和预算调整方案、新增政府债务限额分配计划；听取审议国有资产管理情况综合报告及企业国有资产管理情况专项报告（不含金融企业），持续推动人大预算审查监督重点拓展等改革举措落实；听取审议全省法院充分发挥审判职能营造法治化营商环境保障和促进民营经济发展的报告、全省检察机关积极服务优化营商环境工作情况的报告，努力营造稳定公平透明的法治化营商环境。开展地方金融机构支持民营经济发展情况调研，配合全国人大常委会开展反不正当竞争法执法检查。

【生态文明建设】聚焦打好污染防治攻坚战，持续围绕大气、水、土壤污染防治3部法律实施情况开展链条式执法检查。积极配合全国人大开展土壤污染防治法执法检查，全面报告我省贯彻落实全国人大常委会决议、打好污染防治攻坚战的情况和黄河保护法议案相关情况，其做法成效得到全国人大的肯定。连续听取审议省政府年度环境状况和环境保护目标完成情况报告、全省防沙治沙工作情况报告，提出加强改进工作的意见建议。开展河道管理条例实施情况执法检查，对农村人居环境整治、国有林场改革发展进行调研，作出关于资源税适用税率等有关事项的决定。开展陇原环保世纪行活动。

【民生福祉改善】围绕全省职业教育发展开展专题调研，组织部分在甘全国人大代表进行集中视察，听取审议省政府职业教育事业发展情况的报告，举行联组会议进行专题询问，推动解决存在的困难和问题。针对电信网络诈骗新型违法犯罪发展蔓延快、受骗群众多、社会危害大的问题，组织代表对全省打击治理电信网络新型违法犯罪工作进行视察。开展安全生产工作调研，听取审议全省安全生产工作情况报告，提出构建安全生产责任体系、建立安全监督管理机制、修改完善相关法规制度等建议。对公证

法实施开展执法检查，发挥公证制度为民服务的作用。着眼养老服务人才队伍建设进行调研，推动健全养老服务人才培养培训体系。开展“农产品质量安全监督陇上行”活动。重视信访事项转办督办工作，制定省人大常委会涉法涉诉信访信件处理办法。

【法治甘肃建设】持续推动宪法学习宣传和贯彻实施，深化拓展宪法联系点活动，落实宪法宣誓制度，组织选举、任命和决定任命的国家工作人员进行宪法宣誓，推动形成尊崇宪法、学习宪法、遵守宪法、维护宪法、运用宪法的良好氛围。听取审议省政府法治政府建设和全省公安机关执法规范化建设情况报告。围绕充分发挥检察机关法律监督职能作用，作出加强检察公益诉讼工作的决定。根据全国村“两委”换届与县乡换届同步进行的部署，作出调整全省第十次村民委员会和第七次城市居民委员会换届选举时间的决定。开展民法典的学习宣传教育，推动法典精神、法治理念、法律规定走进基层、深入人心、落地见效。

人大代表工作

【完善代表工作机制】坚持把加强和改进代表工作作为推进地方人大创新发展的基础，召开加强和改进全省人大代表工作交流会，整体安排部署，出台重要举措，支持和保障代表依法履职。密切常委会、各专委会和工作部门与代表的联系，健全完善邀请基层代表列席常委会会议、常委会负责同志与列席代表座谈等机制，广泛听取意见建议。拓展代表联系人民群众工作平台和网络平台，依托人大代表之家、代表工作站（室）经常性开展活动，促进代表联系群众常态化。

甘肃代表团抵京参加十三届全国人民代表大会第三次会议

【丰富代表履职内容】围绕全省发展大局和群众关心关切，组织代表就脱贫攻坚、生态文明建设、乡村振兴、民营经济发展等领域的重点问题，开展集中视察和专题调研，发挥代表在倾听民声、汇聚民意、凝聚民力方面的作用。在注重发挥整体作用的同时，按照代表构成建立履职名册，分类编成专业小组，组织熟悉相关领域的代表参与立法修法、执法检查，参加教育医疗、食品安全、社会治理等方面的调研视察，使更多代表参与常委会、专委会和工作部门的工作，更好发挥在闭会期间的作用。

【加强代表建议办理】认真落实“内容高质量、办理高质量”要求，加强和改进代表建议办理工作，进一步提高办理质量。建立省委省政府主要领导督办机制，省委书记、省长就相关建议进行现场督办，发挥了示范带动作用。坚持常委会领导和各专委会督办重点建议制度，做好代表建议网上交办、办理、答复、测评等工作。听取审议“一府两院”办理情况报告，对省政府有关部门办理工作进行满意度测评。“一府两院”和有关方面重视办理工作，省十三届人大三次会议期间代表提出的610件建议全部办理答复完毕。

【提升服务保障水平】根据疫情防控形势，统筹考虑代表履职需求，调整年度培训计划，科学设置学习内容，采取线上线下相结合的方式培训代表1200人次，代表参加培训的积极性明显提高，培训效果增强。落实代表履职登记制度，健全履职档案，加强履职管理，做好代表资格审查工作。支持在甘全国人大代表依法执行职务，为代表参加有关会议、专题培训、调研视察等活动做好服务保障。

【助推决胜脱贫攻坚】2020年是脱贫攻坚决战决胜、全面收官之年。常委会紧盯目标任务，采取务实措施，加大监督力度，切实履行脱贫攻坚帮扶责任，助力打赢打好脱贫攻坚战。围绕脱贫攻坚兜底保障、贫困县乡镇寄宿制学校冬季供暖、全省特色农业产业发展等进行调研，持续监督检查全省财政扶贫专项资金分配使用，跟踪调研省政府及有关部门对常委会脱贫攻坚“两不愁三保障”政策落实、“两州一县”脱贫攻坚冲刺清零报告审议意见的办理情况，督促有关方面加强改进工作，解决存在问题，巩固提高脱贫攻坚成果。听取审议省政府关于脱贫攻坚工作情况的报告，就健全返贫监测与动态管理机制、推进巩固拓展脱贫攻坚成果同乡村振兴有效衔接等提出建议。

（供稿：刘　洋）

重要会议

【十三届省政府全体会议】 十三届甘肃省人民政府（以下简称“省政府”）共召开两次全体会议，由省委副书记、省长唐仁健主持。

十三届省政府第六次全体会议　1月14日召开。今年既要打赢精准脱贫攻坚战，又要补齐全面建成小康社会短板弱项，任务多、重、急。要坚定不移贯彻新发展理念，牢牢抓住“一带一路”建设、黄河流域生态保护和高质量发展等一系列历史性机遇，紧盯《政府工作报告》确定的目标任务，增强培育经济发展新动能的紧迫性，准确把握形势，拿出真招实招，确保脱贫攻坚不拖后腿、生态环保守住底线、全面小康不降成色、经济发展稳住预期。

做好今年各项工作，要坚持长短结合、软硬兼顾，注重统筹谋划、系统发力。工作摆布、出台政策等方面要树立整体观，防止“按下葫芦起了瓢”；经济发展、政策实施等方面要坚持系统论，充分考虑短期的总量平衡与长期的结构平衡，系统优化各项政策，防止政出多门、相互打架；项目建设、动能培育等方面要备足长短策，远谋近施、稳扎稳打，形成当前和长远发展的良好预期；把握投资导向、推进高质量发展、区块链建设等方面要强化新思维，克服本领恐慌、提高能力水平，不做“不知有汉，无论魏晋”的桃花源中人；意识形态、安全生产等方面要把牢风险关，打足高质量发展系数。

各级领导干部要带头学习政策，“研机析理”，挖足政策“富矿”，用好政策红利；要紧紧围绕国家重大战略和投资导向，开动脑筋、打破惯性，把谋划项目当回事，把“四百机制”落实好；要全面落实好招商引资奖励政策，想方设法为签约项目落地开辟绿色通道；要打破“万事俱备，还欠些作风”的局面，解放思想、大胆地想、大胆地干，不断激发各级干部的潜力，彻底激活蛰伏的发展潜能。

各级领导干部要做到心中有责、主动扛责，坚持问题导向、目标导向、结果导向，拿出“开年就是冲刺、起步就是决战”的姿态，大力倡导“马路式”办公，奋力争取“开门红”。要切实做好困难群众慰问、农产品保供稳价、社会矛盾隐患排查化解和值班值守等工作，坚决遏制重特大事故发生，让全省人民过一个安全、温暖、幸福的春节。

十三届省政府第七次全体会议　6月4日召开。这次全国两会背景极其特殊、意义十分重大。习近平总书记所作的系列重要讲话，辩证研判大势趋势，科学指明发展路径，始终贯穿底线思维，充分彰显初心使命，为做好当前和今后一个时期的工作提供了根本遵循；李克强总理所作的政府工作报告，保稳的基调导向鲜明清晰，政策的力度含量前所未有，惠民的真金白银成色十足，改革的信号步伐铿锵坚定；计划和财政报告明确了清单账本，两大法治成果意义深远，是一次稳定人心、温暖民心、彰显公心、坚定决心、增强信心的大会。

这次全国两会既是甘肃省认清全局大势的窗口，又是研判形势、审视自身、找准定位的重要坐标。要看清“上”与“下”，对“国之大者”要心中有数；看清“表”与“里”，对“增速目标”要理性看待；看清“大”与“小”，对“政策富矿”要快挖精炼；看清“新”与“旧”，对“内需战略”要无缝对接；看清“危”与“机”，对“省内气候”要增强信心，把全省发展放在当下全国的大背景大格局下思考清、把握准、推进好。

各级各部门要迅速行动起来，着力做好财政、金融、就业等政策的对接落实；要紧盯“两新一重”建设、挖掘农村内需潜力、促进城市消费持续回升回暖，全力落实扩大内需战略；要通过增投入、强企业、建平台、育人才、促转化，深入实施创新驱动发展战略；要积极推动土地、劳动力、资本、技术、数据要素市场化配置改革；要加快补上公共卫生短板。同时要坚决打好三大攻坚战，继续强化农业基础地位，统筹推进十大生态产业发展，加大对外开放力度，持续抓好安全生产、防灾减灾、社会治理等工作。全省政府系统要拿出和时间赛跑的状态，跑出各项工作的加速度，年度目标要应保尽保，时序进度要能快则快，政策措施要应落尽落，招数路数要应出尽出，确保全国两会精神和各项部署在甘肃省落到实处、见到实效。

【十三届省政府常务会议】十三届省政府常务会议召开37次（第77~113次）。由省委副书记、省长唐仁健主持召开110次；省委副书记、代省长任振鹤主持召开3次。

【省长办公会议】2020年，由省委副书记、省长唐仁健主持召开省长办公会议19次；省委副书记、代省长任振鹤主持召开1次。

2020年省长办公会议一览表

会议名称	会议日期	会议内容
第1次	1月2日	研究黄河支流环境排查整治、马莲河水污染治理、中央环保督察指出问题整改、“三边一部”环境卫生整治事宜
第2次	1月3日	研究重大项目资金筹集、产业基金整合使用、专项债券争取发行使用事宜;审议《关于大力支持全省招商引资的若干意见》
第3次	3月12日	研究“读者印象”精品文化街区项目推进事宜
第4次	3月23日	研究“一带一路”美丽乡村论坛有关事宜
第5次	4月21日	研究各类企业复工复产和支持政策落实事宜;研究省委省政府主要领导经济责任审计、自然资源资产离任(任中)审计问题整改事宜
第6次	6月3日	研究“读者印象”精品街区和白塔山综合提升改造项目推进工作
第7次	6月16日	研究部署全省新冠肺炎疫情防控工作事宜
第8次	6月17日	研究推进黄河流域生态保护和高质量发展工作
第9次	8月7日	研究全省抗疫特别国债项目筛选事宜
第10次	8月12日	研究全省打赢脱贫攻坚战存在的突出问题和解决措施
第11次	8月13日	研究粮食安全和重要农产品保供事宜
第12次	8月13日	研究促消费扩投资和新型城镇化建设重点工作
第13次	8月19日	安排部署防汛救灾工作
第14次	9月2日	研究灾后生产恢复、灾后重建和防止因灾返贫致贫工作
第15次	9月25日	研究兰州兽研所布鲁氏菌抗体阳性事件处置工作
第16次	9月27日	听取“十四五”规划编制情况汇报,安排部署下一步工作
第17次	9月29日	研究丝绸之路信息港、丝绸之路国际知识产权港建设事宜
第18次	11月11日	研究全省突出生态环境问题整改工作;研究布鲁氏菌抗体阳性事件善后处置工作
第19次	11月14日	研究焦家湾冷冻厂疫情防控应急处置等工作
第20次	12月14日	研究兰州兽研所布鲁氏菌抗体阳性事件处置工作

甘肃省人民政府2020年度部分常务会议一览表

会议名称	会议日期	会议内容
十三届省政府第77次	1月6日	审议《关于抓好"三农"领域重点工作确保与全国一道实现全面小康的实施意见》;研究设置培黎职业学院事宜;审议《关于建立完善房地产市场调控监测评价考核机制的通知》;审议《甘肃省深化收费公路制度改革取消高速公路省界收费站人员分流安置工作方案》;研究人事事宜
十三届省政府第80次	2月13日	审议《关于坚决打赢新冠肺炎疫情防控阻击战促进经济持续健康发展的若干意见》《关于应对新冠肺炎疫情支持中小微企业平稳健康发展的若干措施》《关于商贸流通服务业应对疫情影响稳定市场消费的若干措施》;审议《2020年甘肃省深化"放管服"改革转变政府职能工作要点》(套开省深化"放管服"改革推进政府职能转变领导小组会议);传达全国市场监管工作会议精神,研究部署贯彻落实事宜;审议《关于完善区域发展布局培育新的经济增长点增长极增长带的意见》;审议《关于促进家政服务业提质扩容的实施意见》;审议《2020年全省高层建筑消防安全治理工作实施方案》
十三届省政府第82次	3月9日	审议《甘肃省国民经济和社会发展第十四个五年规划基本思路》;审议《中国(甘肃)自由贸易试验区总体方案》;审议《关于推进贸易高质量发展的实施意见》;审议《甘肃省自然资源资产产权制度改革实施方案》;审议《甘肃省省级有关部门生态环境保护责任清单(试行)》;审议《关于改革完善体制机制加强粮食储备安全管理的实施意见》;审议《2020年推动高质量发展进步奖与贡献奖评奖和激励奖励实施细则》;审议《甘肃省水安全保障规划》;审议《甘肃省高考综合改革工作推进方案》;审议《2020年第二批财政专项扶贫资金安排使用建议方案》
十三届省政府第85次	4月7日	听取全省脱贫攻坚兜底保障情况汇报,安排部署贯彻落实工作;审议《关于营造更好发展环境支持民营企业改革发展的实施意见》;审议《关于贯彻落实〈优化营商环境条例〉的若干措施》;审议修订《甘肃全面建成小康社会统计监测指标体系》的意见;通报清明节假期有关情况;研究参事聘任事宜;研究人事事宜
十三届省政府第89次	5月6日	审议《关于加快推进新型城镇化和城乡融合发展的若干措施》;审议《甘肃省节约用水条例(草案)》;通报五一假期有关情况;研究参事聘任事宜
十三届省政府第92次	6月2日	审议《2020年争取中央政策和资金支持的工作方案》;学习《统计违纪违法责任人处分处理建议办法》《防范和惩治统计造假、弄虚作假督察工作规定》,听取统计工作有关情况汇报,安排部署进一步做好统计工作事宜;审议《甘肃省有限电视网络整合发展实施方案》
十三届省政府第96次	7月13日	审议《关于支持大敦煌文化经济旅游圈建设的若干意见》;审议《关于整省推进职业教育发展打造"技能甘肃"的意见》;审议《甘肃省食品安全信息追溯管理办法》;审议关于2020年调整退休人员基本养老金的意见;审议第九批甘肃省优秀专家候选人的意见;研究人事事宜
十三届省政府第99次	8月10日	审议《关于构建更加完善的要素市场化配置体制机制的实施意见》;审议《关于促进外贸出口稳定增长的方案》;审议《关于进一步激发创新活力强化科技引领的意见》;审议《关于进一步细化责任分工强化协调联动提升森林草原防灭火水平的意见》;研究全省光伏扶贫工作(套开省光伏扶贫工作领导小组会议)
十三届省政府第103次	9月14日	审议《关于8·13陇东南暴洪灾害农村居民基本住房重建维修、重建过渡期临时安置补助、受灾群众生活安排等所需资金筹措方案》;审议《关于新形势下进一步加强统计工作的意见》;审议《甘肃省"上云用数赋智"行动方案(2020—2025年)》;审议《2020年城乡建设用地挂钩节余指标跨省域调剂任务分解方案》;审议《甘肃省水污染防治条例(草案)》《甘肃省辐射污染防治条例(修订草案)》;审议《生态环境领域省与市县财政事权和支出责任划分改革方案》;研究人事事宜
十三届省政府第106次	10月9日	审议《关于构建现代环境治理体系的实施意见》;审议《甘肃省公共文化领域省与市县财政事权和支出责任划分改革方案》;通报中秋节假期有关情况;研究人事事宜
十三届省政府第109次	11月17日	研究分析全省1—10月经济运行形势;审议《甘肃省中医药条例(草案)》;审议《甘肃省土壤污染防治条例(草案)》;审议《甘肃省实施〈中华人民共和国森林法〉办法(修订草案)》;审议《甘肃省公安机关警务辅助人员管理条例(草案)》
十三届省政府第113次	12月27日	审议《甘肃省设立镇标准》《甘肃省设立街道标准》;研究我省战勤保障消防站暨物资储备库和水域救援训练基地建设事宜;研究兰州航空工业职工大学改制为兰州航空职业技术学院事宜;研究省属企业负责人2018年度绩效薪酬兑现事宜;听取关于张掖市体育局违规审批和授予二级运动员技术等级问题情况汇报,审议《甘肃省运动员技术等级违规审批授予问题专项清查处置工作实施方案》

省政府办公厅工作

【落实省委省政府决策部署】 2020年，省政府办公厅把疫情防控作为重大政治责任，启动一级应急响应。及时建议省政府在大年初一紧急召开全省疫情联防联控工作视频会议，协助省政府分管领导，督促协调“一办九组”组长单位认真做好交通检疫、检测救治、市场监管、物资保障、社会稳控等疫情防控相关工作。先后协调配合相关部门制定出台促进经济持续健康发展“55条”、支持中小微企业平稳健康发展“36条”、支持稳就业“33条”以及“拓展存量、创造增量”等一系列政策措施。提高参谋辅政质量抓落实。提高文稿质量，强化信息编报。把抗疫情战灾情、落实两大底线性任务、促进经济平稳运行、保持社会大局稳定作为信息工作的着眼点，持续跟踪形势变化，加强预测研判，树立政务信息起草“短实精新”意识，全年累计编呈各类刊物274期，省政府领导批示26件。编报《甘肃省值班信息》733期、省政府领导作出批示208件次，向国务院总值班室上报值班信息161期，其中加强非洲猪瘟疫情防控的信息得到胡春华副总理批示表扬。及时研判涉甘舆情信息，编报《舆情参阅》49期次，省政府领导批示19期次。高质量完成《政府公报》编辑出版。深入开展调查研究，组织开展疫情防控期间政策落实情况、脱贫攻坚和乡村振兴、防范化解金融风险、居民就业、教育改革、科技创新等专题调研，形成调研报告30余篇。拓宽民意渠道，有效提升政府公信力。高效规范办好“省长信箱”和“人民网·领导留言板”网民留言。通过“省长信箱”收集整理3036件网民有效留言，均按期全部办结；通过“人民网·领导留言板”收集整理有效留言2263件，办结并答复网民留言2138件，办结率94.5%；办理中国政府网、国家政务服务平台及甘肃政务服务网网民咨询、投诉、建议等留言6787条，办结率达到95%。连续8年获得“全国网民留言办理工作先进单位”。做好政务公开工作。省政府门户网站发布信息8000条，发布文件157份，发布政策解读250条；“甘肃政务”微信公众号发布信息2400条，及时回应社会关切670条；受理政府信息公开申请172件，行政复议4起。全省各级各类政务新媒体抽查检查和监测分析实现全覆盖。

【督查督办工作】 全力抓好《政府工作报告》确定的全省经济社会发展主要指标和省政府重点工作任务分解工作，按月开展督查调度，确保任务不落空、能实现。紧盯2020年省委省政府为民办11件实事项目，组织和参与开展全局性督查以及专项督查16次，印发《甘肃政务督查》16期，形成有参考价值的6份专题督查报告。新冠肺炎疫情期间，组织相关部门及时分析研判、跟踪督办，先后开展疫情防控实地督查3次，协调成立7个督查组，赴14个市州和兰州新区对全省企业复工复产和企业享受政策落实情况进行专项督查。制定《关于建立健全推动政策落实工作机制的通知》，推动政策闭环落实。形成《省政府主要领导批示办理情况汇总表》，督促指导各承办单位实化细化工作措施，确保批示事项“件件有回音、事事有着落”。全年共转办省政府主要领导批示777件，发出转办通知6539份，应收办理回复件4826份，回复率100%。落实国务院“互联网+督查”工作要求，接收并向相关市州、部门转办问题线索716件，办理情况全部报送国办督查室。为甘肃省出席全国两会的代表、委员征集筛选建议提案素材7大类77件，促进全省一批重大事项从国家层面得到重视和解决。先后15批次参加省人大、省政协确定的81件重点督办件的现场办理工作，解决一批群众期盼、代表委员关注的热点难点问题。

【“放管服”改革】 全年取消、调整和下放行政审批事项25项，细化、优化省级政务服务事项1200余项。依托一体化政务服务平台，指导省直部门和市州梳理编制省级政务服务事项实施清单1662项、市州级13295项、县市区级74363项，实现同一政务服务事项名称、编码、依据、类型等基本要素在国家、省、市、县四级统一。协调相关部门建成涉企优惠政策精准推送、企业融资服务和税收优惠等“不来即享”平台，被国办职转办选为“放管服”改革十个典型案例向全国推介，央视《焦点访谈》做了专题报道。上线“甘快办”政务服务移动端APP，已接入有关部门和市州的近500个热门应用，支持全省8.2万项政务服务事项办事指南查询和5.9万余项政务服务事项移动端办理。坚持线下线上服务深度融合，优化完善省市县乡村五级综合性政务大厅或便民服务中心集中服务模式，稳步推进全城通办、就近能办、异地可办。“一件事一次办”主题集成服务和高频政务服务事项“跨省通办”有序推进。为企业开办提供“一站式办理”服务，实现“只进一扇门”可办所有事，省级97%的服务事项实现“最多跑一次”办结。大力推进政务服务事项“一网通办”，政务服务事项清单、办事指南、办理时限等信息全部在政务服务网上展示，除法律法规另有规定或涉密等事项外，省、市、县三级网上可办率达90%，省级55%的服务事项实现全程网办、“一次都不跑”。

【文电管理】 共分办各类文件电报14109份，校核文件电报657份，制发三类重点精简文件141件，同比下降10.76%；清理1979年1月1日至2019年12月31日制定的现行有效的规范性文件和涉及市场主体经济活动的其他政策性文件1091件，废止157件、需修订32件、继续保留902件。

（供稿：李振宸　曹嘉骏）

外事管理与交流

【外事管理】 举办2020年外事专办员培训班，制定《甘肃省省属企业外事管理工作实施细则》《中共甘肃省委外事工作委员会关于严格审批因公临时出国（境）团组的通知》。受疫情影响，共审核审批和办理各类因公临时出国团组46批201人次（疫情期间，根据外交部要求暂停办理各类出访团组审批审核和邀请国外人员来访）。推进APEC商务旅行卡办理发放工作，视频参加中蒙边界联委会第三次会议，派员参加边界管理工作学习培训，开展边界车辆、护边员队伍建设和边界界桩管理摸排，组织中蒙边界甘肃段实地巡查和界务工程集中验收。召开涉外安全工作协调机制会议，处置涉及甘肃省企业和公民领事保护案件18起。

【外事交流合作】 甘肃省做好第三届进博会、第二十六届兰洽会、第三届药博会和公祭伏羲大典等重大国际节会外事服务保障，省领导会见尼泊尔和乌克兰驻华大使以及白俄罗斯驻华使馆临时代办，邀请匈牙利驻重庆总领事来甘参加兰洽会开幕式，匈牙利、格鲁吉亚领导人在兰洽会、药博会开幕式上发表视频演讲，做好有关国家线上展览展示、洽谈签约活动。举办2020"一带一路"美丽乡村论坛，邀请25个国家和包括上合组织在内的6个国际组织的50余位外宾出席（其中有10位外宾以视频录播的方式在相关论坛上发言）。先后拜访尼泊尔、马来西亚、匈牙利等8个国家驻华使（领）馆，邀请德国、土库曼斯坦驻华大使、上合组织副秘书长阿希莫夫和俄罗斯等国驻华使馆文化参赞代表团来甘访问，协助接待国务院新闻办组织的10家境外媒体15名记者来甘采访脱贫攻坚，举办"2020全球减贫伙伴研讨会"，"2020马来西亚娘惹美食节"和中国（甘肃）—马来西亚商贸文旅推介会，编写出版《中国—哈萨克斯坦友好关系发展史》《中国—塔吉克斯坦友好关系发展史》。

（供稿：文凡绮）

港澳事务

【交流交往】 积极主动作为，推动陇港陇澳交流合作。邀请香港特区政府驻京办主任梁志仁来甘访问，协调省政协副主席、省工商联主席郝远在线以主宾省身份参加第九届澳门旅游经济论坛并在开幕式发表主旨演讲，支持成立澳门甘肃联谊会，甘肃省委常委、省委统战部部长、省政协党组副书记马廷礼率团出席澳门甘肃联谊会成立大会暨第一届理事会就职典礼并致辞。

【企业合作】 积极邀请在甘港澳人士参加兰洽会、伏羲大典等节会活动，协调恢复我省与港澳人员正常往来，主动与港澳机构和爱心人士以及香港甘肃联谊会、港澳在甘企业等联系协调捐赠和转运防疫物资，积极为港澳企业复工复产做好服务，畅通供应链产业链，解决生产经营中出现的困难问题。支持甘肃省在港企业发展壮大，陇港公司起步良好，取得较好的经济效益和社会效益；香港刚毅集团、世茂集团、华润集团等企业在甘投资项目进展顺利，有力推动陇港陇澳交流合作，甘肃在港澳地区影响力不断提升。

（供稿：文凡绮）

政府决策服务

【文稿服务】 组织完成《政府工作报告》、省政府工作总结等重大汇报材料，以及省政府主要领导讲话、主持词致辞、署名文章等各类文稿341篇，完成省政府其他文稿190篇，共计530多篇，比上年增加30篇。文稿服务工作得到省政府领导的肯定。

【调查研究】 形成24项调研成果，编印17期《决策咨询》，完成《新时代"黄河大合唱"中奏好甘肃乐章——黄河流域甘肃段生态保护和高质量发展重大问题研究》《关于全省脱贫攻坚与乡村振兴有效衔接问题的初步研究》两个课题。聚焦疫情防控、复工复产、突发事件应对、农民工就业等问题，形成4项专题研究成果及相关数据资料。提出设立甘肃绿色发展银行建议编入国家《黄河流域生态保护和高质量发展规划纲要》；提出关于建设国家超算（兰州）中心的建议纳入《黄河流域生态保护和高质量发展规划纲要》《甘肃省国民经济和社会发展第十四个五年规划纲要》；关于物流快递产业发展的政策建议，直接推动国内大型物流快递企业韵达快递在甘肃省榆中县落地。注重《信息动态》的办刊质量，被中央政策研究室、农业农村部农村固定观察点办公室评为全国8个省级优秀主管部门之一。完成国务院发展研究中心委托的"中国民生调查"课题，在报送的调查员征文中，有1人获得二等奖、6人获得三等奖；《河西走廊可持续发展研究》课题成果，获国务院发展研究中心中国发展研究奖三等奖；《浅析新时代如何建设高素质专业化的机关党务干部队伍》理论文章，被评为2020年度甘肃机关党建课题研究优秀论文二等奖。

（供稿：顾庆丰）

政府参事工作

【建言献策】 向省委省政府报送参事建议报告90份，其中21份建议得到省委省政府领导25人次批示。向国务院参事室报送建议5份，其中王华存、雷紫瀚《关于加大电商扶贫力度促进欠发达民族地区经济发展的调研

报告》，国务院参事汤敏、林毅夫、何秀荣提出指导意见，国务院参事室以《国参阅件》（第69期）报国务院。

【政府参事论坛】编制省“十四五”规划出谋划策，为2021年省经济社会发展提出意见建议。举办“第四届甘肃省人民政府参事论坛”，邀请国务院参事、国务院参事室特约研究员及国内知名专家学者参加，收集到参事及专家学者对“十四五”发展的意见建议113篇，形成《双循环新发展格局下甘肃“十四五”发展的有关对策建议》等5个方面的参事建议报送省委省政府参阅。举办“省政府参事学习党的十九届五中全会精神培训班”“省政府参事室特约研究员对2021年我省经济社会发展建言献策座谈会”，收集整理各位参事和特约研究员的发言建议，形成《省政府参事及特约研究员对2021年我省经济社会发展的几点意见建议》，为2021年经济社会发展贡献参事的聪明才智。

【巡视整改】完成省委第六巡视组对参事室党组的巡视工作任务。针对巡视反馈的4个方面38条意见，召开4次协调会议，制定123项整改措施，确定整改责任领导、责任处室、责任人和完成时限。实行巡视整改任务台账管理制度、周调度制度、销号制度，确保每项任务都整改到位，用巡视整改的成果推动参事工作不断取得新的成效。

（供稿：刘　娜）

机关事务管理

【法治化标准化建设】制定、修订面向省级部门（单位）的机关事务制度办法8项，清理妨碍统一市场和公平竞争的规章、规范性文件及其他政策措施24件。开展公务用车标准化国家级试点工作，发布“甘肃标准”2项，通过国管局验收。会同省市场监管局制定省级标准化试点评估验收工作指引，完成中期评估。加强机关事务工作规划指导，完成《机关事务工作“十三五”规划》总结评估，向各市州提出8个方面26条具体指导意见。

【办公用房管理】加强办公用房统一调配、租用，清理腾退办公用房11500平方米，为12家部门（单位）调配12000平方米，审批16家部门（单位）租赁申请44191.21平方米、核定租房补助经费2829.05万元。印发办公用房维修改造实施办法，审核维修改造项目99个48428.04万元、核减4795.68万元。多渠道筹措办公用房房源，尝试从源头上解决房源缺口问题，打造相对集中的办公区域。

【公务用车管理】规范公务用车管理，探索推进公务用车“统购统配”，规范公务用车采购、维修和保险购买。为8个部门集中采购实物保障用车7辆、应急保障用车1辆，为省级公务用车平台更新应急保障用车8辆。备案受理3家医疗救援单位购置或接受捐赠疫情防控负压救护车19辆。审批55个省级部门（单位）购置公务用车287辆，批复9个市（州）更新国产越野车139辆，核增特种专业技术用车编制8批76辆，调剂使用34辆、拍卖处置28辆、报废处置223辆。完成省级公务用车管理信息系统扩容改造，实现对公务用车使用和运行情况的实时监督，形成公务用车全省“一张网”。推动省市县三级公车统一调用，提出全省公车平台跨区域调度车辆及费用结算初步方案。全年共受理申请用车3130批次，承载约13602人次，安全行驶约304万千米。

【集中办公区管理服务】不断优化完善省四大班子集中办公区和统办楼功能性基础设施，先后完成10余项维修改造项目。新建面积410平方米的会议厅，缓解了统办楼驻楼单位会议场所紧缺的困难。进一步加强安全保卫、卫生保洁、食堂运营等方面的工作，全力为66家驻楼单位打造安全、整洁、温馨的办公环境。

【公共机构节能】积极推进节约型机关创建行动，制定创建行动实施方案和评价标准，完成2020年度41家部门（单位）国家级创建和省级创建初审工作，提请省委办公厅、省政府办公厅公布2019年度29家省级节约型公共机构示范单位。加大节水型单位建设力度，完成第四批48家省直机关节水型单位建设。积极推进省级部门生活垃圾分类、公共机构节能项目实施，制定《甘肃省公共机构能耗定额标准》，完成全省公共机构能耗统计汇总、节能考核、“双控”目标责任评价考核及控制温室气体排放目标责任落实情况自评。广泛开展公共机构节能宣传培训，公共机构在节约能源资源中的示范引领作用日益凸显。

（供稿：朱　悦）

全体委员会议　常务委员会议

【政协甘肃省第十二届委员会第三次会议】 1月9日至13日在兰州市举行。会议应出席委员508名，实到委员468名。省政协副主席郝远主持开幕大会，省政协主席欧阳坚主持闭幕会议并发表讲话。省委书记、省人大常委会主任林铎，省委副书记、省长唐仁健等省领导，出席开、闭幕会，听取12名委员大会发言，并参加专题协商议政会，与委员们共商甘肃改革发展大计。会议审议通过了欧阳坚主席代表省政协常务委员会所作的工作报告、康国玺副主席代表省政协常务委员会所作的关于十二届二次会议以来提案工作情况的报告。与会委员列席了十三届人大三次会议，讨论并赞同省政府工作报告、省发改委关于2019年国民经济和社会发展计划执行情况与2020年国民经济和社会发展计划草案的报告、省财政厅关于2019年全省财政预算执行情况和2020年全省及省级财政预算草案的报告，讨论并赞同省高级法院工作报告、省检察院工作报告。与会委员围绕打赢脱贫攻坚战、黄河流域生态保护和高质量发展、融入“一带一路”、发展十大生态产业和人民群众关心关注的热点难点问题建言献策。会议审议通过了政协甘肃省第十二届委员会第三次会议政治决议、政协甘肃省第十二届委员会第三次会议关于常务委员会工作报告的决议、政协甘肃省第十二届委员会第三次会议提案委员会关于提案审查情况的报告。会议选举陈青为省政协副主席，王建太为省政协秘书长，补选王世华、李如檀、张永贤、谭岳衡为省政协常务委员。会议期间，共收到提案941件，经审查立案830件，占提案总数的88.2%。

【政协甘肃省第十二届委员会常务委员会第九次会议】 1月7日在兰州市召开。会议审议通过了政协甘肃省第十二届委员会第三次会议议程（草案）和日程，决定政协甘肃省第十二届委员会第三次会议于1月9日在兰州召开；听取了省委、省政府关于省政协十二届二次会议提案及2019年省委、省政府领导批示的省政协建议案、调研视察报告等办理情况的通报；审议通过了政协甘肃省第十二届委员会常务委员会工作报告及报告人；审议通过政协甘肃省第十二届委员会常务委员会关于十二届二次会议以来提案工作情况的报告及报告人；听取部分省政协常委2019年履职情况报告，审议通过有关人事事项。省委常委、省委统战部部长、省政协党组副书记马廷礼，省委常委、省委秘书长王嘉毅，副省长常正国应邀出席，省政协副主席德哇仓、郝远、马文云、王锐、康国玺、尚勋武、郭天康及秘书长陈伟出席会议，省委组织部、省委统战部负责人，非省政协常委的市州政协主席和省政协各部门负责人列席会议。

【政协甘肃省第十二届委员会常务委员会第十次会议】 1月11日在兰州市召开。会议审议通过了政协甘肃省十二届三次会议选举办法（草案）；审议通过政协甘肃省十二届三次会议选举大会总监票人、副总监票人、监票人名单（草案）；审议通过了政协甘肃省十二届三次会议选举副主席、秘书长、补选常务委员候选人名单（草案）；

甘肃
年鉴
2021

审议通过政协甘肃省十二届三次会议关于常务委员会工作报告的决议（草案）；审议通过政协甘肃省第十二届委员会提案委员会关于政协甘肃省十二届三次会议提案审查情况的报告（草案）；审议通过政协甘肃省十二届三次会议政治决议（草案）；审议通过有关人事事项。省政协主席欧阳坚主持会议，省政协副主席德哇仓、郝远、马文云、王锐、郭承录、康国玺、尚勋武、负建民、郭天康及秘书长陈伟出席会议，省政协党组成员袁占亭列席会议。

【政协甘肃省第十二届委员会常务委员会第十一次会议】5月8日在兰州市召开。会议审议通过《关于黄河流域甘肃段生态保护和高质量发展的建议案》《政协甘肃省委员会常务委员会关于授权主席会议对违纪违法政协委员及时作出处理的决定》；听取省政府关于《甘肃省新冠肺炎疫情防控工作情况通报》；通过有关人事事项。省委常委、省委统战部部长、省政协党组副书记马廷礼，省委常委、省委宣传部部长、省政协副主席陈青，副省长何伟，省政协副主席郝远、马文云、王锐、郭承录、康国玺、尚勋武、郭天康，全国政协委员、兰州军区善后办副主任冷杰松，省政协秘书长王建太，省政协党组成员袁占亭、陈伟出席。部分住甘全国政协委员和省政协委员、省直有关部门和不是省政协常委的省政协各部门负责同志、各市州政协主席列席。

【政协甘肃省第十二届委员会常务委员会第十二次会议】8月21日至22日在兰州市召开。会议传达学习了省委十三届十二次全委会会议精神；听取省政府关于全省上半年经济社会发展情况和“十四五”规划起草情况；审议通过省政协调研组《关于制定甘肃省“十四五”规划有关问题的建议案(草案)》；表彰了省政协成立70年来有影响力的重要提案；通过有关人事事项。省委常委、省委统战部部长、省政协党组副书记马廷礼，副省长张世珍，省政协副主席德哇仓、郝远、陈青、马文云、郭承录、康国玺、尚勋武、负建民、郭天康，省政协党组成员袁占亭，兰州军区善后办副主任冷杰松，兰州大学校长严纯华及省政协秘书长王建太出席。部分住甘全国政协委员和省政协委员、省直有关部门和不是省政协常委的省政协各部门负责同志、各市州政协主席、部分县区政协主席列席。

重要活动

【全省政协专委会工作会议】3月4日在兰州市召开。省政协主席欧阳坚出席会议并讲话，省政协副主席德哇仓、郝远、马文云、郭承录、康国玺、尚勋武、郭天康，各市州政协主席、秘书长参加会议。会议传达全国政协专委会工作会议精神，部分市州政协和省政协专委会作发言，讨论《省政协关于加强改进专委会工作和制度建设的实施意见》。欧阳坚强调，要深入学习贯彻习近平关于加强和改进人民政协工作重要思想，认真落实省委部署要求，加强改进专委会工作，勇于担当干出专委会工作新业绩，凝聚合力开创人民政协事业新局面。

【住甘全国政协委员省情通报会】5月18日在兰州市召开。省政协主席欧阳坚出席会议并讲话，省政协副主席康国玺主持会议。省政协副主席郭天康、兰州军区善后办副主任冷杰松、兰州大学校长严纯华及省政协秘书长王建太出席会议。副省长程晓波应邀出席会议并通报了全省经济社会发展情况。欧阳坚强调，住甘全国政协委员要自觉提高政治站位，珍惜党和人民赋予的崇高荣誉，忠实践行委员神圣使命，用心用情书写好为国履职、为民尽责的精彩答卷。

【全省政协传达学习全国两会精神大会】6月2日在兰州市召开。省政协主席欧阳坚出席会议并讲话，会议以视频形式开到市州政协一级。省政协副主席德哇仓、郝远、康国玺、尚勋武、郭天康等在主会场出席，省政协副主席郭承录在平凉分会场出席。欧阳坚强调，要深入学习贯彻习近平总书记重要讲话、全国两会精神和省委部署，聚焦中心大局建管用有效之言，用两会精神统揽政协各项工作。

【沿黄九省（区）政协黄河流域生态保护和高质量发展协商研讨会第三次会议】9月3日至9月4日在兰州开幕，在甘南州夏河县闭幕。开幕会上，全国政协副主席、秘书长李斌出席并讲话，省委书记、省人大常委会主任林铎致辞。省政协主席欧阳坚主持。全国政协人口资源环境委员会副主任黄跃金、驻会副主任高波，水利部副部长魏山忠，国家林草局副局长刘东生，山东、山西、内蒙古、河南、四川、陕西、青海、宁夏等省（区）政协领导刘均刚、张瑞鹏、其其格、周春艳、杜和平、李冬玉、杜捷、冯志强，省领导石谋军、程晓波、尚勋武及省政协秘书长王建太出席会议。国家发展改革委、财政部、水利部、国家林草局和甘肃省政府有关负责同志分别介绍了黄河流域生态保护和高质量发展情况。闭幕会上，全国政协人口资源环境委员会副主任黄跃金出席并讲话，省人大常委会副主任、甘南州委书记俞成辉出席会议，省政协副主席尚勋武主持会议并作大会发言。

【西北五省（区）政协助推协同向西开放协商座谈会】9月15日至16日，西北五省（区）政协助推协同向西开放协商座谈会在兰州召开。全国政协副主席苏辉出席会议并讲话，国家相关部委、全国政协港澳台侨和外事委员会负责同志应邀出席。台盟中央，陕西、甘肃、青海、宁夏回族自治区和新疆维吾尔自治区政府、政协相关部门负责同志参加会议。陕甘青宁新五省（区）政协领导同志作交流发言，省政协主席欧阳坚主持开幕会议并在闭幕会上讲话。

【全国政协社法委视察团来甘视察】9月15日至16日，全国政协常委、社会和法制委员会主任沈德咏率领视

察团，在甘南州、临夏州、兰州市和白银市，就社会综合治理和平安建设、建立健全重大社会风险预防和应对机制、群众接待与政务服务功能融合，以及基层治理机制创新完善等工作开展专题视察。省政协副主席郝远陪同视察。

【全国政协副主席刘奇葆率队在甘肃考察】10月10日至15日，全国政协副主席刘奇葆率全国政协"推进长征国家文化公园建设和革命文物保护"党外委员专题视察团在陇南市、天水市、白银市、平凉市、庆阳市开展考察，并在兰州市召开会议，听取有关部门情况介绍。全国政协文化文史和学习委员会副主任刘佳义、吕世光、修福金、阎晓宏，九三学社中央常委、民族文化宫文化总监、民族画院院长王林旭，民盟中央常委、故宫博物院研究馆员宋纪蓉，民进中央副主席、四川省政协副主席张雨东及部分全国政协委员一同考察。省政协主席欧阳坚，省委常委、兰州市委书记李荣灿，省委常委、省委宣传部部长王嘉毅，副省长孙雪涛，省政协副主席陈青、王锐、郭承录、负建民及秘书长王建太分别陪同考察。

【全国政协教科卫体委员会在甘开展卫生"三下乡"活动】10月20日，全国政协教科卫体委员会副主任、中国药学会理事长孙咸泽带领全国政协委员专家团来甘肃开展"三下乡"活动，并捐赠了总价近400万元的常用药品和先进医疗器械。全国政协教科卫体委员会驻会副主任丛兵、省政协副主席郭天康出席捐赠仪式。

【民建中央专题调研组来甘调研】10月21日，由全国政协副秘书长、民建中央副主席李世杰率领的民建中央"挖掘消费潜力、促进经济发展"专题调研组来甘调研并召开调研座谈会，听取了省委统战部、省发改委、省财政厅、省农业农村厅、省商务厅、省扶贫办、省国税局等部门及部分企业代表有关情况汇报。

专门委员会工作

【提案委员会】提出提案参考选题70条。向全国政协十三届二次会议提交提案116件，立案74件。省政协十二届三次会议期间，共提交提案968件，审查立案850件。全年共督办重点提案90件，其中，报省委省政府领导阅批34件，省政协主席会议成员领衔督办23件，省政府系统现场督办18件，省政协各部门督办15件。向全国政协提交的《关于"十四五"加强巩固我国西部地区脱贫成果的提案》(2318号)，被全国政协提案委员会确定为重点督办提案。制定《中国人民政治协商会议甘肃省委员会关于推动提案工作提质增效的办法（试行）》。评选表彰甘肃省政协成立70年以来的优秀提案，从24661件提案中评选表彰了30件甘肃政协成立以来有影响力的重要提案。对委员会联系的陇南市西和县苏合镇陈地村、元山村以及洛峪镇关坝村，开展2次挂牌督战活动，给予帮扶资金5.75万元。

【社会和法制委员会】完成专题调研和月协商座谈会工作，形成《健全和完善我省基层协商与矛盾纠纷化解机制的建议》《新冠肺炎疫情下建立和完善社会应急保障机制的建议》《河西三市优先实施黄河上游甘肃段重点区域生态保护与高质量发展项目建设存在问题和建议》等7篇调研报告。向省人大常委会、省政府、省委宣传部、省司法厅等单位全年累计提出意见建议85条。报送社情民意信息10篇，其中《关于将武威到西宁直线铁路建设纳入国家"十四五"规划的建议》专报全国政协，该信息被全国政协作为重要信息采用。

【文化文史资料和学习委员会】组织开展"做大做强红色旅游产业"专题调研并召开月协商座谈会，形成《关于做大做强红色旅游产业的建议》。围绕"全省'十四五'经济社会发展重点建议"确定的，突出文化旅游业、特色食品加工业、中医药产业联动发展，形成《省政协主席欧阳坚调研兰州黄河风情线建设情况报告》报送省委省政府及相关部门参阅。征集抗击新冠肺炎疫情主题稿件318篇，230万字。联系省政协委员为贫困大学生捐赠助学款1万元，为联系的西和县洛峪镇清水村15户贫困户代购农业保险。

【经济委员会】开展调研视察。形成《关于全面推动我省企业复工复产的几点建议》《关于天水市、定西市开展"黄河流域甘肃段生态保护和治理"监督性视察的报告》等10篇调研报告。起草常委会关于制定我省"十四五"规划有关问题的建议案起草说明材料。聚力脱贫攻坚帮扶工作，协调帮扶资金总计221万元，解决困难和帮办实事11件。抓好经常性工作，提交3件集体提案，报送12件社情民意信息，5件被采用，其中1件报全国政协采用。组织开展界别活动，召开经济界委员线上协商2次、书面协商4次、向50余名委员进行问卷调研1次，线上专题协商座谈会和调研课题座谈会2次。加强省际交流，参加全国地方政协经济委员会（广西）工作会议和助推西部陆海新通道建设（重庆）座谈会，向云南反馈了《甘肃省"十三五"有色金属工业产业链延伸发展情况报告》。

【人口资源环境委员会】聚焦黄河流域国家战略开展协商。承办"沿黄九省区政协黄河流域生态保护和高质量发展协商研讨第三次会议"，形成协商成果。形成《关于加强黄河上游水源涵养区生态保护和治理的提案》，推动黄河流域甘肃段生态保护和高质量发展专题议政会《专项建议报告》。牵头开展常委会"推动黄河流域甘肃段生态保护和高质量发展"监督性视察。配合完成全国政协"黄河水源涵养区生态保护"调研组来甘调研、全国政协常委会"高质量打赢脱贫攻坚战 建立解决相对贫困长效机制"相关调研、全国政协"革除滥食野生动物的陋习"双周协商会有关工作，推动建立了"甘肃省关注森林活动省级组织"机构。先后深入陇南市西和县和定西市通渭县2个县

21个乡镇83个村开展人居环境整治专项帮扶，为联系县争取帮扶资金1000万元。

【科教卫体委员会】开展“健全我省公共卫生体系、增强传染病防控能力”的专题调研，“黄河流域甘肃段生态保护和治理”监督性视察，参与“全省‘十四五’经济社会发展重点建议”调研，形成《“全省‘十四五’经济社会发展重点建议”调研报告》。完成《人文甘肃》第6辑和第7辑的编辑出版发行工作。开展主题为“传承弘扬艾黎精神，培养大批高素质应用型人才”的委员界别活动。接待全国政协教科卫体委员会卫生“三下乡”活动组和广东、天津、安徽、湖南省政协来甘肃的考察调研活动。协调有关部门为联系村捐赠化肥50吨，并开展施用化肥培训。争取全国政协教科卫体委员会卫生“三下乡”活动组，向西和县捐赠99万元的药品和医疗器械。向15名学生捐赠3万元，开展春节慰问活动，为贫困群众送粮送油品和书画作品。

【民族和宗教委员会】开展“我省宗教界代表人士选拔、管理和培养工作”专题调研协商，完成“民族团结进步创建工作”监督性调研，赴甘南地区调研高校毕业生就业情况，形成《关于甘南州高校毕业生就业工作情况的调研报告》。配合完成了全国政协民宗委“推动民族地区特色产业发展、巩固脱贫攻坚成果”专题调研，全国政协民宗委“各民族共同团结奋斗，共同繁荣发展”读书群视频连线交流会基层代表发言推荐工作。组织少数民族和宗教界全体委员开展“新冠疫情防控再行动，伟大祖国明天更辉煌”主题教育活动，围绕“感受建国70周年成就，坚定中国特色社会主义道路自信”主题，开展界别视察活动。先后5批次深入到联系点陇南市西和县蒿林乡赵沟村开展精准扶贫工作，资助15名贫困家庭的在校大学生，引导宗教界政协委员积极参与脱贫攻坚。

【港澳台侨和外事委员会】筹办西北五省区政协助推协同向西开放协商座谈会，起草报送全国政协办公厅的会议情况报告。助力疫情防控，港澳委员个人捐资及联系捐款320多万元，为武汉火神山医院自费铺设地板1100多平方米，与欧美各国市场联系采购口罩1.1万个。撰写《关于新基建建议》等4篇社情民意信息。围绕加快构建西北地区综合立体交通网、加快西北地区物流枢纽设施建设、服务“一带一路”推进海外建设特色学校、发挥侨务资源优势助推经济社会发展情况调研。

【农业和农村工作委员会】筹备“坚决攻克最后的贫困堡垒、确保如期打赢脱贫攻坚战”专题协商议政会，开展“黄河流域甘肃段生态保护和治理”监督性视察，组织农村专门人才队伍建设专题调研，召开“巩固拓展脱贫攻坚成果同乡村振兴有效衔接”月协商座谈会，提交了6篇社情民意信息。号召广大农业界委员积极投身战“疫”，总计捐款捐物100多万元。助力脱贫攻坚帮扶，为联系的杨魏村落实林业造林绿化资金50万元。先后6次前往西和县，4次前往通渭县开展调查研究和帮扶督导工作。

常委会工作

【协商议政】省政协围绕制定“十四五”规划开展专题协商。先后召开5次经济发展协商会，提出22条建议被省委省政府纳入了“十四五”规划。国家优质食用油和肉类生产储备基地建设开展协商建议进入国家和甘肃专项规划。全国两会期间，提交提案116件，同比增长30%。其中，联合广西等省区政协提出的“巩固西部地区脱贫成果”的提案，被列为全国政协主席唯一领衔督办的提案。甘肃省两会期间立案的850件提案全部办结。首次对甘肃政协成立70年来的30件有影响力的提案进行评选和表彰。召开各类协商会议20次，上报建议案等28份，省委省政府领导批示74次；报送社情民意信息100余篇，全国政协采用率创近年新高。

【凝聚共识】着力用文化的力量凝聚共识，编撰《人文甘肃》丛书第6、第7辑，召开《人文甘肃》出版发行3周年暨读书活动座谈会，编著出版《南梁红色故事》。研究编写的《传承和弘扬南梁精神》，已交付中共党史出版社审编。会同省委统战部召开多党合作与政治协商座谈会，走访省级民主党派和工商联，增加联合开展调研的频次。围绕宗教界代表人士选拔管理和培养、民族团结进步创建等问题，开展有针对性的调研协商。组织民族宗教界委员参观了10多个党建引领下的美丽乡村和先进企业。加强同港澳委员的联谊交流，共同关心祖国发展、参与脱贫攻坚、支持甘肃建设。

（供稿：王植本）

重要会议

【中国共产党甘肃省第十三届纪律检查委员会第四次全体会议】1月19日至20日在兰州召开。中共甘肃省委书记林铎出席全会并发表讲话，强调要全面贯彻习近平总书记重要讲话和中央纪委四次全会精神，持之以恒把全面从严治党推向前进。全会以习近平新时代中国特色社会主义思想为指导，深入贯彻中共十九大和十九届二中、三中、四中全会精神，全面落实十九届中央纪委四次全会和省委十三届十一次全会部署，总结2019年工作，部署2020年任务，审议通过中共甘肃省委常委、省纪委书记、省监委主任刘昌林代表省纪委常委会所作的《忠实履行新时代纪检监察职责使命 为决胜全面建成小康社会决战脱贫攻坚提供坚强保障》工作报告。

【甘肃省纪检监察机关扫黑除恶专项斗争"惩腐打伞"视频会议】3月9日，中国共产党甘肃省纪律检查委员会甘肃省监察委员会（以下简称"省纪委监委"）召开甘肃省纪检监察机关扫黑除恶专项斗争"惩腐打伞"视频会议，通报2018年以来全省纪检监察机关查处涉黑涉恶腐败和"保护伞"问题的情况，安排部署2020年重点任务，定西、庆阳、临夏和白银4个市州纪委监委相关负责人作了交流发言。

【中央脱贫攻坚专项巡视"回头看"反馈问题整改部署暨全省深化扶贫领域腐败和作风问题专项治理工作视频会】4月2日，甘肃省扶贫领域腐败和作风问题专项治理领导小组召开中央脱贫攻坚专项巡视"回头看"反馈问题整改部署暨全省深化扶贫领域腐败和作风问题专项治理工作视频会，省纪委监委领导班子成员参加会议。会议传达中央纪委国家监委、省委有关精神，通报2019年全省扶贫领域信访举报和案件查处情况，刘昌林在会上发表讲话。

【市州纪委书记学习贯彻中央纪委领导人在甘调研讲话精神座谈会】5月12日，省纪委监委召开市州纪委书记学习贯彻中央纪委领导人在甘调研讲话精神座谈会，认真学习落实中央纪委领导同志在甘调研讲话和七省区纪委书记座谈会精神，贯彻落实中央纪委、省纪委四次全会决策部署，统筹推进疫情防控和经济社会发展监督，集中精力抓好脱贫攻坚监督，落实年度各项重点工作任务，推动全省纪检监察工作实现高质量发展。刘昌林主持会议并讲话。

【全省纪检监察机关扫黑除恶"惩腐打伞"专项巡视整改暨重点工作任务推进视频会】7月9日，省纪委监委召开全省纪检监察机关扫黑除恶"惩腐打伞"专项巡视整改暨重点工作任务推进视频会，通报专项斗争开展以来特别是今年以来全省纪检监察机关"惩腐打伞"工作进展情况，总结上半年工作，部署下半年任务，对"惩腐打伞"专项巡视整改和重点工作任务再调度、再督促。

【全省重点追逃追赃案件推进会】2020年8月20日下午，省纪委监委召开全省重点追逃追赃案件推进会。会上，省纪委监委派驻省水利厅纪检监察组，省纪委监委

第九审查调查室，省公安厅经济犯罪侦查总队，兰州市、白银市、定西市、临夏州纪委监委等重点追逃追赃案件承办单位负责人汇报了案件进展情况和下一步工作计划。

【古浪县脱贫攻坚省直帮扶单位工作联席会议】 2020年11月25日，古浪县脱贫攻坚省直帮扶单位工作联席会议召开。省委常委、省纪委书记、省监委主任刘昌林主持会议并讲话。省人大常委会副主任陈克恭出席会议。民盟甘肃省委、酒钢集团公司、大唐甘肃发电有限公司、中储粮兰州分公司、玉门油田分公司、武威职业学院、浦发银行等省直帮扶单位及武威市、古浪县负责同志，古浪县有关部门负责人和乡镇党委书记参加会议。会议听取了古浪县脱贫攻坚工作、省直和中央在甘单位帮扶工作情况汇报，刘昌林同志宣讲了党的十九届五中全会精神，并就做好下一阶段帮扶工作做了安排部署。会后，刘昌林一行深入党支部工作联系点惠民热力有限公司调研指导党建工作。刘昌林通过实地察看、听取汇报，详细了解了惠民热力公司运行和党支部建设情况。随后，刘昌林一行还先后到古浪县绿洲扶贫产业园、金宇浩睿2万头规模化奶牛养殖园、干城乡富民新村、现代智能温室工业化栽培生态示范基地、2号蓄水池等地调研。

【中国共产党甘肃省纪委省监委机关第一次代表大会】 2020年12月23日上午，中国共产党甘肃省纪委省监委机关第一次代表大会召开。省委常委、省纪委书记、省监委主任刘昌林出席会议并讲话。会议审议通过机关党委会和机关纪委会工作报告，选举产生11名机关党委会委员和9名机关纪委会委员。省纪委监委领导班子成员、机关各基层党组织党员代表参加会议。

重要活动

【中共中央政治局常委、中央纪委书记赵乐际到甘肃调研】 2020年4月18至21日，中共中央政治局常委、中央纪委书记赵乐际到甘肃调研。赵乐际先后到天水市麦积区红崖村、甘肃电气装备集团有限公司、定西市通渭县大岘村和香泉镇马铃薯种薯扶贫产业园、兰州重离子加速器国家实验室，与基层干部群众亲切交流，深入了解疫情防控、复工复产、脱贫攻坚等政策措施在基层的落实情况，认真听取意见建议。4月20日上午，赵乐际先后到省纪委监委、省委巡视办、省脱贫攻坚专项巡视整改办看望机关干部，了解工作推进情况；下午，在兰州市主持召开广西、四川、贵州、云南、甘肃、宁夏、新疆七省区纪委书记座谈会。

【风雨兼程守初心　继往开来担使命——甘肃省纪委监委光辉发展历程主题展览】 7月1日至10日，省纪委监委机关举办“风雨兼程守初心 继往开来担使命——甘肃省纪委监委光辉发展历程主题展览”。此次展览分为历史沿革、忠诚履职、自身建设、亲切关怀、展望未来等篇章，用17张展板、200幅图片和视频，全面回顾省纪委监委设立起步、恢复重建、改革发展的变迁历程，呈现全省纪检监察队伍凝心聚力、砥砺奋进的铿锵足迹，让党员干部在回望过去、面向未来中重温历史、汲取力量、传承精神、奋勇前行。

【中共中央政治局委员、中央纪委副书记、国家监察委员会主任杨晓渡到甘肃调研】 8月3日至7日，中共中央政治局委员、中央纪委副书记、国家监察委员会主任杨晓渡同志到临夏、甘南、嘉峪关调研。8月6日上午，省纪委监委班子成员全体参加杨晓渡同志来甘调研与省纪委监委班子成员座谈会。

【省管企事业单位纪检监察机构全员综合业务培训班】 2019年12月26日至2020年1月10日，省纪委监委举办省管企事业单位纪检监察机构全员综合业务培训班，共81家单位435名干部参加培训。袁治云出席开班式，专题辅导当前改革形势任务；张伟出席结业式，专题辅导做好企事业单位纪检监察工作。

【信访举报线上系列宣传活动】 2020年7月1日至9月8日，省纪委监委在全省组织开展纪检监察信访举报线上系列宣传活动，以《纪检监察机关处理检举控告工作规则》为主要遵循，以“纪检监察机关信访举报指南”方式呈现，依托甘肃纪检监察网和“啄木鸟”系列融媒体平台集中宣传。全省干部群众足不出户，便可以通过网络对纪检监察信访举报知识全方位学习掌握。

【省纪委监委对派驻（出）机构干部全员培训】 2020年8月22日，省纪委监委派驻（出）机构干部政治素质和业务能力提升（达标）全员培训开班。此次全员培训根据省纪委四次全会关于建设高素质专业化纪检监察干部教育培训计划确定，共集中利用4个多月时间，对参训人员进行政治思想、综合业务、监督检查审查调查、综合管理、基本素养5个模块的培训，包括习近平新时代中国特色社会主义思想概论、纪检监察“三项改革”和派驻（出）机构建设、如何开展政治监督等32节面授课程。

【全省纪检监察干部监督工作培训班】 2020年11月17日至20日，省纪委监委纪检监察干部监督室在省委党校举办全省纪检监察干部监督工作培训班，认真传达学习杨晓渡、杨晓超同志在第四期纪检监察干部监督工作培训班上的讲话精神，进一步明确纪检监察干部监督工作的政治方向、职责定位和目标任务。各市州纪委监委、兰州新区纪工委监工委分管干部监督工作的负责同志、干部监督室负责同志和主要领导所在支部纪检委员，省纪委监委各派驻（派出）机构、省管企业和高校纪检监察机构分管干部监督工作的负责同志或承担干部监督职责的部门负责同志，机关各厅部室党支部纪检委员共143人参加培训。

纪检监察

【聚焦贯彻中央精神谋划推进工作】省纪委监委认真落实纪委常委会、理论学习中心组集体学习和党支部周五定期学习等制度，18次跟进学习中共十九届四中、五中全会精神和习近平总书记关于全面建成小康社会、决战脱贫攻坚等重要讲话和指示批示精神，不断增强“四个意识”、坚定“四个自信”、做到“两个维护”。坚持以习近平总书记重要讲话精神为指引和遵循，以全会部署要求为统领和标尺，以解决实际问题为切口和落点，总结形成“九个始终”的总体要求和“九个如何”的着力重点，牵引全盘工作统筹推进。全面部署实施政治监督、强化权力监督、推进制度执行监督、整治群众反映强烈问题等八方面重点工作，印发重点任务分工方案，提出“1+N”指导体系，即1个指导意见和政治监督、作风建设、查办案件、宣传工作4个具体意见，指导推动全会部署任务有效落实。认真落实赵乐际、杨晓渡甘肃调研讲话和七省区纪委书记座谈会精神，专题研究贯彻措施，制定指导意见和分工方案，提出99条落实措施，逐条抓好落实。对照七省区纪委书记座谈会指出纪检监察机关存在的问题，认真自查并制定11条整改措施，切实抓好整改。

【政治监督】把政治监督作为纪检监察监督的核心，推动政治监督具体化常态化，确保党中央政令畅通、令行禁止。聚焦“两个维护”强化监督，督促各级党组织和党员干部把“两个维护”作为最高政治原则和根本政治规矩，切实维护习近平总书记党中央的核心、全党的核心地位，维护党中央权威和集中统一领导。突出党中央重大决策部署落实的监督，紧紧围绕全面建成小康社会目标，推动各地各部门统筹推进经济、政治、文化、社会和生态文明全面发展。加强对打好三大攻坚战的监督，督促做好冲刺清零、巩固提升、摘帽验收、防返贫阻致贫等工作；督促打好蓝天、碧水、净土保卫战，保护修复生态；督促防范化解国企、金融和意识形态等领域风险。加强对清洁取暖、垃圾分类、畜禽废弃物处理、养老服务、规范住房租赁市场和抑制房地产泡沫、食品安全等六件民生事项的专项监督。加强对黄河流域生态保护和高质量发展、新时代西部大开发、一带一路、提升产业基础能力和产业链水平、兰西城市群建设、衔接乡村振兴、“十四五”规划编制等七项重点工作的专项监督。突出全面从严治党责任的监督，协助省委制定主体责任清单，推动党委主体责任规定落实；配合省委指导兰州、庆阳和监狱系统净化修复政治生态，稳妥处置涉案人员；制定《甘肃省纪检监察机关问责工作程序规定》，全省问责党组织118个，领导干部1985人。

【整治侵害群众利益问题】专项治理涉地涉农问题，督促整治大棚房、违建别墅、乱占耕地建房、盲目合村并居等问题，整治大棚房1258个、违建别墅项目126个807栋。专项治理扶贫领域腐败和作风问题，突出7类人员和岗位，开展百件问题线索直查直核直督攻坚行动，全省查处问题2956件，处理6095人，移送司法99人。专项治理涉黑涉恶腐败问题，开展问题线索“清零”行动、黑恶案件“过筛”行动、重点行业“挖伞”行动，全省立案602件，处理2160人，党纪政务处分1223人，移送司法70人。专项治理六大领域问题，推动解决一批教育、医疗、住房、食药、科技、人防等领域群众反映强烈的突出问题。专项治理国有企业突出问题，督促22家省属国有企业对省委巡视反馈和审计移交的1190项问题进行整改，完成整改1141项，清退资金1347万元，完善相关制度2204项。

【推动作风转变】落实中央八项规定及其实施细则精神，坚决整治形式主义官僚主义，深化“四察四治”专项行动，重点整治盲目决策、指尖运转、转嫁摊派、纸面落实，以及文件滥会议多、督查考核名目繁杂、频繁要求填表报数、调查研究“一窝蜂”等突出问题，推动基层减负常态化。全省查处形式主义官僚主义问题1775起，处理3306人，党纪政务处分1230人。从严整治享乐主义奢靡之风，督促落实过紧日子要求，推动做好压减“三公”经费、厉行节约粮食、制止餐饮浪费等工作。全省查处享乐奢靡问题797起，处理1339人，党纪政务处分743人。

【巡视利剑作用】配合中央巡视指导督导工作，组织召开中央巡视机构“讲师团”专题培训会，制定修订制度10项，落实11项指导督导建议。组织开展十三届省委第六、第七轮常规巡视，巡视省直部门单位27个、省管高校18所，十三届省委巡视全覆盖任务完成81.3%。深化巡视巡察上下联动，指导市县同步开展巡察。紧盯中央脱贫攻坚专项巡视及“回头看”、国家脱贫攻坚成效考核、中央纪委国家监委调研督导反馈问题，助力决战决胜“一号工程”，开展脱贫攻坚专项巡视，督促抓好各类问题整改，持续压实脱贫攻坚政治责任。发现的2770个立行立改问题已全部整改到位，巡视反馈的320个问题已整改317个，整改完成率99%。联动开展扫黑除恶“惩腐打伞”专项巡视，移交立行立改问题332件，有效助力扫黑除恶专项斗争收官之战。坚持巡视监督和巡视整改“两线并行”、两手齐抓，严格落实“一听二核三通报四问责”督办机制，加强巡视整改日常监督，精准处置移交线索，推动整改见底见效。第四、五轮巡视整改完成率分别达到89%、84%。深化整改成果运用，将巡视整改

情况作为省管领导班子年度考核、脱贫攻坚成效考核的重要依据。

【反腐败斗争】严查政治腐败问题，揪出一批政治问题和经济问题交织，搞“七个有之”的“两面人”。查处案件163件，处分245人。严查金融、环保、公安、教育等重点行业腐败问题。严查国企腐败问题。严查重点地区腐败问题。全省纪检监察机关谈话函询4403人次；运用“四种形态”处理45890人次，第一、二种形态占94%；立案10895件，处分12108人；主动投案180人；追回外逃人员10名。用身边事警示教育身边人，印发典型案件通报，编印反腐败警示录，制作《国企蛀虫》《圈子之害》《家风之殇》等警示教育片。

【持续深化改革】持续推进省管企业高校纪检监察体制改革，在3家省管金融企业成立派驻纪检监察组，审核批复4家新组建省管企业纪检监察体制改革实施方案，57家省管企业高校纪检监察体制改革全部完成。深化省纪委监委派驻机构改革，完善领导体制，制定考核办法，提升派驻监督工作质效。印发指导意见，指导制定并审核实施方案，稳步推进市县派驻机构改革。推动纪检监察机关与审计监督、人大监督、民主监督以及中央在甘单位等方面的衔接，制定协作配合制度4项。把制度建设贯穿改革全过程，新制定修订制度43项，监察体制改革以来累计制定修订制度163项，初步形成全面覆盖、配套衔接的制度体系。

（供稿：张　杰）

中国国民党革命委员会甘肃省委员会

【调查研究】省内市县（区），开展专题调研5次，与相关部门单位、科研院所召开调研座谈会12次，形成调研成果8篇。形成《“河西走廊—哈密段区域如何服务承接中巴经济走廊建设调研课题”甘肃预调研报告》《以玉门油田为基础，建设国家西部油气资源战略储备基地专题预调研报告》《加快构建出入疆三大通道互联互通交通网络体系专题预调研报告》，完成《河西走廊深度融入“一带一路”建设和向西开放战略的调查与思考》。

围绕黄河流域生态保护和高质量发展调研，形成“黄河系列文章”。加快推进《黄河流域生态补偿条例》立法等建议，上报民革中央、中共甘肃省委、省政府、省政协。规划建设“黄河国家文化公园”的建议被列入国家“十四五”规划，由国家相关部委协同沿黄九省推进。形成《甘肃省乡村振兴战略实施情况预调研报告》《建设新时代农业特区，保障和改善民生甘肃预调研报告》。

【提案建言】在十三届全国人大三次会议上，全国人大代表马晖玲提交的关于成立中国草原科学院、扶持国产人工机械心脏瓣膜等4篇议案。在全国政协十三届三次会议上，提交打通河西走廊进入南疆便捷通道、石羊河流域综合治理、支持加快引哈济党工程建设等个人提案。为民革中央、省政协和其他界别政协委员提供全国政协十三届三次会议提案素材13篇，加快推进出入疆三大通道互联互通的建议，作为民革中央提交全国政协十三届三次会议的集体提案，获民革中央年度表彰；将工业设计软件创新突破作为国家“十四五”规划战略性工程实施的提案被列为全国政协重点督办提案，工业和信息化部等多部委召开座谈会现场督办。

【政党协商】按照《中共甘肃省委2020年政党协商计划》，省委会共参加中共甘肃省委召开的专题协商座谈会、调研协商座谈会7次。省委书记主持召开4次，省长主持召开1次，省委副书记主持召开1次，省政府常务副省长主持召开1次。

【政协协商】向省政协全体会议、常委会会议、专题协商和月协商座谈会提交发言19篇，其中口头发言9篇、书面发言10篇。在省政协十二届三次会议上，省委会提交集体提案12件，内容涉及产业转型、农业农村、医药卫生、营商环境等多个方面。《民革甘肃省委会为促进现代农业发展建言：推进“一户一块田”改革》《省民革提案建言：建立市场风险预警机制，为我省特色扶贫产业发展保驾护航》等提案宣传报道，分别被《团结报》《民主协商报》等媒体登载。

（供稿：张　莹　张晶晶）

中国民主同盟甘肃省委员会

【参政议政】民盟省委9次参加中共甘肃省委、省政

府主持召开的协商会、座谈会，围绕黄河流域生态保护与高质量发展、“一带一路”建设、重大基础设施与区域协调发展、“十四五”规划编制、乡村振兴与现代农业发展等问题建言议政。在全国政协十三届三次会议上就“一带一路”建设中制造业高质量发展、加快建立西北农村教师发展支撑体系、完善国家应急管理体系、深度贫困地区实施产业扶贫和疫情防控背景下完善我国减税降费政策、优化我国市场化企业化主导的应用创新体系等提交提案20件。

【课题调研】全国人大常委会副委员长、民盟中央主席丁仲礼率调研组来甘考察，完成“加快全流域协同配合，推进黄河保护与治理”民盟中央调研课题。围绕“提升对外贸易质量效益，打造向西开放新高地”“大兰州”建设、“十四五”规划编制、重大基础设施与区域协调发展、推动以兰州为中心的城市群建设、加快公共卫生服务产业体系建设、欠发达地区高校教师评价考核、高层次人才队伍建设等30个参政议政立项课题，其中重点调研课题11个。

【建言献策】各级组织针对新冠肺炎疫情防控建言，报送社情民意信息60条。其中《建议国家尽快制定发布相关意见，指导各地精准科学有序复学》和《关于建立国家防疫信息网的建议》被全国政协单篇采用。全年向民盟中央、省政协、省委统战部共整理报送信息200条，8条被省政协单篇报送中共甘肃省委、省政府，其中《以中医药在抗击新冠肺炎中发挥积极作用为契机，加快推动全省中医药产业化发展》《关于继续推迟大中小学开学时间的建议》被省上领导批示。

（供稿：李守礼）

中国民主建国会甘肃省委员会

11月27日，民建甘肃省委会召开纪念中国民主建国会75周年座谈会

【参政议政】省民建向省政协十二届三次会议提交集体提案13件，提交大会发言3篇，《关于加快推行公务用车改革的提案》被评为省政协成立70周年来有影响力的提案。两位同志被省政协评为优秀政协委员。就黄河流域生态保护和高质量发展、“一带一路”建设实施与向西开放、重大基础设施建设、现代农业与乡村振兴、黄河上游中心城市和城市群高质量发展等重点课题，分赴甘青两省13个市州深入调研，形成10篇调研报告。1篇调研报告转化为省委会领导在全国政协协商座谈会上的发言，受到全国政协农业农村委员会的好评。1人被评为民建中央2020年度参政议政先进个人。向民建中央报送社情民意信息5篇，2篇被综合采用、2篇被单篇采用；向省政协报送7篇，采用3篇。《关于推动平凉市煤化工产业加快发展的建议》受到省上主要领导批示。《关于支持定西市建设中药材药食同源试验示范基地的建议》被中共甘肃省委办公厅采用。1人被评为2020年度全省统战信息工作先进个人。

【社会服务】省委会机关干部赴和政县祁家沟村调研，鼓励群众积极应对疫情产生的不利影响，坚定信心，多渠道增加家庭收入。在和政四中、永登八中各开办“思源教育移民班”1个，帮助100名贫困家庭学生完成初中学业；在积石山县等地举办初高中骨干教师提升教育教学培训班，培训教师400人。建立东西部扶贫协作工作机制。协调民建天津市委南开区委经济二支部会员为麦积区渭南镇吴村小学捐赠价值4.5万元的文化生活学习用品。更新网站内容500条，网站访问量超过15961人次；微信公众号共推送各类信息38条；报送民建中央网站信息300条；向甘肃统战网、《民主协商报》、《协商快讯》等报送会内重要活动报道30次。

（供稿：张　政）

中国民主促进会甘肃省委员会

【参政议政】民进省委会提交省政协十二届三次会议集体提案14篇，提交大会发言2件。其中《关于加强对“甘味”品牌农产品特质特征特效研究的提案》被列为省政协重点督办提案，《民主协商报》刊登“唱红‘甘味’带火‘甘味’——省民进提案让‘甘味’飘香全国”的文章，被《人民政协报》、人民政协网、《民主杂志》等多家媒体转载；《关于进一步解决贫困县项目落地难问题

的提案》报送中共甘肃省委批示，供相关部门开展深入研究。

【课题调研】民进省委会围绕民进中央年度大调研确定的基层治理主题，赴宕昌县就易地扶贫搬迁安置点基层民主建设情况开展调研，提交《易地扶贫搬迁安置点基层治理情况调研报告》。聚焦中央及省上对黄河流域生态保护和高质量发展的关注重点，分别向省委政党协商会议和省政协常委会议提交《关于黄河流域生态保护和高质量发展的几点建议》《关于尽快完善甘南黄河上游水源涵养区生态补偿机制的建议》。围绕“‘一带一路’倡议的实施与向西开放”议题开展专题调研，在省委政党协商会上作《借力“一带一路”推动我省现代丝路寒旱农业技术走出去》发言，意见建议得到中共省委主要领导肯定，要求相关部门研究采纳；围绕“放大文旅综合效应，助推脱贫攻坚和乡村振兴”，提出《关于我省在发挥红色旅游资源优势放大文化旅游业综合效应过程中存在的问题及建议》；围绕“提升提案工作质量”，提交《关于加强提案办理工作 提高提案质量的建议》并在省政协月协商座谈会上发言；围绕“建立完善县乡垃圾处理方式”进行调研，向省政协月协商座谈会提交意见建议；围绕“加强农村专门人才队伍建设”开展调研，成果提交省政协月协商座谈会。就“现代农业与乡村振兴”议题开展调研，在省委政党协商会上作《加强我省中药材产业现代化建设的建议》大会发言；赴陇南围绕“陇蜀道申遗”进行专题调研，有关成果报送省委省政府；围绕“重大基础设施建设与区域协调发展”议题，赴兰州新区综合保税区、武威保税物流园区和兰州陆港开展调研，提交《关于加快推进申报中国（甘肃）自由贸易区的建议》。

【民主监督】民进甘肃省委员会赴宕昌县开展脱贫攻坚民主监督调研，对宕昌县脱贫攻坚进展、易地扶贫搬迁安置、产业扶贫、对接乡村振兴战略等情况入户走访进行调研，召开脱贫攻坚民主监督工作座谈会。11月，宕昌县顺利脱贫摘帽。赴省民政厅开展兜底保障专项监督调研，就中央脱贫攻坚专项巡视“回头看”和国家脱贫攻坚成效考核反馈意见中有关兜底保障工作整改内容的整体落实情况，以及省民政厅兜底保障专项行动实施情况进行了解，提出意见建议。

（供稿：李　苑）

中国农工民主党甘肃省委员会

【参政议政】农工党省委会参加中共甘肃省委召开的政党协商会7次，提出的《关于黄河流域生态保护和高质量发展的几点建议》《关于深化我省“一带一路”建设的几点建议》等7篇建议得到省委省政府主要领导的肯定。根据省政协协商议题，完成《做好“节水账”念响“生态经”》《健全我省公共卫生体系 增强传染病防控能力》《关于促进我省国家中医药产业发展综合试验区建设的建议》等8篇建议。在全国两会上，围绕“黄河流域生态保护和高质量发展”“乡村养老服务体系建设”“‘失独’家庭养老扶困保障”等议题建言献策，履职尽责。在省两会上，农工党7名人大代表和16名政协委员以个人和联名等形式提交提案、议案45件，省委会提交集体提案27件，5件被确定为重点提案。《关于向国家申请将黄河甘南流域设立为生态保护和高质量发展示范区的建议》《关于加强我省感染性疾病及传染性疾病防控防治平台建设的提案》《关于加快农村生活垃圾处理推动美丽乡村建设的提案》《关于加强规范0~3岁婴幼儿早期教育机构的提案》被列为重点提案；《关于加快殡葬设施建设深化殡葬制度改革的提案》被列为重点提案，由省民政厅在张掖市现场办理。

【社情民意信息工作】全省各级组织和党员共报送社情民意信息209篇，2篇获得省级领导批示，1篇被全国政协采用，6篇被农工党中央采用，10篇被省级各部门采用。社情民意信息稿件的质量明显上升，信息采用率逐年提高。省委会2件提案入选甘肃省政协成立70年来有影响力的30个重要提案。

【民主监督】省委会主要就脱贫攻坚民主监督，组织党内专家开展两次民主监督专项调研，提出11条意见建议，督促整改落实，帮扶联系村46户196人建档立卡贫困户全部脱贫。疫情期间协调为古浪县医院新建成的生化大楼捐赠价值50万元的快速诊断设备一套，提升古浪县人民医院新冠病毒筛查和病毒核酸检测的能力和条件。参与由省委巡视组、省脱贫攻坚领导小组组织的全省脱贫攻坚重点任务监督检查和成效考核工作。

（供稿：邓昱睿）

九三学社甘肃省委员会

【参政议政】2020年，在全国两会上，社省委提交《关于将黄河流域污染防治项目纳入国家“十四五”规划纲要的提案》，得到生态环境部、财政部和水利部的重视和答复，国家发改委发布《关于生态保护补偿条例（征求意见稿）》，对相关建议予以采纳。向省政协十二届三次会议提出《关于进一步加快黄河流域甘肃段生态文明建设的提案》，提交提案25件，立案25件，立案率100%。其中，《关于加快绿色金融体系建设，助推甘肃绿色发展崛起的建议》等提案被列为重点督办提案。建设读者大道精品文化街区的建议已经转化为省上重点项目，多篇建议被社中央、省政协和省委统战部采用，在《信息决策参考》上刊登。参与社中央“提升企业创新能

力、做强国家创新体系”课题调研，形成6个高质量调研报告。参加社中央、川甘青三省政协举办的“黄河上游水源区涵养生态保护与高质量发展”论坛和社中央科学座谈会。

【社会服务】2020年，社省委选派1名机关干部担任驻村工作队副队长，社省委领导带队3次前往马岭镇，机关干部4次进村入户。筹措资金14500元，改善居住环境。从社中央申请10万元“一带一路助推地方经济建设”项目，在张掖市开展奶牛养殖和中药材种植。通过已经建立的黄花菜种植和肉羊养殖产业基金，向环县马岭镇纸房村26户脱贫巩固提升户每户补贴肉羊养殖贷款1500元，为每个贫困户分红累计达4300元。开展同心行动和科普活动，筛查脑瘫患者49人，适合手术治疗患者18人，邀请天津市医疗和农业专家再次来到庆阳市环县人民医院开展义诊活动，为700名患者服务。为马岭中学补贴资金5万元，社天津市委捐赠资金2万元，帮助该校建立科普活动中心。邀请科普大篷车走进校园，展板、机器人和无人机等科技成果演示受到学校师生热烈欢迎。

（供稿：杨娟娟　梁宝峰）

甘肃省工商业联合会(民间商会)

【商会改革发展】制定《甘肃省工商联深化改革实施方案》，建立《甘肃省工商联（民间商会）企业家副主席副会长常委执委履职情况评价办法（试行）》《甘肃省工商业联合会关于建立同民营经济代表人士谈心交心制度的意见（试行）》等制度。开展“五好”县级工商联建设，落实《甘肃省关于促进工商联所属商会改革和发展的实施意见》，指导成立甘肃省地理标志产业协会、甘肃省内蒙古商会，由省工商联发起并作为业务主管单位。加强“四好”商会建设，开展全省异地商会登记管理调研活动，规范商会注册登记管理工作；表扬全省“四好”商会103家，认定全省27家商会为2019—2020年度全国“四好”商会。

【“双百千”培育工程】以全国工商联上规模调研数据库为基础，建立“双百千”培育工程基础数据库。将2020年18家年销售收入超10亿元、发展态势良好的民营骨干企业和20名左右优秀民营企业家纳入培育数据库。搭建政银企对接平台，收集各市州、兰州新区民营企业融资需求433个，与省发改委举办全省民营企业融资专题对接会，在甘19家银行与80家企业签约，签约金额112.49亿元。与甘肃银行签订战略合作协议，向8家企业授信29.99亿元。推荐20家企业进入全国工商联创新型、成长型中小企业数据库，6家企业负责人成为全国工商联小微企业委员会委员。

【“千企调研纾困”行动】省委统战部、省工商联以“双百千”培育对象为重点，省、市、县统战部和工商联三级联动，组成6个调研组在14个市州、兰州新区开展调研，省级层面走访企业、商会150家，召开座谈会22场，收集整理问题线索949条、典型案例120个，《关于我省民营企业复工复产情况的调查与建议》得到省委主要领导的批示肯定；推动对省级层面解决的63个问题分解到相关部门；市县级层面需要解决的886个问题，由各级政府分送相关部门协调解决。深化“维护民企权益优化营商环境”专项行动，在省检察院网站开通了“甘肃省检察机关 甘肃省工商联系统服务保障民营企业权益信息平台”，配合省检察院出台《涉民营企业案件“慎捕慎诉”实施细则（试行）》；全省各级检察机关、工商联走访24471家商会和民营企业，召开座谈会议、联席会议235次，收集问题线索2657件，帮助民营企业挽回经济损失2500余万元。

（供稿：石龙龙　代　娇）

甘肃省总工会

【职工思想政治引领】甘肃省总工会举办“陇原工匠dou精彩”首届职工抖音挑战赛、“网聚职工正能量 争做陇原好网民”主题活动、“一封家书”征文活动。召开庆祝省总工会成立70周年座谈会。制定《甘肃省总工会新闻信息宣传报道工作管理办法（试行）》。建设协同办公系统，改版门户网站，开通微信公众号、官方抖音号、头条号，发布信息1400余篇。

【劳动和技能竞赛】全省开展各类劳动竞赛3284项，参加单位5587个、班组4.5万个、职工126.3万人。选树省级示范性劳动竞赛先进单位7个、先进个人28人、先进班组46个。深化“安康杯”竞赛活动，全省9154个单位、17.2万个班组、193.3万名职工参赛，推荐全国“安康杯”竞赛优胜单位15个、优胜班组19个、优秀组织单位3个、优秀个人4名，命名全省“安康杯”竞赛示范单位9个、示范班组15个、安康企业家3个。开展“安全生产月”、“安全生产陇原行”、安全宣传进企业等活动，发动职工参与“全国安全生产月知识竞赛”。14个市州、兰州新区、32个产业（系统）、21个大企业（集团）共开展各类竞赛625项，其中，职业技能竞赛87项，岗位业务能力竞赛538项。按照《甘肃省职工职业技能比赛奖励办法》，授予甘肃省技术标兵2499个、服务明星65个，甘肃省优秀选手746个、优秀组织单位74个、优秀组织者76个。各地培训家政服务人员、农民工5624人。

【弘扬劳模精神、劳动精神、工匠精神】甘肃省劳动模范和先进工作者表彰大会推荐表彰全国劳动模范48名、省劳动模范299名。全省有7个市州、兰州新区、6个产业（系统）、2个省总直属基层单位和137个企业开展了本级劳模评选表彰活动，共表彰各级劳动模范1395人，五一劳动奖状191个、五一劳动奖章498个、工人先锋号358个。评选表彰“省五一巾帼奖”先进集体50个、先进个人49位。省总工会制定《加强和规范劳模疗休养工作的实施意见》，命名12家劳模疗休养基地，全年组织208名省部级劳模和112名全国劳模开展疗休养。建成陇原工匠培训基地6个，推动职业院校聘请15名陇原工匠为兼职教授。开展第四届陇原工匠宣传推荐活动，推选陇原工匠、提名陇原工匠各10名。

【维护职工合法权益】甘肃省总工会专题调研农民工社保问题，配合政府开展根治欠薪冬季攻坚行动，开展公益法律服务行动、女职工维权行动月活动。指导开展工资集体协商“要约季”行动，举办全省首届城市工会集体协商竞赛，选树省集体协商示范单位102个。推动企业落实安全卫生专项集体合同制度，全年签订集体合同1.2万份，覆盖职工145.8万名，4.7万个企事业单位建立职工健康档案。试点签订职工技术创新和技能提升专项集体合同。落实《2019—2023年甘肃省职工代表培训规划》，制定《甘肃省厂务公开民主管理工作先进单位评

选命名管理办法》，推荐表彰全国先进单位14个。联合省高级人民法院印发《关于推进劳动争议诉调对接工作的实施意见》，探索开展“法院+工会”劳动争议诉调对接工作。

【服务职工群众】甘肃省总工会制定《甘肃省工会户外劳动者服务站点规范化建设工作方案（2020—2022年）》，建成规范化站点373个。命名省级标准化“母婴休息室”50家，省级工会爱心托管班10家。开通健康大篷车，为艰苦边远地区企业职工、快递员、货车司机等新群体实施体检4000余人次。职工互助保障年内参保职工33万名，惠及职工87万人次。制定《关于切实做好职工疗休养工作的意见》，组织1.4万名职工疗养休养。

【工会基层组织建设】至9月底，全省基层工会组织38301个、会员420.64万名、农民工会员172.93万名，组建“八大群体”工会2031个，发展会员91854名。全年补助乡镇（街道）工会经费711万元。推荐全国模范职工之家16个、模范职工小家16个、优秀工会工作者12名，推荐表彰省模范职工之家48个、模范职工小家48个、优秀工会工作者48名、优秀工会积极分子43名。线上线下培训工会干部1.1万余人次。

（供稿：李世魁）

共青团甘肃省委

【中长期青年发展规划】共青团甘肃省委指导市县两级建立青年工作联席会议机制，召开首次联席会议，落实《甘肃省中长青年发展规划》，形成党委领导、政府主责、共青团协调、各方齐抓共管青年事务的工作格局。11月11日，甘肃省委副书记孙伟主持召开省青年工作联席会议第二次全体会议，全面总结规划实施工作，启动规划实施省级试点工作。

【思想政治引领】省市两级“青年讲师团”和“80后90后”理论宣讲志愿服务队进机关、学校、企业、社区、农村，开展“走到青年中去讲到青年心里——党的十九届五中全会精神”主题宣讲交流活动。邀请清华大学何茂春教授开展党的十九届五中全会精神线上专题辅导报告，110.8万团员青年通过线上收看直播。组织团员线上学习习近平新时代中国特色社会主义思想，平均每期60多万名，1387.3万人次团员参与“青年大学习”网上主题团课的学习，团员覆盖率达到61.5%，第八季综合排名全国第7位、第九季综合排名全国第8位。“红领巾爱学习”网上主题队课学习综合排名全国第2名。组织青年讲师团重点围绕学习宣传党的十九届四中、五中全会精神以及形势政策、奋斗故事，深入学校、机关、企业、社区等开展主题宣讲500多场，覆盖近10万人次。共青团甘肃省委与兰州大学共建“甘肃省青年马克思主义者培养学院”，打造全省青年政治骨干人才培养基地。成立“甘肃省大学生青年马克思主义者培养联盟”。全年累计举办“青马工程”培训班13期，培养青年政治骨干4492人。依托省内17个全国爱国主义教育示范基地、8个全国青少年教育基地等红色教育资源，开展以党史、革命史和国情、省情教育为主题的各类青少年爱国主义教育实践活动100余场次。

【服务青年工作】围绕平安甘肃建设，共青团甘肃省委推进“青少年零犯罪零受害社区（村）”创建工作。开展青少年法治宣传教育，利用六一国际儿童节、国际禁毒日、青少年法治宣传周等重要时间节点，开展各类青少年普法宣传活动510余场次。组织12355青少年服务台专家开展“心理专家进校园”专场活动。结合扫黑除恶专项行动，配合公安机关和交管部门积极开展校园周边治安秩序专项整治工作。在全省开展“轻松备考·12355与你同行”活动，组织开展考前心理辅导减压活动281场次。

【青年就业】2020年，共青团甘肃省委开发“团团帮就业”小程序，建设线上服务平台，利用“甘肃青年”“甘肃青联”“甘肃学联”等微信公众号定期推动招聘信息，扩大宣传覆盖面。全年推送就业信息73期，发布就业岗位74816个，平台累计访问量46919人次。联合省人社厅、省教育厅于2月24日启动第三届青春（网络）招聘会，省级平台605家用工企业发布招聘信息，提供岗位35590个，求职者浏览点击量23.2万余人次，达成签约意

5月18日，团省委联合武威市委、市政府共同举办“青春扶贫 能量助农”武威专场直播活动

向2509人；各市（州）团委同步举办形式多样的专场招聘活动91场次，3640家用工企业发布招聘信息，提供岗位12.8万余个，达成签约意向18294人。联合团中央青年发展部、智联招聘在兰州大学、兰州城市学院举办“千校万岗·就业有位来”甘肃专场空中双选会，联合省教育厅、省人力资源市场举办“千校万岗”五四专场网络视频招聘会，联合省教育厅举办甘肃省2020年春季高校毕业生网络视频双选会，四场专场招聘活动累计提供就业岗位13.6万个，参与学生50901名，在线投递简历120592份，通过在线面试达成意向性就业协议9603份。联合团中央青年发展部、智联招聘举办4场“千校万岗·就业有位来”空中双选会，为省内40余所高校的2021届高校毕业生提供13000余个就业岗位。以“青创10万+”为载体，全省各级团组织举办农村青年致富带头人培训班12期。开展“学子归巢”就业创业宣传，结合网络招聘活动举办人才政策、返乡创业政策宣讲会60多场次。结合网络直播带货活动，重点培养发展100名弘扬青春正能量的优质网络主播，先后4次举办直播训练营、直播大赛、专题讲座和培训班，培训网络直播青年人才300余人次。

【团的基层建设】共青团甘肃省委实施基层团组织建设“百日攻坚”行动，全面消除学校领域组织空白，全省学校团组织覆盖率达到100%，全年新增基层团组织677个。加大对青年社会组织、互联网行业、民办学校（辅导机构）等领域的组织覆盖和对快递小哥等新兴青年群体的组织及工作覆盖，探索适应团员流动性的基层组织体系建设，成立甘肃青年社会组织团工委。组织开展新发展团员智慧团建系统录入及团员电子档案库创建工作。严格按照《共青团推优入党工作实施办法》，指导各级团组织持续落实推优入党制度安排。推动将“推优入团”工作作为加强初中少先队建设的重要工作内容。举办学习习近平总书记在中央党校中青年干部培训班开班仪式上重要讲话精神暨全省基层团干部能力提升省级培训示范班。开展“青年之家”等级评定工作，拨付45个3A~5A“青年之家”支持经费151万元。全年依托“青年之家”组织开展各类活动1059场次，参与青少年31032人次。

（供稿：魏嘉媛　颉　浩）

甘肃省妇女联合会

【技能培训】甘肃省妇女联合会推进“陇原巧手”“陇原妹”线上技能培训、信息发布、就业岗位对接和线下实操训练相结合，组织巧手带头人开展直播带货培训35次，300余万人参与。组织9家“陇原妹”家政合作企业“一站式”培训输转“陇原妹”9220人，组织2万名贫困县农村妇女接受理发美发、家政及巧手编织培训，举办妇女手工创业创新大赛暨陇原巧手成果展示及巾帼家政服务职业风采大赛。

【巾帼扶贫车间】甘肃省妇女联合会举办“春风送岗位·妇联在行动”女性人才网专场招聘会，帮助4881名妇女在线对接就业岗位。支持249家“巾帼扶贫车间”复工复产补贴资金206万元，带动453家车间在最短时间内恢复正常运行，吸纳2.7万名贫困妇女就地就业。培训车间骨干和农家巧娘10期810人，奖补144家吸纳贫困妇女多、运行管理规范、妇女工作活跃的“巾帼扶贫车间”720万元。指导天水、定西等5市州主动衔接天津、厦门、福州、青岛4市，累计争取帮扶资金1192万元。加强与浙江义乌市场集团“百县万品”助农项目合作，携手推进“甘味”农产品、“陇原巧手”产品销售及直播带货。

【家风建设、家园美化】全省评选省级“最美家庭”1578户，26户家庭获“全国最美家庭”、25户家庭获“全国五好家庭”，引导各级妇联同步开展“书香飘万家——亲子阅读”等主题家庭读书分享活动。依托6016家“巾帼家美积分超市”，引导贫困妇女和家庭以自强、善行换积分、得褒奖。在平凉召开全省“巾帼家美积分超市”暨“美丽家园清洁行动”现场推进会，开展“健康中国·母亲行动”，建立省级妇女儿童工作专家智库，命名“全省家庭教育创新实践基地”210个，举办家庭教育师资骨干培训班，开展“家庭家教家风公益巡讲”216场，带动各地举办心理咨询讲堂、父母学堂448场，60余万户家庭受益。组织400余万户农村家庭开展“巾帼共建美丽家园清洁行动”6万余场，命名省级“美丽庭院”示范村100个、示范户1000户，带动各地命名“美丽庭院”示范户23.2万户。

【维权关爱】全省妇女儿童发展规划94项指标中，已达标80项，达标率85.1%。将2020年农村妇女“两癌”免费检查连续第三年列入省政府为民办实事项目，累计动员219.79万名农村妇女参检，救助患病妇女9559人。4.5万名“爱心妈妈”结对4.3万名农村留守儿童，开展关爱活动1.2万余次，捐助款物260万元。争取实施“母亲微笑行动”“母亲邮包”“春蕾计划”“儿童快乐家园”“爱心奶粉”等各类公益项目3100余万元。新建全国及省级贫困妇女种养基地73个、巾帼脱贫示范基地47个，带动近4万名贫困妇女依托扶贫产业就地就近就业增收。

（供稿：刘天杰）

甘肃省文学艺术界联合会

【文艺活动】甘肃省文学艺术界联合会开展“众志成城战疫情——甘肃文艺界在行动”抗疫防疫主题创作活动，与中国甘肃网联合策划推出甘肃省文艺界战

“我们的中国梦”文化进万家文艺志愿服务小分队走进皋兰慰问演出

“疫”主题文艺作品展播活动，先后刊发各类艺术作品200余部。通过抖音、快手等新媒体平台开展文艺创作、文艺表演、文艺培训、文艺评论等网络文艺宣传展示行动，以“文艺志愿”话题发布短视频100多部，涌现出《方舱里的萨日朗》《定西处方》《响鞭迎春》《抗击疫情国必胜》《抗击疫情我们在行动》等一大批优秀文艺作品。甘肃省文联开展“情系陇原”文艺志愿艺术团连续开展6场“我们的中国梦——文化进万家”文艺志愿活动，现场受众近万人次，网络直播受众达400多万人次，被省文明办授予全省最佳志愿服务组织。召开“甘肃文艺论坛·疫情后时代文艺创作传播对策研讨会”，聚焦、探讨疫情防控常态化背景下文艺创作传播的变量与常量，对疫情后时代文艺创作和传播的面貌格局、机遇挑战、对策措施展开研讨。

2020年，甘肃省文学艺术界联合会与中共甘肃省委宣传部、甘肃省扶贫办共同主办“决胜全面小康·决战脱贫攻坚”甘肃省主题文艺采风创作和展览展演活动，包括组织全国及省内知名作家通过采风创作反映脱贫攻坚事业的大型报告文学集；组织省内外知名美术家、书法家、摄影家深入扶贫工作一线采风创作并举办脱贫攻坚美术书法摄影专题作品展览；组织知名音乐家开展脱贫攻坚主题歌曲征集暨采风创作；组织创作脱贫攻坚题材秦腔《村上春秋》并由专业院团排演；举办“全面脱贫攻坚奔小康”甘肃陇东农民画作品展。甘肃省文联与临夏州委宣传部在临夏市共同举办“2020世界扶贫日·百名著名艺术家写临夏画临夏拍临夏脱贫攻坚采风行活动”。由中国文联主办，中国文联国内联络部、甘肃省文联承办的“崇德尚艺 做有信仰有情怀有担当的新时代文艺工作者巡回宣讲（甘肃站）活动”在兰州启动。甘肃省文联干部、各文艺家协会在兰理事会成员约400余人参加。

甘肃省文学艺术界联合会举办“甘肃文艺论坛——现状与未来：甘肃如何从书法大省走向书法强省”论坛。组织实施“圆梦工程”文艺培训志愿行动——甘肃省培训项目，对全省58个县乡村学校少年宫和12个重点项目实施的教师学生进行线上线下培训。举办甘肃省首届“融入乡村生活·记录脱贫故事”网络作家培训班。完成陇西县定西中医药科技中等专业学校“影视小屋”和崇信县木林中学“影视小屋”的创建活动。

【文艺创作】叶舟作品《敦煌本纪》获第四届“施耐庵文学奖”，《芳草》杂志年度大奖；滕飞作品《河西走廊之嘉峪关》获国家广电总局2019年度优秀国产纪录片奖，情景剧《永远的经典》获第26届电视文艺“星光奖”提名奖；扎西才让诗集《桑多镇》荣获“第十二届全国少数民族文学创作骏马奖”；《黑木耳》入选2020年度“中国少数民族文学之星丛书”；甘肃省作协创作完成中国作协重大扶持项目定点生活报告文学《战石油》，脱贫攻坚报告文学《拔河兮》《伟大历程——散点透视陇上脱贫攻坚》。报告文学《甘肃扶贫纪实》、歌曲《扶贫组歌》、“决胜脱贫攻坚·描绘小康生活”美术作品展、“助力脱贫攻坚·书写山乡巨变”甘肃省扶贫书法作品展、“脱贫攻坚·圆梦小康”甘肃摄影展、扶贫题材秦腔剧《村上春秋》等工作被列入甘肃省委宣传部《伟大历程——甘肃扶贫纪实》记录工程。开展国家重大文化工程“中国民间文学大系出版工程”甘肃卷和“国家社科基金特别委托项目”《中国民间工艺集成·甘肃卷》《中国唐卡文化档案·甘南卷》的编纂、出版工作。完成《中国历史文化名城名镇名村丛书》之《中国历史文化名村·甘肃张坝》初稿。电视连续剧《英雄的旗帜》获国家广电总局2020年度专项资金扶持。创作长篇纪实文学《重生——中国共产党历史上的24个关头》。微电影剧本《中巴公路沿线的中国人》获中国影协剧本创作资金扶持、重点扶持项目。《大美肃北》《兴隆四季》在“第十三届中国旅游电视周暨第二届大运河文化国际电视周旅游电视节目推选活动”中分别荣获好专题片奖和好宣传片奖。《莫高窟与吴哥窟的对话》《重走来时路》《河西走廊之嘉峪关》《沙海传奇》入选国家广播电视总局所推荐的2019年第四季度优秀国产纪录片。《莫高窟与吴哥窟的对话》获国家广电总局国产纪录片推优项目优秀长片奖，荣获第26届电视文艺星光奖优秀纪录片提名奖。荣获第26届中国纪录片长片十优作品奖。《百合花开》获对农专题片最佳作品奖；《希望的田野》

荣获对农专题片优秀作品奖；《生态文明小康村》荣获美丽乡村（县、镇、村）宣传片奖。

【文艺展演】现代秦腔剧《村上春秋》在兰州展演。大型舞剧《问道崆峒》在兰州通过审演。举办“2020金钟之星‘一带一路’民族音乐会”。首次和长城沿线9省（市）联合举办“交响丝路·如意甘肃——大型交响乐《长城》”音乐会。举办“为时代楷模立像——全国著名美术家及甘肃美术家武威写生创作”活动，并分别在武威、兰州、北京举办展览。举办“第四届中国民族美术双年展”“第四届‘朝圣敦煌’——全国美术作品展”。举办“经典碰撞·时空对话”——舞剧《丝路花雨》与《大梦敦煌》经典展演活动。举办“助力脱贫攻坚·书写山乡巨变”——甘肃省扶贫书法作品展。“纸花流韵”甘肃剪纸艺术展在平凉市开展。甘肃火鸟影视文化有限公司申报的电影《八步沙的儿女们》3个项目获得中国文联2020年青年文艺创作扶持计划立项资助。

（供稿：郭雅倩）

甘肃省残疾人联合会

【生活补贴和评残补贴】全年困难残疾人生活补贴惠及26.9万人，目标人群覆盖率达到95.6%；重度残疾人护理补贴惠及35.3万人，目标人群覆盖率达到96%。省级下拨评残补贴资金341万元，为近3万残疾人提供办证经费补贴，新办理、变更、换发残疾人证22.9万本，制发第三代残疾人证11.6万张，持证残疾人由83.6万增加到89.6万。

【托养补贴和助盲就业】全省总投资3495.47万元，对全省33351名一级智力、精神（含多重）残疾人给予居家托养补贴，按照城市残疾人每人每次1500元、农村残疾人每人每次800元标准给予一次性补助；组织全省贫困盲人保健按摩师250人，全省助盲就业脱贫行动业务师资骨干140人参加业务培训；扶持新扩建盲人就业创业按摩机构和省市培训实习基地66家。

【残疾人康复救助】省市县三级全面落实残疾儿童康复救助制度，投入资金近7000万元，为残疾儿童开展手术、康复训练、辅具适配1万多人次。全年为18.9万人提供基本康复服务，为6.9万人提供辅助器具适配服务，全省残疾人基本康复服务覆盖率、辅助器具适配率均达95%以上，建档立卡贫困残疾人家庭医生签约率达到99%。甘肃省6例辅助器具助力脱贫攻坚案例入选全国百佳案例。全省总投资2000万元，为省内视力残疾儿童实施康复训练1600例，每例0.5万元，训练时间不少于4个月；为全省听力、言语、脑瘫、智力残疾儿童和孤独症儿童实施康复训练或手术600例，每例1.5万元，训练时间不少于6个月；为全省残疾儿童适配辅助器具3000例，人均不超过0.1万元（含评估服务费）。

【残疾人权益保障】完成“七五”普法终期考核验收工作，开展《民法典》宣传等普法行动，摄制残疾人普法专题片《撑起残疾人的天空》。畅通12385服务热线等残疾人信访途径，全年接待信访335件次，转办率100%、办结率99%、满意率95%以上。推动市县残疾人法律救助站规范化建设，完善全省残疾人法律救助管理系统，全年开展免费法律咨询35次，协调办理侵权案件纠纷18件。

【残疾人教育就业】落实“一人一案”“送教上门”等助学措施，所有未入学的残疾儿童均接受不同方式教育。全年下达残疾人就业培训资金2096万元。通过公益性岗位安置残疾人2329人、贫困残疾人家庭成员697人；对省内高等院校残疾人毕业生重点帮扶，发放求职创业补贴56.3万元，563人直接受益。全年完成残疾人各类培训7500人，为残疾人提供就业岗位近7000个，城镇新增残疾人就业1300人、农村新增就业3600人。组织参加全国残疾人职业技能岗位精英赛，荣获全国第八名的成绩，位列西部省份第一。

（供稿：胡拴锁）

甘肃省归国华侨联合会

【公益事业发展】2020年，省侨联在酒泉市、张掖市为50名当地侨眷举办归侨侨眷技能培训班，依托兰州爱尔眼科医院、兰州大学第一医院在天水市、临夏州举办侨爱心义诊活动。联系中国华侨公益基金会为庆阳、平凉、酒泉捐赠价值306万元的司迈设备3台；香港应善良基金会为西北师范大学30名贫困新生捐资42万元助学金；浙江新华爱心教育基金会继续投入562万元开展“珍珠班”项目，中国华侨公益基金会继续投入37.5万元开展“树人班”项目；美国欣欣教育基金会为酒泉市瓜州县腰站子东乡族镇中心小学捐助35万元用于学生爱心餐厅建设。

【“侨爱心·光明行”公益项目】2018年8月，在中国华侨公益基金会的支持下，省侨联、省卫健委、省扶贫办结合全省实际，共同发起“侨爱心·光明行”公益项目，由兰州爱尔眼科医院具体实施。3年来在兰州、白银、临夏、定西等地开展筛查1065场次44362人，发现可术患者10915人，对符合医疗救助条件的贫困白内障等致盲性眼病患者实施复明手术3805例，基金援助金额300万、人均基金使用788元。

【省侨联特聘专家委员会成立】9月22日下午，省侨联召开参政议政工作会议暨特聘专家委员会成立大会，聘任79名科技、经济、医药卫生、文化艺术、社会法律等领域的领军人才和专家学者担任省侨联首批特聘专家。

甘肃
年鉴
2021

【甘肃省侨商海外联盟成立】 10月20日，由马来西亚——中国教育文化交流协会、澳大利亚甘肃同乡会、泰国西北商会、加拿大加中甘肃总商会、中亚陇商会、日本甘肃同乡会、巴基斯坦甘肃同乡会等来自21个国家的21家海外侨商社会组织和机构发起的甘肃省侨商海外联盟在兰州成立。

（供稿：周康宁）

甘肃省科学技术协会

【全民科学素质提升】 甘肃省公民具备科学素质的比例达7.14%，超过“十三五”规划确定的6.25%。省科协举办以“决胜全面小康，践行科技为民”为主题的全国科普日甘肃主场活动、科普大篷车项目20周年主题年等活动，实施中国流动科技馆“跨界流动·助力基层”试点项目，并以基层科技场馆、流动科技馆等为载体，面向农村、社区、学校和企业开展各类科普宣传活动1.2万余场次，覆盖人数达150万人次。支持甘肃科技馆和8个市县科技馆免费开放，推动建成2个县级科技馆，新建青少年科学工作室2个、农村中学科技馆75个、科普小院10个。认定2020—2024年全省科普教育基地52家。甘肃科技馆借助“线上+线下”“场馆+网络”相结合的科普方式，线上举办第35届甘肃省青少年科技创新大赛、创意编程与智能设计大赛等活动，组织开展五项学科竞赛、青少年云上科学营等活动，策划开展科技馆联合行动、线上微课堂、科普大讲堂等20余项线上线下科普活动，累计参与人数近60万人次。开展《律动世界——化学元素周期表专题展》、2020年全国科普讲解大赛暨甘肃省第五届科普讲解大赛、科普大讲堂等10余项科普展教活动。全省免费开放科技馆年均接待量超135万人次，甘肃科技馆全年接待观众21万余人次，开展展教活动4500次，受益人数达97万人次。全年举办科普大篷车社会化运行“一车一品”巡展活动400余场次，至2020年底，全省科普大篷车配发总量达94辆，累计总行驶里程67.9万千米，开展活动5369场次，服务基层公众424万人次。省少数民族科普工作队在疫情期间配发各类科普宣传挂图60套、新冠肺炎全面解读手册10000册、宣传彩页2000份、科普图书5000册、折页8000份。建成科普e站392个，在全省实施科普信息化项目13个、打造“智慧科普”样板间3个，联合专业机构打造“科学E书坊”项目。

【学术交流合作】 举办以“中医药在重大传染病防控中的作用”为主题的第十届兰州生命科学论坛。邀请国内中医药及预防医学领域院士专家徐建国、黄璐琦、吕嘉春、李应东、张志明共同探讨交流中医药在重大疫情防控中的效用和经验，对重大传染性疾病的预防与控制新理念、新技术、新成果和新业绩做主旨报告。组织交通领域专家学者参加“第28届海峡两岸都市交通研讨会”，参与主办“第13届海峡两岸科普论坛”“第19届海峡两岸大学生辩论赛”，第五届兰州科技成果博览会——都市农业可持续发展论坛、“链通世界智创未来”学术论坛、甘肃省第四届肿瘤治疗黄河论坛、大数据助推庆阳能源化工产业发展高峰论坛等学术交流活动。

【首届寒区旱区水环境国际论坛】 10月17日，由中国科协“海智计划”资助，甘肃省科协和兰州交通大学主办的“第一届寒区旱区水环境国际论坛”在兰州交通大学举行。论坛以“寒区旱区水环境保护与高质量发展”为主题，邀请中国工程院院士王浩、国际著名环境健康专家、约翰霍普金斯大学教授Michael、中科院西北院国家杰出青年赵文智等来自美国、法国等6个国家的40余位专家学者作学术报告。论坛分为主会场论坛和“水资源调控及高效利用”“流域水循环与水文生态”“寒旱区环境健康风险与综合治理”“流域环境管理与高质量发展”4个分会场论坛。与会专家围绕寒区旱区水资源、水环境、水生态、水安全、水经济的综合管理及治理新理念、新技术、新方法展开对话与讨论，为寒区旱区水环境保护和高质量发展提供交流平台和智力支撑。

（供稿：李晓伟　聂中民）

10月17日，首届寒区旱区水环境国际论坛在兰州举办

甘肃省法学会

【换届工作】6月23日，甘肃省法学会第八次全省会员代表大会在兰州召开。省委书记、省人大常委会主任林铎出席大会，省委副书记孙伟讲话。中国法学会副会长张苏军作书面致辞。省委常委、省委政法委书记胡焯主持会议。李元平、王嘉毅、陈克恭、张世珍、余建、张海波、朱玉出席开幕式。会议审议通过省法学会第七届理事会工作报告，选举产生第八届理事会领导机构，胡焯当选为理事会会长。在本次大会上成立省法学会学术委员会，聘请学术委员。

【法治宣传】省法学会联合省委依法治省办举行学习贯彻《民法典》座谈会。开展“双百”宣讲，全年共举办各类报告会、讲座、讲堂等活动108余场，到场听众人数累计29460余人。省法学会联合有关部门组织省内各大专院校普法志愿者在兰州市民广场通过摆放宣传展板、发放普法宣传资料的方式，开展宪法知识宣传。在疫情防控期间，各级法学会共组织近15万公共法律服务志愿者下沉基层一线，参与卡口执勤等法律服务活动。采用微信公众号、LED播放、悬挂横幅、展板、编发《疫情防控工作有关法律知识问答》宣传资料等方式，普及疫情防控知识，加强对传染病防治法等相关法律法规的宣传教育。2020年《甘肃法学》编辑出版《甘肃法学》刊物6期、换届专刊1期，共刊登文章80余篇，50余万字，刊登图片90余幅。

【法学研究】省法学会与有关高校联合主办了“第二届地方立法理论与实务论坛”和“第三届丝绸之路沿线国家法治合作高端论坛”，组织全省法学法律工作者参与第十五届西部法治论坛、第八届关天经济区域论坛等学术交流活动。完成中国法学会重点委托课题研究工作，全年全省共组织论文800多篇参与中国法学会和其他省（区、市）法学会组织的各类法治论坛和学术交流活动。选送200余篇参加评奖，共有35篇优秀论文在各类论坛中分别荣获“一、二、三等奖”及“优秀奖”。

（供稿：刘志峰）

甘肃省黄埔军校同学会

【疫情捐赠】珠澳清华紫荆同学会会长、甘肃省海外联谊会副会长马志忠筹集45万元购买3.3万只医用口罩和3M（FFP1）口罩。经甘肃省黄埔军校同学会协调，无偿捐赠至中国人民解放军联勤保障部队第940医院、陇南市文县、甘南州舟曲县10个对口帮扶村、兰州公交集团第二客运公司、兰州公交集团第三客运公司、兰州市城关区市容环境卫生管理局、陇南市两当县招商局、甘肃社会主义学院、《团结报》驻甘肃记者站和临夏州八松中学等一线单位和有关部门。

【联络交流】甘肃省黄埔军校同学会联系江苏金陵教育集团董事长在兰州新区、兰州、庆阳三地调研考察甘肃民办教育和职业教育情况，与兰州新区职教园区、省教育厅、读者出版集团有限公司和庆阳市有关部门、民办企业座谈交流。邀请珠澳清华紫荆同学会会长马志忠一行，在陇南文县范坝镇高桥村开展爱心公益活动，调研考察范坝镇中药材种植加工和产业发展情况，提出“关于把文县及陇南地区中草药产业发展纳入粤澳合作中医药科技产业园国家战略建议”报省委统战部。与省教育厅联系，数名高校毕业生和教师到广东岭南职业技术学院就业、任职。

（供稿：姚惠珍）

甘肃省慈善总会

【疫情募捐】1月27日，甘肃省慈善总会向社会各界发出抗击新冠肺炎疫情募捐倡议书，1月29日省慈善总会接受第一笔捐赠物资，甘肃国芳工贸（集团）股份有限公司、甘肃东阳集团、甘肃浙江企业联合会、蒙牛乳业（集团）股份有限公司、光明乳业股份有限公司、泰国联航旅运、广州华邦集团、甘肃翰林医疗科技有限责任公司、甘肃鸿蒙大健康产业开发有限公司、天水西联蜂业有限责任公司、青岛啤酒甘肃销售公司、中华慈善总会、天津市慈善协会等一大批单位、企业和许多爱心人士慷慨解囊。省慈善总会增设线上捐款渠道，开设微信捐赠账号和捐款二维码，至2020年3月31日，共接收捐赠款物784.3万元，其中资金246.3万元，物资价值538万元。履行信息公开义务，通过官方网站、微信公众号向社会公示捐赠款物的接收发放情况。坚持日报制度，每天将捐款捐物情况向省民政厅、审计署兰州特派办报告，主动接受监督审计，实现抗疫募捐和救助全程公开透明。

【慈善募捐】甘肃省慈善总会借助“互联网+慈善”平台，在“99公益日”期间，“传递光明、点亮希望”“让脑瘫儿童跑起来”“慈善情暖陇原”3个筹款项目24967人次参加捐款，募集资金170.8万元。与兰州晨报社联合开展“阳光助学”活动，浙江中烟集团、省烟草公司各捐款50万元，省福彩中心捐款30万元，浙江省南湖附属学校教育基金会捐款14万元，天津市慈善协会捐款10万元，共筹募助学资金160.8万元。浙江万向集团助学捐款162.3万元，大慈助学基金筹集62.88万元，甘肃忠恒房地产公司捐助修建学校资金40万元。爱尔眼科医院捐款100万元，兰州手足外科医院捐款10万元，兰州中医脑病康复医院捐款8万元。中国建设银行甘肃省分行

甘肃年鉴 2021

捐赠定向扶贫资金450万元。赠予亚洲（美国）北京代表处捐赠援建塘坝、净水器资金145.2万元，天津市慈善协会捐赠慈善扶贫项目资金215万元，广东省华邦慈善基金会通过省慈善总会向陇南灾区捐款500万元，向省慈善总会大慈教育基金3年捐款2000万元，华邦所属华农保险公司向省内家境困难学生捐赠保险价值2亿元。中华慈善总会捐赠衣物价值264万元、两台救护车价值19.6万元、10万个口罩价值10万元、为20个农村书屋捐赠图书3700册、捐赠药品价值3816.62万元。浙江省台州慈善功德会捐赠款物价值386万元。兰州苏格伦电子科技有限公司捐赠价值400万元的净水器。爱心企业甘肃国芳工贸（集团）股份有限公司捐赠衣物价值73.6万元。至2020年12月底，甘肃省慈善总会全年共募集款物8347.5万元，其中募集资金2900万元，物资价值5447.5万元。

【慈善项目】天津市慈善协会援助甘肃省第三批慈善扶贫项目共确定援助项目7个、投入资金（含物资）356万元。与《兰州晨报》合作，募集资金154.5万元，救助家境困难且考入二本以上贫困学子309名。省慈善总会大慈助学基金捐资17万元，救助农村家境困难的高中学生170名。捐资24.4万元，为临潭、临洮部分乡村学校修建基础设施。争取中华慈善总会药品援助项目，向全省城乡家境困难的大病患者发放药品价值3816.62万元，救助白血病218人次、肝癌肾癌27人次、肺癌74人（次）、结肠癌2人次、骨髓纤维化36人次、其他大病救助11人次。中华慈善总会通过甘肃省慈善总会向甘南州藏医院、临夏州综合福利院中西医结合医院各捐赠救护车1台，价值19.6万元。美国“微笑列车”援助87.58万元，为全省182名唇腭裂患者免费做了矫治手术。兰州中医脑病康复医院利用“99公益日”平台，募集资金9.47万元，在农村开展脑病儿童的康复救治。省慈善总会向陇南下拨灾民生活救助资金200万元，向甘南下拨灾民生活救助资金100万元。广州华邦慈善基金会通过省慈善总会向陇南捐赠灾后重建资金500万元。赠予亚洲（美国）北京代表处投资200万元“水项目”当年新建8座塘坝，捐助乡村敬老院、学校价值60万元的净水设备20套。元旦、春节期间，省慈善总会筹措款物474.6万元，向岷县、临夏、西和、礼县等5个县各捐赠25万元资金和御寒棉衣。

（供稿：甘肃省慈善总会）

甘肃省社会科学界联合会

【社会科学研究和学术活动】甘肃省社会科学界联合会评审立项省人文社会科学项目98项，其中，一般项目76项，省社科联与市（州）社科联联合项目22项。组织启动《陇右文库》编纂出版工作，编纂完成首期成果《陇右文库·方志库（一）》。编辑出版《社科纵横》12期，刊发文章280篇。与甘肃省齐家文化研究会、中国社会科学院考古研究所、兰州大学历史文化学院联编《齐家文化百年研究文丛》。与陇南、天水、宝鸡市社科联联合举办首届“秦文化”论坛。建立哲学社会科学专家库、人才库。

【社科宣传普及】甘肃省社会科学界联合会以“普及社会科学知识，助力决战脱贫攻坚”为主题，在张掖市甘州区碱滩镇普家庄村启动并在全省各地举办社会科学宣传普及周活动。在全省评选命名第二批“甘肃省社会科学普及示范基地”31个。制定印发《甘肃省社会科学普及示范基地管理办法（试行）》。与省图书馆联办“周末名家讲坛”21场次，受众约3000人次。

【社会组织管理和高校社科联建设】甘肃省社会科学界联合会接收甘肃睿智社会经济发展研究院、甘肃省金诚信财务管理与会计研究院、甘肃省企业创新发展研究院等3个社会组织为主管社会组织，吸纳甘肃省齐家文化研究会为团体会员，与甘肃省翻译工作者协会、甘肃省咨询业协会、甘肃省世界语协会等3个协会完成脱钩。推动西北师范大学、甘肃农业大学、河西学院、陇东学院、兰州财经大学、兰州交通大学等6家高校成立社科联组织，并吸纳为省社科联团体会员。

（供稿：甘肃省社会科学界联合会）

甘肃省军区

【思想政治建设】 甘肃省军区（以下简称“省军区”）持续深化习近平新时代中国特色社会主义思想和习近平强军思想理论武装，跟进学习习主席最新重要讲话和中共十九届五中全会精神，完成4个专题党委中心组学习，组织师团职干部理论培训，持续夯实思想理论根基。持续深化“不忘初心、牢记使命”和“传承红色基因、担当强军重任”主题教育，广泛开展主题实践活动，常态开展形势政策、职能使命、疫情防控和“四反”教育，大力培育“四有”新时代革命军人，持续推进红色资源挖掘工程。

【战备训练】 省军区坚持按实战要求推进备战打仗工作，制定方案计划，开展战备值班和指挥信息系统综合整治，加强战备基础建设，组织民兵分队和国防动员专业队伍接受战区拉动检验。落实军委开训动员令，抓首长机关训练、民兵轮训备勤，组织参谋人员、民兵教练员和专武干部比武竞赛，参加战区战役演习，同步组织省军区联合指挥演练，应急应战能力得到有力提升。

【国防动员】 省军区围绕完善国防动员体系战略目标，扎实开展国防动员“十三五”规划总结评估，研究论证国防动员“十四五”规划建设项目，编建国防动员专业保障队伍，开展重点领域国防动员潜力核查，与企业签订征用补偿协议，开展战时后勤军民融合保障演练。

【基层建设】省军区深入贯彻军委和军委国防动员部基层建设会议精神，召开省军区党委全会专题分析基层形势、部署抓建任务，组织《军队基层建设纲要》学习培训，落实省军区年度抓建基层计划和为基层办实事计划，答复解决基层反映的43条矛盾困难。大力加强“三项基础”建设，召开全省工作推进会，形成10项实施规范、12项考评标准、12项重点问题研讨成果。

【后装保障】省军区坚持以遂行应急保障任务为牵引，研究论证加强国防动员后勤装备“四个保障区”建设，为部队补充配备武器装备、车辆。深入开展后勤重点行业领域整肃治理、军以上领导干部公寓住房清理整治和擅自处置房地产清理，解决62项历史遗留经费和7项首批移交资产项目遗留问题，后装保障能力持续提升。

【征兵工作】 省军区全面开展新兵役前教育训练，全程实施征兵“五率”（报名率、上站率、合格率、择优率、退兵率）量化考评，制定完善加强和改进高原兵征集措施办法，圆满完成年度新兵征集和士官招收任务，大学生征集比例，高出国家下达指导比例14%。

【学生军训】 省军区先后协调派出现役官兵、民兵预备役，指导学校教官承担军训任务，完成部分普通高等学校、部分中学学生的军训任务。

【抢险救灾】 省军区先后组织民兵7.1万人次进行抢险救灾、维稳备勤、疫情防控等任务，为保卫人民群众生命财产安全、维护全省社会稳定做出了应有贡献。

【双拥共建】 省军区开展“为军服务、为兵解忧”

活动，牵头召开甘肃省庆“八一”军地座谈会，广泛开展“五个一”和“情系边海防”拥军活动，协调解决全省军转干部安置、军人家属就业和军人子女入学入托优待，全省9个市被命名为全国双拥模范城。

（供稿：赵兴武　郭丽莉）

退役军人事务

【就业安置】全年按计划推进计划分配军转干部、自主择业军转干部、军休人员、符合政府安排工作条件退伍士兵安置工作。统筹推进学历教育和职业技能培训，投入2063万元，对退役士兵开展“三免一补”培训。征集260家信誉佳、前景好、能够提供一定就业岗位的企业，组建“甘肃省直招退役军人企业目录库”。省市县联动举办网上招聘和专场招聘会180场次，3000家用人单位提供就业岗位3.7万个，积极帮助退役军人就业上岗。启动“邮储银行杯·甘肃省首届退役军人创业创新大赛”，87个团队角逐省复赛，3个团队晋级全国决赛，有效激发广大退役军人“双创”热情，提振复工复产信心。

【服务体系】全省共建成各级服务中心（站）18787个，组建率达到100%，服务中心核定编制780名、到位748人，服务站有专兼职工作人员26123人。省级中心办公总面积422平方米、市级平均346.5平方米、县级平均187.85平方米，乡（镇、街道）服务站平均93.07平方米、村（社区）平均45.25平方米。

【权益维护】设立省市县三级退役军人信访场所，创新建立“首办责任、带班接访、定期下访、全员接访、办件回访”的工作制度和“日通报、周研判、月分析、季讲评、年考核”的督办机制，召开信访协调会、矛盾问题攻坚推进会9次，按规定办理信访件5812件（人次）。持续开展退役军人矛盾问题攻坚化解工作，部督重点事件、省本级挂账督办事项均建立攻坚台账、制定对策措施、实行领导包案，化解率达到92%。

【服务保障】狠抓部分退役士兵社保接续工作，落实日调度、周通报、月报告制度，完成32028人的6.79亿元缴费任务。开展常态化联系退役军人活动，建立结对帮扶退役军人的工作机制，全省系统1110名干部联系退役军人，基本实现重点优抚对象结对帮扶全覆盖。结合困难退役军人建档立卡，掌握了解困难退役军人家庭生活情况，及时提供个性化、亲情化帮扶，2020年走访慰问困难退役军人帮办实事2000件。成立甘肃省退役军人关爱基金会。

【双拥共建】持续深化双拥共建，严格落实党委议军会、军地联席会、定期走访慰问、领导干部参加“军事日”活动等制度，制定出台走访慰问驻甘部队和重点优抚对象办法，根据部队的个性化需求采购实物慰问，累计走访部队320次、慰问军人军属近4万人次、发放各类慰问金（品）7500万元。疫情期间，组织退役军人投身疫情防控工作、捐款捐物3000万元，专门对294户在鄂“抗疫”军队医护人员家庭开展“五个一”活动，解决实际困难。全面推进全国双拥模范城（县）创建工作，指导各地开展达标活动，兰州、天水、酒泉、张掖、平凉、白银、金昌、定西和武威9个市被表彰为“全国双拥模范城”，临夏州永靖县刘家峡镇政府被表彰为“爱国拥军模范单位”，3人被表彰为“爱国拥军模范”“拥政爱民模范”。

（供稿：刘　聪）

人民防空

【工程管理】提出人防工程项目审批、建设、验收、责任等方面的“三个严格，七个禁止”工作要求，启动人防工程质量建设年活动，制定了实施方案，明确8方面22项的具体内容，修订9个人防工程方面的规章制度，编制《人防工程常见问题及对策实用手册》，举办全省人防工程监理业务培训班，建成人防工程管理信息数据库，召开全省人防建设有关问题座谈会和质量建设年活动推进会，开展在建人防工程质量和人防防护设备质量检测，取消与甘肃人防企业协会的行政监管，打破了多年制约人防系统的行业垄断。

【易地建设费管理】统计分析1997年至2019年底全省防空地下室易地建设费收缴使用管理情况，向各市州人防办下发了《关于统计人防易地建设费欠（漏）缴情况的通知》《关于加强规范防空地下室易地建设费征收使用管理的通知》。追缴8.7亿元，占欠缴资金的70%。

【宣传教育】举办庆祝中华人民共和国人民防空成立70周年系列活动，制作‘70周年人防建设成果图片展’，开展“9·18”警报试鸣活动和“12·4”宪法宣传日活动，在嘉峪关和酒泉市举办了全省人防宣传教育现场会。

【战备建设】启动《人民防空方案》的修订和第三代军用短波电台建设和省本级指挥所视频会议系统升级改造项目工作，召开全省修订人民防空方案任务部署会，签订《沿黄九省（区）人民防空合作协调机制框架协议》，联合沿黄九省（区）人防部门开展了5次常态化联合训练演练。举办全省人防组织指挥实战演训，省市县三级人防指挥部开展了人民防空室内推演。举办提高国防安全意识、实现人防高质量发展培训班，协调省编办联合下发《关于加强市县人民防空机构工作力量的通知》。

（供稿：刘志远）

政法工作

【平安甘肃建设】构建“大平安”格局。落实《平安甘肃建设责任制考评奖惩办法》，调动干部各方面参与平安建设的积极性。决战扫黑除恶专项斗争收官战。以“一十百千万”和“六清”行动为牵引，打掉涉黑组织5个、涉恶集团22个、恶势力团伙53个、“村霸”33个，查扣涉案资产32.34亿元，查处涉黑涉恶腐败和“保护伞”602起、处理2160人，排查整顿软弱涣散村党组织1241个，群众对专项斗争的满意度为96.37%，高出全国平均水平1.26%，衡量扫黑除恶专项斗争成效的5项指标均高于全国平均水平。全力维护公共安全。开展“陇风”“云剑”“断卡”“净网”等系列行动，整治电信网络诈骗犯罪实现突破，破案数和抓获犯罪嫌疑人数翻了两番，破案率达到59.6%，发案首现回落。扎实开展命案积案攻坚和易引发命案矛盾纠纷排查化解，现行命案连续两年破案率100%，库存命案逃犯降至近10年最低。完善落实社会治安重点地区和突出问题治理常态化机制，社会面秩序持续好转。道路交通四项指数分别下降3.3%、5.2%、4.5%和16.4%，全省未发生重特大道路交通事故。

【社会保障服务】查处贪污挪用扶贫资金等问题，依法追讨农民工工资1亿多元。召开全省政法机关服务民营企业座谈会，出台为做好“六稳”“六保”工作提供司法服务保障24条措施、公安机关服务夜间经济15条措施、《关于推进行政柔性执法进一步营造法治化营商环境指导意见》，办理生态环境公益诉讼案件1856件，依法妥善审理环境资源案件6115件，追偿生态修复费用2.1亿元，让破坏环境者为恢复环境“买单”。从严从细从实做好新冠疫情防控工作。通过公安大数据平台推送涉疫信息21万余条，精准筛查中高风险区来甘人员42万人，办理涉疫违法犯罪案件760件，检察机关批准逮捕90人、提起公诉137人，法院审结妨害疫情防控犯罪案件48件，为疫情防控和复工复产提供法治保障。开展涉疫风险隐患排查化解专项行动，调处重点矛盾纠纷4000起。广大民警全力参与陇东南地区抗洪抢险救灾，有力保护了群众生命财产安全。

【社会治理】全省10个市（州）进入全国第一期试点，其他市州同步推进，兰州市试点经验在全国进行交流。做强“一个支撑”，统一规划建设平安甘肃信息化支撑管理平台建设，定期发布各地“平安指数”，上线运行“命案预警防范系统”，提高预测预警预防能力。用好“两个抓手”，实现省、市、县、乡四级综治中心实体化建设全覆盖，1362个乡镇（街道）政法委员配备全覆盖，为整合社会治理资源、统筹基层政法工作提供新载体。建设“三个智库”，成立市域社会治理研究院、平安甘肃建设研究院、心理危机干预与研究中心，对社会治理重点难点问题进行集中攻关。打造“四大中心”，建立以综治中心为龙头、各部门联动的矛盾纠纷综合化解中心；优化公安指挥中心职能，提升情指一体化合成作战效能；推动建设便民服务中心，叫响“12345——有事找政府”；发挥政务服务中心在社会治理中的作用，方便群众、理顺情绪、增加和谐。织密“六张网络”，省委办公厅、省政府办公厅出台《关于推进全省立体化信息化社会治安防控体系建设的意见》，统一谋划建设“六位一体”的社会治安防控体系，实现了重点部位视频监控全覆盖，选聘网格员10.72万名、治安户长6万余名、群防群治队员4万余名。

【法治体制建设】积极协调推动立法、执法、司法、普法等各项工作，纵深推进政法领域全面深化改革，解决制约执法司法工作的体制机制性问题。推进政法机构改革。调整森林公安管理体制，民航甘肃机场公安局完成交接。召开甘肃省法学会第八次全省会员代表大会，选举产生了新一届理事会和领导机构。推进司法体制综合配套改革。组织开展两批法官检察官入额遴选工作，遴选员额法官224名、员额检察官105名。推进以审判为中心的刑事诉讼制度改革，认罪认罚制度改革。推进执法司法制约监督体系改革和建设，细化落实党的领导监督、政法单位内部制约监督、政法单位互相制约监督、社会监督、智能管理监督“五大监督”具体措施。制定检察机关派驻公安机关办案中心检察室案件评查实施办法和“优劣质案件”评选实施办法。推进“一站式”多元解纷机制建设，甘肃被确定为全国集约化送达工作试点省份。推进政法信息化建设。在5个市州先行试点政法跨部门大数据协同办案平台建设，推动刑事案件全网办理、执法司法全程监督、政法数据深度共享。“智慧法院”建设排名全国第13位，完成检察机关三级院工作网、局域网建设，甘肃公安数字警务跻身全国前列，实现“智慧司法”信息系统数据互联互通。推进法治宣传和公共法律服务。做好“七五”普法总结验收工作，开展民主法治示范村“百村创建”活动，“十个一”活动推动《民法典》学习宣传。聚焦实现“12345”公共法律服务体系建设目标，加快推进“三台融合”。推进刑事案件律师辩护全覆盖和律师调解试点工作，集中开展律师违规兼职专项清理。

（供稿：甘肃省政法委）

法治政府建设

【综述】2020年，省司法厅全面落实党政主要负责人履行法治建设第一责任人职责，做好法治工作重大决定备

案和法治政府建设年度报告工作。着眼全面依法治国战略各项重点任务落实，及时提请召开省委全面依法治省委员会第三次、第四次会议，审议通过2020年依法治省工作要点、法治政府建设工作要点，确保中央全面依法治国各项决策及时部署落实。推动协调省委全面依法治省委员会立法协调小组、司法协调小组、守法普法协调小组、执法协调小组召开年度第一次会议，实现各领域法治建设工作及时部署、有力推进。贯彻落实省委、省政府关于依法治省指示批示精神，狠抓2020年依法治省工作要点、法治政府建设工作要点落实，组织实施2020年甘肃省法治为民办实事（省级）10件项目，人民群众法治获得感进一步增强。开展2019年度法治建设绩效考评工作，组织第三方开展群众满意度评估，确定14个市（州）及100个省直部门（单位）法治建设绩效考评等次。在甘肃卫视开办《法治伴你行》栏目，已播出25期。开展报告会、巡回宣讲、微动漫展播等“十个一”活动，深入推动《民法典》学习宣传。全面启动省级法治政府建设示范创建活动，嘉峪关市入选第一批全面法治政府建设示范市。

【行政立法】 完成《甘肃省中医药条例》《甘肃省水污染防治条例》等11件法规审查修改，建立敦煌研究院等20个政府立法联系点，调动全社会参与立法积极性。对省政府110件现行有效政府规章进行全面清理，修改11件、废止10件；开展野生动物保护等领域规章规范性文件清理，全省共梳理规章及行政规范性文件6143件。

【行政执法】 对14个市州70家重点执法单位开展突击式抽查，发现问题现场指出并责令整改。严格审核确认各级行政执法主体，部署开展2020年行政执法案卷评查工作，建立健全执法案卷评查制度。依托“信用中国”双公示平台，公示各类执法信息百万余条。与省直部门联合开展各类行政执法监督活动，构建“大监督”格局。

【行政复议与应诉】 加强行政复议与应诉工作，办结行政复议案件99件、国务院裁决10件，办理一审、二审行政应诉案件54件，制作各类法律文书300份，未出现超期办案情况。

【法律事务】 着眼推动依法决策，依法办理政府经济领域重大行政决策、战略合作协议等法律事务126件，提出法律意见321条，审核完成45家省直部门政务服务事项和目录清单2132项，出具法律意见2438条，确保重大行政决策合法合规、正确实施。

【备案审查】 各市州政府及省政府各部门报备行政规范性文件200余件，省厅向国务院报备省政府规章2件，办理合法性审核150余件。

（供稿：赵　涌）

公安工作

【维护政治安全】 开展反分裂、反颠覆、反恐怖、反渗透、反邪教斗争，全力维护国家政治安全。加强民族宗教领域依法治理，巩固了民族团结、宗教和顺局面；持续加强严打暴恐专项行动，完成35个公安检查站智慧化改造，层圈过滤暴恐风险，守住了不发生暴恐案事件的底线；严密防范各类渗透破坏活动，依法查处各类邪教案件多起，推进网络空间秩序整治，守住了主流意识形态阵地；组织开展两次大规模应急处突拉练演练，提升了防范处置能力。

【打击违法犯罪】 立各类刑事案件6.6万起，刑事发案降至近10年最低，全省现行命案连续两年保持全破，累计攻破命案积案127起，抓获上网逃犯6686名，社会治安形势持续平稳向好。深化扫黑除恶专项斗争，三年累计打掉涉黑组织60个、恶势力犯罪集团186个、恶势力团伙407个、“村霸”199个，抓获犯罪嫌疑人8920人。生态打击电信网络诈骗，破获电信网络诈骗案件1.7万起，现案破案率22.1%，创历史新高。深入推进外流贩毒治理工作，破获毒品案件千余起，缴获各类毒品280千克。持续净化社会治安环境，破获经济犯罪案件1600起，挽回经济损失13亿元，侦破网络赌博案件30余起，破获的“1・19”跨境赌博案件被评为全国十大精品案例，破获涉黄涉赌、涉枪涉爆、食药环等领域案件千起。

【公共安全管理】 推动“智慧交管”“智慧城市”融合发展，持续优化道路交通管理模式，开展冬季交通安全整治百日会战，强化重点车辆、重点路段安全隐患排查整治，查处“三超一疲劳”、酒驾醉驾毒驾等严重交通违法行为，道路交通四项指数全面下降，全省未发生重特大道路交通事故。

【护航经济发展】 推进公安法治扶贫，实施对口帮扶项目，帮扶贫困村全部摘帽、贫困户全部脱贫。全面放宽落户政策，全省户籍人口城镇化率达到40.87%，超额完成“十三五”目标任务。完成全省586万张标准二维码门楼牌设置和启用工作，推动管理服务“码”上办。持续推进“一网通办”，130个服务事项入驻公安政务服务平台，100余项公安业务实现掌上办理。统筹常态化疫情防控和经济社会发展工作，推出优化社会服务管理15条、助力地摊经济发展“五维护两便利”等举措，服务保障“六稳”“六保”工作大局。

【智慧公安建设】 推进公安大数据智能化建设应用，整合汇聚各类数据资源近2万亿条，是全国第一批接入公安部大数据平台的6个省份之一，全省建成智慧安防小区491个。

【深化公安改革】 深入贯彻中央、省部改革部署，完成机场公安机构管理体制改革、矿区公安和森林公安机关管理体制调整，完成厅机关科级机构设置工作。以执法监督管理机制改革为抓手，深入推进法治公安建设，建成标准化执法办案中心64个，研发执法质量网上考评系统并获得国家专利，健全完善执法管理制度70余项。

（供稿：房延河）

交通安全管理

【交通安全治理】省道路交通安全委员会印发《百日会战实施方案》，向成员单位下达责任清单，细化明确12个成员单位5大战役22项硬指标，从省公安厅、省交通运输厅、省应急管理厅抽调人员组成4个联合督导组，由厅级干部带队对百日会战进行3轮全覆盖跟进督导，每日发布百日会战战果排名“两张表”，通过移动警务终端推送14个市州、86个县市区公安局局长。制定《恶劣天气交通应急管理联动工作方案》，推广“2+4+4”区域联防联控机制。对“三率”未清零的245辆营运车、89名营运驾驶人以及内部安全管理制度落实不到位的56家企事业单位限期整改。启动149个执法站、482个执勤点，查处各类交通违法275.33万起，其中现场查处139.53万起，事故死亡人数同比减少70人、下降16.36%。

【“智慧交管”建设】审定通过《“智慧交管”三年规划》。7月15日，召开全省公安“智慧交管”工作部署会，“智慧交管”各项工作在全省各地有序开展。加强内外协调工作，与省交通厅共同召开“智慧交管”建设科技信息资源共享协调会，形成会议纪要，明确共用交通部门杆件基础、交通部门收费站MTC和ETC卡口过车数据；向省交通厅提交七道梁长下坡路段预防大货车失控的工作建议，完成公安交通管理综合应用平台与警综平台的对接。通过研发货车通行二维码，提升350M基站覆盖范围，推广无人机巡航勤务，打造指挥调度一张图，增设交通标志，施划交通标线，发布交管通告，依托高德、百度地图关联推送交管信息，实现天气、路况、违法、事故等数字化服务管理。

【道路交通管理网格化】研究制定框架式指导性意见和高速公路“路长制”工作方案，在公安交管部门推行上下贯通、全路覆盖的“路长制”。各级路长深入一线组织推动工作，统筹协调研究解决问题，“一路一策”制定事故预防措施，构建起一个省、市、县三级联动的应急指挥网络，初步形成了网格化、精准化管理的道路交通安全管理新机制。11月5日，甘肃、陕西两省公安交管部门、连霍高速公路运营管理部门在天水召开了推进“路长制”工作暨公安交管警务协作会议，甘肃、陕西省公安厅交警总队签署《甘肃陕西高速公路公安交管警务协作框架协议》，两省相邻的8个交警支队分别签订《省际公安交管联勤联动警务协作工作方案》，建立甘陕两省高速公路“信息共享、联勤联动、快速处置、协同共治”勤务机制，细化“一路一策”管控措施，携手破解各种制约交通管理工作的难点和瓶颈问题。

（供稿：甘肃省公安厅交通管理局）

检察工作

【六项重点工作】省检察院依法惩治危害国防利益犯罪，协调处理涉军民事、行政纠纷。全力投入平安甘肃建设，起诉电信网络诈骗等侵财犯罪1946人，起诉金融诈骗、破坏金融管理秩序犯罪696人。省检察院联合省卫健委等部门开展“创建平安医院、优化医疗环境”专项行动，起诉涉医犯罪121人。严惩危害“三农”犯罪，批捕2088人，起诉6048人。落实扶贫领域涉案财物快速返还机制，落实司法救助“应救尽救”，三级法院实现全覆盖，救助建档立卡贫困户311人776.9万元。开展侵害农民工权益犯罪专项监督，联合省人社厅挂牌督办案件60件，起诉恶意欠薪犯罪88人，支持起诉255件，帮助913名农民工追回欠薪1440.3万元。强化“十项司法举措”，联合省水利厅深化“携手清四乱、保护母亲河”专项行动，指导各地开展水土保持、污染治理等特色小专项。严厉打击破坏生态环境犯罪，会同省公安厅、生态环境厅等部门开展打击破坏稀土资源违法犯罪等专项行动，批捕39人，起诉265人。加强生态环境公益诉讼工作，立案2039件，履行诉前程序1675件，提起公益诉讼106件。践行恢复性司法理念，督促恢复林地、耕地2.3万亩，治理被污染水源地2419亩，通过提起诉讼、支持起诉等方式追偿生态修复费用2.1亿元。联合省工商联持续深化“维护民企权益，优化营商环境”专项行动。严惩侵犯民企权益犯罪，批捕762人，起诉1809人。出台涉民企“慎捕慎诉”实施细则，明确16条不批捕、不起诉情形，省检察院同步审查把关553件，对企业负责人涉经营类犯罪不批捕278人、不起诉692人，不捕、不诉率分别高于普通刑事案件8.6、13.7个百分点。对18名无羁押必要的企业负责人监督变更强制措施，清理92件涉民企刑事“挂案”，监督解除违法冻结资金755.7万元，对认为确有错误的涉企民事、行政生效裁判提出抗诉或再审检察建议121件。开展“千人进万企”活动，走访商会、企业10459家，帮助解决涉法涉诉问题899个、挽损4691.7万元。把牢“五个定位”、落实“十个必须”、统筹“五对关系”，保持打击锋芒，批捕333人，起诉1727人。严把质量关，侦查机关以涉黑恶移送审查起诉的，依法不认定28件；未以涉黑恶移送的，依法认定33件。开展“六清”行动，加大“破网打伞”“打财断血”力度，向纪委监委移送“伞网”线索275条，直接立案侦查53人，提出追缴“黑财”检察建议332

件。积极参与“7.02”专案办理。坚持“一案一治理”，制发检察建议492件。省检察院向14家省直单位集中公开送达《检察建议书》，助推十大行业清源促治。完善监委、检察院衔接机制，提前介入调查317件，受理监委移送案件403件，自行补充侦查192件，起诉349人。立案侦查司法工作人员相关职务犯罪60人。办理群众信访13775件，三级院领导带头接访1172件，开展以案释法16134场次、公开听证1382场次。对办案中发现的社会治理问题，向相关部门提出检察建议6058件，采纳率99.5%。

【刑事检察】依法惩治各类刑事犯罪，批准逮捕10171人，起诉23900人。树立“少捕慎诉慎押”理念，对不构成犯罪或无逮捕必要的不批捕4325人。加强刑事诉讼监督，监督立案329件、撤案447件；通过严审细查，纠正漏捕428人、漏诉898人；对适用强制措施不当等提出书面纠正意见780件；对认为确有错误的刑事裁判提出抗诉182件，已改判和发回重审69件。加强刑事执行监督，全面推行“派驻+巡回”模式，对3个监狱开展交叉巡回检察；同步审查减刑、假释、暂予监外执行8715人，监督纠正844人；核查财产刑罪犯5065人，提出从严掌握减刑、假释意见280件。加强未成年人司法保护，起诉侵害未成年人犯罪1056人，对涉嫌轻微犯罪的未成年人不起诉338人，附条件不起诉316人。会同省教育厅出台法治副校长工作规定，754名检察长、检察官担任法治副校长，举办“法治进校园”活动775场次。

【民事检察】受理各类民事检察监督案2307件，同比上升21.9%。强化生效裁判监督，审查民事生效裁判监督案1271件，对认为确有错误的提出抗诉或再审检察建议270件，法院采纳率90%。对违法采取保全措施、超期审理等问题，提出检察建议241件，已纠正237件。严查虚假诉讼，办理民间借贷、劳动争议、离婚财产纠纷等领域虚假诉讼、仲裁监督案191件，提出监督意见111件，法院全部采纳。陇南市武都区检察院在办理一起涉黑案件中发现并监督纠正37件虚假诉讼案。加强民事执行监督，针对明显超标的执行等提出检察建议356件，已纠正325件。

【行政检察】围绕维护司法公正、促进依法行政的共同目标，办理各类行政检察监督案599件，同比上升96.4%。加强行政诉讼监督，审查行政生效裁判监督案79件，对认为确有错误的提出抗诉、再审检察建议，对67件裁判结果正确的，依法作出不支持监督申请决定。推进行政争议实质性化解，落实领导包案制度，化解行政争议162件，为涉案群众解忧纾困。加大行政执行监督力度，开展食药安全、自然资源领域行政非诉执行专项监督，提出检察建议106件，采纳81件。定西市安定区检察院办理的某公司拖欠人防工程异地建设费行政非诉执行监督案，为国家挽回经济损失916万元。

【公益诉讼】出台并认真贯彻落实省人大常委会《关于加强检察公益诉讼工作的决定》，坚持“实体程序并重、解决问题为要”，当好“公共利益代表”。持续加大办案力度，发现线索4130件、立案3896件，同比分别上升36.2%和44.7%。基层检察院办理食药、生态环保类公益诉讼实现全覆盖。办理新领域公益诉讼1020件，发出诉前检察建议890件。联合省文物局开展国有文物保护专项检察监督活动，《人民日报》《光明日报》对甘肃省文物保护工作作了专题报道。构建协同化社会化公益保护格局，推行公益诉讼志愿者、观察员、举报奖励及圆桌会议、公开宣告送达等制度，加强跨区域、跨部门协作配合，鼓励、引导社会公众参与、支持检察公益诉讼，凝聚保护合力。

【检察改革】完善人员分类管理制度，落实员额动态管理，遴选106名员额检察官，交流、退额114名，择优选升一批高级检察官。落实办案责任制，细化完善“权力清单”，对不合格案件启动追责程序，推进“谁办案谁负责、谁决定谁负责”。坚持司法亲历性，三级院入额院领导带头办理重大、疑难案件11223件，检察长列席审委会369人次。加强廉政风险防控，综合发挥检委会把关、检察官联席会议会商、流程监控等作用，确保放权不放任、监督不缺位。全面落实认罪认罚从宽制度，适用率达87.1%，提出确定刑量刑建议10117人，采纳率94.7%，节约司法资源，促进社会和谐。完善速裁程序，推行“五集中三简化”机制，办理速裁案7690件，92.5%的被告人服判息诉，缓解了“案多人少”矛盾。稳步推进派驻公安机关办案中心检察室工作。

（供稿：王文婷）

法院工作

【职能建设】审结刑事案件26898件。审结杀人、抢劫、绑架等严重暴力犯罪案件338件，毒品犯罪案件1312件，审结未成年人犯罪案件288件，审结贪污、贿赂等职务犯罪案件304件，审结减刑、假释、暂予监外执行等案件6578件。审结民商事案件296313件，审结婚姻家庭、继承纠纷案件47241件，发出人身安全保护令52件，审结权属、侵权纠纷案件21525件，审结合同、票据、公司管理等商事纠纷案件3344件。联合制定道路交通事故损害赔偿标准，实现农业户口与非农户口“同命同价”。审结行政案件5623件。落实信赖保护原则，及时受理因招商引资、特许经营等引发的行政协议案件215件。审慎处理涉民生群体性行政案件651件，服务“放管服”改革。审结国家赔偿案件360件，依法规范公权、救济私权。部署开展“巩固基本解决执行难工作成果”专项行动、“六稳”、“六保”专项执行，全省法院共执结案件172448件，执行到位金额166.29亿元，同比分别上升5.28%、2.98%。其中执结涉“黑财”、涉民生等6类重点案件14349件，到位金额73.93亿元。

【重点工作】出台为做好“六稳”工作，落实“六保”任务提供司法服务保障24条措施。审结劳动争议、劳务纠纷案件22377件；审结涉民生纠纷案件10904件，开展涉农民工工资执行专项行动，追回工资报酬2436万元，发放司法救助金3127万元。审慎受理企业破产、重整案件85件。制定服务保障法治化营商环境建设实施方案，开展优化营商环境“四个一行动”，举办“访企业、提建议、促发展”等送法进企业活动590场次，让3100家企业从中受益，排查涉企申诉信访案件230件，发布典型案例81个。建立民营企业、中小微企业立审执“绿色通道”。与青海高院签订框架协议，甘青合作，共同服务保障兰西城市群高质量协同发展。生态环境司法保护。践行“两山”理念，审结环境资源类案件5564件。在洮河自然保护区等地建立9个“司法公益林”恢复基地，复绿补绿面积达到6811亩。与邻省法院签订黄河、长江流域生态保护共护协议，在阿万仓黄河湿地、大熊猫国家公园陇南片区等地增设环保法庭。积极服务创新驱动发展。受理知识产权、不正当竞争纠纷案件1240件，连续三年平均增幅超过130%。兰州知识产权法庭推出服务丝绸之路产权港建设13项措施，建立诉讼风险担保基金、侵权损害评估、多元化解等机制，审结知识产权案件272件。开展知识产权司法保护进企业、进市场、进高校，在金徽矿业、兰州留学人员创业园等企业设立知识产权保护示范基地。

【为民服务】开展涉疫情矛盾纠纷集中排查化解专项行动，审结涉疫情防控犯罪案件48件。网上申请立案45085件，云上开庭3089场次，举办法治宣传56场次。拍摄《花儿绽放》等微电影。打赢扫黑除恶收官战。开展“六清”行动，三年来审结一审涉黑涉恶涉伞案件626件5447人，案件清结任务提前完成，白银、陇南、天水、临夏等9个市（州）法院一、二审案件结案率达到100%。审结全国扫黑办挂牌督办、被骗人数多达47.5万人的兰州“2·12”特大“套路贷”涉黑案，以商养黑、以黑护商的嘉峪关“10·29”涉黑案一审宣判，一批群众深恶痛绝的黑恶势力受到依法严惩。黑财清底成果显著，判处罚金、追缴、没收5.02亿元，执行到位3.4亿元，涉恶案件财产执行到位率位列全国第8。标本兼治打好金融风险防控战。打造“司法保障+行业监管”防范机制，联合成立金融纠纷调解中心，审结非法集资、金融诈骗等刑事案件335件，审结金融贷款、民间借贷等民事纠纷案件73648件，执结涉金融案件2067件、标的4.55亿元。

【司法改革】建立员额法官动态调整、便捷入额等制度，两次入额224人，招录法官助理等辅助人员183人，招聘书记员359人。筹备设立法官惩戒委员会，构建与审判权责相统一的惩戒和救济机制。深化诉讼制度改革，对23种常见罪名及缓刑、罚金刑的量刑制定《实施细则》。扩大司法民主，人民陪审员增至6429人，参与审理案件52097件，一审陪审率达到89%。深化省以下法院财物统管改革，“十三五”期间下达的“两庭”建设项目建成34个，加强诉讼服务大厅建设，改造升级“六专四室”，基层基础更加坚实。

【智慧法院建设】建成甘肃法院云平台和智慧法院信息系统，智慧审判、智慧执行、智慧管理、智慧服务成为法院工作的新模式，智慧法院建设及应用跃升至全国第13位。应用新版诉讼服务网、移动微法院，基本实现诉讼服务事项100%在线、人民法院调解平台100%应用、跨域立案100%覆盖，人民法院调解平台调解案件、化解纠纷120937件。依托中国邮政在全省建立集约化送达中心11个，实现裁判文书异地打印、同城送达。推广应用网络司法拍卖系统，执行网络拍卖9020件，为当事人节约佣金2.2亿元。

（供稿：刘吉旭）

司法行政

【人民调解】坚持创新发展新时代“枫桥经验”，培育“枫桥式”人民调解组织、人民调解员，依法及时就地化解矛盾纠纷，推动基层自治、法治、德治“三治”融合。完善落实多元矛盾纠纷化解机制，大力推动行业性、专业性调解组织建设，着力加强环境保护、交通事故等领域行业矛盾纠纷化解力度，金昌市诉源治理“法官联系点”等基层经验做法。

【法律服务体系】聚焦实现“12345”公共法律服务体系建设目标，全省建成96个市县公共法律服务中心、1372个乡（镇）公共法律服务工作站、13754个村（社区）公共法律服务工作室，县级公共法律服务实体平台实现全覆盖。开通“甘肃法律服务网”手机客户端，实现公共法律服务“掌上办”“指尖办”。开展“法律惠民生、扶贫奔小康”等专项行动，累计服务农民工欠薪求助事项8826次，帮助农民工追回欠薪资金8000万元。

【司法行政改革】制定《甘肃省司法厅2020年司法行政改革任务清单》，确定26条改革任务和37项落实举措，推进省级体制改革。深化“放管服”改革，证明事项告知承诺制在全国率先实现省市县全覆盖，受到中央依法治国办充分肯定，经验做法被国务院办公厅采用。联合编制部门拟定《甘肃省赋予乡镇和街道部分县级经济社会管理权限指导目录》，将生态环境等领域205项行政处罚管理权限赋予乡镇和街道。

【监狱管理】坚持以政治改造为统领，统筹推进“五大改造”新格局，探索实施具有甘肃特色的罪犯教育改造模式。始终把维护监所安全稳定作为重大政治责任，全面开展罪犯危险性评估，扎实开展反恐防暴、破案追逃等重大行动。

【普法宣传工作】推动“谁执法谁普法”责任制落实，分两批向社会公布70家省直国家机关年度普法责任清单，先后向多家省直部门单位发出提醒告示函。做好“七五”普法总结验收工作，组织8个工作组对全省14个市（州）以及省直部门、科研院所等200个单位集中检查验收。开展民主法治示范村“百村创建”活动，推行法治文化“一地一品”工程建设，累计建成法治广场2483个，法治长廊4654个，宣传栏25279个，农家法治书屋13317个。天水市创建国家级“民主法治示范村（社区）”8个，张掖市司法局《保护个人信息安全 防止违法金融诈骗》荣获全国一等奖，陇南司法“双微”上榜“全国十大司法行政微博”。

（供稿：赵　涌）

农业农村发展

【农业发展】全省第一产业固定资产投资增长37%，第一产业增加值达到1198.1亿元；畜牧业、种植业增加值比例达到23.44：68.07，畜牧业比重较2018年提高了4.22%，种养业结构进一步优化；"牛羊菜果薯药"六大特色产业增加值达到753亿元，较2018年增长35.28%，占2020年全省农林牧副渔业增加值的60%；第一产业对全省GDP贡献率达到15.3%，比2018年增加6.41%，为全省经济社会发展起到了"压舱石"作用，守住"基本盘"。

【粮食生产】全省粮食面积3957.4万亩，总产1202万吨，比上年增加39万吨，产量首次突破1200万吨大关，创历史新高；玉米种子生产面积129.6万亩、产种5.46亿千克，均居全国第一；马铃薯原种和一级种薯生产面积40.04万亩，产量7.9亿千克，生产原原种11.8亿粒，居全国前列。在中央农村工作会议上，甘肃作为全国粮食安全作出贡献的10个省份之一，得到肯定。

【特色产业】全省高原夏菜面积产量位居全国第一，马铃薯、中药材、苹果面积产量位居全国第二，一产增加值增幅连续3年位居全国前列，累计创建10个省级绿色农产品标准化生产基地。全省特色种植业面积达到3510万亩，较2019年增加64万亩。其中，马铃薯面积1030万亩，总产量1550万吨；中药材面积470万亩，总产量132万吨；蔬菜（含百合和食用菌）面积955万亩，总产量2838万吨；水果（以苹果为主）面积873万亩，总产量890万吨。

【畜牧养殖】全省羊存栏量位居全国第三，牛存栏量位居全国第九，全省牛、羊、猪、鸡良种化率分别达到79%、81%、91%和97%。全省牛存出栏分别为482万头、228.6万头，同比分别增长5.2%、6.4%；荷斯坦奶牛存栏21.7万头，同比增长20%；羊存出栏分别为2191.8万只、1737.1万只，同比分别增长10.3%、12.2%；鸡存出栏分别为5320.8万只、6215.5万只，同比分别增长18.8%、48.9%。

全年猪牛羊禽肉产量108.9万吨，比上年增长8.3%，禽蛋产量和牛奶产量为分别为19.8万吨和57.5万吨，同比分别增长31.1%和30.4%。肉类产量中：牛肉24.9万吨、羊肉27.6万吨、猪肉49.2万吨、禽肉7.2吨。

在丝路寒旱农业现代畜牧业政策的推动下，全省规模化、标准化水平提升，2020年已备案养殖场（合作社）8432家，其中牛、羊、猪、鸡分别为1505家、3083家、2543家和1160家，肉牛、奶牛、肉羊、生猪、家禽规模化比重分别达到51%、75%、51%、70%和80%。平凉市天源农牧有限责任公司等4家养殖场被农业农村部评为畜禽养殖标准化示范场。加快全产业链培育，不断提升畜产品加工能力。全省共设立畜禽定点屠宰企业260多家，畜禽年屠宰能力6300万头（只），加工产值达到123.3亿元。大力开展区域品牌和企业商品品牌培育工作，创建了10个"甘味"畜产品区域公用品牌，20个特色商标品牌，12个

产品获得地理标志农产品认证。

（供稿：张爱文）

【绿色农业】全省农药和化肥利用率达到40%，畜禽粪污综合利用率达到78%，推广测土配方为主的科学施肥技术5520万亩，配方肥施用面积2400万亩左右，有机肥施用面积3300万亩以上。将“粮改饲”政策实施范围扩大到农区所有牛羊养殖大县，累计完成粮改饲面积860万亩。

【渔业】全省渔业养殖面积1.3万公顷，水产品总产量1.6万吨。创建农业部水产健康养殖示范场81个，省级以上水产原良种场7个。建成省级以上水生野生动物自然保护区6个，建成国家级水产种质资源保护区22个，保护区面积30多万公顷。

【农村人居环境】全省农村卫生户用厕所普及率33.2%，行政村卫生公厕覆盖率达到97.8%；全省专职、兼职村庄保洁人员达到14.9万人，配备各式垃圾保洁、收集、运输车3.82万辆，对垃圾进行收运、处置的行政村达到15999个；创建清洁村庄累计达到10000个，国家部委命名的各类美丽乡村（生态文明）示范村212个。连续两年举办“一带一路”美丽乡村论坛。

【农村综合改革】全省深化农村“三变”改革，辐射带动农户156.3万户，获得入股分红近11亿元。全省确认集体经济组织成员身份1918.21万人，占农业人口总数的90.99%；成立农村集体经济组织11323个，占全省总行政村数的70.2%。查办各类涉农违法案件513起。

【农业机械化】全省主要农作物耕种收综合机械化率首次突破60%，比“十二五”增长12.6%，年均提高2.52%。全省农机总动力预计达到2289万千瓦，比“十二五”末增长415千瓦，增长22%，农机配套比达到1:2.6。全省小麦机械化率达到87.99%，玉米、马铃薯、中药材机械化水平分别达到66%、59%和43%，较“十二五”分别增长19.1%、19.8%、12%。

【农机购置补贴】在国家农机购置补贴政策拉动下，全省农机装备总量增加迅速，2020年全省中央农机购置补贴8.32亿元，为2019年的240%，共补贴机具11.7万台，受益农户7.75万户，农业生产经营组织2897个。

（供稿：徐　勃）

畜牧业和兽医事业

【畜禽种业】加快培育牛羊新品种（品系）。“河西肉牛”“平凉红牛”“湖羊新品系和高繁力舍饲肉羊新品种”选育工作取得新进展。建成省级种畜禽场128个，牛、羊、猪、鸡良种化率分别达到79%、81%、91%和97%。

（供稿：张爱文）

【饲草产业】全省人工种草保留面积166.31万公顷，当年人工种草面积52.89万公顷。牧草总产量2299.28万吨，其中干草总产量1487.70万吨，鲜草实际青贮量811.58万吨。商品草生产面积27.22万公顷，商品草总产量531.87万吨，其中干草总产量309.54万吨，鲜草实际青贮量222.33万吨。草种田面积3.21万公顷，种子产量3.01万吨。

（供稿：侯红岩）

【奶业生产】全省奶牛存栏32.8万头，其中荷斯坦奶牛21.7万头，奶绵（山）羊13万只，奶类产量53万吨，实现奶业一产产值28亿元，加工产值48亿元。全省100头以上荷斯坦奶牛规模养殖场共86个，存栏13.5万头，占全省荷斯坦奶牛存栏的75%。张掖、临夏、兰州、武威、白银5市州生鲜乳产量稳步攀升，占全省总产量的85%以上。甘州区、凉州区、金川区、临夏县、临泽县等5个县区奶牛存栏超过万头，前进牧业等大型奶牛养殖企业养殖规模超过3万头，以龙头企业、养殖场、专业合作社为主的奶业发展格局基本形成。建成燎原、庄园、华羚、伊利（红古）、三元（张掖）等乳品加工企业43家，年加工转化生鲜乳33.5万吨，尚有10余万吨以原料奶形式销往外省。全省43家乳制品生产企业生产乳制品32.8万吨，实现加工产值36.3亿元。产品主要包括液体乳、奶粉和干酪素三大类。对全省81个奶站和189辆运输车开展生鲜乳质量安全专项检查，全年共配合第三方抽样监测483批次生鲜乳样品，合格率100%。

（供稿：唐　煜）

【生猪生产】全省猪存栏、出栏、猪肉产量分别为622万头、664.3万头和49.2万吨，同比分别增长29.5%、2.4%和2.5%。产业布局趋于集中，初步形成以武威张掖为核心的河西走廊生猪产业带、以兰州白银为核心的中部地区生猪产业带、以庆阳天水为核心的陇东南生猪产业带。全省存栏10万头以上的生猪产业大县有16个。推进生猪标准化规模养殖场、养殖合作社和家庭农场建设，已建成生猪规模养殖场（合作社、家庭农场）2543家，生猪规模化程度达到70%。全省现有生猪定点屠宰加工企业71家，设计年屠宰能力1084万头。生产生猪及猪肉产品的省级以上农业产业化龙头企业达到20家，认定“甘味”农产品企业商标品牌2个。

甘肃省成立由省农业农村厅牵头、6个相关省直部门参与的省恢复生猪生产协调办公室，落实国家“17+2”生猪生产扶持政策，做好超范围划定禁养区清理，推动生猪养殖用地、环评承诺制度等扶持政策落地。至年底，全省新改扩建生猪养殖场833个，已建成投产610个，存栏生猪99.9万头，其中能繁母猪19.9万头。全年净调出活猪及猪肉产品70.9万头。

培育引进大型生猪产业化龙头企业，正大、新希望、唐人神、牧原、天兆、新江越等企业在全省建设生猪养殖项目22个，全部建成达产后可新增产能600万头以上，

2020年已有15个项目边建设边投产，已存栏生猪33万头，其中存栏种猪10万头。

（供稿：张爱文）

【粮改饲工作】 农业农村部安排甘肃省项目资金16600万元，下达收贮任务6.67万公顷。选择在48个县（区）组织实施粮改饲试点任务。至2020年底，完成收贮面积10.98万公顷，完成收贮量500.91万吨，其中全株青贮玉米收贮面积9.68万公顷、收贮量469.57万吨，青贮苜蓿收贮面积0.11万公顷、收贮量2.79万吨，其他收贮面积1.19万公顷、收贮量28.55万吨，带动全省粮改饲面积达24万公顷，新增优质饲草料1600万吨以上。粮改饲项目实施后，项目县区每公顷青贮玉米纯收入增加4500～7500元，加上养殖环节增加的收入，项目县区增加收入是项目投入的2倍～3倍。与以往种植籽实玉米相比，实施项目的贫困户户均增加纯收入3000元左右。

（供稿：黄莉莉）

【生猪屠宰及监管】 全省屠宰生猪产品总量24.46万吨，其中跨省调出生猪产品7.48万吨，净调出生猪产品6.15万吨。至2020年底，经农业农村部审查备案并公告确认生猪屠宰企业72家，分布在全省13个市州的49个县区，派驻官方兽医共285名，协检员58名，每家生猪屠宰企业均配备至少1名检测人员和PCR检测仪。8月在武威市举办全国动物检疫技能大赛甘肃选手选拔培训班，对各地选拔推荐的25名驻场官方兽医进行为期10天的实操培训和技能选拔。

全年通过新改建生猪屠宰企业3家，经农业农村部审查备案生猪屠宰企业72家。组织全省开展生猪屠宰环节“两项制度”回头查和生猪屠宰企业飞行检查，检查全省72家生猪屠宰企业，督导落实企业官方兽医派驻、非洲猪瘟自检和肉品品质检验等制度落实。累计抽检样品1467份，非洲猪瘟病毒检测均为阴性。组织开展屠宰行业专项整治和违法违规调入生猪行为集中整治、百日打击行动。停产整治4家不达标生猪屠宰企业，捣毁张掖市、天水市私屠滥宰窝点7处，限期整改22家企业执行检验检疫制度不规范问题23个，突击暗访检查群众举报的临夏州和兰州市5家生猪屠宰企业注水注药问题。开展屠宰环节质量安全风险监测，强化肉品质量安全风险控制。全省下达监测任务“瘦肉精”1800批、肉品水分500批，完成“瘦肉精”监测2128批、肉品水分500批，均未发现添加违禁物质和水分超标问题。

（供稿：王　军）

【生猪生产扶持措施】 全省实施丝路寒旱农业现代畜牧业项目，重点用于健全完善生猪良繁体系、生猪标准化规模养殖基地建设和东西协作生猪调运企业补助等。实施现代畜牧业标准化规模养殖建设项目，重点用于支持种猪场和生猪标准化规模养殖生产基地建设。实施生猪贷款贴息，对具有种畜禽生产经营许可证的种猪场（含地方猪保种场）及年出栏5000头以上的规模猪场给予短期贷款贴息支持，全年补贴资金1800万元。实施生猪良种补贴，在凉州区等13个县（区）完成授配母猪任务27.9万头。实施生猪标准化规模养殖场补贴项目，对2020年底前新建、改扩建种猪场、规模猪场（户），禁养区内规模养猪场（户）异地重建等给予一次性补助。安排目资金1300万元，补助甘肃天康农牧科技有限公司等10家企业。

（供稿：张爱文）

【畜禽粪污资源化利用】 全省牛、羊、猪、禽饲养量分别为687万头、3912万只、1400万头和11693万只，折算猪当量5864万个。按1个猪当量一年产生1.46吨粪污资源量计算，全省畜禽养殖粪污资源量为8561万吨，比2019年增长12%。全年粪污肥料化利用6150万吨，粪污能源化利用142万吨，粪污垫料化、饲料化和燃料化等方式利用386万吨，资源化利用总量达6678万吨，畜禽养殖废弃物综合利用率达到78%，比2019年提高了3%，完成目标任务。

至2020年底，全省4302家规模养殖场粪污处理设施装备配套率达到96%，2722家大型规模养殖场粪污处理设施装备配套率达到100%。商品有机肥年消纳畜禽粪污量600万吨，农家肥年消纳畜禽粪污量5550万吨。施用有机肥后土壤的有机质含量提升至15.1克／千克，平均提高0.52克／千克，提高幅度为3.57%。施用有机肥后土壤的全氮含量提升至0.98克／千克，平均提高0.03克／千克，提高幅度为3.16%。全省利用畜禽粪污资源等专项，建成各类沼气工程409处，其中生物天然气工程1处、大型沼气工程153处，年生产沼气3680万立方米、沼肥286万吨、有机肥12.82万吨，累计打造以沼气工程为纽带的生态循环农业示范点88处，沼肥示范面积达到8万多亩。建成有机肥生产企业171家，年生产有机肥210万吨。

以生猪等畜禽存栏量大的甘州区、凉州区、崆峒区、玛曲县、靖远县、武山县、会宁县7个县区为重点，实施畜禽粪污资源化用利用整县推进项目。7个项目县总投资66279.04万元，其中，中央投资31600万元，企业自筹34679.04万元。至2020年底，完成总投资44108万元，到位中央资金26180万亿元，省级资金拨付率100%。2018—2019年4个项目县，333个子项目都已开工建设，已完工308个子项目，项目开工率100%、完工率92.5%；2020年3个项目县共有541个子项目，其中521个已开工建设，项目开工率96.3%。7个项目县共有子项目874个，其中建设26个区域处理中心、838个规模及规模以下养殖场户粪污处理设施装备进行提升改造、10个社会化服务组织等粪污处理体系。在实施的项目中涉及29个有机肥厂、16个沼气工程。

（供稿：龚成珍）

【病死畜禽无害化处理】 至2020年底，全省共计无

害化处理病死畜禽144048头，其中处理养殖环节病死猪120007头。无害化专业处理中心集中处理病死畜禽36241头只（猪12380头、牛4841头、羊12304只、禽6896只）。至2020年底，全省共有6家病死畜禽专业无害化处理中心。其中武威市2家，金昌市1家，张掖市3家，采取高温生物降解、化制、高温法处理等工艺，日处理（8小时）能力达到41吨。印发《甘肃省畜牧兽医局甘肃省财政厅关于进一步加强病死畜无害化处理工作的通知》，督促各地制定病死畜禽(分畜种)无害化处理补助政策，张掖市及有关县区已率先出台病死畜禽无害化处理补贴政策。督促14个市（州）和兰州新区按时上报养殖环节病死猪无害化处理数据，采取随机核查、问题核查、重点核查等方式，确保数据准确。并对2021年中央预拨补助资金466万元和2020年省级财政补助资金150万元，按要求进行分配，按时向规范无害化处理病死猪的养殖场户和集中处理企业发放补贴资金。

（供稿：李正一）

【非洲猪瘟防控】 对全省年出栏2000头以上的规模猪场全覆盖入场采样检测，对其他猪场按比例抽样检测，制定非洲猪瘟疫检测方案，印发《动物疫病信息周报告实施方案》，建立周报告制度，及时了解和掌握全省动物疫情发生及主动监测情况。在全省2153个场点（种猪场69个、商品代猪场1177个、散养户485个、屠宰场95个、市场2个、其他场点325个）采集样品，共检测非洲猪瘟病原学样品8.7万份。完善非洲猪瘟防控分片包村包场工作机制，省市县三级兽医人员对全省1.58万个养猪场户、1.12万个行政村实行分片包干和“一对一”监管的网格化管理。开展非洲猪瘟无疫小区建设，印发非洲猪瘟无疫小区创建工作方案，成立领导小组和省级评估专家库，10月14日至23日，组织评估专家对兰州正大食品有限公司景泰分公司、甘肃凉州牧原农牧有限公司、甘肃新希望六和农牧有限公司等三家企业进行省级评估。11月上旬，配合农业农村部完成了国家评估。全年拦截处置外省输入的4起突发疫情，扑杀生猪10354头。

【重大动物疫病防控】 克服新冠疫情带来的不利影响，协调解决疫苗等防疫物资调运和防疫人员进村入户等问题，开展口蹄疫、禽流感、小反刍兽疫等重大动物疫病全覆盖强制免疫工作。春秋两季全省共免疫畜禽1.9亿头（只、羽），应免畜禽免疫密度达到100%。组织开展重大动物疫病集中监测、日常监测和定点监测及流行病学调查等工作，落实排查监测、调运监管等关键环节措施。全省共检测畜禽血清学样品18.73余万份，免疫抗体合格率常年维持在70%以上。

【人畜共患病防控】 全省在9市35个一类防控县开展羊布病区域免疫，其他县区持续加强检测净化工作。在玛曲等9个重点牧区县开展包虫病区域免疫，在56个流行县（市、区）全覆盖开展犬只驱虫工作。通过落实“免、检、消、杀、管”综合防控措施，今年布病、包虫病人感染病例和畜间检测阳性率继续呈下降态势，羊布病阳性率由2015年实行区域免疫前的2.44%下降到0.80%；牛布病阳性率由2015年的0.51%下降到0.05%，畜间布病、包虫病反弹势头得到有效遏制。

（供稿：王仲宝）

【兽药产业】 全省兽药行业克服新冠疫情影响，兽药生产、经营产值达到14.6亿元，增长9.8%。全省兽药生产产量达到275.6万千克（升），较去年增长8.6%。其中兽用生物制品产量达到99.7万升，兽用化药产量达到175.9万千克（升），较去年增长17.4%；兽用化药生产企业落实国家退出促生长类药物饲料添加剂政策，全面退出促生长类药物饲料添加剂生产，全省药物饲料添加剂产量较上一年减少1.4万吨。

【兽药质量监管】 省畜牧兽医局开展兽药质量监督抽检和动物及动物产品兽药残留监控。全年完成兽药质量监督抽检任务162批，合格率100%；完成动物及动物产品兽药残留监控150批，均未检出兽药残留。开展兽药质量监督抽检不合格产品查处活动，先后安排3期不合格兽药查处工作，组织各地对农业农村部通报涉及全国范围内的假劣兽药信息168条、涉及全省的假劣兽药信息6条进行查处，共检查兽药生产经营企业897家次、诊疗机构和养殖场户等使用单位2000余家次，责令整改106起，立案6起，罚款61538元，没收违法所得10565元。对2家生产企业、12家经营企业实施重点监控。开展兽用抗菌药专项整治、“利剑2号”行动，督促各地严厉打击各类违法违规用药和非法添加行为，组织开展全省兽药经营企业“双随机”检查，共检查38家兽用生物制品经营企业，延伸检查48家兽用化药经营企业，保障人民群众“舌尖上的安全”。实施兽药质量追溯，在兰州市城关区开展兽药经营企业二维码追溯规范化抓点示范，制定下发《兽药经营企业二维码追溯规范化要求（试行）》。2020年全省925家兽药经营企业100%实施追溯。2020年全省有18家养殖场被确定为部级、省级兽用抗菌药使用减量化试点达标养殖场，选择13家养殖场开展省级减量化试点，其中部级试点6家。全年给2家企业核发“兽药生产许可证”，3家企业办理变更事项，核发26家兽药经营企业兽用生物制品“兽药经营许可证”。

（供稿：金录胜）

【动物防疫补助】 全年重大动物疫病疫苗经费7685万元，用于采购口蹄疫、高致病性禽流感两种重大动物疫病疫苗，通过公开招标全年共采购口蹄疫疫苗9400万毫升（头份），重组禽流感病毒（H5+H7）三价灭活疫苗6000万毫升，禽流感—新城疫重组二联活疫苗9000万羽份。动物防疫基层工作人员补助经费1936万元，补助全省16134名村级动物防疫员。

（供稿：王仲宝）

林业草原资源管理

【综述】《甘肃省省级重要湿地保护管理办法》出台，甘肃省林业草原局办结各类涉林资源案件1390件，办结率94%。全省森林资源违法违规项目数、面积较上年下降77%，违法违规采伐蓄积量较上年下降82%。配合开展清理整治违建别墅问题项目48个354栋。报请国家林草局审核、省政府批复实施全省“十四五”期间年森林采伐限额81.1万立方米。实施中央财政森林抚育13.09万公顷，落实森林生态效益补偿820万公顷、草原禁牧补助666.67万公顷、草畜平衡奖励940万公顷。组织开展泥炭沼泽碳库调查，指导完成263家人工繁育场所53.8万只（头）野生动物后续处置，妥善处理养殖户信访诉求，引导养殖户有序转产转业。做好林区禁种铲毒，开展扫黑除恶，推进平安林区、无毒林区建设。

落实中央和省级财政项目资金93.19亿元，其中中央财政87.02亿元，省级财政6.17亿元。筛选399个中央和省级财政2021年项目纳入省级项目库管理，入库项目申请补助资金26.6亿元，同比增加87%。落实国有林场改革相关政策，划转1.09亿元国有资产。出台《甘肃省森林植被恢复费征收使用管理办法》《甘肃省省级森林植被恢复费使用管理实施细则》。

【林草改革】省林草局落实国有贫困林场扶贫资金2953万元，依据《国有贫困林场界定指标与方法》对全省252个国有林场进行评价，改革为公益性事业单位，建立国有贫困林场扶贫项目库。《甘肃省国有林场管理办法（试行）》《甘肃省国有林场中长期发展规划（2019—2035年）》推行。争取国家下达2020年林区道路建设项目341个1833.33千米，补助资金11亿元。推进林权流转和林权抵押贷款，加快培育林业合作社、家庭林场、林业龙头企业和专业大户等新型经营主体，不断完善集体林权制度。全省累计办理林权抵押贷款99.6亿元，组建林业合作社3785个，认定登记家庭林场1276家，11家林业企业被评定为国家林业重点龙头企业，林下经济年产值超过70亿元。全省栽植经济林果150万公顷，培育苗木4.35万公顷，种植花卉1.6万公顷。推进生态护林员、退耕还林还草、林果产业、生态效益补偿、帮扶力量精准到户和林草项目资金精准倾斜的“五个精准到户、一个精准倾斜”林草扶贫举措，全年兑现6类助力脱贫攻坚的林草项目资金32.24亿元，其中生态护林员项目资金52829万元，选聘生态护林员66339人，精准带动29.21万建档立卡贫困人口就业脱贫。

【退耕还林工程】组织7个市（州）14个贫困县（区）完成2019年度1.74万公顷退耕还林任务。将国家下达的2020年度7.78万公顷退耕还林任务分解下达到11个市（州）38个县（区），签订《退耕还林责任书》。对2019年耕地保护督查反馈占用基本农田退耕还林还草的问题，与省自然资源厅联合下发《关于对甘肃省耕地保护督察发现将永久基本农田纳入退耕范围有关问题的整改通知》和《关于加快将永久基本农田纳入退耕范围问题整改的通知》，督促县级林草部门完善退耕还林矢量数据、永久基本农田补划等整改。配合国家林草局西北调查规划设计院开展2020年度退耕还林国家级核查验收，对17个工程县2016年退耕地还林面积1.46万公顷开展核查验收，通过政府采购公开招标开展省级检查验收和工程管理实绩核查。

【退耕还草工程】国家下达甘肃退耕还草建设任务1.08万公顷万亩，在古浪、环县等8个县区实施。全年全省草原植被盖度53.02%，较2015年提高0.99%。退耕县区苜蓿、燕麦等优质牧草连片种植面积迅速增加，饲草供给能力提升，草原禁牧、草畜平衡区农牧户饲草料短缺的问题得到解决，传统畜牧业向现代畜牧业转型升级。退耕还草工程扩大了优质牧草种植面积，牧草产量和质量提高，退耕农户不仅从工程实施中直接获得政策补贴，还可以通过土地流转、就近务工、订单种草等方式增收，实现良好的生态、经济和社会综合效益。

【退牧还草工程】国家下达甘肃退牧还草工程草原围栏建设任务3.66万公顷，退化草原改良6.6万公顷，人工种草2.66万公顷，黑土滩治理2.32万公顷，毒害草治理2.33万公顷。工程建设任务重点向国家贫困县、“三区三州”深度贫困县、插花型贫困县和涉藏州县实施，对58个贫困县安排资金23738万元。据遥感监测，退牧还草工程实施后鲜草产量比实施前提高10.9%，工程区内平均植被盖度55.1%，比非工程区提高2%，高度和鲜草产量分别为20.9厘米、3130千克／公顷，比非工程区分别提高4.5%、7.3%。各地工程区草原围栏、人工饲草地等基础设施建设加快，开展良种引进、畜群结构调整及舍饲半舍饲养殖，草原畜牧业向规模化、集约化方向发展。

【林业草原有害生物防治】省林草局印发《关于做好2020年松材线虫病防控工作的通知》和《关于切实做好松材线虫病春季专项普查工作的通知》，确保松材线虫病疫情“零发生”。林业有害生物发生面积39.98万公顷，完成防治面积32.71万公顷、无公害防治面积31.31万公顷、防治作业面积42.32万公顷，成灾率控制在1.84‰，无公害防治率、测报准确率、种苗产地检疫率分别达到95.72%、96.62%、100%，完成国家林业和草原局有害生物防治“四率”目标管理任务。

【完善集体林权制度】省林草局深化集体林权制度改革，流转林权、抵押贷款、培育新型经营主体。完善全省

林草部门集体林权电子文件档案，加快林权证登记信息数字化入库，推进集体林权管理与林权类不动产登记信息共享。监测国家林草局2017年认定的4家国家林业重点龙头企业，5家林业合作社成为国家级农民合作社示范社。2020年全省实现林下经济产值超过70亿元，参与农户160多万人，累计办理林权抵押贷款99.6亿元，组建林业合作社3785个，认定登记家庭林场1276家，11家林业企业被国家林业和草原局认定为国家级林业重点龙头企业。

【林草生态扶贫】落实生态护林员等6类林草行业扶贫重点项目资金32.24亿元，其中生态护林员项目落实资金52829万元，选聘生态护林员66339名，精准带动29.21万贫困人口脱贫。新一轮退耕还林工程下达建设任务6.41万公顷，落实项目资金154480.1万元；新一轮退耕还草工程下达建设任务1.08万公顷，落实资金16280万元；森林生态效益补偿补助项目补偿面积400.79万公顷，补偿资金72509万元；天保工程区国家级公益林补助面积86.1万公顷，地方公益林补助面积42.21万公顷，补助资金26343万元。全年协调争取东西部扶贫协助资金4671.21万元，较2019年增加83.91%。

【国土绿化】省林草局全年争取林草项目资金93.19亿元，较2019年净增24.91亿元，完成造林面积34.19万公顷，占年度目标任务的146.55%。参与义务植树人数1279.09万人次，义务植树8698.23万株，新建义务植树基地929个，平凉、金昌等市率先在全省开通市、县两级“全民义务植树网”。完成退化草原生态修复治理和生态种草24.26万公顷，新增沙化土地治理面积15.33万公顷。至2020年底，全省森林覆盖率11.33%，村庄绿化覆盖率达16.31%，草原植被盖度53.02%。

【保护地体系建设】甘肃省实施《甘肃省关于建立以国家公园为主体的自然保护地体系的实施意见》。完成大熊猫、祁连山两个国家公园体制试点83项任务，新组建大熊猫祁连山国家公园甘肃省管理局裕河分局，依托祁连山、盐池湾、白水江3个森林公安分局组建3个综合执法局。开展若尔盖国家公园建设前期工作。根据自然资源部、国家林草局《关于做好自然保护区范围及功能分区优化调整有关工作的函》要求，开展全省自然保护地整合优化预案编制工作。全省自然保护地整合优化前209个保护地（不包括24个风景名胜区）总面积约1410.91万公顷，扣除相互重叠后净面积997.14万公顷，约占全省国土面积23.42%。整合优化后，全省自然保护地166个，总面积985.91万公顷，约占全省国土总面积23.15%。全年完成自然保护区“绿盾”专项行动发现问题整改1824项，整改完成率98.86%。

【湿地保护修复】印发省林草局《2020年湿地保护管理工作要点》，落实《甘肃省湿地保护修复制度实施方案》，印制12个技术规范、标准或办法。按照国家林草局《全国湿地保护“十四五”实施规划》编制要求，筛选上报我省“十四五”重点建设项目。制定下发《关于开展湿地生态监测工作的通知》，对我省13处湿地类型保护区和13处湿地公园开展生态监测。根据国家林草局湿地司《关于开展2020年泥炭沼泽碳库调查的通知》，制定《甘肃省泥炭沼泽碳库调查工作方案》和《甘肃省泥炭沼泽碳库调查实施细则》，并上报国家林草局。至2020年底，已完成黄河上游、河西走廊、祁连山、敦煌片区、兰州白银片区的泥炭沼泽炭库调查，调查定点共计10349个，调查斑块数约2900个，调查面积17.38万公顷，占总任务量99.9%。

【森林城市和森林乡村创建】省林草局出台《甘肃省省级森林城市创建和评定管理办法（试行）》《甘肃省省级森林城市评定指标（试行）》和《甘肃省省级森林小镇评定指标（试行）》，开展森林城市和森林乡村创建工作。平凉市成功创建为省级森林城市，正在创建国家森林城市；庆阳、陇南、武威、天水4市及康县、两当、麦积、清水、秦州5县区正在创建省级森林城市；宁县盘克镇等19个乡镇已成功创建省级森林小镇，秦州区娘娘坝镇等15个乡镇正在创建省级森林小镇，皋兰县什川镇上车村等159个村先后被国家林草局评定为“国家森林乡村”，全省村庄绿化覆盖率达到16.31%。

【森林资源保护】全省森林资源管理违法违规项目数、面积较上年下降77%，违法违规采伐蓄积量下降82%。对森林督查中违法违规使用林地问题严重的5个县区全省通报，并约谈相关负责人。经国家林草局审核，全省“十四五”期间年森林采伐限额建议指标81.1万立方米。实施小陇山国家森林可持续经营试点，建设示范林1741公顷。省林草局组织实施中央财政森林抚育项目13.09万公顷，补助资金22342万元。全省森林保险面积增加到54.81万公顷，全年13家局直单位51起森林灾害通过定损获赔近2000万元。

【野生动植物保护】省林草局贯彻落实全国人大常委会禁食野生动物《决定》精神，下发关于疫源疫病监测和疫情防控《倡议书》《告知书》和11份通知。配合省人大常委会办公厅开展《中华人民共和国野生动物保护法》等专项执法情况检查，联合省公安厅、省市场监管局加大对重点地区、重点部位野生动物管控的执法力度。打击乱捕滥猎野生动物行为，全年开展野外巡护监测6077次，出动车辆2982台次，出动人员40122人次。开展禁食野生动物分类清查，对取得人工繁育许可证，以食用为目的的野生动物养殖主体，分三批撤销由省上核发的许可证或文书49份；对列入《畜禽遗传资源目录》等范围的438家养殖场（户）193万只（头）野生动物，致函省农业农村厅纳入监管范围；对属于禁食范围但具有科研、药用、展示等非食用性合法用途的，由原发证部门依法做好许可证和文书的变更、换发；对属于禁食范围但其设施可用作养殖其他动物的，引导养殖场（户）调整养殖结构。按期完成263家人工繁育场所53.8万只（头）野生动物后续处置工作。

【草产业发展】全省有牧草种类154科716属2129种，国家级草品种区域试验站6处，省级区域试验站13处。成立“甘肃省草产业技术创新战略联盟”“甘肃省草产业协会”“甘肃省草业标准化技术委员会”等技术创新平台，开辟草产品运输绿色通道，推广牧草良种、良法配套应用，全省人工种草面积稳定在160万公顷左右，形成以河西为主的高端苜蓿商品草、定西为主的裹包青贮商品草、山丹为主的高端燕麦商品草三大草产业商品草生产基地。全年办理草种生产许可证30个，草种经营许可证54个，草种进口审批97批（次）。

【林果产业】至2020年底，全省经济林果和木本油料栽植面积达157.33万公顷，实现产值490多亿元。省级财政拨付林果产业发展项目资金1000万元，为文县、武都等9个深度贫困县倾斜安排项目资金700万元。开展“首批中国林草产业关爱健康品牌”申报推荐和林草健康产业国家创新联盟征集成员单位工作，全省3家企业林产品荣获“首批中国林草产业关爱健康品牌”称号，13家林业企业被认定为“中国林草产业5A级诚信企业”。

【森林旅游】2020年，全省有森林公园91处，其中国家级森林公园22处，省级森林公园69处。森林公园投入建设资金24122.92万元，其中国家投资8985.72万元、自筹资金15076.8万元、招商引资60.4万元，完成植树造林1254.64公顷，林相改造692.27公顷。省林草局指导全省91个森林公园开展勘界工作，统计16个国家林草局确定的生态旅游单位的游客量。至全省有旅游步道1166.87千米、车船234辆（艘）、床位3939张、餐位8701个，职工和导游总数分别为2130人和120人，社会从业人员3601人。全年接待国内外游客542.32万人次，森林公园总收入2.6亿元。

【林草科技创新】申报国家、省级科技计划项目120项，获得立项80余项，落实经费3098万元。大熊猫祁连山国家公园（甘肃片区）落实经费300万元。向国家林业科技推广科技成果管理系统推荐90余项科技成果，依托中央、省级科技推广项目转化推广科技成果60余项。甘肃兴隆山森林生态系统国家定位观测研究站等2个生态站通过竣工验收。选聘全省林业和草原科技特派员75名，全年举办各类技术培训班300场次，培训技术人员3000人次，林农5万人次，发放资料10多万份，3人入选国家林草局选聘乡土专家。评审出省林业科技进步奖31项，获得甘肃省科技进步奖二等奖1项，梁希科学技术奖三等奖2项，全国科普讲解大赛三等奖2项，1人获全国科普讲解大赛三等奖，省林草局获第二届全国林草行业创新创业大赛“优秀组织奖”。

（供稿：甘在福）

白龙江林业管理

【造林育林】林场实行新体制运行，生态建设成果壮大，造林规模创历史新高。全年完成人工造林23.9万亩，造林质量全部达标。

【林区管理】坚守生态保护底线，资源保护管理力度加大。强化森林防火管控，开展禁种铲毒工作，加强天然林保护工程建设管理。全年林区产业完成经济创收2563万元，祁连葡萄酒4款产品荣获国内外专业大赛金银奖，冶力关国家森林公园入选全国森林康养基地试点建设单位。

（供稿：徐广军）

小陇山林业实验管理

【人工造林】全年完成人工造林3.76万亩；完成森林植被恢复6274.1亩，其中异地恢复3498.5亩，陈旧性和水毁滑坡恢复2775.6亩。“三北”退化林修复2.2万亩，幼林抚育6.2万亩，森林抚育58万亩。全年培育新育苗52.1亩、629.56万株，各类苗木保有量3.23万亩、3280.10万株，工程造林苗木检验10个树种58个苗批、483.4万株，检验合格率为100%。

【生态环境保护】甘肃省小陇山林业实验局编制《2020年度公益林管理实施方案》，落实168.07万亩国家级公益林管护责任。与地方政府主管部门建立联动机制，开展探采矿项目联审联批和协查工作，涉及项目37个。配合省市重大项目、民生和国防工程建设，审核上报使用林地

村民在小陇山山门林场种植茯苓

项目19项。开展“空天地一体”禁种铲毒行动，保持毒品原植物“零种植”。对2013年以来建设项目使用林地、森林植被恢复和违法使用林地查处等情况排查整治，与森林督查同步完成。全年各林场共向森林公安机关报案5起，独立办结林政案件3起，行政处罚8人，案件查处率100%。与河北大学联合开展昆虫调查，与陕西省动物研究所开展秦岭西段地区哺乳动物多样性调查与评估。

【林业生态建设】甘肃省小陇山林业实验局编制完成全局生态景观树木园建设十五年发展规划方案，规划建设1256亩，当年完成262.5亩。争取税费减免资金212.08万元，申报《国家森林公园保护利用设施建设》等项目。完成2019、2020年国有林场林区道路建设91千米，在建116千米。申领“林木采伐许可证”301份，办理2019年度森林采伐验收合格证140份。建立13种经营模式的可持续经营示范林11337亩，完善森林经营成效监测机制，被国家林草局再次确定为全国73个森林经营试点单位之一。黑虎林场、高桥林场、党川林场等3家林场荣获第六批全国森林康养基地试点建设单位。

（供稿：包卫东）

水利建设

【供水用水】甘肃省总供水量109.89亿立方米，其中地表水工程供水82.10亿立方米，地下水工程供水23.56亿立方米，其他水源供水4.23亿立方米。全省总用水量为109.89亿立方米，生产用水89.91亿立方米，生活用水9.27亿立方米，生态环境用水10.71亿立方米。万元国内生产总值用水量为121.9立方米，万元工业增加值用水量为27.3立方米，农田灌溉水有效利用系数为0.5703。开展地下水超采治理，全年关闭机井1365眼，压减水量4.06亿立方米，超额完成3.22亿立方米治理目标。

【重大水利工程】引洮供水二期骨干工程完成投资11亿元、南阳渠提质增效工程完成投资6.04亿元、甘肃中部生态移民扶贫开发供水工程完成投资11亿元、引洮供水二期配套城乡供水工程完成投资16亿元、古浪县生态移民暨扶贫开发黄花滩调蓄供水工程完成投资3.01亿元、临泽县水系连通及农村水系综合整治项目完成投资1.13亿元、酒泉市洪水河水库完成投资1.5亿元。黄河干流甘肃段防洪工程累计完成投资33.98亿元，治理河道总长262千米。民勤红崖山水库加高扩建工程竣工，水库总库容由0.99亿立方米增加到1.48亿立方米，保障每年向青土湖输送3180万立方米生态水量。白龙江、引哈济党两工程已纳入国务院近3年实施的全国150项重点水利工程名录，水利部水规总院组织召开白龙江引水工程可研审查会和引哈济党工程技术讨论会。

【农村饮水安全】全省脱贫攻坚农村饮水安全冲刺清零后续建设任务于2020年6月底全部完成，巩固提升集中供水工程550处，改造冬季冻管3393千米，新建及改造老旧管网8316千米，改造水源283处，新增及维修调蓄水池966座，完成投资17.89亿元。全省农村饮水安全达到现行退出标准，农村集中供水率达到91%、自来水普及率达到88%，均高于全国平均水平，历史性解决了甘肃农村饮水安全问题。

争取中央补助资金6.89亿元，在31个贫困县区实施121处“苦咸水”改水工程，166个乡镇934个行政村39.52万人的苦咸水问题得到解决。省水利厅联合省卫健委、省生态环境厅制定印发《甘肃省农村饮用水水质提升意见的通知》（甘水农水发〔2020〕74号），督促各地合力提升农村饮用水水质。分8期完成对86个县区水质检测中心160名检测人员业务实操培训。

全省86个县（区）县级政府主体、水行政主管部门监管、供水单位落实运行管理“三个责任”，县级运行管理机构、办法、经费建立“三项制度”，水质检测设备、人员、经费保障“三个到位”，计量收费、投诉处理、应急抢修推行“三项机制”。落实供水“最后一米”乡村两级管护责任，以县为单位组织开展水管员业务实操培训，全年共培训水管员2万余名。督促各地加强水费收缴，千人以上工程全部定价，水费收缴率达到95.38%，提前达到水利部年底达到90%要求。

【水旱灾害防御】甘肃省降水量较常年偏多，时空分布不均。黄河上游干流发生3次编号洪水，长江流域发生流域性大洪水，全省共17条河流发生71站次超警洪水。河东地区持续降雨，22个县（区）出现暴雨，累计243站次出现大雨，为1961年以来最多。全省因涝灾害造成11个市（州）、60个县（区）635个乡镇水利工程设施受灾，水利工程直接经济损失81.22亿元。河西地区春夏连旱，降水偏少2～5成，因干旱灾害造成作物受旱面积50.11万亩，有2.12万人出现饮水困难，农业直接经济损失约6830万元。甘肃省加强旱区水资源调度，采取“总量包干，按亩配方，分轮供给，超用不补”等措施，将河、库、井水统一列入配水计划。酒泉市、白银市等地投入抗旱资金2080万元、抗旱人力3.5万人次、抗旱设备2800多台套。全年发布山洪预警88次、河流洪水预警125次。现场指导碧口水库开展防洪调度，削峰率18%，拦蓄洪水8.4亿立方米。定西市岷县遭受严重暴雨山洪，因预警及时，提前转移1635户7017人。全年落实水利救灾资金19479万元，用于修复水毁水利工程，抢修各地水毁水利工程设施。科学应对陇南市文县石鸡镇、康县周家坝镇、甘南州迭部县旺藏镇等地堰塞险情。

【水利规划】《甘肃省水安全保障规划》《甘肃省水网建设专项实施方案》出台，《甘肃省“十四五”水利发展规划》编制完成，全省水利基础设施空间布局规划上报水利部，中小河流治理、水库除险加固“十四五”专项规划编制完成并上报水利部备案。

【黄河流域生态保护和高质量发展】初步建立“黄河流域生态保护和高质量发展水利规划1+6+6+4+1”体系，完成1个水利规划报告、6个专项规划、6个专题研究、4个数据库、1个黄河流域涉水底数图的初步成果。“四库”管理系统平台上线试运行。编制完成陇中陇东黄土高原区水土治理保护建设方案和甘南黄河上游水源涵养区治理保护建设方案。结合《甘肃省水安全保障规划》和“十四五”水利规划，梳理出黄河流域治理与保护重点争取项目18项，规划投资1146亿元。其中在建甘肃中部生态移民扶贫开发供水、古浪县生态移民暨扶贫开发黄花滩调蓄供水、南阳渠提质增效、引洮二期骨干工程、引洮二期配套城乡供水、黄河干流甘肃段防洪治理6个项目，新开工建设临泽县水系连通及农村水系综合整治试点、酒泉市洪水河水库2项，古浪黄花滩生态移民区供水景电二期总干渠改造拟开工，推进白龙江引水、引哈济党2项重大项目前期工作，重点谋划陇南国家油橄榄基地供水、引大入秦延伸增效、黄河干流防洪二期工程、渭河水生态综合治理、水土保持、临夏州供水保障生态保护水源置换工程、现代化灌区改造7个项目。

【重点流域治理】黑河通过下游正义峡断面面向内蒙古额济纳旗下泄水量12.79亿立方米，石羊河蔡旗断面过水量为2.99亿立方米，疏勒河向敦煌市和西湖湿地调水1.25亿立方米，讨赖河全年渠首来水量6.04亿立方米。石羊河下游青土湖水面面积扩大到26.7平方千米，周边旱区湿地面积达到106平方千米，“甘肃石羊河流域重塑极度缺水地区生态”治水经验入选中国水利报2020基层治水十大经验。黑河年度东居延海实现连续16年不干涸。

【河湖长制】4月9日，签发省总河长第2号令，安排部署全省河湖长制工作。召开全省河湖长制工作会议、全省河湖治理与生态保护工作现场推进会，省总河长、各省级河长密集巡河，2名省总河长全年巡河12次，9名省级河长巡河18次，全省五级河湖长累计巡河湖16万多人次。

完成全省118条规模以上河流、7个规模以上湖泊和1191条规模以下河流的划界任务。建立联系包抓制度、工作通报制度、“1+N”保障机制、有奖举报机制、河湖警长机制和联防联控机制，落实省级专项奖励资金300万元用于激励社会公众踊跃举报反映河湖问题。推广洮河流域“河长+警长”经验，在全省实施河湖警长制，设省市县乡四级警长1758名。与陕西、宁夏、青海、内蒙古四省区签订《跨省界河流联防联控联治合作协议》，签署河湖治理协议，共管联防联控联治，为全国首创与所有跨省省份联动治理河湖的先例。

【水土保持】组织实施中央预算内投资坡耕地水土流失综合治理工程，中央水利发展资金国家水土保持重点工程、病险淤地坝除险加固、黄土高原塬面保护等工程。全年中央投资5.42亿元，治理水土流失面积649.35平方千米，完成病险淤地坝除险加固51座，保护塬面面积186.12平方千米，除去整合资金，中央资金完成率95.39%，治理任务完成率98.42%。《甘肃省水土保持目标责任考核办法（试行）》出台，全年审批省级生产建设项目水土保持方案48个，省级批复生产建设项目自主验收报备42个。全省2020年征收水土保持补偿费4.26亿元。

【民生水利】甘肃省2019年结转的剩余8处重点中型灌区节水改造项目建设任务全面完成。编制完成《甘肃省中型灌区续建配套与节水改造省级建设方案（2021—2022）》。开展大中型灌区和大中型泵站标准化规范化管理，选取省景电、兰州三电、白银兴电、庆阳巴家咀等4处泵站先行先试实施标准化规范化创建工作，制定印发《甘肃省大中型灌区标准化规范化管理工作实施方案》《甘肃省大中型泵站标准化规范化管理试点方案》《大中型灌区标准化规范化管理实施细则（试行）》，指导各市州及灌区、泵站管理单位推进泵站、灌区标准化规范化管理工作。全省完成农业水价综合改革项目200.37万亩，占国家下达年度任务100.2%。争取下达移民后期扶持资金5.5亿元，完成临夏州永靖县、临夏市、东乡县和积石山县4县（市）2768户12234人水库移民避险解困试点工作，累计完成投资7.7亿元。

【水利改革】《甘肃省水利厅鼓励使用地方政府专项债券及政府与社会资本合作建设水利工程奖补办法》出台，全省水利项目落实地方专项债84项60.16亿元，占全省发行专项债的9.8%。全省专项债券水利项目库建立，以PPP模式推进引洮二期配套农业灌溉工程前期工作，庆阳市探索采用PPP模式吸引社会资本参与固沟保塬开发治理。4月，引洮供水二期配套城乡供水工程发行15亿元政府专项债券，由省水利厅转贷给省水务投资有限责任公司，转贷期限20年，省水务投资有限责任公司承担还本付息责任，这是甘肃省水利系统发行的首单大额政府专项债券。甘肃省抗疫特别国债水利项目发行额度7.36亿元。

【节约用水】建立由省水利厅主要负责人任召集人，省发展改革委、省水利厅分管负责人任副召集人，其他20个成员单位分管负责人为联席会议成员的省节约用水工作厅际联席会议制度。督导市（州）制定出台市级节水行动实施方案。全面落实规划和建设项目节水评价，建立省、市两级重点监控用水单位名录，开展节水监督考核。新修订的《甘肃省实施〈中华人民共和国水法〉办法》已由省十三届人大常委会第十七次会议审议通过，2020年8月1日起正式施行；《甘肃省节约用水条例》已由省第十三届人民代表大会常务委员会第十八次会议审议通过，2020年9月1日起正式施行；省政府发布《〈甘肃省行业用水定额（2017年版）〉修订条目》。实施39个县（区）县域节

水型社会达标建设，其中20个县（区）入选水利部第三批节水型社会建设达标县、19个县（区）通过省级达标验收。开展水利行业节水型机关建设，完成6个市（州）、54个县（区）水利部门节水型机关验收。联合省工信厅开展节水型企业示范创建，综合评定省级工业节水型示范企业3家；联合省教育厅、省机关事务管理局开展节水型高校示范创建活动，验收评定节水型高校10所；以“世界水日”“中国水周”等时间节点，开展节水宣传教育。

（供稿：解　瑞）

引大入秦工程

【综述】 引大入秦工程全年供水灌溉运行共计276天，引水总量3.19亿立方米（其中向水库供水9010万立方米、农业灌溉13448万立方米、生态供水830万立方米、河道补水8581万立方米），供水量较计划增加5.1%，较去年增长8.9%；完成灌溉面积153.4万亩次。甘肃省引大工程管理局全年实现各类供水收益总计7011.69万元，较计划增长14.17%，较去年增长874.86万元。水量突破3亿立方米、水费突破7000万元大关。

【重点项目建设】投资3945万元对引大工程总干渠、东二干渠等加固改造；安排岁修及应急维修资金700多万元，对工程日常维修养护和汛期水毁工程修复处理。完成资产采购153.84万元，盘活利用国有资产7项、收益64万元;投资115万元对纪念亭周边基础设施修缮改造，推进落实《甘肃引大水利风景区建设发展规划》；投资187.36万元，为基层处所站点兴办房屋维修、照明亮化、安全饮水、取暖设施改建等7类实事项目。

【供水补水】 实施生态补水试点，在总干疙瘩沟等7条自然沟道开启生态补水，补水量达到447万立方米。支持兰州新区生态文明建设和弃耕撂荒地复耕复种，扩展新区水阜河景观生态工程供水，新增供水量1200万立方米。

（供稿：孙兴旺）

疏勒河流域水资源管理

【综述】疏勒河全年来水量11.4亿立方米，较上年少6.06亿立方米。省疏勒河流域水资源局配合地方政府查处整治河湖“四乱”、涉河建设及河道采砂等问题40项，年内通过水利工程向玉门市、瓜州县生态林地提供生态用水3346万亿立方米，向干海子自然保护区输送生态水2647万亿立方米，从双塔水库向下游河道和自然保护区排放生态水1.31亿亿立方米，完成《敦煌规划》确定的下泄生态水量目标，流域生态建设成效得到中央环保督察组的充分肯定。

【灌区管理】克服河源来水偏少的不利影响，采取“统一管理、分级负责”的方式强化调度运行，通过河井混灌、压缩灌溉轮期等方式抓好夏灌抗旱。从2020年夏灌开始，将灌区农业水价由原来的0.132元／立方米调整为0.162元／立方米。全灌区确定13个百亩实测点、3个万亩常规节水示范区和1个高效节水示范区，常规节水面积105.2万亩。开展基层水务大厅“文明窗口、服务明星”评选活动，推行“十日会”、水务公开、行风评议等措施，规范田间灌溉管理秩序，提升群众用水满意度。

【项目建设】将昌马灌区续建配套与现代化改造项目，双塔、赤金峡水库清淤减淤项目等纳入“十四五”水利发展规划，全年落实到位各类资金6455.53万元。组织实施《敦煌规划》4个子项目、赤金峡水库渗水应急处理工程等省列项目7项，昌马新旧总干渠安全巡查等局列项目6项，累计完成投资7279.75万元。

（供稿：王亚虎）

引洮工程建设

【综述】引洮一期供水工程供水创历史新高，年度供水1.51亿立方米，较2018年、2019年分别增加10838万立方米、2874万立方米，增长254%、24%；收缴水费1634万元，较2019年增长45%。同时向安定关川河、会宁祖厉河、临洮东峪沟、渭源秦祁河、陇西大咸河、榆中宛川河、兴隆峡输送了9087万立方米生态扶贫水。全年安全运行无事故，水质稳定保持在Ⅱ类及以上，其中29项水质检测指标中有28项符合Ⅰ类标准。

【灌区管理】至2020年底，引洮供水一期工程累计安全运行2100多天，累计供水4.58亿立方米，工程覆盖范围由规划之初的安定、陇西、渭源、临洮、榆中、会宁6县区，增加了通渭和天水城区，受益人口由规划之初的154万人增至308.5万人，增加100%。通过持续生态补水，关川河、祖厉河等7条河流全年不再断流。

（供稿：许　军）

工业经济

【“六稳”“六保”工作】省工信厅落实省政府部署要求，扎实做好“六稳”工作，全面落实“六保”任务，代拟《保市场主体工作方案》《保产业链供应链稳定工作方案》。建立惠企政策落实情况周报告周通报、旬问卷调查、月调度协调等制度，开展减轻企业负担和促进中小企业发展专项督查。变“企业找政策”为“政策找企业”，开发甘肃省涉企政策精准推送和“不来即享”服务系统，精准推送惠企政策2784万条，799类涉企事项实现在线办理。加快清欠工作进度，拖欠账款清偿比例达到91.29%，无分歧欠款实现100%清偿。促进中小企业加快发展，建立“规下转规上”动态培育库，每月对入库企业生产运行情况进行调度，新增入规企业55户。支持中小企业走“专精特新”发展之路，新认定省级“专精特新”企业41户，24户企业评为国家专精特新“小巨人”。保产业链供应链稳定。省、市工信部门共梳理91条重点产业链供应链，和龙头企业、核心配套企业1352户，建立重点产业链供应链包抓体系。摸排产供销风险点3010个，建立需求问题清单，实行动态管理，“一企一策”协调解决94.71%。发挥龙头企业和重点项目带动作用，推进上下游大中小企业协同发展，组织多类型产供销对接活动，签约企业9888个、金额469亿元。

【生态产业发展】全省先进制造、数据信息、清洁生产产业增加值分别增长16.7%、7%和6.6%，均高于十大生态产业5.8%的平均增速。491个总投资额1465亿元重点项目当年完成投资239亿元，累计完成投资532亿元。三个生态产业发展基金全部注册成立，清洁生产产业发展基金完成1.35亿元投资。

【“三化改造”工作】省工信厅制定工作要点，建立工作体系，出台《甘肃省智能工厂、数字化车间认定管理办法（试行）》《甘肃省制造业企业智能化转型升级改造诊断咨询工作方案》《甘肃省绿色制造体系建设评价管理实施细则》。完善省、市州、县区三级层层落实包抓机制，建立智能制造专家库、重点项目库。209个总投资327亿元的“三化改造”重点项目当年完成投资79亿元，56个项目建成。完成33户企业智能化改造诊断咨询，认定6个省级智能工厂、13个数字化车间、38家绿色工厂、8种绿色产品、3家绿色园区，20家绿色工厂、6个绿色产品、2个绿色园区入选工信部第五批绿色制造名单。28户危化企业完成搬迁改造任务，评估认定15家化工产业集中区。

【信息化和信息产业发展】全省新建5G基站7802个，累计建成5G基站8509个，实现市（州）主城区5G网络深度覆盖。白银、兰州等地区域综合服务工业互联网平台搭建完成，“兰石云”“酒钢云”等企业级工业互联网平台产品初具雏形，兰石集团铸锻大脑工业互联网项目上线发布。启动“数字甘肃·如意之链”建设，建成区块链信任基础设施平台，“甘肃省公共资源交易见证系统”“基于

区块链网上签约系统”完成上链。支持信息港公司发展，信息港公司现控（参）股12家公司，全年实现产值2.6亿元。引进“城市大脑”等信息化平台，制定4个地区“城市大脑”建设方案。电子信息制造业工业总产值增长14.2%。推动产业集聚发展，省政府与龙芯中科签署战略框架合作协议，华天电子科技园以集成电路封装测试为主导的集成电路产业快速发展，张掖智能制造产业园入驻企业28家，平凉智能终端光电产业园累计完成投资15亿元，兰州软件园集聚软件企业114家。

【创新平台培育】全省加快技术创新平台建设，新认定省级企业技术中心14家、行业技术中心9家、产业技术创新联盟5家、技术创新示范企业8家，2家企业认定为国家技术创新示范企业。组织开展省级工业设计中心、生产性服务业功能示范区和示范企业培育认定工作，新增省级工业设计中心20家、生产性服务业功能示范区1户、生产性服务业示范企业11户。

（供稿：德吉央宗）

钢铁工业

【综述】完成工业总产值634.80亿元，同比增长6.02%；工业增加值118亿元（占全省工业比重为7.8%），同比增长7.8%；利税22亿元。全省生铁产量782.29万吨，同比增长18.69%，位列全国（产量8.88亿吨）第23位；粗钢产量1059.17万吨，同比增长20.67%，位列全国（产量10.51亿吨）第22位；钢材产量1102.65万吨，同比增长17.72%，位列全国（产量13.25亿吨）第22位。铁合金产量98.67万吨，同比下降1.56%，位列全国（产量3420万吨）第11位；炭素制品产量158.84万吨，同比增长17.13%。

酒钢集团污染物排放达标率100%，环保设施有效运行率100%。全年投入科技经费4.82亿元，开展科技项目159项，科技投入占主营业务收入比例为5.37%，科技成果转化率62%，专利申报数量258项，参与制定各类标准17项，其中国际标准1项、国家标准5项、行业标准10项、团体标准1项。新产品开发试制及扩大试验计划24.5万吨，实际完成43.35万吨，完成年计划的176.6%。品种钢比例年计划22%，实际完成28.1%，较2019年品种钢比例提升6.1%，提品创效能力提升明显。方大炭素石墨烯复合功能性无纺布在第二十二届中国国际高新技术成果交易会上荣获“优秀产品奖”。铁合金产业。腾达西铁第四冶炼厂、第五冶炼厂短网补偿器成功实施改造。陇南万利铁合金公司攻克微碳微钛硅铁生产中产能低，碳、钛等有害元素合格率低下难题，成功生产低铝硅钙钡和超低碳硅铁。

（供稿：刘富强　柴　芳）

【酒泉钢铁（集团）有限责任公司】酒钢实现营业收入1140.7亿元，同比增加104.9亿元，增幅10.13%。全年生产生铁751.4万吨，同比增加122.7万吨，增幅19.53%；粗钢875.3万吨，同比增加127.5万吨，增幅17.05%；钢材875.4万吨，同比增加135.2万吨，增幅18.27%；电解铝165.4万吨，同比增加4.8万吨，增幅3.02%。2020年，酒钢吨钢综合能耗568.2千克标煤／吨，同比下降14千克标煤／吨；转炉综合钢铁料消耗1065.6千克／吨，同比减少1.4千克／吨；原铝液炭阳极单耗412.3千克／吨，同比上升8.4千克／吨；原铝液可比交流电耗13325.5千瓦时／吨，同比上升41.6千瓦时／吨。

（供稿：王　莉　段　斌）

有色金属冶金工业

【综述】完成工业总产值634.80亿元，同比增长6.02%；工业增加值253.54亿元（占全省工业比重为11%），同比增长4.16%；利税124.48亿元；全省完成精炼铜115.17万吨（不含广西72.57万吨）（产量1002.51万吨），同比增长8.94%，位列全国第6位（不含广西第9）；电解铝227.87万吨，同比下降11.46%，位列全国（产量3504万吨）第5位；铅3.23万吨，同比增长17.42%，位列全国（产量644.31万吨）第17位；锌40.45万吨，同比增长13.33%，位列全国（产量642.49万吨）第7位；镍产品产量15.01万吨，同比增长2.8%，位列全国（产量26.95万吨）第1；钴产品产量4221吨，同比下降6.82%，位列全国第1；单一稀土金属产量2294吨，同比下降20.90%。全省有色金属加工材产量191.40万吨，同比增长0.46%。其中：铜材73.30万吨，同比下降16.25%；铝材118.07万吨，同比增长14.69%；铅材210吨，锌材60吨。硫酸533.56万吨，盐酸19.84万吨。黄金31.23吨，白银603.95吨。

【镍钴产业】金川公司继续推进“优”镍战略布局，全面推进镍产业升级，产品结构由不锈钢一元产业为主体转向高温合金、特种合金、铸造合金、电镀、电池等多元、高端制造产业，先后组织公司采选业工艺优化及新产品开发等重大科技攻关和信息化建设项目40余项。获得省部级科技奖励7项，其中一等奖1项，二等奖5项，三等奖1项。全年完成投资26.13亿元。铜产业方面。持续构建高质量发展战略体系，围绕铜系列新产品研发、复杂难处理资源综合回收、工艺流程优化及设备自动化水平提升。金川集团开展重点科研项目10余项。采用国内领先装备技术，成功开发出6~12μm铜箔产品，建成3000吨含99.5%的电镀高纯硫酸铜等项目。白银公司以基础类电缆和微细电磁线为主，完成2KM超导电磁线。

【铝产业】全省铝产业科技创新驱动发展取得成效。特别是酒钢东兴铝业、中铝连城铝业、西北铝加工等企业

9月，白银集团下属分公司铜业公司铜冶炼“闪速炉”提升改造项目达产达标

在产业科技进步、产品研发和专利授权、院企开发合作方面取得进展。酒钢东兴铝业公司通过“国家高新技术企业”“国家知识产权优势企业”认定，获得3项甘肃省专利奖。连铝公司申请发明专利1项、获得授权实用新型专利1件，累计申请专利38件。西北铝完成C919大飞机用7055型材五轮次试制，申报甘肃省重大专项1项、重点研发项目3项、重点攻关项目4项、工业优秀新产品3项。铅锌产业。白银公司开展“超大面积流态化锌焙烧高效节能新工艺的研发与产业化”等7项科技攻关和科技成果转化项目。宝徽集团完成洛坝矿山实施智能化改造等3项产业链延伸和技术改造项目。

【稀土产业】甘肃稀土开展高性能烧结钕铁硼性能提升及产业化研究、白光LED用荧光粉产业化等研究。黄金产业。受新冠肺炎疫情影响，除金川公司外全省矿产黄金产量下降较大。

（供稿：李国庆、王宏娟、柴芳、刘顺伟、莫四芳）

【白银有色集团股份有限公司】完成铜铅锌产品产量55万吨，黄金4063千克、白银160吨；工业总产值215.41亿元。2020年公司在中国企业500强排名第315位，有色行业排名第12位，在中国100大跨国公司中排名第88位。

全年完成固定资产投资10.7亿元，建成投用7个。投入5.34亿元建立“三化”改造创新中心。2020年加工成本同比降低2.99%，资产负债率降低3.99%，全年二氧化硫年排放量同比减少591.6吨，废水排放年减少8.8万吨。“红鹭”牌产品获“有色金属产品实物质量金杯奖”，A级铜入选国际铜期货首批可交割品牌。投入279万元重奖科技英才，全年申请受理专利近200件，12项成果获得省部级科技奖。第二十四届全国发明展览会上荣获1金5银6铜，奖牌总数和获奖比例位居甘肃省参展企业首位。面对新冠肺炎疫情，公司积极支援全省抗疫工作，踊跃捐款77.33万元、献血16万毫升、捐物4万多件（套）。

（供稿：张　涛）

【金川集团股份有限公司】金川集团完成营业收入2460万元，工业总产值1151亿元，实现利税总额62.34亿，其中利润总额33亿。生产有色金属及深加工产品总量201.9万吨，化工产品532.8万吨。全年完成固定资产投资41.1亿元。金川民营经济产业园建设有序推进，入园企业已达21家，2020年预计实现销售收入138亿元，同比增长13.7%。2020年公司位列“世界500强”369位，中国500强93位。

根据疫情防控需要，紧急实施的应急抗疫物资84消毒液生产线、医用防护用品生产线按期建成投产，形成防护服1000套／日、口罩10万只／日的生产能力。先后在矿山、选矿、冶炼系统实施5G+智能车间样板间试点建设，部分5G+无人应用已投入使用。

获得国家科技进步奖2项，获省科技进步奖3项，获省专利奖2项，获有色金属工业科技进步奖2项。累计申请专利382项。获得授权308项。获得计算机软件著作权61项。其中一线产业工人参与申报专利196项，占申请专利总数的51%。

（供稿：谢冬梅）

【中国铝业兰州分公司】中国铝业兰州分公司（以下简称兰州铝业有限公司）2020年生产铝产品40.81万吨，生产炭素产品20.11万吨，发电12.31亿千瓦时。累计实现工业总产值52.85亿元，销售收入52.29亿元，实现产销率、货款回笼率两个100%，全年累计实现利润总额4.33亿元，资产负债率同比降低4.04%，超额完成中国铝业股份有项公司下达的年度经营目标，获“中国铝业股份有限公司总裁特别奖”。

企业总资产72.72亿元，在岗员工2375人。全年公司累计开展新能源替代发电50亿千瓦时，减少标煤消耗169.35万吨。完成投资9836万元。建成投运项目5个。

（供稿：冯康虎　曾海宏）

【中铝连城分公司】中国铝业股份有限公司连城分公司（以下简称：连城分公司）全年生产铝产品15.29万吨，同比降低1.47%；生产阳极炭块15.64万吨，同比增加5.68 %；实现销售收入21.29亿元；实现工业总产值21.31亿元；上缴税收8004万元，2020年末总资产30.13亿元。

原铝液Al99.70以上率完成98.84%，较2019年提升2%；预焙阳极执行行业标准，一级品率完成63%，较2019年提升12%。生产能源消耗总量44万吨标准煤。原铝

液交流电耗较能耗限额降低609千瓦时/吨铝，铝产品综合能耗1.672吨标煤/吨。全年共查处各类安全隐患3655项、环保隐患374项、“小散乱污”问题183项，查处各类违章555人次，辨识出危险源3714项。

全年有5项技术成果申报2020年度甘肃省冶金有色工业科技进步奖，有5项获得授权的实用新型专利受到中国铝业集团有限公司2020年度科技奖励。全年有9个QC课题获成果发布优秀奖，其中电解厂设备信息区域QC小组等4个小组荣获中国有色金属行业优秀质量管理小组称号。

（供稿：康会林　王冬生）

建材工业与轻工业

【建材业】完成工业总产值843.31亿元，同比增长3.86%；工业增加值125.56亿元（占全省工业比重为8.3%），同比增长3.3%。全省水泥产量4651.15万吨，同比增长5.48%。其中熟料产量3615.71万吨，同比增长2.46%。玻璃制品产量519.26万箱，同比下降6.69%。祁连山公司部分生产线实施水泥生产能源管理系统等智能管理，利用15台水泥窑余热发电机组完成发电4.9亿千瓦时，获得2020年度建材行业“两化融合”示范企业、“资金管控体系的数字化转型与创新”获2020中国企业改革发展优秀成果一等奖，“智慧供应链建设”荣获中国水泥协会2020水泥行业集采供应链创新奖。

（供稿：姜翠萍）

【轻工业】全省轻工业规模以上工业企业实现工业总产值同比增长7.2%，工业增加值同比增长2.6%，利润同比增长62.8%，营业收入同比增长3.3%。全省轻工业规模以上轻工业企业546户，占全省规模以上企业数的30.77%；实现工业总产值842.48亿元，占全省工业总产值的13.29%；实现利润总额63.79亿元，占全省工业企业利润的22.81%，实现营业收入总额817.76亿元，占全省工业营业收入的11.54%，2020年甘肃轻工业资产总额以4.1%的增速，实现全省工业13.29%的工业总产值和22.81%的利润。

全省轻工业完成工业总产值总量排在前五位的子行业分别是农副食品加工业完成215.95亿元，烟草行业完成157.60亿元，医药制造行业完成132.76亿元，酒、饮料和精制茶制造行业完成86.89亿元，食品制造业完成60.04亿元，上述五个行业累计完成653.23亿元，约占全省轻工业总产值的77.54%。

（供稿：张雨田）

石化工业

【综述】甘肃省石化行业主要经济指标较去年同期明显降低，营业收入减少，行业效益下滑。至2020年底，甘肃省规模以上石化企业208户，从业人员6.4万人，资产总计1547.9亿元；完成工业总产值1250.3亿元，实现营业务收入1265.9亿元，利润总额37.5亿元，上缴税金271.5亿元；进出口贸易总额39003万美元，其中进口额28491万美元，出口额10512万美元；全省原油产量968.7万吨，天然气产量3.9亿立方米，原油加工量1467.5万吨，成品油产量1069.6万吨，乙烯产量69.7万吨，甲醇产量53.5万吨，电石产量81.4万吨，合成橡胶产量17.4万吨，生产农药3.7万吨，化肥17.5万吨。

（供稿：刘少鹏）

【中国石化甘肃石油分公司】中国石化甘肃石油分公司油气经营总量50.18万吨，其中零售量35.98万吨，直分销10.8万吨，天然气经营量4585万方；非油品营业额12364万元；全年建成并投营加油（气）站10座。整体实现利润总额2300万元，吨油费用控制在604元以内。全年加油（气）站人均劳效达到598吨/人，同比增幅7.55%。完成电子钱包在营站的测试推广工作，实现125座在营站的授权码模式加油，石化钱包用户7.15万人，累积充值金额突破6100万元，沉淀资金243.48万元。全年抽验油品3351批次，均化验合格，全年共排查各类风险88条，隐患101项。实现废气、废水达标排放率100%，危废合规处置100%，环保手续合规100%，高耗能设备淘汰100%。

（供稿：高　娜）

【中国石油西北销售公司】中国石油西北销售公司销售成品油5002万吨，销量占中国石油整体销量的55.1%，调运油品8676万吨，实现销售收入2613亿元，缴纳税费6.1亿元，实现自由现金流88.7亿元，服务满意度达到99.9%。2020年，省内3家炼化企业（兰州石化、庆阳石化、玉门油田炼油厂）加工原油1469万吨，生产成品油1082万吨，公司在甘肃市场销售成品油465万吨。全年在兰州局完成运输447.51万吨。

（供稿：高　越）

煤炭工业

【地质勘探】甘肃煤田地质局争取省级财政地勘项目20个。实施的“山丹县东水泉东煤炭普查”项目预获资源量可观，属甘肃省紧缺炼焦用煤，续作前景好。开展社会勘查项目42个，其中非煤项目20个。实施金矿项目，完成一个金矿报告；铅锌矿等金属矿项目找矿成果较好，为项目接续打下坚实基础；坚持综合勘查，在煤炭勘查时发现了铀矿资源；陶土资源以市场需求为导向，推动区域开发利用；晶质石墨调查项目达到预期目的。非常规能源调查方面。推进全省煤层气调查和潜力评价工作，编制《甘肃省煤炭工业发展“十四五”规划煤层气（煤矿瓦斯）开发利用配套方案》，接续承揽的窑街煤层气地面抽采项目完成最具技术难度的射孔、压裂工作，开始投产，进入试排采阶段；实施的兰州新区地热普查项目成果显著，并发现利用价值较高的氦气资源；泾川县地热普查项目，探获平凉地区温度最高的地热井，并富含理疗价值。石油井施工创水平段钻井新高，物探项目持续拓展。矿权资源方面。推进省地勘基金项目成果转化，主动对接推进郭家台煤炭资源处置和张掖平山湖矿业权维护，做好国家出资探明矿产地清查，推动解决历史遗留问题，提前谋划并积极参与省“十四五”矿产资源规划。

【甘肃煤田地质局】完成总收入6.65亿元，完成年度任务指标的112.8%。在岗职工人均年收入比“十二五”末增长四分之一。实施各类资源勘查项目79个，完成钻探进尺12万米，新增煤炭储量1.39亿吨。新申报甲级资质9项、延续5项。陇原公司4项地灾防治甲级资质、岩土工程勘察甲级资质通过自然资源部、住建部审查。地研所取得煤矿安全检测资质证书。一四六队与西安电子科技大学合作推出国土空间信息平台软件，与陇南市成县等县区达成采购意向。矿山生态修复挂网喷播生态复绿、地形图立体采集、裸眼采集等技术应用均见成效。掌上微信办公走在省内前列，地质资料大数据平台建设完成15000余件地质成果资料电子化。开展6项集中整治和第19个“安全生产月”等专项行动，全局33名安全管理人员取得安全管理资格证书，2家单位通过中国煤炭工业协会3A级信用评价。

（供稿：肖李娜）

【靖远煤业集团有限责任公司】靖煤集团原煤产量885.6万吨，较计划增产5.6万吨；原煤销量882.6万吨，较计划增销1.5万吨；尿素综合产量43.3万吨，较计划增产1.3万吨；尿素销量32.9万吨，较计划增销1.9万吨；发电量32.6亿度，较计划增发1.6亿度；利润总额2.1亿元，较计划增盈0.1亿元；工业总产值51.8亿元，较计划欠1.1亿元。煤炭板块完成工业总产值31.75亿元，占全产业的61.2%，电力产业工业总产值10亿元，利润5100万元，化工产业完成工业总产值9.4亿元，同比增加1800万元。王家山矿一号井、红会一矿通过国家一级考核验收。白银热电完成2号机组A修和1号机组C修。全年原煤生产发生伤亡事故1起1人、非伤亡事故6起，同比下降53.8%。在甘肃省第二届矿山救援技术竞赛中，分别获得了矿山救援工种全能一、二、三名的好成绩。

（供稿：丁法义）

装备制造业和中小企业

【装备制造业】2020年甘肃省装备制造业克服新冠肺炎疫情影响，全行业生产恢复快速，行业发展经济指标比上年度有较大增长。规模以上工业增加值同比增长22%，远高于其他工业行业。工业增加值占比6.5%，比去年增加1.2%，位次超越煤炭行业。规模以上企业数明显回升，同比增长13.4%，占全省工业规模以上企业数的13%。资产总额占全省工业的10.3%，同比增长7.7%；营业收入占全省工业的7.1%，同比增长16.1%。行业盈利能力持续提高。全年规模以上企业实现利润总额20.3亿元，比上年增长9.4%。全年基建和技改项目投资加快增长。高技术制造业投资增长33.2%。张掖流体智能科技装备产业项目、兰州中车公司搬迁、510所真空装备产业园等项目的实施，为行业长期稳定发展注入新的增长极。传统产业“三化”改造工作顺利，209个重点项目总投资327亿元，当年建成56个项目，完成投资79亿元。4户装备制造企业被评为智能化工厂，占到全省的67%。

（供稿：岳明英）

【中小企业】甘肃省委、省政府统筹疫情防控和经济社会发展，加速推进“双循环”畅通，中小企业和民营经济发展实现全省规上工业中小企业增加值、营业收入双双稳定增长、逐季回升。至2020年12月底，全省规模以上中小微工业企业1780家，其中中型197家，小型1353家，微型230家。规模以上中小微企业增加值增速13.4%，较规模以上全部工业企业增加值6.5%高出6.9%，中小微企业拉动全省规上工业增长贡献率达55.8%；规模以上中小微工业企业累计现价增加值占全部规上工业34.8%，营业收入占38.6%；全省规模以上民营经济企业数1330户，工业增加值累计同比增长8.8%，高于全国水平0.8%。

（供稿：李青云　寇明章）

电力工业

【综述】甘肃电网处于西北电网中心位置，是西北电网水火、综合能源（新能源）互济，跨省功率交换的核心枢纽。跨省区与新疆、青海、宁夏、陕西、四川省交直流电网互联运行。甘肃电网按电压等级、地域主要可分为750千伏主网、330千伏河西、中部、南部和东北部电网。750千伏主网是西北电网的中枢部分，分别与陕西、宁夏、新疆通过4回750千伏线路连接，与青海通过6回750千伏线路连接，是西北电网潮流交换的核心枢纽。330千伏河西电网，以750千伏武胜变电站、河西变电站、酒泉变电站、莫高变电站、敦煌变电站、沙洲变电站为中心330千伏电网分区运行，连接新疆电网和青海西部电网，主要承担着酒泉千万千瓦级风电基地送出，河西五市负荷供电。330千伏中部电网，以750千伏白银变电站、兰州东变电站为中心，构成750／330千伏电磁环网及330千伏双环网主网架，承担着黄河水电送出及兰州市、白银市、定西市、临夏州、甘南州负荷供电。330千伏南部电网，

甘肃
年鉴
2021

以麦积山变电站为中心，330千伏网架承链式、辐射状电网结构，承担着南部水电送出及陇南市、甘南州、天水市供电任务。330千伏东北部电网，以750千伏平凉变电站为中心，与750千伏麦积山变电站、750千伏兰州东变之间形成750／330千伏电磁环网，承担着平凉市、庆阳市电网供电任务。

甘肃电网输变电工程建设工程750千伏常乐电厂正式投产，为祁韶直流提供有力电源支撑。750千伏白银变#2主变扩建及330千伏母线分段改造投运，提高电网供电可靠性，为中部解环奠定基础。330千伏志远、萧关等输变电工程相继投产，完成银西高铁配套供电工程及6座330千伏牵引站投产工作，庆阳电网网架结构进一步强化，地区电网转供能力大幅提升。330千伏居延变、宁远变投产。甘州变330千伏送出工程投产，甘—河750／330环网运行，补强330千伏网架，提升地区330千伏电网输送能力。330千伏玉八二线投产，补强了嘉玉电网结构，提升玉门风电送出能力。330千伏绿洛二线投运，提升甘南水电送出能力，提高末端电网供电可靠性，消除甘肃电网最后一个330千伏单线供电系统，提高洛大水电送出能力。330千伏芦阳变、万红变主变扩建工程投产，提高白银地区电网供电可靠性。酒泉风电二期部分送出工程、通渭百万风电送出工程陆续投产，促进新能源发展。

甘肃电网有±800千伏换流站1座、换流容量800万千伏安，特高压直流输电线路4302千米；750千伏变电站11座，主变20台，容量39600兆伏安；330千伏变电站75座，主变162台，容量44730兆伏安；220千伏变电站7座（含1座开关站），主变18台，容量2370兆伏安；750千伏线路35条，省内长度6598千米；330千伏线路294条，长度12442千米；220千伏线路35条，长度826千米。甘肃电网发电装机容量5620.42万千瓦，其中水电957.41万千瓦，火电2308.27万千瓦，风电1373.19万千瓦、位居全国第9位，太阳能981.55万千瓦、位居全国第13位。风电及太阳能装机2354.74万千瓦、占比41.9%，装机规模位居全国第10位。甘肃电网日最大用电负荷为17312兆瓦。甘肃省全社会用电量1375.70亿千瓦时。深耕省内外两个市场，多措并举稳存量、挖潜量、抢增量。外送电量连续3年年均增长100亿千瓦时，2020年外送电有效增加火电利用小时数1600小时以上，新能源利用小时数850小时以上，增加发电企业收入116亿元。省内直接交易规模每年增长近70亿千瓦时，自备电厂替代每年增长近20亿千瓦时。

省内直接交易电力用户2094户，同比增长746%。不断完善交易机制，组织12批次电量516.11亿千瓦时，同比增长34%，年度省内市场化交易比例提升至售电量的54%，释放改革红利约14.64亿元。2020年自备电厂替代交易电量87.89亿千瓦时，同比增长23%，其中新能源电量66.28亿千瓦时。

全年组织甘电外送交易106笔，成交电量630.46亿千瓦时，实现外送电量520.16亿千瓦时，同比增长23.23%。外送清洁能源电量203.24亿千瓦时，同比增长17.48%，助力甘肃解除新能源投资红色预警。省间清洁能源替代交易，实现替代电量19.88亿千瓦时，提前超额完成核定目标任务的132.5%。

【国网甘肃省电力公司】国网甘肃省电力公司完成发展总投入86.47亿元，其中电网投资68.45亿元。110千伏及以上输电线路开工655千米，投产1402千米；变电容量开工281万千伏安，投产525万千伏安。刘家峡水电厂发电量91.49亿千瓦时，同比增长4.06%。省内售电量978.19亿千瓦时，同比增长9.14%。跨区跨省外送电量520.16亿千瓦时，同比增长23.23%。减免工商业用户电费10.43亿元，助推全省复工复产率超过90%，电力行业占全省规上工业增加值比重达20%、拉动增速1.89%。"十三五"127.6万千瓦光伏扶贫项目全容量并网，每年可产生稳定收益约7.6亿元。新能源发电量379.59亿千瓦时、同比增长7.7%，较"十二五"末实现翻番，相当于节约标煤466.52万吨、减排二氧化碳3568.15万吨。新能源发电量占比22.3%、居全国第二。新能源利用率超过95%。完成电能替代电量147亿千瓦时，相当于减排二氧化碳1464万吨、减排二氧化硫44万吨、减排氮氧化物22万吨。14家市（州）供电公司办电业务全部进驻当地政务服务大厅。线上办电率达94.05%。高、低压客户平均接电时长压降至30.72天、2.55天，优于省政府和国家电网公司要求。获得电力指数达99.54%，高于目标值9.54%。通过直购电交易降低企业用电成本14.64亿元。建成国网系统单站规模最大、最早投产交付的砂坪变多

国网甘肃省电力公司在青豫工程现场举行首区段架线试点仪式

站融合数据中心。全年获得国家级管理创新成果2个二等奖、行业级创新成果1个二等奖、国网公司创新成果1个特等奖和1个三等奖、省级创新成果19个一等奖、25个二等奖、1个三等奖。2020年获中电联表彰的行业级优秀QC成果一等奖2项、二等奖3项、三等奖4项，获国网公司二等奖1项，获省级优秀成果55项。

2020年公司项目开工56项，线路754.24千米、变电299.85万千伏安，完成年度计划的100.8%；项目投产76项，线路1498.13千米、变电541.1万千伏安，完成年度计划的101.2%。完成超期项目23项，26项工程提前开工、29项工程提前投产。制订下发“750千伏架空输电线路、750千伏高压电器施工及验收规范”两项企标，实现了公司电网建设专业国网企标“零”的突破。750千伏、330千伏变电站工程“HGIS全新设计方案”，入选国网公司通用设计方案。完成深基坑作业一体化装置、装配式防尘棚等施工装备研发，并在国网系统推广应用。青豫工程甘肃段率先复工、率先贯通，疫情防控等典型经验和做法在国网特高压工程中推广应用。常乐电厂750千伏送出工程作为甘肃公司首次与电厂侧同步启动调试项目，电厂、电网一次性启动投产。银西高铁供电群体工程提前3个月完成建设任务，酒泉、定西风电配套工程按期完成，临夏光伏扶贫工程3个月建成投运，助力临夏州27068户贫困户决胜脱贫攻坚。兰州新庄—平安110千伏线路工程克服困难提前5个月为用户供电。

（供稿：国网甘肃省电力公司编写组）

【甘肃省电力投资集团有限责任公司】甘肃电投集团完成发电量250.21亿千瓦时，同比增长23.06%，完成年度计划的111.21%；工业总产值65.87亿元，同比增长16.39%，完成年度计划的107.98%；利润总额1.64亿元，完成年度计划的298.18%；固定资产投资30.36亿元，完成年度计划的104.05%；上交税费6.8亿元。电力产业营收同比增长16.55%，利润同比增长60.15%。全年实现签订合约发电量241亿千瓦时，实际完成250亿千瓦时的历史高点，全年大用户直供电量同比增长65.62%，跨省外送电量同比增长67.71%，实现火电新能源打捆外送西藏电量10亿千瓦时，水电与省内火电发电权转让电量6.3亿千瓦时，获得收益1.38亿元。火电发电量同比增长38.98%，水电增长3.99%，风电增长9.88%，光电增长10.17%。火电供热面积达3769万平方米，完成供热量1908万吉焦，同比增长5.45%。新能源发电弃风弃光率分别降低10.05%和7.69%。新能源集中监控智慧运营中心投入运行，实现9个场站881台机组的远程集中控制。省列重点项目常乐电厂1、2号机组投产发电，实现锅炉点火、汽轮机冲转、首次并网、168小时满负荷试运行一次成功。完成“三化”改造投资9700万元，完成张掖电厂2号机组供热能力改造，增加供热能力250万平方米。

（供稿：姚　聪）

【华能甘肃能源开发有限公司】华能甘肃公司完成发电量400.36亿千瓦时，同比增长14.39%；完成供热量4140.9万吉焦，同比增长6.5%；实现营业收入129.17亿元。完成兰州新区4×116MW循环流化床锅炉民生供热项目，在兰州新区供热面积900万平方米，占兰州新区城市供热面积的45%。

甘肃省陇东千万千瓦级“风光火储输”一体化绿色智慧综合能源基地建设继续推进，河西千万千瓦级“风光火氢醇”绿色智慧综合能源基地开始布局，华能甘肃公司完成国务院国资委部署的甘肃区域煤电资源整合工作，接收10家火电企业管理权，实现资产平稳交接。

（供稿：张云让　李　骞）

【国网甘肃刘家峡水电厂】2020年，完成发电量91.49亿千瓦时，上网电量90.76亿千瓦时，均创历史新高；平均发电耗水率4.01立方米/千瓦时；节水增发6.87亿千瓦时，水能利用提高率8.14%。至2020年底，刘家峡水电厂连续安全生产7100天，累计发电2508.63亿千瓦时，创不变价工业总产值187.32亿元。全年排查处理各类设备缺陷隐患115项，完成1号机组定子改造及A级检修、330千伏开关站监控系统改造等35项大修技改任务，甘南、陇南遭受特大暴雨侵袭，驰援九龙峡水电站抢修。2020年黄河上游来水较丰，入库水量424.4亿立方米，为建站以来之最。国网甘肃刘家峡水电厂组建8支抗洪抢险队，开展4次防汛综合应急演练、19次专项应急演练。及时启动防汛IV级应急响应，应对黄河上游2次较大洪峰，

甘肃省首个百万千瓦火电机组——甘肃电投常乐电厂4×1000MW调峰火电项目1、2号机组投产发电

泄洪历时69天，泄洪总量40.44亿立方米，操作泄水闸门共计255次。

（供稿：王建刚）

【中国电建集团甘肃能源公司】全年完成发电量76.28亿千瓦时，实现营业收入26.43亿元。全年发电量同比增加5%，供热量同比增加13.34%，二氧化硫、氮氧化物、烟尘排放量分别同比减排180吨、26.3吨、20.5吨。安全生产天数超过3000天。在中国电力企业联合会公布的2019年度全国电力行业循环流化床发电机组能效对标中，所属华亭电厂2号机组获评150MW级空冷CFB锅炉5A级机组奖及厂用电率指标最优机组。

（供稿：李　磊）

建筑业

【生产经营】甘肃省建设投资集团总公司完成经济总量848.14亿元，同比增长10.62%；实现订单1183.13亿元，同比增长6.88%；实现利润总额10.37亿元，同比增长47.62%；连续九年成为中国企业500强，位居第294位。全年筹资102亿元，拉动投资项目约400亿元，实施兰州环球港综合体项目、“读者印象”精品街区项目等，实践EPC、PPP、EPC+F等项目投资模式，全年实施项目47个，总额达154.15亿元，同比增长98.42%。建设东湖广场项目、兰州新区大数据产业园等绿色化、智能化重点项目，参与棚改房、省市重大建设项目和民生项目，全年承接造价亿元以上项目222项，总额达710.05亿元。

【市场拓展】甘肃省建设投资集团总公司以国家重点规划区域为导向，全年省外市场实现订单303.36亿元，同比增长46.45%；在广东、安徽、陕西、江西、贵州等省区签约一批重大项目；参与“一带一路”建设，在北京成立华陇国际建设股份有限公司，以EPC＋F模式签约马尔代夫度假村开发项目和越南胡志明城市综合体项目，实现从单纯的承接项目建设向运作项目转变。

【商业地产布局】甘肃省建设投资集团总公司推行线上线下销售，全年房地产销售额达49.22亿元，同比增长23.64%；新开发天水“上尚宅二期”项目、临夏“百郦天香”项目、无锡百郦华庭、天津百郦荣锦苑等标志性项目，商业布局更加专业化、品牌化、规模化；投资开发、规划设计、施工建设、商业运营、物业服务综合运营能力得到提升。集团主体信用等级提升到AAA级，首次跨入国内最高信用等级行列。

【产业培育】甘肃省建设投资集团总公司参与全省农村煤改气工程建设；投资黄河流域平凉市林草生态扶贫项目、定西渭河源林草生态扶贫巩固提升项目等一批重点生态治理产业；以永靖绿色建材生态产业园项目为平台，打造甘肃省首个5G智慧矿山；推进“三化”改造，研制智能施工机具，专用汽车立项新产品35款；装配式建筑产业集群基本成型，天水装配式产业园区和榆中创新科技产业园投入试生产；承接华润海原光伏复合项目，拓展新能源风电市场。完成混改项目15项；15家企业推行经理层成员任期制和契约化管理，3家企业推行职业经理人制度；获得13项“国家级”优质工程奖项。

【现代服务业】甘肃省建设投资集团总公司融合“互联网＋”理念，拓展“互联网+金融”模式，加强与上游供应链企业产业协同，创新集采供应模式，构建服务便捷的现代服务产业新体系；拓宽商业视野，开展大宗材料、建材、铁矿、焦炭、成品油等贸易业务，商贸物流板块完成经济总量209.13亿元，同比增长26.88%；开展“建投子弟看建投”主题研学游活动，打造华陇优选商城，开展系列消费扶贫活动，酒店业务通过业务转型和模式创新，实现盈利增效。

【科技研发】甘肃省建设投资集团总公司科技研发费用1.82亿元，组织开展科技项目250项，授权专利95项，其中发明专利3项，获批“甘肃省装配式建筑工程研究中心”；攻关装配式混凝土结构、绿色建造、BIM技术、智慧建造、大跨度钢结构等关键技术，获甘肃省科技进步奖二等奖1项、三等奖1项；开展科技项目31项，发挥首席专家、科技领军人才作用；全集团完成标准编制87项，在工程项目建设过程中推广应用“四新”技术、绿色建造、施工组织设计。

（供稿：班展昭）

甘肃建投三建公司承建的北京第二实验小学兰州分校项目荣获“鲁班奖”

金融调控管理

【金融宏观调控】全省各项贷款余额22159亿元，同比增长7.16%；新增贷款1481亿元，同比多增256亿元。中国人民银行兰州中心支行综合运用降准、下调超额准备金利率、再贷款、再贴现等政策工具，为实体经济提供各类低成本央行资金。在全国率先推出省级重点保障企业专项贷款政策，累计向128家企业发放33.11亿元优惠利率贷款。实施“陇原金融稳企纾困行动计划”，全省开展政银企对接会240余场，签约授信达900多亿元，惠及3000多家企业。推动5个市州建立首贷中心，近9000户中小微企业获得首贷。6月至12月，累计对636.8亿元到期贷款实施延期，惠及1.3万户企业。至2020年末，全省普惠小微信用贷款余额137.74亿元，较年初增加近一倍。

【防范化解金融风险】建立存款保险宣传常态化工作机制，制定印发《甘肃省存款保险宣传工作实施方案》，开展《存款保险条例》施行5周年集中宣传活动，消除县乡镇和农村偏远地区宣传盲区，实现宣传全覆盖。召开全省存款保险标识启用工作会议，建立“三级联动、分级负责、属地管理”工作机制，组织全省人民银行开展存款保险标识启用现场巡查，全省127家机构4000多个网点全部按规定启用存款保险标识。

【外汇管理】中国人民银行兰州中心支行出台《关于进一步强化外汇服务支持疫情防控工作的通知》，开辟外汇业务“绿色通道”，建立24小时在线咨询机制，引导市场主体“网上办”“邮寄办”“预约办”，督促银行“特事特办、急事速办”，指导办理疫情防控外汇业务1619.93万美元，为13家企业办理跨境融资4.6亿美元。申请获批成为首个开展贸易外汇收支便利化试点的西部省份，单笔跨境结算业务从1天缩短至20分钟。推广服务贸易税务备案电子化试点，开展税务备案信息网上核验功能试运行。开展跨境金融区块链服务平台试点，企业办理出口应收账款质押融资78万美元。

【绿色金融】全省绿色贷款余额2285.93亿元，比年初增加283.27亿元。甘肃省电投能源发展股份有限公司发行绿色中期票据5亿元。推动绿色金融改革创新试点，成立“甘肃省兰州新区绿色金融改革创新试验区工作领导小组”，建立绿色金融工作协调机制，制订《兰州新区绿色金融五年发展规划（2020—2024年）》《兰州新区建设绿色金融改革创新试验区实施方案》《兰州新区绿色金融发展奖励政策（试行）》等政策方案。制定《兰州新区绿色企业认证及评级办法（试行）》《兰州新区绿色项目认证及评级办法（试行）》，筛选储备绿色项目169个。搭建“绿金通”金融服务平台，实现融资9.27亿元，促进银政企项目对接，推进兰州新区绿色金融改革创新试点。

【金融服务发展】中国人民银行兰州中心支行印发复工复产防疫工作指引，出台促进消费扩容提质“十条措施”，开展“千万豪礼惠金城”消费激励活动，发放电子消费券1.5亿元，撬动市场消费3.5亿多元。建成47个县级

甘肃年鉴 2021

2020年甘肃省金融机构本外币信贷收支表

汇率:6.5249　　2020年12月31日　　单位:亿元、%

栏目　项目	余额	增速%		比年初增减	
		今年	去年	今年	去年
一、各项存款	20992.67	6.19	5.84	1224.21	1085.39
(一)境内存款	20977.93	6.17	5.85	1220.00	1087.42
1.住户存款	12454.51	11.38	12.37	1272.60	1226.32
(1)活期存款	4313.11	13.22	10.47	503.78	356.63
(2)定期及其他存款	8141.39	10.43	13.37	768.82	869.70
2.非金融企业存款	4922.68	-0.36	0.41	-17.23	23.44
(1)活期存款	3387.30	0.09	0.98	3.51	36.33
(2)定期及其他存款	1535.38	-1.33	-0.81	-20.74	-12.89
3.机关团体存款	2951.12	-1.66	1.19	-50.58	31.92
4.财政性存款	352.75	94.90	-45.08	172.01	-148.57
5.非银行业金融机构存款	296.87	-34.56	-9.15	-156.80	-45.68
(二)境外存款	14.74	39.92	-16.15	4.20	-2.04
一、各项贷款	22159.41	7.16	6.74	1481.48	1225.88
(一)境内贷款	22043.34	7.37	6.70	1512.46	1208.08
1.住户贷款	6019.32	10.16	7.93	555.25	288.25
(1)短期贷款	1688.66	-6.93	4.66	-60.87	4.66
消费贷款	567.86	11.20	48.36	121.00	90.11
经营贷款	1120.79	-14.03	-6.17	-181.87	-85.45
(2)中长期贷款	4330.66	18.66	9.63	616.12	283.59
消费贷款	2797.10	28.06	18.68	545.80	345.19
经营贷款	1533.56	4.64	-1.55	70.31	-61.60
2.企事业单位贷款	16013.02	6.29	6.25	947.21	918.82
(1)短期贷款	3643.37	0.34	-1.90	15.96	-60.88
(2)中长期贷款	10824.74	9.48	8.42	933.47	791.41
(3)票据融资	941.73	-4.13	29.87	-40.62	225.94
(4)融资租赁	555.10	8.79	-5.45	44.86	-29.42
(5)各项垫款	48.07	-11.85	-13.10	-6.46	-8.22
3.非银行业金融机构贷款	11.00	—	—	10.00	1.00
(二)境外贷款	116.06	-21.07	13.79	-30.98	17.81

"云闪付之城"。开展"我是反诈达人"抖音挑战赛，播放量超过1亿人次。落实省委省政府十大生态产业工作部署，制定十大生态产业贷款调查制度。组织全省县域法人金融机构考核工作，协调省银保监局、地方金融监督管理局落实激励惩罚措施。建立高效财政直拨资金协调机制、定期对账机制和跟踪监督机制，全年共划拨直达资金13批、抗疫特别国债专项资金12批，金额合计364.98亿元。推动国库"点对点"直拨资金服务，150多项、超200亿元惠民补助资金直达受益主体。实现非税收入直缴入库、退库业务电子化、跨省异地缴纳非现场交通违法罚款网上"一键办理"，全省电子缴税金额占比达到99.5%。拨付疫情防控专项资金8598笔，金额13.85亿元。落实疫情防控常态化征信救济政策，指导金融机构建立疫情防控征信信息保护机制，为8090多家企业和2.88万户个人调整还款计划或征信记录。建立省市两级假币鉴定中心3个，成立甘肃省金融纠纷调解中心，成功调解金融纠纷40起。

【金融改革创新】发布《甘肃省金融科技发展白皮书》，建成甘肃省中小企业信用信息综合金融服务平台（陇信通），累计采集全省47.7万户企业、2400多万条信息，与23家省级银行机构的近200家分支机构完成对接，陆续发布100多款信贷产品，360多家企业完成平台注册，150多家企业通过平台申请融资19.36亿元，实现融资7.2亿元。创新供应链融资模式，成功推动金川集团、金泥集团、蓝天集团和兰州银行与中征应收账款融资平台实现系统直连，至2020年末，全省应收账款融资服务平台累计注册用户3519家，促成融资交易753笔、948.44亿元。

（供稿：孟秋敏）

银行与保险监管

【银行业运行综述】全省有政策性银行3家，大型商业银行6家，股份制商业银行9家，城市商业银行2家（兰州银行和甘肃银行），农村合作金融机构85家，新型农村金融机构27家，非银行金融机构10家。银行业金融机构资产总额3.09万亿元，较上年同期增长7.45%。负债总额2.95万亿元，较上年同期增长6.88%。各项存款余额2.05万亿元，较上年同期增长6.01%。各项贷款余额2.21万亿元，较上年同期增长6.57%。

【保险业运行综述】全省法人保险公司1家（黄河财险），省级保险公司32家（其中财产保险公司20家，人身保险公司12家），保险专业中介机构95家；兼业代理机构5316家，保险从业人员14.95万人。资产总额1175.20亿元，累计实现原保险保费收入485.19亿元，同比增长9.2%，保费规模全国排名第29位，增速全国排名第5位；累计赔付支出169.31亿元，同比增长11.69%。

【服务实体经济】全省贷款余额22149.10亿元，同比增长6.57%。对接全国和省级疫情防控重点保障企业，推出"抗疫贷""医贷通""抗疫快贷宝"等产品，加大对在甘央企、国企等重要企业和受疫情影响严重地区的金融支持力度，对受疫情影响较大的2.6万户批发零售、住宿餐饮、物流运输等行业企业发放贷款1944.5亿元。指导保险机构扩展复工企业保险责任范围，推出"复工保""地摊保"食品安全责任险等专属产品。强化对小微企业的产业链金融服务，落实临时性延期还本付息政策，2020年全省小微企业贷款余额6068.85亿元，同比增长7.91%。

【规范市场秩序】全年开展信贷政策执行情况专项检查、车险改革市场秩序抽查、从业人员数据清核"回头看"等现场专项检查206家次。推进扫黑除恶专项斗争，选取后进机构或者涉及问题较多的机构开展点穴式督导。建立履职回避台账，开展员工履职回避摸排，防范职务违规风险和操作风险。启动为期三年的重点领域专项整治工作。全年作出9件行政处罚决定，处罚银行保险机构9家次，处罚责任人员22人次，作出警告15家／人次；给予罚款1749.84万元；禁止终身从事银行业工作1人，取消（撤销）任职资格6人。

（供稿：王　海）

证券监督管理

【综述】甘肃辖区共有上市公司35家，其中，仅发A股上市公司33家，仅发H股上市公司1家，同时发A、H股上市公司1家。34家A股上市公司，总股本489.21亿股，总市值2501.08亿元；在上海证券交易所主板上市16家，在深圳证券交易所主板上市8家，中小板上市7家，创业板上市3家。

甘肃辖区有1家证券公司，112家证券分支机构，其中21家证券分公司，91家证券营业部。客户托管资产总额1746.36亿元，同比增长30.43%；证券资金账户数262.47万户，同比增长7.68%。辖区证券分支机构实现证券交易额16184.11亿元，同比增长48%；实现营业收入11.07亿元，同比增长40.48%。

甘肃辖区有1家期货公司，7家期货分支机构，其中1家期货分公司，6家期货营业部。客户权益总额6.71亿元，同比增长12.02%；期货账户数1.66万户，同比增长9.93%。辖区期货经营机构实现期货交易额5962.81亿元，同比增长35.81%；实现营业收入3653.16万元，同比下降30.02%。

在基金业协会登记备案并且注册地在甘肃的私募基金管理人共36家，备案的私募基金53只，基金净值总规模182.92亿元。36家私募基金管理人中，私募证券投资基金管理人4家，私募股权、创业投资基金管理人31家，其他私募投资基金管理人1家。

辖区A股上市公司累计融资64.16亿元（其中，增发融资19.78亿元，公司债融资44.38亿元），辖区新三板挂牌公司累计融资0.15亿元。

【监督管理】甘肃资本市场通过股债融资和并购重组，合计支持实体经济86.94亿元。全年开展现场检查39次，采取行政监管措施8次，查办违法案件4起，对2起信息披露违法案件作出行政处罚，罚没金额达236万元。化解5家公司风险，办理信访举报投诉86件，指导行业协会调解纠纷26起，帮助投资者获得和解金23万元，其中3起获得司法确认。

（供稿：安子铮）

地方金融监管

【综述】全省金融业实现增加值897.5亿元，同比增长3.3%，占GDP比重9.95%，占第三产业比重18.07%，金融业支柱产业的作用进一步增强。全省有银行业金融机构141家，其中省级分行（公司）22家〔6家国有大型银行、3家政策性银行、9家股份制银行（新增平安银行）、4家金融资产管理公司，法人机构119家（2家城市商业银行、1家省级农村信用社联合社、41家农村信用社、37家农村商业银行、5家农村合作银行、24家村镇银行、3家农村资金互助社、1家信托公司、2家金融租赁公司、3家企业集团财务公司〕。全省共有保险机构1934家，其中省级分公司32家，中心支公司278家，支公司836家，营业部5家，营销服务部783个。全省有法人证券公司1家，证券分公司21家，证券营业部91家。全省有7类地方金融组

织839家。其中：小贷公司423家、融资担保公司215家、典当行195家、融资租赁公司3家、商业保理公司0家、地方资产管理公司2家、区域性股权交易市场1家。

全省金融机构本外币存贷款余额均超过2万亿元，其中贷款余额22159.41亿元，较年初新增1481.48亿元，同比增长7.16%。存款余额20992.67亿元，较年初新增1224.21亿元，同比增长6.19%。全省金融机构存贷比105.56，高出全国23.86%。

全省完成直接融资833.71亿元，同比增长7.01%，连续两年突破750亿元。其中，股权市场融资215.87亿元，债券市场融资617.84亿元。至2020年底，全省共有上市公司35家。其中，沪市主板16家，深市主板8家，中小板7家（11月，首航高科注册地由北京变更为兰州新区），创业板3家，H股2家（庄园牧场A+H）。“新三板”挂牌企业32家。甘肃股权交易中心挂牌展示企业2521家，登记托管企业4267家，实现股权融资50.52亿元。甘肃资产管理有限公司发行小微企业增信集合债券8亿元（为我省首单）；兰州建设投资(控股)集团有限公司发行疫情防控债7.5亿元（为我省企业首单）。

全省保险业累计实现原保险保费收入485.19亿元，同比增长9.2%。其中，产险公司实现166.70亿元，同比增长7.82%；寿险公司实现318.49亿元，同比增长9.94%。全省赔付支出169.31亿元，同比增长11.69%。全省“险资入甘”余额累计超过1000亿元，达到1009.76亿元，当年新增109.69亿元，连续五年突破100亿元。

【金融服务小微企业】《甘肃省中小微企业专项贷款实施方案》出台，信用体系建设、首贷培植、应收账款融资、信用保证保险、应急周转金建设和银税互动等七个专项行动展开，通过建立风险补偿机制、完善考核激励政策等保障措施，确保3年内中小微企业贷款规模新增1000亿元，支持帮助企业缓解资金压力和降低融资成本。至2020年末，全省中小微企业贷款余额8268亿元，当年新增440亿元。1—12月，全省金融机构新发放小型企业贷款加权平均利率5.9%，同比下降0.38%；微型企业贷款加权平均利率6.21%，同比下降0.43%。发挥政府性融资担保，支持小微企业融资增信，2020年全省融资担保机构累计为22955户小微企业提供贷款担保165.6亿元，占全年新增融资担保额的47.9%；小微企业融资担保业务在保余额334.1亿元，较上年同比增长2.6%。

【绿色金融发展】全省绿色信贷余额2285.93亿元，较年初新增283.27亿元，占各项贷款余额的10.32%，出台《兰州新区建设绿色金融改革创新实验区实施方案》，支持兰州新区加强绿色金融与新区产业规划衔接。制定《绿色金融五年发展规划》《建设绿色金融改革创新试验区实施细则》《绿色金融发展奖励政策》等系列措施。符合条件的金融机构通过发行绿色金融债券募集资金专项用于节能环保、污染防治、资源节约与循环利用等绿色项目，2020年，甘肃电投能源发展股份有限公司发行绿色中票5亿元。

（供稿：马文骥）

部分金融单位

【中国工商银行甘肃省分行】工商银行甘肃省分行全部存款余额1947.73亿元，各项贷款余额1829.49亿元，是省内贷款总量最大的国有商业银行，存贷比93.93%。全年实现拨备前利润38.03亿元，同比增长5.27%，缴纳各项税款10.45亿元。推进“春润行动”为34户企业发放疫情相关贷款3.45亿元。累计对14.05亿元普惠小微贷款调整企业还款安排，缓解企业资金困难。对接抗疫名单内企业596户，发放贷款9.33亿元。拨付财政疫情资金614笔，金额3.2亿元。向771位甘肃省驰援湖北抗击疫情医护人员和4023位省内疫情防治定点医院的医护人员捐赠守护天使医护人员专属保险保障。全年累计发放公司贷款554亿元，同比增加148亿元，主要投向基础设施、交通运输、制造业、幸福产业等重点领域。全年新投产财政国库集中电子化支付系统的市州、县区有19家，总量达86家；上线财政非电子化RPA系统的市州、县区11家；代理省级财政预算单位3000多家。

（供稿：王英茹）

【中国农业银行甘肃省分行】中国农业银行股份有限公司甘肃省分行总资产达到2281亿元；各项存款净增194亿元，余额达到2204亿元；各项贷款净增136.3亿元，余额达到1692.2亿元。新增机构客户479户、账户625户，“三大资格”覆盖率较上年提升4.4%。开立全省企业职工养老保险省级统筹支出户，中标全省医保电子凭证全部三项资格，机构业务综合考评居系统第10位。全年新增个人业务存款1万元以上客户23万户；净增个人贵宾客户6.84万户，完成年计划的227.84%，居系统内第3位；个人账户增量市场份额57.4%，居系统第1位。签发电子社保卡54.02万户，居系统内第5位；净增信用卡有效客户14.36万户，完成年计划的101.12%。新增聚合码商户15.68万户，完成年计划的156.78%，居系统第3位。净增掌银月均活跃客户38.65万户，完成年计划的128.83%，居系统第2位。

推进扶贫贷款投放，“三农”和县域贷款余额737.8亿元，较年初增加89.3亿元，其中58个扶贫重点县贷款增加101.1亿元，增速高于全行贷款增速8.3%；8个挂牌督战贫困县贷款增加25.24亿元，增速高于全行贷款增速23.7%。三农监管六项指标全部达标。全年处置不良贷款33.8亿元，完成年计划的101.7%。全年新增有效互联网场景1844个，新拓展有效智慧党费代缴项目118个，“两险”缴费项目带动使用客户24.35万户。

（供稿：常鸣强）

【中国银行甘肃省分行】甘肃省分行本外币资产、负债总额分别达到974.13亿元和978.5亿元，人民币时点存款余额946亿元，人民币贷款余额910亿元，资产质量保持稳定，全行信贷资产不良率1.03%。支持甘肃省十大生态产业发展。加大信贷投放力度，支持产业转型升级、生态保护和新业态培育。重点加大中长期贷款投入，对高新技术企业、重大技术装备、工业强基工程等领域加大支持力度。支持省内铁路、公路、机场建设、轨道交通等10余项项目建设。制定贯彻落实黄河战略的15项具体支持措施。研发专项信贷产品、出台授信支持方案、开通授信审批绿色通道、降低企业融资成本等多项纾困措施。落实各项优惠政策，安排专项资源，稳步增加信贷投放。出台3项绿色金融重点区域及发展方向指导意见，将绿色信贷指标纳入绩效考核，引导信贷资源向低碳、绿色、环保领域流入。落实稳外贸政策，提升贸易服务质效，省内率先落地货物贸易和服务贸易便利化试点业务，落地省内首笔薪酬结汇业务。

（供稿：张　超）

【中国建设银行甘肃省分行】中国建设银行甘肃省分行启动新冠肺炎疫情金融服务应急方案，开辟防疫救灾金融服务绿色通道，为驰援湖北的医护人员赠送每人100万元的意外伤害险，与民政部门搭建疫情报送及监测平台，与兰州市红十字会搭建慈善组织综合服务平台，推出“云义贷”“商户云贷”等在线信贷产品，下调普惠型小微企业贷款利率，调整贷款期限。累计向兰州和盛堂制药等疫情防控企业发放贷款28.6亿元，发展“云义贷”贷款客户500户，贷款余额4.45亿元。对2867户小微企业贷款提供延长还款期限、续贷等支持，涉及金额9.12亿元。通过“民工惠”业务在线为建筑企业发放3.92亿元贷款，惠及农民工6.6万人次。

各项贷款余额1584亿元，一般性存款时点余额2117.3亿元、日均余额1971.3亿元。实现主营业务收入62亿元，拨备前利润38亿元。不良贷款余额56.3亿元，不良贷款率3.56%，逾期贷款额、率双降。全年处置不良贷款21.28亿元，计划完成率119.55%。

对接省列158个重大建设项目、基础设施补短板108个项目、全省重点投资429个项目。全年人民币非贴贷款累计投放436.96亿元，较2019年同期多投放97亿元。向兰州榆中生态城、兰州奥体中心、中川机场三期等项目投放基础建设补短板贷款133.5亿元。基础设施绿色升级领域绿色贷款余额超过160亿元。通过债券承销、理财融资、市场化债转股等直融渠道为企业提供多元化融资247.23亿元，认购地方政府债184.33亿元，投放债转股专项资金5亿元。全年投放特色产业发展工程贷款12.34亿元，依托产业链融资、“五业富民贷”、扶贫农户个人快贷等信贷产品，优先支持农业公司、农业合作社、家庭农场的经营发展。金融精准扶贫贷款余额59.36亿元，较年初增加6.05亿元。完成善融商务扶贫交易额1.84亿元，帮助贫困地区销售农产品1.95亿元。

首个“CCB建融家园 鸿鹄人才公寓”项目在兰州挂牌上线。首个“数字房产”平台在庆阳市上线，与天水、陇南、兰州新区等市（区）签订“数字房产”平台战略合作协议。签约41个住房租赁平台合作项目，布放可出租房源61683套。与省住建厅签署100亿元老旧小区改造项目合作协议；与兰州新区等达成4000余套存房项目和全省43万套政府公共住房线上全流程管理合作意向。在全省铺设裕农通服务点1.5万个，实现乡村全覆盖。开发“互联网+不动产抵押登记”数据共享系统，实现不动产抵押登记与抵押授信业务一站式全流程网上办理。与甘肃省人力资源和社会保障厅对接，上线“陇明公”农民工工资支付平台和社保代发直连系统，实现银行直连代发养老金，合计代发30万笔，近10亿元。

（供稿：王敦生）

【中国农业发展银行甘肃省分行】全行累放贷款334.66亿元，余额1294.96亿元，比年初增加193.24亿元，贷款投放和余额均创历史新高。其中累放扶贫贷款215.1亿元，同比多投46.91亿元；扶贫贷款余额654.83亿元，较年初增幅27.48%；扶贫贷款投放、净增和余额均居全省同业首位。支持“三保障”扫尾清零，累放贷款22.07亿元，完成任务的105.1%；累放贷款27.08亿元支持新产业新业态，带动4.3万贫困人口增收；全力支持易地扶贫搬迁后续扶持，累放贷款29.34亿元，完成任务的293.4%，万人以上安置区做到了全覆盖。8个剩余贫困县累放扶贫贷款26.43亿元，同比多投20.53亿元，完成任务的406.62%。年末不良贷款余额3.3亿元，较年初减少1.74亿元，其中现金清收0.47亿元、批转1.27亿元。不良率0.25%，较年初下降0.21%。拨备覆盖率356.44%。年末日均存款余额236.69亿元，较年初增幅12.57%，目标完成率109%，居系统第8位；日均贷存比19.2%，较年初提升0.4%。全年实现FTP利润6.6亿元，实现账面利润5.44亿元，同比增盈2.39亿元；资产利润率0.51%，同比上升0.36%；成本收入比38.11%，同比下降13.78%。年度绩效考评为A-级，较上年提升1个等次。

落实各级储备粮增储、轮换计划，紧抓夏、秋粮收购两项重点，支持市场化购销，累放粮棉油贷款42.11亿元，同比多投7.3亿元。其中，累放各级储备轮换贷款16.85亿元，支持收储、轮换粮油15.82亿斤；累放市场化贷款23.08亿元，支持收购粮油26.21亿斤、籽棉0.67万吨，年末市场份额达80.1%。累放3.09亿元贷款支持小麦、玉米等进口增储。累放生猪全产业链贷款13.12亿元，较年初净增11.95亿元。支持流通体系建设、旅游产业、产业园区和农地业务，累放特色产业工程贷款73笔、

49亿元。全年新增“万企帮万村”贷款企业45户，贷款余额58.81亿元，较年初增加13.32亿元。累放基础设施贷款216.42亿元，支持重大水利工程、生态宜居、农村路网、城乡一体化等重点领域。服务黄河流域生态治理保护，累放贷款74.44亿元，任务完成率和投放额在全系统分别排第一、第二争取总行追加信贷计划80亿元。全年累放防疫应急贷款70笔、16.47亿元；累放复工复产贷款229笔、192.54亿元。全年累计营销财政专项资金和地方债资金35.06亿元、非贷资金28.7亿元，累放小微企业贷款83户、4.64亿元。

（供稿：南忠航）

【甘肃省农村信用社联合社】全省农合机构各项存款4595.31亿元，各项贷款3864.02亿元，存、贷款市场份额分别占全省银行业金融机构的22.38%和22.62%，均居全省28家银行业金融机构首位。上缴各类税金8.91亿元。累计投放涉农贷款1532.88亿元，投放小微企业贷款561.44亿元。创新推出“智慧物业”服务平台，全年签约小区324个，服务用户23万户，布放背包银行4130个，13家行社33个网点上线运行超级柜台业务，建成智慧场景812个，优化提升11677个农金室及“飞天e码通”、掌上银行服务质效。共有营业网点2160个，农村金融服务室11677个，从业人员2.2万人。依托“兴陇合作贷”“富民产业贷”“脱贫助力贷”“扶贫小额贷”等产品，累计投放“富民产业贷”229.10亿元，累计向12452家农民专业合作社授信252.10亿元，投放贷款46.98亿元，净投放“扶贫小额信用贷款”12.26万户57.73亿元，投放额居全省银行业金融机构首位。提出8大类27条稳企业保就业措施，创新推出53种稳企纾困专属信贷产品，全年累计对6906户中小微企业实施临时性延期还本付息本金410.50亿元、利息7.77亿元；通过下调利率、减免罚息、减免手续费等方式，为13768户民营企业和小微企业降低融资成本4.3亿元。

（供稿：康建华）

【中国人保财险甘肃省分公司】全省全险种保费收入61.7亿元，完成总公司收口计划目标的100.15%。出台《推动续保业务发展四项工作举措》《车险续转保业务改进举措16条》发挥线上销售力量，结合企业微信和V盟的便捷性，为续保团队开通企业微信，重点针对医护人员、政府部门、驻村干部等特殊群体，为全省9批援鄂医疗队队员及家属，56家新冠肺炎定点医疗机构、37个政府相关职能部门近3000人无偿捐赠医护保障、扩展涵盖新冠肺炎责任保险近70万元。与省商务厅联合下发《关于开展疫情防控综合保险助力商贸流通服务企业复工营业的通知》，率先在行业落地复工营业商贸流通服务企业疫情防控综合保险，共为全省274家商贸流通服务企业提供1.03亿元复工复产保障。开发“地摊保”综合保险保障产品，为上万小摊主提供了近亿元风险保障。协助中小微企业、个体工商户复工复产，为投保雇主责任险和安全生产责任险的企业免费延长2~3个月不等保险期限，减免相关保费30万元左右。疫情期间，先后与兰州金通储能动力新材料有限公司、金昌镍都矿山实业有限公司、金川集团精密铜材有限公司等进出口企业签订短期出口贸易信用险，承担出口应收账款风险7000余万元。

开辟绿色通道，简化理赔单证和流程，利用APP、微信公众号等手段提供线上化无接触服务。开通全天候客户服务医疗救助热线，启用家庭座席等举措保障客户服务不掉线、服务品质不下降。针对宕昌县、西和县、礼县、通渭县、岷县、东乡县、临夏县和镇原县8个未脱贫贫困县以及致贫风险较大的积石山县，捐赠“政府防贫救助”保险。主要覆盖9个县未脱贫人口、边缘人口、监测人口以及部分其他人群，共计124.1万人左右，共捐赠491.61万元，保障金额达7.4亿元；警保联动，参与农村地区社会综合治理工作，电动车责任保险保费规模快速上量。共建“三农保险服务站”1139个，乡镇机构覆盖率达到96.77%；建成“三农保险服务点”14567个，行政村机构覆盖率达到96.21%。智慧农险系统大户验标项目在全省范围内应用，“人保e农通2.0”版实现对种养林全险种线上化出单。

（供稿：陈潇桦）

【甘肃金融控股集团有限公司】2020年，甘肃金融控股集团有限公司提前一年完成1000亿元特色产业贷款任务，完成1000亿元中小微企业专项贷款担保。投资2亿元纾解兰石集团流动性困难，投资12.7亿元引进首航高科，成为全省第34家上市公司。灵活运用应急周转金，扩大规模和使用范围，支持全省中小企业化解流动性风险。设立绿色矿产基金，对绿色矿山龙头企业金徽矿业提供投贷联动服务，设立现代丝路寒旱农业基金，投资奶牛养殖企业前进牧业，引进和牛养殖龙头企业，设立橄榄、藜麦、百合等子基金。与大禹节水设立节水基金，与省电投集团设立混改基金，与省建投集团建立合作机制，与省文旅集团设立文旅基金。打造“一库两平台”，设立“首贷中心”，为省内中小微企业开辟信用融资途径。成立全省首家小额再贷款公司。

（供稿：钱怡帆）

商业贸易

【国内贸易】实现社会消费品零售总额3632.4亿元，比上年下降1.8%，增速排名全国第10位。其中，限额以上单位消费品零售额1097.8亿元，下降0.3%。城镇消费品零售额2991.2亿元，下降2.1%；乡村消费品零售额641.2亿元，下降0.6%。餐饮收入418.2亿元，下降7.1%；商品零售3214.2亿元，下降1.1%。

围绕“牛羊菜果薯药”六大特色产业高质量发展，加强市县乡三级市场体系建设，建成运营10个大型商品交易市场，年交易额260亿元，建成50个农产品产地批发市场、1173个县乡农贸市场，实现主要县区全覆盖和重点乡镇全覆盖。冷链库容达到1000万吨，万吨以上冷库超过180家。

甘肃省促消费扩内需工作，统筹各类专项资金7.04亿元（其中省级3.16亿元，市州县3.88亿元），实施八大促消费行动计划、十大促销活动，举办河西走廊有机葡萄美酒节、全省优质农特产品展示展销暨促消费活动和全国消费促进月甘肃促消费行动暨第三届“畅享兰州·乐购金城”消费月活动。全省举办各项促销活动1000余场，3000多家商贸服务企业优惠让利近5亿元，带动销售增长200亿元左右。加速培育新业态，举办全省第一届直播电商带货大赛，参加全国第二届“双品网购节”，在全省优选28家“中央厨房”推广“中央厨房+N”经营模式。

【对外贸易】全省实现外贸进出口372.8亿元人民币，同比下降2%，增速排名全国第23位。其中，出口85.7亿元，同比下降34.8%；进口287.1亿元，同比增长15.3%。12月单月增长8.1%，年底实现正增长。

机电高新产品、农产品、劳动密集型产品出口占全省出口总值的80%。其中机电高新产品出口45.5亿元，占比53%；农产品出口19.7亿元，占比23%；劳动密集型产品出口3.5亿元，占比4%。

资源型产品、机电高新产品占全省进口总值的75.8%。金属矿及矿砂进口152.6亿元，占比53.2%；机电高新产品进口39.7亿元，占比13.8%；镍钴新材料进口25.3亿元，占比8.8%。

全年与“一带一路”沿线国家和地区实现进出口165.2亿元，占全省外贸总值的44.3%。其中进口141亿元，增长12.6%；出口24.2亿元，下降54.7%。

全省跨境电商实现进出口4.02亿元，同比增长37%，成为外贸发展亮点和新的增长点。兰州综试区跨境电商线上公共服务平台入驻企业118家，两个线下产业园区入驻企业76家。天水获批国家跨境电商综合试验区，出台《中国（天水）跨境电子商务综合试验区实施方案》，启动试验区建设。

全省619家企事业单位、1720人参加第三届进口博览会，与美国、俄罗斯、哈萨克斯坦、新加坡等28个国家和地区企业共达成进口采购项目105个，意向成交总额

24.9亿美元。参展企业现场成交3.19亿美元，其中纳入进博会统计的1.54亿美元，较上届增长75.9%。举办“甘肃省进口贸易对接会暨现场签约仪式”，签订进口采购项目47个，总金额约16.8亿美元。

实现加工贸易进出口103.2亿元，增长2.1%，高于一般贸易增速7.8%，占外贸总值的27.7%，比上年提升1.1%。其中，出口28.5亿元，下降13.7%；进口74.7亿元，增长9.7%。

全省42家企业累计在境外设立111个国际营销服务网点，较上年新增18个，增幅19.4%。其中，境外分支机构35个、零售网点25个、批发中心17个、售后服务网点2个、海外仓31个、其他网点1个。主要分布在阿联酋、泰国、越南、哈萨克斯坦、美国、白俄罗斯等30个国家和地区。涉及行业主要有机电产品、特色农产品、中医药、石油钻采设备、食品等。

平凉市静宁县申报获批国家外贸转型升级基地（苹果）。全省现共有天水市（苹果）、河西地区（种子）、兰州市（新型材料）、兰州新区（石油装备）和平凉市静宁县（苹果）5个国家外贸转型升级基地。

【对外经济合作】全省实际开展对外直接投资的境外企业20家，实际对外投资额3.11亿美元，同比增长33%。全省对外承包工程业务新签合同额4.85亿美元，完成营业额2.86亿美元，受境外新冠肺炎疫情影响，同比下降5.9%、26.9%；工程项下累计派出人员590人，同比下降47.6%；期末在外人员1030人，同比下降40%。

中国甘肃国际经济技术合作总公司对巴基斯坦瓜达尔港医院援助项目完成营业额208.9万美元（合计人民币1451.9万元人民币），合同总额1.8亿元人民币。

【利用外资】2020年,全省参加年报外商投资企业239家，实收资本226.1亿元人民币。239家参报企业实现销售（营业）收入501.9亿元人民币，纳税总额12.7亿元人民币，利润总额2亿元人民币。

全省国家级经济技术开发区高质量发展工作推进会在兰州召开，出台《关于推进全省国家级经济技术开发区高质量发展的实施意见》，在全国218个国家级经济技术开发区中，兰州经开区提升38个位次，金昌经开区提升63个位次，天水经开区继续保持在150位以内，张掖经开区提升33个位次。全年4家经开区新设立外商投资企业8家，实际使用外资5797.3万美元，同比增长97.6%，占全省实际利用外资比重达到65%。

【招商引资】甘肃省商务厅举办全省重大项目谋划暨招商引资大会、推进民营经济发展暨优化营商环境大会。2020年全省实施省外招商引资项目2064个，到位资金3052亿元，同比增长17.7%。向2家招商引资项目单位兑现省级奖励，累计对6个招商引资项目企业各兑现奖励资金1000万元。云端举办26届兰洽会，实现“云展览”“云促销”，成功签约合同项目587个，签约总额2730亿元。梳理涉企历史遗留问题168个，已化解153个。甘肃省商务厅发挥省招商引资项目代办服务中心作用，对重点企业、重大项目提供“全程式、跟踪式、管家式”代办服务。

【通道物流】全省通道物流产业实现营业收入202.6亿元，同比增长13.3%，调整落实省领导包抓的重大带动性工程项目4大类26个，项目总投资750.4亿元，累计完成投资286.7亿元。新开通“中吉乌”国际公铁联运线路，运营中欧、中亚、南亚公铁联运、陆海新通道铁海联运、“中吉乌”新通道4向5条国际货运班列，全年发运371列12244车，货重21.4万吨，货值1.8亿美元。其中中欧班列开行72列，南亚班列共发运13列，中亚班列共发运35列，陆海新通道共发运251列。

【口岸建设】甘肃省建成汽车整车进口口岸、兰州通渭美神进境种猪隔离检疫场、兰州正大食品有限公司进境种猪隔离检疫场等3个指定监管场地、进口口岸运营，全省指定监管场地、进口口岸增至8类10个。新建成的两个进境种猪隔离检疫场实现当年运营，进口3批次1825头种猪。新开通兰州—金边—曼谷、丹麦比隆德—兰州、兰州—金边—拉合尔、法国巴黎瓦特里—兰州4条国际货运航线和兰州至乍得、尼日尔2条腹舱带货航线，进出口货物733吨，同比增长59%。国际贸易“单一窗口”地方特色功能成功上线，95198本地呼叫中心开通，全年实现业务申报近11万票，同比增长50%，货物、舱单、运输工具等主要业务覆盖率达到100%。

（供稿：陈永兵）

甘肃省2020年利用外资表

利用外资方式	新设外资企业数(个)	实际利用外资	
		金额(万美元)	金额比上年增加(%)
合资企业	11	1596.14	18.13
外资企业	11	7278.94	6.20
外商投资股份制	1	—	—
合计	23	8875.08	8.17

经济合作

【综述】全省共实施省外企业投资项目2064个，到位资金3052亿元，同比增长17.7%，完成全年招商引资到位资金增长8%的目标任务。兰州恒大新能源动力电池项目等18个项目被认定为省级重大招商引资项目，建立省市县三级领导包抓安排及推进专班机制。制定《驻外商务代表处服务量化清单》，增设驻新加坡商务代表处、驻香港商务代表处、驻法国商务代表处，驻外商务代表处达到14家。与浙江日报报业集团签订框架合作协议，挂牌成立“甘肃省招商引资合作基地”，举办浙商陇上行活动，联合省酒类商品管理局组织全省11家重点葡萄酒、白酒、青稞酒生产企业参加2020（第十三届）《浙商》年会。甘肃省推进民营经济发展暨优化营商环境大会以视频会议形式开到县区，共签约项目73个，签约额209亿元，涉及装备制造、能源化工、通道物流、循环农业、文化旅游等多个领域。

【招商引资】出台《甘肃省关于应对新冠肺炎疫情影响促进招商引资快速增长的实施意见》《甘肃省承接产业转移优惠政策实施方案》《关于进一步加大招商引资力度促进项目落地的通知》《甘肃省招商引资统计调查制度》《甘肃省招商引资成效评价实施办法（试行）》，对全省招商引资工作加强规范，明确招商引资工作涉及的项目谋划、活动组织、平台招商、产业对接等任务，优化招商引资评价。发动省内外商协会、驻外商务代表处捐款捐物，提供医疗防控物资采购信息。各商会、驻外商务代表处累计向甘肃省捐赠医疗物资、生活物资价值共计3813432元，捐赠现金704万元。组织全省招商部门开展医疗防护产业专题招商，张掖、武威、陇南、临夏等市州引进医疗保障物资生产企业，及时弥补全省医疗保障物资短板的问题。重点推动重大招商引资项目复工复产，及时协调相关市州和部门解决企业诉求，30个重点招商引资项目全部复工复产。

【重点项目推介】编印《2020甘肃投资指南》，推出242个项目，投资总额3753.2亿元。围绕榆中生态创新城发展定位和产业引进方向，制作宣传片，编印《2020榆中生态创新城招商资料汇编》，首批推出重点招商项目19个，投资总额540亿元。举办“甘肃省招商引资项目线上推介会”，在全国率先探索兰州、深圳、杭州三地互联，116万人次线上观看。线上举办甘肃省特色产业招商推介会，兰州、南京、重庆三地以视频连线形式开展重点项目线上推介。陇西主会场与广州、昆明、上海三个省外分会场通过视频连线，以“1个主会场+3个国内分会场+在线企业家线上互动”的模式联动互动交流、投资洽谈。举行药博会甘肃省中医药产业线上招商大会，编印《2020年甘肃省中医药产业招商项目册》，推出110个中医中药及大健康产业招商引资项目，投资总额356.19亿元，采用线上招商、四地连线模式，实现“线上+线下”融合立体发力的全新效果。邀请300余家国内外中医药企业和业内人士在线观看，参与会场互动。借助2020津企陇上行平台，会同天津市合作交流办、省扶贫办共同组织60多个协议项目签约，签约金额206.59亿元。利用美丽乡村论坛平台，签署合同项目46个，涉及农业、文旅等领域，签约金额101.58亿元。在深圳举办2020年甘肃兰州暨榆中生态创新城招商推介会，发布产业发展规划，开展项目路演，现场对接洽谈，有5个项目达成合作意向。

【第二十六届兰洽会】按照国家关于统筹推进疫情防控和经济社会发展要求，创新举办网上展会，兰洽会首次移至云端举办，实现“云展览”“云促销”。搭建“兰洽会在线”平台PC端、移动端、小程序访问共设置26个虚拟展馆，包括匈牙利和格鲁吉亚2个主宾国，广西壮族自治区1个主题省，14个市州及兰州新区和榆中生态创新城，以及美食、陇酒、外贸、粮油、供销、建行、甘行等7个行业的虚拟展馆。配合卫健委搭建“药博会在线”平台PC端和移动端共设置23个虚拟展馆，包括14个市州及兰州新区、甘肃省馆、陇西馆、泰国馆，以及省药投集团、广药白云山、国药集团、奇正藏药、九方集团等5家企业馆。2020年举办的丝绸之路合作发展高端论坛、甘肃省绿色生态产业线上招商推介会、榆中生态创新城线上招商推介会上，运用同步视频会议系统。其中，丝绸之路合作发展高端论坛50多家知名企业高管、代表和13家商会会长现场参会，巴基斯坦陇商会等22个国内外、甘肃商会，甘肃驻印度尼西亚、马来西亚、泰国、西班牙等4个境外商务代表处和省内14个市州分会场同步连线参会，1040多万人次线上观看了开幕式直播。本届兰洽会成功签约合同项目587个，签约总额2730亿元。制作发布企业直播推介43场，行业综合宣传推介视频39条、企业宣传推介视频56条。所有直播宣传视频全部在兰洽会在线平台和微信、微博、头条、抖音、快手等自媒体平台及兰洽会官方账号同步发送，专题展宣传视频累计点击观看超过50万次。药博会网上虚拟展馆总点击浏览量超过1429万人次，39个符合产业政策的大健康产业合同项目签约，签约金额48.8亿元。

【发展营商环境】全年化解153个涉企历史遗留问题，化解率达到91.07%；剩余的15个问题，动态调整工作方案，跟踪督办并公开通报。实地调研重点项目建设情况，精准推送招商引资省级奖励政策，指导企业完成省级奖励项目申报。经第三方审计评估、评审委员会评审、新闻媒体公示、报省政府认定等程序，协调相关

部门向2家符合条件的项目单位兑现省级奖励资金各1000万元。发挥省招商引资项目代办服务中心作用，主动对接服务企业，了解企业需求，帮助投资企业完善前期手续所需资料，对重点企业、重大项目提供“全程式、跟踪式、保姆式”服务。自代办服务中心成立以来，已对阿里巴巴中国智能骨干网甘肃枢纽中心、京通易购电商产业园、甘肃海亮三条岭教育产业园项目、兰州恒大水世界、礼县康瑞精神病康复医院等24个项目开展代办服务，其中4项已办结，其余项目继续跟进服务。

（供稿：甘肃省经济合作局）

供销合作

【综述】全省供销系统实现商品销售总额644亿元，增长8.18%；其中农产品销售306亿元，增长18.39%；实现利润2.59亿元，增长10.34%。

【综合改革】全省14个市级和80个县级供销社成立理事会、监事会机构，11个市级、48个县级供销社召开代表大会，完善“三会”制度，走在全国前列。社有企业发展和转型步伐加快，全系统新培育社有企业18户，总数达到690户，有1个市、4个县新组建区域企业集团。全年新建和改造乡镇基层供销社141个，总数达到969个，基层供销社乡镇覆盖率提高到79%，其中6市实现基层社乡镇全覆盖，3市基层社乡镇覆盖率90%以上；新建村级综合服务社835个，总数达9036个，村级服务社行政村覆盖率提高到56%；新领办创办农民专业合作社268个，总数达到3732个，其中领办农民专业合作社联合社23个，总数发展到122个。

【经营服务】甘肃省供销联社开展农资保供专项行动，促进农资服务从传统购销向技术指导、测土配方等现代配送、综合服务转变。春耕期间供肥226.7万吨，供应量占全省春耕需求的75%以上，其中复合肥、水溶肥、有机肥等新型高效肥料供应同比增长12.7%。开展惠农服务平台创建专项行动，打造县、乡、村三级惠农服务网络，重点推广代耕代种、统防统治等土地托管服务模式，推动服务领域由生产环节向全产业链延伸，促进小农户与现代农业发展有机衔接。全年新建生产性服务中心49个、新型庄稼医院84个，总数分别达到552个和1217个；配方施肥、农机作业、统防统治等农业社会化服务面积238.6万亩，比上年增加53万亩；开展土地托管服务面积143万亩，比上年增加48万亩。开展农产品流通营销专项行动，搭建营销平台，创新营销模式，促进农产品流通向仓储物流、网上交易、终端配送一体化经营。多形式进行推介，筛选182家供应商、311种农产品，搭建“网上兰洽会”供销虚拟展馆进行展销推介；举办“甘肃农特产品绿色农资供销云峰会”“甘肃供销·苏宁易购消费扶贫农产品直销推介活动”。省供销联社组织赴北京、广东、江苏、海南等地开展产销对接活动11场次，签约采购额1.8亿元；全系统组织开展、参与各类产销对接活动158场（次），签订农产品销售合同250份，总金额超过15亿元。线上线下搭建平台，全系统在省内外设立“甘味”农产品销售专区（柜）202个，在各大电商平台开设展销专区242个。

（供稿：姚建平）

粮食和物资储备

【综述】全省收购粮食369.4万吨、销售392.6万吨，收购食用油57076吨、销售118733.3吨。至12月底，全省粮食综合库存357.2万吨，食用油综合库存52893.9吨。全省救灾物资储备210万件，主要包括帐篷、棉被褥、折叠床、棉衣裤、夹克衫、不锈钢餐具等35个品类。全省肉类储备规模10520吨。

【地方粮食储备建设和管理】甘肃省口粮自给率低于50%，对省外粮源依赖性较强，“十三五”期间，市县级储备粮增储完成36.5万吨，超额9万吨，全省地方储备粮达到251.2万吨。2020年新增省级储备玉米10万吨，调优品种结构，通过运费及利息补贴进口11.3万吨优质小麦补充省级储备轮换粮源，地方储备二等以上粮食占到99.2%。常态化开展春秋普查，确保储备粮数量真实、质量良好、储存安全。

【物资储备管理】省粮食和物资储备局出台大宗农产品、救灾物资和肉、糖、蔬菜等多项生活物资储备管理办法和预案，建立省级储备食糖3000吨，省市级储备肉10520吨，完成市级储备蔬菜27600吨。争取在甘肃省增储中央救灾物资33.9万件，获得自然灾害防治体系建设中央专项资金2.73亿元，专项用于基层救灾物资购置。在新冠肺炎疫情和汛期，启动应急物资调运联动机制，组织调拨中央救灾物资5000件、省级救灾物资26144件。

【粮食市场供给】全省粮食市场购销同比增幅均在20%以上。骨干企业订单种植收购50多万吨，成品应急储备规模9.3万吨。1000多个放心粮店升级改造，建立覆盖全省、线上线下融合的“陇上好粮油”新零售网络体系。在新冠肺炎疫情初期，省粮食和物资储备局快速组织全省94户应急加工企业复工复产，推动加工、储运、配送、供应各环节正常运转、有效衔接，为疫情防控提供基本保障。出台针对性办法应对市场波动和局部抢购倾向，保障市场平稳运行。

（供稿：贾　峰）

公共资源交易

【综述】全省公共资源建议平台完成交易项目22478个，同比下降4.01%；成交金额3472.58亿元，增长15.09%。全年白银、武威、定西等地交易量、交易金额实现同比大幅增长，个别地区交易金额增长近40%。

全年全省网上开标项目17405个，占全年交易总数的77%。其中，张掖、定西通过网上开标项目比例达到90%以上，投标人从下载标书到中标公示，全程在线操作，网上办事比例达到100%。全年通过阳光招标采购平台全省完成国家标准限额以下交易项目43434个，成交金额150.77亿元，与2019年同比两项指标均翻了一番，临夏州交易量较2019年同比增长271%，金额同比增长151%，市县许多小项目、限额以下项目顺利完成。

各级公共资源交易中心见证记录1.5万条场内违规行为，移交行政监督部门处理违规专家396人、中介机构270余家，有效规范交易市场。针对个别软件公司CA锁上加锁和违规收费的行为进行集中约谈，巩固拓展全省数字证书互认共享成果。

【服务平台建设】甘肃省公共资源交易目录和平台名录印发，确定7大类29项公共资源交易项目，将全省58个平台纳入名录制管理，同时分45批次扩充省级综合评标评审专家库，2020年新入库专家4368人。

（供稿：王俊祥）

烟草生产销售

【烟叶生产】全省种植烟叶2.27万亩，实际收购烟叶4.26万担。全省签订烟叶种植收购合同1675份，较上年减少163份，户均种烟面积13.55亩。发展万担乡2个，种植面积1.19万亩，千亩以上村5个，同比增加1个，千亩村种植面积6100亩，20亩及以上家庭农场和职业烟农409户，种植面积1.02万亩，占种烟总面积的45%。推进“公司＋农户”“公司＋综合服务合作社＋农户”等新型经营方式。2020年，上等烟36.59%，中等烟51.50%，下低等烟11.92%，收购均价23.92元／千克。

加大新品种试验示范推广力度，全省开展新品种“NC55”试验30亩，示范推广“延安1号”1000亩，“云烟99”6200亩，新品种推广面积占总面积的31.7%。加大新技术试验推广力度，总结应用土壤保育、水肥一体化试验研究成果，推广小苗膜下移栽、绿色防控先进适用技术，全省开展“水肥一体化”试验研究100亩，“有机无机肥”试验520亩，推广黄色诱虫板2.27万亩、“烟蚜茧蜂”2000亩。围绕育苗、施肥、植保、烘烤、分级五个环节，深化精益管理创新，全省推广烟叶精益生产面积2.27万亩，每亩降本52.45元。

坚持“项目拓展与劳务输出”同步推进，根据生产安排及农时节令，利用已建成的育苗工场和密集式烤房群发展种植蔬菜、西瓜、药用菊花、食用菌等附加值高的经济作物，扩大通用机械的大农业服务范围，挖掘农闲时节的劳务输出潜力。2020年全省烟农多元化收入实现产值2015.07万元，实现净收入1230.14万元。

【卷烟经营】完善品牌培育规划，加快形成各价类良性竞争、协调发展的品牌格局，构建以品类销量占比、销量同比、月末存销比为主要指标的品牌评价体系，提高品牌与市场需求契合度。引入全国市场的品牌雪茄烟规格，适度扩点，提高市场覆盖面，推动全省国产中高端雪茄烟市场扩量增容。

【专卖管理】深化一体化涉烟情报分析系统应用，推进“134”涉烟犯罪情报联合研创中心建设，完善涉烟情报数据库，优化信息研判方法，提高研判精准度，提升系统应用效率，建设形成“信息—研判—查案”闭环运行的大要案件查办机制。构建移动办公场景，执法记录仪、便携打印机、移动终端等执法装备在一线稽查队伍100%配备。

【打假打私】加强案件情报搜集整理，落实联合打假打私机制，强化跨区域大要案件联合办理。开展物流寄递涉烟违法犯罪专项整治活动，做好“互联网+物流寄递”环节的重点监管。落实联合打假打私机制，主动对接公安部门，对重点单位和重点案件进行督导跟进。2020年，全省查处各类假私卷烟案件3924起，查获假私卷烟458件，破获案值百万元以上网络案件29起。公安、司法机关依法刑事拘留104人，批捕81人，判刑69人。

【物流管理】落实行业物流自主管控发展道路，挖潜物流配送中心非法人实体化运作机制潜力，物流人员管理、财务管理、资产管理、业务管理、中转站（对接点）管理等工作不断规范，物流自主管控能力持续增强。开展精益物流课题研究，主动申请承担行业精益物流重点课题研究3项。探索实践智慧物流建设模式，制定《全省系统智慧物流建设的工作方案》，“3+8”区域物流网络格局入选行业提升企业核心竞争力经典案例，并被国家局推荐参选国家级企业创新管理成果奖评审。推进卷烟包装箱循环利用和托盘联运，包装箱返还和托盘联运分别完成全年任务的199.32%和118.64%。

【网络建设】至2020年底，全省建成现代卷烟零售终端客户2.89万户，比重23.9%；建成直营终端87户、加盟终端1068户，全商品扫码、全店铺管理、多方式结算客户达到1829户，“新商通”使用客户、“微商盟”开通客户、“陇之情”注册会员分别达到2.89万户、9.39万户和79.6万人。

【市场监管】关注重点领域涉烟违法活动，应用“双随机、一公开”监管模式，加大线上线下同步监管力度。实施客户信用分类分级管理，探索建立违法失信对象联合惩戒机制，进一步提高市场监管能力。利用零售客户、数据分析、执法协作等内外部资源，为案件侦办提供稳定可靠的信息来源。重点筑牢真烟非法流通监管防线，持续加大重点区域、重点环节、重点渠道以及中心市场、重点市场、边界市场的打击治理，构建“舆论监督、联合监管、社会参与、平台监控、两级运行”的监管体系，开展电子烟市场专项检查，杜绝利用网络售卖电子烟产品和向中小学生售卖电子烟产品。密切与公安、市场监管等部门的协作，针对扰乱卷烟市场的苗头性问题，开展专项治理行动。2020年，全省查处真烟非法流通案件5437起，查获非法卷烟7780件。查处违法违规卖烟大户132户，依法取缔27户。市场管控率为95.04%，较2019年提高0.88%。

（供稿：毕耜栋）

贸易促进

【国际经贸展览】举办“中国（甘肃）国际贸易数字展览会”。依托“网展贸”平台，以阿联酋、波兰、印度、土耳其等9个国家5000多买家需求信息为核心，利用大数据为全省145家重点外贸企业提供4万条买家数据供在线交流洽谈和精准配对，提供为期1年的线上商品展览、线上专场对接及近百场配套活动，重点推介甘肃循环农业、先进制造、中医中药、通道物流、文化旅游、清洁生产、节能环保等“十大生态产业”合作项目及“牛羊菜果薯药”六大特色产品。建立“3+1”服务机制工作职责，参展企业掌握软件操作和线上洽谈技巧，线上意向成交金额1286.81万美元。

【商事法律服务】省贸促会坚持特事特办、急事速办，推行“不见面”办公模式，开辟外贸业务“绿色通道”，通过“网络办”“线上核”“自主打印”“快递送”等方式快捷高效办理商事认证。对于部分企业因疫情影响无法履行国际贸易合同或承包合同的，为受困企业出具不可抗力相关证明。利用中国贸促会跨境贸易投资法律综合支援平台，开通法律咨询服务热线，组织省内涉外法律服务团队，先后向金川公司、方大炭素、海默科技、兰州石化等企业提供法律咨询服务1000余次，向全省企业发布有关国家（地区）采取限制性措施12期。审核受理三家企业涉外贸易纠纷调解案件，并上报中国贸促会调解中心纳入国际贸易专项调解范围。为全省90家外贸企业签发一般原产地证1445份，涉及金额1.4亿美元，涉及国别和地区79个；优惠原产地证70份，涵盖7个自贸协定，涉及金额448.27万美元；国际商事证明书276份（其中包含不可抗力证书17份），涉及20个国家和地区；代办领事认证55份，涉及9个国别使馆。

【投资贸易促进】向中国贸促会上报本省81家出口企业因新冠肺炎疫情影响导致出口受阻或减少的企业信息，行业涉及农产品及加工、商贸服务、化工、医药制造、纺织、酒店用品、有色金属及加工、食品、机械、文旅、轻工业（净洗羊毛、饮料），国别涉及德国、荷兰、英国、美国、加拿大、日本、韩国等30多个国家。向中国贸促会推荐甘肃北开电气公司、甘肃亿维天昱公司、敦煌首航节能公司、甘肃电力设计院、国家风电设备质量监督检测中心设计院、甘肃特种设备检验检测设计院6家新能源服务企业，列入《中国贸促会重点联系企业名录（新能源服务企业）》。向中国国际商会推荐甘肃省最新招商引资政策和重点招商项目，项目涉及制造业、交通运输仓储物流、科学研究和技术服务、能源电力和生产服务、商贸流通和服务、建筑和建材、金融服务、文化旅游等8个行业150多个。

（供稿：李生辉）

交通运输

【综述】2020年，甘肃省交通运输系统落实《交通强国建设纲要》，强化规划引领，加快《甘肃省推进交通强国建设方案》《交通强国建设甘肃省试点实施方案》等研究编制，申报第三批交通强国建设试点任务5项。“十四五”交通运输发展规划及全省综合立体交通网规划编制加快推进。全年累计完成公路水路固定资产投资929.98亿元，同比增长13.5%，投资完成总量居全国第11位，增速居全国第10位。

【交通基础设施建设】2020年，全年建成高速及一级公路990千米，G215线柳园至敦煌高速公路、G3011线敦煌至当金山高速公路、G1816线景泰至中川机场高速公路等10条708千米高速公路通车运营，新改建峰迭至代古寺等普通国省干线及旅游公路1011千米，新改建农村公路1.8万千米。10个综合客货运枢纽（物流园区）加快建设。全省公路总里程达到15.6万千米，加上已建成的6.7万千米自然村组路，实际里程达到22.3万千米。其中，高速及一级公路突破6000千米，二级公路达到1.1万千米，农村公路及自然村组路达到19.2万千米，与周边省（区）公路省际出口达到73个，所有乡镇和重要农村经济节点都实现普通国省道联通，所有4A级及以上旅游景区实现高等级公路相连，逐步形成内通外联的公路快速网、干线网和基础网。

银西高铁甘肃段建成通车，中卫至兰州铁路、酒泉至额济纳铁路、兰州至张掖三四线铁路中川机场至武威段等续建项目加快推进，天水至陇南铁路（甘肃省首条自主投资建设铁路）、西宁经合作至成都铁路（甘肃段）铁路、兰州中川国际机场三期扩建工程综合交通枢纽环线铁路开工建设。截至2020年底，全省铁路网已覆盖12个市州，铁路营业里程达到5467千米，其中高速铁路1425千米，铁路网密度128.4千米/万平方千米。

兰州中川国际机场三期扩建工程、天水军民合用机场迁建工程试验段工程分别于9月9日、9月26日开工建设。新建武威机场、临夏机场、嘉峪关机场改扩建工程以及庆阳华池、武威民勤等通用机场项目前期工作有序推进。

兰州中川智能化邮件处理中心建成投产。全省91个政务中心实现邮政综合服务平台建设全覆盖。快递电子运单使用率超过99%，投放包装废弃物回收箱1467个。完成“绿盾”工程安全监控中心建设和视频联网等任务。

【运输服务保障】2020年，全省交通运输综合服务水平持续提升。迎接全国“十三五”干线公路养护管理治理能力评价，全面加强公路日常养护管理。优质完成全国联网收费系统“费显”点亮和系统优化试点任务，为系统平稳运行贡献出甘肃方案和甘肃力量，得到交通运输部的充分肯定。新发行ETC卡20.02万张，全省ETC用户达到293万个，ETC发行及客服指标考核均居全国前列。改造高速公路和普通国省干线公路厕所80个。建成投运“司机之

12月27日，G0611张掖至汶川高速公路张掖至扁都口段正式通车

家”6个。开展道路限高限宽设施和检查卡点专项整治工作。增发交通一卡通62.5万张，累计发卡量达到253.7万张，皋兰城乡交通运输一体化示范县创建工作通过交通运输部验收。全省道路货运车辆年审、年检和环检实现“三检合一”。12328交通运输服务监督电话服务质量考评保持全国前列，9月排名全国第一。加强运输组织和运力调度，圆满完成节假日和重要时段的旅客运输任务。中亚粮食回程班列成功首发，“中吉乌”国际货运班列双向贯通，东盟—兰州—南亚航空货运通道顺利启运，中欧、中亚、陆海新通道、南亚四条国际班列实现常态化运营。

全省累计完成公路客运量2.25亿人，旅客周转量140.76亿人千米，同比分别下降37.71%和38.22%；完成公路货运量6.13亿吨，货物周转量1020.27亿吨千米，同比分别增长5.23%和4.16%；完成公路运输总周转量1034.35亿吨千米，同比增长3.19%。全省累计完成水路客运量55.28万人，旅客周转量855.15万人千米，同比分别下降30.68%和33.82%；累计完成水路货运量0.77万吨，水路货物周转量12.39万吨千米，同比分别下降95.22%和95.41%。

【行业治理体系建设】省政府印发《甘肃省深化农村公路管理养护体制改革实施方案》，建成“六位一体”乡镇综合服务站22个，建立村级公益性设施共享共管制度，初步形成“县有路政员、乡有监管员、村有护路员”农村公路管养体系。推进邮政业安全体系建设，组建成立12个市州邮政业安全中心。拓展交通投融资渠道，争取到位中央车购税等各类公路建设资金400.61亿元，为重点公路项目和农村公路建设养护提供资金支持。推广“基于资源换资金的建养一体化”等投融资模式，累计实施“基于资源换资金的建养一体化”项目36个。推动公路+多产业融合发展，拓展路衍经济产业发展路径。省政府印发《甘肃省公路省级存量债务风险化解方案》，完成公路存量资产、债务的专项评估审计、公路存量资产债务移交等工作，化解全省公路省级存量到期债务风险。推进交通运输综合行政执法改革，轮训执法人员6200余人次。开展为期半年的执法专项整治行动，高速公路超限率控制在0.15%、普通国省干线超限率控制在0.41%以内。深入推进“放管服”改革，取消、下放行政许可3项，8项高频政务服务事项实现省内通办，公路超限运输许可提前实现跨省通办。63项省级政务服务事项实现移动端在线办理，全年网上办件总量82974件，好评率99.98%。

【绿色智慧交通建设】甘肃省交通厅与甘肃省科技厅厅签订《关于科技创新驱动加快交通强国建设甘肃实践协同发展合作协议》，共同编制《甘肃省交通运输科技创新“十四五”发展规划》。组建成立甘肃公交建科技创新中心，设立甘肃省智慧交通重点实验室，西部首家网络货运数字产业园落地金昌。出台《甘肃省智慧交通建设工作方案》《甘肃省公路养护四新技术管理办法》《甘肃省“5G+智慧公路”示范项目建议书》，清傅公路“5G+智慧公路”试点项目和车路协同自动驾驶示范工程顺利推进。甘肃省湿陷性黄土地区公路修筑成套技术获中国公路学会科学技术一等奖，实现全省在该奖项中“0”的突破。出台《关于在全省交通运输行业推进区块链技术应用的指导意见》，危货运输、交通产品检测等2个区块链应用试点项目有序推进。推进甘肃省新基建智慧交通产业港项目建设工作。推进全省黄河流域交通运输生态保护和高质量发展，落实运输结构调整三年行动任务，推进大宗物资中长距离运输“公转铁”，加大柴油货车污染治理力度，全省新增新能源公交车400辆、新能源巡游出租汽车882辆。

【路衍经济发展】谋划路衍经济新业态，指导省公交建集团统筹交通主业与路衍经济产业融合发展，率先在全国成立甘肃路衍经济产业研究院。经过近2年的研究谋划，得到包括交通运输部、中国公路学会、科研机构和有关高校的广泛认同。省委《关于制定甘肃省国民经济和社会发展第十四个五年规划和二〇三五年远景目标的建议》，首次把“路衍经济”写入建议稿，明确要“推动形成路衍经济等千亿级产业集群”。《甘肃省国民经济和社会发展第十四个五年规划和二〇三五年远景目标纲要》，明确将“路衍经济产业集群”确定为“十四五”重点打造的千亿级产业集群之一。甘肃路衍经济发展从“刚起步”迈向“稳推进”。省公交建集团组建成立甘肃新发展投资集团有限公司，着力打造路衍经济研究、开发、投资、运营全生命周期服务商，为路衍经济项目落地实施奠定坚实的基础。深入开展《基于文化挖掘与利用的交旅融合综合体开发建设研究——以大敦煌文化旅游经济圈交响丝路1号线悬泉置交旅融合综合体为例》和《甘肃省路衍经济战略规划及政策机制研究》课题研究，编制完成《省属企业发展路衍及临空经济规划》《大敦煌文化旅游经济圈交旅融合综合体项目交通强国试点方案》。推进总投资44亿元的大敦煌文化旅游经济圈“交响丝路1号线交旅融合综合体项目”，开工建设敦煌悬泉置世界遗产与现代服务区交旅融合项目。启动G75兰海高速公路太石交旅融合和新发展城市快递分拨中心项目。组建成立甘肃交通精石矿业公司，为发展“白料”产业、形成品牌产品构建强力抓手。新建成武都服务区“绿橄榄”主体展馆、礼县服务区“三国文化”主题展馆，建成14个特色旅游商品和地方农特产品实体示范店，建成8个地方特色小吃店，4个旅游咨询服务中心，12处房车驿站，4个司机之家。路衍经济已成为推动甘肃交通运输高质量发展的亮丽名片。

【安全与应急】2020年，《甘肃省交通运输行业安全生产风险分类、分级辨识评估管控指导手册》和《甘肃省交通运输行业生产安全事故隐患分类、分级排查治理指导手册》编制完成，梳理出致险因素8317个、风险事件1892个、安全隐患排查项5458个。在全省道路运输、工程建设领域积极开展本质安全建设试点6个。全力应对陇南等地特大暴洪灾害，统一调配37支应急抢险突击队，在最短时间内打通救灾“生命线”。全年未发生较大以上生产安全责任事故，行业安全生产形势保持平稳。深化行业领域突出问题和乱点乱象治理，累计投入执法力量8.2万人次、出动执法车辆2.3万余台次，查处非法营运车辆6842辆，行政处罚3000万元。甘肃省交通运输厅被评为2019年度平安甘肃建设优秀单位。

（供稿：尉永强）

高速公路运营管理

【综述】甘肃省ETC客服指标考核位居全国前列。固定资产投资完成率全省第一。柳敦、敦当、景中、渭武、会老、静庄、张扁等高速公路和六东一级公路顺利实现并网运营。特别是景中高速的运营筹备开创全省高速公路新开路段运营筹备时间最短的纪录。开发甘肃交通社会公众出行服务在线评价系统，功能扩展至“甘肃e付”小程序和甘肃交通12328公众号等平台。

省高速公路局对2020年自评申报推荐的51对服务区、停车区内业资料和功能设施、服务质量等外业情况进行现场评定，兰州南、武威等8对服务区被评定为标准示范服务区；白银东、土门等12对服务区被评定为优秀服务区；永昌、景泰等27对服务区被评定为达标服务区，全省高速公路服务区等级评定达标率92.2%。

【疫情防控】组建由1138人组成的181个应急保障队伍，协同交通检疫组成员单位加强联防联控、群防群控，先后在收费站出入口、服务区设置交通检疫站点287个。按照“一断三不断”“三不一优先”总体要求，严格落实防疫应急物资运输车辆“绿色通道”政策，有序支持复工复产，分区分级恢复高速公路运输服务。疫情防控高速公路免费通行期间减免通行费22.5亿元／2815.71万辆次。省高速公路局在42个收费路段抽调工作人员1138名，组建181支应急队伍迎战疫情防控及返程高峰。甘谷收费站荣获抗击新冠肺炎疫情“全国三八红旗集体”荣誉称号。

【优化收费】与维护单位共同组建运维保障队伍，建立故障快速响应和应急处理机制。投入人员821人、车辆340辆，行驶近300万千米，完成实车测试工作。编制的门架系统批量部署方案及部署脚本，为部路网中心提供参考。参与《计费模块路径拟合及流程设计指南》编制，开发的车道“绿通”查验二维码生成程序，被部路网中心作为标准程序库下发全国应用。认真落实部、省、站三级联动机制，加强路网运行监测，路网调度能力有效提升。印发《疏堵保畅方案》和《恢复收费应急保障方案》，规范22类全网运营常见特情车辆处理流程。作为全国联网收费系统“费显”点亮和系统优化5个试点省份之一，优质完成试点省份任务。

【全省高速公路ETC建设】2020年，省高速公路局在全省车流大的县区及收费站新增了9个ETC固定服务网点。至8月底，全省高速公路共计设立ETC固定网点31个，ETC安装充值便民服务点144个，基本实现ETC便民网点“全覆盖”。

2020年ETC新发行20.02万张，累计用户量达293万

11月26日，景泰至中川机场高速正式通车试运营

余辆，完成交通运输部“安装率达到80%以上”的目标任务，构建“1+28”（1个省级客户联络总中心+各市州28个客户联络分中心）ETC客服体系，并在原32个固定服务网点的基础上，根据用户需求在全省高速公路收费站出口、服务区增设ETC安装充值便民服务点160个，组建近700人的“线上+线下”客服团队，实现ETC客服“无处不在、无时不有、无微不至”。建立完善客服标准规范和监督考核制度，引入“互联网+云端客服”模式，对全省ETC客户分中心实时监管、全程监督、过程管控。开展“助力精准扶贫 提升ETC使用率百日攻坚行动”，面向全省ETC用户推出百日有奖通行活动。2020年，完成177个收费站673条ETC车道、667条混合车道、418个门架和省中心、收费站系统的部署升级，实现全省ETC“费显”点亮和CPC卡精准计费，经分析3月11日以来的11万余条ETC车辆通行数据，全省及跨省拟合成功率和扣费准确率都达到100%。

【平安高速建设】报批调整车辆清障救援服务收费标准。制定《社会清障救援机构备案暂行办法》《社会清障救援机构服务信用考核评价办法》。坚持定期演练制度，与省公安厅交管局联合开展高速公路多部门综合应急演练，首次采用“空地一体化”救援新模式。开展安全生产专项整治三年行动，基本完成排查整治阶段重点任务。全年共组织各类安全监督检查4次、安全教育培训153场次、各类应急演练209次。坚持边查边改、立查立改，排查各类隐患706项，整改671项、限期整改23项、函告相关部门整改12项。

【撤销省界收费站】2020年1月1日零时，全国高速公路同步进行系统切换并网，正式实施“一张网”运营。自国务院部署开展深化收费公路制度改革取消高速公路省界收费站工作以来，全省通过《甘肃省深化收费公路制度改革取消高速公路省界收费站实施方案》，成立工作领导小组，安排部署ETC推广发行、撤站工程项目建设，按期完成取消高速公路省界收费站工作。全省共拆除省界收费站11处，收费站入口全部安装静态秤，启动全省高速公路入口治超工作；共改造ETC专用车道293条、ETC混合车道586条，完成设备安装、应用软件部署及联调联试工作；在交通量发生变化的位置建设路段ETC门架400套，完成软件升级及网络安全部署，CPC卡（复合通行卡）已从12月16日开始投用。至12月30日，全年新增ETC用户185.69万辆，全省ETC在用用户达262.11万辆，ETC安装率达81.35%。

【高速公路限速标准调整】省交通运输厅、省公安厅联合发布《关于调整甘肃省境内高速公路限制速度的通告》，确定全省境内高速公路自2020年5月1日零时起调整限速标准。全省高速公路一般路段，采用分车型限速，即小型载客汽车最高时速120千米／小时，最低时速60千米／小时；其他机动车最高时速100千米／小时，最低时速60千米／小时。全省高速公路隧道路段，除G75兰海高速公路兰州至临洮段下行线（临洮至兰州方向）新七道梁隧道继续执行客车最高限速60千米／小时、货车最高限速50千米／小时的限制速度外，其余隧道最高限速标准统一按照设计速度调整为80千米／小时。全省高速公路特殊路段，如枢纽立交、事故多发路段、技术指标受限路段、特殊气象影响等13处特殊路段限制速度以现场设置的限速标志为准。

（供稿：高腾飞）

铁路运输

【综述】2020年，兰州局营业里程6051.5千米，其中高铁1617.3千米；职工总人数77659人，机关职能管理机构26个，生产机构1个，附属机构25个，派驻机构2个，基层单位57个。管辖车站（线路所）318个，配属机车1320台（其中电力机车1154台、内燃机车166台）、客车1928辆、动车组77组（含14组CR200J动车组）。全局共运行旅客列车305.5对，其中高铁186.5对、普速119对。现管辖宝兰高铁、兰新客专、银兰客专、银西高铁4条高铁线，陇海、兰新、兰渝、兰青、包兰、宝中、干武、太中、定银、中川、西平、天华、敦煌、兰州北环线、周家庄联络线15条干线和其他（平汝、红会、嘉镜、玉门南线）4条支线，连接着甘、宁、青、新、蒙、陕、川等7省（区），是西北交通运输和经济建设的大动脉。时速250千米新型“复兴号”动车组首次在银西高铁上线运行，所

6月5日，“中吉乌”公铁联运国际货运班列在兰州东川铁路货场首次发车

有普速站车开通电子客票业务。全年完成旅客发送量4153.3万人，旅客周转量237.9亿人千米。全年完成货物发送量5966.1万吨，货物周转量1496.4亿吨千米。陇海线货物列车运行时速提高至90千米，单日卸车连续19次刷新历史记录。

【基础设施】 兰州局集团公司管辖线路延长总计12430.09千米，其中正线延长10057.90千米、站特线延长2372.19千米；集团公司道岔总计7536组；受委托管理的太中银铁路太中线、定银线，兰渝铁路兰州北环线、兰渝线，敦煌线，西平线、中川线、天平（天华）线等普速合资铁路延长2873.45千米，其中正线2278.40千米、站特岔线595.05千米；道岔总计1631组。受委托管理的徐兰高速（宝兰高铁）、兰新客专、银兰客专银川至中卫南段、银西高铁线路延长3447.00千米，其中正线3240.82千米、站特岔线206.18千米；道岔总计649组。集团公司运营铁路桥梁1821座10.86万米、隧道166座15.11万米、涵渠7083座15.72万横延米，桥隧涵合计32.10万换算米；路基设备长度总计5791.13千米。合资铁路桥梁总数为1405座81.31万米、隧道234座90.54万米、涵渠4136座10.28万横延米，桥隧涵合计115.74万换算米；路基本体长度2774.515千米。电气化铁路营业里程5783千米，占总营业里程的98%，接触网运营总里程5783千米（14784条千米），其中高铁接触网运营里程1668千米（4673条千米）；电力线路19659千米（高铁5348千米）；专用线206条、专用铁路24条。货运营业线路22条，营业里程4507千米，其中国铁2974千米，

【运输安全】 年内，发生铁路交通一般事故62件，同比减少2件，降幅3.1%。行车安全：全年发生行车事故43件，同比减少1件，降幅2.3%。集团公司责任行车事故15件（D1事故1件、D9事故3件、D10事故4件、D21事故7件），同比增加6件，上升66.7%；非集团公司责任行车事故27件；非责任行车事故1件。劳动安全：未发生从业人员责任死亡事故，同比持平；未发生从业人员责任重伤事故，同比持平。路外安全：发生非责任路外伤亡事故19件，同比减少1件，降幅5%，其中死亡14人，同比减少2人，死亡人数控制在国铁集团下达的指标以内，未发生道口和责任路外伤亡事故。特种设备安全：杜绝了特种设备一般及以上责任事故。全年未发生C类及以上责任行车事故，杜绝了职工重伤及以上责任事故，杜绝了高铁客车D类及以上作业事故，截至12月31日，实现安全生产2257天。

【建设投资】 全年完成基本建设投资291.07亿元，其中兰州至重庆铁路（全线）完成投资60.6亿元，宝兰客专完成投资28.96亿元，银西铁路完成投资46.78亿元，吴忠至中卫铁路完成投资1.34亿元，新建敦煌至格尔木铁路完成投资5.26亿元，兰州至中川机场铁路完成投资4.63亿元，包头至银川铁路银川至惠农段完成投资12.5亿元，中卫至兰州铁路宁夏段完成投资9亿元，中卫至兰州铁路甘肃段完成投资75亿元，兰州至张掖三四线铁路中川机场至武威段完成投资35亿元，酒泉至额济纳铁路酒泉至东风段升级改造工程完成投资12亿元。

【路外安全环境整治】 开展普速铁路环境安全隐患综合治理三年行动，集团公司投资1075万元，对兰新线上行K35+492、包兰线上行K697+730和K698+800处道口进行平改立施工；投资6353.43万元，更新增设防护栅栏378.84千米；投资748.35万元，增设立交桥涵限高防护架61个；投资358.23万元，增设公铁并行防护设施8.98千米；投资88.89万元，增设兰渝线、西平线“铁跨公”立交桥防护设施1.95千米；投资175.54万元，增设兰新、兰青线排水渠804米。

（供稿：杨雍梅）

航空运输

【综述】 甘肃省民航机场集团全年保障完成运输起降11.56万架次、旅客吞吐量1336.44万人次、货邮吞吐量7.47万吨，较行业平均水平分别高3.65%、10.99%、5.16%，旅客吞吐量全国排名第22位，较2019年提升3位。其中，兰州中川国际机场完成运输起降9.37万架次、旅客吞吐量1112.66万人次，货邮吞吐量7.00万吨，较行业平均水平高1.76%、9.31%、3.21%，运输起降架次和旅客吞吐量较西北地区平均水平高1.73%、3.56%，旅客吞吐量全国机场排名第26位，较2019年提升1位。2020年，集团共新增客运航线58条，加密客运航线41条，新增货

兰州中川国际机场三期扩建工程开工奠基

运航线3条，新增通航城市10座；累计通航城市119座（其中国际地区城市18座），执行客运航线247条（其中国际地区客运航线19条），货运航线7条（其中国际地区临时货运航线4条）；累计执飞航空公司40家。集团航空运输生产恢复水平处于行业前列，经营效益止滑企稳，触底回升。

9月9日，投资334.38亿元的兰州中川国际机场三期扩建工程开工建设。2020年3月10日，经中国民航局批准，敦煌机场更名为"敦煌莫高国际机场"，成为国内继义乌、满洲里之后第三个县级市国际机场，运营航线17条，通达国际国内城市15个，2016—2019年旅客吞吐量年均增速保持20%以上，2019年突破90万人次大关，在全国机场排名第110位。

【航空物流】8月18日，甘肃省民航机场集团携手兰州新区成功举办兰州新区国际空港航空物流合作项目集中签约仪式，签约项目8个、资金2.17亿元。10月15日，总投资5.19亿元的兰州新区综保区跨境电商综合交通物流园项目开工建设，实现航、港、区一体化运作。

【兰州中川国际机场通航50周年】7月26日是兰州中川国际机场通航50周年纪念日。兰州机场现拥有212客运航线条、10条货运航线，可通达欧洲、西亚、东南亚及日韩等国内外119座通航点、年旅客吞吐量突破1500万人次。

【甘肃省民航机场建设集团】1月3日，甘肃省民航机场集团与西部机场集团签署战略合作框架协议，开启甘陕机场战略合作、互利共赢的全新发展阶段，共同打造资源共享、优势互补、协同发展的西北机场集群，更好服务国家"一带一路"建设。3月25日，甘肃省民航机场集团与甘肃文旅产业集团签署战略合作协议，双方将通过打造"航空+旅游"新模式，聚集发展优势，聚合发展资源，共同推动甘肃航空及旅游事业深度融合、协同发展。

2020年，甘肃省民航机场集团所辖庆阳机场、张掖机场、敦煌机场和兰州中川国际机场举办不同类别综合应急

甘肃省民航机场集团2020年运输生产情况

机场	指标		1—12月						
			本年累计	累计预算	完成比例	去年同期	同比增幅	年度预算	完成比例
兰州	运输起降(架次)		93689	125000	74.95%	118063	-20.64%	125000	74.95%
	旅客吞吐量(人次)		11126554	16600000	67.03%	15302975	-27.29%	16600000	67.03%
	货邮吞吐量(吨)	合计	69990	—	—	72001.6	-2.79%	—	—
		不含东航保障	55957.2	61000	91.73%	54781.9	2.15%	61000	91.73%
敦煌	运输起降(架次)		5892	8700	67.72%	7630	-22.78%	8700	67.72%
	旅客吞吐量(人次)		724979	1060000	68.39%	901960	-19.62%	1060000	68.39%
	货邮吞吐量(吨)		994.8	710	140.11%	606.8	63.94%	710	140.11%
嘉峪关	运输起降(架次)		4494	5150	87.26%	4888	-8.06%	5150	87.26%
	旅客吞吐量(人次)		554699	640000	86.67%	580971	-4.52%	640000	86.67%
	货邮吞吐量(吨)		1683.7	1930	87.24%	1801.9	-6.56%	1930	87.24%
庆阳	运输起降(架次)		3556	4700	75.66%	4464	-20.34%	4700	75.66%
	旅客吞吐量(人次)		359522	530000	67.83%	488805	-26.45%	530000	67.83%
	货邮吞吐量(吨)		44.1	250	17.64%	230.2	-80.84%	250	17.64%
张掖	运输起降(架次)		2404	2150	111.81%	1866	28.83%	2150	111.81%
	旅客吞吐量(人次)		221495	260000	85.19%	213714	3.64%	260000	85.19%
	货邮吞吐量(吨)		1344.3	470	286.02%	398.3	237.51%	470	286.02%
金昌	运输起降(架次)		2078	2100	98.95%	2039	1.91%	2100	98.95%
	旅客吞吐量(人次)		155894	210000	74.24%	193976	-19.63%	210000	74.24%
	货邮吞吐量(吨)		448.6	180	249.22%	164.9	172.04%	180	249.22%
陇南	运输起降(架次)		3524	3750	93.97%	3369	4.60%	3750	93.97%
	旅客吞吐量(人次)		221288	330000	67.06%	282041	-21.54%	330000	67.06%
	货邮吞吐量(吨)		221.5	180	123.06%	157.6	40.55%	180	123.06%
集团	运输起降(架次)		115637	151550	76.30%	142319	-18.75%	151550	76.30%
	旅客吞吐量(人次)		13364431	19630000	68.08%	17964442	-25.61%	19630000	68.08%
	货邮吞吐量(吨)	总计	74727	—	—	75361.3	-0.84%	—	—
		不含东航保障	60694.2	64720	93.78%	58141.6	4.39%	64720	93.78%

演练。其中，兰州中川国际机场举行的“护航2020”应急救援综合演练是机场通航以来规模最大的应急救援综合演练，共12家单位、265人参演，动用运输客机1架，直升机1架，警用无人机1台，救援车辆49辆以及警犬2只。

（供稿：张立生）

【中国东方航空股份有限公司甘肃分公司】中国东方航空股份有限公司甘肃分公司完成13架援鄂包机保障任务，运送医护人员1572人次，医疗物资16.153吨；完成3架次国际包机地面保障任务；开展飞机预防性消毒871架、终末消毒45架；组织党员抗疫捐款12.58万元；因航班任务累计隔离189人，无确诊、疑似及无症状感染者。

2020年安全飞行28633小时，13259架次，航班正常率90.63，高于全民航平均水平，未发生一般差错及以上的不安全事件，第七次荣获东航“连续10年以上无事故征候优胜单位”，顺利实现第27个航空安全年。

东航在甘肃辖区客运市场份额25.25%，货运市场份额23.56%，全年旅客运输量337.49万人，货邮运输量1.76万吨，运输总周转量20267.56万吨千米。夏秋季获取兰州机场1/3优质增量时刻，冬春季获取新增时刻量70个，开通大兴、加密虹桥等大线正班，8—10月份航班恢复度等各类营销指标在东航股份排名前列。

（供稿：杨文婷）

公路航空旅游投资建设

【资本运营】甘肃公航旅集团以较低的发行价格完成定价3年期3亿美元的境外债券，连续第五年成功发行境外债券，正式获批上海证券交易所200亿元的可续期公司债。与国开行甘肃省分行签订《开发性金融合作协议》，获得国开行甘肃省分行2020年高速公路项目100亿元资金支持。协调各银行机构，推进PPP项目授信融资工作，推动公路债务化解工作，与国家开发银行等16家银行组成的银行团签署1673亿元的债务重组协议，开展存量债务置换，降低贷款利率，优化债务结构，完成置换资金837亿元。

【项目投资】甘肃公航旅集团完成投资438亿元。公路传统项目投资275.36亿元，平天、甜永等11个续建公路项目有序实施。景中、会老、静庄、渭武定西段等公路项目建成通车，肃沙项目即将通车试运营。临洮（安家咀）至临夏公路项目开工建设，天定维修改造项目按计划推进，取消省界收费站项目完成预期目标。兰州南绕城高速项目荣获“李春奖”。PPP模式公路项目完成投资138.75亿元。陇漳、通定、定临、天庄等高速公路PPP项目稳步推进。S35景礼、S10马乌至西寨段高速公路PPP项目开工建设。旅游项目完成投资22.83亿元，武威雷台文旅综合体、历史文化街区PPP项目、天水麦积山国际露营地、文县天池景区等项目有序推进。通航项目完成投资0.85亿元。武威民勤通用机场项目开工建设，庆阳华池机场项目手续加快办理。

公航旅集团投资建设的全省第一条建管养运一体化高速公路渭武高速各竜特大桥

【抢险救援、参与灾后重建】8月18日至8月21日，甘肃公航旅金汇通航公司先后派出AW139/B-708M和AW109/B-707N两架直升机，将石鸡坝镇、舍书乡等地被洪水围困的75名群众全部转移至安全地带，总计安全飞行42小时20分钟、40架次。直升机还向石鸡坝、舍书乡、天池镇等受灾地区投送600余箱方便面、火腿肠、矿泉水、大米、白菜、土豆、粉条、牛奶、榨菜等救援物资总计3280斤。同时向灾区地面输送救助工作人员13人次以及2套专业设备。公航旅集团武九项目共组建18支应急抢险队伍，累计出动抢险人员890人、装载机55台、挖掘机58台、自卸车100辆等大型设备，经过4昼夜奋战，顺利打通G212、G247等高速公路，保障G75兰海高速的畅通。公航旅集团渭武高速公路运营管理公司通过连续不间断作战54小时，清理泥石流8000余立方米，清洗路面22000余平方米，打通渭武高速公路石门渡槽泥石流淹没路段，为沿线受灾群众抢通生命救援道路。

（供稿：胡青旺）

通　信

【综述】全省信息通信行业发展态势平稳向好，电信业务总量完成2557.0亿元，同比增长30.5%;电信业务收入累计完成190.8亿元，同比增加5.8%，完成固定资产投资62.7亿元（其中4G投资10.8亿元，5G投资18.5亿元），同

甘肃年鉴 2021

11月6日—7日，由甘肃省工业和信息化厅、甘肃省通信管理局、中国移动通信集团甘肃有限公司联合主办的“甘肃5G+新基建信息化大会”在甘肃国际会展中心举行

比增长11.7%。全省电话用户达到2983.6户，同比下降3.2%，其中移动电话用户2673.8万户（含4G用户4175.4万户），同比下降2.8%。固定互联网宽带接入用户931.4万户，同比增长7.0%，FTTH／O用户占比达到96.3%；移动互联网用户达到2298.6万户。

【5G组网建设发展】 甘肃省通信管理局从营造良好发展环境破题，全面加快推进5G网络建设及应用，重点强化政策引领、项目储备、调度分析及“三难两高”问题解决。制定印发《甘肃省5G建设及应用专项实施方案》《甘肃省5G站址专项规划》等政策引领文件。经省政府同意，由省政府办公厅印发了《甘肃省5G站址专项规划》，这是全国首个由省政府印发的5G站址专项规划。在全国率先开展5G组网建设“三难两高”（入场难、选址难、审批难，场租高、电价高）问题专项整治，建立问题清单，由省政府点对点下发至相关市州政府及省直有关部门，督促整改清零。建立月调度统计分析制度，会同省工信厅每月调度全省5G网络建设及应用情况。截至12月底全省累计建成5G基站8509个，其中：2020年新建成7802个，提前完成全年新建成5G基站7000个的目标任务，5G网络人口覆盖率达到24%以上，实现全省所有市（州）主城区5G网络连续覆盖，部分县城重点区域5G网络覆盖。

建立总经理挂联工业企业制度，培育甘肃移动西沟矿5G+智慧矿山、甘肃电信龙首矿5G+电机车无人驾驶车、华天电子5G+智慧车间以及甘肃联通兰临高速SG+无人机巡检系统等一批典型5G创新融合应用。特别是兰州市荣获工信部2020年度十大城市重点场所移动网络质量评测5G网络速率最佳城市、甘肃移动西沟矿5G+智慧矿山项目荣获工信部主办的第三届“绽放杯”5G应用征集大赛智慧园区专题赛一等奖、甘肃联通建成了我国首套5G+无人机高速无人自动巡检系统等成果，体现了甘肃省在5G网络建设及应用中取得的突出成效。

【电信普遍服务试点】 第五批电信普遍服务试点建设，在农村地区建成4G基站519个。争取第六批电信普遍服务试点项目，获得中央补贴资金1.17亿元，支持在全省399个行政村建设432个4G基站。开展全省行政村网络覆盖拉网式排查，全省行政村光纤宽带和4G网络覆盖率均达到99%以上，2020年10月，工信部表彰了全国电信普遍服务试点工作成绩突出个人和集体，甘肃省通信管理局信息通信发展处等5个集体和16名个人受到表彰。

【提升网络信息安全】 甘肃省通信管理局强化行业主管部门监管责任，加强与政法委、网信、公安、维稳、反邪教、扫黑除恶及扫黄打非等部门协同联动，协调全省各基础电信企业配合做好非法网站和网上非法出版物、有害信息处置等。强化网络基础设施网络安全防护能力，监督检查省内各基础电信企业和增值电信企业定级备案、安全防护措施、符合性评测和风险评估等工作情况，消除安全隐患，防范安全事件发生。按照省政法委统一部署，全面开展防范治理电信网络新型违法犯罪工作，部署信息通信行业“断卡”专项行动，通过升级系统功能、关停高危疑似号码、建立失信用户管理体系、严格渠道管理等多种方式，提升对新型违法犯罪活动的处理能力。完善技术手段建设，联合甘肃省工信厅，组织各基础电信企业、丝绸之路信息港股份有限公司、北京亚鸿世纪、兰州理工大学、北京理工大学联合体申报参加工信部“2020年工业互联网创新发展工程—升级工业互联网安全态势感知平台项目”，于10月30日成功中标。

【防汛救灾应急通信保障】 汛期前，甘肃省通信管理局排查全省应急装备物资及汛期通信设施隐患，建立省、市（州）、县3级应急责任人联席机制。8月中旬，甘肃省陇南、甘南等地区多地发生暴洪、泥石流、滑坡崩塌等严重灾害，导致多处道路阻断、通信线路设施损坏，部分乡（镇）通信中断，防汛救灾形势异常严峻。截至9月8日18时，全省通信行业累计出动抢修人员34750人次，抢修车辆13348台次，发电油机33775台次，支援卫星电话822部次，累计抢修6917.11千米，累计抢修恢复基站24638站次。

（供稿：田卫国）

邮 政

【综述】省邮政行业业务收入（不包括邮政储蓄银行直接营业收入）累计完成51.50亿元，同比增长18.43%；邮政行业业务总量累计完成47.13亿元，同比增长21.99%。全省快递服务企业业务量累计完成13823.52万件，同比增长33.29%；业务收入累计完成29.79亿元，同比增长31.57%。

【快递服务与建设】甘肃省邮政管理局承接省政府快递物流产业体系建设研究课题，“一主两辅”快递园区建设项目纳入全省“十四五”规划纲要。组织编制邮政强国建设行动纲要实施方案和邮政业“十四五”规划、综合立体交通网邮政专项规划。全省邮政快递业减税降费6500余万元。各市州政府出台文件24份、落实奖补资金2528万元，支持寄递服务升级。兰州中川智能化邮件处理中心投产，多家快递企业分拨中心扩能升级。推动快递与现代农业融合发展，培育农特产品项目107个，带动农产品销售额40.7亿元。联合省工信厅印发《关于促进快递业与制造业深度融合发展的实施意见》，快递与制造业融合的深度和广度不断拓展，运作服务制造业项目24个，寄递工业品51万件，产值69亿元。联合省发改、生态环境、财政等七部门印发《关于协同推进快递业环保治理工作的实施意见》，协同推进快递业环保治理工作。省发改、生态环境等部门联合印发《关于进一步加强塑料污染治理的实施意见》，将快递包装纳入治理范围。快递电子运单使用率超过99%，近90%的电商快件不再二次包装，循环中转袋使用率达90%，投放包装废弃物回收箱1467个。

【行业安全监管】两轮机要通信专项检查发现的88个隐患问题全部清零，“专用信箱”服务保障工作得到中央第十五巡视组好评，全省寄递渠道“扫黄打非”成效良好，22.4万份高考录取通知书全部妥投。落实收寄验视、实名收寄和过机安检“三项制度”，查堵违禁物品300余件。推动实名收寄信息专项整治工作，立案查处36起，“实名不实”“替代实名”问题得到有效遏制。联合省反恐办、省邮政业安全中心举办三期邮政快递业安检员岗位资格认证培训班，214名快递员取得岗位资格证书、持证上岗。完成“绿盾”工程安全监控中心建设和视频联网等任务，寄递渠道安全风险监测监控和预测预警能力持续提升。完善邮政业突发事件应急体系，制定《甘肃省邮政业疫情防控工作专项预案》等6个专项预案并组织宣贯和演练。联合公安部门研判和防控行业稳定风险隐患，排查化解加盟纠纷、劳资纠纷等群体性事件13起，妥善处置智能快件箱收费等热点舆情，保持行业总体稳定。启动邮政快递业安全生产专项整治三年行动，杜绝重大安全生产事故。

（供稿：李 波）

电 信

【综述】中国电信甘肃公司完成“提速降费”，开展宽带提速、取消语音长途漫游费、取消流量漫游费、降低套餐外语音和流量资费、中小企业宽带提速降费五项重点工作。全面推进“携号转网”，通过各项保障工作和制度规范确保用户“携得了、转得快、用得好”。履行企业主体责任，统筹开展扫黄打非、反诈、“断卡”行动，网信安全可管可控，反诈整治省内保持同业领先。

【服务保障】中国电信甘肃公司开展网络安全威胁整治，营造清朗网络环境。推进服务智能化、数字化转型，通管局、集团公司通报用户综合满意指数测评均为同业第一。完成全国两会、上海进博会等国家级通信保障，完成陇南甘南特大暴雨泥石流抢险救灾等省内重要通信保障任务共42次，为全省信息化网络提供电信级安全保障，确保全省重大网络与信息安全事件“零发生”、重大网络数据及用户个人信息泄露事件“零发生”。信息化支撑全省脱贫攻坚，在“三区三州”网络扶贫中投入4.61亿元，超额完成光网100%、4G网络96%的覆盖率目标要求。

（供稿：张莉萍）

移 动

【综述】中国移动甘肃公司统筹推进疫情防控和复工复产工作，切实做好通信、服务、防控“三个保障”，搭建疫情调度指挥短信平台，免费开放云视讯、视频彩铃、大数据疫情精准分析等业务，推广“复工云”“复游云”等应用。上线“脱贫攻坚网络公开课”云平台。做好两会等重大活动的通信保障，在8月份陇南、甘南、定西洪涝灾害后，出动保障人员1400人、发电油机760台、抢修车辆150台、累计抢修基站984个，投入8029万元重建3468千米水毁通信线路，落实电信诈骗治理工作，推进“断卡”行动，持续向公安机关推送疑似线索号码，加强疑似涉诈号码综合研判处置，涉案号码下降65%，诈骗治理案例被中国互联网协会评选为“2020年度防范治理电信网络诈骗优秀创新实践案例”。

【信息网络建设】中国移动甘肃公司贯彻网络强省、数字甘肃部署要求，建成5G基站4825个，提前实现全省各市州城区5G精品公共网络的连续覆盖和各县区重点覆盖，初步形成涵盖“规建维优服”的5G网络运维管理和质量评价体系。兰州在工信部测试中被评为“5G下载速率

最优”奖。云计算数据中心总装机能力超过2万架，率先完成14个市州区块链服务网络建设。IT系统建设实现从单一能力独立建设到能力共享快速复用的新架构转变，智慧中台建设进入实质性推进阶段。

（供稿：王秀伟）

联　通

【综述】中国联通甘肃省分公司加强网络建设和升级。2G业务全面下线、网络设备全部退网；4G网络人口覆盖率超过93%；积极推动5G共建共享，累计共享开通5G站点4600余个，共享率100%。移动网NPS稳步改善，客户体验实时测评得分9.1分，实现提升50%的年度目标。加快宽带网络“光进铜退”，FTTH用户占比提升至92%。按照“2+13”的总体布局，建成覆盖14个地市的省内行业云资源池，满足甘肃数据资源需求。

【服务社会】中国联通甘肃省分公司推进提速降费，在重点场所、重点领域优先覆盖和应用“双千兆”网络，开展中小企业客户提速降费活动。针对中小微企业，推广“云+网+X”组合优惠，降低宽带平均资费提升客户价值；针对大中型企业和制造业企业，推出“专线+冰卡”系列组合优惠套餐，降低专线平均资费提高客户黏性。同时持续做好精准扶贫和视力、听力、言语残疾人优惠资费政策推进工作。全年企业宽带年度降幅达到18.8%，互联网专线年度降幅达到55.2%，均已达到“2020年度降幅不低于15%”的目标。

（供稿：李　静）

经济管理与监督

发展与改革

【规划政策制定】省政府出台支持大敦煌文化旅游经济圈建设的若干意见、进一步支持兰州新区高质量发展的实施意见，发布全省《贯彻落实中央关于新时代推进西部大开发形成新格局决策部署的实施意见》。开展全省“十四五”规划《纲要》编制工作，出台《黄河流域生态保护和高质量发展规划纲要》省级规划，将若尔盖国家公园、甘青川毗邻地区国家生态旅游示范区、董志塬黄土高原固沟保塬工程、兰州经平凉庆阳至延安至北京高铁、兰州至汉中至十堰高铁、陇东至山东特高压直流输电工程、西路军西征路线红色旅游走廊建设、设立绿色发展银行、设立黄河流域生态保护和高质量发展基金、发展戈壁生态农业和寒旱农业等内容列入国家规划纲要。出台《关于加快推进新型城镇化和城乡融合发展的若干政策措施》和8个专项方案，启动《甘肃新型城镇化规划（2021—2035年）》编制工作。

【产业结构调整】全省十大生态产业增加值占地区生产总值的比重为24.2%，比上年提高0.5%。动态调整生态产业重大带动性工程项目库，精选100个生态产业项目，由20个省直部门的厅局级领导一对一帮扶。推进“三去一降一补”，关闭退出煤矿10处、产能156万吨。建设兰州综合性国家科学中心，创建高水平国家创新平台，启动甘肃“上云用数赋智”行动及“东数西算”试点。

【资金争取和投资管理】省政府出台“强化要素跟着项目走”保障机制的意见，省发改委编印重点投资项目、省列重大项目、重大前期项目“三个清单”以及“两新一重”项目储备清单，纳入新开工、续建、预备等各阶段投资项目7000多个，总投资约5万亿元。全年争取中央预算内投资180.8亿元，较2019年增加20.7亿元；争取新增地方政府专项债券额度740亿元，较2019年增加372亿元。组织20家银行同208户企业签约金额2430亿元，落实“百个重大项目党政领导包抓推进工作机制”，158个省列重大项目累计完成投资1753.63亿元，同比增长26.97%。

【农业生态建设】祁连山保护区生态环境问题整改任务2019年底完成18项，2020年完成整改任务3项，剩余10项长期整改任务。《祁连山生态保护与建设综合治理规划（2012—2020年）》投资及建设任务基本完成；渭河源区、“两江一水”生态规划分别完成投资44.6亿元、81.59亿元。玛曲、迭部、卓尼、天祝、肃南5个县被列为生态综合补偿试点县。民乐县、凉州区、临夏县、肃州区、永登县、天祝县被认定为国家级农村产业融合发展示范园。启动实施《民勤生态建设示范区规划》和《古浪八步沙区域生态治理规划（2020—2025年）》。

【交通能源项目建设】银川至西安铁路建成通车；柳园至敦煌、景泰至中川机场、张掖至扁都口等高速公路建成通车。中川机场三期扩建、西宁经合作至成都铁路、天水至陇南铁路、景泰至礼县高速陇南段等项目开工建设，

甘肃年鉴 2021

中卫至兰州铁路、兰州至张掖三四线中川机场至武威段等项目加快推进，全年完成交通基础设施投资1116亿元。酒湖直流工程配套100万千瓦风电、50万千瓦光伏发电项目、通渭风电基地项目加快建设；国家首批光热发电示范项目中玉门鑫能、阿克塞甘肃光热2个项目进一步推进；吐鲁矿区总体规划获国家批复；核桃峪、红沙岗二号井、赤城3个煤矿已进入联合试运转阶段。

【循环经济和节能减排】印发《甘肃省关于进一步加强塑料污染治理的实施方案》，开展全省塑料污染治理专项督导行动，督促指导市州开展塑料污染治理相关工作。兰州市红古区"城市矿产"示范基地和嘉峪关工业园区循环化改造通过国家终期验收。落实能耗"双控"制度，在保障重大项目用能需求的前提下，加强节能形势分析和跟踪预警调度，全省"十三五"能耗强度下降17%，能耗总量控制在8105万吨标准煤，全面完成国家下达能耗"双控"目标任务。

【重点领域改革】省政府出台《进一步深化投资审批制度改革助力项目加快落地形成有效投资的若干措施》《关于构建更加完善的要素市场化配置体制机制的若干措施》《关于加快推进社会信用体系建设构建以信用为基础的新型监管机制的实施意见》。省发改委对除兰州以外的13个市州开展营商环境评价，组织兰州市和兰州新区参加国家新一轮营商环境评价。继续实施市场准入负面清单制度，推进"非禁即入"普遍落实。"甘肃信易贷"平台正式上线运行，141户中小微企业获得贷款24.51亿元。

【扩大对外开放】印发《甘肃省2020年推进"一带一路"建设工作要点》《甘肃省关于推动中欧班列安全稳定高质量发展的实施意见》。加强跨省区合作，省政府与青海、陕西等省签署战略合作协议。全年利用国外优惠贷款约4.11亿美元。金川集团收购印尼红土镍矿项目建成投产，白银集团完成分阶段收购南非第一黄金公司项目，华天科技有限公司完成马来西亚优尼森公司并购项目。酒泉中以产业园全年完成投资约4.5亿元，超额完成年度投资计划。

【价格调控监管】省发改委出台《甘肃省深化燃煤发电上网电价形成机制改革实施方案》，执行"基准价+上下浮动"的市场化价格机制，取消煤电价格联动机制。配合完成第二轮监管周期输配电价核定工作，年降低工业企业输电环节电费支出超30亿元。全面放开符合产业、环保政策规定的大工业电力用户参与直购电交易，完成直购电交易电量534亿千瓦时，发电企业平均让利幅度2.97分/千瓦时，降低工业企业用电成本超15亿元。印发《甘肃省关于进一步深化水价形成机制改革的实施意见》，推进实施城镇非居民用水超定额累进加价制度。落实社会救助和保障标准与物价上涨挂钩联动机制，按照国家规定阶段性提高每月价格临时补贴标准1倍，全省累计发放价格临时补贴5.06亿元，惠及1776.44万人次。保障改善民生

【保障改善民生】"十三五"期间，全省10.3万户具备劳动能力和就业意愿的建档立卡搬迁家庭实现至少1人就业。岷漳地震灾后重建靖远县异地安置6个方面23项整改任务总体完成。在农村基础设施建设领域推广以工代赈方式吸纳7000多名农村群众就地就近参与工程建设。支持临夏、庆阳等地17个实训设施项目建设。省妇女儿童医疗综合体、甘肃简牍博物馆、七里河体育场等重大项目加快建设；敦煌莫高窟游客服务中心二期、省博物馆扩建工程等前期工作稳步推进。

（供稿：堵绍彤）

国有资产监管

【经济运行】全省国资国企系统抢抓有利时机，分区分级复工复产，重点调度的143户省属工业企业2月3日全部复工，2月底省属企业复工率达98.35%。全年省属企业完成固定资产投资1080.55亿元，同比增长48.32%；实现工业总产值2498.91亿元，同比增长10.53%；实现营业总收入7210.60亿元，同比增长7.71%；实现利润总额100.83亿元，同比下降0.88%。金川集团、酒钢集团、省物产集团、省公航旅集团、省公交建集团、省建投集团、甘肃电气集团等企业签订战略合作协议，围绕产品供需衔接、资源优势互补、科技联合攻关等开展战略合作。省属企业为6121户中小企业及个体工商户减免房租1.67亿元，与9743户中小微企业签订443.97亿元购销合同，为2369户中小微企业预付13.07亿元采购款，清欠民营企业中小企业账款68.67亿元，为中小微企业提供融资服务20余亿元。

【国企改革】省属企业全年完成混改项目106个，吸引社会投资者159家，引进社会资本46.16亿元，混合所有制企业户数占比超过省政府年初确定的45%目标，白银集团、省国投集团引进非公资本设立的甘肃德福新材料等一批混合所有制企业经营机制加快转换，质量效益显著提升，有效提高国有资本配置和运营效率，省属企业营业收入的64%、利润总额的72%来自混合所有制企业。纳入"双百行动"改革任务台账的293项已完成284项，占97%，金川集团、省国投集团、西北永新、甘肃工程咨询集团4户企业改革经验做法被国务院国资委改革简报刊载和入选国企改革案例集；省科投集团化工研究院、酒钢集团祁牧乳业2户企业纳入国家"科改示范工程"；7户混合所有制企业实施员工持股，甘肃工程咨询集团、省科投集团兰州助剂厂公司和创翼检测公司实施股权激励；5户落实董事会职权试点企业率先实施经理层成员任期制和契约化管理。企业办社会职能分离移交基本完成，全年完成19户中央下放企业204个职工家属区18.26万户"三供一业"的清算审核，21户省属企业85%的"三供一业"维修改造。完成全

省51.66万名国企退休人员社会化管理移交协议签订。

【产业布局】全省产业布局结构不断优化，国有资本配置效率持续增强。传统产业转型升级步伐加快，省属企业全年完成传统产业改造升级项目投资71.96亿元。省属企业围绕主业延伸产业链，推动国有资本向产业链供应链价值链中高端集聚发展。金川集团基于5G平台打造矿山有轨运输电机车无人驾驶系统，实现电机车无人驾驶和智能调度；酒钢集团7号高炉升级改造后，炼铁装备实现信息化智能化，人均年产铁量从7400吨提高到10900吨，劳动生产率提高47.3%；白银集团实现创新型“白银炉”与现代“闪速炉”优势互补，铜冶炼产能翻番，技术指标达到行业先进水平；兰石集团运用5G+工业互联网创新应用，能源装备智能制造水平有效提升。全年省属企业研发投入73.26亿元，同比增长21.56%，研发投入经费占主营业务收入的比重达到2.37%，其中省科投集团、金川集团、酒钢集团、白银集团、甘肃电气集团、窑煤集团等6户企业达到2.5%以上。省属企业全年新增省部级以上产学研平台8个，完成新产品产值22.69亿元，同比增长5.78%。酒钢集团成功研发抗菌铁素体不锈钢，成为国内唯一具备批量生产该钢种的企业。省国投集团设立1亿元“科创基金”，助力科技成果转化。省属企业与中科院系统联合申报6项科研项目，争取中科院科研经费930万元，为省属企业科技创新提供支持。省属企业与中科院兰州“一院三所”、兰州大学等院所高校协同创新深入推进，全年开展科研、技术、咨询服务286项，合同额1.2亿元。十大生态产业带动效应不断增强，新组建产业集团发展规划和业务模式不断清晰，法人治理结构不断健全，规模实力不断壮大，质量效益不断提升，龙头作用逐步发挥，推动国有资本向先进制造、数据信息、文化旅游、中医中药等特色优势产业和现代服务业等新兴产业集中。25户省属骨干企业中，8户主业全部为十大生态产业，17户拥有1~2个新兴产业培育业务。2020年，省属企业十大生态产业等战略性新兴产业项目投资105.27亿元，同比增长11.76%，通过资源资产变现和资产证券化等，筹集资金250.66亿元，主要投向十大生态产业和基础设施项目建设。9户产业集团资产总额同比增长21%，比同期省属企业增幅高10%，营业收入同比增长22%，比同期省属企业增幅高18%。

（供稿：朱焕强）

市场监管

【综述】“十三五”期间，全省市场主体总数由“十二五”末的128.03万户增长到2020年10月底的185.22万户，增长率44.67%。敦煌研究院荣获第三届中国质量奖，实现西部地区零的突破。累计4家单位和个人获得中国质量奖提名奖，18家企业和组织获得省政府质量奖，9家企业和组织获得省政府质量奖提名奖，质量强省战略深入推进。全省专利申请量达到120987件，授权量达到57414件，较“十二五”末分别增长了136.64%和151.89%。全省有效发明专利8032件，每万人口发明专利拥有量达到3.03件。全省商标有效注册量达到123823件，中国驰名商标达到75件，地理标志证明商标达到147件，地理标志保护产品达到67件，地理标志产品地方标准达到46项。全省创建“放心肉菜示范超市”国家级4个、省级90个和市级110家。建成国家质检中心（甘肃检验检测基地）、甘肃省食品安全检（监）测基地、甘肃省计量检测基地一期项目、汽车罐车检验检测基地等项目。五年来，全省累计制修订地方标准695项，废止地方标准859项，全省现行有效地方标准总数达到1943项。

全省新设立市场主体28.07万户，累计达到186.72万户，注册资本达到4.4万亿元，同比分别增长8.02%、9.32%、11.97%。全省个体工商户达到128.92万户，资金数额0.15万亿元；私营企业45.17万户，注册资本（金）3.02万亿元；农民专业合作社9.57万户，出资总额0.27万亿元，成员总数80.49万个。非公经济市场主体累计达到183.66万户，占市场主体总数的98.36%。全省累计登记注册外商及港、澳、台商投资企业2532户，注册资本185.16亿美元。

【登记注册】甘肃省市场监督管理局制定《关于贯彻落实省政府“放管服”改革和优化营商环境工作有关工作任务分工的通知》，推行市场主体登记注册全程“网上办、掌上办”，实施“不见面”注册登记，无纸全程电子化平均应用率达到65.94%。个体工商户“秒批”系统12月26日上线运行。启动全省企业开办“一网通办”服务平台，企业开办时间压缩至3个工作日以内，一天内办结率92.5%，两天内办结率5.8%。开展全省“证照分离”改革业务培训，累计办理总量22513件，办理取消审批事项59件，办理备案事项19件，办理告知承诺事项10408件，办理优化准入服务事项12027件。会同省发改委、财政厅、人社厅、商务厅、人民银行兰州中心支行联合印发《关于做好应对疫情影响加大对个体工商户扶持政策落实工作的推进方案》。

【信用监管】《甘肃省市场监管领域部门联合抽查事项清单（第一版）》印发，市场监管领域相关部门“双随机、一公开”监管全覆盖和地方各级人民政府市场监管领域部门联合“双随机、一公开”监管实现全覆盖常态化。省市场监督管理局年度联合抽查计划1525个，抽查各类市场主体27326户。甘肃省“互联网+监管”系统上线运行，实现与国家“互联网+监管”系统的对接联通。开通省市县三级监管部门3301个，注册平台用户4.86万个，完成全省有关部门监管事项清单1085项，检查实施清单5.57万条，汇聚各类监管执法行为数据16.86万条。2020年，全

省列入经营异常名录企业3632户次，移出经营异常名录企业6115户次，列入严重违法失信名单企业1105户次，市场监管部门累计对1279名失信被执行人进行任职限制，通过双随机抽查立案85件，处罚金额544.81万元。指导全省市场主体开展年报公示工作，2019年度全省企业年报公示率94.29%，农民专业合作社年报公示率96.35%，均高于去年水平，在全国名列前茅。

【行政许可】甘肃省市场监督管理局制定《行政许可应急审批工作制度（试行）》，实施“容缺审批”工作机制，确定“容缺审批”实施范围和模式，对部分许可事项现场评审结论仅有一般不符合项的，先行审批发证，整改材料容缺后补。修订甘肃省市场监督管理局《行政许可现场和技术审查管理办法》。对特种设备、检验检测机构资质认定、计量标准器具核准、法定计量检定机构授权有效期满的，实施免评审换证。推行“一件事一次办”，依托全省一体化政务服务平台，整合许可内部办理流程，依法精简材料、统一表单、压缩时限。

【综合行政执法】2020年，甘肃省市场监督管理局制定《甘肃省市场监管轻微违法经营行为不予处罚清单2020版》，开展“打击市场销售长江流域非法捕捞渔获物”等专项行动。至12月底，全省系统依法查处各类经济违法案件7077件、案件总值3865.28万元、罚没金额8302.07万元。制定《春季暨冬春季疫情防控工作方案》，办理涉疫案件779件，罚没金额486.43万元，公开曝光5批51起典型案件。推进扫黑除恶专项斗争，制定《涉黑涉恶犯罪案件涉案财产处置工作机制》，全省系统核查线索2349件，向各级扫黑办移送线索211件，省局本级核查线索29件。开展“铁拳”“剑网”“秋风2020”等专项行动，查处假冒专利、商标侵权、盗版案件9206件，罚没款9254.62万元，捣毁“黑工厂”“黑窝点”161个。

【反垄断工作】甘肃省市场监督管理局印发《甘肃省公平竞争审查政策措施抽查制度（试行）》等3项制度。2019年出台的政策措施公平竞争审查情况（不包括存量清理情况）上报市场监管总局，2019年全省共审查文件39191份，其中省政府审查文件52份，省直部门审查文件181份，市级政府及其部门审查文件8456份，县级政府及其部门审查文件30502份。省市场监督管理局的47份中符合公平竞争审查标准37件，修订4件，废止6件。全省共清理政策措施99016件，其中废止620件，修订93件，适用例外规定继续保留32件。印发《甘肃省市场监督管理局等四部门关于进一步推进落实公平竞争审查工作的通知》，开展公平竞争审查省级市场监管部门网上交叉检查工作，在12315投诉举报平台增设反垄断和公平竞争审查专栏和专线。2020年接到涉嫌垄断行为线索7件，其中立案调查行政性垄断案件2件，5件线索经核查不构成垄断行为，调查后对3户企业行政约谈整改。

【价格监督检查和反不正当竞争】2020年，全省市场监管部门共查处价格、收费、不正当竞争、传销案件399起，案值2357.13万元，实施经济制裁3664.41万元，督促相关主体和单位为企业减免或降低生产经营性成本费用近9.1亿元；受理并处理消费者价格、收费、不正当竞争和直销、传销方面的投诉举报6823件，为消费者挽回经济损失1000余万元。

开展反不正当竞争专项整治，严厉打击商业混淆、虚假宣传、商业贿赂、侵犯商业秘密、不正当有奖销售等违法行为。印发《关于进一步加强规范直销打击传销工作的通知》，与省政法委、省公安厅联合发布《警惕传销陷阱 共建平安甘肃防范打击传销警示》，捣毁传销窝点11个，摧毁传销组织7个，遣返撤销人员196人，立案处理9人。

【网络交易监管】甘肃省市场监督管理局制定《2020年关于开展扫黑除恶专项斗争及相关行业乱象整治的工作方案》，开展“网剑”行动，在网络交易市场、合同行政监管、野生动物及其制品等领域开展专项整治行动，立案6起，罚没款2.44万元。监测电商平台96个，网站14772个，网店11420个。落实野生动物市场监管“日报告”制度，新冠肺炎疫情期间以来，报送各类数据、信息、统计共16000余条，处治网上涉嫌违法销售野生动物及其制品相关线索信息108条，删除、屏蔽涉嫌违法销售野生动物及其制品信息93条，及时下架网上相关产品，办理案件5起。对辖区内188个从事电子商务活动的综合性平台、商品交易平台、二手车交易平台、网络订餐平台以及社交电商平台开展检查整治。开展“长江野生鱼”“野生江鲜”等长江流域非法捕捞渔获物、网上“不平等条款”“霸王条款”等相关信息和互联网“电子烟”信息的网上监测整治。对全省互联网上

6月11日，兰州市红古区市场监督管理局开展集贸市场小型衡器强制检定专项行动

56户主体经营的洗涤剂、运动鞋、学生文具、安全帽等相关产品开展联合检测。按照“双随机、一公开”工作安排，从298户网络市场主体中摇号随机产生抽查主体60户重点监管，配合主管部门对单用途商业预付卡开展联合随机检查。全省放心消费创建单位达到4949家，落实消费侵权先行赔付制度，各级优化消费环境建设工作社会共治部门上升到10个。2020年，省市场监督管理局12315系统接收登记群众反映问题408784件，同比增长59.45%，其中咨询304916件、投诉70776件、举报28963件、建议3961件、表扬167件、检举1件，为消费者挽回经济损失共计6690.95万元。电梯应急平台处置电梯困人5704件，增长10.7%；解救受困人数15512人，增长51.9%；电梯故障1523件，下降33.4%。全省办理动产抵押登记3059份，抵押登记数额654.12亿元。开展合同格式条款侵害消费者权益违法行为专项整治，约谈企业600户次，发出行政建议书33份，发出责令整改通知书36份，立案6起，罚没款4.54万元。

【广告监管】甘肃省市场监督管理局开展清理整治含有“软色情”、网络直播行业、医疗美容、长江野生渔获物、移动端互联网、“特供”“专供”、长江禁渔打非断链、电子烟市场以及规范公务员考试培训市场秩序等广告专项整治行动，全省共查处广告违法案件116件，罚没款420.79万元。其中查处互联网等新兴媒体广告案件17件，罚没款34.54万元。向执法办案机构移交案件线索9批次，涉及广告15条。向甘肃省广播电视总台下达《责令改正通知书》72份，整改广告162条。对全省126家媒体建立广告业务承接登记、审核、档案管理制度情况的“双随机、一公开”抽查工作。建立省级广告产业园区，“兰州岚沐文体旅创意产业园”为甘肃省首家广告产业园区。

【产品质量安全监管】根据全省新冠肺炎疫情防控工作要求，甘肃省市场监督管理局组织开展非医用口罩及疫情防控产品所需的原材料及食品用洗涤用品产品质量监督抽查，组织对可能危及人体健康和人身、财产安全的产品、影响国计民生的重要工业产品、环保产品以及消费者反映的质量问题产品开展重点监督抽查，完成72种工业产品3126批次监督抽查工作。全省市场监管部门派出2000余人次对企业进行检查、督促整改，已完成144家生产经销企业不合格整改工作。完成安全帽等7种产品195批次产品质量安全风险监测工作。加大对生产许可证管理10类产品的监管力度，加强对省内建筑用钢筋、水泥、建筑防水卷材、电线电缆等4类许可证获证企业的后续监管工作。依法对棉花定点收购、加工企业收购、加工及专业纤维检验机构、在库公检等环节的纤维质量开展监管，重点整治棉花收购加工环节不按等级收购加工，虚标皮棉异性纤维含量以及非棉纤维质量标识等问题，完成羊毛公检264吨。对全省范围内生产经营的32大类115475批次食品进行监督抽检，检出不合格样品5061批次，总体不合格率为4.38%，相比2019年同期下降0.67%。薯类和膨化食品、蛋制品、保健食品、特殊膳食食品、婴幼儿配方食品、食品添加剂等食品安全合格率为100%；餐饮食品、淀粉及淀粉制品、水果制品、蔬菜制品、炒货食品及坚果制品等食品不合格率分别为9.37%、4.80%、3.48%、3.34%、3.02%。

【特种设备安全监察】全省累计检查生产经营使用及检验检测单位18992家，检查特种设备71574台（套），发现并督促整改事故隐患10031处，下发监察指令书1892份，查处严重违法行为70起，责令停业整顿9家，查封扣押设备290台（套），实施经济处罚284.79万元，受理办结投诉举报492件。省市场监督管理局系统对6501台套特种设备、2668条压力管道实施检验费用减免，共计减免检验费用816万元。实施企业许可证延期换证和免评审换证9家，办理特种设备作业人员延期换证1980人。印发《甘肃省关于改进电梯维护保养模式和调整电梯检验检测方式试点工作实施方案》，全省已纳入应急处置平台的直梯71496台，进入率达到97.2%；全年累计实施电梯应急处置5071次，解救受困人数12257人，日均处置13.9次，30分钟内到达现场比率99.2%；电梯刷卡维保率达到85.3%；老旧住宅加装电梯累计办理500台，完成老旧电梯安全评价330台。两轮中央环保督察反馈违规注册燃煤锅炉整改工作全面完成，特种设备双重预防机制建设省级试点工作得到推进。加强疫情防控关键时期和重大节假日期间特种设备安全检查，会同省住建厅、省公安厅、省交通厅、省应

4月3日，阿克塞市场监管局开展道路工程领域特种设备安全检查

甘肃年鉴 2021

急厅联合开展液化石油气瓶和瓶装液化石油气专项整治，全年全省未发生较大及以上特种设备安全事故和重大社会影响事件。

【计量工作】2020年，全省建立长度、力学、热工、电学、声学等十大类社会公用计量标准1132项，其中省级社会公用计量标准501项，市级社会公用计量标准365项，县级社会公用计量标准266项。计量技术机构一、二级注册计量师372名。省市场监督管理局完成强制检定计量器具80余万台（件），同比增长10个百分点以上。抽查集贸市场814家，抽查在用计量器具25958台（件），抽查大型超市、商店5705家，抽查在用计量器具10665台（件），抽查加油（气）站588家，抽查在用加油（气）机2536台（件）。组织开展省级定量包装商品净含量和商品包装计量监督专项抽查，全省共抽查139家企业的500批次定量包装产品，标注合格484批次，合格率为96.8%，净含量检验合格483批次，合格率96.6%；全省共抽查94家企业的500批次商品过度包装，合格442批次，合格率为91.6%。疫情期间，全省各级计量技术机构共出动4995人次，对14204家机场、车站、高速公路、学校等测温点，993家医疗机构开展免费检测服务，共检定（校准）测温类计量器具19275台件，其他医疗类计量器具16246台件，开展其他计量技术服务36446台件。全省各级计量技术机构服务复工复产企业7673家，检定（校准）各类计量器具108855台件，减免检定、校准费用226.3万元。

【标准化工作】《甘肃省标准化发展战略纲要2020年行动计划》《甘肃省关于加强农业农村标准化工作的实施意见》印发实施，全年下达地方标准制修订计划5批231项，审批发布地方标准212项，废止321项地方标准，终止49项立项计划。全面实施企业产品标准自我公开声明和监督制度，全省2892家企业公开10308项标准，涵盖19223种产品，规模以上工业企业全部完成企业产品标准自我声明公开。全省15家社会团体累计发布团体标准43项。在农业、高端装备制造、现代服务以及社会事业等领域推进标准化试点示范项目建设，组织建设国家级项目15项，省级项目22项。成立甘肃省畜牧业、生态环境等2个标准化技术委员会。

【认证认可与检验检测监管】2全省新增和保持的各类认证证书16227张，涉及5504个组织，认证证书比上年度增加18.4%。其中管理体系认证证书10334张，强制性产品认证书1621张，各类自愿性产品认证证书4273张。确定9个省级有机产品认证示范创建县（区），推荐上报4个国家级创建县（区），获得有机产品认证证书280张。至2019年底，全省有各类检验检测机构1011家，检测业务收入29.57亿元，向社会出具检验检测报告563.47万份，从业人员23634人，机构数比2018年增加90个，检测收入增加4.06亿。全年3C免办证书共审核办理31张，审核发证6张。设立进口机动车检测线，深化认证认可检验检测“放管服”改革，推进道路货运车辆“三检合一”检验制度实施，减少资质认定审批发证90余家。落实国家生产许可证转强制性认证管理制度，对电热毯、摩托车乘员头盔、电动自行车、防爆电气、燃气器具、标定容积500L以上大冰箱和汽车用制动器衬片7类产品由生产许可转为强制性认证（CCC认证）管理。加强认证认可检验检测事中事后监管，开展认证认可“双随机一公开”检查和获证检验机构“双随机、一公开”监督抽查工作，加大生态环境领域获证机构监管力度，组织获证环境（监）检测机构检测质量专项整治。严格机动车检验机构监管，印发《关于加强机动车检验机构监管工作的通知》《甘肃省开展货车非法改装专项整治工作方案》《全省冬季道路交通安全整治百日会战工作行动方案》，按A、B、C、D等级对2020年上半年获证1072家机构分类定级。印发《关于全省检验检测认证机构做好新型冠状病毒疫情防控工作有关事项的通知》《关于开展口罩、防护服等防疫用品领域认证活动专项整治行动的通知》，确保防疫产品认证质量。开展“6·9世界认可日”“全国质量月”“有机产品认证宣传周暨检验检测机构开放日”“认证在身边”宣传活动。

食品药品监管

品安全协调工作

【食品安全协调】甘肃省出台《关于进一步深化改革加强食品安全工作的实施意见》，提出8项44条改革任务，建立省级党政领导干部食品安全工作责任清单，督促14个市州、兰州新区及86个县区出台具体措施，形成“党政同责、一岗双责、失职追责”的责任体系。将食品安全工作作为省委全委会报告重要内容，食品安全工作在市州党政领导班子和领导干部考核权重占2%，省委常委会、省政府常务会、省政府党组会专题听取食品安全工作汇报。省市场监督管理局召开深化改革加强食品安全工作新闻发布会，举办全省食品安全战略专题研讨班，制定全省市场监管局系统疫情防控坚决禁止野生动物交易、坚决禁止活禽市场销售、停止一切集体聚餐活动、商场及超市设置体温监测工作台、加强消杀及药械产品质量监管、加强防疫用品及生活必需品保供稳价“六项措施”。印发《2020年甘肃省食品安全重点工作安排》《2020年全省食品安全协调工作要点》，召开全面落实食品安全“四个最严”工作推进视频会议、全省加强食品安全监管工作电视电话会议、全省食品安全委员会全体（扩大）会议暨全省食品安全工作视频会议、“食安甘肃”建设十大攻坚行动推进视频会。印发《2020年市（州）政府、省食安委成员单位食品安全工作评议考核细则》，引入第三方评估机制，健全食

8月13日，国家重点研发项目暨2020年甘肃省食品安全事故应急演练现场会在白银市举行

对违法违规行为记分，对问题食品和企业锁定。在婴幼儿配方乳粉、乳制品、酒类、食用植物油、肉制品生产企业全面推进产品电子追溯体系建设，记录从源头到消费环节全过程追溯信息。组织召开全省食品生产企业落实食品安全主体责任工作推进会，对食品小作坊治理提升和重点食品追溯情况观摩交流。举办全省第二期食品生产检查员培训班，组织全省食品生产检查员100余人参加。组织开展食品安全管理人员考核工作，全省有2148家企业的食品安全管理人员参加考试，覆盖率达到100%，合格率达到98%。组织召开全省连续抽检不合格生产企业约谈会，对17家企业法人和主要负责人进行责任约谈。

品安全工作考核评价机制。出台《省食安委成员单位食品安全统计数据定期共享制度》《甘肃省食品安全社会监督员管理办法》，加强部门之间食品安全风险交流。召开全省食品安全示范城市创建工作现场推进会和食品安全风险会商会议，25个县（市、区）获得省级食品安全示范城市命名，推荐全国食品安全工作先进集体4个、先进个人10名。

【食品生产安全监管】《2020年食品生产监督检查工作计划》《关于疫情防控期间进一步加强食品安全监管工作的通知》《关于疫情防控期间做好复工复产食品生产企业监管与服务工作的通知》《关于开展食品生产风险隐患大排查工作方案》《关于进一步加强小作坊监管工作的通知》。全省食品生产企业3064户，其中婴幼儿配方乳粉生产企业4户、保健食品17户、食品添加剂生产企业52户，食品小作坊15548户。全年全省出动执法人员37281人次，检查食品生产企业和小作坊41120户次。组织开展婴幼儿配方乳粉、肉制品、固体饮料、压片糖果、代用茶、标签标识等重点品种、突出问题、关键企业的专项整治工作。推进食品生产企业示范引领工作，组织开展省级示范引领企业及市州级示范引领企业的打造建设和评价验收工作，结合各项监督检查和考核评价，对省级示范引领企业采取突击检查，动态管理。全面推进“互联网+透明车间”智慧监管平台加入应用，全省食品生产加工环节已有1853家食品生产加工主体加入该平台。将食品生产企业和小作坊生产加工场所实时监控与企业证照信息、从业人员的健康管理、食品安全风险等级、主要食品原料追溯、监管部门和社会评价信息、从业人员培训考试、食品进销货备案、出具“电子一票通”等内容统一向平台推送，通过互联网在终端设备上实时显示，向公众实时公开。“甘肃省食品安全综合监管平台”作为日常监管全省食品生产环节的重要手段，督促食品生产企业全面应用食品安全追溯系统，及时录入追溯信息。各级监管部门开展网上巡查，

【食品流通领域监管】全省共检查食品经营主体753581户次，查处不符合食品安全标准的案件959件，案值106.02万元，涉案食品13705千克，罚没金额546.79万元；查处不符合食品标准的食用农产品案件80件，案值4.05万元，涉案食用农产品4358.94千克，罚没金额58.17万元；查处销售非食用物质及滥用食品添加剂案件14件，涉案食品添加剂57.46千克，罚没金额14.35万余元；移送司法机关案件4件。出台《甘肃省食用农产品批发市场管理技术规范》《甘肃省食品批发市场管理技术规范》两个地方标准，《甘肃省食品安全信息追溯管理办法》予以修订及解读。推进“互联网+食品安全”智慧监管，对“甘肃省食品安全综合监管平台”升级改造，推进“阳光仓储”工作落实。全省食品仓储企业6331家，已接入“阳光仓储”智慧监管平台3914家，接入率达61%。完成食品安全追溯平台与省农业农村厅农产品追溯平台的数据对接工作，实现食用农产品可追溯。对85台快检车辆及检测设备运行情况进行调研，对食品快检车长期未开展检测任务的13个县局主责人约谈。全年完成快检924017批次，完成全年任务的140.94%，其中不合格6833批次，快检合格率达99.26%。开发建设“甘肃省食品安全快检智慧监控平台”并投入使用。全省共有“放心肉菜示范超市”国家级4个、省级90个。举办食品销售监管业务培训班和全省食品安全信息追溯工作培训班，参训人员2000余人。印发《关于进一步加强进口冷链食品疫情防控工作的紧急通知》等，做好“六稳”“六保”工作，帮助企业复工复产，指导各地做好常态化疫情防控工作。开展对4省市的七起涉事进口冷链食品的清查处置工作，清查出涉及全省8个市州16个县40个经营单位，约92吨冻虾和猪肉产品。全省共建立70个进口冷链食品监管总仓，入仓28个国家的7大类进口冷链食品约7573吨，总出仓量约6335吨。

5月10日，兰州市安宁区市场监督管理局开展规范药品零售企业处方药销售专项整治活动

【餐饮服务食品监管】全省持证的餐饮服务单位有105644家，其中大型3000家，中型11476家，小型81413家，集体用餐配送单位48家，中央厨房50家，单位食堂9657。单位食堂中学校食堂7251家，建筑工地食堂182家，养老机构食堂284家，其他食堂1940家。全省餐饮服务单位持证率100%，加入电子追溯监管平台68456家。全省实施“明厨亮灶”98371家，实施率93%，其中视频式45357家，透明式40722家，开放式12292家，“互联网+明厨亮灶”25066家。全省餐饮环节食品违法案件立案596起，取缔无证经营79起，责令整改4812家，停业整顿58家，罚没款302.66万元，移交司法机关1起。全省共创建食品安全示范街51条、示范店563家，示范学校食堂140家。甘肃省《餐饮服务明厨亮灶建设要求》地方标准制定出台。开发完成“互联网+明厨亮灶”（陇上食安）监管端、企业端和社会大众端手机APP，推广“陇上食安”一体化食品安全智慧监管平台运用。加强对全省网络餐饮服务平台全方位监测分析，全省网络餐饮证照持有公示合格率月监测值均达到98.5%以上，累计监测店铺数据917316条，网络餐饮证照公示合格率达到99.5%。推广应用“互联网+集体聚餐”管理模式，实行农村集体聚餐分类指导，形成“事前有申报、过程有指导、事后可追溯”的农村集体聚餐食品安全管理机制，全省农村集体聚餐登记备案19131起，流动厨师登记5259人，聚餐人次2258447人。

【药品监管】甘肃省药品监督管理局在疫情期间，启动应急审批程序，开通绿色通道，开展“一企一策”服务指导，许可医用防护用品生产企业26家，注册产品89个，日产能达到487.9万个（套、件）。对540批次疫情防控相关的药械进行质量抽检，合格率达到100%。制定《甘肃省药品行政处罚裁量权适用规则》《行政处罚案件法制审核工作规则》等。举办“两法两条例”及相关配套规章制度业务培训班19期，培训人员3000余人次。开展全省执法监督检查活动，解决稽查执法中存在的问题78个。出台《关于改革和完善疫苗管理体制的若干措施》，落实疫苗联席会议制度。开展疫苗国家监管体系（NRA）评估工作，完成《疫苗监督管理质量管理体系质量手册》和15个程序文件的制定。落实向疫苗生产企业派驻专职检查制度，推进疫苗电子追溯体系建设。加强特殊药品监管，建立药品质量安全风险评估预警机制，常态化开展风险隐患排查和舆情监测。强化“碳离子”治疗系统上市后监管。开展对药品GMP、GSP符合性检查、飞行检查，组织开展中药质量安全、中药饮片以及执业药师挂证专项整治，医疗器械网络销售“清网”和化妆品“线上净网、线下清源”行动。加强不良反应监测和监督抽验，严厉打击药品违法行为，累计查办违法案件628件，移送司法机关9件，罚没款849.03万元。基本药物合格率生产环节为100%，流通环节为99.72%，中药材中药饮片合格率99.5%，化妆品合格率96.93%，全省未发生区域性、系统性安全事件。投资2.15亿元的甘肃省医疗器械检验检测机构建设项目获批。推进国家药监局中药材及饮片质量控制研究重点实验室建设，加强省级药品检验机构疫苗批签建设，与广药集团建立创新研发平台。建设生物制品批签发及检验检测研发平台，为企业和科研单位提供政策咨询、技术支撑和研发创新等服务。深化“放管服”改革，91项政务服务事项的承诺办结时限压缩至法定时限的60%以上，实现100%在线办理和不见面审批。签发全省首张电子许可证。全省设立6个区域性执法检查派出机构，省药监局审核查验中心加挂甘肃省疫苗检查中心牌子。组织安全用药月、医疗器械宣传周、化妆品安全科普宣传周等品牌科普活动累计50余场次。

知识产权保护

【商标专利监管】参与审定《地理标志产品迭部羊肚菌》等9项地理标志产品地方标准，全省地理标志产品标准达到46项。全省专利申请32280件，同比增长16.8%；授权20991件，同比增长40.94%；发明专利申请5866件，同比增长-3.14%；发明专利授权1446件，同比增长25.3%；有效发明专利8310件，每万人口发明专利拥有量3.14件，PCT国际专利申请53件。全省商标申请44459件，商标注册量27215件；全省累计商标有效注册量123823件，同比增长25.16%。全省中国驰名商标达到75

件，累计申请注册地理标志证明商标147件，2020年新增15件。开展甘青两省商标、地理标志品牌培育和宣传推介交流合作。对“最美凉州 地道农产”“如意甘肃 交响丝路”“万象张掖”等甘肃省地方特色商标进行注册指导服务，助力甘肃省特色产业品牌发展。2019年全国地理标志产品区域品牌价值评价中，甘肃省推荐的静宁苹果、靖远枸杞品牌价值分别为152亿元和25.12亿元。全省实现商标质押登记51件，质押金额2.1亿元。通过知识产权计划项目，对靖远、民勤和礼县给予105万资金支持。制定以地理标志产品资源库建设、省级知识产权服务业集聚发展示范区建设项目申报指南，经评审推荐立项12个，拟拨付项目资金149万元。核查各市州初审上报的6021件专利资助申请，4777件专利符合资助条件，拟资助金额460.71万元。国家知识产权局专利局兰州代办处完成专利电子申请67103件，完成专利收费37789笔，共计1794万元。加强驰名商标认定保护力度，共向国家知识产权局上报驰名商标认定保护申请1件，回复商标投诉2件，指导天水、定西处理商标侵权案件2件。

【知识产权保护运用】国家知识产权局与甘肃省人民政府在兰州举行知识产权合作会商签约仪式暨第一次会商会议，签订《国家知识产权局 甘肃省人民政府知识产权合作会商协定书》，印发《国家知识产权局甘肃省人民政府2020—2021年知识产权合作会商要点》，建立知识产权合作会商工作机制。省政府办公厅印发《关于推进丝绸之路国际知识产权港建设的意见》，省市场监管局与丝绸之路国际知识产权港公司建立联席会议制度。国家知识产权局批复同意建设中国（甘肃）知识产权保护中心，是全国第八家省级知识产权保护中心，西北第一家面向全省服务的知识产权保护中心。建立省市场监督管理局推进中国（甘肃）知识产权保护中心筹建工作联席会议机制。甘肃、青海两省市场监管局签署加强知识产权保护工作合作协议。省知识产权战略实施暨强省建设工作领导小组办公室印发《2020年甘肃省深入实施知识产权战略加快建设知识产权强省推进计划的通知》《甘肃省知识产权计划项目管理办法（暂行）》。开展2020年度甘肃省知识产权计划项目立项工作，最终确定立项57个项目。落实2019年度甘肃省专利权质押融资贴息补助、评估费补贴、担保费奖励资金共计478.1万元。全省新增专利质押融资19笔，质押专利84件，融资金额3.98亿元，同比增长185.3%。开展2020年度专利奖评审，产生建议授奖专利发明人15人；建议授奖专利50件，其中一等奖5件、二等奖20件、三等奖25件。落实《甘肃省支持科技创新若干措施》涉及知识产权工作补助资金3000万元。对甘肃省试点期满的3个国家知识产权试点城市、9个强县工程试点县、4个传统知识产权保护试点县（区）考核验收。

（供稿：金光元　陈广宏）

国家税务

【税费收入】2020年，累计完成各项税收收入1307.87

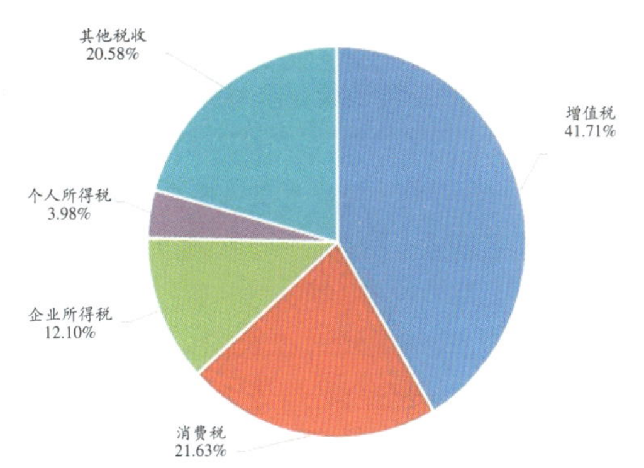

税收收入分税种结构(2020年)

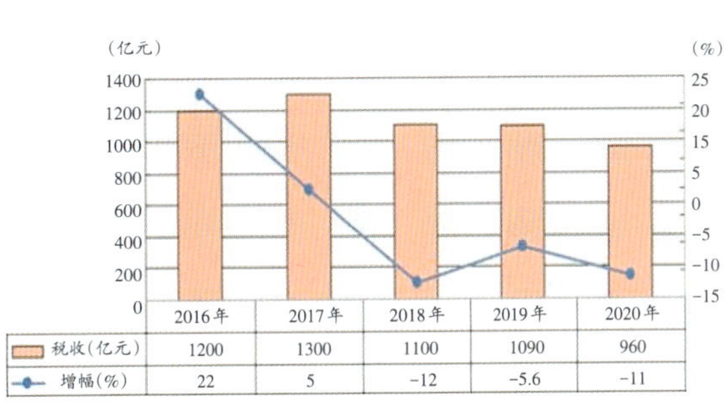

税收收入情况(2016—2020年)

亿元（含海关代征增值税、消费税，未扣减出口退税）。其中：税务部门组织收入1291.24亿元，剔除减税因素还原后同口径增长5.6%，增速高于全国平均水平；海关代征完成16.63亿元，增加1.94亿元，同比增长13.2%；办理出口退税4.8亿元，减少2.15亿元，同比下降30.9%，圆满完成了预算确定的税收收入任务，为平衡财政收支、促进经济社会事业发展提供了有力的财力保障。

【社会保险费和非税收入】国家税务总局甘肃省税务局强化社保费精细化规范化征管，畅通覆盖全险种、全人群的线上缴费渠道，完成城乡居民医保“清零”任务。完成已征7项非税收入，新增10项非税收入划转工作。2020年全省社保基金收入完成589.83亿元。其中：养老保险基金完成357.07亿元；医疗保险基金完成218.62亿元；失业保险基金完成8.81亿元；工伤保险基金完成5.33亿元。非税收入完成68.78亿元。工会经费、职业年金等其他收入完成41.33亿元。

【减税降费工作】国家税务总局甘肃省税务局建立助力中小微企业战疫情渡难关联席会议制度，落实国家7批28项税费优惠政策，参与制定、全面落实省委省政府支持

甘肃年鉴 2021

企业复工复产“55条”、支持中小微企业发展“36条”和促进消费扩大内需行动计划“24条”。印发18项助力疫情防控和20项支持复工复产政策措施，健全完善税费政策落实闭环管理体系。向1800余户企业点对点推送行业优惠政策5400多条，向纳税人推送普惠性政策102万户次。依法办理延期税款136.42亿元；统一将个体双定户定额调减70%，减税约15亿元；落实延长社保医保缴费期限、阶段性减免社保医保费等各项政策，全省累计新增减税降费185.58亿元。

【税种管理】国家税务总局甘肃省税务局落实个人所得税政策解读宣传、业务培训指导、政策效应分析、数据质量管理和动态跟踪监控等改革举措，做好全员全额扣缴申报管理，推动专项附加扣除等政策落地，推进个人所得税年度汇算清缴工作，全省145.41万名自然人纳税人完成年度汇算申报。规范房产税、城镇土地使用税税种认定，明确契税缴纳期限，推进土地增值税清算审核工作，做好房地产税收管理平台建设。

【征收管理】国家税务总局甘肃省税务局全面实施《税收征管操作规程》，有序推进税收征管质量5C评价试点，完成执法权责清单编制公布工作，出台全省首家《办理检察建议工作规程》。出口退（免）税全面简化提速，推进反避税工作，关联申报入库税款180.16万元。非居民税收收入17426.20万元，减免税款933.73万元。助力“一带一路”建设，服务“走出去”企业97户，涉及境外项目154个。

【税务稽查】国家税务总局甘肃省税务局组织自查和实施检查纳税人1800户，查补税款15.27亿元。联合公安、银行、海关等部门侦办涉黑涉恶涉税案件，查补税款2.73亿元，得到中央第19督导组的肯定。开展打虚打骗两年专项行动，查补税款3310.62万元。结合疫情防控，推进“双随机、一公开”监管，查补税款12.28亿元。开展打击骗取疫情防控税收优惠专项工作，查补税款220.78万元。

（供稿：何　旻）

财政地方监管

【全省预算执行】2020年，全省财政决算一般公共预算收入总计4647.6亿元，其中：地方一般公共预算收入874.6亿元，为调整预算896.9亿元的97.5%，比上年增收24.1亿元，增长2.8%。中央财政补助收入3025.3亿元（返还性收入133亿元、一般性转移支付收入2594.3亿元、专项转移支付收入298亿元）；地方政府一般债务收入437.1亿元；动用预算稳定调节基金80亿元；调入资金191.3亿元；上年结余39.2亿元。全省税收收入567.9亿元，下降1.7%，占一般公共预算收入的64.9%；非税收入306.7亿元，增长12.5%，占一般公共预算收入的35.1%。从收入级次分析，省级收入238.5亿元，为调整预算的95.4%，增长0.7%，占全省一般公共预算收入的27.3%；市（州）本级280.3亿元，增长5.7%，占全省一般公共预算收入的32%；县（区）级355.8亿元，下降0.7%，占全省一般公共预算收入的40.7 %。全省政府性基金预算收入650.4亿元，为调整预算566.4亿元的114.8%，比上年增收129.6亿元，增长24.9%。2020年，全省政府性基金收入总计1512.3亿元，其中：地方债务收入692，4亿元；调入资金2亿元；上年结余34.6亿元。全省国有资本经营收入总计13.3亿元（当年收入11.1亿元、上级补助收入0.3亿元，上年结余1.9万元），比上年增收2.3亿元。全省各项社会保险基金总收入1096.6亿元，增长1.9%。

全省一般公共预算支出4163.4亿元，为年末调整预算4267亿元的97.6%，比上年增支211.8亿元，增长5.4%。一般公共服务支出382.2亿元，增长2.3%；教育支出663亿元，增长4.2%；科学技术支出32.1亿元，增长9.1%；文化旅游体育与传媒支出88.4亿元，增长4.2%；社会保障和就业支出580.9亿元，增长9.8%；卫生健康支出370.2亿元，增长13.4%；节能环保支出114亿元，增长7%；城乡社区支出206.4亿元，下降6.5%；农林水支出775.8亿元，增长8.2%；交通运输支出323.3亿元，下降10.3%；金融支出12.2亿元，下降41.2%；灾害防治及应急管理支出45.4亿元，增长77.4%。省级支出770.6亿元，下降7.4%，占全省财政支出的18.5%；市（州）本级742.6亿元，增长22.8%，占全省财政支出的17.8%；县乡级2650.2亿元，增长5.4%，占全省财政支出的63.7%。全省政府性基金支出1190.6亿元，比上年增支417.5亿元，增长54%。其中国有土地使用权出让收入安排的支出346.7亿元，增长37.8%；国有土地收益基金安排的支出2.4亿元，下降82.5%；城市基础设施配套费安排的支出17.4亿元，增长29.2%；污水处理费支出3.9亿元，增长53.5%；彩票公益金支出12.4亿元，下降29.6%；债务付息支出50亿元，增长57.8%。调出资金1145亿元，债务还本支出192.5亿元，当年政府性基金收入总计减政府性基金预算支出，年终结余为84.2亿元。全省国有资本经营预算支出4.3亿元，比上年减支0.6亿元,调出资金7.2亿元，年终结余为1.8亿元。全省各项社会保险基金总支出1092.2亿元，增长8.8%。2020年末各项社会保险基金滚存结余998.5亿元，增长0.4%。

【政府债务】2019年末地方政府债务余额3116.6亿元，2020年度地方政府债务收入1129.5亿元，还本支出320.3亿元，采用其他方式化解债务本金-7.5亿元。年末债务余额3933.3亿元，其中：一般债务余额2094.1亿元，专项债务余额1839.2亿元。

【中央政策资金支持】2020年中央下达甘肃省一般公共预算各类补助3025.3亿元，增加344.6亿元，增长12.9%，增量为历年最高。财政部核定甘肃省2020年新增政府债务限额968亿元，较上年增加343亿元。其中：一般债务228亿元，专项债务740亿元。中央下达抗疫特别国债123亿元。

【财政平稳运行】强化预算收入管理，加强重点税源监测分析，规范非税收入征收管理，盘活存量资源资产，全省一般公共预算收入自5月份连续8个月当月正增长，11月份财政收支累计增速均由负转正，实现了从年初下降到“V”型逐月回稳。严格财政支出管理，坚决贯彻过“紧日子”要求，报请省委省政府出台硬化预算约束、压减一般性支出等9项具体措施，优化财政支出结构。对部门提出的新增支出事项，全部通过部门预算存量资金调剂解决。严控部门“三公”经费预算，全省“三公经费”支出9.1亿元，较上年同期下降10.7%，其中省本级支出2亿元、同比下降19.8%。

【三大攻坚战资金保障】2020年全省共筹措财政专项扶贫资金228.2亿元，其中地方财政安排115.4亿元，投入规模首次超过中央补助。同时，统筹城乡建设用地增减挂钩节余指标跨省域调剂资金、东西部扶贫协作资金、行业扶贫资金、政府一般债券资金以及中央补短板综合财力补助资金229.6亿元，支持巩固脱贫攻坚成果和实施乡村振兴战略。提高扶贫资金使用精准度，聚焦脱贫攻坚三年实施方案确定的任务，完善扶贫资金精准统筹使用方案，全面落实“3+1”冲刺清零后续行动、“5+1”专项提升行动等政策措施，确保脱贫攻坚任务不留资金缺口。2020年省级下达可统筹财政涉农资金295.3亿元，贫困县统筹使用242.7亿元，统筹使用率达到80%。强化扶贫资金监管，严防扶贫资金被挤占挪用，严肃查处扶贫资金管理使用中的违法违规问题。

积极防范政府债务风险，规范政府举债行为，严格执行政府债务限额管理和预算管理，健全“借、用、管、还”相统一的管理机制，坚决制止违法违规融资担保和变相举债行为。加强沟通衔接，加快债券发行使用进度，完善风险监测预警机制，依托大数据监测平台，对各级债务情况进行实时监测。至2020年底，全省政府债务余额3933.3亿元，政府债务率84.7%，风险总体可控。

支持打好污染防治攻坚战，加大投入力度，实现污染防治投入稳步增长，2020年省级安排污染防治资金5.8亿元。统筹退耕还林还草、耕地轮作休耕、沙化土地封禁保护等资金，推动建立森林、草原、湿地等领域生态补偿机制。发挥重点生态功能区转移支付导向作用。完善转移支付管理办法，下达重点生态功能区转移支付66.8亿元，引导市县加大生态保护投入，支持实施植被恢复、防沙治沙等重大项目，推进祁连山冰川与水源涵养、石羊河下游生态保护等重点工程建设，促进生态系统良性循环。加强黄河流域生态保护治理。支持黄河流域生态保护修复、自然灾害防治、污染治理等工作，启动黄河干流及渭河流域入河口排污口排查整治，推动沿黄市州实施重点流域水污染治理、地质灾害防治项目建设，增强黄河上游水源涵养功能。筹措资金7.4亿元，支持黄河干流重大项目建设，推动建立横向生态补偿机制。

【促进经济企稳回升】多措并举支持企业复工复产，积极筹措促消费扩内需、创业担保贷款贴息等资金，通过设立应急周转金、补贴中小企业研发成本、支持实施援企稳岗等措施，对冲疫情影响，力促经济平稳运行和生产生活秩序正常。全面落实减税降费政策，切实减轻实体经济负担，特别是减轻中小微企业、个体工商户税费负担。2020年全省新增减税降费超过180亿元。

推动重大项目建设和重点区域发展，统筹中央转移支付和自有财力、政府债券、抗疫特别国债等资金，支持交通、水利、城市基础设施等重大项目建设，扩大有效投资，拉动经济增长。省财政出资设立十大生态产业基金，撬动社会资本，着力培育生态产业体系，推动绿色发展崛起。全面落实产业发展、转型升级等政策措施，推动兰州新区、榆中生态创新城等重点区域发展，着力培育壮大新增长点增长极增长带。

支持实施乡村振兴战略，筹措产业发展资金11.6亿元，支持“牛羊菜果薯药”六大产业，推动戈壁生态农业、现代丝路寒旱农业发展，促进特色优势产业提质增效和转型升级。安排高标准农田建设资金26.5亿元，促进农业稳产高产、农民稳定增收。统筹安排3000万元以奖代补资金，支持农民专业合作社示范社做大做强，推动乡村产业融合发展。

【保障改善民生】保持民生投入只增不减，保障重大民生政策落地落实，2020年全省教育、卫生等11类民生支出3327.7亿元，占支出的80%。其中教育支出663.1亿元，主要用于巩固城乡义务教育经费保障机制，提高生均义务教育公用经费补助标准。社会保障和就业支出580.5亿元，主要用于落实退休人员养老金调标政策，企业和机关事业单位退休养老金分别提高5.5%和3.9%。筹措就业补助资金22.4亿元，落实乡村振兴公益性岗位补贴，促进高校毕业生、返乡农民工等重点群体就业创业。完善困难群众救助制度，筹措资金121.9亿元，落实城乡低保、特殊困难人员供养、临时救助等政策，保障困难群体生活。卫生健康支出370.3亿元，在支持做好抗疫防疫工作的同时，完善基本医疗保险制度，健全公共卫生服务体系，将城乡居民基本医疗保险和基本公共卫生服务财政补助标准提高到550元、74元。持续推动医疗卫生体制改革，落实公立医院取消药品加成财政补助政策，积极支持中医药传承与发展。

【兜牢县级“三保”底线】提高基层财政保障能力，统筹中央转移支付、政府一般债券及自有财力等，加大对市县转移支付力度，缓解市县财政困难，特别是增强财政

困难地区的托底能力。2020年省对市县转移支付2634亿元，增长15.8%。坚决落实资金直达机制，按照直达资金直达基层、直接惠企利民的要求，省级财政精准制定分配方案，2020年省级下达市县直达资金359.3亿元。加强资金监管，确保规范有效使用，完善县级“三保”支出预算审核机制，对预算安排存在缺口、影响基层正常运转的县区，督促及时调整补足。健全工资专户管理机制，完善“定期报告+重点关注”执行监控机制及风险防范和应急处置机制，及时研判可能出现的风险并提示预警，确保基本民生政策落实、机关事业单位工资发放和机构正常运转。

（供稿：王生国）

国家财政监管

【政策落实】财政部甘肃监管局持续强化直达资金常态化监督，监控资金达768.08亿元，深入甘肃省12个县区开展现场调研监管，下发关注函27份。开展上市公司2019年减税降费政策实施效果、农村饮水安全工程到期税收优惠政策等调研评估。

【部门预算监管】财政部甘肃监管局完成343家属地中央预算单位部门预算编制审核工作，涉及金额53.16亿元。完成甘肃省气象局等7个单位部门决算审核，涉及金额达2.15亿元。借助财政国库动态监控等系统、甄别、分析、核查预算预警信息，制作监控处理单1244笔，涉及金额3.23亿元；完成直接支付审核3.26亿元。开展国有金融资本运行、地方彩票市场运行等监管和中央行政事业单位资产清查核实等工作，征收中央非税收入8.04亿元，完成136家单位472个银行账户年检，以及甘南州气象局、人行兰州支行系统公车改革审核审批工作。

【转移支付资金监管】财政部甘肃监管局完成城乡义务教育、医保、养老保险、医药、棉花等21项资金和储备物资审核工作，完成林业改革发展、土壤污染、农业资源及生态保护和城镇保障性安居工程资金绩效评价结果审核、“三供一业”财政支出绩效评价发现问题督促整改工作。

【会计监督检查】财政部甘肃监管局对甘肃金融控股集团有限公司及6家子公司、下属13家市州融资担保公司开展“穿透式”检查，并对陇南市徽县金徽矿业等11家公司投融资项目的风险防范化解情况进行延伸检查。

（供稿：王喜军）

地方审计监督

【审计成果】全省共审计和审计调查项目4211个，查出违规问题资金50.06亿元，管理不规范资金6013.99亿元。通过审计处理，促进增收节支36.27亿元，其中上缴财政资金22.99亿元，推动制定完善制度293项。

【政策措施贯彻落实跟踪审计】省审计厅对3个市贯彻落实重大政策措施情况进行跟踪审计，重点关注“六稳”“六保”任务落实、打赢“三大攻坚战”、优化营商环境、清理拖欠民营企业中小企业账款、重大项目实施等重大政策重要决策部署贯彻落实情况，揭示反映地方和部门存在的政策措施落实不到位、工作任务和项目推进缓慢、财政资金使用绩效不高影响政策目标实现等问题。通过督促整改，收回违规出借资金4.3亿元，拨付、支出闲置资金4.9亿元，清偿民营企业账款1.2亿元、农民工工资171.83万元。

【扶贫和乡村振兴审计】省审计厅对6个未摘帽县开展扶贫政策措施落实和扶贫资金分配管理使用情况的审计，抽查扶贫资金46.57亿元，占6县扶贫资金投入总数的64.5%，涉及79个乡镇、223个行政村和123个单位，入户走访1358个贫困家庭，揭示出扶贫资金管理使用、扶贫项目绩效及建设管理、扶贫政策措施落实等三个方面27类问题，查出违规资金4.05亿元。此外，还开展2个区的乡村振兴审计，抽查乡村振兴财政资金10.53亿元，揭示出乡村振兴规划引领作用不强、产业发展质量和效益不高、项目资金管理使用不规范、部分政策措施执行不到位等制约乡村振兴发展的问题。

【财政审计】省审计厅对9个省直部门（单位）2019年度预算执行和决算草案编制及其他财政收支情况开展审计，实现省级一级预算单位审计全覆盖，重点对非税收入收缴、政府采购制度执行、存量资金管理使用、部门决算编制情况进行审计，完成第四届丝绸之路（敦煌）文博会和第九届敦煌行丝绸之路国际旅游节经费管理使用情况的审计。

【民生审计】省审计厅对4个市及所属27个县（区）的保障性安居工程资金投入和使用绩效开展审计，发现资金分配管理使用、计划落实、政策落实等方面的问题146个，涉及资金29.03亿元、保障性住房2万套。对省本级、2个市和15个县的医保基金进行审计，发现部分市、县存在挤占挪用医疗保险基金、定点医疗机构监管缺失、定点医疗机构拖欠药品款等问题，并督促整改落实。开展省本级和4个市殡葬管理服务专项审计调查、3所省属高职和中职院校政策落实情况专项审计调查。

【经济责任审计】省审计厅对22个党政部门、事业单位和国有企业的36名主要领导干部进行经济责任审计，加大对重大资金、重点项目、重要事项的审计力度，从体制、机制和管理层面提出建议和意见。召开省经济责任审计工作联席会议，审议通过《甘肃省经济责任审计工作联席会议议事规则》《甘肃省经济责任审计工作联席会议办公室工作规则》。

【自然资源资产审计】省审计厅组织开展了2市6县党政主要领导干部自然资源资产离任（任中）审计，运用遥感影像、地理测绘等现代技术方法，分析找出疑点，重点揭示造成资源损毁、环境污染、生态破坏等方面的突出问题。开展黄河流域甘肃段生态保护和高质量发展专项审计调查，重点关注黄河流域甘肃段9个市（州）58个县（市、区）在保护修复河流生态、防控入河污染、优化调整产业布局结构、项目工程建设及资金管理使用等方面的情况。

【投资审计】省审计厅开展了省列部分重大公路项目建设管理情况审计调查，反映营商环境不优、部分项目资金到位率低、部分项目造价不实等问题。对13个国外贷援款项目进行公证审计，重点关注利用外资、对外援助资金管理使用情况。

【金融审计】省审计厅对甘肃银行经营及信贷业务、资产质量及金融风险防控情况开展专项审计调查，揭示了甘肃银行在宏观调控政策落实、风险管控、产品结构、授信审批、贷后管理等方面存在的问题。

【新冠肺炎疫情防控资金和捐赠款物专项审计】全省共派出119个审计组、568名审计人员，对14个市（州）、兰州新区、甘肃矿区及86个县（市、区）疫情防控资金和捐赠款物开展专项审计，对省属银行和全省209户重点保障企业进行了审计。通过审计整改，促进专项资金及时使用2673.52万元，收回违规资金100.36万元，促进财政专项资金物资采购规范管理653.05万元、物资8.1万件，促进491.2万元捐赠资金高效使用、217.37万元捐赠资金规范管理、14.4万件捐赠物资及时分配使用。

【新增财政资金直达市县基层直接惠企利民情况专项审计】省审计厅开展新增财政资金直达市县基层直接惠企利民情况专项审计，成立领导小组，制定工作方案，与审计署兰州特派办建立会商机制，加强与财政部门的联系，准确掌握新增财政资金的总体规模、分配方案及相关制度办法，结合重大政策措施落实情况跟踪审计、乡村振兴审计，采取上审下的方式，统筹推进专项审计工作，组织完成14个市（州）本级、兰州新区和86个县（市、区）审计全覆盖。

（供稿：陈　真）

国家审计监督

【审计成果】2020年，审计署驻兰州特派员办事处完成审计项目14个。查出主要问题金额1057.94亿元，移送司法部门及相关单位处理事项5件，审计促进整改落实有关问题金额290.26亿元，推动建立健全制度39项。出具审计报告和专项审计报告10篇，提交的审计信息被中办、国办采用及国家领导人批示73篇。实施的审计项目荣获全国审计机关优秀审计项目一等奖2个。

【国家重大政策措施贯彻落实情况跟踪审计】关注重大投资项目落地、减税降费、“放管服”改革举措落实、供给侧结构性改革推进等情况，融合开展“三促进”、直达资金惠企利民等专项审计，共反映问题217个。

【经济责任审计】聚焦财政资金分配、国有资产处置、公共资源交易等重要领域和关键环节，在党政领导干部经济责任审计中，揭示和反映深化改革、财政管理、重大项目等7个方面27个问题。

【民生资金（项目）审计】开展应对新冠肺炎疫情防控资金和捐赠款物专项审计，紧盯资金款物管理分配、金融服务实体经济、企业专项贷款使用、医护人员待遇、复工复产政策落实等情况，开展社会保险、就业补贴、公共卫生等民生资金和项目审计。

【扶贫审计】重点关注“三区三州”5个深度贫困县脱贫攻坚推进、已脱贫地区的成果巩固、乡村振兴战略实施以及政策过渡期新情况和新问题等，上报的30个典型案例被审计署综合报告采用。

【资源环境审计】围绕精准治污、科学治污、依法治污要求，结合甘肃、新疆自然资源禀赋特点，重点关注重大生态修护保护项目、主要环境污染问题以及环保责任落实等，结合领导干部自然资源资产离任审计，推动地方加快形成绿色发展模式。

（供稿：李　佳）

统计调查与监测

【综述】省统计局与国家统计局甘肃调查总队、省扶贫办、省农业农村厅联合，完成全省58个贫困县贫困人口退出收入验收工作。修订完善甘肃全面建成小康社会统计监测指标体系，测算全面小康监测数据，完成全省全面建成小康社会统计监测报告。建立《甘肃省区域发展指标评价体系》，制定全省高质量发展综合绩效评价指标体系，配合国家局做好黄河流域生态保护和高质量发展统计监测工作。

【调查业务工作】2020年，国家统计局甘肃调查总队新建敦煌、临泽、舟曲、康县4支县级调查队，改善基层调查技术手段，推动统计调查生产方式变革。深化城乡住户一体化调查改革，住户调查由原来的手工纸介质记账变为电子终端在线采集，全省电子记账地域覆盖率达到100%。

【调查统计服务】国家统计局甘肃调查总队参加省政府新闻发布会4次，“甘肃统计调查”微信公众号推送信息302篇，全年上报的经济社会信息中有12篇获中央领导批示，全系统109篇分析报获各级领导批示140次，其中《新冠肺炎疫情期间甘肃金融支持政策落实情况调研报告》《受疫情影响甘肃民办幼儿园陷入困境》等调查报告受到省委书记林铎等省领导批示17篇次。

【第七次全国人口普查】2020年，按照全国和甘肃省第七次全国人口普查工作领导小组的统一部署，省统计局参与人口普查综合试点、宣传动员、现场登记和督导检查等工作，有序推进甘肃省第七次全国人口普查各阶段重点工作。各地各部门完成普查机构组建、经费物资保障、方案制定、区划绘图、户口整顿、宣传动员、“两员”选聘及培训、入户摸底、综合试点、现场登记和事后质量抽查等工作，全省14万名普查一线人员对全省人口进行全面调查，汇集普查基础数据，取得阶段性进展。

【脱贫攻坚普查】省政府成立省脱贫攻坚普查领导小组及办公室，全省脱贫攻坚普查涉及11个市州、60个县区、13285个普查村。省统计局配合甘肃调查总队完成全省脱贫攻坚普查前期准备、综合试点、普查业务培训、数据审核、数据比对、普查督导及国家事后质量抽查工作，各级落实普查经费2.14亿元，选调1.65万余名普查人员组建60支派驻工作组，举办培训班227期、培训9.03万人次，完成124.12万建档立卡户的现场登记工作。

（供稿：马文俊　杜克成　张雪）

海关监管

【出入境监管防控】全年审核报关单4419票，监管货运量110.9万吨，货值189.5亿元，实施现场查验71票，查获7票；全年征收税款入库16.78亿元，同比增长14.2%。开展进出口商品质量检验和动植物检疫，检出不合格商品76批次，二类动物疫病7种3批次，植物检疫性有害生物4种17批次，其他有害生物13种13批次。保障关区3257头种畜进口和1894头供港澳活牛出口。办结稽查作业27起，专项稽查有效率88.2%，位列全国海关第2位；核查补税4.23亿元，位列全国海关首位。

【打击走私犯罪】开展“国门利剑2020”行动和“蓝天2020”专项行动。全年查办走私违法案件22起，其中刑事立案5起，案值8068.64万元，抓获嫌疑人11名，上网追逃1人，逮捕7人。行政立案17起，案值5833.79万元。打击象牙等濒危物种及其制品走私，破获“8.10象牙走私案”，缴获象牙23.7千克，查获野生动物海马干4300余尾。首次破获“1.06”、“8.25”走私冻品案，案值7954万元，涉税1310.76万元，该案被列为总署二级挂牌督办案件。全年完成进出口危化品检验977批，出口水果、饲料、活动物风险监控52次，口岸病媒生物监测56次。“多查合一”改革全面展开，全年开展核查作业240起，同比增长1.5倍。

【综合治税】针对疫情防控物资等重点商品开展减免税指导，疫情防控期间减免税审批业务指导，登记放行进口捐赠防疫物资34批，为甘肃省进口防疫物资出具《进出口货物征免税证明》114票，货值合计313.3万美元，减免税款332.7万元。全年关区征收税款入库16.78亿元，同比增长14.2%。

兰州海关2020年主要业务指标统计表

项　目		单位	2020年	比去年同期±%
进出口报关单		份	4419	-62.8
监管进出口货运量		万吨	110.9	-13.2
其中	进口货运总量	万吨	110.6	-13
	出口货运总量	万吨	0.3	-50.4
监管进出口货运值		亿元	189.5	-3.6
其中	进口货运总值	亿元	179.1	+1.1
	出口货运总值	亿元	10.4	-46.6
税收入库		亿元	16.78	+14.21
其中	关税	亿元	0.13	-42.82
	进口环节税	亿元	16.65	+15.1
上缴罚没收入		万元	5.73	-90.5
内销征税		亿元	7.59	+59.79
审批减免关税		万元	1584.2	+108.3
审批减免进口环节税		万元	6757.19	+22.4
备案加工贸易合同		份	119	+11.21
加工贸易进出口总值		亿元	94.82	+18.9
监管进出境航班		架次	268	-80.5
出入境人员		万人次	3.9	-85.3
稽查补税		万元	1703	+2
刑事案件立案		起	5	0
刑事案件案值		万元	8068.64	+12
行政违规案件立案		起	17	-73
行政违规案件案值		亿元	0.58	-10
货物检验检疫批次		批	17567	-0.6
其中	进口	批	7422	-49.34
	出口	批	10045	+7.5
货物检验检疫货值		亿美元	30.14	+26.96
其中	进口	亿美元	24.89	+32.82
	出口	亿美元	5.25	+5
出入境人员监测体检	出境	人次	2727	-66.8
	入境	人次	308	-72.3
艾滋病监测	出境	人次	2716	-66.9
	入境	人次	308	-72.3
国境卫生检疫传染病确诊病例	出境	人次	0	
	入境	人次	112	+833.3
预防接种	出入境	人次	5746	-35.7

4月27日，兰州海关所属金城海关关员在指定隔离场对入境种羊开展驻场检疫监管

【优化营商环境】全年审批减免税款8341万元，加工贸易免征缓税利息300.2万元。进出口整体通关时间分别为15.22小时和0.04小时，较2017年基准值分别压缩68.82%和99.96%，压缩比分别位列全国海关第11位和第2位。关区"两步申报"应用率提升至13.8%，"两段准入"报关单成功试通，"两轮驱动"运转顺畅，动态调整预定式布控规则141条。

（供稿：杨晓琴）

能源监管

【市场监管】《甘肃省电力中长期交易规则》《甘肃调峰辅助服务市场运营规则》《甘肃省富余新能源跨省跨区增量现货交易规则》《甘肃省电力用户与发电企业直接交易试点实施细则》等一系列市场监管办法制定推行，甘肃能源监管办配合有关部门开展现货交易试点。推动新能源与自备电厂发电权置换交易，降低兰铝、酒钢、金川公司等重点企业用电成本。启动调峰辅助服务市场，挖掘火电机组深度调峰潜力，形成互惠共赢局面。畅通祁韶直流外送通道，多渠道开拓省外电力市场，甘肃新能源跨省跨区增量现货交易电量连续3年居全国第一，甘肃已成为全国电力市场交易品种最多的省份。"十三五"时期，甘肃弃风弃光现象得到改善，从2016的43.2%、30.5%下降到2020年的6.11%、2.03%。国家能源局2020年3月发布通报显示，甘肃河西地区风、光监测预警由红色转为橙色，其他地区转为绿色。

【行业监管】2020年，甘肃能源监管办做好能源供需、能源规划重点监管。及时报送甘肃省电煤、电力、油气情况及在能源保障中存在的典型问题，分析甘肃省能源供需衔接情况、市场运行情况、新产业新模式新业态发展情况、能源领域苗头性倾向性潜在性问题及政策措施建议，推动能源持续稳定和高质量发展。探索行业监管新模式，提升行业监管水平，开展国家"十三五"能源规划目标任务落实情况综合监管、已核准煤矿项目建设情况专项监管、甘肃省新能源供暖情况调研，配合国家能源局和地方政府开展"十四五"能源发展规划工作，协调中央第六生态环境保护督查组下沉走访甘肃工作。

【电力安全监管】甘肃能源监管办建立完善风险管控和隐患排查治理双重预防机制，防止电网大面积停电事故发生。继续开展"电力工程建设施工安全年"活动，现场督查安全管控难度大、事故易发的重大工程。开展用电安全督查，强化疫情防控常态化之下的电力企业复工复产安全管理，做好"六保"能源安全稳定供应要求。2020年8月以来，甘肃省东南部发生持续强降雨天气，陇南、甘南等地较往年偏多2倍~3倍，局部水情超百年一遇，多儿、九龙峡、花园等水电站厂房被淹，部分地区电网供电中断。甘肃能源监管办协调指导电力防汛救灾和恢复生产，现场察看甘南、陇南电力设施损毁情况，保证电力安全和防汛应急处置。

【资质许可监管】甘肃能源监管办落实简政放权"放管服"改革措施，优化电力业务许可和资质管理，核实甘肃省发电企业持证情况，排查出拟注销企业6家、豁免企业191家、登记事项变更142家、无证经营企业26家、超期服役企业5家，至2020年底，基本落实整改任务。实施发电类电力业务许可豁免，对191家符合豁免政策的企业开展注销工作。责令26家未按要求取得电力业务许可证的发电企业、5家存量或新增超期服役发电企业、142家未按规定期限变更登记事项企业限期整改。优化许可程序，针对部分企业集团内部"子改分"和97家输供电企业登记事项变更申请，采取"集中办理、精简材料、缩减程序"等措施，减轻企业负担，提升许可效能，释放电力业务许可政策红利。

【电力稽查】甘肃能源监管办加强"获得电力"优质服务监管，继续组织第三方机构开展用户"获得电力"用电满意度评价，推动全省用电营商环境整体水平持续提升。开展并持续跟踪专项整治漠视侵害群众利益问题，督导2020年新一轮电网改造升级工程建设，组织开展"三区三州"农网改造升级攻坚、"配网建设发展"、"低电压、频繁停电治理"专项监管。依法查处临夏回族

自治州一起用户受电工程“三指定”典型案例。做好疫情防控期间供电保障监管，督促供电企业做好疫情防控机构和民生保障机构供电保障，落实疫情防控期间居民用电客户欠费暂不停电等措施，稳妥有序做好复工复产期间电力供应保障。

（供稿：田　甜）

煤矿安全监察

【综述】2020年甘肃省共有煤矿93处，有10处煤矿实施关闭。2021年剩余煤矿83处，设计生产能力7757万吨/年，核定生产能力8188万吨/年。其中：井工煤矿71处，设计生产能力7427万吨/年，核定生产能力7843万吨/年；露天煤矿12处，设计生产能力330万吨/年，核定生产能力345万吨/年。监察区域涉及8个市、18个产煤县（区、市）。持有安全生产许可证矿井38处，核定生产能力4743万吨/年。

按状态划分，正常生产煤矿36处，生产能力4482万吨/年；正常建设煤矿14处，生产能力2550万吨/年；停工停产煤矿30处，生产能力1058万吨/年；整改维修矿井3处，生产能力98万吨/年。按所有制形式划分，中央在甘煤矿14处，生产能力4000万吨/年；省属煤矿11处，生产能力1954万吨/年；地方国有7处，生产能力447万吨/年；乡镇煤矿51处，生产能力1787万吨/年。按矿井生产规模划分，大型矿井24处，生产能力6164万吨/年；中型矿井21处，生产能力1206万吨/年；小型矿井38处，生产能力818万吨/年。按行政区划划分，平凉市23处，生产能力2988万吨/年；庆阳市4处，生产能力1930万吨/年；白银市27处，生产能力1602万吨/年；兰州市5处，生产能力551万吨/年；酒泉市7处，生产能力174万吨/年；武威市12处，生产能力748万吨/年；张掖市4处，生产能力180万吨/年；陇南市1处，生产能力15万吨/年。

辖区共发生煤矿死亡事故8起、8人，同比减少1起、1人，下降11.11%。煤矿百万吨死亡率0.205，同比下降15.98%。自2017年甘肃靖远煤电红会一矿“4·28”较大事故至今未发生较大事故，自2012年白银屈盛煤业“9·25”重大运输事故至今未发生重大事故。窑街煤电集团自成立62年以来首次实现全年安全生产无事故。

【煤矿安全专项整治】甘肃煤矿安全监察局制定《认真贯彻落实习近平总书记重要指示批示和党中央决策部署实施细则》，与气象部门建立信息共享机制，通过水害防治三级工作群实时向煤矿企业发布预警信息。贯彻落实习近平总书记对山东龙郓煤矿重大冲击地压事故重要批示精神，与省地震局签署战略合作协议，利用地震专用监测台网，加强冲击地压矿井灾害风险识别、监测预警和灾害评估。配合国家局完成冲击地压矿井示范会诊检查，与省应急厅联合开展冲击地压防治专项监管监察。推进安全专项整治三年行动。会同省应急厅开展安全大排查活动，对白银、兰州两地10处长期停产停工、关闭退出和正常生产建设煤矿开展安全大排查，两个分局派出7个排查组，排查矿井22处，查处各类隐患问题41条，责令停止掘进作业1处，停止维修作业1处。对四川省、内蒙古自治区煤监局开展异地监察执法，通过执法系统检查宁夏、江西两局执法情况。

全年监察执法查处一般事故隐患2268项，重大事故隐患25项，时限内全部完成整改。利用视频会商和三大系统联网开展“互联网+监察”、远程监察26矿次。制定远程监察工作办法和疫情防控期间事故应急预案，规范监察内容、组织方式、职责分工、工作要求、应急处置等程序。开展为期3个月的“一通三防”全覆盖专项监察，共计监察矿井46矿次，查处隐患935条，责令局部停止作业16处、停产停工10处、停产整顿3处，暂扣、吊销安全生产许可证1处。

【落实安全生产责任】甘肃煤矿安全监推动企业主体责任落实，强化企业“关键少数”履职情况检查，对发现的隐患问题和违法违规行为，追根溯源，由事见人开展责任倒查，特别是对重大隐患和严重违法违规行为，以及安全生产责任制不落实、安全投入不到位等突出问题，一律倒查“关键少数”责任，推动煤矿企业开展责任追究766人次，调整“五职矿长”5人次。制定执法案件公开裁定办法、重大行政处罚集体研究和备案制度等9项监察执法制度，对2起违法违规案件开展公开裁定。对地方政府、监管部门、煤矿企业及有关人员约谈29次。

【安全风险管控】甘肃煤矿安全监与省应急厅联合印发《甘肃省煤矿重大安全风险分析预判防控办法（试行）》，建立安全风险预判、防控、处置、监督检查全流程，季度、年度分节点、全时段的重大安全风险分析预判防控机制。建成智能化采煤工作面10处，督促60处煤矿完成安全监控系统升级改造，完成73处煤矿三大系统联网，国家局下达的联网任务完成率为155.32%，在线率保持在95%以上。开展预防性技术监察，健全完善重大风险动态分析机制。

（供稿：赵　鹏）

自然资源综述

【自然资源调查监测】根据甘肃省第二次全国土地调查，2018年度土地变更调查，截至2018年12月31日，全省土地总面积4258.89万公顷（其中宁夏回族自治区飞地5322.53公顷）。全省主要地类及面积构成情况：耕地537.67万公顷（8065.01万亩）占12.62%；园地25.52万公顷（382.78万亩）占0.60%；林地609.58万公顷（9143.63万亩）占14.31%；草地1417.23万公顷（21258.43万亩）占33.28%；城镇村及工矿用地79.97万公顷（1199.54万亩）占1.88%；交通运输用地27.04万公顷（405.65万亩）占0.64%；水域及水利设施用地74.73万公顷（1120.96万亩）占1.75%；其他土地1487.16万公顷（22307.37万亩）占34.92%。

已完成甘肃省第三次全国国土调查统一时点更新，成果通过国家检查，调查阶段工作基本完成。正在开展耕地资源质量分类、成果分析、报告编制、数据库建设及2020年度国土变更调查。

【自然资源和不动产确权登记】配合自然资源部完成祁连山、大熊猫国家公园自然资源确权登记。开展敦煌西湖国家级自然保护区、民勤连古城国家级自然保护区、莲花山国家级自然保护区等3个自然保护区确权登记，冶力关国家森林公园、莲花山国家森林公园、卧牛山省级森林公园、洮坪省级森林公园等4个森林公园确权登记，疏勒河1条河流水流确权登记和洮河生态建设局、滩歌林场、洮坪林场、黑虎林场4个林场森林资源确权登记。

全省14个市（州）、兰州新区和86个县区全面上线“互联网+不动产登记”。全年颁发不动产权证书57.78万本、登记证明30.95万份（累计颁发不动产权证书217.16万本、登记证明140.33万份），办理抵押业务16.87万件、涉及抵押贷款金额2227.55亿元。

全省共有宅基地508.11万宗，应登记发证416.01万宗，已登记发证388.18万宗；集体建设用地共8.66万宗，应登记发证5.67万宗，已登记发证5.33万宗。

全省共有易地扶贫搬迁安置住房11.41万套，分布12个市（州）、71个县（区）。截至2020年底，登记发证3.63万套，推进容缺办理安置住房登记发证0.55万套，总登记发证4.18万套。

【自然资源开发利用】全省供应国有建设用地2542宗，供地总面积9604.18公顷。以出让方式供地5067.82公顷（其中招标拍卖挂牌出让方式供地4135.86公顷，协议出让方式供地931.96公顷）；以划拨方式供地4462.96公顷；以租赁方式供地73.4公顷。按供地用途分，供应工矿仓储用地1778.74公顷、商服用地750.41公顷、住宅用地1930.66公顷、公共管理与公共服务用地1711.19公顷、交通运输用地2717.33公顷、其他用地（特殊用地、水域及水利设施用地、其他土地）715.85公顷。

全省国有建设用地出让合同价款587.82亿元，其

中，以招标拍卖挂牌方式出让成交价款544.57亿元；以协议方式出让成交价款43.25亿元。土地租赁收入627.81万元。严格落实建设用地“增存挂钩”机制，处置批而未供土地3411.03公顷，处置闲置土地484.91公顷，完成自然资源部下达的批而未供和闲置土地处置任务。印发《甘肃省国有建设用地供应管理规定》，有序推动土地二级市场建设，稳步推进集体经营性建设用地入市，指导武威市积极探索、先行先试，于2020年11月30日顺利敲响全省集体经营性建设用地入市交易“第一槌”。

国土空间管理

【国土空间规划】成立甘肃省国土空间规划委员会，提请省委办公厅省政府办公厅印发《关于建立全省国土空间规划体系并监督实施的工作方案》。完成省级国土空间规划22个专题研究阶段性成果，指导14个市（州）及86县（区）启动国土空间规划编制。下达10县（市）国土空间规划编制转移支付资金250万。

起草《甘肃省乡村规划编制框架性纲要》、《甘肃省自然资源厅关于进一步加强全省村庄规划编制工作的意见》、《甘肃省村庄规划编制导则（试行）》。指导天水市、陇南市、武威市、定西市、甘南州5个市州13个村庄开展“多规合一”实用性村庄规划编制试点，下达专项转移支付经费200万元。

在国家尚未出台相关划定标准规范情况下，指导兰州市、武威市、白银市、天水市、敦煌市初步完成城镇开发边界试划。

报请省政府成立甘肃省生态保护红线评估调整领导小组，制定工作方案和技术规则，组建工作专班以县区为单元完成评估调整工作。

【国土空间用途管制】全年共完成建设项目用地预选76个，计划总投资3630.29亿元，拟用地总面积16164.3公顷，其中农用地8280.33公顷（含耕地5382.56公顷），未利用地7100.61公顷，建设用地783.36公顷。

省政府共审查审批建设用地421个，总面积16910.51公顷，其中农用地8307.49公顷（含耕地6668.08公顷），未利用地6578.68公顷，建设用地2024.34公顷。按用地类型分，单独选址建设项目用地8378公顷，批次建设用地8532.51公顷。按用途分，住宅用地1409.39公顷、商服用地1193.22公顷、工矿仓储用地3015.06公顷、公共管理与公共服务用地2873.87公顷、交通运输用地8073.17公顷、其他用地345.8公顷。全年耕地开垦费入库4.68亿元，新增建设用地有偿使用费入库10.54亿元。

【国土空间生态修复】全年共安排国土综合整治项目资金74227万元。其中，土地整理复垦和耕地保护项目资金10100万元，实施土地整治项目16个，建设规模4415.79公顷，计划新增耕地641.46公顷；切块下达市（州）、县（市、区）国土综合整治资金64127万元。全年45个省级土地整治项目通过专家组验收，累计建设规模17309.04公顷，新增耕地639.65公顷。

全年安排生态保护修复资金5271万元（中央资金2771万元，省级资金2500万元），共修复历史遗留工矿废弃地面积228.4公顷。其中安排甘南州黄河上游5处露天废弃矿山整治项目1200万元、临夏州永靖县太极镇四沟村砂石矿地质环境恢复治理项目800万元，白银市平川区共和镇西合村大堡子沟矿区矿山地质环境恢复治理项目1260万元，陇南市西和县李崖矿区、峡门口矿区历史遗留废弃矿山生态修复项目2011万元。争取2021年度中央财政矿山生态修复资金5890万元（武威市古浪县历史遗留无主矿山地质环境恢复治理项目2880万元、张掖市肃南县大河乡历史遗留无主矿山地质环境恢复治理项目1300万元、白银市平川区共和镇西合村白家滩矿区矿山地质环境恢复治理项目1710万元），预计修复历史遗留工矿废弃地面积385公顷。

【耕地保护与监督】支持深度贫困地区脱贫攻坚，用足深度贫困地区、集中连片特困地区、国家扶贫开发重点县支持政策。强化占用永久基本农田监管，不符合国家政策要求的建设项目，一律不得占用永久基本农田；对经批准占用的，严把项目审查，优化项目设计，最大限度压减占用面积，并落实补划。《全国土地利用总体规划纲要（2006—2020年）调整方案》确定全省永久基本农田保护面积399万公顷（5985万亩），实际划定永久基本农田保护面积399.24万公顷（5988.53万亩）。划定永久基本农田储备区4.12万公顷（61.77万亩），平均耕地质量等别12.6等。

严格按照“以补定占，先补后占，占优补优，占水田补水田”的要求，对建设项目耕地占补平衡进行严格审查把关，通过耕地占补平衡动态监管系统进行挂钩与核减，全省已连续21年实现耕地占补平衡。2020年自然资源部确认全省承担国家统筹补充耕地任务1393.33公顷，资金16.12亿元，国务院已批准第一批经费7.49亿元，面积242.61公顷。为保障国家和全省重点项目建设，开展省域内易地占补平衡，协调占补平衡指标3053.33公顷。

地质矿产管理

【矿产资源现状】至2019年底，全省已发现矿产119种（计算到亚矿种为180种），其中已查明资源储量的77种（计算到亚矿种为114种），占全省已发现矿种的65%，未查明资源储量的42种（计算到亚矿种为66种）。在已查明矿产资源中，能源矿产7种、金属矿产31种

(计算到亚矿种为36种)、非金属矿产39种(计算到亚矿种为69种)、水气矿产2种。

至2019年底，列入《甘肃省矿产资源储量表》的固体矿产99种、矿产地1477处(含共伴生矿产，下同)，其中固体燃料矿产地218处，黑色金属矿产地177处，有色金属矿产地312处，贵重金属矿产地433处，稀有稀土分散元素矿产地34处，化工原料非金属矿产地102处，冶金辅助原料非金属矿产地51处，建材及其他非金属矿产地150处；其中大型规模矿床126个、中型197个、小型1079个；勘查程度为普查阶段的641个、详查阶段560个、勘探阶段199个。

据《2019年全国占比排名》统计，在已查明的矿产中，资源储量名列全国第1位的矿产有11种，分别为镍矿、钴矿、铂矿、钯矿、铱矿、锇矿、钌矿、硒矿、铸型用黏土、凹凸棒石黏土；前5位的有32种，居前10位的有60种。截至2019年底，列入《甘肃省矿产资源储量表》的固体矿产99种(不含亚种)，其中燃料矿产2种，金属矿产36种，非金属矿产61种。

至2019年底，列入《甘肃省矿产资源储量表》的99种固体矿产中，与2018年比较，51个矿种的资源储量没有发生变化，48个矿种的资源储量发生变化，其中资源储量增加的有24种，减少的有24种。

推进矿业领域生态文明建设和矿业转型升级，实现资源开发与环境保护协调发展，已建成酒钢集团镜铁山矿、金川公司白家嘴子镍铜矿、窑煤公司海石湾煤矿、金徽矿业郭家沟铅锌矿等25座国家级绿色矿山和7座省级绿色矿山。编制完成煤矿、石油天然气、金属矿、非金属矿、砂石黏土矿5个矿种的省级绿色矿山建设地方标准。

【地质勘查】 全省2020年共投入地质勘查资金5.72亿元，其中中央财政资金1.6亿元，地方财政资金2.92亿元(含省级地质勘查基金1.2亿元)，社会资金1.2亿元。

全年开展基础地质调查项目54个，投入资金8641.64万元。其中开展1：5万区域地质矿产调查项目11个、1：2.5万区域地质调查项目1个、1：25万区域地质调查项目1个，调查面积2834平方千米，完成1：25万专题地质填图20000平方千米；开展区域地球物理调查项目1个，调查面积22400平方千米；开展区域地球化学调查项目13个，调查面积70平方千米；开展区域遥感地质调查2个；开展1：5万矿产地质调查项目9个，调查面积4387平方千米；开展1：5万矿产远景调查项目16个，调查面积5233平方千米；开展“甘肃省永登县树屏及周边地区彩色丘陵调查与评价”旅游地质调查项目1个。

开展水工环地质调查评价项目55个，投入资金8694.89万元。完成1：25万水文地质调查15000平方千米、1：5万环境地质调查与评估1530平方千米、1：5万地质灾害详细调查7600平方千米、1：1万地质灾害详细调查474平方千米。开展“祁连山国家公园甘肃省片区民乐段自然资源资产价值评估”等自然资源综合调查项目5个。

开展“土壤钝化剂及土壤—地下水联合修复”等地质科技及其他项目100个，投入资金1亿元。安排地下水动态监测项目1个，下达资金360万元。

全年安排基金项目26个，下达资金1.2亿元，以北山成矿带、张掖盆地为重点区域，聚焦钒、晶质石墨、氦气、地热、矿泉水等重点矿种，初步提交煤炭资源量4.5亿吨(其中2.9亿吨资源量已评审通过)、金金属量22.9吨(其中15.2吨资源量已评审通过)、晶质石墨矿物资源量780万吨、钒氧化物资源量73万吨、硅灰石资源量186万吨，萤石矿物资源量6万吨、饰面用花岗岩2100万立方米、石英岩2000万吨。

开展矿产勘查项目132个，投入资金2.9亿元。全年完成钻探149090.8米、坑探16423米、槽探139772立方米、浅井182米。涉及主要矿种为煤炭、铀矿、铁矿、铅锌矿、铜矿、钨矿、钼矿和金矿。

全年新发现矿产地13个，其中大型5个，中型7个，小型1个。完成阶段性勘查的矿产地共9个，其中大型3个，中型5个，小型1个。

全年评审新增备案资源储量的主要矿种有煤炭、铁、铜、金、铅、锌、钒、晶质石墨、花岗岩等。其中新增煤炭资源储量13876万吨、铁矿石量2999万吨、铜金属量22096吨、金金属量24.9吨、铅金属量15.23万吨、锌金属量75.69万吨、钒氧化物资源量26万吨、晶质石墨矿物资源量210万吨、花岗岩1259万立方米、C级矿泉水允许开采量1782立方米/天。

【矿业权管理】 至2020年12月31日，全省共设置非油气探矿权871宗，其中部级发证44宗，省级发证782宗、市级发证45宗。

全省探矿权优势勘查矿种主要集中在金、铜、铁、铅锌等金属矿产。金矿勘查主要集中在酒泉、甘南、陇南、天水；铜矿主要集中在酒泉、张掖、陇南、天水；铅锌主要集中在陇南、酒泉；铁矿主要集中在酒泉、张掖。

至2019年底，全省共有各类非油气采矿权2331个。其中自然资源部发证19个，省自然资源厅发证345个，市(州)自然资源局发证457个，县级自然资源局发证1510个。

全年办理矿业权报件166宗，其中探矿权117宗，采矿权49宗。共颁发采矿许可证38个，其中新立4个、变更16个、延续18个，划定矿区范围6宗，注销采矿权5宗。共颁发勘查许可证96个，其中新立4个，延续70个，保留18个，变更4个，非申请注销5宗，注销10

宗，公告废止6宗。

【矿产资源开发利用】至2019年底，全省共开采8大矿类、80种矿产，矿山构成以建材和其他非金属矿产为主，占总数的78.16%。其中，属县级自然资源局发证的砖瓦用粘土矿836个，占总数的35.86%；建筑用砂矿243个，占总数的10.42%。从业人员中，能源矿产、建材和其他非金属矿产所占比重最大，分别为44.85%、27.83%。工业总产值中，能源矿产、有色金属矿产所占比重最大，分别为42.06%、28.44%。

按生产规模统计，大中型矿山数量所占比重较低，小型矿山所占比重最大。大中型矿山中，建材、能源、贵重金属类所占比重最大。其中，能源矿产大型矿山18个、中型10个，黑色金属矿产大型4个、中型6个，有色金属矿产大型3个、中型11个，贵重金属矿产大型4个、中型22个，冶金辅助原料非金属矿产大型7个、中型8个，化工原料非金属矿产大型2个、中型3个，建材和其他非金属矿产大型矿山35个、中型76个。

推进全省各级各类保护地内矿业权清理退出，各级各类保护地内536宗矿业权（探矿权342宗、采矿权194宗），已退出483宗（探矿权311宗、采矿权172宗）。祁连山国家公园内115宗矿业权已分类退出93宗，大熊猫国家公园内11宗矿业权已分类退出9宗。

2020年，全省矿业权出让收益及使用费入库8.29亿元，其中采矿权出让收益8.23亿元，探矿权出让收益231.4万元，矿业权使用费收入324.29万元（含探矿权使用费214.43万元，采矿权使用费109.86万元）。

【地质灾害防治】全省查明地质灾害隐患点19678处，威胁人口达241.94万人，威胁财产1105.70亿元。全年发生地质灾害1714起，造成11人死亡、5人受伤，直接经济损失15.54亿元，按灾害级别分，发生特大型地质灾害17起、大型39起、中型292起和小型1366起，按灾害类型分，发生滑坡1099起，崩塌233起，泥石流229起，塌陷16起，地裂缝137起。发生的灾害数量是2015—2019年五年总和（650起）的2.64倍，因灾死亡人数较去年同期减少8人。

制作省级地质灾害气象风险预警56期（红色预警11期，橙色预警18期，黄色预警27期），制作市级风险预警产品371期、县级2627期。自然资源部在陇南等重点县区安装80处运行普适性监测设备，建成运行182个专业监测点，发挥全省8364名群测群防员作用，全年成功预报地质灾害27起，避险转移2267人，避免伤亡1754人，避免直接经济损失1.43亿元。制定《甘肃省2020年度地质灾害防治方案》，印发《甘肃省陇南等地暴雨洪涝灾害灾后恢复重建规划地质灾害防治专项实施方案》。

组织开展省级群测群防宣传培训5次，参与621人次。开展“4·22”地球日、“5·12”防灾减灾日、舟曲“8·8”特大山洪泥石流十周年巡展，地质灾害大讲堂直播、大型地质灾害防灾减灾宣传活动，在6市州开展地质灾害综合防治巡展和3次省市县三级地质灾害避险演练，参与人员达15万人次，发放宣传册1.5万余册。

全年投入地质灾害防治专项资金12.32亿元（其中中央财政自然灾害防治体系建设补助资金第一批3.66亿元，中央财政自然灾害防治体系建设补助资金第三批7.66亿元，省级财政自然灾害防治补助资金1亿元）。实施地质灾害治理工程项目76个，地质灾害排危除险项目244个，调查评价类项目113个，监测预警类项目30个，防治能力建设项目10个，避险搬迁7896户。提前下达2021年中央财政自然灾害防治体系建设补助资金2.67亿元，已完成实施方案和项目下达。

地理测绘与监管

【基础测绘】甘肃省卫星导航定位连续运行基准站网运行稳定，全年为省内外数十个行业370多家单位、近2000个用户累计提供高精度位置定位服务12万小时。

全年完成酒泉、临夏、定西及甘南1：1万数字地形图测绘与更新4.28万平方千米（1709幅）。截至2020年，全省数字线划地图（DLG）覆盖面积约32.08万平方千米，覆盖率75.34%，数字高程模型（DEM）覆盖面积约39.84万平方千米，覆盖率93.58%，数字正射影像（DOM）覆盖面积42.58万平方千米，覆盖率100%。

【测绘地理信息服务】共受理办结“法人或者其他组织需要利用属于国家秘密的基础测绘成果审批”689件，向178家行政机关和企事业单位提供涉密基础测绘成果58220幅（个）。累计提供专用政务用图保障150余次，编制专题图件41幅，提供各类地图1300余幅，政务图包30套，地图450幅，地图集（册）约2000册；为省联防联控领导小组办公室提供湖北省及武汉市漫入甘肃人员定位数据22万余条，制作专题图件15幅，报送每日专报76期。甘肃省地理信息公共服务平台“天地图·甘肃”公众版累计访问量约208万余次。完成定西市、临夏州两个地理信息资源目录服务系统市级子站建设。向受灾地区提供33个批次、约1603.12GB数据量的灾前灾后正射卫星影像。

【测绘地理信息监管】全省共有测绘资质单位508家，其中国有企业80家，民营企业321家，事业单位107家，按等级分，甲级资质25家，乙级资质90家，丙级资质205家，丁级资质188家。

省级抽检甲、乙、丙级测绘资质50家，抽检比例9.8%、合格率91.7%;抽检测绘项目质量30家，抽检比例5.9%、合格率89.7%。

受理地图审核审批13件、共81GB。其中纸质地图11

件、审核纸质地图535幅，互联网地图2件。予以行政许可核发审图号15个，不予行政许可1个。受兰州市、酒泉市自然资源局委托转办地图内容技术审查4件，审批拆迁永久性测量标志1个。

对全省608家网站（其中自然资源系统网站38家、政府部门网站523家、新闻媒体网站47家）开展互联网地图监管，鉴定地图图片2839张，发现问题图片943张，已及时进行处置。

（供稿：罗雨晨）

城市建设

【基础设施建设】2020年，省住房和城乡建设厅推荐市政基础设施建设项目1083个，涉及总投资1138亿元。启动《甘肃省城市市政基础设施建设监管平台》搭建，对各地基础设施建设、运营情况进行动态监管。会同省财政厅向兰州市、酒泉市、嘉峪关市、金昌市、张掖市、庆阳市、甘南州下达污水处理提质增效专项资金共3192万元。全省城市、县城污水处理率达到97.11%、93.95%，已完成《甘肃省贯彻落实中央生态环境保护督察反馈问题整改方案》要求的95%、85%的总体目标任务。全省已开工建设污水管网946.25千米，开工率达到117.13%，其中建成管网866.64千米，任务完成率达到107.27%。

至2020年底，全省93座城市（县城）生活污水处理厂中，已有54座达到一级A排放标准，占全省总数的58%，已完成全省50%的城市、县城污水处理厂达到一级A排放标准的年度工作目标。开展2020年城市黑臭水体环境保护专项行动，至2020年底，全省18条黑臭水体已完成整治工作达到初见成效整治效果。

安排省城市供水水质监测中心对嘉峪关市、酒泉市、陇南市供水水质进行普查，全省城市供水漏损率达到10%以下。制定印发《解决城市环境治理问题专项方案》，指导各地推行道路机械化等低尘作业方式。截至2020年底，各市州所在城市建成区机械化清扫率达到81%（2020年目标任务为70%），其他县市区建成区达到74%（2020年目标任务为60%）。完成打赢蓝天保卫战的2020年目标任务。

指导各地贯彻落实《甘肃省人民政府办公厅关于加快推进海绵城市建设的实施意见》，做好海绵城市建设工作。嘉峪关市、天水市等11个设市城市基本完成城市建成区20%以上面积达到国家要求。督促庆阳市做好海绵城市试点建设工作。截至2020年底，国家批复的256个项目已完工227个，完工率88.67%，已完成投资47.93亿元，投资完成率达到101.2%。

至2020年底，省各城市现有停车设施5026个，停车泊位97.17万个，其中公共停车场2325个，泊位30.63万个；各类配建停车场2701个，泊位54.83万个，路内停车位（含临时停车位）11.71万个。印发《加强城市（县城）停车设施建设管理的指导意见》。

指导各地落实住建部等四部委《关于加强城市地下管线建设管理有关工作的通知》和《关于加强城市市政地下管线建设管理工作实施意见》的工作要求，各地开始城市市政地下管线排查工作，对辖区内已建成并投入运行的城市供水、排水（雨水和污水）、燃气、供热等市政地下管线及相关附属设施进行排查。

【市政公用行业管理】制定印发《甘肃省城市生活垃圾分类工作省级奖补资金管理办法》《甘肃省城市生活垃圾分类工作评价考核暂行办法》《全省城市生活垃圾分类工作2020年工作要点》。至2020年底，兰州市作为国家“46个重点城市”之一，生活垃圾分类基本实现全覆盖，覆盖居民95.09万户，生活垃圾回收利用率达到35.45%，已达到国家目标任务要求。

联合省财政厅组成联合检查组，进行以“景观亮化过度化问题专项治理”为重点，涵盖城市排水防涝、老旧小区改造、污水处理设施提标改造、污水处理提质增效以及污水管网建设等城市建设管理方面的专项检查。完成“景观亮化过度化”问题专项治理报告。做好城市各类地下管线排查，在排查中清理各类市政地下管线存在的风险隐患，健全完善城市市政公用设施养护、维护检测长效机制。在重点领域危险化学品安全风险进行全面摸排，完善供水安全应急保障措施，加强对供水企业使用药剂如液氯等危化品的管理，建立危化品使用台账。对涉及城市市政基础设施安全方面的工作进行专项检查。结合全省住建领域建筑市场和工程质量安全生产大检查，成立4个督查组，对城市市政公用基础设施安全运行进行督查。尤其是对供(排)水和燃气企业的安全运行进行重点检查，采取“双随机一公开”的检查方式，共抽查供水企业24家、污水处理厂20家，城燃企业35家，下发17份《市政设施安全运行问题整改通知书》。结合全省住建领域建筑市场和工程质量安全生产大检查，将剩余29个积水点的整治作为督导重点内容，按照“一点一策，一点一方案”进行整治。至12月底，全省剩余积水点4处，为兰州2处，定西2处。

对全省2019—2020年度供暖保供工作情况进行通报，要求各城市供热主管部门对辖区内供热设备、管网运行状况进行全面评估，精心组织、科学安排“冬病夏治”工作，做到早计划、早安排、早动手，科学统筹做好供热基础设施建设、设备安装的工作，坚决杜绝因供热设施设备改造建设而影响供暖工作正常进行的行为。

【老旧小区改造】2019年改造项目（7.92万户、25个项目）有序推进、大部分已完工；2020年改造项目

(17.45万户、79个项目)全部开工建设，进展总体顺利。至12月底，两年的旧改项目已累计完成投资45.7亿元，在旧改项目中新增配套停车位11730个、加装充电桩等充电设施1735个，配套建设社区综合服务设施等公共服务设施60个。

2020年，全省共申报落实城镇老旧小区改造计划任务17.45万户、改造小区1020个，整合项目79个，计划总投资77.3亿元。争取中央财政补贴3批、配合省发改委争取中央预算内投资2批。共争取落实中央补助资金25.29亿元，其中补足2019年项目缺口资金4.08亿元，安排2020年改造项目21.21亿元。

印发《关于全面推进城镇老旧小区改造工作的实施意见》，定甘肃省"十四五"期间老旧小区改造工作的任务目标、重点工作和保障措施，同时成立由省政府分管领导任组长的全省城镇老旧小区改造工作领导小组。印发《甘肃省城镇老旧小区改造技术导则（试行）》，指导各地规范有序地开展改造。组织各地开展2021年改造计划申报审核工作，最终确定甘肃省2021年改造计划为2126个小区、17.7万户。财政部下达甘肃省预拨资金9.63亿元。

省住建厅与国开行甘肃省分行、农发行甘肃省分行、建设银行甘肃省分行分别签订金融贷款支持城镇老旧小区改造战略框架协议，三家金融机构将对甘肃省"十四五"期间城镇老旧小区改造提供300亿元的贷款支持。

指导各地对照项目规模、改造内容、居民参与度、筹资机制、推进机制、管理机制等申报条件，择优推荐老旧小区改造示范项目，兰州市城关区兰大二分部老旧小区改造项目等10个项目成第一批示范项目。

【历史文化名城名镇名村保护】 按照住房和城乡建设部办公厅《关于印发〈历史文化街区划定和历史建筑确定工作方案〉的通知》要求，督促指导各市州全面启动非历史文化名城县的历史建筑普查、确定工作。至2020年底，全省共划定历史文化街区26片，均由省政府发文公布。共确定历史建筑124处，均由地方政府发文公告，并在住建部历史文化街区和历史建筑数据信息平台上完成填报，部分城市历史建筑已完成挂牌，并开展测绘建档工作。对市州开展历史文化街区和历史建筑工作进行省级验收，对划定确定工作进展为零的城市县城进行通报。印发《全省历史文化名城名镇名村保护近期工作要点》（甘建城〔2020〕193号）和《关于加强历史文化名城名镇名村保护工作的指导意见》（甘建城〔2020〕193号），指导市州开展历史文化保护工作，督促各地完成历史文化名城名镇名村和历史文化街区保护规划的编制工作，对保护规划编制工作滞后的市州发函督办。委托兰州大学城市规划设计研究院对张掖、武威、天水、敦煌等4个国家历史文化名城进行调研评估，通过现场调研和查阅相关资料形成《甘肃省国家历史文化名城保护工作调研评估报告》。

村镇建设

【农村危房改造】 全省排查动态新增危房149户，已全面改造完成。下达2020年农村危房改造补助资金13.63亿元（中央12.86亿元、省级0.77亿元），由各地优先用于动态新增危房改造任务，剩余资金按涉农资金整合要求统筹使用。组织开展建档立卡贫困户住房安全保障信息核验，对全省2013年以来136.3万户建档立卡贫困户住房分鉴定安全、改造安全、保障安全逐户核验。

【全域无垃圾专项治理】 联合省电视台开展明察暗访11次，对整改落实情况"回头看"10次，对一些重点部位设施配套不到位、保洁责任不落实、垃圾乱堆乱倒的县（市、区）和单位通过电视曝光、全省通报的方式方法倒逼责任主体落实治理责任，建立健全长效机制，推进全域无垃圾治理工作有力、有效、有序开展。在省电视台开设全域无垃圾专项治理宣传专栏《净美甘肃》，制作播出12期，播出红黑榜36条，通过正面典型引导和反面曝光相结合，对治理成效突出、取得典型经验的地区进行宣传报道，对治理不力及存在的突出问题进行集中曝光。运用卫星遥感技术和无人机航拍技术对全省86个县（市、区）全面开展垃圾清理排查工作，全面排查清理整治各类垃圾堆积点43257处，实现发现问题、反馈问题、整治清理、对账销号即时传输，提高排查整治清理效率，全面解决垃圾堆积顽疾问题。联合省妇联在全省建立600个"巾帼家美积分超市"示范点，以参加清理垃圾、清理环境进行积分的方式在超市兑换相应的生活物品，激发调动家庭成员积极参与到垃圾治理中来。研究制定《全省全域无垃圾三年专项治理行动工作成效考核评价方案》，委托第三方评价机构开展实地季度考核评价，形成综合评价排名，在省级主要媒体予以公布，促进各地垃圾治理工作深入开展。

【重点镇污水处理设施建设】 对照任务目标和时间节点，建立工作台账和任务清单，实施一月一调度工作机制；对进展缓慢的重点镇定期开展专项督导检查，对工作滞后的县市区及时进行约谈通报；将13个建设进度滞后及6个已建成但未正常运行的重点镇，列入省政府及省环保督察重点督办内容，督促地方加快建设进度，切实落实建设主体责任。

【传统村落保护】 督促指导各地于2020年8月前采集录入完成54个传统村落基础数据填报工作，更新完善2个2019年入驻中国传统村落数字博物馆村落的基础信息。通过购买服务方式，统一设计制作花岗岩材质、有民族特点的传统村落标志牌，完成甘肃省54个列入中国传统村落名录村落的挂牌保护，建设2个中国传统村落数字博物馆甘肃省示范馆，已入驻中国传统村落数字博物馆精品馆。

住房保障

【保障性安居工程建设】全省2020年棚改计划新开工11.62万套，棚改基本建成4.86万套，发放住房租赁补贴4.05万户。至12月底，全省共争取中央财政专项资金16.62亿元、中央预算内投资配套设施资金17.71亿元，落实省级财政配套资金3.38亿元，争取棚改专项债券资金47.09亿元。

【棚户区改造】2020年全省棚户区改造新开工11.67万套，开工率为100.5%；棚改基本建成5.73万套，完成率为118.1%；棚户区改造和保障性住房项目完成投资312.49亿元。发放城镇住房保障家庭租赁补贴4.14万户、14201万元，完成率为102.1%。兰州市作为中央补助支持新建筹集公租房的71个重点城市之一，2020年计划新筹集公租房2586套，已开工2586套，开工率为100%。制定印发《2020年住房保障工作要点》。印发《关于报送2020年第一批城镇棚户区改造实施计划的通知》，下发《关于重新核定2020年棚户区改造实施计划的通知》。全省符合申报条件的有141个，改造任务11.19万套，项目总投资948.19亿元，专项债券资金需求360.42亿元，其中2020年棚改项目50个，改造任务4.09万套，专项债券资金需求180.39亿元；历年棚改续建项目91个，改造任务7.1万套，专项债券资金需求180.03亿元。2020年国家下达甘肃省中央预算内投资基础设施配套资金17.7亿元，省住房和城乡建设厅已配合省发改委将资金全部分配下达到具体棚改项目。

【公租房建设】2020年，全省14个市州全部实现公租房信息系统数据联网共享。省住房和城乡建设厅制定下发《甘肃省公租房信息系统建设实施方案》，推进公租房申请、受理、审核、分配以及后期管理的“全流程覆盖”和各市、县全部建立并使用公租房业务管理系统的“全区域覆盖”，通过对各地公租房申请、审核、分配业务流程的规范和统一，提升公租房管理的规范化、科学化水平。

房地产市场监管

【综述】2020年，全省房地产开发投资1355.64亿元，同比增长7.8%。房地产开发施工面积11328.26万平方米,同比增长3.2%。新开工面积3534.11万平方米,同比增长6.9%。竣工面积881.36万平方米，同比增长30.7%。全省商品房销售面积1967.92万平方米,同比增长15.4%。至12月底，全省商品住宅累计可售面积2986.09万平方米，商品住宅去化周期16.22个月，全省平均商品住宅去化周期已进入正常阶段。

【市场调控和监管】《中共甘肃省委办公厅 甘肃省人民政府办公厅关于落实城市主体责任严格房地产市场调控评价考核工作的通知》于2020年3月印发执行。省住房和城乡建设厅对兰州、天水、张掖、嘉峪关、庆阳等市主体责任落实和“一城一策”方案建立情况调研指导。下发《甘肃省房地产市场调控工作协调小组办公室关于对全省房地产市场调控工作主体责任落实及评价体系建立情况实施考核的工作方案》，会同省自然资源厅、省市场监管局、省银保监局等部门，对全省14个市州和兰州新区的房地产市场调控主体责任落实、监测评价机制建立、防范化解房地产金融风险及信访工作开展情况全面考核。以市州为主体开展房地产市场整治和租赁中介行为乱象治理工作。印发《关于整顿规范住房租赁市场秩序的意见》，建立省、市、县联动机制和纠纷调处机制，规范租赁服务收费，确保房地产市场平稳发展。结合“双随机一公开”和厅信访工作要求，对部分市州整治情况进行抽查。全年开展督查整治4次，配合化解调处信访工作3次。印发《甘肃省住房和城乡建设厅贯彻落实〈关于提升房屋网签备案服务效能的意见〉〈关于印发全国房屋网签备案业务数据标准的通知〉方案》《甘肃省住房和城乡建设厅等6部门关于贯彻落实〈关于加强房屋网签备案信息共享提升公共服务水平的通知〉的通知》等文件，全面完成14个市州、86个县区房屋网签备案系统与国家联网，实现全省新建商品房和存量房网签备案业务全覆盖，初步建立以房屋网签备案数据为基础的国家、省、市房地产市场监测体系。会同自然资源、金融监管等5部门印发《关于有效防范化解房地产行业金融风险实施方案》。建设住房租赁政府服务平台，为租客网上租房提供新渠道。至12月31日，全省累计发布房源586791套，其中公租房392901套，市场化房源发布193890套；实现房源交易10041笔；累计注册用户388986户。其中：本年新增社会化房源78455套，新增签约支付2175笔，新增注册用户147174户，新增监管备案38300笔。

【物业管理】省住房和城乡建设厅会同省发展改革委、市场监管等部门印发《关于整顿规范物业服务市场秩序的意见》，会同省财政厅出台《甘肃省住宅专项维修资金管理办法》，出台甘肃省《住宅小区物业服务导则》，配合省信访局对物业信访案件进行督办，协调处理涉及侵害群众利益方面的问题。

住房公积金监管

【综述】2020年，全省住房公积金运行平稳，全年全省住房公积金缴存余额1145.49亿元，同比增长8.96%；个人贷款余额875.92亿元，同比增长7.56%；个贷率76.46%，比上年末减少1个百分点。全年全省住房公积金缴存额稳步增长。新增缴存额324.11亿元，同比增长7.73%；提取业务大幅增加，新增提取额229.94亿元，同比增长10.35%；新增个人贷发放额197.87亿元，同比增加1.75%；预计结余资金269.57亿元，同比增加32.6亿元。

2020年公积金办理量320万余笔，线上业务办理量204万余笔，线上办理率63%，线上办理率同比增长52%。缴存线上业务办理量120万余笔，线上办理率62%；提取线上业务办理量42万余笔，线上办理率68%；贷款线上业务办理量2万余笔，线上办理率21%。企业开办便利化服务工作在兰州市试运行，利用一体化政务服务平台，及时取得企业相关数据信息，实时推送至公积金中心，完成单位缴存登记业务办理，实现单位缴存登记“一网通办”，兰州市全年接收省市场监管局推送兰州市数据10674条，办理单位缴存登记业务1691笔，新增缴存职工5.34万人。借助全省12329住房公积金服务热线，开发政务服务平台住房公积金动端（陇政通）查询全省住房公积完成甘肃省政务服务网“住房公积金查询”应用模块统一身份认证改造工作。推进公积金服务事项“跨省通办”工作。推进落实住房公积金服务“跨省通办”，各地住房公积金业务大厅全部设置“跨省通办”“省内通办”专柜，共计104个专柜，各地中心全部梳理完成“跨省通办”“省内通办”事项业务流程并依规主动公开。全省14个市州和省住房资金管理中心全部开通偿还住房公积金贷款按月冲还贷业务。印发《甘肃省住房公积金加快推进“一网通办”工作实施方案》《甘肃省住房和城乡建设厅关于甘肃省住房公积金业务“一网通办”工作考核办法》，并实行月通报制度。

【公积金监管】推动全省住房公积金分支机构调整工作，涉及分支机构调整的白银、金昌、平凉、酒泉市政府已报送移交实施方案，平凉市政府和金昌市政府移交工作基本完成。兰州市印发《兰州市人民政府接收甘肃省电力公司住房公积金管理分中心、窑街煤电集团公司住房公积金办事处实施方案》。各中心按照《甘肃省住房公积金管理分支机构调整实施方案》要求，推进分支机构调整工作，2021年12月底完成移交。

两次召开审计整改推进工作会议，下发《甘肃省住房和城乡建设厅关于进一步推进审计发现问题整改工作的通知》，梳理问题清单，建立审计整改台账。完成《甘肃省住房和城乡建设厅关于妥善应对新冠肺炎疫情实施住房公积金阶段性支持政策实施效果的调研报告》并上报住建部住房公积金监管司。建立省级和市级缓缴企业公积金台账，指导各地陆续出台支持困难企业暂缓缴存和降低比例、保障职工贷款权益、阶段性提高职工租赁提取额度等一系列助企惠民政策。全省有426家企业申请缓缴住房公积金，涉及缴存职工8.03万人，缓缴金额3.74亿元。同时，主动为缴存职工排忧解难，职工因受疫情影响未正常还款的，不作逾期处理、不计罚息。研究制定新冠肺炎疫情应急预案，及时跟踪了解阶段性支持政策执行情况。

【存量二套房利率上浮调研】2020年，甘肃省对存量房二套房贷款利率不上浮，增量二套房贷款利率上浮的建议，对二套房的认定参照《关于规范商业性个人住房贷款中第二套住房认定标准的通知》，完成《个人贷款逾期情况分析调研报告》《住房公积金贷款担保模式和风险防范调研报告》《甘肃省住房公积金个人贷款逾期情况分析调研报告》《住房公积金制度改革书面调研报告》《“跨省通办”服务事项调研报告》等5份调研报告。

【全国监管平台试点】甘肃省作为全国公积金监管平台的试点省份，推进落实省内公积金风险监管和整改工作。6月中旬，参加住建部住房公积金监管司召开的监管试点工作座谈会并进行交流发言。邀请住建部公积金监管司和人民银行兰州中心支行讲解全省住房公积金管理工作存在的问题及解决方案。从10月开始对监管平台整改实行周通报制度。全省整改疑似风险1483项，整改率62.93%，其中超比例缴存全部整改到位。指导各地因城施策，推动提取、贷款政策调整到位。

工程建设管理

【工程建设标准管理】下达《装配式混凝土构件制作与验收技术规程》《村庄建设设计技术导则》《装配式混凝土建筑评价标准》《海绵城市专项规划编制导则》《健康节能建筑技术标准》等39项编制和修编计划，召开《装配式建筑工程设计文件编制深度规定》《干混砂浆应用技术规程》《灌注桩施工技术标准》《黄土地区基桩检测技术标准》等36个项目编制启动会，完成《复合地基褥垫层技术规程》《绿色建材评价标准》《既有居住建筑新增电梯技术导则》《庆阳市海绵城市建设标准图集》《装配整体式混凝土结构节点构造图集》等35项工程建设标准和标准设计的审查、报批、备案工作。开展工程建设标准化知识宣传普及工作，在甘肃建投科技质量部和省六建举办工程建设标准化知识讲座。以创建全国文明城市为契机，推进无障碍环境建设，完成“十三五”全国无障碍环境市县村镇创建验收工作；做好人口老龄化

及养老服务联络工作；发布《既有建筑增设电梯技术导则》《既有居住建筑新增电梯构造》图集，保障城市老旧住宅小区电梯改造任务的顺利完成，改善老年人和残疾人居住环境。

【工程造价监管】印发《甘肃省造价管理总站关于受新冠肺炎疫情影响调整建设工程计价有关事项的通知》《甘肃省住房和城乡建设厅关于受新冠肺炎疫情防控影响工程计价调整的指导意见》，及时有效稳定建筑市场秩序，化解因新冠肺炎疫情防控影响工程计价和结算过程的纠纷，维护发承包双方的合法权益,至年底，全省累计656个项目、369家企业调整工程计价事项，调整计入的金额为45024万元。764个项目、124家企业按照不可抗力的规定予以顺延工期。

印发《甘肃省住房和城乡建设厅 甘肃省发展和改革委员会 甘肃省财政厅关于在房屋建筑和市政基础设施工程中推行施工过程结算的实施意见》，加强房屋建筑和市政基础设施工程结算管理，解决工程结算久拖不结的现象，从源头防治拖欠工程款、农民工工资以及对民营企业和中小企业的欠款，优化建筑市场环境，至年底，128个项目、87家企业已享受“施工过程结算”政策。

形成《关于推进甘肃省工程造价改革工作的报告》。对现行费用定额予以修订，制定《甘肃省建设工程计价规则》。修订《甘肃省建设工程造价管理条例》。发布《甘肃省装配式建筑工程预算定额》及地区基价，以《甘肃省住房和城乡建设厅关于发布〈甘肃省装配式建筑工程预算定额〉（试行）及地区基价的公告》。开展“甘肃省建设工程定额编制（修订）项目计划”的征集工作。编制完成《甘肃省建筑与装饰工程预算定额地区基价》《甘肃省安装工程预算定额地区基价》《甘肃省建设项目工程结算编制规程（初稿）》，修编《甘肃省建筑抗震加固工程预算定额》《甘肃省建筑维修工程预算定额》，开展《甘肃省城市地下综合管廊工程预算定额》《甘肃省房屋修缮工程预算定额》编制。

印发《甘肃省建设工程造价管理总站关于对现行定额水平及费用实际收支情况进行调研的通知》。会同兰州市造价站、白银市造价站对甘肃七建兰州新区圣厦建材有限公司进行调研。协调兰州市造价站、白银市造价站于4月底公布干混砂浆指导价。完成《关于“甘南文旅会展中心EPC总承包项目”结算中有关问题解释及一次性单位估价表（补充定额）的批复》（甘建造价函〔2020〕30号）。完成二级造价工程师教材《建设工程计量与计价实务》（建筑工程、安装工程）编写。

【注册管理】2020年度，受理各类执业资格人员各项注册业务申报48853人次。其中勘察设计、规划等573人次，造价工程师2404人次，一级建造师7742人次，二级建造师36336人次，监理工程师1798人次。2020年，省级二级造价师考试报名实行告知承诺制。全年共完成各类报名122145人次，其中勘察设计类5254人，一级造价师6880人，二级造价师18711人，房地产估价师382人，二级建造师90918人。2020年，核发一级建造师、造价工程师、二级建造师、监理工程师、勘察设计类等各类执业资格证书、注册证书共计8869人次。对符合条件的13家登记备案的培训机构和企业鼓励推行线上、线下相结合的培训方式。2020年度，已完成7967人二级建造师继续教育数据收集入库工作，并完成技术工人培训数据入库48232人。

工程质量安全监管

【工程质量监督】2020年，全省各级住建部门累计监督房屋市政工程13397项，房屋建筑面积23085万平方米，市政工程总长度3470.9千米，工程总造价6420亿元。全年未发生质量事故，发生建筑施工安全事故23起、死亡26人，未发生较大及以上安全事故。近两年来全省工程项目获得飞天奖36项，其中飞天金奖6项，国家优质工程奖5项，国家鲁班奖2项。

【工程安全监管】开展安全专项整治三年行动及城市房屋建筑安全隐患排查整治工作，制定印发实施方案和工作手册，定期调度协调解决实际问题和统计分析工作进展，对13个市州住建部门进行督导。至年底，排查城市各类房屋建筑19476栋，督促整改问题隐患1011处，下发整改通知书192份，实施罚款45.55万元。配合教育厅开展城镇小区配套幼儿园建设工作，督促各级住建部门强化城镇小区配套幼儿园建设过程的质量安全监管，推动幼儿园建设与全省房屋建筑工程质量品质同步提升。

建立安全检查专家队伍，采取“双随机一公开”和“双重交办、双重督办”方式，依法查处违法违规行为，督促整改问题隐患，对典型问题案例全省通报并提出针对性措施要求。对全省进行全覆盖综合监督执法检查，共抽查项目98项，下发整改通知书117份、执法建议书54份，实施罚款451万余元。组织开展全省检测机构和预拌混凝土生产企业专项检查，对8个市州进行专项督查，共抽查企业37家，下发整改通知24份，执法建议4份。

修订建筑施工质量安全重大事故应急预案，同时严格执行事故统计报送、挂牌督办、分析通报、警示约谈、责任追究各项事故管理制度。2020年实施行政处罚32次，其中暂扣企业安全许可证12家，暂扣或吊销人员安全证书22人，停止注册监理工程师执业7人。

【督查检查】组织开展全省房屋市政工程质量安全专项督查4次，施工安全专项执法检查4次，省级住建部门

抽查项目113项，市县两级住建部门检查项目5581项，省市县三级住建主管部门共下发质量安全隐患和问题清单87份、整改通知书1443份、执法建议书33份，下发停工整改通知书90份、执法建议书71份、罚款2701万余元，并对相关企业的不良行为进行信用惩戒。组织开展全省建筑塔式起重机专项检查、建筑起重机械设备和建筑施工特种作业人员考核设备专项检查，防止和遏制建筑起重机械伤害事故发生；组织开展住建系统涉及危险化学品安全综合治理工作，建立健全危险化学品档案及重大危险源数据库，加强重大危险源管控。

【事故查处】对建筑施工安全事故进行动态曝光，全年共实施行政处罚27起，暂扣安全生产许可证14家，暂扣安全生产考核合格证书30人，暂停注册监理工程师执业11人。

【污染防治】制定建筑施工扬尘防治提升行动方案，建立评价、分析、报告、督查等工作机制。2020年，市县级住建部门下发整改通知书1912份，行政处罚17起,罚款53.8万元。开展督查3次，下发整改通知书11份、执法建议书10份，督促实施罚款处罚24.5万元。至12月底，全省扬尘防治“六个百分百”抑尘措施合格率达到了98.5%。

建筑市场与工程招投标监管

【建筑市场监管】2020年全省完成建筑业总产值1935亿元，同比增长1%，实现增加值558.53亿元，同比增长1%，占全省GDP比重达6%。

开展全省住建领域建筑市场和工程质量安全生产大检查，对全省14个市州、兰州新区和甘肃矿区建筑市场和建筑质量安全等工作进行实地督查，随机抽查在建房屋建筑和市政基础设施工程98项，总建筑面积624.65万平方米，总造价167.14亿元；抽查市政公用行业74家。下发《质量安全问题整改通知书》117份、《市政设施安全运行问题整改通知书》17份、《建设行政执法建议书》54份，执法建议书中涉及建筑市场违法违规行为的共计28份。根据《住房和城乡建设部办公厅关于开展工程建设行业专项整治的通知》联合招标办制定印发《甘肃省住房和城乡建设厅开展工程建设行业专项整治工作方案》，以正在进行招标投标活动的房屋建筑和市政基础设施工程项目为重点，开展为期四个月的工程建设行业专项整治行动。11月，联合省市场监管局，发起建筑市场、建设工程消防设计审查验收和园林绿化行业等部门联合“双随机、一公开”检查。2020年三季度，全省共检查房建、市政项目3943项，检查建设单位2399家，检查施工企业2582家，查处违法发包单位3家，违法转包企业1家，对1家企业吊销资质证书，3家企业限制了投标资格，对建设单位和施工企业实施罚款处罚1641.40万元，对个人违规行为实施罚款处罚305.29万元。持续推进建筑工程施工发包与承包等违法违规行为专项整治行动，加大违规违法查处，加大典型案例曝光。修订《甘肃省建筑市场管理条例》，于2020年8月1日起施行。联合甘肃省建筑业联合会通过网络直播方式，面向全省住建领域对《甘肃省建筑市场管理条例》进行宣贯。印发《关于实行建筑业从业人员实名制管理工作的通知》，启用“甘肃省建筑业从业人员实名制管理平台”，与省人社厅“甘肃省农民工工资支付管理公共服务平台”并库建设。联合省人社厅印发《关于进一步做好根治房屋建筑和市政基础设施工程建设领域欠薪工作的通知》，向全省住建领域下发平台软硬件接入协议，会同人社部门全面推进全省房屋和市政工程建设现场“实名制”管理工作。

制定印发《关于贯彻落实住建部、国家发改委〈房屋建筑和市政基础设施项目工程总承包管理办法〉推行工程总承包的通知》，结合甘肃实际，推进工程总承包模式。2020年底，本地设计企业有3家单位申请取得施工总承包二级资质，具备工程总承包“双资质”条件。联合省发改委等13个部门制定《关于推动智能建造与建筑工业化协同发展实施意见》。出台《甘肃省住房和城乡建设厅等部门关于推进房屋建筑和市政基础设施工程实行工程担保制度的实施意见》等纾困惠企政策，推行工程担保制度，降低“四类保证金”额度。印发《甘肃省住房和城乡建设厅关于进一步推动工程担保制度落实的通知》，会同甘肃省土木建筑学会制定《甘肃省工程担保管理办法（试行）》及相应的担保行业规定。推荐认定3家经营稳健、信誉良好的担保公司开展工程担保业务。2020年对武威、白银两市根治欠薪工作开展4轮包保督导。至2020年三季度，全省住建部门共协助人社部门解决欠薪案件136起，涉及项目122个，涉及企业123家，涉及人员2143人，涉案金额3397.31万元；住建部门单独解决欠薪案件94起，涉及项目90个，涉及企业104家，涉及人员3244人，涉案金额5030.31万元。

【工程招标投标管理】2020年，全省招标投标业务在“甘肃省房屋建筑和市政基础设施工程电子招投标大数据系统”在线受理。全年省招标办受理招投标项目179个，金额78.98亿元。出台《甘肃省房屋建筑和市政基础设施工程总承包招标评标定标办法》。编制《甘肃省房屋建筑和市政基础设施项目标准工程总承包资格预审文件》《甘肃省房屋建筑和市政基础设施项目标准工程总承包招标文件（适用于资格预审）》和《甘肃省房屋建筑和市政基础设施项目标准工程总承包招标文件（适用于资格后审）》。推进招标投标工作规范化建设，起草《甘肃省房屋建筑和市政基础设施工程勘察投标评标办法》

《甘肃省房屋建筑和市政基础设施工程设计招标评标办法》《甘肃省房屋建筑和市政基础设施工程招标代理机构管理办法（试行）》和《甘肃省房屋建筑和市政基础设施工程评标专家管理办法》。

建筑节能与科技

【绿色建筑与建筑节能】印发《甘肃省绿色建筑创建行动实施方案》。自2020年10月起，省内城镇新建公共建筑、各类政府投资民用建筑、新建8万平方米以上（含）的住宅小区、各类建设科技示范工程全面执行绿色建筑标准；建筑面积1万平方米以上（含）的政府投资公益性建筑，达到星级绿色建筑标准。兰州市和兰州新区已全面执行绿色建筑标准，用绿色建筑规模化发展，促进城乡建设行业绿色发展。至2020年底，累计支持建设67个示范项目，4个项目获国家绿色建筑创新奖，2个项目列入国家绿色建筑典型案例，部分项目获零能耗建筑、近零能耗建筑、星级绿色建筑、健康建筑等性能认定。至2020年底，甘肃省绿色建筑竣工面积占城镇新建建筑竣工面积比例达到68.79%，超额完成“十三五”期末绿色建筑占新建建筑比例50%的目标任务。

《甘肃省民用建筑节能管理规定》发布施行。完成兰州市榆中县北山敬老院太阳能采暖光伏发电一体化项目、甘肃省档案馆档案库可再生能源改造项目、永昌县城关镇新农村建设空气源热泵建筑应用项目、榆中县生物高科产业园中深层地岩热供暖项目、通渭县姜家滩小学中深层地岩热建筑应用项目。全省城镇新建建筑100%执行建筑节能强制性标准；完成既有居住建筑节能改造1208万平方米，超额完成“十三五”1000万平方米的目标任务；督促并完成兰州市公共建筑节能改造试点100.63万平方米，超额完成50万平方米的目标任务。

【装配式建筑】全省有经认定的国家装配式产业基地4个、省级产业基地12个，国家级装配式建筑示范项目1个、省级示范项目3个。装配式钢结构年产能约50万吨、装配式混凝土构件年产能约30万立方米，兰州、天水、嘉峪关等地已初步形成规模化发展的格局。颁布实施《装配式混凝土构件制作与验收标准》等5项地方标准，正在编制《装配式钢结构住宅工程施工质量验收规程》等6项地方标准。在研装配式建筑技术攻关课题37项，甘肃建投兰州新区10万平方米装配式钢结构住宅荣获中国钢结构金奖。全省已建成装配式建筑123.8万平方米，在建装配式建筑项目122万平方米。超额完成省政府确定的到2020年底完成装配式建筑100万平方米的目标任务。

勘察设计与建设工程消防设计

【勘察设计】甘肃省施工图审查除涉密项目外，全部通过系统实行数字化送审。联合省财政厅印发《关于推行以政府购买服务方式开展施工图审查工作的通知》，印发《关于进一步做好施工图审查政府购买服务工作的通知》，指导各地开展施工图审查政府购买服务工作。全省施工图审查机构已增至11家。

自动延续全国“四库一平台”中勘察设计企业资质有效期，保障企业不受疫情影响。修订《甘肃省优秀工程勘察设计奖评选办法（试行）》《甘肃省工程勘察设计大师评选办法（试行）》。至2020年11月底，全省共完成施工图审查备案项目4011项。组织相关专家分4个督查组对各市州和部分县区建设工程勘察设计及消防设计审查进行专项检查。检查出问题项目52个，督促整改问题109条，下发《建设行政执法建议书》2份，对检查发现的相关问题及单位进行全省通报。检查在兰州市注册领取营业执照且承揽业务较多的省外勘察设计企业分支机构（分公司）总计34家。

与省地震局、省发改委共同牵头实施“地震易发区房屋设施加固工程”，完成第一阶段的抗震性能普查任务，全省排查2000年之前建成的城市老旧房屋22397栋约7636万平方米、排查市政桥梁2620座约74.3千米、排查市政管线23865条约11354千米。在全省13个试点县（区）开展甘肃省第一次全国自然灾害综合风险普查工作。

【建设工程消防设计审查验收】全省全年共办理消防审批项目3408项，其中建设工程消防设计审查1369项，办理建设工程消防验收825项，验收备案1214项。印发《甘肃省住房和城乡建设厅关于进一步做好全省建设工程消防设计审查验收工作的通知》《甘肃省建设工程消防设计审查验收管理实施细则（试行）》《甘肃省建设工程消防技术专家库管理办法（暂行）》。公布甘肃省建设工程消防技术专家库第一批专家名单251人。编制《甘肃省建设工程消防技术审查要点》《甘肃省建设工程消防设计审查验收管理文件资料汇编》。推进全省建设工程消防设计审查验收工作信息化建设，印发《甘肃省住房和城乡建设厅关于推进全省建设工程消防设计审查验收工作信息化建设的通知》。对全省14个市州及兰州新区住建部门的建设工程消防设计审查验收工作开展调研。

城市管理执法监督

【综述】印发《关于改进城市街区商户门头牌匾设置管理工作方式的意见》《甘肃省城市户外广告设施设置审

批事项管理措施》《甘肃省城市管理执法监督局关于开展对城市大型户外广告设施设置及在建筑物、设施上悬挂、张贴宣传品进行抽查的工作方案》等文件。对随机抽取的兰州市榆中县、定西市临洮县、张掖市甘州区和民乐县的城市大型户外广告设施设置及在建筑物、设施上悬挂、张贴宣传品的单位和个人（共计67个）开展监管抽查工作。指导全省城市管理执法部门开展共享单车乱停乱放整治，推进定点取车、定点还车技术应用，引导市民形成单车停放至手机APP地图中标示点，促进市民形成规范停放的习惯。《中国建设报》以《打造共享单车治理“兰州经验”》为题，刊登介绍了兰州市城管委在共享单车停放管理方面的经验做法和取得的成效。配合公安部门开展全省城市养犬管理专项治理行动和“文明养犬”宣传活动，印发《城市养犬管理专项治理工作方案》。印发《关于做好城市管理执法领域新冠肺炎疫情防控工作的通知》，要求城市管理执法部门加强户外管控、街面巡查，防止聚集感染、流动感染、交叉感染、二次污染，加强联防联控。制定印发《关于城市管理助力“地摊经济”增强城市活力的指导意见》，指导各地城市管理执法部门对临时占道经营、越店经营、流动摊点等行为科学规划、规范管理，强化监管。印发《甘肃省城市管理执法队伍标准化和执法规范化建设的指导意见》。在兰州市组织召开“全省城市管理执法队伍标准化和执法规范化建设工作经验交流座谈会”。全省13300余名一线城市管理执法人员完成统一制式服装工作，700多辆城市管理执法车辆完成车辆编号和标志标识喷涂工作，实现执法制式服装和标志标识的统一。各地城市管理执法部门建立协管人员招聘、管理、奖惩、退出等制度，开展协管人员岗前、在岗培训。全省城市管理执法部门加大装备配备，配备城市管理执法公务用车500辆，租用或借用公务用车平台车辆220余辆，骑行车262辆。对全省14个市州和兰州新区城管执法和住建领域开展行政执法案卷评查工作。评查行政许可和处罚案卷386卷。

【城市执法体制改革】兰州市设置市城市管理委员会，嘉峪关市设置市城市管理执法局，均为市政府工作部门；其他12个市（州）在住建局加挂城市管理执法局牌子，承担城市管理执法职责。86个县（市、区）中，24个县（市、区）单独设置城市管理综合执法局，为县政府工作部门；42个县单设城市管理综合执法局，为县政府直属事业单位；19个县设城市管理综合执法局，为县住建局下属事业单位；1个县在县住建局加挂城市管理综合执法局牌子。86个县（市、区）中有33个县城市管理综合执法局参照公务员管理。会同省工信厅、省网信办联合转发《住房和城乡建设部 工业和信息化部 中央网信办关于开展城市信息模型（CIM）基础平台建设的指导意见》要求，印发甘肃省平台建设和联网工作方案，开展平台建设培训。2020年底，兰州、嘉峪关等10个市（州）完成市级平台建设，9个市（州）实现与省级和国家平台联网，提前完成住建部平台联网任务。38个县（市、区）完成平台建设，10个县（市、区）正在建设中。

【违法建设治理】对兰州、陇南、天水、临夏等治理进度滞后的城市现场督促指导，特别针对省会兰州市城市违法建设治理工作存量大、进度慢等问题，多次开展现场交流座谈。至12月底，全省累计治理城市建成区存量违法建设面积1363.49万平方米，已全面按期完成全部存量治理任务。

（供稿：周静煊）

市政工程设计研究

【综述】中国市政工程西北设计研究院有限公司新签合同额34.14亿元，实现营业收入22.16亿元。年内实现资质升级，新增工程造价乙级资质、市政工程施工总承包二级资质及建筑工程施工总承包二级资质。全年获“中国技术市场金桥奖集体一等奖”“甘肃十佳设计研究院”“甘肃十佳卓越建筑企业”“中国勘察设计协会优秀勘察设计企业”“环保企业30年奖”等多项荣誉，位列“2020中国工程勘察设计行业综合实力50强”第34名。新增1名甘肃省勘察设计大师、1名深圳市勘察设计大师、1名甘肃省领军人才，23人获甘肃省高层次专业技术人才津贴奖励，1人入选生态环境部重点流域生态环境保护（黄河流域）组专家，1人获甘肃省发明人奖。

【重点工程】在长江经济带、黄河流域、长江三角洲、粤港澳大湾区执行南京江北新区长江大保护工程、兰州雷坛河水资源综合治理项目、乌梁素海山水林田湖草生态保护修复国家试点工程等一批重点项目设计及EPC总承包设计任务。中标长江三角洲都市圈南京至马鞍山城际铁路轨道交通项目，签订佛山市南海区红星运河水系水环境综合治理项目。

【科技研发与技术创新】参与研发的华南海岸带河流微污染控制与生态修复技术集成被鉴定为国际先进水平。临汾市滨河西路与彩虹桥、景观大道立交桥项目获2020年度第一批国家优质工程奖。主持编制《黄河（兰州段）生态文明建设总体规划》及综合交通两个专项规划。《甘肃水生态环境保护及水资源利用对策研究》《兰州西宁城市群建设对策研究课题》通过甘肃省重点课题评审。与兰州交通大学等共建甘肃省给水排水协会。成立战略发展研究院，组织开展战略研究论题征集和汇编。编制《城乡给水工程项目规范》等国家、行业、地方、企业标准32项。获第四届全国设备管理与技术创新成果奖1项，中国风景园林学会科学技术奖2项。获省部级科学技术奖6项，省部级以上勘察设计及质量奖58

项，省级专利奖1项，国家授权专利37项。申报甘肃省科技厅课题8项，立项甘肃省政府课题1项。

（供稿：张　茜）

生态环境保护

【综述】2020年，全省PM2.5（细颗粒物）年均浓度为26微克／立方米，较2015年下降21.2%（国家要求10%），14个市州PM2.5首次全部达到国家空气质量二级标准，比2015年的1个达标城市增加了13个；优良天数比率为93.7%（国家要求90.4%），较2015年提高5个百分点。38个地表水国考断面水质优良比例为100%（国家要求达到92.1%），无劣Ⅴ类水体；35个地下水国考点位极差比例为5.7%（国家要求31.4%）；17个地级城市集中式饮用水水源地水质均达到Ⅲ类标准限值要求；18条地级城市建成区黑臭水体均完成整治并达到“无黑臭”等级；全省化学需氧量、氨氮、二氧化硫、氮氧化物排放量较2015年分别下降9.37%、10.29%、9.46%和9.33%；2019年单位地区生产总值二氧化碳排放量较2015年下降27.93%，超额完成国家下达的目标任务。

【环保督察】开展全省生态环境突出问题大排查大整治、督察“回头看”、“4+1”专项执法行动等，督促各地落实党政主体责任，全力构筑国家西部生态安全屏障。以祁连山为重点的生态环境突出问题整改和生态修复治理已初见成效，全省自然保护区内新增人类活动疑似问题点位和面积呈现“双下降”趋势。

【疫情防控和“六稳”“六保”】坚决打好疫情防控阻击战，坚持“两个紧盯”，严密做好医疗废物、医疗废水处理处置，协调指导全省收集处置医疗废物11701.98吨，其中涉疫情医疗废物446.57吨，严格做到日收集、日转运、日处置；加强饮用水水源地水质监测，保障全省环境质量安全。出台4个方面12条措施和5个方面26条措施，全力服务保障企业复工复产。开展非现场检查1946次，通过电话、网络等方式对各类企业一对一帮扶3275次，支持企业在常态化疫情防控中持续健康发展。

【生态环境体制改革】深入推进生态环境损害赔偿制度改革，开展14例损害赔偿案件，推动49万立方米土壤修复、1800亩土地复耕、1900亩土地造林绿化。在渭河流域、黑河、石羊河流域开展上下游横向生态保护补偿试点。借助信息化科技手段，建成覆盖全省的“天空地”一体化生态环境监测网。发挥考核“指挥棒”作用，科学统筹开展污染防治攻坚战成效考核，倒逼责任落实。

【环保产业发展】省生态环境厅配合省发改委开展全省环保产业现状调研，支持鼓励环保产业发展壮大，完善地方生态环境标准体系，助推环保产业市场扩容增效，配合设立节能环保产业发展基金，筛选符合条件的项目积极争取基金支持，营造公平竞争的营商环境，规范第三方环保服务市场，提升全省环境服务水平。

【应对气候变化】全省单位地区生产总值二氧化碳排放量提前超额完成国家下达甘肃省下降17%的目标任务；深化金昌、兰州、敦煌三个国家低碳城市和嘉峪关国家低碳工业园区试点建设，连续三年完成109家重点排放企业温室气体排放报告核查，确定19家发电企业参与全国碳排放权交易，全面完成650余家重点企业的省级清洁生产审核。

【全省第二次全国污染源普查】省生态环境厅联合省统计局等16家部门单位、历时3年、组织近万名工作人员、对3万多家单位和个体经营户，开展全省第二次全国污染源普查工作，向社会公开发布《普查公报》，形成甘肃省第二次全国污染源普查统一数据库，包括1600余张数据库表、4500余个数据字段、2500余万条数据记录，摸清全省各类污染源的基本情况和排放状况，通过国务院污普办验收。

【排污许可“一证式”管理】建立以排污许可制为核心的固定污染源监管体系，全省完成固定污染源清理整顿、排污许可发证登记23063家，其中已发证2842家（包括下达限期整改通知书），已登记13934家，对6287家不需要或者暂不需要发证登记的排污单位进行分类处置，提前完成固定污染源排污许可“全覆盖”工作任务。

污染防治

【大气污染防治】坚持优化调整“四大结构”，深入治理工业、燃煤、机动车、扬尘“四类污染源”，开展“散乱污”企业综合整治、工业窑炉综合治理、柴油货车污染治理、大气污染“冬防”攻坚“四大行动”。累计完成43台1516.5万千瓦火电机组超低排放改造，整治“散乱污”企业1072家，完成13065台57219蒸吨燃煤锅炉综合整治。建成运行煤炭集中配送一级市场108个、二级配送网点2900个。建立大气污染治理“网格化”监管体系。完成全省道路货运车辆“三检合一”、汽车排放检验与维护电子化闭环管理机制建设，打通“天地车人”一体化监控系统。与国网甘肃省电力公司开展战略合作，联合兰州大学共建大气组分超级站。省会兰州市空气质量改善取得标志性、历史性突破，PM2.5年均浓度首次达到国家空气质量二级标准，为34微克／立方米，较2015年下降34.6%，在北方15个省会城市（直辖市、首府）中排名第1位；优良天数首次达到312天，创历史新高，较2015年增加60天，在北方15个省会城市（直辖市、首府）中排名第2位；亚洲空气清洁中心发布的《大气中国2020：中国大气污染防治进程》报告中，兰州市在全国

168个重点城市中综合评分排名第6位，“兰州蓝”已成为“常态蓝”。

【水污染防治】立足水污染治理、水资源节约、水生态保护，围绕“保好水、治差水”，推进水源地保护、城市黑臭水体治理和重点流域综合治理。全面完成县级及以上集中式饮用水水源地环境保护专项行动整治任务，完成203个“千吨万人”饮用水水源地保护区划定任务。18条地级城市建成区黑臭水体均完成整治并达到“无黑臭”等级。142个国家重点镇中133个建成污水收集处理设施，全省城市、县城污水处理率分别达到97%、93%，较“十二五”末分别提高12%、31%。全省城市、县城污水处理率及地级城市污泥无害化处理处置率明显提升，提前完成“十三五”目标任务。

【土壤污染防治】2020年底，全省受污染耕地安全利用率98.94%，污染地块安全利用率100%。完成全省耕地质量类别划分，实施农用地分类管理，实现受污染耕地安全利用面积6.71万亩、严格管控面积1.53万亩。完成重点行业企业用地土壤污染状况调查，更新发布《甘肃省2020年度疑似污染地块清单和污染地块名单》《甘肃省建设用地土壤污染风险管控和修复名录》。建成1741个国控、1184个省控土壤环境监测点位，实现所有县市区全覆盖。推进农村人居环境整治，累计完成2689个建制村农村环境整治任务。

【黄河流域污染防治】履行黄河流域生态保护和高质量发展污染防治专责组职责，举办“黄河流域生态保护与高质量发展生态环境（甘肃）高峰论坛”，研究制定甘肃省黄河流域污染防治基本思路和实施方案，推进黄河流域生态保护和高质量发展污染防治专项规划编制。在全国较早启动黄河流域生态环境及污染现状调查工作，完成甘肃省黄河流域4个水系36条重要干支流8大类22小类排污口排查工作。初步建成黄河流域生态环境基础数据库和成果展示系统，形成“2+4”成果报告，形成“流域—水功能区—控制单元—行政区域”的流域空间管控体系，协调生态环境部安排中央水污染防治专项资金1.2亿元专门用于黄河流域水污染治理，并将203个水污染防治项目（总投资106.4亿元）纳入中央水污染防治项目储备库，统筹推进黄河流域系统性治理，被生态环境部列为黄河流域入河排污口排查整治三个试点省份之一，黄河流域14条河流18个国考断面水质全部为优良，高于全国平均水平26.8%。

环境监管

【生态环境执法监管】印发《甘肃省生态环境保护综合行政执法事项清单（2020年版）》，厘清职责边界；出台轻微违法行为不予处罚事项清单，开展柔性执法。实施行政执法“三项制度”，推进“双随机、一公开”，加强与刑事司法衔接配合，开展执法大练兵和比武竞赛活动，加强执法能力建设。推行“信用+环境执法”监管新模式，实现环境管理事前防范监督和事后惩戒并重。开展“四个专项行动、一项排查检查”，共检查企事业单位及水源地22119家次，发现并推进整改问题2476个。推进挂牌督办问题整改，中铝兰州分公司等4个生态环境部挂牌督办问题解除挂牌，对北河湾循环经济产业园区5家企业实施省级挂牌督办。2020年，立案查处各类生态环境违法案件920件，拟处罚金额5497.71万元，执行“四个配套办法”案件115件。实行违法行为举报奖励办法，省级收到有效举报227件，发放奖励资金3.1万元。做好生态环境信访，受理信访投诉10945件，办结率99%。

【生态环境风险管控】建成15个省级环境应急物资储备库，组建15支应急救援队伍。组织全省沿江河湖库企业完成环境风险评估和环境风险等级划定，与相邻5省（区）签订流域上下游联防联控框架协议。加快危险废物利用处置能力布局和建设，深入开展危险废物规范化管理，促进源头减量和末端治理，严格落实危险废物全过程监管，抓源头、管中间、建机制，防范各环节环境风险。组织全省环境风险隐患排查整治、辐射环境安全管理省级督查及全国核与辐射安全隐患排查工作，常态化开展环境应急演练，组织开展“陇原行动——甘肃2020年核与辐射事故综合应急演习”妥善处置突发环境事件5起，全省生态环境安全基础进一步夯实。

【生态环境宣传教育】围绕“6·5”环境日“5·22”国际生物多样性日、全国低碳日等重大环保纪念日，开展“美丽中国，我是行动者”主题实践活动。持续推进环保设施向公众开放，共接待参观群众328批次，总人数53780人次。加强舆论宣传阵地建设，实时监测舆情态势，增强舆论引导的话语权。召开新闻发布会9次，在新华社等央媒发稿120余篇，各类媒体平台发布信息13400余条，阅读量达8200万人次，甘肃省黄河流域生态环境治理成效先后2次被央视报道。2020年“双微”关注量增加一倍多，被生态环境部表扬为“发布优质内容较多的账号”。

（供稿：章雯雯）

教 育

【综述】2020年，全省各级各类学校共1.55万所，在校生534.8万人，教职工42.8万人，专任教师37.8万人。其中幼儿园8089所，在园幼儿95.83万人，专任教师5.3万人；普通小学5252所，在校生200.91万人，专任教师15.1万人；普通初中1472所，在校生87.41万人，专任教师8.1万人；普通高中364所，在校生51.58万人，专任教师4.6万人；中等职业教育学校184所，在校生19.46万人，专任教师1.4万人；特殊教育学校44所，在校生2.15万人，专任教师1092人；普通高等学校50所，本专科在校生58.11万人，专任教师3.1万人；研究生培养机构（不计校数）14个，研究生4.85万人，专任教师104人；成人高等学校5所，成人本专科在校生6.44万人，专任教师386人；民办非学历教育机构32个，专任教师227人；其他各类高等学历教育在校生8.07万人。

【教育综合改革】2020年，出台《甘肃教育现代化2035规划纲要》《甘肃省加快推进教育现代化实施方案（2020—2023年）》《甘肃省关于深化新时代教育督导体制机制改革的若干措施》《甘肃省深化教育教改革全面提高义务教育质量实施方案》《甘肃省关于新时代推进普通高中育人方式改革的实施意见》《甘肃省产教融合型试点建设实施方案》《甘肃省一流本科专业建设规划方案》《甘肃省一流本科课程建设实施方案》等一揽子改革政策，系统推进育人方式、办学模式、管理体制和保障机制改革。

【一体化德育体系建设】2020年，制定《甘肃省关于全面加强新时代大中小学劳动教育的若干措施》《甘肃省关于深化体教融合促进青少年健康发展的实施意见》，推动创建学校体育“健康知识+基本运动技能+专项运动技能”教学模式。新增全国青少年校园篮球特色学校52所（总数达到131所）、校园排球特色学校52所（总数52所）、校园冰雪特色学校37所（总数达到66所）、全国青少年校园足球特色学校140所（总数达到890所）、全国足球特色幼儿园114所（总数达到276所）、全国青少年校园足球试点县1个（总数达到6个）、全国青少年校园足球“满天星”训练营1个（总数达3个）、全国青少年校园篮球“满天星”训练营1个。

【考试招生】2020年，制定规范民办中小学招生入学工作的政策，实行公办民办中小学同步招生。出台《甘肃省高考综合改革工作推进方案》《甘肃省关于进一步深化高考加分改革工作的实施方案》。召开全省高考综合改革工作推进会议，甘肃省高考综合改革2021年秋季启动。出台《甘肃普通高中学生综合素质评价实施办法》《甘肃省普通高中学业水平考试实施办法》。建立“文化素质+职业技能”的职业教育高考制度。2020年全省高考录取率达到85.2%。

【教育投入】2020年，全省一般公共预算教育经费（包括教育事业费，基本建设经费和教育费附加）达到

662.99亿元。2020年中央财政累计下达甘肃省教育专项经费113.75亿元。2020年共发行地方政府教育专项债券5.7亿元，支持11所省属本科和高职院校改善办学条件。下达省属高校政府债务救助和高校化债以奖代补专项资金30389万元。

【教师队伍】全省小学、初中、高中专任教师合格率分别达到99.99%、99.95%、97.16%。出台《甘肃省中小学教师减负清单》。实施师德违规情况报告备案制度。出台《甘肃省省属师范类本科院校公费教育实施办法（试行）》，依托西北师范大学招收400名公费师范生。近16万乡村教师每月享受到不低于400元的生活补助。2020年培训教师11.8万人次。评选97名省特级教师（总数达到1369名），评选省级陇原名师16名（总数达到201名）、省级骨干教师104名（总数达到3000名）和省级农村骨干教师188名（总数达到10000名）。实施人才工作“五个一”计划，2020年全省拔尖人才评选教育系统占56%，高校人才流失引进比例由5年前的1：3.3下降到1：7。

【教育信息化】全省中小学互联网接入率达100%，实现数字教育资源全覆盖。召开全省教育信息化暨厅长突破项目推进会。“互联网+支教”教育厅长突破项目覆盖17个县区175所中小学校（教学点）584个班级9.2万名学生。在全省建设14个智慧教育示范区、84个智慧教育标杆校。

【法治教育和学校安全稳定】出台《甘肃省专门学校建设方案》。全省法治副校长配备率达90.89%。省十三届人大常委会通过《甘肃省中小学安全条例》。出台《全省教育系统安全管理专项整治三年行动实施方案》《学校安全管理包抓机制工作方案》《全省教育领域专项整治实施方案》等一揽子维护教育系统安全稳定的政策措施。全省学校食堂实现100%“明厨亮灶”，专兼职保安员配备率达到77.2%、报警系统配备率达到81.02%、视频监控系统配备率达到94.12%，中小学、幼儿园校园封闭化管理基本实现100%的目标。

【合作交流】甘肃省政府与中国矿业大学签署省校战略合作协议，与甘肃省建立战略合作关系的国内一流大学达12个。省政府与国家铁路集团有限公司签署共建兰州交通大学协议。省教育厅与内蒙古、陕西、青海等省份签署教育合作专项行动计划。举办2020年度“一带一路”高校联盟论坛和第一届“一带一路”百校结好线上美术书法艺术展活动。召开全省教育外事工作会议。兰州理工大学与乌克兰文尼察国立技术大学共建孔子学院获批，甘肃省高校在境外共建孔子学院数量达到7所。

基础教育

【学前教育】全省学前三年毛入园率达到93%。完成423所城镇小区配套园治理。新增普惠性学位9万余个，普惠性幼儿园覆盖率达到91.2%。修订《普惠性民办园认定扶持管理办法》，完成186所无证园治理。评审认定省级示范性幼儿园21所，总数达到116所。开展首届原创幼儿故事绘本素材征集活动，形成甘肃特色“学前教育绘本”。

【义务教育】全省九年义务教育巩固率达到96.6%。实施学位扩优计划，全省义务教育阶段学校56人以上大班额比例下降到0.44%，66人以上超大班额全部消除。全省进城务工人员随迁子女在公办学校就读的比例达到99%。留守儿童关爱服务体系不断健全。全省所有县市区全部实现均衡发展目标。

【高中教育】全省高中阶段毛入学率达到95%。实施高中阶段教育普及攻坚计划，投入中央和省级补助资金4.2亿元，改善200所普通高中学校办学条件。省级示范性普通高中达到65所，普通高中特色实验校达到89所。实施“中等职业学校办学能力提升”2020年教育厅长突破项目。省级中职示范校达到43所，国家级中职示范校达到23所。

高等教育和特殊教育

【高等教育】全省高等教育毛入学率达到44%。教育部、甘肃省政府召开部省合作整省推进职业教育发展打造“技能甘肃”启动大会，印发《教育部 甘肃省人民政府关于整省推进职业教育发展打造“技能甘肃”的意见》。3所高职院校进入国家“双高”建设计划。全省26个职教集团中3个被认定为国家首批示范性职教集团。教育部连续将甘肃省列为职教改革成效明显并予以支持的5个省份之一。省属本科高校8个学科排名进入全国同类学科前30%，获批国家级一流本科专业建设点67个、一流本科课程36门。新增博士硕士学位授权点80个。发布《甘肃省高校新文科建设“十项行动”》，2个基地获批国家基础学科拔尖人才培养基地，32个项目获批教育部新工科、新农科研究与改革实践项目，28个本科专业通过国家工科或医学专业认证评估。出台《甘肃省促进高校毕业生就业创业若干措施》，2020年全省高校毕业生初次就业率75.51%。

【特殊教育】全省随班就读资源中心达到86个、随班就读资源教室196个，超过30万人口的县（市）独立设置特教学校目标实现。全省所有市州均成立特殊教育指导中心，所有县区均成立残疾人教育专家委员会。全省残疾儿童少年义务教育入学率达96.8%。

（供稿：张永华）

招生招考

【普通高校招生】2020年，甘肃省共有263142人报名参加普通高校招生考试，比2019年减少3665人。其中：理工类考生136878人，文史类考生98150人，中职生28114人；应届生208465人，往届生54677人；少数民族考生17400人。全省共设15个考区，203个考点，7393个考场，其中：理科考场4309个，文科考场3084个。

甘肃省普通高校招生共录取考生224213人，总录取率85.21%，较2019年增加1.58个百分点。按层次分：本科共录取119026人，占录取人数的53.09%，录取率45.23%，高职（专科）共录取105187人，占录取人数的46.91%，录取率39.97%。按科类分：理工类录取104074人，占录取人数的46.42%，文史类录取56410人，占录取人数的25.16%，体育类录取1920人，艺术类录取13232人，中职生录取24763人，高等职业教育综合评价录取23703人，残障生及职教师资单招录取111人。

省教育考试院按照教育部部署，组织实施高职扩招工作，报名13040人，共计录取8441人。

【研究生招生】共有60034名考生在甘肃省报名并确认参加全国硕士研究生招生考试，推荐免试生2235名，总报名人数62269名，比2019年增加6934人，增幅12.5%。全省共设兰州市、天水市、平凉市、张掖市、庆阳市、武威市、白银市、定西市、酒泉市9个考区、19个报考点。

甘肃省共录取研究生18534名，比2019年增加3264名，增幅21.4%。其中硕士研究生17095名（含少数民族骨干99名，农村师资91名，录取推免生1240名、单考9名、大学生士兵计划60名），包括全日制硕士研究生15551名，非全日制硕士研究生1544名；博士研究生1439名（含少数民族骨干24名，思政教师后备15名，高校辅导员4名，两课教师3名），包括全日制博士研究生1429名，非全日制博士研究生10名。

新增白银市、定西市、酒泉市、兰州文理学院四个报考点。

【成人高校招生】2020年，甘肃省成人高校招生全国统一考试共有63406人报考（含免试生15人），比2019年增加5995人。其中：专科起点升本科报考39355人，比2019年增加3917人；高中起点升本科报考3762人，比2019年增加902人；高中起点升高职（专科）报考20289人，比2019年增加1176人。全省14个市（州）共设置17个考区，65个考点，2226个考场。共录取考生54231人（包括21名免试生），录取率85.53%。其中，其中专科起点升本科录取33809人，高中起点升本科录取3128人，高中起点升专科录取17294人。

【普通高校专升本招生】2020年，甘肃省普通高校专升本招生考试共有6814人报名，比2019年增加8482人。其中：建档立卡贫困户考生3280人，占报考总数的21.44%；退役大学生士兵35人，占报考总数的0.23%。省属20所本科院校计划招生9670名，比2019年增加6911名。共录取10040人，完成招生计划的103.83%。

【普通中专招生】2020年，在甘肃省招生的省内外普通中等专业学校共110所，招生总计划62653名。其中，外省学校招生计划4278名，省内学校招生计划58375名。招生计划总数中包括招收五年制高职大专班及“3+2”大专班的院校6所，计划招生208名；联合办学43所，计划招生20060名；普通中专101所，普通中专计划招生42385名。实际录取38407人。比2019年增加1665人。其中，五年一贯制及“3+2”录取183人，联合办学12884人，普通中专录取25340人。

【专项计划招生】2020年，甘肃省教育考试院加大精准扶贫专项计划、革命老区专项计划和省内少数民族紧缺人才培养专项计划招生力度。据统计，各类“专项计划”在甘肃省计划招生16543名（其中本科计划12450名），比2019年增加147名。共录取考生15390人，比原计划减少1153名（主要是高职专科层次1071名建档立卡专项计划未完成），比2019年增加150人。其中：本科录取12366人（包括高校专项305人），比2019年增加40人；高职（专科）共录取3024人，比2019年增加110人。共录取58个集中连片贫困县（市、区）考生148592人，其中本科73766人，录取率41.72%，比2019年增加0.79%。强化考生资格审核，采取“单列计划、单设批次、单独录取”的方式，拓宽农村、贫困和民族地区考生升学渠道，促进高等教育入学机会公平。

【高等教育自学考试】2020年，甘肃省高等教育自学考试共开考60个专业（其中专科12个，本科48个），报考55015人（其中，社会长线33387人、应用型专业14289人、专接本7339人），144651科次（其中，社会长线88494科次、应用型专业33797科次、专接本22360科次）。报考科次与2019年同期相比总体持平。全省9所高校开考26个应用型专业，招生2089人。全省10个自学考试应用型专业社会助学组织登记备案考生8462人。2020年共培养自学考试毕业生3333名。

【非学历教育考试】2020年，甘肃省共开设6项非学历教育考试项目，组织考试9次，共计报考63万余人次。其中，全国大学英语四、六级考试报考338211人次；全国大学英语四、六级口语考试3930人；全国高校英语应用能力考试报考37397人；全国计算机等级考试报考75083科次；全国计算机应用水平考试报考486科次；教师资格考试（笔试）报考143336人次；教师资格考试（面试）报考31853人次。

【普通高中学业水平考试】2020年，全省高中学业

甘肃年鉴 2021

水平考试分夏季和冬季2次，全年参加考试人数约51.7万，共涉及19个文化科目（含民语类及翻译科目）和信息技术上机考试。

【命题工作】2020年，共完成高等教育自学考试261门课程的命题制卷工作，并分别为31个省（区、市）（含全国考办）提供12门课程261套全国统一命题试卷清样。2020年申报全国高等教育自学考试试题257门。命制全国中小学教师资格考试面试试题30套。开展2次高等教育自学考试征题和2次甘肃省高中学业水平考试卷库征题工作，共征集试题250套。

（供稿：赵　俊　高　辉　何小虎）

部分学校

【兰州大学】2020年，兰州大学获批2个国家级基础学科拔尖学生培养基地、16门国家级一流本科课程、2项国家级教学比赛二等奖、6项教育部新农科研究与改革实践项目、4项教育部新工科研究与实践项目。全年本科招生4885人。增列资源与环境博士专业学位授权类别，土木水利、生物与医药、林业硕士专业学位授权类别。全年研究生招生5560人，其中硕士4660人、博士900人。获创新创业国家级奖项14项、省部级奖项90项，优化“互联网+就业”模式，学生总体就业率87.89%。推进“双一流”建设。开展2021年度中央高校建设世界一流大学（学科）和特色发展引导专项资金项目申报工作，连续第三年实现“零核减”；“双一流”引导专项执行率达100%。新增自然科学类省部级及以上重点研究基地44个，其中国家野外站2个；人文社科类省部级及以上重点研究基地4个。获批国家重点研发计划重点专项项目1项、课题9项，国家自然科学基金各类项目199项，国家社会科学基金各类项目32项，首次获批1项艺术学国家社科基金重大项目。获中国专利金奖1项、全国创新争先奖1项、省部级科学技术奖22项，获第八届高等学校科学研究（人文社科类）优秀成果奖9项，2个智库入选中国智库索引来源智库。学校加入中泰高等教育合作联盟，成立“一带一路”高校联盟高加索分盟。入选教育部首批“高层次国际化人才培养创新实践基地”建设高校、“共建‘一带一路’教育行动—部省品牌培育项目”首批建设名单。获批教育部港澳与内地大中小学师生交流计划项目9项、对台教育交流项目2项，国家留学生基金委创新型人才培养项目3项。获批高等学校学科创新引智基地2个、国家高层次外国人才引进项目2项，聘请外籍兼职合作研究生导师18名。国际文化交流学院全年招收本科生97人、硕士研究生53人、博士研究生47人、语言进修生302人。

（供稿：兰州大学）

【西北师范大学】2020年，西北师范大学设26个专业获批省级一流本科专业建设点。获批省级教学团队3个，省级实验教学示范中心1个，省级教学成果培育项目16项，省级创新创业教学改革项目4项，2名教师获得省级教学名师奖。录取博士研究生175人，硕士研究3168人，各类普通本科生4655人。学校获批省级以上纵向项目235项，其中国家社会科学基金项目25项，国家自然科学基金项目52项。获批教育部国家教师发展协同创新实验基地、甘肃省融媒体工程研究中心、甘肃长城长征国家文化公园建设发展研究中心、甘肃省教育信息化战略研究中心等4个省部级研究基地和甘肃省社会科学普及示范基地。获批“海智计划”项目两项。获批国家级大学生创新创业训练项目27项、省级89项。获批甘肃省大学生就业创业能力提升训练工程项目14项，8873名家庭经济困难学生通过“绿色通道”顺利入学。与白俄罗斯国立大学等7所高水平大学签署校际合作协议。完成摩尔多瓦自由国际大学、波黑萨拉热窝大学孔子学院、苏丹喀土穆大学孔子学院的转隶工作。组织51名留学生赴敦煌参加“重走丝路·探寻中华文明之旅”主题文化体验活动。

（供稿：朱海滨）

【兰州理工大学】2020年，学校3门本科课程入选首批国家级一流课程，31门课程入选省级一流。10个专业入选国家级一流本科专业建设点，7个专业入选省级一流，3个专业通过工程教育认证，新增微电子科学与工程专业，新建15个教学科研实验室，新增虚拟仿真实验教学项目8项。获批省级教学质量工程项目25个。立项建设国家级双创项目65项。获得国家级学科竞赛奖励125

4月27日，教育部师德师风建设基地（西北师范大学）揭牌

项、国家级创新创业奖励4项。一本招生扩大至18个省份。学校分别有10个、6个专业入选“双万计划”国家级一流本科专业建设点和省级一流本科专业建设点。遴选建设红柳特色优势专业11个、重点专业12个。现有20个省级重点学科，4个国防特色学科方向。有5个博士后科研流动站、6个一级学科博士点、23个一级学科硕士、14个硕士专业学位类别。有70个本科专业，其中国家特色专业建设点6个，教育部战略性新兴产业相关专业2个，国家级专业综合改革试点专业1个；14个专业通过工程教育专业认证（评估），进入全球工程教育的“第一方阵”。“测绘科学与技术”（0816）一级学科获批增列硕士学位授权点。获批国家级科研项目94项，其中国家级自然科学基金70项、国家级军工项目5项、国家和教育部社科项目8项，国家重点研发计划项目及课题5项。获得甘肃省科技进步一等奖1项、国防科技进步三等奖1项。授权发明专利137项、转让36项。建成西部先进土木工程材料创新研究中心（长江学者平台），成立酒泉先进技术研究院、敦煌设计形态学研究院等科研机构。

学校获批承办乌克兰文尼察国立技术大学孔子学院，完成相关转隶工作。获批“丝绸之路国际产学研用合作会议”框架下博士生招生名额9名（全省共26名）。招收国际学生148名。制定26个本科专业、38个研究生专业的中英双语课程体系。制定、修订国际学生管理制度规定。58名国际学生顺利毕业，2名国际学生获“中国政府优秀来华留学生”荣誉称号。

（供稿：马雪琴）

【兰州交通大学】2020年，兰州交通大学16个专业获批省级一流专业建设点，现有11个国家级一流专业建设点和19个省级一流专业建设点，5门课程获批国家级一流本科课程。2个项目获批国家第二批新工科项目，16个项目获批甘肃省高等教育教学成果培育项目。新增4个本科校外教学实习基地。2020年共授予博士学位45人，授予硕士学位1599人。13个项目获得甘肃省就业创业能力提升工程项目立项，新增智能计算与大数据等12个创新创业基地。新增3个省部级科研平台、3个厅局级科研平台、1个全国铁路科普教育基地、1个中国科协“海智计划”工作站。10项成果获得省部级奖励。在16个省（区、市），一本录取率约为91%。2020年毕业学生7747人，其中博士研究生22人，硕士研究生1393人，本科生5450人，专科生882人。2020年毕业生平均就业率为83.83%，其中博士研究生就业率为100%，硕士研究生就业率为81.84%，本科生就业率为83.08%，高职生就业率为91.16%。签订《兰州交通大学（LZJTU）与维尔纽斯格迪米纳斯技术大学（VGTU）“4+2”双学位项目合作协议书》，组建建筑学五年制本科专业“天佑建筑国际班”并完成项目班首批招生工作。新增丝绸之路产学研用合作会议框架下中外导师联合培养博士研究生招生计划3名。1项“春晖计划”合作科研项目获教育部立项资助，2项“国际杰青计划”获科技部立项资助。新增“虚拟现实技术与应用系统国际科技合作基地”。成立“兰州交通大学国别和区域研究所”。

（供稿：王丹）

【西北民族大学】2020年，学校新增14个校级一流本科专业建设点，获批省级一流课程21门、教学团队2个、教学成果培育项目15项。新增27个实习基地，学生学科竞赛获国际级奖6项、国家级奖29项。共有11584门次课程（教学班）开展线上教学，参与学生437805人次，主讲教师12635人次。“专业必修”类占比36%，“专业选修”类占比21%，通识平台必修类占比20%，“学课平台必修”类占比15%。本科招生6200名；预科招生393名；本科第一志愿录取人数为6136名，第一志愿录取率为93.1%。学校录取的6593名本、预科新生中，少数民族考生4143名，占62.84%，涵盖50个民族。录取博士研究生43人（含4名骨干计划），其中，少数民族学生27人，占62.79%；硕士毕业生43人，占100%；在职人员17人，占39.53%。2020年录取硕士研究生710人（含50名骨干计划，5名退役士兵计划），其中，学术型340名，专业学位370名；少数民族学生196人，占27.60%；应届本科毕业生348人，占49.01%；大学本科毕业生700人，占98.59%，同等学力考生9人，占1.27%，已获硕士学历研究生1人，占0.14%。获批国家社科基金重大项目2项、国家社科基金项目13项、国家自然科学基金项目8项、冷门绝学研究专项2项，横向服务项目80余项，全口径科研经费突破1亿。

（供稿：刘璇）

【甘肃农业大学】2020年，学校立项5个校级专业综合改革试点项目。获批10个第二学士学位专业。获批2门国家级一流课程，获批教育部新农科研究与改革实践项目4项、甘肃省教学团队2个、省级实验教学示范中心1个。学校获科技成果奖14项，获批“国家林业草原高寒草地鼠害防控工程技术研究中心”和“甘肃省枸杞无害化栽培工程研究中心”。植物与动物科学学科进入ESI全球排名前1%。完成7个博硕士学位授权点申报工作。组织农业硕士（包括7个领域）、兽医博士（硕士）、林业、中药学4个专业学位授权类别参加全国专业学位水平评估。录取研究生1335人，研究生年底就业率为76.74%，录取本科生4690人，本科生年底就业率为85.43%。获批“高端外国专家项目”1项，经费7万元。2名教师被2020年西部地区人才培养特别项目录取，1名学生被乌克兰互换奖学金项目录取。2名博士生被国家建设高水平大学公派研究生项目录取。

（供稿：石万里　马文龙）

【兰州财经大学】2020年，学校推荐审计学等15个专业申报2020年省级一流本科专业建设点，申报“数字经济”和“跨境电子商务”2个新专业，撤销“产品设计”专业。获批省级教学团队2个，省级教学成果奖培育项目14个。创新创业教学改革项目3项，“3S”技术应用实验教学中心获批省级实验示范教学中心。强化统计学博士学位授权一级学科建设，组织完成理论经济学博士学位授权一级学科、新闻传播学硕士学位授权一级学科以及法律硕士等5个专业学位授权点的新增申报工作。组织和审核应用经济学等6个学科参加全国第五轮学科评估工作，金融学等7个专业学位授权点参加全国专业学位水平评估。录取博士研究生18名，硕士研究生796名。国家级项目立项13项，其中国家社科基金项目立项11项、国家自然科学基金项目2项。立项教育部人文社科研究项目1项、省科技计划项目34项、省社科规划项目9项、省高校科研项目29项。成立兰州财经大学黄河流域生态保护和高质量发展研究中心。甘肃生态产品价值有关研究成果入选国务院发展研究中心《调查研究报告》。

（供稿：侯志峰　余　茜）

【甘肃中医药大学】2020年，学校新增2个本科专业开始招生，11个专业获批省级一流本科专业建设点，1个本科专业通过学位认证。新增6所教学医院，2所实践教学基地。有24个本科专业和9个专科专业招生，其中本科一批次招生专业达到5个。新增中医博士专业学位、药学硕士专业学位及公共卫生与预防医学硕士学术学位3个学位授权点，获2个目录外二级学科硕士学位授权点。新建6个公共卫生硕士（MPH）研究生实践基地。留学生教育新增1个留学生招生专业，招收留学生专业达到4个。新增4个国家学生来校学习。全年立项纵向项目120项，共计经费1548.65万元；横向项目10项，共计经费121.3万元。设立12个校内新型冠状病毒感染的肺炎应急防治专项。招收专科生3715人，博士研究生44人，硕士研究生1050人，具有本、硕层次学历留学生33人。毕业学生本科2359人，硕、博士研究生349人，本科毕业生就业率为81.21%，硕士研究生就业率为85%。

（供稿：陈晓强）

【甘肃政法大学】2020年，政治与行政学、公共事业管理、环境设计等3个专业获批省级一流专业。制订了《甘肃政法大学本科学生劳动教育课程实施方案》，把劳育教育纳入人才培养全过程。《面向西部民族地区网络安全人才需求的协同育人模式研究与实践》获教育部第二批新工科研究与实践项目立项，《“一院两校”协同培养藏汉双语法治人才综合改革研究》等12项教学成果培育项目获省级立项，《实践为主型公共管理专业教学团队》《面向网络空间安全的人工智能教学团队》等2个教学团队被评为省级教学团队。学校获得全国范围内招收冰雪项目高水平运动员的资格，成立越野滑雪、旱地冰壶、滑轮、旱地冰球四支代表队。获批立项各类科研项目114项，其中国家社科基金项目7项。招收本科生2569人，首次实现在全国18个省（市、自治区）第一批次招生。毕业3738人，其中本科生2667人、研究生368人、成人教育703人。本科毕业生就业率69.3%。获得博士学位授予单位、法学一级学科博士学位授权点、马克思主义理论一级学科硕士学位授权点和公共管理、工商管理、汉语言国际教育、电子信息与艺术专业硕士学位授权点。增列监狱学为学士学位授权专业，法学一级学科硕士学位授权点下自主设置军事法目录内二级学科以及国家安全学交叉学科。完成8个省级重点学科建设绩效考核。招收研究生633人。14名毕业研究生考取一流大学博士研究生。

（供稿：杨进安）

【兰州城市学院】2020年，学校申报会计学、建筑学2个本科专业。获批省级教学名师2名、省级创新创业教育教学名师1名、省级教学团队1个、省级创新创业教育教学团队1个、省级教学成果培育项目10项、省级创新创业教学改革研究项目3项。学生获得各级各类学科竞赛奖励137项，其中，国家级奖励10项，省级奖励127项。获批准立项各级各类科研项目133项，资助总经费798.799万元，其中纵向科研项目105项，资助总经费427.299万元；国家级科研项目5项，省部级科研项目30项，地厅级科研项目70项。获得甘肃省科学技术奖1项，甘肃省农牧渔业丰收奖1项。立项支持学生创新创业项目377项。10个项目获批国家级大学生创新创业训练计划项目，20个项目获批甘肃省大学生创新创业训练计划项目。招生4506人，毕业3409人，就业率为86.77%。参加“一带一路”高校联盟线上论坛、纪念路易·艾黎123周年线上研讨会，参与由教育部牵头，4所国内外院校共建的新西兰培黎实训基地项目，向教育部提交学校关于参建“新西兰培黎实训基地”的方案。学校与俄罗斯奔萨国立大学合作项目20名学生在国内进行免费线上教育。

（供稿：马晓娟）

【天水师范学院】2020年，学院申报“人工智能”“数字媒体艺术”2个专业，获批教育部第二批新工科项目。获批教育部产学合作和新工科项目4项，有甘肃省教育厅2020年教学成果培育项目12项、教学团队2个、实验教学示范中心1个、教学名师1名。新建研究生联合培养基地1个，完成3681名本科生和197名研究生的学位授予工作。校外各级各类项目177项，获批省级协同创新中心1个，成立“伏羲智库”，组织申报甘肃省工程研究中心1个，市校共建重点实验室1个。2020年，天水师范学院录取各类普通考生4540名（其中硕士研究生331名），授予学士学位3791人、硕士学位197人，毕业生就业率83.38%。签署《天水师范学院与安哈尔特应用技术大学合作备忘录》《澳门科技大学与天水师范学院教育学术交流框架合作协议》等8个校级合作协议；完成《陕西师范大学天水师范学院对口支援（校际合作）框架协议》《陕西师范大学 天水师范学院教师教育校际合作协议》的签署工作，招收10名外国留学生来校学习，引进外籍高层次人才2名，推荐5名教师赴海外深造访学。

（供稿：王晓辉）

【河西学院】 2020年，经省学位委员会审核通过，学校被推荐为硕士学位授予单位，教育、农业、旅游管理被推荐为新增硕士学位授权点，现已上报国务院学位委员会审批。研究制订《河西学院一流本科专业建设规划》和《河西学院“省级一流本科专业建设点”建设规划》，推进一流专业、一流课程建设，学校《大学计算机基础》课程被认定为“首批国家级一流本科课程”，《植物学》等8门课程被认定为“甘肃省省级一流本科课程”，汉语言文学、计算机科学与技术、园艺、临床医学和护理学5个本科专业被认定为甘肃省2020年度“省级一流本科专业建设点”；获批物联网工程、菌物科学与工程、工商管理（第二学位）3个新本科专业。学校获得省级高等教育教学成果培育项目10项、省级教学团队2个、省级实验教学示范中心1个，2人获“甘肃省教学名师”荣誉称号、1人获“青年教师成才奖”，3个项目立项为教育部“新农科研究与实践项目”。2020届毕业生4831人，就业率达到90.81%。

（供稿：河西学院）

【陇东学院】 2020年，学校被甘肃省学位委员会确定为2020年新增硕士学位授权单位（备选）。陇东道情皮影传承基地获2020年全省中华优秀传统文化传承基地。《南梁精神概论》获首批国家一流本科课程。获批省级实验教学示范中心1个。学校与微软（中国）有限公司、中国软件专业人才培养工程（CSTP）等9家企业联合成立陇东学院微软IT学院。成立庆阳数据信息产业研究院。获批2020年高校新型智库研究项目1项。获准科研项目230项，资助总经费2323万元，其中，获批国家自然科学基金、国家社会科学基金8项。3个项目获批教育部“新农科”研究与改革实践项目，10个项目获评省级高等教育教学成果培育项目。2个项目获批甘肃省高校创新创业教育教学改革研究项目。2020年，引进高层次人才1人，引进特聘教授2人，签约博士24人，教师外出攻读博士学位18人。2020年学校在职博士71人，招录31名辅导员和7名编外专业技术人员。获批省级教学名师、省级教学团队各1个。完成招生4463人，2020届毕业生年度就业率达到72%以上，342名毕业生考取硕士研究生。

（供稿：文静茹）

【兰州文理学院】 2020年，兰州文理学院被列入新增硕士学位授予单位立项建设规划单位。获得省级教学团队1个，省级实验教学示范中心1个，教学成果奖培育项目8项。二维设计基础课程被教育部评定为首批“国家级一流本科课程”。完成9门一流本科课程的立项，9门省级一流课程申报工作。获立国家社科基金项目1项；获立省部级项目15项；厅局级以上项目45项。立项校级科研项目46项。立项2020年度兰州文理学院大学生科研能力培养计划项目40项。共录取考生3430人，其中本科2180人，专科410人，专升本690人，预科150人，录取率100%。2020届毕业生整体就业率达到91.33%。报到新生3254人，报到率94.87%，同比增长3.03%。102名本科毕业生考取研究生，占比5.67%；650名毕业生考取专升本，占比56.33%。

（供稿：张　婷）

【兰州工业学院】 2020年，学院顺利接受教育部本科教学工作合格评估。学校新增省级一流专业建设点2个，获批省级创新创业试点专业1个，培育校级一流专业7个。疫情防控期间，开通在线课程664门，完成5个本科专业学士学位授权评审和463名教师听课评课。获批各级各类科研项目80余项，其中省重点人才项目、省自然科学基金计划项目、省高等学校产业支撑计划项目等32项。获省机械工程学会科学技术奖、省电子学会科学技术奖11项。创新与合作 通过搭平台、设基金、立项目、建团队、创课程、办竞赛，构建“六位一体”创新创业教育教学体系。申报甘肃省大学生就业创业能力提升工程项目，获批智慧创新创业平台建设经费300万元。大学生创新创业各类学科技能竞赛中，获国家级奖励59项，省级奖励185项。构建“一体系四融合”创新创业育人模式，深化产教融合和校企校地合作。

（供稿：牛广文　李　静）

【甘肃民族师范学院】 2020年，学院申报2个省级教学团队，10项省级教学成果培育项目；增列金融数学和网络工程两个学士学位授予专业，组织实施“2020年新疆西藏等少数民族地区教育补助专项”5个项目的培训任务，全年累计培训368人次，获培训经费98.2万元。学校被批准为新增硕士学位授予立项建设单位。完成13项省校级双创项目结项工作，推荐申报2项国家级双创项目、29项省级双创项目，申报2个省级双创教改研究项目，推荐1个省级双创教育教学团队。组织学生参加第十二届“挑战杯”甘肃省大学生创业计划竞赛，获金奖1项，铜奖10项。获批数学、设计学2个国家民委重点学科，获批国家自然科学基金项目1项、国家社科基金项目1项、省自然科学基金1项、省社科规划项目1项、教育厅科研项目8项、横向科研项目2项。结项科技部“三区”人才支持计划科技人员专项1项、国家社科基金项目2项、省教育厅科研项目11项、校级科研项目13项。录取本预科新生2949人，一志愿率为96%；首次承担普通“专升

甘肃年鉴 2021

本”招生任务，完成547人招生计划。新生实际报到率为96.57%。与甘肃政法大学联办法学（双语）专业60人，报到率100%。学校毕业生就业率达到60.6%。

（供稿：敏 兰）

【甘肃医学院】2020年，集聚学院优质资源，集中力量推进“双万计划”，医学检验技术专业被评为省级一流专业建设点，医学遗传学被评为首批国家级线下一流课程，基础护理学、护士人文修养、病理学被评定为省级线下一流课程，8个教学改革项目获批高等教育教学成果培育项目。申报预防医学、中医学和针灸推拿学3个本科专业；获批高等学历继续教育本科层次护理学、药学两个专业和专科层次护理、药学、中药学三个函授专业。2175名学生分批次送到全国10个省、市71家实习基地，建立5家教学基地，安排见习689次。拓展科研申报渠道，获批立项省科技项目2项，甘肃省人文社科项目1项，省哲学社科项目1项，省高等学校创新基金项目15项，平凉市第五批哲学社会科学项目7项，甘肃省普通高等学校英语教学改革研究课题3项。科研成果发表学术论文154篇，其中CSCD22篇，中文核心8篇，中国科技核心7篇，编写著作教材47部，获得新型实用专利38项，软件著作权39项。获批立项国家级大学生创新创业训练计划项目11项、省级22项。整体就业率达92.55%。面向全国18个省录取本科学生1580人，专科学生649人，专升本620人，报到率92.28%，比2019年增加1.94个百分点，成人教育招生2818人，比2019年增加929人，接收平凉、白银两市乡村医生456名成人学员集中开展培训。

（供稿：练 成）

【兰州石化职业技术学院】2020年，停招3个专业，开设“水环境监测与治理”“信息安全与管理”“汽车车身维修技术”“数字图文信息技术”4个新专业。推进1+X证书制度试点工作，获批教育部试点1+X证书累计达到23个。煤化工、大型化工装备维护检修、基于汽车检测与维修技术专业群建设的高职教育等3个虚拟仿真教学系统获省级立项。实施MOOC+SPOC+翻转课堂等模式改革，《石油化工技术高水平专业群人才核心能力培养数字资源平台》等2个项目获省级信息化能力提升建设项目立项，《“一带一路”背景下石油化工国际化现代学徒制人才培养模式研究》等7个项目获省级教学改革研究立项。新引进教师54人，其中，博士9人、硕士36人，教授1人，副高1人，中级职称1人。开展高级专业技术职务自主评审工作，新晋升教授7人、副教授20人。入选教育部教师工作司首批全国“双师型”教师队伍建设典型案例，2名教师入选教育部教师工作司首批全国“双师型”教师个人专业发展优秀案例。与连云港徐圩新区等联合共建产业学院9个。新增校企联合技术研发中心3个、应用技术协同创新中心9个。2020年立项各类科技教研项目123项，结题82项，学校被甘肃省科技厅认定为第三批省级技术转移示范机构，学校化工博览馆获批兰州市100个科普教育基地之一。招生录取5983人。学校与加拿大荷兰学院合作的会计专业中外合作办学项目首次招生47名；在校留学生86名。2020届毕业生4599人，就业率97.54%，其中，毕业生在规模以上企业就业占75.98%，在世界500强、全国500强、民营500强、化工500强企业就业占68.62%。

（供稿：张建祥）

【兰州资源环境职业技术学院】2020年，学院省级教学改革研究项目立项8项，获批甘肃省职业教育信息化能力提升建设项目3项、创新创业教育教学改革研究项目2项、甘肃省职业教育在线精品课程12门，省级大学生创新创业训练计划项目立项26项，结项12项；获批甘肃省职业教育教师教学创新团队2项、甘肃省教育厅第三批职业教育名师工作室2个；获全国煤炭行业教学成果奖特等奖1项、一等奖4项。立项科研项目60项，结项科研项目56项，其中与中南大学联合申报并立项国家自然基金项目1项，与兰州大学成功申报甘肃省气候资源开发与灾害防控重点实验室。立项技术协同创新项目9项，获批授权实用新型专利66项，软件著作权19项。招生计划6347人，报录取新生6260人，实际报到6008人，报到率为95.97%，较2019年增长1.42%，省内普通文理类录取分数线均上升至全省高职院校第2位。2020届毕业生4357人，已就业4330人，就业率为99.38%。

（供稿：高兰德 张 雪）

兰州石化职业技术学院工业机器人实训基地

【兰州职业技术学院】2020年，举办新入职教师培训班，开展晋升专业技术职务教师教学能力评价说课活动。建成省级骨干专业2个，在线精品课程7门，精品在线开放课程10门，普通在线课程371门。教育教学改革研究项目4项，英语项目2项，创新创业项目2项，创新创业慕课1项。省级教育创新团队4个。调整2018、2019级“2+1”人才培养专业课程计划。开展4个工种全国考证工作。推进现代学徒制和1+X人才培养模式改革。与柳工集团建立现代学徒制试点班。新增15个“1+X”证书制度试点项目，累计获批教育部“1+X”证书制度试点项目24个，开展学生考证和教师培训，实现“课证融通”。获评首届甘肃省黄炎培职教奖——优秀学校奖。在中华人民共和国第一届职业技能大赛中，有5人在四个项目中获得“优胜奖”（甘肃省共12个），3人入选国家集训队（甘肃省5人入选），并获得甘肃唯一“西部技能之星”称号。师生荣获国家、省级专业奖项两百多项。获批各级课题立项95项，结项92项，发表论文192篇，申请专利45项，出版教材著作23本，科研成果获奖103人次。完成高职专科录取4409人，甘肃工商技师学院录取537人。2020届毕业生年底就业率99.83%。2021届毕业生签约率84.78%。专升本考试录取536人，录取人数占2020届毕业生总数的18%。

（供稿：苏文力）

【甘肃广播电视大学】2020年12月26日，经省政府批准，甘肃广播电视大学更名为甘肃开放大学（甘政函〔2020〕133号）。2020年12月30日，经省政府批复同意，兰州航空工业职工大学改制为兰州航空职业技术学院（甘政函〔2020〕141号），隶属甘肃开放大学管理。开设开放教育本科（高中起点）专业5个，开放教育本科（专科起点）专业29个，开放教育专科专业39个，“新兴产业工人培养和发展助力计划”试点专业12个，开放教育“一村一名大学生计划”专科专业9个；开设成人专科专业40个，普通中专专业22个，成人中专专业12个。开放教育在籍生82826人，毕业生16329人，招生26433人。省校成人专科（高职）在校生5051人，毕业生2865人，招生2213人；省校与其他院校及奥鹏等合作办学的网络本、专科在校生609人，毕业301人，招生1人；省校与其他院校合作办学的成人本、专科在校生367人，毕业1248人，招生215人。省校中专（中职）在校生3988人，毕业生1585人，招生1317人。

（供稿：常秀芝）

【甘肃警察职业学院】2020年，学院内设机构19个，其中12个教学训练机构、6个行政机构、1个培训中心；共开设24个专业，其中10个公安类专业、14个与公安工作紧密相关的普通类专业。学院建有电子物证实验室、痕迹检验实验室、DNA实验室、安检安防综合实验实训中心、民警心理行为训练场等39个实验实训场所，各类实验实训仪器设备总值1.08亿元，训练场（馆）12个，与基层公安机关建立校外教学实践、实习基地43个。在校学生7348人。教职工355人，其中专任教师297人，具有教授、副教授职称教师133人，占专任教师总数的44.8%，具有硕士研究生以上学历的教师121人，其中博士5人，占专任教师总数的40.7%；“双师型”教师190人，占专任教师总数的63.9%。学院有左家湾和皋兰两个校区，占地面积1948.5亩，校舍建筑面积17.6万平方米，图书馆藏纸质图书82万册，电子图书20万册，电子资源数据库2个。

2020年，学院刑事侦查专业成功获批省级骨干专业，整合7个公安类专业资源，建设社会治安管理与服务、刑事侦查技术及应用2个专业群。组建安保技防学院和网络安全教研部，建设网络空间治理警务技术和安保技防2个专业群。

2020年，学院科研工作中，1个国家社科基金项目、6项省级科研项目以及4个科研创新团队建设达到中期验收水平，11个项目获得教育厅重点改革项目和科技厅省级科研立项，其中2项实现自然科学基金和青年科技基金项目两个突破。

2020年，学院共举办各类培训班97期，培训人数10265人。其中培训民警9304人，其他社会人员961人。招收“专接本”新生1820人，组织2180人自学考试，通过率达到85%，录取函授生49人。

2020年，学院首次实现高中生综合评价和中职升学考试招生。录取新生3367人，招生计划完成率和录取报到率分别达到97.7%和93%；175人超过二本线，文、理最低录取分数较2019年增长100分。1924名应届毕业生中有1659人就业，其中公安系统公务员岗位411人，国家基层项目、辅警及其他就业1248人，2020年就业率达到86%。

（供稿：陈　裕）

科　技

【综述】2020年，甘肃省科技对经济增长的贡献率达到55.1%，研究与试验发展经费（R&D）投入强度1.26%（2019年），技术合同成交额233.2亿元。争取国家各类科技项目798项，获得资金支持6.4亿元。高新技术企业数量达到1229家，较上年增长16.83%。下达研发费用补助7740万元。获批建设7个国家级创新基地平台。2名科技工作者获何梁何利基金科技奖。

【科技体制改革】2020年，组建甘肃省同位素实验室等3个面向国家战略需求的创新平台。制定出台《关于进一步激发创新活力强化科技引领的意见》（甘政发

7月16日，正威电子信息产业园的第三期项目——世界单体规模最大的高铁导线项目建成投产

〔2020〕46号）等政策措施。推进省级科技计划管理改革，调整省级科技计划项目管理流程，安排资金3.9亿元，组织实施科技重大专项等年度科技计划。改革省级科技奖励政策，增设特等奖。

【重大科技项目】2020年，获得各类国家科技计划项目（课题）798项，争取科研资金6.4亿元。围绕寒旱农业、生态屏障保护等重点方向，布局13项科技重大专项。组织中央引导地方科技发展专项资金项目28项。入库科技型中小企业1194家，较上年增长76.1%，入库企业享受研发费用加计扣除5.3亿元。在特色优势领域布局15家省级临床医学研究中心。跟进科技成果转移转化示范区建设，在路径选择和发展目标上形成示范。

【科技交流合作】制定《甘肃省加强创新能力开放合作实施意见》，推进以科技创新为核心的开放合作。立足“一带一路”区位优势，线上线下开展中俄科技创新年活动，承担国家科技援助项目和政府间合作项目7项，实施国列高端外专项目18项；新认定省级国际科技合作基地和引才引智基地各10家。甘肃省科技创新及引才引智成果，荣获第18届中国国际人才交流大会最佳展示奖。受理办结外国人来华工作许可423件。

（供稿：何建武）

部分科研单位

【中国科学院兰州分院】2020年，中国科学院兰州分院向甘肃省政府呈报《关于碳离子治疗系统产业化进展情况的报告》。协助近代物理所争取地方支持3800万元建设甘肃省同位素实验室，一期工程已于9月底开工；争取“大型中微子探测阵列GRAND”落地甘肃；助力甘肃发展凹凸棒石产业，协调兰化所帮助地方建设甘肃黏土矿物功能材料创新中心；跟进惠州“强流重离子加速器装置（HIAF）”和“加速器驱动嬗变研究装置（CIADS）”建设进展，服务国家粤港澳大湾区区域发展战略。推进落实兰州地区“一院三所”与甘肃省国资委战略合作协议，2020年“一院三所”与省属企业新签订各类技术服务合同额达2065万元；与甘青两省科技厅建立长效沟通机制；与定西市人民政府签署院地合作协议，确定7个方面重点合作领域；加强与甘肃省科学院在人才培养、平台建设、项目申请、资源共享方面的实质性合作；协调推动枸杞、油橄榄等生物资源高值化利用分别落地西部宁夏和云南，为地方带来6800万元经济效益，为研究所争取3000万元横向经费。分院部分科技成果如近代物理所的碳离子治疗装置、兰化所的凹凸棒石高值利用、有机高分子材料在纳米层面的复合杂化和工业化应用等，多次写入甘肃省主要领导的报告和讲话。“碳离子治疗系统在武威肿瘤医院正式接诊患者”入选甘肃省“2020年十大新闻”。2020年经分院推荐的项目获甘肃省科技计划支持1200余万元。近物所“碳离子治癌研究及大型肿瘤治疗装置研发与产业化”获科技进步特等奖。2020年各单位获各类奖励14项（省级特等奖1项，一等奖2项，全国创新争先奖2人，专利奖3项，先进集体1项，先进个人2项，兰州市优秀科技工作者3人）。

（供稿：中国科学院兰州分院）

【甘肃省科学院】2020年，甘肃省科学院完成高技术产业园项目相关的可研报告、修详规划、初步设计及施工图；完成高技术产业园建设前期专项报告的编制及评审工作；完成建设用地的所有手续办理及建设围栏及场地的平整；与甘肃一安集团签订项目合作协议暨高技术产业园融资协议；开展入列2021年专项债申报工作，初步完成《高技术产业园专项债券实施方案》编制工作；完成项目施工单位资格评审、公开招标工作及临电施工用电工程设计招标工作；完成创新基地控制价及清单编制、控制价评审询价比选等多项工作。共签订横向项目200余项；下达2020年度院科技产业化项目10项，组织验收产业化项目11项；共组织申报各类科技项目91项，立项20项。申报国家自然科学基金项目16项并全部通过初审，其中2项获批立项；兰州市城关区科技计划项目立项1项。组织申报2020年度省科技计划项目45项，其中8项获批立项；组织申报2020年度院列科技计划项目28项，其中5项获批资助。参与国家重大战略科学考察研究项目第二次青藏高原综合科学考察任务，独立承担该任务中的第九项任务的两个重要子专题；获得绿色矿山评估机构服务能力认证证书和“水土保持方案编制水平评价”五星级等级证书；生物研究所。开发出牛粪无害化基质产品、奶牛养殖场废水纯生物无害化处理工艺及微生物菌剂制备生产和生物质炭制备生产线等；传感技术研究所。以巨磁阻MEMS传感器系列研发为主导，相继攻克研发巨磁阻薄膜器件制备、MEMS关键工艺技术研发等核心技术，在自旋电子理论、MEMS传感器核心结构设计、MEMS工艺技术研发以及MEMS器件研发等方面取得较为显著的成果；磁性器件研究所。成功研制磁力阀、磁力纱管等关键技术产品，形成超临界二氧化碳无水染色核心技术10余项，解决该染色技术的“卡脖子”难题；自然能源研究所。投资3000万元的可再生能源产品中试基地与创新平台建设取得重大进展，各项工作已进入收尾阶段；自动化研究所。在国家自然科学基金地区基金项目实现零的突破，《面向馆藏大幅面文物的数字化采集与智能修复关键技术研究》的成功获批立项；纳米应用技术研究室。在甘肃、新疆、河南等省份20多个农技中心、合作社及农户开展纳米农作物种植试验，取得良好的应用示范推广效果。与北京交通大学共同成立“微纳材料与器件联合实验室”。

（供稿：李小波）

【甘肃省农业科学院】2020年，学院新上项目120余项，合同经费1.7亿元，到位经费1.6亿元。结题验收项目96项，登记省级科技成果50项。完成800余份作物种质资源抗逆性鉴定。育成新品种16个，鉴选出牛肉面专用小麦品系20个。甘肃省农业科学院获国家科技进步二等奖1项（协作），省科技进步二等奖7项、三等奖5项，省专利二等级2项、三等奖1项，省农牧渔业丰收奖7项；审定（登记）新品种34个，授权国家发明专利23项，实用新型专利、外观设计专利及软件著作权75项，品种保护权6项；制定颁布实施技术标准22项；发表学术论文379篇，出版专著7部。建立科技成果转化新机制，促进“政科企”“产学研”联合，推进跨行业、跨领域合作。探索科技成果推介新方式，成功举办“第二届甘肃省农业科技成果推介会”，以线上线下相结合，展示推介400项科技成果，发布100项重大农业科技成果。成立科技成果孵化中心，8家企业入驻开展成果转化活动。加强与地方政府、企业的合作，签订技术服务协议近400份，在全方位服务农业产业发展中实现成果的知识价值。推进“陇薯入藏”“陇薯出国”，提升“陇字号”良种的社会效益和经济效益。

（供稿：方　蕊）

【甘肃省社会科学院】2020年，甘肃省社会科学院社科数字化建设工作取得新突破，科研考核系统、甘肃社会科学在线升级研发工作有力推进，院内外网、甘肃社会科学在线、华夏文化资源云平台三大门户网站运维效能提升，大数据共享平台建设通过验收。2020年，中国知网授予甘肃省社会科学院《知识创新服务应用示范基地》荣誉牌，成为获此殊荣的全国10家单位之一。由甘肃省社会科学院董汉河研究员主持的《中国工农红军西路军历史资料征集、整理与研究》项目，获立国家社科基金重大项目。这是西路军历史研究领域第一个国家社科基金重大项目。全国两会期间，“关于加快建设南水北调西线工程，为黄河流域生态保护和高质量发展提供水资源保障的提案”，被全国政协列为2020年重点提案督办调研项目之一。《陇上学人文存》文化建设项目被列入甘肃人民出版社重点图书选题和《甘肃省哲学社会科学研究与发展“十二五”规划纲要》全省学术积累优秀社科成果出版建设工程，现已成为“文化大省”建设的又一个标志性品牌，涉及15个学科领域。

（供稿：杨雪琴）

气　象

【综述】2020年，甘肃省平均气温8.8℃，较常年同期偏高0.6℃；降水量506.5毫米，偏多26%，为近17年第二多。暴雨日数偏多，范围广、影响大，陇东南受灾严重；夏季高温次数偏多、范围小、持续时间短；冰雹日数较常年偏少，但范围为近三年最大，局地受灾较重；大风、沙尘天气少；寒潮、强降温天气偏少，共出现3次区域性强降温天气过程。2020年总体气候条件较好，水资源评价为丰水年，人体舒适度较高，但区域气候事件和气象灾害对农牧业、生态环境、人体和水资源造成一定影响。

【气温】2020年，全省平均气温8.8℃，较常年同期偏高0.6℃，但为近6年最低。2020年各地平均气温，张掖市南部、武威市南部和甘南州西部为1℃～5℃，酒泉市北部、武威市北部、白银市、兰州市中部、天水市、平凉市东部、庆阳市、甘南州东南部和陇南市北部为9℃～13℃，陇南市南部为13℃～16℃，省内其余地方为5℃～9℃；与常年同期相比，酒泉市南部、武威市和定西市西部、甘南州中北部、庆阳市和陇南市南部接近常年，其余地方偏高0.5℃～1.5℃。

2020年全省各月平均气温与常年同期相比，10和12月气温分别偏低0.1℃和1.2℃，其中10月为2008年以来最低，12月为2006年以来最低；1—3月均偏高1.6℃～2.1℃，均为近3年最高，其余月份偏高0.1℃～1℃。1月—3月全省平均最高气温和最低气温偏高0.5℃～4℃，10月与12月平均最高气温偏低，11月平均最低气温偏高。

【降水】2020年全省平均降水量506.5毫米，较常年同期偏多26%，为近17年第二多（2018年，514.5毫米）。

2020年各地降水量，酒泉市北部为11～100毫米，酒泉市中南部、张掖市、武威市、兰州市和白银市为100～400毫米，甘南州东南部和陇南市东南部为800～1250毫米，省内其余地方为400～800毫米。与常年同期相比，白银市南部、定西市、甘南州、天水市、平凉市、庆阳市西部和陇南市偏多2～7成，酒泉市、张掖市西部和武威市东北部偏少2～8成，省内其余地方接近常年同期。

2020年全省各月降水量与常年相比，3、4和9月分别偏少32.3%、31%和27%，其余各月均偏多，8月偏多102.1%，为1961年以来最多，11月偏多25%，但为近3年最少，12月降水偏多44%，为近5年最多，其余各月降水量偏多8%～38%。

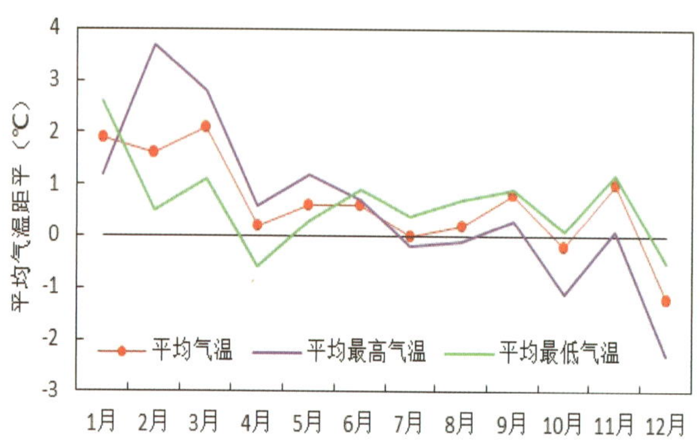

2020年甘肃省各月平均气温、平均最高和最低气温距平变化图(℃)

【暴雨洪涝】2020年全省23县（区）出现暴雨，暴雨日数较常年偏多。暴雨主要出现在8月的白银、定西、平凉、庆阳、天水、陇南和甘南7市（州）。暴雨引发山洪、滑坡和泥石流等灾害和城乡积涝，农经作物及基础设施损失巨大。年内10县出现极端日降水事件，较常年偏多。6月26日静宁县和8月17日文县日降水量破建站以来极值。

【冰雹】2020年全省27县（区）出现冰雹天气，较常年同期偏少，但范围为近三年最大，局地冰雹灾害影响大，主要出现在兰州、定西、平凉、天水和甘南等市（州），尤以5月冰雹造成农经作物、基础设施等受灾较重。

【高温】次数偏多、范围小、持续时间短。2020年全省共20县（区）出现35℃以上高温天气，较常年偏多，但为近5年最少。敦煌、瓜州、鼎新和文县4县（区）高温持续10～25天，其余地区1～8天。46县（区）出现32℃以上高温天气，较常年偏多。年内区域性高温出现

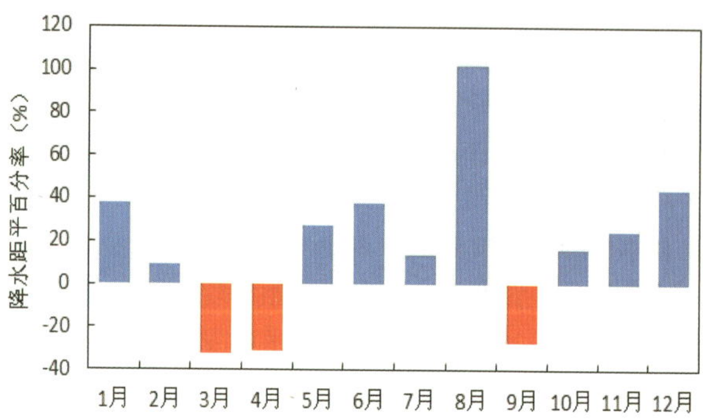

2020年甘肃省各月降水量距平百分率变化图(%)

在7月7日、7月27日、7月28日和8月26日。

【大风沙尘】2020年全省大风、沙尘日数较常年偏少。5月3日民勤出现1次沙尘暴，分别有26、29县（区）出现扬沙、浮尘天气，均为1961年以来最少；59县（区）出现大风天气，较常年偏少，为2010年以来最少，主要出现在2月中旬、4、5月上旬和6月下旬的酒泉市、张掖市、武威市、兰州市、白银市、定西市和庆阳市，造成部分区域农作物受灾。

【寒潮、强降温】2020年全省寒潮、强降温较常年同期偏少。71县（区）出现寒潮天气，主要出现在1月上旬至6月上旬、9月中旬至12月下旬，其中2月15日—16日9县（区）出现区域性特强寒潮，3月9日—10日、11月21日—22日和12月30日14县（区）出现特强寒潮，最低气温在-25~-10.2℃之间，24小时降温3.4℃~12.7℃，48小时降温6.9～16.1℃。年内共有34县（区）出现强降温天气，主要出现在2月上旬至3月下旬、5月上旬、6月上旬、11月中旬至12月下旬，其中2月13日—16日、3月26日—27日和12月28日—30日出现区域性强降温天气过程，48小时降温5.4℃~15.1℃。

【年景评述】2020年气候条件对农牧业影响较大的区域主要为定西、甘南、平凉、天水、陇南等市州，尤其正值农作物和林果关键生育期，4、5月出现了近10年最多的霜冻，并且强度和范围较大，5月河西、定西和庆阳等地出现低温冻害，河东大部出现冰雹，灾害造成冬、春小麦和玉米及苹果、桃等受损；夏季降水偏多，虽有效缓解了前期旱情，但暴雨造成陇东南农作物受灾；秋季连阴雨过程多，利于小秋作物生长；冬季冬麦区大部降水偏多，封冻墒情良好，总体利于冬小麦返青和经济林果的萌芽。

2020年降水资源等级为异常丰水年，为2017年以来连续第四个丰水年，是1991年以来第三高。但降水分布不均匀，上半年河西降水偏少，酒泉部分水库干枯，而河东降水明显偏多，尤其是大雨以上日数偏多明显，区域性暴雨和连阴雨日数偏多，对黄河上游甘肃段各支流水系和水库蓄水有利，但同时也给防汛抗灾工作带来较

大压力。

2020年5月—9月，甘肃省中东部大部地区降水偏多、气温偏高，气候条件有利于植被生长，生长季（5—9月）甘肃省平均植被指数NDVI为0.3284，较近20年同期平均偏高13.5%，为2000年以来历史同期第三高值，仅低于2018和2019年。植被指数越高表明植被长势越好，2020年生长季甘肃省植被长势偏好，同时也反映出近20年甘肃省植被长势为持续向好的态势。

全省气候舒适日数为101天，接近常年同期，大部分区域人体舒适度较高。武威市南部、定西市北部和甘南州60天以下，酒泉市北部、张掖市北部、武威市北部、白银市、兰州市南部、天水市大部、陇南市北部、平凉市和庆阳市为100～160天，陇南市南部为160～200天。

（供稿：蔡元成）

地　震

【综述】2020年，甘肃共发生2.0级以上地震69次。其中，2.0~2.9级57次，3.0~3.9级11次，4.0~4.9级1次，最大地震为1月30日酒泉市阿克塞县4.2级。2020年省内地震活动强度不高，主要呈现西强东弱的特点。空间上，2级以上地震分布特征不明显，3级以上地震中有8次集中分布于甘肃中西部地区，4次在甘肃东南部地区。时间上，8月发生2级以上地震最多，共10次；9月发生地震次数最少，共3次。另外，3级以上地震主要集中发生在前半年。

【监测预报】强化震情跟踪与研判，加强全省震情监视跟踪工作组织与协调，健全省、市、县地震部门和地震台站紧密结合的震情跟踪工作机制，制定《甘肃省震情监视跟踪和应急准备工作实施方案》；建立南北地震带北段构造协作区震情监视跟踪工作机制，制定《南北地震带北段构造协作区震情跟踪工作方案》；深化会商机制改革，完善测震和地球物理学科强震短临预报指标体系，细化“全国震情会商技术方案”。完成2020年全国两会、十九届五中全会及2020年国庆、中秋“两节”地震安全保障服务工作。

推进“国家地震烈度速报与预警工程甘肃子项目”建设，完成预警项目一般站安装调试运行，初步形成烈度速报能力。台站土建完成100%，完成设备采购；办结91个新建基准站征地手续；完成100个新建基准站租地，主体完工新建基准站107个、基本站100个，改建基准站57个。成立甘肃省地震局地震预警工作推进领导小组。

强化市县地震核心业务，优化市县地震台网建设，争取资金97万元，支持市县地震监测项目；在洪涝灾害期间，筹措经费65万元，下拨给陇南、甘南等市县地震部门用于灾害抢险；组织市县地震部门100余人次参加监测预报业务各类培训。

【地震灾害预防】推进行政审批制度改革和“放管服”改革。理顺重大建设工程抗震设防要求监管机制和监管流程，落实建设工程地震安全性评价事前事中事后监管要求。2020年，在全省范围内开展地震安全监管检查工作。此次检查共完成“十三五”时期的重大工程94项，高层建筑58项，2009年以来学校建设工程5077项，医院建设工程723项，一般建设工程2749项。

开展地震安全性评价监管。2020年检查省内5家地震安全性评价单位开展地震安全性评价情况，抽查在甘肃省内开展的11项工程项目地震安全性评价报告，对抽查发现的不合格的安评报告责令进行整改。印发《甘肃省区域性地震安全性评价管理办法（暂行）》（甘震发〔2020〕40号）。组织区域性地震安全性评价报告技术审查。组织专家对华亭工业园区区域性地震安全性评价项目报告和兰州榆中生态创新城建设项目区评报告进行技术审查。

采用地质地貌调查、条带状填图与地球物理探测、钻孔勘探、槽探等相结合的技术途径，开展武威市活动断层探测与地震危险性评价工作。完成区域地震构造环境专题报告及区域地震构造图编制，进行区域地震构造环境专题数据库入库检测及修改；对野外断层推测点进行电磁剖面试验性探测；通过综合探测，查明武威市目标区内主要活动断层的地表准确位置、规模、活动性及地震危险性；提供标绘在1∶5万或1∶1万地形图上的主要活动断层分布图、地震危险性概率分布图和地震危害性评价图。

【地震应急保障】推进新形势下“全灾种、大应急”管理模式，提升地震应急工作能力。印发《省防震减灾工作领导小组关于2020年防震减灾工作要点的通知》《关于进一步加强下半年地震灾害防范应对工作的通知》，安排部署防震减灾重点工作。召开省防震减灾工作领导小组成员单位联络员会议，通报震情趋势，研究确定防震减灾工作措施。协调省抗震救灾指挥部成员单位对年度地震重点危险区涉及的8个市州和部分县区开展地震灾害防范应对准备专项检查。向省抗震救灾指挥部单位和相关市州通报问题，制定印发整改方案，向国务院抗震救灾指挥部报送整改落实情况。编制完成《2020年甘肃省地震重点危险区地震灾害预评估与应急处置要点报告》，组织专家评审后分送防震减灾工作领导小组主要成员单位和相关市州政府。派出地震现场工作队参加宁夏海原西北片区纪念海原大地震100周年联合应急救援演练、协同开展2020年甘肃省重大灾害事故应急救援综合演、参加白银市地震灾害及危险化学品事故综合应急演练，检查地震现场工作队实战工作能力。

推进搜救基地配套项目建设，年内协调完成主体验收、室外管网设计和施工招标、供电设计手续办理等工作。完成地震应急装备库建设，完成地震应急装备搬迁登记入库工作，强化地震应急设备装备保障。实施大震应急物资储备项目实施，完成统招分签和自行采购项目合同签订、验收入库工作。

【学术交流】2020年，中国科学院国家空间科学中心陈涛研究员等一行三人莅临甘肃省地震局开展调研和学术交流活动，共同研究探讨电磁学科的地震预测预报问题。局科学技术处、西部强震室、预报中心、监测中心等单位的10余名同志参加交流。

兰州理工大学董建华教授应邀为甘肃省地震局专家和科技人员作题为《黄土工程新技术的研发和理论分析》的学术报告。兰州岩土地震研究所、预报中心和局科学技术处等单位的30余名科技人员参加交流。

由白银市人民政府、甘肃省应急管理厅和甘肃省地震局共同在白银市举办纪念海原地震100周年学术研讨会。此次研讨会有来自中国科学院西北生态环境资源研究院、兰州大学、中山大学、中国地震局地震预测研究所、南京工业大学、兰州交通大学、上海市地震局等十余家学术单位的专家学者和全省14个市州地震部门代表100余人参会。

（供稿：许丽萍）

文化旅游

【综述】2020年，甘肃省共接待游客2.13亿人次，实现旅游综合收入1455亿元。

2020年底，永靖炳灵寺世界文化遗产旅游区正式列入国家5A级旅游景区名单。全省累计建成A级景区357家，其中，5A级景区6家，4A级景区107家，3A级及以下景区244家。共有星级饭店397家，旅行社747家，持证导游10862人。世界文化遗产7处、全国重点文物保护单位132处；公共图书馆103个、文化馆103个、乡镇综合文化站1228个，乡村舞台16865个；娱乐场所1545家、互联网服务场所1406家；国家级非遗项目68项，各类非遗扶贫就业工坊106家。

【文化旅游宣传推广】2020年，开展“你是人间四月天”——甘肃文旅致敬医务人员健康休养活动、“联通陆海丝·助推双循环”——甘肃文旅“环西部火车游”主题推广营销活动和“丰收了·游甘肃”冬春文化旅游惠民活动等三大主题推广营销活动。参与“疫去春来·江山多娇”全国精品主题旅游线路征集展示活动，申报推荐十大特色主题旅游线路，其中“大梦敦煌·丝路经典”“千里风情·黄河水韵”等4条主题旅游线入选全国百条精品旅游线路。优选读者杂志等8家省内外优质广告平台进行省市整合宣传，在文旅融合、乡村旅游、大型主题活动和常态化发布旅游产品线路等方面共同开展主题宣传。与人民日报社、新华社等省内外30多家媒体建立长期合作关系，大流量进行文化传播和旅游宣传推广，全年媒体发稿量达8000余篇（条）。组织开展甘肃文旅与携程集团“激发消费潜力·促进消费升级”合作，开拓甘肃旅游市场；联合甘肃银行推出甘肃“城市印象”系列信用卡，开展吃、住、行、游、购、娱等优惠活动；授权第三方公司设计推出如意甘肃彩车系列文创产品，放大“交响丝路·如意甘肃”彩车的宣传效应；组织修订印发《“引客入甘”补贴实施办法》，激励各相关文旅企业创新方式方法开挖掘拓市场；邀请中央电视台科教频道《味道》栏目组制作播出“兰州美食”、《味道·我的家乡菜·定西篇》等专题节目。

【文化旅游商品】全省文化旅游商品和文创产品达到1500余种。组织省内130余家文旅企业分别参加青海2020文化产业和旅游产业融合发展高峰论坛、第二届中国（甘肃）中医药产业博览会、山东首届中国国际文化旅游博览会、2020重庆国际文化旅游产业博览会和第15届中国义乌文化和旅游产品交易博览会等，展出文创产品、旅游商品76类280余个系列。嘉峪关“雄关万年历香薰拼接组合”获得2020中国旅游商品大赛银奖；甘肃华晨文化发展有限公司研发的“敦煌故事自在—旅行套装系列”获得铜奖，甘肃省文旅厅被大赛组委会授予突出贡献奖。在2020中国特色旅游商品大赛，获2金6银4铜和最佳贡献奖，甘肃省旅游协会被授予突出贡献奖。敦煌研究院取得注册商标108个，省博物馆文创中心拥有注册商标2个。

9月12日，“春绿陇原”经典陇剧唱响最美乡村

【文艺创作与活动】省文旅厅组织全省文艺工作者开展“艺术战疫”文艺创作活动，创作3600多部（幅）涵盖戏曲、曲艺、舞蹈、音乐、美术、书法、文学等抗疫文艺作品，全网浏览量超过1500万次。话剧《七先生》入选文化和旅游部“2020年度国家舞台艺术精品创作扶持工程”全国舞台艺术重点创作剧目，舞剧《彩虹之路》入围第十二届中国舞蹈“荷花奖”终评剧目。甘肃美术馆《丝路丹青——甘肃美术馆馆藏作品精品展》、甘肃天庆美术馆《寸笺之道——清末民初名人书信交流展》首次入选文化和旅游部全国美术馆馆藏精品展出季活动和全国美术馆青年策展人扶持计划。打造“花开敦煌”“大路西行”“朝圣敦煌”三大陇原美术创作品牌活动以及敦煌系列、黄河系列、长城系列、民俗系列实景演艺项目。

【文化交流合作】2020年初，省文旅厅组织艺术团组在美国、法国、荷兰等14国23个城市举办2020年“欢乐春节”活动，演出44场，现场观众达5万余人次。参加2020“中国文莱旅游年”“中国马来西亚文化旅游年”开幕式及系列宣传推广活动。通过“畅游丝路”“陇原遗韵”“陇原食韵”“陇原艺韵”系列的展示，向驻新加坡、泰国、德国等20多个国家使馆、中国文化中心、旅游办官网及FaceBook、Tiktok、YouTube等新媒体推广宣传。在线参与“澳门世界旅游经济论坛”，参加“中国—阿联酋旅游线上合作论坛”“中阿文旅产品数字展”活动、海峡两岸旅游交流协会主办的2020台湾“美丽中华”线上系列——“陆上丝绸之路之旅”推广活动；举办首届丝绸之路（甘肃）国际微视频展暨首届中国(甘肃)青年短视频创作精英挑战赛、首届“一带一路”百校结好美术书法艺术展活动、“纪念敦煌莫高窟藏经洞发现120周年国际书法邀请展”“上合组织成员国共同佛教遗产展”“一带一路美丽乡村论坛”，与日本秋田县县厅共同策划举办“走近丝绸之路上的明珠——魅力甘肃文化旅游图片展”，参与“2020中日旅游在线商洽会”、2020中国国际旅游交易会、东盟博览会、上海进博会等及其他在国内举办的国际文化旅游会展。申请加入“港澳青少年内地游学联盟”，推荐选送敦煌市莫高里工匠村——非遗保护传承基地“敦煌泥塑，敦煌壁画古法临摹体验”项目，入选2020年度港澳青少年内地游学产品。敦煌市成功入选2021年“东亚文化之都”。

【非物质文化遗产保护】参与2020年“文化和自然遗产日”—“非遗购物节”相关活动。《甘肃非遗辞典》编纂工作完成，即将出版。全省106家非遗扶贫就业工坊吸纳就业人口5083人，其中建档立卡贫困户1255户2078人。设计并细化的“交响丝路非遗之旅”“涛涛黄河非遗之旅”2条行程线路，入选中国旅游报组织的“全国非遗主题旅游线路征集宣传活动”。与腾讯云计算有限责任公司达成战略合作，共建甘肃省非物质文化遗产大数据平台。

【全域旅游】完成嘉峪关市、平凉市崆峒区、张掖市肃南县第二批国家全域旅游示范区初审验收工作；启动第二批省级全域旅游示范区验收认定工作。2020年全省基本实现崆峒山、嘉峪关、麦积山、鸣沙山—月牙泉4个

11月5日，由甘肃省文化和旅游厅联合中国旅行社协会共同组织的“丰收了·游甘肃”冬春文化旅游惠民活动暨丝绸之路(中国)旅行商大会在敦煌举办

5A级景区以一级以上公路与高速公路相连，4A级景区以一级公路与主通道相连。全省累计建设自驾车旅居车营地44个，总投资约37.3亿元。

【旅游招商引资】省文旅厅加强与新奥集团、复星集团、依文集团、泰康集团、华侨城集团等国内大型民营和国有企业联系，签订文化旅游战略合作协议71个，签约金额276亿元。新奥集团投资200亿元的“敦煌奇迹世界”项目正式签约。组织省内各文旅企业共同发起成立甘肃文旅企业家俱乐部，创办刊发专栏文章18期。

【智慧旅游建设】策划开展“甘肃文旅杯”国际短视频展与微视频创作大赛，近100个国家2000多部作品参赛。疫情发生后，发起宅家游丝路 快拍丝路 快游甘肃两次快手大V培养计划，“#宅家游丝路 #宅家看甘肃好风景 #宅家听甘肃好故事 #快拍丝路快游甘肃”4个话题挑战活动，累计创作发布短视频超过14428个、播放总量超过10亿次，开展直播超过1800场、在线观看人次超过2200万。举办网络宣传暨短视频创作推广培训班，建办“如意甘肃”网红直播孵化基地。融入新华社民族品牌工程、携程“BOSS直播带货”等活动，“引客入甘”直播带货累计达到973万元。

（供稿：张　萌）

文物工作

【文物保护改革】甘肃省文物局联合甘肃省纪委监委、公检法等八部门出台《甘肃省涉案文物管理移交暂行办法》。深化博物馆法人治理结构改革，武威市、张掖市、大地湾等8个博物馆成立理事会。推进文化体制改革，完成甘肃省文物商店转企改制工作。实施中华文物全媒体传播精品工程，敦煌研究院“云游敦煌”小程序和甘肃省博物馆文物表情包项目入选中华文物全媒体传播精品推介项目，《莫高窟与吴哥窟的对话》入选优秀国产纪录片。

【文物保护管理】2020年，颁布《酒泉市锁阳城遗址保护条例》《嘉峪关市黑山岩画保护条例》。实施榜罗镇会议旧址、东灰山遗址、崆峒山古建筑群、雷台汉墓、果园—新城墓群等5处国保单位保护规划。投资3.17亿元，实施重点文物保护项目132项。甘肃省分14个单元开展石窟寺专项调查，完成石窟寺景区游客承载量核定公布工作，实施莫高窟、天梯山石窟等5个石窟寺数字化保护项目。编制完成《河西走廊国家遗产线路保护利用行动计划（2020—2030年）》。

【考古发掘】开展天祝唐代吐谷浑王族墓葬、宁县石家及遇村遗址、礼县四角坪遗址、锁阳城遗址等重点考古发掘项目10余项。天祝唐代吐谷浑王族墓葬、夏河白石崖溶洞遗址列入“考古中国”项目。完成73项配合基本建设工程的文物考古调查及考古工作。推进敦煌学、简牍学、长城学等人文社科研究，出版《甘肃省基本建设考古报告集（一）》《战国戎人造车》《肃南马蹄寺石窟群》等考古报告和学术成果。

【博物馆建设】甘肃简牍博物馆建设工程主体封顶，平凉市等16家博物馆晋级国家一、二、三级博物馆。2020年推出新陈列展览15个、专题展览150多个，甘肃省文物局与甘肃省教育厅联合印发《关于利用博物馆资源开展中小学教育教学的实施意见》，推进文物领域新冠肺炎疫情防控，出台文博单位防疫指南，拓展云游博物馆、云直播、云讲解等文博服务新业态，推出线上展览39个。

【文物科研】2020年，开展省部级及以上人文社科研究课题62项，成功申报国家社科基金项目7项，立项省级文物研究课题51项，授权文物保护技术专利13项，完成技术标准2部。

（供稿：王　杰）

档案管理

【创新与发展】全年审核、推送各类信息4000余条，拍摄制作“脱贫攻坚奔小康”“追寻先烈足迹”等主题微视频7部，在全省127种期刊社会效益考核评价中《档案》杂志被评定为优秀等次。开展档案法律知识、档案业务考核和技能竞赛，开展网络教学，组织收看《中国疫情防控70年》《党史故事100讲》等，开展警示教育。

【档案资源建设】2020年，接收、征集各类档案资料5万卷（件）、专业档案3种7434卷（件），照片档案2万张，声像档案资料超过2万分钟，非物质文化遗产档案1.46TB，重大活动资料、视频、照片等数据273GB。研究开发“甘肃省档案馆双套进馆数据检查报送体系统”，接收1.97万件20万页档案数字化副本数据。推进国家重点档案著录工作，扫描民国档案76万幅，著录30万条。加快馆藏1949年后档案数字化进度，案卷级目录著录0.7万条，文件级目录著录6.1万条，归档目录5.67万条，数字化扫描218万幅，仿真复制110幅，馆藏档案数字化资源达到2581万画幅。

【档案信息化】2020年，推进AK替代工作，一期项目暨馆综合协同办公系统项目正在实施。推进甘肃省档案信息资源共享服务系统平台建设。完成馆藏系统项目招标工作。投入265万元，推动中心机房及网络布线改造。完成省档案馆电子政务内网接入、设备安装调试工作及内网终端节点分级保护评测工作。

【档案安全】档案馆对现有设施设备改造升级和更新，投资450万元对后库管理处围墙和河堤进行重建。筹措资金100万元对消防系统、监控系统、电梯进行维

修升级改造。对馆藏48万卷案卷级和40万件文件级及其他类别档案清查，建立馆藏档案台账。开展网络安全应急演练，完成备份一体机重删功能的系统升级改造，备份数据16T。

（供稿：郭潇月）

文史研究

【文化交流】2020年，甘肃省政府文史研究馆先后组织馆员、研究员参加中央文史馆和各省区、市组织的文化交流活动10多次，书画作品参展5次。组织部分馆员研究员和机关干部分别赴内蒙古馆、山西馆、福建馆、云南馆、浙江馆、陕西馆、重庆馆等兄弟馆进行文史考察和馆务交流。组织馆员、研究员赴兰州、庆阳、陇南、白银等地开展历史文化考察和送书画下基层活动。

【文化成果】依照著作出版资助管理办法，出资近30万元，对甘肃文史馆首任馆长、清末进士杨巨川著《梦游四吟》和张克复、刘大林等馆员的文史书画著作给予资助出版；全年编发《甘肃文史》四期，出版《工作通讯》一期，刊登文史类50多名馆员研究员的文章100余篇（首）40余万字。

【调研咨政】2020年，馆里先后组织馆员、研究员围绕黄河流域生态保护高质量发展、丝绸之路经济带建设和华夏文明传承创新建设、文化大省建设等专题调研。向省政府提交的5篇建言报告分别获省政府领导批示。馆员、研究员为地方的文化产业发展、加快文化旅游融合发展等工作出谋划策，做规划。

（供稿：甘肃省政府文史研究馆）

地方史志工作

【地方志书编纂与出版】2020年，全省出版乡镇（街道）志52部、村（社区）志82部，正在编纂乡镇（街道）志76部、村（社区）志40部。2020年，全省地方史志部门在完成省市县三级地方志书的基础上，进一步确定以陇南市宕昌县哈达铺镇等8个中国历史文化名镇、天水市麦积区麦积镇街亭村等5个中国历史文化名村、酒泉市敦煌市月牙泉镇月牙泉村等12个全国乡村旅游重点村的名镇名村志编纂为带动，推进村、镇志编纂工作。25个名镇名村志编纂全面展开，其中中国历史文化名镇志中天水市秦安县《陇城镇志》已出版发行，陇南市宕昌县《哈达铺镇志》、兰州市榆中县《青城镇志》《金崖镇志》，永登县《连城镇志》《红城镇志》，甘南州临潭县《新城镇志》，兰州市西固区《河口村志》，庆阳市正宁县《罗川村志》等志书编纂取得积极进展。省地方史志办公室编纂的《甘肃抗日战争志》进入出版阶段，是全国第一家完成编纂出版任务的省份。

【年鉴编纂与出版】2020年，落实《全国地方志事业发展规划纲要（2015—2020年）》和《甘肃省地方志事业“十三五”发展规划》中对地方综合年鉴规定的任务，扭转由于重志轻鉴导致年鉴工作整体滞后的局面，实现全省101种综合年鉴当年编辑、当年出版发行的目标。

在2020年第七届全国地方志优秀成果（年鉴类）评选中，甘肃省1部省级年鉴、4部市级年鉴、8部县级年鉴被评为精品年鉴。

【史志信息化建设】《甘肃地方史志网》（甘肃数字方志馆）累计完成志书、年鉴及地情资料上传834部、6亿字、11.4万幅图照，并实现全文检索，累计浏览量达77.5万人次。《甘肃地方史志网》（甘肃数字方志馆）是现全国省级地方志机构中内容容量最大网站，史志信息化建设位居全国前列。省地方史志办公室建成史志业务在线编辑系统。由各级地方史志部门协助进行史实把关的《中国影像方志》甘肃部分专题节目顺利播出，累计播出31个县（市、区）专题31集，其中2020年播出阿克塞、迭部、庄浪、环县、卓尼、甘谷、积石山、和政、渭源、康乐、陇西、岷县、静宁、靖远、泾川等15个县（市、区）专题15集。《甘肃史志》等刊物和载体刊发一批学术质量较高、影响力较大的省内外理论学术文章。

【旧志整理】2020年，开展旧志整理工作，省地方史志办公室组织完成清乾隆《甘肃通志》点校出版，配合相关部门启动实施“丝绸之路文献——甘肃地方志”旧志系列整理出版工程，从全省现存的189种2000多卷旧志等古籍资料中，甄别遴选《甘肃通志稿》等有代表性的62部、共3000余万字精品旧志进行逐年整理出版。《甘肃通志稿》影印本进入出版环节。2020年，兰州市地方史志办公室整理出版《皋兰山新志稿校注》、榆中县地方史志办公室整理出版民国时期《兴隆山志》，平凉市地方史志办公室整理出版《平凉旧志辑珍》等。

【地情资料编研】全省地方史志部门研究编写一批独具地方特色的地情资料著作。省地方史志办公室组织编写《甘肃史地考述》《甘肃史地编研》《甘肃志鉴编研》，合作编写《甘肃70年建设改革发展纪事》，编写的《甘肃简史》《甘肃历史学术研究论丛》已出版发行；兰州市地方史志办公室组织编写《兰州历史图录（1900—2018年）》，永登县和榆中县地方史志办公室分别组织编写《金城村史》系列丛书，武威市地方志研究中心组织编写《武威市党史系列庆祝新中国成立70周年专题资料汇编》《武威市扶贫开发专题资料和口述资料汇编》，民勤县地方志研究中心组织编写《民勤方言拾遗》，白银市地方史志办公室组织编写《白银民间小戏曲》，平凉市地方史志办公室组织编写《平凉史略》《赵时春文集校注》，庆阳市宁县地方史志办公室组织编写《铁链桥沧桑

——宁县米桥镇纪事》，临夏州永靖县地方史志办公室组织编写《永靖民俗》《永靖告比文化》，广河县地方史志办公室组织编写《乡音的味道》等地情资料。

（供稿：甘肃省地方史志办公室）

图书馆工作

【读者服务】2020年，接待读者57.6万人次，新办理读者证6000个，流通书刊600余万册，其中外借人次14.3万，外借图书28.6万册次；检索文献信息2万余条，解答咨询7400余次，实现原文传递2300余篇，为省委宣传部舆情中心报送意识形态领域舆情信息200余条；举办各类读者活动204场次，其中举办周末名家讲坛22场、书画名家系列讲座4期、少儿周末亲子活动18期、彩虹花少儿绘本故事会16期、阳光影院18场、陇上文化行系列活动122场、“陇右寻珍”推广活动4场。

【公共数字文化建设】文化共享工程甘肃省分中心完成2020年度数字图书馆互联互通、公共数字文化资源建设、公共数字文化服务推广等公共数字文化建设项目的申报工作，推进“陇上文化视界平台”和“国家公共文化服务云平台甘肃专区”功能的优化完善工作。完成《丝绸之路上的甘肃》《华夏文明在甘肃》等15个项目的评审验收，正式出版发行《陇上百工》微纪录片。组织开展全省相关图书馆开展数字图书馆推广工程中央转移地方支付项目验收，完成9个图书馆共计34个分项目的验收工作。

【中华古籍保护计划】完成甘谷县、泾川县图书馆，甘肃医学院图书馆等6家单位馆藏800余部近1.6万册古籍的普查著录，审校数据500余条，协助兰州市图书馆完成1000多部未分编古籍的鉴定整理。年内新增10部古籍和3家单位入选《第六批国家珍贵古籍名录》和第六批全国古籍重点保护单位名单，累计入选国家珍贵古籍名录总数达306部，入选全国古籍重点保护单位共7家。省古籍修复中心暨国家级古籍修复技艺传习中心甘肃传习所重点推进馆藏《河西宝卷》修复及省博物馆馆藏纸质文物修复项目等工作，全年完成修复古籍57种489册1.8万叶。配合全国古籍保护重点工作项目策划中华传统晒书沙龙、黄河流域古籍保护会议及反映甘肃民间古籍抢救修复的纪录片。

【科研工作】2020年，共有2项成果获批省社科规划项目，11项成果获甘肃省第五届图书馆学情报学学术成果奖。甘肃省宣传文化系统高层次人才资助项目《改革开放以来甘肃图书馆事业发展研究》完成全部研究任务及验收审计工作。

馆办学术刊物《图书与情报》全年出版6期，刊文113篇，其中国家自科基金项目文章22篇、社科基金项目文章42篇、教育部基金项目文章7篇、其他基金项目11篇。全年组织专家刊发9个专题文章，期刊评价数据继续保持在较好位次，连续9年被评为人大复印报刊资料重要转载来源期刊；入选《中国学术期刊影响因子年报》（2020年版）统计源期刊，学科影响力指数排名位列46种图情类期刊第10位。

（供稿：祁自顺）

博物馆工作

【综述】至2020年底，馆藏珍贵历史文物、自然标本8万余件（组），馆藏文物尤以新石器时代之冠的甘肃彩陶、汉代简牍文书、汉唐丝绸之路珍品、佛教艺术宝萃、古生物化石和近现代革命史料等独具特色。基本陈列5个，《甘肃丝绸之路文明》《甘肃彩陶》《甘肃古生物化石》《庄严妙相——甘肃佛教艺术展》《红色甘肃——走向1949》，先后荣获“全国博物馆十大陈列展览”精品奖、优秀奖。

【藏品管理】2020年，省博物馆库房内配置手动式密集柜架，文物按质地分类、分库（柜）保管，珍贵藏品均有专用柜存放。建立总账、分类账及文物卡片。

2020年，新建纸质文物档案5000份，完成动物标本账目整理补充，征集文物336件组，接收文物捐赠37件组，接收兰州市中级人民法院移交的化石、动物标本和矿石标本117件。2020年暑期组织专业技术人员野外采集昆虫标本900余只、植物标本40余件。对33批次7709件（组）涉案文物进行鉴定评估。完善信息资料数字化管理系统。分类整理民国图书1000册。建立1514张照片资料档案，整理旧底片400张，建档保存纸质图片资料1114张。

【网络数字化建设】2020年，省博物馆采用人防和技防结合方式，维护展厅智能导览系统、网络（有线、无线）系统、展览多媒体设备等多个信息化系统。对馆藏丝绸之路类、彩陶类精品文物207件（组）数据进行移动端展示，对基本陈列进行PC端虚拟漫游沉浸式展示。2020年完成馆藏精品文物数字化保护项目1534件（组）精品文物以及“红色甘肃——走向1949展览数字化”项目150件（组）珍贵革命史料，文物的二维、三维图像采集。

【陈列展览】2020年，共推出、引进以及参与展览29个，其中举办原创类展览3个，引进临时展览8个，赴外原创展览7个，遴选文物参与国内外展览11个。

【文物保护修复】2020年，全年保护修复文物94件，古籍图书33函200册，动物标本200件。对馆藏60函263册古籍图书进行数字化采集和保护。完善文物保护基础设施，推进文保中心实验室平台建设，采购金相显微镜、超景深显微镜、X射线荧光能谱仪、测色仪等仪器设

备。申报甘肃省文物局彩陶研究保护基地。

【公共文化服务】2020年，完成外展任务22天，服务观众9.48万人次。在临夏、定西等贫困地区学校开展品牌少儿活动，共举办活动47场。2020年在学校授课27次。“高歌新时代”惠民电影展映活动10场。2020年新招募志愿者286人，现有志愿者在册人数1229人，其中青少年志愿者553人。志愿者全年完成讲解服务210场次。在文创工作上，对彩陶、铜奔马元素进行挖掘，设计研发60余件文创产品上市销售。

（供稿：何雅云）

画院工作

【“朝圣敦煌”美术创作工程】2020年初，启动“朝圣·敦煌”——甘肃画院美术创作系列工程之二“传承启新·潜心践行”2020年学术活动。

【文艺抗疫】2020年，甘肃画院突出“抗疫防疫”主题，以文艺为载体开展疫情防控工作，创作精品力作。先后创作美术书法作品30余幅，在多个新媒体平台进行网络展览推送，助力文艺抗疫。通过社会平台，先后义捐作品和捐款20余万元。

【艺术成就】2020年，甘肃画院13名业务人员创作作品计87幅上报省文旅厅。省文联主办的“脱贫攻坚主题展览”，甘肃画院有5幅作品入选，3幅作品入展、2幅作品获得金奖。4幅书法作品入展中国国家画院、黄河水利委员会主办的“黄河文化主题书法采风创作展”和中国国家画院主办的“汉隶十二品新探·刻石书法研究与创作系列展”，其中1幅被中国国家画院收藏。14幅作品入展甘肃省政协主办的“甘肃省政协美术书法作品展”，14人被聘为政协书画院画家。在《人民日报》《新美术》等多种美术专业期刊发表作品60余幅，其中国家级核心期刊发表论文1篇，省级刊物发表论文3篇。4幅作品入编《2020年文旅部全国画院创作人才高级研修班结业展》作品集；1幅作品入编《“十三五”文化和旅游部全国画院创作人才教学成果展》作品集。1人被聘为中国美术家协会中国画艺委会委员，1人当选中国林业文联美术家协会常务理事。

（供稿：王金娟）

体　育

【体育文化】甘肃省体育局门户网站进行改版，2020年共发布稿件2586条，总点击量为352769次；对甘肃体育官方微信平台进行版面完善调整，制定平台管理办法；挖掘体育头条号功能，除推送新闻外，探索直播功能，全年直播11次。大型体育赛事开展体育书画，体育影视，体育摄影，体育会展等活动。组织文史资料的征集收集、整理研究工作。探究体育健身和体育竞技的文化内涵和文化特征，全年共组织结项体育社科类课题20余项。建立省、市、县三级体育宣传文化工作合作机制。

【体育创新】2020年，组织开展“抗击疫情，居家健身”系列体育健身活动。利用甘肃体育官方微信平台连续发布30期“抗击疫情，甘肃体育在行动”居家科学健身视频教程。举办“七彩童年”甘肃省2020年线上亲子体育活动，参与家庭达到9786组，参与人次29358人。疫情期间，全省体育网络赛事活动、主题示范活动、规模性赛事活动达1087项，累计489.8万人次参加。探索竞技体育改革发展和体教融合新路子，与兰州文理学院签订“省队校办”羽毛球队合作协议。

【体育工程】推进基层体育设施建设，全年争取中央集中体彩公益金和本级体彩公益金10502万元，建成20个笼式足球场、616个行政村农民体育健身工程、100个乡镇和社区体育健身中心，全省实施行政村农民体育健身工程总数达到16354个，占全省行政村总数的98%。七里河体育场、兰州体育馆改造工程、白银国家雪上训练基地项目推进顺利；临洮国家训练基地二期工程前期工作正式启动，完成立项工作。全省建成各类体育场地70395个，人均体育场地达1.72平方米。

【体育产业项目】2020年，体彩总销量达到31.59亿元，全国排名第23位，占全省彩票市场份额为53.92%，同比增长3.9%。印发《关于加快发展体育竞赛表演产业的实施意见》，促进体育竞赛表演产业发展。扩大群众体育消费，规划、落实甘肃省兰州市、白银市等国家体育消费试点城市的启动工作。

（供稿：刘志忠）

卫生事业

【综述】2020年，全省共有医疗卫生机构总数26250家（含村卫生室），其中，医院705家，三级医院48家，二级医院209家，一级医院69家，其他379家；基层医疗卫生机构24636家（含村卫生室），社区卫生服务中心（站）671家，街道、乡镇卫生院1368家，村卫生室16421家，其他门诊（诊所）等6176家；专业公共卫生机构873家，包括疾病预防控制中心102家，专科疾病防治院（所、站）9家，妇幼保健院（站、所）99家，急救中心4家，卫生监督局（所）等其他机构659家；其他卫生机构36家。

全省医疗卫生机构共有床位177929张。其中：医院床位138610张（占77.90%），卫生院床位28650张（占16.10%），社区卫生服务中心（站）床位4267张（占2.40%），妇幼保健院（所、站）床位5234张（占2.94%）。每千人口床位数6.72张。

全省医疗卫生机构共有人员达237823人（包括乡村医生15778人和卫生员2285人）。2020年卫生人员中：卫生技术人员188932人〔其中：执业（助理）医师66396人，注册护士85264人〕，其他技术人员9356人，管理人员8485人，工勤技能人员12935人。每千人口卫生技术人员7.14人，每千人口执业（助理）医师2.51人，每千人口注册护士3.22人。

全省卫生总费用为935.01亿元，其中，政府卫生支出342.50亿元，社会卫生支出322.17亿元，居民个人现金卫生支出270.34亿元。人均卫生费用3531.76元，卫生总费用占GDP的10.72%。

全省各类医疗机构总诊疗人次达11591.08万人次，其中，医院总诊疗人次为5040.45万次（占43.49%），基层医疗卫生机构总诊疗人次为6026.21万人次（占51.99%），专业公共卫生机构总诊疗人次为524.13万人次（占4.52%）。2020年全省医疗机构出院人数452.88万人，与去年相比减少64.79万人。其中：医院361.67万人（占79.86%）；基层医疗卫生机构72.65万人次（占16.04%）；专业公共卫生机构18.39万人次（占4.06%）。

【医药卫生体制改革】2020年，在白银市、庆阳市及陇西县、临洮县、成县、甘谷县等7个县区扎实推进试点工作。实施公立医院试点工作，4家国家试点医院、45家省级试点医院健全现代医院制度。建成紧密型县域医共体59个，派驻县级业务骨干1534人、帮建基层专科157个、设置联合病房124个。

医疗卫生

【医疗服务建设】2020年，推动县域医学中心和急危重症救治中心建设，提升县域内常见病、多发病诊治和分级诊疗病种救治能力，推进心电、病理、检验等五个

县域医学中心，胸痛、卒中、创伤等五个危重救治中心建设。加强乡镇卫生院基础设施建设，实施医疗服务与保障能力提升项目，为全省833个服务人口万人以上乡镇卫生院配备DR机、彩超或B超、生化分析仪、心电图机四种设备，为村卫生室配备健康一体机。543家基层卫生机构达到国家基本标准，80家达到国家推荐标准，建成社区医院45家，建成全国百强社区卫生服务中心6家。全省乡村一体化管理率达到98.82%、绩效工资考核落实率达到98.40%。

【医疗卫生信息化建设】2020年，实现电子健康卡省市县乡村五级医疗机构应用全覆盖。至2020年底，全省发卡2239.39万张，在线挂号5370.76万次、检查2419.41万次、开方6931.17万次、取药5152.77万次、收费5203.49万次。实现远程医学信息平台省市县乡四级全覆盖，共接入3710家医疗机构，累计开展远程会诊7020例，远程影像3427例。推进互联网医院发展，建成甘肃省互联网医院监管平台，实现与国家医疗机构认证系统、医护人员资格认证系统、甘肃省处方流转平台对接。建成兰大二院、省妇幼、兰州市第一人民医院等互联网医院6家，完成在线问诊7085例、在线复诊1028例。拓展全民健康信息平台功能，搭建省医学影像共享交换平台，推动医学影像检查检验结果互认共享。开发完成电子病历协同客户端，依托全民健康信息平台，开放患者电子病历调阅权限，协助医生全面了解患者既往病史，辅助做好进一步诊断和治疗。通过“健康甘肃”APP和“健康新甘肃”小程序推行甘肃健康出行码“智慧”防疫。

【医疗卫生综合监管】组织开展全省不合格消毒产品回头看监督检查，共检查消毒产品经营单位3362家，评定全省住宿场所、游泳场所、美容美发场所和沐浴场所24291家，评定率为96.03%。联合省委网信办等7部门开展为期半年的医疗美容专项整治行动，全省共监督检查医疗美容机构1315家。开展医疗乱象专项整治回头看行动，全省共监督检查医疗机构14267家。规范各级卫生健康行政部门执法监督行为，查处各类违法案件6469件。

【中医药产业发展】出台《关于促进中医药传承创新发展的若干措施》。争取国家中医医学中心、区域中医医疗中心和国家中医优势专科建设项目。下拨专项资金1.3亿元，用于基层中医药服务能力提升等15个项目。加强32个贫困县中医医院服务能力建设。启动县乡村三级中医适宜技术培训工作，组织实施全省所有县级中医医院不少于45项、乡镇卫生院（社区卫生服务中心）不少于6类、村卫生室不少于4类中医适宜技术培训。实施15个中医药传承与创新百千万人才工程项目，评审确定2020年度甘肃省皇甫谧中医药科技奖56项。启动党参、黄芪、肉苁蓉等食药物质的生产经营试点工作。开展中医药产业发展综合试验区建设评估工作。

【疾病医学防控】2020年，甘肃省持续做好死因监测、心脑血管疾病监测、伤害监测、慢阻肺监测工作。年内共建设3个国家级、3个省级示范区，所有市州均开展示范区创建工作。推进慢病防、治、管“三位一体”工作机制建设，建立集筛查监测、诊断救治、健康管理为一体的医防融合管理模式。依托甘肃省慢性病管理信息系统实现高血压、糖尿病患者管理质量、管理数量双提升。全省严重精神障碍患者报告患病率4.48‰，患者发现率未达到4‰的县较2019年减少11个。为贫困人口精准制定“一人一策”“一病一方”健康帮扶措施，做好高血压、糖尿病、结核病、重性精神病等4种慢病签约管理工作，强化省级专家对基层签约医生的业务帮扶和质量管控。

8月28日，由国家卫生健康委员会、国家中医药管理局和甘肃省人民政府联合主办的第三届中国（甘肃）中医药产业博览会暨中医药在呵护人类健康中的使命论坛在陇西县开幕

【妇幼健康服务】推进妇幼保健机构标准化建设与规范化管理，有19家市县妇幼保健机构通过二级甲等评审。规范出生医学证明管理，完善电子证照应用，会同公安、人社、医保等部门做好“出生一件事”便民服务，通过评审确定7家省级孕妇学校示范基地。加强母婴安全和孕产妇系统管控，指导各级各类医疗机构做好妊娠风险筛查、评估和分级分类管理，组织开展两次省级新生儿和孕产妇死亡病例评审。规范全省产前筛查与产前诊断技术应用的监督管理。实施出生缺陷防治人才和基层产科医师培训项目。推进甘肃省贫困听障儿童救治、多种遗传代谢病和先天性结构

畸形救助项目，实施健康儿童行动计划，加强新生儿安全管理，开展0~6岁儿童近视防控工作。

【老龄健康服务】省卫健委联合民政等11部门印发《促进医养结合事业快速发展专项行动计划（2020—2022年）》。为65岁及以上居家老年人提供“2111”式健康管理服务（即：开展两次医养结合服务、一次免费体检、一次中医药体质辨识服务、至少一次失能评估与健康指导）。建立老年病专科联盟、医养结合专科联盟，成立省级医养结合质控中心，推动全省老年医学规范快速发展。全省建成医养结合服务机构91家，医疗机构与养老机构签约839对。全部医疗机构开通老年人方便就医绿色通道，落实门诊诊查费等老年人优待政策。

【职业健康防治】完成职业病防治5个监测、2个基层防治能力提升项目工作。开展职业病防治“十三五”规划评估，省级随机抽查460家重点行业企业、199家涉及放射防护医疗卫生机构。持续推进尘肺病防治攻坚行动，开展重点行业领域专项治理及“回头看”检查。对矿山、冶金、化工、建材等重点行业开展监督检查。统筹加强职业病防治体系建设，做好体检机构管理和质量控制考核，举办3期诊断医师培训，完成职业病防治管理信息系统与国家报告系统对接和体检个案上报工作。

（供稿：李　佳）

医疗保障

【综述】2020年，甘肃省城镇职工基本医疗保险参保361.9万人，基金收入157.1亿元，支出123.5亿元，基金当期结余33.7亿元，基金累计结余198.2亿元；城乡居民基本医疗保险参保2228.5万人，基金收入183.9亿元，支出159亿元，当期结余24.9亿元，基金累计结余89.7亿元。

全省城镇职工享受待遇（不含药店购药）899万人次，政策范围内基本医保住院报销比例76.19%，政策范围内住院报销比例82.39%。城乡居民享受待遇人次共2575.1万人次，城乡居民基本医保政策范围内住院报销比例60.62%，政策范围内住院报销比例达72.21%。建档立卡贫困人口基本医保住院报销比例比普通人高5个百分点；大病保险起付线为2500元（比普通群众低50%），分段报销比例为65%~85%（比普通群众提高5个百分点）；2020年建档立卡贫困人口经基本医保、大病保险、医疗救助报销后，政策范围内报销比例为89.33%。

【医疗保险市级统筹】从2020年开始，全省城乡居民基本医疗保险以市州行政区为统筹单位，建立覆盖范围、筹资政策、保障待遇、医保目录、定点管理、基金管理“六统一”的城乡居民基本医疗保险制度，结束全省城乡居民医疗保险县级统筹的历史，解决以往城乡居民医疗保险制度中存在的统筹层次低、政策不统一、基金池子小、抗风险能力弱等问题。

【门诊慢特病】2020年，将5种严重精神障碍疾病病种纳入基本医疗保险门诊慢特病保障范围，城乡居民门诊慢特病病种扩大到50种。推进城乡居民高血压糖尿病门诊用药保障工作落实，2020年，全省城乡居民参保人员享受“两病”门诊用药保障待遇16.99万人次，政策范围内报销比例达到50.3%。

【医保基金监管】印发《推进医疗保障基金监管制度体系改革的实施意见》《甘肃省医疗保障基金监督检查管理规定》《甘肃省医疗保障基金社会监督员管理办法》等政策文件。开展打击欺诈骗保专项治理，2020年，全省共检查定点医药机构9690家，查处4338家，追罚基金约2.1亿元，曝光典型案例65起。

【药品集采和降价】2020年，推进国家组织集中带量采购三批112个中选药品、首批冠脉支架10个中选结果落地执行。中选药品价格平均降幅58%，最高降幅96%；396个同通用名药品主动降价，降幅30%以上。2020年三批带量采购药品实际节约费用超过10亿元。冠脉支架平均降幅93%，最高降幅96.79%。参加省际联盟公立医疗机构跨区域联合人工晶体带量采购，中选的46个人工晶体在全省落地执行，降幅53.26%，最高降幅达到84.21%，年可节约资金1185.7万元。通过“挂网目录管理”“三色九段线价格管理”和“动态调整”的阳光挂网采购机制，降低耗材虚高价格。2020年，全省高值医用耗材共有1500家企业的5.14万个产品挂网，累计采购金额85.76亿元；体外诊断试剂共有770家企业的2.1万个产品挂网，累计采购金额13.68亿元。

疾病预防控制

【预防接种服务和免疫规划】继续夯实常规免疫接种工作，国家免疫规划疫苗报告接种率保持90%，入托入学查验预防接种证工作覆盖率100%，连续26年保持无脊髓灰质炎状态，在5个市州20个县完成两轮补充免疫，报告接种率均达90%以上，在14个市州和兰州新区54个县开展集中查漏补种工作，报告接种率达95%以上。

出生医院建卡率由去年的44%上升到83%，扫码接种率从43%上升到100%。信息系统覆盖全省14个市州、87个县区、1412个乡级和3309个村级接种单位，覆盖率100%。累计报告5462790名儿童的接种信息，2009843名成人的接种信息。实现与国家药监局疫苗追溯协同平台、国家卫健委委员会全民健康系统实时数据交换。建成健康甘肃APP宫颈癌疫苗、带状疱疹疫苗的网络预约接种模块。

全省非免疫规划疫苗实施阳光挂网采购，2020年共

有86个县区在省级药品采购平台进行线上采购交易，共采购狂犬疫苗、乙肝疫苗等20类89种非免疫规划疫苗1921856支，交易额达3.28亿元。

【传染病防控】2020年，全省传染病疫情网络直报综合率99.91%，高于2019年同期水平。2020年全省共报告法定传染病30种76159例，死亡147例，报告发病率287.67／10万，高于2019年同期的发病水平，死亡率0.56／10万，低于2019年同期水平。

完成岷县、甘南州等11县送检的鼠肺样本488份汉滩／汉城病毒核酸检测，疑似病例血清汉坦病毒IgM抗体检测24份。完成某高校诺如病毒暴发疫情标本232份检测及部分标本的序列测定。

2020年全省报告艾滋病病毒感染者／艾滋病病人1150例，与去年同期（1377例）相比减少19.7%。全省累计报告艾滋病病毒感染者／艾滋病病人9047例，现存活艾滋病病毒感染者／艾滋病病人7509例，累计报告死亡1538例。

全省肺结核报告发病率逐年下降，由2016年的58.13／10万，下降到2020年的36.18／10万，达到肺结核发病率下降到55／10万以下。

【慢性病与精神卫生综合防控】开展死因监测、心脑血管疾病监测、伤害监测、慢阻肺监测。截至2020年底，全省死因监测报告死亡率为505.30/10万，25%的县区达到600/10万以上；两个国家监测点心脑血管事件报告发病率为86.33/10万。全省共建设7个慢病国家级示范区、4个慢病省级示范区，覆盖全省7个市州。

2020年，全省在册管理患者117081人，平均报告患病率4.44‰，规范管理率达到87.4%，面访率达到92.84%，平均服药率为72.24%，项目管理核心指标均达到国家要求的平均水平。全省65岁以上严重精神障碍在册患者15361人，规范管理率为90.42%，全省建档立卡贫困人口在册患者49274人，规范管理率为92.35%。

【地方病、寄生虫病防控】完成6852例大骨节病患者、1096例氟骨症患者、410例慢型克山病患者药物治疗，80例大骨节病患者和11例氟骨症患者手术治疗。全省86个县（市、区）及嘉峪关市碘缺乏病、37个大骨节病病区县、28个克山病病区县和8个饮水型砷中毒病区县病情均达到消除标准，达标率为100%；48个饮水型氟中毒病区县达到控制标准，控制率为100%。全省以县为单位麻风患病率控制在1／10万以下；麻风患者规则治疗率为100%；患者开始联合化疗后2年内新发生畸残控制在10%以内；密切接触者年检查率为100%；严重麻风不良反应治疗率为100%；流行地区医务人员培训率≥85%，新发病例流行病学调查率达100%。

至2020年底，累计开展中国农业科学院兰州兽医研究所抗体阳性聚集性事件复核检测18787人次。复核确认阳性10784人。2020年全省中转布病项目开展高危人群筛查51983人，进行布鲁氏菌抗体检测，阳性人数1703人，阳性率3.28%；本年度报告布病病例3004人，发病率11.39／10万。

【食源性疾病防控】2020年全省有1322家医疗机构开展食源性疾病监测工作，共采集到病例信息21689份。其中，承担病例生物样品采集的15家哨点医院共报告病例信息4382份，占全部病例信息的20.20%，采集到病例生物样品3559份，样品采集率为81.22%。对采集到的生物样品进行沙门氏菌、志贺氏菌、副溶血性弧菌、致泻大肠埃希氏菌、诺如病毒检测，共检出阳性381例，总阳性率为10.71%。2020年，全省14个市（州）及兰州新区共报告食源性疾病事件90起，发病560人，死亡2人。与去年相比报告事件数下降5.26%，发病数上升1.45%。

（供稿：邓　煦）

红十字会事业

【应急救援】2020年，甘肃省红十字会向陇南、甘南、天水、定西洪涝及平凉、庆阳冰雹等受灾地区紧急调拨救灾款物合计431.85万元。

【造血干细胞捐献、遗体和器官捐献】2020年，完成造血干细胞捐献者高分辨血样检查10人次、体检志愿者15人次，实现造血干细胞捐献5例；完成人体器官捐献13例，捐献大器官40个，角膜18对，14790人报名登记成为器官捐献志愿者。全省造血干细胞累计入库志愿者4.2万人，成功实施捐献40例；累计登记器官捐献志愿者31068人，完成器官捐献52例，捐献大器官142个，捐献角膜51对，捐献遗体76例。

【红十字会改革】2020年，共有12个市、28个县（市、区）印发红十字会改革方案，平凉市及6个县区和定西市7个县区印发改革后的红十字会三定方案。全省市级红十字会全部理顺体制。庆阳市、平凉市、白银市设立红十字会党组。

【新冠疫情防控】2020年，全省红十字会系统共计接受社会捐赠款物4.54亿元，其中，捐赠资金2.27亿元，捐赠物资价值2.27亿元。全省各地累计发动志愿者1万余人次，志愿服务时长235281小时，红十字志愿者参与社区健康监测、入户排查、科学防控知识宣传、公共区域消杀等社区联防联控工作。完善物资调度机制，调整充实储备物资数量、种类。加强红十字救援队培训演练。联合省爱卫办印发《关于深入开展爱国卫生运动的通知》，开展社区备灾、应急救护培训等志愿服务和健康知识宣讲活动。

【人道救助】2020年，推进东西部扶贫协作工作，争取天津市红十字系统捐赠款物价值1514.43万元，福建

省红十字会捐赠扶贫物资价值451万元。向天津、青岛、福州、厦门市4市红十字会推荐一批符合互联网众筹特点公益项目，参加中国红十字会总会2020年“公益厨房”消费扶贫活动，组织各级红十字会为扶贫助农“红品”直播带货。

全省各级红十字会筹集350余万元，开展“红十字博爱送万家”活动。中国红十字会总会、澳门红十字会援助228万元，实施5个“人道基金博爱家园”项目。中国红十字基金会“小天使基金”拨款75万元资助白血病患儿26名，“天使阳光基金”拨款158.5万元资助先心病患儿148名。为40名艾滋病感染者发放生产自救资金8.29万元。联合省人民医院、兰大一院开展“天使之旅”先心病儿童筛查活动，共筛查1030人，成功手术118人，资助医疗费用124.5万元，开展心理关爱活动5次。

（供稿：刘雪峰）

部分医院机构

【甘肃省人民医院】2020年，甘肃省人民医院为肾病透析、肿瘤放化疗等重症患者提供不间断医疗服务，强化孕产妇和新生儿医疗服务管理，坚守母婴安全底线；优化诊疗安排，加强发热门诊管理，做好患者引导分流、预检分诊，落实发热病人留观制度，执行“一人一诊一室”，引导患者分流就诊，减少人群聚集，严格门急诊预检分诊、发热门诊等重点区域感控管理，落实院内非重点部门和普通病区院感措施，加强急诊急救预检分诊，细化疫情期间的急诊急救工作流程。推进肿瘤、静脉血栓栓塞症防控、专项合理用药等多学科诊疗的基础上，2020年，结直肠癌MDT跨院专家团队初步形成，提升疑难复杂病例的诊治能力；加大死亡病例多学科讨论工作力度。推进“互联网+医疗健康”，在甘肃省率先全面推行电子健康卡，实现“线上线下一体化”的身份认证和便民服务。2020年患者预约挂号率达到83.62%，预约取号率91.96%。

2020年新引进彩色光谱CT，肛肠科、胸外科、泌尿外科、妇科、心外科、普外科、小儿外科7个专业开展达芬奇机器人手术，手术量累计达2500余例，2020年胃外科手术、结直肠癌手术分别为排名全国第二和第九。提升疑难病例诊治能力。推进国家肿瘤学科疑难病症诊治能力提升工程项目、国家卫健委胃肠肿瘤诊治重点实验室的建设，投身抗击新冠疫情，从核酸检测到试剂盒研发及咽拭子采集优化，全面助力甘肃省疫情防控，承担包括国家863计划、973项目、“十五”重大科技攻关以及国家自然科学基金等重大课题项目63项，与甘肃省外科肿瘤分子诊断与精准治疗重点实验室、肿瘤诊疗中心、肿瘤多学科诊疗相结合，助推甘肃省疑难病例诊治能力的提升和区域肿瘤中心的建设发展。2020年，组织申报国家自然科学基金项目99项，省级重点实验室、临床医学研究中心及各类平台25项，省市各级各类项目245项。获批国家自然科学基金项目6项，省级重点实验室、临床医学研究中心及各类平台5项，省市各级各类项目28项，共获科研经费279万。依托甘肃远程医疗会诊网络和省级医院的优质医疗资源，完善5个层次医联体管理体系，扩大医联体范围，深化医联体内合作内涵，提升基层医疗卫生服务能力，助推分级诊疗。

（供稿：甘肃省人民医院）

【甘肃省第二人民医院】2020年，甘肃省第二人民医院总收入3.63亿元，比2019年增长4%；其中医疗收入3.09亿元，比2019年增长2%。住院患者16617万人次，门急诊患者320314人次，实施各类手术3413台，平均床位使用率77.72%，平均住院日11.52天。医院实施绩效改革，全年绩效发放金额较2019年增长29.13%。全年共购置医疗设备365台（套），总金额达4453.46万元，其中50万元以上大型设备共计11台（套），总金额达3640.46万元。开展骶骨肿瘤完整切除术、膝关节单踝置换术、重度DDH髋关节置换术等新技术新业务55项。医院电子病历达到省级电子病历系统应用水平4级，完成国家智慧医院评级2级评审。

截至2020年底，甘肃省精神卫生专科联盟成员单位增至111家，精神卫生校园联盟成员单位增至4家，“平安甘肃心理危机干预与研究中心”在医院挂牌。精神卫生中心成为国家重点研发计划“中国精神障碍队列研究”协作单位；呼吸与危重症医学科成为甘肃首家中国医药教育协会介入微创呼吸分会“呼吸介入培训中心”，国内知名呼吸介入诊疗专家、介入微创呼吸分会主任委员“柯明耀教授名医工作室”落户医院。医院被确立为第三批国家级住院医师规范化培训基地，精神卫生中心被确立为甘肃省第二批临床医学研究中心。医院与四川大学华西临床医学院、华西医院签订对口支援合作协议，加入四川大学华西医院、华西第二医院“网络联盟医院”，医院骨科、精神卫生中心、消化科、烧伤整形美容科等与华西对口科室建立紧密型专科联盟。

医院作为省内首批网络医院取得运营牌照，开通微医问诊平台、华西医院网络会诊平台、甘肃省互联网医院平台，年累计问诊3475人次，远程会诊51次。医院获批科研项目35项，资助总经费达522.8万元，其中省部级项目7项，资助经费378万元。2020年，医院柔性引进骨科、妇产科、神经科、呼吸与重症医学科等高级专家4人，调入引进甘肃省领军人才、博士硕士生导师、甘肃省著名专家、副高级以上职称等人才5人，特聘泌尿外科、影像科国内著名专家2人。以紧缺人才方式引进硕士研究生25人。

（供稿：甘肃省第二人民医院）

【甘肃省第三人民医院】 2020年省第三人民医院引进乳腺科、耳鼻喉科、眼科、病理科、康复科5名专家，柔性引进11名省内外知名专家。累计招录专业技术人员180人。共派出50余名医护人员到省内外三甲医院进修学习。2名在编人员考取博士研究生。6名同志被评定为全省卫生健康行业骨干人才；3名同志被评定为全省卫生健康行业优秀青年人才；1人获“2020年度甘肃省先进工作者”称号。门诊量同比增长14%；急诊人次同比增长68%；出院人次同比增长13%；手术量同比增长50%；病人平均住院天数同比降低4.7%；医疗和其他业务自有收入较去年增长30%。医院通过评审成为三级甲等综合医院；荣获全省“精神文明”单位和全国“平安医院”称号。

医院有41个临床医技科室,拥有1.5T新光纤核磁共振设备、128层x射线计算机断层摄影设备（CT）、全数字化通用型血管造影系统（大C）、彩色多普勒超声诊断仪（B超）等多台先进高端医疗设备，为周边50万群众提供安全、有效、质优医疗服务。

医院重新创建一流高压氧方舱，成立乳腺肿瘤整形科，肝胆外科成立西北“内镜微创保胆培训基地”，经皮经肝穿刺肝内外胆道结石取出术（PTCLS）手术填补省内空白，疼痛科使用微创技术开展乳突刺骨术治疗神经性耳鸣、耳聋术、拨针联合药物定点注射治疗“梅杰氏”综合征等效果显著，骨科首次线上举办SuperPATH微创全髋关节置换手术研修班，介入肿瘤科陆续开展脾动脉部分栓塞术、动静脉溶栓治疗术，CCU完成三维标测下室上速、房速射频消融术，开展大容量抗核磁起搏器植入、急诊冠脉介入等心脏危重症患者诊疗技术，新开展的病理科和耳鼻喉科填补医院多年学科的空白；成立全省老年失能失智评估中心，拟订甘肃省老年病专科联盟建设标准和六项医养结合省级评定标准；成立基因扩增实验室，放射科开展冠状动脉CTA成像、头颅CT磁共振的灌注成像，超声科开展超声声学造影、经皮经肝胆囊置管引流等新技术，病理科建成标准P2级实验室。创建“无陪护服务”模式，为住院老人建立个人健康档案；实行“互联网+护理”模式；建立出院患者回访机制，推行家庭护理服务；实行信息系统分层挂号、缴费等服务；在门诊大厅、候诊区、检查室等候区设置无障碍设施，放置轮椅、电子血压计、雨伞等便民设施。

（供稿：蔺 云）

【兰州大学第一医院】 2020年，医院建立药品跟踪监控制度。第四代达芬奇手术机器人正式投入使用，为广大患者提供更加微创、精准的治疗。开展MDT讨论432期，其中新增开展新冠肺炎MDT病例讨论99期。成立加速康复专科护理小组，制定23个病种的加速康复护理路径。成功申报成立甘肃省护理学会加速康复护理分会。开设多学科联合门诊，提供超声、放射、心电、内镜等院内集成远程服务和多学科现场会诊。组织申报国家传染病区域中心、国家呼吸区域中心及国家心血管病区域中心。新门诊综合楼新增424张床位，新增手术室18间，新建急诊ICU、精准医学中心、创伤中心等新的诊疗平台。引进全球首款彩色光谱CT、全国顶级的多条检验流水线（生化免疫、血球等）、全自动发药机、西北地区第一台最先进的以色列心脏ECT(D—SPECT)等一批先进诊疗设备。2020年医院门急诊接诊178万人次；出院患者6.8万人次，实施各类手术5.3万例。建成4000平方米综合实验平台；疫情期间，牵头承担省科技厅疫情科研攻关重大项目进行科研攻关；研发核酸检测试剂盒并获批应用；建立疫情防控系统，对疫情传播规律及影响因素进行研判。

各类科研项目立项114项，获批经费7000余万元，其中国家自然科学基金项目12项。成功获批1个甘肃省重点实验室、1个甘肃省创新研究基地、4个临床医学研究中心。出版专著共14部。获批实用新型专利146项。136人获得“陇原人才服务卡”。新增享受政府特殊津贴人员3人、甘肃省高层次人才津贴人员8人、甘肃省行业骨干人才8人、优秀青年人才5人。15个专业学科分别入围“2019年度西北区医院专科声誉排行榜”各专科声誉排行榜榜单Top 5，23个专业学科获得提名。在医信天下“2020年中国医院影响力排行榜（CHER）综合榜”中，医院位列全国第53位。获批科技部国际合作项目4项、甘肃省国际科技合作基地2个。获批教育部“国际组织人才培养创新基地”。初步建立院内ERAS信息化平台。与国际创伤生命支持（ITLS）学会协作，建立西北首个ITLS培训基地。启动英国皇家外科学院“外科医师培训考评认证基地”建设工作（中国第七家）。

（供稿：车世平　田青锋）

【兰州大学第二医院】 2020年，引入DRG系统并探索运用相关指标助力医疗质量精益运营。新增神经重症、风湿免疫2个质控中心；改进外科手术质量及效率，四级手术占比稳中有升；引进甘肃省首台第四代达芬奇机器人、天玑骨科手术机器人并实施手术118例；成立普通外科专科医师规范化培训基地、重症医学科专业基地；更新门诊VI导示系统标识，配备“二次分诊叫号屏”。门诊量约188.38万人次，同比去年下降6.36%。急诊量约8.47万人次，同比2019年增长11.38%。手术量约7.34万台次，同比去年下降7.60%。出院人数约10.90万人次，同比去年下降14.61%，床位使用率77.59%。完成医院视觉识别系统（VI）、导向和内部环境提升项目。医院被授予“兰州市科普基地”单位。2020年，兰州大学第二医院成功入选国家眼耳鼻喉疾病（眼部疾病）、血液系统疾病、神经系统疾病以及骨科与运动康复5个国家临

床医学研究中心分中心；获批全国首批加速康复外科试点医院。录取本科生368人，毕业365人，361人获得学位，推免生29人。完成2016级本科生377人、甘肃医学院90人的实习；录取硕士研究生255人、博士研究生116人，其中学术学位5人，专业学位111人。招收留学生3人。毕业298人，其中硕士184人，博士14人。硕士就业率87.7%，博士就业率100%。

医院因公出国（境）3人，留基委“西部地区人才培养特别项目”获取资格1人，“瑞士互换奖学金项目”获取资格1人；赴国内外进修学习92人，接收外院进修人员683人；与意大利尼瓜尔达医院召开“医路领航·国际云”桌会，举办10余次国内学术会议。

2020年，获批19项国家基金（面上项目2项、青年科学基金2项、地区科学基金项目15项）。项目资助率达18.44%，同比去年提高5.78%。组织申报科研项目734项，其中纵向科研项目获批182项。获批省级科研基地3项，获批校级中央高校基本科研业务费专项资金基地项目5项。引进科研仪器预约系统，透射电镜、高内涵成像分析系统、小动物活体成像系统等高精尖大型科研设备的投入使用；举办萃英科技协同创新论坛40期。处置“5·27汽车南站重大交通事故”“6·8临夏州某学校接触性反应或群体性癔症”“6·11红古区发生中储粮直属库坍塌事故”3起突发重大公共卫生事件；制定《布病管理及诊疗工作方案》，抽调专家赴事发地对相关人员开展布病管理、诊疗咨询等工作，共免费检测5941人次，核对患者信息6504人、阳性病例924人。

（供稿：兰州大学第二医院）

【甘肃省中医院】2020年，医院加强“门诊一站式服务”建设，多平台、多渠道开展预约挂号服务，全年预约挂号213415人次，同比增长32.4 %。加强“住院患者一站式服务”建设，优化入院及出院结算流程、缴费流程。加强“中药智能煎配一站式服务”建设，完成5.38万张中药处方、21.71万服饮片煎煮，同比分别增长37.2%、40.4%。加强“后勤一站式服务”建设，全年累计接收报修5973件（次），临床满意度达到90%以上。推广“冬病夏治”“秋分贴”等中医特色疗法，完成穴位贴敷13270人次，同比增长21.2%。全年调剂处方213.24万张，同比增长37.2%。申报院内制剂中药特色品种纳入医保报销目录，科研制剂中心实际注册院内制剂品种共95种。“甘肃方剂”、扶正避瘟丸等院内制剂获批在全省医疗机构调剂使用。胸痛中心开展经皮冠状动脉介入治疗（PCI）总量176例，同比下降24.4%；收治急性心肌梗死患者97例，同比增长3%。卒中中心开展静脉溶栓26例，同比增长85.7%；开展动脉拉栓8例，同比增长166%；开展脑血管造影72例，同比增长200%；开展脑动脉瘤栓塞2例，同比增长100%。创伤中心收治患者10792人次（包括急救中心骨科组和创伤中心专家门诊），开展手术234例。急救中心全年接诊急诊患者54495人次，同比增长17.6%；抢救危重患者3740人次，同比增长43.9%；“120”出诊3256车次，同比增长17.2%。新增开设门诊诊疗中心11个；专病门诊14个，医院专病门诊开设数量达到41个。

2020年，医院门诊挂号948427人次，同比增长4.09%；门诊诊疗1183168人次，同比增长2.94%；收治入院48518人次，同比下降5.38%；床位使用率84.9%，平均住院日12.3天，手术16611台，同比增长3.96%。科研项目立项66项，较上年增长100%；组织项目科研验收33项，取得专利23项。药物临床试验机构开展在研新药项目5项。全年申报国家级继续教育项目9项、省级继续教育项目32项。甘肃省中医院被国家中医药管理局确定为国家中医紧急医学救援队伍及紧急医学救援基地依托单位，重新组建国家中医应急医疗队和国家中医疫病防治队。开展布病抗体检测和流行病学调查工作。

2020年，甘肃省中医院新增甘肃宝石花医院、通渭县人民医院、庆城县人民医院、宁县人民医院等5家医院为医疗联盟成员单位，医院有联盟成员单位87家，分院（中心）19家，有8个专业的专科联盟，脊柱微创椎间孔镜技术联盟遴选成员单位35家，签约单位21家；风湿骨病专科联盟签约单位65家；脊柱外科专科联盟签约单位29家。

（供稿：裴学军）

【甘肃中医药大学附属医院】2020年，医院本部门诊54.87万人次，同比增长1.9%，预约率60.42%。住院2.35万人次，同比下降8.54%。年床位使用率为78.68%；平均住院天数为11.03天，同比减少0.37天。完成三四级手术2340台次，同比增长10.01%，完成日间手术151例。抽查病历8437份，病历合格率96.60%，全院上报院感病例150例，感染率为0.52%，环境微生物监测合格率96%，医院抽调5名专家参与布鲁氏菌抗体阳性事件处理，共接诊布鲁氏菌检测者1641例。全年出院患者随访8124人次，回访率45.72%，满意度99.40%。共接待、处理医疗纠纷82起。其中已解决80起，未结2起；总赔付额6.6万元，同比下降40.04%。组织疑难病例MDT会诊21次，远程会诊50次。医院心血管中心获批国家中医心血管病临床医学研究中心分中心。开展新技术、新业务93例。心血管三科首次成功开展3例血管内超声辅助下冠脉支架植入手术；脊柱外科成功开展首台显微镜辅助椎间盘摘除椎间融合手术等。本部、北院、西院全年接待医保住院患者总计2.75万人次，同比减少15.38%，门诊患者24.24万人次，同比增长2.67%，医保总垫付金额564.81万元。医院体检中心全年完成体检1.69万人次，同比增长15%。

医院中医药传承创新中心（南院区）项目获省发改委正式立项，获批国家中医疫病防治队伍和疫病防治基

地依托中医医院；MDT、专科联盟建设、合理用药等重点工作有所突破。

2020年，药品销售1.69亿元，同比增长1.44%。调配中药饮片处方11.83万张，78.97万服；调配中药配方颗粒处方10.09万张、28.93万服；调剂新冠预防方20料，2.3万服；调剂新冠肺炎确诊处方89张，237服。销售制剂1244.78万元，同比减少15%。滋阴润燥丸等7种制剂首次获得中药传统制剂备案号，其中“参茸补益酒”为甘肃省首个获得制剂备案号的内服酒类制剂，“扶正屏风合剂”在新冠肺炎疫情防控中发挥重要作用。生产中风康复膏两批、花样年华膏一批、流金岁月膏一批，膏方临方加工24料。共接待患者5.48万人次，其中门诊4.95万人次，同比增长7.48%；住院5268人次，同比增长8.74%。床位使用率89.42%。手术1521台，同比增长18.54%。北院重症医学科（ICU）、妇产科及内镜中心正式成立并投入使用。医院西院接待患者3.24万人次，其中门诊3.02万人次，同比增长1.06%；收治住院患者2248人次，同比下降4.46%，手术487台，同比增长39.46%。对外交流派出4人赴巴西中医药国际合作基地工作，无人感染新冠肺炎，并于2020年底安全回国。共接诊、应急救治巴西患者及华人华侨患者1000余人，开展义诊60余场。医院获批宣传部2020年中国巴西国际中医药合作基地宣传项目，2020年第五批国家中医药管理局国合司中一吉中心项目。

（供稿：杨文强　苏宇晨）

【甘肃省妇幼保健院】 2020年，甘肃省妇幼保健院门诊量达170.11万，住院病人达78199人次，手术量24066台，分娩数达21503人。出院患者满意度调查40299人次，总满意率98.16%；门诊患者满意度调查40127人次，总满意率97.44%。2020年，医院成立疫情应急处置工作委员会，研究制定《甘肃省妇幼保健院新型冠状病毒感染肺炎防控工作方案》。召开疫情防控工作会议30余次，分层级进行隔离防护物品正确使用培训、演示，总计约3532人次。完成核酸采样、检测约10万人次。紧急组建发热门诊、隔离病房；整合人员和设备资源，抽调人员开展预检分诊和一线救治。组建外派医疗队14批，支援湖北医疗队3批、支援兰州市肺科医院4批支援兰州新区后备医院7批。选派34名人员援鄂；派出重症医学骨干、ECMO团队进驻兰州市肺科医院救治重症患者；选派骨干团队参与兰州新区后备医院工作，共计85人次均平安返回。

2020年，甘肃省妇幼保健院获批第一批国家级新生儿保健特色专科建设单位。新开设耳鼻喉头颈外科、高危儿健康管理中心、创伤骨科、颜值管理中心等。

2020年，全院科研立项54项，较2019年上升28.57%，其中：国家自然科学基金1项，省级重点研发计划2项，际合作计划专项1项，省科技计划（创新基地和人才计划）15项；科研专项经费：235万，较2019年上涨6.90%；科研获奖：9项，其中：甘肃省科技进步一等奖1项，甘肃医学科技一等奖1项，甘肃医学科技二等奖3项，甘肃医学科技三等奖5项。

（供稿：赵　枫）

省委省政府部署

【综述】 1月21日，省委常委会召开会议，传达学习习近平总书记对新冠肺炎疫情作出的重要指示和李克强总理批示，全省各级各有关方面要切实把思想和行动统一到党中央、国务院决策部署上来，把人民群众生命安全和身体健康放在第一位，对疫情防控给予特殊重视，完善应对方案和措施，坚决遏制疫情发生蔓延。突出重点地区、重点部位、重点人群，坚持科学防控、依法防控、联防联控，遵循相关医学规程，全面做好疫情防控工作。严格落实早发现、早报告、早隔离、早治疗要求，尽可能防范和减少传染源。要从人员、场所、设备、药物、资金等方面，充分做好应对疫情的各项准备。配足医疗救治队伍和力量，跟进开展技术培训，有力有效做好疑似病例排查、隔离和诊治工作，切实加强医务人员自身安全防护。强化属地管理，靠实地方和部门责任，加强值班值守，及时消除疫情隐患。统一指挥，迅速建立组织系统，形成完整的防控网络。2月14日，中共甘肃省委、甘肃省人民政府颁布关于坚决打赢新冠肺炎疫情防控阻击战促进经济持续健康发展的若干意见，要求坚持以习近平新时代中国特色社会主义思想为指导，坚持一手抓疫情防控、一手抓经济社会发展，突出重点、统筹兼顾，分类指导、分区施策，以实行分区分级精准防控为抓手，全力做好疫情防控保障，加大防疫物资生产，大力支持防疫防护生产体系建设，建立防疫产品收储制度，支持全社会参与疫情防控，建立疫情防控信用奖惩机制。有序组织实体经济复工复产，分级分区域推进复工复产，分行业推进复工复产，加大用电支持。支持中小企业渡过难关，减免中小微企业房租，补贴企业研发成本，办理延期纳税，降低企业融资成本，加大担保支持，缓缴社会保险费和住房公积金，加大采购中小微企业产品和服务，加大拖欠中小微企业账款清理力度，鼓励中小微企业参与省内重大项目建设，确保企业正常生产。加大财税金融支持，允许新购设备成本税前扣除，减免运输疫情防控物资增值税，减免疫情防控进口物资纳税，给予企业和个体工商户续贷支持，发行企业债券，增加信贷规模，加大融资金融机构奖励扶持力度，用好央行专项再贷款政策，设立省级专项贷款，设立肉、奶和小麦等粮食进口储备专项贷款。着力推动稳定就业，加大乡村公益性岗位开发力度，有序组织劳动力输转，实施援企稳岗政策，鼓励就近吸纳农民工就业。大力促进农村经济稳定发展，抓好春耕生产，扩大农业保险覆盖面，做好特色农产品调运销售，建立鲜活农产品季节性收储机制，鼓励发展冷链物流。培育新业态新消费，支持旅游等行业发展，加快发展新商业模式，着力打造“中央厨房”，大力发展线上线下消费服务，推广外贸发展新模式。积极承接产业转

甘肃年鉴 2021

移，给予省外转移企业运费补贴，加大省外转移企业税收奖励，给予资金注入支持。全力推进重大项目，大力简化下放审批权限，实行“不见面审批”，开辟采购招标绿色通道，保障疫情防控建设项目用地计划指标，加大突出贡献者奖励。提供坚强政治保证，靠实政治责任，狠抓任务落实，强化组织引领，营造良好环境。

【政策制定】1月26日，甘肃省新型冠状病毒感染的肺炎疫情联防联控领导小组会议在兰州召开。会议传达学习中央政治局常委会会议和全国新型冠状病毒感染的肺炎疫情防控调度工作视频会议精神，通报全省疫情防控工作情况，审定《甘肃省新型冠状病毒感染的肺炎疫情防控工作方案》。

2月13日，省长唐仁健主持召开十三届省政府第80次常务会议。会议研究坚决打赢新冠肺炎疫情防控阻击战促进经济持续健康发展等工作，审议通过《关于应对新冠肺炎疫情支持中小微企业平稳健康发展的若干措施》，安排部署贯彻落实事宜。

【安排部署】2020年1月30日，省委常委会召开扩大会议，同时套开省新型冠状病毒感染的肺炎疫情联防联控领导小组会议，传达学习习近平总书记1月27日对当前新型冠状病毒感染的肺炎防控工作作出的重要指示，传达学习《中共中央关于加强党的领导、为打赢疫情防控阻击战提供坚强政治保证的通知》，研究全省贯彻落实意见，安排部署全省疫情防控工作。省委书记、省新型冠状病毒感染的肺炎疫情联防联控领导小组组长林铎主持会议并讲话。

林铎在讲话中指出，新型冠状病毒感染的肺炎疫情发生以来，习近平总书记始终亲自指挥、亲自部署，1月27日再次对各级党组织和广大党员、干部要在打赢疫情防控阻击战中发挥积极作用作出重要指示，为我们进一步做好疫情防控工作指明了科学方法和行动路径。全省各级各方面要深入学习贯彻习近平总书记重要指示，全面落实中央通知精神，认识上再深化，措施上再细化，组织上再强化，坚决把各项疫情防控举措落到实处。要科学研判形势，做好应对更困难局面的准备，把疫情防控作为当前最重要的工作来抓，突出交通要道、乡村社区和重点城市、重点群体，不断完善疫情防控体系，尽最大努力遏制疫情蔓延趋势。要健全诊疗和救治机制，把科学规范要求落实到工作全过程，做到精准分类施策、科学有效救治。实现供给和需求无缝对接，加强市场监管和协调联动，满足疫情防控和群众正常生产生活需求。要充分发挥各级党组织的战斗堡垒作用和广大党员干部的先锋模范作用，全面落实联防联控措施，筑起群防群治的严密防线，坚决打赢疫情防控阻击战。

唐仁健强调，要认真贯彻落实习近平总书记重要指示精神，从严从细从实按照防控工作方案和应急预案抓落实，科学作为，千方百计遏制住疫情蔓延的势头。要客观分析、认清形势，全力以赴做好防控工作，加强对流动人员的监测和防控，加强高铁站、火车站、汽车站、机场、酒店宾馆、公交车、出租车等公共场所、公共交通工具的检查管理力度，加强农村疫情防控和医疗机构防控管理，措施要足、设施要全、力量要够，严防交叉感染。要想尽一切办法加强防疫物资储备，保障防控需求。

按照《甘肃省新型冠状病毒感染的肺炎疫情防控工作方案》，全省确定102家医疗救治定点医院，做好病例集中救治工作，同时在所有二级以上医疗机构和乡镇卫生院设置发热门诊。向社会公布102家新型冠状病毒感染的肺炎救治定点医院名单，各级医院和疾控机构重点岗位24小时在岗，其他岗位待命随时到岗工作。

【减少群众聚集】下发《关于春节期间暂缓举办大型文化展演展览及聚集性群众文化活动的通知》，要求从1月23日起，省内各文艺院团、文化场馆、旅游景区在春节期间，按照“非必须、不举办”的原则，最大限度减少大型公共活动，尽量避免人员大规模聚集，暂缓举办大型文艺展演、展览及聚集性群体文化活动。各市州要督促属地文化馆、图书馆、博物馆、旅游景区、游客集散中心等开放的文化旅游单位，网吧、歌舞娱乐场所、游戏游艺场所等文化娱乐场所，切实采取通风、消毒等有效预防控制措施，最大限度保障人民群众健康，维护正常生产生活秩序。要求社区、村（居）民委员会充分发挥群防群治作用，做好群众特别是来自疫区的返乡人员和外来人员的思想教育工作，引导群众科学理性认识疫情。少外出、少聚会、少聚餐、少去人员密集的地方，非必须不要组织开展集中性活动。建立良好的饮食卫生习惯，提高疫情防范意识，自觉维护公共卫生，自觉落实防控措施。

医疗卫生防控

【综述】2020年，在新冠肺炎疫情防控人民战争、阻击战、总体战中，全省卫生健康系统切实发挥疫情防控的主力军、先锋队、排头兵作用，举全系统之力，以“疫情就是命令”的战斗姿态，及时、科学、统筹应对疫情防控工作。第一时间提请建立省委书记、省长任双组长，副省级领导任“一办九组”组长的顶格防控领导指挥体系。第一时间启动重大突发公共卫生事件一级响应，全国率先出台对疫情防控起到关键作用的10余项方案措施。第一时间组织研发疫情监测、研判、预警、调度等信息系统，为科学、有效、精准防控赢得先机。第一时间建立会商研判机制，安排部署重点任务。在可防可控下率先在全国将应急响应级别由一级下调至三级，有效促进复工复产。

【援助湖北】组建6批医疗队、2支疾控队共计796人援助湖北抗疫，接管武汉市6所医院床位871张，累计管理患者855人。1月28日，为全力支援湖北省新型冠状病毒感染的肺炎疫情防控和患者救治工作，由137名医务人员组成的甘肃援鄂第一批医疗队从兰州出征。省委书记、省联防联控领导小组组长林铎在出征仪式上向医疗队授旗并作动员讲话。2月4日，甘肃援鄂护理专业医疗队出征仪式在兰州举行。2月13日，甘肃省第三批支援湖北医疗队102名医疗队员在兰州集结，启程出征湖北。2月16日，甘肃省第四批支援湖北医疗队的112名医护人员在兰州集结，启程驰援湖北。2月19日，甘肃省第五批援助湖北医疗队在兰州集结，出发前往武汉。2月21日，甘肃省第六批援助湖北医疗队出征仪式在兰州举行。3月31日，甘肃省第四批援助湖北医疗队及前线指挥部、疾控队全体队员在全面完成医疗救助任务并结束休整后返回兰州。全省援助湖北医疗救助人员共计796人已经全部平安返回。省委书记、省人大常委会主任林铎到机场迎接。

【核酸检测】全省284家医疗卫生机构具备核酸检测能力，实现所有三级综合医院、传染病专科医院和县域内至少1家县级医院具备核酸检测能力。全年举办核酸检测线上培训4次，线下培训2次，共培训800余人；接收30余名县级疾控中心检测人员进修学习；派出专家现场指导和验收全省所有县（市、区）疾控中心新建核酸检测实验室。至2020年底，全省共检测各类核酸检测100万份，其中中心检测21511份，完成血清抗体检测标本1511份。

【样本检测】至2021年1月3日，全省各级疾控中心从市场及零售店/档口的环境、食品及从业人员中采集并检测样本150913份，进口冷链食品监管总仓采集并检测样本18014份。全省各级疾控中心对市场监管系统内冷链食品的流通、检测、消杀等环节开展经常性技术指导工作。

【疫苗接种】2020年12月15日，全省启动重点人群新冠疫苗接种工作，至2021年1月7日，甘肃省各级财政筹措新冠疫苗采购经费16935.36万元，累计向生产企业采购新冠疫苗75.8472万剂，累计支付15169万元。甘肃省新冠疫苗于12月24日和1月7日分两批到货，累计23.8626万支，累计到货率达31.46%，全部下发完毕。全省自12月24日起开展重点人群接种工作，至2021年1月11日9时，全省完成80524人的第一剂次疫苗接种，459人的两剂次疫苗接种，1—13类应接种人群完成率14.59%。

【疫情防控与治疗】全省5万多机关干部下沉一线，与6.2万基层医护人员共同开展外来人员摸排管理工作。利用大数据平台详实核查确诊患者和疑似病例的活动范围及接触人群，加强与交通、民航、铁路、通信等部门的协作，深入摸排“四同人员”，确保不漏一人。强化对每例阳性病例的现场流行病学调查工作，指导全省开展密切接触者摸排管理工作。建立与社区、公安、民政等部门的协作机制，快速掌握“四同人员”信息，完善调查证据。承担第一入境口岸疫情防控重任，圆满完成伊朗、沙特、俄罗斯、英国等国14架航班3208名入境人员集中留观救治任务，取得了零扩散、零感染、零病亡的优异成绩。发挥中医药优势，成立101个中西医结合专家团队，创新实施中医药全程参与、省级专家会诊研判、面对面全过程指导、就地隔离救治、重症“四集中”救治等救治措施，最大限度提升救治效果。组织研发中医药预防方、治疗方、康复方、藏药方等系列“甘肃方剂”，驰援湖北武汉和白俄罗斯等地区，在抑制轻症转重症、缓解重型症状、出院患者快速康复、巩固治疗效果等方面发挥作用。全省患者治愈率、中医药参与治疗率均达99%以上，未发生三代病例和社区传播，医疗机构和医护人员零感染。

【流行病学研究】全年累计起草各类疫情防控技术方案和指南等50余件，撰写《疫情监测简报》65期、《疫情专报》57期、《风险等级评估报告》5期、《疫情防控工作简报》245期、《密切接触者管理简报》40期。中心组织开展疫情防控相关技术视频培训10余次，培训6000余人次；开展流行病学调查和实验室检测现场技术指导近百次。组建了3支44人的省级专家队伍，各市（州）、县（市、区）分别组建2~3支合计524人和3~5支合计3482人的流行病学调查队伍。全省各级疾控中心储备519人的检测队伍和1042人的消杀队伍。中心按照最低500套的常量标准储量防护用品，周转使用，并动态调整储备量。

至2020年底，中心通过“甘肃省疾病预防控制中心”和“甘肃卫生12320”微信公众号、官方网站、官方微博发布新冠肺炎疫情相关健康科普、政策宣传文章661篇，工作信息类文章159篇，先进事迹报道72篇；甘肃省12320卫生热线受理新冠肺炎疫情相关咨询71649件次，投诉33件次，举报414件次，建议192件次；答复微博网民留言74条。

【医疗保障】省医保局会同省财政厅印发《关于积极做好新型冠状病毒感染的肺炎疫情医疗保障的紧急通知》，明确确诊新型冠状病毒感染的肺炎患者使用的药品和医疗服务项目，符合卫生健康部门制定的新型冠状病毒感染的肺炎诊疗方案的，可临时性纳入医保基金支付范围。除临时扩大支付范围外，各级医保、财政部门建立专项医疗保障工作机制，密切关注本地区新型冠状病毒感染的肺炎疫情，建立感染人群中参保人员台账，跟进医疗机构做好医疗费用报销服务工作。对于基本医保

参保人员中确诊新型冠状病毒感染的肺炎患者发生的医疗费用，在基本医保、大病保险、医疗救助等按规定支付后，个人负担部分由参保地同级财政部门给予补助，实施综合保障。对于参保人员中确诊新型冠状病毒感染的肺炎的异地就医患者，先救治后结算，由参保地医保部门直接在异地就医结算平台为患者办理备案手续，按照异地就医住院医疗费用直接结算的经办规程提供直接结算服务，报销不执行异地转外就医支付比例调减规定。财政补助部分由参保地医保部门结算，所需资金由同级财政部门核拨。在落实周转金制度的基础上，对收治新型冠状病毒感染的肺炎患者较多的医疗机构，医保经办机构可再预付部分资金，减轻医疗机构垫付压力。医保经办机构对新型冠状病毒感染的肺炎患者医疗费用，应在有关医疗机构的医保总额预算指标之外单列预算，并按规定与医疗机构及时进行结算，确保救治工作顺利进行。

2020年，全省临时性扩大医保基金支付范围、拨付专项预付金、优化结算服务、保障防疫物资供应、延长缴费期限、推进医疗保障“六办”服务等措施，强化综合保障。全省各级医保部门拨付医保专项预付金合计2.3亿多元，累计结算治愈确诊和疑似患者203人，医疗总费用266.4万元，基本医保支付203.23万元，财政补助63.18万元，无个人负担金额；为全省37168家企业减征城镇职工医疗保险费12.36亿元；为316家企业缓征城镇职工医疗保险费6389.59万元。

重点领域防控保障

【疫情期间农业生产】 省农业农村厅建立疫情防控期间农业农村系统省市县三级重点工作任务调度机制，全力配合做好活禽市场监管工作，切实抓好春耕生产、人工饲养野生动物摸排、动物疾病防控及“菜篮子”保供稳价工作。确保农业生产正常秩序，先后下发《甘肃省农业农村厅关于应对新型冠状病毒感染的肺炎疫情抓好蔬菜生产保障供给的紧急通知》，联合省交通运输厅、省公安厅下发《关于确保“菜篮子”产品和农业生产资料正常流通秩序的紧急通知》，依法恢复流通秩序，确保饲料、种畜禽及仔畜雏禽运输畅通、供应有序。联合省供销社印发《关于切实做好节前农资储备调运和供应工作的紧急通知》，建立“点对点”农资紧急调运制度，维护农牧业正常生产，保障春耕生产需要。确保蔬菜等“菜篮子”产品有效供给，组织力量摸清全省蔬菜供需底数和甘肃省在田蔬菜种类、面积、产量，准确掌握蔬菜市场供给和价格走势，及时协调供需关系，组织货源、协调调运，积极配合交通、公安等部门，畅通鲜活农产品“绿色通道”，提高运输效率，降低运输成本，促进蔬菜快速有序流通，确保进得了城、入得了店。疫情防控期间，全省蔬菜等重要农产品供给平稳有序。全力抓好重大动物疫病防控，紧急开展人工饲养野生动物情况排查摸底工作，摸清全省人工饲养野生动物底数，强化疫源检测防控。研究制定《甘肃省突发重大动物疫情技术工作方案和应急预案》《甘肃省人工饲养的野生动物疫病防控技术方案和应急预案》，持续做好非洲猪瘟等重大动物疫病防控各项工作，全面落实各项防控措施，保障全省畜牧业健康持续发展。着力推动农业企业和项目复工复产，认真落实甘肃省扶持政策，及时掌握企业贷款需求、员工返岗率、生产物资储备、销售订单、设备检修等情况，积极协调解决资金、原材料供应等方面存在的困难和问题，2020年4月底，全省农业企业和建设项目全部复工复产。

【疫情防控和企业复工复产】 全省实施战时机制，抓好医疗防控物资保障和生产。疫情发生后，省工信厅全力承担起省联防联控领导小组物资保障工作组副组长单位职责，快速响应，制定联席会议、信息报送、运行监测等工作制度，建立医疗物资保障机制和甘肃省防控物资管理平台。落实“内部挤、自己产、外部购、上面调、各方捐”措施，组织采购防控医疗物资1144余万件，协调国家调拨55.9万件，统筹调配1065余万件，支持30多家企业新建或转产、改建防护类产品生产线，从无到有构建起医用口罩、防护服产业体系。下发《关于做好疫情防控复工复产派驻重点企业联络员的通知》，制定《推动工业企业复工复产“四包”实施方案》，建立分片包抓工作机制和重点企业派驻联络员制度，指导企业有序、分类、分级复工复产，7月底复工率、达产率恢复正常水平。强化协调调度，解决突出问题，推动工业经济企稳回升，4月份起，规上工业增加值持续正增长；5月份起，累计增速由负转正。全年行业安全生产形势平稳。

【金融支持疫情防控】 新冠肺炎疫情发生后，全省金融业围绕服务疫情防控和稳定经济社会发展，制定实施《甘肃省疫情防控重点保障企业专项贷款支持方案》《关于甘肃省金融支持防疫情保稳定促发展的实施意见》等针对性系列金融政策措施，通过畅通金融服务绿色通道，拓展线上服务渠道，创新信贷产品等方式积极满足疫情防控和复工复产金融需求。金融机构按照特事特办、急事急办的原则，对疫情防控重点保障企业执行信贷快速审批流程，提供最优贷款利率，合理设定贷款额度和期限，全力保障防疫物资生产与供应。创新推出“用工贷”“复工贷”等多款信贷产品，累计对636.8亿元到期企业贷款实施了延期，惠及1.3万户企业和个体工商户。引导政府性融资担保公司积极主动作为，取消反担保要求，降低担保费率，支持中小微企业渡过难关。

2020年，全省中小微企业和防疫抗疫企业共申报担保需求2304户、127.52亿元，累计支持2227户、提供贷款担保额90.8亿元，占比分别达到96.7%和71.1%。

【商贸流通保障】甘肃省制定疫情保供应急预案，全省确定重点10个批发市场、15个冷链仓储企业、50个超市作为主渠道、主要骨干力量保障市场供应，拨付项目资金6950万元，保障全省蔬菜、粮油、肉、蛋等生活必需品市场供应。省商务厅制定生活必需品保供、复工复产、企业纾困和招商引资“四个联系清单”，开展助企纾困“四项行动”，厅领导分片包抓市州、69名处级干部联系391家内外贸企业，落细疫情防控措施，协调解决急事难事，推动复工复产、复商复市。严防境外疫情输入，加强口岸监管；组织商贸、招商引资企业踊跃捐款捐物，协调建立绿色通道进口防疫用品，协同解决原种和大宗原料进口难题，为外贸企业出具不可抗力事实性证明、国际商事证明书。

【交通运输疫情防控】贯彻落实中央关于疫情防控决策部署，按照交通运输部和甘肃省委、省政府防疫工作要求，履行甘肃省疫情联防联控领导小组交通检疫组职责，严格落实交通运输工具及“两站一场”防控要求，坚决有效防范疫情通过交通运输传播。及时启动应急响应，设置交通检疫站点，加强“两站一场”和交通运输工具防控，累计保障完成13个航班2943名从伊朗、沙特、俄罗斯等国外入境人员检疫转运工作。有力保障人员和物资流通，落实运输保障“一断三不断”部署要求，在高速公路设置应急运输“绿色通道”213条，对疫情防控应急物资、重要生产生活物资和返岗务工人员运输车辆，实行不停车、不检查、不收费、优先通行。有序支持复工复产，分区分级恢复各类交通运输服务，打通“大动脉”，畅通“微循环”，开行点对点直达客运包车4200多辆，运送返岗务工人员及返校学生8.4万余人。积极协调落地交通运输领域惠企政策23项，帮助企业纾困解难。甘肃省交通运输厅新冠肺炎疫情防控领导小组办公室荣获“全国交通运输系统抗击新冠肺炎疫情先进集体”称号。

甘肃省辖区机场累计查验旅客1336.35万人次，排查中高风险区来甘旅客42.9万人次、排查境外来甘旅客1.6万人次，移交地方卫生防疫部门管控1.4万人；圆满完成军方三批383人、全省六批775人援鄂医疗队、国际临时包机5班、俄罗斯定期航班7班的航空运输保障任务。保障“复工复产复学”包机和航班近140架次、1万余人次。新增、加密、复航多条航线，航班客座率已从低潮时期的52%提升到近83.3%，实现“疫情防控零失误、人员管控零疏漏、内部员工零感染、紧急运输零投诉”的防控目标。兰州中川国际机场荣获全国交通运输系统抗击新冠肺炎疫情“先进集体”，兰州中川国际机场消防护卫部急救中心主任田玉成荣获“全国抗击新冠肺炎疫情先进个人”荣誉称号。

聚焦铁路疫情防控三大目标任务，坚持外防输入、内防反弹，严把进站、车上、出站三道防控关口，共排查重点区域和境外来甘来宁旅客3.6万人次，向地方政府提供900余万条旅客行程信息，与公安边检部门共同筛查境外入境旅客2491起、向属地政府移交各时期重点区域来甘宁人员31277人、配合地方致函申请协查旅客信息25起、测温筛查7419.5万人次，候车室消毒6939万平方米、售票厅消毒666万平方米、动车车辆消毒8.7万辆次、普速车辆消毒27.9万辆次、客运机车消毒62.7万台次，完成铁路高风险重点人群接种疫苗1643人，免费为旅客办理退票508万张，处理旅客发热859起，全力保障防疫重点物资和人员运输，累计运送防疫和生活物资1.2万车、63.2万吨；开行“点对点”直达专列77列、办理返岗复工团体238批、运送旅客8.8万人。针对零星散发疫情和进口冷链食品疫情防控需要，健全应急处置工作机制，慎终如始做好常态化疫情防控。制定返岗职工防护措施，加强重点场所管控和主要行车工种人员健康保护，实现旅客“全防控”、干部职工“零感染”的目标。

甘肃省辖区机场累计查验旅客1336.35万人次，排查中高风险区来甘旅客42.9万人次、排查境外来甘旅客1.6万人次，移交地方卫生防疫部门管控1.4万人；圆满完成军方三批383人、全省六批775人援鄂医疗队、国际临时包机5班、俄罗斯定期航班7班的航空运输保障任务。保障“复工复产复学”包机和航班近140架次、1万余人次。新增、加密、复航多条航线，航班客座率已从低潮时期的52%提升到目前的近83.3%，实现“疫情防控零失误、人员管控零疏漏、内部员工零感染、紧急运输零投诉”的防控目标。兰州中川国际机场荣获全国交通运输系统抗击新冠肺炎疫情“先进集体”，兰州中川国际机场消防护卫部急救中心主任田玉成荣获“全国抗击新冠肺炎疫情先进个人”荣誉称号。

【快递保障】2020年，甘肃省邮政管理局加强与相关部门的协调协作，全力攻克邮件快件运输投递阻滞难关，多措并举纾解企业防疫物资短缺问题。疫情期间，邮政、顺丰、京东、苏宁等品牌企业保持服务不断，投送防控物资、生活必需品1720万件，运往重点地区的生活和防疫物资共计52车次、76.6万件、52.7吨。全年寄递服务从未间断、3月底，全省23家品牌快递企业全面复工达产，行业员工零感染。

【物资保障】全年争取国家调拨本省口罩55.9万只，调配口罩生产设备2台、熔喷布4.5吨。对疫情防控重点保障企业给予资金、税收支持，128户企业获得优惠贷款33.11亿元、财政贴息6561万元，59户企业享受生产设备一次性税前扣税优惠金额1.22亿元，167户企业享受增值

税留抵退税8286万元。落实中央预算内投资15.9亿元，建设重大疫情救治基地2处，支持67个县提升疫病救治能力。争取抗疫特别国债82.13亿元，支持建设583个公共卫生设施、应急物资储备等项目。启动突发公共事件应急价格监测预案，出动价格监测人员35562人次，上报《价格监测动态》175期。

发动各种力量从境外采购医用口罩、防护服等紧缺防疫物资，26户省属企业共采购价值4660余万元的防护物资。省建投集团通过人工带货方式，从境外采购的7000只口罩于1月31日运抵兰州捐赠省红十字会，成为我省第一批从国外采购的口罩，从境外紧急订购1套医用口罩生产线和4台防护服缝制机捐赠平凉市政府；金川集团、省科投集团兰州助剂厂、省农垦集团莫高股份、甘肃药业集团普安制药等企业加班加点满负荷生产消杀物资；省科投集团金创绿丰公司加大转运频次，全天候进行医废处置；省机场集团、省电投集团、省水投公司、省公航旅集团、省公交建集团等企业全力做好民生服务保障工作；金川集团、酒钢集团、八冶公司职工医院派出医护人员驰援武汉；金川集团、酒钢集团转产口罩和防护服；甘肃药业集团积极承担省级疫情防控物资储备任务；信息港公司搭建覆盖全省党政机关、企事业单位的视频会议系统，开发疫情防控、复工复产等17个应用信息平台。省属企业认真做好分布在35个国家和地区的55个境外机构和项目疫情防控。

【涉外疫情防控】甘肃省每日用英、俄、日、韩等4种语言发布甘肃省最新疫情动态，举办甘肃省与英国、马达加斯加、瑞士、韩国等国疫情防控视频交流会，将国家卫健委委员会新冠肺炎诊疗方案（第七版）翻译成外文版，提供沿线有需要的国家、地区和机构与友好省州。接收来自伊朗、沙特、俄罗斯、英国、乍得和尼日尔等国13架次政府包机和商业航班2943名中外人员入境，境外输入新冠肺炎确诊病例90例，全部治愈出院。做好36名肯尼亚、加纳、津巴布韦等国在甘公民包机离境工作。接受匈牙利、韩国、新西兰、美国、俄罗斯等国政府、友城、民间友好组织和华人华侨社团等捐赠各类防护医疗物资和慰问函电，累计接受捐赠医用防护服、口罩等各类防疫物资21805件（个）。向白俄罗斯捐赠两批甘肃抗疫中药“甘肃方剂”，会同侨联给30个国家的400名甘肃籍侨胞、留学生发放“侨爱心防疫包”。

【口岸疫情防控】兰州海关成立新冠肺炎疫情防控工作领导小组，建立应急指挥、调度会议和24小时应急值守3个机制，按照“三查三排一转运”要求，对甘肃省重点航班实行“一机一策”，落实“7个100%”，做到“外防输入，内防反弹”。与地方政府相关部门合作建立“共同流调、联合采样、共同检测、结果共享互认”的口岸常态化疫情防控机制。全年检疫监管进出境航班538架次，人员4.3万人次；检疫监管进境重点航班12架次，人员2941人次，检出核酸阳性128例，检出率4.35%。采取“海关+红会”进口防疫物资通关保障模式，开通“绿色通道”，累计保障38批次4220件进口防疫物资快速通关，货值1334.6万元。加大进口货物风险监测力度，规范实施抽样核酸检测，采集环境样本960份，检测560份。2个单位获评全国海关系统抗击新冠肺炎疫情先进集体，9人被评为全国海关系统抗击新冠肺炎疫情先进个人。

【价格监督管理】新冠肺炎疫情防控期间，发布《甘肃省市场监督管理局疫情防治相关商品价格提醒告诫书》，制定印发《关于进一步做好新型冠状病毒感染的肺炎疫情防控期间口罩等重要商品价格监管工作的通知》《关于疫情防控期间严厉打击口罩等防控物资生产领域价格违法行为的紧急通知》《关于进一步加强和规范疫情防控期间直销活动的通知》和《关于新型冠状病毒感染的肺炎疫情防控期间有关哄抬价格违法行为认定的指导意见》。严厉打击囤积居奇、哄抬价格等违法行为，查办防疫物资包括生活必需品价格违法案件273件，实施经济制裁711.74万元，维护防疫用品和生活必需品市场价格秩序。开展防疫物资产品质量和市场秩序专项整治行动，与省发展改革委联合开展转供电环节加价专项整治行动，督促转供电主体严格落实电价政策，责令转供电主体退还应降价电费7922.96万元。开展涉企收费治理，加强商业银行、行业协会商会、行政审批中介服务机构、口岸、公路、铁路等领域收费监管，推动减费降费各项政策措施落实。

【餐饮服务食品监管】在全省餐饮服务单位全面推进文明餐桌行动，引导消费者使用“公筷公勺公夹”取餐，防控食源性疾病传播。禁止加工经营野生动物，打击购进、贮存、经营、食用野生动物及其制品行为。推进使用清洁能源和油烟治理，落实“三书一台账”，促进餐厨废弃物合理处置。出台《甘肃省餐饮服务业新型冠状病毒感染的肺炎疫情防控指南》，全省共取消（停止）城区集体聚餐7.8万桌、74万人次；取消（停止）农村集体聚餐8万余桌、79万人次。对疫情防控期间省内正常经营的餐饮服务单位从场所要求等方面予以规范。印发《关于做好疫情防控期间餐饮业有序复工营业相关工作的通知》，按照疫情防控分区分级的要求，推进全省餐饮业有序复工营业。

新闻出版管理　融媒体传播

广播电视事业

【综述】 2020年，省、市两级广播电视台播出“脱贫攻坚”新闻2990条，开办“决战决胜脱贫攻坚”专栏44个，制作播出公益广告44条、专题片（纪录片）79部、网络视听作品82个。完成全国两会、十九届五中全会等重要会议宣传报道。开通甘肃电视台公共应急频道。

制定印发《甘肃省广播电视局2020年深化“放管服”改革优化营商环境工作要点》，共受理行政审批事项121件、办结118件，按期办结率保持100%。推行“全程网办”“不见面审批”，42项政务服务事项实现“零跑腿”。压缩办结时限和精简申报材料，合计压缩承诺时限111个工作日。推进“证照分离”改革和“减证便民”行动，推进电子证照数据共享应用。

【精品创作】 2020年，实施“新时代精品”工程，《中国石窟走廊》《遥远的地方》《上去高山望平川》等多部本土纪录片在央视播出，《敦煌宝藏》《西茂的婚礼》《莫高窟与吴哥窟的对话》《河西走廊之嘉峪关》分获总局2020年度优秀国产纪录片季度推优和年度推优。推荐《八千里路云和月》《新丝路上的中国面孔——巴铁篇》等3个项目申报“2020年度丝绸之路影视桥工程”。《永远的经典——庆祝民族舞剧“丝路花雨”40周年电视文艺晚会》《莫高窟与吴哥窟的对话》分获第26届“星光奖”最佳电视文艺节目、纪录片提名奖。广播节目《好作文分享》和电视节目《成语故事系列栏目剧》获总局2019年度少儿精品发展专项基金扶持。《静静的湿地》荣获首届中国广播电视大奖。动画片《金小杨大战风沙怪第一集金小杨出世》给予发行许可，《灵草小战士（第一季）》正在组织成片审查。《铁人——王进喜》《战鹰》《英雄的旗帜》《苹果为什么这样红》等4部电视剧、《大梦女儿国》等28部网络电影通过总局备案。重大革命历史题材电视剧《红星耀西北》已报总局申请立项。公益广告《英雄不老 薪火相传》《文化自信——我的飞天梦》入围第二届北京国际公益广告大会创意征集大赛。实施“视听中国”播映工程，《敦煌乐器》《八坊十三巷》等纪录片在海外播出。

【广电行业监管】 实施“管理优化”工程，执行节目播前三级审查和重播重审制度，封堵“三俗”等有害节目传播渠道。共监评省、市广播电视台自办栏目180个，巡查网站121家，编发《广播电视评议通报》172期、《广播电视广告通报》20期。组织开展电视剧网络剧“注水”治理工作，先后审查网络电影剧本41部、网络电影成片18部。全年组织开展卫星电视传播秩序专项督查4次，对全省14个市州32个县区播出机构、网络传输机构、企业广播电视站规范化管理工作进行督导检查。组织开展广告播出无时长提示专项清理整顿、非法集资广告专项排查整治、保健食品行业广告专项清理整治行动和中秋、国庆双节期间虚假违法广告集中清理整顿等专项整治行动。

【智慧广电建设】 实施“智慧广电”建设工程，起草《关于广电5G一体化发展的实施意见》。谋划酒泉广播电

视台4K影视创作系统演播室高清设备建设项目、酒泉广播电视台综合频道高清播出项目、肃州区高清（超高清）视频采编播系统升级改造项目。实施省广电总台“融合媒体高清、超高清移动制播系统”“甘肃省全流程媒体融合飞天云平台”等项目。推动IPTV集成播控平台与传输系统规范对接，共计219.28万户纳入甘肃IPTV集成播控分平台管理。

（供稿：曹向平　刘小明　张　立）

甘肃省广播电视总台

【全媒体建设】《永远的经典》节目荣获中国广播影视大奖第26届电视文艺“星光奖”优秀电视综艺节目提名奖，《扶贫第一线》栏目入选国家广电总局2020年第二季度全国十大创新创优栏目名录，制作的短视频《致敬我们身边的劳动者们》入选国家广播电视总局2020年第二季度优秀网络视听作品目录，创作的公益广告《抵制高价彩礼》被选为国家广电总局三类扶持项目，拍摄制作的三集抗疫纪录片《站在一起》在全国26家省级媒体播出，《中国影像方志·静宁篇》在央视科教频道播出，《敦煌宝藏》获得中国纪录片好作品奖。制作的2020年甘肃省电视春节联欢晚会荣获“金帆奖”三等奖。

【上推央视发稿】2020年，省广电总台共上推央视各平台播出涉甘肃新闻1897条次，其中央视《新闻联播》播出270条，央视新闻频道播出982条次，央视其他频道播出645条次。上推央广《新闻和报纸摘要》播出32条，其他时段播出38条。

【公共应急频道开播】2020年，甘肃电视台公共频道播出呼号更名为甘肃电视台公共应急频道。甘肃电视台公共应急频道策划推出《公共应急新闻》《问安陇原》《消防视线·蓝盾》《消防视线·火线》《守护者》《应急大讲堂》《对话新空间》《应急十八班》等栏目，做好各类事故灾害应急救援信息采集发布、全省应急突发响应和救援现场采访报道、防灾减灾救灾科普宣传。

【《法制伴你行》栏目】《法治伴你行》栏目由中共甘肃省委依法治省委员会办公室、甘肃省司法厅、甘肃省广电总台联合创办，2020年5月14日正式在甘肃卫视播出。栏目走遍全省14个市州，采访拍摄行程超过两万千米，拓展选题内容和采访范围，深挖各行各业和百姓生活中遇到的法律问题，打造成为人民群众学法用法、向群众普及法律知识、面向全国展示甘肃全面依法治省工作成就的重要窗口。

【新型平台和创新转型】完成“视听甘肃”APP迭代升级，下载安装量超过50多万，培育粉丝量150余万。IPTV平台用户超过430万。广播节目在可视化、场景化、移动化，电视节目在多屏连接互动等方面进行新的探索尝试。

2020年，省广电总台建成“融媒飞天云”技术体系1.0版，在各项急难险重宣传任务和总台业务流程再造、平台转型升级中的技术支撑作用彰显，总台“全流程媒体融合飞天云平台”项目荣获全国广电行业最高技术奖项之一的第十三届中国电影电视技术学会科技进步奖二等奖。

（供稿：贺　莉）

广播电视网络传播

【数字网络建设】2020年，甘肃广播电视网络股份有限公司以“三网融合”为特征，建设下一代广播电视网，以“互联网+”“智慧广电”为主攻方向，建设智慧城市、智慧社区、智慧家庭和宽带乡村等。按照“云、管、端”战略，加速向电视互联网企业转型，加快向TVOS智能终端以及全媒体、大数据、云计算等领域布局。发展数据及信息化业务，为行政事业单位、企业、城市、农村、乡镇、社区等提供专业的数字综合信息系统建设及服务。

【交流合作】2020年，完成容器CND整体部署，宽带流量由130G扩大到250G，用户网速由2~4兆提速到20~50兆，与爱奇艺联合推出新产品“甘小果”智能终端，将直播高标清节目由28套增加至80套。联合英立视、爱奇艺、甘肃柏隆三家单位，打通“甘小果”外网直播，引入西安嘉廷智能公司“爱迪智医”智慧医疗项目，甘肃广电智慧医疗板块在百草园APP上线，甘肃广电智慧医疗手机APP上线。上线百草园APP2.0版本，形成集数字阅读、影视点播、电视广播、现场直播、原创视频、VR / AR应用、信息发布、政策宣传、应急广播、农业培训、教学辅导、扶贫电商等功能为一体的综合型服务平台，平台注册用户31.09万户，实名认证用户11.79万户。

（供稿：胡　斌）

中国甘肃网

【重大主题宣传】甘肃中国甘肃网承办的“跟着总书记看甘肃”网络主题宣传活动，由中央网媒、全国重点新闻网站和商业网站骨干记者编辑组成的采访团，沿着习近平总书记视察甘肃的足迹，深度报道总书记视察一年来，甘肃在脱贫攻坚、生态保护、文化传承方面所取得的成绩。

中国甘肃网在网站首页位置开设专题《奋斗“十四五”奋进新征程》，集纳报道，采访报道全省各级各部门对五中全会精神的宣讲活动，编辑制作图解、手绘、H5、长图等多种形式新媒体产品。

【融媒产品制作】2020年，中国甘肃网在融媒产品内容生产上，共制作图解306个，海报69组 / 775副海报、

有声海报2组、72个H5、动漫51个、手绘长图47个、短MV是3个、2个手绘视频、3个沙画。制作短视频770余个，网络直播60余场。《长卷|殷殷嘱托、不负厚望！沿着总书记足迹看甘肃一年变化》《海报|祁连山生态修复进展如何？它们有话说……》《“九色鹿”拍了拍你！》《一图带你了解两千年岁月的山丹军马场》等作品被甘肃省委网信办推送，被国内主流媒体转载。

【传播渠道拓展】 2020年，中国甘肃网扩展新技术、新平台、新渠道，打造优质线上传播渠道。微博下设“微博甘肃”、“中国甘肃网”、“中国甘肃网飞天论坛”、“甘肃鼎立信”、“陇原好网民”等账号。微信公众号包括“中国甘肃网”、“鼎立信”等。新闻客户端包括“西北角”“甘肃头条”两个APP。中国甘肃网抖音号、快手号，今日头条“头条号”、一点资讯“一点号”、百度百家号。平台矩阵总用户数超过1000万。

（供稿：中国甘肃网）

甘肃日报社

【报业改革】 2020年，甘肃日报社、甘肃日报报业集团公司分设，实现报社按照事业单位运行，报业集团公司按照现代企业制度独立运营的体制机制方面的重大变革。组织人员分批赴上海报业、河南日报、湖南日报等党报党媒考察学习。启动《甘肃日报》新一轮改版。

【重大主题宣传报道】 2020年，推进脱贫攻坚、疫情防控、生态环保、高质量发展、“六稳六保”等重大主题宣传报道。推出《书写决战脱贫攻坚的春天答卷》等一批重点深度报道，以及长篇评论《让岁月铭记这个春天》。策划实施“走向我们的小康生活——甘肃省脱贫攻坚县（区）宣传周”活动，共有15个县（区、市）在这一全媒体平台讲述脱贫攻坚故事。以蹲点调研形式走进元古堆村等习近平总书记去过的6个村，采写“温暖的回响”系列报道。

推出《众志成城战疫魔——我省全力阻击新型冠状病毒肺炎感染疫情纪实》《一次担当国家使命的“甘肃行动”》《一份同心共克时艰的“甘肃答卷”》等一批重点报道，刊发《坚持“两手抓”夺取“双胜利”》等一系列评论员文章。《甘肃日报》、各子报、新甘肃客户端开设“促六稳强信心”“抓六稳促六保”“六稳六保一线见闻”等专栏，新甘肃客户端推出稿件746篇，各子报刊发稿件500多篇。策划组织习近平总书记视察甘肃1周年重大主题报道，推出“1个深度评论+9个专版+9组融媒体产品”的回访报道。

【融媒体建设】 全省有84个县（区）融媒体中心入驻省级技术平台“新甘肃云”。举办2020甘肃媒体融合创新与发展论坛，启动省级技术平台“新甘肃云”二期工程，发布“新甘肃”客户端3.0版、掌上兰州客户端“智慧社区”上线，甘肃舆情数据研究中心、甘肃媒体版权保护中心揭牌。

推进“新甘肃”客户端升级迭代及音视频、直播品牌建设，实施“新甘肃云”二期、甘肃舆情数据研究中心、甘肃媒体版权保护中心项目，做好“一云（新甘肃云）两平台（县级融媒体中心省级平台和新时代文明实践中心省级平台）、一端（市县级客户端）两中心（市县级融媒体中心和县级新时代文明实践中心）”建设工作。

（供稿：甘肃日报社）

读者出版集团

【图书出版与发行】 2020年，读者出版集团有限公司共发印图书3312种（其中，重印图书1892种，较上年提高1.6%）；出书总印数5492万册，单品种印数达1.66万册／种，较上年提高8.5%。集团组织审核申报各类国家级推优、重点项目评选330种，5种图书入选2020年国家出版基金资助项目，2种图书入选国家民族出版专项资金资助项目。《读者丛书・与这个时代温暖相拥》被中宣部评为2019“农民喜爱的百种图书”之一，《敦煌小画师》入选中宣部2019年“优秀青少年读物出版工程”和2020年中国好书月榜单，《中国河西走廊》入选2020年丝路书香工程，《法藏敦煌文献》《西夏文字典》《读者丛书・中国文化读本》等一批精品好书相继面世。

2020年，全省新华书店实现营业收入18.06亿元，同比增长11.9%；实现利润4353万元，同比增长7.9%。全年共发行《习近平谈治国理政（第三卷）》32万册、《中国制度面对面》13万册、《民法典》11万册。

【新媒体发展】 2020年，《读者》微信公众号粉丝总数达587万，同比增长8.7%，微信新榜文化类日榜排名第9位，新榜总榜500强排名第28位，原创文章被“人民日报”“新华社”等千万级大号转载超百次。2020年，《读者》在“学习强国”学习平台的订阅量达3600万。2020年8月，由中国新闻出版研究院发布的“2019中国人文大众期刊数字阅读影响力TOP100”中，《读者》位列国内期刊第一名、海外期刊第三名。

【品牌建设】 2020年，“读者”品牌连续17年入选世界品牌实验室（WBL）“中国500最具价值品牌”。读者天水文旅小镇圆满落地，读者书店正式签约入驻惠州市读者文化园，成都市武侯区“读者小学”建设项目达成合作协议。集团与广州新华出版发行集团、深圳书香文旅集团、南京金陵教育集团等就品牌合作开发、空间推广建设、新业态合作等方面达成合作协议。读者传媒成功投资上海阿法迪智能标签系统技术有限公司，依托其国内图书馆智能管理行业自主核心技术和产品优势，增强集团及读者传媒主业发展和产业布局的协同性、开拓性。

【助力书香社会建设】 集团总结形成以全省新华书店门店为“点”，“读者小站”等公共阅读空间为“线”，城市社区、校园、企事业单位的读者书房、阅读角，以及自助借售书机、乡村文化驿站等为“端”，“点·线·端+全民阅读”的书香社会建设“读者方案”。推动“点”的升级，相继实施以西北书城为代表的一批新华书店门店改造升级；推进“线”的扩张，在兰州建成8家“读者小站·金城书房”和3家“读者小站·行者空间”，在苏州建成“读者小站·江南书房”，累计接待读者13万多人次，举办主题阅读活动、文化分享活动200多场；加强“端”的布局，在省文明办、交通银行甘肃省分行等单位和崇信县部分单位、社区、学校建成读者书房，并为八步沙干部学院、培黎学院、文县捐建3家读者书房，在中信银行甘肃省分行等企业经营网点建成读者阅读角，在集团帮扶贫困村建成3所读者乡村文化驿站。在住宅小区、车站、公园、机场、商场等设立自助借售书机，为广大读者提供优质阅读产品。

集团重点建设项目“读者·新语文”中小学阅读写作教育平台项目建设取得阶段性成果：平台累计精准用户近6万人，项目入选国家新闻出版署“2020年度数字出版精品遴选推荐计划”，获得第十届中国数字出版博览会“优秀品牌”奖及“2020年甘肃省宣传思想文化工作优秀创新案例”荣誉称号。

（供稿：梁庆宗）

民政事务

【养老服务保障】 2020年《甘肃省养老服务条例》实施。启动特困供养机构升级改造三年行动，县级特困供养机构护理型床位超过30%。白银市、临夏州被列为全国第五批居家和社区养老服务改革试点地区，争取中央专项资金3619万元，同时，联合省财政厅在7个县区探索开展省级试点。出台《甘肃省养老机构等级评定管理办法》，建立统一的养老机构服务质量体系，推动养老机构从基准线向等级线迈进。

【残疾人和流浪乞讨人员服务保障】 通过加强信息比对、上门帮助办理，全省困难残疾人生活补贴对象达到30.4万人，重度残疾人护理补贴对象达到40万人，比2019年底新增15.5万人，累计发放补贴资金5.99亿元。组织实施“福康工程”“福彩助残”项目，对符合条件的贫困残疾人实施手术矫治康复37例，配置假肢85具，配发康复辅具500个。开展流浪乞讨救助管理服务质量大提升专项行动，全年累计救助流浪乞讨人员1.7万人次，落户安置147人。

【儿童服务保障】 开展儿童福利信息动态管理精准化提升年专项行动，全省摸排确认孤儿7467人、事实无人抚养儿童9169人、农村留守儿童6.64万人、农村留守妇女1.95万人、乡镇儿童督导员1516人、村居儿童主任18098人。开展农村留守儿童和困境儿童关爱保护政策宣讲进村居专项行动，全省共计宣讲6314场次，覆盖农村留守儿童、困境儿童家庭共计14.3万人次。将事实无人抚养儿童与孤儿同等待遇纳入政府保障范围，集中和分散供养标准分别达到月人均1360元和1000元。

【慈善事业】 强化互联网慈善和慈善信托监督管理，全年公开募捐备案63个，涉及慈善组织23家。2020年，动员全省63家社工机构、390余名社工和5万余名志愿者投身疫情防控，开通心理咨询热线120多条，开展个案服务、心理援助等帮扶支持服务。参加第八届公益慈善项目交流会，开设主题论坛，11家机构（组织）与公益慈善组织达成44个项目合作意向，参展组织、展位面积和参展参会人数均创甘肃省历届参展之最。

【社会组织管理】 推进“最多跑一次”改革，通过“放管服”政务服务平台，优化工作流程，全省社会组织发展到2.28万家。动员引导各级各类社会组织参与脱贫攻坚，314家社会组织与194个贫困村结对帮扶，各类社会组织参与脱贫攻坚捐赠款物1926.14万元。推进东西部扶贫协作社会组织帮扶，天津、厦门、青岛、福州市社会组织累计投入帮扶资金物资4368.42万元。

【婚姻登记管理】 开设婚姻登记网上预约和电话预约，推广使用婚姻证件电子证照，开展婚俗改革试点，强化婚姻登记行风建设，全省累计办理国内居民结婚登记17万对、离婚登记4.2万对，办理涉外婚姻登记75对。2020年，结合疫情防控倡导婚事新办、丧事简办，持续推进婚丧移风易俗。

【区划地名与边界管理】推进榆中、成县等区划调整及乡改镇、镇改街道工作。2020年，全省共有乡镇1229个、街道127个，其中乡337个（含32个民族乡）、镇892个，建制镇占乡镇总数的72.6%。转化利用第二次全国地名普查成果，完成《甘肃省标准地名图集》编纂；完成《甘肃省标准地名录》、《甘肃省标准地名词典》80%的编纂工作；启动《甘肃省标准地名志》编纂工作。甘青两省民政厅成立联检工作领导小组，完成甘青界线第四轮联检任务。部署白银与兰州、酒泉与嘉峪关、甘南与陇南市州之间以及张掖、武威、定西三市内部40条县级界线联检工作。

【基层政权建设与社区治理】确定16个县市区开展城乡社区治理创新实验区创建，推进易地扶贫搬迁集中安置区自治组织建设和社区治理。开展村委会能力提升专项行动，发布《村务公开规范》，通过“一村一策”整顿提升作用发挥差的村委会1007个。落实中央和省委扫黑除恶工作部署，开展“七查七摆”活动，乡村治理领域涉黑涉恶线索实现“清仓见底”。

（供稿：李永成）

人力资源管理

【就业政策体系建设】面对新冠肺炎疫情和经济下行压力影响，落实中央和省委、省政府“六稳”“六保”决策部署，制定出台《关于积极应对新冠肺炎疫情影响切实做好稳就业工作若干措施的通知》《保居民就业方案》《甘肃省人民政府办公厅关于进一步支持多渠道灵活就业的通知》等政策措施，全省就业局势保持总体稳定。

【重点群体就业】统筹实施“三支一扶”“特岗教师”“西部计划基层服务”项目，共招募基层服务人员7477名。推动事业单位专项招聘高校毕业生9993人。加大青年就业见习工作力度，实际到岗1.17万人。向6.1万名困难家庭毕业生发放求职创业补贴0.61亿元。举办针对退役军人及现役军人家属、女性、残疾人的线上线下专场招聘会9场，提供就业岗位5.7万个。帮助14.68万名失业人员和5.2万名就业困难人员就业。强化失业人员生活保障，发放失业补助金2.3亿元。

【创业带动就业】落实创业担保贷款贴息新政策，全省发放创业担保贷款118.65亿元，是2019年3.64倍，吸纳带动就业21.54万人。新认定省级创业就业孵化示范基地11家，累计建成138家，其中国家级创业孵化示范基地3家。开展第四届“中国创翼”创业创新大赛甘肃省选拔赛，推荐5个优秀项目参加全国比赛，并获得二等奖、三等奖各1个，其他3个项目获得“创翼之星”称号。

【事业单位工资分配制度】落实新冠肺炎疫情防控期间甘肃省疫情防控一线医务人员薪酬待遇。出台《关于优化省属事业单位绩效工资管理有关问题的通知》，优化省属事业单位绩效工资管理。推进试点在甘肃提高中央在甘高校科研院所科技人员工资待遇工作。落实中央关于提高义务教育教师工资待遇各项政策。调整甘肃省部分县区艰苦边远地区津贴类别，机关单位工作人员和事业单位工作月人均增资80元。

【技能人才队伍建设】研究起草《甘肃省技能人才队伍建设规划（2021—2023年）》，明确今后三年技能人才发展的目标任务。建成国家和省级技能大师工作室、省级高技能人才培训基地21个。参加国家第一届职业技能大赛，5个项目入选国家集训队，12个项目获优胜奖，1名选手获“西部之星”。推进职业资格制度改革，分批取消45个技能人员水平类职业资格。组织实施国家和省级高级研修班7项，培训专业技术人才500余人。

【事业单位人事改革】实行“四下放、两提高”。下放事业单位绩效工资分配权限、总量审核权限、符合国家政策规定的高出部分审核权限、绩效工资管理权限，提高公立医院绩效工资在个人收入中的比重和公立医院人员支出占业务支出的比重；实行“两单列、一特设”，对入选国家级甘肃省人才计划的高层次人才、工作30年以上的乡村教师和艰苦边远地区乡村专业技术人才聘为高级职称的单列岗位，对引进的高层次人才、急需紧缺人才和符合条件的高技能人才设置特设岗位。全省事业单位专业技术正高级岗位在2019年5747个基础上增加4009个，增量占比达到77%。持续开展特殊人才职称评审，214人获得高级职称。各项考试任务圆满完成，共组织人事考试49次，报考人数达46.77万人。

社会保障

【社会保险】2020年，全省基本养老保险、失业保险、工伤保险分别参保1872.68万人、187.36万人、264.6万人。社会保险基金累计结余710.64亿元。企业职工养老保险省级统筹以基金统收统支为核心的“七统一”基本完成；调整提高养老金待遇水平，企业职工人均基本养老金达到2835元/月，城乡居民基础养老金月最低标准达到108元；职业年金投资运行工作全面启动，在嘉峪关、酒泉、武威市开展试点，首批投资运营资金2.2亿元。工伤保险实现调剂金模式省级统筹，年调剂基金1.02亿元；提高全省工伤人员伤残津贴、生活护理费和工亡职工供养亲属抚恤金三项待遇水平，调整后月人均水平达到3068元，生活护理费人均达到2580元，供养亲属抚恤金达到1413元；失业保险办理实现“即来即办”“应享尽享”；全省失业保险金发放标准最高达到1458元/月，最低标准为1323元/月，平均标准为1390元/月，失业人员领取失业金期间死亡一次性丧葬补助金和抚恤金提高到7352元和

3676元；全省落实失业补助金8.2万人，收益率达4.66%，全国排名第11位。

【根治拖欠农民工工资】组织宣传贯彻《保障农民工工资支付条例》，推进无欠薪攻坚年行动。开发使用“陇明公”省级工资支付管理公共服务平台，对“五项制度”落实等情况进行动态监管和分析研判，实施“冬病夏治”。2020年全省各级人社部门共检查用人单位1.78万户，受理拖欠农民工工资案件352件，结案率100%，共为3625名农民工追回工资4429.19万元，全省在建工程项目总包代发工资、农民工实名制管理、工资保证金、农民工工资专用账户管理、劳动合同签订等“五项制度”覆盖率达到99%以上。

（供稿：李军岐）

民族事务

【民族团结创建工作】与青海、四川、西藏等省区就民族团结进步创建等工作交换意见，就在藏甘肃籍少数民族流动人口服务管理等工作与西藏自治区相关方面签订协议。制定出台民族团结进步示范区示范单位命名办法和教育基地命名办法。培育不同类型的示范典型，国家民委拟命名甘肃省全国民族团结进步示范区示范单位8个，兰州市七里河区被评为“全国第四批少数民族流动人口服务管理示范城市”。命名第七批全省民族团结进步示范区20个、示范单位50个，首次命名5个省级国家机关直属单位为全省示范单位，实现“七进”全覆盖。

【民族宣传】2020年，部署开展全省第17个民族团结进步宣传月活动。省委统战部、省民委组织开展民族宗教理论政策下基层“百场万人”大宣讲活动36场次，覆盖3万多人次。开展“融媒体+民族团结”系列宣传活动，委托门户网站刊发稿件1804篇，微信公众号信息送达量达150万人次，甘肃民族政务头条号信息展现量达131.2万人次，首次开通“石榴籽”官方抖音号，单条最高点击量突破60万人次。发挥《甘肃民族》宣传政策的引导作用，赠阅份数由2960本增加到6000本。

【民族经济社会发展】推动落实民族领域“十三五”相关专项规划，总结评估实施情况，形成专题评估报告。推进兴边富民行动，印发落实《甘肃省2020年兴边富民行动工作要点》，明确省兴边富民行动领导小组成员，协调有关部门拟从财政转移支付、水利基础设施建设、旅游景区建设、风光电开发自主权、兴边富民资金方面支持肃北县发展。推进少数民族特色村镇保护与发展工作，推荐30个村申报第四批中国少数民族特色村寨。落实民贸民品优惠政策，配合省财政厅落实民贸民品引导资金3689万元。争取相关单位为少数民族和民族地区帮办实事好事131件。

【依法治理民族事务】2020年，开展坚持和完善民族区域自治制度相关情况调研，形成专题调研报告。指导天祝、肃北、东乡3个自治县有序开展70周年庆祝活动，协调有关部门首次下达县庆民生项目财政补助资金4500万元。以民族区域自治法为重点，实施民族工作领域“七五”普法工作，整理编印民族政策法律法规选编。配合省教育厅调整完善高考加分政策，民族自治地方长居汉族考生与聚居少数民族考生加分政策调整一致；成立专项调研督导组，先后深入8个市州、16个县市区的69个点调研督导治理工作，帮助各地发现和纠正盲区死角；落实意识形态工作主体责任，审核涉及民族事务公开出版物13种，协助有关部门做好相关地区维稳、禁毒、反邪教、反恐怖、平安甘肃建设等工作。

（供稿：闫国栋）

应急管理

【安全生产】2020年，全省共发生各类生产安全事故717起，同比下降15.15%；死亡608人，同比下降14.25%，受伤543人，同比下降12.28%，直接经济损失1.48亿元，同比下降16.27%。安全生产四项指标全面下降，未发生重大及以上生产安全事故。

【自然灾害】因全省部分市州持续遭遇强降雨过程，造成严重洪涝灾害，点多面广、全线冲击、全流域破坏。共造成10个市（州）的46个县（区）、134.46万人受灾；因灾遇难22人、失踪6人；紧急转移安置8.82万人；房屋倒塌3121户1.09万间，严重损坏1.16万户5.67万间，一般损坏2.3万户11.32万间；农作物受灾4.92万公顷，直接经济损失约294.69亿元，其中农业损失40.64亿元、工矿企业损失29.74亿元、基础设施损失183.56亿元、公益设施损失20.41亿元、家庭财产损失20.34亿元。

【应急救灾】全力以赴投入抢险救灾，启动甘肃四级响应。省减灾委、省应急厅于8月13日16时30分启动省级Ⅳ救灾应急响应，随着灾情的加重，又先后将响应级别提升到Ⅲ级、Ⅱ级。8月17日晚，调派金汇通用航空公司2架直升机到陇南成县机场，8月18日凌晨，针对文县石鸡坝多名群众被困情况，立即调度直升机执行抢险救援任务，24小时内成功解救文县石鸡坝镇、舍书乡78名被困群众。第一时间将争取应急部下达的1亿元和省政府安排的1.29亿元救灾资金下拨到受灾市县，指导受灾重点县区设置安置点369个，集中安置1.73万人。下拨救灾资金10.44亿元，指导编制完成灾后重建规划。截至8月30日，央视新闻刊播新闻稿件145篇，新华社、中新社、人民日报人民号、中广网等中央媒体刊发稿件341篇。全网发布防汛救灾信息18万余条。

【高层消防】全省14个市州及兰州新区全面完成装备器材配发任务和人员培训，投入经费约2.97亿元。为10万

户高层住宅居民家庭配备了火灾应急器材箱和逃生缓降装置，街道社区和高层建筑微型消防站配备了2000部调度指挥终端、2000套逃生气垫，1392个街道社区微型消防站配齐配强了器材装备。开展3次检查督导，解决矛盾问题，全面提升全省高层建筑消防安全水平。

【设立公共应急频道】省民政厅与甘肃广播电视总台合作打造全国首个省级应急专业电视频道——甘肃电视台公共应急频道。经国家广电总局批准，2020年2月频道正式成立，5月11日正式开播。共开播《公共应急新闻》《问安陇原》《消防视线——蓝盾》《消防视线——火线》《守护者》等5档应急栏目，播出新闻165期，专题节目203期，合计总时长5520分钟，频道电视网络传输信号覆盖全省95%以上城镇人口，收视率位居省内10个频道第1，全国93个频道第4，已成为甘肃地区覆盖最广、收视率最高、收视人群最多的省级电视媒体。入围国家广电总台“智慧广电示范案例”。

（供稿：朱家旭）

消防救援

【安全责任】省政府召开常务会议，审议通过总队建设水域救援训练基地和战勤保障消防站暨物资储备库2个项目建议。省委常委会、省政府常务会议先后5次研究解决消防工作，省委、省政府连续18年与各市州、部门签订目标管理责任书，省委宣传部连续3年部署授旗训词纪念活动和“119”宣传活动。省政府将高层建筑消防安全治理纳入为民办实事项目，利用3年时间，逐步提升高层建筑消防安全水平，全年投入3亿元，为社区街道、微型消防站、居民家庭配备应急逃生设施器材10万件套，为20个县区购置举高消防车。省消委会分批约谈1.3万名重点单位消防安全责任人、管理人，省市县三级分类挂牌督办91家重大火灾隐患单位，30个行业部门分领域组织开展交叉互查。省民政、文旅等9部门相继出台行业系统消防安全标准化管理规定，省应急、民政、住建等部门联合印发《民办养老机构消防安全达标提升工程实施方案》，开展联合排查整治，安排公益基金整改隐患。总队联合省文物局印发《做好第八批全国重点文物保护单位消防安全工作的通知》，会同省教育厅专门部署学校开学复课消防安全工作，分门别类建立隐患清单，逐一督促落实防范措施。向10个省级重点行业部门发出冬防建议书，督促加强行业单位火灾防范。

【执法改革】省人大专题调研指导《甘肃省消防条例》修订工作，省政府修正实施《甘肃省火灾高危单位消防安全管理规定》《甘肃省建筑消防设施管理规定》《甘肃省市政消火栓管理办法》《甘肃省专职消防队建设管理办法》4部规章，为改革顺利推进提供法治保障。省“两办”印发《关于深化全省消防执法改革的若干措施》，明确责任单位，细化具体任务，科学指导各级执法改革任务高效推进。

【作战训练工作】建立“专班每周分析、党委定期研判、每月全省通报”练兵机制和“赋分制”考评制度，出台严训抓训十项措施，从体制机制上推动训练工作由“要我练”向“我要练”转变。组织开展冬训、夏训全员普考、交叉考核和全能尖兵、全员练兵比武对抗，在部局冬训工作抽考中成绩“全优”。在训练科目设置上逐步向水域、地质等多灾种拓展，编制安全行进、自救逃生、极限抗压等6类23项实操科目，突出人装结合、班组配合、识险避险等关键能力和安全素养实训考评，推动训练模式向“全灾种”转型。对训练、演练、救援中表现突出2个集体记三等功、2名个人记二等功，35名个人记三等功、201名个人予以嘉奖，树立起练兵备战鲜明导向。

【专业能力建设】依托政府专职队组建专业森林消防队伍，全力消除44个火险县消防力量“空白点”。结合灾情研判态势和高风险对象分布区域，分级组建34支抗洪抢险专业队、12支石油化工灭火编队、57支低温雨雪冰冻灾害救援专业队和重、轻型排涝分队，全面打造应急救援“尖刀”力量。打破传统“灌输式”培训模式，开展实战指挥和安全管控专项培训，集中培训站级指挥员280人，视频培训900人。组织开展水域、绳索、地震等专业技术培训和资质认证，累计培训523人，取得资质504人。吸取陇南文县“8·13”水域救援消防员牺牲事故教训，出台《安全助理（员）和紧急救援小组建设管理规定》《训练督察工作办法》《作战训练安全监督问责暂行规定》《消防救援站干部管理规定》，健全“一岗双责、齐抓共管”的作战训练安全责任体系。研发作战行动管理平台，编制细化12类76种灾害事故处置要点和程序，实现作战行动全要素、全流程闭环管控，自动留痕、责任可溯，强行靠实安全责任。建立常态化作战训练安全督导机制，并纳入各类日常检查和专项督查必查内容。召开作战训练安全警示教育大会，复盘还原、深度剖析作战亡人案例，警示全省、警醒全员，切实筑牢安全意识，提升安全素养。

（供稿：程恩虎　陈　璇）

市（州）概况

兰州市

【区域概况】兰州是甘肃省会，地处北纬35°34′20″~37°07′07″、东经102°35′58″~104°34′29″之间，东与定西市接壤，西与青海省接壤，南与临夏回族自治州接壤，北与武威市、白银市接壤，2020年末，辖城关、七里河、安宁、西固、红古5区和榆中、皋兰、永登3县，有国家级新区1个——兰州新区，国家级开发区2个——兰州高新技术区、兰州经济技术开发区，总面积1.31万平方千米，市区面积1631.6平方千米。全市户籍人口为334.0万人，比上年末增加2.08万人。其中，城镇人口246.13万人，乡村人口87.87万人。有回族、东乡族、藏族、满族、蒙古族、土族、维吾尔族、土家族、壮族、苗族等55个少数民族。

兰州呈南北两山夹峙地形，市区东西狭长，约30千米，南北最窄处，仅5000米左右。海拔1500~2000米，属温带大陆性气候。全年平均气温为11.1℃，比上年偏低0.1℃。年日照时数2096.1小时，比上年偏多7.8小时。年降水量341.2毫米，比上年偏少26.7毫米。全年总用水量9.95亿立方米。其中，生活用水量1.99亿立方米，下降14.95%；工业用水量1.53亿立方米，下降57%；农业用水量4.89亿立方米，增长27.34%；生态用水量1.54亿立方米，增长33.91%。土地资源分中低山林牧区、河谷川台蔬菜瓜果区、低山丘陵粮油区，复杂多样的土地类型，适宜发展农、林、牧、副、渔等。珍稀动物有黑鹳、藏雪鸡、金钱豹、蓝马鸡等。

2020年，全市地区生产总值2886.74亿元，比上年增长2.4%。其中，第一产业增加值57.43亿元，增长5.0%；第二产业增加值933.42亿元，增长3.7%；第三产业增加值1895.9亿元，增长1.5%。三次产业结构比为1.99∶32.33∶65.68。全市城镇居民人均可支配收入40152元，增长5.4%；农村居民人均可支配收入14652元，增长7.7%。

【农业农村经济】2020年，全市粮食作物播种面积125.04万亩，比上年增加10.42万亩。油料种植面积15.96万亩，增加2.33万亩。蔬菜种植面积87.76万亩，增加4.8万亩。中药材种植面积15.67万亩，增加1.89万亩。果园面积13.39万亩，减少0.01万亩。全年粮食产量33.64万吨，增产10.92%。蔬菜产量191.8万吨，比上年增产6.26%。园林水果产量13.25万吨，增产0.26%。中药材产量3.69万吨，增产13.05%。

全年肉类产量4.57万吨，比上年增长6.25%。牛奶产量7.79万吨，下降7.96%。年末大牲畜存栏6.74万头，比上年末下降4.52%。

【工业与建筑业】2020年，全市工业增加值比上年增长3.1%。规模以上工业增加值增长3.2%。其中，国有控股企业增加值增长31.9%，集体企业增加值增长5.1%，股份制企业增加值增长0.2%，外商及港澳台投资企业增加值下降3.9%。中央企业增加值增长2.8%，地方企业增加值增长4.0%。轻工业增加值增长5.0%，重工业增加值增长2.7%。全年规模以上工业企业利润55.1亿元，比上年增长

140.6%。规模以上工业企业每百元主营业务收入中的成本为79.12元。全年建筑业增加值207.7亿元，比上年增长6.1%。年末具有资质等级的总承包和专业承包建筑业企业441个，比上年末减少18个。

【交通通信】2020年，全市交通运输、仓储和邮政业增加值238.61亿元，下降7.6%。全年各种运输方式完成货物周转量226.19亿吨千米，比上年增长3.64%；旅客周转量36.61亿人千米，下降14.71%。兰州中川国际机场完成旅客吞吐量1112.66万人次，比上年下降27.29%；货邮吞吐量7.0万吨，下降2.79%。年末全市公路里程0.97万千米，其中等级公路0.95万千米。全年新建二级以上公路47.66千米。

全年邮政业务总量18.62亿元，比上年增长25.96%。邮政业完成邮政函件业务490.76万件；包裹业务8.56万件；快递业务量6390.73万件，增长21.60%；快递业务收入14.14亿元，增长17.25%。电信业务总量632.4亿元，增长20.03%。年末电话用户667.12万户，其中移动电话用户609.7万户，4G移动电话用户453.38万户，5G移动电话用户149.46万户。固定互联网宽带接入用户212.87万户。互联网宽带接入端口393.69万个，增长17.00%。

【文化与旅游】2020年末，广播综合人口覆盖率99.76%，电视综合人口覆盖率99.99%。全年累计接待国内外游客4821.4万人次，实现旅游总收入421.4亿元。兰州老街水上集市累计吸引游客715万人次。黄河楼、兰州水墨丹霞景区“十一”试运营期间每日实际接待游客量超出计划人数的1.5倍。与文旅企业签订重点文旅项目9个，签约金额179.8亿元。发放文化旅游消费券100万元。开通“兰州人游兰州”旅游直通车10余条，打造民族生态旅游、红色旅游线路13条，发送游客1100万人次。

【医疗卫生】2020年末，全市共有医疗卫生机构2245个，卫生技术人员4.15万人。疾病预防控制中心（防疫站）10个，疾病预防控制中心（防疫站）卫生技术人员594人；卫生监督所（中心）10个，卫生监督所（中心）卫生技术人员277人。乡镇卫生院65个，乡镇卫生院卫生技术人员0.15万人，医疗卫生机构拥有床位数3.22万张。全年总诊疗人次2221.56万人次，出院人数83.78万人。获得体育各类奖牌4枚。其中，国家级金牌1枚、银牌1枚、铜牌2枚，比上年减少7枚。

【人民生活与社会保障】2020年，全市城镇居民人均可支配收入40152元，增长5.4%；农村居民人均可支配收入14652元，增长7.7%。城镇居民人均消费支出25892元，比上年下降4.2%，恩格尔系数为30.2%；农村居民人均消费支出11551元，增长2.7%，恩格尔系数为30.8%。

年末，全市共有3.03万人享受城镇居民最低生活保障，3.82万人享受农村居民最低生活保障，0.34万人享受农村特困人员救助供养。全年资助22.70万人参加基本医疗保险，医疗救助资助保险人数10.17万次。全市共有社区服务机构和设施776个。其中，社区服务指导中心53个，社区服务站409个，养老机构32个。

【环境保护】2020年，全市规模以上工业综合能源消费量1423.04万吨标准煤，比上年增长3.78%。六大高耗能行业能源消费量1368.38万吨标准煤，比上年增长5.01%。全年全市空气质量优良天数比率为85.2%，比上年提高4.1%。

（供稿：兰州市史志办）

嘉峪关市

【区域概况】嘉峪关市位于甘肃省西北部，河西走廊中西部，介于东经97°51′14″~98°31′59″，北纬39°39′47″~39°59′47″之间。东临酒泉市肃州区，西连酒泉市玉门市，南与张掖市肃南裕固族自治县接壤，北与酒泉市金塔县相连，市域规划区面积122416.53公顷，其中耕地面积6990.43公顷，林地面积1083.93公顷，草地面积7587.78公顷。

境内辖域分布于酒泉盆地西沿的祁连山北、合黎山南、讨赖河中游，海拔1500~1800米，属大陆荒漠型气候。讨赖河横穿境内，年均径流量6.37亿立方米，全市15座水库，水库总库存容量达7886.48万立方米。全市探明和开发利用的矿产资源有6种，主要有铸型黏土、花岗岩、石灰石、建筑用砂石、白云石、零星金矿，其中以建筑用砂石和铸型黏土开发利用优势明显。境内有嘉峪关长城防线（明）、新城墓群地下画廊、讨赖河大峡谷、长城博物馆、东湖生态旅游园区等人文自然景观。

全市有气象雷达观测站点1个，卫星云图接收站点1个。年平均气温9.2℃，与上年持平。年平均降水量65.1毫米，比上年下降62.4%。全年内空气质量达标天数336天，比上年增加5天。完成人工造林面积67公顷，开展全民义务植树41.6万株。

2020年，全市实现生产总值281.6亿元，按不变价格计算，比上年增长4.3%。其中，第一产业增加值5.4亿元，增长4.2%；第二产业增加值179.2亿元，增长6.7%；第三产业增加值97亿元，下降1%。交通运输仓储邮政业增加值10.03亿元，下降5.3%，住宿和餐饮业增加值4.09亿元，下降9.1%，金融保险业增加值17.31亿元，下降2.1%，房地产业增加值7亿元，下降4.2%。三次产业结构由上年的1.6：63.6：34.8调整为1.9：63.6：34.5。

【农业农村经济】2020年，全市粮食总产量2.85万吨，增长34.39%。其中，夏粮产量0.99万吨，增长67.8%。粮食作物种植面积4.84万亩，增长20.79%，其中：小麦种植面积2.09万亩，增长44%；折粮薯类种植面积蔬菜0.14万亩，下降39.13%；蔬菜种植面积2.82万亩，

增长6.31%。主要经济作物中，油料产量0.01万吨，增长-96.62%；园林水果产量0.28万吨，增长0.64%；产量14.17万吨，增长5.15%。

年末大牲畜存栏1.04万头（只），增长22.38%；牛存栏1.01万头，增长22.7%；羊存栏7.07万只，增长25.58%；猪存栏3.64万头，增长24.76%。牛出栏0.34万头，增长45.24%；羊出栏4.61万只，增长17.76%，猪出栏3.82万头，增长2.25%。其中：全年肉类总产量0.39万吨，其中猪肉产量0.27万吨、牛肉产量0.03万吨、羊肉产量0.07万吨。鲜蛋产量0.12万吨、奶类产量0.88万吨。

【工业与建筑业】2020年，完成工业增加值173.45亿元，增长7.8%。规模以上工业企业增加值增长10.6%。其中，市属规模以上工业企业增加值增长20.9%。规模以上工业企业产品产销率100.7%，比上年增长0.6%。规模以上工业增加值中，轻工业增加值下降8.7%，重工业增加值增长10.7%。嘉峪关市规模以上工业企业实现营业收入830.64亿元，增长20.5%。实现利润总额28.7亿元，增长134.4%，全市规模以上工业企业营业收入利润率3.45%。五大支柱行业工业增加值占规模以上工业的96.26%；实现利润总额28.7亿元。全市建筑业实现增加值5.82亿元，下降23.7%。

【交通通信】2020年，全市公路里程1069.38千米，高速公路119.47千米，新建二级以上公路41.1千米。实现客运量3892万人次，下降53.43%；旅客周转量55530万人千米，下降62.95%。货运量7200万吨，下降27.86%；货物周转量575963万吨千米，增长103.05%。民用航空完成旅客吞吐量55.47万人次，下降4.52%，货邮吞吐量1683.7吨，下降6.56%。2020年新注册汽车6945辆，增长24.06%；年末私人汽车保有量81377辆，增长23.43%；2020年新注册轿车5195辆，增长5.87%；年末私人轿车保有量63536辆，增长7.63%。

全年邮政业务总量0.74亿元，增长12.12%；邮政行业业务收入0.98亿元，增长18.07%。邮政业完成邮政函件业务28.5万件，下降29.23%；包裹业务0.11万件，下降15.38%；快递业务量174.27万件，增长28.96%，快递业务收入0.48亿元，增长31.54%。全年电信业务总量35.86亿元，增长24%；年末固定电话用户13.61万户。其中：城市13.01万户，农村0.4万户。年末移动电话用户41.55万户，4G移动电话用户37.97万户。年末互联网宽带接入用户达到16.43万户。

【文化与旅游】年末全市共有文化馆1个，公共图书馆2个，广播电视台1座，电视综合人口覆盖率100%。有线电视用户2.4万户。

全年国内旅游收入26.89亿元，下降72.11%；国内旅游人数379.6万人次，下降71.19%。接待境外旅游人数0.21万人次，下降89.61%。国际旅游外汇收入40.33万美元，下降84.84%。游客平均停留天数1.41天，比上年减少0.11天；客房出租率为30%，比上年减少17%。

【医疗卫生】年末全市共有医疗卫生机构129个，比上年增长0.78%；其中医院、卫生院13个，妇幼保健院（所、站）1个，社区卫生服务中心（站）19个，疾病预防控制中心（防疫站）1个。医院、卫生院床位数2227张，卫生技术人员3010人，其中执业医师和执业助理医师1179人；注册护士1758人，疾病预防控制中心（防疫站）卫生技术人员31人。乡镇卫生院3个，乡镇卫生院床位65张，乡镇卫生院卫生技术人员87人。

【人民生活与社会保障】全年城镇居民人均可支配收入44774元，比上年增长5.1%；城镇居民人均生活消费支出30863元，增长2.3%；城镇居民食品烟酒消费支出占消费性支出的比重为32%。农村居民人均可支配收入22478元，增长6.9%；农村居民人均生活消费支出16447元，增长5.6%；农村居民食品烟酒消费支出占消费性支出的比重为30%。

年末全市参加城镇职工基本养老保险12.94万人，增长1.18%，其中职工9.21万人，增长1.12%，离退休人员3.73万人，增长1.22%；年末参加城乡居民基本医疗保险11.49万人，增长0.07%；年末参加职工医疗保险11.43万人，增长6.21%；参加失业保险6.58万人，增长0.51%；参加工伤保险7.34万人，下降1.9%，其中参保农民工0.88万人，下降23.18%；参加生育保险6.93万人，与上年持平；年末参加城乡居民基本养老保险2.23万人，增长3.24%。城镇居民得到政府最低生活保障18531人，下降9.96%；农村居民得到政府最低生活保障2404人，下降18.78%；城乡医疗救助1983人次；各类收养性社会福利单位收养385人，下降5%；市慈善协会接受社会募捐216.15万元，增长43%。

年末共有提供住宿的社会服务机构2个，养老服务机构9个。社会服务机构床位20张，养老服务机构床位717张。年末共有社区服务中心31个。

【环境保护】全市有人值守的地震监测台2个，无人值守的地震监测台1个。全年未发生5.0级及以上的地震。全年各类自然灾害造成直接经济损失28.4万元，农作物受灾面积11.98公顷，成灾面积11.98公顷。

（供稿人：耿天红）

金昌市

【区域概况】金昌市地处甘肃省西北部，河西走廊东段，祁连山脉北麓，阿拉善台地南。北东与民勤县相连，东南与武威市相靠，南与肃南裕固族自治县相接，西南与青海省门源回族自治县搭界，西与民乐、山丹县接壤，西北与内蒙古自治区阿拉善右旗毗邻。全境东西长145千米，南北宽135千米。全市总面积8927.68平方千米，辖一县（永昌县）一区（金川区）。2020年底，全市常住人口43.8

万人，有汉、蒙古、回、藏、满等32个民族。金昌市因盛产镍闻名于世，总储量仅次于加拿大萨特伯里镍矿，居世界同类矿床第二位，被誉为中国的“镍都”。工业是金昌经济发展的主导产业，也是财政收入的主要来源，已形成有色冶金、化工、建材、能源四大支柱产业体系。

2020年，全市地区生产总值358.62亿元，同比增长8.7%。其中，第一产业增加值29.09亿元，增长5.2%；第二产业增加值227.43亿元，增长10.9%；第三产业增加值102.1亿元，增长3.8%。三次产业结构比为8.1：63.4：28.5。

全市大口径财政收入59.1亿元，同比增长14.23%；一般公共财政预算收入22.47亿元，增长7.87%。其中，税收收入16.87亿元，增长8.17%；非税收入5.6亿元，增长6.97%。一般公共财政预算支出60.96亿元，下降8.06%。

【农业农村经济】2020年，全市粮食种植面积91.16万亩，比上年增加7.03万亩。油料种植面积4.17万亩，减少0.63万亩。蔬菜种植面积20.19万亩，减少0.42万亩。中药材种植面积0.98万亩，减少0.32万亩。果园面积1.75万亩，增加0.05万亩。全市粮食产量44.64万吨，增产9.8%，蔬菜产量74.52万吨，比上年增产3.5%。油料产量1.1万吨，增产18.3%。中药材产量0.84万吨，减产3.4%。

全年全市肉类产量1.4万吨，比上年减少45%。牛奶产量5.93万吨，增长85 %。年末大牲畜存栏6.35万头（只），比上年末增长10.05%，其中牛存栏5.9万头，增长10.7%；牛出栏 1.85 万头，增长10.78%。羊存栏82.10万只，与上年基本持平；羊出栏50.72万只，增长7.9%。生猪存栏9.39万头，增长1.87倍；生猪出栏4.77万头，增长7%。

【工业与建筑业】2020年，全市规模以上工业增加值增长14.2%。其中，轻工业下降4.2%，重工业增长17.8%。采矿业下降92.8%，制造业增长21.1%，电力、热力、燃气及水生产和供应业增长6.3%。全市战略性新兴产业完成总产值61.8亿元，同比增长1.38%。全市规模以上工业企业利润38.68亿元，比上年下降18.6%。年末规模以上工业企业资产负债率为54.9%。

年末，全市具有资质等级的总承包和专业承包建筑业企业37户；全年完成建筑业总产值107.8亿元，同比增长6.6%。

【交通通信】全年全市铁路货运量701.66万吨，增长3.44%，其中：发送量269.08万吨，下降6.84%；到达量432.58万吨，增长11.06%。道路交通货运量1529.94万吨，下降12%；货运周转量566077.8万吨千米，增长16%。道路交通客运量151.29万人次，下降17.8%；客运周转量12103.2万人千米，下降17.7%。

年末全市注册机动车总量122936辆，比上年末增加7103辆，其中：个人汽车保有量84374辆，增加7114辆。

全年全市邮政行业业务收入8746.92万元，同比增长33.98%，其中：快递业务收入4537.26万元，增长84.38%。邮政行业业务总量累计完成7359.26万元,同比增长12.7%。快递业务量完成199.3万件,增长32.66%。全年邮政函件业务量累计完成4.64万件，同比下降39.74%；包裹业务量累计完成0.3万件，下降18.92%；报纸业务累计完成836.27万份，增长67.8%；杂志业务累计完成32.77万份，下降0.76%；汇兑业务累计完成0.16万笔，下降48.39%。

全年全市电信行业业务总量46.69亿元，比上年增长31.42%。年末全市固定电话用户5.17万户；移动电话用户54.4万户，其中：3G用户3.08万户、4G用户44.41万户、5G用户9.89万户。截至2020年末，全市宽带互联网用户19.89万户，同比增长3.65%。

【文化与旅游】年末全市广播综合人口覆盖率99.13%，比上年末提高0.03个百分点；电视综合人口覆盖率99.09%,提高0.04个百分点。

全年全市接待国内游客313.4万人次，比上年下降45.62%；国内旅游收入18.3亿元，下降46.18 %。接待入境游客255 人次，下降77.96 %。国际旅游外汇收入3.49万美元，下降87.73%。

【医疗卫生】年末全市共有各级各类医疗卫生机构536家，其中：医院16家，城市社区卫生服务机构33家，乡镇卫生院12家，疾病预防控制中心3家，卫生计生监督机构2家，妇幼保健机构3家，采供血机构1家，村卫生室138家，诊所313家，其他机构15家。卫生机构实际开放床位数3345张，每千常住人口拥有床位7.3张。卫生专业技术人员4833人，其中:执业（助理）医师1897人，每千常住人口拥有执业（助理）医师4.14人；注册护士2248人，每千常住人口拥有执业护士4.91人；卫生专业技术人员中正高级职称45人、副高级职称404人。全年总诊疗人次188.8万人次，出院人数8.42万人。

【人民生活与社会保障】2020年，金昌市城镇居民人均可支配收入42662元，比上年增长5.2%。城镇居民人均生活消费支出28411元，恩格尔系数为31%。农村居民人均可支配收入16788元，增长6.8%，农村居民人均生活消费支出11860元，恩格尔系数为29.6%。年末，全市城镇新增就业1.3万人，其中失业人员再就业1.27万人。年末城镇登记失业率为3.2%。全年输转城乡富余劳动力8.05万人。

全市参加城镇职工基本养老保险人数7.54万人，比上年末增加0.23万人。参加城乡居民基本养老保险人数15.79万人，与上年持平。参加基本医疗保险人数43.3万人，增加0.13万人，全市领取失业保险金人数0.06万人。参加工伤保险人数8.65万人，减少0.05万人，年末全市共有8182人享受城市居民最低生活保障，6041人享受农村居民最低生活保障，815人享受城乡特困人员救助供养。

年末全市共有社区服务机构和设施350个。其中，社区服务指导中心1个，城乡社区服务中心18个，城乡服务站

182个，城市社区日间照料中心31所，农村互助老人幸福院118所。

【环境保护】2020年，全市地表水资源总量5.4亿立方米（含引硫济金工程调水0.4亿立方米），地下水资源总量0.37亿立方米。年末全市三座中型水库蓄水总量1.47亿立方米，比上年末减少17.88%。全年总用水量6.57亿立方米。其中，生活用水量0.41亿立方米，工业用水量0.53亿立方米，农业用水量4.99亿立方米；生态用水量0.64亿立方米。

截至年底，全市自然保护区2个，其中国家级自然保护区1个。省级地质公园1个，省级地质遗迹保护区1个（同地质公园）。市内4个地表水监测断面中，达到或优于Ⅲ类断面比例为100%。

全年全市空气质量优良天数比率为95.1%，比上年提高0.9个百分点。市区区域声环境质量评价等级为较好，平均等效声级50.7dB。全年平均气温为9.5℃，与上年持平。年日照小时数2728.7小时，比上年增加35.5小时。年降水量134.9毫米，比上年减少51.6毫米。全市气象雷达观测站点1个，卫星云图接收站点2个。

（供稿：郑天水）

白银市

【区域概况】白银市地处黄河上游，甘肃省中东部，位于北纬35°33′~37°38′，东经103°33′~105°34′之间，东西跨147.75千米，南北长249.25千米。东临宁夏回族自治区中卫、海原、西吉县，南接定西市安定区、通渭县及平凉市静宁县，西与兰州市皋兰、永登县毗邻，西靠武威市天祝、古浪县，北依内蒙古自治区阿拉善左旗。白银因矿得名、因企设市，是全国唯一以贵金属命名的城市，是丝绸之路的枢纽要地、兰白都市圈的核心之地、藏金聚宝的资源富地、享誉全国的工业重地、绿色高效的农业基地、绚丽多彩的旅游胜地。黄河从白银区水川镇西峡口入境，自南向北呈S形流经白银区、靖远县、平川区、景泰县，于黑山峡下北长滩乌龙漩口出境，全长258千米，流域面积14710平方千米。境内绝大部分是山区，总体特征为南北高中部低，山地与宽谷平原并存，北部属冲洪积倾斜平原，中部为低山丘陵，南部呈黄土梁峁残塬地貌，海拔最高3321米、最低1275米。地貌特征以基岩山地和山间盆地为主，西北部大地构造属祁连山脉东延部分，地面基岩裸露，阴坡自然植被，东南部以黄土塬、梁、峁、丘陵和川、坪、沟谷为主，大地构造属陇中盆地部分，除个别基岩山地外均被黄土覆盖。境内植被在水平分布上自南向北逐渐向荒漠草原过渡，带间过渡不甚明显。由于深居大陆，距海遥远、地形复杂，海洋温暖气流较少，属温带大陆性气候，具有气候干燥，气温日差较大，光照充足，太阳辐射强，风能资源较丰富，气象灾害种类多、频率高、范围广等特征。年平均气温3.1℃~9.1℃，总的地理分布是从东西两边向中部递增。年降水量160~450毫米，其分布由北向南逐渐增多。年日照时数2300~2800小时，由北向南逐渐减少。太阳辐射总量（5500~6050兆焦）/平方米。无霜期148~158天。现辖会宁、靖远、景泰三县和白银、平川两区，有53镇16乡9街道、121个社区、702个村、476个居民小组、4485个村民小组，共有回族、满族、东乡族、藏族等36个少数民族。总面积2.12万平方千米。白银市荣获“优秀魅力城市”称号。全年生产总值完成497.27亿元，比上年增长2.8%。其中一产、三产增加值分别增长6%、4.1%，分别居全省第2位和第4位。固定资产投资增长16.02%，居全省第3位。社会消费品零售总额增长1.5%，居全省第1位。一般公共预算收入增长7.25%。城乡居民人均可支配收入分别增长4.2%、7.9%。实现外贸进出口总额64.7亿元，增长35.8%，居全省第2位。一般公共预算收入完成33.38亿元，同口径比上年增长7.25%。一般公共预算支出200.08亿元，比上年增长5.18%。城镇新增就业31746人，城镇登记失业率为2.89%。社会消费品零售总额实现165.28亿元，比上年增长1.5%。居民消费价格比上年上涨2.3%。城镇居民人均可支配收入33103元，比上年增长4.2%；农村居民人均可支配收入10711元，比上年增长7.9%。

【农业农村经济】2020年，全市十大生态产业增加值占生产总值比重较上年提升1.2%，居全省第2位。“三个千亿级”产业开工建设，紧盯现代丝路寒旱农业示范区建设，引进润丰、新希望、牧原等农业产业化龙头企业，带动构建以5个万亩生态牧场、10个百亿级产业链为引领的千亿级现代农业产业集群。完成《白银市黄河流域生态保护和高质量发展规划》。开工建设会宁、平川现代丝路寒旱农业产业园，推进新希望、牧原、润丰等全产业链项目，建成水肥一体化高标准农田10万亩，会宁牛羊、靖远肉羊基地列入省级现代农业园区。

【工业与建筑业】2020年，全市培育发展循环化工、新材料、生物医药等优势产业集群，加快高效气化气、华实新药等13个亿元以上重点项目建设，入选国家工业资源综合利用基地。白银高新区、银西生态产业园列入国家绿色园区，刘川工业园区获批全省首批绿色园区，以中创博利为龙头的数字经济六个月实现销售额6.3亿元、创税过亿元。借助“天下帮扶”“邦农购”平台，实现产值3.3亿元、创税4542万元。

靖远煤电清洁高效气化气综合利用等一批延链补链项目加快推进，全球单体规模最大的钛白粉生产基地项目落户白银，甘肃省煤炭交易中心白银分中心挂牌运营。地下综合管廊项目获得中国建设工程“鲁班奖”，平川陶瓷喜获中国国际展会金奖。白银数字经济发展中心、全国网络主播培训基地等建成投运。

【交通通信】2020年，全市开展重点项目集中开工活动，实施500万元以上投资项目506个，白银至青城旅游公路建成通车，白银通用机场完成主体工程，靖远金滩黄河大桥顺利合龙，高铁南站、南环路地下综合管廊及道路工程等项目加快推进。省道217线、景中高速、会宁至老君等高速公路建成运营，白银至中川、景泰至白银等一级公路、白银通用机场、中兰客专等项目加速推进。

【文化与旅游】2020年，全市举办"黄河水乡"邂逅"江南水乡"文化旅游推介会等系列活动，全年实现旅游综合收入60.8亿元。

【医疗卫生】2020年，全市"互联网+医疗健康"持续发展，建成城市医联体2家、县域医共体13家。社保卡就医结算全面启用。定点医疗机构和村卫生室全部实现"一站式"结算，市第一人民医院、疾控中心、第三人民医院等骨干医疗单位完成改造升级，新晋2家三级甲等综合医院，市医疗集团组建运行。

【人民生活与社会保障】2020年，全市棚户区、老旧小区改造惠及近6万群众，率先推动复工复产，发展夜经济，促进消费增长，开展招聘安置、创新创业、就业帮扶、根治欠薪活动，抓好高校毕业生、退役军人、农民工等重点群体就业，新增城镇就业21.6万人，城镇登记失业率控制在4%以内。城镇新增就业3.17万人。城乡低保标准提高10%。实施乡镇寄宿制、小规模学校项目173个，义务教育、普通高中大班额分别降至0.74%、0.52%，高考一本上线率达到26.15%。白银市被确定为全国第五批居家和社区养老服务改革试点地区。

【环境保护】2020年，全市城区绿化覆盖率达到37.54%，"十大生态公园"提升城市品位，白银市被命名为国家卫生城市，推动黄河上游生态保护和高质量发展，加快建设黄河上游生态环境综合治理创新试验区，推进黄河主干流、祖厉河支流治理，黄河白银段水质达到Ⅱ类标准。构建"两屏两廊两带"绿色生态体系，大规模推进国土绿化，加快沿黄生态长廊、道路景观、农田林网、城区绿化建设，构建九大生态片区，森林覆盖率达到13.6%以上。打好蓝天碧水净土保卫战，落实"六个百分之百"扬尘管控措施，空气优良天数344天，优良天数比例达到94.2%。整治河湖"四乱"，消除土壤污染存量，县级以上饮用水水源达标率100%，白银市区东大沟、金沟河等治理成效显著。

（供稿：白银市地方史志办公室）

天水市

【区域概况】2020年，天水市生产总值666.9亿元，较"十二五"末净增196.98亿元，年均增长5.2%，连续五年高于全省平均增速。其中，第一产业增加值126.01亿元、第二产业增加值161.82亿元、第三产业增加值379.06亿元，年均分别增长5.6%、4.9%和5.1%。三次产业结构比为18.9：24.3：56.8。2020年全市城镇新增就业5万人，其中失业人员再就业1.39万人。城镇登记失业率4%。全年组织劳务输转71.5万人，创劳务收入179.69亿元。2020年居民消费价格比上年上涨2.3%。固定资产投资年均增长6.7%。社会消费品零售总额270.92亿元，年均增长6.9%。一般公共预算收入53.91亿元，一般公共预算支出351.76亿元，年均分别增长8%和9.44%。城镇居民人均可支配收入30057元，农村居民人均可支配收入9072元，年均分别增长8%和8.6%。

【农业农村经济】"十三五"时期，天水实施"4+2"农业产业振兴行动，建成高标准农田76.69万亩，粮食产量连续10年稳定在110万吨以上。果品、蔬菜、畜牧、中药材产值分别达到140.4亿元、130亿元、100.78亿元和44.52亿元。2020年，天水新建农产品仓储保鲜设施140座、新增储藏能力9.52万吨。开办农业保险品种37个，支付理赔8692万元。龙头企业、农民专业合作社、家庭农场总数分别达到576家、9144家、1243家。2020年全市粮食作物播种面积480.13万亩。油料播种面积85.89万亩，比上年减少3.67万亩。蔬菜播种面积89.53万亩，增加4.85万亩。中药材播种面积24.04万亩，增加0.93万亩。2020年油料产量11.46万吨，比上年下降1.6%。蔬菜产量214万吨，增长6.58%。中药材产量5.03万吨，增长5.02%。水果产量153.29万吨，增长11.18%。全年粮食产量127.85万吨，比上年增产3.8%。其中小麦产量41.91万吨，增长4.35%；玉米产量54.37万吨，增长1.7%。全年肉类产量6.29万吨，比上年增长5.11%。禽蛋产量1.67万吨，增长10.16%。年末生猪出栏65.04万头，增长3.8%；牛出栏9.12万头，增长6.46%；羊出栏17.97万只，增长8.14%。

【工业和建筑业】"十三五"时期，天水实施"工业强市"战略，华天电子科技园、长城电工产业园、星火数控重型机床制造基地、电科院电工产品综合检测试验研究基地等项目全面建成，经开区"扩区增容"和企业搬迁改造持续加快，工业经济高质量发展基础进一步夯实。2020年，天水规模以上工业增加值比上年增长8.6%。在规模以上工业中，分经济类型看，国有控股企业增加值增长4.5%，股份制企业增长15.4%，外商及港澳台投资企业下降11.9%，私营企业增长23.3%。分隶属关系看，中央企业增长4.6%，省以下地方企业增长15.2%。分轻重工业看，轻工业下降1.1%，重工业增长18.2%。分门类看，采矿业增长40.5%，制造业增长7.4%，电力、热力、燃气及水生产和供应业增长12.8%。

2020年，天水市实施十大生态产业项目270个，累计完成投资262亿元，十大生态产业增加值占生产总值比重达到25.3%。2020年，天水规模以上工业企业实现利润总额20.1亿元，比上年增长91%。营业收入237.5亿元，增长5.1%。销售产值345.6亿元，增长5%。规模以上工业企业产品产销率95.2%。2020年建筑业增加值比上年增长5%。年末具有资质等级的总承包和专业承包建筑业企业132个，比上年末增加31个。2020年，建筑业增加值比上年增长5%。至2020年末，具有资质等级的总承包和专业承包建筑业企业132个，比上年末增加31个。

【交通通信】2020年，宝兰客专建成通车，天水进入"高铁时代"。秦州大道、麦积山大道、东柯大道、国道310线升级改造、甘谷至麦积二级公路、洛门至水帘洞景区旅游公路、天定高速藉口出口、天水汽车西客站等项目全面完工。公路通车总里程达1.4万千米，等级公路占比达到99.2%。

2020年，全市公路通车总里程1.41万千米。全社会公路客运量3065.49万人，客运周转量20.48亿人千米。公路货运量2221.21万吨，货运周转量33.72亿吨千米。至2020年末，全市注册机动车保有量63.96万辆，其中私人机动车保有量61.65万辆。民用轿车保有量32.66万辆，其中私人轿车保有量30.41万辆。2020年，全市完成邮政业务总量5.7亿元，比上年增长15.98%。其中快递业务总量1452.59万件，增长44.46%。电信业务总量244.9亿元，增长36.69%。年末电话用户337.36万户，其中移动电话用户288.39万户，4G移动电话用户256.43万户。固定互联网宽带接入用户102.72万户，其中固定互联网光纤宽带接入用户98.88万户，移动宽带用户256.43万户。

【文化旅游】天水推进文化旅游首位产业发展，提升旅游品牌，完善文化旅游基础设施，天水大剧院、青鹃山旅游度假区等项目建成投用，天水市博物馆晋升为国家一级博物馆。天水广播电视台在全省率先实现高标清同播，"十三五"期间，全市累计接待游客2.07亿人次，旅游综合收入1256亿元。2020年，天水市图书馆、市文化馆、市博物馆新馆开工建设，市工业博物馆建成开放。至2020年底，天水有文化艺术表演团体26个，文化馆8个，乡镇综合文化站113个，公共图书馆8个，各类藏书82万册。广播、电视人口覆盖率分别达99.48%和99.46%，有线数字电视用户10.2万户。2020年接待旅游人数2290.47万人次，比上年下降52.3%；实现旅游收入142.36亿元，下降52.9%。接待入境过夜游客722人次。其中接待外国游客455人次，接待港澳台同胞267人次。麦积山论坛升格为省级论坛。《天水千古秀》成功上演并实现常态化演出。

【医疗卫生】天水市妇幼保健院、天水市中心血站完成搬迁，全市医疗机构床位数达到20132张，城乡医保实现全面并轨，天水市体育中心建成投用。至2020年末，全市有医疗卫生机构3500个，其中医院116个，医院中有综合医院62个，中医医院21个，中西医结合医院1个，专科医院32个。基层医疗卫生机构3355个，其中社区卫生服务中心（站）87个，卫生院136个，村卫生室2597个。专业公共卫生机构27个，其中疾病预防控制中心8个，妇幼保健院（所、站）8个，卫生监督所（中心）6个，计划生育技术服务机构3个。卫生技术人员20303人，其中执业医师和执业助理医师6586人，注册护士9377人。医疗卫生机构床位20312张，其中医院15873张，卫生院3116张。全年总诊疗人次1262.47万人次，出院人数44.66万人。

【人民生活和社会保障】天水新增城镇就业29万人，城镇登记失业率控制在4%以内，高校毕业生就业率保持在85%以上。年均输转农村劳动力69万人以上，累计劳务收入突破600亿元。连续五年提高城镇职工基本养老保险待遇标准、城乡低保指导标准和特困人员救助供养水平，发放城乡低保金43.81亿元、特困供养金3.53亿元、临时救助金8.87亿元、残疾人"两项补贴"2.87亿元。2020年，天水市麦积全国综合养老示范基地一期建成运营，城乡居民基本养老保险参保率达到97%。至2020年末，全市参加机关事业单位养老保险、城镇职工基本养老保险、城乡居民社会养老保险、工伤保险、失业保险和生育社会保险分别为9.89万人、25.42万人、203.84万人、18.89万人、12.08万人和18.63万人。参加城镇职工基本医疗29.01万人。离退休人员10.97万人，养老保险基金支出34.66亿元。企业劳动合同签订率94.3%，集体劳动合同签订率87.3%。共有城市最低生活保障对象1.94万户、4.78万人，累计发放低保补助资金2.56亿元；农村最低生活保障对象7.97万户、26.39万人，累计发放低保补助资金6.15亿元。农村临时救助38.82万人次。2020年，天水市城镇居民人均可支配收入30056.8元，比上年增长4.7%；农村居民人均可支配收入9072.1元，增长7.5%。城镇居民人均消费支出16183.5元，比上年增长3.5%；农村居民人均消费支出10238.2元，增长7.6%。城镇居民恩格尔系数26.8%，农村居民恩格尔系数29.2%。

【环境保护】生态环境保护约束性指标全部完成，空气质量优良天数比例达到97%，8个地表水国、省考断面水质优良比例达到100%，主要污染物减排任务全面完成。秦州、甘谷、张家川、武山、清水热源厂建成投用。建成城区生活污水处理厂8座，新改建污水管网215千米，成纪净水厂等5家城区污水处理厂达到一级A排放标准。一次性投入19.8亿元，在全省率先实施以垃圾处理、污水治理和公厕改造为重点的人居环境治理项目，解决全市农村人居环境基础设施短板。中节能天水循环产业园垃圾焚烧发电项目投入运营，垃圾资源化利用水平显著提升。全域无垃圾三年专项治理目标顺利实现。完成营造林136万亩，森林覆盖率达到36.72%。2020年，天水市水资源总量16.3亿立方米。全年总用水量4.01亿立方米，比上年下降1.3%。其中生活用水量0.94亿立方米，增长1.19%；工业用水量0.3亿

立方米，下降1.98%；农业用水量2.7亿立方米，下降2.19%；生态用水量0.07亿立方米，增长4.01%。

2020年，全市环境空气质量综合指数3.45。优良天数354天，占监测总天数的97%。细颗粒物（PM2.5）年平均浓度27微克/立方米，渭河葡萄园国控出境断面水质综合评价结果为II类。城市环境功能区水质达标率100%，地表水质达标率100%，饮用水质达标率100%。天水有自然保护区2个，其中国家级自然保护区1个。2020年，全市规模以上工业能源消费量89.54万吨标准煤，比上年增长7.67%。全年全市平均气温为10.8℃。年日照小时数1783.5小时。年降水量681.2毫米。全市气象雷达观测站点1个，卫星云图接收站点1个。至2020年末，全市有地震台站（点）142个。其中有人值守的地震监测台站6个，无人值守的地震监测台站（点）136个。

（供稿：天水市地方史志办公室）

武威市

【区域概况】武威市地处甘肃省中部、河西走廊东端，位于北纬36°29′~39°27′，东经101°49′~104°16′之间。东靠白银市、兰州市，南部隔祁连山与青海省为邻，西与张掖市、金昌市接壤，北与内蒙古自治区相连。南北最大距离326千米，东西最大距离204千米，总面积32347平方千米。其中，陆地31966平方千米，占98.8%，水域381平方千米，占1.2%。

地处黄土高原、青藏高原和蒙新高原三大高原交汇地带，地势呈西高东低，局部地形复杂，形成明显的三个地理带。南部祁连山区，海拔在2100~4800米之间，山脉大致呈西北—东南走向，气候冷凉，降水丰富，有利于林业和畜牧业的发展。中部平原绿洲区，海拔1450~2100米之间，地势平坦，土地肥沃，是全省和全国重要的粮、油、瓜果、蔬菜生产基地。北部荒漠区，海拔1300米左右，干旱少雨，日照充足，是沙生植物、名贵药材的主要产地。境内最高峰天祝冷龙岭主峰咔哇掌位于县境西北，海拔4872米，最低点民勤白亭海位于民勤县北部，海拔1020米。2020年，平均气温7.6℃，比上年下降0.1℃。年日照小时数2696.5小时，增加13.1小时。年降水量216.9毫米，减少109.3毫米。

2020年，全市实现地区生产总值526.41亿元，按不变价格计算，比上年增长4.3%。其中，第一产业增加值161.71亿元、增长5.7%，第二产业增加值85.12亿元、增长3.6%，第三产业增加值279.59亿元、增长3.9%。三次产业结构比为30.7∶16.2∶53.1。全年实现十大生态产业增加值154.25亿元，占地区生产总值的29.3%。2020年，全市4个县区全部摘帽，339个贫困村全部退出，现行标准下农村贫困人口全部脱贫。

【农业农村经济】2020年，农作物播种面积364.5万亩。其中，粮食作物播种面积215.04万亩，经济作物播种面积149.46万亩。蔬菜种植面积63.29万亩、下降2.85%，中药材种植面积15.52万亩、下降14.49%，瓜类种植面积12.71万亩、增长38.13%，小茴香种植面积7.05万亩、增长20.79%，青饲料播种面积25.79万亩、增长3.59%，藜麦种植面积11.6万亩。全年粮食产量103.38万吨。全年蔬菜产量262.9万吨、增长3.7%，瓜类产量46.64万吨、增长26.75%，小茴香产量2.18万吨、增长22.52%。年末牛存栏60.61万头、增长8.47%，出栏29.5万头、增长4.54%；羊存栏490万只、增长24.1%，出栏335.62万只、增长24.27%；生猪存栏80.54万头、增长3.64%，出栏134.15万头、增长3.83%；家禽存栏800.07万只、增长32.75%，出栏453.34万只、增长16.07%。

【工业与建筑业】2020年，工业增加值增长4.6%，其中规模以上工业增加值增长8.4%。重工业增加值增长12.3%，轻工业增加值下降1.2%。规模以上工业实现利润7.27亿元，营业收入利润率3.11%，每百元营业收入中的成本为84.17元，产品销售率100.2%，年末规模以上工业企业资产负债率71.4%。2020年完成建筑业增加值29.81亿元，比上年增长1.7%。

【交通通信】2020年，全市公路总里程13244.19千米，其中等级公路12899.23千米（含高速公路612.19千米）。全年完成公路运输总周转量197.77亿吨千米、增长3.81%。其中，客运量2571万人、下降34.98%，客运周转量17.19亿人千米、下降33.91%；货运量6761万吨、增长1.12%，货运周转量196.05亿吨千米、增长4.33%。2020年，完成邮政业务总量2.24亿元、增长37.41%，电信业务总量110.8亿元、增长19.49%。年末固定电话用户14.43万户、增加1.82万户，移动电话用户180.92万户、增加4.33万户，互联网宽带接入用户60.76万户、增加7.24万户。

【文化与旅游】2020年，全市拥有艺术表演机构2个，文物保护机构19个，图书馆5个，国有博物馆纪念馆11个，文化馆5个，乡镇文化站93个。村（社区）综合性文化服务中心建成率达100%。全年接待国内外游客1168.7万人次，实现旅游总收入66亿元。

【医疗卫生】2020年，共有医疗卫生机构1939个。公立医院12个，基层医疗卫生机构1361个，专业公共卫生机构34个，卫生技术人员13924人，医疗卫生机构床位12746张，其中医院9095张、卫生院2985张。全年总诊疗人次1041.19万人次，出院35.33万人。

【人民生活与社会保障】2020年，城镇居民人均可支配收入31580元、增长5.1%，城镇居民人均消费支出23703元、增长5.7%；农村居民人均可支配收入13471元、增长7.2%，农村居民人均消费支出10948元、增长6.6%。2020年，城镇新增就业20626人，其中失业人员再就业6597

甘肃年鉴 2021

人。年末城镇登记失业率为3.32%。

2020年，全市企业职工基本养老保险参保人数17.55万人，其中离退休人员5.39万人；机关事业单位工作人员养老保险参保6.97万人，其中离退休人员1.92万人；城乡居民基本养老保险参保人数90.54万人，其中领取养老保险待遇人数24万人。城镇职工基本医疗保险参保人数15.65万人，城乡基本医疗保险参保人数为167.22万人。失业保险参保人数10.66万人，领取失业金人数954人。工伤保险参保人数16.14万人，其中农民工参保3.54万人，享受工伤保险待遇人数1378人。城镇居民最低生活保障救济人数1.93万人，农村最低生活保障救济人数5.08万人，农村五保供养0.57万人。年末有福利院1所，在院人数184人；民办养老机构8所，拥有床位1668张；农村敬老院14个。全年各类养老机构拥有床位数5231张，在院人数3089人。

【环境保护】2020年，有环境监测站4个，生态环境保护综合行政执法队4个，环境监测人员39人，生态环境保护综合行政执法队人员69人。全年完成造林面积30.53万亩，其中林业重点工程造林面积2.2万亩。森林覆盖率（含保护区）19.01%。年末城市污水处理厂日处理能力9万立方米，污水处理率98.72%。城区集中供热面积3220万平方米。城市生活垃圾无害化处理率100%，城市建成区绿地率33.4%。

（供稿：程对山）

张掖市

【区域概况】张掖市位于甘肃省西北部，河西走廊中段。介于北纬37°28′~39°57′，东经97°12′~102°20′之间。东屏大黄山（古称焉支山）与金昌市、武威市为邻，西沿走廊地带与酒泉市、嘉峪关市相望，南依祁连山与青海省的海北藏族自治州门源县和祁连县接壤，北靠合黎山、龙首山与内蒙古自治区的额济纳旗和阿拉善右旗毗连。属大陆性温带气候（祁连山地属高寒半干旱气候）。区域总面积4.21万平方千米。辖1区（甘州区）5县（临泽县、高台县、山丹县、民乐县、肃南裕固族自治县）。

境内分布河流26条，黑河入境流经甘州区、临泽县、高台县。全市可利用水资源总量26.5亿立方米。境内已发现的矿产资源有44种。其中：金属矿产有13种、非金属矿产有27种、能源矿产有3种、水汽矿产有1种（矿泉水）。已查明的矿床及矿化点504处，已开发利用229处。境内文物古迹和旅游景观有全球最大的皇家马场——山丹马场，亚洲最大的室内卧佛——张掖大佛寺卧佛，有国内保存最完整的汉明长城，有开凿于东晋时期的国内洞窟艺术珍品——马蹄寺、金塔寺石窟群等，祁连山“七一冰川”是世界上距城市最近的可游览冰川，张掖丹霞被评为世界十大神奇地理奇观之一。

2020年，全市地区生产总值467.05亿元，比上年增长3.6%。其中，第一产业增加值128.62亿元，增长5.3%；第二产业增加值86.99亿元，增长4.1%；第三产业增加值251.45亿元，增长2.6%。三次产业结构比为27.54：18.62：53.84。

【农业农村经济】2020年全市粮食种植面积330.15万亩，比上年增加26.14万亩。油料种植面积16.48万亩，减少18.31万亩。蔬菜种植面积41.98万亩，增加4.68万亩。中药材种植面积29.01万亩，增加1.74万亩。果园面积10.45万亩，增加0.02万亩。

全年粮食产量144.53万吨，比上年增长4.05%。全年蔬菜产量132.13万吨，比上年增长14.09%。园林水果产量6.57万吨，下降2.56%。中药材产量10.96万吨，增长6.44%。

全年肉类产量12.6万吨，比上年增长8.06%。牛奶产量8.07万吨，增长15.95%。年末牛存栏57.63万头，增长8%；牛出栏27.24万头，增长8.31 %。羊存栏313.28万只，增长6.5%；羊出栏268.23万只，增长4.79 %。生猪存栏45.84万头，增长6.91%；生猪出栏66.12万头，增长4.64%。

【工业和建筑业】2020年，全市全部工业增加值比上年增长9.9%。规模以上工业增加值增长9.8%。规模以上工业企业利润6.91亿元，比上年下降3.6%，其中国有及国有控股企业利润4.18亿元，增长31.9%。规模以上工业企业每百元营业收入中的成本为82.35元。年末规模以上工业企业资产负债率为57.4%，营业收入利润率为4.2%。全年建筑业增加值35.45亿元，比上年下降4.5%。年末具有资质的总承包和专业承包建筑业企业258户，比上年末增加21户。

【交通通信】2020年，全市交通运输、仓储和邮政业增加值17.29亿元，比上年增长0.9%。全年公路货物运输周转量22.62亿吨千米，比上年增长3.8%；旅客运输周转量3.54亿人千米，下降37.73%。张掖市民航机场集团完成旅客吞吐量22.15万人次，比上年增长3.64%；货邮吞吐量1.34万吨，增长398.3%。年末全市公路里程1.45万千米，其中等级公路1.09万千米。

全年完成邮政行业业务总量1.33亿元，同比增长24.28%；完成邮政行业业务收入2亿元，比上年增长24.19%。邮政业全年完成邮政函件业务9.10万件；包裹业务0.65万件；快递业务量343.73亿件，增长54.24%；快递业务收入1.14亿元，增长44.65%。全年完成电信业务收入7.89亿元，增长5.07%。年末电话用户161.5万户。固定互联网宽带接入用户53.5万户，全年移动互联网用户接入流量1.34亿GB，比上年增长35.56%。年末互联网宽带接入端口87.23万个，增长1.79%。

【文化与旅游】年末全市广播节目综合人口覆盖率99.89%；电视节目综合人口覆盖率99.9%。全年接待国内游

客2983万人次；国内旅游收入185.09亿元。接待入境游客0.6万人次。其中，接待外国游客0.4万人次。2020年1月，七彩丹霞景区创建为国家5A级旅游景区；7月，张掖地质公园获批联合国教科文组织“世界地质公园”；12月，张掖被文化和旅游部评定为第四批“全国旅游标准化示范单位”，入选第一批“国家文化和旅游消费试点城市”，并被中国互联网新闻中心等重要媒体评为“2021美丽中国首选旅游目的地”。

【卫生健康】年末全市共有医疗卫生机构877个。其中医院45个；基层医疗卫生机构812个；专业公共卫生机构20个，其中，疾病预防控制中心7个，妇幼保健院(所、站)7个，卫生监督所(中心)6个。年末卫生技术人员1.02万人。其中，执业医师和执业助理医师0.38万人，注册护士0.47万人。医疗卫生机构床位1.03万张。全年总诊疗人次721.62万人次，出院人数20.93万人。

【人民生活与社会保障】2020年，全市城镇居民人均可支配收入28976元，增长5.5%；农村居民人均可支配收入16020元，增长7.2%。城镇居民人均消费支出22079元，增长0.5%；农村居民人均消费支出14381元，增长6.9%。居民恩格尔系数城镇收入16843元，增长7.1%；农村居民人均生活消费支出13883元，增长2.7%。

【环境保护】全年总用水量19.93亿立方米。其中生活用水量0.47亿立方米；工业用水量0.19亿立方米；农业用水量19.02亿立方米。全市共有自然保护区2个，其中国家级自然保护区2个。有国家地质公园2个。全年全市规模以上工业综合能源消费量121.44万吨标准煤，同比增长9.68%。

2020年，市内12个地表水监测断面中，达到或优于Ⅲ类断面比例为91.7%。全年全市空气质量优良天数比率为93.4%，比上年提高0.8个百分点。城市区域声环境评价（昼间）总体较好，城市区域声环境质量等级为二级。

（供稿：高鹏飞）

酒泉市

【区域概况】酒泉市地处甘肃省河西走廊西端，介于东经92°20′~100°20′，北纬38°09′~42°48′。东与甘肃省张掖市毗邻，东南与青海省德令哈市接壤，南与青海省海西蒙古族藏族自治州相邻，西与新疆维吾尔自治区哈密市和若羌县相连，北部除少部分与蒙古国接壤外，大部与内蒙古自治区阿拉善盟为邻。2020年末，全市辖肃州区1个市辖区，金塔、瓜州、肃北、阿克塞4个县，代管玉门、敦煌2个县级市，共7个县（市、区）。全市常住人口113.22万人，有汉、蒙古、哈萨克、回等40多个民族。

酒泉市地处祁连山北麓的缓坡地带，地势西南高，东北低，三面环山，形成酒泉盆地。海拔1500~2500米，戈壁荒漠占国土面积的70%。属典型性的温带大陆性气候，年平均降雨量30~70毫米，年蒸发量3000~3400毫米，每年日照时间达2800~3000小时。境内有疏勒河、黑河和哈儿腾三大水系、16条河流，地表水年径流量33亿立方米，可供开发的27亿立方米。已探明地下矿藏有34种，有大、中型矿床80处（含伴生矿，但不含石油）。有色金属中，塔尔沟钨矿探明储量在国内北方居首位，菱镁矿探明储量居全国第五位。境内蕴藏着丰富的风能和光能资源，被誉为“中国绿色能源之都”。

2020年，全市地区生产总值657.7亿元，比上年增长6.3%。其中，第一产业增加值113.3亿元，增长6.2%；第二产业增加值271.2亿元，增长11.1%；第三产业增加值273.3亿元，增长1.3%。三次产业结构比为17.2：41.2：41.6。十大生态产业增加值201.4亿元，占地区生产总值的30.6%。全员劳动生产率96953元／人，比上年提高7.4%。

2020年全市2.05万户7.17万建档立卡贫困人口全部实现稳定脱贫，移民乡村人均可支配收入12290元。

【农业农村经济】2020年，全市农作物播种面积309.1万亩，比上年增加11.1万亩，增长3.7%。全年粮食种植面积90.9万亩，比上年增加3.2万亩，增长3.7%，其中夏粮面积30.5万亩，增加1.7万亩，增长5.8%；秋粮面积60.4万亩，增加1.6万亩，增长2.6%。棉花种植面积19.9万亩，减少2.8万亩，下降12.2%。油料种植面积16.2万亩，减少2.7万亩，下降14.3%。蔬菜种植面积48.1万亩，增加0.7万亩，增长1.5%。药材种植面积41.8万亩，增加1.1万亩，增长2.4%。瓜类、香料作物种植面积31.9万亩，增加4.6万亩，增长17%。果园面积18.6万亩，增加0.9万亩，增长5.2%。

全年粮食产量48.7万吨，比上年增加2.6万吨，增产5.6%。其中夏粮产量14万吨，增产7.5%；秋粮产量34.7万吨，增产4.9%。棉花产量2.4万吨，减产1.7%。油料产量3.1万吨，减产14.3%。蔬菜产量145万吨，增产4.7%。水果产量27万吨，增产6.2%。药材产量9.2万吨，增产5.9%。

全市牛饲养量25.1万头，比上年增长9%，其中存栏12.9万头，增长9.4%；出栏12.2万头，增长8.1%。羊饲养量606.1万只，比上年增长9.4%，其中存栏307.8万只，增长7.6%；出栏298.3万只，增长11.6%。生猪饲养量48万头，比上年增长5%，其中存栏20.3万头，增长7.1%；出栏27.7万头，增长3.4%。家禽饲养量987.6万只，比上年增长6%，其中出栏644.4万只，增长5.8%。全年肉类总产量8.5万吨，比上年增长8.7%。牛奶产量1.9万吨，比上年增长2.1%。禽蛋产量1.03万吨，比上年增长6.4%。水产品产量0.2万吨，与上年持平。

年末农业机械总动力247万千瓦，增长3%。农用拖拉机11.8万台，增长1%。全年化肥施用量17.9万吨，下降1.3%。农村用电量4.2亿千瓦时，增长1.7%。保灌面积

308.1万亩，增加2.8万亩。

【工业与建筑业】2020年，全市全部工业增加值240.1亿元，比上年增长12.9%，其中规模以上工业增加值增长17.3%。在规模以上工业中，分经济类型看，国有企业增加值增长37.5%，股份制企业增长16.4%，外商及港澳台商投资企业增长5%。分门类看，采矿业增长16.6%，制造业增长23.1%，电力、热力、燃气及水生产和供应业增长9.4%。分隶属关系看，中央企业增长9.6%，地方企业增长46.9%，其他企业增长22.9%。分轻重工业看，轻工业增长5.6%，重工业增长17.7%。非公有制企业增加值增长33.3%。

2020年末，全市发电装机容量1648.5万千瓦，比上年增长22.1%。其中，火电装机容量344.3万千瓦，年内新增200万千瓦；水电装机容量50.2万千瓦，年内新增2.9万千瓦；并网风电装机容量965万千瓦，年内新增40万千瓦；并网光伏发电装机容量270万千瓦，年内新增53万千瓦；并网太阳能热发电装机容量16万千瓦；年内新增生物质发电装机容量3万千瓦。

全市规模以上工业企业实现营业收入364.1亿元，比上年增长12.7%。每百元营业收入中的成本为74.76元，比上年减少6.94元；营业收入利润率2.46%，比上年提高6.5%；资产负债率66.7%，比上年末提高0.3%。

全市建筑业增加值31.3亿元，比上年下降2.6%。年末具有资质等级的总承包和专业承包建筑业企业148个，比上年增加33个；实现利润2.2亿元，比上年下降66.9%。

【交通通信】2020年末，全市公路总里程17392千米，年内新增966千米；高速公路里程1058千米，年内新增244千米；等级公路里程16101千米，年内新增803千米。全市公共交通车303辆，比上年减少20辆。年末民用汽车保有量218921辆，比上年增长6.8%，其中本年新注册14989辆，增长10.9%。年末私人汽车保有量198322辆，增长6.9%。年末私人轿车保有量82773辆，增长7.3%。

全年公路运输货运量2871万吨，比上年增长5.2%；货物周转量46.9亿吨千米，比上年增长4.2%。公路客运量2763万人，比上年下降37.7%；旅客周转量19.2亿人千米，比上年下降38.2%。

全年邮电业务总收入11.5亿元，比上年增长6.3%。其中邮政业务收入1.99亿元，增长17.7%；电信业务收入9.5亿元，增长4.5%。全年快递业务量494.3万件，增长28.6%；快递业务收入1.2亿元，增长38.5%。电话用户总数154.1万户，其中移动电话用户128万户。固定互联网宽带家庭接入用户51.5万户，增长5.1%。

【文化与旅游】2020年末，全市有艺术表演团体3个，剧场、影剧院18个，文化馆8个，各类博物馆、纪念馆45个。公共图书馆8个，图书总藏量96.1万册。全年出版报纸683万份，出版杂志0.9万册，发行图书495.5万册。

全市共有调频、电视转播发射台15座，广播电视台8个，全年广播节目播出时间25952小时，广播人口覆盖率100%。全年电视节目播出时间49343小时，电视综合人口覆盖率100%。全市有线电视网络总长21197千米。有线电视终端用户38.6万户，入户率99.27%。数字电视用户9.65万户，入户率99.28%。

年内接待国内外游客2739万人次，比上年下降34.9%，其中海外游客7589人次，下降89%。旅游收入253.4亿元，比上年下降39%。旅游创汇收入207.7万美元，比上年下降91%。

【卫生健康】2020年末，全市有医疗卫生机构1007个，其中医院40个、卫生院75个。卫生技术人员8723人，其中执业医师2908人、执业助理医师874人、注册护士4136人。卫生机构床位7830张，其中医院5589张、卫生院1498张。全市共有卫生防疫防治机构8个，卫生技术人员256人。妇幼卫生机构8个，卫生技术人员184人。乡村医生和卫生员596人，农村有医疗点的村占总村数的99%。

【人民生活与社会保障】2020年，全市城镇居民人均可支配收入40070元，比上年增长4.8%，扣除价格因素，实际增长2.5%；城镇居民人均生活消费支出27477元，比上年增长2.4%，扣除价格因素，实际增长0.2%。城镇居民恩格尔系数28.5%，比上年降低0.6%。农村居民人均可支配收入19912元，比上年增长7%，扣除价格因素，实际增长4.7%；农村居民人均生活消费支出14454元，比上年增长4.6%，扣除价格因素，实际增长2.3%。农村居民恩格尔系数29%，与上年持平。

全市社会保障和就业支出17.7亿元。年末全市基本养老保险参保人数64.9万人，比上年末增加1.17万人，参保率96.2%，其中城乡居民养老保险参保人数45.3万人，增加0.25万人。城乡居民基本医疗保险参保人数78.4万人，比上年末减少1.53万人，参保率95.1%。生育保险参保人数11.5万人，比上年末增加2.57万人。失业保险参保人数10.62万人，增加1.54万人。工伤保险参保人数13.34万人，增加1.05万人，其中农民工参保人数3.81万人，增加1.18万人。年末全市共有3.82万城乡居民享受最低生活保障。全年发放企业离退休人员基本养老金14.9亿元，发放失业保险金1.63亿元，发放工伤保险金0.68亿元，支付城乡居民医疗保险费用5.7亿元，发放最低生活保障金1.83亿元。

全市有社会福利院14个，福利院床位1104张。各类养老机构28个，住宿型床位3100张。年末共有社区服务中心80个，每百户居民服务设施面积不低于30平方米的社区服务站440个。

【环境保护】全市环境噪声达标小区9个，环境噪声达标区面积77.7平方千米，环境噪声达标覆盖率100%。区域环境噪声平均值51.7dB（A），交通干线噪声平均值59.2dB

甘肃年鉴 2021

(A)。全市烟尘控制区9个，烟尘控制区总面积96.3平方千米。酒泉城区空气质量优良天数329天，空气优良天数比率90.2%。细颗粒物（PM2.5）年平均浓度24微克/立方米，细颗粒物（PM10）年平均浓度65微克/立方米，空气质量综合指数3.27%。地表水质达标率100%，饮用水质达标率100%。

年末城市污水日处理能力17.25万立方米，城市生活污水集中处理率98.46%，生活垃圾无害化处理率100%。集中供热面积2672万平方米。燃气普及率100%。城市建成区绿化覆盖率39.02%。人均公园绿地面积15.95平方米。

（供稿：酒泉市地方史志办公室）

平凉市

【区域概况】平凉是甘肃东部的主要区域性城市，辖崆峒区和泾川、灵台、崇信、华亭、庄浪、静宁6县，总面积1.1万平方千米，2020年全市常住人口为184.86万人，与2010年第六次全国人口普查时的206.8万人相比，减少了21.9万人，年平均增长率为-1.12%。

境内气候适宜，属黄河中游黄土高原丘陵沟壑区，半干旱、半湿润大陆性气候，海拔在890~2857米之间。年均气温在7.4℃~10.1℃。年降水量420~600毫米之间，平均日照总时数2144~2380小时，无霜期156~188天，光照充足，四季分明，气候宜人，生物资源丰富。

2020年，全市地区生产总值476.16亿元，比上年增长3.5%。其中，第一产业增加值109.85亿元，增长5.6%；第二产业增加值116.70亿元，增长1.2%；第三产业增加值249.61亿元，增长4.0%。全市三次产业结构比由上年的20.2：27.4：52.3调整为23.1：24.5：52.4。从经济增长的动力因素看，三次产业对经济增长的贡献率分别为29.7%、10.2%、60.1%，分别拉动经济增长1.0%、0.4%和2.1%。全年全市十大生态产业增加值103.09亿元，比上年增长10.23%，占全市地区生产总值的21.7%。年末全市城镇从业人员32.36万人，其中本年新增城镇就业3.16万人，下岗失业人员再就业1.06万人。城镇登记失业率3.7%。全年输转劳动力48.41万人。全年居民消费价格比上年上涨1.5%。其中，食品及烟酒上涨8.8%，居住上涨0.5%，其他用品和服务上涨2.5%，衣着下跌8.2%，生活用品及服务下跌3.2%，交通和通讯下跌4.6%，教育文化和娱乐下跌1.1%，医疗保健下跌0.4%。全市7个贫困县（市、区）全部摘帽，748个贫困村全部退出，现行标准下51.71万农村贫困人口全部实现脱贫。

【农业农村经济】2020年，全市农作物播种面积524.03万亩，比上年增长0.5%。粮食作物播种面积426.92万亩，增加9.32万亩，增长2.23%。油料种植面积35.22万亩，减少6.26万亩，下降15.09%。蔬菜种植面积37.47万亩，增加2.22万亩，增长6.3%。挂果园面积135.44万亩，增加7.68万亩，增长6.01%。中药材种植面积6.53万亩，增加0.69万亩，增长11.84%。全年粮食产量110.61万吨，比上年增长5.7%。其中，夏粮产量32.57万吨，增长1.03%；秋粮产量78.04万吨，增长7.77%。全年油料产量4.66万吨，下降4.95%。蔬菜产量57.59万吨，增长8.87%。水果产量156.81万吨，增长13.39%。中药材产量2.54万吨，增长14.87%。

全年肉类总产量7.23万吨，比上年增长8.07%。禽蛋产量1.13万吨，增长7.62%。牛奶产量2.81万吨，增长7.66%。年末大牲畜存栏47.35万头，增长8.45%。牛存栏45.87万头，增长8.75%；牛出栏35.59万头，增长11.78%。猪存栏38.97万头，增长4.87%；猪出栏43.71万头，增长3.28%。羊存栏18.11万只，增长10.9%；羊出栏15.23万只，增长14.6%。鸡存栏376.65万5只，增长7.29%；鸡出栏291.94万只，增长10.9%。全年全市农村用电量4.43亿千瓦小时，比上年增长4.35%。农用化肥施用量（折纯）9.41万吨，增长1.27%。

【工业和建筑业】2020年，全市全部工业增加值85.14亿元，比上年增长0.1%。规模以上工业增加值增3.6%。在规模以上工业中，分经济类型看，国有企业增加值增长23.1%，集体企业下降41.5%，股份制企业增长4.6%。分隶属关系看，中央企业增长2.7%，市县属企业增长12.9%。分轻重工业看，重工业增长3.4%，轻工业增长102.4%。分门类看，制造业增长14.3%，电力热力燃气及水生产供应业增长15.1%，采矿业下降3.4%。规模以上工业中，分行业看，煤炭开采和洗选业增加值比上6年下降3.0%，电力、热力生产和供应业增长16.4%，化学原料和化学制品制造业增长23.5%，金属制品业增长4.8%，非金属矿采选业增长36.6%，专用设备制造业增长11.4%，农副食品加工业增长6.6%，造纸和纸制品业增长91.7%，计算机、通信和其他电子设备制造业增长629%，医药制造业增长605.5%，燃气生产和供应业增长29.7%。规模以上工业中，煤、电、建材三大行业完成工业增加值比上年增长2.1%，占全市规上工业增加值的92.97%。其中，煤炭行业增加值下降3.0%，电力行业增长16.4%，建材行业下降2.3%。煤电、建材行业实现利税34.61亿元，下降36.84%；实现利润18.85亿元，下降54.67%。全年规模以上工业实现营业收入244.23亿元，比上年增长7.4%；实现利税总额36.61亿元，下降33.6%；实现利润总额19.8亿元，下降52.2%。营业收入利润率10.16%，同比下降10.05%；企业资产利润率9.98%，同比下降11.08%；每百元营业收入中成本83.53元，同比减少0.12元；产成品库存6.54亿元，下降25.5%。规模以上工业中，原煤产量2034.6万吨，同比增加43.84万吨，比上年增长2.2%；火力发电185.42亿度，增长10.8%；水泥产量396.12万吨，增长1.3%；甲醇产量53万吨，增长47.1%；

小麦粉产量7.6万吨，增长7.2%；纸制品产量20万吨，增长126.8%；机制纸产量9805吨，增长16.9%；纱产量3586吨，下降77.3%。

全年建筑业增加值31.58亿元，比上年增长5.1%。年末具有资质等级的总承包和专业承包建筑业企业116个，比上年末增加12个。全年全市工业用电量18.73亿千瓦时，比上年下降1.7%；建筑业用电量1.13亿千瓦时，下降28.5%。

【交通通信】2020年，全市交通运输、仓储和邮政业增加值8.15亿元，比上年增长6.2%。全年公路客运量2037.83万人次，比上年下降36.77%；客运周转量14.44亿人千米，下降18.95%；货运量4522.85万吨，增长6.69%；货运周转量87.58亿吨千米，增长3.99%。年末全市民用汽车保有量25.81万辆，比上年末增长8.02%，其中私人汽车保有量23.33万辆，增长9.16%。民用轿车保有量12.59万辆，增长8.0%，其中私人轿车保有量12.07万辆，增长8.52%。全年邮政业务总量2.46亿元，比上年增长20.21%。邮政业寄递服务业务量2450.09万件，下降2.68%。其中，邮政函件业务6.02万件，包裹业务2.07万件。快递业务量654.56万件，长63.1%；快递业务收入1.21亿元，增长63.73%。全年电信业务总量154.45亿元，增长36.55%。年末电话用户207.89万户，其中固定电话用户22.65万户，移动电话用户184.53万户，4G移动电话用户148.12万户。年末互联网宽带接入用户207.82万户，其中移动宽带用户109.21万户。全年移动互联网用户接入流量1.88亿GB，比上年增长18.75%。

【文化与旅游】2020年，全市有各种艺术表演团体8个，公共图书馆8个，博物馆（含纪念馆）14个。全年发行《平凉日报》360期，1098万份。全市有广播电台8座，有线广播电视传输干线网络总长8500千米，广播电视卫星转收站10座。年末全市广播节目综合人口覆盖率99.28%，电视节目综合人口覆盖率98.42%。有线电视用户6.06万户，比上年增加0.08万户。全年接待国内游客2496.3万人次，比上年下降14.11%。国内旅游收入123.62亿元，下降28.86%。

【医疗卫生】2020年末，全市共有医疗卫生机构（包括村卫生室、诊所）2436个。其中，医院、卫生院153个，社区卫生服务中心56个，诊所（卫生所、医务室）604个，妇幼保健医院8个，疾病预防控制中心（防疫站）8个，卫生监督所8个，乡镇卫生院103个。卫生技术人员14325人。其中，执业医师和执业助理医师5600人，注册护士6023人。医院卫生技术人员8301个，社区卫生服务中心卫生技术人员564人，诊所技术人员725人，疾病预防控制中心卫生技术人员253人，卫生监督所卫生技术人员93人，乡镇卫生院卫生技术人员3314人。医院、卫生院实有床位1.38万张，全年总诊疗949.11万人次，出院人数38.85万人次。

【人民生活和社会保障】全年全市城镇居民人均可支配收入31096.3元，比上年增长4.9%；农村居民人均可支配收入9755.7元，增长7.4%。城乡居民人均可支配收入比值为3.19，比上年缩小0.07。全年全市城镇居民人均消费性支出19203.8元，比上年下降1.9%；农村居民人均消费性支出9206.7元，增长6.1%。

年末全市参加城镇职工基本养老保险人数22.20万人，比上年末增加7273人。参加城乡居民基本养老保险人数130.68万人，增加1.43万人。参加基本医疗保险人数206.76万人，减少6393人。其中，参加职工基本医疗保险人数16.14万人，参加城乡居民基本医疗保险人数190.62万人。全年资助53.73万人参加基本医疗保险，医疗救助19.53万人次。参加失业保险人数10.79万人，增加17658人。年末全市领取失业保险金人数1300人。参加工伤保险人数15.54万人，增加2.8万人，其中参加工伤保险的农民工3.62万人，增加1.23万人。参加生育保险11.47万人，增加1.65万人。各项社会保险基金总收入40.46亿元，各项社会保险基金总支出34.59亿元。年末全市共有3.2万城镇居民和13.44万农村居民享受政府最低生活保障，6840人享受农村特困人员救助供养，全年临时救助20.4万人次。国家抚恤、补助退役军人和其他优抚对象1.43万人。

年末全市共有社区服务机构和设施2542个，其中社会服务 中心105个，社区服务站1537个，社区养老机构和设施65个，社区互助型养老设施799个。

【环境保护】2 020年，全市水资源总量8.65亿立方米。年末全市大中型水库蓄水总量0.71亿立方米，比上年末下降1.73%。全年总用水量2.5亿立方米，比上年下降0.57%。其中，生活用水量0.63亿立方米，下降5.82%；工业用水量0.32亿立方米，增长7.58%；农业用水量1.42亿立方米，增长1.19%；生态用水量0.14亿立方米，下降9.57%。全市共有国家级自然保护区1个，自然保护地15个，国家地质公园1个，省级地质公园2个。全年全市规模以上工业能源消费量533.09万吨标准煤，比上年增长11.85%。其中，六大高耗能行业能源消费量527.46万吨标准煤，增长11.9%。全年环境空气质量优良天数为354天，达标率为96.7%。细颗粒物（PM2.5）年均浓度为22微克/立方米，比上年下降8.3%。大气环境可吸入颗粒物（PM10）年均浓度为55微克/立方米，下降1.8%。二氧化硫（SO_2）年均浓度为8微克/立方米，下降11.1%。二氧化氮（NO_2）年均浓度为33微克/立方米，下降5.7%。全市地表水断面水质优良比例为100%，其中泾河、汭河、水洛 河、葫芦河全年水质综合评价达到国家Ⅲ类水质标准要求，达溪 河全年水质综合评价达到国家Ⅱ类水质标准要求。城市集中式饮用水水源地水质达标率均为100%，地下水质量考核点位水质达标率100%。区域环境噪声53.7分贝，交通干线噪声平均值65.3分贝。全年全市平均气温为

9.3℃，年日照小时数2040.9小时，年降水量770.9毫米。全市气象雷达观测站点1个，卫星云图接收站点1个。全市共有地震台站103个，有人值守的地震监测台站2个，无人值守的地震监测台站101个。其中，市管台站8个，全部为无人值守；省地震局管理台站95个。全年农作物受灾面积62.4万亩，比上年增长64.85%；农作物成灾面积8.88万亩，增长51.86%。

（供稿：王 炜）

庆阳市

【区域概况】庆阳市位于甘肃省东端，习称“陇东”。地处东经106°20′～108°45′与北纬35°15′～37°10′之间。东接陕西省富县、黄陵县；南与陕西的长武、彬县、旬邑及本省平凉市崆峒区、泾川县毗连；西与宁夏回族自治区固原市原州区、彭阳县、同心县接壤；北邻宁夏回族自治区盐池县及陕西省定边县、吴起县、志丹县。南北长207千米，东西跨208千米，总面积2.7万平方千米。海拔885至2089米，境内沟壑纵横，丘陵起伏，地形地貌复杂，山、川、塬兼有，沟、峁、梁相间，高原风貌独特，东部为黄土丘陵区，南部为黄土高原沟壑区，西北部为黄土丘陵沟壑区。全境有20平方千米以上大塬12条，其中董志塬面积为910平方千米，平均海拔1421米，是世界上面积最大、土层最厚、保存最完整的黄土塬面，堪称“天下黄土第一塬”。

属大陆性气候，降雨量南多北少，多年平均降水量为503毫米，平均气温4.5℃～15.9℃之间，日照2213.4～2540.4小时，总体呈干旱、温和、光富的特点。

2020年，全市实现生产总值754.73亿元，比上年增长4.3%。工业增加值329.27亿元，增长5.7%，比上年下降2.2%。固定资产投资总额增长26.7%，比上年提高11.8%。完成社会消费品零售总额177.04亿元，比上年下降2.8%。一般公共预算收入54.53亿元，比上年下降7.0%。公共预算支出300.52亿元，增长6.9%。金融机构人民币各项存款余额1257.4亿元，同比增长9.1%。各项贷款余额755.61亿元，增长5.7%。全年保费总收入32.81亿元，比上年增长12.8%；支付各类赔款及给付9.49亿元，增长13.3%。交通运输、仓储和邮政业增加值12.25亿元，比上年增长5.6%；批发和零售业增加值44.12亿元，增长0.3%；住宿和餐饮业增加值19.1亿元，下降11%；金融业增加值39.24亿元，增长4.6%；房地产业增加值22.87亿元，增长8.4%。规模以上服务业企业营业收入比上年下降9.2%。

【农业农村经济】全年全市粮食作物播种面积577.55万亩，比上年增长1.3%；粮食总产量达到147.46万吨，增长1.4%。其中夏粮播种面积190.26万亩，下降1.5%，产量35.15万吨，下降12.6%；秋粮播种面积387.29万亩，增长2.8%，产量112.3万吨，增长6.7%。油料播种面积63.07万亩，下降6.1%，产量8.21万吨，增长0.1%；蔬菜面积54.64万亩，增长4.6%，产量50.49万吨，增长10.3%；果园面积85.71万亩，其中苹果面积71.49万亩，苹果产量50.72万吨，增长15.4%。水果总产量53.98万吨，增长13.3%。全年完成农业增加值99.44亿元，增长5.6%。年末大牲畜存栏37.51万头，比上年增长5.6%。牛存栏30.86万头，增长8.9%；牛出栏16.79万头，增长8.5%。猪存栏59.21万口，增长48.4%；猪出栏44.76万头，增长4.5%。羊存栏210.14万只，增长15.2%；羊出栏120.8万只，增长11.1%。肉类总产量9.73万吨，增长29.5%。牛奶产量0.83万吨，增长13.7%。

全市水产品产量563吨，比上年下降40.9%。年末有效灌溉面积达到76.75万亩，比上年增长2.9%，占年末耕地面积10.89%；保证灌溉面积达到50.45万亩，增长1.2%。农业机械总动力186.27万千瓦，增长7.0%。当年完成造林面积105万亩，比上年下降1.6%。全市共落实中、省、市专项扶贫资金17.65亿元（含东西扶贫协作资金和中央定点帮扶资金），比上年增加1.73亿元，增长10.9%。

【工业和建筑业】全年全部工业增加值329.27亿元，增长5.7%，比上年下降2.2个百分点。其中，规模以上工业增加值增长6.2%，比上年下降2个百分点。规模以上工业中，地方工业增加值增长3.5%，比上年下降15.7个百分点。规模以上工业销售产值下降16.8%，比上年下降8.7个百分点。产品销售率为100.8%。年末全市发电装机容量68.05万千瓦，比上年末增长1.8%。其中，火电装机容量1.2万千瓦，增长1倍；风电装机容量64.85万千瓦；太阳能发电装机容量2万千瓦。全市规模以上工业营业收入473.06亿元，下降17.7%；利润总额50.41亿元，下降37.8%；每百元营业收入中的成本为73.45元。年末规模以上工业企业资产负债率为41.8%，营业收入利润率为10.66%。全市资质以上建筑企业109户，比上年新增28户；全年建筑企业实现增加值31.79亿元，比上年增长3.6%。

【交通通信】全年全市交通运输、仓储和邮政业增加值12.25亿元，比上年增长5.6%。全市公路货物运输量3795万吨，比上年增长5.2%，货物周转量500891万吨千米，增长4.2%；公路旅客运输量1841万人，下降37.7%，旅客周转量118702万人千米，下降38.2%。年末全市民用汽车保有量33.47万辆，比上年末增长5.5%，其中私人汽车保有量30.54万辆，增长7.0%。民用轿车保有量27.25万辆，增长8.5%，其中私人轿车保有量25.91万辆，增长9.7%。全年完成邮政行业业务总量3.41亿元，比上年增长12.4%。邮政业全年完成邮政函件业务10.77万件；包裹业务0.9万件；快递业务量704.12万件，增长24.0%；快递业务收入1.71亿元，增长32.3%。全年完成电信业务总量192.07亿元，增长24.6%。固定电话用户年末累计达到

24.15万户，下降21.3%；移动电话年末累计达到227.98万户，下降18.5%；互联网用户年末达到72.75万户，增长27.2%。固定互联网宽带接入用户76.5万户，其中固定互联网光纤宽带接入用户33.2万户，移动互联网用户250.19万户。全年移动互联网用户接入流量2.87亿GB，比上年增长38.8%。年末互联网宽带接入端口96.5万个，比上年增长33.6%。移动宽带接入用户普及率为78部/百人，固定宽带接入用户普及率为41.9部/百人。

【文化与旅游】全市共有专业国有文化艺术表演团体9个，全年演出1478场（次），观众142万人（次）；年末共有公共图书馆9个，藏书87.2万册；博物馆、纪念馆19个，文物藏量31397件；综合性档案馆9个，馆藏各类档案57.91万卷、75.94万件，资料9.8万册，照片2.63万张；文化站12个。全市有线电视用户增加到270.22万户，有线电视人口覆盖率达到100%。广播人口覆盖率达到100%。全年《陇东报》出版366期，发行1209.26万份。全年接待国内外旅游人数153万人次,比上年下降42%；实现旅游收入43.1亿元，下降40%。

【医疗卫生】全市医疗卫生机构总数2065个，比上年增加7个。其中，医院45个，乡镇卫生院125个，社区卫生服务中心（站）27个，村卫生室1277个，门诊部14个，诊所536个，妇幼保健院（站）9个，疾病预防控制中心9个，卫生监督所（中心）8个，采供血机构1个，地方病防治机构8个，计划生育技术服务机构6个。2020年年末实有医疗床位13757张，比上年净增1364张，增长9.9%。其中，医院9798张，净增182张，增长1.9%。全市共有卫生技术人员19757人，净增 900人，增长4.7%；其中，执业医师4264人，净增36人，增长0.8%；执业助理医师1432人，净增80人，增长5.9%；注册护士9337人，净增92人，增长0.98%；药师（士）476人，净增11人，增长2.3%；技师（士）1043人，净增250人，增长24%；其他卫生技术人员1372人，增加10人，增长7.3%。乡村医生和卫生员数1833人，增加331人，增长18.1%。

【人民生活和社会保障】全年全市城镇居民人均可支配收入33616元，比上年增加1509元，增长4.7%；农村居民人均可支配收入10422元，增加736元，增长7.6%。

全年全市城镇居民人均消费支出21143元，比上年增加1120元，增长5.6%；农村居民人均消费支出9257元，增加360元，增长4.0%。城镇居民恩格尔系数为29.0%，农村居民恩格尔系数为32.2%。年末全市参加城乡居民养老保险人数1543786人。其中，参保职工57208人，参保离退休人员32839人。参加机关事业养老保险人数92215人，其中，在职64327人，退休27888人。参加城镇职工基本医疗保险人数15.89万人。参加失业保险人数12万人。参加工伤保险人数11.7万人，增加1.38万人。参加生育保险人数11.09万人，增加0.55万人。参加城乡居民基本医疗保险人数222.89万人，参保率稳定保持在95%以上。全年筹集城乡居民医保基金182681万元，基金支出共计172839万元，基金累计结余35401万元。全市城市低保11397户26483人，比上年末减少887户、减少2244人；农村低保55751户166487人，减少2222户、减少5675人。年末全市共有各类社区服务机构和设施2406个。其中，社区服务中心119个，社区服务站1331个，社区养老照料机构和设施65个，社区互助型养老设施891个。

【环境保护】全年全市年降水量557.9毫米，比上年减少111.4毫米。全年全市水资源总量6.55亿立方米，人均水资源量287.43立方米。年末全市大中型水库蓄水总量0.0168亿立方米，比上年末下降89.44%。全年总用水量2.823亿立方米，比上年下降0.58%。全市5条河流及主要支流25个考核断面中，水质为优的10个，水质为良好的10个，水质为轻度污染的2个，水质为中度污染的1个，水质为重度污染的2个。全市开展监测的13处县级及以上集中式饮用水源地中，5处地表水水源和3处地下水水源因地质因素超标，剔除地质因素影响后，则达到地表水（地下水）Ⅲ类水质标准。市区声环境质量除Ⅳ类功能区夜间小时等效声级偶有超标外，其余Ⅰ类、Ⅱ类、Ⅲ类功能区昼间、夜间等效声级和Ⅳ类功能区昼间等效声级均达标。全市共有地震台站（点）13个，其中，有人值守的地震监测台站2个，无人值守的地震监测台站（点）11个。

（供稿：庆阳市地方志办公室）

定西市

【区域概况】定西市位于甘肃省中部，全市总面积1.96万平方千米，总耕地面积81.24万公顷。地势西高东低，海拔1420～3941米。属温带半湿润和中温带半干旱区。年平均气温5.7℃～7.7℃，年降水量400～600毫米，无霜期142天，主要河流渭河、洮河等。居住有汉、回、藏、满、蒙古、东乡、撒拉、裕固、壮、哈萨克、土等31个民族。至2020年底，全市常住人口2524097人。其中，城镇人口969084人，占38.39%，乡村人口1555013人，占61.61%。

市内各类文物遗址239处，国家级文物保护单位2处，省级文物保护单位41处，县级文物保护单位196处，馆藏文物29018件。探明黄金、地热水、红柱石、大理石、岩盐、花岗岩、石灰石、泥炭、硅石、汉白玉等金属矿和非金属矿藏50余种。通渭温泉日出水量6000吨，地面水温达54℃，富含20余种微量元素。洮河水能蕴藏量达87.84万千瓦，可供开发利用达30万千瓦。

2020年，全市实现地区生产总值441.36亿元，比上年增长4.4%。第一、二、三产业增加值分别为88.47亿、70.11亿、282.78亿元，分别比上年增长5.9%、5.9%、

3.5%。三次产业结构比为20：15.9：64.1，对经济增长的贡献率分别为26.5%、22.6%、50.9%。全市共输转城乡劳动力65.3万人，实现劳务收入147.5亿元，比上年增加10.01亿元，增长7.3%；人均劳务收入22588元，增长4.3%。全年居民消费价格总水平上涨2.1%。其中，食品烟酒价格上涨7.4%，居住上涨0.6%，生活用品及服务上涨0.3%，医疗保健上涨1.3%。全市减少贫困人口4.16万人，84.24万建档立卡贫困人口实现全部脱贫，1101个贫困村实现退出，7个县区全部脱贫摘帽。

【农业农村经济】2020年，全市种植各类农作物814.61万亩，比上年增长3.5%。其中粮食作物588.45万亩，增长0.6%；经济作物212.55万亩，增长10.2%。粮食作物中夏粮145.06万亩，秋粮443.39万亩。马铃薯、中药材、蔬菜等特色优势产业种植面积分别达到263.33、131.28、46.3万亩，分别比上年增长3.5%、8.1%、26.2%。全年粮食总产量159.44万吨，比上年增加6.97万吨，增长4.6%。其中夏粮27.9万吨，秋粮131.54万吨。年末大牲畜存栏46.84万头，比上年增长14.2%。猪、牛、羊、家禽存栏分别为79.12万头、39.83万头、123万只和530.81万只，出栏分别为51.06万头、10.82万头、80.24万只和393.11万只。全年肉类总产量6.57万吨，比上年增长12.1%；鲜蛋产量1.78万吨，增长68.6%；牛奶产量1.31万吨，增长58.1%。

【工业与建筑业】2020年，全年实现工业增加值35.91亿元，比上年增长4.3%。其中规模以上工业增加值增长8%。工业增加值占地区生产总值的比重为8.1%。规模以上工业中，国有企业增加值比上年增长18%；股份制企业增长7.1%；外商及港澳台商投资企业增长28.3%；其他经济类型企业增长26.4%。

全年建筑业增加值34.2亿元，比上年增长7.9%。年末具有资质等级的总承包和专业承包建筑业企业105家，比上年末减少3家。

【交通通信】2020年，全市交通运输、仓储和邮政业增加值11.31亿元，增长1.2%。全年公路客运量2151.59万人，路货运量4873.51万吨，比上年增长4%。全市公路通车里程1.28万千米(包括村路)，比上年增长1.5%。民用汽车保有量32.69万辆(包括三轮汽车和低速货车)，比上年末增长7.7%。民用轿车保有量21.57万辆，亿元，比上年增长26.7%。电信行业业务总量211.43亿元，比上年增长37.3%。固定电话用户8.75万户，比上年下降16.7%；移动电话用户230.18万户，下降3.6%。互联网宽带接入用户73.39万户，比上年增长7.7%。

【文化与旅游】2020年，全市国有转企改制演艺企业7个，文化馆8个，公共图书馆8个，博物馆8个；乡镇综合文化站122个，农家书屋1886个，城市智慧书屋4座，文化信息资源共享工程村级终端接收站点1873个；建成村级综合性文化服务中心（乡村舞台）1876个，城市数字影院15个。全市有广播电视台8个，发射主站8个，辅站104个，补点站300个，有线电视用户8.89万户。全年实施文化旅游产业项目36个，完成投资10.3亿元。接待境内外游客1060.7万人次，比上年增长2%；实现旅游综合收入50亿元，下降2%。创建国家4A级旅游景区1个，国家3A级旅游景区4个，国家2A级旅游景区1个，省级旅游度假区1个。创建省级乡村旅游示范村10个，其中被评为省级优秀乡村旅游示范村4个。

【医疗卫生】全市共有医疗卫生机构2664个，医疗卫生机构床位19627张，卫生技术人员19583人。全年新增公共体育场地面积15.10万平方米，人均公共体育场地面积达到1.69平方米，比上年增加0.05平方米。

【人民生活与社会保障】2020年，全市城镇居民人均可支配收入27612元，比上年增长5.3%；城镇居民人均消费支出19217元，增长1.7%；城镇居民家庭恩格尔系数为29.8%，比上年降低0.6 %。农村居民人均可支配收入8843元，比上年增长7.5%；农村居民人均生活消费支出8960元，增长2.5%；农村居民家庭恩格尔系数为33.3%，比上年提高1.3%。

全市企业职工养老保险参保人数11.05万人，比上年增长2.2%；机关事业单位养老保险参保人数11.15万人，增长1.5%；失业保险参保人数10.48万人，增长8.8%；工伤保险参保人数13.04万人，增长3.9%；城乡居民基本养老保险实际参保166.16万人，增长0.4%；生育保险参保人数12.58万人，增长5.9%；全年城镇职工基本医疗保险参保人数17.19万人，增长3.0%；城乡居民基本医疗保险参保人数255.15万人，下降0.3%。城乡居民基本医疗保险基金支出总额16.7亿元，下降16.1%；累计享受待遇278.21万人次。全年享受城市最低生活保障的居民2.79万人，发放城市低保金1.34亿元；享受农村最低生活保障的居民19.38万人，发放农村低保金5.58亿元。全市城乡特困供养人数1.38万人，发放特困供养金10535万元；发放孤儿基本生活保障金854万元，保障孤儿630人；发放临时救助资金20017万元，救助城乡困难群众21.32万人；落实困难残疾人生活补贴和重度残疾人护理补贴79622人，发放补贴资金6471万元；落实经济困难老人补贴6857人，发放补贴资金926万元。

【环境保护】2020年，全年总用水量3.88亿立方米，比上年下降1%。年内完成造林封育29300公顷（人工造林25966.67公顷，封山育林3333.33公顷）。各类湿地资源14573.33公顷。森林覆盖率达12.1%。全市有漳县贵清山、岷县双燕、陇西仁寿山、岷县水生生物四个省级自然保护区和一个漳县珍稀水生生物国家级自然保护区。全年剔除输入性沙尘天气后，空气可吸入颗粒物（PM10）年平均浓度为53微克／立方米，细颗粒物（PM2.5）年平均浓度25微克／立方米，二氧化硫年平均浓度为8毫克／立方米，二氧化氮年平均浓度为24毫克/立方米；区域噪声昼间平均值52.7分贝(A)，交通噪声昼间平均值67.2分贝(A)。地表水国考省考断面水质达标率100%，县级以上城市饮用水水源地水质达标率100%。

（供稿：定西市地方志办公室）

陇南市

【区域概况】陇南市位于甘肃南部，地处东经104°01′19″至106°35′20″，北纬32°35′45″至34°32′00″。北与天水市秦州区、麦积区、武山县、甘谷县接壤；南抵四川盆地，与广元市青川县、绵阳市平武县和阿坝州九寨沟县毗连；西依甘南高原与迭部县、舟曲县和定西市的岷县；东接秦巴山地，与陕西省汉中市宁强县、略阳县、勉县和宝鸡市凤县为邻。全市东西长约237千米，南北宽约230.5千米，土地面积2.79万平方千米（其中耕地面积834万亩），占甘肃省面积的8.67%。

境内地势西北高、东南低，西秦岭和岷山两大山系分别从东西两方伸入全境，境内形成了高山峻岭和峡谷、盆地相间的复杂地形。全境按照地貌的大体差别和区域切割的程度不同可划分为浅中切割浅山丘陵盆地地貌区、中深切割中高山地貌区、全切割中高山地貌区。境内有嘉陵江、白龙江、白水江、西汉水四大水系，大小河流3760条，年径流量279亿立方米，水利理论蕴藏量425万千瓦，可开发量223万千瓦，约占全省的三分之一。气候在横向分布上分北亚热带、暖温带、中温带三大类型，是甘肃省唯一属于长江水系并拥有亚热带气候的地区。境内已探明金属和非金属矿34种，矿产地445处。有水杉、红豆杉等国家保护植物和大熊猫、金丝猴等20多种珍稀动物。拥有2个国家级自然保护区（白水江国家级自然保护区、甘肃裕河国家级自然保护区）、1个省级自然保护区（文县尖山大熊猫自然保护区）、3个国家森林公园（文县天池、宕昌官鹅沟、成县鸡峰山）和2个国家湿地公园（文县黄林沟国家湿地公园、康县梅园河国家湿地公园），是中国主要中药材和油橄榄产地之一。

2020年，全市实现生产总值451.8亿元，同比增长2.9%。分产业看，第一产业实现增加值82.4亿元，同比增长4.3%；第二产业实现增加值102.9亿元，同比增长1.1%；第三产业实现增加值266.5亿元，同比增长3.2%。第一、二、三产业对生产总值的贡献率分别为26.93%、9.59%和63.48%，第三产业成为拉动经济增长的主要动力。第一、二、三产业增加值占生产总值的比重分别为18.24:22.78：58.98，与上年相比，第一产业所占比重上升0.5%，第二产业所占比重下降1.2%，第三产业比重上升0.7%。居民消费价格总水平为102.1，比上年下降0.6%。商品零售价格指数为101.1，比上年下降1.3%；农业生产资料价格指数为101.7，比上年下降1.6%。

【农业农村经济】2020年，全年粮食种植面积为350.34万亩，比上年增长0.63%；油料种植面积42.28万亩，比上年增长1.53%；蔬菜种植面积52.37万亩，比上年增长2.8%。全年粮食总产量82.76万吨，比上年下降3.09%，其中：夏粮31.93万吨，比上年增长1.20%；秋粮50.83万吨，比上年下降5.6%。肉类总产量5.54万吨，同比增长6.95%；药材产量17.10万吨，同比增长9.34%；水产品产量0.14万吨，同比增长27.27%。

【工业与建筑业】2020年，全年工业增加值比上年增长1.6%。规模以上工业增加值增长4.9%。其中：国有企业增加值增长5.4%；股份制企业增加值增长1.2%；中外合资企业增加值增长26.3%。按轻重工业分，轻工业增加值下降3.1%；重工业增加值增长7.0%。规模以上工业企业产销率93.7%。规模以上工业企业盈亏相抵后，实现利润总额16.84亿元。规模以上工业企业亏损额4.9亿元，比上年增长56.8%。

【交通通信】兰渝铁路陇南段222千米。境内公路2697条，其中普通国道5条、国家高速4条，省道39条、省级高速1条、县道49条、乡道179条、村道2421条。通车总里程19000.84千米，其中：高速公路573.23千米、一级公路2.6千米、二级公路886.39千米、三级公路1007.68千米、四级公路15944.40千米、等外公路585.94千米。全年共完成客运量为3218.66万人次，同比下降6.07%；完成旅客周转量为208362.07万人千米，同比下降3.28%；全市完成公路货运量为1788.69万吨，同比下降0.74%；完成货运周转量365722万吨千米，同比增长4.82%；完成全社会运输总周转量386558.21万吨千米，同比增长3.02%。完成邮电业务总量213亿元。

【文化与旅游】2020年末，学校总数2441所，教职工32357人。其中，专任教师30795人。在校学生数511473人，学龄儿童入学率100%，初中入学率100%。小学、初中、高中专任教师合格率分别为99.94%、99.86%、93.85%。全市普通高中招生1.82万人，同比增长下降2.8%；初中招生2.98万人，同比下降7.31%；小学招生3.73万人，同比下降5.73%。各类普通高校在陇南录取17961人，同比增长12.34%，各类中等职业学校招生7445人，同比下降2.86%。

全市共有艺术表演团体114个，全年演出3586场，观众达20万人次；文化馆10个；公共图书馆9个，藏书达118万余册；博物馆7个；文化古迹国家级8处、省级43处、市级328处；文物藏量9907件/套，其中：一级文物139件/套。广播和电视综合覆盖率分别为98.21%和98.57%；数字有线电视用户164285户，同比增长1.42%。全年旅游总人数达1535.19万人次，比上年下降29.28%。旅游综合收入75.83亿元，同比下降35.39%。

【医疗卫生】2020年末全市有公立医疗卫生机构1084个，其中县级以上综合医院35个、中医院13个、疾病防控中心10个、社区服务中心（站）30个、妇幼保健院（站）9个、卫生监督所10个、乡镇卫生院217个。拥有病床位14168张，共有卫生技术人员20229人，其中执业医师和执业助理医师4432人、注册护士5444人、药师（士）525人、技师（士）654人、其他2593人。

【人民生活和社会保障】全市城镇居民人均可支配收入达26791元，比上年增长4.6%；农村居民人均可支配收入8376元，比上年增长8.3%。发放失业保险人数539人，同比下降38.0%；城镇职工医疗保险158811人，同比增长5.1%；城乡居民医疗保险2491009人，同比增长0.26%；城乡居民养老保险1697948人，同比下降0.04%，工伤保险参保112049人，同比增长8.23%。城镇居民最低生活保障对象33909人，发放低保金2.11亿元；农村低保对象175190人，发放低保金5.69亿元。

【环境保护】2020年，陇南全市完成人工造林31.38万亩（退耕还林7.3万亩、荒山造林22.83万亩、其他造林1.25）；建成500~1000亩绿化工程27处、1000~2000亩绿化工程15处、2000~3000亩绿化工程1处，创建造林绿化示范点25个。完成道路绿化489千米，完成义务植树1015万株，完成城区面山绿化1.3022万亩。新建经济林13.08万亩，其中：核桃0.37万亩、花椒8.29万亩、油橄榄2.07万亩、其他经济林2.35万亩。文县碧口镇、武都区裕河镇、康县阳坝镇等8个乡镇荣获省级森林小镇称号，嘉陵镇田河村、裕河镇阳坝村、阳坝镇天鹅湖村等25个村荣获国家森林乡村称号。全市现有环境监测站9个。空气质量优良天数比率达98.3%；地表水、饮用水达标率均达到100%；区域内环境噪声平均值为57.1分贝，交通干线噪声平均值68.1分贝。全市自然保护区各类生态环境问题233项，已完成整改209项。推进自然保护地勘界立标工作，完成了全市33处自然保护地调查摸底和评估论证，全面完成大熊猫国家公园体制试点任务，9月中旬，国家评估验收组对大熊猫国家公园体制试点白水江片区试点任务进行了评估验收。

（供稿：陇南市地方志办公室）

临夏回族自治州

【区域概况】临夏回族自治州地处甘肃中部西南，北邻兰州市，南靠甘南藏族自治州，东连定西市，西接青海省，州府仅距省会150千米。下辖临夏市、临夏县、康乐县、永靖县、广河县、和政县、东乡族自治县、积石山保安族东乡族撒拉族自治县，58个镇、65个乡、7个街道办事处，1116个行政村。常住人口207.14万人，州内聚居回、汉、东乡、保安、撒拉等民族，其中东乡族、保安族是临夏独有的民族。全州土地面积8169平方千米，平均海拔2000米，最高处4636米，最低处1563米。年平均气温为6.0℃～9.8℃，无霜期132～219天，年平均降雨量363.3～610.1毫米，属温带大陆性气候。州境内有形成距今1.7亿多年前的世界罕见的恐龙足印群，还有距今1300余万年的在亚欧大陆分布最为集中的三趾马、铲齿象、和政羊等古动物化石群。著名的马家窑文化、齐家文化、半山文化闻名遐迩，出土彩陶纹饰精美，其中盛负其名的“彩陶王”现为中国历史博物馆收藏。这里自古是丝绸之路南道、唐蕃古道、甘川古道之要塞，素有西部“旱码头”“茶马互市”之称。黄河三峡、炳灵寺石窟等自然景观巧夺天工，民族特需用品、毛纺地毯、手工艺品享有盛誉，民族建筑、砖雕、木雕、彩绘等别具一格。

2020年，全州地区生产总值331.3亿元，比上年增长5.2%。其中，第一产业增加值53.7亿元，增长5.4%；第二产业增加值61.3亿元，增长4.1%；第三产业增加值216.3亿元，增长5.5%。三次产业结构比为16.2：18.5：65.3。全州十大生态产业增加值占地区生产总值的比重为21.7%。城镇新增就业2.35万人，比上年减少0.29万人，其中失业人员再就业0.56万人。城镇登记失业率为3.2%。全年劳务输转人数55.9万人，比上年增长9.2%；创劳务收入130.4亿元，增长27.2%。全年居民消费价格比上年上涨1.8%；商品零售价格上涨0.9%。

【农业农村经济】2020年，全州粮食作物播种面积182.4万亩，总产量达到69.98万吨，同比增长2.51%。蔬菜种植面积18.95万亩，产量37.92万吨，同比增长5.3%。中药材种植面积8.36万亩，产量3.43万吨，增长12.8%。果园面积4.01万亩，水果产量3.52万吨，增长7.6%。全年猪牛羊禽肉产量6.14万吨，比上年增长8.9%。年末全州大牲畜存栏34.17万头，同比增长9.76%。农机总动力达到96.7万千瓦，比上年增长4.2%；各类拖拉机、联合收获机3.28万台，农作物机耕、机播、机收面积分别达到212.22万亩、66.5万亩、68.2万亩。

【工业与建筑业】2020年，全州规模以上工业增加值24.8亿元，比上年增长11.4%。国有控股企业增加值增长11.2%；股份制企业增长5.9%；私营企业增长15.8%。采矿业下降26.2%，制造业增长16.1%，电力、热力、燃气及水生产和供应业增长10.9%。全年规模以上工业企业利润总额4.08亿元，比上年增长3.9%。企业资产负债率为64.0%，比上年末下降2.7%。社会建筑业增加值32.50亿元，比上年增长9.8%。

【交通运输】2020年，全州交通运输、仓储和邮政业增加值6.53亿元，比上年增长7.7%；批发和零售业增加值22.16亿元，增长3.1%；住宿和餐饮业增加值10.15亿元，下降9.3%；金融业增加值27.33亿元，增长12.7%；房地产业增加值18.79亿元，增长13.9%；其他服务业增加值128.71亿元，增长4.6%。规模以上服务业企业营业收入比上年增长1.39%。货物运输总量7305.0万吨，比上年增长1.4%；货物运输周转量120.53亿吨千米，比上年增长2.7%。旅客运输总量1687万人次，比上年下降35.5%；旅客运输周转量9.28亿人千米，下降40.9%。全州机动车保有量49.4万辆，同比增长4.9%。

【邮电通讯】 2020年，完成邮政行业业务总量1.8亿元，比上年增长32.7%。其中，邮政函件业务7.0万件；包裹业务16.5万件；快递业务量103.9万件，收入1479.7万元。电信业务总量155.15亿元，比上年增长41.29%。电话用户总数190.68万户，其中移动电话用户175.3万户。有线宽带用户42.27万户，其中农村用户18.73万户，城市用户23.55万户。

【文化与旅游】 2020年，全州文化和旅游系统有艺术表演团体17个，博物馆16个。公共图书馆8个，文化馆7个。有线电视实际用户5.4万户，户户通实际用户38.0万户。年末广播节目综合人口覆盖率为99.06%，电视节目综合人口覆盖率为99.10%。档案馆9个，已开放各类档案5.3万卷（件）。全年旅游接待人数1198.2万人次，比上年下降55.8%。综合旅游收入59.2亿元，比上年下降55.6%。

【医疗卫生】 2020年末，全州有医疗单位1698个（包含民营医院及诊所），专业卫生技术人员1.19万人，医疗卫生机构床位1.21万张。全年总诊疗人次455.58万人次，出院人数30.33万人。累计报告新型冠状病毒感染肺炎确诊病例8例，治愈出院病例8例。全州20家医疗卫生机构提供新型冠状病毒核酸检测服务，总检测能力达到3万份/天。

【人民生活与社会保障】 2020年，全州城镇居民人均可支配收入23338元，比上年增长4.3%。农村居民人均可支配收入8113元，比上年增长8.0%。城乡居民人均可支配收入比值为2.88，比上年缩小0.1。城镇居民人均消费支出16971元，增长4.7%；农村居民人均消费支出7252元，增长7.1%。城镇居民恩格尔系数为30.0%，农村居民恩格尔系数为31.6%。

年末，全州参加城镇职工基本养老保险人数11.20万人，比上年末增加0.17万人。参加基本医疗保险人数232.7万人，增加21.7万人。参加城乡居民基本医疗保险人数220.4万人，增加21.1万人。参加失业保险的职工人数2.98万人，较上年略增。年末全州领取失业保险金人数0.03万人。参加工伤保险人数10.92万人，增加0.69万人。资助85.39万人参加基本医疗保险，全年国家抚恤、补助退役军人和其他优抚对象6179人。提供各类住宿的社会服务机构18个，社会服务床位2896张。社区服务中心130个，社区服务站985个。

【环境保护】 2020年，持续推进山水林田湖草综合治理，实施临夏市生活垃圾焚烧发电、洮河临夏段东乡县防洪、广河县三甲集石炭沟流域、湟水河永靖县河堤治理等重点项目。整治改造燃煤锅炉578台，淘汰老旧机动车3159辆，改造土炕土灶小煤炉4万个，空气优良天数324天，饮用水源地水质达标率100%。清理城乡生活垃圾6.4万吨，畜禽粪污资源化利用率达到85.8%，废旧农膜回收率达到84%。

（供稿：临夏州地方志办公室）

甘南藏族自治州

【区域概况】甘南藏族自治州位于长江、黄河上游，东与定西、陇南地区毗邻，南与四川阿坝藏族羌族自治州接壤，西与青海省果洛、黄南州相连，北靠临夏回族自治州。位于东经100°45′45″~104°45′30″、北纬33°06′30″~35°34′00″之间。东西长360.7千米，南北宽270.9千米，土地总面积4.5万平方千米。南部为重峦叠嶂的迭岷山地，东部为连绵起伏的丘陵山区，西部为广袤无垠的平坦草原，版块地势西北高，东南低，由西北向东南呈倾斜状。最高海拔4920米，最低海拔1172米。辖临潭、卓尼、舟曲、碌曲、玛曲、夏河、迭部7县和合作市。

2020年全州各地平均气温为3.3℃~13.7℃，与历年平均值比较，夏河、碌曲略偏低，其余各地略偏高。全年各地降水量为505.3~868.1毫米，与历年平均值比较，合作、夏河略偏多，临潭、卓尼、碌曲、玛曲偏多，迭部、舟曲特多。境内主要河流有黄河、洮河、大夏河和白龙江（统称三河一江），分属黄河水系和长江水系。土壤垂直分布比较明显，共分为13个土类，27个亚类，40个土属。有野生植物1820种，药用植物有643种。矿产资源类型比较齐全，全州境内发现金、银、铜、铅、锌、铁、汞、锑等42种矿产。

2020年末全州总人口（户籍人口）75.22万人，比上年末增加0.25万人，其中藏族人口 42.72万人，增加0.34万人，占总人口数的56.8%。

2020年，全州地区生产总值219.06亿元，比上年增长1.6%。第二产业增加值29.15亿元，增长2.2%，第三产业增加值145.86亿元，增长1.2%。城镇新增就业5070人，失业人员再就业2067人，就业困难人员就业1829人。城镇登记失业率为2.88%。全年输转城乡富余劳动力12.34万人，劳务创收24.68亿元，输转建档立卡贫困劳动力5.78万人，劳务创收10.36亿元。全年应届高校毕业生报到注册3385名，就业2937名；招聘事业单位工作人员435名、“三支一扶”人员200名、特岗教师382名；安置天津定向培养医学本科生104名；683名高校毕业生到企业就业。开发就业见习岗位149名，乡村公益岗位708名，临时乡村公益岗位665名。建成扶贫车间191个，吸纳富余劳动力6695人，其中建档立卡贫困劳动力2502人。发放创业担保贷款1.5亿元。全年居民消费价格比上年上涨1.9%。商品零售价格上涨2.0%。农业生产资料价格上涨4.6%。

全年全州剩余贫困人口985户2822人全部实现脱贫，贫困发生率由上年的0.5%下降为零，脱贫攻坚任务清零见底。在全国脱贫攻坚普查中，3.97万建档立卡贫困户对扶贫政策落实和扶贫成果的满意度达到100%。

【农业农村经济】2020年，全州农林牧渔及农林牧渔服务业增加值46.27亿元，比上年增长2.6%。农作物种植面积121.44万亩，比上年增长4.6%。经济作物种植面积45.60万亩，增长4.8%。各类牲畜产仔成活率96.86%，比上年提高0.85%；出栏率63.73%，提高2.68%；商品率58.77%，提高2.83%。年末各类牲畜存栏351.23万头（只），减少4.23万头（只），下降1.2%。全年肉类总产量9.74万吨，比上年增长0.7%。农业机械总动力41.29万千瓦；耕种收综合机械化水平40.58%；农业机械注册登记5682台，农用化肥施用实物量7863吨。

【工业和建筑业】2020年，全州工业增加值22.74亿元，比上年增长2.7%。规模以上工业企业生产黄金5250千克，比上年增长31.6%；水泥96.46万吨，下降8.3%；发电量52.42亿千瓦时，增长6.1%；鲜冻畜肉3380吨，下降8.8%；乳制品7217吨，增长10.3%。规模以上工业企业利润总额5.09亿元，比上年增长11.0%。规模以上工业企业每百元营业收入中的成本为56.31元。年末规模以上工业企业资产负债率为67.3%，营业收入利润率为14.45%。全年建筑业增加值6.44亿元，比上年增长0.3%。年末具有资质的总承包和专业承包建筑业企业29个，与上年末持平。

【交通通信】2020年，全市交通运输、仓储和邮政业增加值11.67亿元，年末机动车保有量14.88万辆，公交车410辆，出租车1691辆。全年完成货运量189万吨，比上年下降11.0%；客运量475万人，增长2.2%。邮政行业完成业务总量0.53亿元，比上年增长10.6%。寄递服务业务量4.3%；快递服务企业业务量114.05万件，增长84.1%。有邮政普遍服务网点110个，快递品牌11家，快递服务网点75个。电信业务总量47.58亿元，增长47.1%。固话用户4.04万户，增加0.01万户。移动电话用户65.91万户，增加0.74万户。互联网用户17.21万户，增加1.06万户。

【文化与旅游】2020年，全州有艺术表演团体8个，文化馆9个，博物馆（纪念馆）16个，公共图书馆9个。出版发行藏汉双语《甘南日报》396万份。广播综合覆盖率100%；无线广播覆盖率91.2%，少数民族语言广播覆盖率62.8%。电视综合覆盖率100%。广播电视直播卫星用户16.51万户。有线电视在网用户6.71万户。全年接待国内外游客1671万人次，比上年增长16.0%；实现旅游综合收入83亿元，增长12.0%。全州A级景区35处。建成观景台4处，3A级旅游厕所28座。建设文化旅游标杆村17个、全域旅游专业村103个、生态文明小康村297个。培育精品民宿和星级农家乐3000余家。

【医疗卫生】年末，全州有医疗卫生机构887个，卫生技术人员4668人，医疗卫生机构床位3574张。全州婴儿死亡率降至4.9‰，5岁以下儿童死亡率降至6.2‰，孕产妇死亡率36／10万，住院分娩率上升到99%。建成区域医学中心38个、急危重症救治中心26个，职业病诊断检查服务机构覆盖率达到100%。

【人民生活和社会保障】2020年，全州城镇居民人均可支配收入27656元，比上年增长4.0%；消费支出20377元，增长5.4%。城镇居民恩格尔系数为35.9%，降低0.4%。城镇家庭每百户拥有家用汽车57.5辆。农村居民人均可支配收入9129元，比上年增长8.2%；消费支出7679元，增长11.5%。农村居民恩格尔系数为42.3%，降低0.8%。农村家庭每百户拥有家用汽车22.3辆。参加城镇职工基本养老保险人数1.6万人，城乡居民基本养老保险人数39.67万人，城镇职工基本医疗保险人数7.86万人，城乡居民基本医疗保险人数62.33万人，失业保险人数36426人，工伤保险人数65531人，生育保险人数59672人。年末全州领取失业保险金人数168人。为37989名农村低保对象发放低保金8861万元，11291名城市低保对象发放低保金7312万元，3274名城乡特困供养人员发放供养金2438万元；为344名孤儿发放生活费462万元和465名事实无人抚养儿童发放生活补贴381万元；为7710名困难残疾人和10018名重度残疾人发放生活补贴和护理补贴2464万元。全年实施临时救助103456人次；救助各类流浪乞讨人员238人次。办理结婚登记6558对，收养登记24例。福利彩票销售6137万元。社会养老床位达到1680张，投入运营的养老院23家。

【资源环境】2020年，全州水资源总量254.1亿立方米。总用水量8035.59万立方米，比上年下降0.9%。有自然保护区8个，其中国家级自然保护区4个；森林公园15个，其中国家级森林公园5个；地质公园5个，其中国家级地质公园2个。年内，能源消耗总量比上年增长1.2%。万元GDP能耗下降0.4%。全州6个地表水考核断面、6个地下水考核点位和120个县级以上集中式饮用水水源水质达到或优于Ⅲ类比例为100%，城市建成区保持无黑臭水体。城市区域声环境质量等级为二级，城市道路交通声环境质量平均等效声级63.3分贝。气象雷达观测站点2个，卫星云图接收站点8个。合作市年降水量559.7毫米，比上年减少1.6毫米；年平均气温3.3℃，与上年持平；年日照小时数2053.5小时，减少33.4小时。

（供稿：康道知草）

2020年甘肃省年末人口数及其构成表

指　标	年末数（万人）	比重（%）
全省常住人口	2501.98	100.00
其中：城镇	1306.73	52.23
乡村	1195.24	47.77
其中：男性	1270.09	50.76
女性	1231.89	49.24
其中：0~14岁[1]	485.35	19.40
15~59岁	1590.53	63.57
60岁及以上	426.10	17.03

2020年甘肃省居民消费价格比上年涨跌幅度表

单位：%

指　标	全　省	城　市	农　村
居民消费价格	2.0	1.9	2.1
其中：食品烟酒	6.4	6.0	7.1
衣　着	-0.6	-0.6.	-0.6
居　住	0. 1	-0.2	0.5
生活用品及服务	0.3	0.3	0.2
交通和通信	-2.6	-2.6	-2.4
教育文化和娱乐	1.2	1.7	0. 1
医疗保健	0.6	0.8	0.3
其他用品和服务	4.3	4.5	3.8

2020年甘肃省主要农产品产量及其增长速度表

产品名称	产量(万吨)	比上年增长(%)
粮食	1202.2	3.4
夏粮	321.3	-1.9
秋粮	880.9	5.5
#小麦	268.9	-4.3
玉米	616.8	3.8
薯类	222.8	7.7
油料	61.45	-2.7
#油菜籽	33.93	-4.7
棉花	3.01	-7.8
甜菜	22.42	-15.4
烟叶	0.52	-0.2
中药材	123.22	8.9
园林水果	481.07	9.7
蔬菜	1478.51	6.5
猪牛羊禽肉	108.9	8.3
猪肉	49.2	2.5
牛肉	24.9	9.7
羊肉	27.6	10.4
禽肉	7.2	50.0
牛奶	57.5	30.4
禽蛋	19.8	31.1

2020年甘肃省规模以上工业分行业增加值增长速度及占比表

行业	比上年增长(%)	占规模以上工业增加值比重(%)
全省	6.5	100
煤炭工业	1.5	6.3
电力工业	11.7	17.7
冶金工业	8.6	7.8.
有色工业	4.0	11.0
石化工业	5.0	26.4
机械工业	15.6	4.3
电子工业	34.0	2.2
食品工业	-0.5	10.8
建材工业	3.3	8.3
纺织工业	10.1	0.2
医药工业	14.9	3.3
其他工业	8.9	1.7

2020年甘肃省主要工业产品产量及其增长速度表

产品名称	单位	产量	比上年增长(%)
原煤	万吨	3859.0	4.7
原油	万吨	968.7	7.2
天然气	亿立方米	3.9	146.5
原油加工量.	万吨	1467. 5	0.1
发电量	亿千瓦时	1762.4	8.1
#火力发电量	亿千瓦时	876.0	11.2
水力发电里	亿千瓦时	506.8	2.2
铁矿石原矿	万吨	970.0	8.3
电石	万吨	81.4	2.4
水泥	万吨	4651.2	5.0
生铁	万吨	782.3	18.7
粗钢	万吨	1059. 2	20.7
钢材	万吨	1102. 6	17.7
十种有色金属	万吨	350.6	6.6
#铜	万吨	66.3	14.3
铅	万吨	3.2	17.4
锌	万吨	40.4	13.3
铝	万吨	225.5	3.5

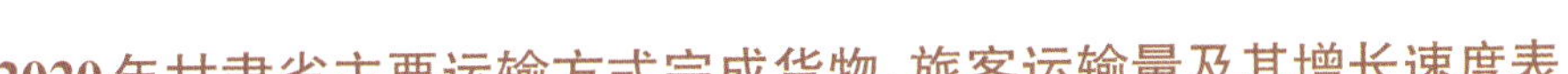

2020年甘肃省主要运输方式完成货物、旅客运输量及其增长速度表

指标	单位	绝对数	比上年增长(%)
货物运输总量	万吨	67239. 7	5.7
#铁路	万吨	5966.1	11.2
公路	万吨	61272. 0	5.2
货物运输周转量	亿吨千米	2516.8	0.8
#铁路	亿吨千米	1496. 4	-1.3
公路	亿吨千米	1020. 3	4.2
旅客运输总量	万人次	26830. 9	-36.6.
#铁路	万人次	4153.3	-30. 4.
公路	万人次	22478. 5	-37.7
旅客运输周转量	亿人千米	399.6.	-40.8.
#铁路	亿人千米	237. 9.	-43.2
公路	亿人千米	140.8	-38. 2

2020年甘肃省分行业项目投资情况表

行业	比上年增长(%)	占项目投资比重(%)
项目投资	7.9	100
农林牧渔业	37.0	7.0
采矿业	2.0	2.9
制造业	5.0	11.2
电力、热力、给水的生产和供应业	-6.9	8.7
建筑业	440.3	0.2
批发和零售业	-28.7	1.3
交通运输、仓储和邮政业	18.2	31.7
住宿和餐饮业	-35.4	0.7
信息传输、软件和信息技术服务业	16.5	1.3
金融业	49.2	0.05
房地产业	7.6	10.0
租赁和商务服务业	36.4	2.5
科学研究和技术服务业	3.0	0.7
水利、环境和公共设施管理业	-4.5	12.1
居民服务和其他服务业	43.2	0.4
教育	-4.0	3.5
卫生、社会保障和社会福利业	8.6	2.3
文化、体育和娱乐业	9.9	2.7
公共管理和社会组织	-10.2	0.9

2020年甘肃省金融机构本外币各项存贷款余额及其增长速度表

指标	年末数(亿元)	比上年末增长(%)
金融机构本外币各项存款余额	20992. 7	6.2
#境内存款	20977.9	6.2
#住户存款	12454.5	11.4
非金融企业存款	4922.7	-0.4
机关团体存款	2951.1	-1.7
财政性存款	352.7	94.9
金融机构本外币各项贷款余额	22159.4	7.2
#境内贷款	22043. 3	7.4
#住户贷款	6019.3	10.2
企业事业单位贷款	16013.3	6.3

2020年甘肃省保险业务情况表

指标	年末数(亿元)	比上年末增长(%)
原保险保费收入	485.2	9.2
财产险	144.0	4.4
人身险	341.2	11.4
支付各类赔款及给付	169.3	11.7
财产险	84.0	13. 4
人身险	85.3	10.1

2020年甘肃省城乡居民家庭人均收支情况表

指标	全体居民		城镇		农村	
	绝对数（元）	比上年增长（%）	绝对数（元）	比上年增长（%）	绝对数（元）	比上年增长（%）
可支配收入	20335. 1	6.2	33821.8	4.6	10344.3	7.4
工资性收入	11461.8	7.1	22903.6	5.5	2985. 9	7.8
经营净收入	3730. 7	5.0	2489. 1	0.2	4650.5	7.6
财产净收入	1195.8	5.0	2627.4	3.5	135.3	4.5
转移净收入	3946. 8	5.5	5801.8	3.7	2572. 6	6.8
生活消费支出	16174. 9	1.9	24614.6	0.7	9922. 9	2.4
食品烟酒	4768. 8	4.3	7068.2	1.0	3065.4	8.4
衣着	1140.6	1.4	1859. 4	-3.2	608. 1	10.2
居住	3557. 3	3.4	5786. 6	2.9	1905. 8	2.1
生活用品及服务	1045. 5	10.6	1662. 0	14.2	588. 8	1.9
交通通信	2020.4	2.4	3081.4	1.0	1234. 4	3.3
教育文化娱乐	1728. 6	-6.2	2426. 7	-5.0	1211.4	-9.0
医疗保健	1544. 7.	-4.6	2090,5	-6.0	1140.4	-3.6
其他用品和服务	369. 1	.3.0	639.8	1.3	168.6	4.4

先进集体

中共中央表彰

全国抗击新冠肺炎疫情先进集体

甘肃省卫生健康委员会疾病预防控制处支部委员会
兰州市肺科医院委员会
兰州新区公安局中川东区派出所支部委员会
兰州市城关区白银路街道正宁路社区委员会
甘肃蓝康医疗器械科技有限公司

（中委〔2020〕468号）

国家部委表彰

全国税务系统先进集体

国家税务总局武威市税务局
国家税务总局成县税务局
国家税务总局永昌县税务局朱王堡税务分局

（人社部发〔2020〕2号）

全国模范法院

张掖市甘州区人民法院

（人社部发〔2020〕5号）

全国交通运输系统先进集体

甘肃省高速公路路政执法总队审理科
甘肃省高速公路局永古高速公路乌鞘岭隧道所
甘肃省酒泉公路局阿克塞公路段
陇西县交通运输局

（人社部发〔2020〕37号）

全国粮食和物资储备系统先进集体

甘肃省白银粮油储备库有限公司

（人社部发〔2020〕41号）

全国建材行业先进集体

甘肃安居新科建材有限公司

（人社部发〔2020〕42号）

全国价格工作先进集体

甘肃省发展和改革委员会价格处

（人社部发〔2020〕60号）

全国商贸流通服务业先进集体

甘肃德盛和商贸有限公司

西北华鹏建工集团有限公司

武威小林商贸有限责任公司

（人社部发〔2020〕80号）

全国物流行业先进集体

兰州新区商贸物流投资集团有限公司

（人社部发〔2020〕86号）

第三届全国石油和化学工业先进集体

西北永新集团有限公司风电及防腐涂料创新团队

甘肃瓮福化工有限责任公司

（人社部发〔2020〕87号）

全国有色金属行业先进集体

金川集团股份有限公司三矿区

白银有色集团股份有限公司厂坝铅锌矿

甘肃东兴铝业有限公司嘉峪关电解四作业区

甘肃稀土新材料股份有限公司烧碱厂

甘肃宝徽实业集团锌冶公司湿法车间

甘肃宏达铝型材有限公司挤压车间

（人社部发〔2020〕88号）

全国邮政行业先进集体

中国邮政集团有限公司甘南藏族自治州分公司

陇西中通快递有限公司

兰州顺丰速运有限公司

（人社部发〔2020〕92号）

全国地方志系统先进集体

酒泉市地方史志办公室

（人社部发〔2020〕97号）

第四届全国民委系统先进集体

甘肃省民族歌舞团

甘南藏族自治州夏河县民宗局

（人社部函〔2020〕85号）

全国三八红旗集体

国家税务总局兰州市七里河区税务局

甘肃省武威市政府政务服务中心

甘肃省庆阳市疾病预防控制中心

国家税务总局平凉市崆峒区税务局第一税务分局

甘肃省天水市清水县“一对一献爱心”贫困儿童资助协会

（妇字〔2021〕8号）

一线女医务人员集体抗击新冠肺炎疫情全国三八红旗集体

甘肃省疾病预防控制中心传染病预防控制所

（妇字〔2020〕39号）

抗击新冠肺炎疫情全国三八红旗集体

甘肃省兰州市城关区靖远路街道朝阳村社区

甘肃省高速公路局甘谷收费站

（妇字〔2020〕40号）

全国三八红旗集体

敦煌研究院文化弘扬部

甘肃省合作市城市环境卫生大队

甘肃省嘉峪关市城区人民检察院公诉科

每日甘肃网舆情部

甘肃省平凉市庄浪县农业产业扶贫开发有限责任公司

（妇字〔2020〕43号）

省委　省政府表彰

2019年度省长金融奖获奖单位

银行机构

中国工商银行甘肃省分行

中国建设银行甘肃省分行

国家开发银行甘肃省分行

中国农业银行甘肃省分行

中国农业发展银行甘肃省分行

中国银行甘肃省分行

兴业银行兰州分行

甘肃银行

兰州银行

交通银行甘肃省分行

证券公司

华龙证券股份有限公司

中国银河证券股份有限公司甘肃分公司

要素市场

甘肃省产权交易所

保险机构

中国人民财产保险股份有限公司甘肃省分公司

中华联合财产保险股份有限公司甘肃省分公司

黄河财产保险股份有限公司

中国人寿保险股份有限公司甘肃省分公司
平安养老保险股份有限公司甘肃省分公司
信托公司
光大兴陇信托有限责任公司
金融控股公司
甘肃金融控股集团有限公司
资产管理公司
甘肃资产管理有限公司
直接融资企业
甘肃省公路航空旅游投资集团有限公司
金川集团股份有限公司
酒泉钢铁(集团）有限责任公司
甘肃省公路交通建设集团有限公司
白银有色集团股份有限公司
甘肃工程咨询集团股份有限公司
兰州建设投资（控股）集团有限公司
天水华天电子集团股份有限公司
金徽酒股份有限公司
融资担保公司
甘肃金控融资担保集团股份有限公司
甘肃省融资担保集团股份有限公司
甘肃省农业融资担保有限责任公司
市州人民政府
兰州市人民政府
天水市人民政府
陇南市人民政府
定西市人民政府
临夏回族自治州人民政府

（甘政发〔2020〕63号）

先进人物

中共中央表彰

全国抗击新冠肺炎疫情先进个人

刘　健　兰州大学第一医院
何　洁　（女）兰州市皋兰县妇幼保健院
宋克勤　（藏族）甘南州人民医院
张浩军　甘肃省人民医院
李小平　兰州市肺科医院
魏占杰　定西市陇西县第一人民医院
安彩霞　（女）甘肃省妇幼保健院
独　炜　陇南市礼县第一人民医院
脱亚莉　（女）庆阳市人民医院
达春和　白银市第一人民医院
汪　鹏　甘肃省疾病预防控制中心
李　莹　兰州市疾病预防控制中心
郭玉芬　（女）甘肃省卫生健康委员会
贾崇清　兰州新区卫生健康委员会
姜　波　（女）兰州市西固区西固城街道牌坊路社区
苟　祥　白银市白银区四龙镇人民政府
杨维芳　（女）天水市清水县永清镇北城社区
张海生　（东乡族）临夏州公安局刑事警察支队重特大案件侦破大队
田玉成　兰州中川国际机场有限公司
金　鑫　甘肃日报报业集团有限公司

（中委〔2020〕468号）

全国劳动模范和先进工作者

全国劳动模范

潘从明　金川集团铜业有限公司贵金属冶炼分厂提纯班班长，高级技师
孙青先　中国石油天然气股份有限公司兰州石化分公司石油化工厂乙烯联合车间操作工，高级技师
张平香　（女）方大炭素新材料科技股份有限公司信息自动化部自动化站主任，工程师、高级工
王小康　甘肃东兴铝业有限公司嘉峪关电解四作业区党支部书记、作业长，工程师
刘锦帆　（女）中材科技（酒泉）风电叶片有限公司工艺装备部工程师
张自飞　天水华天电子集团七四九电子有限公司电源分厂主任，助理工程师、高级工
杨建军　（回族）甘肃红峰机械有限责任公司疏水阀厂404车间数控一班班长，高级技师
巩怀华　中国石油天然气股份有限公司庆阳石化分公司运行一部运行丁班班长，高级工
王兴平　甘肃省临洮铝业有限责任公司电解二车间主任，中级工
马宏胜　（回族）临夏州华安生物制品有限责任公司品质部部长，食品工程高级工程师
何琪功　兰州兰石能源装备工程研究院有限公司主任工程师，正高级工程师
李文强　中核四〇四有限公司第一分公司维修中心机械运行班焊工，高级技师

甘肃年鉴 2021

范冬云　（女）兰州三毛实业有限公司纺纱厂细纱挡车工，高级工
郑　伟　国网甘肃省电力公司电力科学研究院三级职员、管理第一党支部书记，正高级工程师
赵　丕　中国铁路兰州局集团有限公司兰州西机务段动车组司机，高级技师
王芙蓉　（女）中国电信股份有限公司甘肃分公司网络监控维护中心基础设施维护部主任，通信电源工程师、高级工
文　盛　中国石油天然气股份有限公司玉门油田分公司炼油化工总厂焦化车间班长，技师
吴春生　中国石油天然气股份有限公司长庆油田分公司第十采油厂采油工艺研究所副所长，油田开发工程师
尹建敏　（女，满族）兰州鑫源现代农业科技开发有限公司董事长
陈耀祥　甘肃中天羊业股份有限公司董事长
唐顺初　甘肃康视达科技集团有限公司董事长，高级工程师
李　玲　（女）甘肃新乐连锁超市有限责任公司党支部书记、董事长
李守茂　白银市平川区水泉镇党委委员、野麻村党支部书记
梁倩娟　（女）陇南市徽县水阳镇石滩村妇联主席
常继锋　静宁常津果品有限责任公司董事长
赵清龙　中国邮政集团公司甘肃省镇原县分公司方山邮政所投递员
吾尔白　（女，藏族）甘肃省玛曲县市政监察大队环卫工
谢昌盛　甘肃第六建设集团股份有限公司抹灰作业队队长，高级工
胡中山　古浪县黄花滩生态移民后续产业专业合作社党委书记
郭万刚　古浪县八步沙林场场长
张　祯　永昌县泽民农产品收购加工农民专业合作社社长
廖永强　甘肃华实高效农业开发有限公司技术员，农民技师

全国先进工作者

刘　庆　兰州市公安局西固分局政委、三级高级警长
李　明　甘肃省纪委监委第九审查调查室四级调研员
班玛南加　（藏族）甘肃省甘南藏族自治州迭部县消防救援大队大队长
张志明　甘肃中医药大学附属医院院长，主任医师
康　丽　（女）酒泉市公安局肃州分局东城关派出所二级警长
剡红红　（女）国家税务总局天水市秦州区税务局第一税务分局局长
脱小平　甘肃省庆阳第一中学数学教师，中学高级教师
张国宏　甘肃省农业科学院旱地农业研究所二级研究员
胡　斌　兰州大学信息科学与工程学院教授
莫尊理　西北师范大学化学化工学院教授
胡小春　甘肃省地质矿产勘查开发局第四地质矿产勘查院二分队分队长兼技术负责，地矿工程师
赵贵宾　甘肃省农业技术推广总站站长，农业技术推广研究员
于德山　甘肃省疾病预防控制中心病原生物实验室主任，主任检验技师
蔡　辉　甘肃省人民医院党委委员、副院长，主任医师
何晓春　（女）甘肃省妇幼保健院产二科主任，主任医师

（中委〔2020〕609号）

国家部委表彰

全国税务系统先进工作者

王　鹏　国家税务总局静宁县税务局党委书记、局长
李燕玲　国家税务总局庆阳市税务局征收管理科科长

（人社部发〔2020〕2号）

全国模范法官

滕文祥　白银市中级人民法院刑事审判第一庭副庭长

（人社部发〔2020〕5号）

全国交通运输系统劳动模范和先进工作者

孙进玲　甘肃省公路建设管理集团有限公司党委书记、董事长
吴　军　兰州公交集团第四客运公司三车队50路驾驶员
高新民　甘肃五环公路工程有限公司总经理
隆小红　（女）甘肃省民航机场集团有限公司兰州中川国际机场地面服务部引导问询室副经理
朱媛媛　（女）庆城高速公路收费所庆城收费站收费员
候敬钦　甘肃中核公铁运输有限公司大修分公司副经理
董立文　甘肃省交通工程质量安全监督管理局质量监督一处处长
王晓平　甘肃省天水公路局高等级公路养护中心主任党支部副书记
顾文礼　甘肃省张掖公路局高台公路段专业化养护维修队队长
包彩霞　（女）甘肃省庆阳公路局西峰公路段副段长
马建海　（回族）广河县交通运输局副局长

（人社部发〔2020〕37号）

第二届全国创新争先奖状获奖者

王齐华　中国科学院兰州化学物理研究所

王爱勤　中国科学院兰州化学物理研究所
周　峰　中国科学院兰州化学物理研究所
冯　起　中国科学院西北生态环境资源研究院
李得天　兰州空间技术物理研究所
郑海学　中国农业科学院兰州兽医研究所
谢小冬　（回族）兰州大学

（人社部发〔2020〕39号）

全国粮食和物资储备系统先进工作者和劳动模范

吴战瑞　国家粮食和物资储备局甘肃局二七四处副处长
王全福　甘肃省粮油储运有限公司党委书记、董事长

（人社部发〔2020〕41号）

全国建材行业劳动模范

杨映塘　甘肃省建材科研设计院有限责任公司副总经理

（人社部发〔2020〕42号）

全国价格工作先进工作者

张妍华　（女）甘肃省武威市市场监督管理局价格监督检查和反不正当竞争科科长

（人社部发〔2020〕60号）

全国爱国拥军模范

于启辉　嘉峪关市钢城街道兰新社区武装部长
孙小燕　（女）陇南康神苦荞生物科技有限公司董事长

（人社部发〔2020〕74号）

全国拥政爱民模范

尚小龙　中国人民武装警察部队甘肃省总队临夏支队副参谋长

（人社部发〔2020〕74号）

全国物流行业劳动模范

梁森林　甘肃酒钢物流有限公司副经理
王海峰　捷时特物流有限公司国际事业部总经理
许国兴　金川集团物流有限公司工务段白家嘴站班长

（人社部发〔2020〕86号）

第三届全国石油和化学工业劳动模范

张宏军　甘肃锦世化工有限责任公司焙烧车间主任
王　志　西北永新涂料有限公司销售总监
常志强　白银中天化工有限责任公司生产科科长

（人社部发〔2020〕87号）

全国有色金属行业劳动模范

李明祥　甘肃洛坝有色金属集团有限公司副总经理、总工程师
吕文华　甘肃东兴铝业有限公司电解三作业区五工区工区长
张万利　甘肃稀土新材料股份有限公司218车间段长
张天云　兰州铭帝铝业有限公司环保动力部班长
汪小虎　八冶建设集团第一建设有限公司项目经理
宗维贤　甘肃省临洮铝业有限责任公司电解一车间主任
柴国梁　金川集团股份有限公司镍冶炼厂电解一车间班长

全国黄金行业劳动模范

钱　虎　甘肃招金贵金属冶炼有限公司副总经理

（人社部发〔2020〕88号）

全国邮政行业劳动模范和先进工作者

唐和顺　中国邮政集团有限公司兰州市分公司西固城营业部（普邮组）乡邮投递员
王小强　嘉峪关华宏圆通快递有限公司副总经理
曹学东　甘肃省金昌市邮政管理局党组成员、党组纪检组组长、副局长

（人社部发〔2020〕92号）

全国三八红旗手

齐恩芳　甘肃省农业科学院马铃薯研究所研究室主任、研究员
李晓梅　甘肃田地农业科技有限责任公司总经理
付桃美　甘肃省陇南市文县石鸡坝镇古家沟村村委会主任
赵　莉　甘肃省博物馆文物保护修复中心副主任、研究员
牟小娟　甘肃省庆阳市人民医院产科主任
刘世英　甘肃省兰州市妇联党组书记、主席

（妇字〔2020〕43号）

一线女医务人员抗击新冠肺炎疫情全国三八红旗手

高育新　甘肃省人民医院门诊部副主任
杨　兰　甘肃省妇幼保健院副院长
刘晓菊　甘肃省兰州大学第一医院呼吸专业一级主任医师、甘肃省第六批援助湖北医疗队队长、临时党支部书记
刘艳花　甘肃省金昌市人民医院重症医学科护士长
贾金霞　甘肃省定西市疾病预防控制中心检验科副科长
周莹荃　甘肃省兰州市肺科医院感染科负责人、副主任医师
刘　华　甘肃省人民医院呼吸与危重症医学科主任
肖　文　甘肃省紧急医疗救援中心副主任

（妇字〔2020〕39号）

抗击新冠肺炎疫情全国三八红旗手

苗清莲　甘肃省陇南市礼县城关镇水城社区党支部书记
刘兰香　甘肃省兰州市公安局七里河公安分局小西湖派出所副所长
杨小燕　甘肃省女企业家协会会长、兰州福田房地产开发有限公司董事长
屈玲玉　甘肃省张掖市山丹县大马营镇夹河村四社村民

（妇字〔2020〕40号）

第四届全国民委系统先进工作者

赵　娟　（女）临夏州民族事务委员会政策法规督查科科长
牧　仁　（蒙古族）甘肃省民委少语古籍处一级调研员

（人社部函〔2020〕85号）

省委　省政府表彰

第九批甘肃省优秀专家

马　坚　临夏县人民医院主任医师
马建伟　省小陇山林业实验局正高级工程师
王　庆　兰州财经大学教授
王　猛　中国科学院近代物理研究所研究员
王文忠　甘肃煤炭地质勘查院高级工程师
王志锋　甘肃兰药药业有限公司高级工程师
王国庆　临夏州人民医院主任医师
王治业　省科学院研究员
王建兵　天水市第三中学正高级教师
王晓银　金昌市文学艺术界联合会研究馆员
王继红　定西市第一中学高级教师
牛育林　省农垦集团甘肃莫高实业发展股份有限公司葡萄酒厂高级技师
毛志成　甘肃画院一级美术师
尹明德　秦安县第一中学正高级教师
孔晨华　国网兰州供电公司高级工程师、高级技师
石林雄　省农业机械化技术推广总站农业技术推广研究员
石晓峰　省医学科学研究院主任药师
卢莉萍　张掖市疾控中心主任医师
史玉成　甘肃政法大学教授
冯祥元　武威市林业综合服务中心正高级工程师
吕卫民　甘南州中心血站主任医师
朱文萍　省环境监测中心站正高级工程师
朱建宁　省药品监督管理局审评认证中心正高级工程师
朱建新　庄浪县中医医院主任医师
刘　忠　兰州文理学院教授
刘永琦　甘肃中医药大学教授
刘永斌　甘肃宝石花医院副主任医师
刘兴荣　兰州大学教授
刘金荣　甘肃兰太环境治理科技有限公司教授
刘学荣　中农威特生物科技股份有限公司研究员
刘春杰　中国石油天然气集团有限公司老君庙采油厂高级技师
刘航军　金川总校第六中学高级教师
刘梅金　甘南州农业科学研究所农业技术推广研究员
米文佐　兰州城市学院教授
孙　富　定西高强度紧固件股份有限公司正高级工程师
杜玉祥　省测绘工程院正高级工程师
李文生　兰州理工大学教授
李向东　省经济作物技术推广站农业技术推广研究员
李向伟　兰州工业学院教授
李志华　甘肃银光化学工业集团有限公司高级工程师
李国权　清水县人民医院主任医师
李祖鹏　中国市政工程西北设计研究院有限公司教授级高级工程师
李续荣　平凉市农业科学院研究员
李朝明　陇南市第一人民医院主任医师
李德明　定西市农业科学研究院农业技术推广研究员
杨　勇　省民族宗教研究中心研究员
杨天育　省农业科学院研究员
杨永红　白龙江林业管理局林业科学研究所正高级工程师
杨杜录　省畜牧技术推广总站农业技术推广研究员
杨秉松　金川集团镍钴研究设计院高级技师
何　华　兰州石化职业技术学院教授
何世顺　临夏中学正高级教师
何晓春　省妇幼保健院主任医师
汪龙德　甘肃中医药大学附属医院主任医师
汪志刚　兰州市文学艺术界联合会一级美术师
沈玉琳　省计算中心研究员
宋振峰　甘肃日报报业集团高级编辑
张　东　省水利水电勘测设计研究院有限公司正高级工程师
张　勇　嘉峪关市中医医院主任医师
张卫平　金昌市中心医院副主任护师
张文利　兰州市农业科技研究推广中心副研究员
张可锋　北京师范大学庆阳附属学校高级教师
张兴林　省生态环境宣传教育中心正高级工程师
张金明　陇南市种子管理总站农业技术推广研究员
张治堂　白银市第二人民医院主任医师
张建君　省委党校（甘肃行政学院）教授
张顺林　武山县蔬菜产业科技示范园区管委会高级农艺师
张举涛　省建筑设计研究院有限公司正高级工程师
张晓东　嘉峪关长城博物馆研究馆员
陈　军　省图书馆研究馆员
陈　勇　兰州生物制品研究所有限公司研究员

陈文宝　张掖日报社高级记者
陈兴润　酒钢集团宏兴公司高级工程师
邵士俊　中国科学院兰州化学物理研究所研究员
范　飞　兰石集团能源装备工程研究院有限公司正高级工程师
周　波　省水利科学研究院正高级工程师
周　勇　金昌市畜牧中心农业技术推广研究员
郑生喜　张掖市第二人民医院主任医师
柳玉峰　金昌市中心医院副主任医师
姚汉平　陇南市实验小学正高级教师
姚健魁　西和县人民医院副主任医师
聂　英　民勤县畜牧兽医工作站高级畜牧师
贾　忠　兰州市第二人民医院主任药师
贾小斌　兰石重型装备股份有限公司正高级工程师
贾广钰　省景泰川电力提灌管理局正高级工程师
党永生　武威二中正高级教师
郭　铌　省气象局研究员
唐进年　省治沙研究所研究员
彭　勇　兰州大学教授
彭岚嘉　兰州大学教授
董兵天　甘肃有色冶金职业技术学院副教授、高级技师
董新锋　嘉峪关市第一人民医院主任医师
韩　琳　省人民医院主任护师
舒　劲　省中医院主任医师
曾庆辉　人大研究杂志社编审
谢兴文　省第二人民医院主任医师
靳　丹　甘肃同兴智能科技发展有限公司教授级高级工程师
缪中发　庆阳广播电视台高级记者
樊东隆　靖远县农业技术推广中心农业技术推广研究员
潘亚文　兰州大学第二医院主任医师

（甘委〔2020〕82号）

甘肃省先进工作者

兰州市

于　博　兰州市第二人民医院院长
王建萍　（女）兰州市西固区福利路第一小学校长
张　伟　兰州市公安局交通警察支队东岗大队大队长、四级高级警长
张正娟　（女）兰州市肺科医院感染科护士长
周莹荃　（女）兰州市肺科医院感染科副主任医师
李　静　（女）兰州市安宁区刘家堡街道办事处刘家堡社区居民委员会社区党委书记

金昌市

姚　涛　永昌县公安局党委委员、副局长、刑侦大队大队长、四级高级警长

酒泉市

张晓云　（女）酒泉市人民医院妇产科主任

张掖市

马　超　临泽县公安局倪家营派出所所长

武威市

吴正奇　甘肃省武威肿瘤医院消化病院区负责人
杨爱军　武威市公安局凉州分局特警大队大队长

白银市

张淑一　（女）白银市妇幼保健院院长
王永研　（女）甘肃省景泰县第二中学教师

天水市

曹宝国　天水市中医医院党委副书记、院长
郭万田　天水市农业农村局乡村产业发展科副科长
董祥林　天水市建设工程安全质量监督管理处主任

平凉市

岳　超　平凉市妇幼保健院外科主任
陶新萍　（女）平凉市老年养护院支部书记、院长

庆阳市

赵继磊　庆阳市消防救援支队安化消防救援站站长助理
魏彦坤　（女）庆阳市司法局法治调研督察科科长

定西市

张彦青　定西市疾病预防控制中心传染病与地方病预防控制科科长
董天遣　岷县蒲麻镇中心小学教师兼教学副校长
杨维平　陇西县中医医院党总支书记

陇南市

赵　丰　陇南市武都区中医医院党委书记
李宝贵　礼县职业中等专业学校教师

甘南州

靳芳琴　（女）卓尼县柳林小学校长

临夏州

覃　霞　（女）临夏州广播电视台新闻部主任
康　旭　和政县马家堡镇人民政府党委书记

兰州新区

刘学法　兰州新区消防救援支队中川特勤站站长

省直部门（单位）

彭　强　甘肃省住房和城乡建设厅一级主任科员
张凌鹏　甘肃省地质矿产勘查开发局第二地质矿产勘查院水文与地热资源调查中心主任
郑三君　甘肃省测绘工程院第二测绘队副队长
强爱民　甘肃省小陇山林业实验局李子林场马家坝森林经营管理所所长
杨　浩　甘肃省草原技术推广总站草业科科长
尹世东　甘肃省家畜繁育改良管理站兽医师
李永峰　甘肃省水利厅信息中心综合科科长
尹伟先　西北民族大学社会科学研究院副院长

朱彦鹏　兰州理工大学西部土木工程防灾减灾教育部工程研究中心主任
高亚芳　（女）兰州文理学院文创乡创学院院长
李鸿杰　甘肃林业职业技术学院林业工程学院院长
马冬梅　（女，回族）天水师范学院体育运动与健康学院教授
闫婧华　（女）甘肃省教育科学研究院教育科学规划研究所所长
李　慧　（女）甘肃省疾病预防控制中心副主任
刘勤江　甘肃省肿瘤医院副院长
虎维东　甘肃省人民医院呼吸与危重症医学科主任医师
张雪莲　（女）甘肃省第三人民医院妇产科副主任医师
刘晓霞　（女）甘肃省中医院肺病科护士长
戴晓倩　（女）兰州大学第一医院急诊科护士
方　岩　甘肃省第二人民医院重症医学科副主任医师
李培杰　兰州大学第二医院重症医学科主任
潘玮华　（女）甘肃省妇幼保健院院长助理
任宝仓　甘肃省农业工程技术研究院植物保护技术中心主任
陈明军　甘肃省核地质二一三大队钻探公司经理
石鸿雁　（女）甘肃省女子强制隔离戒毒所二大队大队长、一级警长
漆天生　天水市公安局秦州分局北关派出所副所长
姬晓龙　定西市陇西县公安局网安大队大队长
黄小勇　陇南市徽县公安局警务督察大队大队长
田继宗　平凉市公安局崆峒分局禁毒大队大队长
妥瑞明　（东乡族）临夏州公安局技侦支队警务技术三级主管
屈　静　（女）兰州市人民检察院一级检察官
赵淑霞　（女）金昌市永昌县人民检察院第一检察部负责人
韩永龙　庆阳市环县人民法院合道法庭负责人，三级法官
董雪莉　（女）天水市甘谷县人民法院审委会委员、民事审判庭负责人，一级法官
董开荣　金昌市金川区人民法院执行局局长，一级法官
曹　惠　（女）国家税务总局平凉市崆峒区税务局第一税务分局局长
王鲁合　国家税务总局合作市税务局党委委员、副局长
许恒山　国家税务总局张掖市税务局第一稽查局副局长
赵　彬　甘肃省广电总台电视新闻中心时政部副主任
姚变娃　（女）甘肃省自行车训练管理中心运动员
王永杰　甘肃省发改委石油天然气和科技装备处处长
韩　鑫　中共甘肃省委组织部信息化管理处一级主任科员
梁希晨　中共甘肃省委直属机关工作委员会一级主任科员
李永州　甘肃省高速公路执法总队树屏公路路政执法大队大队长
刘新凤　（女）甘肃省疾病预防控制中心传染病预防控制所所长
张　强　甘肃省粮食和物资储备局办公室一级主任科员
滕　飞　甘肃省作家协会专职副主席
黄玉霞　（女）兰州中心气象台正高级工程师
张小娟　（女，藏族）舟曲县扶贫开发办公室原副主任
吕　鹏　甘肃省扶贫开发办公室计划统计处二级主任科员
姚培愚　陇南市扶贫开发办公室计划统计科科长
朱恒昌　陇西县扶贫开发办公室党组书记、主任
王国福　榆中县扶贫开发办公室主任
邵昶铭　甘肃省环境监测中心站监测质量监督管理中心主任
肖战明　宕昌县应急管理局副局长
张俊彦　中国科学院兰州化学物理研究所副所长
甘再国　中国科学院近代物理研究所研究员

（甘委〔2020〕107号）

甘肃省劳动模范

兰州市

董　霞　（女）兰州高压阀门有限公司技术研发部部长
王　理　兰州铝业有限公司副总经理
郭建国　兰州真空设备有限责任公司加工车间电焊班班长
贾如丽　（女）兰州三毛实业有限公司织布厂织机挡车工
陈小庆　中昊北方涂料工业研究设计院有限公司研究员
裴永稚　中国石油天然气股份有限公司兰州石化分公司催化剂厂三套分子筛车间催化剂制造工
徐克元　酒钢集团榆中钢铁有限责任公司炼钢作业区连铸机班长兼四号机机长
李希军　兰州佛慈制药股份有限公司提取车间副主任
孙志强　（满族）兰州市轨道交通有限公司运营分公司技术总工程师
王蔚民　（女）兰州银行股份有限公司信息科技部副总经理
魏本强　兰州兰石重型装备股份有限公司炼化公司专业制造焊接一车间主任
吴　军　兰州公交集团有限公司驾驶员
翟向楠　天华化工机械及自动化研究设计院有限公司干燥设备研究所设备设计员
张　杰　兰州城市供水（集团）有限公司供水公司东区管线所工作站长
朱振家　甘肃中石油昆仑燃气有限公司兰州高新分公司东岗运行班副班长
苏　彪　兰州奔马汽车出租有限公司驾驶员
李　红　（女）甘肃紫光智能交通与控制技术有限公司副董事长
闫娟起　（女）兰州九州通医药有限公司企管总监

李明杨 甘肃迅美节能科技股份有限公司董事长
李建军 兰州水运集团有限公司党委书记、董事长
唐立栋 永登县龙泉寺镇大涝池村党支部委员
马乐梅 （女）皋兰丰苗白兰瓜专业合作社理事长
白彩盛 兰州液压新技术开发应用研究所汽车维修工
石峡兵 兰州威特焊材科技股份有限公司生产部部长
王新明 兰州民召物业管理集团甘肃三为家政综合服务有限公司护理班长
肖新龙 甘肃第六建设集团股份有限公司第一安装公司电工
安建峰 兰州顺丰速运有限公司收派员

嘉峪关市

李志云 （女）酒泉钢铁（集团）有限责任公司技术中心化学分析工
魏海霞 （女）甘肃酒钢集团宏兴钢铁股份有限公司炼钢技术开发责任工程师
于建红 嘉峪关大友企业公司铁合金厂副厂长
席荣远 甘肃嘉恒产业发展（集团）有限公司嘉峪关恒宸燃气有限公司生产运行管理中心副主任
刘凤花 （女）嘉峪关市文殊镇塔湾村村党总支副书记

金昌市

柴国梁 金川集团股份有限公司镍冶炼厂镍电解一车间电解班技术班长兼车间技术主管
聂玉娟 （女）金川集团热电有限公司供热二公司水务班班长
孔晓东 八冶建设集团有限公司第一安装建设公司宁夏分公司技术负责人
吴　萍 （女）金川集团公司职工医院（金昌市中心医院）感染科主任
朱金法 金昌宇恒镍网股份有限公司董事长
鲜舜文 金昌市金川区双湾镇新粮地村党支部书记、村委会主任
刘福香 （女）金昌市金川区环境卫生管理局清洁工

酒泉市

曹　杰 北京京城新能源（酒泉）装备有限公司质量管理处处长
柴长录 甘肃酒泉汉武酒业有限责任公司机修动力车间主任
周业德 酒泉市泓坤水利水电工程有限公司项目技术负责人
王　冲 大禹节水集团股份有限公司党委书记、副董事长
顾红艳 （女）玉门市柳河镇红旗村党支部书记兼村委会主任
白万荣 金塔县欣荣养殖种植农民专业合作社总经理
李彩芸 （女）敦煌市梦之旅旅行社有限公司导游
杨生祥 瓜州县世纪红枸杞产业发展有限公司董事长

张掖市

杨　成 （裕固族）甘肃祁连山生物科技开发有限责任公司生产车间主任
雷　玲 （女）山丹县城北预制构件有限责任公司成品统计员
张述斌 张掖市新大弓农化有限责任公司副总工程师
鲁　玲 （女）山丹马场三场有限责任公司马铃薯种薯繁育中心副高级工程师
章晓文 甘肃银河食品集团有限责任公司董事长兼总经理
许三甲 高台县宣化镇乐三村党支部书记、村委会主任
刘怀红 临泽宏鑫矿产实业有限公司农民工
张小燕 （女）民乐县未来星儿童关爱中心园长

武威市

管柏凯 甘肃电投武威热电有限责任公司设备技术部电气检修班班长
朱万同 武威大禹节水有限责任公司生产运营管理部部长
张文武 武威红太阳酒业酿造有限责任公司技术总工
南海彦 天祝县煜翔文化旅游开发有限责任公司技术员
李　斌 民勤县给排水管理站维修股副股长
王　琨 天祝藏族自治县打柴沟镇安家河村党支部书记兼村委会主任
胡丛斌 古浪县黄花滩移民区兴盛种羊繁育有限公司总经理
叶长炼 民勤县长炼沙葱产销专业合作社理事长
张文博 凉州区厚道人家主食食品加工厂厂长
王玉红 （女）甘肃江泰劳务有限责任公司党支部书记
宋祯忠 凉州区忠盛源蔬菜农民专业合作社理事长
王丽娟 （女）武威市凉州区下双镇涨泗村村民

白银市

白忠山 白银寿鹿山水泥有限责任公司熟料车间主任
高　斌 （土家族）甘肃中集华骏车辆有限公司综合管理部经理
包玺琳 （女）西北矿冶研究院矿物工程研究所副所长
张晓平 白银有色集团股份有限公司第三冶炼厂熔炼车间调度室调度长
张宏祥 甘肃稀土新材料股份有限公司供应采购中心主任
陈顺贤 甘肃银宇通实业集团有限公司党总支书记、董事长、总经理
任长太 会宁县韩家集镇袁家坪村党支部书记
刘萍兰 （女）会宁县梅灵草粉加工专业合作社理事长
刘志成 白银如意阳光大酒店有限公司餐饮部主管
李振宪 甘肃振宪建筑工程有限公司总经理
李岩河 靖远县北湾镇中堡村村民

天水市

马向平 天水电气传动研究所集团有限公司钻采产品事业部副经理

安　琪　（女）天水锻压机床（集团）有限公司四分厂电焊工
宋红为　国网甘肃省电力公司天水供电公司运维检修部主任
董　健　甘肃烟草工业有限责任公司天水卷烟厂设备动力科技术员
颉建荣　天水天光半导体有限责任公司军品营销公司经理
展海瑜　（女）天水星火机床有限责任公司技术中心主任
张　炜　天水长城开关厂集团有限公司副总工程师
张维林　甘谷县腾达职业技术培训学校校长
冯小明　（女）清水县土门镇梁山村党支部书记
薛菊香　（女）甘肃盛源菊香农业发展有限公司董事长
李爱军　天水市秦州区太京镇李家台子村卫生室村医
马贵荣　（回族）上海伊源清真餐饮管理有限公司副总经理
王永刚　武山中荷环境管理有限公司铲车司机
李建魁　天水市麦积区新农民协会理事长
周建国　清水县金果果品种植农民专业合作社理事长

平凉市

张延伟　华能平凉发电有限责任公司运行部主任
王涛德　平凉海螺水泥有限责任公司制造分厂副厂长
穆建中　甘肃虹光电子有限责任公司军品装配厂军品设计师
买全友　（回族）中国邮政集团公司平凉市崆峒区分公司普邮投递部揽投员
程　强　泾川县旭康食品有限责任公司董事长
王安全　庄浪县朱店镇新王村党支部书记
王志伟　静宁县红六福果业有限公司总经理
闫鹏乾　平凉市兴都建筑工程有限责任公司第三十二项目部钢筋工
邓新华　华亭市砚峡东沟村煤矿机电队队长
冯巧叶　（女）灵台县凯丰苹果种植农民专业合作社董事长
朱胜利　崇信县永胜养殖农民专业合作社董事长
田积林　甘肃德美地缘现代农业集团董事长

庆阳市

伏　霞　（女）甘肃延庆路桥建筑集团有限公司资料员
高清杰　国网甘肃省电力公司环县供电公司安全总监
张黎平　正宁县金牛实业有限责任公司工程师
麻建明　庆阳市供排水公司投资管理部经理
张小春　甘肃张小春城乡物流有限公司董事长
马银萍　（女）镇原县临泾镇席沟圈村党支部书记
白永恒　庆阳陇牛乳业有限公司董事长
宋光军　庆阳市西峰区环境卫生管理局垃圾清运消纳管理所垃圾清运车驾驶员
姚文智　华池县恒烽中药材苗林有限公司经理
高　成　庆阳恒丰源苹果农民专业合作社理事长
方丰泰　庆城县丰泰果业专业合作社理事长

定西市

吕鹏涛　中铁二十局集团有限公司陇漳高速公路工程施工总承包指挥部指挥长
何建胜　定西高强度紧固件股份有限公司机修班班长
向金泉　西北铝业有限责任公司挤压制造部挤压机操纵手
马全胜　定西市和源市政工程有限公司副经理
吴正强　国网甘肃省电力公司定西供电公司运维检修部主任兼党支部书记
杨建平　酒钢集团甘肃东兴铝业有限公司陇西分公司电解一作业区作业长
申韦娟　（女）临洮县上营乡包家山村妇联主席
赵　伟　定西市三牛农机制造有限公司车间主任
杨永强　甘肃省临洮铝业有限责任公司电解一车间四段工段长
周幸欣　（女）甘肃省盈佳康业商务有限公司经理
侯双平　渭源县麻家集镇塄坎村村民
马致远　岷县秦许乡马烨仓村村民
王满福　漳县三岔镇河南坡村村民

陇南市

向双全　金徽酒股份有限公司微生物研究所所长兼检测中心主任
曾廷祥　陇南祁连山水泥有限公司党委书记、总经理
曹宗孟　两当县杨店镇灵官殿村党支部书记
王龙霞　（女）礼县桥头镇花桥村党支部副书记兼妇联主席
乔伍忠　宕昌县理川丰达中药材农民专业合作社理事长

甘南州

阿　闹　（藏族）国网迭部县供电公司代古寺供电所所长
何晓霞　（女）合作市水务热力有限责任公司副总经理兼生产经营部主任
敏永杰　（回族）临潭县恒达商贸有限责任公司董事长
拉毛才让　（藏族）碌曲县阿拉乡博拉村党支部书记、村委会主任
斗格扎西　（藏族）夏河县仁青帐篷加工有限责任公司设计师
卓玛加布　（藏族）玛曲县玛雄兴隆围栏制造有限公司董事长
王秀云　（女）舟曲县大峪乡老地众乐养殖农民专业合作社理事长

临夏州

刁国峰　（回族）国网甘肃省电力公司刘家峡水电厂电气分场卷线班班组长
未　信　（女）临夏州永靖县城管局绿丰清洁公司工人
马小娟　（女，东乡族）中国农业银行股份有限公司广河

县支行网点主任

朱绍雄 甘肃古河州酒业有限责任公司工业设计中心总监

王志胜 甘肃煜弘建筑工程有限公司董事长

马一奴四 （回族）临夏县麻尼寺沟乡寺庄村党支部副书记

杨丽莹 （女）甘肃省临夏州百益奋耘草莓农民专业合作社理事长

陈梅珍 （女）和政县隆兴春苗木种植经营农民专业合作社理事长

常玉平 临夏州康乐县草滩乡农民

马艾有卜 （回族）临夏州临夏县夏雪养殖农民专业合作社负责人

祁国龙 （东乡族）东乡县伊顺养殖农民专业合作社理事长

冶洒力海 （保安族）积石山县冶家折花工艺品有限公司经理

兰州新区

桂惠元 兰州新区供排水有限公司抢维修班班长

曹红平 中核四〇四有限公司第四分公司一车间主任

省直部门（单位）

苏建武 西北永新涂料有限公司制漆厂工段长

毛明强 甘肃省建筑设计研究院有限公司副总工程师

王旭亮 甘肃陇神戎发药业股份有限公司团总支书记、生产管理部部长助理

张延明 甘肃省公路发展集团有限公司机械设备操作员

李宇强 甘肃第四建设集团有限责任公司工业建安公司技术质量部部长

马小蕾 （女）中国市政工程西北设计研究院有限公司总工程师

常正宗 甘肃第七建设集团股份有限公司木工班长

王　龙 甘肃长城建设集团有限责任公司设备租赁公司塔吊司机

吕生玺 甘肃省水利水电勘测设计研究院有限责任公司总经理助理

徐纪正 甘肃五环公路工程有限公司汽车驾驶员

杨宝林 甘肃省交通规划勘察设计院股份有限公司经营开发部主任

康　琦 （女）甘肃演艺集团有限责任公司舞蹈演员

何永林 甘肃省白银监狱房产管理科司机

陈天竺 （女）读者出版传媒股份有限公司读者杂志社执行主编、副编审

李晓君 （女）甘肃日报报业集团公司新甘肃客户端高级编辑

肖　茹 （女）中国邮政储蓄银行股份有限公司兰州市分行公司业务部高级客户经理

李耀峰 （藏族）中国人民财产保险股份有限公司舟曲支公司见习经理助理，舟曲县憨班镇宝拉村党支部第一书记

蒲映池 （女）中信银行兰州分行火车站支行理财经理

张　斌 交通银行股份有限公司甘肃省分行信息技术部副总经理

张　瑾 （女）中国人寿财产保险股份有限公司甘肃省分公司兰州中支营业部经理

雷军刚 中国航天科技集团有限公司五院510所研究员

高齐东 兰州飞行控制有限责任公司加工中心数控操作工

刘　勇 兰州万里航空机电有限责任公司制造技术中心执行主任兼精密制造分厂厂长

魏晋辉 中核兰州铀浓缩有限公司第一车间铀浓缩生产供取料操作工

张玉翠 （女）甘肃陇原妹巾帼家政服务运行责任公司高级母婴护理师

唐和顺 中国邮政集团有限公司兰州市西固区分公司乡邮员

俞　帆 中国电信股份有限公司兰州分公司智慧家庭和电视运营中心销售服务支撑

牛宝童 中电万维信息技术有限责任公司软件事业部副总经理

常　悦 （女）中国移动通信集团甘肃有限公司嘉峪关分公司新南网格长

彭学诚 中国联通平凉市分公司政企客户部副经理

张永忠 中国铁路兰州局集团有限公司嘉峪关机务段指导司机

刘晓燕 （女）中国铁路兰州局集团有限公司兰州西车辆段轮轴装修工

马振文 （回族）中国铁路兰州局集团有限公司兰州西工务段线路工长

赵　强 中国铁路兰州局集团有限公司兰州电务段兰州西信号车间主任

郭　锐 国网甘肃省电力公司兰州供电公司变电运维中心党总支书记、副主任

赵宣安 国网甘肃省电力公司驻西和县大桥镇驻村帮扶工作队总队长

陈　炜 （女）国网甘肃省电力公司张掖供电公司营销部（农电工作部）党支部书记兼副主任

张荣明 甘肃烟草工业有限责任公司兰州卷烟厂卷包车间包装机修理工

郭建喜 中铁一院兰州铁道设计院有限公司线路运输设计所所长

祁　涛 中铁二十一局集团第四工程有限公司项目总工程师

潘春望 中车兰州机车有限公司技术员

何子豪 大唐甘肃发电有限公司新能源分公司桥六第一风

电场场长

朱文辉 中国石油天然气股份有限公司西北销售分公司云南分公司经理

曹晓延 （女）中国石油天然气股份有限公司甘肃销售分公司市场营销处处长

陈高生 甘肃电投金昌发电有限责任公司二厂设备技术部综合班班长

张红玲 （女）中国石油天然气股份有限公司长庆油田分公司第二采油厂南梁作业区梁一增井区党支部书记

李　楷 中国石油天然气股份有限公司长庆油田分公司致密油项目组试油组主任

杜　磊 中国石油天然气股份有限公司玉门油田分公司油田作业公司侧钻作业队C15864队小队长

雷　侃 中国石油集团川庆钻探工程有限公司长庆井下技术作业公司油气井修井大队DY10122队队长

隆小红 （女）兰州中川国际机场有限公司地面服务部引导问询室副经理

杨世堂 华亭煤业集团有限责任公司砚北煤矿掘进五队生产一班班长

王存珠 甘肃靖远煤电股份有限公司大水头煤矿综掘一队副队长

马明礼 （回族）窑街煤电集团有限公司海石湾煤矿综采二队队长

黄旺洲 甘肃农垦天牧乳业有限公司信息检验部副经理

李　渊 甘肃省公路建设管理集团有限公司副总经理、甜永高速宁县段项目办主任

李文峻 中国铁塔股份有限公司甘肃省分公司综合部专职安全员

苟引劳 中铁一局集团市政环保工程有限公司银吴项目部总工程师

王建平 中国电建集团甘肃能源投资有限公司巴基斯坦分公司维护部主任

（甘委〔2020〕107号）

2020年度甘肃省专利奖励名单

甘政发〔2021〕10号

专利发明人奖

序号	申报人	工作单位	专业技术职称	专利所属领域
1	胡　斌	兰州大学信息科学与工程学院	教　授	计算机科学与技术
2	周　峰	中国科学院兰州化学物理研究所	研究员	物理化学
3	郭慧琛	中国农业科学院兰州兽医研究所	研究员	预防兽医学
4	闫浩文	兰州交通大学	教　授	测绘科学与技术
5	车春霞	中国石油天然气股份有限公司兰州化工研究中心	副高级	石油化工
6	陈国顺	甘肃农业大学	正高级	动物科学、动物营养生理与产品品质调控
7	车宗贤	甘肃省农业科学院土壤肥料与节水农业研究所	研究员	农业行业新型肥料的研制
8	杨　焘	天水华天传感器有限公司	副高级	仪器仪表
9	王　博	兰州大学资源环境学院	教　授	环境工程
10	罗光宏	甘肃凯源生物技术开发中心(河西学院)	教　授	农业、食品制造业
11	王志锋	甘肃兰药药业有限公司、甘肃扶正科技股份有限公司(母公司)	副高级	医药制造业、化学制药
12	袁成龙	兰州西脉记忆合金股份有限公司	初　级	医疗器械的设计开发与生产
13	石建业	定西市农业科学研究院	研究员	设施农业
14	贾　忠	兰州市第二人民医院	正高级	医疗卫生
15	梁友乾	西北矿冶研究院	副高级	有色冶金

甘肃年鉴 2021

专利奖一等奖

序号	专利名称	专利号	专利权人	发明人
1	山羊支原体肺炎二联灭活疫苗及其制备方法	ZL200910117575.0	中国农业科学院兰州兽医研究所 甘肃省计量研究院	逯忠新、储岳峰、赵萍、高鹏程、贺英
2	汽车环保排气污染物检测用底盘测功机综合校准系统	ZL201610889870.8	甘肃省计量研究院	高德成。何桂华、王文戈、刘平进、高德勇、侯俊杰
3	一种刨床加工靠模装置	ZL 201210526803.1.	天水锻压机床(集团)有限公司	董海鹰、何银霞、陈强明、杜昭、王治杰、温霞、刘国荣、严国斌
4	一种牵引式打捆裹膜一体机	ZL201 510991701.0	甘肃省机械科学研究院有限责任公司	李晓康、张得俭、韩少平、单少雄、段宗科、曲芃屹、贾娟娟、李京默、张进龙、杨增万
5	一种利用促腐堆肥复合发酵菌剂进行好氧高温静态堆肥的制备方法	ZL201210475450.7	甘肃兰太环境治理科技有限责任公司	刘金荣、谢晓蓉、杨有俊

专利奖二等奖

序号	专利名称	专利号	专利权人	发明人
6	新型超高压大流量排气阀	ZL201310147418.0	甘肃蓝科石化高新装备股份有限公司、上海蓝滨石化设备有限责任公司、兰州蓝亚石油化工装备工程有限公司、机械工业兰州石油化工设备检测所有限公司	李秀全、张永红、胡三恩、赵国相
7	一种用于镍电解槽的液位调节装置	ZL201410071083.3	金川集团股份有限公司	杨志强、陈自江、刘军、刘晓峰、张树峰、柴国良、吴培德、李磊、郑继祖
8	大型钢筋混凝土U型渡槽整体钢模的内模支护装置	ZL201 720540013.7	赵建林、李甲林、张茂林、许文年、王兴海	赵建林、李甲林、张茂林、许文年、王兴海
9	一种风沙流或沙尘暴环境下大气边界层湍流监测系统	ZL201210164114.0	兰州大学	薄天利、郑晓静、梁轶瑞、张静红、王国华
10	有限容量电源启动大功率电动机的无功补偿装置及使用方法	ZL201310184502. X	兰州电机股份有限公司	李卫民、高育忠、曹立新、邹明宝、张琦
11	一种圆柱滚子轴承	ZL201 320810840. 5	甘肃海林中科科技股份有限公司	县鹏宇、吴丽丽、刘锋、刘晓玲、刁佺
12	一种钴蓝／黏土矿物杂化颜料的制备方法	ZL201510664511. 8	中国科学院兰州化学物理研究所、西北永新涂料有限公司	牟斌、王爱勤、罗志河、汪琴、李华明
13	一种抗辐射药物的分离纯化方法	ZL200910021505. 5	甘肃陇神戎发药业股份有限公司	李应东、任一杰、邓月婷、魏晋君、贾继禧
14	一种多功能无弧开关及实现无弧闭合与断开的措施	ZL201310190746. 9	天水长城电工起重电气有限公司	李正正、张孝宇、郭望渊、丁景峰、贾建斌
15	高可靠性SOP封装引线框架及封装件生产方法	ZL201 310726533.3	天水华天科技股份有限公司	高睿、陈志祥、何乃辉、魏存晶
16	一种制备氟化铝、无水硫酸镁、氟化钠的方法	ZL200610106972. 4	白银中天化工有限责任公司	田年益、侯红军、谷正彦、游元超、徐铭、贾淑琴、余志高

序号	专利名称	专利号	专利权人	发明人
17	一种用于石油矿场施工作业的固井泵	ZL201720594157.0	兰州矿场机械有限公司	何义文、周宝宁、戚祖文、肖立新、刘光明、王伯秋、韩红梅、阙斌年
18	一种酸泥中回收稀贵金属的方法	ZL201610252644.9	甘肃中色东方工贸有限公司	朱来东、鲁兴武、李彦龙、李俞良、陈一博、程亮、易超、马爱军、陈文波、张恩玉、曹桂银
19	一种超纯铁索体不锈钢的双工位真空吹氧脱碳冶炼方法	ZL2016101 49756.1	甘肃酒钢集团宏兴钢铁股份有限公司	陈兴润、王建新、刘斌、阮加增
20	旋风分离器旋转并联除尘装置	ZL201510356212.8	兰州云式环境科技有限公司	王　博
21	贞民扶正药制备方法改进	ZL200310122216.7	甘肃扶正药业科技股份有限公司	席倬霞、李建华、高　岩
22	一种裸燕麦种衣剂及其制备方法	ZL201110371394.8	甘肃省农业科学院植物保护研究所	刘永刚、何苏琴、赵桂琴、郭满库、郭建国、张海英、刘欢
23	一种水平自锁拼装墙板及其内嵌于建筑墙体的施工方法	ZL201510161129.5	西北民族大学、兰州海锋建材科技有限公司	王洪镇、曹万智、甘季中、杨永恒、常鹏麟、王发年
24	一种低密度碳/碳复合简材制备方法	ZL201310366412.2	甘肃郝氏炭纤维有限公司	柴昌盛、杨子元、吕小龙
25	防治当归早期抽基的方法	ZL201310238475.X	甘肃省经济作物技术推广站甘肃省果业管理办公室	刘学周、刘润萍、王兴政、杨蕨靖、刘效瑞
26	镇纸(青龙)	ZL.2017306 40913.4	王大运	王大运
27	用于无非轨道砼裂缝控制的大半径倒角轨枕及施工方法	ZL.20161 100071.4	兰州理工大学	唐先习、孟庆宏、王云峰、马殷军、孙焕重、李钢、董朝阳、王晓云、唐先周、李彦春、胡进森、卓海金、张景伟、孙拴虎、何勇、陈备备
28	一种四氟硼酸锂的制备方法	ZL.201610406229.4	兰州理工大学	崔孝玲、薛宇宙、李春雷、李世友、耿珊、张宇、雷丹
29	一种百万千瓦级光伏发电基地实时测光网络的构建方法	ZL.201310139149.3	国家电网公司、甘肃省电力公司、甘肃省电力公司风电技术中心	汪宁渤、路亮、刘光途、马彦宏、赵龙、王定美、周强、马明、吕清泉
30	一种秸秆回收切碎机	ZL201610639093.1	民勤县陇宇机械制造有限公司	唐瑞林
31	一种旱地地膜玉米田免耕直播冬小麦的方法	ZL.201310324531.1	甘肃省农业科学院旱地农业研究所	李尚中、樊廷录、赵刚、王磊、王勇、唐小明、张建军、党翼
32	CW6MC合金高温高压氧气止回阀及其铸造工艺	ZL.201 410744923.8	兰州高压阀门有限公司	陈清流、乐精华、陈文鑫、李晓刚
33	拌料上料一体机	ZL.201320054816.3	甘肃邦德实业有限公司	李玉德
34	立车刀架自动换向装置	ZL.201410812418.2	天水星火机床有限责任公司	李水真、李海珍
35	一种含有天然多酚类物质和香精的自由水的制备方法	2L.201310296720.2	秦安长城果汁饮料有限公司、天水长城果汁集团股份有限公司、陇南长城果汁饮料有限公司	毛建光、王小宏、马小龙
36	一种异形合金钻头及其固齿工艺	2L.201210173056.8	西北矿冶研究院	梁友乾、李琦、周矿兵、任水谦
37	一种铝电解槽炉帮厚度优化控制方法	ZL20161 1227093.7	甘肃东兴铝业有限公司	成庚、胡跃文、韩启超、汤成亮、袁维金、杨国伟、长亚斌、张建宏、李扬、史文祥、吕文华、宋晓峰、王劲、贾瑞江、谢亚军、王利平、卢旺宗、陈辉远

甘肃年鉴 2021

续表

序号	专利名称	专利号	专利权人	发明人
38	一种用于调理临界高血压的中药制剂	ZL201410463497. 0	兰州古驰生物科技有限公司	费孝荣、王新本
39	一种中药材双层覆膜播种装置	2L.201 420611917.0	定西市三牛农机制造有限公司	区明、尚龙山、赵伟、赵刚、李鸿彬、康斌、郭喜宏、张俊、陈越、刘智、赵连华、王富宗、马伯良
40	热交换器的一种能效定量评价方法	ZL.201410191528.1	兰州冠宇传热与节能工程技术研究有限公司、西安交通大学、锅容标(北京)技术服务中心有限公司	长延丰、白博峰、周文学、蒋琛、寿比南
41	一种基于实时路况视频的精准路况分析方法及系统	ZL.201510488609.2	中电万维信息技术有限责任公司	秦瑾
42	一种小电网周波分层分级控制方法	2L.201510212463.9	酒泉钢铁(集团)有限责任公司	赵中义、赵洪山、孙丹鹏、孙国梁、张磊
43	一种从碱性反萃液中精炼钯的方法	ZL201610738564. 4	金川集团股份有限公司	潘从明、谢振山、杨丽虹、王立、郭晓辉、李芬霞
44	船电解石墨坩埚实验装置及实验方法	ZL.2015107 10074. 9	兰州资源环境职业技术学院、重庆科技学院	马琼、贾碧、施金良、胡愚、侯伟、杨建壮、魏致慧、毕玉龙
45	矿山液压支柱表面防腐耐磨的保护层的形成方法及保护层	ZL201510216692. 8	兰州理工合金粉末有限责任公司	张富邦、李文生、胡春莲、张绍斌、刘盛田
46	安全密封起爆装置及安全起爆方法	ZL201710418506. 8	甘肃省化工研究院、甘肃兰金民用爆炸高新技术	杨新锋、耿彬潇、马晓亚、梁锐、刘国军、安恩向、刘世杰、梁荣刚
47	一种制备各组份均匀猪饲料的生产系统	ZL.2017207 58274.6	甘肃傲农饲料科技有限公司	李广杰、王丁相、南晓东
48	油橄榄轻基质扦插育苗方法	ZL201510370428. X	甘肃省林业科学研究院	姜成英、吴文俊、赵梦炯、陈炜青、马超
49	一种风电叶片打磨集尘棚	ZL201 720922328.8	白银中科宇能科技有限公司	马寅虎、刘云清、刘普亮、许秀强、金建强
50	一种适用于风沙防护体系最前缘的提升式防风阻沙堤	ZL201610070205. 6	中国科学院西北生态环境资源研究院	张克存、安志山

2020年度甘肃省科学技术奖励名单

甘政发〔2021〕11号

甘肃省科技功臣奖

甘肃农业大学　孙万仓

甘肃省科技进步奖特等奖

获奖编号:2020—JT—001

项目名称:碳离子治癌研究及大型肿瘤治疗装置研发与产业化

提名单位:中国科学院兰州分院

主要完成人:肖国青　杨建成　李　强　夏佳文　詹文龙
张　红　赵红卫　张小奇　马力祯　石　健
高大庆　毛瑞士　许　哲　王　兵　苏有武
刘新国　曹　云　蒙　峻　李桂花　杨　锋

主要完成单位:中国科学院近代物理研究所,兰州科近泰基新技术有限责任公司

甘肃省自然科学奖

一等奖

1.获奖编号:2020—Z1—001

项目名称:基于羰基构建与转化的含氮精细化学品合成研究

提名单位:中国科学院兰州分院

主要完成人:石　峰　邓友全　崔新江　代兴超

2.获奖编号:2020—Z1—002

项目名称:自驱动纳米系统

提名单位:兰州大学

主要完成人:秦　勇　白　所　徐　奇　成　立　顾　陇

二等奖

1.获奖编号:2020—Z2—001

项目名称:超分子体系刺激响应新机理研究及其在智能材料中的应用

提名单位:甘肃省教育厅

主要完成人:林　奇　刘　娟　姚　虹　张有明　魏太保

2.获奖编号:2020—Z2—002

项目名称:半群代数理论及其在图论中的应用

提名单位:兰州大学

主要完成人:罗彦锋　张文婷　高　兴　侯海龙

3.获奖编号:2020—Z2—003

项目名称:金属配合物的构建及其生物构效关系的理论研究

提名单位:甘肃省教育厅

主要完成人:吴辉禄　汤　霞　苑景坤　潘国龙

4.获奖编号:2020—Z2—004

项目名称:我国北方果蔬主要采后病原真菌致病、产毒及诱抗机制

提名单位:甘肃省教育厅

主要完成人:毕　阳　田世平　薛华丽　李博强　孟祥红

三等奖

1.获奖编号:2020—Z3—001

项目名称:绵羊双羔性状的分子遗传机制与调控机理

提名单位:甘肃省教育厅

主要完成人:贾建磊　张利平　王　静　丁　强

2.获奖编号:2020—Z3—002

项目名称:基于碳纳米管阴极的超高真空测量技术

提名单位:中国航天科技集团有限公司第五研究院第五一〇研究所

主要完成人:李得天　董长昆　成永军　张虎忠　王永军

3.获奖编号:2020—Z3—003

项目名称:几类非局部发展方程的适定性与解的渐近行为

提名单位:甘肃省教育厅

主要完成人:陈鹏玉　李永祥　李宝麟　张旭萍　苟海德

4.获奖编号:2020—Z3—004

项目名称:可证明安全的网络和数据匿名性及隐私增强身份管理关键技术及应用

提名单位:甘肃省教育厅

主要完成人:冯　涛　郭　显　曹来成

5.获奖编号：2020—Z3—005

项目名称：地球下地幔主要候选矿物高压物性的理论研究

提名单位：甘肃省教育厅

主要完成人：刘子江

6.获奖编号：2020—Z3—006

项目名称：重要人兽共患蠕虫的基因组解析及其重要基因的功能研究

提名单位：中国农业科学院兰州兽医研究所

主要完成人：王　帅　才学鹏　朱兴全　骆学农　郭爱疆

甘肃省技术发明奖

一等奖

获奖编号：2020—F1—001

项目名称：离子型润滑添加剂的创制及其工程应用

提名单位：中国科学院兰州分院

主要完成人：周　峰　伏喜胜　蔡美荣　胡丽天　梁依经　凡明锦

二等奖

1.获奖编号：2020—F2—001

项目名称：湿法炼锌过程伴生稀有金属钴的高值化回收应用技术

提名单位：白银市科学技术局

主要完成人：张恩玉　金　忠　程　亮　王长征　鲁兴武　李　毅

2.获奖编号：2020—F2—002

项目名称：多股流低温制冷及过程控制关键装备技术及应用

提名单位：甘肃省教育厅

主要完成人：张周卫　汪雅红　张小卫　苏斯君　朱海舟

三等奖

1.获奖编号：2020—F3—001

项目名称：隧道与地下空间深、浅埋垂直围岩压力通用设计计算方法

提名单位：中国市政工程西北设计研究院有限公司

主要完成人：童景盛　王胜利　韩秀丽　陈双庆　章伟民

2.获奖编号：2020—F3—002

项目名称：轻量化高可靠性真空断路器用操作机构技术研发

提名单位：天水市科学技术局

主要完成人：张　炜　于庆瑞　裴冠辉　杨敬华　柳连有　李文孝

甘肃省科技进步奖

一等奖

1.获奖编号：2020—J1—001

项目名称：湿陷性黄土地区高速铁路路基工程沉降控制技术及应用

提名单位：甘肃省科学技术厅

主要完成人：李肖伦　张学伏　王在广　余　雷　许兴旺　王　涛　于基宁　王应铭　王生仁　高志伟　雷胜友　王向阳　薛增利　张华莹　张　然

主要完成单位：兰新铁路甘青有限公司，中铁第一勘察设计院集团有限公司，中国铁路经济规划研究院有限公司，长安大学，中铁二十一局集团有限公司

2.获奖编号：2020—J1—002

项目名称：多功能金属陶瓷涂层技术及产业应用

提名单位：甘肃省金属学会

主要完成人：李文生　杨效田　何东青　冯　力　胡春莲　翟海民　朱正泽　安国升　张绍斌　成　波　张辛健　张富邦

主要完成单位：兰州理工大学，兰州理工合金粉末有限责任公司，金川集团股份有限公司

3.获奖编号：2020—J1—003

项目名称：多元异构的敦煌石窟数字化保护关键技术研发与应用推广

提名单位：甘肃省文物局

主要完成人：吴　健　刘　刚　鲁东明　孙志军　俞天秀　黄先锋　孙洪才　丁小胜　余生吉　刁常宇　宋利良　张伟文　赵　良　丁晓宏　乔兆福

主要完成单位：敦煌研究院，浙江大学，武汉大学

4.获奖编号：2020—J1—004

项目名称：高空速、高选择性丙烯醛、丙烯酸催化剂的开发及工业应用

提名单位：中国石油天然气股份有限公司兰州化工研究中心

主要完成人：刘肖飞　李　燕　谢　元　卜晓光　杨红强　南　洋　谷育英　全民强　景志刚　何崇慧

主要完成单位：中国石油天然气股份有限公司兰州化工研究中心，中国石油天然气股份有限公司兰州石化分公司，兰州金润宏成石油化工科技有限公司

5.获奖编号：2020—J1—005

项目名称：牦牛重要经济性状功能基因的挖掘与应用

提名单位：甘肃省教育厅

主要完成人：赵兴绪　张　勇　张全伟　马友记　胡俊杰

李开辉　张　君　王　琪　石红梅　索朗斯珠
贡继尚　阮崇美　才让周在　王雪莹
主要完成单位：甘肃农业大学，天祝藏族自治县畜牧技术推广站，青海大学，甘南藏族自治州畜牧工作站，西藏农牧学院，青海省刚察县畜牧兽医工作站

6. 获奖编号：2020—J1—006
项目名称：甘肃典型山洪泥石流灾害多尺度风险评价与防治关键技术
提名单位：兰州大学
主要完成人：马金珠　周自强　朱高峰　何建华　舒和平
刘兴荣　杨　芳　袁道阳　唐家凯　王爱国
白晓华　齐　识　王雄师　张　鹏　潘燕辉
主要完成单位：兰州大学，甘肃省科学院地质自然灾害防治研究所，中国地震局兰州地震研究所

7. 获奖编号：2020—J1—007
项目名称：高端润滑油脂设计制备关键技术与工程应用
提名单位：甘肃省机械工程学会
主要完成人：王晓波　李维民　李元鸿　赵改青　李明慧
张典华　曹向前　赵　勤　吴新虎
主要完成单位：中国科学院兰州化学物理研究所，辽宁海华科技股份有限公司，山东瑞捷新材料有限公司，兰州纵横石油化工有限责任公司

8. 获奖编号：2020—J1—008
项目名称：甘肃省耕地地力评价及应用
提名单位：甘肃省农业农村厅
主要完成人：崔增团　顿志恒　张美兰　李小刚　郭天文
车宗贤　张仁陟　张玉霞　蔡立群　董　博
毛　涛　贾蕊鸿　何士剑　杨虎德　张东伟
主要完成单位：甘肃省耕地质量建设保护总站，兰州大学，甘肃农业大学，甘肃省农业科学院土壤肥料与节水农业研究所，甘肃省农业科学院旱地农业研究所

9. 获奖编号：2020—J1—009
项目名称："云式"亚微米级超细粉尘高效捕集技术的研发及应用
提名单位：甘肃省生态环境厅
主要完成人：王　博　侯立安　杨　柳　魏　怡　蒋飞华
姜云超　梁维军　张宇萌　李双英　裴斌斌
茹立东　周　毅　李晓清
主要完成单位：兰州大学，中国石化催化剂有限公司长岭分公司，青岛军融创新工程研究院有限公司

10. 获奖编号：2020—J1—010
项目名称：前瞻性出生队列的建立及孕期危险因素暴露与母儿妊娠结局关系研究
提名单位：甘肃省卫生健康委员会
主要完成人：刘　青　仇　杰　毛宝宏　张亚玮　何晓春
许晓英　刘小晖　邵亚雯　王玥元　黄　蕾
邱伟涛　王志强　唐中锋　张亚群　陈　亚
主要完成单位：甘肃省妇幼保健院

11. 获奖编号：2020—J1—011
项目名称：优质、多抗、耐贮运金城系列西瓜新品种选育及推广应用
提名单位：武威市科学技术局
主要完成人：孙学保　杜少平　漆永红　王玉忠　王丽慧
潘忠林　潘　飞　张文斌　徐文强　赵光毅
陶润天　胡　敏　徐世锋　蒋佰钰　杨　榕
主要完成单位：武威新金城种业有限公司，武威市农业技术推广中心，宁夏中卫市金城种业有限责任公司，甘肃省农业科学院蔬菜研究所，甘肃省农业科学院植物保护研究所，凉州区种业中心

12. 获奖编号：2020—J1—012
项目名称：秦巴山区甘肃片区核桃产业发展关键技术集成与示范
提名单位：甘肃省农业农村厅
主要完成人：李　毅　种培芳　任志勇　苏世平　单立山
汪　海　辛　国　谢燕飞　周鹏飞　王　博
詹　瑾　张进德
主要完成单位：甘肃农业大学，陇南市经济林研究院核桃所，甘肃省核桃工程技术研究中心

二等奖

1. 获奖编号：2020—J2—001
项目名称：大数据对卫生健康管理与服务效率提升的创新应用研究
提名单位：甘肃省卫生健康委员会
主要完成人：路　杰　姚进文　闫宣辰　王玉霞　陶生鑫
姚　雪　刘红亮　白焕莉　李建苗　高　歆
主要完成单位：甘肃省卫生健康统计信息中心

2. 获奖编号：2020—J2—002
项目名称：早熟抗旱节水玉米新品种金穗3号选育及示范推广
提名单位：白银市科学技术局
主要完成人：陆登义　柴举畔　刘　凤　席旭东　刘克菊
姜振东　李永清　董禄信　范　荣　朱浩军
主要完成单位：白银金穗种业有限公司，白银市种子站，甘肃省农业科学院，定西市种子站

3. 获奖编号：2020—J2—003
项目名称：农业废弃物高效能源化利用技术研发与应用
提名单位：甘肃省教育厅

主要完成人：李金平　汪建旭　郑　健　吕文军　晋小军
　　　　　　肖朝卿　汪海燕　王　燕　任海伟　黄娟娟
主要完成单位：兰州理工大学，兰州市农业科技研究推广中心，甘肃省农业生态与资源保护技术推广总站，甘肃农业大学，酒泉市农业技术推广服务中心，天水市秦州区农业生态环境保护管理站

4. 获奖编号：2020—J2—004

项目名称：高原特色蔬菜绿色生产关键技术与应用
提名单位：兰州市科学技术局
主要完成人：李国锋　冯毓琴　张克平　杨富民　冯世杰
　　　　　　杨　敏　邵威平　王爱民　张忠明　杨春雪
主要完成单位：甘肃省农业科学院农产品贮藏加工研究所，甘肃农业大学，天祝介实绿色农产品有限责任公司，天祝藏族自治县农业技术推广中心，永登县农业技术推广中心，兰州宏利蔬菜有限公司，榆中县农业技术推广中心

5. 获奖编号：2020—J2—005

项目名称：甘肃雨养农田苹果水分高效利用技术研究与示范
提名单位：甘肃省农业科学院
主要完成人：马　明　尹晓宁　孙文泰　刘兴禄　牛军强
　　　　　　董　铁　胡　霞　李建明　徐保祥　雷普雄
主要完成单位：甘肃省农业科学院林果花卉研究所，静宁县果树果品研究所，秦安县果业管理局，礼县园艺站，庆阳市西峰区果业发展中心

6. 获奖编号：2020—J2—006

项目名称：河西荒漠区沙地云杉引种繁育及造林技术研究
提名单位：甘肃省林业和草原局
主要完成人：刘世增　康才周　刘有军　李银科　李得禄
　　　　　　满多清　魏林源　王　飞　师生波
主要完成单位：甘肃省治沙研究所，甘肃省民勤治沙综合试验站，临泽县小泉子治沙试验站，金塔县治沙研究试验站

7. 获奖编号：2020—J2—007

项目名称：河西走廊酿酒葡萄产业提质增效关键技术研究与集成应用
提名单位：甘肃省农业科学院
主要完成人：郝　燕　马麒龙　白耀栋　王玉安　张　坤
　　　　　　朱燕芳　陈双生　陈建军　刘　芬　杨彦军
主要完成单位：甘肃省农业科学院林果花卉研究所，甘肃省白龙江林业管理局河西综合开发局，甘肃张掖国风葡萄酒业有限责任公司，武威市石羊河林业总场，武威市威龙有机葡萄种植有限公司，甘肃紫轩酒业有限公司，甘肃莫高实业发展股份有限公司

8. 获奖编号：2020—J2—008

项目名称：电子产品用超纯净抗电磁屏蔽奥氏体不锈钢产品开发
提名单位：嘉峪关市科学技术局
主要完成人：刘有东　成东全　蒋随强　赵得江　王　珂
　　　　　　陈兴润　马国财　潘吉祥　喻大刚　田娇健
主要完成单位：酒泉钢铁（集团）有限责任公司

9. 获奖编号：2020—J2—009

项目名称：卡尔多炉系统综合回收有价金属技术研发及工业化应用
提名单位：甘肃省金属学会
主要完成人：吴克富　胡忠东　冯治兵　周俊涛　郭树东
　　　　　　王　玮　张晓星　贾启金　武卫国　岳瑞琪
主要完成单位：白银有色集团股份有限公司，白银有色集团股份有限公司铜业公司

10. 获奖编号：2020—J2—010

项目名称：电解铝行业用高导电性电极扁钢开发及产业化应用
提名单位：甘肃省金属学会
主要完成人：刘　鹏　唐兴昌　寇劲松　郑跃强　秦俊山
　　　　　　刘　燕　李振中　张志坚　刘　鑫
主要完成单位：酒泉钢铁（集团）有限责任公司，兰州理工大学

11. 获奖编号：2020—J2—011

项目名称：金川电镀专用镍关键技术研发与产业化
提名单位：甘肃省金属学会
主要完成人：郑军福　陈自江　赵　重　苏兰伍　王得祥
　　　　　　卢建波　冯建华　金　岩　张四增　张峰瑞
主要完成单位：金川集团股份有限公司

12. 获奖编号：2020—J2—012

项目名称：镍基高温合金塑性成形特性与界面行为应用技术产业化
提名单位：甘肃省金属学会
主要完成人：刘德学　贾　智　苗承鹏　丁雨田　刘致远
　　　　　　孙光曦　南宏强　李俊琛　胡　勇　秦小琼
主要完成单位：兰州理工大学，金川集团镍合金有限公司，渤海装备兰州石油化工装备分公司（原兰州石油化工机械厂），甘肃大鑫铜业有限责任公司，兰州城市学院

13. 获奖编号：2020—J2—013

项目名称：氯碱化工循环产业链体系绿色安全高效关键技术集成创新与应用
提名单位：甘肃省金属学会
主要完成人：孙治忠　贾小军　冯拥军　李学文　王金峰
　　　　　　周建华　朱睿杰　冯　臻　王程飞　肖恭鑫
主要完成单位：金川集团股份有限公司

14. 获奖编号：2020—J2—014

项目名称：黄芪防治优势病种的药理作用及其复方产品研发
提名单位：甘肃省教育厅

主要完成人:刘永琦　张利英　刘东玲　苏　韫　靳晓杰
　　骆亚莉　颜春鲁　龚红霞　安方玉　冯彩琴

主要完成单位:甘肃中医药大学

15.获奖编号：2020—J2—015

项目名称:雪松松针高值化利用关键技术研究与集成

提名单位:甘肃省药品监督管理局(甘肃省药学学会)

主要完成人:石晓峰　苏海翔　刘东彦　沈　薇　郭红云
　　马趣环　杜瑞琴　范　彬　张军民

主要完成单位:甘肃省医学科学研究院

16.获奖编号：2020—J2—016

项目名称:杂交技术(Hybrid)治疗冠心病及急性心梗的集成创新研究

提名单位:兰州市科学技术局

主要完成人:谢定雄　丁延虹　甘义荣　李　炯　梁天香
　　寇宗科　王延震　谢　静　冒　锐　张云龙

主要完成单位:甘肃省心血管病研究所,兰州市第一人民医院,兰州大学,兰州百源基因技术有限公司

17.获奖编号：2020—J2—017

项目名称:胃癌综合治疗方法的优化及推广应用

提名单位:甘肃省卫生健康委员会

主要完成人:关泉林　乔　慧　袁文臻　李淑萍　姜　雷
　　祝秉东　邓成辉　汪晓炜　刘登瑞　赵　鹏

主要完成单位:兰州大学第一医院

18.获奖编号：2020—J2—018

项目名称:足部及踝周皮肤软组织缺损的修复策略及创新技术

提名单位:甘肃省卫生健康委员会

主要完成人:高秋明　薛　云　张功林　时培晟　陆　皓
　　邓晓文　李旭升　王　飞　李闯兵　李文波

主要完成单位:中国人民解放军联勤保障部队第九四〇医院

19.获奖编号：2020—J2—019

项目名称:肝癌影像诊断多模态评价体系研究及临床应用

提名单位:甘肃省卫生健康委员会

主要完成人:雷军强　郭顺林　黎金葵　翟亚楠　许永生
　　王寅中　刘登瑞　杨克虎　王莉莉　刘海峰

主要完成单位:兰州大学第一医院

20.获奖编号：2020—J2—020

项目名称:甘肃鼠疫疫源地空间结构变化对鼠疫流行影响研究及防控新技术建立

提名单位:甘肃省卫生健康委员会

主要完成人:席进孝　王鼎盛　郭丽民　徐大琴　格鹏飞
　　何爱伟　盖永志　张　宏　王世明　吴　斌

主要完成单位:甘肃省疾病预防控制中心

21.获奖编号：2020—J2—021

项目名称:甘肃省2型糖尿病危险因素的系列研究

提名单位:甘肃省卫生健康委员会

主要完成人:刘　静　张　琦　田利民　刘　佳　刘菊香
　　安永东　权金星　王金羊　张淑兰　焦彩虹

主要完成单位:甘肃省人民医院

22.获奖编号：2020—J2—022

项目名称:高血压致左心室舒张功能不全的相关机制与治疗研究

提名单位:甘肃省卫生健康委员会

主要完成人:余　静　王琼英　李宁荫　张小卫　林　欣
　　李秀丽　张正义　白　锋　甄玲玲　常　鹏

主要完成单位:兰州大学第二医院

23.获奖编号：2020—J2—023

项目名称:电流动态解耦的高功率密度电机控制及其数字牵引系统产业化

提名单位:甘肃省教育厅

主要完成人:高锋阳　陈小强　田铭兴　姜　波　李　红
　　王小鹏　董唯光　田文君　王　黎　赵　峰

主要完成单位:兰州交通大学

24.获奖编号：2020—J2—024

项目名称:基于酒泉至湖南特高压直流的新能源大规模高效外送关键技术研究

提名单位:国网甘肃省电力公司

主要完成人:范雪峰　宋汶秦　杨德州　夏　懿　张中丹
　　吕金历　杨昌海　魏　勇　万小花　靳攀润

主要完成单位:国网甘肃省电力公司经济技术研究院

25.获奖编号：2020—J2—025

项目名称:制造物联网及大数据驱动的HMS感知、动态调度策略及优化技术

提名单位:甘肃省教育厅

主要完成人:赵付青　何继爱　唐建新　张建林　霍明明

主要完成单位:兰州理工大学,甘肃紫光智能交通与控制技术有限公司

26.获奖编号：2020—J2—026

项目名称:基于物联网的区域环境污染监测预警技术研究及应用

提名单位:甘肃省教育厅

主要完成人:马宏锋　李　颖　李宇红　马忠彧　魏建升
　　妙旭华　邢敬宏　樊小龙　郭　宁

主要完成单位:兰州工业学院,甘肃省生态环境科学设计研究院,兰州鸿创电子科技有限公司,兰州赛得利电子技术工程有限公司

27.获奖编号：2020—J2—027

项目名称：多维度交通运维可视化智能监测关键技术研究与系统应用

提名单位：甘肃省教育厅

主要完成人：党建武　王阳萍　杨景玉　王　松　金　静　杨艳春　雍　玖　岳　彪　王文润　李吉元

主要完成单位：兰州交通大学，上海朗嘉交通环境技术有限公司，兰州博才科技有限公司，兰州宇信信息技术有限责任公司

28.获奖编号：2020—J2—028

项目名称：光催化环境污染治理关键技术的开发及应用

提名单位：甘肃省科学院

主要完成人：安兴才　张鹏云　罗志河　韩立娟　陈作雁　刘　刚　王应平　付　燕　姚万龙　贾玲萍

主要完成单位：甘肃自然能源研究所，甘肃省膜科学技术研究院有限公司，西北永新涂料有限公司，甘肃人合机电节能环保科技工程有限公司

29.获奖编号：2020—J2—029

项目名称：改性填料与MFC协同强化生物滞留系统脱氮和处理抗生素污水技术

提名单位：甘肃省生态环境厅

主要完成人：王亚军　胡晓明　齐明亮　温　飞　刘全鍚　晋王强　王进喜　王兆峰　王昭阳　朱瑞佳

主要完成单位：兰州理工大学，甘肃省生态环境科学设计研究院，东南大学，兰州大学，兰州文理学院，庆阳海绵城市建设投资开发有限公司

30.获奖编号：2020—J2—030

项目名称：干旱对黄河上游关键水源补给区生态环境影响机制及监测预警技术

提名单位：甘肃省气象局

主要完成人：岳　平　孟宪红　张　良　张　强　李照国　王　莺　王芝兰　王素萍　于海鹏　杨金虎

主要完成单位：中国气象局兰州干旱气象研究所，中国科学院西北生态环境资源研究院，兰州区域气候中心，兰州资源环境职业技术学院

31.获奖编号：2020—J2—031

项目名称：白龙江流域地质灾害早期识别、监测预警关键技术与应用

提名单位：兰州大学

主要完成人：孟兴民　陈　冠　张　毅　岳东霞　马金辉　曾润强　李亚军　郭　鹏　赵　岩　庆　丰

主要完成单位：兰州大学

32.获奖编号：2020—J2—032

项目名称：湿陷性黄土地基灾变控制关键性技术与工程应用

提名单位：兰州市科学技术局

主要完成人：董建华　王雪浪　黄雪峰　朱彦鹏　田文通　马天忠　张丰川　秋仁东　文　哲　杨校辉

主要完成单位：兰州理工大学，甘肃建投天水建设管理有限公司，山西金宝岛基础工程有限公司，甘肃省地震局，甘肃省建筑科学研究院

33.获奖编号：2020—J2—033

项目名称：基于室内空气污染物控制的绿色建筑关键技术研究与应用

提名单位：甘肃省建设投资（控股）集团有限公司

主要完成人：冯力强　张孝斌　牛昌林　马云龙　万年青　吴星蓉　辛钰林　潘存瑞　李　岩　郭　恒

主要完成单位：甘肃省建设投资（控股）集团有限公司，甘肃建投科技研发有限公司，甘肃第七建设集团股份有限公司，甘肃省建筑科学研究院有限公司，甘肃建总置业发展有限公司，兰州理工大学

34.获奖编号：2020—J2—034

项目名称：酒泉高比例可再生能源基地特高压交直流送端电网调峰关键技术研究

提名单位：国网甘肃省电力公司

主要完成人：马彦宏　赵　龙　陈　钊　周　强　王昊昊　鲁宗相　高鹏飞　钱敏慧　王定美　刘文颖

主要完成单位：国网甘肃省电力公司，中国电力科学研究院有限公司，南瑞集团有限公司，清华大学，华北电力大学，国家电网公司西南分部，鲁能新能源（集团）有限公司甘肃分公司

35.获奖编号：2020—J2—035

项目名称：藜麦种质创新与系列新品种选育及产业化应用

提名单位：甘肃省农业科学院

主要完成人：杨发荣　黄　杰　魏玉明　王　耀　赵　婧　金　茜　赵保堂　刘文瑜　胡福平　吕　玮

主要完成单位：甘肃省农业科学院畜草与绿色农业研究所（甘肃省农业科学院农业质量标准与检测技术研究所），天祝藏族自治县农业技术推广中心，甘肃农业大学，甘肃纯洁高原农业科技有限公司，甘肃同德农业集团有限责任公司，内蒙古益稷生物科技有限公司，永昌县养生三宝食业有限责任公司

36.获奖编号：2020—J2—036

项目名称：抗病、抗盐、高产向日葵品种选育与应用

提名单位：甘肃省农业科学院

主要完成人：贾秀苹　卯旭辉　梁根生　刘　风　章文江　刘润萍　王兴珍　王　莹　张文贞　赵光毅

主要完成单位：甘肃省农业科学院作物研究所，民勤县农业技术推广中心，民勤县瑞丰源种业有限公司，甘肃农垦良

种有限责任公司,甘肃九洋农业发展有限公司

37. 获奖编号：2020—J2—037

项目名称:中晚熟玉米新品种选育及种子质量提升关键技术示范与推广

提名单位:酒泉市科学技术局

主要完成人:潘艳花　薛治军　曹立国　蒋　宏　孔　融　夏尚有　胡　靖　杨光东　杨燕东

主要完成单位:酒泉凯地农业科技开发有限公司,甘肃酒玉种业有限公司,酒泉市肃州区洺赫种子研究所,酒泉富民裕国农业技术推广服务专业合作社

38. 获奖编号：2020—J2—038

项目名称:黄河上游重要渔业资源养护关键技术创新及应用

提名单位:甘肃省农业农村厅

主要完成人:王　太　焦文龙　张艳萍　娄忠玉　杜岩岩　杨濯羽　秦　懿　杨顺文　苏子郡　史小宁

主要完成单位:甘肃省水产研究所

39. 获奖编号：2020—J2—039

项目名称:基于MDCK细胞基质禽流感疫苗的研究与应用

提名单位:西北民族大学

主要完成人:马忠仁　马晓霞　田晓静　李　铀　刘振斌　王家敏　乔自林　杨　迪　李向茸　令世鑫

主要完成单位:西北民族大学,吉林冠界生物技术有限公司,兰州百灵生物技术有限公司

40. 获奖编号：2020—J2—040

项目名称:肉用美利奴新类群选育及其产业化开发

提名单位:兰州大学

主要完成人:李发弟　乐祥鹏　赵咏中　李万宏　梁育林　李锋红　王维民　李熙成　马友记　张小雪

主要完成单位:兰州大学,天祝藏族自治县畜牧技术推广站,甘肃兰天同和农业有限公司,甘肃农业大学,武威市畜牧兽医科学研究院,天祝藏族自治县打柴沟镇畜牧兽医站

41. 获奖编号：2020—J2—041

项目名称:藏羊种质资源评价及提质增效综合配套技术创新与应用

提名单位:中国农业科学院兰州畜牧与兽药研究所

主要完成人:刘建斌　王宏博　包鹏甲　梁春年　袁　超　熊　琳　吴晓云　丁考仁青　扎西卓玛　南青卓玛

主要完成单位:中国农业科学院兰州畜牧与兽药研究所,甘南藏族自治州畜牧科学研究所,海西州农牧业技术推广服务中心,甘南藏族自治州合作市畜牧工作站

42. 获奖编号：2020—J2—042

项目名称:石羊河流域节水灌溉标准化技术体系规程研究

提名单位:甘肃省水利厅

主要完成人:金彦兆　丁　林　王以兵　邓建伟　佟　玲　李思恩　李　斌　董平国　马雁萍　孟彤彤

主要完成单位:甘肃省水利科学研究院,中国农业大学,武威市水务局,甘肃省水利厅石羊河流域水资源局

43. 获奖编号：2020—J2—043

项目名称:膜下滴灌与微润灌溉条件下作物节水机理与灌溉模式研究

提名单位:甘肃省水利厅

主要完成人:宋淑珍　石　岩　唐瑞萍　石　磊　董平国　张丽霞　张　芮　王增丽　何玉琴　张月珍

主要完成单位:武威市水利技术综合服务中心,甘肃省农业科学院畜草与绿色农业研究所,甘肃农业大学,甘肃省水利水电勘测设计研究院有限责任公司,武威大禹节水有限责任公司,武威市水务局

44. 获奖编号：2020—J2—044

项目名称:基于GPU/CPU高性能平台的逆时偏移成像系统及油气勘探实践

提名单位:中国石油天然气股份有限公司勘探开发研究院西北分院

主要完成人:王小卫　刘文卿　冯超敏　苏　勤　廖建波　胡书华　徐兴荣　龙礼文　刘树仁　张　涛

主要完成单位:中国石油天然气股份有限公司勘探开发研究院西北分院

45. 获奖编号：2020—J2—045

项目名称:胡麻田杂草安全高效防控技术研究与示范推广

提名单位:甘肃省农业科学院

主要完成人:胡冠芳　牛树君　赵　峰　王玉灵　贾海滨　李爱荣　叶春雷　张　炜　许维诚　岳德成

主要完成单位:甘肃省农业科学院植物保护研究所,乌兰察布市农牧业科学研究院,张家口市农业科学院,甘肃省农业科学院生物技术研究所,宁夏农林科学院固原分院,榆中县农业技术推广中心,平凉市农业科学院

46. 获奖编号：2020—J2—046

项目名称:药肥减施增效木霉生物菌肥研发及推广应用

提名单位:甘肃省教育厅

主要完成人:徐秉良　张树武　薛应钰　刘　佳　梁巧兰　靳小刚　梁志福　梁旭东　张文辉　刘克荣

主要完成单位:甘肃农业大学,静宁县林业和草原局,武威金苹果农业股份有限公司,兰州欣海天然绿色食品开发有限公司,陇西县农业技术推广中心,两当县农业技术推广服务中心

47. 获奖编号：2020—J2—047

项目名称：甘肃中东部小麦抗旱耐寒栽培机制及技术集成示范

提名单位：甘肃省农业科学院

主要完成人：侯慧芝　党　翼　张　健　续创业　张国平　赵　刚　张文伟　高应平　孙学胜　田　斌

主要完成单位：甘肃省农业科学院旱地农业研究所，定西市农业科学研究院，平凉市农业科学院，庆阳市农业科学研究院，庄浪县农业技术推广中心，定西市安定区农业技术推广服务中心，灵台县农业技术推广中心

48. 获奖编号：2020—J2—048

项目名称：祁连山野生珍稀食用菌荷叶离褶伞驯化和生产技术创新与推广

提名单位：甘肃省教育厅

主要完成人：魏生龙　席亚丽　梁倩倩　宋利茹　周会明　于海萍　冯九海　王小明　高慧娟　王治江

主要完成单位：河西学院

49. 获奖编号：2020—J2—049

项目名称：西秦岭金矿的成矿与找矿研究

提名单位：甘肃省自然资源厅

主要完成人：张　翔　黄万堂　戴　霜　柳永刚　孙新春　刘建宏　赵彦庆　贾志磊

主要完成单位：甘肃省地质调查院

50. 获奖编号：2020—J2—050

项目名称：胃癌分子标志物筛选及诊疗新策略研究

提名单位：兰州大学

主要完成人：李玉民　黄晓俊　焦作义　张军强　张德奎　赵　阳　陈　昊　刘　涛　刘小康　王芙蓉

主要完成单位：兰州大学第二医院

51. 获奖编号：2020—J2—051

项目名称：节能型系列汽油机油复合剂自主技术开发与工业化应用

提名单位：中国石油天然气股份有限公司兰州润滑油研究开发中心

主要完成人：汪利平　金理力　雷爱莲　张　坡　徐进宝　曹国超　李　静　王巧玲　钟　山　徐瑞峰

主要完成单位：中国石油天然气股份有限公司兰州润滑油研究开发中心

52. 获奖编号：2020—J2—052

项目名称：智能化钢管测量标识系统

提名单位：甘肃蓝科石化高新装备股份有限公司

主要完成人：解　庆　毕群泗　车继勇　李秀全　张永红　张　铠　赵　伟　雷昊天　付晓颖　郭妍琼

主要完成单位：甘肃蓝科石化高新装备股份有限公司

53. 获奖编号：2020—J2—053

项目名称：陇东致密油多层系立体式钻井勘探技术

提名单位：甘肃省总工会

主要完成人：李雪岗　张建卿　薛让平　倪华峰　石仲元　李录科　杨　光　谭学斌　薛然明　程华林

主要完成单位：中国石油集团川庆钻探工程公司长庆钻井总公司

54. 获奖编号：2020—J2—054

项目名称：南瓜籽深加工工艺改进升级及精深加工产品研发

提名单位：庆阳市科学技术局

主要完成人：马建仁　黄浩钰　贾鹏辉　刘建峰　刘万年　徐　博　刘　东　袁　锟　杨　千　苟小平

主要完成单位：庆阳中庆农产品有限公司，庆阳市种子管理站，陇东学院，庆阳市质量检测检验研究院

三等奖

1. 获奖编号：2020—J3—001

项目名称：牦牛高效繁殖及绿色生产关键技术集成与应用

提名单位：中国农业科学院兰州畜牧与兽药研究所

主要完成人：郭　宪　裴　杰　吴晓云　马忠涛　裴成芳　柴绍芳　包鹏甲

主要完成单位：中国农业科学院兰州畜牧与兽药研究所，甘南藏族自治州畜牧工作站，天祝藏族自治县畜牧技术推广站，酒泉市畜牧兽医总站

2. 获奖编号：2020—J3—002

项目名称：兰州高原夏菜肥水耦合一体化技术集成研究及示范推广

提名单位：兰州市科学技术局

主要完成人：孙振荣　王兴田　薛　莲　王海鹏　郭小俊　王　平　杨春雪

主要完成单位：兰州市农业科技研究推广中心，榆中县蔬菜产业发展中心，永登县农业技术推广中心，渭源县农业技术推广中心

3. 获奖编号：2020—J3—003

项目名称：旱地农田水分变化特征及适水种植技术与应用

提名单位：甘肃省农业科学院

主要完成人：樊廷录　李尚中　赵　刚　王　磊　程万莉　王淑英　张建军

主要完成单位：甘肃省农业科学院旱地农业研究所，甘肃洮河拖拉机制造有限公司，甘肃农业大学，镇原县种子管理站

4. 获奖编号：2020—J3—004

项目名称：甘肃省马铃薯绿色生产关键技术研发与集成应用

提名单位：甘肃省农业农村厅

主要完成人：赵贵宾　李　星　李继平　边彩燕　何正奎

郑　果　武永陶

主要完成单位：甘肃省农业技术推广总站，甘肃省农业科学院植物保护研究所，定西市安定区农业技术推广服务中心，庄浪县农业技术推广中心

5.获奖编号：2020—J3—005

项目名称：甘肃省盐渍化土壤改良关键技术研究与应用

提名单位：甘肃省农业科学院

主要完成人：郭全恩　曹诗瑜　车宗贤　南丽丽　展宗冰　王　卓　王乐光

主要完成单位：甘肃省农业科学院土壤肥料与节水农业研究所，甘肃农业大学，甘肃瓮福化工有限责任公司，西部环保有限公司

6.获奖编号：2020—J3—006

项目名称：一种广谱微生物杀菌剂制备关键技术

提名单位：甘肃省科学院

主要完成人：王治业　杨　晖　周剑平　祝　英　王沛雅　郭增祥　彭轶楠

主要完成单位：甘肃省科学院生物研究所，甘肃自然能源研究所，甘肃岷县当归研究院

7.获奖编号：2020—J3—007

项目名称：黄土塬区致密油地震处理解释关键技术及规模应用

提名单位：中国石油天然气股份有限公司勘探开发研究院西北分院

主要完成人：李　斐　窦玉坛　边冬辉　周齐刚　许建权　汪清辉　张猛刚

主要完成单位：中国石油天然气股份有限公司勘探开发研究院西北分院

8.获奖编号：2020—J3—008

项目名称：柴北缘古隆起区天然气规模聚集规律研究与勘探实践

提名单位：中国石油天然气股份有限公司勘探开发研究院西北分院

主要完成人：袁剑英　王建功　马　峰　白亚东　杨　巍　李红哲　张小军

主要完成单位：中国石油天然气股份有限公司勘探开发研究院西北分院

9.获奖编号：2020—J3—009

项目名称：庄浪河流域水资源承载能力及水资源价值研究

提名单位：甘肃省水利厅

主要完成人：吴　晓　徐　文　王世钧　程修文　朱晓涛　梁　洁　陈登农

主要完成单位：甘肃省水文水资源局，甘肃省兰州水文水资源勘测局，兰州大学

10.获奖编号：2020—J3—010

项目名称：高扬程灌区水盐运移监测与盐碱地可持续利用研究

提名单位：甘肃省水利厅

主要完成人：徐存东　何玉琛　康德奎　侯慧敏　华尔天　陈　芳　王　喆

主要完成单位：甘肃省景泰川电力提灌管理局，华北水利水电大学，兰州理工大学，甘肃省治沙研究所

11.获奖编号：2020—J3—011

项目名称：设施辣椒新品种选育与示范推广

提名单位：天水市科学技术局

主要完成人：梁更生　尹艳兰　程凤林　王丽君　高辰发　张忠平　唐瑞永

主要完成单位：天水市农业科学研究所，武山县经济作物工作站，甘谷县蔬菜产业发展服务中心

12.获奖编号：2020—J3—012

项目名称：陇南山区大黄标准化生产关键技术集成推广及产业开发

提名单位：陇南市科学技术局

主要完成人：李晓蓉　独　瑜　陈　垣　李城德　牟　恒　潘水站　晋小军

主要完成单位：礼县春天药业有限责任公司，礼县农业技术推广中心，甘肃省农业科学院畜草与绿色农业研究所

13.获奖编号：2020—J3—013

项目名称：荒漠药用植物黑果枸杞种群恢复关键技术研究

提名单位：甘肃省教育厅

主要完成人：郭有燕　余宏远　张亚娟　孔东升　刘宏军　赵晶忠　张喜峰

主要完成单位：河西学院

14.获奖编号：2020—J3—014

项目名称：祁连山土壤涵养水源功能监测与关键技术应用

提名单位：张掖市科学技术局

主要完成人：金　铭　牛　赟　刘贤德　敬文茂　王顺利　马　剑　张义鹏

主要完成单位：甘肃省祁连山水源涵养林研究院，淮阴师范学院，河西学院，甘肃祁连山国家级自然保护区管理局

15.获奖编号：2020—J3—015

项目名称：基于强磁场环境的铜电解优化过程的研究与工业化应用

提名单位：甘肃省金属学会

主要完成人：王军辉　姚夏妍　牛永胜　关甫江　鲁兴武　庞振业　焦晓斌

主要完成单位：白银有色集团股份有限公司，西北矿冶研究院，白银有色集团股份有限公司铜业公司

16. 获奖编号：2020—J3—016
项目名称：湿法炼锌高硅超细锌精矿生产工艺研究与应用
提名单位：白银市科学技术局
主要完成人：王　昕　曾潮琳　韩小军　王新文　高建红　李俞良　黄兴民
主要完成单位：白银有色集团股份有限公司，西北矿冶研究院，甘肃厂坝有色金属有限责任公司成州锌冶炼厂

17. 获奖编号：2020—J3—017
项目名称：废旧印刷电路板资源化处理关键技术开发与应用
提名单位：甘肃省金属学会
主要完成人：陈　正　郭键柄　张　琪　杨冬伟　卢　超　黄　文　丁志广
主要完成单位：兰州有色冶金设计研究院有限公司，中节能(汕头)再生资源技术有限公司

18. 获奖编号：2020—J3—018
项目名称：金川钴产业分析方法研究及检测技术升级
提名单位：甘肃省金属学会
主要完成人：曹笃盟　朱国忠　徐艳燕　胡家彦　邱　平　张科翠　马　群
主要完成单位：金川集团股份有限公司

19. 获奖编号：2020—J3—019
项目名称：电解铝用长寿命打壳锤头开发与应用
提名单位：甘肃省金属学会
主要完成人：刘国平　王　宁　丁　凯　何成善　叶红刚　祝建伟　梁金鹏
主要完成单位：酒泉钢铁(集团)有限责任公司

20. 获奖编号：2020—J3—020
项目名称：稀土对感应重熔镍基涂层界面和摩擦性能的作用机理研究及应用
提名单位：甘肃省机械工程学会
主要完成人：张振宇　梁补女　陈百明　国洪建　周晶晶　龚成功　胡春霞
主要完成单位：兰州工业学院，甘肃沵补分布能源科技有限公司，兰州国润冶金设备有限责任公司

21. 获奖编号：2020—J3—021
项目名称：高精度数控悬臂成型机研发
提名单位：天水市科学技术局
主要完成人：王东明　吕毓军　陈　鸿　周　晶　王永利　岳金成　平　伟
主要完成单位：天水锻压机床(集团)有限公司，甘肃省制管装备自动化及信息化重点实验室

22. 获奖编号：2020—J3—022
项目名称：全煤焦油炉法生产高结构炭黑新技术研发与应用
提名单位：嘉峪关市科学技术局
主要完成人：赵磊华　辛　春　王志华　王军庭　王元科　张　军
主要完成单位：嘉峪关大友嘉能化工有限公司

23. 获奖编号：2020—J3—023
项目名称：药品微生物限度检查方法建立及方法适用性
提名单位：甘肃省药品监督管理局(甘肃省药学学会)
主要完成人：滕宝霞　杨平荣　牟建平　杜海娟　顾海燕　何晓英　朱　玲
主要完成单位：甘肃省药品检验研究院

24. 获奖编号：2020—J3—024
项目名称：大气污染和气象因素对传染病的交互影响及其天气诱因研究
提名单位：兰州市科学技术局
主要完成人：王金玉　李　盛　李　普　冯亚莉　李守禹　罗　斌　牛静萍
主要完成单位：兰州大学

25. 获奖编号：2020—J3—025
项目名称：综合介入技术在结直肠癌复发转移治疗中的应用研究
提名单位：甘肃省卫生健康委员会
主要完成人：柴文晓　高学明　刘　凯　曹万弘　戴福宏　刘　珺　孙利国
主要完成单位：甘肃省人民医院，定西市人民医院，平凉市第二人民医院

26. 获奖编号：2020—J3—026
项目名称：前列地尔对感染性休克微循环及重要脏器功能的影响
提名单位：兰州大学
主要完成人：刘丽平　朱　磊　邓园园　帅佃奎　尹　超　李　斌　刘　健
主要完成单位：兰州大学第一医院

27. 获奖编号：2020—J3—027
项目名称：新型天然肿瘤放射增敏剂筛选体系的建立和应用
提名单位：甘肃省药品监督管理局(甘肃省药学学会)
主要完成人：刘　阳　邴志桐　李　强　张秋宁　张录卫　金晓东　原凌燕
主要完成单位：中国科学院近代物理研究所

28. 获奖编号：2020—J3—028
项目名称：便携式电子可视气管插管装置及产业化技术研发
提名单位：中国人民解放军联勤保障部队第九四〇医院
主要完成人：徐越斌　韦　哲　王玉珍　王能才　曹　彤

赵正军　李宗仁

主要完成单位：中国人民解放军联勤保障部队第九四〇医院

29.获奖编号：2020—J3—029

项目名称：DNA损伤修复相关基因和蛋白在肿瘤发生及治疗中的应用研究

提名单位：西北民族大学

主要完成人：赵　晋　郭　忠　寇　炜　黄双盛　王　强　司天斌　宋　雷

主要完成单位：西北民族大学，陇南市第一人民医院，甘肃省肿瘤医院

30.获奖编号：2020—J3—030

项目名称：脑小血管病导致的认知功能障碍与TLR4信号相关机制的实验研究

提名单位：甘肃省卫生健康委员会

主要完成人：张　毅　董　通　张　朗　马娅琼　韦　佳　吴瑞鹏　谷　成

主要完成单位：甘肃省人民医院

31.获奖编号：2020—J3—031

项目名称：甲胎蛋白在肝细胞癌发生发展中的作用机制及临床研究

提名单位：甘肃省卫生健康委员会

主要完成人：杨晓军　张　敏　赵国胜　高　鹏　司若湟　马炳强　蒋泽斌

主要完成单位：甘肃省人民医院

32.获奖编号：2020—J3—032

项目名称：基于可时移农业负荷的分布式电源就地消纳技术研究与示范

提名单位：国网甘肃省电力公司

主要完成人：王维洲　马志程　井天军　何　欣　蔺相荣　杨　勇　杨建华

主要完成单位：国网甘肃省电力公司，国网甘肃省电力公司电力科学研究院，中国农业大学，兰州理工大学

33.获奖编号：2020—J3—033

项目名称：LNA—40　5／T1250—31　5户内交流六氟化硫断路器

提名单位：天水市科学技术局

主要完成人：贾宏兴　王振军　曹文斌　杨敬华　王志宏

主要完成单位：天水长城开关厂集团有限公司，甘肃长城电工电器工程研究院有限公司

34.获奖编号：2020—J3—034

项目名称：铜镍金属氧化物异质结纳米结构气体传感器设计与关键技术研究

提名单位：甘肃省工业和信息化厅

主要完成人：李海蓉　王　鹏　刘贵鹏　赵桂娟　杨建红　张　欢　蔡丽娜

主要完成单位：兰州大学

35.获奖编号：2020—J3—035

项目名称：基于物联网的生态植被恢复引种数量化决策信息系统的开发与应用

提名单位：甘肃省工业和信息化厅

主要完成人：魏霖静　章　乐　朱志斌　杨小平　董文科　周　慧　孙吉雄

主要完成单位：甘肃农业大学，甘肃海丰信息科技有限公司，兰州宜天网络科技有限公司，甘肃昊成同创信息科技有限公司

36.获奖编号：2020—J3—036

项目名称：甘肃省中央广播电视节目无线数字化覆盖工程

提名单位：甘肃省广播电视局

主要完成人：吕环勤　袁明珠　徐　冰　韩瑞祥　马　斌　董旭民　陈定安

主要完成单位：甘肃省广播电视局

37.获奖编号：2020—J3—037

项目名称：青藏高原东北缘地震重点危险区构造地球化学流动监测及应用

提名单位：甘肃省地震局

主要完成人：苏鹤军　张　慧　李晨桦　周慧玲　王岩鸿　伍剑波

主要完成单位：中国地震局兰州地震研究所

38.获奖编号：2020—J3—038

项目名称：县级自然灾害综合预警与应急决策技术及在舟曲县的应用

提名单位：甘肃省科学院

主要完成人：祁　元　王得楷　赵洪涛　张连科　张金龙　周自强　马伊明

主要完成单位：甘肃省科学院地质自然灾害防治研究所，中国科学院西北生态环境资源研究院，甘肃展拓信息工程有限公司，上海华测导航技术股份有限公司

39.获奖编号：2020—J3—039

项目名称：面向动态位置服务的智慧气象预报关键技术研究及应用

提名单位：甘肃省气象局

主要完成人：刘新伟　刘维成　杨晓军　孔祥伟　王小勇　段海霞　黄玉霞

主要完成单位：兰州中心气象台，甘肃省气象服务中心，宁夏回族自治区气象台

40.获奖编号：2020—J3—040

项目名称：废旧沥青路面材料循环利用成套技术及示范应用

提名单位：甘肃省交通运输厅

主要完成人:李晓民　何兆益　李俊升　樊　江　陈宏斌　杨小森　李　波

主要完成单位:甘肃省交通规划勘察设计院股份有限公司,重庆交通大学,兰州交通大学,甘肃省公路局

41.获奖编号：2020—J3—041

项目名称:波形钢腹板组合结构桥梁的力学性能试验分析与应用

提名单位:甘肃省住房和城乡建设厅

主要完成人:刘世忠　马　驰　武维宏　冀　伟　董长军　李丽园　史爱红

主要完成单位:兰州交通大学,甘肃省交通规划勘察设计院股份有限责任公司

42.获奖编号：2020—J3—042

项目名称:新型桩在湿陷性黄土兼地震区及复杂地基中应用试验及技术标准研究

提名单位:甘肃省工业和信息化厅

主要完成人:陈天镭　刘　钟　王兆辉　张　义　鲁海涛　牛梦实　蔡明喜

主要完成单位:兰州有色冶金设计研究院有限公司,中冶建筑研究总院有限公司,甘肃土木工程科学研究院有限公司

43.获奖编号：2020—J3—043

项目名称:复杂地质条件地球物理关键技术研究与应用

提名单位:玉门石油管理局

主要完成人:范铭涛　沈全意　章多荣　令狐松　吴　辉　曾利刚　蒋永祥

主要完成单位:中国石油天然气股份有限公司玉门油田分公司,中国石油集团东方地球物理勘探有限责任公司,中国石油集团测井有限公司

44.获奖编号：2020—J3—044

项目名称:甘肃崖湾—大桥地区金锑矿整装勘查区专项填图与技术应用示范

提名单位:甘肃省自然资源厅

主要完成人:何进忠　吴保祥　柳生祥　刘　涛　张祥年　雷祥军　牛卯胜

主要完成单位:甘肃省地质调查院,中国科学院西北生态环境资源研究院(中国科学院地质与地球物理研究所兰州油气资源研究中心),甘肃省地质矿产勘查开发局第三地质矿产勘查院

45.获奖编号：2020—J3—045

项目名称:强磁选机聚磁介质开发

提名单位:嘉峪关市科学技术局

主要完成人:张志刚　王明华　张红军　刘险峰　权芳民　雷鹏飞　王建平

主要完成单位:酒泉钢铁(集团)有限责任公司

46.获奖编号：2020—J3—046

项目名称:老油田水驱提高采收率关键技术研究

提名单位:玉门石油管理局

主要完成人:刘战君　郑联勇　彭晓勇　卢望红　桑国强　李　景　王小军

主要完成单位:中国石油天然气股份有限公司玉门油田分公司,中国石油天然气股份有限公司勘探开发研究院

47.获奖编号：2020—J3—047

项目名称:马铃薯主食化品种筛选及加工关键技术创新与应用

提名单位:甘肃省农业科学院

主要完成人:李　梅　李守强　孙红男　田世龙　木泰华　葛　霞　程建新

主要完成单位:甘肃省农业科学院农产品贮藏加工研究所,中国农业科学院农产品加工研究所,甘肃薯香园农业科技有限公司,甘肃天润园食品有限责任公司

48.获奖编号：2020—J3—048

项目名称:玉米全膜双垄沟播全程机械化生产关键技术集成与示范推广

提名单位:甘肃省农业农村厅

主要完成人:石林雄　刘鹏霞　刘风军　张　鹏　戴　飞　安　宁　孟养荣

主要完成单位:酒泉市铸陇机械制造有限责任公司,甘肃省农业机械化技术推广总站,兰州农源农机有限公司,甘肃农业大学

49.获奖编号：2020—J3—049

项目名称:抗旱耐密玉米种质创制及育种应用

提名单位:甘肃省教育厅

主要完成人:彭云玲　王　芳　张红伟　许会军　赵晋锋　綦　平　王　威

主要完成单位:甘肃农业大学,甘肃种业有限公司,中国农业科学院作物科学研究所,山西省农业科学院谷子研究所

50.获奖编号：2020—J3—050

项目名称:专用型蚕豆新品种选育及栽培技术集成与应用

提名单位:临夏回族自治州科学技术局

主要完成人:郭延平　邵　扬　杨生华　李　龙　范桃会　张　芸　李　强

主要完成单位:临夏回族自治州农业科学院

51.获奖编号：2020—J3—051

项目名称:优质高产广适啤酒大麦新品种甘啤6号选育及推广

提名单位:甘肃省农业科学院

主要完成人:潘永东　包奇军　徐银萍　张华瑜　柳小宁　火克仓　王　方

主要完成单位:甘肃省农业科学院经济作物与啤酒原料研究所(甘肃省农科院中药材研究所),甘肃农业大学,永昌县农业技术推广服务中心,山丹县现代农业试验示范中心

52.获奖编号: 2020—J3—052

项目名称:优质专用型定薯系列马铃薯新品种选育及产业化应用

提名单位:定西市科学技术局

主要完成人:李德明　李城德　王　娟　罗　磊　姚彦红　潘晓春　李亚杰

主要完成单位:定西市农业科学研究院,甘肃省农业技术推广总站,甘肃定西百泉马铃薯有限公司,定西市禾丰农作物种业中心

53.获奖编号: 2020—J3—053

项目名称:麦积区规模化生态放养土鸡生产HACCP体系的建立与示范推广

提名单位:天水市科学技术局

主要完成人:雒林通　余成蛟　王廷璞　雒家其　赵　阳　李小珍　卢彦云

主要完成单位:天水师范学院,天水市麦积区畜牧兽医事务服务中心,天水桃花苑土鸡养殖农民专业合作社联合社

54.获奖编号: 2020—J3—054

项目名称:肉羊育肥中草药添加剂的研发与推广示范

提名单位:甘肃省农业农村厅

主要完成人:刘瑞生　王　珂　薛春胜　徐建峰　豆思远　张新报　唐　豪

主要完成单位:甘肃省畜牧兽医研究所,环县畜牧技术推广中心,平凉市崆峒区畜牧技术服务中心,华池县畜牧兽医站

55.获奖编号: 2020—J3—055

项目名称:高寒牧区娟姗牛杂交改良甘南牦牛试验研究及应用

提名单位:甘南藏族自治州科学技术局

主要完成人:郭淑珍　马登录　包永清　王立斌　马忠涛　李红梅　张潭瑛

主要完成单位:甘南藏族自治州畜牧工作站,甘肃农业大学,夏河县畜牧工作站,合作市畜牧工作站

56.获奖编号: 2020—J3—056

项目名称:陇东绒山羊优质高产新品群选育与产业化示范

提名单位:甘肃省教育厅

主要完成人:王继卿　刘　秀　李少斌　罗玉柱　谢文章　胡　江　苟占发

主要完成单位:甘肃农业大学,环县畜牧技术推广中心

57.获奖编号: 2020—J3—057

项目名称:奶牛主要普通病防治新制剂的研制与应用

提名单位:中国农业科学院兰州畜牧与兽药研究所

主要完成人:严作廷　王东升　张世栋　武小虎　荔　霞　苗小楼　王胜义

主要完成单位:中国农业科学院兰州畜牧与兽药研究所,北京中农劲腾生物技术股份有限公司

58.获奖编号: 2020—J3—058

项目名称:优质牧草高效育肥肉牛关键技术

提名单位:兰州大学

主要完成人:王虎成　王维中　张　霞　马佩玲　安继忠　张维汉　张俊锋

主要完成单位:兰州大学,定西市畜牧技术推广站,定西甲天下农业科技有限公司,通渭县畜牧技术推广站

59.获奖编号: 2020—J3—059

项目名称:黄芪高效育苗关键技术集成与应用

提名单位:甘肃省农业科学院

主要完成人:赵　瑛　蔡子平　罗俊杰　张运晖　张敏敏

主要完成单位:甘肃省农业科学院生物技术研究所,礼县春天药业有限责任公司,甘肃省农业科学院中药材研究所,甘肃省农业科学院农业质量标准与检测技术研究所

60.获奖编号: 2020—J3—060

项目名称:坡缕石基复合高分子吸水保水缓释肥料研究及推广应用

提名单位:西北民族大学

主要完成人:乌　兰　柳明珠　吴　尚　谢丽华　苑沛霖　王兴刚　李锦龙

主要完成单位:西北民族大学

61.获奖编号: 2020—J3—061

项目名称:消定膏对骨折愈合相关信号通路影响的实验研究及临床应用

提名单位:甘肃省卫生健康委员会

主要完成人:董万涛　宋　敏　张　洁　张兆芳　陈秉雄　刘保健　李元贞

主要完成单位:甘肃中医药大学附属医院,甘肃中医药大学

62.获奖编号: 2020—J3—062

项目名称:甘肃省Thri—PSC装配式钢结构住宅体系关键技术研究及应用

提名单位:甘肃省建设投资(控股)集团有限公司

主要完成人:马张永　郭　震　严永红　满吉昌　肖　军　陈绍娟　李福顺

主要完成单位:甘肃建投钢结构有限公司,甘肃第四建设集团有限责任公司,甘肃建投住宅产业新型材料有限公司

63.获奖编号: 2020—J3—063

项目名称:气候变化背景下甘肃省典型区生态环境监测评估技术研究及应用

提名单位：甘肃省气象局

主要完成人：韩　涛　蒋友严　王大为　杜文涛　李丽丽　方　锋　陈记祖

主要完成单位：兰州区域气候中心，中国科学院西北生态环境资源研究院，武威市气象局

64. 获奖编号：2020—J3—064

项目名称：沼液综合利用关键技术创新与示范

提名单位：张掖市科学技术局

主要完成人：陈年来　方三叶　陈思瑾　魏玉珍　李金霞　孙小妹　李翊华

主要完成单位：甘肃方正节能科技服务有限公司，甘肃农业大学，河西学院

65. 获奖编号：2020—J3—065

项目名称：大跨度钢筋混凝土转体梁桥建造关键技术

提名单位：甘肃省总工会

主要完成人：胥俊德　庄纪栋　仲维玲　冯建军　李启成　律百军　杜　越

主要完成单位：中铁二十一局集团第二工程有限公司，中铁二十一局集团有限公司，中铁二十局集团有限公司，中铁二十一局集团第一工程有限公司

66. 获奖编号：2020—J3—066

项目名称：大厚度黄土湿陷性测试、评价及工程处治新技术

提名单位：中铁西北科学研究院有限公司

主要完成人：武小鹏　张延杰　李　奋　刘贺业　夏　琼　周有禄　韩高孝

主要完成单位：中铁西北科学研究院有限公司，兰州交通大学

67. 获奖编号：2020—J3—067

项目名称：混合结构视频网格服务能力与系统稳定性研究

提名单位：甘肃省教育厅

主要完成人：赵　宏　马栋林　包广斌　陈冬梅　党　育　高玮军　陈佩华

主要完成单位：兰州理工大学，兰州北科维拓科技股份有限公司

地方立法

甘肃省道路交通安全条例

2011年11月24日甘肃省第十一届人民代表大会常务委员会第二十四次会议通过
2020年4月1日甘肃省第十三届人民代表大会常务委员会第十五次会议修订
甘肃省人民代表大会常务委员会公告（第33号）

第一章 总 则

第一条 为了维护道路交通秩序，预防和减少交通事故，保护人身安全，保护公民、法人和其他组织的财产安全及其他合法权益，提高通行效率，根据《中华人民共和国道路交通安全法》和《中华人民共和国道路交通安全法实施条例》等法律、行政法规，结合本省实际，制定本条例。

第二条 本省行政区域内的车辆驾驶人、行人、乘车人以及与道路交通活动有关的单位和个人，应当遵守本条例。

法律、行政法规对道路交通安全已有规定的，依照其规定执行。

第三条 道路交通安全工作遵循依法管理、高效便民的原则，保障道路交通有序、安全、畅通。

第四条 县级以上人民政府应当加强道路交通安全工作，适应经济社会和道路交通发展需要，依据道路交通安全法律、法规和国家有关政策，制定道路交通安全管理规划并组织实施；加大道路交通安全基础设施建设投入，组织全社会参与维护道路交通秩序。

第五条 县级以上人民政府应当建立健全道路交通安全工作协调机制，组织自然资源、交通运输、住建部门编制城市交通专项规划和城市综合交通体系规划，对涉及道路交通的城市建设项目应当组织公安机关交通管理部门等

单位进行道路交通影响分析和论证，解决道路交通安全管理工作中的重大问题。

第六条 县级以上人民政府应当将重特大交通事故、道路阻断等公共安全事件的处置，纳入应急管理体系。

乡（镇）人民政府、街道办事处应当督促本辖区单位落实道路交通安全责任，及时消除安全隐患。

第七条 县级以上人民政府及有关部门应当应用现代信息技术，推广、使用先进的管理方法，构建智能化、人性化、立体化的综合交通体系，保障交通安全，发挥交通基础设施效能，提升交通系统运行效率和管理服务水平。

第八条 县级以上人民政府公安机关交通管理部门负责本行政区域内的道路交通安全管理工作。

第九条 公安、交通运输与其他负有道路交通管理工作职责的部门应当紧密配合，提高工作协同性，建立排堵保畅、信息通报、联合执法、案件移送等协作机制。

第十条 发展改革、交通运输、自然资源、住建等部门应当将交通安全基础设施建设纳入道路建设规划，实施道路交通建设项目。

交通运输、住建、公安部门应当按照国家有关技术标准和规范，设置和完善交通标志、标线、信号灯等交通安全设施。

第十一条 交通运输、公安、应急管理部门应当利用重点营运车辆联网联控系统提供的监管手段，实施联合监管。

交通运输部门负责建立营运车辆动态信息公共服务平台，实现与重点营运车辆联网联控系统的联网，并向公安、应急管理等部门开放数据传送。

第十二条 市场监管部门负责对机动车安全技术检验机构实行计量认证管理，对机动车安全技术检验设备进行检定，对执行国家机动车安全技术检验标准的情况进行监督；及时查处非法生产、拼装车辆以及销售不符合安全技术标准的车辆成品、配件等行为。

第十三条 农业农村部门依法对上道路行驶的拖拉机、联合收割机等农业机械实施登记、检验，加强对农业机械驾驶人的安全教育，负责拖拉机、联合收割机等农业机械驾驶人考试、发证和审验等工作。

第十四条 卫生健康部门应当建立完善交通事故医疗救治快速反应机制。发生重大道路交通事故后，卫生健康、交通运输部门应当保证救援渠道畅通，伤员得到及时救治。

第十五条 商务部门应当加强对报废机动车回收拆解行业和报废机动车回收拆解企业的监督管理。

第十六条 气象部门应当加强对大风、大雾、暴雨(雪)、霜冻等灾害天气的监测、预报和预警，并将可能影响道路交通安全的天气信息及时通报公安机关交通管理部门和交通运输部门。

第十七条 教育行政部门、学校应当将道路交通安全教育纳入法制教育的内容。

报刊、广播、电视、互联网等媒体，应当加强道路交通安全宣传，普及道路交通安全知识，免费发布道路交通安全公益广告，及时发布公安机关交通管理部门采取的道路交通管理措施和可能影响道路交通安全的有关信息。

第十八条 机关、企业事业单位、社会团体以及其他组织应当建立健全内部交通安全制度，教育本单位人员遵守道路交通安全法律、法规，对聘用的机动车驾驶人进行驾驶证和身份证件登记，自觉接受公安机关交通管理部门的监督检查。

单位和个人应当依法履行道路交通安全义务，服从公安机关交通管理部门及其交通警察的管理。

第二章 车辆和驾驶人

第十九条 机动车经公安机关交通管理部门登记后，方可上道路行驶。尚未登记的机动车，需要临时上道路行驶的，应当取得临时通行牌证。

机动车所有人应当按照法律法规有关规定，办理机动车注册、变更、转移、抵押、注销等登记。

第二十条 准予登记的机动车应当符合机动车国家安全技术标准。申请机动车登记时，应当接受对该机动车的安全技术检验；但经国家机动车产品主管部门依据机动车国家安全技术标准认定的企业生产的机动车型，该车型的新车在出厂时经检验符合机动车国家安全技术标准，获得检验合格证的，免予安全技术检验。

对登记后上道路行驶的机动车，应当依照法律、行政法规的规定，投保机动车交通事故责任强制保险，并根据车辆用途、载客载货数量、使用年限等不同情况，定期进行安全技术检验。

任何单位不得要求机动车到指定的场所进行检验。

公安机关交通管理部门、机动车安全技术检验机构不得要求机动车到指定的场所进行维修、保养。

第二十一条 机动车安全技术检验机构应当按照规定和国家标准实施安全技术检验，不得为机动车出具虚假检验报告。

第二十二条 驾驶机动车上道路行驶，应当悬挂机动车号牌，放置检验合格标志、保险标志，并随车携带机动车行驶证。

机动车号牌应当按照规定悬挂并保持清晰、完整，不得故意遮挡、污损。

任何单位和个人不得收缴、扣留机动车号牌。

第二十三条 警车、消防车、救护车、工程救险车应当按照规定喷涂标志图案，安装警报器、标志灯具。其他机动车不得喷涂、安装、使用上述车辆专用的或者与其相类似的标志图案、警报器或者标志灯具。

警车、消防车、救护车、工程救险车应当严格按照规定的用途和条件使用。

公路监督检查的专用车辆，应当依照公路法的规定，设置统一的标志和示警灯。

第二十四条 教练车应当符合国家安全技术标准，悬挂公安机关交通管理部门核发的教练车号牌，并有明显标志。

在道路上学习驾驶的，应当按公安机关交通管理部门指定的路线、时间行驶。

第二十五条 载货汽车应当在驾驶室两侧喷涂核定载质量，载货汽车和挂车应当按照国家安全技术标准粘贴车身反光标识；危险货物运输车辆，应当按照有关规定喷涂相关标志标识。

注册登记的重型、中型货车和挂车，应当按照规定在其侧面、后下部安装防撞装置。

第二十六条 禁止机动车安装和使用妨碍行人或者其他车辆安全通行的照明、音响以及影响交通技术监控设备正常运行的装置和材料。

机动车不得使用镜面反光遮阳膜，不得粘贴、喷涂妨碍安全驾驶的文字、图案，不得在车内悬挂、放置妨碍安全驾驶的物品。

第二十七条 公路营运性载客汽车、旅游客车、危险品运输车、重型载货汽车、半挂牵引车，应当安装、使用符合国家标准的行驶记录仪，并保持行驶记录仪正常运行。公路营运性载客汽车、旅游客车、危险品运输车等车辆安装的行驶记录仪应当具有卫星定位功能。

交通警察可以对行驶记录仪记录的机动车行驶速度、连续驾驶时间等行驶状态信息进行检查。

第二十八条 校车安全管理依据国务院《校车安全管理条例》的有关规定执行。

第二十九条 达到报废标准的机动车不得上道路行驶。回收的报废机动车必须按照有关规定予以拆解；回收的报废大型客、货车及其他营运车辆，应当在公安机关交通管理部门的监督下解体。

第三十条 报废机动车回收企业对回收的报废机动车，应当向机动车所有人出具《报废机动车回收证明》，收回机动车登记证书、号牌、行驶证，并按照国家有关规定及时向公安机关交通管理部门办理注销登记，将注销证明转交机动车所有人。

第三十一条 承修机动车的企业或者个体工商户应当建立承修登记、查验制度，如实登记下列项目，并接受公安机关的检查：

（一）按照机动车行驶证项目登记送修车辆的号牌、车型、发动机号码、车架号码、厂牌型号、车身颜色；

（二）车主名称或者姓名、送修人姓名、居民身份证号码或者驾驶证号码；

（三）修理项目和部位；

（四）送修时间、收车人姓名。

发现有交通肇事逃逸嫌疑车辆的，应当立即报告公安机关交通管理部门并配合调查。

第三十二条 机动车驾驶人驾驶机动车应当依法取得并随身携带机动车驾驶证，按照驾驶证载明的准驾车型驾驶机动车。

第三十三条 机动车驾驶培训机构应当按照国家有关规定进行驾驶培训，不得缩短培训时间或者减少培训内容，并如实向机动车驾驶人考核发证部门提供培训记录。交通运输部门应当加强监督管理。

第三十四条 机动车驾驶人应当遵守道路交通安全法律、法规的规定，按照操作规范安全驾驶、文明驾驶。

第三十五条 机动车驾驶人应当学习道路交通安全法律、法规，接受道路交通安全知识的教育和培训。

机动车驾驶人违反道路交通安全法律、法规或者对发生道路交通事故负有责任的，应当按照规定接受一定时间的道路交通安全知识的学习和教育。

第三十六条 公安机关交通管理部门对机动车驾驶人违反道路交通安全法律、法规的行为，除依法给予行政处罚外，实行累积记分制度。公安机关交通管理部门对累积记分达到规定分值的机动车驾驶人，扣留机动车驾驶证，对其进行道路交通安全法律、法规教育，重新考试；考试合格的，发还其机动车驾驶证。

对遵守道路交通安全法律、法规，在一年内无累积记分的机动车驾驶人，可以延长机动车驾驶证的审验期。

第三十七条 公安机关交通管理部门应当记录机动车驾驶人道路交通安全违法行为、累积记分和发生道路交通事故等信息，并通过移动通信、互联网等途径提供查询服务，方便机动车所有人、管理人或者驾驶人查询。

第三十八条 公安机关交通管理部门应当及时将道路交通安全违法行为告知当事人，当事人应当及时接受处理。

交通安全技术监控记录资料可以作为公安机关交通管理部门处理道路交通安全违法行为的证据。

第三十九条 电动自行车、残疾人机动轮椅车实行登记制度。经公安机关交通管理部门登记并领取牌证后，方可上道路行驶。

依法登记的电动自行车、残疾人机动轮椅车号牌、行驶证的式样由省公安机关交通管理部门统一规定并监制。

第四十条 申请电动自行车、残疾人机动轮椅车登记，应当提交下列证明：

（一）车辆所有人身份证明；

（二）车辆来历证明；

（三）车辆出厂合格证明。

不能提供出厂合格证明的，应当提交国家强制性产品

认证合格证书。

申请残疾人机动轮椅车登记的，还应当提交证明本人下肢残障的《中华人民共和国残疾人证》。

第四十一条 已经领取牌证的电动自行车、残疾人机动轮椅车有下列情形之一的，车辆所有人应当到公安机关交通管理部门办理相关手续：

（一）所有权发生转移的；

（二）补领号牌、行驶证的；

（三）车辆所有人的住所迁出登记地公安机关交通管理部门管辖区域的。

第四十二条 驾驶电动自行车、残疾人机动轮椅车上道路行驶，应当按照规定悬挂号牌，并保持清晰。

电动自行车、残疾人机动轮椅车号牌和行驶证不得转借、挪用、涂改。

第三章 道路通行条件

第四十三条 道路、停车场（库）和道路配套设施规划、设计、建设，应当符合道路交通安全、畅通的要求，并根据交通需求，由道路管理、公安机关交通管理等部门及时调整。

第四十四条 道路管理部门应当根据道路等级、交通流量、安全状况以及交通管理的需要，按照国家技术标准或者规范要求，在道路上设置相应的交通信号和交通安全设施，并保持清晰、醒目、准确、完好。

高速公路公安机关交通管理部门业务技术用房应当与道路、交通安全设施同步规划设计、同步施工建设、同步交付使用，所需资金在省预算内基建资金中予以安排。

改建和扩建道路后通行条件发生变化的，道路管理部门、公安机关交通管理部门应当及时增设、调换、更新道路交通信号和交通安全设施。增设、调换、更新限制性的道路交通信号，应当提前向社会公告，广泛进行宣传。

乡村道路、单位或者个人自建道路应当在公安机关交通管理部门指导下，按照国家有关标准设置交通标志、标线等交通设施。

第四十五条 设置限速标志以及设定限速标志标明的最高时速、最低限速，应当符合法律、法规的规定和技术标准，满足安全、畅通的需要，并根据情况变化及时调整。

使用交通技术监控设备测速的路段，应当在合理间距提前设置测速警告标志。

第四十六条 道路沿线的机动车出入口应当设置在交通流量相对较小的路段上，并设置让行交通标志、标线。

因工程建设确需在公路及公路用地范围内增设或者封闭平面交叉口、通道、出入口的，道路管理部门进行审批时，应当征求当地公安机关交通管理部门的意见。

第四十七条 道路出现坍塌、坑漕、水毁、隆起等损毁或者交通信号灯、交通标志、交通标线等交通设施损毁、灭失的，道路、交通设施的养护部门或者管理部门应当设置警示标志并及时修复。

公安机关交通管理部门发现前款情形，危及交通安全，尚未设置警示标志的，应当及时采取安全措施，疏导交通，并通知道路、交通设施的养护部门或者管理部门。

第四十八条 公共停车场（库）、公交场（站）建设应当纳入城市综合交通体系规划，并与城市建设和改造同步进行。

新建、改建、扩建城市道路应当根据城市综合交通体系规划，设置公交专用车道和港湾式停靠站台。

新建、改建、扩建的公共建筑、商业街区、居住区、大（中）型建筑等，应当配建、增建停车场（库），配建、增建的停车场（库）应当与主体工程同时投入使用，不得停用或者挪作他用；停车泊位不足的，应当及时改建或者扩建。

公共停车场（库）应当在出入方便的位置，设置残疾人车辆专用车位，配备无障碍设施。

第四十九条 机动车停车位不足的城市街区，公安机关交通管理部门可以根据交通状况，在道路范围内施划临时停车泊位，并规定停车泊位的使用时间，设置警示标志。

因紧急情况或者举办大型群众性活动，公安机关交通管理部门可以在道路范围内确定临时停车区，或者暂停道路停车泊位的使用。

其他任何单位和个人不得设置、撤除道路停车泊位，或者设置停车障碍。

第五十条 客运出租车应当遵守临时停车规定，即停即走。设有客运出租车停靠站点的，应当在停靠站点停车候客。

公安机关交通管理部门应当根据道路交通状况，合理设置通勤车辆停靠站位。

第五十一条 因工程建设需要占用、挖掘道路，或者跨越、穿越道路架设、增设管线设施，建设单位应当事先征得道路主管部门同意；影响交通安全的，还应当征得公安机关交通管理部门同意。

建设单位应当在规定期限内完成施工作业，并按照不低于原有技术标准或者规划标准修复道路。需延长施工期限的，应当重新申请。

第五十二条 因工程建设需要中断高速公路交通的，应当征得省公安机关交通管理部门同意；半幅封闭高速公路交通、中断或者半幅封闭其他道路交通的，应当征得市（州）公安机关交通管理部门同意。

遇有交通堵塞或者其他紧急情况时，公安机关交通管理部门可以要求暂时停止道路施工、作业，临时恢复通行。

第五十三条 学校、幼儿园、医院、养老院门前的道路没有行人过街设施的，应当施划人行横道线，设置提示标志。

城市主要道路的人行道，应当按照规划设置盲道。盲道的设置应当符合国家标准。

第四章 道路通行规定

第五十四条 机动车、非机动车实行右侧通行。根据道路条件和通行需要，道路划分为机动车道、非机动车道和人行道的，机动车、非机动车、行人实行分道通行。没有划分机动车道、非机动车道和人行道的，机动车在道路中间通行，非机动车和行人在道路两侧通行。

第五十五条 车辆、行人应当按照交通信号通行；遇有交通警察现场指挥时，应当按照交通警察的指挥通行；在没有交通信号的道路上，应当在确保安全、畅通的原则下通行。

第五十六条 机动车上道路行驶，不得超过限速标志标明的最高时速。在没有限速标志的路段，应当保持安全车速。

夜间行驶或者在容易发生危险的路段行驶，以及遇有沙尘、冰雹、雨、雪、雾、结冰等气象条件时，应当降低行驶速度。

第五十七条 机动车转弯、变更车道、超车、掉头、靠路边停车时，在城市道路上应当提前三十米、公路上应当提前一百米开启转向灯，不得急停猛拐。

第五十八条 在道路同方向划有二条以上机动车道的，大型载客汽车、载货汽车、摩托车、轮式自行机械车在右侧车道行驶，其他客车在左侧车道行驶，但超越前方车辆时除外。

第五十九条 车辆进出道路，应当减速或者停车瞭望，让在道路内正常行驶的车辆、行人优先通行。在允许机动车进出非机动车道、人行道的路段，机动车进出时不得妨碍非机动车、行人正常通行。

第六十条 车辆变更车道不得影响其他车辆、行人正常通行，并应当遵守下列规定：

（一）让车道内行驶的车辆或者行人先行；

（二）不得一次连续变更二条以上机动车道；

（三）从左右两侧车道向同一车道变更时，右侧车道的车辆让左侧车道的车辆先行。

第六十一条 机动车通过交叉路口，应当按照交通信号灯、交通标志、交通标线或者交通警察的指挥通过；通过没有交通信号灯、交通标志、交通标线或者交通警察指挥的交叉路口时，应当减速慢行，并让行人和优先通行的车辆先行。

长途客运车辆不得在城市道路上缓行揽客，妨碍行人和车辆正常通行；不得在高速公路上停车上下乘客。

机动车不得在道路上追逐竞驶。

第六十二条 机动车载人不得超过核定的人数，客运机动车不得违反规定载货。

第六十三条 禁止货运机动车载客。

货运机动车需要附载作业人员的，应当设置保护作业人员的安全措施。

第六十四条 城市道路划设公交专用车道的，在规定时间内，只允许公共汽车通行。

第六十五条 城市公共汽车进入站点时应当在站点一侧依次靠边停车，暂时不能进入站点的，应当在靠站点一侧机动车道内依次等候进站；驶离站点时应当单排依次按顺序行驶。

城市公共汽车进出站点需要借道通行的，应当避让该车道正常行驶的车辆。

第六十六条 清扫车、洒水车、垃圾运输车等在城市中心区域作业时，应当避开城市道路交通流量高峰期。

第六十七条 机动车载物应当符合核定的载质量，严禁超载；载物的长、宽、高不得违反装载要求，不得遗洒、飘散载运物。

机动车运载超限的不可解体的物品，影响交通安全的，应当按照公安机关交通管理部门指定的时间、路线、速度行驶，悬挂明显标志。在公路上运载超限的不可解体的物品，并应当依照公路法的规定执行。

机动车载运爆炸物品、易燃易爆化学物品以及剧毒、放射性等危险物品，应当经公安机关批准后，按指定的时间、路线、速度行驶，悬挂警示标志并采取必要的安全措施。

第六十八条 客运站场应当按照规定对进站公路客运车辆进行安全检查，不准超载和不符合安全技术条件的公路客运车辆驶出站场。

货运站场应当按照规定对车辆配载，不准超限超载的货运机动车驶出站场。

第六十九条 道路主管部门应当逐步在高速公路入口和国道、省道设置车辆载重检测设备，对载货汽车进行超限超载检测。超限超载车辆不得驶入高速公路。

交通运输、市场监管、公安机关交通管理等部门应当相互配合，加强对货运机动车生产、改装和重点货运源头单位货物装载工作的监管，对非法改装和超限超载车辆按照国家有关规定实施处罚。

第七十条 机动车在道路上停放、临时停车，应当遵守下列规定：

（一）在交通标志、标线规定的道路停车泊位内，按顺行方向依次停放，车身不得超出停车泊位；

（二）借道进出道路停车泊位的，不得妨碍其他车辆或者行人正常通行。

在夜间无路灯照明或者在风、雪、雨、雾、沙尘等低

甘肃年鉴 2021

能见度气象条件下，机动车在道路上停放、临时停车的，还应当开启危险报警闪光灯、示廓灯和后位灯。

第七十一条 驾驶机动车有下列情形之一的，驾驶人应当让行：

（一）行经人行横道；

（二）通过未设交通信号灯的路口；

（三）经过泥泞或者积水道路；

（四）遇公共汽车驶入或者驶出公共汽车站点。

第七十二条 机动车试车应当遵守下列规定：

（一）按照规定悬挂公安机关交通管理部门核发的试车号牌；

（二）按照公安机关交通管理部门规定的时间、路线进行；

（三）由取得机动车驾驶证一年以上的驾驶人驾驶；

（四）不得搭乘与试车无关的人员；

（五）不得在道路上进行制动测试。

第七十三条 机动车行驶时，驾驶人、乘坐人员应当按规定使用安全带，摩托车驾驶人及乘坐人员应当按规定戴安全头盔。摩托车后座不得乘坐未满十二周岁的未成年人，轻便摩托车不得载人。

第七十四条 非机动车、拖拉机、轮式专用机械车、铰接式客车、全挂拖斗车以及其他设计最高时速低于七十千米的机动车，不得进入高速公路。高速公路限速标志标明的最高时速不得超过一百二十千米。

第七十五条 非机动车在道路上行驶应当遵守下列规定：

（一）在非机动车道内行驶；在没有非机动车道的道路上，靠车行道的右侧行驶；

（二）通过有交通信号灯控制的交叉路口，遇有放行信号时，让先于本放行信号放行的车辆、行人先行；

（三）不得在机动车辆之间穿插通行；

（四）不得在车行道上停车滞留；

（五）与相邻行驶的非机动车保持安全距离，在与行人混行的道路上避让行人；

（六）设有转向灯的，应当保持转向灯良好，掉头、转弯前开启转向灯；没有转向灯的，掉头、转弯时，应当采取适当方式进行示意；

（七）人力客运三轮车按照核定的人数载人，人力货运三轮车不得载人。

第七十六条 十二周岁以上的未成年人可以驾驶自行车，十六周岁以上的未成年人可以驾驶电动自行车，但均不得搭载人员。

成年人驾驶自行车、电动自行车只准搭载一名十二周岁以下的未成年人。搭载学龄前儿童的，应当使用安全座椅。

第七十七条 乘车人乘坐公共汽车和长途汽车，应当在停靠站或者指定地点依次候车，待车停稳后上下车。

第七十八条 乘车人不得携带易燃易爆等危险物品，不得向车外抛洒物品；不得有抢夺方向盘、变速杆等操纵装置，殴打、拉拽驾驶员或者有其他妨害安全驾驶的行为。

第七十九条 行人通过路口或者横过道路，应当走人行横道或者过街设施；通过有交通信号灯的人行横道，应当按照交通信号灯指示通行；通过没有交通信号灯、人行横道的路口，或者在没有过街设施的路段横过道路，应当在确认安全后通过。

第八十条 行人不得有下列行为：

（一）进入高速公路或者其他封闭的机动车专用道；

（二）在道路上使用滑板、旱冰鞋等滑行工具；

（三）在车行道内坐卧、停留、嬉闹；

（四）在车行道上发放广告、兜售物品；

（五）在车行道上赶骑牲畜；

（六）扒车、追车、强行拦车、抛物击车；

（七）跨越、倚坐道路隔离设施；

（八）实施其他妨碍道路交通安全的行为。

第五章　道路交通事故处理

第八十一条 县级以上人民政府应当制定道路交通事故应急处置预案，发生重特大道路交通事故，应当按照事故响应等级及时启动应急处置预案。

第八十二条 公安机关交通管理部门接到交通事故报警后，应当立即派交通警察赶赴现场，先组织抢救受伤人员，并采取措施，尽快恢复交通。

交通警察应当对交通事故现场进行勘验、检查，收集证据；因收集证据的需要，可以扣留事故车辆，但是应当妥善保管，以备核查。

对当事人的生理、精神状况等专业性较强的检验，公安机关交通管理部门应当委托专门机构进行鉴定。鉴定结论应当由鉴定人签名。

第八十三条 公安机关交通管理部门接到重特大道路交通事故或者危险品运输事故报警时，应当立即采取应急措施，并通过本级公安机关报告当地人民政府。

第八十四条 发生道路交通事故，造成人员伤亡的，当事人应当立即抢救受伤人员，并报警等候处理；未造成人员伤亡且当事人可以自行移动车辆的，应当在确保安全的情况下，对现场拍照或者标划车辆位置后，将车辆移至不妨碍交通的安全地点，自行协商处理或者报警等候处理。涉及保险理赔的，应当及时通知保险公司。

第八十五条 自行协商处理交通事故的，当事人可以通过快速理赔平台、填写道路交通事故损害赔偿协议书，或者另行书面记录事故发生的时间、地点、对方当事人的姓名和联系方式、车辆号牌、机动车驾驶证号、保险凭证

号、碰撞部位等内容，由当事人签字确认，作为保险理赔和处理交通事故的证据。

公安机关交通管理部门利用道路交通监控设备对交通事故现场进行抓拍的视频和照片，或者当事人自行拍摄的交通事故现场照片，可以作为保险理赔的证据。

自行协商处理的交通事故，一方当事人因另一方当事人利用虚假身份或者虚假信息填写道路交通事故损害赔偿协议书，导致无法获得赔偿而向公安机关交通管理部门报案的，应当提供道路交通事故现场照片、协议等证据。

适用快速理赔的，保险公司应当在五个工作日内履行赔付义务。

第八十六条 有下列情形之一的，当事人可以直接申请保险公司理赔：

（一）当事人依法自行协商处理的交通事故；

（二）仅造成自身车辆损失的单方交通事故；

（三）车辆在道路以外通行时发生的事故。

第八十七条 机动车驾驶人肇事后有下列情形之一的，认定为交通肇事逃逸：

（一）驾驶车辆或者遗弃车辆逃离事故现场的；

（二）报案后不及时抢救伤者或者保护现场，逃离事故现场后又返回的；

（三）将伤者送到医院后，未报案或者未留下真实联系信息离开的；

（四）在接受调查期间逃匿的；

（五）其他应当认定为交通肇事逃逸的。

机动车驾驶人肇事后逃逸，事故现场目击人员和其他知情人员应当向公安机关交通管理部门或者交通警察举报。举报属实的，公安机关交通管理部门应当给予奖励。

第八十八条 发生道路交通事故，造成车辆损坏或者在道路上散落物品，妨碍其他车辆正常通行的，当事人应当按照公安机关交通管理部门的要求及时清除障碍。当事人无法及时清除的，由公安机关交通管理部门通知清障单位清除，清障费用由机动车所有人、管理人或者驾驶人支付。

第八十九条 机动车与非机动车、行人发生交通事故造成人身伤亡、财产损失，超过机动车交通事故责任强制保险责任限额的部分，非机动车、行人没有过错的，由机动车一方承担赔偿责任；有证据证明非机动车驾驶人、行人有过错的，机动车一方按照以下规定承担赔偿责任：

（一）在禁止非机动车、行人通行的道路上发生交通事故，机动车一方无过错的，承担不超过百分之五的赔偿责任；

（二）在本条第一项规定以外的道路上发生交通事故，机动车一方无过错的，承担不超过百分之十的赔偿责任；

（三）机动车一方负次要责任的，承担百分之四十至百分之五十的赔偿责任；

（四）机动车一方负同等责任的，承担百分之五十至百分之七十的赔偿责任；

（五）机动车一方负主要责任的，承担百分之七十至百分之九十的赔偿责任。

交通事故由非机动车驾驶人、行人故意碰撞机动车造成的，机动车一方不承担赔偿责任。

第九十条 非机动车之间、非机动车与行人之间发生交通事故造成人身伤亡、财产损失的，由有过错的一方承担赔偿责任；双方都有过错的，按照各自过错的比例承担赔偿责任。

第九十一条 对因交通事故造成人身伤亡的，残疾赔偿金、死亡赔偿金按本省城镇居民上年度人均可支配收入标准计算，其被扶养人的生活费按被扶养人经常居住地所在省（直辖市、自治区）上年度城镇居民人均消费性支出标准或者农村居民人均年生活消费支出标准计算。

第九十二条 交通事故死亡人员身份无法确认的，身份按照城镇居民认定。赔偿费用由道路交通事故社会救助基金管理机构提存保管，待死亡人员身份确定后转交赔偿权利人。赔偿权利人可以按本条例第九十一条的规定追偿死亡人员被扶养人的生活费。

第九十三条 参加机动车交通事故责任强制保险的机动车发生交通事故，因抢救受伤人员需要保险公司支付或者垫付抢救费用的，保险公司在接到公安机关交通管理部门的书面通知后，应当及时在机动车交通事故责任强制保险责任限额范围内予以支付或者垫付。

第九十四条 机动车发生交通事故，因抢救受伤人员需要道路交通事故社会救助基金垫付费用的，由公安机关交通管理部门通知道路交通事故社会救助基金管理机构按照有关规定及时垫付。社会救助基金管理机构有权向交通事故责任人追偿。

第九十五条 公安机关交通管理部门在送达交通事故认定书时，应当告知当事人就交通事故损害赔偿纠纷可以请求公安机关交通管理部门进行调解，也可以请求人民调解委员会调解，或者直接向人民法院提起民事诉讼。

经公安机关交通管理部门或者人民调解委员会调解达成协议的，当事人可以自愿向人民法院申请调解协议诉前司法确认。

公安机关交通管理部门、司法行政部门、人民法院应当建立和完善行政调解、人民调解、司法调解相衔接的交通事故损害赔偿纠纷调解机制。

第九十六条 因调查交通事故需要，公安机关交通管理部门可以依法向有关单位、个人调取汽车行驶记录仪、卫星装置、技术监控设备的记录资料以及其他与事故有关的证据材料。有关单位和个人应当如实提供，不得伪造、隐匿、毁灭。

甘肃
年鉴
2021

第六章　执法监督

第九十七条　公安机关交通管理部门应当依法履行职责，公开办事制度和程序，简化办事手续，提升交管服务信息化、便利化水平，确保执法公正、规范、文明、高效。

第九十八条　公安机关交通管理部门应当建立健全行政执法责任制，防止和纠正道路交通安全执法中的错误或者不当行为。

第九十九条　交通警察执行职务时，应当按照规定着装，佩戴人民警察标志，持有人民警察证件，保持警容严整，举止端庄，指挥规范。

第一百条　任何单位不得给公安机关交通管理部门下达或者变相下达罚款指标；公安机关交通管理部门不得以罚款数额作为考核交通警察的标准。

第一百零一条　公安机关交通管理部门依法实施罚款的行政处罚，应当依照有关法律、行政法规的规定，实施罚款决定与罚款收缴分离。

第一百零二条　公安机关交通管理部门及其交通警察的行政执法活动，应当接受监察机关依法实施的监督。

公安机关警务督察部门应当对公安机关交通管理部门及其交通警察执行法律、法规和遵守纪律的情况依法进行监督。

上级公安机关交通管理部门应当对下级公安机关交通管理部门的执法活动进行监督。

第一百零三条　公安机关交通管理部门及其交通警察执行职务，应当自觉接受社会和公民的监督。

任何单位和个人都有权对公安机关交通管理部门及其交通警察不严格执法以及违法违纪行为进行检举、控告。收到检举、控告的机关，应当依据职责及时查处。

第七章　法律责任

第一百零四条　公安机关交通管理部门及其交通警察对道路交通安全违法行为情节轻微，未影响道路通行的，应当指出违法行为，给予口头警告后放行。

对违反道路交通安全法律、行政法规和本条例的行为，由公安机关交通管理部门依照《中华人民共和国道路交通安全法》《中华人民共和国道路交通安全法实施条例》和本条例的规定，给予警告、罚款、暂扣或者吊销机动车驾驶证、拘留等行政处罚；其中给予罚款处罚的，按照本条例规定的具体标准执行。

第一百零五条　行人、乘车人违反道路通行规定的，处警告；警告后拒不改正的，处二十元罚款。

第一百零六条　非机动车驾驶人有下列行为之一的，处三十元以上五十元以下罚款：

（一）不按规定通行的；

（二）不按规定驾驶的；

（三）不按规定载人载物的；

（四）不在规定地点停车或者停车妨碍其他车辆和行人通行的；

（五）不服从交通警察指挥的；

（六）驾驶人不符合驾驶资格的；

（七）自行车、三轮车加装动力装置的；

（八）驾驶未依法登记的非机动车上道路行驶的；

（九）醉酒驾驶非机动车、驾驭畜力车的。

第一百零七条　机动车驾驶人有下列行为之一的，处五十元罚款：

（一）不系安全带的；

（二）驾驶摩托车不戴安全头盔的；

（三）驾驶摩托车不按规定载人的；

（四）在禁止鸣喇叭的区域或者路段鸣喇叭的；

（五）不避让正在作业的道路养护车、工程作业车的。

第一百零八条　机动车驾驶人有下列行为之一的，处一百元罚款：

（一）驾驶机动车未随车携带行驶证、驾驶证、保险标志、检验合格标志的；

（二）驾驶证丢失、损毁期间驾驶机动车的；

（三）驾驶摩托车手离车把或者车把上悬挂物品的；

（四）在机动车驾驶室的前后窗范围内悬挂、放置妨碍驾驶视线的物品的；

（五）实习期内未粘贴或者悬挂实习标志的；

（六）未按规定鸣喇叭示意或者使用灯光的；

（七）行经漫水路或者漫水桥时未低速通过的；

（八）在单位院内、居民居住区内不低速行驶或者不避让行人的；

（九）在车门、车厢没有关好时行车的；

（十）违反规定停放、临时停车且驾驶人不在现场或者驾驶人虽在现场拒绝立即驶离的；

（十一）驾驶公路客运车辆以外的载客汽车载人超过核定人数不足百分之二十的；

（十二）在没有划分机动车道、非机动车道和人行道的道路上，不在道路中间通行的；

（十三）未按规定将故障车辆移到不妨碍交通的地方停放的；

（十四）未使用专用清障车拖曳转向或者照明、信号装置失效的机动车的；

（十五）行经渡口，不按指挥依次待渡或者上下渡船不低速行驶的；

（十六）在夜间或者在容易发生危险的路段行驶，以及遇有沙尘、冰雹、雨、雪、雾、结冰等气象条件时，未按规定降低行驶速度的；

（十七）货运机动车违反规定附载作业人员的；

（十八）拖拉机载人或者牵引多辆挂车的。

第一百零九条 有下列行为之一的，处二百元罚款：

（一）违反分道行驶规定或者逆向行驶的；

（二）不按规定倒车、会车、超车、掉头、让行的；

（三）不按交通信号灯规定通行或者不服从交通警察指挥的；

（四）违反警告标志标线、禁令指示的；

（五）通过路口或者行经铁路道口时，不按规定通行的；

（六）违反规定在人行横道或者网状线区域内停车等候的；

（七）变更车道时影响正常行驶的机动车的；

（八）在同车道行驶中，不按规定与前车保持必要的安全距离的；

（九）行经人行横道，未减速行驶、未避让行人的；

（十）不避让执行任务的警车、消防车、救护车、工程救险车的；

（十一）驾驶机动车下陡坡时熄火、空挡滑行的；

（十二）拖拉机驶入大中城市中心城区道路或者其他禁止通行道路的；

（十三）违反规定使用专用车道的；

（十四）客运机动车违反规定载货或者货运机动车违反规定载人的；

（十五）挂车载人或者不按规定牵引车辆的；

（十六）驾车时拨打接听手持电话或者观看影视节目的；

（十七）机动车载货长度、宽度、高度超过规定的；

（十八）机动车运载超限的不可解体的物品，影响交通安全，不按照公安机关交通管理部门指定的时间、路线、速度行驶或者未悬挂明显标志的；

（十九）向道路上抛洒物品、遗洒或者飘散载运物的；

（二十）运载危险物品未经批准或者未悬挂警示标志、未采取安全措施，不按规定的时间、路线、速度行驶的；

（二十一）机动车载运超限物品行经铁路道口时不按指定的道口、时间通过的；

（二十二）机动车在发生故障或者事故后，不按规定设置警告标志或者使用灯光的；

（二十三）道路养护施工作业车辆、机械作业时未开启示警灯和危险报警闪光灯的；

（二十四）患有妨碍安全驾驶机动车的疾病、服用国家管制的精神药品或者麻醉药品、过度疲劳仍继续驾驶的；

（二十五）连续驾车超过四小时未停车休息或者休息少于二十分钟的；

（二十六）驾驶证被依法扣留期间或者违法记分达到十二分仍驾驶机动车的；

（二十七）不按规定在道路上试车的；

（二十八）未悬挂机动车号牌、不按规定安装机动车号牌或者故意遮挡、污损机动车号牌的；

（二十九）未按规定办理变更、转移登记的；

（三十）机动车未接受定期安全技术检验的；

（三十一）载货汽车、挂车未按规定安装防护装置、粘贴车身反光标识、喷涂放大牌号或者放大的牌号不清晰的；

（三十二）挂车的灯光信号、制动、连接、安全防护等装置不符合国家标准的；

（三十三）警车、消防车、救护车、工程救险车违反规定使用警报器或者标志灯具的；

（三十四）非特种车喷涂特种车特定标志图案的；

（三十五）机动车喷涂、粘贴标识或者车身广告，影响安全驾驶的；

（三十六）安装和使用妨碍行人或者其他车辆安全通行的照明、音响以及影响交通技术监控设备正常运行的装置和材料的；

（三十七）违反规定安装搭载人员的设备或者动力装置的；

（三十八）未按规定安装行驶记录仪或者行驶记录仪不能正常使用的；

（三十九）驾驶安全设施不全或者机件不符合技术标准的机动车的；

（四十）以欺骗、贿赂等不正当手段补、换领机动车登记证书、号牌、行驶证和检验合格标志的；

（四十一）取得机动车驾驶证而使用他人机动车驾驶证驾驶机动车的；

（四十二）未按指定路线、时间学习驾驶的；

（四十三）使用非教练车、无教练学习驾车或者教练车乘坐无关人员的；

（四十四）在实习期内驾驶公共汽车、营运客车、执行任务特种车、载有危险物品车、驾车牵引挂车的。

第一百一十条 在高速公路上，机动车驾驶人有下列行为之一的，处一百元罚款：

（一）驾驶设计最高时速低于七十千米的机动车进入高速公路的；

（二）驾驶拖拉机进入高速公路的；

（三）在高速公路路肩行驶或者不按规定在高速公路应急车道行驶的；

（四）机动车从匝道进入、驶离高速公路时，不按规定使用灯光，或者妨碍已在高速公路内的机动车正常行驶的；

（五）未减速通过施工作业路段的；

（六）两轮摩托车载人的；

（七）载货汽车车厢内载人的。

第一百一十一条 在高速公路上，机动车驾驶人有下列行为之一的，处二百元罚款：

（一）不系安全带的；

（二）不按规定超车、停车的；

（三）长时间占用左侧车道或者骑、轧车行道分界线的；

（四）不按规定与同车道前车保持安全距离的；

（五）遇有低能见度气象条件时，不按规定行驶的；

（六）倒车、逆行、穿越中央分隔带掉头的；

（七）正常情况下行驶速度低于规定最低时速百分之二十以上的；

（八）车辆发生故障或者交通事故后，不按规定使用危险报警闪光灯、设置警告标志的；

（九）违反规定拖曳故障车、肇事车的；

（十）试车或者学习驾驶机动车的。

第一百一十二条 有下列行为之一的，处五百元罚款：

（一）改变机动车型号、发动机号、车架号或者车辆识别代号的；

（二）以隐瞒、欺骗手段补领机动车驾驶证的；

（三）违反交通管制规定强行通行，不听劝阻的。

第一百一十三条 有下列行为之一的，处一千元罚款：

（一）驾驶非机动车造成交通事故后逃逸，尚不构成犯罪的；

（二）非法安装警报器或者标志灯具的。

第一百一十四条 有下列行为之一的，处二千元罚款：

（一）驾驶拼装的机动车或者已达报废标准的车辆上道路行驶的；

（二）非法拦截、扣留机动车辆，造成交通严重阻塞或者较大财产损失的；

（三）强迫机动车驾驶人违反道路交通安全法律、法规和机动车安全驾驶要求驾驶机动车，造成交通事故，尚不构成犯罪的；

（四）驾驶机动车造成交通事故后逃逸，尚不构成犯罪的；

（五）故意损毁、移动、涂改交通设施，造成危害后果，尚不构成犯罪的。

第一百一十五条 有下列行为之一的，按以下规定处罚：

（一）未取得机动车驾驶证或者机动车驾驶证被吊销、暂扣期间仍驾驶摩托车、拖拉机、低速载货汽车、三轮汽车的，处五百元罚款；

（二）未取得机动车驾驶证或者机动车驾驶证被吊销、暂扣期间驾驶营运客车的，处二千元罚款；

（三）未取得机动车驾驶证或者机动车驾驶证被吊销、暂扣期间仍驾驶其他机动车的，处一千元罚款。

将三轮汽车、摩托车、拖拉机交由未取得驾驶证或者相应驾驶证被吊销、暂扣的人驾驶的，处二百元罚款；将其他机动车交由未取得机动车驾驶证或者机动车驾驶证被吊销、暂扣的人驾驶的，处五百元罚款。

驾驶与驾驶证载明的准驾车型不相符合的车辆的，按未取得机动车驾驶证给予罚款。

第一百一十六条 饮酒后驾驶机动车的，处一千元罚款。因饮酒后驾驶机动车被处罚，再次饮酒后驾驶机动车的，处二千元罚款。饮酒后驾驶营运机动车的，处五千元罚款。

醉酒驾驶机动车的，依照有关法律、行政法规的规定追究责任。

第一百一十七条 伪造、变造或者使用伪造、变造的检验合格标志、保险标志的，处二千元罚款。

伪造、变造或者使用伪造、变造的机动车登记证书、号牌、行驶证、驾驶证的，处四千元罚款。

使用其他车辆的机动车登记证书、号牌、行驶证、检验合格标志、保险标志的，处四千元罚款。

第一百一十八条 公路客运车辆载客超过核定人数或者违反规定载货的，对机动车驾驶人按下列规定处罚：

（一）超过核定人数不足百分之二十的，处三百元罚款；

（二）超过核定人数百分之二十不足百分之五十的，处一千元罚款；

（三）超过核定人数百分之五十的，处二千元罚款；

（四）违反规定载货的，处五百元罚款。

其他客车载人超过核定人数百分之二十或者违反规定载货的，对驾驶人处二百元罚款。

运输单位的车辆违反本条第一款规定的情形，经处罚不改的，对直接负责的主管人员处三千元罚款。

第一百一十九条 货运机动车超过核定载质量或者违反规定载客的，对机动车驾驶人按下列规定处罚：

（一）超过核定载质量不足百分之三十的，处二百元罚款；

（二）超过核定载质量百分之三十不足百分之五十的，处五百元罚款；

（三）超过核定载质量百分之五十不足百分之百的，处一千元罚款；

（四）超过核定载质量百分之百的，处二千元罚款；

（五）违反规定载客的，处五百元罚款。

运输单位的车辆违反本条前款规定的情形，经处罚不改的，对直接负责的主管人员处三千元罚款。

第一百二十条 驾驶机动车违反限速规定的，对驾驶

人按下列规定处罚：

（一）超过规定时速百分之二十不足百分之五十的，处二百元罚款；

（二）超过规定时速百分之五十不足百分之七十的，处五百元罚款；

（三）超过规定时速百分之七十的，处一千元罚款。

第一百二十一条 道路两侧及隔离带上种植物或者设置广告牌、管线等，遮挡路灯、交通信号灯、交通标志，妨碍安全视距，由公安机关交通管理部门责令行为人排除妨碍；拒不执行的，处一千元罚款。

第一百二十二条 机动车安全技术检验机构不按照机动车国家安全技术标准进行检验，出具虚假检验结果的，处所收检验费用十倍的罚款。

机动车所有人、管理人未按照国家规定投保机动车交通事故责任强制保险的，处依照规定投保最低责任限额应缴纳的保险费的二倍罚款。

第一百二十三条 交通警察有下列行为之一的，依法给予处分：

（一）为不符合法定条件的机动车发放机动车登记证书、号牌、行驶证、检验合格标志的；

（二）批准不符合法定条件的机动车安装、使用警车、消防车、救护车、工程救险车的警报器、标志灯具，喷涂标志图案的；

（三）为不符合驾驶许可条件、未经考试或者考试不合格人员发放机动车驾驶证的；

（四）不执行罚款决定与罚款收缴分离制度或者不按规定将依法收取的费用、收缴的罚款及没收的违法所得全部上缴国库的；

（五）举办或者参与举办驾驶学校或者驾驶培训班、机动车修理厂或者收费停车场等经营活动的；

（六）利用职务上的便利收受他人财物或者谋取其他利益的；

（七）违法扣留车辆、机动车行驶证、驾驶证、车辆号牌的；

（八）使用依法扣留的车辆的；

（九）当场收取罚款不开具罚款收据或者不如实填写罚款额的；

（十）徇私舞弊，不公正处理交通事故的；

（十一）故意刁难，拖延办理机动车牌证的；

（十二）非执行紧急任务时使用警报器、标志灯具的；

（十三）违反规定拦截、检查正常行驶的车辆的；

（十四）非执行紧急公务时拦截搭乘机动车的；

（十五）不履行法定职责的。

公安机关交通管理部门有前款所列行为之一的，对直接负责的主管人员和其他直接责任人员给予相应的处分。

第一百二十四条 法律、行政法规对道路交通安全违法行为已有处罚规定的，依照其规定执行。

第八章 附则

第一百二十五条 本条例自2020年5月1日起施行。

甘肃省养老服务条例

2020年4月1日甘肃省第十三届人民代表大会常务委员会第十五次会议通过
甘肃省人民代表大会常务委员会公告(第35号)

第一章　总　则

第一条　为了应对人口老龄化，规范养老服务工作，维护老年人合法权益，促进养老服务事业健康发展，根据《中华人民共和国老年人权益保障法》等法律、行政法规，结合本省实际，制定本条例。

第二条　本条例适用于本省行政区域内的养老服务及其监督管理工作。

本条例所称养老服务，是指在家庭成员承担赡养、扶养义务的基础上，由政府和社会为老年人提供的生活照料、家政服务、医疗保健、康复护理、精神慰藉、文体娱乐、紧急救援、临终关怀等服务。

第三条　养老服务事业发展应当与经济社会发展水平相适应，遵循政府主导、社会参与、市场运作、统筹发展、保障基本、适度普惠的原则。

第四条　县级以上人民政府应当将发展养老服务事业纳入本地区国民经济和社会发展规划，制定养老服务专项规划，建立健全居家社区机构相协调、医养康养相结合的养老服务体系，保障养老服务事业发展经费，推动养老服务体制改革，激发各类服务主体活力，促进养老服务事业健康发展。

乡镇人民政府、街道办事处负责本辖区内的养老服务工作。

第五条　县级以上人民政府民政部门主管本行政区域内的养老服务工作。

县级以上人民政府卫生健康部门负责统筹推进医养结合和老年人健康服务工作；县级以上人民政府发展改革、教育、财政、人社、自然资源、住建、应急管理、市场监管、文化和旅游、医疗保障等部门按照各自职责，做好养老服务相关工作。

第六条　鼓励支持公民、法人和其他组织以各种形式提供、参与或者支持养老服务。

工会、共青团、妇女联合会等人民团体和养老服务行业协会、慈善组织、志愿服务组织等社会组织，根据职责或者章程积极参与养老服务工作。

村民委员会、居民委员会发挥基层群众性自治组织的功能和优势，协助做好养老服务工作。

第七条　社会各界应当践行社会主义核心价值观，弘扬中华民族传统美德，广泛开展敬老、养老、助老宣传教育活动，树立尊重、关心、帮助老年人的社会风尚。

广播、电视、报刊、网络等媒体应当加强对养老服务的公益宣传。

第八条　县级以上人民政府按照规定对在养老服务中作出显著成绩的单位和个人，给予表彰奖励。

第二章　规划和建设

第九条　县级以上人民政府在编制国土空间总体规划和详细规划时，应当按照国家和本省相关标准分区分级规划养老服务设施用地。

第十条　新建城区和新建住宅区应当按照规划要求和建设标准，配套建设养老服务设施，并与建设项目同步规划、同步建设、同步验收、同步交付。

养老服务设施竣工验收时，建设单位应当征求所在地民政部门意见。

旧城区和已建成的住宅区无养老服务设施或者养老服务设施未达到建设规划标准的，应当通过新建、改建、购置、置换、租赁等方式进行配置。

养老服务设施建设应当符合无障碍设施工程建设标准和规定要求。

第十一条　县级以上人民政府应当将农村养老服务设施建设纳入乡村振兴战略规划，以适应农村老年人养老服务的需求。

第十二条 未经法定程序，任何组织和个人不得擅自改变养老服务设施建设用地用途或者养老服务设施使用性质，不得侵占、损害或者擅自拆除养老服务设施。

因国家建设需要，经批准改变养老服务设施建设用地用途、养老服务设施使用性质或者拆除养老服务设施的，应当按照不低于原有规模和标准就近建设或者置换。建设期间，应当安排过渡用房，满足老年人的养老服务需求。

第十三条 县级以上人民政府可以将具备条件且闲置的办公用房、学校、宾馆、医院、疗养机构、厂房和集体用地、场地等整合改造为养老服务设施。

第三章 居家社区养老服务

第十四条 老年人的子女及其他依法负有赡养、扶养义务的赡养人、扶养人，应当履行对老年人的赡养、扶养义务，尊重、关心和照料老年人。

第十五条 县级以上人民政府应当建立健全居家养老扶持政策，制定居家养老基本服务清单。鼓励有条件的地区通过补贴、补助、购买服务等方式，优先保障经济困难的独居、空巢、留守、失能和计划生育特殊家庭的老年人的居家养老服务需求。

第十六条 县级以上人民政府民政部门应当推动居家养老信息化服务平台建设，整合医疗、餐饮、家政、出行等各类养老服务资源，实现需求和供给的信息对接，为居家老年人提供紧急呼叫、家政预约、费用代缴等服务。

第十七条 县级人民政府民政部门应当建立定期探访工作机制，支持和引导基层组织、社会组织等对城乡社区和农村的独居、空巢、留守、失能、计划生育特殊家庭的老年人的生活状况进行探访。

第十八条 县级以上人民政府及其民政部门应当推动居家社区机构养老服务融合发展，在社区建立嵌入式养老服务机构或者日间照料中心，为老年人提供生活照料、助餐助行、紧急救援、精神慰藉等服务。

第十九条 鼓励社会力量提供高质量的居家社区养老服务，为居家的老年人提供餐饮家政、紧急救援、医疗护理、精神慰藉、心理咨询等多种形式的服务。

第二十条 从事居家社区养老服务的组织应当按照规定办理登记或者备案，建立健全规章制度，配备与服务项目相符的场所、设施设备和工作人员，规范服务流程，公开收费标准，并接受服务对象、政府和社会的监督。

第二十一条 村民委员会、居民委员会应当协助乡镇人民政府和街道办事处调查、登记本辖区内老年人的基本信息，收集、反映养老服务需求及意见建议。

调查、登记老年人基本信息时应当保护老年人个人隐私和其他合法权益。

第二十二条 鼓励邻里互助养老和老年人之间的互助服务，鼓励低龄健康老年人为高龄、独居、空巢老年人服务。

第二十三条 老年人患病住院治疗期间，子女所在单位应当给予陪护假。

第四章 机构养老服务

第二十四条 养老机构设立应当符合国家有关规定，依法办理登记等相关手续。

第二十五条 公办养老机构应当坚持公益属性，在满足特困人员集中供养需求的前提下，重点为经济困难失能老年人、计划生育特殊家庭老年人提供无偿或者低收费托养服务，剩余床位允许向社会开放，收益全部用于兜底保障对象的养老服务。

第二十六条 鼓励支持社会组织、企业和个人兴办养老机构，满足老年人多样化、多层次养老服务需求。

第二十七条 养老机构提供的服务应当符合养老机构基本规范等有关国家标准或者行业标准和规范。

第二十八条 养老机构应当与收住的老年人或者其代理人签订养老服务协议，明确双方的权利和义务。

养老机构应当按照有关标准、规定和签订的养老服务协议向收住的老年人提供养老服务。

第二十九条 养老机构应当按照国家有关规定，建立健全消防、安全值守、设施设备、食品药品、卫生消毒、传染病防治等安全管理制度，明确安全责任制，定期开展安全检查，及时消除安全隐患。

养老机构应当制定突发事件应急预案，定期组织开展应急演练。

第三十条 养老机构应当配备与服务和运营相适应的工作人员，加强对工作人员的职业道德教育和职业技能培训，定期组织健康检查。

养老机构及其工作人员应当尊重收住老年人的人格尊严，不得歧视、侮辱、虐待、遗弃老年人。

禁止利用养老机构的场地、建筑物、设施开展与养老服务无关的活动。

第三十一条 县级以上人民政府应当规范养老机构服务收费项目和标准，政府运营的养老机构按照非营利原则，实行政府定价或者政府指导价，社会运营的养老机构服务收费实行自主定价。

养老机构的服务收费项目和标准应当向社会公开，接受市场监管部门和社会监督。

第三十二条 养老机构应当提高护理型床位比例，科学配备护理人员。政府投资新建的养老机构，护理型床位

比例应当不低于百分之五十。

第三十三条 养老机构暂停或者终止养老服务的，应当于暂停或者终止服务六十日前向所在地民政部门提交收住老年人的安置方案。

民政部门应当督促养老机构实施安置方案，妥善安置老年人。

第五章 医养结合

第三十四条 县级以上人民政府卫生健康、民政、医疗保障等部门应当建立健全医养结合工作机制，根据老年人口数量和分布等情况，统筹医疗卫生和养老服务设施、资源，发挥互补优势，促进医疗卫生和养老服务融合发展。

第三十五条 养老机构、从事居家社区养老服务的组织与医疗机构应当开展协议合作，为收住老年人提供医疗巡诊、健康管理、保健咨询、预约就诊、急诊急救等服务。

第三十六条 县级以上人民政府卫生健康部门应当支持养老机构根据服务需求和自身能力设立医疗机构。

养老机构设立医院、卫生院、疗养院、门诊部、诊所、卫生所（室）以及急救站等医疗机构的，依照国务院《医疗机构管理条例》的规定办理相关手续。

第三十七条 县级以上人民政府民政部门应当支持有条件的医疗机构设立养老机构、建设养老服务设施。

医疗机构设立养老机构符合条件的，享受养老机构相关建设、运营补贴和其他养老服务扶持政策。

第三十八条 县级以上人民政府卫生健康部门应当支持医疗机构开设老年医学科，推动基层医疗机构加强老年人健康管理和常见病预防，提高康复、护理床位占比，倡导医疗机构为老年人开展义诊活动。

医疗机构应当为老年人开通绿色通道，在就医方面提供优先便利服务。

鼓励发展老年医院或者康复、护理、安宁疗护等接续性医疗机构。

鼓励、支持老年人聘请健康顾问，签约家庭医生。

第三十九条 县级以上人民政府卫生健康、民政部门应当整合中医医疗、康复、养老和护理资源，提供具有中医药特色的健康养老服务。

第四十条 县级以上人民政府卫生健康部门应当支持安宁疗护病房、安宁疗护中心建设，为老年临终患者提供身体、心理、精神等方面的照护和人文关怀等服务。

第六章 养老服务人才

第四十一条 县级以上人民政府人社部门应当会同民政、教育部门建立健全养老服务人才培养、使用、评价和激励机制，依法规范养老服务用工。

养老服务从业人员培训费补贴和职业技能鉴定补贴按国家有关规定执行。

鼓励有条件的地方建立养老护理岗位补贴制度。

第四十二条 鼓励院校特别是职业院校（含技工院校）设置养老服务相关专业或者开设相关课程，在普通高校开设健康服务与管理、中医养生学、中医康复学等相关专业，并按规定落实学生资助政策。

推进职业院校（含技工院校）养老服务实训基地建设，支持社会力量创办养老服务培训机构。

普通高校毕业生在省内养老机构签订五年以上正式劳动合同且服务满一年以上，对其在校学习期间的学费或者申请获得的国家助学贷款给予逐年代偿返还资助，从本级福彩公益金留成中安排资金予以落实。

第四十三条 对从事养老服务工作的执业医生、护士、康复医师等专业技术人员，应当执行与医疗机构相同的执业资格、注册考核制度，其在职称评定、继续教育等方面与医疗机构同类专业技术人员享受同等待遇，逐步提高薪酬和福利待遇。鼓励支持医疗机构的专业技术人员向养老服务机构流动。

第四十四条 县级以上人民政府应当在公益性养老服务机构和社区开发从事养老服务的公益性岗位，吸纳就业困难人员从事养老服务。

第四十五条 县级以上人民政府应当支持发展为老年人服务的志愿服务组织，建立志愿服务激励机制。

志愿者根据其志愿服务时间储蓄优先享受社会养老服务，并享有国务院《志愿服务条例》规定的权利。

第七章 扶持保障

第四十六条 县级以上人民政府应当将养老服务体系建设资金纳入本级财政预算。

用于社会福利事业的彩票公益金，要将不低于百分之六十的资金用于支持养老服务。

第四十七条 县级以上人民政府应当将养老服务纳入购买服务指导性目录，明确购买主体和承接主体，确定购买服务的种类、性质、内容和标准，建立健全监督管理和绩效评价机制。

第四十八条 养老服务机构符合现行政策规定条件的，享受减税降费相关优惠政策，用电、用水、用气、用热享受居民生活类价格政策。

第四十九条 外埠老年人到子女所在地与子女共同生活的，有关部门应当在医保结算、公共交通等方面给予便利。

第五十条 县级以上人民政府应当落实经济困难的高龄、失能老年人补贴制度，并加强与残疾人生活和护理补贴政策的衔接。

第五十一条 县级以上人民政府自然资源和民政部门应当落实养老服务事业划拨用地政策。

兴办非营利性养老服务机构，可以凭借登记机关发给的社会服务机构登记证书和其他法定材料申请划拨供地。

鼓励利用集体建设用地发展养老服务设施。

第五十二条 县级以上人民政府及其相关部门应当制定现有公共场所和设施的无障碍改造计划，对坡道、电梯等与老年人日常生活密切相关的公共设施进行改造，为老年人出行提供便利；推动和扶持老年人家庭无障碍设施的改造，方便老年人居家生活。

第五十三条 县级以上人民政府应当推动金融机构为符合条件的养老服务项目提供金融服务，拓宽养老服务投融资渠道。

鼓励支持居家社区养老服务组织、企业投保雇主责任险和养老责任险，扩大养老机构综合责任保险覆盖范围。

第五十四条 鼓励教育机构通过多种形式举办或者参与老年教育，优先发展社区老年教育，方便老年人就近学习。

第五十五条 鼓励社会资本参与发展养老服务产业，扶持企业开发、生产、经营安全有效的老年产品，促进老年消费市场健康发展。

第八章 监管服务

第五十六条 县级以上人民政府应当完善养老服务综合监管制度，建立各司其职、各尽其责的跨部门协同监管机制，加强事中事后监管。

县级以上人民政府应当建立由民政部门牵头的养老服务联席会议制度。

第五十七条 县级以上人民政府民政部门应当建立养老服务评估制度。养老服务评估结果应当按有关规定向社会公开，并作为享受相关补贴的基本依据。

第五十八条 县级以上人民政府应当加快推进养老服务领域社会信用体系建设，加强养老服务信用信息的记录、归集和共享；强化行业自律和诚信建设，对存在严重失信行为的养老服务机构及人员实施联合惩戒。

第五十九条 审计部门应当按照国家有关规定，对政府及其相关部门贯彻落实养老服务政策措施情况和养老服务设施建设管理及运营情况，对政府投资设立和接受政府补助、社会捐助的养老机构财务状况以及资金使用情况等进行审计监督，依法向社会公布审计结果。

第六十条 县级以上人民政府应当不断创新养老方式，持续推动智慧健康养老产业发展，拓展科技信息技术在养老领域的应用，制定智慧健康养老产品及服务推广目录，开展智慧健康养老应用试点示范。

第六十一条 省、市（州）人民政府民政部门应当会同同级市场监管部门制定养老服务相关标准，建立健全养老服务标准体系，开展养老服务标准化宣传工作，推广养老服务标准化经验。

鼓励养老服务机构制定并实施高于地方标准的企业标准。

第六十二条 县级以上人民政府民政部门应当建立举报投诉制度，公开举报投诉的电话、信箱、电子邮箱等，依法受理对养老服务有关问题的举报和投诉。

对接到的举报、投诉，应当在二十个工作日内核实处理，并将结果告知举报人、投诉人。

第九章 法律责任

第六十三条 国家工作人员在养老服务管理工作中滥用职权、玩忽职守、徇私舞弊，应当给予处分的，依法给予处分；构成犯罪的，依法追究刑事责任。

第六十四条 违反本条例第十二条规定，擅自改变养老服务设施建设用地用途或者养老服务设施使用性质，侵占、损害或者擅自拆除养老服务设施的，依照《中华人民共和国土地管理法》《中华人民共和国城乡规划法》等法律法规的规定予以处罚。

第六十五条 违反本条例规定养老机构有下列行为之一的，由县级以上人民政府民政部门责令限期改正；情节严重的，处一万元以上三万元以下罚款；构成犯罪的，依法追究刑事责任：

（一）未与收住的老年人或者其代理人订立养老服务协议的；

（二）未按照有关标准和规定提供服务的；

（三）配备人员的资格不符合规定的；

（四）歧视、侮辱、虐待、遗弃老年人或者实施其他侵犯老年人合法权益行为的；

（五）利用养老机构的场地、建筑物、设施开展与养老服务宗旨无关的活动的；

（六）暂停、终止养老服务前未按照规定提交安置方案，或者暂停、终止养老服务后未妥善安置收住老年人的；

（七）法律、行政法规规定的其他违法行为。

第六十六条 养老服务机构或者个人骗取补贴、补助、奖励的，由县级以上人民政府民政部门责令退回，并处骗取补贴、补助、奖励数额一倍以上三倍以下罚款；构成违反治安管理行为的，由公安机关依法给予处罚；构成

犯罪的，依法追究刑事责任。

第六十七条 违反本条例规定的行为，法律、行政法规已有处罚规定的，依照其规定执行。

第十章 附 则

第六十八条 本条例下列用语的含义：

（一）养老服务机构，是指养老机构、居家社区养老服务机构，以及经营范围和组织章程中包含养老服务内容的其他企业、事业单位和社会组织。

（二）养老机构，是指依法登记并在民政部门备案的为老年人提供集中居住和照料服务的机构。

（三）养老服务设施，是指专门为老年人提供生活照料、康复护理、文体娱乐、托养等服务的房屋、场地、设施等。

（四）居家社区养老服务，是指由政府和社会依托社区为城乡居家老年人提供的助餐、助行、助洁、助购、助医、助急等养老服务。

（五）失能或者部分失能老年人，是指经评估确认的生活不能自理或者不能完全自理的老年人。

（六）计划生育特殊家庭，是指独生子女发生伤残或者死亡、未再生育或者收养子女的家庭。

（七）安宁疗护，是指为疾病终末期患者在临终前通过控制痛苦和不适症状，提供身体、心理、精神等方面的照护和人文关怀等服务，以提高生命质量，帮助患者舒适、安详、有尊严离世。

第六十九条 本条例自2020年7月1日起施行。

甘肃省建筑市场管理条例

1996年6月1日甘肃省第八届人民代表大会常务委员会第二十一次会议通过
2010年11月26日甘肃省第十一届人民代表大会常务委员会第十八次会议第一次修订
2020年6月11日甘肃省第十三届人民代表大会常务委员会第十七次会议第二次修订
甘肃省人民代表大会常务委员会公告（第35号）

第一章　总　则

第一条　为加强建筑市场监督管理，规范建筑市场秩序，保障建筑工程质量安全，维护建筑活动当事人的合法权益，根据《中华人民共和国建筑法》《中华人民共和国招标投标法》和国务院《建设工程质量管理条例》等法律、行政法规，结合本省实际，制定本条例。

第二条　凡在本省行政区域内从事各类房屋建筑工程、市政基础设施工程及其附属设施的新建、改建、扩建、装饰装修和与其配套的线路、管道、设备的安装活动的单位和个人，均应遵守本条例。

第三条　建筑市场活动，应当遵循统一开放、有序竞争、诚信守法的原则。禁止以任何形式垄断建筑市场或者扰乱市场秩序。

第四条　县级以上人民政府建设行政主管部门负责本行政区域内建筑活动的统一监督管理，其所属的建筑管理、质量安全、工程标准、工程造价、招标投标等机构按照各自的职权，负责日常监督管理工作。

县级以上人民政府有关部门依照各自职责，共同做好建筑市场的监督管理工作。

第五条　从事建筑活动应当遵守工程建设程序，执行国家和地方工程建设标准，积极采用新技术、新工艺、新材料、新设备，创新管理方式，保证工程质量，降低能耗，保护环境，促进建筑行业健康发展。

第二章　市场准入

第六条　工程建设专业技术人员应当取得执业资格，经注册后，方可在其执业资格许可范围内从事执业活动。

第七条　从事建筑活动的企业应当向建设行政主管部门提出资质申请，取得资质后，方可在其资质等级许可范围内从事建筑活动。

省外企业进入本省从事建筑活动，应当向省建设行政主管部门报送企业基本信息，经登记后纳入全省统一的建筑市场监管信息系统，公平参与建筑活动。

第八条　建设行政主管部门应当对取得资质或者资格从事建筑活动的企业和工程建设专业技术人员进行定期或者随机检查。

对因条件发生变化不再符合企业资质标准要求的，应当责令限期整改并向社会公告，经整改仍未达到要求的，可以撤回其资质。被撤回资质的企业，可以在资质被撤回之日起三个月内，向资质许可机关提出核定低于原等级同类别资质的申请。

第九条　依法招标的建筑工程项目，应当进入公共资源交易平台公开交易，承包单位通过投标承包工程。

第十条　建筑工程开工前，建设单位应当按国家有关规定向工程所在地县级以上人民政府建设行政主管部门申请领取施工许可证。国务院建设行政主管部门确定的限额以下的小型工程或者按照国务院规定的权限和程序批准开工报告的建筑工程，不再领取施工许可证。

按照规定应当申请领取施工许可证的建筑工程未取得施工许可证的，一律不得开工。任何单位和个人不得将应当申请领取施工许可证的工程项目分解为若干限额以下的工程项目，规避申请领取施工许可证。

第十一条　建筑工程申请领取施工许可证，应当具备下列条件：

（一）已经办理该建筑工程用地批准手续；

（二）依法应当办理建设工程规划许可证的，已经取得建设工程规划许可证；

（三）需要拆迁的，其拆迁进度符合施工要求；

（四）已经确定建筑施工企业；

（五）有满足施工需要的资金安排、施工图纸及技术资料；

（六）有保证工程质量和安全的具体措施。

建设行政主管部门应当自收到申请之日起七日内，对符合条件的申请颁发施工许可证。

第三章　工程发包

第十二条　建筑工程应当依法发包并具备下列条件：

（一）有项目法人或者管理机构；

（二）已取得建设项目规划许可；

（三）有满足工程发包所需的资料和文件；

（四）法律、法规规定的其他条件。

第十三条　建筑工程的发包单位与承包单位应当依法订立书面合同，明确双方的权利和义务。

第十四条　有下列情形之一的，属于违法发包：

（一）建设单位将工程发包给个人的；

（二）建设单位将工程发包给不具有相应资质的单位的；

（三）依法应当招标未招标或者未按照法定招标程序发包的；

（四）建设单位设置不合理的招标投标条件，限制、排斥潜在投标人或者投标人的；

（五）建设单位将一个单位工程的施工分解成若干部分发包给不同的施工总承包或者专业承包单位的；

（六）法律、法规规定的其他情形。

第十五条　发包单位不得有下列行为：

（一）违反工程建设程序；

（二）对勘察、设计、施工、工程监理等单位提出不符合安全生产法律、法规和工程建设强制性标准要求；

（三）迫使承包单位以低于成本的价格竞标；

（四）任意压缩合理工期；

（五）要求承包单位购入其指定的建筑材料、构配件和设备或者指定生产厂、供应商；

（六）要求承包单位将建筑工程转包或者违法分包给指定单位；

（七）自行或者授意工程造价咨询企业提高或者降低计价标准编制造价成果文件；

（八）法律、法规规定的其他行为。

第十六条　政府投资项目推行代建制。

发包单位通过招标方式选择代建单位，负责项目投资管理和建设实施的组织工作。

具体代建办法由省人民政府制定。

第四章　工程承包

第十七条　承包单位应当在施工现场成立以项目经理为核心的项目管理机构，配备投标文件中承诺的项目、技术、安全负责人。

第十八条　施工总承包单位或者专业承包单位进行劳务作业分包时，应当分包给具备相应作业能力的专业作业企业，并依法签订劳务合同。

第十九条　承包单位不得转包所承包的建筑工程。

有下列情形之一的，应当认定为转包，但有证据证明属于挂靠或者其他违法行为的除外：

（一）承包单位将其承包的全部工程转给其他单位（包括母公司承接建筑工程后将所承接工程交由具有独立法人资格的子公司施工的情形）或者个人施工的；

（二）承包单位将其承包的全部工程肢解以后，以分包的名义分别转给其他单位或者个人施工的；

（三）施工总承包单位或者专业承包单位未派驻项目负责人、技术负责人、质量管理负责人、安全管理负责人等主要管理人员，或者派驻的项目负责人、技术负责人、质量管理负责人、安全管理负责人中一人及以上与施工单位没有订立劳动合同且没有建立劳动工资和社会养老保险关系，或者派驻的项目负责人未对该工程的施工活动进行组织管理，又不能进行合理解释并提供相应证明的；

（四）合同约定由承包单位负责采购的主要建筑材料、构配件及工程设备或者租赁的施工机械设备，由其他单位或者个人采购、租赁，或者施工单位不能提供有关采购、租赁合同及发票等证明，又不能进行合理解释并提供相应证明的；

（五）专业作业承包人承包的范围是承包单位承包的全部工程，专业作业承包人计取的是除上缴给承包单位"管理费"之外的全部工程价款的；

（六）承包单位通过采取合作、联营、个人承包等形式或者名义，直接或者变相将其承包的全部工程转给其他单位或者个人施工的；

（七）专业工程的发包单位不是该工程的施工总承包或者专业承包单位的，但建设单位依约作为发包单位的除外；

（八）专业作业的发包单位不是该工程承包单位的；

（九）施工合同主体之间没有工程款收付关系，或者承包单位收到款项后又将款项转拨给其他单位和个人，又不能进行合理解释并提供材料证明的；

（十）法律、法规规定的其他情形。

两个以上的单位组成联合体承包工程，在联合体分工协议中约定或者在项目实际实施过程中，联合体一方不进行施工也未对施工活动进行组织管理的，并且向联合体其

他方收取管理费或者其他类似费用的，视为联合体一方将承包的工程转包给联合体其他方。

第二十条 禁止建筑施工单位超越本单位资质等级许可的业务范围承揽工程，或者以任何形式用其他建筑施工单位的名义挂靠承揽工程。禁止建筑施工单位以任何形式允许其他单位或者个人使用本单位的资质证书、营业执照，以本单位的名义挂靠承揽工程。

有下列情形之一的，属于挂靠：

（一）没有资质的单位或者个人借用其他施工单位的资质承揽工程的；

（二）有资质的施工单位相互借用资质承揽工程的，包括资质等级低的借用资质等级高的，资质等级高的借用资质等级低的，相同资质等级相互借用的；

（三）本条 例第十九条第二款第（三）至（九）项规定的情形，有证据证明属于挂靠的；

（四）法律、法规规定的其他情形。

第二十一条 承包单位不得违法分包所承包的建筑工程。

有下列情形之一的，属于违法分包：

（一）承包单位将其承包的工程分包给个人的；

（二）施工总承包单位或者专业承包单位将工程分包给不具备相应资质单位的；

（三）施工总承包单位将施工总承包合同范围内工程主体结构的施工分包给其他单位的，钢结构工程除外；

（四）专业分包单位将其承包的专业工程中非劳务作业部分再分包的；

（五）专业作业承包人将其承包的劳务再分包的；

（六）专业作业承包人除计取劳务作业费用外，还计取主要建筑材料款和大中型施工机械设备、主要周转材料费用的；

（七）法律、法规规定的其他情形。

第二十二条 承包单位不得有下列行为：

（一）违反工程建设程序和工程建设强制性标准；

（二）与其他投标人或者发包单位相互串通投标，低于成本价竞标或者以不正当手段排斥其他投标人；

（三）未取得施工许可证擅自施工；

（四）提供虚假证明材料投标承包建筑工程；

（五）不按合同约定支付劳务人员工资；

（六）未办清工程款结算即交付使用；

（七）聘用不具备相应资格人员从事建筑活动；

（八）法律、法规规定的其他行为。

第五章 中介服务

第二十三条 建设工程招标代理机构应当在招标人委托的范围内，依法开展招标代理业务。

第二十四条 招标代理、造价咨询、项目代建等中介服务的取费应当按照国家和省相关规定执行，委托单位应当按照合同约定承担并支付相关费用。

第二十五条 推行建设工程担保制度。实行建设工程承包商履约担保的工程，发包单位应当同时提供工程款支付担保。

第二十六条 中介服务企业和从业人员不得有下列行为：

（一）违反工程建设程序和工程建设强制性标准；

（二）无资质或者超越资质等级范围承揽业务；

（三）允许其他单位、个人以本单位名义承揽业务；

（四）同时接受发包单位和承包单位或者两个以上承包单位在同一项目中的招标代理、造价咨询中介服务委托；

（五）用回扣等不正当竞争手段承揽业务；

（六）转让所承揽的业务；

（七）使用非本单位的注册执业人员；

（八）不按规定计取服务费用，扰乱建筑市场；

（九）出具虚假证明；

（十）擅自修改成果文件；

（十一）法律、法规规定的其他行为。

第六章 质量安全

第二十七条 建筑工程的建设、勘察、设计、施工单位应当建立完善工程质量安全保证体系，严格执行工程质量安全管理规定及工程建设强制性标准，对勘察、设计、施工质量安全负责。

建筑工程的施工图审查、监理、检测单位应当建立完善工程质量安全控制体系，对工程质量安全保证体系进行管理和控制，承担审查、监理、检测责任。

建设行政主管部门应当建立完善工程质量安全监督体系，有效利用施工图审查、监理、检测等控制手段，对勘察、设计、施工单位的质量安全保证体系运行及工程实体质量和施工安全进行监督检查。

第二十八条 下列建筑工程必须实行监理：

（一）重点建设工程；

（二）大中型公用事业工程；

（三）各类校舍工程；

（四）住宅小区工程；

（五）利用外国政府或者国际组织贷款、资助资金的工程；

（六）国家规定必须实行监理的其他工程。

第二十九条 监理单位及其从业人员从事监理活动，应当依照法律、行政法规及有关技术标准、设计文件，按照合同约定办理受委托事务，并对其提供的信息、数据、

结论以及出具的证明、报告或者其他文件的合法性、真实性、准确性承担法律责任。

监理单位不得转让监理业务。监理单位与施工单位不得有隶属关系或者其他利益关系。

第三十条 发包单位应当依法择优选用监理单位实施监理。监理单位应当依法独立公正地开展监理业务，按合同约定履行下列职责：

（一）根据所承担的监理任务，组建施工现场监理机构，做到专业配套，人员数量符合监理合同的约定；

（二）负责监控工程质量、安全和进度；

（三）协助发包单位控制投资支出、合理支付工程款；

（四）发包单位委托的其他职责。

第三十一条 建筑工程质量安全监管机构应当对建筑工程施工过程加强监督检查，必要时可以对建筑工程实体质量组织检测。工程建设标准管理机构应当对工程建设标准执行情况加强监督管理，保障工程实体质量。

第三十二条 安全文明施工费应当在工程总价中单独列项，并按规定标准计取，不得列入招标投标的竞争性费用。发包单位应当将安全文明施工费专款专用。建设行政主管部门应当会同有关部门加强监督检查，保障建筑工程安全。

第三十三条 建筑工程建成后，建设单位应当及时申请组织竣工验收。

第三十四条 发包单位应当在工程竣工验收合格之日起十五日内，到建设行政主管部门办理竣工验收备案。

办理竣工验收备案应当提交下列资料：

（一）工程竣工验收备案表；

（二）工程竣工验收报告及其附属文件；

（三）施工单位签署的工程质量保修书；

（四）法律、法规规定的其他有关资料。

第三十五条 推行建筑工程施工过程结算。发包单位和承包单位应当按照合同约定进行施工过程结算及竣工结算，施工过程结算文件是竣工结算文件的组成部分，竣工结算文件由发包单位报当地工程造价管理机构备案。

第七章 监督管理

第三十六条 省建设行政主管部门应当建立全省统一的建筑市场综合监管体系和信息平台，市（州）、县（市、区）建设行政主管部门应当统一使用信息平台对辖区内建筑市场进行综合监管，并及时上传更新数据。

省建筑市场综合监管信息平台应当对全省所有的建筑工程项目及其参与各方和人员的建筑活动，按统一标准实施动态监管，形成各级监管的联动机制和全省闭合的建筑市场综合监管体系。

第三十七条 省建设行政主管部门应当建立全省统一的建筑市场诚信体系，对各类企业、人员的建筑活动进行评价，对恶意拖欠劳务人员工资等违法违规和不诚信行为记入不良记录，并在信息平台上公布。

第三十八条 建设行政主管部门应当对建筑工程现场项目管理人员、劳务作业人员进行实名制登记管理，记录其培训、就业、技术等级状况，作为其从业活动的职业经历及技术状况证明。

从事建筑活动岗位工作的技术劳务作业人员，应当按规定取得职业资格证书方可上岗作业。

从事建筑活动岗位工作的劳务作业人员，用人单位应当对其进行岗前技术、安全生产培训，经考核合格后上岗。

第三十九条 省建设行政主管部门应当开展全省统一的建设项目管理体系评价、工程质量评价和施工企业技术进步评价。

第八章 法律责任

第四十条 未取得施工许可证、为规避办理施工许可证将工程项目分解或者开工报告未经批准擅自施工的，责令改正，对不符合开工条件的责令停止施工，对建设单位处工程合同价款百分之一以上百分之二以下罚款；对施工单位处三万元以下罚款。

第四十一条 发包单位违反本条例规定，有下列行为之一的，由建设行政主管部门责令改正，并处以下处罚：

（一）自行或者授意工程造价企业提高或者降低计价标准编制造价成果文件的，处以五万元以上十万元以下罚款；

（二）未将竣工结算文件报当地工程造价管理机构备案的，处以一万元以上三万元以下罚款。

第四十二条 承包单位违反本条例规定，未在施工现场成立以项目经理为核心的项目管理机构，配备投标文件中承诺的项目、技术、安全负责人的，由建设行政主管部门责令改正，并处以五万元以上十万元以下罚款。

第四十三条 用人单位违反本条例规定，未对从事建筑活动岗位工作的劳务作业人员进行岗前技术和安全生产培训，或者人员考核不合格上岗的，由建设行政主管部门责令改正，并可处以三万元以上五万元以下罚款。

第四十四条 在建筑市场管理中，建设行政主管部门和有关部门工作人员有下列行为之一的，由其所在单位或者上级主管部门给予处分；构成犯罪的，依法追究刑事责任。

（一）对不具备资质、资格条件的单位和个人颁发资质、资格证书的；

（二）对符合法定条件的申请人未在规定期限内颁发资质、资格证书的；

（三）对不具备施工条件的工程颁发施工许可证的；

（四）故意拖延办理审批、验收手续的；

（五）在监督检查工作中索取或者接受管理对象的财物，或者谋取其他利益的；

（六）其他玩忽职守、滥用职权、徇私舞弊的行为。

第四十五条 违反本条例规定，转包、挂靠、违法发包、违法分包的，按照《中华人民共和国建筑法》《中华人民共和国招标投标法》《建设工程质量管理条例》《中华人民共和国招标投标法实施条例》进行处罚。

违反本条例规定的其他行为，法律、法规已有处罚规定的，依照其规定执行。

第九章 附 则

第四十六条 本条例自2020年8月1日起施行。

甘肃省地方立法条例

2017年1月13日甘肃省第十二届人民代表大会第六次会议通过
2020年6月11日甘肃省第十三届人民代表大会常务委员会第十七次会议修订
甘肃省人民代表大会常务委员会公告(第38号)

《甘肃省地方立法条例》已由甘肃省第十三届人民代表大会常务委员会第十七次会议于2020年6月11日修订通过，现将修订后的《甘肃省地方立法条例》公布，自2020年7月1日起施行。

第一章　总则

第一条　为了规范立法活动，健全人大主导立法工作的体制机制，推进科学立法、民主立法、依法立法，提高立法质量，发挥立法的引领和推动作用，根据《中华人民共和国宪法》《中华人民共和国地方各级人民代表大会和地方各级人民政府组织法》《中华人民共和国立法法》和其他有关法律，结合本省实际，制定本条例。

第二条　省人民代表大会及其常务委员会制定、修改、废止和解释地方性法规，省人民代表大会常务委员会批准设区的市、自治州、嘉峪关市的地方性法规和民族自治地方的自治条例、单行条例，适用本条例。

第三条　省人民代表大会及其常务委员会的立法应当遵循下列原则：

（一）坚持中国共产党的领导，以习近平新时代中国特色社会主义思想为指导，贯彻党的路线方针政策；

（二）坚持以人民为中心发展思想，体现人民意志，发扬社会主义民主，坚持立法公开，保障人民通过多种途径参与立法活动；

（三）坚持维护社会主义法制统一，遵循法定权限和程序，从国家整体利益出发，不与宪法、法律、行政法规相抵触；

（四）坚持体现社会主义核心价值观；

（五）坚持有特色、可操作，适应经济社会发展和全面深化改革的要求，结合本省实际，科学合理地规定公民、法人和其他组织的权利与义务、国家机关的权力与责任。

第四条　省人民代表大会及其常务委员会应当加强对立法工作的组织协调，发挥在立法工作中的主导作用。

第五条　省人民代表大会及其常务委员会可以就下列事项制定地方性法规：

（一）为执行法律、行政法规的规定，需要根据本行政区域的实际情况作出具体规定的事项；

（二）属于地方性事务需要作出规定的事项；

（三）除立法法规定只能制定法律的事项外，国家尚未制定法律、行政法规的事项；

（四）全国人民代表大会及其常务委员会授权地方作出规定的事项。

第六条　下列事项，由省人民代表大会制定地方性法规：

（一）本行政区域特别重大的事项；

（二）涉及人民代表大会法定职权、议事程序作出具体规定的事项；

（三）法律规定应当由人民代表大会制定法规的事项；

（四）人民代表大会认为应当由自己制定法规的事项；

（五）常务委员会认为应当提请人民代表大会制定法规的事项。

第七条　省人民代表大会常务委员会制定除应当由省人民代表大会制定的地方性法规以外的其他地方性法规。在省人民代表大会闭会期间，省人民代表大会常务委员会可以对省人民代表大会制定的地方性法规进行部分补充和修改，但是不得同该法规的基本原则和精神相抵触。

第八条　应当制定地方性法规但条件尚不成熟的，因行政管理迫切需要，省人民政府可以先制定政府规章。规章实施满两年需要继续实施规章所规定的行政措施的，应当提请省人民代表大会或者其常务委员会制定地方性法规。

第九条　省人民代表大会及其常务委员会可以根据改

革发展需要，决定行政管理等领域的特定事项在一定期限内，在本省区域或者部分区域暂时调整或者暂时停止适用本级的地方性法规或者法规中的部分规定。

第十条 制定地方性法规采用条例、实施办法或者实施细则、规定或者办法、规则、决定或者决议等形式。

（一）对某一事项进行比较全面、系统规定的创制性地方性法规，一般采用条例形式；既对上位法规定内容进行细化、提出保障实施措施，同时又对上位法未规定内容进行补充的实施性地方性法规，也可以采用条例形式；

（二）为贯彻实施法律、行政法规进行具体、详细规定的地方性法规，一般采用实施办法或者实施细则的形式；

（三）对某一方面事项或者某一方面内容作局部或者专项规定的，一般采用规定或者办法的形式；

（四）规范程序性活动的，一般采用规则的形式；

（五）对某一方面事项作出法规性质决定的，可以采用决定或者决议的形式。

第十一条 省人民代表大会及其常务委员会通过聘请立法顾问、建立立法联系点、设立立法研究基地等办法和措施，促进科学立法、民主立法。

第十二条 省人民代表大会及其常务委员会对事关本行政区域经济社会发展和公众利益的重大立法事项，应当与人大代表、政协委员、民主党派、工商联、无党派人士、人民团体和社会组织进行立法协商。

第十三条 地方立法所需经费，应当列入本级财政预算。

第二章 地方性法规的立项

第十四条 省人民代表大会常务委员会通过建立立法项目库、编制立法规划和立法计划等形式，发挥在法规立项环节的主导作用，其具体工作由常务委员会法制工作机构负责。

立法规划和立法计划由常务委员会主任会议决定后向社会公布；需要调整的，由省人大负责初审法规案的有关专门委员会或者常务委员会有关工作机构提出调整建议，常务委员会主任会议决定。

第十五条 立法建议项目应当向社会公开征集。

有权提出地方性法规案的机关，应当按照省人民代表大会常务委员会法制工作机构关于编制立法规划、立法计划的安排和时限要求，提出立法建议项目。

各机关、组织和公民都可以提出制定地方性法规的建议。

第十六条 提出立法建议项目时，应当送交立法项目建议书。

建议书应当明确立法的必要性、可行性、立法依据、需要立法解决的主要问题和拟采取的对策、措施。公民个人提出的立法建议，可以只写明需要通过立法解决的主要问题和初步建议意见。

有权提出地方性法规案的机关提出的，拟提请省人民代表大会常务委员会下一年审议的立法项目，在提供立法项目建议书的同时，还应当附法规草案文本。

第十七条 地方性法规的立项，应当符合下列要求：

（一）属于地方立法权限范围，拟规定的内容与上位法不抵触；

（二）立法目的明确，拟解决的问题具体、有针对性；

（三）具有立法的必要性和可行性；

（四）拟设定的主要制度、措施无法通过其他制度、措施替代，或者以其他制度、措施替代达不到应有效果；

（五）拟设定的主要制度能够有效施行，法规的实施成本能够被社会所承受；

（六）法规案草稿基本成型。

第十八条 常务委员会法制工作机构通过立法项目的征集、搜集和调研论证，建立立法项目库。

立法项目库来源包括：

（一）省人民代表大会代表和常务委员会组成人员提出的议案、建议；

（二）有权提出地方性法规案的机关提出的立法建议项目；

（三）公开征集的立法建议项目；

（四）通过立法后评估、法规清理、执法检查、专项调研发现的应当制定、修改或者废止的法规项目；

（五）常务委员会有关工作机构通过调查研究提出的建议项目。

立法项目库实行动态管理、定期更新，一般每年调整一次。

纳入立法项目库的地方性法规项目，有关部门应当搜集立法参考资料，开展调查研究，为立法项目进入立法规划和年度立法计划做好准备。

立法规划和年度立法计划的编制优先从立法项目库中选择。

第十九条 立法规划分为规划储备项目、调研论证项目和法规起草项目，三类项目滚动推进，每年依次递补、调整，并与年度立法计划相衔接。

第二十条 年度立法计划的编制与立法规划的调整同步进行，一般在每年下半年开始编制下一年度的立法计划。

省人民政府司法行政部门按照省人民代表大会常务委员会法制工作机构编制年度立法计划和调整立法规划的工作要求，督促政府各部门提出立法建议项目，做好统筹、协调、筛选和调研、论证工作。

省人民代表大会常务委员会有关工作机构应当提出本部门的立法建议，并负责所联系部门提出的立法建议的研

究、筛选工作。

凡纳入年度立法计划的项目，一般应当经过规定的计划编制程序并经充分论证。未经过计划编制和论证程序的临时动议项目，无重大特殊原因一般不得纳入年度立法计划。

第二十一条 每年十一月底前，常务委员会主任会议听取常务委员会法制工作机构关于立法规划调整和下一年度立法计划征集、编制情况的汇报。

根据常务委员会主任会议讨论意见，常务委员会法制工作机构对立法规划、立法计划建议稿进一步完善后，提请常务委员会主任会议讨论决定。

第二十二条 立法规划、年度立法计划正式确立后，常务委员会法制工作机构负责立法规划、年度立法计划落实的组织、协调和督促工作。

常务委员会各工作机构具体负责督促本部门联系的单位、部门承担的立法规划、立法计划的落实工作。

省人民政府司法行政部门负责由政府各部门承担的立法规划、立法计划的组织、协调、督促和落实工作。

第三章 地方性法规的起草

第二十三条 省人民政府和其他有权提出法规案的提案人，可以组织起草法规草案。

其他有关机关、组织、公民可以向有权提出法规案的机关或者人员，提出法规草案的建议稿。

第二十四条 本行政区域内的重要立法事项，可以由省人民代表大会有关专门委员会或者常务委员会有关工作机构起草或者组织起草。

由省人民代表大会有关专门委员会起草或者组织起草的，由该专门委员会向省人民代表大会或者其常务委员会提出地方性法规案。

由常务委员会有关工作机构起草或者组织起草的，法规案草稿经常务委员会主任会议讨论通过后，由主任会议向省人民代表大会常务委员会提出地方性法规案。

第二十五条 专业性较强、内容较复杂的地方立法事项，起草单位可以吸收相关领域的专家参与起草，或者委托专家、教学科研单位、社会组织起草。

第二十六条 起草地方性法规案，应当就需要立法解决的问题进行调查研究，通过召开座谈会、论证会、听证会、协商会和向社会公开法规案草稿等形式征求各方面意见。

第二十七条 列入年度立法计划的法规项目，有关单位和部门未按时提出法规案草稿的，应当向常务委员会主任会议作出书面说明；必要时，常务委员会主任会议可以要求其主要负责人到会说明情况，并回答询问。

第二十八条 省人民政府有关部门和其他单位负责起草的地方性法规案，省人民代表大会有关专门委员会和法制委员会、常务委员会有关工作机构和法制工作机构在地方性法规案提请审议前，应当提前介入起草、调研、座谈、论证、听证等工作，提出意见建议，或者听取有关情况汇报，了解起草工作进展，督促起草工作按计划完成。起草单位也可以邀请有关的省人大代表参与法规草案起草工作。

第二十九条 法规文本起草工作启动时，法规起草单位应当召开法规起草开题会，就法规文本起草工作的重点、难点和法规名称、法规类型、法规结构以及注意事项等进行座谈讨论。法规起草开题会应当有常务委员会有关工作机构、法制工作机构和政府司法行政等部门的人员参加。

起草单位应当提前做好法规起草的初步研究和准备工作，在起草开题会召开五个工作日之前，向参加法规起草开题会的单位和人员印发法规文本起草准备报告和相关参考资料。

第三十条 起草法规草案，应当把创制性立法的内容、解决本地实际问题的内容和贯彻保障上位法的具体落实措施作为法规设计的重点；属于机构设置和编制管理等由政府可以自行解决的事项一般不予规定。

为执行法律、行政法规而制定的地方性法规，一般采用条款式结构，不采用章节式结构。

法规草案与上位法或者与本行政区域的同位法有相同内容需要作衔接性规定的，可以采取援引或者参照的办法，进行准用性规范。

第三十一条 省人民政府有关部门起草的法规案中涉及两个以上部门行政管理权限或者其他重大问题有分歧意见的，省人民政府在提出法规案前应当负责做好协调工作。

第三十二条 法规案涉及行政许可、行政收费、行政强制等设定以及关系社会公众切身利益等内容的，起草单位应当举行听证会。

第三十三条 起草的地方性法规草案文本，应当采取条旨和条文说明相结合的方式。

条旨应当集中概括本条主要内容。

条文说明应当对重点、难点条款的依据和理由进行说明、注释。

采取修正、修订方式修改地方性法规的，应当提交修改前后对照文本。

第三十四条 起草的法规草案说明应当包括下列事项：

（一）立法的必要性和可行性；

（二）法规案的起草、论证和征求意见情况；

（三）解决的具体问题和补充细化上位法的内容；

（四）对涉及两个以上部门行政管理权限或者有分歧意见的其他重大问题的协调处理情况；

（五）法规案设定行政许可、行政收费、行政强制以及涉及社会公众切身利益等内容的，应当具体说明依法举行听证会、论证会或者其他公开方式征求意见和意见采纳情况；

（六）应当向省人民代表大会或者常务委员会说明的其他重要问题。

第三十五条 起草法规草案的部门，应当提供必要的立法参考资料，主要包括：

（一）法规案所依据的上位法文本；

（二）与法规案有关的上位法规定；

（三）相关的国务院部委规章；

（四）本省相关法规、政府规章和省外同类法规；

（五）有关重要政策规定；

（六）其他相关资料。

第三十六条 法规草案起草任务完成后，起草单位应当将法规草案送审稿、说明和参考资料分别送省人民代表大会常务委员会有关工作机构和法制工作机构征求意见。

对不符合本条例第三十条、第三十三条、第三十四条、第三十五条规定的，常务委员会有关工作机构和法制工作机构，可以要求起草单位进行修改、补充和完善。

第四章 地方性法规案的提出、审议和公布

第三十七条 省人民代表大会主席团可以向省人民代表大会提出地方性法规案，由省人民代表大会会议审议。

省人民代表大会常务委员会、省人民政府、省人民代表大会各专门委员会，可以向省人民代表大会提出地方性法规案，由主席团决定列入会议议程。

一个代表团或者代表十名以上联名，可以向省人民代表大会提出地方性法规案，由主席团决定是否列入会议议程，或者先交有关的专门委员会审议、提出是否列入会议议程的意见，再由主席团决定是否列入会议议程。

省人民代表大会有关专门委员会审议时，可以邀请提案人列席会议，发表意见。

第三十八条 省人民代表大会常务委员会主任会议可以向常务委员会提出地方性法规案，由常务委员会会议审议。

省人民政府、省人民代表大会各专门委员会，可以向省人民代表大会常务委员会提出地方性法规案，由主任会议决定列入常务委员会会议议程，或者先交有关的专门委员会审议、提出报告，再决定列入常务委员会会议议程。如果主任会议认为地方性法规案有重大问题需要进一步研究，可以建议提案人修改完善后再向常务委员会提出。

常务委员会组成人员五人以上联名，可以向常务委员会提出地方性法规案，由主任会议决定是否列入常务委员会会议议程，或者先交有关的专门委员会审议、提出是否列入会议议程的意见，再决定是否列入常务委员会会议议程。不列入常务委员会会议议程的，应当向常务委员会会议报告或者向提案人说明。

省人民代表大会有关专门委员会审议时，可以邀请提案人列席会议，发表意见。

向省人民代表大会提出的法规案，在省人民代表大会闭会期间，可以先向常务委员会提出，经常务委员会审议后，决定提请省人民代表大会审议，由常务委员会或者提案人向大会作说明。

第三十九条 提案人提请省人民代表大会或者其常务委员会初次审议的法规案，应当在会议举行的三十日前提交法规草案、说明及有关资料。未按照规定期限提交的，一般不得列入该次会议议程。

第四十条 列入省人民代表大会或者常务委员会会议议程的法规案，由有关的专门委员会进行审议，提出审议意见，印发代表大会或者常务委员会会议。

省人民代表大会有关专门委员会审议时，可以邀请其他专门委员会的成员列席会议，发表意见。

第四十一条 列入省人民代表大会或者常务委员会会议议程的法规案，对其中规范内容较复杂或者专业性比较强的，经代表大会主席团或者常务委员会主任会议决定，代表大会秘书处或者常务委员会有关工作机构应当组织起草单位、相关单位在联团（组）会议或者分团（组）会议上，对法规案进行解读。

第四十二条 省人民代表大会审议法规案，一般实行一次审议即交付表决。

省人民代表大会在法规案审议中有重大问题需要进一步研究的，经主席团提出，由大会全体会议决定，可以授权常务委员会根据代表意见进一步审议，作出决定，并将决定情况向代表大会下一次会议报告；也可以授权常务委员会根据代表的意见进一步审议，提出修改方案，提请省人民代表大会下一次会议审议决定。

第四十三条 省人民代表大会常务委员会审议法规案一般应当经两次会议审议再表决。根据需要，可以经三次会议审议再表决。

法规废止案、作部分修改的法规修正案、调整事项较为单一或者各方面意见比较一致的法规案，经一次常务委员会会议审议后，可以在当次常务委员会会议或者下一次常务委员会会议交付表决。

省人民代表大会常务委员会对法规案进行第一次审议后，对涉及利益关系重大调整或者存在较大分歧意见的，可以对法规案进行隔次审议。

第四十四条 省人民代表大会有关专门委员会可以根据省人民代表大会或者常务委员会每次会议审议情况和有关方面意见，对涉及本委员会有关的法规案提出意见，并印发代表大会或者常务委员会会议。

第四十五条 省人民代表大会法制委员会应当对省人

甘肃年鉴 2021

民代表大会或者常务委员会每次会议审议后的法规案进行统一审议，并向代表大会会议或者常务委员会会议提交草案修改稿和修改情况的报告。

法规草案提交省人民代表大会或者常务委员会进行表决前，代表大会法制委员会应当提出审议结果报告和法规草案表决稿。

第四十六条 省人民代表大会法制委员会对法规案进行统一审议时，可以邀请代表大会有关专门委员会、常务委员会有关工作机构、政府司法行政部门、法规草案起草单位的负责人列席会议，听取意见，并根据要求回答询问、介绍情况。

受邀请列席会议的部门和单位，应当按照要求派人参加会议。

第四十七条 省人民代表大会法制委员会统一审议时，法规案有重大分歧意见又不能统一的，由法制委员会报告代表大会主席团或者常务委员会主任会议决定；意见基本一致的法规案，由代表大会主席团或者常务委员会主任会议提交会议审议或者表决。

第四十八条 省人民代表大会各代表团或者常务委员会各组审议法规草案时，提案人应当派人听取意见，并根据代表团或者分团（组）会议的要求回答询问、介绍情况。

第四十九条 列入省人民代表大会或者常务委员会会议议程的法规案，在交付表决前，提案人要求撤回的，应当说明理由，经代表大会主席团或者常务委员会主任会议同意，并向代表大会或者常务委员会会议报告，对该法规案的审议即行终止。

第五十条 省人民代表大会或者常务委员会会议审议法规案时，应当安排充足审议时间，保证代表和常务委员会组成人员充分发表意见。

对分歧意见较大的法规条款，可以组织分歧各方进行辩论。

第五十一条 列入省人民代表大会或者常务委员会会议审议的法规案，应当听取各方面的意见。听取意见可以采取座谈会、论证会、听证会等多种形式。

法规案涉及专业性较强的问题，或者需要可行性评价的，应当召开论证会，听取有关专家、部门和各方面的意见。论证情况应当向省人民代表大会或者常务委员会报告。

法规案有关问题存在重大意见分歧或者涉及利益关系重大调整的，经省人民代表大会主席团或者常务委员会主任会议决定，应当召开听证会，听取有关基层和群体代表、部门、人民团体、专家和其他有关方面的意见。听证情况应当向省人民代表大会或者常务委员会报告。

常务委员会工作机构应当将法规草案发送相关领域的省人大代表、市（州）人民代表大会常务委员会以及有关部门、组织和专家征求意见。

第五十二条 经过省人民代表大会常务委员会会议审议的法规案，应当在常务委员会会议后将法规草案及其起草、修改的说明等向社会公布，征求意见，但是经主任会议决定不公布的除外。向社会公布征求意见的时间一般不少于三十日。征求意见的情况应当向社会通报。

各机关、组织和公民对法规案的意见或者建议，可以向常务委员会法制工作机构提出。

第五十三条 列入省人民代表大会或者常务委员会会议审议的法规案，因各方面对制定该法规的必要性、可行性等重大问题存在较大意见分歧，需要搁置审议或者暂不付表决的，由代表大会主席团或者常务委员会主任会议决定。搁置审议满两年，或者暂不付表决满两年且没有再次列入会议议程审议的法规案，由代表大会主席团向大会或者常务委员会主任会议向常务委员会报告，该法规案终止审议。

第五十四条 法规草案表决稿交付省人民代表大会或者常务委员会会议表决前，代表大会主席团或者常务委员会主任会议根据会议审议情况，可以决定将个别意见分歧较大的重要条款提请省人民代表大会或者常务委员会会议单独表决。

对有争议的条款进行单独表决时，应当由不同意见方向代表大会或者常务委员会会议报告理由或者提交不同意见的书面报告，并进行审议后再表决。

省人民代表大会主席团或者常务委员会主任会议根据单独表决的情况，可以决定将法规草案表决稿交付表决，也可以决定暂不付表决，交代表大会法制委员会和有关专门委员会进一步审议。

第五十五条 对多部法规案中涉及同类事项的个别条款进行修改，一并提出法规案的，经省人民代表大会主席团或者常务委员会主任会议决定，可以合并表决，也可以分别表决。

第五十六条 交付省人民代表大会或者常务委员会全体会议表决未获得通过的法规案，如果提案人认为确有必要制定该法规，可以按照法定程序重新提出，由代表大会主席团或者常务委员会主任会议决定是否列入会议议程。

第五十七条 地方性法规要求有关机关对专门事项作出配套的具体规定的，应当自该法规实施之日起一年内完成，并报省人民代表大会常务委员会备案。在期限内未能作出配套规定的，应当向省人民代表大会常务委员会说明情况。

配套的具体规定不适当、与原法规相抵触或者不一致的，省人民代表大会常务委员会有权予以撤销并要求重新制定。

省人民代表大会有关专门委员会、常务委员会有关工作机构应当对本部门所联系的单位、部门承担的配套规定的制定情况进行督促、检查，并将检查情况每年至少向常务委员会主任会议报告一次。

第五十八条 省人民代表大会制定的地方性法规由代表大会主席团发布公告予以公布。省人民代表大会常务委员会制定的地方性法规由常务委员会发布公告予以公布。公告应当载明法规的制定机关、通过和施行日期。

公布的法规文本，应当在题注中载明通过的日期和机关。修订或者修正的，应当载明原法规通过的日期和机关、修订或者修正通过的日期和机关；再次或者多次修订、修正的，应当依次注明；修订的法规中规定原法规废止的，题注中只载明本次通过的日期和机关。

地方性法规公布后，应当在省人民代表大会常务委员会公报、网站以及本行政区域范围内发行的报纸上刊载。省人民代表大会常务委员会公报上刊载的法规文本为标准文本。

地方性法规的备案，按照立法法的规定和全国人民代表大会常务委员会的有关要求执行。

第五章 地方性法规的

评估、清理、修改和解释第五十九条拟提请省人民代表大会常务委员会会议表决通过的法规案，常务委员会法制工作机构可以对法规草案中主要制度规范的可行性、法规出台时机、法规实施的社会效果和可能出现的问题等进行评估。评估情况由省人民代表大会法制委员会在审议报告中予以说明。

第六十条 制定或者修改的地方性法规实施满两年的，省人民代表大会有关专门委员会、常务委员会有关工作机构可以向常务委员会主任会议提出进行立法后评估的建议意见。

第六十一条 立法后评估可以根据需要，委托具备评估能力的高等院校、科研机构、立法研究咨询机构、中介组织和行业协会等机构或者单位进行。

第六十二条 省人民代表大会有关专门委员会、常务委员会有关工作机构应当根据评估情况，向常务委员会主任会议提交立法后评估报告。

评估报告包括以下内容：

（一）地方性法规实施的基本情况；

（二）地方性法规对经济、社会、环境等产生的影响；

（三）地方性法规存在的问题；

（四）对地方性法规的实施、修改、废止等提出处理意见和建议。

第六十三条 经立法后评估认为需要对地方性法规进行修改、废止的，可以由有提案权的提案人依照法定程序向省人民代表大会或者常务委员会提出修改、废止的议案。

第六十四条 地方性法规一般每五年至少进行一次全面清理。法规清理实行谁主管实施、谁负责清理，并将清理情况的报告送常务委员会法制工作机构和常务委员会有关工作机构，由常务委员会法制工作机构汇总后向常务委员会主任会议报告。

法律、行政法规出现新颁布、新修改或者废止等情况后，相关机构、部门应当及时对涉及本系统、本部门的地方性法规进行清理，并将清理情况和是否修改、废止的意见，在每年十月底前向常务委员会法制工作机构和有关工作机构报告。

省人民代表大会常务委员会有关工作机构负责对口联系单位、部门的法规清理工作的督促、检查和指导工作。

第六十五条 地方性法规有下列情形之一的，应当进行修订：

（一）法规与国家已经颁布的相关法律、行政法规内容不相一致的；

（二）实施性法规所依据的上位法有重要修改或者废止的；

（三）法规所依据的国家政策发生重大调整的；

（四）法规名称需要变更的；

（五）法规重要规范内容发生变化的；

（六）法规的法律责任调整幅度较大的；

（七）需要修改的法规条款数量较多的。

采用修订形式对法规进行修改的，重新规定修订后的施行日期，并将修订后的法规文本重新公布。

第六十六条 对原法规只作局部内容修改或者对个别条款文字表述进行修改，且法规变动条款数量不多的，可以采用审议修正案并表决通过修改决定的形式进行修正。

采用修正形式对法规进行修改的，不废止原法规，不重新规定修正后的施行日期，应当根据修改决定，重新公布修正后的法规文本。

第六十七条 地方性法规有下列情形之一的，由省人民代表大会常务委员会解释：

（一）地方性法规的规定需要进一步明确具体含义的；

（二）地方性法规制定后出现新的情况，需要明确适用法规依据的。

常务委员会法制工作机构负责拟订法规解释案，由常务委员会主任会议提请常务委员会表决通过，并发布公告予以公布。

第六章 地方性法规、自治条例和单行条例的批准

第六十八条 设区的市、自治州、嘉峪关市、自治县的年度立法计划在正式确定前，应当与省人民代表大会常务委员会法制工作机构和有关工作机构沟通并征求意见。年度立法计划正式确定后，应当送省人民代表大会常务委员会法制工作机构和有关工作机构备案。

第六十九条 设区的市、自治州、嘉峪关市的地方性法规草案及自治州、自治县的自治条例和单行条例草案在起草阶段，省人民代表大会有关专门委员会和法制委员会、常务委员会有关工作机构和法制工作机构应当提前介入，进行协调指导，参与调研论证，提出意见建议。

地方性法规草案、自治条例和单行条例草案在提请表决前，应当将法规草案文本和有关资料送省人民政府有关部门、省人民代表大会有关专门委员会和法制委员会、常务委员会有关工作机构和法制工作机构征求意见。省人民代表大会有关专门委员会和法制委员会、常务委员会有关工作机构和法制工作机构，收到征求意见的地方性法规草案、自治条例和单行条例草案后，应当认真研究，必要时开展立法调研和论证，从合法性、合理性、适当性、协调性和立法技术规范等方面提出修改意见，并及时予以反馈。

第七十条 报请批准的设区的市、自治州、嘉峪关市的地方性法规及自治州、自治县的自治条例和单行条例，应当在表决通过之日起一个月内，报省人民代表大会常务委员会。

第七十一条 报请批准机关应当提交书面报告、地方性法规或者自治条例和单行条例文本及其立法说明和相关的立法参考资料。

立法说明应当包括以下内容：

（一）需要立法解决的具体问题；

（二）是否经过法定立法程序；

（三）是否符合法律、行政法规、省级地方性法规；

（四）与省政府规章是否一致，不一致的应当说明理由；

（五）自治条例、单行条例有无变通规定情况及其变通内容和理由。

第七十二条 报请批准的设区的市、自治州、嘉峪关市的地方性法规，提请省人民代表大会常务委员会会议审议前，先由常务委员会法制工作机构书面征求省人民代表大会有关专门委员会或者常务委员会有关工作机构、省人民政府有关部门和有关方面的意见，再由省人民代表大会法制委员会根据各方面的意见进行合法性审查，提出审查意见，印发常务委员会会议。

报请批准的自治州、自治县的自治条例和单行条例，提请省人民代表大会常务委员会会议审议前，先由常务委员会民族侨务工作机构书面征求省人民代表大会有关专门委员会或者常务委员会有关工作机构、省人民政府有关部门和有关方面的意见，再由省人民代表大会民族侨务委员会根据各方面的意见进行审查，提出审查意见，印发常务委员会会议。

报请批准的设区的市、自治州、嘉峪关市的地方性法规，提请表决前由省人民代表大会法制委员会向会议提出审查结果报告和批准决定草案；报请批准的自治州、自治县的自治条例和单行条例，提请表决前由省人民代表大会民族侨务委员会向会议提出审查结果报告和批准决定草案。

第七十三条 省人民代表大会常务委员会对报请批准的地方性法规、自治条例和单行条例，应当在法定期限内予以批准或者不予以批准。

省人民代表大会常务委员会认为报请批准的地方性法规，同宪法、法律、行政法规和本省的地方性法规不抵触的，应当在四个月内予以批准；相抵触的，可以不予批准，也可以附修改意见予以批准或者退回修改后再提请批准。与省政府规章相抵触的，应当作出处理决定。

对报请批准的地方性法规、自治条例和单行条例，省人民代表大会常务委员会一般经过一次会议审查即可交付本次会议表决。

第七十四条 报请批准的地方性法规、自治条例和单行条例，在交付省人民代表大会常务委员会表决前，报请机关要求撤回的，经常务委员会主任会议同意，并向常务委员会会议报告后，审查即行终止。

第七十五条 经省人民代表大会常务委员会批准的地方性法规、自治条例和单行条例，由设区的市、嘉峪关市或者自治州、自治县的人民代表大会常务委员会发布公告予以公布，并在公布之日起十五日内，将公告、法规文本、法规说明等有关备案材料送省人民代表大会常务委员会，由省人民代表大会常务委员会于该法规公布之日起三十日内报全国人民代表大会常务委员会和国务院备案。

第七章 附 则

第七十六条 本条例自2020年7月1日起施行。

甘肃省价格管理条例

1997年11月25日甘肃省第八届人民代表大会常务委员会第三十次会议通过
2002年3月30日甘肃省第九届人民代表大会常务委员会第二十七次会议第一次修正
2004年6月4日甘肃省第十届人民代表大会常务委员会第十次会议第二次修正
2012年11月28日甘肃省第十一届人民代表大会常务委员会第三十次会议第三次修正
2015年11月27日甘肃省第十二届人民代表大会常务委员会第二十次会议第四次修正
2020年6月11日甘肃省第十三届人民代表大会常务委员会第十七次会议修订
甘肃省人民代表大会常务委员会公告(第41号)

第一章　总　则

第一条　为了维护市场价格秩序，规范价格管理和价格行为，保护国家利益及经营者和消费者的合法权益，促进经济发展和社会安定，根据《中华人民共和国价格法》和有关法律、行政法规，结合本省实际，制定本条例。

第二条　本条例所称价格，包括商品价格和服务价格。

商品价格是指各类有形产品、无形资产的价格。

服务价格是指各类有偿服务收费，包括经营性收费以及行政事业性收费。

第三条　价格形成和管理的基本形式包括经营者定价、政府定价和政府指导价。

经营者定价是指从事生产、经营商品或者提供有偿服务的法人、其他组织和个人（以下简称经营者）在市场竞争中形成的价格。

政府定价是指省级以上人民政府价格主管部门及有关部门和经省人民政府授权的市（州）、县（市、区）人民政府，按照定价权限和范围制定的价格。

政府指导价是指省级以上人民政府价格主管部门及有关部门和经省人民政府授权的市（州）、县（市、区）人民政府，按照定价权限和范围，规定基准价及其浮动幅度，指导经营者制定的价格。

第四条　县级以上人民政府应当建立并逐步完善宏观经济调控下主要由市场形成价格的机制，以市场调节价为主，少数商品和服务价格实行政府指导价或者政府定价。实行统一领导、分级管理的价格管理体制，建立健全价格调控体系，促进公开、公平、合法、正当的价格竞争。

第五条　县级以上人民政府价格主管部门负责本行政区域内价格工作，市场监督管理部门依法行使价格监督检查职权。县级以上人民政府其他有关部门在各自的职责范围内，负责有关的价格工作。

第二章　经营者定价

第六条　商品价格和服务价格，除政府定价和政府指导价外，由经营者依法自主制定。

第七条　经营者定价，应当遵循公平、合法和诚实信用的原则，在国家法律、法规允许的范围内，依据正常生产经营成本，适应市场供求状况，合理制定价格。

第八条　经营者进行价格活动，享有下列权利：

（一）自主制定、调整属于市场调节的价格；

（二）在政府指导价规定的幅度内制定价格；

（三）制定属于政府指导价、政府定价产品范围内的新产品的试销价格，特定产品除外；

（四）对政府定价和政府指导价提出调整建议；

（五）检举、控告侵犯其依法自主定价权利的行为；

（六）法律、法规赋予的其他价格权利。

第九条　经营者进行价格活动，应当履行下列义务：

（一）遵守法律、法规，执行依法制定的政府指导价、政府定价和法定的价格干预措施、紧急措施；

（二）销售、收购商品或者提供服务应当明码标价，注明商品的品名、规格、等级、计价单位、价格、产地或

者服务项目、收费标准等有关情况。不得在标价之外加价出售商品，不得收取任何未予标明的费用；

（三）接受价格监督检查，如实提供有关会计凭证、账簿、单据、报表、视听资料、电子数据、文件以及其他相关资料；

（四）建立、健全内部价格管理制度，准确记录与核定商品和服务的生产经营成本，不得弄虚作假；

（五）法律、法规规定的其他义务。

第十条 经营者不得有下列不正当价格行为：

（一）相互串通，操纵市场价格，损害其他经营者或者消费者的合法权益；

（二）在依法降价处理鲜活商品、季节性商品、积压商品等商品外，为了排挤竞争对手或者独占市场，以低于成本的价格倾销，扰乱正常的生产经营秩序，损害国家利益或者其他经营者的合法权益；

（三）捏造、散布涨价信息，哄抬价格，推动商品价格过高上涨的；

（四）利用虚假的或者使人误解的价格手段，诱骗消费者或者其他经营者与其进行交易；

（五）提供相同商品或者服务，对具有同等交易条件的其他经营者实行价格歧视；

（六）采取抬高等级或者压低等级等手段收购、销售商品或者提供服务，变相提高或者压低价格；

（七）违反法律、法规的规定牟取暴利；

（八）法律、行政法规禁止的其他不正当价格行为。

第三章 政府定价和政府指导价

第十一条 下列商品和服务价格，政府在必要时可以实行政府定价或者政府指导价：

（一）与国民经济发展和人民生活关系重大的极少数商品价格；

（二）资源稀缺的少数商品价格；

（三）自然垄断经营的商品价格；

（四）重要的公用事业价格；

（五）重要的公益性服务价格。

第十二条 实行政府定价、政府指导价的商品和服务价格及其定价权限和具体适用范围，以中央的和本省的定价目录为依据。

本省的定价目录由省人民政府价格主管部门按国家规定的权限、范围和程序制定并公布。

第十三条 制定政府指导价、政府定价，应当综合考虑社会平均成本、市场供求状况、国民经济与社会发展要求、社会承受能力，并有利于促进资源节约、环境保护和市场公平竞争。

制定、调整与人民生活关系密切的商品和服务的政府指导价、政府定价，应当考虑低收入群体利益，必要时可以采取价格补贴或者价格优惠等措施对低收入群体予以扶助。

第十四条 制定或者调整实行政府指导价、政府定价的商品和服务价格，应当依照国家和本省有关规定进行成本监审。

第十五条 政府制定价格，按照定价目录规定的权限、范围和程序办理。

制定关系群众切身利益的公用事业价格、公益性服务价格、自然垄断经营的商品价格等政府指导价、政府定价时，应当按规定组织听证，听取消费者、经营者和其他有关方面的意见。做出定价决定时，应当充分考虑听证会的意见。

第十六条 对实行政府指导价、政府定价的商品和服务，应当进行价格跟踪调查和评估，建立价格联动机制。有下列情形之一的，应当按照规定的定价权限和程序适时调整价格：

（一）社会平均成本、市场供求状况等定价依据发生重大变化的；

（二）按规定随价格附加收取的专用款项等定价情形发生重大变化的；

（三）商品功能、服务内容等发生重大变化的。

第四章 服务价格

第十七条 服务价格由县级以上人民政府价格主管部门及有关部门依照国家法律、法规进行管理。

第十八条 实行市场调节价的经营性服务收费，依照本条例第二章 规定办理；实行政府定价、政府指导价的经营性服务收费，按价格管理权限和程序，依照本条例第三章规定办理。

第十九条 行政事业性收费是指国家机关、事业单位、代行政府职能的社会团体及其他组织根据法律、法规等有关规定，依照国务院规定程序批准，在实施社会公共管理，以及在向公民、法人或者其他组织提供特定公共服务过程中，按照成本补偿和非盈利原则向特定对象收取的费用。

第二十条 行政事业性收费实行中央和省两级审批。省级审批的行政事业性收费，立项由省财政部门会同价格主管部门审批；标准由省价格主管部门会同财政部门审批。重要的收费项目和标准，由省财政、价格主管部门审核后报请省人民政府批准。

第二十一条 行政事业性收费单位使用省财政部门统一制发的行政事业性收费票据，建立健全财务制度，设立收费专项账册，加强收费管理，实行收支两条线的原则。收费收入必须严格按照规定的范围开支，不得挪作他用。

第二十二条 行政事业性收费活动中，不得有下列行为：

（一）高于或者低于国家规定标准收费；

（二）提前或者推迟执行国家规定的收费标准；

（三）自立收费项目、自定标准收费；

（四）对已明令取消或者停止执行的收费，不停止执行或者变更名称继续收费；

（五）不执行收费减免优惠政策收费；

（六）采取扩大收费范围、增加收费频次、分解收费项目、重复收费、改变收费环节、延长收费期限等方式收费；

（七）违反规定以保证金、抵押金、滞纳金、储蓄金、集资、赞助以及其他形式变相收费；

（八）未履行管理职责、不提供服务或者降低服务标准收费；

（九）无合法依据，强制要求管理对象参加培训、学术研讨、技术考核、检查排序评比、公告等活动，或者强制要求管理对象加入学会、协会等社团组织，并收取费用；

（十）无合法依据，利用职权为他人代收费用；

（十一）法律、法规禁止的其他乱收费行为。

第二十三条 价格主管部门应当会同财政部门对行政事业性收费单位的收费标准执行情况进行监测或者定期审核，并根据实际情况的变化，调整收费项目或者收费标准。

第二十四条 行政事业性收费和政府指导价、政府定价管理的经营性服务收费实行收费目录清单制度。价格主管部门和财政部门应当通过政府网站或其他媒体向社会公布收费目录清单，并适时进行调整。审计部门应当加强对行政事业性收费收支情况的审计监督。

第二十五条 收费单位应当在收费场所公示行政事业性收费和政府指导价、政府定价管理的经营性服务收费的收费主体、收费对象、收费依据、收费项目、收费范围、收费标准、计费单位、减免规定、执行期限、监督举报电话等内容。收费单位不公示以上内容的，服务对象有权向市场监督管理部门举报。

第五章 价格调控

第二十六条 省人民政府根据经济、社会发展的需要和政府、经营者、消费者的承受能力，确定市场价格总水平控制目标，列入国民经济和社会发展计划，并综合运用法律的、经济的和必要的行政手段予以实现。

第二十七条 县级以上人民政府采取下列措施，保持本行政区域市场价格总水平的基本稳定：

（一）按照国家和省人民政府的规定使用价格调节资金；

（二）健全粮食、棉花、食油、肉类、食糖及主要农业生产资料等重要商品的储备制度；

（三）建设与居民消费相适应的农副产品生产基地和批发零售市场网络；

（四）加强价格监督检查；

（五）国家规定的其他措施。

第二十八条 县级以上人民政府价格主管部门应当建立健全价格监测制度，完善价格监测机构和网络，依照国家规定对重要商品和服务价格确定价格监测点，跟踪、采集、分析、预测市场价格情况，为价格调控管理提供决策依据。

价格监测定点单位或者个人应当按照规定及时、准确提供价格监测资料。

第二十九条 省人民政府在重要商品和服务价格显著上涨或者有可能显著上涨时，可采取下列干预措施：

（一）提价申报制度；

（二）调价备案制度；

（三）限定差价率、利润率；

（四）规定限价。

采取前款规定的干预措施，应当报国务院备案。

第六章 价格监管

第三十条 县级以上人民政府价格主管部门在本行政区域内履行以下职责：

（一）贯彻执行价格法律、法规；

（二）负责价格调控、管理的综合平衡工作，指导、协调和监督本级人民政府有关部门和下级人民政府及行业组织的价格工作；

（三）按照定价权限制定价格，规定作价原则、作价办法；

（四）组织建立健全收费单位收支状况报告制度；

（五）监测、分析商品和服务的市场供求状况及价格变动趋势，组织成本调查，开展成本监审、价格认定、价格信息及价格研究工作；

（六）指导价格咨询等价格事务和服务工作；

（七）法律、法规赋予的其他职责。

第三十一条 市场监督管理部门的工作人员在履行价格监督检查职能时，应当出示行政执法证件。

第三十二条 价格监督检查应当按照法定程序和职权，可以对当事人或者有关人员进行调查、询问，并检查、复制与价格违法行为有关的账簿、单据、凭证、文件及其他资料，核对与价格违法行为有关的银行资料。

在有关证据可能灭失或者以后难以取得的情况下，可依法先行登记保存，当事人或者有关人员不得转移、隐匿或者销毁。

依法查处价格违法行为时，对当事人的商业秘密应予保密。

第三十三条 价格主管部门和公安、审计、财政、税

务等部门及金融机构，应当协同市场监督管理部门依法查处价格违法行为。

第三十四条 工会、消费者协会、居民（村民）委员会、新闻媒体以及其他社会组织和公民，有权对价格行为进行社会监督。政府价格主管部门和市场监督管理部门应当创造条件，畅通公众参与渠道，充分发挥群众对价格的监督作用。

第三十五条 市场监督管理部门建立价格违法行为举报制度，及时办理举报案件，对举报有功人员给予奖励，并为举报者保密。

第七章 法律责任

第三十六条 经营者不执行政府指导价、政府定价的，责令限期改正，没收违法所得，并处违法所得五倍以下的罚款；没有违法所得的，处五万元以上五十万元以下的罚款；情节较重的处五十万元以上二百万元以下的罚款；情节严重的，责令停业整顿。

经营者不执行法定的价格干预措施、紧急措施的，责令限期改正，没收违法所得，并处违法所得五倍以下的罚款；没有违法所得的，处十万元以上一百万元以下的罚款，情节较重的处一百万元以上五百万元以下的罚款；情节严重的，责令停业整顿。

经营者违反明码标价规定的，责令限期改正，没收违法所得，可并处五千元以下的罚款。

经营者拒绝按照规定提供监督检查所需资料或者提供虚假资料的，责令限期改正，给予警告；逾期不改正的，可以处十万元以下的罚款，对直接负责的主管人员和其他直接责任人员依法给予处分。

本条第一款、第二款规定中经营者为个人的，其价格违法行为的罚款处罚，依照国务院《价格违法行为行政处罚规定》第十一条 的规定执行。

第三十七条 经营者违反本条例第十条规定的，依照《中华人民共和国价格法》和国务院《价格违法行为行政处罚规定》的规定予以处罚。

第三十八条 县级以上人民政府或者其他有关部门违反本条例有关规定，超越管理权限定价、调价、制定收费项目和标准，不执行法定的价格干预措施、紧急措施的，由上级人民政府或者价格主管部门责令限期改正，并可通报批评；对直接负责的主管人员和其他直接责任人员，依法给予处分；构成犯罪的，依法追究刑事责任。

第三十九条 经营者因价格违法行为致使消费者或者其他经营者多付价款的，责令限期退还；难以查找多付价款的消费者或者其他经营者的，责令公告查找；拒不退还或者期限界满没有退还的，由市场监督管理部门予以没收，消费者或者其他经营者要求退还的，由经营者依法承担民事责任。

第四十条 经营者被责令暂停相关营业而不停止的，或者转移、隐匿、销毁依法登记保存的财物的，处相关营业所得或者转移、隐匿、销毁的财物价值一倍以上三倍以下的罚款。

第四十一条 行政事业性收费单位违反本条例第二十二条、第二十五条规定的，依照国家有关规定予以处罚。

第四十二条 经营者对价格行政处罚决定不服的，应当先依法申请行政复议；对行政复议决定不服的，可以依法向人民法院提起行政诉讼。

第四十三条 以暴力威胁等方式拒绝、妨碍市场监督管理部门工作人员依法执行公务的，由公安机关依法给予处罚；构成犯罪的，依法追究刑事责任。

第四十四条 价格主管部门、市场监督管理部门和其他有关部门工作人员泄露国家秘密、商业秘密以及滥用职权、徇私舞弊、玩忽职守的，依法给予处分；构成犯罪的，依法追究刑事责任。

第四十五条 违反本条例规定的行为，法律、法规已有处罚规定的，依照其规定执行。

第八章 附 则

第四十六条 本条例自2020年8月1日起施行。

甘肃省节约用水条例

2020年7月31日甘肃省第十三届人民代表大会常务委员会第十八次会议通过
甘肃省人民代表大会常务委员会公告(第44号)

第一章　总　则

第一条 为了促进节约用水，科学合理利用水资源，提高水资源利用效率，建设节水型社会，推进生态文明建设和经济社会可持续发展，根据《中华人民共和国水法》等有关法律、法规，结合本省实际，制定本条例。

第二条 本条例适用于本省行政区域内节约用水及其监督管理活动。

法律、行政法规对节约用水工作另有规定的，依照其规定执行。

第三条 节约用水工作应当遵循节水优先、统筹规划、合理配置、总量控制、定额管理、因地制宜、分类指导的原则。

各级人民政府应当建立健全政府引导、市场调节、公众参与的节约用水机制。

第四条 县级以上人民政府应当加强对节约用水工作的领导，将节约用水工作纳入国民经济和社会发展规划以及年度计划，建立健全节约用水管理目标责任制和考核评价机制，加大财政投入，建立完善政府、企业、社会多元化投融资机制，开展节约用水宣传教育、科学研究和技术推广，促进深度节水、极限节水，推动全社会节约用水。

乡（镇）人民政府以及街道办事处、开发园区管理机构等政府派出机构应当做好本辖区内的节约用水工作，协助有关行政主管部门做好节约用水监督管理工作。

第五条 县级以上人民政府水行政主管部门负责本行政区域内节约用水监督管理工作，拟定节约用水政策，制定、实施用水总量控制、定额管理和计划用水制度，对水资源开发、利用、节约、保护落实情况进行考核，指导和推进节水型社会建设。

第六条 县级以上人民政府发展改革、教育、科技、工信、财政、自然资源、生态环境、住建、农业农村、商务、文旅、卫生健康、市场监管等有关行政部门按照职责分工，做好节约用水有关工作。

第七条 各级人民政府以及有关行政主管部门应当鼓励社会资本投入节约用水工程建设，推广应用先进的节约用水技术、工艺和产品，支持节约用水技术研发，培育和发展节约用水产业。

第八条 各级人民政府应当加强节约用水宣传教育和普及，鼓励基层群众自治组织、社会组织开展节约用水法律法规和知识的宣传，提高全社会珍惜、保护水资源和节约用水意识，形成节约用水的社会风尚。

报刊、广播、电视、互联网等媒体应当积极开展节约用水公益宣传，加强舆论监督。

学校、商场、公园、医院等公共场所应当设置节约用水宣传标语、标志牌，宣传节约用水知识。

第九条 任何单位和个人都有保护水资源和节约用水的义务，有权制止破坏水资源、水生态环境和浪费水的行为，向负有水资源监督管理职能的部门举报违法行为。

第二章　用水管理

第十条 本省厉行节约用水，优先利用地表水，限制开采地下水，鼓励使用非常规水源。

第十一条 县级以上人民政府水行政主管部门应当根据国家节约用水总体规划要求、本行政区域经济社会发展水平和水资源状况，会同相关部门编制本行政区域节约用水规划，报本级人民政府批准。

县级以上人民政府有关行政主管部门应当根据本行政区域节约用水规划和经济社会发展需要，编制本行业节约用水实施方案。

经批准的节约用水规划需要调整的，应当按照规划编制程序经原批准机关批准。

第十二条 非常规水源开发利用应当纳入水资源统一管理和配置。

县级以上人民政府水行政主管部门应当会同有关行业

主管部门编制非常规水源开发利用规划，科学开发利用再生水、苦咸水、矿井水、雨水等非常规水源。

第十三条 需要开展水资源论证的规划，以及新建、扩建、改建的建设项目涉及取水许可的，应当开展水资源论证，水资源论证应当包括节水评价的内容。

第十四条 县级以上人民政府水行政主管部门应当根据批准的水量分配方案和年度预测来水量，制定年度水量分配方案和调度计划，实施水量统一调度；有关人民政府必须服从。

县级以上人民政府发展改革行政主管部门会同同级水行政主管部门，根据用水定额、经济技术条件以及水量分配方案确定的可供本行政区域使用的水量，制定年度用水计划，对本行政区域内的年度用水实行总量控制。

第十五条 用水实行总量控制和定额管理相结合的制度。省人民政府有关行业主管部门应当制订行业用水定额，经同级水行政主管部门和市场监管行政主管部门审核同意后，由省人民政府公布，并报国务院水行政主管部门和国务院市场监管行政主管部门备案。

市（州）人民政府根据国家、省行业用水定额以及本地区水资源状况制订的行业用水定额，应当报送省水行政主管部门和省市场监管行政主管部门。

行业用水定额应当根据经济社会发展水平、水资源条件、产业结构变化和技术进步等情况，适时进行修订。

第十六条 县级以上人民政府水行政主管部门应当建立重点监控用水单位名录，对纳入重点监控名录的取水许可管理单位和其他用水大户的用水量进行在线监测，实时采集用水数据。

有关行业主管部门应当对列入重点监控名录的用水单位的节水情况进行监督检查，向本级人民政府水行政主管部门通报行业年度用水、节水情况。

重点监控用水单位的认定标准及其分级管理权限由县级以上人民政府水行政主管部门会同有关行业主管部门确定。

第十七条 对纳入取水许可管理的单位和其他用水大户实行计划用水管理。

计划用水单位的年度计划用水量由县级以上人民政府水行政主管部门会同其他供水行政主管部门根据本行政区域年度用水计划、行业用水定额和单位用水需求下达。

计划用水单位应当按照核定的计划用水指标用水，未取得计划用水指标的不得擅自取用水。

第十八条 县级以上人民政府及其有关行政主管部门应当对地下水取用水总量和水位实行严格控制，治理无序开采。

在地下水超采地区，县级以上人民政府应当采取措施，严格控制开采地下水。在地下水严重超采地区，经省人民政府批准，可以划定地下水禁止开采或者限制开采区。

县级以上人民政府水利、自然资源、生态环境等有关行政主管部门应当按照各自的职责建立健全地下水动态监测、预警系统，实现地下水开采数据共享。

第十九条 用水应当计量，并实行计量收费。供用水单位、个人应当按照国家有关规定安装和使用经计量检定合格的计量设施，并定期检查和维护，保证计量准确。

同一供用水单位或者个人有两个以上不同水源或者两类以上不同用途用水的，应当分别、分类计量。

第二十条 县级以上人民政府价格主管部门会同同级水行政主管部门或者其他供水行政主管部门，根据本行政区域水资源状况和经济社会发展水平，建立完善分类水价、分档水价等定价机制，促进和引导全社会节约用水。

使用水工程供应的水，供水价格应当按照补偿成本、合理收益、优质优价、公平负担的原则确定。具体办法根据法律法规和国家有关规定，由省人民政府价格主管部门会同同级水行政主管部门或者其他供水行政主管部门依据职权制定。

非居民用水应当实行超定额累进加价制度；居民用水推行阶梯水价制度。

第二十一条 县级以上人民政府水行政主管部门应当建立健全用水统计调查制度，经同级统计行政主管部门同意后实施。

用水统计数据应当真实、准确、及时，并按照有关规定向社会公布用水统计信息。

县级以上人民政府统计行政主管部门应当加强用水统计调查制度落实情况的监督检查。

第二十二条 县级以上人民政府水行政主管部门应当按照优先保障生活用水的原则制定供水应急方案，发生水资源供给严重紧缺的突发情况时，经同级人民政府批准，对工业、农业生产等其他用水户采取限量供水措施。

第三章　节水措施

第二十三条 各级人民政府应当不断优化产业结构，发展节水型工业、农业和服务业，推进节水示范区和节水载体建设，提高水资源利用效率。

县级以上人民政府水行政主管部门应当会同有关行政主管部门制定节水示范区和节水型机关、节水型企业、节水型学校等节水载体建设标准，分类推进和规范区域、行业以及用水户节约用水工作。

第二十四条 水资源不足的地区，应当根据水资源的供给能力对城镇规模和建设耗水量大的工业、农业和服务业项目加以限制。水资源严重不足、生态恶化的地区，应当严格控制兴建耗水量大的建设项目。

第二十五条 县级以上人民政府应当加强用水效率管理。

区域整体用水效率应当达到国家考核标准，用水户用水效率不低于行业用水标准。

区域整体用水效率未达到国家考核指标，采取措施仍未达标的，不再新增用水计划指标。用水户用水效率低于行业用水标准的，不再新增用水计划指标。

第二十六条 供水单位应当采用先进的制水、输水技术，减少水量损耗。

供水单位、用水设施产权单位和拥有自备水源的单位，应当加强对供用水设备、设施、器具的管理、维修和保养，保障设施正常完好运行，降低漏损率。

公共供水管网水漏损率应当低于规定的控制指标。

第二十七条 用水单位应当加强用水管理，建立健全计划用水、节约用水管理制度和统计台账，指定主管机构或者人员具体负责节约用水工作，并将节约用水措施纳入单位技术改造计划。

用水单位应当保证节水设施设备的正常运行，不得擅自停止使用。

第二十八条 列入重点监控用水单位名录的取用水户，应当按照国家技术标准和规程，定期组织开展水平衡测试，并将测试结果报送县级以上人民政府水行政主管部门作为核定用水计划的依据。

列入重点监控用水单位名录的取用水户的用水计量设施应当符合水资源远程监控要求，并与水行政主管部门的水资源管理信息系统联网运行。

第二十九条 新建、改建、扩建的建设项目，应当制定节水措施方案，配套的节水设施应当与主体工程同时设计、同时施工、同时投产。

第三十条 新建、改建、扩建的建筑物、构筑物，应当安装符合节水标准的用水器具。产权单位或者个人应当逐步更新、改造不符合节水标准的用水器具。

第三十一条 新建宾馆、饭店、公寓、住宅小区、大型文化体育设施、民用住宅楼、机关单位办公用房等建筑物，鼓励建设独立于自来水管道、水箱的再生水收集、处理、循环利用设施。

城市新区建设、旧城改造和市政基础设施建设，鼓励铺设再生水利用管网，建设渗水路面和雨水收集、利用设施。

第三十二条 县级以上人民政府应当加大农业节水资金投入，建设农业节水设施，支持农村集体经济组织和农户对农业灌溉节水设施的建设、管理和维护，鼓励农民建立健全用水者协会，参与灌区管理，构建政府扶持、农民参与、灌区自主经营的农业供用水管理体制。

鼓励社会资本投入农业节水设施建设。

第三十三条 各级人民政府应当积极调整优化种植结构，推进适水种植、量水生产。

河西内陆河和沿黄灌溉区应当扩大低耗水和耐旱作物种植比例，选育推广耐旱农作物新品种；黄土高原旱作农业区应当发展集雨节灌，提高降水利用效率。地下水严重超采地区实施轮作休耕，适度退减灌溉面积。

第三十四条 畜禽、水产养殖应当推行先进适用的节水方式。加强牧区草原节水，发展草原高效节水补水灌溉技术。

第三十五条 农田灌溉应当积极推进科技节水，因地制宜采取节水灌溉方式，推广管灌、喷灌、微灌、滴灌、水肥一体化等节水技术。新建农田灌溉设施应当符合国家节水灌溉标准，已建成的设施不符合节水灌溉标准的，应当逐步进行更新改造。

灌溉农业区供水管理单位应当制定用水分配方案和年度用水计划，加强灌溉用水、取水、输配水计量管理和设施管理。

鼓励有条件的单位和个人建设集雨水窖、水池、水塘等蓄水设施，拦蓄雨雪水，增加有效水源，提高使用效率。

第三十六条 工业企业应当按照行业用水定额用水，采用先进技术、工艺和设备以及循环用水、综合利用、废水处理回用等措施，降低单位产品或者产值耗水量，提高水的重复利用率。

逐步淘汰落后的、耗水量高的工艺、设备和产品。生产者、销售者或者生产经营中的使用者应当在规定的时间内停止生产、销售或者使用国家列入名录明令淘汰的工艺、设备和产品。

工业生产的设备冷却水、空调冷却水、锅炉冷凝水等，应当循环使用或者回收利用，不得直接排放。

以水为主要原料生产饮料、矿泉水、纯净水等产品的企业，应当采用先进制水工艺、技术，减少水量损耗，并对生产后的尾水进行回收利用，不得直接排放。

第三十七条 新建工业集聚区在规划布局时，应当统筹供排水、水处理及循环利用设施建设，实施区内企业串联用水和循环利用，建设节水型工业集聚区。

已建工业集聚区鼓励开展以节水为重点内容的绿色高质量转型升级和循环化改造，加快节水及水循环利用设施建设。

第三十八条 县级以上人民政府应当加强城市节约用水的管理，采取有效措施，逐步改造城市公共老旧管网。

在地下水超采区内以地下水为主要水源的城镇，应当加快公共供水管网建设，逐步实现用水集中供应。

在城市供水管网覆盖的区域内，严格控制单位和个人开辟自备水源，已建的应当逐步关闭。

第三十九条 在城市再生水输配管线覆盖区域内有再生水利用条件的工业生产、园林绿化灌溉、景观水道和湖泊补给、道路保洁、汽车洗刷、公共厕所冲洗、建筑施工以及冷却设备补充用水等应当使用符合用水水质要求的再

甘肃年鉴 2021

生水。

在城市再生水输配管线覆盖区域内有再生水利用条件的机关、学校、宾馆、饭店、住宅小区等，优先使用再生水。

第四十条 城市园林绿化应当优先选种耐旱型花木。

鼓励建设下凹式绿地、下沉式广场，加强雨水收集利用。公园、花园、房屋建筑物的成片绿化地应当采用穴灌、滴灌、喷灌、微灌等节水灌溉方式。

景观河、人工湖等应当优先使用非常规水源，减少使用地下水、自来水。

第四十一条 县级以上人民政府应当加强对高耗水服务业的管理。

宾馆、餐饮、洗浴、游泳场馆、医院、机场、车站、高速公路服务区、文化体育设施等场所应当安装符合节水标准的用水器具。

洗车业应当循环用水，减少使用清洁水，推广无水环保洗车技术。

第四十二条 推动城乡居民家庭节水，使用节水型器具，养成节水型生活方式，创建节水型居民小区和村社。

第四十三条 单位和个人应当加强对节约用水器具、用水计量设施、水重复利用设施、雨水收集利用设施等节水设施设备的保护。

禁止损坏、盗窃、侵占、非法拆除等妨害节水设施设备正常使用的行为。

第四章　节水保障

第四十四条 县级以上人民政府及其有关行政主管部门应当有计划地将生产生活节水、非常规水源开发利用、节水产品研究开发、节水新技术推广应用的创新项目纳入重点支持领域，促进节水科技成果转化。

县级以上人民政府应当对符合条件的节水建设项目、改造项目、示范项目和非常规水源利用项目给予扶持。

第四十五条 县级以上人民政府及其有关行政主管部门对利用再生水成效显著的单位或者个人，按照有关规定给予水费优惠。

第四十六条 县级以上人民政府应当推行水权交易制度，鼓励地区间、行业间、取用水户间按照国家有关规定进行水权交易。

单位和个人采取节水措施节约的水量可以按照国家有关规定进行水资源使用权有偿交易。

第四十七条 县级以上人民政府应当鼓励发展节水服务机构，支持节水服务机构依法开展节约用水咨询、设计、评估、检测、审计、认证、水平衡测试、合同节水管理等服务。

第四十八条 县级以上人民政府应当加强节约用水机构能力建设，配备一定的专业技术人员和装备，健全各项管理制度，落实工作责任制。

县级以上人民政府水行政主管部门和其他有关行政主管部门应当组织节约用水业务培训，开展技术交流与合作，提高节约用水管理与服务水平。

第四十九条 县级以上人民政府应当加强节约用水工作考核，考核结果作为对下一级人民政府综合绩效考核评价的依据。

第五十条 县级以上人民政府应当建立节约用水奖励机制，对有下列情形之一的单位和个人，予以奖励；对作出突出贡献的，按照有关规定予以表彰：

（一）计划用水户在节约用水、减少水资源消耗方面取得显著成效的；

（二）公共供水企业供水损耗明显低于国家标准的；

（三）在非常规水源开发利用工作中作出显著成绩的；

（四）研究推广节约用水技术、工艺、设备、产品等有突出贡献的；

（五）在节约用水监督管理、宣传教育等方面作出突出贡献的；

（六）在节约用水方面作出其他突出贡献的。

对举报严重浪费水的行为，经查证属实的，应当按照有关规定予以奖励。

第五十一条 县级以上人民政府水行政主管部门和其他有关行政主管部门应当按照各自职责，对供水、用水单位节约用水情况进行监督检查，检查结果按照规定定期向社会公开，并将违规记录纳入市场主体的社会信用记录。

有关单位和人员应当配合水行政主管部门或者其他有关行政主管部门开展的节约用水监督检查，如实提供相关资料、说明有关情况，不得拒绝、阻挠、妨碍监督检查人员依法执行公务。

第五章　法律责任

第五十二条 县级以上人民政府水行政主管部门或者其他有关部门及其工作人员违反本条例规定，有下列行为之一的，由其所在单位、上级主管机关或者监察机关责令改正；情节严重的，对直接负责的主管人员和其他直接责任人员依法给予处分；构成犯罪的，依法追究刑事责任：

（一）未按规定执行节约用水规划、行业用水定额、年度用水计划、年度水量分配方案的；

（二）编制需要开展水资源论证的规划而未做论证的或者论证报告缺失节水评价内容的；

（三）未按照规定审批取用水申请的；

（四）用水计量、统计调查弄虚作假的；

（五）供水应急处理不及时或者失当的；

（六）接到节约用水违法行为投诉或者举报后不予处理的；

（七）有其他玩忽职守、滥用职权、徇私舞弊行为的。

第五十三条 违反本条例规定，建设项目的节水设施没有建成或者没有达到国家规定的要求，擅自投入使用的，由县级以上人民政府有关部门依据职权，责令停止使用，限期改正，处五万元以上十万元以下的罚款。

第五十四条 违反本条例规定，生产、销售或者在生产经营中使用国家列入名录明令淘汰的落后的、耗水量高的工艺、设备和产品的，由县级以上人民政府经济综合主管部门责令停止生产、销售或者使用，处二万元以上十万元以下的罚款。

第五十五条 违反本条例规定，损坏、盗窃、侵占、非法拆除节约用水设施设备、器具，或者拒绝、阻挠、妨碍监督检查人员依法执行公务的，依照《中华人民共和国治安管理处罚法》的有关规定处罚；构成犯罪的，依法追究刑事责任。

第五十六条 违反本条例规定的行为，法律、法规已有处罚规定的，从其规定。

第六章　附　则

第五十七条 本条例自2020年9月1日起施行。

甘肃省水污染防治条例

2020年12月3日甘肃省第十三届人民代表大会常务委员会第二十次会议通过
2021年1月1日起施行
甘肃省人民代表大会常务委员会公告(第48号)

第一章 总 则

第一条 为了保护和改善环境，防治水污染，保护水生态，保障饮用水安全，维护公众健康，推进生态文明建设，促进经济社会可持续发展，根据《中华人民共和国环境保护法》《中华人民共和国水污染防治法》《中华人民共和国水法》和国务院《城镇排水与污水处理条例》等法律、行政法规，结合本省实际，制定本条例。

第二条 本省行政区域内的江河、湖泊、渠道、水库等地表水体和地下水体的污染防治适用本条例。

法律、行政法规对水污染防治已有规定的，依照其规定执行。

第三条 水污染防治应当坚持预防为主、防治结合、综合治理、公众参与、损害担责的原则，优先保护饮用水水源，严格控制工业污染、城镇生活污染，防治农业面源污染，推进水生态治理工程建设，预防、控制和减少水环境污染和水生态破坏。

第四条 各级人民政府对本行政区域内的水环境质量负责，应当及时采取措施防治水污染。

县级以上人民政府应当将水环境保护工作纳入国民经济和社会发展规划，优化产业结构和布局，建立健全水污染防治工作机制，统筹解决水污染防治工作中的重大问题，完善水污染防治制度措施，加大水污染防治的财政投入。

乡（镇）人民政府和街道办事处在县（市、区）人民政府及其有关部门的指导下，协助开展水污染防治工作。

第五条 省人民政府生态环境主管部门对本省水污染防治实施统一监督管理。

市（州）人民政府生态环境主管部门及其派出机构分别对本行政区域内水污染防治实施统一监督管理。

县级以上人民政府交通主管部门或者其海事管理机构对船舶污染水域的防治实施监督管理。

县级以上人民政府发展和改革、自然资源、卫生健康、住房和城乡建设、水行政、工业和信息化、农业农村、交通运输、应急管理、林业和草原等有关部门，在各自职责范围内，依法依规对有关水污染防治工作实施监督管理。

第六条 省、市（州）、县（市、区）、乡（镇）建立河（湖）长制，分级分段组织领导本行政区域内江河、湖泊等水资源保护、水域岸线管理、水污染防治、水环境治理等工作。鼓励建立村级河（湖）长制或者巡河（湖）员制。

各级河（湖）长及其工作职责，应当通过报刊、网站、公示牌等方式向社会公开。

第七条 本省实行水环境保护目标责任制和考核评价制，县级以上人民政府将水环境保护目标完成情况作为对有关部门和下级人民政府及其负责人考核评价的内容。

第八条 企业事业单位和其他生产经营者应当遵守国家和本省有关水污染防治的规定，履行环境保护义务，采取措施预防和减少水环境污染和水生态破坏，对所造成的损害依法承担责任。

第九条 任何单位和个人都有保护水生态环境的义务，并有权对污染水环境和破坏水生态的行为进行检举。

各级人民政府生态环境主管部门和其他负有水污染防治监督管理职责的部门，应当依法公开水环境信息，完善公众参与程序，公布举报电话、信箱、网址等，建立健全水污染和水生态破坏检举处理机制。

县级以上人民政府及其有关主管部门对在水污染防治工作中做出显著成绩的单位和个人给予表彰和奖励。

第十条 各级人民政府应当鼓励和引导社会资本参与水污染防治，引导金融机构加大对水污染防治项目的支持，推行水污染第三方治理，提高治理专业化水平和治理效果。

第十一条 各级人民政府及其有关部门应当加强水环境保护宣传教育，普及水环境保护法律、法规和科学知识，提高公众的水环境保护意识，鼓励和引导公众参与水环境保护。

报刊、广播、电视、网络等媒体应当开展水环境保护法律法规和环境保护知识、环境保护先进典型的宣传，加强对污染水环境行为的舆论监督。

第二章 水污染防治标准与规划

第十二条 省人民政府可以对国家水环境质量标准中未作规定的项目，制定本省水环境质量标准，并报国务院生态环境主管部门备案。

第十三条 省人民政府对国家水污染物排放标准中未作规定的项目，可以制定本省水污染物排放标准；对国家水污染物排放标准中已作规定的项目，可以制定严于国家水污染物排放标准的本省水污染物排放标准。本省水污染物排放标准应当依法报国务院生态环境主管部门备案。

水污染物排放标准应当根据国家水污染防治的要求，结合本省经济、技术条件，适时进行修订。制定、修订本省水污染物排放标准，应当组织专家进行审查和论证，征求有关部门、行业协会、企业事业单位、公众和社会团体等方面的意见。

排放水污染物，不得超过国家或者本省规定的水污染物排放标准。

第十四条 省人民政府生态环境主管部门应当会同水行政等有关部门，按照主体功能区划、生态环境保护规划、流域综合规划、水资源保护规划和经济社会发展要求，编制本省水功能区划，经省人民政府批准，依法报国务院生态环境和水行政主管部门备案。

第十五条 省人民政府生态环境主管部门及其有关部门应当根据国家规定，在重点生态功能区、生态环境敏感区和脆弱区所在流域依法划定生态保护红线、环境质量底线、资源利用上线，制定实施建设项目水环境准入负面清单，构建生态环境分区管控体系。

第十六条 跨本省行政区域的流域水污染防治规划的编制，按照国家有关规定执行。

本省行政区域内跨县江河、湖泊的流域水污染防治规划，应当根据国家确定的重要江河、湖泊的流域水污染防治规划和本省实际，由省人民政府生态环境主管部门会同水行政等部门编制，经省人民政府批准，依法报国务院备案。

第十七条 县级以上人民政府应当根据依法批准的江河、湖泊的流域水污染防治规划，组织制定本行政区域的水污染防治规划。

第十八条 水污染防治规划确定的水环境质量改善目标未达到要求的，有关市（州）、县（市、区）人民政府应当制定限期达标规划，采取措施按期达标。

限期达标规划应当报上一级人民政府备案，并向社会公开。

第十九条 市（州）、县（市、区）人民政府每年在向本级人民代表大会或者其常务委员会报告环境状况和环境保护目标完成情况时，应当报告水环境质量限期达标规划执行情况，并向社会公开。

第三章 水污染防治监督管理

第二十条 新建、改建、扩建直接或者间接向水体排放污染物的建设项目和其他水上设施，应当依法进行环境影响评价。

建设单位在江河、湖泊新建、改建、扩建排污口的，应当经生态环境主管部门同意；对可能影响防洪、通航、渔业及河堤安全的排污口的设置，生态环境主管部门在审批时，应当征求同级水行政、交通运输、农业农村等部门的意见。

建设项目的水污染防治设施，应当与主体工程同时设计、同时施工、同时投入使用。水污染防治设施应当符合经批准或者备案的环境影响评价文件的要求。

第二十一条 实行重点水污染物排放总量控制制度。县级以上人民政府应当根据上级人民政府批准的水污染物排放总量控制计划，结合本地实际组织制定并实施本行政区域内的水污染物排放总量控制实施计划。

水污染物排放总量控制实施计划应当明确重点污染物的种类、总量控制指标和需要削减排污量的单位及其削减数量、时限等要求。

省人民政府可以根据本省水环境质量状况和水污染防治工作的需要，对国家重点水污染物之外的其他水污染物排放实行总量控制。

排放水污染物，不得超过国家或者本省规定的重点水污染物排放总量控制指标。

第二十二条 未完成水环境质量改善目标或者超过重点水污染物排放总量控制指标的地区，省人民政府生态环境主管部门应当会同有关部门约谈该地区人民政府主要负责人，并暂停审批新增重点水污染物排放总量的建设项目的环境影响评价文件。

约谈可以邀请媒体以及相关公众代表列席。约谈情况应当向社会公开。

第二十三条 直接或者间接向水体或者水体之外的其他环境排放工业废水和医疗污水以及其他按照规定应当取得排污许可证方可排放的废水、污水的企业事业单位和其他生产经营者，城镇污水集中处理设施的运营单位，应当依法取得排污许可证，并按照排污许可证规定的种类、浓度、总量和排放去向等要求排放水污染物。

甘肃年鉴 2021

禁止企业事业单位和其他生产经营者无排污许可证或者违反排污许可证的规定向水体排放前款规定的废水、污水。

第二十四条 省人民政府生态环境主管部门应当会同水行政、农业农村等主管部门制定全省水生态环境监测方案，合理规划水环境质量监测断面（点位、区域）的设置，建立和完善全省水生态环境监测网络与大数据平台，及时发布水生态环境质量信息，建立监测数据共享机制，加强对水环境监测的管理。

生态环境主管部门应当依据监测事权划分组织开展水环境质量监测、执法监测、水污染源监督性执法监测和突发环境污染事件应急监测等工作。

社会环境监测机构在其资质认定范围内，可以接受政府、公民、法人和其他组织的委托，开展相应的监（检）测服务。

第二十五条 实行排污许可管理的企业事业单位和其他生产经营者应当按照国家有关规定，对所排放的水污染物自行监测，建立监测数据台账，保存原始监测记录，对监测数据的真实性和准确性负责。

第二十六条 省、市（州）人民政府生态环境主管部门应当按照国家规定，会同有关部门确定重点排污单位名录，并适时调整，向社会公布。

重点排污单位应当按照国家和本省有关规定安装水污染物排放自动监测设备，保证监测设备正常运行，并与生态环境主管部门的监测设备联网。

第二十七条 生态环境主管部门和其他负有水污染防治监督管理职责的部门，应当依法对管辖范围内排放水污染物的企业事业单位和其他生产经营者进行现场检查。检查者应当出示证件并为被检查单位保守商业秘密。被检查单位应当如实反映情况，提供相关资料。

现场检查可以采取采样、检测、摄影、摄像、文字记录和查阅、复制有关资料等方式。

第二十八条 省、市（州）人民政府生态环境主管部门应当对重点排污单位进行环境信用评价，并向社会公开评价结果。

省、市（州）人民政府生态环境主管部门应当会同发展和改革、中国人民银行、银行业监管机构等部门，建立排污者环保诚信档案，记载其遵守环境法律、法规和承担环境社会责任等情况，纳入公共信用信息平台，建立环境保护信用约束机制。在行政许可、公共采购、金融支持、资质等级评定等工作中将环境信用评价结果作为重要的考量因素。

第二十九条 推行水污染物排污权有偿使用和交易制度，具体办法由省人民政府制定。

第三十条 省人民政府应当根据水环境保护的目标、投入、成效和区域间经济社会发展水平等因素，建立健全对饮用水水源保护区和江河、湖泊、水库上游地区以及水环境质量同比改善地区的水环境生态保护补偿机制，鼓励探索建立资金补偿之外的其他多元化补偿方式。

县级以上人民政府应当落实国家生态保护补偿资金，确保其用于水环境生态保护补偿。

第三十一条 跨行政区域河流、湖泊、水库所在地人民政府应当建立联席会商制度，相互配合，共享信息，协调跨行政区域水污染防治工作，预防和处置跨行政区域的水污染纠纷。

跨行政区域的水污染纠纷，由涉及的同级人民政府协商解决，或者由共同的上级人民政府协调解决。

第四章 水污染防治措施

第一节 一般规定

第三十二条 排放国家规定名录中所列有毒有害水污染物的企业事业单位和其他生产经营者，应当对排污口和周边环境进行监测，评估环境风险，排查环境安全隐患，并公开有毒有害水污染物信息，采取有效措施防范环境风险。

第三十三条 禁止向水体排放油类、酸液、碱液或者剧毒废液。

禁止在水体清洗装贮过油类或者有毒污染物的车辆和容器。

第三十四条 禁止向水体排放、倾倒放射性固体废物或者含有高放射性和中放射性物质的废水。

向水体排放含低放射性物质的废水，应当符合国家有关放射性污染防治的规定和标准。

第三十五条 向水体排放含热废水，应当采取措施，保证水体的水温符合水环境质量标准。

第三十六条 含病原体的污水应当经过消毒处理；符合国家有关标准后，方可排放。

第三十七条 禁止向水体排放、倾倒工业废渣、城镇垃圾和其他废弃物。

禁止将含有汞、镉、砷、铬、铅、氰化物、黄磷等的可溶性剧毒废渣向水体排放、倾倒或者直接埋入地下。

存放可溶性剧毒废渣的场所，应当采取防水、防渗漏、防流失的措施。

第三十八条 禁止在江河、湖泊、渠道、水库最高水位线以下的滩地和岸坡堆放、存贮固体废弃物和其他污染物。

第三十九条 禁止利用渗井、渗坑、裂隙、溶洞，私设暗管，篡改、伪造监测数据，或者不正常运行水污染防治设施等逃避监管的方式排放水污染物。

第四十条 化学品生产企业以及工业集聚区、矿山开采区、尾矿库、危险废物处置场、垃圾填埋场等的运营、管理单位，应当采取防渗漏等措施，并建设地下水水质监测井进行监测，防止地下水污染。

加油站等的地下油罐应当使用双层罐或者采取建造防渗池等其他有效措施，并进行防渗漏监测，防止地下水污染。

禁止利用无防渗漏措施的沟渠、坑塘等输送或者存贮含有毒污染物的废水、含病原体的污水和其他废弃物。

第四十一条 多层地下水的含水层水质差异大的，应当分层开采；对已受污染的潜水和承压水，不得混合开采。

第四十二条 兴建地下工程设施或者进行地下勘探、采矿等活动，应当采取防护性措施，防止地下水污染。

报废矿井、钻井或者取水井等，应当实施封井或者回填。

第四十三条 人工回灌补给地下水，不得恶化地下水质。

第二节 工业水污染防治

第四十四条 县级以上人民政府应当合理规划工业布局，严格控制高耗水、高污染以及产生有毒有害水污染物的建设项目。

县级以上人民政府应当要求造成水污染的企业进行技术改造或者转产。

企业应当实施清洁生产，采用原材料和水资源利用率高、水污染物排放量少的工艺、设备以及废弃物综合利用技术和污染物无害化处理技术，按照有关规定限期淘汰落后的生产技术、工艺、设备和产品。

第四十五条 排放工业废水的企业应当采取有效措施，收集和处理产生的全部废水，防止污染环境。含有毒有害水污染物的工业废水应当分类收集和处理，不得稀释排放。向污水集中处理设施排放工业废水的，应当按照国家有关规定进行预处理，达到集中处理设施处理工艺要求后方可排放。

第四十六条 各级人民政府应当采取激励措施，引导工业企业入驻工业集聚区。

工业集聚区应当实现水污染集中治理，配套建设相应的污水集中处理设施，安装自动监测设备，与生态环境主管部门的监控平台联网，并保证监测设备正常运行。

第四十七条 禁止新建不符合国家规定的小型造纸、制革、印染、染料、炼焦、炼硫、炼砷、炼汞、炼油、电镀、农药、石棉、水泥、玻璃、钢铁、火电以及其他严重污染水环境的生产项目。

第三节 城镇水污染防治

第四十八条 县级以上人民政府应当根据国土空间规划和水污染防治规划，组织住房和城乡建设、发展和改革、生态环境、自然资源、水行政等主管部门编制本行政区域的城镇污水处理设施建设规划。

第四十九条 县级以上人民政府城镇排水主管部门应当按照城镇污水处理设施建设规划，组织建设城镇污水集中处理设施以及配套管网，并加强对设施运营的监督管理，实现城镇污水集中处理设施的处理能力与城镇污水产生量相适应，配套管网建设满足城镇发展规模需要。

城镇污水集中处理设施以及配套管网应当与建设项目同步设计、同步建设、同步运行。

城镇污水集中处理设施的运营单位按照国家规定向排污者提供污水处理的有偿服务，收取污水处理费用，保证污水集中处理设施的正常运行。污水处理费应当用于城镇污水集中处理设施的建设运行和污泥处理处置，不得挪作他用。

第五十条 除干旱地区外，城市新区建设应当实行雨污分流。尚未实现雨污分流的地区，县级以上人民政府应当制定区域雨污分流改造计划，进行雨污分流改造。暂不具备雨污分流改造条件的地区，应采取截流、调蓄等治理措施，减少溢流污染对受纳水体和水环境的影响。

在城镇雨水、污水分流地区，任何单位和个人不得向雨水收集口、雨水管道排放或者倾倒污水、污物和垃圾等废弃物。

第五十一条 向城镇污水集中处理设施排放水污染物，应当符合国家及本省水污染物排放标准。

县级以上人民政府城镇排水主管部门和省、市（州）人民政府生态环境主管部门及其派出机构应当加强对排水单位的排放口设置、连接管网、预处理设施和水质、水量监测设施建设和运行的指导和监督。

进水水质和水量发生重大变化可能导致出水水质超标，或者发生影响城镇污水集中处理设施安全运行的突发情况时，城镇污水集中处理设施运营单位应当立即采取应急处理措施，并向城镇排水、生态环境主管部门报告。主管部门接到报告后，应当及时核查处理。

第五十二条 城镇污水处理设施运营单位不得擅自停运城镇污水处理设施，因检修等原因需要停运或者部分停运城镇污水处理设施的，应当按照规定提前向所在地城镇排水主管部门、生态环境主管部门报告；可能对排水造成严重影响的，应当采取应急处理措施，并向社会公告。

城镇污水集中处理设施运营单位应当配套建设污水水质监测设施，对城镇污水集中处理设施的出入口水质进行监测，保证出水水质符合国家及本省规定的排放标准。

生态环境主管部门应当对城镇污水集中处理设施的出水水质和水量进行监督检查。

第五十三条 城镇污水集中处理设施维护运营单位或者污泥处理处置单位应当依法防治污泥贮存、运输、处理、处置过程中产生的污染，并对产生的污泥以及处理处

置后的污泥去向、用途、用量等进行跟踪、记录，保证处理处置后的污泥符合国家标准，防止造成二次污染。

第五十四条 县级以上人民政府应当采取截污纳管、面源控制、清淤疏浚、垃圾清理、生态净化、活水循环、清水补源等措施，整治黑臭水体。

第四节 农业和农村水污染防治

第五十五条 各级人民政府应当推进城镇污水收集管网向周边村庄延伸。城镇污水收集管网未覆盖的地区，应当分区域建设集中或者分散污水处理设施，收集和处理农村污水。

第五十六条 农户和其他农业生产者使用农药，应当符合国家有关农药安全使用的规定和标准，防止过度使用农药造成水污染。

农田灌溉用水应当符合相应的水质标准，防止污染土壤、地下水和农产品。

禁止向农田灌溉渠道排放工业废水或者医疗污水。向农田灌溉渠道排放城镇污水以及未综合利用的畜禽养殖废水、农产品加工废水的，应当保证其下游最近的灌溉取水点的水质符合农田灌溉水质标准。

第五十七条 畜禽养殖场（小区）应当配套建设畜禽粪便、废水的综合利用或者无害化处理设施，保证正常运行。新建、改建、扩建畜禽养殖场（小区）要实施雨污分流、粪便污水资源化利用。

畜禽养殖散养户应当建设防雨、防渗、防漏、防外溢的粪便污水收集贮存设施，采用堆肥处理等措施实现粪便污水综合利用，不得直接向外排放畜禽粪便、废水。

畜禽养殖散养户密集区所在地县（市、区）、乡（镇）人民政府应当组织对畜禽粪便污水进行分户收集、集中处理利用。

委托农户进行畜禽养殖的企业事业单位、其他生产经营者和受委托的农户，应当明确各自的污染防治责任。

第五十八条 从事水产养殖，应当保护水域生态环境，科学确定养殖密度，合理投饵和使用药物，防止污染水环境。

第五节 饮用水水源保护和污染防治

第五十九条 实行饮用水水源保护区制度。依法划定饮用水水源一级保护区、二级保护区；必要时可以在饮用水水源保护区外围划定一定的区域作为准保护区。

县级及以上集中式饮用水水源保护区的划定，由市（州）人民政府提出划定方案，报省人民政府批准，并向社会公布。乡（镇）级集中式饮用水水源保护区的划定，由县（市、区）人民政府提出划定方案，报市（州）人民政府批准，并向社会公布。

经批准划定的饮用水水源保护区不得擅自调整。因饮用水水量发生变化、水质不能满足饮用水要求、饮用水水源安全受到威胁等原因，确需调整饮用水水源保护区的，应当按程序报批。

第六十条 在饮用水水源保护区内，禁止设置排污口。

第六十一条 禁止在饮用水水源一级保护区内新建、改建、扩建与供水设施和保护水源无关的建设项目；已建成的与供水设施和保护水源无关的建设项目，由县级以上人民政府责令拆除或者关闭。

禁止在饮用水水源一级保护区内从事网箱养殖、旅游、游泳、垂钓或者其他可能污染饮用水水体的活动。

第六十二条 禁止在饮用水水源二级保护区内新建、改建、扩建排放污染物的建设项目；已建成的排放污染物的建设项目，由县级以上人民政府责令拆除或者关闭。

在饮用水水源二级保护区内从事网箱养殖、旅游等活动的，应当按照规定采取措施，防止污染饮用水水体。

第六十三条 禁止在饮用水水源准保护区内新建、扩建对水体污染严重的建设项目；改建建设项目，不得增加排污量。

第六十四条 饮用水供水单位应当做好取水口和出水口的水质检测工作。发现取水口水质不符合饮用水水源水质标准或者出水口水质不符合饮用水卫生标准的，应当及时采取相应措施，并向所在地市（州）、县（市、区）人民政府供水主管部门报告。供水主管部门接到报告后，应当通报生态环境、卫生健康、水行政等部门。

饮用水供水单位应当对供水水质负责，确保供水设施安全可靠运行，保证供水水质符合国家有关标准。

第六十五条 县级以上人民政府应当根据保护饮用水水源的实际需要，在与饮用水水源保护区相邻的公路、桥梁或者航道，采取必要的防护措施，防止运输危险化学物品的车辆和船舶发生事故污染饮用水水源。

第六节 地下水和其他水污染防治

第六十六条 生态环境主管部门应当会同自然资源、水行政等部门开展地下水污染状况调查评估，根据地下水水文地质结构、环境状况、水资源禀赋及其使用功能等因素，建立地下水污染防治区划体系，划定地下水污染治理区、防控区及一般保护区。

第六十七条 进行地下勘探、采矿、工程降排水、地下空间开发利用等可能干扰地下含水层的活动，或者从事地下热水资源开发利用、使用水源热泵技术、地源热泵技术的，应当采取防护性措施，防止地下水污染。

第六十八条 利用地下热水资源进行取暖、洗浴、水上娱乐等经营活动的，应当对尾水进行降温或者降低有害成分等处理，符合相应的水质标准后方可排放。

第六十九条 生态环境、自然资源、水行政等有关主管部门应当在地下水污染突出的区域组织开展地下水污染修复治理。

可以确定地下水污染排污者的，由排污者承担地下水污染修复治理责任。

第七十条 企业事业单位的实验室、检验室、化验室产生的油类、酸液、碱液以及其他有毒有害废液，应当按照有关规定单独收集和安全处置，不得直接排入城镇污水收集管网或者外环境。

医疗污水应当按照有关法律、法规的规定处理，符合国家医疗机构水污染物排放标准。

第七十一条 船舶航行、停泊、作业，应当遵守船舶污染物排放标准，设置专门的污水、污油、垃圾存储或者处理装置，防止水域环境污染。

船舶航行、停泊、作业过程中，禁止下列行为：

（一）向水体倾倒船舶垃圾或者排放船舶的残油、废油；

（二）未经作业地交通主管部门或者其海事管理机构批准，船舶进行散装液体污染危害性货物过驳作业；

（三）船舶及有关作业单位从事有污染风险的作业活动，未按照规定采取污染防治措施；

（四）以冲滩方式进行船舶拆解；

（五）法律、法规禁止的其他行为。

第五章 水污染事故预警与应急处置

第七十二条 县级以上人民政府应当制定和完善水污染事故应急预案，明确责任主体、预警预报与响应程序、应急处置及保障措施等内容，并报上级人民政府备案。

水环境受到严重污染，发生或者可能发生危害人体健康和公共安全的紧急情况的，县级以上人民政府应当立即启动应急预案，依法及时公布预警信息，必要时可以责令有关企业事业单位和其他生产经营者采取限制生产、停产等应急响应措施。

第七十三条 可能发生水污染事故的企业事业单位和其他生产经营者应当制定有关水污染事故的应急方案，定期进行演练，做好应急准备。

企业事业单位和其他生产经营者发生事故或者其他突发性事件，造成或者可能造成水污染事故的，应当立即启动本单位的应急方案，采取隔离等应急措施，防止水污染物进入水体。

化工、医药、电镀等生产企业和储存危险化学品的企业事业单位和其他生产经营者，应当按照规定要求配备事故应急池等水污染应急设施和设备，并采取措施防止在处理安全生产事故过程中产生的可能严重污染水体的消防废水、废液直接排入水体。

第七十四条 企业事业单位和其他生产经营者发生事故或者其他突发性事件，造成或者可能造成水污染事故的，应当及时通报可能受到危害的单位和居民，并向事故发生地的县级以上人民政府或者生态环境主管部门报告。

生态环境主管部门接到报告后，应当及时向本级人民政府报告，并抄送有关部门。

第七十五条 市（州）、县（市、区）人民政府应当组织编制饮用水安全突发事件应急预案。

饮用水供水单位应当根据所在地饮用水安全突发事件应急预案，制定相应的突发事件应急方案，报所在地市（州）、县（市、区）人民政府备案，并定期进行演练。

饮用水水源发生水污染事故，或者发生其他可能影响饮用水安全的突发性事件，饮用水供水单位应当采取应急处理措施，向所在地市（州）、县（市、区）人民政府报告，并向社会公开。有关人民政府应当根据情况及时启动应急预案，采取有效措施，保障供水安全。

第七十六条 负责水污染事故应急和事故调查处理的人民政府及其应急管理、生态环境、公安、交通运输、工业和信息化、农业农村、水行政、自然资源、住房和城乡建设、卫生健康等有关部门，应当按照职责分工和应急预案的要求，做好突发水污染事故的应急准备，启动应急预案，采取应急措施，做好应急处置和调查处理工作。

第七十七条 流域上下游县级以上人民政府应当在上级人民政府及其生态环境主管部门和水行政主管部门指导下，建立上下游水污染防治联防联治工作机制。

发生水污染事故的县级以上人民政府应当立即采取措施控制污染，并将事故情况以及主要污染因素和可能造成的危害，及时通报下游人民政府，下游人民政府接到通报后，应当及时采取必要的应急处置措施。

第六章 法律责任

第七十八条 生态环境主管部门和其他负有水污染防治监督管理职责的部门，有下列行为之一的，由其所在单位或者上级主管部门对直接负责的主管人员和其他直接责任人员依法给予处分；构成犯罪的，依法追究刑事责任：

（一）不依法履行监督检查职责的；

（二）不依法作出行政许可或者办理批准文件的；

（三）发现违法行为或者接到对违法行为的举报后不予查处的；

（四）篡改、伪造或者指使篡改、伪造监测数据的；

（五）应当依法公开水环境信息而未公开的；

（六）有其他滥用职权、玩忽职守、徇私舞弊等违法行为的。

第七十九条 企业事业单位和其他生产经营者有下列行为之一，受到罚款处罚，被责令改正的，依法作出处罚决定的行政机关应当组织复检，发现其继续违法排放水污染物或者拒绝、阻挠复查的，可以对其自责令改正之日的次日起，按照原处罚数额按日连续处罚：

（一）超过国家或者本省水污染物排放标准，或者超过重点污染物排放总量控制指标排放水污染物的；

（二）利用渗井、渗坑、裂隙、溶洞，私设暗管，篡改、伪造监测数据，或者不正常运行防治污染设施等逃避监管的方式排放水污染物的；

（三）排放法律法规规定禁止排放的水污染物的；

（四）违法倾倒危险废物造成水污染的；

（五）法律法规规定的其他可以按日连续处罚的违法行为。

第八十条 违反本条例规定，有下列行为之一的，由生态环境主管部门责令限期改正，处二万元以上二十万元以下的罚款；逾期不改正的，责令停产整治：

（一）未按照规定对所排放的水污染物自行监测，或者未保存原始监测记录的；

（二）未按照规定安装水污染物排放自动监测设备，且未与生态环境主管部门的监控设备联网的，或者监测设备未能正常运行的；

（三）未按照规定对有毒有害水污染物的排污口和周边环境进行监测，或者未公开有毒有害水污染物信息的。

第八十一条 违反本条例规定，有下列行为之一的，由生态环境主管部门责令改正或者责令限制生产、停产整治，并处十万元以上一百万元以下的罚款；情节严重的，报经有批准权的人民政府批准，责令停业、关闭：

（一）未依法取得排污许可证排放水污染物的；

（二）超过水污染物排放标准或者超过重点水污染物排放总量控制指标排放水污染物的；

（三）利用渗井、渗坑、裂隙、溶洞，私设暗管，篡改、伪造监测数据，或者不正常运行水污染防治设施等逃避监管的方式排放水污染物的；

（四）未按照规定进行预处理，向污水集中处理设施排放不符合处理工艺要求的工业废水的。

第八十二条 有下列行为之一的，由生态环境主管部门责令停止违法行为，限期采取治理措施，消除污染，处以罚款；逾期不采取治理措施的，生态环境主管部门可以指定有治理能力的单位代为治理，所需费用由违法者承担：

（一）向水体排放油类、酸液、碱液的；

（二）向水体排放剧毒废液，或者将含有汞、镉、砷、铬、铅、氰化物、黄磷等的可溶性剧毒废渣向水体排放、倾倒或者直接埋入地下的；

（三）在水体清洗装贮过油类、有毒污染物的车辆或者容器的；

（四）向水体排放、倾倒工业废渣、城镇垃圾或者其他废弃物，或者在江河、湖泊、运河、渠道、水库最高水位线以下的滩地、岸坡堆放、存贮固体废弃物或者其他污染物的；

（五）向水体排放、倾倒放射性固体废物或者含有高放射性、中放射性物质的废水的；

（六）违反国家有关规定或者标准，向水体排放含低放射性物质的废水、热废水或者含病原体的污水的；

（七）未采取防渗漏等措施，或者未建设地下水水质监测井进行监测的；

（八）加油站等的地下油罐未使用双层罐或者采取建造防渗池等其他有效措施，或者未进行防渗漏监测的；

（九）未按照规定采取防护性措施，或者利用无防渗漏措施的沟渠、坑塘等输送或者存贮含有毒污染物的废水、含病原体的污水或者其他废弃物的。

有前款第三项、第四项、第六项、第七项、第八项行为之一的，处二万元以上二十万元以下的罚款。有前款第一项、第二项、第五项、第九项行为之一的，处十万元以上一百万元以下的罚款；情节严重的，报经有批准权的人民政府批准，责令停业、关闭。

第八十三条 违反本条例规定，建设不符合国家产业政策的小型造纸、制革、印染、染料、炼焦、炼硫、炼砷、炼汞、炼油、电镀、农药、石棉、水泥、玻璃、钢铁、火电以及其他严重污染水环境的生产项目的，由所在地的市（州）、县（市、区）人民政府责令关闭。

第八十四条 违反本条例规定，在城镇雨水、污水分流地区向雨水收集口、雨水管道排放或者倾倒污水和垃圾等废弃物的单位和个人，由城镇排水主管部门责令改正，给予警告；逾期不改正或者造成严重后果的，对单位处十万元以上二十万元以下的罚款，对个人处二万元以上十万元以下的罚款；造成损失的，依法承担赔偿责任。

第八十五条 违反本条例规定，城镇污水处理设施运营单位擅自停运城镇污水处理设施，未按照规定事先报告或者采取应急处理措施的，由城镇排水主管部门责令改正，给予警告；逾期不改正或者造成严重后果的，处十万元以上五十万元以下的罚款；造成损失的，依法承担赔偿责任。

第八十六条 城镇污水集中处理设施的运营单位或者污泥处理处置单位，处理处置后的污泥不符合国家标准，或者对污泥去向等未进行记录的，由城镇排水主管部门责令限期采取治理措施，给予警告；造成严重后果的，处十万元以上二十万元以下的罚款；逾期不采取治理措施的，城镇排水主管部门可以指定有治理能力的单位代为治理，所需费用由违法者承担。

第八十七条 违反本条例规定，直接使用未达到农田灌溉水质标准的水灌溉农田的，由农业农村主管部门责令改正，对单位处五万元以上十万元以下的罚款，对个人处二千元以上一万元以下的罚款。

第八十八条 违反本条例规定，畜禽养殖场（小区）未及时收集、贮存、利用或者处置养殖过程中产生的畜禽粪污等固体废物的，由生态环境主管部门责令改正，可以处十万元以下的罚款；情节严重的，报经有批准权的人民政府批准，责令停业或者关闭。

畜禽养殖散养户未采取适当的污染防治措施，直接向水体排放畜禽粪便、废水的，由生态环境主管部门责令改正，处五百元以上五千元以下的罚款。

第八十九条 在饮用水水源保护区内设置排污口的，由县级以上人民政府责令限期拆除，处十万元以上五十万元以下的罚款；逾期不拆除的，强制拆除，所需费用由违法者承担，处五十万元以上一百万元以下的罚款，并可以责令停产整治。

除前款规定外，违反法律、行政法规和国务院生态环境主管部门的规定设置排污口的，由生态环境主管部门责令限期拆除，处二万元以上十万元以下的罚款；逾期不拆除的，强制拆除，所需费用由违法者承担，处十万元以上五十万元以下的罚款；情节严重的，可以责令停产整治。

未经生态环境主管部门同意，在江河、湖泊新建、改建、扩建排污口的，由生态环境主管部门依照前款规定采取措施、给予处罚。

第九十条 有下列行为之一的，由生态环境主管部门责令停止违法行为，处十万元以上五十万元以下的罚款；并报经有批准权的人民政府批准，责令拆除或者关闭：

（一）在饮用水水源一级保护区内新建、改建、扩建与供水设施和保护水源无关的建设项目的；

（二）在饮用水水源二级保护区内新建、改建、扩建排放污染物的建设项目的；

（三）在饮用水水源准保护区内新建、扩建对水体污染严重的建设项目，或者改建建设项目增加排污量的。

在饮用水水源一级保护区内从事网箱养殖或者组织进行旅游、垂钓或者其他可能污染饮用水水体的活动的，由生态环境主管部门责令停止违法行为，处二万元以上十万元以下的罚款。个人在饮用水水源一级保护区内游泳、垂钓或者从事其他可能污染饮用水水体的活动的，由生态环境主管部门责令停止违法行为，可以处五百元以下的罚款。

第九十一条 违反本条例饮用水供水单位供水水质不符合国家规定标准的，由所在地市（州）、县（市、区）人民政府供水主管部门责令改正，处二万元以上二十万元以下的罚款；情节严重的，报经有批准权的人民政府批准，可以责令停业整顿；对直接负责的主管人员和其他直接责任人员依法给予处分。

第九十二条 违反本条例规定，有下列行为之一的，由交通主管部门或者其海事管理机构、渔业主管部门按照职责分工责令停止违法行为，处一万元以上十万元以下的罚款；造成水污染的，责令限期采取治理措施，消除污染，处二万元以上二十万元以下的罚款；逾期不采取治理措施的，交通主管部门或者其海事管理机构、渔业主管部门按照职责分工可以指定有治理能力的单位代为治理，所需费用由船舶承担：

（一）向水体倾倒船舶垃圾或者排放船舶的残油、废油的；

（二）未经作业地交通主管部门或者其海事管理机构批准，船舶进行散装液体污染危害性货物的过驳作业的；

（三）船舶及有关作业单位从事有污染风险的作业活动，未按照规定采取污染防治措施的；

（四）以冲滩方式进行船舶拆解的。

第九十三条 违反本条例规定，企业事业单位不按照规定制定水污染事故的应急方案，或者在水污染事故发生后，未及时启动水污染事故的应急方案，采取有关应急措施的，由生态环境主管部门责令改正；情节严重的，处二万元以上十万元以下的罚款。

第九十四条 违反本条例规定的行为，法律、行政法规已有处罚规定的，依照其规定执行。

第七章 附 则

第九十五条 本条例自2021年1月1日起施行。

甘肃省中小学校安全条例

2020年12月3日甘肃省第十三届人民代表大会常务委员会第二十次会议通过
2021年3月1日起施行
甘肃省人民代表大会常务委员会公告(第49号)

第一章 总 则

第一条 为了加强中小学校安全管理，保障学校安全和学生、教职工、学校的合法权益，维护学校秩序和社会稳定，根据《中华人民共和国教育法》《中华人民共和国未成年人保护法》等有关法律、行政法规，结合本省实际，制定本条例。

第二条 本条例适用于本省行政区域内中小学校（以下简称学校）的安全保障、学校以及周边安全管理、安全事故处置等相关工作。

法律、行政法规对学校安全管理已有规定的，依照其规定执行。

第三条 学校安全工作应当坚持以人为本、预防为主的方针，遵循教育规律，坚持政府负责、属地管理、家校共建、社会协同、综合治理的原则。

第四条 县级以上人民政府领导本行政区域内学校安全工作，完善学校安全工作机制，建设学校安全防控体系。县级以上人民政府教育督导机构组织开展学校安全工作的专项督导。

县级以上人民政府教育、人力资源社会保障等学校主管部门（以下简称学校主管部门）按照管理职责，对学校开展安全工作进行指导、监督、检查。

县级以上人民政府公安、司法行政、自然资源、生态环境、住建（城市管理）、交通运输、文化旅游、卫生健康、应急管理、市场监管等部门根据各自职责，做好相关的学校安全工作。

第五条 乡镇人民政府和街道办事处根据其职责做好本辖区学校安全工作。

村民委员会、居民委员会协助乡镇人民政府、街道办事处做好学校安全工作。

第六条 县级以上人民政府保障公办学校安全工作所需经费。民办学校举办者应当保障学校日常安全工作所需经费。

第七条 学校应当履行安全工作主体责任，建立健全安全管理制度，保障学生在学校期间以及参加学校组织的校外活动中的安全。

学校教职工应当按照国家规定严格履行中小学校岗位安全职责。

第八条 学生应当遵守法律法规和所在学校安全管理制度，服从学校的安全教育和管理，不得有危及学校、学生自身或者他人安全的行为。

学生监护人应当依法履行监护职责，与学校共同做好学生的安全教育。

第九条 工会、共产主义青年团、妇女联合会、残疾人联合会等团体和其他社会组织应当协同做好学校安全工作。

报刊、广播、电视、网络等媒体应当加强学校安全知识宣传，发布学校安全公益广告，客观公正报道学校安全有关信息，营造良好的学校安全舆论环境。

第十条 鼓励科研机构、社会组织开展有关学校安全的教育培训、技术研发、管理研究和宣传评价等活动。

第十一条 任何单位和个人发现危害学生和教职工人身财产安全以及学校安全的行为，应当及时向教育、公安等部门投诉、举报。接到投诉、举报的部门应当依法及时处理。

第二章 校园安全管理

第十二条 县级以上人民政府学校主管部门在校园安全管理工作中，应当履行下列职责：

（一）建立健全学校安全管理、安全教育和安全事故预防处理机制；

（二）对学校安全工作进行检查，督促学校消除安全隐患；

（三）指导学校建立健全安全管理制度，制定安全应急预案，开展安全教育和应急演练；

（四）组织学校负责人以及安全保卫等相关人员开展安全培训；

（五）加强对学校教职工法治教育、师德师风教育和工作纪律教育的督促检查；

（六）指导学校定期开展房屋、设施设备安全检查鉴定，及时督促整改安全隐患；

（七）履行校车安全管理的相关职责；

（八）协调其他相关部门共同做好学校安全管理工作，协助当地人民政府和有关部门对学校安全事故进行救援和调查处理；

（九）法律、行政法规规定的其他学校安全工作。

第十三条 县级以上人民政府有关部门应当根据各自职责，按照下列规定做好校园安全管理工作：

（一）公安机关指导学校做好内部安全保卫工作，协助学校处理校园突发事件，配合学校做好安全教育工作，做好学生上、下学和集体出行等重点时段高峰勤务工作；

（二）卫生健康部门指导学校开展卫生防疫和卫生保健工作，落实疾病预防控制措施；指导学校建立健全健康检查、卫生消毒等卫生安全管理制度，开展心理健康教育工作；指导有条件的学校做好卫生（保健）室建设；监督指导学校做好学习与生活环境卫生、生活饮用水卫生和公共场所卫生管理工作；指导学校制定突发公共卫生事件应急预案，依法调查处理学校突发公共卫生事件；

（三）住建部门指导学校加强对其建筑物、燃气、给排水、供暖等设施的管理和维护；加强对学校工程建设质量安全的监督管理；

（四）市场监管部门指导学校制定落实学校食品安全管理制度，监督检查学校食品安全状况；指导学校制定食品安全工作应急预案，依法调查处理食品安全事件；依法对学校特种设备实施安全监管；

（五）生态环境部门监督指导学校做好实验室过期报废危险化学品、放射物质的回收和处置工作；

（六）应急管理部门监督指导学校做好防灾减灾、危险化学品安全管理和消防安全等工作；

（七）司法行政部门指导学校主管部门做好学校法治教育和依法治校工作；指导有关法律服务机构为学校安全事故受伤害者提供法律服务；指导有关调解委员会依法做好相关调解工作。

第十四条 学校应当依照有关法律、法规和本条例的规定，建立健全校园安全管理制度。

学校应当加强对安全工作的组织领导，设立安全工作机构，配备相应的安全管理人员和安全保卫人员。

公办学校的主要负责人、民办学校的法定代表人或者校长是学校安全工作的第一责任人。

学校应当按照有关规定选聘法治副校长、法治辅导员和聘请法律顾问，协助学校开展法治和安全教育。

第十五条 学校或者学校举办者应当按照有关规定投保校方责任险。

鼓励学校购买无过失责任险和食品安全、体育运动伤害等领域的责任保险。鼓励学生、学生监护人投保学生意外伤害和疾病等保险。

第十六条 学校应当加强学校安全信息化、智能化建设；配备必要的安全防护器材，安装符合规定标准的视频监控系统和紧急报警装置，接入相关监控或者报警平台。

第十七条 学校应当按照国家课程标准和地方课程设置要求，将安全教育纳入教学内容，结合学校地域实际和学生的年龄特点，对学生开展安全教育，培养学生的安全意识，提高学生的自我防护能力。

学校应当定期开展应急疏散和自救互救演练，提高学生的应急避险技能。

学校应当定期对教师、安全保卫人员以及其他职工进行教育培训，提高教职工的安全风险防控和应急处置能力。

第十八条 学生在校期间，学校实行封闭化管理，应当根据实际需要在校门口设置硬质防冲撞设施。

学校应当加强对校园交通安全的管理，未经学校允许，机动车辆不得进入校园。

学校应当合理确定学生日常入校时段。小学应当建立低年级学生接送交接制度。

第十九条 学校应当落实消防安全制度，加强消防设施和器材日常维护、更新，设置消防安全标志，保证疏散通道、安全出口和消防车通道畅通。

第二十条 学校的建设工程应当符合安全标准，按照高于当地房屋建筑的抗震设防要求进行设计施工。

学校应当加强校舍防雷等安全工程设施建设、检测。

学校的运动场以及教室、宿舍、食堂等场所的装修材料应当符合环保标准。

第二十一条 学校应当建立用水、用电、用气、用暖等相关公用设施设备的安全管理、定期检查制度，发现老化或者损毁的，及时进行维修或者更换。

第二十二条 学校应当落实食品安全责任，建立食品安全管理制度，执行食品安全的索证索票、进货查验、登记、留样等制度，保证可追溯；食品加工过程，餐具清洗消毒应当符合卫生要求。

学校应当定期检查饮用水的卫生安全状况，保证师生饮水安全。

学校食堂从业人员应当依法取得健康证明。

第二十三条 学校应当建立实验室、实训室安全管理制度，加强对危险物品采购、运输、储存、使用和处置等

环节的监管，完善和规范实验、实训工作规程以及操作流程，落实岗位安全责任，加强对学生的安全教育和实验、实训过程安全管理。

第二十四条 学校应当按照国家有关规定配备具有从业资格的专职医务（保健）人员或者兼职卫生保健教师，落实学生定期健康体检制度。

学校应当按照规定配备专职或者兼职心理健康教育教师，并逐步增大专职人员配比，建立心理健康咨询室，开设心理健康课程，提供心理健康教育、心理辅导和疏导服务，建立学生心理健康筛查、干预机制；发现学生心理或者行为异常的，应当采取必要措施并及时告知学生监护人。

学生监护人发现学生有特异体质、特定疾病或者其他生理、心理异常情况的，应当及时如实告知学校。学校应当给予关注和照顾，在教育教学活动中采取必要的防护措施，并依法保护个人隐私。

学生生理、心理状况异常不宜继续在学校学习的，应当休学，由学生监护人安排治疗、休养。

第二十五条 学校应当建立和落实传染病防控制度，配合疾病预防控制机构、医疗机构开展传染病防控和流行病学调查；校园内突发公共卫生事件时，应当按照规定立即向有关部门报告。

学校应当制定公共卫生事件应急预案，开展公共卫生安全教育，做好学生免疫、通风消毒、学生因病缺勤登记等工作。

第二十六条 学校应当加强学生考勤管理，严格执行学生上、下学时间规定，发现学生未按时到校、擅自离校、失去联系等情况时，应当及时告知学生监护人，并采取相应处置措施，必要时向公安机关报告。

寄宿制学校应当建立健全宿舍安全管理制度，配备专人负责学生宿舍管理，落实值班、巡查责任，并根据男生、女生的不同特点加强对宿舍的安全管理。

学校应当制定教职工宿舍安全管理制度，对在教职工宿舍居住的人员加强管理。

第二十七条 学校应当在通道、楼梯、出入口等容易发生人员拥挤的场所设置疏导标志或者警示标志。

在学生上下课、上下学和组织有关集体活动时，学校应当安排专人组织疏导。

第二十八条 学校应当建立校园安全检查制度，落实日巡查、周排查、月报告和校园安全网格化管理等制度，发现安全隐患应当及时处置或者向有关部门报告。

第二十九条 学校组织学生参加的集体劳动、社区服务、教学实习或者社会实践活动，应当适合学生的心理、生理特点和身体健康状况。

学校组织学生校外实习的，应当事先征得学生监护人同意并取得学生监护人签字的知情同意书，在实习前对实习学生进行安全教育。学校、实习单位、学生三方应当签订实习协议，明确各方的责任、权利和义务。实习单位应当对实习学生加强安全保护，不得安排可能影响学生身心健康的实习活动。

第三十条 学校组织学生参加研学旅行、春（秋）游、夏（冬）令营等集体外出活动前，应当自行开展安全风险评估、制定安全方案和应急预案，提前拟定活动计划报主管部门备案，并做好学生安全教育，保障学生安全。

第三十一条 学校组织学生参加大型集体活动，应当采取下列安全措施：

（一）自行开展安全风险评估，制定安全方案和应急预案；

（二）成立临时安全管理组织机构；

（三）安排必要的安全管理人员，并明确和落实其安全职责；

（四）对学生进行安全教育和提示；

（五）法律、法规、规章 规定的其他安全措施。

第三十二条 学校教职工应当遵守职业道德规范和工作纪律，不得侮辱、殴打、体罚或者变相体罚学生，不得侵犯学生合法权益。

学校以及教职工发现学生行为具有危险性的，应当及时告诫、制止，依照有关规定，根据实际情况采取与其年龄和身心健康相适应的教育惩戒措施，加强与学生监护人的沟通联系、共同教育。

第三十三条 对患有精神性疾病、传染性疾病或者其他可能影响教育教学活动和学生身心健康疾病的教职工，学校应当及时采取心理疏导、离岗治疗、调整工作岗位等必要处置措施。

第三十四条 县级以上人民政府应当建立健全预防、处理学生欺凌和暴力事件工作协调机制，推动形成政府部门、学校、家庭、社会参与的学生欺凌和暴力事件防治工作体系。

学校应当健全完善防治学生欺凌和暴力工作制度，建立校领导、安保人员不定期巡查制度，加强学生日常行为教育管理，开展警示教育，排查化解矛盾纠纷，畅通学生、学生监护人和社会公众的举报投诉渠道，防范学生欺凌和暴力事件的发生。

学校对学生欺凌和暴力行为应当立即制止，通知学生父母或者其他监护人参与处理，并对其进行必要的家庭教育指导；对遭受欺凌和暴力的学生及时采取措施予以保护，开展相应的心理疏导；对实施欺凌和暴力的学生，学校应当进行批评教育，视具体情节和危害程度给予处理。对严重的欺凌和暴力行为，学校不得隐瞒，应当及时向公安机关、学校主管部门报告，并配合相关部门依法处理。

学生监护人发现学生有欺凌、暴力或者其他可能引发学校安全事故的行为，应当及时予以教育纠正，并及时告知学校。

第三十五条 学校应当建立预防性侵害、性骚扰学生工作制度。对性侵害、性骚扰学生的行为，学校不得隐瞒，应当及时向公安机关、学校主管部门报告，配合相关部门依法处理，并对遭受性侵害、性骚扰的学生及时采取保护措施。

第三章 学校周边安全管理

第三十六条 县级以上人民政府及其相关部门应当按照国家相关规定对学校进行规划、选址，避开可能发生地质灾害、自然灾害、环境污染等灾害的区域。

学校位于可能发生洪灾、山体滑坡、崩塌、泥石流、地面塌陷等地质灾害或者存在其他安全隐患区域的，县级以上人民政府应当立即采取有效措施或者组织学校迁移。

第三十七条 县级以上人民政府应当在校园周边合理设定安全保护区，落实校园安全保护区工作职责，建立学校周边治安形势研判预警机制，定期组织开展学校周边环境联合检查、综合治理。

第三十八条 公安机关应当把学校周边地区作为重点治安巡逻区域，在治安情况复杂的学校周边地区增设治安岗亭、报警点和视频监控设施，保障学校周边治安安全。

第三十九条 公安、住建和交通运输等部门应当按照各自职责，采取以下措施维护学校周边安全：

（一）在学校门前道路设置交通警示标志，施划人行横线，并根据需要设置交通信号灯、视频监控、减速带、过街天桥、路灯等设施；有条件的，应当设置临时接送学生车辆的停车点；

（二）依照校车安全管理的有关规定，做好校车使用许可、校车驾驶人、校车通行安全、乘车安全等相关监督管理工作；

（三）依法查处学校周边机动车、非机动车乱停乱放等违法违规行为；

（四）加强对农村地区交通工具的监督管理，禁止没有资质的车船搭载学生。

第四十条 自然资源、生态环境、应急管理、城市管理等部门应当按照各自职责，采取以下措施维护校园周边安全：

（一）对学校周边区域的山体、水流和建筑物、构筑物及其他附属设施进行安全监测，在隐患区域设置防护设施和警示标志，向学校发出安全预警，并予以及时处置；

（二）依法查处学校周边噪声、粉尘、空气污染等影响正常教育教学活动的违法行为；

（三）依法查处在学校周边设立易燃易爆、剧毒、放射性、腐蚀性等危险物品生产、经营、储存、使用场所或者设施的行为。

第四十一条 住建部门依法对校园安全保护区内房屋建筑、市政公用工程、拆除工程施工安全进行监督管理。

第四十二条 公安、文化旅游、卫生健康、市场监管、城市管理等部门应当按照各自职责，采取以下措施维护校园周边安全：

（一）依法取缔在校园安全保护区范围内设立的歌舞厅、互联网上网服务营业场所、电子游戏等经营场所；

（二）依法查处接纳未成年人的互联网上网服务营业场所，取缔各种涉及反动、淫秽、色情、暴力内容的经营活动以及在学校周边兜售非法出版物的游商、无证照摊点和非法经营的诊所等；

（三）依法监督管理校园周边食品生产经营行为，依法查处违法违规的食品生产、经营行为；依法查处危害学生身心健康的有毒有害食品、玩具等；依法监管校外托护点食品安全工作；规范校园以及周边药品经营秩序，严厉打击非法销售药品行为。

第四十三条 学校主管部门发现学校周边存在危害学校安全的情形或者重大安全隐患的，应当立即通知学校，指导学校予以防范，并向当地人民政府报告，同时通报政府其他有关部门。

学校发现学校周边存在危害学校安全的情形或者重大安全隐患的，应当立即采取相应措施并向学校主管部门或者政府其他有关部门报告。

第四章 安全事故处置

第四十四条 学校主管部门和学校应当建立健全学校安全事故报告、处置和部门协调机制。

第四十五条 发生安全事故后，学校应当立即启动应急预案，依法采取防范、控制、救助、抢险等措施，并按照规定报告县级以上人民政府学校主管部门和其他有关部门；属于生产安全事故的，同时报告应急管理部门；发生教职工和学生伤亡的，应当及时告知受伤害者亲属和学生监护人。

符合启动安全事故应急预案条件的，有关部门接到报告后应当立即启动应急预案；属于重大或者特大安全事故的，各级人民政府应当立即启动相应的应急预案。

第四十六条 发生安全事故后，学校应当保护事故现场以及相关证据，配合相关部门进行调查和处理。

教职工、学生、学生监护人以及其他有关人员应当配合有关部门依法进行安全事故调查、处理。

第四十七条 在学校安全事故调查处理过程中，学生、学生监护人以及其他有关人员不得有下列行为：

（一）殴打他人、故意伤害他人或者故意损毁公私财物；

（二）侵占、毁损学校房屋、设施设备；

（三）在校园内或者学校周边安全区域内设置障碍、贴报喷字、拉挂横幅、燃放鞭炮、播放哀乐、摆放花圈、

泼洒污物、断水断电、堵塞大门、围堵办公场所和道路；

（四）在学校等公共场所停放尸体；

（五）以不准离开工作场所等方式非法限制学校教职工、学生人身自由；

（六）跟踪、纠缠学校相关负责人，侮辱、恐吓教职工、学生；

（七）携带易燃易爆危险物品和管制器具进入学校；

（八）在互联网上编造、故意传播虚假信息；

（九）其他扰乱学校安全事故调查处理的行为。

有前款行为或者有其他侵犯师生合法权益的，学校应当立即向所在地公安机关报案，公安机关依法进行处置。

第四十八条 学校安全事故引起的民事赔偿纠纷，当事人可以通过协商、调解或者诉讼方式解决。

县级人民政府教育、司法行政部门可以根据需要会同有关部门，按照国家有关规定，设立学校安全事故人民调解委员会，依法开展学校安全事故纠纷调解工作。

第四十九条 发生学校安全事故，出现影响或者可能影响社会稳定、扰乱社会秩序的虚假信息或者不完整信息的，县级以上人民政府以及有关部门、新闻媒体、学校应当及时采取措施予以澄清。

第五章 法律责任

第五十条 违反本条例，法律、行政法规已有处罚规定的，依照其规定执行；构成犯罪的，依法追究刑事责任；造成人身损害或者财产损失的，依法承担民事责任。

任何单位和个人违反本条例规定，侵害他人人身财产权益、扰乱学校教育教学秩序或者阻挠、干涉学校安全事故调查处理，构成违反治安管理行为的，由公安机关依法给予处罚。

第五十一条 县级以上人民政府未依法履行学校安全管理职责的，由上级人民政府责令改正；拒不改正的，对直接负责的主管人员和其他直接责任人员依法给予处分。

第五十二条 县级以上人民政府有关部门未依法履行学校安全管理职责的，由本级人民政府或者上级主管部门责令改正；拒不改正的，对直接负责的主管人员和其他直接责任人员依法给予处分。

第五十三条 学校未依法履行安全管理职责的，由县级以上人民政府学校主管部门责令改正，予以警告；造成学校安全事故的，对学校主要负责人和其他直接责任人员依法给予处分；对民办学校按照《中华人民共和国民办教育促进法》的有关规定予以处罚。

第五十四条 学校教职工未依法履行职责的，由学校给予批评教育；造成学校安全事故的，由学校或者县级以上人民政府学校主管部门依法给予处分。

第六章 附 则

第五十五条 本条例所称中小学校包括普通中小学校（含特殊教育学校）、中等职业学校（含技工学校）。

依法批准设立的其他教育机构的安全管理工作，参照本条例执行。

第五十六条 本条例自2021年3月1日起施行。

甘肃省人民政府2021年度森林草原防火命令

甘政发〔2020〕60号

为有效预防和扑救森林草原火灾，确保人民生命财产和国家森林草原资源安全，根据《森林防火条例》（国务院令第541号）《草原防火条例》（国务院令第542号）有关规定，结合我省今冬明春森林草原防灭火形势，确定2021年1月1日至2021年5月31日、10月1日至12月31日为全省草原防火期，2021年1月1日至2021年5月31日、11月1日至12月31日为全省森林防火期。为切实做好2021年度全省森林草原防灭火工作，发布如下命令：

一、落实防火责任

严格落实《甘肃省人民政府办公厅关于进一步提升全省森林草原防灭火水平的意见》（甘政办发〔2020〕95号）要求，落实以地方政府行政首长负责制为核心的森林草原防火责任制，强化行业职能部门监管责任、森林草原经营单位主体责任。涉及两个以上行政区域或者管理区域的，主管部门要建立森林草原防火联防机制，明确联防职责，协同做好联防区域内的森林草原防火工作。

二、发布禁火命令

在春节、元宵、清明等传统民俗祭拜节日、假期及森林草原火险气象等级高危时段，县级以上地方人民政府可以根据需要适时发布禁火命令，规定森林草原禁火时间、范围、内容和措施，要求进入林区、牧区人员必须做到“五严禁”：严禁吸烟、野炊、烧烤、点火把、生火取暖；严禁烧荒、焚烧秸秆、烧灰积肥、焚烧垃圾；严禁上坟烧纸、烧香点烛；严禁燃放烟花爆竹、点孔明灯；严禁携带火种及其他易引起森林草原火灾的物品进入禁火区。

三、严控野外火源

森林草原防火期内，各地各有关部门要加强对高火险区的巡逻管控，严防死守敏感地区和重要设施；扎实推进打击森林草原违法用火行为专项行动，加大巡查密度和巡查频率，及时发现并处置火灾隐患。要全力筑牢用火审批防线、入山检查防线、日常巡护防线和联防联保防线，对无民事行为能力人和限制民事行为能力人负有监管责任的单位和个人，应当履行监护责任，防止被监护人因玩火引发森林草原火灾；进入林区、牧区的一切车辆和人员应当自觉接受登记检查，任何单位和个人必须无条件配合检查，不得拒绝、阻碍。公安部门加大对森林草原火灾肇事者的打击力度。

四、强化宣传教育

各地各有关部门要采取多种形式，广泛组织开展全民森林草原防灭火宣传教育活动，加强对“12119”森林（草原）防火报警电话的宣传，组织好防火“宣传月”“宣传周”活动，大力开展森林草原防灭火“五进”宣传活动，即进企业、进农村、进社区、进学校、进家庭，增强公众的责任意识、安全意识和法治意识，做到森林草原防灭火常识家喻户晓、人人皆知，着力营造群防群治、群策群力的良好氛围。

五、加强值班值守

森林草原防火期内，各级森林草原防火指挥机构必须坚持24小时值班和领导带班，保持政令和火情信息畅通，严格执行森林草原火灾归口上报制度，保证火情及时得到有效控制，并迅速查明发生火情原因。森林草原消防专业队伍要实行24小时执勤、备勤、靠前驻防制度，时刻保持

临战待命状态。

六、做好扑救准备

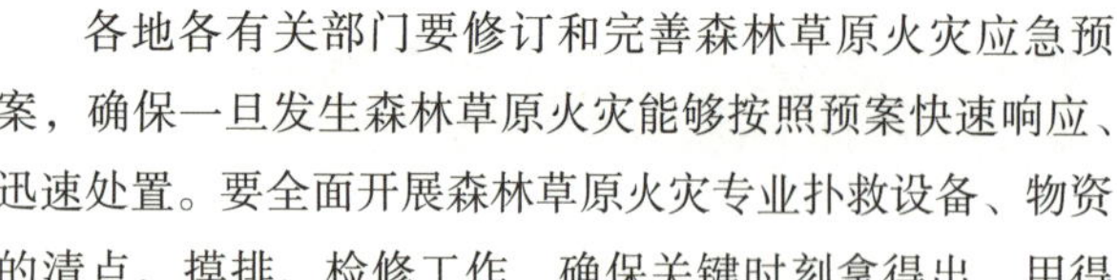

各地各有关部门要修订和完善森林草原火灾应急预案，确保一旦发生森林草原火灾能够按照预案快速响应、迅速处置。要全面开展森林草原火灾专业扑救设备、物资的清点、摸排、检修工作，确保关键时刻拿得出、用得上。应急、林草、气象、公安、交通运输等部门要牢固树立“以人为本、安全第一”的思想，强化相互沟通协调，积极做好森林草原火灾扑救的各项准备，落实防扑火安全措施，避免发生人员伤亡事故。

中共甘肃省委 甘肃省人民政府
关于坚决打赢新冠肺炎疫情防控阻击战促进经济持续健康发展的若干意见

甘发〔2020〕5号　2020年2月14日

为深入贯彻习近平总书记关于坚决打赢新冠肺炎疫情防控阻击战的重要讲话和指示批示精神，全面落实党中央、国务院决策部署，统筹抓好疫情防控和经济社会发展，坚决打赢疫情防控的人民战争、总体战、阻击战，全力促进全省经济持续健康发展，提出如下意见。

一、总体要求

坚持以习近平新时代中国特色社会主义思想为指导，进一步增强"四个意识"、坚定"四个自信"、做到"两个维护"，坚决服从党中央统一指挥、统一协调、统一调度，坚持一手抓疫情防控、一手抓经济社会发展，突出重点、统筹兼顾，分类指导、分区施策，以实行分区分级精准防控为抓手，在全力做好疫情防控的前提下，统筹做好"六稳"工作，突出抓好决胜全面建成小康社会、决战脱贫攻坚任务落实，促进经济持续健康发展，努力实现全年经济社会发展目标任务，确保全面建成小康社会和"十三五"规划圆满收官。

二、全力做好疫情防控保障

（一）加大防疫物资生产。大力发展防疫防护产业，弥补医疗产业短板。统筹省级现有资金，对复产转产、增产扩能企业实施技术改造的优先给予支持，多措并举解决疫情防控物资生产企业的资金、设备、原料等困难。开辟生产企业资质快速审批绿色通道，大力支持医用防护口罩、N95医用口罩、医用防护服面罩（含医用防护面罩）、一次性医用外科口罩、一次性隔离服等防护用品和低值医用酒精、生活消毒液等消杀应急物品生产。

（二）大力支持防疫防护生产体系建设。省级绿色产业发展基金和预算内投资优先支持有条件的企业转产、扩大生产可以反复使用的防疫防护类产品，提高防护物资自我生产、自我保障能力，推进防疫防护一体化发展。

（三）建立防疫产品收储制度。根据疫情发展需要，通过专项贷款贴息支持建立省市县三级医疗防护用品、消杀应急物品收储制度。

（四）支持全社会参与疫情防控。对参加疫情防治工作的医务人员和防疫工作者，按照政府规定标准取得的临时性工作补助和奖金，以及单位发给个人用于预防新冠肺炎疫情的药品、医疗用品和防护用品等实物，不计入工资、薪金收入，免征个人所得税。单位和个体工商户将自产、委托加工或购买的物资，通过公益性社会组织、县级以上政府及其部门、承担疫情防治任务的医院等渠道，无偿捐赠用于应对新冠肺炎疫情的，免征增值税、消费税、城市维护建设税、教育费附加、地方教育费附加。

（五）建立疫情防控信用奖惩机制。完善参与疫情防控的企业、个人信用管理体系，强化全社会自我约束，对以往有不诚信记录的企业和个人，在防疫期间作出积极贡献的，经认定后给予信用修复。加大信用宽容增信支持，对于企业和个人因疫情不可抗力因素造成的失信行为，给予信用宽容支持。引导全省企业、社会组织和个人参与疫情防控，对在疫情防控中有突出贡献的，及时在信用网站公示，推送相关部门实施联合激励，给予增信支持。实施信用联合惩戒，对在疫情防控期间哄抬物价、囤积居奇、趁火打劫等违法违规失信企业，及时公示行政处罚信息，依法实施联合惩戒。

三、有序组织实体经济复工复产

（六）分级分区域推进复工复产。以县为单位，分区

域推进复工复产。没有新冠肺炎病例的地区，在严防疫情传入、做好安全防护措施的前提下，抢抓机遇，分不同行业领域，积极有序复工复产；有散发病例无续发病例的地区，结合防控形势的变化和防控措施的落实，在做好防疫、确保安全的条件下，有重点地复工复产；确诊病例数较多、出现聚集性疫情的地区，全力以赴抓好疫情防控，切实保障国计民生物资的生产、调运和供应，保证群众日常生产生活平稳有序，同时谋划好重点行业、重点企业的复工复产。

（七）分行业推进复工复产。认真研究不同行业复工复产的必要性、可能性和现实性，分类把握，精准施策，逐步推进行业复工复产。必须复工复产的，包括涉及疫情防控、能源供应、交通物流、城乡运行、医用物资和生活必需品生产、饲料生产、市场流通销售等国计民生的领域，集中一切力量完善保障条件，尽早尽快复工复产，确保正常生产；具备条件复工复产的，严格落实企业主体责任，制定防控方案，强化防控措施，支持企业尽快复产达产；尚不具备复工条件的，以疫情防控为主，把握防疫形势和时间节点，防止操之过急、盲目开工，待条件具备后再复工复产，坚决杜绝复工后因疫情防控措施不到位造成疫情蔓延。

（八）加大用电支持。对疫情防控期间暂不能正常开工、复工的企业，放宽容（需）量电价计费方式变更周期和减容（暂停）期限，电力用户即日可申请减容、暂停、减容恢复、暂停恢复。申请变更的用户不受“暂停用电不得小于15天”等条件限制，减免收取容（需）量电费。加强增产扩能用电支持，对因满足疫情防控需要扩大产能的企业，原选择按合同最大需量方式缴纳容（需）量电费的，实际最大用量不受合同最大需量限制，超过部分按实计取。

四、支持中小企业渡过难关

（九）减免中小微企业房租。在疫情期间，按照要求坚持营业且不裁员、少裁员或依照防疫规定关闭停业的中小微企业承租地方国有企业房产从事生产经营活动的，鼓励地方国有企业与承租方协商给予租金适当减免支持，具体由双方协商确定。

（十）补贴企业研发成本。根据研发投入实际情况，统筹利用科技重大专项等现有专项经费，给予每家最高不超过20万元的研发费用补助。

（十一）办理延期纳税。受疫情影响纳税困难的中小微企业，可依法办理延期缴纳税款，最长不超过3个月。对受疫情影响的“定期定额”户，结合实际情况合理调整定额或简化停业手续。

（十二）降低企业融资成本。加快和扩大1年期贷款市场报价利率（LPR）定价基准的运用，推动2020年全省普惠型小微企业贷款综合融资成本较2019年再下降0.5个百分点。

（十三）加大担保支持。发挥政府性融资担保公司的增信作用，对有发展前景但受疫情影响较大、暂时受困的中小微企业，取消反担保要求。疫情防控期间，全省政府性担保机构对受疫情影响严重的中小微企业降低综合费率0.5个百分点；对疫情防控期间提供生活服务保障的相关企业，担保费率降至1.5%以下；对疫情防控相关企业，担保费率降至1%以下。2020年担保额不得低于2019年同期担保额。加大创业担保支持，对已发放的个人创业担保贷款、借款人患新冠肺炎的，可向贷款银行申请展期还款，展期原则上不超过1年，财政部门继续给予贴息支持。对受疫情影响暂时失去收入来源的个人和中小微企业，申请创业担保贷款时优先予以支持。

（十四）缓缴社会保险费和住房公积金。对受疫情影响、面临暂时性生产经营困难、确实无力足额缴纳社会保险费的企业，按规定经批准后，可缓缴养老保险、失业保险、工伤保险和医疗保险费，缓缴期最长1年。因受疫情影响，用人单位逾期办理职工参保登记、缴费等业务的，经办机构应及时受理。缓缴期间，免收滞纳金，职工可按规定依法享受社会保险待遇，不得影响参保人员个人权益。对受疫情影响，生产经营出现困难的中小微企业，符合我省住房公积金缓缴条件的，允许企业缓缴，期限最长时间不超过1年。

（十五）加大采购中小微企业产品和服务。全省预算单位在满足机构自身运转和提供公共服务基本需求的前提下，要加大对中小微企业的倾斜力度，进一步提高面向中小微企业采购产品和服务的金额和比例。

（十六）加大拖欠中小微企业账款清理力度。各级政府、国有企业要依法履约，避免形成新的拖欠，上半年清偿一半以上。有条件清偿的欠款和疫情防控必需、保障城市运行必需、群众生活必需、涉及重要国计民生及重点项目建设相关民营企业中小微企业的欠款上半年“清零”。对欠款额度较大的拖欠主体要挂牌督办，确保年底前应清尽清。

（十七）鼓励中小微企业参与省内重大项目建设。省内重大项目招标中不得限制和排斥中小微企业参与招标，不得将企业规模、业绩和性质作为资格审查的条件，对符合条件的中小微企业，在同等条件下优先中标；省内重大项目总承包单位按规定可以分包的项目，优先分包给中小微企业，在设备材料采购中优先使用中小微企业合格产品；按合同优先支付中小微企业款项，不得拖欠。

（十八）确保企业正常生产。对经政府认定的疫情防控物资生产企业生产经营所需的电、气、水等基本生产要素，疫情防控期间实行“欠费不停供”措施。推行“不见面”网上办电服务，鼓励企业等用户运用“网上国网”APP进行线上办电，提升办电效率。

五、加大财税金融支持

（十九）允许新购设备成本税前扣除。对疫情防控重点保障物资生产企业在疫情防控期间为扩大产能新购置的相关设备，允许一次性计入当期成本费用，在企业所得税税前扣除。与2019年12月底相比新增加的期末留抵税额，可以按月向主管税务机关申请全额退还。

（二十）减免运输疫情防控物资增值税。对纳税人运输疫情防控重点保障物资取得的收入，免征增值税。对纳税人提供公共交通运输服务、生活服务，以及为居民提供必需生活物资快递收派服务取得的收入，免征增值税。

（二十一）减免疫情防控进口物资纳税。自2020年1月1日至3月31日，对境内外捐赠人无偿向受赠人捐赠的用于疫情防控的进口物资，免征进口关税和进口环节增值税、消费税。对卫生健康主管部门组织进口的直接用于疫情防控物资免征关税。

（二十二）给予企业和个体工商户续贷支持。对有发展前景但受疫情影响暂遇困难的企业和个体工商户，不得在疫情发生6个月内抽贷、断贷、压贷，帮助企业解决融资困难。充分发挥应急周转资金作用，对受疫情影响严重、到期还款困难的企业，予以展期或续贷。

（二十三）发行企业债券。支持金融机构和企业发行各类债券，对发债募集资金主要用于疫情防控的，建立绿色通道。对存量企业债允许发新还旧，增强政策性担保工具对债券发行的增信支持力度。

（二十四）增加信贷规模。全年普惠型小微企业贷款增速高于各项贷款增速，其中国有大型银行普惠型小微企业贷款增速不低于平均增速，提高中小微企业的首贷率，增加信用贷款和中长期贷款投放，确保中小微企业信贷量增价降，满足信贷需求。落实综合融资成本压降要求，增加制造业中小微企业中长期贷款投放，支持相关企业最大限度减轻疫情影响。

（二十五）加大融资金融机构奖励扶持力度。对企业发行债务融资工具提供主承销服务的金融机构，按其年度累计发行额的一定比例进行奖励，对承销民营企业债务融资工具按2倍标准给予奖励。对创设信用风险缓释工具且不需要政策性担保机构提供反担保的金融机构，给予每个项目10万~30万元奖励。对使用央行支小再贷款发放小微民营企业贷款符合条件的金融机构，按不超过再贷款使用金额的0.5%给予贴息性奖励。

（二十六）用好央行专项再贷款政策。落实疫情防控重点保障企业信贷支持政策，疫情防控期间，对卫生防疫、医药生产、医疗器材、医用基础设施、重要生活物资等疫情防控相关领域合理融资需求，金融机构要特事特办、急事急办，提供足额信贷支持。对列入全国重点保障企业名单的企业合理信贷需求，提供利率不超过3.15%的优惠贷款支持，中央财政给予企业实际贷款利率50%的贴息，省级财政按人民银行专项再贷款利率的40%进行贴息。

（二十七）设立省级专项贷款。对列入全省重点保障企业名单的企业合理信贷需求，设立疫情防控专项贷款，提供利率不超过上月1年期贷款市场报价利率（LPR）的优惠贷款支持，省财政给予实际贷款利率50%的贴息，期限不超过1年；设立中小企业专项贷款，由各级政府和银行共同管理，实行专款专用、提款报账、封闭性运行制度，确保3年内贷款规模达1000亿元；由省市县三级财政贴息设立鲜活农产品收储加工专项贷款，专款专用、提款报账、封闭运行。

（二十八）设立肉、奶和小麦等粮食进口储备专项贷款。比照我省特色产业专项贷款政策，设立肉、奶和小麦等粮食进口储备专项贷款，加大贴息贷款支持，给予进口运输补贴，扩大粮食进口储备。

六、着力推动稳定就业

（二十九）加大乡村公益性岗位开发力度。在全省开发3万个公益性岗位基础上，由市县根据劳动力返岗滞留情况和防疫工作需要，再开发2万个乡村公益性岗位，所需资金从市县扶贫资金中列支。

（三十）有序组织劳动力输转。对以外出务工为主、参加有组织输转的农村贫困劳动力，利用扶贫资金给予差别化、阶梯式奖补，鼓励其外出务工、长期务工和稳定务工。

（三十一）实施援企稳岗政策。截至2020年底，对不裁员或少裁员参保企业，可返还其上年度实际缴纳失业保险费的50%。对受疫情影响较大，面临暂时性生产经营困难且恢复有望、上年足额缴纳失业保险费且坚持不裁员或少裁员的参保企业，返还标准可按6个月全省月人均失业保险金和上年末参保职工人数确定。企业因受疫情影响导致生产经营困难的，可以与职工集体协商，采取协商薪酬、调整工时、轮岗轮休、在岗培训等措施，保留劳动关系。

（三十二）鼓励就近吸纳农民工就业。统筹使用就业补助和扶贫等资金（不包括中央财政专项扶贫资金和贫困县整合使用的财政涉农资金），实行吸纳用工补贴政策。企业、扶贫车间、合作社、家庭农场等各类生产经营主体吸纳本地贫困劳动力且稳定就业半年以上的，按3000元/人标准给予生产经营主体一次性奖补；稳定就业1年以上的，按5000元/人标准给予生产经营主体一次性奖补。对各级经营性人力资源服务机构、劳务中介机构有组织输转贫困劳动力，表现突出的，给予奖励。对用工企业吸纳就业人员的培训费，通过就业补助资金等直接奖补给企业。

七、大力促进农村经济稳定发展

（三十三）抓好春耕生产。抢抓农业春耕生产时机，强化农业春耕生产资料供给保障，在突出供销联社保障农

资供给主渠道作用的同时，进一步发挥农民专业合作社在组织采购种子、化肥、农膜等农资保障供应中的重要作用。整合涉农财政资金，落实农民专业合作社统一采购、统一储备、统一配送的财政资金和信贷资金支持政策。严禁未经批准擅自设卡拦截、断路阻断交通等违法行为，确保春耕生产所需农资运输畅通、供应及时。

（三十四）扩大农业保险覆盖面。按照应保尽保、愿保必保的要求，从2020年开始，农业保险机构遴选权全部下放到县，各县可根据实际采取竞争性磋商等简易程序进行招标，确保完成今年农业保险11个中央补贴品种、7个省级补贴品种、78个“一县一（多）品”的保险任务，切实保障疫情防控期间和出现灾害极端天气时贫困地区农民能稳定增收。

（三十五）做好特色农产品调运销售。严格执行国家鲜活农产品“绿色通道”政策，进一步发挥各级农产品产销协会作用，充分利用线上线下对接市场的优势，进一步拓展东西帮扶协作重点特色农产品销售市场，确保我省肉、蛋、奶、蔬菜、果品等“菜篮子”产品运得出、销得好，最大限度降低疫情对农产品销售的影响。发挥全省农产品市场作用，加大蔬菜调运支持力度。

（三十六）建立鲜活农产品季节性收储机制。在疫情期间，设立省市县专项收储加工资金，鼓励支持龙头企业、合作社、家庭农场做好肉、蛋、奶和粮食等农产品收储加工，给予收储加工专项贷款及利息补贴、增信担保，确保鲜活农产品市场供需平衡。

（三十七）鼓励发展冷链物流。以我省草食畜、优质林果、高原夏菜、马铃薯、中药材、现代种业等重点产业为支撑，鼓励支持龙头企业、合作社、家庭农场建设农产品冷链物流设施。对库容10000吨以上的冷链物流设施补助标准从140万元提高到220万元。针对农村水果、蔬菜卖难问题，支持乡村库容100~1000吨中小型保鲜库建设，库容100吨奖励15万元，每座保鲜库最高奖励100万元。对于农民专业合作社购买冷藏车给予一定补贴。

八、培育新业态新消费

（三十八）支持旅游等行业发展。扶持文化旅游、交通运输、住宿餐饮等受疫情影响较大的行业。对全省681家旅行社，暂退旅游保证金约1.2亿元。鼓励有条件的市县对疫情期间损失严重的部分交通运输企业给予一定补贴或出台优惠政策。

（三十九）加快发展新商业模式。支持企业加大网上销售、更好拓展市场。确保生活保供类电商企业正常运行。支持商贸企业利用APP、小程序等方式维护和拓展客户，特别是利用电子商务开展日常生活必需品销售，发展“线上下单、无接触配送”模式。开展农产品“生鲜电商+冷链宅配”，积极扩大“宅消费”。

（四十）着力打造“中央厨房”。支持餐饮企业发展标准化、工业化、数字化的现代经营模式，建立原料基地或定点品牌供应企业，扩大“中央厨房+配送”经济，通过规模化经营降低成本、树立品牌，为消费者提供特色化、订制化的厨房产品，保障市民餐桌安全。

（四十一）大力发展线上线下消费服务。充分利用现代科技手段及数字信息技术，支持VR／AR、5G、3D等技术在商业、教育、文化旅游、娱乐等领域的广泛应用，开发一批虚拟再现产品，培育虚拟再现服务、体验消费。借助人工智能、大数据等前沿技术研发应用，发展无人零售及餐饮，发展“电商+长短视频+直播”，提升消费者的体验度。依托网络平台开展企业形象宣传、信息传递和产品线上推广，大力发展网络诊疗、在线办公、在线教育、数字娱乐、线上咨询培训等线上服务，构建服务业新业态。

（四十二）推广外贸发展新模式。鼓励外贸企业在线洽谈业务，寻找合作商机。支持企业拓展“一带一路”沿线30个重点国际市场，扩大市场份额。支持跨境电商业态发展，加快境外营销网络布局，重点在东南亚、中东欧、中西亚等市场建设（租赁）海外仓。

九、积极承接产业转移

（四十三）给予省外转移企业运费补贴。对新引进大量吸纳就业的各类企业、经认定的扶贫车间（含东西部帮扶省市在我省创建的扶贫车间）跨省区调用原料和成品的运输，对其运输费由省市县三级按50%给予补贴。

（四十四）加大省外转移企业税收奖励。进一步落实《关于进一步加大省级重大招商引资项目若干措施》，凡来我省投资办厂（包括扶贫车间）的重点农业产业化龙头企业，按新增地方留成税收（5年内）给予等额奖补。

（四十五）给予资金注入支持。使用绿色生态产业发展基金，对有需求的新投资省级重大招商引资项目，给予不低于注册资金10%的股权投资。

十、全力推进重大项目

（四十六）大力简化下放审批权限。对县级以上政府相关规划中已经明确的政府投资项目，可不审批项目建议书，直接审批可行性研究报告；对建设内容单一、投资规模较小、技术方案简单且资金已落实的政府投资项目，可直接审批初步设计及概算或实施方案；为应对自然灾害等突发事件，需要紧急建设的政府投资项目，可将项目建议书、可行性研究报告、初步设计合并为可行性研究报告（代初步设计）进行审批。

（四十七）实行“不见面审批”。依托全省投资项目在线审批监管平台，打通“无纸化”申报、审批渠道，全面推广网上收件、网上审批和网上出件。对按规定确需提交纸质材料原件的，推行承诺制，待疫情结束后补交纸质材料。抓紧谋划一批村组道路、农村安全饮水工程等项目，开辟绿色通道，加快前期工作，确保尽快开工。

（四十八）开辟采购招标绿色通道。对于疫情防控急需的应急医疗设施、隔离设施等建设项目，可由业主确定发包对象，或者在招标时酌情缩短有关时限要求。在疫情防控期间，对于重大项目、民生工程项目，大力简化招标程序，经认定可以采取邀请招标等方式组织交易。加快推进全流程网上交易，确保交易活动规范有序开展。

（四十九）保障疫情防控建设项目用地计划指标。对疫情防控建设项目新增建设用地计划指标应保尽保，计划指标挂账使用。疫情防控急需使用土地可先行使用，对选址有特殊要求，确需占用永久基本农田和生态保护红线的，视作重大项目允许占用。需要转为永久性建设用地的，在疫情结束后6个月内，申请补办用地手续。设施农业用地可以使用一般耕地，不需落实占补平衡。

（五十）加大突出贡献者奖励。统筹使用省级财政安排10亿元高质量奖励资金和1万亩土地指标，对疫情期间作出突出贡献的地区、企业、项目给予奖补和贴息支持。

十一、提供坚强政治保证

（五十一）靠实政治责任。各级党委、政府和各级领导干部要切实履行政治责任，按照党中央、国务院和省委、省政府决策部署，坚持疫情防控和经济社会发展两手抓、两不误、两促进，强化责任担当，超前主动谋划，聚焦疫情对经济运行带来的冲击和影响，加强疫情防控形势和经济运行状况的分析研判，周密安排部署，精心组织实施，细化实化应对各种复杂局面的措施，坚决确保党中央、国务院部署的各项目标任务全面如期完成。各级领导干部特别是主要领导要站位一线、靠前指挥，把统筹做好疫情防控和经济社会发展作为一次大战和大考，在大战中践行初心使命，在大考中交出合格答卷。

（五十二）狠抓任务落实。各地各有关部门要全面对照省委、省政府关于疫情防控和经济社会发展的工作安排，在抓实抓细抓到位上下足功夫，找准职责定位，细化任务分工，建立健全抓落实的责任体系和工作台账，逐条逐项抓好落实。各责任单位要主动履职尽责，细化完善措施，明确完成时限，加强协作配合，紧盯不放抓好各自任务落实。省委办公厅、省政府办公厅要会同有关部门加大督查力度，开展疫情防控和经济社会发展目标任务落实情况专项督查，推动省委、省政府决策部署不折不扣落实到位。

（五十三）强化组织引领。要充分发挥基层党组织战斗堡垒和广大党员先锋模范作用，乡镇街道、农村社区党组织要筑牢群防群控的严密防线，机关企事业单位党组织要认真做好本单位疫情防控工作，医疗卫生战线基层党组织要做好医疗救护、基础预防等工作。要在疫情防控一线考察识别干部，对领导班子和领导干部在疫情防控斗争中的实际表现、具体事例记录在案、分析研判，作为评价使用干部的重要依据，对表现突出的及时表扬表彰、大胆使用。

（五十四）营造良好环境。要做好疫情信息发布和舆论引导工作，依法依规、及时准确、公开透明做好疫情信息发布工作，回应社会关切，消除群众疑虑。要认真做好政策宣传解读、疫情防控知识和法治宣传教育，提高群众自我保护能力。要大力宣传疫情防控一线医务人员、干部职工冲锋在前、无私奉献的典型事迹，大力宣传各级基层党组织和广大干部群众众志成城、团结奋战的生动场景，把疫情防控斗争中激发出的昂扬斗志和无畏精神转化为富民兴陇的强大动力。要依法严厉打击暴力伤害医务人员，利用疫情哄抬物价、囤积居奇、趁火打劫，制售假劣药品、医疗物资等违法犯罪行为，切实维护正常经济社会秩序，为疫情防控和经济社会发展营造良好环境。

（五十五）严明工作纪律。要坚决杜绝形式主义、官僚主义，大力精简文件会议，严禁层层多头重复填表报数，让基层干部把更多精力投入到疫情防控和经济社会发展中。要进一步严明纪律，对贯彻落实党中央、国务院决策部署和省委、省政府工作安排打折扣、作选择、搞变通的，对不服从统一指挥和调度、本位主义严重的，对不担当不作为、推诿扯皮、消极应付的，对利用政策措施弄虚作假、骗取资金或其他政策支持的，坚决依法依规严肃查处。

各市州和省直有关部门可以结合实际，制定贯彻落实本意见的具体举措。本意见自印发之日起施行，其中部分政策根据疫情防控情况进行调整。其他相关政策遵照国家出台支持政策执行。

中共甘肃省委甘肃省人民政府关于完善区域发展布局培育新的经济增长点增长极增长带的意见

甘发〔2020〕7号　2020年3月16日

为优化生产力布局，进一步推动全省区域经济协调发展，培育新的经济增长点增长极增长带，加快新旧动能转换，构建全省高质量发展新格局，提出如下意见。

一、总体要求

以习近平新时代中国特色社会主义思想为指导，全面贯彻党的十九大和十九届二中、三中、四中全会精神，深入贯彻落实习近平总书记对甘肃重要讲话和指示精神，落实新发展理念，以供给侧结构性改革为主线，突出改革引领，实施创新驱动，优化服务理念，促进各类要素合理流动和高效聚集，由点扩面，以面成带，建立区内一体、区外互动、相互支持、错位发展、各具特色的区域经济体系和多点增长、多极驱动、多带协同的区域经济高质量发展格局。

二、主要任务

（一）聚力强点，加快培育新的增长点

聚焦产业升级转型目标，催生新产业新业态新模式，突出产业链带动，以各类园区为载体，突出重点，多点培育，突出发展后劲大、带动作用强的产业，加快培育成为新的增长点，力争新的增长点产业年增长速度高于地区生产总值增长2个百分点以上。

1.综合能源产业。立足综合能源优势，优化产业布局，加快能源通道建设，构建清洁低碳、安全高效的现代能源产业体系。突出风光电、改性甲醇制造、氢能产业综合开发和煤炭清洁高效开发利用。加大新能源电池材料和储能技术研发和应用推广，加快发展新能源先进装备制造业。提高能源综合利用水平，努力打造综合能源产业重要增长点。（责任单位：省发展改革委、省工信厅，各市州，兰州新区）

2.核技术产业。以发展核燃料循环及乏燃料后处理、核能清洁利用、核技术利用、涉核装备制造及生产性服务业等配套产业为重点，积极推动低温供热堆、同位素制备及应用、国产碳离子治疗装置产业化等项目落地实施。加强与中核集团、中科院等企业院所合作，积极推进产学研融合发展，进一步培植壮大核产业发展优势。（责任单位：省委军民融合办、省发展改革委、省工信厅、省科技厅、省生态环境厅、省自然资源厅，兰州市、酒泉市、嘉峪关市、武威市、白银市等）

3.生物医药和医疗设备制造业。充分利用中国（甘肃）

中医药产业博览会等平台，加快建设国家中医药产业发展综合试验区、兰州国家级生物产业基地、道地药材标准化示范基地等新平台，培植壮大南向通道道地药材产业链。着力发展新型疫苗、现代中药（藏药）、生物制药及新型兽用药物等产业。发展以碳离子治癌设备为引领的先进医疗设备和医疗器械制造业。积极发展医疗防护产业。支持相关生物医药企业发展壮大。（责任单位：省卫生健康委、省农业农村厅，兰州市、定西市、天水市、张掖市、陇南市、平凉市、甘南州、兰州新区等）

4.数据信息产业。加快发展互联网、云计算、区块链、物联网、软件和信息服务业、通信服务业及5G技术创新应用。加快传统产业绿色化、信息化、智能化改造，加快工业操作系统和工业大数据管理系统研发应用。大力发展高技术含量、高附加值的产品体系。加快推进丝绸之路信息港、丝绸之路国际知识产权港以及兰州白银国家自主创新示范区和兰白科技创新改革试验区建设。加快建设兰州、天水等大数据中心，推动大数据产业集聚发展。加快培育一批数字金融、数字医疗、数字交通、数字旅游等数字经济实体。（责任单位：省工信厅、省发展改革委、省科技厅，兰州市、白银市、天水市、金昌市、平凉市、庆阳市、张掖市、兰州新区等）

5.特色农产品产业。大力发展现代丝路寒旱农业，立足我省特色优势资源和品种，继续把"牛羊菜果薯药"和现代制种作为主攻方向，突出特色产业大县、大市创建，加快建设集中连片绿色标准化种养殖基地、绿色食品加工园

区及食品包装营销基地,发展有机农产品加工出口产业。加强全国种业基地建设,建设全省种质资源信息库和种质资源基地。加大对地理标志农产品的开发、加工和营销。加强现代农业流通体系建设,构建系统完整的农产品加工、冷链、仓储、物流、销售体系。在特色优势产业地区建设产地冷链仓储物流设施,提升大型农产品产地市场的集散功能,打造特色农产品产业链。(责任单位:省农业农村厅、省商务厅,酒泉市、张掖市、武威市、定西市、天水市、陇南市、平凉市、庆阳市、金昌市、临夏州、甘南州等)

6.电工电器和集成电路制造业。加快智能终端产品制造、集成电路、电子材料与元器件、电子电器制造业发展。推进建设一批智能制造产业园,扶持和引进手机、计算机、机器人、监控设备等智能装备和消费电子产品的研发及生产制造类企业。做大做强集成电路封装测试产业及集成电路设计和芯片制造业,支持发展人工智能、柔性电子、LED封测及应用等新兴领域,推进拥有自主知识产权的集成电路技术攻关及研发应用,推进全产业链建设。打造智能引领的电工电器和集成电路制造产业集群。(责任单位:省工信厅、省发展改革委、省科技厅,天水市、兰州市、白银市、平凉市、张掖市、兰州新区等)

7.健康养老业。促进医疗与养老融合,努力提供优质、多样、便捷的健康养老产品。发展居家和社区养老服务业,注重培育田园式康养等新业态,促进养生养老多产业融合,发展智慧养生养老服务,支持养生养老专业化服务组织建设。建成一批特色突出、优势显著的健康养老产业基地,培育一批服务优质、带动力强的骨干企业。推动老年生活照料、老年产品用品、老年健康服务、老年体育健身、老年文化教育、老年金融服务、老年旅游等养老服务业全面发展。(责任单位:省卫生健康委、省民政厅、省人社厅、省教育厅、省文旅厅、省科技厅等,兰州市、天水市、白银市、平凉市、庆阳市、张掖市、临夏州、兰州新区等)

(二) 聚能强极,加快打造新的增长极

突出产业集群功能,在全省具有发展潜力和产业基础的地区打造增长极,推动优势产业走集聚化、城镇化、园区化道路,强化辐射带动效应,打造引领区域经济发展新高地。

8.举全省之力加快兰州新区建设。继续集中全省优势资源,推动各类要素汇集,重点打造绿色化工、先进装备制造、新材料、大数据、新能源汽车、生物制药、商贸物流、文化旅游、现代农业等九大优势产业。积极承接产业转移,形成产业转移示范区。加快兰州新区国际互联网数据专用通道优化升级。加快发展健康养老及会展商演赛事等新兴产业。加快发展职业教育。积极推动兰州新区绿色金融改革创新试验区建设。(责任单位:省发展改革委、省工信厅、省科技厅、省商务厅、省农业农村厅、省文旅厅、省卫生健康委、省民政厅、省教育厅、省金融监管局,兰州市、兰州新区)

9.高水平建设兰州榆中生态创新城。围绕全省新的增长极、兰州城市副中心、兰州大学双一流建设“三篇文章”一起做,聚焦科创、文创、创智、创造,强化生态环境建设,着力提升区域经济和人口承载能力。加快形成产学研一体、产城融合、校城互动大格局,重点培育绿色生态产业、科技创新产业、高端文化产业、大健康产业和数据信息产业,突出打造全省创新驱动新引擎,辐射带动周边区域城乡融合发展。(责任单位:省发展改革委、省教育厅、省财政厅、省委编办、省科技厅、省工信厅、省农业农村厅、省生态环境厅、省文旅厅、省卫生健康委,兰州市、定西市)

10.着力打造大敦煌文化旅游圈。依托“一节一会”构建丝绸之路对外开放和人文交流合作平台,创建丝绸之路国际文化旅游名城。加快与周边省区合作,打造西部国际精品旅游线路,建设世界知名、国内一流的丝路旅游目的地,建设国家级文旅产业集聚区和文旅融合创新示范区,引领和带动全省文旅产业高质量发展。(责任单位:省文旅厅、省发展改革委,各市州、兰州新区)

11.积极培育天水先进制造业基地。依托天水先进制造产业基础,加强数字技术牵引,做大做强高档数控机床、系列轴承、航空维修等高端装备制造产业。积极与周边省区合作开发智能航空、智能机床、机器人制造等新技术研发应用,建设天水微电子产业聚集区和先进装备制造产业聚集区。(责任单位:省工信厅、省政府国资委、省发展改革委,天水市)

12.大力培育陇东能源基地。充分发挥陇东能源资源优势,建设西部重要能源生产基地、石油炼化基地、传统能源

和新能源综合利用示范基地。加强煤油气资源综合开发利用和产业延链补链。积极争取建设陇东大型煤炭基地。(责任单位:省发展改革委、省工信厅、省政府国资委,庆阳市、平凉市)

(三) 聚势强带,逐步构建新的增长带

依托综合交通和信息网络,突出城市群和中心城市带动,进一步强化要素流动、产业协同和市场链接,加强区域经济联系,串联形成轴线经济带。

13.构建沿黄生态经济带。抢抓实施黄河流域生态保护和高质量发展国家战略,打造沿黄河干流甘肃段经济带。在确保生态治理和生态安全的前提下,建立完善生态补偿机制,探索建立碳排放交易体系,打造沿黄经济带科创、先进制造、金融、物流、食品加工业等重要产业,积极参与跨区域发展。(责任单位:省发展改革委、省工信厅、省交通运输厅、省科技厅、省商务厅、省农业农村

厅、省生态环境厅、省金融监管局，兰州市、白银市、定西市、临夏州、甘南州、兰州新区）

14.构建河西走廊经济带。向西为主，积极承接中巴经济走廊建设成果。提升生态和基础设施支撑能力，推进河西五市一体化发展。建设国家级文化生态保护利用综合创新示范区，着力打造西部先进制造产业基地、有色金属新材料产业基地和文旅产业高地。建成西部绿色生态农产品生产加工基地和外贸转型升级基地、国家现代农业产业园和标准化、规模化、集约化、机械化制种基地。（责任单位：省发展改革委、省科技厅、省工信厅、省交通运输厅、省农业农村厅、省商务厅、省文旅厅、省生态环境厅，武威市、金昌市、张掖市、酒泉市、嘉峪关市）

15.构建陇东南增长带。依托天水至陇南、庆阳至平凉至天水等交通连接轴线，建设连接紧密、协作一体的陇东南经济带，推动整体融入关中平原城市群、成渝城市群发展。大力发展优势产业，加快推进该区域交通、信息和能源通道建设，打造外贸转型升级基地和物流集散地。（责任单位：省发展改革委、省交通运输厅、省工信厅、省文旅厅、省农业农村厅、省商务厅，天水市、平凉市、庆阳市、陇南市、甘南州）

三、实施攻坚行动

（一）主动实施点极带突破行动

根据本《意见》出台突破行动方案，对初步形成基础的产业和区域实行倾斜支持，确保要素配置优先、资金投入优先、公共服务配置优先，力争在较短时间内形成规模效应。

（二）加快实施承接产业转移行动

充分发挥资源禀赋和区位优势，主动参与跨区域经济合作，积极承接中、东部地区产业转移，进一步做大体量，加快群聚，实现高质量转型发展。

（三）创新实施产学研协同互促行动

进一步建立健全科技孵化、成果转化、创新应用等制度机制。鼓励科研院所积极参与，加强与企业和市场的合作对接，形成功能互补、良性互动的协同创新格局。以科技创新加速产业升级转型，以资金支持加强创新研发投入，加快形成产学研融合互促、共生共育的良好局面。

（四）大力实施龙头企业培育行动

选择一批自主创新能力强、发展潜力大、具有核心竞争力的企业进行重点培育和扶持。建立龙头企业培育库，实施动态考核管理，开展“一企一案”重点服务，实施龙头企业品牌战略，发挥龙头企业示范带动作用。

（五）全面实施产业园区集聚行动。

积极鼓励重大产业项目入园集聚发展，搭建产业与优质企业快速对接平台，促进产业链上下游企业的聚合发展，加快构建现代产业体系发展空间。

（六）强化实施环境提升行动

进一步抓好营商环境建设，实行容缺办理、多评合一、区域化评估、全程代办、承诺制、先建后验等举措，畅通绿色通道，特事特办。

四、政策支持

（一）投资政策

实施项目清单管理，省预算内投资资金倾斜支持。对于正在培育的项目，纳入省级重大项目前期项目清单，按照相关政策优先支持。建立健全目标责任制、项目库管理制及容错纠错等制度机制，充分发挥政策引导和保障作用。

（二）财政政策

加大企业减税降费力度，降低生产成本，切实减轻企业负担。用好十大生态产业基金等政府投资基金、现有专项资金，支持建设项目。

（三）土地政策

对项目用地指标进行重点保证，土地收益主要用于基础设施建设和土地开发。积极推行工业用地弹性年期、长期租赁、先租后让、租让结合的供应制度。

（四）人才政策

完善急需紧缺人才引进使用政策，促进人才汇聚。扎实做好新兴产业人才培训工作。对专业岗位急需的管理人才、特殊人才、技术人才等，实行特岗特薪、特职特聘。完善人才集聚区域生活设施配套，营造良好的引才留才环境。

五、强化保障

（一）改革保障

强化从供给侧突破的意识，破解制约区域经济协调发展的体制机制障碍，发挥市场在资源配置中的决定性作用。加快金融、人才、技术等要素市场改革，为释放新动能创造更加广阔的空间。

（二）组织保障

坚持和加强各级党委政府对发展区域经济工作的领导，明确责任分工，完善工作机制，压实主体责任，确保完成任务目标。

（三）监督保障

加强对工作进展落实情况的跟踪分析和督促检查，适时组织开展实施进展情况评估，注意研究新情况，解决新问题，总结新经验。

甘肃省人民政府关于促进乡村产业振兴的实施意见

甘政发〔2020〕9号　2020年1月18日

各市、自治州人民政府，兰州新区管委会，省政府各部门，中央在甘各单位：

为贯彻落实《国务院关于促进乡村产业振兴的指导意见》（国发〔2019〕12号）精神,结合实际，现提出如下意见。

一、发展目标

力争用5年时间，构建起以现代丝路寒旱农业为引领，以“牛羊菜果薯药”六大特色产业为支撑，以“五小”产业为补充的乡村产业体系，初步走上布局区域化、基地规模化、生产标准化、加工集约化、产品绿色化、营销品牌化、经营产业化的一、二、三产业融合发展路径，现代丝路寒旱农业增幅高于一产增幅，农产品加工率达到57%，以两个“三品一标”为支撑的“甘味”农产品品牌知名度大幅提升，乡村产业振兴取得重要进展。

二、充分挖掘“寒旱”特质优势，培育壮大乡村产业

（一）着力优化产业布局。根据全省寒区、旱区不同气候特点和地理类型，变劣势为优势，优化现代丝路寒旱农业“一带五区”产业布局，建设以高原夏菜、都市型农业为主的沿黄产业带，以现代种业、种养业循环、戈壁生态农业为主的河西灌溉农业区，以优质苹果、现代肉牛肉羊产业为主的陇东雨养农业区，以中药材、马铃薯等为主的中部旱作农业区，以林果（苹果、花椒、油橄榄、核桃等）、蔬菜、现代畜牧业为主的天水及陇南山地特色农业区，以牦牛、藏羊、藏药等为主的甘南及祁连山高寒草地农牧交错区，形成以“牛羊菜果薯药”六大产业为重点，地方特色产品为补充的现代丝路寒旱农业产业体系。建成一批整乡整县整流域区域化、标准化、规模化连片种养基地和产业大县。（省农业农村厅、省发展改革委、省工信厅、省林草局等负责）

（二）大力发展戈壁生态农业。充分利用河西地区光照充足、温差大、病虫害少等独特优势，集成有机营养枕、水肥一体化、保护地栽培及光伏新能源等技术，着力发展绿色有机蔬菜、瓜果等设施农产品，推进农业生产园区化、企业化、循环化和产业化。（省农业农村厅、省发展改革委、省自然资源厅、省水利厅、省林草局、省农科院等负责）

（三）大力培育新型经营主体。支持农业产业化龙头企业向特色农产品优势区集聚。开展农民专业合作社质量提升行动，支持依法自愿组建联合社。启动家庭农场培育计划，支持种养大户发展。鼓励发展龙头企业带动、农民专业合作社和家庭农场跟进、小农户参与的农业产业化联合体。构建各经营主体利益联结机制。引导农业企业与小农户开展契约型、分红型、股权型等合作，把利益分配重点向产业链上游倾斜，促进农民持续增收。完善农业股份合作制企业利润分配机制，推广“订单收购+分红”“农民入股+保底收益+按股分红”等模式，开展土地经营权入股从事农业产业化经营试点。（省农业农村厅、省发展改革委、省财政厅、省工信厅、省林草局、省金融监管局、省市场监管局等负责）

（四）加强农产品流通体系建设。规划建设一批特色农产品产地批发市场，加强农产品物流骨干网络和冷链物流体系建设。发挥省级六大特色产业产销协会作用，联合市县经销队伍抱团出省扩大农产品销售。强化甘肃大宗特色农产品产地集散中心、价格形成中心、信息发布中心和仓储物流中心功能，探索特色农产品线上线下结合的营销体系，全面提升特色农产品市场占有率。（省商务厅、省发展改革委、省农业农村厅、省市场监管局、省邮政管理局、省供销联社等负责）

三、拓展乡村产业，促进融合发展

（一）做强农产品加工业。以“粮头食尾”“农头工尾”为抓手，支持农产品加工企业加快技术改造、装备升级和规模扩张，不断提升农产品深加工能力。鼓励农民合作社和家庭农场发展农产品初加工。打造一批产业链条长、产品附加值高、市场竞争力强、拥有自主知识产权和知名品牌的大型骨干龙头企业。培育一批产业强镇，建设一批农产品精深加工基地和加工强县，争创一批国家级现代农业产业园区。（省农业农村厅、省发展改革委、省商务厅、省工信厅等负责）

（二）优化乡村休闲旅游业。充分挖掘农村非物质文化

遗产资源，保护传统工艺，促进乡村特色文化产业发展。实施休闲农业和乡村旅游精品工程，建设一批设施完备、功能多样的休闲观光园区、乡村民宿、森林人家和康养基地，培育一批美丽休闲乡村、乡村旅游重点村，建设一批休闲农业示范县，着力打造一批特色旅游村镇和美丽乡村旅游示范片带。（省文旅厅、省农业农村厅、省自然资源厅、省卫生健康委、省林草局等负责）

（三）发展乡村新型服务业。支持供销、邮政、农业服务公司、农民专业合作社等开展农业生产性服务业。改造农村传统小商业、小门店、小集市等，发展批发零售、养老托幼、环境卫生等农村生活性服务业。深入推进“互联网+”现代农业，加快重要农产品全产业链大数据建设，加强数字农业农村系统建设。全面推进信息进村入户，实施农产品依托互联网出村进城工程。推动农村电子商务公共服务中心和快递物流园区发展。（省农业农村厅、省发展改革委、省工信厅、省商务厅、省供销联社、省邮政管理局等负责）

（四）发展多类型融合业态。跨界配置农业和现代产业要素，促进产业深度交叉融合，形成“农业+”多业态发展态势。推进农业与文化、旅游、教育、康养等产业融合，发展创意农业、功能农业等；推进农业与加工流通业融合，发展中央厨房、农超对接、直供直销、会员农业等；推进农业与信息产业融合，发展数字农业、智慧农业等。（省农业农村厅、省发展改革委、省教育厅、省工信厅、省商务厅、省文旅厅、省卫生健康委、省林草局等负责）

四、科学合理布局，实现联动发展

（一）强化县域统筹。在县域内统筹考虑城乡产业发展，合理规划乡村产业布局，形成县城、中心乡镇、中心村层级分工明显、功能有机衔接的格局。立足县域资源禀赋，突出主导产业，建设一批现代农业产业园和农业产业强镇，创建一批农村产业融合发展示范园，形成多主体参与、多要素聚集、多业态发展的态势。推进城镇基础设施和基本公共服务向乡村延伸，实现城乡基础设施互联互通、公共服务普惠共享。完善县城综合服务功能，搭建技术研发、人才培训和产品营销等平台。（省发展改革委、省自然资源厅、省生态环境厅、省住建厅、省农业农村厅等负责）

（二）推进镇域产业聚集。采取重点扶持、梯次推进的方式，推动建立中小城镇、重点镇、特色村合理布局、统筹发展的乡村产业体系。以县城所在镇、中心镇和特色镇、沿国道城镇带为重点，培育发展一批特色产业小镇。支持有条件的地方建设以乡镇所在地为中心的产业集群。促进镇村联动发展，支持镇（乡）发展劳动密集型产业，引导有条件的村建设农工贸专业村。引导农业企业与农民合作社、农户联合建设原料基地、加工车间等，实现加工在镇、基地在村、增收在户。（省发展改革委、省自然资源厅、省住建厅、省生态环境厅、省农业农村厅、省商务厅等负责）

（三）支持贫困地区产业发展。巩固和扩大产业扶贫成果，持续加大资金、技术、人才等要素投入，支持贫困地区特别是深度贫困地区开发特色资源、发展特色产业，鼓励农业产业化龙头企业、农民专业合作社与贫困户建立多种形式的利益联结机制。引导大型加工流通、采购销售、投融资企业与贫困地区对接，开展招商引资，促进农产品销售。鼓励农业产业化龙头企业与贫困地区合作创建绿色食品、有机农产品原料标准化生产基地，带动贫困户进入大市场。（省农业农村厅、省发展改革委、省财政厅、省商务厅、省扶贫办等负责）

五、推进标准体系建设，实现绿色高质量发展

（一）健全绿色质量标准体系。大力实施质量兴农战略，着力推进农产品生产技术规范和标准体系建设。制定主要特色农产品产地环境评价体系、生产加工技术标准体系和农产品品质监测评价体系。实施农产品质量安全保障工程，健全质量安全监管体系、检测体系、追溯体系，建设一批产业大县和农产品质量安全大县。（省农业农村厅、省市场监管局等负责）

（二）大力推进标准化生产。引导各类农业经营主体建设标准化生产基地。实施有机肥替代化肥、耕地质量提升与化肥减量增效行动。加强化肥、农药、兽药及饲料质量安全管理，推行水产健康养殖。加快建立农产品质量分级及产地准出、市场准入制度，实现从田间到餐桌的全产业链监管。（省农业农村厅、省生态环境厅、省市场监管局等负责）

（三）打造“甘味”知名农产品系列品牌。围绕两个“三品一标”建设，实施农业品牌提升行动，建立“甘味”知名农产品品牌目录制度，完善“‘甘味’知名农产品区域公用品牌+市县农产品区域公用品牌+企业商标品牌”体系，加强“甘味”农产品地理标志管理和品牌保护，引导企业与农户等共享共创“甘味”品牌。（省农业农村厅、省商务厅、省市场监管局等负责）

（四）强化资源保护利用。大力发展节地节能节水等资源节约型产业。国家明令淘汰的落后产能、列入国家禁止类产业目录的、污染环境的项目，不得进入乡村。加大农业面源污染治理力度，大力发展循环农业。有效推动畜禽粪污、秸秆、废旧农膜、尾菜等农业废弃物资源化利用，推进加工副产物综合利用。（省发展改革委、省工信厅、省自然资源厅、省生态环境厅、省水利厅、省农业农村厅等负责）

六、强化科技引领，推动创新创业升级

（一）强化农业技术推广和科技创新。加强现代农业产业技术体系、科技创新联盟、产业科技创新中心、高新技术产业示范区、科技园区、现代气象为农服务体系建设，建立产学研用协同创新机制，联合攻克一批农业领域关键技术。积极研发现代丝路寒旱农业配套技术，强化新品种选育，支持种子产业园、种质资源库、县级种子质量监测中心、玉米种子加工线、种薯企业恒温库建设和肉牛冻配改良等，推进农作物和畜禽良种繁育体系建设。支持种业育繁推一体化，

培育一批竞争力强的大型种业企业。建设一批农产品加工技术集成基地。创新公益性农技推广服务方式。（省科技厅、省农业农村厅等负责）

（二）促进创新创业。实施乡村就业创业促进行动，引导农民工、大中专毕业生、退役军人、科技人员等返乡入乡人员和“田秀才”“土专家”“乡创客”创新创业。支持建立多种形式的创业支撑服务平台，完善乡村创新创业支持服务体系。创建农村创新创业和孵化实训基地，加强乡村工匠、文化能人、手工艺人和经营管理人才的创新创业主体培训，提高创业技能。（省农业农村厅、省发展改革委、省教育厅、省人社厅、省退役军人厅、团省委、省妇联等负责）

七、健全政策措施，强化乡村产业发展制度保障

（一）健全财政投入机制。加强一般公共预算投入保障，提高土地出让收入用于农业农村的比例，支持乡村产业振兴。新增耕地指标和城乡建设用地增减挂钩节余指标跨省域调剂收益，全部用于巩固脱贫攻坚成果和支持乡村振兴。鼓励有条件的地方按市场化方式设立乡村产业发展基金，重点用于乡村产业技术创新。按规定对吸纳贫困家庭劳动力、农村残疾人就业的农业企业给予相关补贴，落实相关税收优惠政策。（省财政厅、省自然资源厅、省农业农村厅、省税务局、省扶贫办等负责）

（二）创新乡村金融服务。综合运用差别化存款准备金、再贷款、再贴现等货币政策工具，引导金融机构加大对重点产业发展信贷支持力度。引导县域金融机构将吸收的存款主要用于当地，重点支持乡村产业。支持小微企业融资优惠政策适用于乡村产业和农村创新创业。发挥农业信贷担保体系作用，通过实施担保费用补助、业务奖补等方式支持乡村产业贷款担保，拓宽担保物范围。允许权属清晰的农村承包土地经营权、农业设施、农机具等依法抵押贷款。加大乡村产业项目融资担保力度。支持发行一般债券用于支持乡村振兴领域的纯公益性项目建设。鼓励发行项目融资和收益自平衡的专项债券，支持符合条件、有一定收益的乡村公益性项目建设。规范政府举债融资行为，不得借乡村振兴之名违法违规变相举债。支持符合条件的农业企业上市融资。（人行兰州中心支行、省金融监管局、省财政厅、省农业农村厅、甘肃银保监局、甘肃证监局、省金控集团等负责）

（三）有序引导工商资本下乡。坚持互惠互利，优化营商环境，引导工商资本到乡村投资兴办农民参与度高、受益面广的乡村产业，支持发展适合规模化集约化经营的种养业。支持企业到贫困地区吸纳农民就业、开展职业培训和就业服务等。工商资本进入乡村，要依法依规开发利用农业农村资源，不得违规占用耕地从事非农产业，不能侵害农民财产权益。（省农业农村厅、省发展改革委等负责）

（四）落实用地保障政策。耕地占补平衡以县域自行平衡为主，在安排土地利用年度计划时，加大对乡村产业发展用地的倾斜支持力度。探索针对乡村产业的省市县联动“点供”用地。落实相关法律法规规定，完善配套制度，开展农村集体经营性建设用地入市改革，增加乡村产业用地供给。有序开展县域乡村闲置集体建设用地、闲置宅基地、村庄空闲地、厂矿废弃地、道路改线废弃地、农业生产与村庄建设复合用地及“四荒地”（荒山、荒沟、荒丘、荒滩）等土地综合整治，盘活建设用地重点用于乡村新产业新业态和返乡入乡创新创业。（省自然资源厅、省农业农村厅、省司法厅、省林草局等负责）

（五）健全人才保障机制。各类创业扶持政策向农业农村领域延伸覆盖，引导各类人才到乡村兴办产业。加大农业重点产业专业技术人才、经营管理人才、技能人才引进和培养力度。建立完善农业人才教育培训体系，大力开展新型职业农民培养和农民技能培训，推进全面建立职业农民制度。支持职业学校扩大农村招生。深化农业系列职称制度改革，开展面向农技推广人员的评审。支持科技人员以科技成果入股农业企业，建立健全科研人员校企、院企共建双聘机制，实行股权分红等激励措施。实施乡村振兴青春建功行动。（省人社厅、省科技厅、省教育厅、省农业农村厅、省退役军人厅、团省委、省妇联、省农科院等负责）

（六）构建风险防范体系。加强农业防灾减灾体系建设，增强防范自然灾害能力。持续推进农业保险增品扩面、提标降费，完善自然灾害保险和目标价格保险。围绕重点产业培育，构建中央、省级、市县补贴品种互为补充的风险保障体系，进一步扩大农业保险覆盖面。全面落实重要农产品价格保护制度，争取将一批特色农产品纳入全国农产品大宗期货交易平台。（省农业农村厅、省发展改革委、省财政厅、省金融监管局、甘肃银保监局等负责）

八、加强组织领导，确保乡村产业振兴落地见效

（一）加强统筹协调。各地要落实五级书记抓乡村振兴的工作要求，把乡村产业振兴作为重要任务，摆在突出位置。建立农业农村部门牵头抓总、相关部门协同配合、社会力量积极支持、农民群众广泛参与的推进机制。（省农业农村厅牵头负责）

（二）强化指导服务。深化“放管服”改革，发挥各类服务机构作用，为从事乡村产业的各类经营主体提供高效便捷服务。建立乡村产业监测体系，做好农村一、二、三产业融合发展情况统计工作。（省农业农村厅、省统计局等负责）

（三）营造良好氛围。宣传推介乡村产业发展鲜活经验，推广一批农民专业合作社、家庭农场和农村创新创业典型案例。弘扬企业家精神和工匠精神，倡导诚信守法，营造崇尚创新、鼓励创业的良好环境。

甘肃省人民政府关于进一步激发创新活力强化科技引领的意见

甘政发〔2020〕46号　2020年9月12日

各市、自治州人民政府，兰州新区管委会，省政府各部门，中央在甘有关单位：

为全面贯彻中央关于深化科技体制改革、加快实施创新驱动发展的决策部署，进一步激发全省各类创新主体活力,充分发挥科技创新对经济社会发展的支撑引领作用，加快创新型甘肃建设，现提出如下意见。

一、总体要求

（一）指导思想

以习近平新时代中国特色社会主义思想为指导，全面贯彻党的十九大和十九届二中、三中、四中全会精神，深入落实习近平总书记对甘肃重要讲话和指示精神，牢固树立新发展理念，坚持把创新作为引领发展的第一动力，加强政策引导，进一步激发我省科技创新活力，完善区域科技创新体系，增强基础研究与应用基础研究能力，加快科技成果转移转化，提升全民科学素质，补齐科技创新短板，持续强化科技创新对建设幸福美好新甘肃的支撑作用。

（二）目标任务

——到2025年，全省科技实力和创新能力明显提升，企业创新能力进一步增强，在重要产业领域和关键技术环节取得重大突破，科技体制改革取得实质性突破，科技资源配置更加优化，创新要素流动更加顺畅，科技对经济社会发展的支撑引领作用更加凸显，我省综合科技创新水平居全国第二梯队且位次前移。

——到2022、2025年，科技进步贡献率分别达到54.9%、56.6%，我省综合科技创新水平全国排位分别提升至前20位、18位。

——到2022、2025年，全省R&D（研究与试验发展）经费投入强度分别达到1.37%、1.5%，投入总量分别达到142亿元、189亿元；到2022年，省、市、县三级本级财政科技支出占一般公共预算支出比重分别达到2%、1.5%、0.5%以上，兰州新区及各类经济开发区、高新区、工业园区等，财政科技支出占一般公共预算支出比重达到3%以上；到2025年，省、市、县三级本级财政科技支出占一般公共预算支出比重力争达到2.5%、2%、1%以上，兰州新区及各类经济开发区、高新区、工业园区等，财政科技支出占一般公共预算支出比重达到5%以上。

——到2022年，万人发明专利拥有量达到3.8件以上，技术合同成交额达到276亿元以上。2025年，万人发明专利拥有量达到5件以上，技术合同成交额达到388亿元以上。

二、优化科技创新环境

1.提升全社会科技创新意识。创新科学普及理念和模式，向公众弘扬科学精神、传播科学思想、倡导科学方法、普及科学知识。加强科普基地建设，鼓励各类创新主体面向公众开放研发机构、生产设施或者展览场所，提供更多的科普场所和载体。组织开展青少年科学普及活动，提高青少年创新意识和科学素养，力争“十四五”末全省公民科学素质提高到全国平均水平。（责任单位：省科技厅、省教育厅、省科协，各市州政府）

2.高水平建设兰州白银国家自主创新示范区。充分发挥兰州、白银的区位优势、创新资源优势和产业基础优势，激发各类创新主体活力，将兰州榆中生态创新城纳入兰州白银国家自主创新示范区政策适用范畴，有效推动兰州榆中生态创新城的建设与发展。支持“一区多园”建设，做大做强国家高新区，推动高新区成为高新技术产业发展的核心载体。围绕我省优势支柱产业、创业创新资源，积极推动高等学校、科研院所、企业的示范区创新载体建设，着力培育良好的创新创业生态。引导市级经济开发区、工业园区向省级高新园区转型。（责任单位：省科技厅、省发展改革委、省财政厅，相关市州政府）

3.积极引进培育高新技术企业。引进一批符合我省产业需求的高新技术企业，促进我省高新技术产业快速发展。对整体迁入我省的高新技术企业，在其高新技术企业

资格有效期内完成迁移的，根据企业规模和企业所在行业等情况，优先给予省级科研项目支持。省外高新技术企业在我省设立的具有独立法人资格的企业，经所在园区或市县科技部门推荐、省科技厅审核，直接纳入高新技术企业培育库，列入“高新技术企业倍增计划”，实施跟踪辅导服务。（责任单位：省科技厅、省工信厅、省税务局，各市州政府）

4.开展十大生态产业竞争力提升行动。实施十大生态产业关键技术攻关行动计划，在环保综合治理、农产品精深加工、中药大品种二次开发利用、生态农业、核能清洁利用、生物制药、先进装备制造、清洁能源等领域围绕产业链部署省级科技重大专项，集中各类创新要素，破解产业发展核心技术瓶颈，推动关键领域和重点产业实现新突破。依托中央在甘单位科研资源优势，发挥我省高等学校、科研院所主力军作用，重点在核技术、航空航天、中医中药、新材料、文物保护等优势产业领域开展重大基础研究，建立长期稳定的支持机制，提升承接国家重大科技计划项目能力。（责任单位：省科技厅、省工信厅、省财政厅）

5.强化科技人才培养。加入国家自然科学基金区域创新发展联合基金，提升我省在原创成果、标志性成果、人才培养、产业应用等方面的能力。结合全省人才体系化布局，注重杰出青年科研人才培养，支持从事基础研究、应用基础研究的青年科研人员，给予博士、博士后省级科技计划项目优先支持，培育与“陇原人才”相衔接的高层次人才。所需经费在省级科技计划专项中安排。设立省级自筹资金科技计划，协同市州政府、高等学校、科研院所开展科技创新，培养适合地方产业发展的科技人才。（责任单位：省科技厅、省人社厅、省教育厅、省财政厅）

6.大力引进和培养高端人才。对科研院所、高等学校等事业单位引进和本土培养的院士、国家杰出青年基金获得者、长江学者等高端人才、百千万人才工程及其他相当层次的国家级人才，给予不低于200万元的省级科技计划项目支持。（责任单位：省委组织部、省科技厅、省财政厅、省人社厅、省教育厅）

7.加大科技特派员工作支持力度。进一步壮大我省科技特派员队伍，每年从省级科技计划专项中安排科技特派员专项经费2000万元，统筹用于科技特派员项目和基地建设。鼓励科技人员到企业工作，指导企业开展科技成果转化，推动企业与科研机构加强合作；鼓励我省科技人员聚焦脱贫攻坚和乡村振兴，瞄准“牛羊菜果薯药”等特色主导产业发展需求，深入农村一线创新创业和开展技术服务，引导农村实用科技成果入乡转化，推动我省特色优势产业发展；支持建立一批提供技术示范、成果转化、技能培训、人才培养、创新辅导的科技特派员创新创业示范基地，夯实我省科技特派员工作基础。（责任单位：省科技厅）

8.加大外国优秀人才激励力度。对获得“甘肃省外国专家敦煌奖”的优秀外国专家每人一次性发放奖金2万元，对获奖外国专家和团队申报引才引智项目可优先给予科研立项支持。允许在国内重点高等院校获得本科以上学历的外国优秀留学生，毕业后在我省从事创新创业活动的，可凭高校毕业证书和创新创业等证明材料，向公安机关出入境管理部门申办有效期2至5年的居留许可。外国人依法申请注册成立并认定为科技创新型企业的，可凭创办企业注册证明等材料向有关部门申请工作许可。由省科技厅核实后，所需资金列入部门预算。（责任单位：省科技厅、省教育厅、省人社厅、省财政厅、省公安厅、省政府外事办）

9.激励科研人员围绕省级科技奖项进行成果转化。每3年对获得甘肃省科技奖的科技成果转化进行跟踪评估，对产生比上一评估周期经济效益总量增加100%以上、且每年产生高于1000万元利税的奖项，给予获奖团队100万元奖励；对产生比上一评估周期经济效益总量增加100%以上、且每年产生高于100万元利税的奖项，给予获奖团队10万元奖励；上述奖励累计可达3次。由省科技厅核实后，所需资金列入次年部门预算。（责任单位：省科技厅、省财政厅、省税务局）

10.统一专家咨询费标准。参照中央财政科研项目管理相关标准，对高级专业技术职称人员的专家咨询费标准调整为1500~2400元/人天；其他专业人员、管理专家咨询费标准为900~1500元/人天；院士、全国知名专家咨询费标准为2400~3600元/人天。（责任单位：省科技厅、省人社厅、省财政厅）

11.激励企业加大研发投入。建立资格认定与科研实绩相结合的综合奖补机制，对企业科技创新产出进行考核。对研发经费内部支出占主营业务收入比重超过5%的前10位企业单位，在享受已有研发经费政策基础上，按其研发经费内部支出超出上一年度的增量部分，再给予10%比例的奖励，最高可达100万元。鼓励大型企业加大研发投入，对年研发经费内部支出1亿元以上的企业，一次性奖励500万元；对年研发经费内部支出10亿元以上的企业，一次性奖励1000万元。由省科技厅核实后，所需资金列入次年部门预算。（责任单位：省科技厅、省财政厅、省政府国资委）

12.引导县级政府加大科技投入。对县本级上一年度财政科技支出占一般公共预算支出达到1%，且增速和增量综合位居前3名的，予以300万元、200万元、100万元

的资金奖励，统筹用于当地科技创新工作。（责任单位：省科技厅、省财政厅）

三、创新科技体制机制

13.优化科研项目管理机制。放宽项目申报时限，简化项目中期评估，严格项目结题验收。项目立项采用常年受理、定期评审、科学评价、分批下达的方式。对同一科研项目同一年度的监督、检查、评估等结果互通互认，实行审慎包容监管。完善咨询专家数据库，吸纳国内外高水平专家入库，建立咨询专家信誉等级评价体系，实行项目咨询专家网上自动匹配。（责任单位：省科技厅）

14.开展揭榜制科研立项。探索揭榜挂帅立项方式，采用定向组织、悬赏揭榜等科研项目组织模式，围绕关键领域核心技术、产业发展卡脖子问题、社会应急突发问题，遴选出影响力大、带动性强、应用面广的科研项目，面向全社会揭榜招标。（责任单位：省科技厅）

15.开展省级联合科研专项试点。引导创新投入多元化，试点开展省级科技行政管理部门与基础研究能力强的大中型企业、高等学校和科研机构共同出资设立联合科研基金，支持开展面向科技前沿、面向我省经济主战场、面向我省重大科技需求的关键技术攻关，全力提升行业产业竞争力和综合创新力，省级科技行政管理部门与联合单位出资比例不低于1∶3。所需经费在省级科技计划专项中安排。（责任单位：省科技厅、省财政厅）

16.进一步提高省级科研项目间接经费比例。允许科研单位提高省级科研项目间接经费比例，500万元以下的部分可达到30%，500万元至1000万元的部分可达到25%，1000万元以上的部分可达到20%；省级纯理论研究、软件开发类以及哲学和社会科学等智力密集型项目，可根据实际情况适当放宽间接费用占比约束，可达到50%；间接费用的绩效支出中，给予40周岁以下青年科技人员的比例原则上不低于30%。（责任单位：省科技厅、省人社厅、省财政厅）

17.赋予科研单位更大的经费自主权。允许科研单位从基本科研业务费等稳定支持科研经费中提取10%~20%作为奖励经费，奖励经费的使用范围和标准由科研单位在绩效工资总量内自主决定，在单位内部公示；允许科研单位根据不同项目设立科研助理岗位，在科研经费中不限定劳务费比例，可按规定在劳务费中开支“五险一金”；对全省自然科学基金项目和软科学项目实行经费包干制，经费包干项目只进行技术验收和绩效验收，不再进行财务验收；科研单位自行制定经费自主权实施办法。（责任单位：省科技厅、省人社厅、省财政厅）

18.允许科研单位自主使用横向项目经费。科研院所、高等学校和科技服务机构自主制定的横向项目经费管理办法，可作为评估、检查、审计等依据，实行有别于财政科研经费的管理方式；横向项目结余经费可全部奖励项目组成员。（责任单位：省科技厅、省教育厅、省人社厅、省政府国资委）

19.允许科研单位自主分配科技成果转化收入。放宽收入分配限制，科研单位开展技术开发、技术转让、技术咨询、技术服务等活动取得的净收入视同科研单位职务科技成果转化收入，可自行制定管理办法，自主使用、自主分配。具有独立法人资格的科研单位领导人员作为科技成果主要完成人或对科技成果转化作出重要贡献的，可以享受科技成果转化所得分成，获得现金、股权或出资比例奖励。（责任单位：省科技厅、省财政厅、省人社厅、省政府国资委）

20.优化甘肃省科学技术奖励机制。进一步完善科学技术奖励奖项设置，增加科学技术奖励数量，设立科学技术奖励特等奖。提高甘肃省科学技术奖励奖金额度，建立根据科技和经济社会发展需要，优化调整科学技术奖励经费和奖金标准的工作机制。（责任单位：省科技厅、省财政厅、省人社厅）

21.加强科技创新容错机制建设。对经审慎研究程序完备的省级科研项目，确因科研人员技术路线选择有误、受市场风险影响、经济形势发生重大变化，导致预期目标未能实现或项目失败，但项目承担人员已尽到勤勉和忠实义务的，由项目主管部门综合运用国际国内同行评议、市场评议、专家评议等方式确认后，予以容错，不纳入科研失信范畴。（责任单位：省科技领导小组成员单位）

四、打造高端创新平台

22.支持创建高端创新平台。对新认定的国家实验室、国家科学中心、国家可持续发展议程创新示范区、国家级高新技术产业开发区、国家农业高新技术产业示范区，按照平台总投入、新增研发设备等实际投入15%比例给予资助，资助资金最高可达1亿元。对科技部新认定的国家重点实验室、国家技术创新中心、国家临床医学研究中心，按照平台总投入、新增研发设备等实际投入15%比例给予资助，资助资金最高可达5000万元。对科技部新认定的国家高新技术产业化基地、国家野外观测台站、国家农业科技园区，按照平台总投入、新增研发设备等实际投入15%比例给予资助，资助资金最高可达2000万元。资助事项采取一事一议方式，报省政府确定，所需资金列入次年省级财政预算。（责任单位：省科技厅、省财政厅）

23.鼓励新基建领域的技术创新平台建设。在信息基础设施、融合基础设施、创新基础设施等新基建领域，对新引进的全球顶尖数字技术企业、科研院所、高等学校或其在甘设立独立法人平台的，参考国家高端创新平台认定标准，最高按引进投资完成的固定资产投资总额的15%分3年给予奖励，单个项目奖励总额最高可达1亿元，采取一事一议的方式，报省政府确定，所需资金列入次年省级财政预算。鼓励数字经济标准化建设，对主导（含参与）国际标准制定、修订的国家级创新平台，分别给予最高可达100万元、50万元奖励。由省科技厅核实后，所需资金列入次年部门预算。（责任单位：省科技厅、省发展改革委、省教育厅、省工信厅、省财政厅、省政府国资委）

24.支持创建新型研发机构和创新载体。支持世界企业500强、中国企业500强、民企500强、独角兽企业、国内外一流高等学校和科研院所等，到甘肃设立独立法人的研发分部（院所）、新型研发机构和创新载体，按其新增研发仪器设备的10%，给予最高可达2000万元资助建设经费。资助事项报省政府确定，所需资金列入次年省级财政预算。（责任单位：省科技厅、省发展改革委、省教育厅、省工信厅、省财政厅）

25.推进省级科技创新平台建设。按照国家科技创新基地优化整合方案，结合我省战略需求和不同类型创新平台功能定位，对现有省级科技创新平台进行分类梳理，根据整合重构后各类省级科技创新平台功能定位和建设运行标准，对现有省级科技创新平台进行考核评估，通过撤、并、转等方式，进行优化整合，符合条件的纳入相关平台序列管理。择优部署新建一批高水平省级科技创新平台。对省内外重点共建科技创新平台予以支持。（责任单位：省科技厅、省发展改革委、省教育厅、省工信厅、省财政厅、省卫生健康委、省政府国资委，相关市州政府）

26.支持专业化技术转移和成果转化平台建设。支持高等学校、科研院所设立和发展专业化技术转移机构，对申请通过并成为专业化国家技术转移中心的，一次性给予建设补助100万元。持续开展省级科技成果转移转化示范区培育建设工作，引导科技成果对接特色产业需求加速转移转化，对现有和新认定的省级科技成果转移转化示范区一次性给予建设补助100万元。由省科技厅核实后，所需资金列入次年部门预算。（责任单位：省科技厅、省教育厅、省财政厅）

27.支持中小微企业开展科技创新。支持中小微企业开展新产品、新技术、新工艺开发研究，不断加大研发投入，支持和引导科技创新服务平台，为中小微企业科技创新提供管理指导、技能培训、标准咨询、检验检测、认证等服务，推动中小微企业科技创新的专业化、精细化、特色化发展。在享受其他科研创新政策的基础上，通过调整科技创新券的额度和范围支持中小微企业开展技术创新。省级科技型中小企业创新基金重点支持享受研发费用加计扣除税收优惠政策的中小微企业，对享受研发费用加计扣除税收优惠额度全省排前10名的，资金奖励20万元。对于年度销售收入在1000万元以下的中小微企业，按照研究开发费用总额占同期销售收入总额的比例进行奖补，对于连续3年达到3%的奖补5万元、达到4%的奖补10万元、达到5%以上的奖补20万元。由省科技厅核实后，所需资金列入次年部门预算。（责任单位：省科技厅、省税务局、省财政厅、省工信厅）

28.支持民营企业开展科技创新。支持民营企业牵头或参与从源头创新到应用开发、从科技攻关到成果转化及产业化、从人才培养到科技服务能力建设的全链条创新活动。在科研项目评审、预算评估、结题验收等环节更多吸收民营企业的管理专家和技术专家参与。针对民营企业提出制约产业发展的关键共性问题，组织高等学校、科研单位与企业协同攻关，为民营企业牵头或参与国家科研项目的组织和申报做好服务。（责任单位：省科技厅、省发展改革委、省工信厅）

五、保障措施

29.建立以高质量发展为导向的科研综合评价制度。研究制定考核评价细则，采取第三方机构组织、同行评议为主的评价方法，注重中长期创新绩效，主要评价省级财政科研投入对创新能力提升、标志性成果产出、人才培养、产业升级产生的长远影响，减轻“唯论文、唯学历、唯职称、唯奖项”权重，尤其适当降低论文、专利数量等短期量化指标的权重，定期对科研专项进行综合评价。（责任单位：省科技厅、省发展改革委）

30.完善科技创新服务体系。加快社会化技术转移机构发展，取消技术贸易经营准入限制，鼓励各类科技创新服务机构为技术转移提供知识产权、法律咨询、资产评估、技术评价等专业服务。引导各类创新主体和技术转移机构联合成立技术转移联盟，强化信息共享和业务合作。大力发展技术经纪、知识产权、检验检测等科技创新服务，支持科技企业孵化器、大学科技园、众创空间等孵化机构到科研一线提供创新创业服务。加强创新服务人才培养，支持设置专职从事创新服务工作的创新型岗位，鼓励退休专业技术人员从事创新服务。（责任单位：省科技厅、省发展改革委、省工信厅、省市场监管局、省税务局）

31.加强对省级科技创新平台的绩效考核。充分激发科技创新平台的创新活力，加强平台建设和运行的引导和监督。对省级科技创新平台，按照建设目标对平台每2年进行一次评估和绩效考核，对2次考核不合格的进行摘牌，对弄虚作假、涉嫌故意套取财政资金的追缴财政补助资金，列入科研诚信黑名单，按有关法律法规规定处理。（责任单位：省科技厅、省财政厅）

32.完善科研诚信体系。建立健全科技创新守信激励和失信惩戒体系，实行科研信用在各社会领域诚信信息共享共用，实施联合激励与惩戒。对信用良好的创新主体，在科研申报和管理等方面依法给予便利，对科研不端行为零容忍，对存在失信行为的创新主体，在科研项目申报、政府采购、财政资金支持、融资授信、获得相关奖励等方面依法予以限制。实施科研诚信承诺和审核制度，将签订科研诚信承诺书作为申报科研项目、创新平台、科技奖励、重大人才工程的必要条件。(责任单位：省科技厅)

33.加强科研伦理建设。支持开展科研伦理和道德研究，进一步强化科研伦理和道德的专家评估、审查、监督、调查处理和应急处置等工作。生命科学、医学、人工智能等前沿领域和对社会、环境具有潜在威胁的科研活动，在立项前实行科研伦理承诺制，对不签订科研伦理承诺书的项目不予立项。涉及人的生物医学科研和从事实验动物生产、使用的单位，应当按国家相关规定设立伦理委员会，严格执行有关法律法规，遵循国际公认的科研伦理规范和生命伦理准则。

政府工作报告

2021年1月25日在甘肃省第十三届人民代表大会第四次会议上
甘肃省代省长 任振鹤

各位代表：

我代表省人民政府，向大会报告工作，请连同《甘肃省国民经济和社会发展第十四个五年规划和二〇三五年远景目标纲要（草案）》一并审议，并请省政协委员和其他列席人员提出意见。

“十三五”时期工作回顾

过去五年，是全省上下负重自强、顽强拼搏的五年，是陇原大地绿色转型、沧桑巨变的五年。在以习近平同志为核心的党中央坚强领导下，省委带领全省人民以习近平新时代中国特色社会主义思想为指导，全面贯彻党的十九大和十九届二中、三中、四中、五中全会精神，坚定不移沿着习近平总书记指引的方向奋力前行，决战脱贫攻坚取得决定性胜利，全面建成小康社会取得历史性成就，“十三五”规划目标任务总体完成，迈出了建设幸福美好新甘肃、开创富民兴陇新局面的坚实步伐。

（一）经济高质量发展成效显著。统筹做好稳增长、促改革、调结构、惠民生、防风险、保稳定各项工作，全省经济运行企稳向好、稳中有进。

综合实力大幅提升。全省地区生产总值由“十二五”末的6557亿元增加到9017亿元，年均增长5.5%。一般公共预算收入比“十二五”增长40.2%。存贷款余额均突破2万亿元。国有企业资产总额增加到2.4万亿元，增长70.8%。上市企业数量从28家增加到35家。金川公司入围世界企业500强，公航旅集团、酒钢集团、建投集团、白银公司进入中国企业500强。兰州新区经济增速连续4年领跑国家级新区。

经济结构持续优化。三次产业结构调整为13.3 ：31.6：55.1，三产比重上升4.5个百分点。十大生态产业增加值达到2179亿元，占地区生产总值比重达24.2%。战略性新兴产业、高新技术产业工业增加值占规上工业比重分别达到10.9%和5.7%。文化旅游业蓬勃发展，五年接待游客13.2亿人次、实现综合收入8995亿元，分别是“十二五”的2.5倍和2.8倍，张掖丹霞、炳灵寺石窟跻身5A级景区。

增长动能加快转换。获批建设兰白自创区、国家中医药产业发展综合试验区、国家新能源综合示范区、兰州新区绿色金融改革创新试验区。专利申请量从5.11万件增加到13.25万件，高新技术企业由319户增加到1229户，科技进步对经济增长贡献率达到55.1%。兰州步入国家创新型城市行列。兰白综合性高技术、金昌新材料、酒泉新能源、天水装备制造、定西中医药等产业集群初成规模。榆中生态创新城、大敦煌文化旅游经济圈启动建设。

基础设施显著改善。新增高速及一级公路2133千米，铁路1222千米、其中高铁626千米，兰渝铁路、敦格铁路、宝兰高铁、银西高铁（甘肃段）建成通车，兰州进入“地铁时代”，全省首条自主投资的天水至陇南铁路开工建设。陇南成县机场、张掖丹霞通用机场建成，敦煌机场扩建工程完工，中川机场三期扩建项目开工建设。全省具备条件的建制村全部通硬化路、通客车，贫困县所有村实现动力电全覆盖。兰州第二水源地、天水城区引洮供水工程建成通水，引洮二期骨干和配套城乡供水、中部生态移民扶贫开发供水、古浪黄花滩调蓄供水等工程进展顺利。民

甘肃年鉴 2021

勤红崖山水库加高扩建工程全面建成，黄河甘肃段防洪工程基本完工。5G网络实现所有市州主城区连续覆盖。

（二）脱贫攻坚取得决定性成就。举全省之力向绝对贫困发起总攻，75个贫困县全部摘帽，7262个贫困村全部退出，现行标准下农村贫困人口全部脱贫，特别是纳入全国“三区三州”的甘南、临夏及天祝等深度贫困地区面貌发生历史性变化。

“两不愁三保障”全面完成。累计投入财政专项扶贫资金837.2亿元，年均增长24.5%。贫困家庭失学辍学学生应返尽返，乡村两级基本医疗“空白点”全面消除，建档立卡贫困人口参保全覆盖，动态新增危房改造全部完成，饮水安全问题历史性解决。49.9万建档立卡贫困人口易地扶贫搬迁任务全面完成。教育精准扶贫国家级示范区建设成效明显。

产业扶贫体系逐步构建。“牛羊菜果薯药”六大特色产业增加值达到753亿元，占农业增加值的60.9%，比“十二五”末提高9.2个百分点。农业产业化龙头企业达到3096家，农民专业合作社实现贫困村全覆盖。农业保险在产业扶贫中发挥了重要保障作用。2546个扶贫车间、30.5万个公益岗位让群众就业不出村、挣钱不离家。就业扶贫、消费扶贫、旅游扶贫、光伏扶贫、生态扶贫有力拓宽增收渠道，建档立卡贫困人口人均纯收入达到8539元，年均增长22.2%。

农村发展稳定向好。粮食生产连年丰收，总产首次突破240亿斤。建成高标准农田331万亩、戈壁生态农业28万亩。成功创建4个国家级现代农业产业园和中以（酒泉）绿色生态产业园。“甘味”农产品走向全国。农村人居环境整治三年行动顺利完成，国家部委命名的各类美丽乡村（生态文明）示范村达到212个。

在艰苦卓绝的脱贫攻坚战中，东部协作4市和36家中央定点扶贫单位鼎力支持、无私援助，累计投入资金112亿元，实施协作项目4931个、帮助引进项目1170个；社会各界广泛参与、倾情助力，“光彩事业临夏行”“民企甘南行”“津企陇上行”“巾帼脱贫行动”“千企帮千村”等帮扶活动卓有成效；各级帮扶干部驻村入户、奋战一线，涌现出张小娟等胸怀大爱、忘我奉献的模范典型。千里陇原的山山水水，处处留下了牵手帮扶的动人场景，深深镌刻着聚力攻坚的奋斗足迹，精彩书写了伟大减贫事业的甘肃篇章！

（三）生态文明建设全面加强。深刻吸取祁连山生态环境破坏问题教训，动真碰硬抓整治，举一反三建机制。今天的甘肃，从黄河之滨到祁连之麓，从雪域高原到黄土大塬，一幅山川秀美的画卷正在徐徐展开。

祁连山生态治理“由乱到治大见成效”。整改任务按期完成，保护区内144宗矿业权全部分类退出，42座水电站全部分类处置，25个旅游设施全面实施生态修复，核心区农牧民全部搬迁。天空地一体化生态监管网络构建完善，自然保护区管理体制理顺优化。一度伤痕累累的祁连山开始恢复昔日的宁静、和谐、美丽，习近平总书记亲临视察给予充分肯定。

生态保护治理纵深推进。完成营造林2605万亩、退化草原治理7873万亩、水土流失治理4626万亩、沙化土地综合治理1030万亩。五级河（湖）长体系全面建立。祁连山、大熊猫国家公园体制试点任务顺利完成。黄河流域生态保护和高质量发展战略启动实施。八步沙“六老汉”三代人治沙造林先进群体成为时代楷模。平凉、张掖被命名为国家生态文明建设示范市。甘南被联合国人居环境发展促进会评为“中国最具民族特色旅游目的地和旅游胜地”，生态文明小康村建设入选全国改革开放四十周年典型案例。

污染防治三年攻坚行动如期完成。蓝天、碧水、净土保卫战成效显著，全省空气质量平均优良天数比率达到93.7%，较“十二五”末提高5个百分点，14个市州细颗粒物年均浓度达到国家二级标准，“兰州蓝”由“浅蓝”走向“深蓝”。全省国控断面水质优良率达100%。土壤环境质量总体稳定。能耗强度和总量控制完成国家下达目标。

（四）改革开放深入推进。坚持以改革促发展，以开放拓空间，甘肃正以更具活力、更加自信的姿态呈现在世人面前。

重点领域改革不断深化。供给侧结构性改深入推进，“三去一降一补”成效明显，降低企业成本1460多亿元，完成减税降费445亿元。省属企业混合所有制改革户数占比达到45%，十大产业集团加快发展。“放管服”改革升级增效，取消、调整、下放行政审批事项326项，省级97%政务服务事项实现“最多跑一次”，“不来即享”等服务机制让更多优惠政策直达企业，市场主体增加到187万户，比“十二五”末增长45.8%。农村“三变”改革辐射带动农户156.3万户。自然资源资产产权制度改革启动实施，争取城乡建设用地增减挂钩跨省域调剂指标6万亩、资金180亿元。投融资体制、社会事业、执法司法等领域改革有序推进。

开放平台功能不断强化。“三大陆港”“三大空港”扩容提质，开通5条国际货运班列线路、12条国际货运包机航线。海关指定监管场地、进口口岸达到10个。兰州、天水获批跨境电商综合试验区，西北首家铝期货指定交割仓库挂牌运营。在“一带一路”沿线国家和地区设立12个商务代表处，建立111个国际营销服务网点、海外仓和商品展示展销中心，贸易量占进出口总额43.9%。与40个国家的63个省州和城市建立友好关系。与10个省区市签署合作协议。兰洽会、“一会一节”、药博会等节会影响力不断扩大。

新型城镇化步伐加快。深化户籍制度改革，提前完成240万转移人口市民化目标，全省常住人口城镇化率达到50%。兰西、关中平原城市群建设积极推进。县城和特色城镇加快建设，公共设施和服务能力明显提升。兰州、金昌、嘉峪关荣获全国文明城市称号。

（五）民生福祉持续增进。民生支出占到财政总支出的80%，人民群众获得感、幸福感、安全感显著提升。

就业和社会保障得到强化。累计新增城镇就业205.6万人，输转城乡富余劳动力2629万人次。城乡居民人均可支配收入分别达到33822元和10344元，比“十二五”末提高42.3%和49.1%。城乡居民基本医疗保险跨省和省内异地就医直接结算全面实现。基本养老保险参保率达到98%，养老机构和服务设施覆盖所有县区。城乡低保标准分别提高52%和81.9%。完成城镇棚户区住房改造82.8万套，建成保障性安居工程61.3万套。

社会事业全面进步。基础教育普及均衡程度大幅提升，现代教育体系基本建立，高等教育创新服务能力明显增强。五级医疗卫生服务体系全面建立。体育馆或全民健身中心实现市级全覆盖。99%的行政村、92%的社区建成综合性文化服务中心。《敦煌盛典》《回道张掖》《天水千古秀》等优秀剧目精彩纷呈，《莫高窟与吴哥窟的对话》被评为优秀国产纪录片。夏河丹尼索瓦人研究入选2019世界十大考古发现。国防动员、人民防空、双拥共建工作不断加强，退役军人五级服务保障机构全面建立。重大国情国力普查取得重要成果。

社会治理水平显著提升。“七五”普法任务圆满完成。新型应急管理体系加快建立，安全生产形势稳定向好。“食安甘肃”建设成效明显。扫黑除恶专项斗争深入开展，市域社会治理现代化积极推进，人民群众对平安建设满意度位居全国第4。民族团结进步创建深入推进，中华民族共同体意识不断增强。深化宗教领域突出问题整改，宗教依法治理、依法管理水平不断提升。老龄、妇女儿童、青少年、残疾人、工会、红十字、慈善、关心下一代等事业取得新成效，统计调查、审计、信访、气象、地震、地方志、参事、文史、档案、外事、侨务、社科、供销等工作取得新进展。

刚刚过去的2020年，面对突如其来的新冠肺炎疫情和百年不遇的暴洪泥石流灾害叠加影响，全省上下坚决贯彻党中央、国务院决策部署，勠力同心、攻坚克难，特别之年特别作为，交出一份好于预期、可以载入史册的答卷。我们众志成城抗疫情。坚持人民至上、生命至上，第一时间启动应急响应，扎实做好“外防输入、内防反弹”工作，健全常态化防控机制，构建防护物资生产保障体系，组织调派796名优秀医护人员驰援湖北，圆满完成13架航班入境人员集中留观救治任务，疫情防控取得重大战略成果。我们精准调度稳增长。适时下调疫情防控响应级别，出台落实“六稳”“六保”一揽子政策措施，推动经济运行由降转升、企稳向好，多项指标增速实现历史性进位。全省地区生产总值增长3.9%，增幅居全国第4位；规上工业增加值增长6.5%，增幅居全国第4位；固定资产投资增长7.8%，增幅居全国第7位；社会消费品零售总额下降1.8%，增幅居全国第10位。举办中国节水论坛、“一带一路”美丽乡村论坛等活动，产生广泛影响。我们咬定目标抓脱贫。强化挂牌督战机制，实施“3+1”冲刺清零后续行动，开展“5+1”专项提升行动，优先组织贫困劳动力外出务工和返岗就业，贫困劳动力稳定务工就业189.9万人，有效对冲疫情灾情影响，为夺取脱贫攻坚战全面胜利发挥了决定性作用。我们用情用力保民生。11件为民实事全部办结。应届高校毕业生就业率达到92.5%。对符合条件的2.4万人落实相应救助，将受疫情影响导致基本生活困难11.1万人纳入低保范围，对24.3万人实施临时救助。全力应对陇南等地暴洪灾害，妥善安置受灾群众，最大限度降低了灾害损失。我们持续加强政府自身建设，落实全面从严治党主体责任，推动“不忘初心、牢记使命”主题教育常态化制度化，政府效能不断提升。自觉接受省人大法律监督、工作监督和省政协民主监督，办理省人大代表意见建议574件、政协提案804件，提请省人大常委会制定、修改和废止地方性法规（案）21件。

五年的发展成就令人鼓舞，五年的艰辛历程让人难忘。面对任务最重、难度最大的脱贫硬仗，我们尽锐出战、敢死拼命，撕下了“苦甲天下”的历史标签；面对生态破坏、环境蒙尘的被动局面，我们知耻后勇、守正创新，蹚出了绿色崛起的转型路子；面对断崖下滑、低位徘徊的经济形势，我们克难奋进、爬坡过坎,实现了经济增长的提速进位。这些成绩的取得，是以习近平同志为核心的党中央亲切关怀的结果，是习近平新时代中国特色社会主义思想特别是习近平总书记对甘肃重要讲话和指示精神科学指引的结果，是省委团结带领全省人民苦干实干的结果。我谨代表省人民政府，向全省各族人民，向人大代表、政协委员、各民主党派、工商联、无党派人士、各人民团体，向驻甘人民解放军指战员、武警官兵、公安民警和中央在甘单位，向给予甘肃脱贫事业无私援助的东部协作省市和中央定点扶贫单位，向关心支持甘肃发展的各界人士和海内外朋友，表示最衷心的感谢和最崇高的敬意！

五年的发展实践，使我们深刻体会到，做好政府工作：必须旗帜鲜明讲政治，深学笃行习近平总书记对甘肃重要讲话和指示精神，把党的全面领导落实到经济社会发展各方面全过程；必须深入贯彻新发展理念，坚定不移走生态优先、绿色发展之路，加快推动高质量发展；必须坚持以人民为中心的发展思想，把人民利益放在最高位置，全心全意为陇原人民谋福祉；必须加强法治政府建设，严格依法行政、依规办事，使各项工作在法治轨道上规范运

行；必须强化作风保障，一以贯之抓落实，一张蓝图绘到底。这些重要启示，需要我们长期坚持、不断发展。

成绩值得倍加珍惜，征途不容丝毫懈怠。我们要时刻谨记发展不平衡不充分仍是最大省情，时刻谨记完成脱贫任务不容易、巩固脱贫成果不轻松，时刻谨记人民群众对提高收入水平和生活品质充满热切期待。全省经济社会发展仍面临不少困难和问题。主要是：经济企稳向好基础尚不稳固，消费还没完全恢复。支撑发展的新动能还不强劲，战略性新兴产业和高新技术产业规模较小，科技成果转移转化率不高。城乡区域产业结构不尽合理，民营经济发展仍不充分，县域经济基础薄弱，财政收支矛盾突出。基础设施瓶颈亟待消除，综合运输通道和枢纽网络还不完善。生态环保任重道远，资源节约集约利用仍需加力。缺水问题尚未根本解决，水资源利用效益有待提升。政府职能转变还不到位，营商环境还需改善优化等等。这些问题，重要而关键，现实又紧迫，我们要迎难而上、担当作为,下大力气加快解决。

“十四五”时期总体部署和奋斗目标

“十四五”时期是我国全面建成小康社会、实现第一个百年奋斗目标之后，乘势而上开启全面建设社会主义现代化国家新征程、向第二个百年奋斗目标进军的第一个五年。纵观国内外形势，当今世界正经历百年未有之大变局，中华民族伟大复兴正处于关键阶段，我国发展的重要战略机遇期没有改变，但机遇和挑战都有新的发展变化，危机并存、危中有机、危可转机。进入新发展阶段，贯彻新发展理念，党中央作出构建以国内大循环为主体、国内国际双循环相互促进的新发展格局战略部署，必将促使各种生产要素加速向西部流动，推动东部产业加快向西部转移。甘肃发展正迎来前所未有的历史性机遇。

习近平总书记对甘肃发展寄予厚望，“潜力和困难都比较突出、优势和劣势都比较明显”的省情论断精辟深刻，“八个着力”的重要指示历久弥新，“建设幸福美好新甘肃”的殷切嘱托语重心长，“开创富民兴陇新局面”的深切期许意蕴丰富，这是我们做好一切工作的根本遵循和行动指南。展望今后五年，我省处于多重发展机遇叠加期，深化改革开放攻坚期，弥补基础短板突破期，经济转型升级关键期，缩小发展差距窗口期。只要我们坚定信心、保持定力，坚决贯彻落实习近平总书记对甘肃重要讲话和指示精神，紧紧扭住发展第一要务不动摇，集中力量办好自己的事，完全能够拓展势能、增添动能、发挥潜能，开辟高质量发展新境界。

根据省委《关于制定国民经济和社会发展第十四个五年规划和二〇三五年远景目标的建议》，“十四五”时期全省经济社会发展的指导思想是：高举中国特色社会主义伟大旗帜，深入贯彻党的十九大和十九届二中、三中、四中、五中全会精神，坚持以马克思列宁主义、毛泽东思想、邓小平理论、“三个代表”重要思想、科学发展观、习近平新时代中国特色社会主义思想为指导，全面贯彻党的基本理论、基本路线、基本方略。深入落实习近平总书记对甘肃重要讲话和指示精神，统筹推进“五位一体”总体布局，协调推进“四个全面”战略布局，坚定不移贯彻新发展理念，坚持稳中求进工作总基调，以推动高质量发展为主题，以深化供给侧结构性改革为主线，以改革创新为根本动力，以满足人民日益增长的美好生活需要为根本目的，坚持系统观念，统筹经济和生态、城镇和乡村、发展和安全，加快构建以国内大循环为主体、国内国际双循环相互促进的新发展格局。更加注重生态优先，更加注重培植动能，更加注重提质增效，更加注重固强补弱，更加注重系统治理，朝着经济发展、山川秀美、民族团结、社会和谐的目标奋勇前进，努力谱写加快建设幸福美好新甘肃、不断开创富民兴陇新局面的时代篇章，为甘肃全面建设社会主义现代化开好局、起好步。

“十四五”时期的发展目标是：经济发展取得重要成效。以新发展理念为引领的高质量发展体系更加完善，创新发展能力、内需拉动能力显著增强，乡村振兴全面推进。改革开放迈出重大步伐。市场主体活力有效激发，开放型经济加快发展，全面构建新发展格局纵深推进。社会文明程度进一步提高。社会主义核心价值观融入社会发展各方面，人民思想道德素质、科学文化素质和身心健康素质明显提高。生态文明建设达到新水平。黄河流域生态保护和高质量发展战略深入实施，城乡人居环境更为整洁优美，国家西部生态安全屏障更加牢固。人民生活品质普遍改善。实现更加充分更高质量就业，基本公共服务均等化水平明显提高，人民对美好生活的向往得到更好实现。治理效能明显提升。全面依法治省迈出坚实步伐，民主法治更加健全，社会公平正义进一步彰显，共建共治共享的社会治理格局加快形成。

围绕上述指导思想和发展目标，聚力推动“七个新突破”：（一）创新甘肃建设新突破。着眼全面塑造发展新优势，持续加大科技投入，以兰白自创区和兰白试验区提质增效为重点，着力打造一批重大科技创新载体，创建国家级创新平台。加强校地、院地互动融通，加快推动“政产学研用”协同创新。鼓励企业加大研发投入和技术改造力度，做强行业领军创新型企业，培育10家左右年主营业务收入超50亿元的科技创新型骨干企业。实行更加开放的人才政策，实施重点人才培育工程，激发各类人才创新创造内生动力。健全科技创新治理体系，畅通科技成果转移转化通道，优化科技生态环境，打造西部地区创新驱动发展新高地。

（二）产业竞争力提升新突破。坚持产业兴省、工业强省，强龙头、补链条、聚集群，推动制造业比重稳定、质效提升，夯实高质量发展基础。实施提升产业链水平攻坚行动，以石油化工、有色冶金、装备制造、能源电力等为重点，加快推进传统产业高端化、智能化、绿色化改造。抢抓国家优化区域产业链布局机遇，创造更好条件承接东部产业转移，助推产业基础高级化、产业链现代化。以特色农业、数字智能、生物医药、新能源、新材料、文旅康养等为重点，打造千亿级产业集群，建设百亿级园区。大力培育发展新业态新模式，促进现代服务业加快发展，积极打造“云上甘肃”“数字强省”。

（三）基础支撑强化新突破。坚持基础先行，加快完善现代化基础设施体系。落实交通强国战略，强化铁路、公路、航空等网络配套支撑，提高农村和边境地区交通通达深度，实现交通大提速、大升级、大畅通。坚持大中小水利并举，通过涵养水、抓节水、优配水、保供水、防洪水“五水共抓”，满足人民群众对优质水资源、健康水生态、宜居水环境、防洪保安全的需求。系统布局“新基建”，打造面向“一带一路”的通信枢纽、区域信息汇集中心和大数据服务输出地。用好碳达峰、碳中和机遇，推进能源革命，加快绿色综合能源基地建设，打造国家重要的现代能源综合生产基地、储备基地、输出基地和战略通道。

（四）绿色发展崛起新突破。深入践行绿水青山就是金山银山理念，推动经济社会发展全面绿色转型，加快构建现代环境治理体系和生态文明体系。坚持重在保护、要在治理，统筹推进黄河流域生态保护和高质量发展，提升黄河上游水源涵养功能，加强陇中陇东黄土高原水土保持，实施流域综合治理。开展大规模国土绿化行动，构建以祁连山、大熊猫、若尔盖（甘肃）国家公园为主体的自然保护地体系。强化土地沙化防治，建设民勤生态示范区。突出精准、科学、依法治污，巩固污染防治攻坚成果。坚持把生态产业作为转方式、调结构的主要抓手，推动产业生态化、生态产业化，促进生态价值向经济价值转化增值，加快发展绿色金融，全面提高绿色低碳发展水平。

（五）城乡融合发展新突破。以实施乡村振兴战略为总抓手，坚持“四化”同步发展，促进城乡要素平等交换、双向流动和公共资源合理配置，强化以工补农、以城带乡，推动形成工农互促、城乡互补、协调发展、共同繁荣的新型工农城乡关系。优先发展农业农村，实现巩固拓展脱贫攻坚成果同乡村振兴有效衔接，大力发展现代丝路寒旱农业，努力让农业更强、农民更富、农村更美。抢抓新一轮西部大开发机遇，打造以西陇海兰新线为主轴，以兰州为中心、其他地级市城区为支撑、多个经济强县城区为节点的新型城镇化发展格局，壮大区域经济增长极。突出县域经济发展的重要作用，建设一批生态大县、农业强县、工业富县、文旅名县。

（六）深化改革开放新突破。坚持以改革促开放、以开放促改革，加快打造活力甘肃、开放甘肃、诚信甘肃。把握有效市场和有为政府结合点，加快国资国企改革，深化“放管服”改革，优化营商环境，推进要素市场化配置改革，更大力度发展民营经济，激发各类市场主体活力。发挥我省承东启西、连南通北区位优势，更深层次参与共建“一带一路”，不断拓展对内对外开放空间，加快形成内外兼顾、陆海联动、向西为主、多向并进的开放新格局，打造新时代的“河西走廊”。

（七）民生品质改善新突破。紧扣“品质”二字，做实“品质”文章，将基本财力向民生领域倾斜，着力在提高城乡居民收入、促进共同富裕上取得实质性进展。实施就业优先政策，扩大就业容量，提升就业质量。坚持以文塑旅、以旅彰文，释放甘肃厚重多彩的文化魅力，打造文化兴、生态美、百姓富的文化旅游强省。强化普惠性、基础性、兜底性民生建设，提升公共服务水平。抓好多层次多支柱养老保险体系建设，提高社会保障能力。统筹发展和安全，推进更高水平的平安甘肃建设，促进社会和谐稳定。

各位代表！奋进“十四五”，迈向新征程，我们要牢记富民之责，厚植兴陇之势，以只争朝夕的紧迫感加快发展，以跳起摘桃的进取心争先进位，彰显新担当、展示新作为、书写新篇章。

2021年工作任务

今年是现代化建设进程中具有特殊重要性的一年，迈好第一步，见到新气象。全省经济社会发展的主要预期目标是：地区生产总值增长6.5%，在实际工作中力求取得更好结果。规上工业增加值增长5%，固定资产投资增长7%，社会消费品零售总额增长7%，一般公共预算收入同口径增长5%。居民消费价格指数涨幅控制在3%左右，城镇调查失业率控制在6%左右，城乡居民人均可支配收入分别增长6.5%和8%。生态环境质量进一步改善，单位生产总值能耗、主要污染物排放控制在国家下达的目标之内。粮食产量保持在240亿斤。

开局起步任务重、挑战多、要求高。我们要突出重点、把握关键，着力抓好八个方面工作：

（一）贯彻新发展理念，坚定不移推动经济高质量发展。发展是解决一切问题的基础和关键。要在产业结构升级和创新驱动转型的突破点上精准发力，提高经济发展质量效益。

强化技创新支撑能力。发挥中央在甘科研院所、科技型企业以及兰州大学等国家战略科技力量作用和省属院校、科研资源优势，争取建设兰州综合性国家科学中心。持续推进兰白自创区和兰白试验区建设，整合优化省级科技创新基地布局。强化企业创新主体地位，支持龙头企业

联合高等院校、科研机构和上下游企业组建创新联合体。健全科技型企业梯次培育发展体系，建立高新技术企业培育库，高新技术企业突破1300家。实施科技项目“揭榜挂帅”，开展核心关键技术攻坚行动，研发具有较强竞争力的重大新产品。完善科技成果转移转化直通机制，提升兰州科技大市场创新服务能力。落实与国家知识产权局合作会商机制，建成中国（甘肃）知识产权保护中心。

以“三化”改造促进传统产业提质升级。实施产业基础再造工程及行动计划，推进167个生态产业领域重点工业项目建设，抓好240个“三化”改造项目。支持兰州石化打造黄河流域高质量发展示范企业。推动兰州石化乙烯、金川公司氯碱化工下游高端产品研发生产，推进庆阳石化减油增化转型升级，支持玉门油田发展清洁能源制氢。支持甘肃烟草工业公司产品结构转型升级行动。壮大天水电工电气、电子信息制造产业基地规模，增强酒泉、武威、定西等新能源和农机装备产业基地实力，提升冶金与化工、新材料等其他行业的耦合度。加快陇东能源基地煤电化一体开发。

发力壮大生态产业。抓好300个重大带动性工程建设，力争生态产业增加值占地区生产总值比重达到27%。实施千亿产业集群和百亿园区突破行动，加快培育2~3个千亿级产业集群，打造5~6个百亿级园区。支持兰州新区绿色化工园区集聚发展。推进平凉智能光电产业园、张掖智能制造产业园、兰州新区大数据、金昌网络货运数字产业园和白银云创空间科创园建设。加快建设国家中医药产业发展综合试验区、陇东南国家中医药养生保健旅游创新区。推动武威钍基熔盐堆等项目建设。大力推进碳离子治疗系统产业化发展。壮大金昌、兰州等新材料产业基地，推进白银东方钛业绿色循环产业项目建设。启动建设黄河上游大草原生态旅游经济圈、陇东南始祖文化旅游经济圈，创建张掖芦水湾国家级旅游度假区，争取铜奔马文化旅游景区、岐黄周祖文化旅游景区、黄河石林景区申报创建5A级景区，建设临夏世界地质公园。

大力发展数字经济。高起点编制“十四五”数字经济创新引领发展规划。加快数字产业化和产业数字化，发展培育大数据、云计算、人工智能、区块链等核心数字产业集群。抓好工业互联网平台培育工程，推进普惠性“上云用数赋智”服务。实施庆阳金山云西北总部、兰州鲲鹏计算、海康威视区域总部等重点数字产业项目。建设一批数字化车间和智能化工厂。提升丝绸之路“两港”建设运营水平，推广“城市大脑”、数字医疗、智慧城市和数据安全技术。

（二）落实扩大内需战略，全力抓投资促消费。充分发挥有效投资关键作用和消费基础性作用，增强经济发展支撑力、牵引力。

加快实施重大交通项目。计划投资1140亿元，加大交通基础设施补短板力度。建成平凉至天水、甜水堡至永和、通渭至定西、张掖至肃南等高速及一级公路600千米，新增5个县（市）通高速公路，建成国省干线及旅游公路800千米。加快景泰至礼县（陇南段）、康县至略阳、酒嘉绕城等高速公路建设。启动“环兰”骨干通道、省际出口路及河西走廊、兰西城市群、关中平原城市群等重点区域路网完善工程。实施天水绕城、临洮经康乐至广河、傅家窑至苦水等公路项目。抓好中卫至兰州、兰张三四线兰武段、西宁至成都甘肃段、兰州至合作、中川机场环线、天水至陇南等铁路续建项目，力争开工建设中卫经平凉至庆阳铁路。加快推进中川机场三期扩建工程，实施嘉峪关机场改扩建项目，争取临夏机场开工建设，积极推进平凉机场前期工作。谋划打造我省南向水上通道。

推进重大水利工程建设。计划投资120亿元，实施一批骨干水网、民生水利、水生态保护和防洪抗旱减灾工程。建成引洮二期骨干、古浪黄花滩调蓄供水工程，加快引洮二期配套城乡供水、中部生态移民扶贫开发供水等重点工程建设进度。力争白龙江引水、引哈济党等工程前期工作取得实质进展。做好陇南国家油橄榄基地供水、引大入秦延伸增效、黄河干流防洪二期等工程前期工作。开工建设16处中型灌区续建配套与节水改造项目，改造面积40.58万亩。

加强新型基础设施建设。有序推进5G网络建设，推动5G技术在重点行业领域应用。启动全省一体化大数据中心体系建设，争取布局建设全国一体化大数据中心国家枢纽节点。开展“东数西算”工程试点，加快张掖、金昌、酒泉、庆阳、兰州新区等云计算大数据中心建设，争取布局建设区域智能计算中心。建成区块链信任基础设施平台。启动酒泉至湖南特高压直流输电工程配套200万千瓦风电项目建设，力争陇东至山东特高压直流输电工程开工建设，谋划实施河西第二条特高压直流输电工程和750千伏、330千伏等骨干电网项目。科学合理配建充电桩，大力推广新能源汽车。

挖掘释放消费潜力。推动城乡老旧市场转型升级，改造一批农产品大型交易市场、产地批发市场、县乡农贸市场，提升一批专业化、综合性大型批发市场。加快城乡冷链物流设施建设，扩大万吨以上冷库集散覆盖范围，提高果蔬、肉类、水产等重点农产品冷链流通比例。推进步行街改造提升，打造一批省级示范步行街。促进传统商业数字化、智能化改造，提升电商进农村综合水平。发展壮大仓储物流、人才服务、研发设计等生产性服务业，推进健康、养老、育幼、家政等生活性服务业向高品质和多样化升级。加快完善再生资源回收利用网络，促进机动车、家电、电子产品消费更新换代。

（三）全面推进乡村振兴，促进农业农村优先发展。坚持“三农”重中之重地位不动摇，加快提升农业农村现

代化水平，促进农业高质高效、乡村宜居宜业、农民富裕富足。

巩固拓展脱贫攻坚成果。严格落实“四个不摘”要求，保持现有帮扶政策、资金支持、帮扶力量总体稳定。健全防止返贫动态监测和帮扶机制，持续跟踪收入变化和“两不愁三保障”巩固情况，定期核查、及时发现、精准帮扶、动态清零。建立农村低收入人口帮扶机制。强化易地扶贫搬迁后续扶持工作。加快推动陇南等地暴洪灾害住房重建和避让搬迁。做好脱贫人口稳岗就业。充分发挥农村社会保障和救助制度兜底作用，促进弱劳力、半劳力家庭就近就地就业。在脱贫县中集中支持一批乡村振兴重点帮扶县。加强扶贫项目资产管理和监督。促进扶贫车间转型持续发展。做好东西部协作和中央定点帮扶对接工作。开展“千企兴千村”活动。

推进粮食稳产增效。落实“藏粮于地、藏粮于技”战略，实施“优质粮食工程”，着力提升产能、品质和效益。严防死守耕地保护红线，坚决遏制耕地“非农化”、防止“非粮化”，开展撂荒地整治和盐碱地治理。新建高标准农田350万亩，继续建设国家级旱作农业区，实施一批现代农业高效节水示范区，确保粮食播种面积稳定在4000万亩。放大张掖、定西、酒泉等国家级现代制种基地优势，抓好玉米、马铃薯、中药材、花卉、蔬菜、饲草及畜禽等种质资源保护、利用和开发，加快动植物良种“育繁推”一体化发展,推动种业大省向种业强省迈进，力争在国家“种业翻身仗”中作出甘肃贡献。

启动优势特色产业三年倍增行动计划。推进国家级和省级现代农业产业园建设，建好陇西中药材、安定马铃薯、民乐现代设施戈壁生态农业、环县肉羊、静宁苹果和武威生态奶等现代农业产业园。持续培育发展龙头企业、合作社、家庭农场、种养大户。积极发展农业生产托管，健全完善农业社会化服务体系。大力发展绿色循环农牧业，提升“厚道甘肃·地道甘味”品牌影响力。推动优势特色产业面积增加到3640万亩。促进一、二、三产业融合发展，把产业链留在县域，把增值收益留给农民。

实施乡村建设行动。强化乡村建设规划引领，以县为单位分类编制村庄建设规划。统筹实施路、水、电、气、通信、物流等基础设施，打造乡村建设示范村500个。有序开展农村燃气建设工作。实施农村人居环境整治提升五年行动，完善乡村垃圾收运体系，因地制宜建设乡村垃无害化处理设施，改建新建农村户用卫生厕所50万座以上。积极推进数字乡村建设。大力发展乡村旅游，着力打造西部知名乡村旅游目的地。

（四）加大生态环境保护治理力度，持续提升生态文明建设水平。深入贯彻习近平生态文明思想，持续发力治理环境，久久为功保护生态，让甘肃的天更蓝、山更绿、水更清。

抓好黄河流域生态保护。强化上游意识、担好上游责任，全面落实国家黄河流域生态保护和高质量发展规划纲要及我省规划。以祁连山生态保护、甘南黄河上游水源涵养区和陇中陇东黄土高原区水土治理为重点，统筹精准用好项目资金，推进水源涵养、污染防治、水土保持等重点项目建设，实施尕海湿地、黄河首曲湿地生态修复工程，推进黄河兰州白银段湿地保护，实施一批水土流失治理工程。推动合作市美仁、玛曲县阿万仓国家草原自然公园建设试点。开展环境污染和生态破坏问题排查整治。推进黑河、石羊河流域横向生态保护补偿试点，加快石羊河流域综合治理前期工作。

深化生态环境治理修复。加快编制省级国土空间生态修复规划。巩固祁连山生态环境问题整改成效，强化区域生态修复治理，抓好剩余10项长期任务落实。推进祁连山、大熊猫国家公园建设。加快自然保护地内矿业权分类退出，抓好历史遗留废弃矿山生态修复，全面推进绿色矿山建设。实施新一轮退耕还林还草、天然林保护、防护林体系建设、退化林修复、退牧还草等国家重点生态工程，加大防沙治沙力度。全面推行林长制。编制我省碳排放达峰行动方案。鼓励甘南开发碳汇项目，积极参与全国碳市场交易。健全完善全省环境权益交易平台。实施“三线一单”生态环境分区管控，对生态环境违法违规问题零容忍、严查处。

深入打好污染防治攻坚战。实施大气污染治理“八大工程”，重点抓好工业、燃煤、机动车和扬尘四类污染源治理，推进颗粒物与臭氧协同治理。坚持水资源利用、水生态保护和水环境治理“三水”统筹，注重盘活城市水系，提升中水回用水平，持续巩固城市建成区黑臭水体整治成果，探索开展农村黑臭水体整治。紧盯受污染耕地和污染地块安全利用，开展重点监管企业规范化管理试点示范，构建行之有效的土壤污染防治工作体系。

（五）推进区域协调发展，整体提升发展能级和竞争力。发挥各地比较优势，促进错位互补发展，构筑高质量发展重要动力源。

优化区域发展格局。加快兰西城市群建设，打造甘青区域合作创新发展示范区。构建以兰州为中心，白银、定西、临夏为腹地，辐射周边地区的兰白经济圈，增强省会城市带动能力。推动酒泉嘉峪关一体化发展，促进金昌武威组团发展，建设河西走廊生态经济带。加快陇东南协同发展，促进庆阳、平凉建设陕甘宁区域性中心城市。支持定西提升“中国薯都”“中国药都”发展水平。继续支持革命老区、民族地区加快发展。

培育壮大新兴增长点。鼓励兰州新区发挥先行先试优势，加大改革创新力度，强化现代产业支撑，更好发挥集聚辐射带动作用。高水平建设榆中生态创新城，推进航空产业园等重点项目，加快综合基础设施配套。实施大敦煌

文化旅游经济圈标志性项目，打造兼具敦煌文化与现代时尚的旅游业态。加快培育壮大县域经济，逐步形成多点发力、多元支撑的县域经济发展局面。

加快新型城镇化建设。抓好榆中、敦煌国家新型城镇化示范县城建设。实施城市更新行动，加强老旧小区改造，加快停车场建设，完善生活垃圾分类处置系统，推进城市污水处理设施提标改造。强化实施保障性安居工程，完善住房保障体系，有效增加保障性住房供给，加快补齐租赁住房短板。落实“房住不炒”定位，因城施策促进房地产市场平稳健康发展。推进县城补短板强弱项，大力提升公共设施服务能力。突出城市文化品位，扩大敦煌、天水等历史文化名城影响力。加强城市精细化管理，提升“精致兰州”品位形象。

（六）着力深化重点领域改革，更大程度释放发展活力。下决心破除体制机制障碍，为市场主体添活力，为高质量发展增动力。

深化国资国企改革。加快推进国有资本布局优化和结构调整，增强配置效率和整体功能。深入实施国企改革三年行动，积极稳妥推进省属企业混合所有制改革。深化省属企业落实董事会职权试点，加快推行职业经理人制度。优化国资监管方式，提高监管效率。加快推进经营性国有资产集中统一监管。健全市场化经营机制，完善经营业绩考核评价体系，实行差异化分类考核。

推进要素市场化配置改革。深化财税体制改革，增强市县财政自给能力，充分调动市县发展壮大区域经济的积极性。支持符合条件的企业上市、发债融资，办好甘肃股权交易中心。推动承包地经营权规范有序流转。稳慎推进农村宅基地制度改革，探索宅基地所有权、资格权、使用权分置实现形式。稳步推进农村集体经营性建设用地入市。建立健全农村集体经济组织。完善自然资源资产交易平台，健全收益分配制度。有序放开竞争性环节电价，继续做好第二监管周期输配电价改革工作。

倾力支持民营经济发展。坚决落实“两个毫不动摇”，国企民企同等对待，惠企政策体落实，为民营企业创造公平、透明、法治的发展环境。持续开展涉企遗留问题专项整治，依法平等保护民营企业和企业家合法权益。落实减税降费政策，用好“信易贷” 服务平台，加大1000亿元中小微企业专项贷款投放力度，全力助企纾困。进一步放开市场准入，破除招投标隐性壁垒，鼓励民营企业参与重大战略重大项目实施。

打造一流营商环境。开展深化“放管服” 改革优化营商环境提质提标年活动。统筹推进“数字政府” 建设，完善“一网通办”，推行“一窗通办”，升级改造投资项目在线审批监管平台，推动公共资源交易全流程电子化。完善“双随机、一公开”监管、“互联网+”监管。把诚信政府建设作为营商环境的先手棋，坚持信为政基，坚决守信践诺，答应的一定做到，承诺的必须兑现，让企业家投资放心、创业安心、发展称心。

（七）持续抓好“一带一路”最大机遇，进一步拓展发展空间。坚持以开放畅循环、促发展，做深做实融入“一带一路”的举措抓手，加快建设向西开放的大通道、大枢纽、大节点。

增强通道枢纽能力。推动建设兰州国家物流枢纽，提升“4向5条”国际货运班列运营水平，争取兰州列入国家中欧班列集结中心(枢纽)建设工程。加快建设“空中丝绸之路”，提升航空货运质量效益。深度融入西部陆海新通道，常态化运营兰州至广西至东盟多式联运班列，优化国际物流集散、中转和分拨中心功能。扩大对外经贸“朋友圈” ，促进外贸高质量发展。

提升开放平台功能。充分发挥空港、陆港和兰州新区综合保税区等平台功能作用，促进加工产业集聚。着力发展口岸经济，提升国家级经开区和海关指定监管场地、进口口岸运营水平。发挥兰州、天水跨境电商综合试验区功能作用，促进跨境电商高效发展。建设尼泊尔海外产业园和乌兹别克斯坦驻兰进出口产品海外仓。支持金川公司开展“保税混矿”业务。积极申建中国(甘肃）自由贸易试验区、金昌国家经开区B型保税物流中心，运营兰州国际港务区B型保税物流中心。

深化对外交流合作。把兰治会、“一会一节”、药博会、公祭伏羲大典等节会办得更加务实精彩，拓展放大“一带一路”美丽乡村论坛综合效应。积极组织参加进博会、服贸会和广交会等展会，多元化开拓国际市场。加大招商引资力度，发挥优势、突出特色，开展精准招商、专题招商、产业链招商。推进丝绸之路“科技走廊”建设。办好外交部甘肃全球推介活动。

（八）做深做细民生工作，持续改善人民生活。坚持发展为民的价值取向，突出民生优先的实践导向，强化民意为重的评价指向，让人民群众获得感、幸福感、安全感更加充实、更有保障、更可持续。

提升就业和社会保障水平。多措并举稳定和扩大就业，大力开展就业援助，扩大公益性岗位安置，助力高校毕业生、零就业家庭成员、退役军人、残疾人就业。建立健全医疗保险基金监管长效机制。做好基本养老保险全国统筹，推动失业、工伤保险省级统筹。健全灵活就业人员社保制度和困难群众监测预警机制，推进基本生活、临时救助和专项救助等有效落实。统筹推进养老、托幼服务健康发展，健全残疾人、留守和困境儿童、留守妇女关爱服务体系。依法维护农民工劳动报酬权益。

办好人民满意的教育。提升学前教育保教质量。扩大城镇学校学位供给，基本消除义务教育和普通高中大班额。大力推进“技能甘肃”建设，办强办优职业院校，发挥兰州新区职教园区集聚效应，深化产教融合、校企合

甘肃年鉴 2021

作。实施新时代高等教育振兴计划，深入推进高校“双一流”特色建设工程，着力提升高校人才培养、科研创新和成果转移转化水平。启动高考综合改革。办好“一带一路”高校联盟。

强化公共文化服务。深化华夏文明传承创新区建设，打造敦煌研究院世界文化遗产保护典范和敦煌学研究高地。推进长城、长征、黄河国家文化公园和大地湾国家考古遗址公园、河西走廊国家遗产线路建设。倡导全民阅读，营造书香陇原，建设《读者》社区。建成简牍博物馆，实施省博物馆扩建工程，新建和政古动物化石研究和展示中心。强化非遗保护传承，建设非遗工坊。加强古树名木立法保护。推进基层文化服务阵地资源整合，提升文化惠民工程效能。支持会宁干部学院建设。促进智慧广电发展，构建现代化广播电视公共服务体系。

加快健康甘肃建设。改善省市县疾控基础条件，健全公共卫生应急救援体系，完善突发公共卫生事件检测预警处置机制，推进省人民医院、兰大二院重大疫情救治基地建设，加快构建紧密型医联体，推进县级5大急危重症救治中心建设，提高基层医疗机构疫情检测、医疗救治与公共卫生服务能力。全面推广“互联网+医疗”服务。推动群众身边的公共体育设施建设，抓好临洮国家级体育训练基地二期工程、七里河体育场、兰州奥体中心等体育项目建设，做好第十四届全运会、东京奥运会备战工作，办好全国越野滑雪锦标赛和冠军赛等赛事活动。

慎终如始做好疫情防控。新冠肺炎疫情防控形势依然严峻复杂，务必时刻绷紧疫情防控这根弦。坚持常态化精准防控和局部应急处置有机结合，压紧压实“四方责任”，严格落实“四早”要求，严防聚集性疫情和散发病例传播扩散。坚持“人”“物”“环境”同防，全面落实入境人员闭环管控，严防进口货物输入风险，坚决守住“外防输入”重要关口。切实做好社区、农村地区、医疗机构和公共交通等重点场所、重点环节疫情防控。确保重点人群核酸检测应检尽检。强化春节前后疫情防控，引导群众合理有序出行。完善应急处置预案，精准调整应急措施。安全有序推进新冠病毒疫苗接种工作。

深入推进平安甘肃建设。坚持和发展新时代“枫桥经验”，完善社会矛盾纠纷多元预防、调处、化解综合机制。抓好市域社会治理现代化工作，提升社会治理科学化、智能化、精细化水平。以铸牢中华民族共同体意识为主线，纵深推进民族团结进步创建“一廊一区一带”行动。坚持我国宗教中国化方向，依法管理宗教事务，积极引导宗教与社会主义社会相适应。以产业项目实施等为重点，促进军民深度融合发展。加强新形势下国防教育、人民防空、民兵预备役和双拥优抚安置工作。提高应急管理和防灾减灾救灾能力，加快国家西北应急救援中心等自然灾害防治重点工程建设。落实“四个最严”要求，加强食品药品安全监管。推进扫黑除恶常态化机制化，严厉打击各类违法犯罪活动。坚持底线思维，统筹做好各领域风险防范化解工作。加大金融风险化解处置力度，更好发挥金融服务实体经济、服务民生作用。

全力办好为民实事。民生连着民心，民心凝聚民力。今年要继续统筹安排财力，办好10件为民实事:一是提高城乡居民省级基础养老金最低标准。从今年1月1日起，在原每人每月15元基础上增加5元，达到113元，进入全国中等水平行列。二是新建或改扩建通自然村道路1万千米以上。按照“四好农村路”标准，实现交通项目向村组倾斜，创建10个自然村组道路示范县，打造100条特色农村示范路。三是在全省农村义务教育中小学新建、改扩建食堂1000所，新建或改造重点帮扶县农村中小学教师周转宿舍900套。通过新建、改扩建、资源整合等方式，重点增补市州政府所在地城区义务教育中小学学位15000个。四是新增城镇就业32万人，落实1万名未就业普通高校毕业生到基层就业。五是按照平战结合原则，在14个市州和兰州新区改造建设重症医学传染病区域，在30个县级医院改建“三区两通道”传染病区，提高应对突发公共卫生事件能力。六是在全省启动建设保障性租赁住房6280套、共有产权住房3000套。七是在全省择优选择条件成熟的城市街道，新建或改造提升100个综合养老服务中心。八是对全省33~64周岁城镇低收入妇女和20万农村妇女进行免费“两癌”检查。九是对具有甘肃户籍且被普通高校录取时为城乡低保(一、二类)家庭子女提供入学资助。录取到普通高校本科类的新生一次性补助1万元，录取到普通高校专科或高职、高专的一次性补助8000元。十是实施100处农村水源保障工程。新建和改造一批地表水截引、机电井、调蓄水池等项目，进一步提升供水水源稳定性和保障能力。

各位代表！初心如磐，重任在肩。全省政府系统将忠诚履职、锐意进取，以干部的“担当指数”提升富民兴陇的“发展指数”，以政府的“辛苦指数”换取人民群众的“幸福指数”。

我们要把政治忠诚作为首要品质。坚持以忠立命、以忠立心、以忠立业，持之以恒用习近平新时代中国特色社会主义思想解放思想、统一思想，增强“四个意识”，坚定“四个自信”，做到“两个维护”，全面锻造对党绝对忠诚的政治品格。始终胸怀“两个大局”、心系“国之大者”，自觉在全局中思考、大局下行动，谋事多想政治要求，干事多想政治影响，成事多想政治效果，切实提高政治判断力、政治领悟力、政治执行力，始终沿着习近平总书记指引的方向坚定前行。

我们要把依法行政作为履职准则。认真学习贯彻习近平法治思想，忠实履行宪法法律赋予的职责，全面推进法治政府建设。自觉接受人大法律监督、工作监督，接受政

协民主监督，接受社会各方面监督，强化审计监督，深入推进政务公开，让权力在阳光下运行。坚持崇尚法治、敬畏法律，善于用法治思维和法治方式推动工作、解决问题，真正让厉行法治渗透进每一项具体行政行为，成为每一个政府工作人员的自觉习惯和主动追求。

我们要把精诚团结作为成事之道。“星多天空亮，心齐泰山移”，倍加珍惜来之不易的发展局面，坚决维护团结干事的良好氛围。坚持党对政府工作的全面领导，坚决执行省委决定，始终做到同心同力同向。自觉贯彻民主集中制，坚持科学、民主、依法决策，认真听取人大代表、政协委员意见，广泛听取民主党派、工商联、无党派人士和各人民团体意见建议，努力把各方面的“金点子”转化为推动发展的“真招数”。尊重基层和群众首创精神，充分激发和调动基层干部群众积极性、主动性、创造性，形成同频共振的干事合力。

我们要把真抓实干作为鲜明底色。始终知责于心、担责于身、履责于行，把全部心思用在干事创业上，把全部精力用在狠抓落实上。发扬“为民服务孺子牛、创新发展拓荒牛、艰苦奋斗老黄牛”精神，当事不推责、遇事不避难，尽心竭力为民谋利，锐意探索破解难题，脚踏实地埋头苦干。加强补课充电赋能，既熟悉“公共课”，又精通“专业课”，不断提高应对复杂局面、防范化解风险、创造性抓落实的能力，在变化变局中努力做到准确识变、科学应变、主动求变，以过硬本领育先机开新局。

我们要把廉洁从政作为永恒信条。深入贯彻全面从严治党要求，认真履行党风廉政建设“一岗双责”，守好重点领域、重要部门、关键岗位廉政底线，切实打造廉洁政府。坚持政府过紧日子，精打细算做好预算安排，强化支出管理，建设节约型机关，将更多财力用在保民生、补短板、促发展上。锲而不舍落实中央八项规定及其实施细则精神，力戒形式主义、官僚主义，落实为基层减负要求，永葆为民、务实、清廉的政治本色。

各位代表！开局关系全局，起势决定胜势。站在“两个一百年”奋斗目标的历史交汇点上，陇原大地苦甲不再，如意甘肃生机勃发。让我们更加紧密团结在以习近平同志为核心的党中央周围，在省委坚强领导下，发扬人一我十、人十我百的甘肃精神，汇聚感恩奋进、砥砺前行的磅礴力量，为谱写加快建设幸福美好新甘肃、不断开创富民兴陇新局面的时代篇章不懈奋斗，以优异成绩庆祝建党100周年！

中共甘肃省委2020年重要文件目录

序号	发文日期	发文文号	密级	文件标题	发文范围
1	2020.12.28	甘委〔2020〕118号	无	中共甘肃省委 甘肃省人民政府关于补充调整马永强等130名同志为甘肃省领军人才的决定(2020年12月28日)	县团级
2	2020.12.22	甘委〔2020〕114号	无	中共甘肃省委 甘肃省人民政府关于命名表彰第十五批省级精神文明建设先进集体、先进工作者和第三届甘肃省文明家庭、第二届省级文明校园的决定(2020年12月22日)	县团级
3	2020.12.04	甘委〔2020〕107号	无	中共甘肃省委 甘肃省人民政府关于表彰甘肃省劳动模范和先进工作者的决定(2020年12月4日)	公开范围
4	2020.04.24	甘委〔2020〕37号	无	中共甘肃省委 甘肃省人民政府关于授予2019年度全省脱贫攻坚奖的决定(2020年4月27日)	县团级
5	2020.11.05	甘发〔2020〕18号	无	中共甘肃省委 甘肃省人民政府关于深化医疗保障制度改革的实施意见(2020年11月4日)	公开范围
6	2020.06.01	甘发〔2020〕12号	无	中共甘肃省委 甘肃省人民政府关于营造更好发展环境支持民营企业改革发展的实施意见(2020年5月26日)	公开范围
7	2020.04.22	甘发〔2020〕10号	无	中共甘肃省委 甘肃省人民政府关于推进贸易高质量发展的实施意见(2020年4月21日)	公开范围
8	2020.03.17	甘发〔2020〕7号	无	中共甘肃省委 甘肃省人民政府关于完善区域发展布局培育新的经济增长点增长极增长带的意见(2020年3月16日)	县团级
9	2020.02.14	甘发〔2020〕5号	无	中共甘肃省委 甘肃省人民政府关于坚决打赢新冠肺炎疫情防控阻击战促进经济持续健康发展的若干意见(2020年2月14日)	公开范围
10	2020.01.08	甘发〔2020〕4号	无	中共甘肃省委 甘肃省人民政府关于进一步深化改革加强食品安全工作的实施意见(2020年1月8日)	公开范围
11	2020.01.06	甘发〔2020〕3号	无	中共甘肃省委贯彻落实《中共中央关于坚持和完善中国特色社会主义制度、推进国家治理体系和治理能力现代化若干重大问题的决定》的实施意见(2019年12月26日中国共产党甘肃省第十三届委员会第十一次全体会议通过)	公开范围
12	2020.01.06	甘发〔2020〕1号	无	中共甘肃省委 甘肃省人民政府关于抓好“三农”领域重点工作确保与全国一道实现全面小康的实施意见(2020年2月11日)	县团级
13	2020.06.23	甘办发〔2020〕26号	无	中共甘肃省委办公厅 甘肃省人民政府办公厅关于印发《甘肃省建立以国家公园为主体的自然保护地体系的实施意见》的通知	公开范围
14	2020.06.15	甘办发〔2020〕25号	无	中共甘肃省委办公厅 甘肃省人民政府办公厅印发《关于深化新时代文明单位、文明村镇创建工作的实施意见》的通知	县团级
15	2020.06.09	甘办发〔2020〕24号	无	中共甘肃省委办公厅印发《关于加强省直部门、企事业单位组织人事部门主要负责人队伍建设的意见》的通知	市地师级
16	2020.05.19	甘办发〔2020〕22号	无	中共甘肃省委办公厅 甘肃省人民政府办公厅印发《关于进一步加强知识产权保护的实施意见》的通知	公开范围
17	2020.05.13	甘办发〔2020〕20号	无	中共甘肃省委办公厅关于持续解决困扰基层的形式主义问题为决胜全面建成小康社会提供坚强作风保证的通知	公开范围
18	2020.02.17	甘办发〔2020〕5号	无	中共甘肃省委办公厅 甘肃省人民政府办公厅印发《关于支持兰州榆中生态创新城建设的若干意见》的通知	市地师级
19	2020.01.03	甘办发〔2020〕1号	无	中共甘肃省委办公厅 甘肃省人民政府办公厅印发《关于加快推进公共法律服务体系建设的实施意见》的通知	公开范围

中共甘肃省委2020年重要会议一览表

会议名称	日期	会议地点及主要内容
全省"不忘初心、牢记使命"主题教育总结会议	1月11日	在兰州召开。深入学习贯彻习近平总书记关于"不忘初心、牢记使命"主题教育的重要讲话和指示精神,学习贯彻中央"不忘初心、牢记使命"主题教育总结大会精神,总结全省"不忘初心、牢记使命"主题教育工作,进一步巩固拓展主题教育成果,加强不忘初心、牢记使命制度建设,保持党的生机活力,凝心聚力加快建设幸福美好新甘肃、不断开创富民兴陇新局面。
中央脱贫攻坚专项巡视"回头看"和2019年度国家脱贫攻坚成效考核反馈意见整改暨全省决战决胜脱贫攻坚推进大会	3月31日	在兰州召开。会议强调,要深入学习贯彻习近平总书记关于扶贫工作的重要论述特别是在决战决胜脱贫攻坚座谈会上的重要讲话精神,提高政治站位、强化责任担当、狠抓工作落实,以较真碰硬的态度整改各类问题,以背水一战的魄力攻克贫困堡垒,奋力夺取脱贫攻坚的最后胜利。会议以视频形式开到县一级。
甘肃省中央生态环境保护督察反馈问题整改工作动员部署会议	5月9日	在兰州召开。会议强调,要认真学习贯彻习近平生态文明思想,深入贯彻落实习近平总书记对甘肃重要讲话和指示精神,提高政治站位,全力攻坚克难,动真碰硬、一抓到底,从严从实推进中央生态环境保护督察反馈问题整改,坚决打赢污染防治攻坚战,以天蓝地绿水清的良好生态环境,确保全面建成小康社会得到群众认可、经得起历史和实践检验。会议以视频形式开到县一级。
2019年度甘肃省党政领导班子和领导干部考核测评会议	5月14日	在兰州召开。会议对省委、省政府领导班子和领导干部2019年履行职责情况及德能勤绩廉表现进行考核测评,并对2019年度省委选人用人工作和新提拔、进一步使用的正职领导干部进行评议。
2019年度省管领导班子和领导干部考核讲评会议	6月2日	在兰州召开。会议通报了2019年度省管领导班子和领导干部考核结果并对考核情况进行了讲评。
中国共产党甘肃省第十三届委员会第十二次全体会议	7月30日	在兰州召开,会期1天。会议以习近平新时代中国特色社会主义思想为指导,深入学习贯彻党的十九大和十九届二中、三中、四中全会精神,全面贯彻落实习近平总书记对甘肃重要讲话和指示精神,牢牢把握稳中求进工作总基调,扎实做好"六稳"工作,全面落实"六保"任务,毫不放松抓好常态化疫情防控,全力以赴做好下半年经济社会发展各项工作,进一步动员全省各级党组织和广大党员干部不忘初心、牢记使命,紧紧围绕决胜全面建成小康社会、决战脱贫攻坚目标任务,坚定信心、不懈奋斗,攻坚克难、扎实工作,努力谱写加快建设幸福美好新甘肃、不断开创富民兴陇新局面的时代篇章。会议递补秦仰贤为省委委员。
省市党政主要领导干部学习贯彻党的十九届四中全会精神轮训班	9月16日—18日	在省委党校(甘肃行政学院)举办。培训以习近平新时代中国特色社会主义思想为指导,深入学习贯彻党的十九届四中全会精神,深刻领会坚持和完善中国特色社会主义制度的重大意义,准确把握推进国家治理体系和治理能力现代化的总体要求、总体目标和重点任务,引导学员充分认识中国特色社会主义制度和国家治理体系的显著优势,自觉增强党性修养,锤炼政治品格,进一步增强"四个意识",坚定"四个自信",做到"两个维护",切实把制度优势转化为治理效能,为建设幸福美好新甘肃、开创富民兴陇新局面作出更大贡献。
中央第十五巡视组巡视甘肃省工作动员会议	10月10日	在兰州召开。会前,中央第十五巡视组组长苏波主持召开与省委书记、省人大常委会主任林铎,省委副书记、省长唐仁健的见面沟通会,传达了习近平总书记关于巡视工作的重要指示精神,通报了有关工作安排。会上,苏波作了动员讲话,对做好巡视工作提出要求。
党的十九届五中全会精神中央宣讲团报告会	11月9日	在兰州召开,中央宣讲团成员、中国人民银行党委书记、中国银保监会主席郭树清围绕学习贯彻党的十九届五中全会精神作宣讲报告。
省委常委会(扩大)会议	12月1日	在兰州召开,会议宣布任振鹤同志为甘肃省省长。
省委全体(扩大)会议	12月21日	在兰州召开。会议民主推荐了干部。
省委常委会(扩大)会议	12月23日	在兰州召开。会议传达学习了中央经济工作会议精神
中国共产党甘肃省第十三届委员会第十三次全体会议暨省委经济工作会议	12月24日—25日	在兰州宁卧庄宾馆召开。以习近平新时代中国特色社会主义思想为指导,全面贯彻党的十九大和十九届二中、三中、四中、五中全会精神,认真学习贯彻中央经济工作会议精神,深入贯彻落实习近平总书记对甘肃重要讲话和指示精神,增强"四个意识"、坚定"四个自信"、做到"两个维护",把握新发展阶段,践行新发展理念,融入新发展格局,做好"六稳"工作,落实"六保"任务,动员全省上下坚定信心、锐意进取、担当实干,奋力开启社会主义现代化建设新征程,努力谱写加快建设幸福美好新甘肃、不断开创富民兴陇新局面的时代篇章。会议递补张文学、张宝军为省委委员。
甘肃省2020年度党委(党组)书记抓基层党建工作述职评议考核大会	12月28日	在兰州召开。会议强调,要将定不移落实全面从严治党主体责任,开创基层党建工作高质量发展新局面。

中共甘肃省委2020年常委会会议一览表

会议名称	日期	主要内容
传达学习习近平总书记重要讲话精神 研究提出贯彻落实意见安排部署有关工作	1月2日	传达学习习近平总书记发表的2020年新年贺词、全国扶贫开发工作会议、全国离退休干部先进集体和先进个人表彰大会及全国老干部局长会议、第四次新时代政法工作创新交流会议精神，研究提出甘肃省贯彻落实意见，安排部署有关工作，审定提交省十三届人大三次会议和政协甘肃省十二届三次会议审议的有关文件，审议省人大常委会和政协甘肃省委员会有关年度计划。
传达学习中央政治局民主生活会精神 研究提出贯彻落实意见	1月12日	传达学习习近平总书记在中央政治局"不忘初心、牢记使命"专题民主生活会上的重要讲话，传达学习《中共中央关于中央政治局"不忘初心、牢记使命"专题民主生活会情况的通报》，研究甘肃省贯彻落实意见。
传达学习习近平总书记重要讲话精神 研究提出贯彻落实意见安排部署有关工作	1月18日	传达学习习近平总书记在中央政治局常委会听取全国人大常委会、国务院、全国政协、最高人民法院、最高人民检察院党组工作汇报和中央书记处工作报告时的重要讲话精神，传达学习十九届中央纪委四次全会和全国深度贫困地区脱贫攻坚座谈会精神，研究提出甘肃省贯彻落实意见，安排部署有关工作。会议审议《关于抓好"三农"领域重点工作确保与全国一道实现全面小康的实施意见》，讨论研究榆中生态创新城总体规划、支持意见等事项。
传达学习习近平总书记重要指示和李克强总理批示精神 研究部署下一步工作	1月21日	传达学习习近平总书记对新型冠状病毒感染的肺炎疫情作出的重要指示和李克强总理批示，听取疫情防控工作情况汇报，研究部署下一步防控工作。会议强调，要突出重点地区、重点部位、重点人群，坚持科学防控、依法防控、联防联控，遵循相关医学规程，全面做好疫情防控工作。要严格落实早发现、早报告、早隔离、早治疗要求，尽可能防范和减少传染源。要强化属地管理，靠实地方和部门责任，加强值班值守，及时消除疫情隐患。要统一指挥，迅速建立组织系统，形成完整的防控网络。
传达学习习近平总书记对新型冠状病毒肺炎防控的重要指示 贯彻落实意见安排部署相关工作	1月30日	传达学习习近平总书记对新型冠状病毒感染的肺炎防控工作作出的重要指示，传达学习《中共中央关于加强党的领导、为打赢疫情防控阻击战提供坚强政治保证的通知》，研究甘肃省贯彻落实意见，安排部署全省疫情防控工作。林铎在讲话中指出，新型冠状病毒感染的肺炎疫情发生以来，习近平总书记始终亲自指挥、亲自部署，对各级党组织和广大党员、干部要在打赢疫情防控阻击战中发挥积极作用作出重要指示，为进一步做好疫情防控工作指明科学方法和行动路径。唐仁健强调，要认真贯彻落实习近平总书记重要指示精神，从严从细从实按照防控工作方案和应急预案抓落实，科学作为，千方百计遏制住疫情蔓延的势头。
传达学习习近平总书记重要讲话 安排部署统筹工作	2月5日	传达学习习近平总书记在中央政治局常委会会议上的重要讲话，传达学习全国防控物资暨春运错峰返程运输保障电视电话会议精神，研究甘肃省贯彻落实意见，安排部署全省疫情防控、统筹推动经济社会发展等工作。林铎强调，当前疫情防控形势依然严峻复杂，全省各级各方面要树立强烈的责任意识和危机意识，始终把疫情防控这根弦绷得紧而又紧，坚定信心、众志成城，齐心协力战胜疫情。
传达学习习近平总书记重要讲话精神 研究提出贯彻意见安排部署有关工作	2月11日	传达学习习近平总书记有关重要讲话和批示精神，研究提出甘肃省贯彻意见，安排部署黄河流域生态保护和高质量发展以及安全生产等工作。讨论审议《中共甘肃省委常委会2020年工作要点》。
传达学习各项会议精神 研究贯彻落实意见安排部署相关工作	2月18日	传达学习习近平总书记对政法工作的重要指示和中央政法工作会议精神，传达学习《国务院扶贫开发领导小组关于做好新冠肺炎疫情防控期间脱贫攻坚工作的通知》和全国统战部长会议、全国组织部长会议精神，研究甘肃省贯彻落实意见，安排部署相关工作。会议审定全省《关于建设现代化经济体系的实施意见》。
传达学习中央政治局会议精神 研究贯彻落实意见安排部署工作	2月22日	传达学习中央政治局会议精神，研究甘肃省贯彻落实意见，安排新冠肺炎疫情防控工作，部署统筹做好疫情防控和经济社会发展工作。会议强调，要把疫情防控继续摆在突出位置，按照分区分级分类精准防控要求，完善和实施差异化防控策略，严格落实地方的属地责任、企业的主体责任、部门的监管责任，防止发生新的疫情，不断巩固成果、扩大战果，全面打赢疫情防控这场战役。
传达学习习近平总书记重要讲话和指示精神 研究贯彻意见安排部署有关工作	2月25日	传达学习习近平总书记在统筹推进新冠肺炎疫情防控和经济社会发展工作部署会议上的重要讲话，传达学习习近平总书记就关心爱护参与疫情防控工作的医务人员作出的重要指示，研究甘肃省贯彻意见，安排部署有关工作。

甘肃年鉴 2021

续表

会议名称	日期	主要内容
传达学习习近平总书记有关重要讲话和指示精神 安排部署有关工作	3月3日	传达学习习近平总书记有关重要讲话和指示精神，研究提出甘肃省贯彻意见，安排部署依法治省、春季农业生产、教育现代化、经济发展等工作。会议审议推进教育现代化有关文件，研究完善区域发展布局、培育新的经济增长点增长极增长带工作。
传达学习习近平总书记有关重要讲话和指示精神 研究贯彻意见安排部署相关工作	3月8日	传达学习习近平总书记有关重要讲话和指示精神，研究甘肃省贯彻意见，安排部署统筹推进疫情防控和经济社会发展以及污染防治等工作。
传达学习习近平总书记重要讲话和指示精神 研究贯彻落实意见安排部署有关工作	3月17日	传达学习习近平总书记在湖北省考察时的重要讲话和指示精神，研究甘肃省贯彻落实意见，安排部署疫情防控、脱贫攻坚、党的建设等工作。会议传达学习国务院扶贫开发领导小组全体会议和国家脱贫攻坚普查领导小组第一次会议精神。传达学习《党委（党组）落实全面从严治党主体责任规定》。
传达学习中央政治局常委会会议精神 研究贯彻落实意见安排部署相关工作	3月24日	传达学习中央政治局常委会会议精神，研究甘肃省贯彻落实意见，安排部署疫情防控、主题教育等工作。会议审议甘肃省《关于推进贸易高质量发展的实施意见》。
传达学习习近平总书记各项重要讲话精神和李克强总理批示 研究提出贯彻落实意见安排部署有关工作	4月3日	传达学习习近平总书记在中央政治局会议上关于进一步统筹推进新冠肺炎疫情防控和经济社会发展工作的重要讲话、在二十国集团领导人应对新冠肺炎特别峰会上的重要讲话和在浙江考察时的重要讲话和指示精神，传达学习习近平总书记对四川省凉山州西昌市森林火灾作出的重要指示和李克强总理批示，研究提出省贯彻落实意见，安排部署有关工作。
传达学习中央政治局常委会会议精神和习近平总书记重要讲话精神 安排部署下一步工作	4月10日	传达学习中央政治局常委会会议精神和习近平总书记在参加首都义务植树活动时的重要讲话精神，研究甘肃省贯彻意见，安排部署统筹推进疫情防控和经济社会发展、义务植树等工作。会议以套开省委全面深化改革委员会第七次会议的形式，传达学习中央有关文件精神，审议《甘肃省森林公安机关管理体制调整工作实施方案》《甘肃省自然资源资产产权制度改革实施方案》，安排部署下一步改革工作。
传达学习《中共中央办公厅国务院办公厅关于2019年脱贫攻坚成效考核情况的通报》和中央脱贫攻坚约谈会议精神 研究部署有关工作	4月14日	传达学习《中共中央办公厅国务院办公厅关于2019年脱贫攻坚成效考核情况的通报》和中央脱贫攻坚约谈会议精神，研究部署全省整改工作和脱贫攻坚工作。
传达学习习近平总书记重要讲话精神和赵乐际同志来甘考察讲话指示精神 研究提出贯彻意见	4月24日	传达学习习近平总书记在中央政治局会议上的重要讲话精神、在陕西考察时的重要讲话和指示精神，传达学习赵乐际同志来甘考察讲话和指示精神及在七省区纪委书记座谈会上的讲话。
贯彻落实习近平总书记肃重要讲话和指示精神 明确努力方向和整改措施	4月29日	深入贯彻落实习近平总书记在听取脱贫攻坚专项巡视“回头看”和成效考核汇报时的重要讲话精神、在决战决胜脱贫攻坚座谈会上的重要讲话精神以及对甘肃重要讲话和指示精神，对照中央第一巡视组反馈意见，深刻检视剖析，严肃开展批评和自我批评，进一步明确努力方向和整改措施。
传达学习中央政治局常委会会议精神和习近平总书记重要讲话及李克强总理批示 研究部署有关工作	5月8日	传达学习中央政治局常委会会议精神和习近平总书记在有关会议上的重要讲话，进一步传达学习习近平总书记就安全生产作出的重要指示及李克强总理批示，研究提出甘肃省贯彻意见，安排部署有关工作。会议传达学习《中共中央、国务院关于营造更好发展环境支持民营企业改革发展的意见》，审议甘肃省的《实施意见》。会议研究省法治建设绩效考评工作，审议《2020年甘肃省法治为民办实事（省级）项目清单》。
传达学习中央政治局常委会会议精神和习近平总书记重要讲话和指示精神 研究贯彻落实具体意见	5月15日	传达学习中央政治局常委会会议精神、习近平总书记在党外人士座谈会上的重要讲话精神以及在山西考察时的重要讲话和指示精神，研究甘肃省贯彻落实意见，安排部署统筹推进疫情防控和经济社会发展、平安甘肃建设等工作。会议审议《甘肃省建立以国家公园为主体的自然保护地体系的实施意见》。

会议名称	日期	主要内容
传达学习习近平总书记重要讲话精神和全国“两会”精神 安排部署贯彻落实工作	6月1日	传达学习习近平总书记在全国两会期间的重要讲话精神，传达学习全国“两会”精神，安排部署甘肃省贯彻落实工作。林铎强调，全省上下要以习近平新时代中国特色社会主义思想为指导，深入落实习近平总书记对甘肃重要讲话和指示精神，坚持稳中求进工作总基调，贯彻“以保促稳”新要求，紧紧围绕完成决战决胜脱贫攻坚目标任务、全面建成小康社会，抓紧抓实打赢脱贫攻坚战、筑牢生态安全屏障、维护社会和谐稳定等大事要事，做好“六稳”工作，落实“六保”任务，努力保持经济社会平稳健康发展势头。要全力抓好常态化疫情防控工作，严格落实外防输入、内防反弹要求，绝不让来之不易的疫情防控成果前功尽弃。各级各方面要牢固树立“过紧日子”的思想、“拿硬招数”的观念、“见实效果”的导向，不搞形式主义，不搞花架子，以强烈的紧迫感快马加鞭推进各自工作，坚决打好全面建成小康社会和“十三五”规划收官之战。
传达学习习近平总书记重要讲话和指示精神 研究贯彻意见安排部署有关工作	6月12日	传达学习习近平总书记在宁夏考察时的重要讲话和指示精神，研究甘肃省贯彻意见，安排部署有关工作。会议审议《中共甘肃省委贯彻〈中国共产党政法工作条例〉实施细则》。审议《甘肃省贯彻落实中央生态环境保护督察反馈问题整改方案》。
传达学习国务院扶贫开发领导小组脱贫攻坚督战工作电视电话会议精神 研究贯彻落实意见	6月20日	传达学习国务院扶贫开发领导小组脱贫攻坚督战工作电视电话会议精神，研究甘肃省贯彻落实意见，审议《中共甘肃省委关于中央脱贫攻坚专项巡视“回头看”反馈意见整改情况的报告》
传达学习习近平总书记重要指示重要论述和中共中央办公厅通知 研究贯彻落实意见安排部署有关工作	6月29日	传达学习习近平总书记对防汛救灾工作作出的重要指示，学习《习近平关于力戒形式主义官僚主义重要论述选编》，传达学习中共中央办公厅《关于持续解决困扰基层的形式主义问题为决胜全面建成小康社会提供坚强作风保证的通知》。会议审议《甘肃省脱贫攻坚领导小组关于2019年度国家脱贫攻坚成效考核反馈问题整改情况的报告》。审议《甘肃省污染防治攻坚战成效考核实施方案》。
传达学习习近平总书记重要讲话精神和中央政治局会议精神 学习《习近平谈治国理政》第三卷 研究提出贯彻落实意见安排部署有关工作	7月3日	传达学习中央政治局会议精神，传达学习习近平总书记在中央政治局第二十一次集体学习时的重要讲话精神和关于禁毒工作的重要指示，集体学习《习近平谈治国理政》第三卷。会议指出，党的基层组织是党的全部工作和战斗力的基础，制定和实施《中国共产党基层组织选举工作条例》对加强基层党组织建设具有重要意义。会议强调，《习近平谈治国理政(第三卷)》是全面系统反映习近平新时代中国特色社会主义思想的权威著作。各级党组织和广大党员干部要把这部著作作为必学常读的案头卷，学原文、悟原理、究原义，准确掌握蕴含其中的马克思主义立场观点方法，以强烈的政治自觉和行动自觉学好用好这部重要著作。
传达学习习近平总书记重要指示精神和全国普通高等学校毕业生就业创业工作电视电话会议精神 研究提出贯彻落实意见安排部署有关工作	7月17日	传达学习习近平总书记对当前防汛救灾工作作出的重要指示，传达学习习近平总书记给中国石油大学(北京)克拉玛依校区毕业生的回信，传达学习全国普通高等学校毕业生就业创业工作电视电话会议精神。
传达学习习近平总书记重要讲话中央政治局常委会会议精神和《中国共产党基层组织选举工作条例》	7月24日	传达学习习近平总书记在企业家座谈会上的重要讲话，传达学习中央政治局常委会会议精神和《中国共产党基层组织选举工作条例》。会议强调，各级党组织要把学习贯彻《中国共产党基层组织选举工作条例》作为重要政治任务，坚持新时代党的组织路线，规范完善基层党组织选举制度机制，严格程序、严明纪律，着力提高基层党组织选举质量。
深入落实习近平总书记重要讲话和指示精神 总结上半年工作 安排部署下半年和今后一个时期工作	7月30日	深入落实习近平总书记对甘肃重要讲话和指示精神，总结上半年工作，安排部署下半年和今后一个时期工作，审议通过省委常委会工作报告、《中国共产党甘肃省第十三届委员会第十二次全体会议决议》
传达学习习近平总书记重要讲话指示精神和中央政治局会议精神 研究提出贯彻落实意见安排部署有关工作	8月7日	传达学习中央政治局会议精神；传达学习习近平总书记在党外人士座谈会上的重要讲话和在中央政治局第二十二次集体学习时的重要讲话精神，在吉林考察和视察空军航空大学时的重要讲话和指示精神；传达学习习近平总书记对研究生教育工作作出的重要指示、致中国少年先锋队第八次全国代表大会的贺信等。

甘肃年鉴 2021

续表

会议名称	日期	主要内容
传达学习习近平总书记有关重要指示和中央有关会议精神 研究提出贯彻落实意见	8月14日	传达学习习近平总书记有关重要指示和中央有关会议精神
重温习近平总书记对甘肃重要讲话和指示精神 研究提出贯彻落实措施安排部署有关工作	8月21日	重温习近平总书记对甘肃重要讲话和指示精神，进一步研究提出贯彻落实措施。会议传达学习全国政协召开的"'十四五'时期巩固我国西部地区脱贫成果"重点提案督办协商会精神。传达学习国务院扶贫开发领导小组克服疫情灾情影响确保如期全面脱贫电视电话会议精神。
传达学习习近平总书记重要讲话和中央有关会议精神 研究贯彻落实意见安排部署有关工作	9月1日	省委书记林铎主持会议，会议传达学习中央第七次西藏工作座谈会精神。传达学习习近平总书记在经济社会领域专家座谈会上的重要讲话精神。传达学习习近平总书记在安徽考察时的重要讲话和指示、在听取军队参与防汛救灾情况汇报时的重要讲话和在扎实推进长三角一体化发展座谈会上的重要讲话精神。传达学习习近平总书记向中国人民警察队伍授旗所致训词。
传达学习习近平总书记重要讲话和中央有关会议精神 研究贯彻落实意见安排部署有关工作	9月11日	会议传达学习习近平总书记在中央全面深化改革委员会第十五次会议上的重要讲话精神。传达学习中央政治局会议精神，传达学习习近平总书记向全国广大教师和教育工作者致以的节日祝贺和诚挚慰问。传达学习习近平总书记在全国抗击新冠肺炎疫情表彰大会上的重要讲话精神。传达学习习近平总书记在纪念中国人民抗日战争暨世界反法西斯战争胜利75周年座谈会上的重要讲话精神。传达学习全国政法领域全面深化改革推进会、中央组织部深入学习习近平总书记重要讲话精神贯彻落实新时代党的组织路线电视电话会议精神。审议《中共甘肃省委、甘肃省人民政府关于构建更加完善的要素市场化配置体制机制的实施意见》。
传达学习习近平总书记有关重要讲话精神 研究提出贯彻意见安排部署有关工作	9月25日	会议传达学习习近平总书记在中央财经委员会第八次会议上的重要讲话精神。传达学习习近平总书记在湖南考察时的重要讲话和在基层代表座谈会上的重要讲话精神。传达学习习近平总书记在科学家座谈会上的重要讲话精神。
传达学习习近平总书记有关重要讲话和指示精神 研究提出贯彻落实意见安排部署有关工作	9月29日	会议传达学习习近平总书记在第三次中央新疆工作座谈会上的重要讲话和汪洋同志的讲话精神。传达学习习近平总书记在教育文化卫生体育领域专家代表座谈会上的重要讲话精神。传达学习习近平总书记对供销合作社工作作出的重要指示和李克强总理批示。会议传达学习中共中央办公厅印发的《关于巩固深化"不忘初心、牢记使命"主题教育成果的意见》
传达学习习近平总书记有关重要论述重要讲话和指示精神 研究提出贯彻意见安排部署有关工作	10月12日	会议集体学习《习近平关于防范风险挑战、应对突发事件论述摘编》。传达中央政治局会议精神。传达学习习近平总书记在中央政治局第二十三次集体学习时的重要讲话精神。传达学习习近平总书记对新时代民营经济统战工作作出的重要指示和全国民营经济统战工作电视电话会议精神。
传达学习习近平总书记有关重要讲话和指示精神 研究提出贯彻意见安排部署有关工作	10月16日	会议传达学习习近平总书记在广东考察时的重要指示和在深圳经济特区建立40周年庆祝大会上的重要讲话精神。传达学习习近平总书记在中央党校(国家行政学院)中青年干部培训班开班式上的重要讲话精神。　会议传达学习十九届中央第六轮巡视工作动员部署会精神。
传达学习习近平总书记有关重要论述和讲话精神 研究提出贯彻落实意见安排部署有关工作	10月23日	会议集体学习《习近平关于统筹疫情防控和经济社会发展重要论述选编》。传达学习习近平总书记在中央政治局第二十四次集体学习时的重要讲话精神。会议研究分析全省经济运行形势，安排部署经济社会发展工作。会议研究审议《甘肃省国企改革三年行动实施方案(2020—2022年)》。
传达学习党的十九届五中全会精神 安排部署贯彻落实工作	11月2日	省委书记林铎主持会议。会议指出，党的十九届五中全会是我们党在全面建成小康社会胜利在望、全面建设社会主义现代化国家新征程即将开启的重要历史时刻召开的一次具有里程碑意义的会议。会议强调，要迅速掀起学习宣传贯彻全会精神热潮，发挥省级班子和省级党员领导干部示范表率作用，原汁原味学习全会文件和习近平总书记重要讲话，并同学习贯彻习近平总书记对甘肃重要讲话和指示精神紧密结合起来，努力做到理解透彻、融会贯通、知行合一。

会议名称	日期	主要内容
传达学习习近平总书记有关重要讲话和指示精神 研究提出贯彻落实意见安排部署有关工作	11月11日	会议传达学习习近平总书记对推进农村土地制度改革、做好农村承包地管理工作作出的重要指示和李克强总理批示精神，传达学习习近平总书记在参加第七次全国人口普查登记时的重要讲话精神。传达学习中央政治局常委会会议精神和习近平总书记在第三届国际进口博览会开幕式上的主旨演讲。传达学习习近平总书记在纪念中国人民解放军抗美援朝出国作战70周年大会上的重要讲话。研究部署党政领导干部考核工作。研究部署污染防治工作。
传达学习习近平总书记有关重要讲话和指示精神 研究提出贯彻落实意见安排部署相关工作	11月20日	会议传达学习习近平总书记在中央全面依法治国工作会议上的重要讲话和王沪宁同志的讲话。传达学习习近平总书记在江苏考察时的重要指示和在党外人士座谈会上的重要讲话精神。传达学习习近平总书记关于平安中国建设工作的重要指示和平安中国建设工作会议精神。传达学习胡春华副总理在甘肃考察调研时的指示要求。会议审议《关于构建现代环境治理体系的若干措施》。
传达学习习近平总书记有关重要论述和讲话精神 研究提出贯彻落实意见安排部署相关工作	11月27日	会议传达学习中央全面深化改革委员会第十六次会议精神、习近平总书记关于国有企业改革发展和党的建设的重要论述，听取省国资国企改革重点工作任务落实情况的汇报。传达学习习近平总书记在全国劳动模范和先进工作者表彰大会上的重要讲话。会议审议《甘肃省黄河流域生态保护和高质量发展规划》。审议《甘肃省中小学教师减负清单》。
传达学习习近平总书记有关重要讲话精神 研究提出贯彻落实意见安排部署相关工作	12月4日	会议传达学习中央政治局常委会会议精神。传达学习中央政治局会议精神。传达学习习近平总书记在中央政治局第二十五次集体学习时的重要讲话精神。传达学习《中共中央关于授予周永开、张桂梅同志和追授于海俊、李夏、卢永根、张小娟、加思来提·麻合苏提同志“全国优秀共产党员”称号的决定》和全国精神文明建设工作表彰大会精神。
传达学习习近平总书记有关会议精神 研究提出贯彻落实意见安排部署相关工作	12月11日	传达学习习近平总书记就做好关心下一代工作作出的重要指示和纪念中国关工委成立30周年暨全国关心下一代工作表彰大会精神，研究提出贯彻落实意见安排部署相关工作。
传达学习中央经济工作会议精神 研究部署贯彻落实工作	12月23日	省委书记林铎主持会议并讲话。会议强调，要充分认识党中央关于经济形势的科学判断，切实把思想和行动统一到习近平总书记重要讲话精神上来、统一到党中央决策部署上来，增强做好经济工作的责任感和紧迫感。要确保“两节”期间农副产品充足供应，排查化解安全生产隐患，保障农民工工资发放和群众冬季取暖，解决好群众“急难愁盼”问题。
研究当前经济形势，部署2021年全省经济工作	12月23日	省委书记林铎主持会议。会议听取《中共甘肃省委关于制定甘肃省国民经济和社会发展第十四个五年规划和二〇三五年远景目标的建议》稿在一定范围征求意见的情况报告，决定根据这次会议讨论的意见进行修改后提请省委十三届十三次全会审议。
中国共产党甘肃省第十三届委员会第十三次全体会议和省委经济工作会议在兰州开幕	12月24日	受省委常委会委托，省委书记林铎向全会作工作报告。全会主要任务是：以习近平新时代中国特色社会主义思想为指导，全面贯彻党的十九大和十九届二中、三中、四中、五中全会精神，认真学习贯彻中央经济工作会议精神，深入贯彻落实习近平总书记对甘肃重要讲话和指示精神，增强“四个意识”、坚定“四个自信”、做到“两个维护”，把握新发展阶段，践行新发展理念，融入新发展格局，做好“六稳”工作、落实“六保”任务，奋力开启社会主义现代化建设新征程，努力谱写加快建设幸福美好新甘肃。学习贯彻党中央关于经济工作的重大决策部署，总结今年经济工作，分析当前经济形势，部署明年及今后一个时期的经济工作。
传达学习习近平总书记重要讲话精神 研究提出贯彻落实意见安排部署相关工作	12月30日	会议传达学习《法治社会建设实施纲要(2020—2025年)》，审议《甘肃省加强法治乡村建设的实施意见》等文件。会议审议《甘肃省市(州)领导班子和领导干部年度考核办法》

甘肃年鉴 2021

甘肃省人民政府2020年重要文件目录

甘肃省人民政府令

文件名	文件号	成文日期
《甘肃省人民政府关于修改〈甘肃省流动人口计划生育工作办法〉等11件政府规章的决定》	第154号	2020年8月10日
《甘肃省人民政府关于废止〈甘肃省行政处罚听证程序暂行规定〉等10件政府规章的决定》	第155号	2020年8月10日
甘肃省人民政府2021年度森林草原防火命令	第60号	2020年12月15日

甘肃省人民政府发文

文件名	文件号	成文日期
《甘肃省人民政府关于公布第二批甘肃省历史文化街区的通知》	甘政发〔2020〕2号	2020年1月4日
《甘肃省人民政府关于推进健康甘肃行动的实施意见》	甘政发〔2020〕3号	2020年1月8日
《甘肃省人民政府关于2019年度甘肃省专利奖励的决定》	甘政发〔2020〕4号	2020年1月11日
《甘肃省人民政府关于2019年度甘肃省科学技术奖励的决定》	甘政发〔2020〕5号	2020年1月11日
《甘肃省人民政府关于分解落实2020年全省经济社会发展主要指标和重点工作任务的通知》	甘政发〔2020〕6号	2020年1月13日
《甘肃省人民政府关于印发甘肃省自然资源统一确权登记总体工作方案的通知》	甘政发〔2020〕8号	2020年1月14日
《甘肃省人民政府关于促进乡村产业振兴的实施意见》	甘政发〔2020〕9号	2020年1月18日
《甘肃省人民政府关于批准古浪县等31个县区退出贫困县的通知》	甘政发〔2020〕17号	2020年2月28日
《甘肃省人民政府关于白龙江引水工程占地和淹没区禁止新增建设项目及迁入人口的通告》	甘政发〔2020〕18号	2020年3月12日
《甘肃省人民政府关于贯彻落实〈国务院关于授权和委托用地审批权的决定〉的通知》	甘政发〔2020〕28号	2020年4月24日
《甘肃省人民政府关于引哈济党工程占地和淹没区禁止新增建设项目及迁入人口的通告》	甘政发〔2020〕36号	2020年7月6日
《教育部甘肃省人民政府关于整省推进职业教育发展打造“技能甘肃”的意见》	甘政发〔2020〕38号	2020年7月27日
《甘肃省人民政府关于宣布废止省政府有关文件的通知》	甘政发〔2020〕40号	2020年8月7日
《甘肃省人民政府关于公布甘肃省征收农用地区片综合地价标准的通知》	甘政发〔2020〕41号	2020年8月12日
《甘肃省人民政府关于进一步激发创新活力强化科技引领的意见》	甘政发〔2020〕46号	2020年9月12日
《甘肃省人民政府关于印发〈陇南等地暴雨洪涝灾害灾后恢复重建总体规划〉的通知》	甘政发〔2020〕51号	2020年11月2日
《甘肃省人民政府关于批准镇原县等8个县退出贫困县的通知》	甘政发〔2020〕55号	2020年11月21日
《甘肃省人民政府关于表彰2019年度省长金融奖获奖单位的决定》	甘政发〔2020〕62号	2020年12月17日

甘肃省人民政府2020年常务会议一览表

会议日期	会议名称	会议内容
1月6日	十三届省政府第77次	审议《关于抓好"三农"领域重点工作确保与全国一道实现全面小康的实施意见》;研究设置培黎职业学院事宜;审议《关于建立完善房地产市场调控监测评价考核机制的通知》;审议《甘肃省深化收费公路制度改革取消高速公路省界收费站人员分流安置工作方案》;研究人事事宜。
1月21日	十三届省政府第78次	传达习近平总书记对新型冠状病毒感染的肺炎疫情作出的重要指示精神和李克强总理批示精神,传达国务院常务会议和新型冠状病毒感染的肺炎疫情防控工作电视电话会议精神,审议《甘肃省新型冠状病毒感染的肺炎疫情防控工作方案》,安排部署疫情防控工作。
2月6日	十三届省政府第79次	省委副书记、省长唐仁健主持召开。通报2020年春节期间有关工作情况,安排部署统筹抓好经济社会发展工作事宜;研究人事任免和参事解聘事宜。
2月13日	十三届省政府第80次	审议《关于坚决打赢新冠肺炎疫情防控阻击战促进经济持续健康发展的若干意见》《关于应对新冠肺炎疫情支持中小微企业平稳健康发展的若干措施》《关于商贸流通服务业应对疫情影响稳定市场消费的若干措施》;审议《2020年甘肃省深化"放管服"改革转变政府职能工作要点》(套开省深化"放管服"改革推进政府职能转变领导小组会议);传达全国市场监管工作会议精神,研究部署贯彻落实事宜;审议《关于完善区域发展布局培育新的经济增长点增长极增长带的意见》;审议《关于促进家政服务业提质扩容的实施意见》;审议《2020年全省高层建筑消防安全治理工作实施方案》。
2月25日	十三届省政府第81次	审议《甘肃省政府投资管理办法》;审议《2020年甘肃省法治政府建设工作要点》;审议《甘肃省人民政府2020年立法计划》。
3月9日	十三届省政府第82次	审议《甘肃省国民经济和社会发展第十四个五年规划基本思路》;审议《中国(甘肃)自由贸易试验区总体方案》;审议《关于推进贸易高质量发展的实施意见》;审议《甘肃省自然资源资产产权制度改革实施方案》;审议《甘肃省省级有关部门生态环境保护责任清单(试行)》;审议《关于改革完善体制机制加强粮食储备安全管理的实施意见》;审议《2020年推动高质量发展进步奖与贡献奖评奖和激励奖励实施细则》;审议《甘肃省水安全保障规划》;审议《甘肃省高考综合改革工作推进方案》;审议《2020年第二批财政专项扶贫资金安排使用建议方案》。
3月19日	十三届省政府第83次	研究分析全省1—2月经济运行形势;审议《关于积极应对新冠肺炎疫情影响全力以赴拓展存量创造增量确保完成全年目标的工作方案》;传达学习李克强总理对森林草原防灭火工作的重要批示及全国森林草原防灭火工作电视电话会议精神,听取我省森林草原防灭火工作汇报,安排部署贯彻落实工作;研究全省农村户用卫生厕所普及率指标和农村人居环境整治分类县调整意见;审议《甘肃省实施〈中华人民共和国水法〉办法》(修订草案);研究提高2020年城乡低保标准和特困人员救助供养标准事宜;研究人事事宜。
3月26日	十三届省政府第84次	审议《关于进一步争取国家支持优化甘肃科技生态环境重点任务推进方案》;研究人事事宜。
4月7日	十三届省政府第85次	听取全省脱贫攻坚兜底保障情况汇报,安排部署贯彻落实工作;审议《关于营造更好发展环境支持民营企业改革发展的实施意见》;审议《关于贯彻落实〈优化营商环境条例〉的若干措施》;审议修订《甘肃全面建成小康社会统计监测指标体系》的意见;通报清明节假期有关情况;研究参事聘任事宜;研究人事事宜。

甘肃年鉴 2021

续表

会议日期	会议名称	会议内容
4月13日	十三届省政府第86次	审议《关于积极应对新冠肺炎疫情因素影响切实做好稳就业工作的若干措施》;研究从省科技投资集团将兰州科技大市场管理有限责任公司、甘肃省高科技创业服务中心有限公司、白银科技企业孵化器有限公司国有资产注入丝绸之路国际知识产权港有限责任公司事宜;审议《关于推进丝绸之路国际知识产权港建设的实施意见》(套开丝绸之路国际知识产权港建设工作领导小组会议);审议《兰白科技创新改革试验区技术创新驱动基金使用管理办法》《兰白科技创新改革试验区技术创新基金风险控制委员会管理办法》;审议《甘肃省贯彻落实〈关于建立以国家公园为主体的自然保护地体系的指导意见〉的实施意见》;研究人事事宜。
4月20日	十三届省政府第87次	研究分析全省一季度经济运行形势。
4月26日	十三届省政府第88次	审议《关于保居民就业的工作方案》《关于保基本民生的工作方案》《关于保市场主体的工作方案》《关于保粮食能源安全的工作方案》《关于保产业链供应链稳定的工作方案》《关于保基层运转的工作方案》;审议《关于加强新时代退役军人工作的实施意见》;审议《关于进一步加强知识产权保护的实施意见》;审议《2020年第三批财政专项扶贫资金安排使用方案》;研究人事事宜。
5月6日	十三届省政府第89次	审议《关于加快推进新型城镇化和城乡融合发展的若干措施》;审议《甘肃省节约用水条例(草案)》;通报"五一"假期有关情况;研究参事聘任事宜。
5月11日	十三届省政府第90次	传达学习《国务院应对新型冠状病毒感染肺炎疫情联防联控机制关于做好新冠肺炎疫情常态化防控工作的指导意见》,审议《甘肃省新冠肺炎疫情常态化防控实施方案》;审议《关于促进中医药传承创新发展的实施意见》;审议《甘肃省住房公积金管理分支机构调整实施方案》;研究人事事宜。
5月18日	十三届省政府第91次	研究分析全省1—4月经济运行形势;审议《甘肃省中小微企业专项贷款实施方案》;研究普速铁路安全隐患排查整治工作;审议《甘肃省征收农用地区片综合地价标准》。
6月2日	十三届省政府第92次	审议《2020年争取中央政策和资金支持的工作方案》;学习《统计违纪违法责任人处分处理建议办法》《防范和惩治统计造假、弄虚作假督察工作规定》,听取统计工作有关情况汇报,安排部署进一步做好统计工作事宜;审议《甘肃省有限电视网络整合发展实施方案》。
6月11日	十三届省政府第93次	审议《甘肃省贯彻落实中央生态环境保护督察反馈问题整改方案》;审议《甘肃省"两纵两横一枢纽"区域交通项目实施方案》。
6月16日	十三届省政府第94次	研究分析全省1—5月经济运行形势;学习《省(自治区、直辖市)污染防治攻坚战成效考核措施》,审议《甘肃省污染防治攻坚战成效考核实施方案》;审议《第二十六届兰洽会(网上)总体方案》;审议《甘肃省加强民族地区学校国家通用语言文字教育工作方案》;研究张掖市甘州区新墩镇政府驻地迁移事宜;研究延期开展全省第十次村民委员会和第七次居民委员会换届工作事宜;研究人事事宜。
6月28日	十三届省政府第95次	审议《关于强化"要素跟着项目走"保障机制持续做好稳投资工作的意见》;研究加强和规范扶贫资产管理工作;审议《关于改革和完善疫苗管理体制的实施意见》;审议《甘肃省资源税适用税率等事项的方案》;审议2020年享受政府特殊津贴人员拟推荐人选名单;通报端午节假期有关情况;研究人事事宜。
7月13日	十三届省政府第96次	审议《关于支持大敦煌文化经济旅游圈建设的若干意见》;审议《关于整省推进职业教育发展打造"技能甘肃"的意见》;审议《甘肃省食品安全信息追溯管理办法》;审议关于2020年调整退休人员基本养老金的意见;审议第九批甘肃省优秀专家候选人的意见;研究人事事宜。

会议日期	会议名称	会议内容
7月20日	十三届省政府第97次	研究分析上半年全省经济运行形势；审议《废止〈甘肃安西极旱荒漠国家级自然保护区管理条例〉〈甘肃省林地保护条例〉2件地方性法规（草案）》；研究人事事宜。
8月3日	十三届省政府第98次	传达学习国务院第七次全国人口普查电视电话会议精神，研究贯彻落实措施；传达学习全国粮食安全省长责任制考核工作动员部署视频会议精神，研究贯彻落实措施；审议妨碍统一市场和公平竞争的政策措施清理意见；研究人事事宜。
8月10日	十三届省政府第99次	审议《关于构建更加完善的要素市场化配置体制机制的实施意见》；审议《关于促进外贸出口稳定增长的方案》；审议《关于进一步激发创新活力强化科技引领的意见》；审议《关于进一步细化责任分工强化协调联动提升森林草原防灭火水平的意见》；研究全省光伏扶贫工作（套开省光伏扶贫工作领导小组会议）。
8月17日	十三届省政府第100次	研究分析全省1—7月经济运行形势；听取第三届中国（甘肃）中医药产业博览会筹备情况的汇报；研究聘任省政府文史研究馆馆员事宜；研究人事事宜。
8月24日	十三届省政府第101次	审议《关于切实保护和激发市场主体活力促进民营经济持续健康发展的若干措施》；审议《甘肃省2020年秋冬季新型冠状肺炎疫情防控工作方案》；审议《甘肃省赋予乡镇和街道部分县级经济社会管理权限指导目录》；研究人事事宜。
8月31日	十三届省政府第102次	审议《关于深化医疗保障制度改革的实施意见》；审议《关于进一步推进服务业改革开放发展的实施方案》；审议《甘肃省中小学校安全条例（草案）》；审议《甘肃省食品小作坊小经营店小摊点监督管理条例（修订草案）》。
9月14日	十三届省政府第103次	审议《关于8·13陇东南暴洪灾害农村居民基本住房重建维修、重建过渡期临时安置补助、受灾群众生活安排等所需资金筹措方案》；审议《关于新形势下进一步加强统计工作的意见》；审议《甘肃省"上云用数赋智"行动方案（2020—2025年）》；审议《2020年城乡建设用地挂钩节余指标跨省域调剂任务分解方案》；审议《甘肃省水污染防治条例（草案）》《甘肃省辐射污染防治条例（修订草案）》；审议《生态环境领域省与市县财政事权和支出责任划分改革方案》；研究人事事宜。
9月21日	十三届省政府第104次	研究分析1—8月全省经济运行形势。
9月28日	十三届省政府第105次	审议《甘肃省积极应对人口老龄化实施方案》；审议《甘肃省自然保护地整合优化预案》；研究人事事宜。
10月9日	十三届省政府第106次	审议《关于构建现代环境治理体系的实施意见》；审议《甘肃省公共文化领域省与市县财政事权和支出责任划分改革方案》；通报中秋节假期有关情况；研究人事事宜。
10月21日	十三届省政府第107次	传达学习李克强总理在部分地方政府主要负责人视频座谈会上的讲话精神（新闻稿），研究分析前三季度全省经济运行形势；审议《陇南等地暴雨洪涝灾害灾后恢复重建总体规划》；审议《甘肃省国企改革三年行动方案（2020—2022年）》；研究人事事宜。
11月2日	十三届省政府第108次	审议《关于生态立省的意见》；审议《省级部门实施零基预算管理工作方案》；审议《甘肃省自然资源领域省与市县财政事权与支出责任划分改革方案》；审议《甘肃省划转部分国有资本充实社保基金实施方案》；审议2020年第三批天津帮扶资金安排意见。
11月17日	十三届省政府第109次	研究分析全省1—10月经济运行形势；审议《甘肃省中医药条例（草案）》；审议《甘肃省土壤污染防治条例（草案）》；审议《甘肃省实施〈中华人民共和国森林法〉办法（修订草案）》；审议《甘肃省公安机关警务辅助人员管理条例（草案）》。

续表

会议日期	会议名称	会议内容
11月23日	十三届省政府第110次	审议《甘肃省黄河流域生态保护和高质量发展规划》;审议《关于全面加强危险化学品安全生产工作的若干措施》;审议《关于进一步推进服务业改革开放发展的实施方案》。
12月14日	十三届省政府第111次	研究分析全省1—11月经济运行形势;研究部署冬春季新冠肺炎疫情防控工作;研究取消调整和下放行政审批事项的意见;审议《甘肃省生态保护红线划定方案》;审议《甘肃省乡村医生管理办法(试行)》;审议《甘肃省国防领域省与市县财政事权和支出责任划分改革方案》;审议2021年第一批财政专项扶贫资金分配意见;研究省政府参事解聘事宜;研究人事事宜。
12月21日	十三届省政府第112次	研究2021年全省经济社会发展主要预期目标安排意见;审议《关于实施"三线一单"生态环境分区管控的意见》。
12月27日	十三届省政府第113次	审议《甘肃省设立镇标准》《甘肃省设立街道标准》;研究我省战勤保障消防站暨物资储备库和水域救援训练基地建设事宜;研究兰州航空工业职工大学改制为兰州航空职业技术学院事宜;研究省属企业负责人2018年度绩效薪酬兑现事宜;听取关于张掖市体育局违规审批和授予二级运动员技术等级问题情况汇报,审议《甘肃省运动员技术等级违规审批授予问题专项清查处置工作实施方案》。

说明：1.本索引主体采用主题分析索引方法，按主题词首字的汉语拼音字母顺序排列。

2.栏目、分目标题用黑体字标明。

3.索引名称后的数字表示内容所在的页码，数字后面的a、b表示栏别。

4.辅助的资料索引按页码顺序排列。

A

B

C

D

E

F

G

K

L

M

N

P

Q

R

S

T

X

Y

Z

甘肃
年鉴
2021